Norbert T. Varnholt, Peter Hoberg, Ralf Gerhards, Stefan A. Wilms, Uwe Lebefromm
Operatives Controlling und Kostenrechnung

Norbert T. Varnholt, Peter Hoberg, Ralf
Gerhards, Stefan A. Wilms, Uwe Lebefromm

Operatives Controlling und Kostenrechnung

Betriebswirtschaftliche Grundlagen und Anwendung
mit SAP S/4HANA

3., überarbeitete und erweiterte Auflage

DE GRUYTER
OLDENBOURG

ISBN 978-3-11-055940-8
e-ISBN (PDF) 978-3-11-061692-7
e-ISBN (EPUB) 978-3-11-061714-6

Library of Congress Control Number: 2020938391

Bibliografische Information der Deutschen Nationalbibliothek
Die Deutsche Nationalbibliothek verzeichnet diese Publikation in der Deutschen
Nationalbibliografie; detaillierte bibliografische Daten sind im Internet über
http://dnb.dnb.de abrufbar.

© 2020 Walter de Gruyter GmbH, Berlin/Boston
Einbandabbildung: pictafolio / E+ / gettyimages.de
Satz: le-tex publishing services GmbH, Leipzig
Druck und Bindung: CPI books GmbH, Leck

www.degruyter.com

Vorwort

Vorwort zur dritten Auflage

Die dritte Auflage unseres Werkes „Operatives Controlling und Kostenrechnung – Betriebswirtschaftliche Grundlagen und Umsetzung mit SAP" ist durch folgende Änderungen gegenüber der zweiten Auflage gekennzeichnet:

Das Kapitel „Investitionsrechnung" der zweiten Auflage wurde im Jahre 2018 zur eigenständigen Monographie „Investitionsmanagement – Betriebswirtschaftliche Grundlagen und Umsetzung mit SAP" erweitert und ist daher in der dritten Auflage des vorliegenden Buches nicht mehr enthalten.

Ralf Gerhards und Stefan Wilms sind in das Autorenteam eingestiegen und haben sowohl an dem o. a. Werk zum Investitionsmanagement als auch an der vorliegenden dritten Auflage unseres Controllingbuches mitgewirkt.

In der dritten Auflage wurden die folgenden Erweiterungen vorgenommen:

1. Die Ausführungen zur Prozesskostenrechnung wurden inhaltlich deutlich erweitert.
2. Neu eingefügt wurde ein Kapitel zur Abweichungsanalyse.
3. Neu eingefügt wurde ein Kapitel zum Beteiligungs- & Supply Chain-Controlling.
4. Wo möglich wurde in den SAP-bezogenen Kapiteln von SAP ERP auf SAP S/4 HANA inhaltlich und abbildungstechnisch umgestellt.

Es wurden neue Selbstlernmodule entwickelt, mit denen der Leser wichtige Themen auf der Basis von Excel-Spreadsheets einüben kann. Sie befinden sich weiterhin auf der Netzseite des DE GRUYTER OLDENBOURG Verlages:

Um die SAP-bezogen Teile fruchtbar bearbeiten zu können, wird die Zugangsberechtigung zu einem SAP-System mit möglichst umfassenden Berechtigungen angeraten. Diese Aussage ist speziell für Leser in Unternehmen relevant, da diese meistens nur sehr selektive Berechtigungen für ihren unmittelbaren Arbeitsplatz haben. Der Wert des vorliegenden Buches liegt aber u. a. im Gesamtüberblick über das Modul CO. Daher wird für Leser in Unternehmen empfohlen, sich noch eine zusätzliche Berechtigung für einen Übungs-/Trainingsmandanten einzuholen, da nur dann „der Wald und nicht nur der Baum gesehen werden kann".

Nach wie vor kann das vorliegende Werk von Praktikern und Studierenden gleichermaßen fruchtbar eingesetzt werden.

Die betriebswirtschaftlichen Grundlagenteile und die SAP Teile sind zwar verzahnt und ergänzen sich gegenseitig können aber trotzdem unabhängig voneinander gelesen werden. Das heißt, dass auch ein Leser, der sich nicht oder noch nicht mit SAP befassen möchte die betriebswirtschaftlichen Grundlagenkapitel fruchtbar durcharbeiten kann. Darüber hinaus können auch die einzelnen Kapitel des Buches unabhängig voneinander bzw. selektiv gelesen werden.

https://doi.org/10.1515/9783110616927-201

Wir haben die seit über hundert Jahren in der deutschsprachigen Rechnungswesenliteratur bewährte Gliederung in die Kostenarten-, Kostenstellen- und Kostenträgerrechnung natürlich beibehalten, die im SAP-Hauptmenü sozusagen ihren Weg um die Welt angetreten hat. Nichtsdestotrotz kann für kurzfristige Lernerfolgserlebnisse in der heutigen schnelllebigen Zeit das Kapitel über die Kostenarten- und Leistungsrechnung zunächst hintenangestellt werden, da es häufig als „trockener Einstieg" in die Materie empfunden wird. Die Kapitel über die unmittelbaren Anwendungen der Methoden des internen Rechnungswesens in der Kostenstellen- und Kostenträgerrechnung, d. h. im Gemeinkostencontrolling, der Kalkulation und der Ergebnisrechnung können vorgezogen werden. Die Ausführungen zu den Kostenarten und-Leistungsarten können dann auch später als fruchtbare Vertiefung und Ergänzung gelesen werden.

So bleibt denn auch der Anspruch in der dritten Auflage des Buches erhalten, das Controlling sowohl theoretisch-konzeptionell umfassend und fundiert abzubilden als auch, genauso fundiert, Umsetzungsmöglichkeiten in einer betriebswirtschaftlichen Anwendungssoftware auf aktuellem Stand aufzuzeigen.

Für Fragen, konstruktive Kritik und Verbesserungsvorschläge zu unserem Buch sind wir jederzeit dankbar. Wir haben dazu den Kapiteln unseres Buches jeweils Ansprechpartner aus dem Autorenkreis zugeordnet.

Kapitel 1 Controlling und Rechnungswesen hoberg@hs-worms.de und
gerhards@dhbw-mannheim.de

Kapitel 2 Kosten- und Leistungsartenrechnung hoberg@hs-worms.de und
gerhards@dhbw-mannheim.de

Kapitel 3 Kostenstellenrechnung und Leistungsrechnung varnholt@hs-worms.de
und gerhards@dhbw-mannheim.de

Kapitel 4 Controlling mit Innenaufträgen varnholt@hs-worms.de
und uwe.lebefromm@sap.com

Kapitel 5 Prozesskostenrechnung wilms@hs-heilbronn.de
und uwe.lebefromm@sap.com

Kapitel 6 Kalkulation/Produktkostencontrolling/Kostenträgerstückrechnung
varnholt@hs-worms.de und uwe.lebefromm@sap.com

Kapitel 7 Ergebnis- und Unternehmenscontrolling/Erfolgsrechnung
hoberg@hs-worms.de und uwe.lebefromm@sap.com

Kapitel 8 Abweichungsanalyse wilms@hs-heilbronn.de und varnholt@hs-worms.de

Kapitel 9 Beteiligungs- & Supply Chain-Controlling wilms@hs-heilbronn.de
und varnholt@hs-worms.de

Hinweis: Die Verwendung von allgemeinen Bezeichnungsnamen, eingetragenen Warenzeichen usw. in dieser Veröffentlichung bedeutet auch ohne das Fehlen spezifischer Aussagen nicht, dass diese Namen von den einschlägigen Schutzgesetzen und Vorschriften ausgenommen sind und daher für die allgemeine Verwendung frei sind. Im folgenden Text wird daher auf die Angabe Registered Trademark/Warenzeichenangabe R in rundem Kreis verzichtet.

Norbert T. Varnholt   Uwe Lebefromm   Peter Hoberg   Ralf Gerhards   Stefan A. Wilms

Im Juni 2020

Vorwort zur zweiten Auflage

Die zweite Auflage unseres Werkes "Operatives Kosten- und Investitionscontrolling und seine Anwendung mit SAP© ERP©" ist in vierfacher Hinsicht erweitert worden:

1. Das Investitionscontrolling wurde in das Buch aufgenommen. Dabei erfolgt die Darstellung -ähnlich wie beim Kostencontrolling – in einem betriebswirtschaftlichen Grundlagenteil und einem Umsetzungsteil mit SAP© ERP©. Für die betriebswirtschaftlichen Grundlagen der Investitionsrechnung gilt dabei die gleiche Aussage, die im Vorwort zur ersten Auflage für die Kostenrechnung getroffen wurde: Betriebswirtschaftliche Werke zum Thema Investitionsrechnung haben im deutschsprachigen Raum eine lange Tradition und weisen eine große Vielzahl auf. Es gab jedoch bisher zum Thema der Umsetzung der betriebswirtschaftlichen Investitionsrechnungsverfahren mit SAP© ERP© keine Veröffentlichungen in denen die betriebswirtschaftlichen Grundlagen und die SAP Anwendung gesamthaft dargestellt wurden. Ein Teil dieser Lücke soll mit der vorliegenden zweiten Auflage geschlossen werden.

2. Es wurden Übungsfälle zu den betriebswirtschaftlichen Grundlagen in das Buch aufgenommen. Die Fälle bieten dem Leser die Möglichkeit, die erarbeiteten Sachverhalte selbstständig anzuwenden, abzurunden und zu festigen. Die Lösungen der Fälle sind auf den Netz-Seiten des Oldenbourg Verlags www.oldenbourg-verlag.de/kostenrechnung hinterlegt.

3. Es wurden Selbstlern-Module entwickelt, mit denen der Anwender im Selbststudium arbeiten kann. Dabei erhält er immer wieder neue Aufgaben, die er lösen sollte. Die Ergebnisse können dann überprüft werden. Die Selbstlern-Module finden sich ebenfalls auf den Netz-Seiten des Oldenbourg Verlags.

4. Eine SAP© ERP© Fallstudie wurde in das Buch aufgenommen. Die Fallstudie bietet dem Leser die Möglichkeit, die im Buch dargestellten Sachverhalte und Zusammenhänge in ein Übungssystem, ein sogenanntes International Education And Demonstration System (IDES-System) einzupflegen. Erfahrungsgemäß ermöglicht erst die selbstständige Umsetzung und Anwendung das Verständnis für die komplexen Zusammenhänge im Spannungsfeld von betriebswirtschaftlichen Grundlagen und praktischer Anwendung.

Im Unterschied zur betriebswirtschaftlichen Grundlagenliteratur zu den Themengebieten dieses Buches ist das Literatursegment, in dem die betriebswirtschaftlichen Grundlagen und die Anwendung mit SAP© ERP© gesamthaft dargestellt werden, nur sehr spärlich besetzt. Einen ähnlichen Weg wie das vorliegende Buch gingen die Werke von Grob/Bensberg (2005); Klenger/Falk-Klams (2005) und Bauer/Hayessen (2006). Diese Bücher schufen das Segment der Kombination aus einem fundierten Controlling mit einer Umsetzung im SAP© ERP©. Allerdings haben sich sowohl das SAP© ERP© System als auch das Controlling wesentlich weiterentwickelt. Zudem haben wir zusätzliche Module des SAP© ERP© thematisiert.

Wir hoffen, für die Studierenden an den Hochschulen und die Anwender in der Praxis dieses wichtige Literatursegment, das im wahrsten Sinne des Wortes die Brücke zwischen Theorie und Praxis schließt, aufrechterhalten bzw. erweitern zu können.

Für konstruktive Kritik und Anregungen sind wir jederzeit dankbar.

Norbert T. Varnholt   Uwe Lebefromm   Peter Hoberg

Im Juni 2012

Vorwort zur ersten Auflage

Dieses Buch soll Studierenden aller Hochschultypen und Praktikern einen verständlichen und kompakten Überblick über das interne Rechnungswesen und seine Umsetzung mit SAP® ERP® bieten. Lehrbücher zum Thema Kostenrechnung und Controlling haben im deutschsprachigen Raum eine lange Tradition und weisen eine große Vielzahl auf. Darüber hinaus gibt es zahlreiche Spezialveröffentlichungen zur Anwendung von SAP® ERP®, die i. d. R. fundiertes betriebswirtschaftliches bzw. kostenrechnerisches Wissen voraussetzen. Es fehlen bisher praxisorientierte Bücher, die sowohl die betriebswirtschaftlichen Grundlagen, als auch die Umsetzung mit SAP® ERP® aufeinander abgestimmt, verständlich und kompakt darstellen. Ein Teil dieser Lücke soll mit dem vorliegenden Buch geschlossen werden.

Für konstruktive Kritik und Anregungen sind die Verfasser jederzeit dankbar.

Wir bedanken uns bei den Herren Dipl.-Bibl. Aichele und Göbel – Leiter der Bibliothek der Fachhochschule Worms – sowie ihren Mitarbeiterinnen, insbesondere Frau Alpert, die uns bei der Literaturarbeit tatkräftig unterstützten. Weiterhin bedanken wir uns bei unserer studentischen Hilfskraft Nadina Ventura für den geduldigen Kampf mit den Tabellen. Danken möchten wir auch Herrn Dr. Schechler – Lektor beim Oldenbourg Verlag – für die hilfreiche Begleitung bei der Erstellung dieses Buches.

Norbert T. Varnholt   Uwe Lebefromm   Peter Hoberg

Im August 2008

Inhalt

1 Controlling und Rechnungswesen

1.1 Begriff, Aufgaben und Teilbereiche des Controllings und des Rechnungswesens

Das betriebswirtschaftliche Rechnungswesen gliedert sich in mehrere Teilbereiche, die unterschiedliche Aufgaben haben und deren gemeinsame Basis die Buchhaltung ist. Die grundlegende Aufteilung des Rechnungswesens erfolgt in das interne und das externe Rechnungswesen. Das externe Rechnungswesen besteht aus dem Jahresabschluss, der sich wiederum aus den Teilen Bilanz, Gewinn und Verlustrechnung und bei Kapitalgesellschaften Anhang und Lagebericht zusammensetzt. Dazu kommen im internationalen IFRS Abschluss noch der Eigenkapitalspiegel und die Kapitalflussrechnung. Der Jahresabschluss gehört deshalb zum externen Rechnungswesen, weil er sich vornehmlich an unternehmensexterne Adressaten richtet und nur ergänzend zur internen Unternehmenssteuerung herangezogen wird. Das externe Rechnungswesen bzw. der Jahresabschluss folgen umfänglichen nationalen und internationalen handels- und steuerrechtlichen Regelungen (HGB, IFRS, US-GAAP, EStG u. a.). Das interne Rechnungswesen wendet sich vornehmlich an die Unternehmensführung und ist gesetzlich nur für die Erfüllung bestimmter Teilaufgaben (Bewertungsansätze in der Bilanz, LSPÖ etc.) geregelt. Es gibt aber kein „Kostenrechnungs- und Controlling Gesetz". Somit kann es so gestaltet werden, dass es die Unternehmensziele adäquat unterstützt, wozu z. B. die Realität möglichst gut abgebildet werden sollte. Zum internen Rechnungswesen gehören die Kosten- und Leistungsrechnung und das darauf aufbauende operative Controlling, die Geldflussrechnung (Liquiditäts-/Cashflow Rechnung) sowie die Finanzierungsrechnung und die Investitionsrechnung. Die „Kosten- und Leistungsrechnung" wird in diesem Buch als Bestandteil des „operativen Controllings" angesehen.

Die betriebswirtschaftlichen Fachbegriffe, sowohl im deutschen als auch im angelsächsischen Sprachraum, sind in den Unternehmen und in der Literatur uneinheitlich und oft verwirrend. Hinzu kommt noch eine Flut von soft- und hardwaretechnischen Fachbegriffen, die ihrerseits wieder mit den angestammten betriebswirtschaftlichen Begriffen kombiniert werden. Daher ist es angebracht, zunächst einige klärende begriffliche Anmerkungen vorauszuschicken.

Einer der *schillerndsten* betriebswirtschaftlichen Begriffe seit Mitte des 20. Jahrhunderts ist der Begriff „Controlling", der – aus dem Angelsächsischen übersetzt – schlicht und einfach „steuern" heißt. Umgangssprachliche Umschreibungen des Controllers sind „Lotse für mehr Gewinn" oder „Betriebswirtschaftliches Gewissen".

Häufig wird der Controller auch mit einem Steuermann oder **Navigator** eines Schiffes verglichen, was seine Rolle im Unternehmen verdeutlichen soll. Der Navigator (Controller) auf dem Schiff (Unternehmen) ist für die Standortbestimmung (Ist-Daten: Umsatz, Kosten, Ausschuss usw.) verantwortlich und ermittelt unter Be-

https://doi.org/10.1515/9783110616927-001

rücksichtigung der verfügbaren Daten, wie z. B. Strömung, Windverhältnisse und Untiefen (Konkurrenz, Wechselkurse, gesetzliche Auflagen) den optimalen Kurs, um das Schiff in den sicheren Hafen (Planung) zu bringen. Der Navigator/Controller bereitet die Entscheidungen vor, die letztendlich aber der Kapitän (Geschäftsführung, Management) treffen und verantworten muss. Aufgrund von äußeren Einflüssen wie z. B. veränderte Wetterverhältnisse, Verspätungen bei Ablegen, Gezeiten (Verändertes Marktverhalten der Kunden, neue Konkurrenzprodukte, Wechselkurseffekte, Handelsembargo) kommt es laufend zu Kursabweichungen, die der Navigator ermitteln und analysieren muss (Abweichungsanalyse). Darauf aufbauend wird er erforderliche Maßnahmen und Kurskorrekturen ableiten und dem Entscheidungsträger Kapitän/ Manager vorlegen um notfalls gegenzusteuern. Steuern heißt, die aktuelle Position und Störgrößen laufend zu ermitteln und im laufenden Prozess darauf zu reagieren, bevor sich die Abweichungen negativ im Ergebnis auswirken können. Beispielsweise steuern wir bei einem PKW auf der Autobahn bei Seitenwind intuitiv gegen, um einen Unfall zu verhindern.

Entsprechend muss ein Unternehmen auch im laufenden Geschäftsjahr auf Veränderungen reagieren und bei Bedarf gegensteuern. Das Controlling übernimmt eine Schlüsselrolle bei der Lenkung des Unternehmens.

Mit der Lenkung komplexer Systeme beschäftigt sich die **Kybernetik** als interdisziplinäre Wissenschaft. Die Merksätze der kybernetischen Lenkung sind:

- Lenkung bedeutet, dass Verhalten eines Systems unter Kontrolle zu halten.
- Komplexe Systeme kontrollieren sich durch miteinander verknüpfte Regelkreise selbst.
- In komplexen Systemen ist die Lenkungsfunktion über das gesamte System verteilt.
- Lenkungsvorgänge sind für das Funktionieren eines Systems notwendige Prozesse.
- Lenkungsvorgänge sind Prozesse der
    - Informationsaufnahme
    - Informationsverarbeitung und der
    - Informationsübermittlung.

Der Aufbau und die Aufgaben des Controllings sollten sich an diesen Merksätzen der Kybernetik ausrichten.

Im Sinne eines **Regelkreises** ist zuerst vom Controlling der Systemzustand zu ermitteln, die entsprechenden Informationen aufzubereiten und daraus sind Entscheidungsvorlagen für das Management zu entwickeln. Wichtig ist, dass einer Entscheidung durch das Management auch die erforderlichen Aktionen erfolgen, die den Systemzustand verändern sollen. Da es jedoch parallel auch durch nicht berücksichtigte Einfluss- und Störgrößen zu Veränderungen des Systemzustandes kommen kann, sind die Informationen über den Systemzustand laufend neu zu ermitteln und bewerten, so dass sich der Regelkreis schließt und von vorne beginnt.

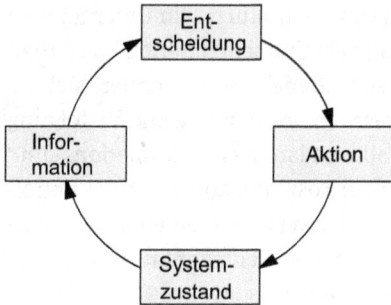

Abb. 1.1: Regelkreis (eigene Darstellung)

	Controlling-Prozesse	Zeitbezug	Kerntätigkeiten
1.	Planungsrechnung	Kurz-/mittelfristig Zukunftsbezug	Planung Jahr/Quartal/Monate
2.	Ist-Kosten- und Leistungsrechnung	Unterjährig Gegenwarts- & Vergangenheitsorientiert	Ist-Buchungen laufendes Jahr Information Systemzustand
3.	Abweichungsanalyse	Gegenwarts- & Zukunftsorientiert	Analyse Abweichungsursachen Entscheidungsvorbereitung
4.	Korrektur unerwünschter Abweichungen	Kurz-/mittelfristig	Managemententscheidungen Aktion

Abb. 1.2: Bestandteile des operativen Controllings (eigene Darstellung)

Eine Definition des **operativen Controllings** ist im Grunde recht einfach und besteht aus vier elementaren Bestandteilen (Abb. 1.2).

Zu der obigen Definition lässt sich anmerken, dass eine vergangenheitsorientierte Ist-Kosten- und Ist-Leistungsrechnung alleine (siehe Kap. 1.3 Kostenrechnungs- und Controlling Systeme) noch kein Controllingsystem ausmacht. Dies gilt auch dann, wenn eine z. T. durchaus sinnvolle Abweichungsanalyse zwischen verschiedenen Istwerten (z. B. laufendes Jahr, letztes Jahr, vorletztes Jahr, Betriebs(-stätten) -vergleich etc.) durchgeführt wird. Auf einer solchen Zeitreihe und entsprechenden Abweichungsanalysen können zwar begrenzt Analysen aufgesetzt werden, jedoch ist dies deshalb noch kein Controllingsystem, sondern bleibt eine Ist-Rechnung, da das wesentliche Element der Planung fehlt. Insofern lässt sich der Begriff Controlling dadurch rechtfertigen, dass er immer die Planung per Definition einschließt, während mit einer Kosten- und Leistungsrechnung ohne weitere Begriffszusätze auch „nur" eine Istkosten- und Ist-Leistungsrechnung gemeint sein könnte. Andererseits verursacht der Begriff Controlling in der Unternehmenspraxis manchmal auch heute noch Aversionen, wenn er nicht im Sinne einer betriebswirtschaftlichen Steuerung, sondern als persönliche oder disziplinarische Kontrolle bzw. Überwachung missverstanden wird.

Ein Unternehmen zu steuern, heißt aus Sicht des Controllings, ein Unternehmen mit Zahlen zu führen, die in aussagekräftigen und verständlichen Berichten zeitnah zur Verfügung gestellt werden. Die Steuerung des Unternehmens orientiert sich an den strategischen und operativen Zielen. Im Prozess der Bestimmung und Verfolgung der Unternehmensziele werden durch das Controlling Planungs-, Informations- und Koordinationsaufgaben erfüllt.[1] Die Mitarbeit an dem Kostenrechnungs- und Controllingsystem und die Nutzung der von diesem zur Verfügung gestellten Führungsinformationen findet bei einem professionellen Ausbau des Kostenrechnungs- und Controllingsystems auf allen Ebenen der Unternehmensführung statt.

Der Parameter Geschäftsjahresvariante gibt die zeitliche Festlegung des Geschäftsjahres an. Es kann das Kalenderjahr oder auch ein verschobenes Kalenderjahr zugeordnet werden. Der gesamte Wertefluss innerhalb des Systems kann somit ausgewertet werden. Die Umsetzungsplanung der Unternehmensziele führt zum Ansatz unternehmensbezogener Strategien. Die Untersuchung der mit einer Unternehmensstrategie verbundenen Auswirkungen auf die Innen- und Außenverhältnisse des Unternehmens ist Aufgabe des strategischen Controllings. Ziel des strategischen Controllings ist das Erkennen von Chancen und Risiken, die mit der Unternehmensstrategie verbunden sind und darauf aufbauend das Ausnutzen von Chancen und das Aussteuern von Risiken. Die kosten- und leistungsbezogene Analyse der aus der Strategie resultierenden organisatorischen und betriebswirtschaftlichen Maßnahmen ist Inhalt des operativen Controllings. Der Vergleich der operativen Daten kann durch die Bildung von Kennzahlen unterstützt werden. Die daraus resultierende und damit die obige Definition erweiternde Controllingdefinition lautet: Controlling ist die Unterstützung der Steuerung aller wichtigen unternehmerischen Aktivitäten durch die Unternehmensführung mit dem Ziel, die Unternehmensziele auf allen organisatorischen Ebenen in der erforderlichen Qualität und Schnelligkeit mit angemessenen Kosten zu erreichen.

Die strategische Aufgabenstellung des Controllings ist die Optimierung der Unternehmenseinheiten im Hinblick auf langfristige Gewinnmaximierung.[2] Dazu müssen der Unternehmensführung verlässliche Daten zur Verfügung gestellt werden. Ein umfassendes und in sich geschlossenes Unternehmens-Controlling zeichnet sich dadurch aus, dass operative Controllingsysteme wie das Liquiditäts-, Investitions- sowie das Kosten- und Leistungscontrolling mit den funktionalen Controlling-Bereichen (Beschaffungs-, Produktions-, Vertriebs-, Verwaltungs- und Personalcontrolling) zu koordinieren sind. Das bedeutet, dass die aus den operativen Controllingsystemen zur

---

1 Weber 2008 S. 31 ff. hat vorgeschlagen, Controlling als Rationalitätssicherung der Unternehmensführung zu definieren. Dieser Definitionsansatz erscheint uns zu abstrakt und legt nahe, dass andere Unternehmensfunktionen sich nicht immer rational verhalten.

2 Bei nicht gewerblichen Unternehmen kann das controllingorientierte Unternehmensziel auch die kostenoptimale Bedarfsdeckung (optimaler Einsatz der verfügbaren Mittel) bzw. die Erreichung anderer nicht gewinnorientierter Ziele sein.

Controlling-Prozesse	Zeitbezug	Kerntätigkeiten
1. Strategische Planung	Mittel-/langfristig Zukunftsorientiert	Strategiebildung Chancen-Risiken-Analyse (unterstützend) Investitionsplanung
2. Strategie Umsetzung	Gegenwartsorientiert	Investitionsumsetzung Personalentwicklung Produktentwicklung
3. Abweichungsanalyse Milestones	Gegenwarts-/ Vergangenheitsorientiert	Analyse der Strategieumsetzung Entscheidungsvorlagen
4. Korrektur Strategie Abweichungen	Zukunftsorientiert	Managemententscheidungen (unterstützend)

Abb. 1.3: Regelkreis: Bestandteile des strategischen Controllings

Verfügung gestellten Daten an die funktionalen Controllingbereiche in einem einheitlichen Reporting-System weitergegeben werden.

Eine flexible und schnell agierende Controllingorganisation ist auf ein integriertes Controlling-Informationssystem bzw. Berichtswesen angewiesen. Die operativen Controllingsysteme beziehen sich auf die Bereiche Kosten- und Leistungscontrolling, Investitions-, Finanz-, Personal- und Logistikcontrolling. Die Funktionsbereiche im Kosten- und Leistungscontrolling sind das Gemeinkosten-, Produktkosten- und Ergebniscontrolling, welche mit den traditionellen deutschen Bezeichnungen Kostenarten-, Kostenstellen- und Kostenträgerstückrechnung (Kalkulation) sowie Kostenträgerzeitrechnung/kurzfristige Erfolgsrechnung übereinstimmen. Diese Bereiche werden zur Einführung und zum Überblick im Folgenden kurz dargestellt. Im weiteren Verlauf des Buches sind ihnen jeweils Hauptkapitel gewidmet.

1.2 Stromgrößen und Bestandsgrößen

Im Rechnungswesen werden typischerweise zuvor definierte Perioden, wie z. B. Tage, Wochen, Monate, Quartale oder Jahre bezüglich ihrer Veränderung in der Periode betrachtet. Hierbei kann sich die Betrachtung z. B. auf die Veränderung der Sach-/Lagerbestände (z. B. Lagerhaltung, Inventur), der Geldbestände z. B. Bargeld, Kontobestände, Forderungs-/Verbindlichkeitsbestände oder Vermögenswerte im allgemeinen z. B. Bilanzen beziehen.

Die zu erfassenden Größen der Anfangs- und Endbestände sind zu definieren und legen hierdurch fest, ob z. B. die Liquiditätsveränderung oder die Vermögensveränderung im Vordergrund der Betrachtung steht. Hieraus ergeben sich auch die Veränderungen der Periode, die sich aus den Zugängen und Abgängen der zuvor definierten

Größen in der Periode ergeben. Es gilt die Formel:

$$\text{Endbestand} = \text{Anfangsbestand} + \text{Zugang} - \text{Abgang}$$

Die Veränderung der Periode kann über die Differenz des Endbestandes und des Anfangsbestandes oder die Differenz der Zugänge und Abgänge ermittelt werden:

Delta Periode = **Endbestand** – **Anfangsbestand** **Bestandsgrößenbetrachtung**

= **Zugang** – **Abgang** **Stromgrößenbetrachtung**

- Anfangs- und Endbestand sind Bestandsgrößen und gelten jeweils genau zu einem Zeitpunkt, beispielsweise Monatsanfangs und Endbestand z. B. Bankkontoauszug oder Jahres- Anfangsbestand: 01.01.2022, 0 Uhr; Endbestand 31.12.2022 24 Uhr z. B. bei der Bilanz.
- Stromgrößen sind hingegen die Veränderungen zwischen zwei Zeitpunkten, z. B. im Laufe des Monats oder des Jahres 2022 (z. B. Gewinn- & Verlustrechnung).

Die unterschiedlichen Systeme des Rechnungswesens unterscheiden sich darin, wie die zu betrachtenden Bestände in ihrer Zusammensetzung definiert werden:
- Bei der Einzahlungs- und Auszahlungsrechnung werden im Wesentlichen die Veränderung der Zahlungsmittel und Kontobestände betrachten: Cash/Cashflow (z. B. Bankkontoauszug, Zahlungsmittelbestand & Veränderung des Zahlungsmittelbestandes).
- Bei der Einnahmen- und Ausgabenrechnung werden zusätzlich neben den Cash Beständen und deren Veränderungen auch die Forderungen und Verbindlichkeiten der Periode und deren Veränderungen berücksichtigt: Geldvermögen/Finanzierungsrechnungen.
- Bei den Aufwendungen und Erträgen werden in der Gewinn- und Verlustrechnung (Stromgrößenrechnung) neben dem Geldvermögen zusätzlich die Veränderungen des Sachvermögens abgebildet: **Gesamtvermögen** (Bilanz/Bestandsgrößenrechnung).
- Die Kosten- und Leistungsrechnung als Stromgrößenrechnung beschränkt sich hingegen auf die Veränderung des **betriebsnotwendigen Vermögens** und ermittelt das kalkulatorische Betriebsergebnis

Für alle Systeme können die Bestände und die Stromgrößen abgebildet werden. Stromgrößen und Bestandsgrößen führen zu dem gleichen Ergebnis bei der Betrachtung der Periodenveränderung. Während bei den Finanzierungsrechnungen und in der Buchhaltung der Ausweis der Strom- und Bestandsgrößen üblich ist, verzichtet die Kosten- und Leistungsrechnung in den meisten Fällen auf die Abbildung der Bestandsrechnung in Form einer Betriebsbilanz.

1.3 Aufgaben des Rechnungswesens

Eine der wesentlichen Aufgaben des Controllings ist die Sicherung der Existenz des Unternehmens. Unternehmen können durch vielfältige Risiken gefährdet werden, wie z. B. falsche Strategien, kostenintensive Rechtstreitigkeiten, Schadensersatzprozesse, Liquiditätsprobleme, Finanzierungsprobleme (z. B. Nokia, Bayer, Tesla). Während in vielen Fällen, wie z. B. der Strategieentwicklung, dem Controlling eher eine unterstützende und entscheidungsvorbereitende Funktion zukommt, hat es in anderen Bereichen eine führende Rolle. Die Sicherstellung der Zahlungsfähigkeit und des Vermögens des Unternehmens hat das Controlling laufend zu überwachen. Kurzfristige Zahlungsunfähigkeit eines Unternehmens hat unmittelbar fatale Folgen, wenn nicht neues Kapital bzw. neue Kredite beschafft werden können. Gespräche mit den Kapitalgebern oder Banken sollten vorausschauend geführt und nicht erst bei einem akuten Liquiditätsengpass adressiert werden. Während eine Zahlungsunfähigkeit sehr schnell zu dem Ende eines Unternehmens führen kann, sind Verluste häufig zumindest temporär verkraftbar. Sie führen jedoch zu einem laufenden Verlust des Vermögens und damit Substanzverlust. Längerfristig können hierdurch erforderliche Ersatzinvestitionen gefährdet werden. Während in der Gewinn- & Verlustrechnung und Bilanz die Erhaltung des Gesamtvermögens im Vordergrund der Betrachtung steht, werden in der Kosten- & Leistungsrechnung die Quellen des betrieblichen Erfolges gesucht.

Je nach zu erfüllender Aufgabe des Controllings oder Rechnungswesens (Liquidität, Finanzierung, Vermögen, Steuermeldungen) werden unterschiedliche Kalkulationen durchgeführt, für die es entsprechende Fachbegriffe – Wertekategorien – gibt:

Bestandsgrößen   **Stromgrößen**
- **Liquidität:**   **Auszahlungen & Einzahlungen**
    Geldflüsse; insbesondere relevant für die laufende Liquidität; Zahlungsmittelüberschuss/Defizit zu einem bestimmten Zeitpunkt
- **Geldvermögen:**   **Ausgaben & Einnahmen**
    Beschaffungswertzugänge auf Bestandskonten/Umsatzerlöse, Mittelfristiger Mittelzufluss und Abfluss, Finanzierung Investitions- & Finanzierungsrechnung
- **Gesamtvermögen:**   **Aufwand & Ertrag**
    Erfolgskonten der Buchhaltung, Reinvermögen der Handelsbilanz
- **Steuerbilanz:**   **Betriebsausgaben & Betriebseinnahmen**
    Sichtweise des nationalen, z. B. deutschen Steuerrechts
- **Betriebsbilanz:**   **Kosten & Leistungen**
    kalkulatorisches Betriebsergebnis & Betriebsnotwendiges Vermögen

Die Zuordnung zu den einzelnen Wertekategorien ist auch von der Wahl der Periode abhängig. Je kürzer die Periode gewählt wird, desto mehr Abgrenzungsfälle treten zwischen Liquiditäts- und Vermögenswirkungen auf. Bei einer Betrachtung der Totalperiode des Unternehmens fließen mit Auflösung des Unternehmens alle Vermögensgegenstände in die Liquidität zurück, welche in diesem Falle auch das Endvermögen des Unternehmens darstellt.

Während in der Theorie den Ausgangspunkt der Datenerfassung die Liquidität darstellt, hat sich in der Praxis eine andere Vorgehensweise etabliert. Einer der zuverlässigsten und am besten gepflegten Datenbestände des Rechnungswesens befindet sich in der Buchhaltung. Für die Handelsbilanz regeln gesetzliche Vorgaben wie das HGB z. B. die Dokumentation, die Bewertung und die Aufbewahrung. Andere Teile des Rechnungswesens, wie z. B. auch die Kosten & Leistungsrechnung, greifen gerne auf diesen qualitativ hochwertigen Datenbestand zurück. Dies hat sich in vielen Unternehmen und EDV-Systemen auch bei den Liquiditäts- und Finanzierungsrechnungen durchgesetzt, die zunehmend die Cashflow- oder Kapitalfluss-Rechnungen retrograd über die Berücksichtigung der Auszahlungswirkungen aus der Buchhaltung ableiten.

Die Abgrenzung zwischen Auszahlung/Einzahlung und Ausgabe/Einnahme erfolgt über den Güterzugang. Erfolgt der Güterzugang/Abgang ohne zeitgleichen Zahlungsvorgang entsteht eine Verbindlichkeit/Forderung und Kaufleute sprechen dann von Ausgaben/Einnahmen. Die Summe der Liquidität und der Forderungen abzüglich der Verbindlichkeiten wird als Geldvermögen bezeichnet.

Bei der Abgrenzung zwischen Ausgabe/Einnahme und Aufwand/Ertrag stellt sich die Frage, ob es eine Vermögenswirkung gibt. Finanzwirtschaftliche Transaktionen, wie z. B. eine Darlehnsgewährung/-rückzahlung führen zu keinem Aufwand/Ertrag. Erfolgt hingegen eine Vermögenswirkung ist zu prüfen, ob diese in der gleichen Periode oder in der vorhergehenden oder nachfolgenden Periode wie die Ausgaben/Einnahmen erfolgt.

Aufwendungen stellen gleichzeitig Kosten dar, wenn sie betriebsbedingt, periodenrichtig und normal sind; bei einer abweichenden Periodenzurechnung können Anderskosten entstehen. Des Weiteren kennt die Kostenrechnung kalkulatorische Zusatzkosten, bei denen es sich um keine Aufwendungen handelt.

Kosten und Leistungen bezeichnen nicht die Geldbewegungen zwischen Unternehmen und Umwelt, sondern den unternehmensinternen betriebstypischen bewerteten Verbrauch von Produktionsfaktoren (= Kosten) und die Erstellung von betriebstypischen bewerteten Leistungen, die nicht nach handels- und steuerrechtlichen Bewertungsvorschriften bewertet sein müssen und auch noch nicht zu Einnahmen bzw. Umsatzerlösen geführt haben müssen (= Leistungen). Dementsprechend weicht der nach Handels- und Steuerrecht ermittelte Jahresüberschuss (Bilanzieller Gewinn) auf der Basis von Aufwendungen und Erträgen von dem kalkulatorischen (= kostenrechnerischen) Gewinn auf der Basis von Kosten und Leistungen ab.

Beispiel: Maschinenbauunternehmen
Zur Verdeutlichung der Zusammenhänge dienen die folgenden Geschäftsvorfälle: Ein Maschinenbauunternehmen plant die Produktion einer neuen Maschine. Es benötigt dazu verschiedene Halbfertigfabrikate, für die der Zulieferer eine Anzahlung bzw. Vorauszahlung verlangt. Die Halbfertigfabrikate werden im nächsten Monat gelie-

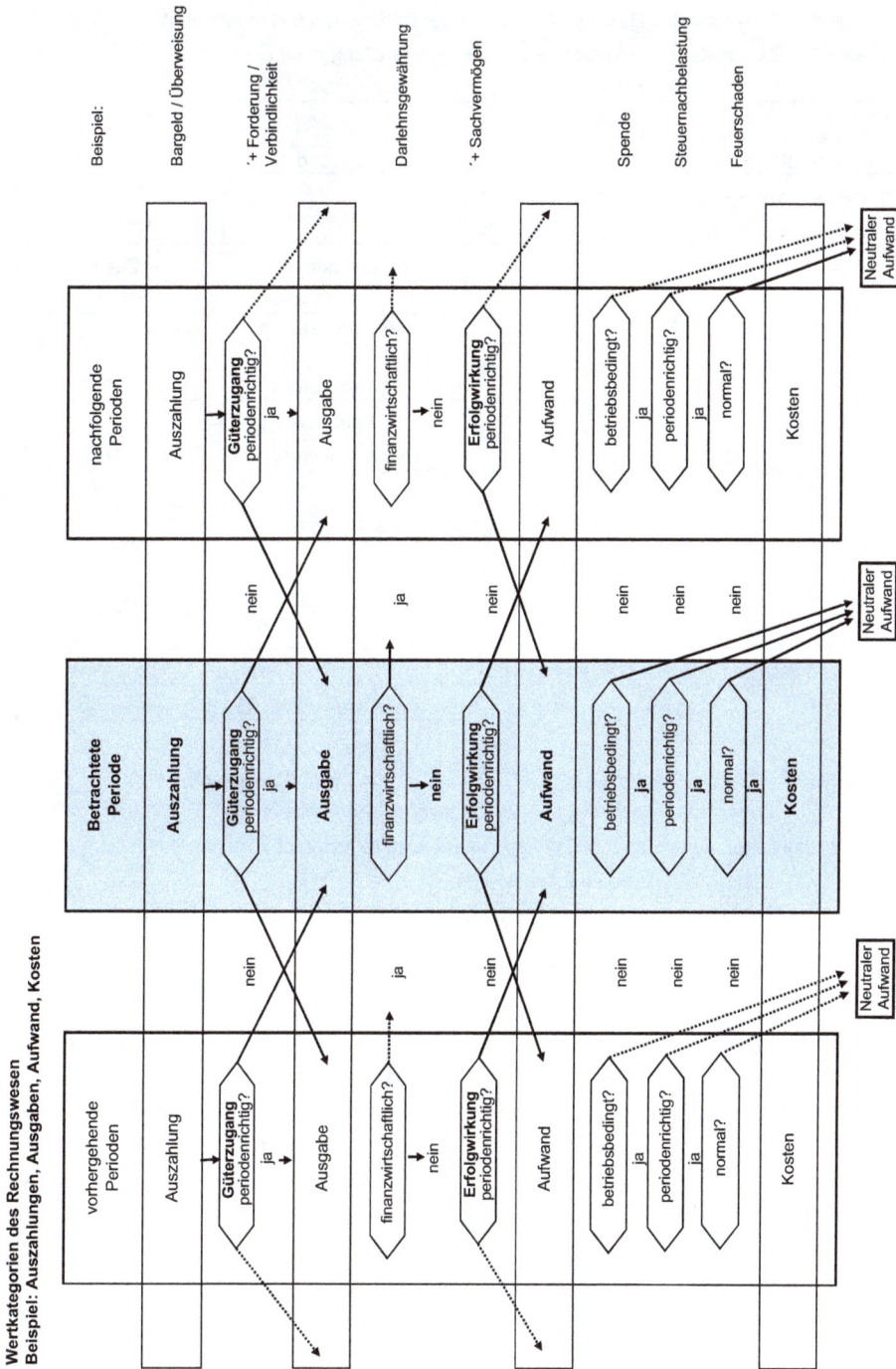

Abb. 1.4: Wertekategorien des Rechnungswesens (Quelle: Eigene Darstellung)

Aufwand: Abnahme des Reinvermögens in einer Periode nach Handelsrecht

Kosten: Bewerteter Güterverzehr zur Leistungserstellung in einer Periode

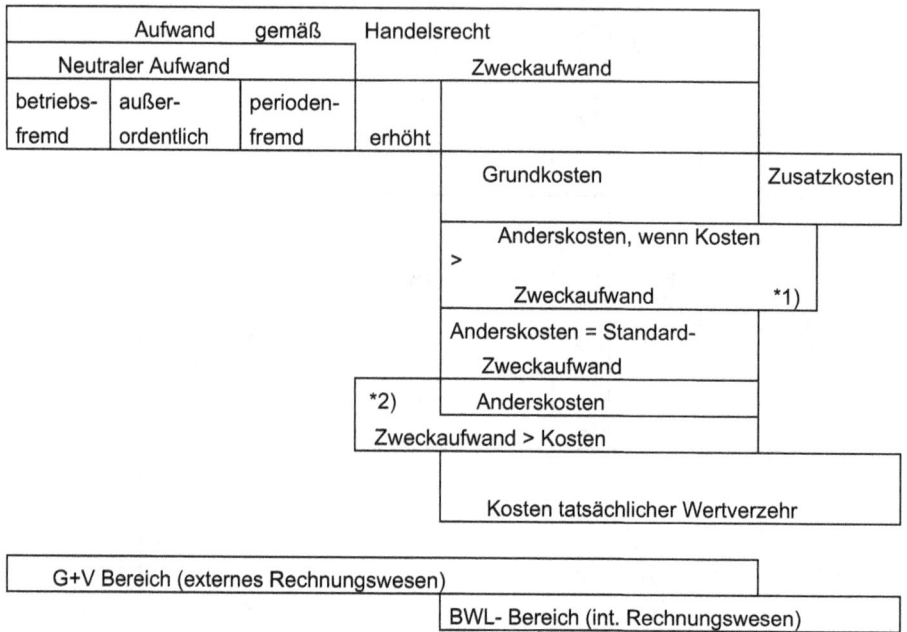

Aufwand gemäß Handelsrecht					
Neutraler Aufwand			Zweckaufwand		
betriebs-fremd	außer-ordentlich	perioden-fremd	erhöht		
				Grundkosten	Zusatzkosten
				Anderskosten, wenn Kosten > Zweckaufwand *1)	
				Anderskosten = Standard-Zweckaufwand	
		*2)	Anderskosten		
			Zweckaufwand > Kosten		
				Kosten tatsächlicher Wertverzehr	

G+V Bereich (externes Rechnungswesen)	
	BWL- Bereich (int. Rechnungswesen)

*1) Tatsächlicher Wertverzehr > G+V-AfA, z.B. am Ende der Nutzungsdauer einer
     im externen Rechnungswesen abgeschriebenen Maschine

*2) Tatsächlicher Wertverzehr < G+V-AfA, wenn letztere maximal z.B. zum
     Steuerverschieben gebildet wurde.
     Zusatzkosten und Anderskosten gehören zu den kalkulatorischen Kosten

Abb. 1.5: Abgrenzung des Aufwands von den Kosten (eigene Darstellung)

fert. Zum jetzigen Zeitpunkt ist die Anzahlung für das Maschinenbauunternehmen eine Auszahlung, da nur Geld an den Zulieferanten fließt, ohne dass ein Beschaffungswertzugang bzw. eine Buchung auf einem Bestandskonto erfolgt. Es entsteht aber eine Forderung an den Zulieferer. Auszahlungen sind Abflüsse flüssiger (lat.: liquider) Mittel aus dem Unternehmen in die wirtschaftliche Umwelt, also z. B. an Lieferanten. Der Fall einer Auszahlung liegt vor, sobald ein Geldbetrag die Kasse oder ein Konto der Unternehmen verlässt. Werden für Produktionsfaktoren Vorauszahlungen getätigt, stellen diese Vorauszahlungen zwar eine Auszahlung dar, eine Ausgabe bzw. ein Beschaffungswertzugang[3] ist jedoch noch nicht gegeben.[4]

---

3 Kilger benutzt anstelle des Begriffs „Ausgabe" den Begriff „Beschaffungswertzugang", worunter er den Wert der zugegangenen Produktionsfaktoren versteht, die zum Betrachtungszeitpunkt buchhalterisch auf Bestandskonten und physisch im Wareneingangslager liegen (Vgl.: Kilger 1992, S. 19 ff.).

Viele Geschäftsvorfälle stellen gleichzeitig eine Auszahlung und eine Ausgabe/Beschaffungswertzugang der Periode dar. Dies ist der Fall, wenn eingekaufte Waren sofort bezahlt werden. Eine Ausgabe ist in dem Augenblick gegeben, in dem vertragsrechtlich ein Kauf getätigt wurde oder wird und die Sache oder Dienstleistung auch tatsächlich geliefert wird. Der Begriff der Ausgabe und das Entstehen von Forderungen und Verbindlichkeiten korreliert eher mit den zivilrechtlichen Sachverhalten der (Liefer-) Schuld und des Anspruchs auf Lieferungen und Leistungen. Kilgers Begriff „Beschaffungswertzugang" bezieht sich eher auf die buchhalterische und Lagerbestandssicht des Unternehmens.

Einige Hilfs- und Betriebsstoffe, die für die Produktion der neuen Maschine benötigt werden, werden im Monat der Bestellung geliefert und sofort bar bezahlt. Der Beschaffungswertzugang/die Ausgabe und die Auszahlung fallen in den gleichen Monat und sind deckungsgleich. In diesem Fall entsteht keine Forderung und auch keine Verbindlichkeit, sondern ein Aktivtausch. Ein anderer Zulieferer liefert dem Maschinenbauunternehmen Rohstoffe, die nicht sofort bezahlt werden müssen, sondern erst in einem Monat; hierbei handelt es sich um einen Lieferantenkredit, also eine Bilanzverlängerung. Es entsteht eine Verbindlichkeit gegenüber dem Zulieferer. Wenn die Verbindlichkeit im nächsten Monat beglichen wird, liegt eine Auszahlung vor, der im zukünftigen Monat keine Ausgabe bzw. kein Beschaffungswertzugang entspricht. Beim zeitlichen Auseinanderfallen von Auszahlungen und Ausgaben bzw. Beschaffungswertzugängen entstehen dementsprechend grundsätzlich Forderungen und Verbindlichkeiten. Auszahlungen und Ausgaben einer Periode können nur dann übereinstimmen, wenn keine Vorauszahlungen bzw. Kreditkäufe getätigt werden.

Wenn die Halbfertigfabrikate sowie Roh-, Hilfs- und Betriebsstoffe buchhalterisch auf Bestandskonten und körperlich im Lager liegen und zunächst noch nicht verbraucht werden, so handelt es sich vorübergehend nur um Ausgaben/Beschaffungswertzugänge aber noch nicht um Aufwand bzw. Kosten. Aufwand und Kosten entstehen erst im Moment der Lagerentnahme dieser Materialarten und ihres Verbrauchs bzw. Einsatzes in der Produktion. Wenn die zugelieferten Materialarten im Monat ihrer Anlieferung verbraucht werden, sind Ausgaben/Beschaffungswertzugang, Aufwand und Kosten deckungsgleich. Diese Situation ist im Falle der Logistikkonzeption der fertigungssynchronen Anlieferung (angels.: Just-In-Time-System) immer gegeben, da dieses gerade durch die auf den Verbrauchszeitpunkt in der Produktion abgestimmte zeitnahe Anlieferung charakterisiert werden kann. (Vgl. Varnholt/Hoberg 2007; Varnholt 1983, 1984) Wenn die Materialarten in einem späteren Monat verbraucht werden, handelt es sich in diesem späteren Monat nur um Aufwand und Kosten aber nicht um Ausgaben/Beschaffungswertzugänge. Aufgrund der Lagerunfähigkeit nicht materieller Produktionsfaktoren müssen hierbei Ausgabe und Aufwand identisch sein.

---

4 Das Geldvermögen sinkt zwar durch die Auszahlung, nimmt aber durch die Forderung um den gleichen Betrag zu, so dass das Geldvermögen unverändert bleibt. Es ist Konvention, dass man dann auch nicht von Ausgaben und Einnahmen spricht.

Schmalenbach versteht unter Aufwand „den Wert derjenigen Güter und Dienstleistungen, die für Rechnung der Unternehmung, sei es bestimmungsgemäß oder nicht bestimmungsgemäß, sei es im Betrieb der Unternehmung selbst, oder außerhalb derselben, vernichtet wurden oder sonst verloren gehen" (Schmalenbach 1962, S. 82) Kosiol sieht die Ausgaben und Aufwendungen als Komponenten einer pagatorischen Betrachtungsweise des betriebswirtschaftlichen Wertekreislaufs, wobei von dem ausgehenden finanziellen Gegenwert auszugehen ist, d. h. von den Ausgaben (Geld- und Schuldverhältnisse), um hieraus durch zeitliche Verteilung und Abgrenzung die Aufwendungen zu ermitteln. (Vgl. Kosiol 1953, S. 15)

Den Teil des Aufwands, der sich nicht auf die betriebliche Leistungserstellung, den Absatz, sowie der Aufrechterhaltung der Betriebsbereitschaft während einer Periode bezieht, bezeichnet man als neutralen Aufwand. Darunter fallen alle Aufwendungen, die durch betriebsfremde, außerordentliche und periodenfremde Geschäftsvorfälle entstehen.

Als betriebsfremd ist der Aufwand zu bezeichnen, der nicht durch den eigentlichen Betriebszweck verursacht wird. Darunter fallen z. B. Aufwendungen für betrieblich nicht genutzte Grundstücke und Gebäude sowie nicht betriebsnotwendige Beteiligungen. Außerordentliche Aufwendungen sind solche, die zwar betriebsbedingt sind, aber wegen ihrer Besonderheit und ihres unregelmäßigen Anfalls nicht als Kosten verrechnet werden. Dabei handelt es sich z. B. um nicht oder unterversicherte Schadensfälle, Verluste bei Anlageverkäufen und Gründungskosten. Periodenfremde Aufwendungen sind z. B. Nachzahlungen von Beiträgen und Gebühren, die eine frühere Periode betreffen. Den Gesamterfolg betreffende Aufwendungen sind insbesondere die gewinnabhängigen Steuern, die so genannten Ertragsteuern (Einkommen- bzw. Körperschaftsteuer und Gewerbeertragsteuer)

Nach Abspaltung des neutralen Aufwands vom Gesamtaufwand verbleibt der so genannte Zweckaufwand. Dieser stellt denjenigen wertmäßigen Verbrauch von Produktionsfaktoren dar, der dem eigentlichen Betriebszweck dient. Dieser kann mit den Grundkosten identisch sein. Hierunter fallen z. B. die Kostenarten Lohn, Gehalt, Material u. Ä. Aber auch der Zweckaufwand umfasst nicht alle Kosten. Dass Zweckaufwand und Kosten nicht in ihrer Gesamtheit übereinstimmen, hat zwei Gründe:
- Aufwendungen, die Kosten-Charakter haben, werden für die Kostenrechnung aus bestimmten Gründen anders bewertet (Anderskosten). Anderskosten können kleiner oder größer als der Zweckaufwand sein.
- Es entstehen Kosten, denen zwar kein Aufwand zu Grunde liegt, die aufgrund ihres Kostencharakters als solche zusätzlich verrechnet werden sollten (Zusatzkosten).

Wenn der Aufwand betriebstypisch, periodengerecht und nicht außerordentlich ist, stellt er zugleich Kosten dar. Es handelt sich hierbei um die so genannten Grundkosten, die den größten Teil der Kostenarten ausmachen und aus den Aufwandskonten der Finanzbuchhaltung in die Kostenrechnung übernommen werden können. Kosten sind der bewertete Güter- und Leistungsverzehr, der zur Erstellung und zum Absatz der betriebstypischen Produkte und zur Aufrechterhaltung der hierfür notwendigen Betriebsbereitschaft erforderlich ist (Vgl.: Kilger 1992 S. 25 ff.). Schmalenbach (1963, S. 6) definiert Kosten als „... in der Kostenrechnung anzusetzenden Werte der für Leistungen verzehrten Güter." Wenn man zu den obigen Definitionen noch die Zeitperspektive ergänzt, so kann die Definition der Kosten wie folgt lauten:

Kosten sind der bewertete betriebliche Güterverzehr in der betrachteten Periode.

Dieser Kostenbegriff ist im Wesentlichen durch vier Kriterien gekennzeichnet:

– Der Güterverzehr oder Verbrauch von Produktionsfaktoren (Mengenkomponente): Ein Verbrauch von Gütern wird dann konstatiert, wenn Wirtschaftsgüter ihre Fähigkeit, an der Erstellung betrieblicher Leistungen direkt oder indirekt mitzuwirken, ganz oder teilweise verlieren, ihr Nutzungspotenzial also ganz ausgeschöpft oder verringert wird. Der Güterverzehr wird in Mengeneinheiten gemessen.

– Die Leistungsbezogenheit des Güterverbrauchs: Nicht jeder Güterverbrauch führt zwangsläufig zu Kosten, sondern nur derjenige, der im Zusammenhang mit der Produktion- und/oder dem Absatz betriebstypischer Produkte steht. Die betriebliche Veranlassung ist entscheidend.

– Die Bewertung des Verbrauchs (Wertkomponente): Jeder Verbrauch von Gütern ist in Geld zu bewerten, um die verschiedenen Gütermengen vergleichbar und verrechenbar zu machen. Die Bewertung des leistungsbezogenen Güterverbrauches hängt vom Zielsystem der Unternehmung ab. Insofern schreibt der kalkulatorische Kostenbegriff keinen bestimmten Wertansatz vor.

– Die betrachtete Periode: Kosten können sich von Monat zu Monat ändern, so dass eine präzise Aussage immer nur in Bezug auf eine bestimmte Periode sinnvoll ist.

Die Positionen der Anderskosten und der Zusatzkosten können unter dem Oberbegriff „kalkulatorische Kosten" gefasst werden. Die aufwandsgleichen Kosten werden hingegen üblicherweise unter dem Oberbegriff „Grundkosten" gefasst. Aufwandsungleiche Kosten (Anderskosten) sind solche, die nicht in gleicher Höhe aus den Aufwendungen übernommen werden. Anderskosten können kleinere oder größere Werte beinhalten als der ihnen gegenüberstehende Aufwand (siehe Abb. 1.5: Abgrenzung des Aufwands von den Kosten). So könnte z. B. unabhängig von der bilanziellen Abschreibung die kalkulatorische Abschreibung ermittelt werden, um in dieser den tatsächlichen Verschleiß zum Ausdruck zu bringen und bilanzpolitische Spielräume außer Acht lassen zu können. Die bilanziellen und die kalkulatorischen Abschreibungen haben sich gem. BilMoG hinsichtlich der Abschreibungsmethode angenähert, da abgesehen von der Leistungsabschreibung und Sonderfällen, wie z. B. Sonderabschreibungsmöglichkeiten bei denkmalgeschützten Immobilien, handels- und steuerrechtlich nur noch die lineare AfA erlaubt ist. Weiterhin können, anstatt der Effektiv- oder Buchzinsen für das Fremdkapital, die kalkulatorischen Zinsen auf das betriebsnotwendige Kapital verrechnet werden. In ähnlicher Weise werden auch die kalkulatorischen Wagnisse von den eingetretenen Wagnissen abgesondert.

Aufwandslose Kosten (Zusatzkosten) stellen z. B. der Unternehmerlohn bei Personengesellschaften oder der Mietwert für die betriebliche Benutzung privater Räume dar, wenn diese Nutzung nicht in Rechnung gestellt wird.

Die Verrechnung der kalkulatorischen Kosten erhöht die Genauigkeit, periodische Vergleichbarkeit und Aussagefähigkeit der Kostenrechnung, denn die Kostenrechnung erfolgt unabhängig von der Rechtsform, der Finanzierungsweise, der Bilanzpolitik und dem Eintritt von Wagnissen/Risiken.

Das Maschinenbauunternehmen fordert von dem Abnehmer der Maschine eine Anzahlung. Diese erhaltene Anzahlung stellt eine Einzahlung, aber noch keinen Umsatzerlös/keine Einnahme dar. Einzahlungen sind Zuflüsse flüssiger (lat.: liquider) Mittel in das Unternehmen aus der wirtschaftlichen Umwelt, also z. B. von Kunden. Erst in dem Monat, in dem die Maschine tatsächlich ausgeliefert wird (der Gefahrenübergang ist entscheidend), entstehen Umsatzerlöse/Einnahmen. Das Maschinenbauunternehmen liefert die Maschine mit einem Zahlungsziel von fünf Wochen aus; das heißt, sie muss erst im nächsten Monat bezahlt werden. Im gegenwärtigen Monat handelt es sich um Umsatzerlöse/Einnahmen, denen keine Einzahlungen gegenüberstehen. Wenn die Maschine im gleichen Monat ausgeliefert und bezahlt würde, wären Einzahlungen und Umsatzerlöse/Einnahmen deckungsgleich. In Literatur und Praxis hat sich für die Geldflussrechnung, d. h. der Gegenüberstellung von Auszahlungen und Einzahlungen, heute die angelsächsische Bezeichnung „Cashflow Rechnung" durchgesetzt. Wenn die Auszahlungen in einer Periode größer als die Einzahlungen sind und diese Liquiditätslücke nicht durch vorhandene Liquidität und Finanzierungsmaßnahmen geschlossen werden kann, ist das Unternehmen zahlungsunfähig und es greift die Insolvenzordnung.

In dem Monat, in dem eine Maschine fertig produziert wird, stellt diese Maschine einen Ertrag dar. Wenn sie erst in einem späteren Monat verkauft wird, entsteht im früheren Monat der Fertigstellung allerdings kein Umsatzerlös/Einnahme, sondern nur eine Leistung bzw. ein Ertrag. In dem späteren Monat, in dem die Maschine dann geliefert wird, entstehen zwar Umsatzerlöse/Einnahmen, aber nur noch Erträge/Leistungen in Höhe der Differenz zwischen Umsatzerlösen und zuvor bewertetem Fertigwarenbestand.

Es existieren auch Fälle, in denen ein Produkt bei der Bestellung durch den Kunden vor Produktionsbeginn vollständig bezahlt und nicht nur angezahlt werden muss. Dies ist z. B. bei Maßkonfektionären und Maßschneidern oftmals der Fall. Es entsteht im Zeitpunkt der Bezahlung durch den Kunden eine Einzahlung. Eine Leistung ist in Form der Verkaufs- und Beratungsleistung entstanden, aber noch nicht in Form der Produktionsleistung. Einnahme und Ertrag können sowohl zeitlich als auch sachlich voneinander abweichen. Zeitlich weichen Einnahme und Ertrag z. B. ab, wenn auf Lager produziert wird oder Güter aus dem Lager verkauft werden. Aber es gibt auch Einnahmen, die gar keinen Ertrag darstellen, so z. B. wenn ein Schuldner das Darlehen zurückzahlt. Umgekehrt ist der Fall denkbar, dass ein Ertrag niemals zu einer Einnahme führt, z. B. bei selbst erstellten Werkzeugen oder Maschinen, die für die Eigennutzung bzw. die Aktivierung im Anlagevermögen bestimmt sind (Eigenleistungen).

Die den Kosten gegenüberstehende Größe werden als Leistungen bezeichnet. Parallel zu den Kosten gibt es die 4 gleichen Kategorien:

- Mengenkomponente,
- Wertkomponente,
- betrieblicher Bezug und
- betrachtete Periode.

Leistungen sind die bewerteten betrieblichen Outputmengen in der betrachteten Periode.

Die Leistungen des internen Rechnungswesens müssen vom Ertrag des externen Rechnungswesens abgegrenzt werden.

Ertrag und Leistung unterscheiden sich einerseits durch den neutralen Ertrag, der analog zum neutralen Aufwand als betriebsfremder außerordentlicher oder periodenfremder Ertrag erscheinen kann, andererseits durch die Zusatzleistungen die nicht erfolgswirksam sind, so z. B. innerbetriebliche Leistungen, die zum Kostenwert verrechnet werden.

Da die Produktion einer Maschine für ein Maschinenbauunternehmen typisch ist, stellt sie einen betriebstypischen Ertrag und somit auch eine Leistung dar. Wenn das Maschinenbauunternehmen nicht nur betriebstypische Maschinen produzieren würde, sondern in seiner Region z. B. gemeinnützig tätig würde, indem es Einrichtungen für Schulen, öffentliche Anlagen oder die Freiwillige Feuerwehr mit verringerter Berechnung produziert, handelte es sich um einen neutralen Ertrag, aber nicht um eine Leistung.[5] Der zeitraumbezogene bzw. periodenbezogene Erfolg als Differenz zwischen dem Eigenkapital am Periodenbeginn (minus den Eigenkapitaleinlagen, plus den Eigenkapitalentnahmen) und dem Eigenkapital am Periodenende (=Bilanzvergleich) oder als Differenz zwischen Aufwand und Ertrag (= Gewinn und Verlustrechnung), wird als Gewinn oder Verlust der Finanzbuchhaltung bzw. des externen Rechnungswesens bezeichnet. Dieser Gewinn oder Verlust, der typischerweise nur für das Gesamtunternehmen, nicht aber für einzelne Produkte, Produktgruppen oder Unternehmensbereiche ermittelt wird (Ausnahme: Segmentberichterstattung gem. § 285 HGB), wird für die Ausschüttungshöhe (Dividenden auf Geschäftsanteile wie z. B. GmbH-Anteile oder Aktien) benötigt, sowie zur Ermittlung der Steuerzahllast eines Unternehmens. Zur Unternehmensführung ist die GuV wegen der mangelnden Differenzierung nach Produkten, Produktgruppen etc. nicht geeignet. Zur betriebswirtschaftlichen Steuerung werden produktspezifische (nach Erfolgsquellen differenzierte) kurzfristige Erfolgsrechnungen auf der Basis von Kosten und Leistungen benötigt. Diese werden in Kapitel 7 dieses Buches dargestellt.

---

[5] Den Ertrag bezeichnet Mellerowicz als „Gutsmehrung" (Umsatzerlös/Einnahme plus/minus Bestandsveränderungen). Er setzt sich aus dem Betriebs- und dem neutralen Ertrag zusammen. (Vgl. Mellerowicz Kosten und Kostenrechnung 1973, S. 192 ff.).

Beispiel Stuhlproduktion
Um die Abfolge von Geschäftsvorfällen zu zeigen, soll ein weiteres Beispiel angeführt werden: Für eine Stuhlproduktion werden Stuhlbeine zum Einkaufspreis von 40 eingesetzt sowie sonstige Produktionsfaktoren (Material, Löhne, Fertigungs- und Materialgemeinkosten) von 30. Der Stuhl wird dann zum Verkaufspreis von 100 (vor MwSt.) verkauft und bezahlt.

Geschäftsvorfall	Einnahme + Ausgabe −	Ertrag + Aufwand −	Leistungen + Kosten −	Einzahlung + Auszahlung −
Bestellung von Stuhlbeinen[6]				
Anlieferung der Stuhlbeine mit Rechnung	−40			
Verbrauch in der Produktion		−40	−40	
Verbrauch sonstige Produktionsfaktoren		−30	−30	
Bezahlung der Stuhlbeine beim Lieferanten				−40
Lagerzugang fertiger Stuhl		+70	+70	
Telefonischer Verkauf der Stühle				
Lieferung der Stühle mit Rechnung	+100	+30	+30	
Kunde bezahlt				+100

Abb. 1.6: Grundbegriffe des Rechnungswesens am Beispiel einer Stuhlproduktion (eigene Darstellung)

Anmerkung: Geringe Kosten, die z. B. beim Telefonieren anfallen (Gebühren, Personalkosten), bleiben außen vor. Bestellung und Verkauf finden keinen direkten Niederschlag im Rechnungswesen. Allerdings werden diese Daten in der Betriebsstatistik als offene Bestellung und Verkäufe genau verfolgt.

1.4 Erweiterung des Rechnungswesens

1.4.1 Integration externer Kosten und Leistungen

Unternehmen agieren eingebettet in ihr wirtschaftlich-soziales Umfeld. Es gibt viele Austauschbeziehungen, deren monetäre Aspekte in der Unternehmensrechnung möglichst vollständig abgebildet werden sollen. Wie beschrieben geschieht dies im internen Rechnungswesen über Kosten und Leistungen bzw. Ein- und Auszahlungen und im externen Rechnungswesen über Aufwand und Ertrag.

---

6 In SAP kann dieser Geschäftsvorfall durch eine Obligobuchung dargestellt werden.

Allerdings erzeugt fast jedes Unternehmen auch Effekte, die – obwohl sie Lasten oder Nutzen darstellen – nicht verrechnet werden, wenn sie nämlich – meist ohne Vertragsbeziehungen – Dritte betreffen. In der Volkswirtschaftslehre sind insb. die externen Kosten mit ihren möglichen Fehlallokationswirkungen bekannt (vgl. zu den Externalitäten z. B. Krugman/Wells, S. 595 ff.). Als Beispiel lassen sich Umweltverschmutzungen nennen, wobei zwischen umweltrechtlich erlaubten und unerlaubten (illegalen) unterschieden werden kann. In beiden Fällen entziehen sich die Unternehmen teilweise der Verpflichtung, für die durch sie verursachten Schäden aufzukommen. Häufig leiden Unbeteiligte an dieser Vorgehensweise.

Als Reaktion auf die Problematik wird in der volkswirtschaftlichen und politischen Diskussion die Internalisierung der bei anderen Wirtschaftssubjekten entstehenden Kosten gefordert. Handelbare Emissionsrechte – z. B. die CO_2-Zertifikate – sind ein marktwirtschaftlicher Ansatz, um die Verursacher der Schäden zu belasten (vgl. zur Internalisierung mittels handelbarer Emissionsrechte Krugman/Wells, S. 607–609). Idealerweise würden die Zertifikate genauso teuer sein, dass ein gesellschaftlich optimales Niveau der CO_2-Emission erreicht wird (Pigou-Steuer). Mit diesen Preisen würde dann eine Fehlallokation vermieden, weil der Grund für Überproduktionen (falsche Kosteninformationen, d. h. ohne Berücksichtigung externer Kosten) abgebaut wird. Gleichzeitig entsteht ein starker Anreiz, die Emissionen mit neuen Techniken gerade dort zu senken, wo es am wenigsten kostet. Durch die Reaktionen der Marktteilnehmer entsteht häufig die Notwendigkeit, die Mengen und/oder Preise der Emissionsrechte anzupassen.

Nicht gelöst ist dabei das Problem der gerechten Verteilung der Steuern, weil eigentlich die Geschädigten die Beträge erhalten müssten.

Externe Effekte können aber auch mit positiven Wirkungen entstehen (Positive Externalitäten). Es werden dabei z. B. durch Unternehmen oder den Staat Nutzenbeiträge für Dritte geschaffen, ohne dass Vertragsverhältnisse vorliegen. Auch hier gibt es umfangreiche Erkenntnisse der Volkswirtschaftslehre (z. B. über öffentliche Güter; vgl. z. B. Krugman/Wells/Graddy S. 278 ff.). Kennzeichnend ist, dass Dritte in den Genuss der Produkte kommen, ohne dafür (direkt) bezahlen zu müssen. Im Falle des Staates erfolgt die Finanzierung ganz allgemein über Steuern und Abgaben. Unabhängig davon, ob ein Wirtschaftssubjekt Steuern bezahlt, kommt es in den Genuss von Wissen, Frieden, Sicherheit, sauberer Luft, Deiche, Überflutungsgebiete, Straßen ohne Maut, Wälder usw., weil ein Ausschluss von diesen Leistungen nicht möglich ist oder nicht gewollt wird.

Im privaten Bereich kann unterschieden werden, ob diese positiven externen Effekte bei Dritten mit oder ohne Absicht erzeugt werden. Im Fall ohne Absicht ist es ein Nebeneffekt, der sicherlich im Sinne zufriedener Stakeholder gerne gesehen wird. Beispiele sind die Publikation neuer Forschungsergebnisse oder auch die sorgfältige Behebung von Umweltproblemen, sei es aus gesetzlichem Zwang, moralischer Überzeugung oder PR-Überlegungen.

Eher neu sind die beabsichtigen positiven externen Effekte, die aus zahlreichen innovativen Geschäftsmodellen resultieren. Hier können insb. Internetunternehmen wie z. B. Google genannt werden. Dabei wird den Informationssuchenden nützliches Werkzeug an die Hand gegeben – im Falle von Google eine Suchmaschine – und das ohne monetäre Gegenleistung. Diese fällt erst indirekt an, indem die Nutzer ggf. bezahlte Links anklicken, um kontextorientiert passende Angebote zu erhalten.[7]

Noch interessanter sind die Open Source bzw. Wiki-Angebote. Hier hat es sich eine Community zur Aufgabe gemacht, Wissen ohne verpflichtende Gegenleistung der Nutzer zu erstellen.[8]

Die Entscheidung, ob sich der Eingriff eines Unternehmens positiv oder negativ auswirkt, ist nicht immer eindeutig. Das Aufheizen von Flüssen durch Kraftwerke kann sich im Winter als positiv erweisen, im Sommer aber als negativ.

Die Erweiterung der Perspektive um externe Kosten und Erlöse führt auch zu einer Neubewertung der Frage, ob ein Unternehmen in einer betrachteten Periode Wert geschaffen hat oder nicht. Basierend auf den Daten des externen Rechnungswesens ist eine umfassende Antwort nicht möglich. Selbst wenn die Erträge die Aufwendungen übersteigen, kann es sein, dass es in 3 weiteren Bereichen nicht erfasste negative Komponenten gibt:
- Anderskosten
- Zusatzkosten
- Externe Kosten

Anderskosten basieren auf einem Sachverhalt, der auch im externen Rechnungswesen erfasst wird, aber mit einem anderen Wert. Abschreibungen werden im externen Rechnungswesen teilweise – und wenn gesetzlich erlaubt – nach der degressiven Methode gebildet, so dass am Anfang höherer Aufwand als Kosten entsteht (verringerte Anderskosten). Später liegen die Abschreibungen des externen Rechnungswesens dann unter denen des internen Rechnungswesens (erhöhte Anderskosten). Weiter unten wird ein Beispiel zu abweichenden Abschreibungshöhen gegeben. Zusatzkosten hingegen reflektieren Sachverhalte, die nur im internen Rechnungswesen erfasst werden dürfen. In Personengesellschaften ist insbesondere der kalkulatorische Unternehmerlohn zu nennen.

Umgekehrt kann es sein, dass ein Unternehmen, dessen Aufwendungen über den Erträgen liegen und damit in der GuV einen Verlust ausweist, dennoch im internen Rechnungswesen und volkswirtschaftlich einen kalkulatorischen Erfolg ausweist, wenn es in folgenden Bereichen erfolgreich war:
- Andersleistungen
- Zusatzleistungen
- Externe Leistungen

---

7 Als negative Komponente könnten die sehr großen Datenmengen gelten, die Google über seine Nutzer sammelt, speichert und ausnutzt.
8 Die Wikis können natürlich auch negative Nebenerscheinungen erzeugen, was hier nur erwähnt werden kann.

Andersleistungen könnten z. B. bei selbsterstellten Maschinen entstehen. Im externen Rechnungswesen würden die Anschaffungs- und Herstellungskosten aktiviert, im internen Rechnungswesen würde die kalkulatorische Bewertung aus Marktpreisen abgeleitet. Auch dabei können erhöhte Andersleistungen entstehen (wenn die Marktpreise höher liegen) oder verringerte Andersleistungen (wenn die Marktpreise niedriger liegen).[9] Im letzten Fall wäre im externen Rechnungswesen allerdings eine Abwertung zu prüfen.

Freie Güter werden im Laufe der Zeit häufig mit Preisen belegt. In der Vergangenheit gab es in den Städten und Dörfern keine Gebühren für das Trinkwasser; Wasser wurde am Brunnen frei verfügbar geholt. Das Abwasser wurde einfach in die Flüsse geleitet. Des Weiteren gab es häufig eine Dorfwiese, die jeder Dorfbewohner z. B. für seine Ziegen kostenfrei nutzen könnte. Heute sind alle diese Güter in unserem Kulturkreis i. d. R. nicht mehr frei verfügbar.

Um die Zusammenhänge deutlich zu machen, wurden die obigen Größen in die Abbildung 1.7 integriert.

Beispiel Atomkraftwerk

Am Beispiel eines fiktiven Atomkraftwerks (AKW) sei diese mehrstufige Rechnung dargestellt, wobei die Größenordnungen der Zahlen zutreffen. Im externen Rechnungswesen mögen neben dem Zweckertrag und Zweckaufwand keine weiteren Tatbestände angefallen sein.

Produziert wurden 7000 GWh/a, was bei einem Preis von 50 €/MWh zu einem Nettoumsatz von 350 Mio €/a führt. Diese Größe ist gleichzeitig Grundleistung und Zweckertrag. Als Grundkosten bzw. Zweckaufwand mögen 140 Mio. €/a angefallen sein[10], so dass auf den ersten Blick ein riesiger Erfolg von 210 Mio. €/a entstanden ist.

Allerdings verraten diese Zahlen nicht die wahren gesellschaftlichen Gesamtkosten, wenn alle externen Effekte berücksichtigt werden.

Im ersten Schritt sind die erhöhten Anderskosten einzubeziehen. Sie können entstehen, weil die Atomkraftwerke zu Beginn hoch (mit der degressiven Methode) abgeschrieben wurden und nun weitgehend abgeschrieben sind. Während zu Beginn verringerte Anderskosten anfielen (Aufwand im externen Rechnungswesen höher als im internen die Kosten) fallen jetzt erhöhte Anderskosten an, da im internen Rechnungswesen immer von Marktwerten ausgegangen werden muss. Bei geschätzten Anschaffungs- und Herstellkosten von 1 Mrd. € und einer Laufzeit von 40 Jahren ergeben sich für abgeschriebene Atomkraftwerke Kosten für die kalkulatorischen Abschreibungen in Höhe von 25 Mio. €/a. Da diesen Beträgen kaum mehr Aufwand im externen Rechnungswesen gegenüberstehen, betragen auch die erhöhten Anderskosten 25 Mio. €/a.

---

9 Wenn gegenüber dem externen Rechnungswesen höhere Beträge berücksichtigt werden, sind letztere natürlich auch die Basis für die kalkulatorischen Abschreibungen.

10 Dabei wird angenommen, dass die richtigen Rückstellungen für die Entsorgung der Brennelemente und den Rückbau der Atomkraftwerke gebildet werden.

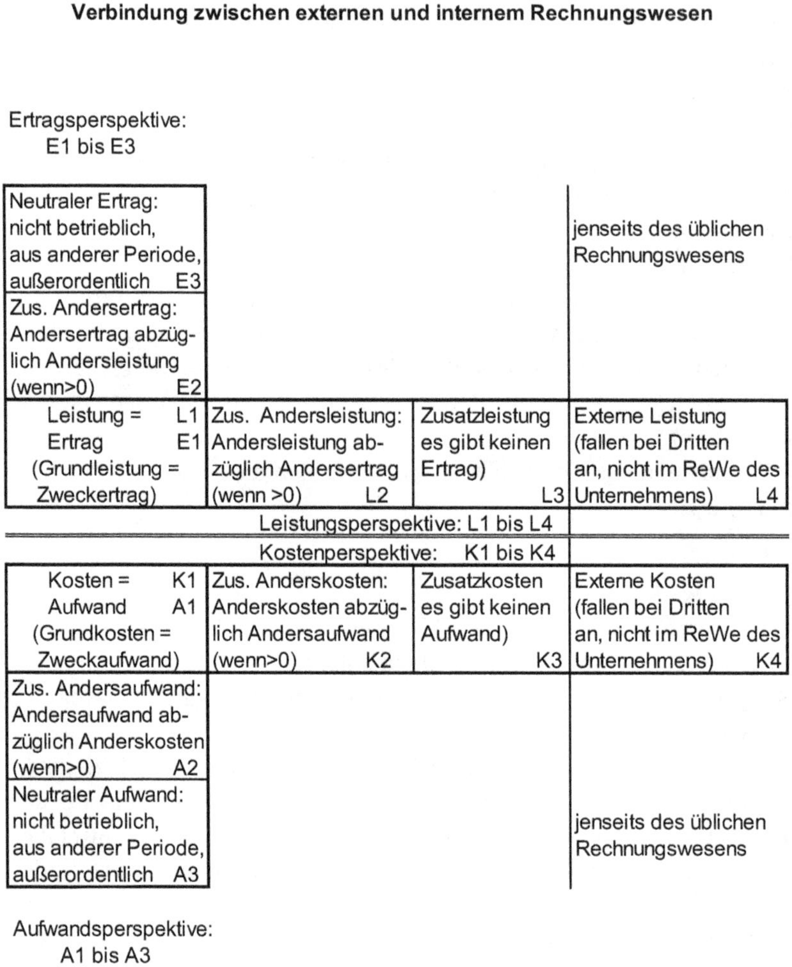

Verbindung zwischen externen und internem Rechnungswesen

Ertragsperspektive:
  E1 bis E3

Neutraler Ertrag: nicht betrieblich, aus anderer Periode, außerordentlich E3			jenseits des üblichen Rechnungswesens
Zus. Andersertrag: Andersertrag abzüg- lich Andersleistung (wenn>0) E2			
Leistung = L1 Ertrag E1 (Grundleistung = Zweckertrag)	Zus. Andersleistung: Andersleistung ab- züglich Andersertrag (wenn >0) L2	Zusatzleistung es gibt keinen Ertrag) L3	Externe Leistung (fallen bei Dritten an, nicht im ReWe des Unternehmens) L4

Leistungsperspektive: L1 bis L4

Kostenperspektive: K1 bis K4

Kosten = K1 Aufwand A1 (Grundkosten = Zweckaufwand)	Zus. Anderskosten: Anderskosten abzüg- lich Andersaufwand (wenn>0) K2	Zusatzkosten es gibt keinen Aufwand) K3	Externe Kosten (fallen bei Dritten an, nicht im ReWe des Unternehmens) K4
Zus. Andersaufwand: Andersaufwand ab- züglich Anderskosten (wenn>0) A2			
Neutraler Aufwand: nicht betrieblich, aus anderer Periode, außerordentlich A3			jenseits des üblichen Rechnungswesens

Aufwandsperspektive:
  A1 bis A3

Abb. 1.7: Begriffe des Rechnungswesens und ihre Zusammenhänge

Im zweiten Schritt sind die Zusatzkosten zu ermitteln. Im Beispiel fallen sie insbesondere für die kalkulatorische Eigenkapitalverzinsung an. Es sei eine Eigenkapitalquote von 50 % unterstellt und eine geforderte Eigenkapitalverzinsung von 15 %. Wenn durchschnittlich über die Laufzeit das halbe Kapital gebunden ist, dann betragen die kalkulatorischen EK-Kosten 1 Mrd. € · 50 % · $1/2$ · 0,15 = 37,5 Mio. €/a. Auch nach diesen beiden – sicherlich sehr groben – Abschätzungen bleibt noch ein stolzes Betriebsergebnis von 147,5 Mio. €/a.[11]

---

[11] Aus entscheidungstheoretischer Sicht ist die Vorteilhaftigkeit der Atomkraftwerke noch viel höher, weil viele Kostenelemente bereits sunk cost darstellen, also nicht mehr entscheidbar sind. Diese sunk cost (Beispiel: AfA) würden auch anfallen, wenn die Atomkraftwerke nicht laufen würden.

Allerdings sind noch nicht die externen Kosten berücksichtigt. Es geht dabei wie oben beschrieben um Kosten, die bei Dritten anfallen, aber nicht im Rechnungswesen der Atomkraftwerksbetreiber erscheinen. Im ersten Schritt trägt der Staat die zusätzlichen Lasten, die bei Forschung, Transport und Endlagerung entstanden sind bzw. entstehen und nicht vollständig von den Betreibern übernommen werden. Letztendlich muss natürlich der Steuerzahler dafür aufkommen.

Noch höher sind die Kosten für die Übernahme der Risikokosten, da die Betreiber nicht in der Lage sind, Maximalschäden abzudecken und auch nicht gezwungen wurden und werden, dies über Versicherungen abzudecken.

Nach vorsichtigen Schätzungen eines Versicherungsspezialisten[12] beläuft sich der Maximalschaden auf ca. 6.090 Mrd. €. Wollte man dieses Risiko versichern – auch wenn es keinen Versicherer dafür geben würde – dann würde die Versicherungsprämie auf mindestens 0,139 €/kWh[13] geschätzt, was bei den angenommen 7000 GWh/a für das Beispiel-AKW zu jährlichen externen Kosten von 973 Mio. €/a führt; also viel mehr als die gesamten Erzeugungskosten (inkl. aller fixen und variablen Kosten) vieler alternativer Energien (Windkraft, solarthermische Anlagen, Biogas etc.).

Wenn diese vergesellschafteten Kosten berücksichtigt werden, entstehen bei dem betrachteten AKW tiefrote Zahlen für das Betriebsergebnis mit Berücksichtigung der Risikokosten, nämlich 147,5 Mio. €/a – 973 Mio. €/a = −825,5 Mio. €/a. Die Zahl gilt allein für das Beispiel-AKW. Insgesamt wird der Bürger viel stärker belastet. Und die Belastung hängt von der Anzahl aktiver AKWs ab.

Anhand des drastischen AKW-Beispiels wurde gezeigt, wie wichtig es ist, sich Gedanken über das richtige System zur Erfassung der Folgen des eigenen Handelns zu machen. Wenn die Grenzen zu eng gezogen werden (wie im externen Rechnungswesen und teilweise auch im internen Rechnungswesen), können die Zahlen in die Irre führen. Dies mag kurzfristig funktionieren, aber früher oder später werden kurzsichtige Unternehmen bestraft. Gerade im Zeitalter der umfassenden unternehmerischen Verantwortung (angels.: Corporate Social Responsibility (CSR)) muss das Unternehmen alle Folgen seines Handelns berücksichtigen.

---

12 Der Versicherungsspezialist Versicherungsforen Leipzig GmbH hat Anfang 2011 eine Studie veröffentlicht, nach welcher ein Schaden von 6090 Mrd. € auftreten könnte; zu viel für eine Versicherung. Vgl. http://www.versicherungsforen.net/fs/vfl/de/leistungen/studienundumfragen/berechnungeinerversicherungsprmiefrkkw2011/berechnungeinerversicherungsprmiefrkkw2011_1. jsp, Abruf vom 19.7.2011. Zu einer ähnlichen Größenordnung gelangt das Schweizer Bundesamt für Bevölkerungsschutz in der Katariskstudie von 2003: http://www.bevoelkerungsschutz.admin.ch/internet/bs/de/home/themen/gefaehrdungen-risiken/studien/katarisk.html.
13 Vgl. Versicherungforen Leipzig GmbH, a. a. O. Der Satz von 0,139 €/kWh steigt in anderen Szenarien auf mehrere Euro pro kWh. Für die Kalkulation wurde also die niedrigste Größe der Studie gewählt.

1.4.2 Selbstlernmodul kalkulatorische Kosten

Da die Unterschiede zwischen internem und externem Rechnungswesen in einigen Bereichen groß sein können, wird zur Einübung ein Selbstlernmodul angeboten. Es ist in Excel programmiert und soll helfen, die Daten des externen Rechnungswesens so zu modifizieren, dass sie für das Controlling eingesetzt werden können.

Im ersten Register findet sich die Aufgabe, die vom Leser gelöst werden soll. Im zweiten Register kann dann mit dem Lösungsvorschlag die eigene Lösung überprüft werden.

Folgende Aufgabe soll gelöst werden:

Verbindung zwischen externen und internem Rechnungswesen			
Abschreibungen extern = Aufwand:			80 T€
Abschreibungen intern (tatsächlicher Wertverzehr) = Kosten:			57 T€
Unternehmerlohn:			45 T€
Umweltverschmutzungen, von Dritten zu tragen:			46 T€
Renovierung eines nicht betrieblichen Mietshauses:			74 T€
Wie hoch sind die einzelnen Kosten-und Aufwandspositionen sowie die Summen?			
Kostenperspektive: K1 bis K4			
Kosten = K1 Aufwand A1 (Grundkosten = Zweckaufwand) T€	Zus. Anderskosten: Anderskosten abzüglich Andersaufwand (wenn>0) K2 T€	Zusatzkosten (es gibt keinen Aufwand) K3 T€	Externe Kosten (fallen bei Dritten an, nicht im ReWe des Unternehmens) K4 T€
Zus. Andersaufwand: Andersaufwand abzüglich Anderskosten (wenn>0) A2 T€			
Neutraler Aufwand: nicht betrieblich, aus anderer Periode, außerordentlich A3 T€			jenseits des üblichen Rechnungswesens
Aufwandsperspektive: A1 bis A3			
Aufwandsumme:	T€		
Summe aller Kosten ohne externe:	T€		
Internes Ergebnis besser			
Summe aller Kosten mit externen:	T€		
Internes Ergebnis besser			

Abb. 1.8: Selbstlernmodul: Aufgabe zur Überleitung vom externen zum internen Rechnungswesen

Wie es häufig in der Realität vorkommt divergieren die buchhalterische Abschreibung – 80 T€ – und die betriebswirtschaftlich richtige – 57 T€ –, wie sie für das Controlling benötigt wird. Die Differenz von 23 T€ wird in den Kasten A2 gebucht, welcher nicht in die Kosten eingeht.

Der Unternehmerlohn wird bei Einzel- und Personengesellschaften nicht im externen Rechnungswesen erfasst. Er stellt Zusatzkosten dar. Damit ergibt sich der Lösungsvorschlag gemäß Abb. 1.9.

Neben den oben erwähnten Zuordnungen fallen externe Kosten im Kästchen K4 in Höhe von 46 T€ an. Nicht betrieblich – und damit zu subtrahieren – ist der Aufwand für das Mietshaus in Höhe von 74 T€ im Kästchen A3.

Verbindung zwischen externen und internem Rechnungswesen

Abschreibungen extern = Aufwand: 80 T€
Abschreibungen intern (tatsächlicher Wertverzehr) = Kosten: 57 T€
Unternehmerlohn: 45 T€
Umweltverschmutzungen, von Dritten zu tragen: 46 T€
Renovierung eines nicht betrieblichen Mietshauses: 74 T€
Wie hoch sind die einzelnen Kosten-und Aufwandspositionen sowie die Summen?

Kostenperspektive: K1 bis K4

Kosten = K1 Aufwand A1 (Grundkosten = Zweckaufwand) 57 T€	Zus. Anderskosten: Anderskosten abzüg lich Andersaufwand (wenn>0) K2 0 T€	Zusatzkosten (es gibt keinen Aufwand) K3 45 T€	Externe Kosten (fallen bei Dritten an, nicht im ReWe des Unternehmens) K4 46 T€
Zus. Andersaufwand: Andersaufwand ab züglich Anderskosten (wenn>0) A2 23 T€			
Neutraler Aufwand: nicht betrieblich, aus anderer Periode, außerordentlich A3 74 T€			jenseits des üblichen Rechnungswesens
Aufwandsperspektive: A1 bis A3			

Aufwandsumme: 154 T€
Summe aller Kosten ohne externe: 102 T€
Internes Ergebnis besser

Summe aller Kosten mit externen: 148 T€

Internes Ergebnis besser

Abb. 1.9: Selbstlernmodul: Lösung zur Überleitung vom externen zum internen Rechnungswesen

Im Beispiel ergibt sich, dass die Kosten unter dem Aufwand liegen.

Der Leser kann sich das Selbstlernmodul herunterladen und durch Drücken der F9 Taste immer neue Konstellationen erzeugen.

1.5 Aufgaben der Kostenrechnung

1.5.1 Hauptaufgaben der Kosten- und Leistungsrechnung

Die Aufgaben der Teilbereiche der Kostenrechnung und des Controllings werden in den folgenden drei Kurzkapiteln skizziert. Sie geben auch einen Überblick über die entsprechenden Hauptkapitel dieses Buches[14]. Hier werden vorab die allgemeinen Aufgaben kurz angesprochen und in der u. a. Übersicht zusammengestellt:

– Dokumentation und Beurteilung der Wirtschaftlichkeit von Kostenarten, Kostenstellen und Kostenträgern: Es muss beurteilt werden, ob kosten- und/oder ergebnisverantwortliche Einheiten ihre Sollkosten und Sollleistungen einhalten (Soll-Ist-Vergleich) und die Ergebnisziele erreichen.

– Entscheidungsunterstützung bei Führungsentscheidungen: Fast jede operative und strategische Entscheidung der Unternehmensführung erfordert eine Entscheidungsunterstützung durch die Zahlen der Kosten- und Leistungsrechnung, wie z. B. Entscheidungen hinsichtlich Preisuntergrenzen, Produktpalette bzw. Sortimentsbreite, Eigenfertigung oder Fremdbezug, oder die Schließung oder Verlagerung ganzer Betriebe[15].

– Wertansätze für den Jahresabschluss: Weder die Bilanz noch die GuV können ohne die Kostenrechnung korrekt aufgestellt werden. Die Kostenrechnung liefert die unverzichtbaren Wertansätze für selbsterstellte Vermögensgegenstände im Anlagevermögen und für die Halb- und Fertigfabrikate im Umlaufvermögen, sowie die Kosten im Umsatzkostenverfahren und die in die Gesamtleistung eingehenden aktivierten Eigenleistungen im Gesamtkostenverfahren.

– Erfüllung der gesetzlichen Anforderungen im Rahmen der Leitsätze für die Preisermittlung auf Grund von Selbstkosten (für die Angebotskalkulation und Teilnahme an Ausschreibungen der öffentlichen Hand).

Die allgemeine Struktur der Kostenrechnung soll mit der Abb. 1.10 dargestellt werden.

---

14 Literaturangaben werden noch nicht in den Kurzkapiteln, sondern erst in den Hauptkapiteln gemacht.

15 Betrieb wird hier als Teil eines Unternehmens verstanden; die SAP Terminologie ist Werk.

Gesamtkosten nach Kostenarten gegliedert	
Kostenarten	Erfassung des Verbrauchs (4 Arten)
	Bewertung des Verbrauchs (pag./wertmäßig)
	Kostenverläufe (linear, progr., degressiv)
	Ergänzung mit Anders- und Zusatzkosten
auf Ist-, Plan- und Normalkostenbasis	
unterteilt in periodenvariabel und periodenfix	

ja   Direkt auf Kostenträger zuordbar?   nein

Kosten-träger-einzel-kosten (fix und variabel)	Kostenträgergemeinkosten (fix und variabel)	
	Kostenstellen-einzelkosten	Kostenstellen-gemeinkosten - primär - sekundär (ILV)
	Verrechnung über den Betriebsabrechnungsbogen	
	Ermittlung von Zuschlagssätzen (Bezugsgröße)	

Kostenträger
Kalkulationsverfahren: Division, Zuschlag, Äquivalenz, Restwert
Prinzipien: Verursachung, Akzeptanz, Durchschnitt, Tragfähigkeit
Vor-, Zwischen- und Nachkalkulation
Gesamtkosten nach Kostenträger gegliedert (fix/variabel)

Wesentliche Anwendungsfelder der KLR
Betriebsabrechnung, Wirtschaftlichkeitskontrolle, Bewertung
Entscheidungsunterstützung bei Preis, Sortiment, Kunden,
Preisuntergrenzen, Make or Buy, Betriebsmittel etc.

Gesamtleistungen nach Leistungsträgern gegliedert
Ermittlung der Nettoleistungen (Rabattstrukturen)
Leistungsträgerübergreifende Preise/Rabatte
Hierarchien/Strukturen der Leistungsträger

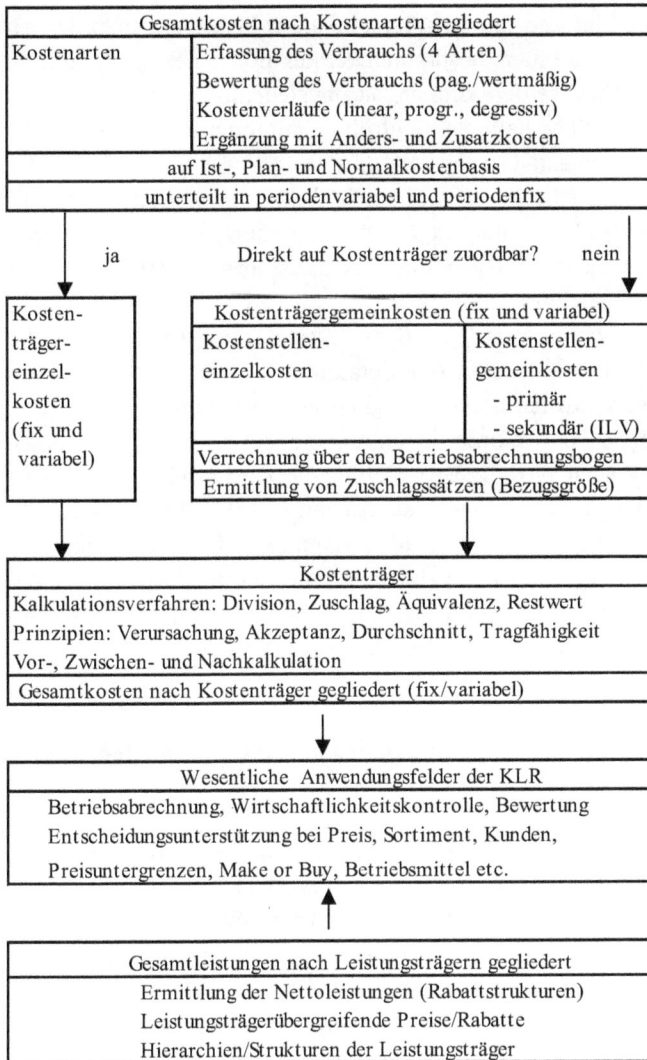

Abb. 1.10: Zusammenhang der Kosten- und Leistungsrechnung und des operativen Controllings

1.5.2 Aufgaben der Kostenarten- und Kostenstellenrechnung

In der Kostenartenrechnung werden die Kosten vollständig, systematisch, überschneidungsfrei nach sachlichen Kriterien (Materialkosten, Personalkosten, Abschreibungskosten usw.) getrennt und auf dafür vorgesehenen Kostenartenstämmen geführt. Die Gemeinkosten werden auf den Gemeinkostenobjekten kontiert, die stellvertretend für die Produkte des Unternehmens (Kostenträger) zunächst die Kosten führen. Als Instanzen, welche die Verursachung der Gemeinkosten verantworten, werden Kostenstellen gebildet und mit den Gemeinkosten belastet. Gemeinkosten sind Kosten, die nicht eindeutig einem bestimmten Kalkulationsobjekt (z. B. Produkt oder Kostenstelle) zugeordnet werden können. Kostenstellenübergreifende Kosten können auf Innenaufträgen (siehe Kapitel 4 Controlling mit Innenaufträgen) geführt und dann an andere Kostenobjekte (Kostenstellen, Aufträge) oder direkt an das Unternehmensergebnis abgerechnet werden. Für Gemeinkosten, die nach speziellen Kriterien ausgewertet werden sollen (Anteil an der Wertschöpfung, Komplexität usw.), bietet sich als Kalkulationsobjekt der so genannte Geschäftsprozess an (siehe Kapitel 5 Prozesskostenrechnung).

Ziel der Kostenstellenrechnung und des Gemeinkostencontrollings ist die Planung und Ist-Rechnung der Gemeinkosten, eine detaillierte Abweichungsanalyse von geplanten und entstandenen Kosten und die möglichst verursachungsgerechte Weitergabe an die Kostenträger. Den Anforderungen an eine möglichst verursachungsgerechte Weitergabe der Kosten wird die Verrechnung der Kostenstellenkosten über benötigte Leistungsmengen der Empfängerkostenstellen gerecht. Dies gilt auch für die direkte Abrechnung von Innenaufträgen an Kostenträger. Ist eine direkte Verrechnung nicht möglich, erfolgt die Weitergabe über Gemeinkostenzuschläge. In der Prozesskostenrechnung erfolgt die Weitergabe der Kosten an die Kostenträger auf Basis von Prozessleistungsmengen, die der Empfänger erhalten hat.[16]

1.5.3 Aufgaben des Produktkostencontrollings/der Kalkulation/der Kostenträgerstückrechnung

Im Produktkostencontrolling erfolgt die kostenrechnerische Verfolgung der Wertschöpfungsprozesse des Unternehmens. In der Erzeugniskalkulation werden die Herstellkosten und Selbstkosten der Produkte berechnet. Dazu werden die für die Erzeugnisse benötigten Materialien in Stücklisten dokumentiert beziehungsweise die für die Herstellung benötigten Kostenstellenleistungen in Arbeitsplänen. Die Multiplikation der benötigten Menge an Vorprodukten (Materialmengen) mit den Materialpreisen, die Multiplikation der benötigten Leistungsmengen (z. B. benötigte Arbeitszeit) mit den Kostenstellentarifen, ergänzt um Gemeinkostenzuschläge und gegebenenfalls Prozesskosten führt zu den Erzeugniskosten. Ziel der Erzeugnis Kalkulation ist die Berechnung realistischer Erzeugniskosten als Basis für die kostenorientierte Kundenauftragskalkulation[17] und die Bewertung der Bestände an Halb- und Fertigfabrikaten für den Bilanzansatz. In der Kostenträgerrechnung erfolgt die Planung und Ist Kostenrechnung für die Kostenträger, bei denen es sich in der Regel um Aufträge beziehungsweise Projekte handelt. Das Ziel ist die Berechnung und Analyse von Kostenab-

---

16 Z. B. 1 · Prozess Arbeitsvorbereitung je 100 Stück Produktionsauftragsmenge (siehe Kapitel 5 Prozesskostenrechnung).

17 Die endgültige Festlegung der Preise erfolgt dann auch unter Berücksichtigung der Marktpreise.

weichungen. Darauf aufbauend finden die Einleitung von Korrekturmaßnahmen und der periodengerechte Ausweis der bewerteten Bestände an Zwischenerzeugnissen statt.

1.5.4 Aufgaben des Ergebniscontrollings/der kurzfristigen Erfolgsrechnung/der Kostenträgerzeitrechnung

Im Ergebniscontrolling erfolgt die Berechnung und Analyse des Unternehmensergebnisses nach kalkulatorischen betriebswirtschaftlichen Kriterien, das heißt ohne Berücksichtigung von handels- und steuerrechtlicher Bewertungspolitik und Wahlrechten. Während der Jahresabschluss des Unternehmens aus handels- und steuerrechtlicher Sicht erstellt werden muss, kann die Berechnung des internen Betriebsergebnisses auf Basis kalkulatorischer Bewertungen ohne Beachtung rechtlicher Normen erfolgen. Es geht somit um den tatsächlichen Wertverzehr und die tatsächliche Wertentstehung.

Dazu werden Aufwendungen der Buchhaltung als Kosten mit anderem Wertansatz berechnet, z. B. kalkulatorische Abschreibungen, kalkulatorische Zinsen oder auch Planpreise beziehungsweise Kundenauftragskalkulationen bei der Berechnung der Umsatzkosten.

Im internationalen Ergebniscontrolling erfolgt insbesondere die Berücksichtigung von Konzernkalkulationen, bei denen Zwischengewinne bei Warenlieferungen innerhalb eines Konzerns eliminiert werden. Bei der Berechnung der Umsätze werden Transferpreise berücksichtigt, die als interne Marktpreise parallel zu den buchhalterischen Produktpreisen geführt werden. Sie dienen der Berechnung des Konzernergebnisses, beziehungsweise des Einzelergebnisses einer Organisationseinheit des Unternehmens aus Konzernsicht. Ziel des Ergebniscontrollings ist, die Berechnung des Unternehmensergebnisses nach rein betriebswirtschaftlichen Maßstäben und damit die Basis für die Steuerung des Unternehmens zu liefern. In SAP erfolgt der Bezug auf die strategischen Geschäftseinheiten des Unternehmens in der „Profit-Center-Rechnung", und die Differenzierung nach einzelnen Märkten bzw. Marktsegmenten erfolgt in der „Ergebnis- und Marktsegmentrechnung".

1.6 Kostenrechnungs- und Controllingsysteme

1.6.1 Grundlagen der Kostenrechnungssysteme

Mit der Entscheidung für ein Kostenrechnungssystem wird festgelegt, welche Controlling Informationen nach welchen betriebswirtschaftlichen Methoden ermittelt werden sollen. Die Wahl des Kostenrechnungssystems ist oft vorbestimmt durch den Entwicklungsstand des Controllings im Unternehmen. Die Umstellung auf ein neues Kostenrechnungssystem ist mit einem hohen zeitlichen und finanziellen Aufwand und oft auch mit viel Überzeugungsarbeit bei den Mitarbeitern des Unternehmens verbunden. Die zu Grunde liegenden operativen Geschäftsdaten sind gemäß dem Kostenrechnungssystem aufzubereiten. Der gesamte Wertefluss, der Aufbau der Berichte und die mit der Erstellung und Analyse der Controlling-Informationen verbundene Aufbau- und Ablauforganisation ist auf das Kostenrechnungssystem hin auszurichten. Mit der Wahl des Kostenrechnungssystems ist insbesondere die Basis dafür gelegt, welche Kosteninformationen in welchem Detaillierungsgrad zu berechnen sind und wie diese zu interpretieren sind. Die Anforderungen an die zu ermittelnden Kosteninformationen hängen vom Unternehmen ab. Öffentliche Unternehmen haben z. B. das Hauptaugenmerk auf der Mittelverwendung. Dagegen ist eine Grenzplankostenrechnung insbesondere für markt- und wettbewerbsorientierte Unternehmen sinnvoll. Nicht zu unterschätzen ist der mit dem Kostenrechnungssystem verbundene zeitliche und finanzielle Aufwand für die Ermittlung und Aufbereitung der Geschäftszahlen. Hier muss das Wirtschaftlichkeitsprinzip der Kostenrechnung gelten, das besagt, dass Kostenrechnung kein Selbstzweck ist. Vielmehr müssen die Steuerungsinformationen mit vertretbarem bzw. möglichst geringem zeitlichen, personellen und finanziellen Aufwand unter Einhaltung zuvor definierter Zeit- und Qualitätsstandards generiert werden. Die Kosten der Information müssen unter ihrem zusätzlichen Nutzen liegen.

Entscheidend für die Wahl des Kostenrechnungssystems ist auch, ob die notwendigen Informationen aus den operativen Vorsystemen wie Anlagenbuchhaltung mit der Fähigkeit kalkulatorische Abschreibungen zu ermitteln, Materialwirtschaft mit der Fähigkeit zeitgenaue Materialentnahmebuchungen zu erfassen, Produktionsplanung mit der Fähigkeit Rüstkosten zu erfassen etc., ermittelt werden können.

1.6.2 Grundlagen Istkostenrechnung

Bei dieser Form der Kostenrechnung werden die in den Geschäftsperioden angefallenen Istkosten gebucht. Eine Kostenplanung findet nicht statt. Für Unternehmen, bei denen eine Kostenplanung aufgrund schwer prognostizierbarer Zukunftsdaten oder auch mangelnder Kostenbeeinflussbarkeit nicht möglich ist, kann diese Form der Kostenrechnung, die einzige Alternative sein. Eine Steuerung des Unternehmens mit dieser Form der Kostenrechnung ist kaum möglich. Lediglich die nachträgliche Beobachtung und Auswertung der angefallenen Istkosten ist in diesem Fall Gegenstand des Controllings. Ansatzweise kann die Überprüfung der Wirtschaftlichkeit des Unternehmens zwar durchgeführt werden, indem das Verhältnis aus Output (Leistungsergebnis, Aufgabenerfüllung) und Input (aufgewendete Mittel) im Zeitablauf beobachtet wird. Eine hinreichende Überprüfung der Ursachen für abnehmende Wirtschaftlichkeit ist jedoch im Vorjahresvergleich nur beschränkt – mit Ausnahme von „Best Practice" Analysen – möglich.

Die Istkosten werden auf den verbrauchenden Kostenobjekten kontiert. Da nur ein Teil der Aufwendungen als Grundkosten den Kostenträgern direkt zurechenbar sind (z. B. Materialkosten), wird der verbleibende Teil auf Kostenstellen gesammelt. Eine verursachungsgerechte Weitergabe der Kosten auf Basis der geplanten/angeforderten Leistungsmengen der sendenden Kostenstellen per Leistungsverrechnung ist nicht möglich, da hierfür ein Plantarif als Quotient aus Plankosten und Planleistung notwendig wäre. Die Verrechnung erfolgt daher über Istumlagen, bei denen als Verteilungsschlüssel feste Werte (Prozentsätze, Anteilswerte) oder für den Empfänger gebuchte Istwerte (z. B. Anzahl Mitarbeiter im Ist) verwendet werden. Gleiches gilt für die Abrechnung der Istkosten von Innenaufträgen an andere Kostenobjekte. Im öffentlichen Dienst (angels.: Public Sector) fand die Istkostenrechnung bis in die jüngste Zeit noch Anwendung. Allerdings befinden sich in Deutschland derzeit die meisten Kommunen in Umstellungsprojekten von der Kameralistik auf die Kosten- und Leistungsrechnung einschließlich einer Plankostenrechnung.[18]

Die Verwaltungskameralistik ist ein Buchungssystem mit dem die Geschäftsvorfälle dokumentiert werden. Basis sind die Haushaltsdaten die sich aus den getätigten, genehmigten und verfügbaren Ausgaben zusammensetzen. Die Rechnungsziele, sind auf den Haushaltsplan ausgerichtet und beinhalten die Einhaltung von Haushaltsrecht und Haushaltsplan, die Feststellung der kassenmäßigen Abwicklung des Haushaltsplans und die Ermittlung der Haushaltsergebnisse. Mit einer Istkostenrechnung kann die Kameralistik um eine Wirtschaftlichkeitsbetrachtung ergänzt werden. Die laufenden Ausgaben werden auf Kostenobjekte kontiert. Dazu ist eine Schnittstelle zwischen dem Kassensystem und dem Controllingsystem zu implementieren.

> **Beispiel Tiefbauamt**
>
> Bei einem Tiefbauamt wurden für die Bauprojekte Kostenaufträge (Innenaufträge) angelegt. Alle Ausgaben von der Planung des Bauprojektes (Architekten, Statiker, Projektmanagement) über die Ausführung bis zum Abschluss werden auf den Kostenauftrag kontiert. Die für das Bauprojekt genehmigten Haushalts-, Landes- und Bundesmittel werden als Erlöse für das Projekt gebucht. Damit kann nachvollzogen werden, welchen Kostenanteil die einzelnen Projektphasen haben, ob die Mittel kostendeckend waren, wie die Kostenentwicklung mit dem Projektfortschritt standhält und welche Vergleichswerte sich mit anderen Projekten ergeben. Weiterhin ist erkennbar, welche Kosten den Projekten verursachungsgerecht zugerechnet wurden und welche Kosten als Gemeinkosten verbleiben. Damit können unproduktive Zeiten in den Kostenstellen der Bauverwaltung erkannt und reduziert werden.

---

18 Die Pflicht zur Einführung einer Kosten- und Leistungsrechnung ergibt sich z. B. in Rheinland-Pfalz aus § 12 Gemeindehaushaltsverordnung vom 18.05.06 i. V. m. dem Gesetz zur Einführung der kommunalen Doppik vom 02.03.06.

1.6.3 Grundlagen Normalkostenrechnung

Da Istkosten kurzfristig sehr stark schwanken können, arbeiten viele Unternehmen mit Normalkosten.[19] Diese ergeben sich aus den um Ausreißer bereinigten Durchschnittswerten der Istkosten der vergangenen Perioden. Meistens wird ein arithmetisches Mittel der Istkosten gewählt. Sinnvoll ist aber auch ein gewichtetes Mittel, bei dem die jüngeren Perioden stärker gewichtet werden als die länger zurückliegenden Perioden. Die Normalkosten ergeben sich somit aus den Istkosten der Vergangenheit, eventuell ergänzt um Korrekturfaktoren. Die Korrektur wird mit einer Umwertung durchgeführt, z. B. mit prozentualen Zu- oder Abschlägen, oder mit der Anwendung mathematisch-statistischer Verfahren wie der Prognoserechnung/Trendextrapolation. Diese Verfahren sind durchaus als Planungsverfahren zu bezeichnen, berücksichtigen allerdings keine realistischen Zukunftserwartungen, sondern schreiben Vergangenheitsdaten in die Zukunft fort. Eine analytische Planung (Planung basierend auf einem Planmengengerüst und Planwertgerüst mit reinen Zukunftserwartungen ohne Orientierung an der Vergangenheit) findet in der Normalkostenrechnung nicht statt. Damit werden auch bei diesem Verfahren keine Leistungstarife für die innerbetriebliche Leistungsverrechnung geplant. Vielmehr werden für die Kostenstellenleistungen Standardkostensätze festgelegt, die auf Basis von Erfahrungswerten oder politisch festgelegt werden. Die Zuordnung von Kosten mit der Verwendung von Standardkostensätzen ist zwar im Vergleich mit Plankostensätzen nur mit Einschränkungen zu akzeptieren, bietet aber bessere Auswertungsmöglichkeiten als die reine Istkostenrechnung. (Vgl. Schmalenbach 1963, S. 293 ff.; Kilger/Pampel/Vikas 2007, S. 47 ff.; Ellinger 1954, S. 14 ff.)

So ist es möglich, am Ende der Periode, über die Auswertung von Kostenüberdeckungen bzw. Kostenunterdeckungen auf den Kostenstellen die Kostensätze für die Kostenstellenleistungen und Zuschlagsätze zu überprüfen und anzupassen. Die Bildung der Normalkostensätze in Form von innerbetrieblichen Verrechnungspreisen/Tarifen und Zuschlagsätzen ist die Voraussetzung dafür, dass die innerbetriebliche Leistungsverflechtung bewertet werden kann. Der Nachteil dieses Verfahrens ist, dass die Durchschnittskostensätze wenig darüber aussagen, ob die Kosten, auf deren Basis die Bildung der Kostensätze erfolgte, bei einer wirtschaftlichen Leistungserstellung entstanden sind. Einsparungspotenziale werden so nicht erkannt. Dieses Verfahren kann als Übergangs- bzw. Hilfslösung dann zur Anwendung kommen, wenn der Anteil an variablen beschäftigungsabhängigen Kosten so gering ist, dass sie als nicht entscheidungsrelevant gelten können.

---

[19] Normalkosten und Standardkosten werden hier als Synonyme verstanden. Allerdings werden Standardkosten teilweise in der älteren Literatur auch als Synonym von Plankosten verstanden.

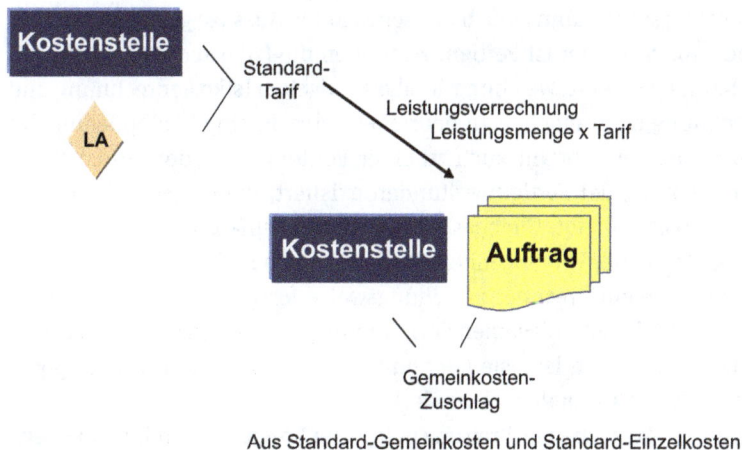

Abb. 1.11: Normalkostenrechnung (Standardkostenrechnung) im System SAP

Beispiele Normalkosten

1. Normalverrechnungspreis zur Verrechnung von Kostenstellenleistungen
   Ist-Löhne der Instandhaltung Vorjahr: 2.300.000 €/Pe
   Instandhaltungsstunden Vorjahr: 80.000 h/Pe
   Daraus ergibt sich ein innerbetrieblicher Verrechnungspreis/Tarif für die Planperiode Pe von 28,75 €/h (= Durchschnitt der letzten zwölf Monate).
2. Normalzuschlagsatz zur Verrechnung von Gemeinkosten
   Materialeinzelkosten Vorjahr: 4.000.000 €/Pe
   Materialgemeinkosten Vorjahr: 400.000 €/Pe
   Daraus ergibt sich ein Materialgemeinkostenzuschlagssatz von 10 %, wiederum aus dem Durchschnitt der letzten zwölf Monate.

Die Planung in der Normalkostenrechnung erfolgt nun auf Basis der Normalkostensätze für die Leistungsverrechnung beziehungsweise von Normalzuschlagsätzen für die Bezuschlagung von Gemeinkosten.

Beurteilung der Normalkostenrechnung

Sofern keine Leistungsmengen geplant werden, weil die Erhebung gegebenenfalls technisch nicht möglich oder zu aufwendig ist oder die analytische Planung noch in der Vorbereitung ist, stellt die Normalkostenrechnung eine sinnvolle Ergänzung zur Istkostenrechnung dar, weil damit eine Abweichungsanalyse der Istkosten von den Normalkosten durchgeführt werden kann. Die Abweichungen zwischen Istwerten und Normalwerten sind als Kostenabweichungen nicht weiter differenzierbar.

Die Normalkostenrechnung hatte eine hohe Verbreitung in der Übergangsphase von der reinen Istkostenrechnung zur Plankostenrechnung. Bezüglich der Normalkostentarife und -zuschlagssätze kann jedoch nur schwer eine Aussage getroffen werden, wie sich bei einer Änderung der Ist-Fertigungsstunden die Istkosten entwickeln sollen. So ist es im Rahmen einer Abweichungsanalyse zwischen Istkostenrechnung und Normalkostenrechnung nicht möglich zu beurteilen, ob z. B. eine Verdoppelung der Fertigungsstunden aus dem Vorjahr auch zu einer Verdoppelung der Kosten führt, weil keine Kostenplanung der Fertigungsstunden existiert, die für jeden Beschäftigungsgrad die Sollkosten angibt. Gleiches gilt für die Gemeinkostenzuschlagssätze. Unwirtschaftlichkeiten in der Vergangenheit werden so auch in die künftigen Kostensätze und Zuschlagssätze eingerechnet beziehungsweise fortgeschrieben. Schmalenbach (1963) hat dies mit der einprägsamen Formulierung umschrieben, dass bei einer Abweichungsanalyse zwischen Istkostenrechnung und Normalkostenrechnung ggf. Schlendrian mit Schlendrian verglichen werde.

Insbesondere bei vorgegebenen Preisen (politische Vorgaben durch den Gesetzgeber, zum Beispiel Gebühren), überwiegend vorhandener Vollbeschäftigung und Fehlen einer Leistungsaufschreibung in den Kostenstellen findet dieses Kostenrechnungssystem seine Anwendung.

1.6.4 Grundlagen Starre Plankostenrechnung

Die typische Eigenschaft einer Plankostenrechnung besteht darin, dass unabhängig von den Istkosten vergangener Perioden für die kommenden Planungszeiträume Planleistungsmengen und Plankosten durch eine in jeder Planungsrunde neu erfolgende Analyse der Beschaffungs- und Absatzmärkte (=analytisch) festgelegt werden.

Die Plankostenrechnung setzt voraus, dass dem Wertegerüst (Beschaffungspreise der Produktionsfaktoren) zur Plankostenbildung ein entsprechendes Mengengerüst für die eingesetzten Produktionsfaktoren entspricht. Wenn dies für alle Kostenarten eines Unternehmens und für jede Planperiode vollständig durchgeführt werden soll, so ist dies ein sehr aufwendiges Verfahren. Die aus der Multiplikation von Menge und Preis berechneten Kosten werden bei der starren Plankostenrechnung nicht in variable (beschäftigungsabhängige) und fixe (beschäftigungsunabhängige) Kosten unterteilt. Die innerbetriebliche Leistungsverrechnung und die Bildung der Zuschlagssätze für die Kalkulation erfolgen auf der Basis eines Vollkostensatzes (Gesamttarif).

Für das Unternehmen ist festzustellen, ob die Gemeinkosten sinnvoll auf den Beschäftigungsgrad bezogen werden können. Kosten der Betriebsbereitschaft wie Abschreibungen der Gebäude und Betriebsmittel sind kurz- bis mittelfristig als fixe Kosten anzusehen. Langfristig sind auch diese Kosten durch Kapazitätsanpassung variabel (sprungfixe Kosten) doch ist diese Ebene nicht Gegenstand des operativen Controllings, sondern des strategischen Controllings inkl. der Investitionsrechnung. Sind die Kosten in hohem Ausmaß von der Beschäftigung abhängig, z. B. Gemeinkostenmaterial oder auch die Kosten des Einsatzes externer Arbeitnehmer (Zeitarbeitsfirmen), so wird der Ansatz eines Vollkostensatzes den Steuerungsnotwendigkeiten nicht gerecht.

In der starren Plankostenrechnung erfolgt die Berechnung des Plantarifs zur Leistungsverrechnung aus der Division der leistungsbezogenen Plankosten und der geplanten Leistungsmenge. Es kann ermittelt werden, ob die Istkosten mit den verrechneten starren Plankosten übereinstimmen, oder ob Abweichungen auftreten.

Beispiel Plankosten (bezogen auf eine bestimmte Periode Pe)
Planbeschäftigung: 5.000 h/Pe
Plankosten: 100.000 €/Pe

daraus ergibt sich ein Plankostentarif von 100.000/5.000 = 20 €/h
Istbeschäftigung: 3.000 h/Pe
Istkosten: 90.000 €/Pe

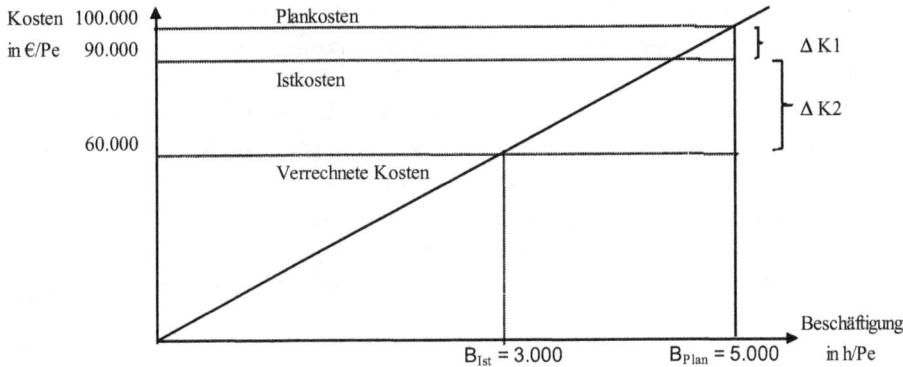

$\Delta K1$	Plan-Istabweichung in €/Pe	
$\Delta K2$	Differenz zwischen Istkosten und verrechneten Plankosten in €/Pe	

Abb. 1.12: Starre Plankostenrechnung (Grafische Darstellung)

Für das Controlling ergeben sich folgende Analysemöglichkeiten:
1. Reiner Plankosten-/Istkosten-Vergleich ohne Berücksichtigung der Beschäftigung

Plankosten − Istkosten = 100.000 − 90.000 = 10.000 €/Pe

Die Istkosten sind geringer als die Plankosten. Beide Beträge beziehen sich jedoch auf unterschiedliche Beschäftigungen (Planbeschäftigung versus Istbeschäftigung). Daher sagt der Plan-Ist-Vergleich lediglich aus, dass die vorgegebenen Plankosten unterschritten wurden; er sagt aber nicht aus, ob die 90.000 €/Pe angemessene, wirtschaftliche Kosten sind oder ob sie in Bezug auf die 3.000 geleisteten Stunden unwirtschaftliche bzw. überhöhte Kosten darstellen.

2. Vergleich der Istkosten mit den verrechneten Plankosten

Verrechnete Plankosten: 3.000 h/Pe · 20 €/h = 60.000, - €/Pe

Istkosten – verrechnete Plankosten = 90.000 – 60.000 = 30.000, - €/Pe

Es kann nicht analysiert werden, welcher Anteil an den 30.000 €/Pe Abweichung darauf zurückzuführen ist, dass
- die Istbeschäftigung mit 3.000 h/Pe unter der Planbeschäftigung von 5.000 h/Pe liegt
- ob der Vollkostensatz (Plantarif) mit 20 €/h zu niedrig geplant wurde
- welche Unwirtschaftlichkeiten gegebenenfalls in den Istkosten enthalten sind

Beurteilung der starren Plankostenrechnung

Eine Trennung der Kostenabweichungen nach unterschiedlichen Kategorien (Abweichungsursachen) ist bei Verwendung von Vollkosten nicht möglich. Die starre Plankostenrechnung ist somit nur geeignet bei kaum schwankender Beschäftigung.

Versorgungsbetriebe, die mit langfristigen Preisfestlegungen (vorgegebene Preise) und mit relativ konstantem Einsatzmengen arbeiten, können ihre Anforderungen an ein Kostenrechnungssystem mit der starren Plankostenrechnung gegebenenfalls erfüllt sehen.

Unternehmen, die einen sehr hohen Anteil fixer Kostenarten haben, oder bei denen die Wirtschaftlichkeitskontrolle der Kostenstellen keine große Rolle spielt, können evtl. ebenfalls mit der starren Plankostenrechnung arbeiten.

Unternehmen mit einem hohen Anteil variabler Kostenarten, die unter harten Wettbewerbsbedingungen auf die Wirtschaftlichkeit ihrer Kostenstellen achten müssen und die für die Preisbildung im wettbewerbsintensiven Umfeld auch ihre genauen Preisuntergrenzen kennen müssen, genügt dieses Kostenrechnungssystem dagegen nicht.

1.6.5 Grundlagen Flexible Plankostenrechnung

Basis der flexiblen Plankostenrechnung ist eine Aufteilung in fixe und variable Kosten. Diese Zuordnung ergibt sich aus der Kombination von Kostenstelle, Leistungsart und Kostenart. Die Berechnung der Kostengrößen erfolgt nach:

Beschäftigungsgrad = Istbeschäftigung / Planbeschäftigung

Die Planbeschäftigung entspricht der geplanten Leistungsmenge in einer Kostenstelle, z. B. geplante Fertigungsstunden in einem bestimmten Monat. Die Istbeschäftigung ergibt sich aus der in diesem Monat verrechneten Leistungsmenge. Die fixen Plankosten einer Kostenstelle sind Kosten der Betriebsbereitschaft und damit auch bei einer Beschäftigung von null Stunden zu planen. Insbesondere die zeitbedingten Abschreibungskosten für die Anlagen, Mieten, kalkulatorische Zinsen, vorbeugende Instandhaltung, Gehälter und Personalkosten für dispositive Tätigkeiten (Kostenstellenleitung) sind als fixe Kosten zu planen. Die variablen Plankosten in einer Kostenstelle

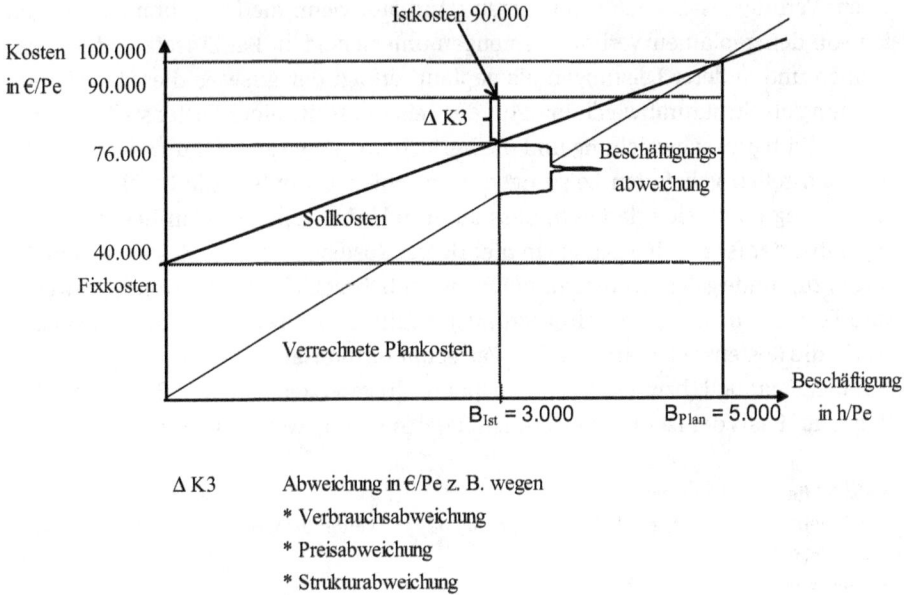

Abb. 1.13: Flexible Plankostenrechnung (Grafische Darstellung)

fallen erst mit der Leistungserstellung an. Dies sind zum Beispiel Materialeinzelkosten und Lohneinzelkosten. Bestimmte Kostenarten fallen teilweise als fixe und teilweise als variable Kosten an, z. B. Energiekosten. Die Sollkosten sind nun die für einen Beschäftigungsgrad erwarteten Istkosten (gewissermaßen die betriebswirtschaftlich akzeptablen Istkosten die eine Wirtschaftlichkeit der Kostenstelle signalisieren) und ergeben sich aus:

Sollkosten = Plankosten fix + Plankosten variabel · Beschäftigungsgrad, in €/Pe

Ist die erbrachte Leistungsmenge in der Kostenstelle gleich null, ist auch die Höhe der variablen Sollkosten gleich null. Die Höhe der variablen Sollkosten entwickelt sich gemäß dem Beschäftigungsgrad. Aus dem Verhältnis von variablen und fixen Kosten einerseits und der Leistungsmenge andererseits ergeben sich ein variabler und ein fixer Tarif für die Leistungsart der Kostenstelle.

Tarif fix = fixe Kosten/Planleistungsmenge   in €/h

Tarif variabel = variable Kosten/Planleistungsmenge   in €/h

Damit ergibt sich die in Abb. 1.13 gezeigte Darstellung.

Auf der Basis fixer und variabler Kosten ist es möglich, die Kostenabweichungen nach einzelnen Abweichungskategorien zu unterscheiden. Bei den Einsatzfaktoren einer Kostenstelle ergibt sich eine Preisabweichung aufgrund einer Differenz von Faktorpreisen, wenn z. B. die Preise für Material (Preisabweichung in den Beschaffungskosten für Material) oder Tarife für bezogene Kostenstellenleistungen sich geändert haben. Verbrauchsabweichungen treten dann auf, wenn die Ist-Verbrauchsmengen sich von den geplanten Verbrauchsmengen unterscheiden. Bei Einsatz anderer Materialien und anderer Leistungen als geplant, erfolgt der Ausweis dieser Kostenabweichung als Strukturabweichung. Auf der Leistungsseite einer Kostenstelle können die Beschäftigungsabweichung und die Verrechnungspreisabweichung der an andere Kostenstellen gelieferten Leistungen unterschieden werden. Die Beschäftigungsabweichung ergibt sich dadurch, dass aufgrund einer höheren Plan-Beschäftigung gegenüber der Ist-Beschäftigung ein niedrigerer Kostentarif für die Kostenstellenleistungen zugrunde gelegt wurde, als auf Basis der Istbeschäftigung notwendig gewesen wäre. Dies ist ein Effekt, der sich aufgrund des Vollkosten-Divisionskalkulationsansatzes für die Kostenstellentarife ergibt. Verrechnungspreisabweichungen ergeben sich aus einem manuell (bzw. unternehmenspolitisch) gesetzten Tarif und demjenigen Tarif, der auf Basis der Istkosten eigentlich hätte angesetzt werden müssen.

Beispiel flexible Plankosten

Bei Erweiterung des vorhergehenden Beispiels, das zur Verdeutlichung der starren Plankostenrechnung diente, folgt:

Planbeschäftigung:	5.000 h/Pe
Istbeschäftigung:	3.000 h/Pe => Beschäftigungsgrad = 0,6
Plankosten fix:	40.000 €/Pe
Plankosten variabel:	60.000 €/Pe
Plankostensatz:	100.000 €/Pe/5.000 h/Pe = 20 €/h
Verrechnete Plankosten:	60.000 €/Pe = 3.000 Stunden/Pe · 20 €/Stunde
Istkosten:	90.000 €/Pe
Sollkosten:	40.000 + 60.000 · 0,6 = 76.000 €/Pe

$$\text{Beschäftigungsabweichung} = \text{Sollkosten} - \text{verrechnete Plankosten}$$

$$= 76.000 - 60.000 = 16.000$$

Da der Stundensatz auf Basis einer Beschäftigung von 5.000 h/Pe geplant wurde, jedoch nur 3.000 h/Pe im Ist geleistet wurden, bleibt die Kostenstellen auf 16.000 €/Pe „unverschuldet sitzen".

$$\text{Verbrauchsabweichung} = \text{Istkosten} - \text{Sollkosten} = 90.000 - 76.000 = 14.000 €/Pe$$

Die 14.000 €/Pe Verbrauchsabweichung könnte darauf zurückzuführen sein, dass Unwirtschaftlichkeiten eingetreten sind. Für das Controlling ergeben sich nun im Zusammenwirken mit der Kostenstellenleitung die folgenden Fragen nach den Abweichungsursachen und den zu treffenden Maßnahmen bzw. Führungsentscheidungen:

- Welche Ursachen führten zur Verbrauchsabweichung? ⇒ Berechnung der einzelnen Abweichungskategorien (Preis-, Mengen-, Strukturabweichung). Die Erläuterung der Berechnung der einzelnen Abweichungskategorien im System SAP erfolgt im Kapitel Kostenstellenrechnung/Gemeinkostencontrolling.
- Liegt ein Personalkostenproblem vor? Sollte die Beschäftigtenanzahl in der Kostenstelle an die Istbeschäftigung angepasst werden?

- Oder wurde unsachgemäß mit dem Material gewirtschaftet, was zu einem überhöhten Verbrauch führte?
- Zudem muss geklärt werden, ob die Abweichung ev. auf Planungsfehler, Zufälle oder externe Faktoren zurückzuführen sind.

Beurteilung der flexiblen Plankostenrechnung

Die Flexible Plankostenrechnung ist ein leistungsfähigeres Kostenrechnungssystem als die starre Plankostenrechnung. Allerdings ergibt sich der Tarif durch Proportionalisierung der fixen Kosten. Es wird unterstellt, dass pro Leistungsmengeneinheit einer Kostenstelle ein gleich hoher Anteil an Fixkosten anfällt. Dies entspricht jedoch nur bedingt der Realität, da die Produktionsfaktoren Mensch und Maschine einen bestimmten Kapazitätsumfang bereitstellen, der nur in engen Grenzen variiert werden kann (Arbeitszeit der Mitarbeiter, Intensitäten im Betrieb der Maschinen). Ein noch größeres Problem stellt die Zurechenbarkeit der mit der Leistungsbereitschaft verbundenen fixen Kosten zu den einzelnen Leistungseinheiten dar. Die im Produktionsbetrieb beschäftigten Mitarbeiter und Maschinen lassen sich in der Regel den Fertigungsleistungen zuordnen. Schwieriger wird es aber mit den indirekten Organisationseinheiten, zum Beispiel der Arbeitsvorbereitung, Beschaffung und den Führungskräften. Die fixen Kosten der indirekten Bereiche (Hilfskostenstellen), die den Hauptkostenstellen über Umlagen im Rahmen der Kostenstellenrechnung belastet werden, gehen meistens über Schlüsselung in den Kalkulationssatz/Leistungstarif der Hauptkostenstellen ein.

Eine nur bedingt oder gar nicht verursachungsgerechte Zurechenbarkeit der fixen Kosten zu den Leistungsmengen ist der Hauptkritikpunkt an der flexiblen Plankostenrechnung. Nur die mit der Leistungserstellung korrelierenden Kosten sollten in die Kostenbetrachtung einfließen. Das von Plaut (vgl. Plaut/Müller/Medicke (1973)) und anderen Kostenfachleuten entwickelte Kostenrechnungssystem wird daher als Grenzplankostenrechnung bezeichnet. Grenzkosten sind die mit Leistungsmengenänderungen zusätzlich entstehenden oder sich reduzierenden Kosten. In Weiterentwicklung der flexiblen Plankostenrechnung werden bei der Grenzplankostenrechnung nur die beschäftigungsabhängigen variablen Kosten in kurzfristigen Entscheidungsfällen zur Unternehmenssteuerung herangezogen.

1.6.6 Grundlagen Grenzplankostenrechnung

In der Grenzplankostenrechnung wird ein Verrechnungssatz gebildet, der nur die variablen Kosten einschließt. Der Gesamttarif einer Leistungsart der Kostenstelle ergibt sich aus dem Verhältnis der variablen Kosten und der Leistungsmenge. Die fixen Kosten werden im Rahmen der Planung an die leistungsempfangenden Bereiche des Unternehmens verteilt (Fixkostenvorverteilung) und sind nicht Bestandteil der Tarifermittlung. Letztendlich werden die Fixkosten als Fixkostenblock auf unterschiedlichen Organisationsebenen an das Ergebnis verrechnet; die Kostenträger dagegen werden nur mit den variablen Kosten belastet und leisten mit dem darüber hinausgehenden Umsatzerlös einen Deckungsbeitrag zur Deckung des Fixkostenblocks und zur Erzielung eines Gewinnes. Bei den Kostenstellen werden daher nur diejenigen Verbrauchsabweichungen gemessen, für die sie auch kurzfristig die Verantwortung tragen. (Vgl. Kilger/Pampel/Vikas 2007 S. 1–42; Müller 1996 S. 127 ff.; Plaut/Müller/Medicke 1968 S. 21 ff.)

Beispiel Grenzplankosten
Planbeschäftigung: 5.000 Stunden in h/Pe
Istbeschäftigung: 3.000 Stunden/Pe $\Rightarrow$ Beschäftigungsgrad = 60 % oder 0,6
Plankosten fix: 40.000 €/Pe
Plankosten variabel: 60.000 €/Pe
Istkosten fix: 40.000 €/Pe
Istkosten variabel: 50.000 €/Pe

Damit ergibt sich ein variabler Tarif von 60.000/5.000 = 12 €/h
Die verrechneten Plankosten betragen: 3.000 · 12 = 36.000 €/Pe
Es ergibt sich eine Verbrauchsabweichung, die die Kostenstelle zu verantworten hat:

Istkosten variabel – Sollkosten variabel = 50.000 – 36.000 = 14.000 in €/Pe

Die fixen Istkosten sind mit den fixen Plankosten identisch. Sie wurden bereits im Zuge der Planung bei der Fixkostenvorverteilung auf die empfangenden Bezugsobjekte verrechnet.

Verrechnete Plankosten = Sollkosten in der Grenzplankostenrechnung

Beurteilung der Grenzplankostenrechnung
Der Vorteil dieses Kostenrechnungssystems liegt in der konsequenten Umsetzung eines strengen Verursachungsprinzips. Ziel ist die Erreichung eines maximalen Deckungsbeitrags zur Deckung der fixen Kosten und zur Erwirtschaftung eines Gewinns. Insbesondere Unternehmen in wettbewerbsintensiven Märkten, die auch auf der Basis kurzfristiger Preisuntergrenzen dispositive Entscheidungen treffen müssen, setzen auf dieses Kostenrechnungssystem. Die Grenzplankostenrechnung ist aufbauend auf den Arbeiten von Plaut und Kilger und den anderen Wegbereitern dieses Kostenrechnungssystems insbesondere von Müller (Vgl.: Müller 1996) und Vikas (Vgl.: Vikas 1993; Kilger/Pampel/Vikas 2007) zur Prozesskonformen Grenzplankostenrechnung weiterentwickelt worden. Hierbei werden Elemente der im folgenden Kapitel zu beschreibenden Prozesskostenrechnung mit der Grenzplankostenrechnung verknüpft.

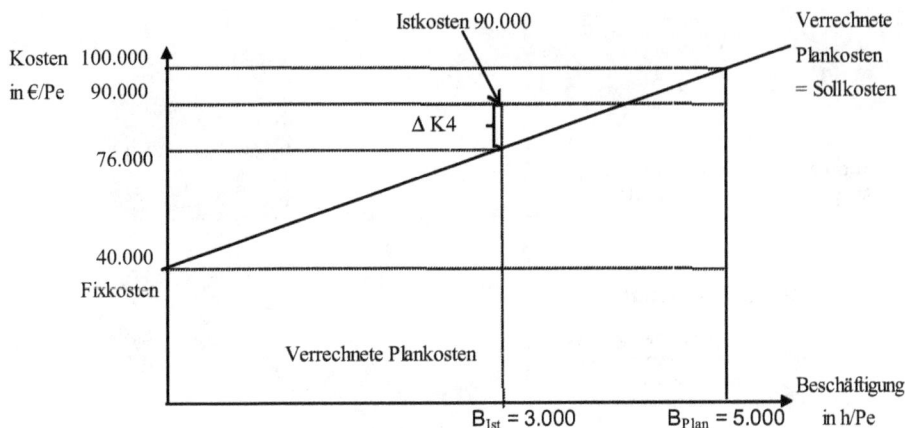

Abb. 1.14: Grenzplankostenrechnung grafisch (Eigene Darstellung)

1.6.7 Grundlagen Prozesskostenrechnung

Die zunehmend kapitalintensivere industrielle Produktion, bedingt durch den Ersatz von Arbeitnehmern durch Maschinen, führt dazu, dass der Anteil der variablen Einzelkosten abnimmt und der Anteil der variablen und fixen Gemeinkosten auch auf den Hauptkostenstellen zunimmt. Auf den Kostenstellen der administrativen und unterstützenden Bereiche (Verwaltungs-, Hilfs-, Vorkostenstellen) findet sich typischerweise schon immer ein hoher Anteil fixer Gemeinkosten. Die Wirtschaftlichkeitsbeurteilung von Kostenstellen, für die sich kein Grenzkostensatz bzw. variabler Tarif bestimmen lässt, ist aber in der Grenzplankostenrechnung nicht möglich. Wenn sich in der Grenzplankostenrechnung Kostenstellen mit überwiegend fixen Gemeinkosten über innerbetriebliche Verrechnungspreise oder Zuschlagssätze auf andere Kostenstellen oder Kostenträger verrechnen, dann handelt es sich wieder um die aus Sicht der Grenzplankostenrechnung abzulehnende Proportionalisierung der fixen Gemeinkosten. Das Problem wird in der Prozesskostenrechnung dadurch gelöst, dass für die traditionell als fix angesehenen Gemeinkosten z. B. der administrativen Kostenstellen Maßgrößen der Kostenverursachung gesucht werden, mit denen sich doch eine Beschäftigungsabhängigkeit der vermeintlich fixen Gemeinkosten messen lässt. Diese Maßgrößen der Kostenverursachung werden in der Prozesskostenrechnung als Kostentreiber bezeichnet. Kilger u. a. haben schon früh auf diese Möglichkeit der Findung geeigneter Maßgrößen der Kostenverursachung für die indirekten Bereiche hingewiesen, um damit eine Wirtschaftlichkeitsbeurteilung z. B. auch der administrativen Kos-

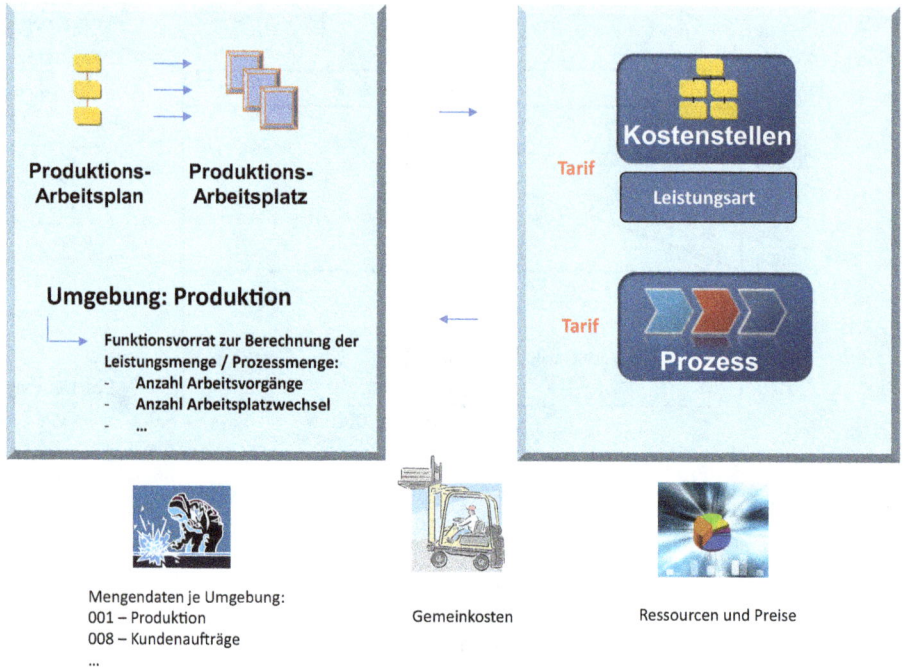

Abb. 1.15: Grundschema der Prozesskostenrechnung in SAP

tenstellen durchführen zu können. International bekannt geworden ist diese Verfeinerung der Grenzplankostenrechnung als „Activity Based Costing" durch die Arbeiten von Cooper und Kaplan (Vgl. Kaplan/Cooper 1999).

Einzelne, in sich geschlossene und wertschöpfende Aktivitäten z. B. Auftragsabwicklung werden in der Prozesskostenrechnung als Prozess definiert und mit den Kostenstellenleistungen belastet, die für den jeweiligen Prozess erbracht werden. Die Verrechnung der auf den Prozessen gesammelten Gemeinkosten auf die Kostenträger erfolgt nun nicht über Gemeinkostenzuschlagssätze, sondern über direkte Zuordnungen zu Merkmalen (z. B. Leistungsinanspruchnahme) der Kostenträger. Die Zuordnung wird in einem Prozessschema definiert, auf dessen Basis die Prozesskosten an die Kostenträger abgerechnet werden. Die Ziele sind eine verursachungsgerechte Zurechnung der Gemeinkosten auf die Kostenträger und eine Wirtschaftlichkeitsbeurteilung der Prozesse.

Der Ansatz der Prozesskostenrechnung besteht nun darin, parallel zur klassischen Planungsebene auf Basis von zuvor definierten Geschäftsprozessen Kosten und Leistungsmengen zu planen, zu bewerten und zu erfassen. Damit ist zunächst ein hoher Aufwand zur Erstellung der Konzeption für den Einsatz dieses Kostenrechnungssystem verbunden. Daher sollten nur die wesentlichen, wertschöpfenden Geschäftsprozesse in die Prozesskostenrechnung eingehen. Neben marktorientierten

Geschäftsprozessen, können auch die kritischen Prozesse der unterstützenden Bereiche einer prozessorientierten Analyse unterzogen werden. Kritisch aus der Sicht der Prozesskostenrechnung sind Prozesse, deren Effizienz eine hohe Auswirkung auf die Effizienz anderer Geschäftsprozesse hat.

Die Analyse des Zusammenhangs der kritischen Geschäftsprozesse mit anderen Prozessen ist einer der Ansatzpunkte dieser Ergänzungs- bzw. Sonderrechnung. Die organisatorische Zuordnung der Controllingobjekte (z. B. Kostenstelle, Auftrag, Kostenträger) zu Prozessen ist eine Voraussetzung für die Integration zwischen Kostenstellenrechnung, Auftragsabrechnung, Ergebnisrechnung und Prozesskostenrechnung. Dadurch wird es möglich, organisationselementübergreifende Prozesse zu definieren und in den Wertefluss des Controllings einzubeziehen.

Die Definition der wertschöpfenden und kritischen Geschäftsprozesse ist die Voraussetzung zur Konzeption und Einführung der Prozesskostenrechnung in einem Unternehmen. Innerhalb der Einzelprozesse wird zwischen leistungsmengeninduzierten (beschäftigungsabhängigen) und leistungsmengenneutralen (nicht beschäftigungsabhängigen) Prozessen unterschieden. Die leistungsmengenneutralen Prozesse dienen der Betriebsbereitschaft, die leistungsmengeninduzierten Prozesse dienen der eigentlichen Leistungserstellung. Die Zurechnung der leistungsmengeninduzierten Prozesse auf die Prozesskosten erfolgt über die Inanspruchnahme der Leistungsmengen. Die leistungsmengenneutralen Kosten werden durch Kostenverteilung den Prozessen zugerechnet. Damit lässt sich berechnen, was die Durchführung eines Prozesses kostet, z. B. die Bearbeitung eines Kundenauftrages oder die Abwicklung einer eingehenden Sendung.

Die Verrechnung der Prozesskosten an den Kostenträger, zum Beispiel den Kundenauftrag erfolgt in SAP über ein so genanntes Template, mit dem festgelegt wird, auf welcher Basis ein Prozess in Anspruch genommen wird und wie die Prozessmenge zu berechnen ist. So können zum Beispiel in Abhängigkeit vom Produkt bestimmte Qualitätsprüfungsprozesse zu verrechnen sein. Daher wird im Template eine Wenndann-Beziehung festgelegt und die zu verrechnende Prozessmenge definiert: z. B. je 1.000 Stück Wareneingang ⇒ eine Prozesseinheit „Qualitätsprüfungsprozess".

Die Prozesskostenrechnung wird dann eingesetzt, wenn ein hoher Anteil von Gemeinkostenprozessen im Unternehmen existiert, deren Wirtschaftlichkeit beurteilt werden soll oder wenn eine verursachungsgerechtere Verrechnung der Gemeinkosten auf Kostenträger erforderlich ist, als dies über die Verwendung von Gemeinkostenzuschlagssätzen möglich ist.

Beurteilung der Prozesskostenrechnung

Die Prozesskostenrechnung ist eine konsequente Weiterentwicklung der Kostenrechnungssysteme bezüglich der Umsetzung des Verursachungsprinzips. Die Gemeinkosten der Kostenstellen werden prozessbezogen über die Hauptprozesse auf die Kostenträger/Produkte weiterverrechnet. Der Mangel der klassischen Kostenrechnungssysteme, dass Allokations-, Degressions- und Komplexitätseffekte u. U. nicht richtig abgebildet werden kann hierdurch behoben werden. In der Zuschlagskalkulation werden ansonsten häufig kleine Aufträge oder Produktsparten bevorzug und große Aufträge oder Sparten benachteiligt, so dass es zu Fehlentscheidungen kommen kann.

1.7 Organisations-Struktur des Controllings in SAP S/4HANA

Das Kapitel gibt eine Einführung in die aktuelle Positionierung des Controllings im Zeitalter der Digitalisierung. Im zweiten Teil wird Bezug auf die organisatorische Einbettung des Controllings im System S/4HANA genommen.

1.7.1 Betriebswirtschaftliche Einordnung

Die optimale organisatorische Einordnung des Controllings ist eine Voraussetzung dafür, wie wirkungsvoll die Controlling-Aufgaben wahrgenommen bzw. erfüllt werden können (vgl. hierzu Hahn/Hungenberg 2001, S. 289 ff.; Horvath & Partners 2006, S. 287 ff.).

Im Laufe der Jahre wurde das Wissen und die Erfahrung von Controllern in Geschäftsangelegenheiten durch das Wissen über das Managen ergänzt, so dass sie die Rolle des Geschäftspartners einnahmen. Die beratende Rolle des Controllers dominiert. In der heutigen digitalen Welt sind zusätzliche Kenntnisse zur IT-gestützten Vorhersage von großer Bedeutung. Die digitale Transformation führt zu einer neuen Rolle des Controllers als Business Analyst unterstützt vom Data Scientist. Die Controller übernehmen die Aufgabe, Fragestellungen zu entwickeln, welche vom Data Scientist in Vorhersagemodellen umgesetzt werden. Der Controller übernimmt die Aufgabe, die aus den Daten gewonnenen Informationen zu interpretieren und in Handlungsempfehlungen für das Management umzusetzen.

Eine linienbezogene Einordnung des Controllings erfordert von den Mitarbeitern Zeit für das Tagesgeschäft und für Personalangelegenheiten, die für die innovativen Controlling-Aufgaben der Planung, Berichtserstellung und Berichtsanalyse verloren geht. Daher hat sich im Laufe der Zeit die Eingliederung des Controllings als Stabsstelle durchgesetzt. Zwischen der Geschäftsführung und dem Controlling sollte aufgrund der gesamtunternehmensbezogenen Aufgabenstellung ein kurzer Dienstweg bestehen. Die gesamtunternehmensbezogene Aufgabenstellung erfordert auch, dass der Controller nicht ausschließlich einem Produkt (das macht der Produktmanager) oder einem Kunden (Account-Manager) zugeordnet wird, sondern einem Geschäftsbereich, einer Sparte oder auch der Tochtergesellschaft eines Konzern-Unternehmens. Für die Konzern-Ebene kann ein Konzerncontrolling (angels.: Corporate Controlling) etabliert werden. Hier erfolgt die Konsolidierung der Daten der Einzelunternehmen zum Konzernergebnis.

DIGITALE PLATFORM

Daten und Interaktion in Echtzeit

CONTROLLING

| Geschäftspartner Management Berater | Ökonom | Change Agent: Treiber der Innovation |

Big Data

Cyber-Physikalische-Systeme

Digitalisierung der Geschäftsprozesse – Optimierter Workflow

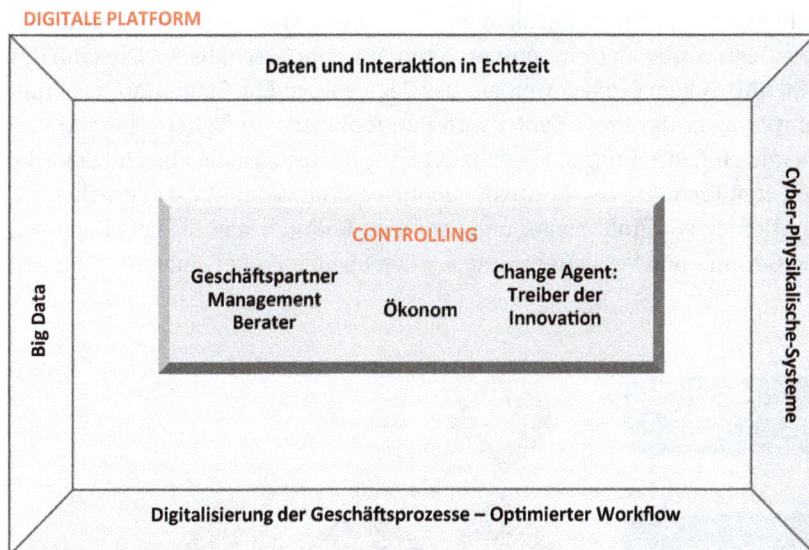

Abb. 1.16: Organisatorische Einordnung des Controllings im Zeitalter der Digitalisierung. (Quelle: Vitezic – Lebefromm – Perlic: From the analytical to digital business performance management – A new challenge to controlling. DIGITOMICS, Opatija 02.–04.05.2018.)

1.7.2 Organisatorische Ausgestaltung im SAP System

Echtzeit-Analysen, aussagekräftige Analysen, gesicherte Prognosen bis hin zu einem agilen Controlling stellen neue Herausforderungen für das Controlling dar. Das hochintegrierte Anwendungs-System SAP ERP hat die Verfügbarkeit der Daten aus Logistik im Rechnungswesen in Echtzeit unterstützt. Dazu werden die Stammdatenobjekte der Module sogenannten Organisations-Ebenen zugeordnet und die Organisationsebenen wiederum untereinander.

Die kleinste bilanzierende Einheit ist die Gesellschaft. Die Gesellschaft wird im SAP System als Buchungskreis angelegt. Wesentliche Parameter des Buchungskreises sind die Buchungskreiswährung, die Geschäftsjahresvariante und der Kontenplan. Neben der Buchungskreiswährung können im FI weitere parallele Währungen geführt werden. Die Geschäftsjahresvariante definiert die Periodizität des Geschäftsjahres und die Zuordnung zum Kalenderjahr. Bei der Einstellung eines verschobenen Geschäftsjahres beginnt das Geschäftsjahr zum Beispiel im Oktober und dauert bis September des Folgejahres. Daneben können Zusatzperioden über die Periode 12 hinaus definiert werden. Die Stammdaten im FI, Hauptbuchkonten, Debitorenkonten, Kreditorenkonten und Anlagenkonten werden dem Buchungskreis zugeordnet und sind auch nur in diesem Buchungskreis bei der Belegbuchung kontierbar. Existieren in einer Firma mehrere Geschäftsbereiche, so wird für die Erstellung interner Bilanzen das Organisationselement „Geschäftsbereich" definiert. Alle Stammdaten eines Buchungskreises (insb. Sachkonten, Debitoren, Kreditoren) sind zusätzlich noch einem Geschäftsbereich zugeordnet. Alternativ zum Geschäftsbereich kann das Segment im SAP System gepflegt werden. Das Segment wird im Stammsatz des Profit Centers eingetragen. Das Profit Center wird im Produktstamm (Materialstamm) und in den operativen Controlling Objekten, zum Beispiel Kostenstelle eingetragen. Alle Buchungen zum Produkt bzw. zu einem operativen Controlling-Objekt enthalten somit die Kontierung auf Profit Center und Segment. Dadurch sind die Erstellung von Bilanz und Gewinn- und Verlustrechnung auf den Ebenen Profit Center und Segment möglich.

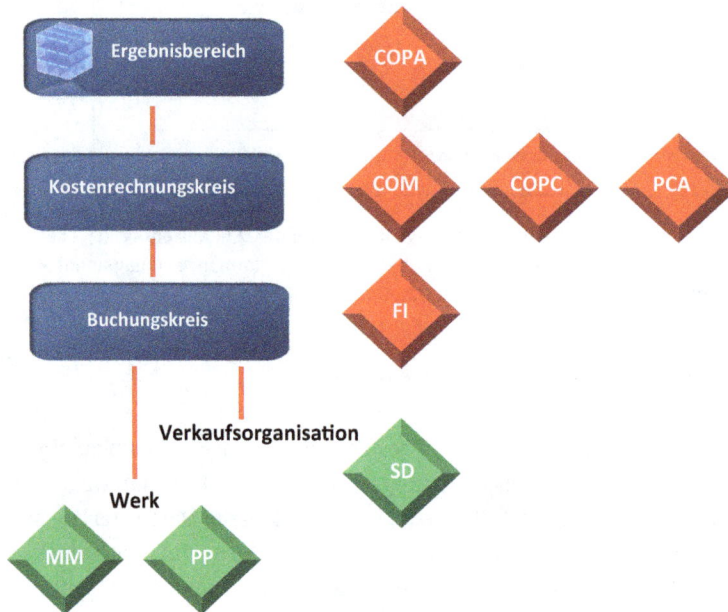

Abb. 1.17: Organisations-Ebenen in SAP S/4HANA

Der Kostenrechnungskreis ist die Organisations-Ebene des CO im SAP System, wobei mehrere Buchungskreise einem Kostenrechnungskreis zugeordnet werden können. Wird in einem Unternehmen ein zentrales, konzernweites Controlling etabliert (Corporate Controlling) in dem auch die Möglichkeit der Gestaltung und Beeinflussung des operativen Controllings der Konzerntöchter vorgesehen ist, wird ein Kostenrechnungskreis wiederum mehreren Buchungskreisen zugeordnet. Eine wichtige Frage bei der Definition der Controlling-Organisation ist die Festlegung auf ein zentrales oder dezentrales Controlling. Im Falle eines zentralen Controllings werden die Buchungskreise der Einzelfirmen einem Kostenrechnungskreis zugeordnet (buchungskreisübergreifende Kostenrechnung). Dadurch sind folgende Funktionen möglich:

- Buchungskreisübergreifende Kalkulation. Z. B. erfolgt die Produktion im Werk A (mit eigenem Buchungskreis) und die reine Lagerung und Auslieferung im Werk B (ebenfalls eigener Buchungskreis). Zur Bewertung der Lagerbestände im Werk B muss auf die Kalkulation im Werk A zurückgegriffen werden. Zusätzlich können für die Kalkulation in Werk B weitere Kosten, wie z. B. Transportkosten, berücksichtigt werden.
- Konzernkalkulation: Kalkulation über alle buchungskreisübergreifenden Produktionsstufen hinweg, Ermittlung des Wertschöpfungsanteils jeder Produktionsstufe
- Buchungskreisübergreifende Verrechnung. Diese ist allerdings nur bei umsatzsteuerlicher Organschaft möglich.

Bei Verwendung eines zentralen, buchungskreisübergreifenden Kostenrechnungskreises können neue Gesellschaften schnell in das CO integriert werden. Eine Neuimplementierung eines eigenen, buchungskreisbezogenen Kostenrechnungskreises ist nicht erforderlich.

Eine weitere Bedingung für die zentrale Controlling-Lösung ist die Verwendung eines einheitlichen Kontenplans und einer einheitlichen Geschäftsjahresvariante. Zusammenfassend lässt sich festhalten, dass sich im Falle eines konzernorientierten Controllings eine zentrale Controlling-Instanz mit buchungskreisübergreifender Kostenrechnung anbietet. Ist das Controlling eher einzelunternehmensbezogen, ist die Verwendung dezentraler Controlling-Instanzen mit einer 1:1 Beziehung/Deckungsgleichheit von Buchungskreis und Kostenrechnungskreis vorzuziehen. Betriebswirtschaftliche gesehen hängt dies davon ab, wie unterschiedlich sich die Geschäftsfelder der Geschäftsbereiche darstellen.

Ein Werk stellt den Standort eines Unternehmens aus der Sicht der Produktion, Lagerhaltung und Logistik dar und muss eindeutig einem Buchungskreis zugeordnet sein. Andererseits können einem Buchungskreis mehrere Werke zugeordnet werden. In der Materialwirtschaft (MM – Materialmanagement) enthalten die Materialstammsegmente außer dem allgemeinen Teil eine Werks-Zuordnung. In der Produktionsplanung (PP – Production Planning) sind es die Stammdaten für Stücklisten, Arbeitspläne und Arbeitsplätze, welche werksbezogen geführt werden. Im Vertrieb (SD – Sales Distribution) werden die Kundenstammsätze zum Vertriebsbereich, bestehend aus Verkaufsorganisation, Vertriebsweg und Sparte geführt. Dabei sind Sparte und Vertriebsweg der Verkaufsorganisation und die Verkaufsorganisation dem Buchungskreis zugeordnet. Über die Zuordnung von Werk zu Buchungskreis erfolgt bei der Verbuchung von Warenbewegungen im Werk synchron die Verbuchung von Bestands- und Bestandsveränderungsbuchungen in der Finanzbuchhaltung. Gleiches gilt für die Warenbewegungen im Rahmen der Produktionsabwicklung und des Vertriebsprozesses.

Für den Bereich der Beschaffung sind Organisationselemente wie Einkaufsorganisationen und Einkäufergruppen festzulegen. Während die Einkäufergruppe im Materialstamm geführt wird, erfolgt die Zuordnung der Einkaufsorganisation über den sogenannten Einkaufsinfosatz. Der Einkaufsinfosatz enthält zu Material-Nummer, Lieferanten-Nummer, Werk und Einkaufsorganisation die Pflege der Lieferantenpreise und Konditionen. Die Einkaufsorganisation kann mehreren Werken und damit auch Buchungskreisen zugeordnet werden (zentrale Einkaufsorganisation). Andererseits können einem Werk auch mehrere Einkaufsorganisationen zugeordnet werden.

Weitergehende Anforderungen an die Auswertung der Unternehmensdaten, insbesondere im Hinblick auf die Zusammenfassung operativer Daten aus mehreren unterschiedlichen operativen Systemen, erfordern die Sicht auf Unternehmensdaten in Form eines Unternehmenscontrollings. Dabei wird gefordert, eine von den operativen EDV-Anwendungen isolierte Datenbank zu etablieren, da die Anforderungen an die Granularität von Management-Daten deutlich geringer sind als bei der Verbuchung operativer Geschäftsvorfälle. Es interessiert nicht der gebuchte Einzelposten, sondern die berechneten Kennzahlen. Diese Controlling-Datenbank hat andere Leistungsmerkmale als die für die operativen Geschäftszahlen eingesetzten Datenbanken. In der operativen Datenhaltung müssen die Geschäftsvorgänge als Einzelposten verbucht werden, um dem Primanota – Prinzip der Rechnungslegung zu entsprechen. Die Controlling-Datenbank soll die Möglichkeit bieten, Leistungskennzahlen zur Messung der Effizienz und Effektivität der Organisationseinheiten bis hin zum einzelnen Produkt zu messen. Konzerncontrolling ist damit die Recherche aggregierter Daten eines mittel- und langfristigen Zeitraums. Dies erfolgt durch die Implementierung eines Data Warehouse Systems, ein zentraler Datenpool mit modul-übergreifenden und auch system-übergreifenden Management-Daten. Als technische Konsequenz aus der Forderung nach einem zentralen Konzerncontrolling ergibt sich die Verwendung einer eigenen Datenbank für das Unternehmenscontrolling. Die organisatorische und betriebswirtschaftliche Sicht des operativen und strategischen Controllings ist mit den technischen Möglichkeiten eines Controlling-Informations-Systems abzustimmen.[20] Das betriebswirtschaftliche Fachkonzept zur Einführung eines Controlling-Systems wird um ein technisches Fachkonzept ergänzt.

1.7.3 Kohärenz des Rechnungswesens mit SAP S/4HANA

Die traditionelle Organisation des Rechnungswesens insbesondere der flexiblen Plankostenrechnung führt zu einem sogenannten Zweikreis-System. Bei diesem System sind die Daten des Finanzwesens und der Kostenrechnung physisch in verschiedenen Tabellen getrennt. Die dadurch gewonnenen Freiheitsgrade im Controlling, zum Beispiel durch die Verwendung anderer Bewertungsansätze für den Lagerbestand von Erzeugnissen wird durch den erhöhten Abstimmungsaufwand zwischen der Gewinn- und Verlustrechnung einerseits und der Ergebnisrechnung andererseits erkauft. Im

---

20 Diese wird im Angelsächsischen auch als Management Information System (MIS) bezeichnet. Das SAP-System für Data-Warehousing ist das Business Intelligence (BI).

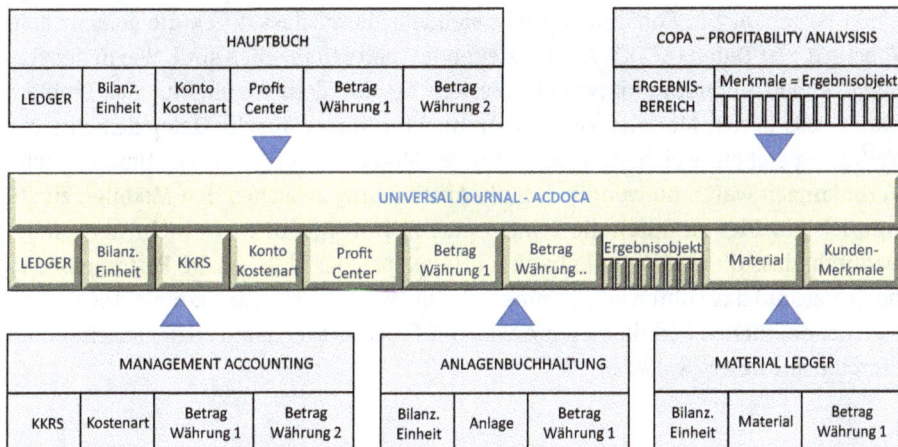

Abb. 1.18: Neuorganisation in SAP S/4HANA

System SAP S/4HANA erfolgt eine Optimierung der Effizienz des Rechnungswesens durch das Zusammenlegen der FI- und CO-Tabellen zu einer gemeinsamen Einzelposten-Tabelle für Ist-Daten: ACDOCA (Accounting Document Actual).

Organisations-übergreifende Verrechnungen, zum Beispiel über verschiedene Profit-Center werden direkt in der ACDOCA gebucht und stehen für Profit-Center-bezogene und Segment-bezogene Auswertungen sofort zur Verfügung. Insbesondere entfallen dadurch folgende Abstimmungen im Periodenabschluss:
- Hauptbuch mit Nebenbüchern und CO
- Hauptbuch mit der buchhalterischen Ergebnisrechnung
- Summen mit Einzelposten (ACDOCA enthält nur noch Einzelposten)
- Abstimmung des FI/CO mit dem Data Warehouse (wegen embedded BI).

Ein Abstimm-Ledger, welches die organisations-übergreifenden Buchungen als sogenannte Abstimm-Objekte enthält, ist nicht mehr erforderlich. Ein simplifiziertes Datenmodell, technisch abgestimmte Daten und Entfall umfangreicher Abstimmarbeiten im Periodenabschluss kennzeichnen das Rechnungswesen im SAP S/4HANA. Das Reporting der buchhalterischen Ergebnisrechnung und die Gewinn- und Verlustrechnung im FI selektieren die Daten aus einer gemeinsamen Tabelle. Eine Ausnahme davon bildet die kalkulatorische Ergebnisrechnung. Beide Formen der Ergebnisrechnung werden in einem späteren Kapitel behandelt.

Die Kohärenz des Rechnungswesens im System SAP S/4HANA besteht nicht darin, dass die Grenzen zwischen den zentralen Aufgaben der Finanzbuchhaltung in der Rechnungslegung einerseits und die analytischen Aufgaben des Management Accountings andererseits verschwimmen. Die zentrale Buchungslogik mit der Buchung von Bilanzkonten und neutralen Aufwands- und Ertragskonten nur in FI, die Buchung sekundärer Kostenarten nur in CO und die gemeinsame Buchung von Primärkosten bleibt bestehen. Die Kohärenz besteht vielmehr darin, dass durch die gemeinsame Tabelle für Ist-Daten (ACDOCA) übergreifende Analysen möglich sind. Wie in der vorhergehenden Abbildung dargestellt, besteht bei der alten Architektur das Problem darin, dass in den Modulen der ERP-Architektur immer nur die Datenelemente zur Verfügung stehen, welche in dem jeweiligen Modul benötigt werden. Umfangreiche Verlinkungen waren notwendig, um die Abstimmung zwischen den Modulen zu gewährleisten. Dies ist durch die gemeinsame ACDOA-Tabelle nicht mehr notwendig. Dadurch, dass die HANA Datenbank im Hauptspeicher läuft, ist die Performance so hoch, dass auf das Führen von Summentabellen verzichtet werden konnte. Dies führte zu einer deutlichen Reduktion der Anzahl an Tabellen und damit zu der sogenannten Simplifizierung des Systems.

2 Kosten- und Leistungsartenrechnung

2.1 Kostenartenrechnung aus betriebswirtschaftlicher Sicht

2.1.1 Grundlagen der Kostenartenrechnung

Unterteilungsmöglichkeiten der Kostenarten

Die Kostenarten können nach den folgenden Kriterien unterteilt werden:

- Nach der Art der verbrauchten oder eingesetzten Produktionsfaktoren (Einsatzgütern) können die Kostenarten in Materialkosten, Personalkosten, Betriebsmittelkosten, Wertverzehrkosten, Kapitalbindungskosten etc. unterteilt werden.
- Nach der Zurechenbarkeit auf die Bezugsobjekte Kostenträger, Kostenstellen, Prozesse, Projekte und Innenaufträge können Kosten in Einzel- und Gemeinkosten unterteilt werden.
- Nach dem Verhalten bei Beschäftigungsänderungen, also z. B. der Erhöhung oder Verminderung der Ausbringungsmenge, können die Kostenarten in feste (fixe) und veränderliche (variable) Kostenarten unterteilt werden, wobei die variablen Kostenarten wiederum in lineare, degressive, progressive und regressive Kostenarten unterteilt werden können.
- Nach der Verarbeitungsstufe in der Kostenrechnung und der Artreinheit können Kosten in ursprüngliche oder artreine (lat.: primäre oder originäre) und zusammengesetzte/gemischte/abgeleitete (lat.: sekundäre) Kostenarten unterteilt werden, die in der innerbetrieblichen Umlage- und Leistungsverrechnung entstehen. In der SAP Kostenartenrechnung (angels.: Cost Element Accounting) werden die während einer Rechnungsperiode angefallenen Istkosten belegmäßig erfasst und es wird angegeben, wie die erfassten Kosten weiter zu verrechnen sind. Im SAP System erfolgt die Bestimmung der Weiterverrechnung durch das Anlegen von sekundären Kostenarten und deren Zuordnung zu einem Kostenartentyp. Als Beispiele für Kostenartentypen sind die Umlage, Verrechnung- und Abrechnungskostenarten zu nennen. Umlagekostenarten werden in einem Umlagezyklus verwendet. Die Umlage der auf Hilfskostenstellen oder Aufträgen erfassten primären Kosten an die eigentlich verbrauchenden Kostenstellen oder Aufträge erfolgt durch die Entlastungs- und Belastungsbuchungen über die Umlagekostenarten. Über die Verrechnungskostenart erfolgt die Verbuchung der innerbetrieblichen Leistungsverrechnung. Die Abrechnungskostenart wird über ein Abrechnungsschema der Abrechnungsvorschrift eines Auftrages zugeordnet.
- Nach der Art des Produktionsfaktorverzehrs können Kostenarten in solche eingeteilt werden, denen ein Produktionsfaktoreinsatz oder -verzehr zu Grunde liegt und solche, denen kein solcher zu Grunde liegt und die die entgangene Möglichkeit einer anderen, eventuell besseren Verwendung des Produktionsfaktors anzeigen. Letztere sind die so genannten Opportunitätskosten.

https://doi.org/10.1515/9783110616927-002

Nicht zweckmäßig ist es, die Kostenarten im Kostenartenplan nach Kostenstellen oder Kostenträgern zu unterteilen z. B.: Hilfslöhne für Kostenstelle A, Hilfslöhne für Kostenstelle B, Hilfslöhne für Kostenstelle C etc., Rohstoffe für Kostenträger A, Rohstoffe für Kostenträger B, Rohstoffe für Kostenträger C. Es sollte bei der Kostenarteneinteilung im Kostenartenplan die produktionsfaktororientierte Unterteilung als Haupteinteilungsmerkmal gewählt werden. Bei einer professionell ausgebauten Kostenrechnung reicht diese Unterteilung aus, da in der anschließenden Kostenstellen- und Kostenträgerrechnung ohnedies gezeigt wird, auf welche Kostenstellen oder welche Kostenträger die einzelnen Kosten zugerechnet werden.

Die korrekte Planung und Erfassung der Kosten erfordert eine geeignete Kostenarteneinteilung in der jede Kostenart durch eine Kostenartennummer und durch eine Kostenartenbezeichnung gekennzeichnet werden muss. Dies erfolgt in SAP im so genannten Kostenartenstamm. Wichtig ist es, die Kostenarten so zu bilden, dass für jeden Kostenartenbeleg jeweils nur eine Kostenart infrage kommt. Unklare und mehrdeutige Kostenartenbezeichnungen sollten wenn möglich nicht gewählt werden. Eindeutige Kostenartenbezeichnungen lassen sich aber in der Praxis nicht immer erreichen und strittige Kontierungsfälle können kaum ausgeschlossen werden. In Kontierungsvorschriften bzw. in der Eingabemaske für Kostenarten/Kostenartenstamm können Hinweise angegeben werden, und mithilfe von Beispielen kann erklärt werden, wie die Zuordnung eines Belegs zu den jeweiligen Kostenarten durchgeführt werden soll.

Unterteilung nach der Zurechenbarkeit: Einzel- und Gemeinkosten

Einzelkosten sind Kosten, die direkt einem bestimmten Kostenobjekt wie z. B. Kostenträger bzw. Kostenstelle zugerechnet werden können, bzw. durch die Produktion eines bestimmten Kostenträgers verursacht werden; sie werden deshalb auch als direkte Kosten bezeichnet. Bei ihnen ist das als Idealfall anzustrebende Verursachungsprinzip für die Zurechnung von Kosten erfüllt. Gemeinkosten hingegen sind Kosten, die nicht direkt, sondern nur indirekt über die Kostenstellenrechnung einem Kostenobjekt zugerechnet werden können. Bei ihnen ist das Verursachungsprinzip nicht erfüllt; sie müssen über Bezugsgrößen im Rahmen der innerbetrieblichen Leistungs- und Umlageverrechnung den Kostenträgern zugerechnet werden.

Rohstoffe und beschaffte oder selbst erstellte Teilerzeugnisse, die unmittelbar in betriebliche Produkte oder Aufträge eingehen, sind typische Einzelmaterialkosten. Es sollten auch alle Fertigungslöhne, sowohl Zeit- als auch Akkordlöhne, die für die unmittelbare Bearbeitung bestimmter Kostenträger angefallen sind, als Einzellohnkosten verrechnet werden, falls eine genaue Zeiterfassung durchgeführt wird. Die Fertigungseinzellöhne werden dann von der Lohnabrechnung auf die Kostenträger kontiert. Häufig lassen sich besondere Werkzeuge, Modelle oder Lizenzgebühren bestimmten Kostenträgern direkt zurechnen. Es handelt sich dabei um Sondereinzelkosten der Fertigung. Im Vertriebsbereich werden die Kosten für die Versandfertigmachung, Vertriebsprovisionen, Frachtkosten und Frachtversicherung u. ä. als Sondereinzelkosten des Vertriebs verrechnet.

Wenn der Erfassungsaufwand nicht zu groß ist, sollten möglichst viele Kosten als Einzelkosten verrechnet werden, da hierdurch die Genauigkeit der Kostenrechnung erhöht wird. Werden Kostenarten, die man bestimmten Produkten oder Aufträgen direkt zuordnen könnte, zur Vereinfachung über Kostenstellen abgerechnet, so bezeichnet man sie als unechte Gemeinkosten. Typische unechte Gemeinkosten sind Schrauben, Muttern, Klemmen, Nieten, Lötdraht, Nägel, Bolzen etc., also Material, welches bei genauer Erfassung durchaus als Einzelkosten verrechnet werden könnte, dessen Erfassung pro Kostenträger aber unverhältnismäßig aufwendig wäre. Dies sollte aber nicht davon abhalten, diese in Plankalkulationen als variabel anzusetzen.

Unterteilungsmöglichkeiten der Kosten nach dem Verhalten bei Beschäftigungsänderungen

Fixe (konstante) Kosten

Fixe Kosten verändern sich mit zunehmender oder abnehmender Beschäftigung (z. B. Ausbringungsmenge) nicht. Sie bleiben während einer bestimmten Periode unabhängig vom Beschäftigungsgrad eines Unternehmens oder einer Kostenstelle immer in gleicher Höhe bestehen. Die Gesamtkosten die im u. a. Beispiel 20 €/Pe betragen, bilden daher in der grafischen Darstellung als Kostenkurve eine Parallele zur x-Achse des Koordinatensystems. Die Durchschnittskosten, also die Gesamtkosten dividiert durch die Beschäftigung, sinken mit zunehmender Beschäftigung, weil sich die gleichbleibenden fixen Kosten auf eine größere Ausbringungsmenge verteilen. Dies wird auch als Fixkostendegressionseffekt bezeichnet. Die Grenzkosten[1] sind die bei einer zusätzlich produzierten ME jeweils hinzukommenden und bei einer weniger produzierten ME jeweils wegfallenden Kosten.

Da fixe Kosten hinsichtlich der Beschäftigungsänderungen unveränderlich sind, betragen die Grenzkosten einer fixen Kostenart somit immer null €; es ergibt sich ein leeres Koordinatensystem, weil die Grenzkostenfunktion mit der Abszisse identisch ist. Die Eigenschaft der Unveränderlichkeit (fix) gilt nicht für immer, sondern nur für eine bestimmte Periode. Das Adjektiv fix muss daher mit Bezug zu einer Periode betrachtet werden. Über die Periode hinaus sind fixe Kosten ggf. durch Führungsentscheidungen veränderbar bzw. abbaubar. Tendenziell gilt eine geringe bzw. eine den Kapazitätserfordernissen des durchschnittlichen Beschäftigungsgrades angemessene Fixkostenstruktur als erstrebenswert.

---

1 Die Grenzkosten geben strenggenommen als erste Ableitung der Gesamtkostenfunktion die Steigung bei einer bestimmten Menge an. Sie gelten somit nur für einen bestimmten infinitesimal kleinen Punkt. Betriebswirtschaftlich werden sie aber wegen der Ganzzahligkeitsbedingung auf jeweils eine zusätzliche Mengeneinheit bezogen. Es wird somit der Differenzenquotient und nicht der Differentialquotient betrachtet.

Tab. 2.1: Gesamt-, Durchschnitts- und Grenzkosten für Fixkosten

Beschäftigung × ME/Pe	Gesamtkosten K €/Pe	Durchschnittskosten k €/ME	Grenzkosten K' €/ME
1	20	20	0
2	20	10	0
3	20	$6,\overline{6}$	0
4	20	5	0
5	20	4	0

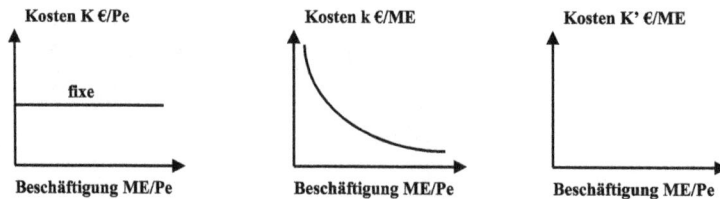

Abb. 2.1: Fixe Kosten (Gesamt-, Durchschnitts- und Grenzkostenkurven)

Intervallfixe Kosten

Die langfristige Betrachtung einer fixen Kostenart über mehrere Perioden ergibt meistens einen intervall-/sprungfixen Kostenverlauf. Dies muss nicht auf jede fixe Kostenart zutreffen; theoretisch ist es auch denkbar, dass fixe Kosten über die gesamte Lebensdauer eines Unternehmens (Totalperiode) gleichbleiben. Im Zeitpunkt der Sprünge bzw. Intervallübergänge zeigen sich die Auswirkungen von Führungsentscheidungen. Es werden zu diesen Zeitpunkten jeweils neue Betriebsmittel beschafft und z. B. linear abgeschrieben oder ein neuer Mitarbeiter eingestellt. Die intervallfixen Kosten können aber auch auf ein niedrigeres Niveau „herunterspringen", wenn das Betriebsmittel oder der Mitarbeiter wieder aus dem Unternehmen ausscheiden.

Tab. 2.2: Gesamt-, Durchschnitts- und Grenzkosten für intervallfixe Kosten

Beschäftigung × ME/Pe	Gesamtkosten K €/Pe	Durchschnittskosten k €/ME	Grenzkosten K' €/ME
1	20	20	Unendlich
2	20	10	0
3	20	$6,\overline{6}$	0
4	40	10	Unendlich
5	40	8	0
6	40	$6,\overline{6}$	0
7	60	8,6	Unendlich
8	60	7,5	0
9	60	$6,\overline{6}$	0

Kosten K €/Pe

intervall-fixe

Beschäftigung ME/Pe

Stückkosten k €/ME , degressiv mit Sprüngen

Beschäftigung ME/Pe

Grenzkosten K' €/ME

Die Grenzkosten sind an den Sprungstellen unend-
lich hoch, da sich der Kostensprung auf eine infinitesimal kleine Menge bezieht.

Beschäftigung ME/Pe

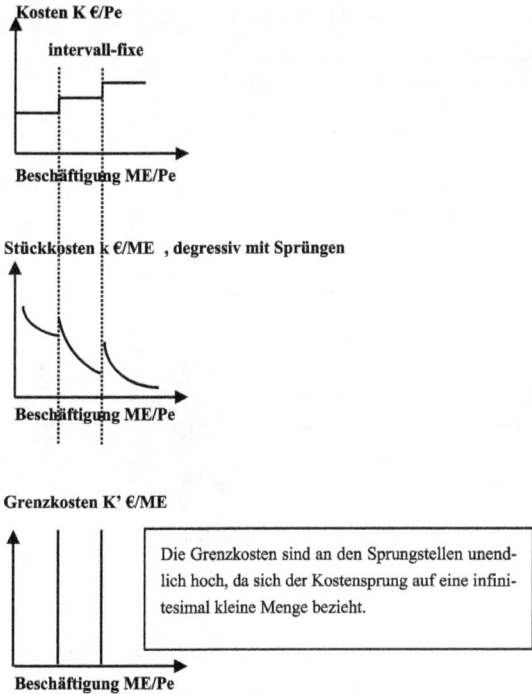

Abb. 2.2: Intervall-(Sprung-) fixe Kosten (Gesamt-, Durchschnitts- und Grenzkostenkurven)

Linear steigende Kosten

Linear proportionale Kosten verändern sich linear proportional zur Beschäftigung. Eine jeweils hinzukommende oder wegfallende Mengeneinheit verursacht eine hinzukommende oder wegfallende Geldeinheit. Diese Geldeinheit wird immer in gleicher
Höhe verursacht; im Beispiel sind dies 20 € pro Mengeneinheit. Die stetige Propor-
tionalität zur Beschäftigung führt in der grafischen Darstellung der Gesamtkostenkurve zu einem Strahl aus dem Nullpunkt des Koordinatensystems, der je nach Höhe
der Grenzkosten mehr oder weniger steil im Koordinatensystem verläuft. Die Durchschnittskosten bleiben immer gleich, was in der grafischen Darstellung zu einem Verlauf der Durchschnittskostenkurve parallel zur x-Achse führt. Der Schnittpunkt mit
der y-Achse bzw. der Ausgangspunkt des Strahls liegt in Höhe der Grenzkosten. Weil
die Grenzkosten immer in gleicher Höhe verursacht werden, verläuft auch die Grenz-
kostenkurve parallel zur x-Achse. Typische Beispiel für linear proportionale Kostenarten sind Materialeinzelkosten und Fertigungslohneinzelkosten. Auch Maschinenstundensätze verhalten sich meistens linear proportional zur Beschäftigung. Der linear proportionale Kostenverlauf wird bei der Kostenplanung in der Praxis zum ganz
überwiegenden Teil als Kostenverlauf für alle variablen Kostenarten unterstellt.

Tab. 2.3: Gesamt-, Durchschnitts- und Grenzkosten für proportionale Kosten

Beschäftigung × ME/Pe	Gesamtkosten K €/Pe	Durchschnittskosten k €/ME	Grenzkosten K' €/ME
1	20	20	20
2	40	20	20
3	60	20	20
4	80	20	20
5	100	20	20

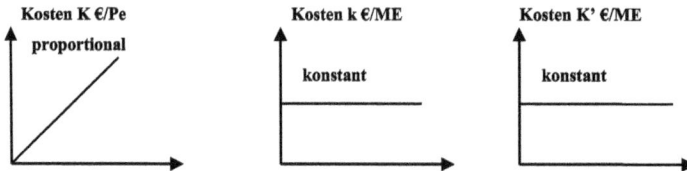

Abb. 2.3: Linear proportionale Kosten (Gesamt-, Durchschnitts- und Grenzkosten)

Progressiv steigende Kosten

Bei progressiven Kostenverläufen steigen die Grenzkosten mit zunehmender Beschäftigung progressiv bzw. überproportional. Im Beispiel verursacht das erste produzierte Stück noch 20 €/ME, wogegen das zweite Stück bereits 22 €/ME verursacht und das dritte Stück 24 €/ME. Durch diese progressiv steigenden Grenzkosten steigen mit zunehmender Beschäftigung sowohl die Gesamtkosten als auch die Durchschnittskosten. Der für die Praxis relevanteste Fall eines progressiven Kostenverlaufs ist der Energie-/Treibstoff-/Kerosinverbrauch bei Maschinen und Fahr- und Flugzeugen bei höherer Umdrehungszahl von Motoren pro Zeiteinheit. Dieser Zusammenhang ist jedem Autofahrer bekannt, der von seinem Fahrzeughersteller die hinsichtlich des Benzinverbrauchs optimale Motordrehzahl mitgeteilt bekommt. Wenn das Fahrzeug mit einer höheren Drehzahl gefahren wird, steigt der Verbrauch überproportional bzw. progressiv im Verhältnis zu den gefahrenen Kilometern (der Beschäftigung). Die höhere Drehzahl kann durchaus bewusst gewählt werden, um eine geplante Produktionsmenge schneller fertig zu produzieren, weil ein Kapazitätsengpass oder eine besonders gute Auftragslage vorliegen. Es liegen dann grundsätzlich zwei Möglichkeiten von Führungsentscheidungen vor: Es kann eine zusätzliche Maschine beschafft werden, was zu einem sprungfixen Kostenverlauf führt oder die vorhandene Maschine kann bis zur Grenze der technischen Leistungsfähigkeit ausgenutzt werden, was zu einem progressiven Kostenverlauf führt. Die Beschaffung einer neuen Maschine wird auch als kapazitätsmäßige Anpassung und die Erhöhung der Drehzahl als intensitätsmäßige Anpassung bezeichnet.

Tab. 2.4: Gesamt-, Durchschnits- und Grenzkosten für progressiv steigende Kosten

Beschäftigung × ME/Pe	Gesamtkosten K €/Pe	Durchschnittskosten k €/ME	Grenzkosten K' €/ME
1	20	20	20
2	42	21	22
3	66	22	24
4	92	23	26
5	120	24	28

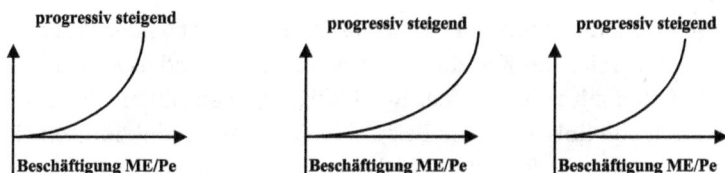

Abb. 2.4: Progressive Kosten (Gesamt-, Durchschnitts- und Grenzkosten)

Degressiv steigende Kosten

Ein degressiv steigender Kostenverlauf liegt vor, wenn die Grenzkosten mit zunehmender Beschäftigung sinken. Im Beispiel ist angenommen, dass mit zunehmender Ausbringung sechs € pro Stück weniger Grenzkosten verursacht werden. Für die Grenz- und die Durchschnittskosten ergeben sich dann im Koordinatensystem von links oben nach rechts unten sinkende Kostenkurven, wogegen die Gesamtkostenkurve einen degressiv d. h. unterproportional steigenden Verlauf aufweist. Degressive Kostenverläufe der Lohneinzelkosten können sich z. B. ergeben, wenn die Mitarbeiter aufgrund intensiver Erfahrung bzw. Routine weniger Bearbeitungszeit pro Stück benötigen.[2]

Tab. 2.5: Gesamt-, Durchschnits- und Grenzkosten für degressiv steigende Kosten

Beschäftigung × ME/Pe	Gesamtkosten K €/Pe	Durchschnittskosten k €/ME	Grenzkosten K' €/ME
1	20	20	20
2	34	17	14
3	46	15,3'	12
4	56	14	10
5	64	12,8	8

---

2 Dieser Zusammenhang wird auch als Lerngesetz der industriellen Produktion oder Erfahrungskurve bezeichnet und wurde z. B. von der Boston Consulting Group empirisch untersucht. Vgl. Boston Consulting Group 1997, S. 405–436. Vgl. auch Schneider 1965, der den Begriff Lernkurve benutzt.

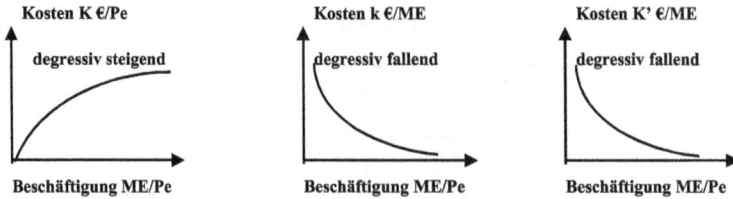

Abb. 2.5: Degressiv steigende Kosten (Gesamt-, Durchschnitts- und Grenzkosten)

Regressive Kosten

Bei regressiven Kostenverläufen sinken die Grenzkosten mit zunehmender Beschäftigung in den negativen Bereich des Koordinatensystems. Die Gesamtkosten und die Durchschnittskosten fallen mit zunehmender Beschäftigung in absoluter Höhe. Die Gesamtkostenkurve fällt von links oben (im Beispiel 20 €/ME bei Produktion von einem Stück) nach rechts unten in Richtung auf die x-Achse (im Beispiel 6 €/ME bei Produktion von 5 Stück). Dieser Kostenverlauf kommt in der Praxis sehr selten vor. Ein Beispiel ist die Kostenart Energiekosten in €/kWh bei der Aluminium- und Stahlproduktion und der anschließenden Weiterverarbeitung. Das flüssige Rohmetall, das aus dem Hochofen kommt, muss i. d. R. in so genannten Trompetenwagen (Spezialeisenbahnwaggons für flüssige Metalle) zur Weiterverarbeitung z. B. in ein Walzwerk oder Gusswerk transportiert werden. Im Walzwerk muss das Metall wieder eine hohe Temperatur haben, um gewalzt werden zu können. Je mehr Liter flüssiges Metall in einen Trompetenwagen gefüllt werden, desto besser hält das Metall eine hohe Temperatur und desto weniger kWh benötigt das Metall zur Wiedererhitzung bei der Weiterverarbeitung. Dieser Effekt kann im Alltag anhand einer Thermoskanne nachvollzogen werden: je mehr Kaffee eingefüllt wird, desto länger bleibt dieser heiß.[3]

Tab. 2.6: Gesamt-, Durchschnitts- und Grenzkosten für regressive Kosten

Beschäftigung × ME/Pe	Gesamtkosten K €/Pe	Durchschnittskosten k €/ME	Grenzkosten K′ €/ME
0	10	n.a.	−1
1	9	9	−1
2	8	4	−1
3	7	$2,\overline{3}$	−1
4	6	1,5	−1
5	5	1	−1

---

3 Weitere Beispiele bestehen neben den Heizkosten im Kino z. B. bei den Kapitalkosten, die in einigen Fällen variabel sein können, wobei auch regressive Kostenverläufe möglich sind. Vgl. z. B. Hoberg (2010), S. 68.

Kosten K €/Pe   Kosten k €/ME   Kosten K' €/ME

↑ regressiv fallend   ↑ regressiv fallend   ↑ regressiv fallend

Beschäftigung ME/Pe   Beschäftigung ME/Pe

Beschäftigung ME/Pe

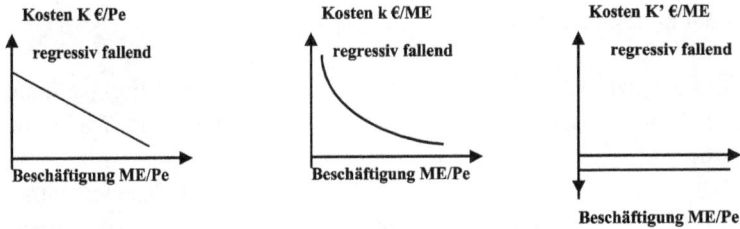

Abb. 2.6: Regressive Kosten (Gesamt-, Durchschnitts- und Grenzkosten)

Gesamtkostenfunktionen bestehen in der Praxis i. d. R. aus fixen und linear proportionalen Bestandteilen.

Relevanz für die Praxis der Kostenrechnung und des operativen Controllings

Die Produktions- und Kostentheorie blickt auf eine lange Tradition zurück und hat zur theoretisch-analytischen Durchdringung insbesondere der industriellen Produktionsprozesse beigetragen. Ihre praktische Relevanz im Planungsalltag des Controllers ist jedoch gering geblieben. In nahezu allen Standardsoftwaresystemen für die Kostenrechnung kann bei der Kostenplanung „nur" zwischen fixen und variablen Kosten unterschieden werden, wobei mit variablen Kosten meistens linear proportionale Kosten gemeint sind. Die Approximation der Realität durch linear funktionale Zusammenhänge kann meistens als hinreichend genau angesehen werden.[4] Dennoch ist es wichtig, sich bei der Soll-Ist-Abweichungsanalyse (vgl. hierzu ausführlich Kapitel 8) darüber im Klaren zu sein, dass im realen bzw. physischen Produktionsgeschehen nicht nur linear proportionale sondern auch alle anderen oben besprochenen variablen Kostenverläufe auftreten können. Dadurch kann eine Abweichungsanalyse, die die Abweichungen aufgrund eines linear proportionalen Grenzkostenverlaufs ermittelt hat, falsch sein. Z. B. können Istkosten einer höheren Istbeschäftigung als Planbeschäftigung, die einem progressiven Kostenverlauf folgen, wirtschaftlich sein, obwohl die Abweichungsanalyse Unwirtschaftlichkeit anzeigt, weil die Sollkosten der höheren Beschäftigung aufgrund eines linear proportionalen Kostenverlaufs ermittelt wurden und damit niedrigere Kosten indizieren als sie bei „realem" progressiven Kostenverlauf hätten auftreten dürfen. Dem Kostenstellenleiter wird also in diesem Fall zu Unrecht Unwirtschaftlichkeit bzw. Sollkostenüberschreitung vorgeworfen.

---

4 Die von Gutenberg beschriebenen nicht linearen Kostenfunktionen aufgrund intensitätsmäßiger Anpassung findet man nur noch selten, weil viele Maschinen heute mit gleichbleibender Intensität betrieben werden. Vgl. Gutenberg 1963 S. 243 ff. Langfristig jedoch ist die Verbesserung der Maschinen in Bezug auf die Intensität eine gute Möglichkeit zur Kostensenkung.

2.1.2 Prinzipien der Kostenzurechnung

Die Prinzipien der Kostenzurechnung lassen sich grob in das Verursachungsprinzip (Identitätsprinzip), Proportionalitätsprinzip, Durchschnittsprinzip und Tragfähigkeitsprinzip unterteilen.[5]

In Wissenschaft und Praxis wird das Verursachungsprinzip als das elementare Prinzip für die Kontierung und Weiterverrechnung der Kosten angesehen. Es wurde u. a. durch Rummel (Vgl. Rummel 1967, S. 115 ff., 192 ff.) in die Kostenrechnung eingeführt. Das Verursachungsprinzip besagt, dass Kosten auf dasjenige Kostenobjekt[6] (z. B. Kostenstelle, Kostenträger, Prozess etc.) zugerechnet werden sollen, welches ihre Entstehung verursacht hat. Es gilt in Literatur und Praxis als allgemein anerkannt und ist die Richtschnur der meisten Rechenverfahren (lat.: Algorithmen) der Kostenrechnung. Das Prinzip ist im strengen wissenschaftlichen Sinne allerdings logisch falsch, da eine Ursache ihrer Folge zeitlich vorausgehen muss. In der wissenschaftlichen Diskussion wurde die zugrundeliegende Entscheidung (z. B. zur Produktion eines bestimmten Produktes) als ursächlich sowohl für die Kostenverursachung als auch für die daraus folgende Existenz des Produktes herausgearbeitet. Riebel (Vgl. Riebel 1994, S. 32 ff.; S. 67 ff.) hat aus dieser Erkenntnis heraus den Begriff Identitätsprinzip eingeführt. Er schlägt vor, die Kosten so zuzurechnen, dass „der Wertverzehr auf dieselbe Disposition zurückgeführt werden kann, wie die Existenz des jeweiligen Kalkulationsobjektes". Das Verursachungsprinzip kann aber durchaus in diesem Sinne interpretiert werden, weshalb sich u. a. der Begriff Identitätsprinzip nicht durchgesetzt hat. Hauptproblem des Verursachungsprinzips ist, dass es in vielen Fällen nicht oder eingeschränkt anwendbar ist.

Nach dem Proportionalitätsprinzip werden Kosten gleichmäßig (lat.: proportional) zu bestimmten Bezugsgrößen verrechnet. Das Proportionalitätsprinzip kann mit dem Verursachungsprinzip identisch sein, wenn z. B. Materialeinzelkosten linear-proportional zur Beschäftigung ansteigen. Das Proportionalitätsprinzip kann aber auch nicht verursachungsgerecht sein, wenn z. B. Gemeinkosten als Zuschlagssätze auf bestimmte Bezugsgrößen wie z. B. Material- oder Lohneinzelkosten verrechnet werden. Gerade weil hierbei oft keine Verursachungsgerechtigkeit gegeben ist, wurden die Bezugsgrößen- und Prozesskostenkalkulationen entwickelt.[7]

Die Leitidee der Verursachungsgerechtigkeit wird bei bestimmten Teilproblemen zugunsten des Durchschnitts- und des Tragfähigkeitsprinzips vollständig aufgegeben. Das kann daran liegen, dass die Erlangung der Verursachungsgerechtigkeit kostenrechnerisch unmöglich ist, oder sie dem Prinzip der Wirtschaftlichkeit der Kostenrechnung widerspricht. Bei Anwendung des Durchschnittsprinzips werden

---

5 In der Literatur sind feinere Unterteilungen herausgearbeitet worden, die aber über den hier gesteckten Rahmen hinausgehen, da sie wissenschaftstheoretische Erörterungen verlangen.
6 In der SAP Terminologie heißen Kostenobjekte CO-Objekte (Controlling-Objekte).
7 Dies wird in Abschnitt 6.3 noch näher erläutert.

Kosten zu gleichen Anteilen auf Kostenobjekte verteilt. Wenn alle Kostenobjekte in einem seltenen Ausnahmefall tatsächlich die gleichen Kosten verursachen, kann das Durchschnittsprinzip ausnahmsweise verursachungsgerecht sein. Bedeutung hat das Durchschnittsprinzip bei Umlageschlüsseln, mit denen z. B. die Kosten der Vorstände, Geschäftsführer oder Hauptverwaltungen auf Kostenstellen oder in Ergebnisrechnungen verteilt werden.[8] Theoretisch könnten diese zwar verursachungsgerechte Zeitaufschreibungen vornehmen, in der Praxis dürfte dies alleine schon aufgrund psychologischer Befindlichkeiten scheitern.

Das Tragfähigkeitsprinzip verteilt Kosten nach der Tragfähigkeit, welche auch als Leistungsfähigkeit oder als Ergebnisträchtigkeit interpretiert werden kann. Konkret bedeutet dies, dass eine ergebnisverantwortliche Einheit ein gutes Ergebnis (z. B. einen Deckungsbeitrag) erwirtschaftet hat und dafür mit der Zurechnung von zusätzlichen Kosten „belohnt" wird. Wenn an das Ergebnis Erfolgsprämien geknüpft sind, wirkt das Tragfähigkeitsprinzip motivationshemmend. Sowohl Kostenumlagen nach dem Durchschnittsprinzip als auch nach dem Tragfähigkeitsprinzip können aber in Kostenstellenberichten und Ergebnisrechnungen „unter dem Strich" als für den Kostenstellenleiter oder den Produktmanager nicht beeinflussbar und für Erfolgsprämien nicht beurteilungsrelevant ausgewiesen werden. Dann entfalten Kostenumlagen nach dem Durchschnitts- oder Tragfähigkeitsprinzip keine kontraproduktive Wirkung, sondern zeigen im Berichtswesen im Sinne einer Vollkostentransparenz an, dass die operativen Einheiten einen Gemeinkostenblock (angels.: overhead) mittragen müssen. Umlagen nach dem Durchschnitts- oder Tragfähigkeitsprinzip dürfen auch nicht in dispositive Entscheidungen über den Fortbestand und die Neuaufnahme bestimmter Produktlinien einbezogen werden. Wenn die Umlagen nach dem Tragfähigkeitsprinzip vorgenommen werden, können deckungsbeitragsstarke Produkte schlechter und deckungsbeitragsschwache Produkte besser dargestellt werden als sie in Wirklichkeit sind.

Besondere Bedeutung hat das Tragfähigkeitsprinzip bei der Kuppelkalkulation, da sich in Kuppelproduktionsprozessen aus technisch-naturwissenschaftlichen Gründen keine verursachungsgerechte Kostenzurechnung durchführen lässt und die Kostenaufteilung gemäß den Deckungsbeiträgen oder Marktpreisen eine der wenigen Kalkulationsmöglichkeiten ist, die es in diesem Fall überhaupt gibt.[9]

2.1.3 Die Materialkostenartenrechnung

Die Erfassung der Materialverbrauchsmengen
In den folgenden Kapiteln werden einige grundsätzliche Bemerkungen zu der Erfassung, Bewertung und Verrechnung des Materials gemacht, die später in dem SAP spe-

---

8 Vgl. Abschnitt 7.2.5 Stufenweise Fixkostendeckungsrechnung.
9 Vgl. Abschnitt 6.3.4 Kuppelkalkulation.

zifischen Kapitel über die Erzeugniskalkulation wieder aufgegriffen und systembezogen weitergeführt werden.

Die Aufgaben der Materialwirtschaft und Materialabrechnung gehen über die Aufgaben der Materialkostenartenrechnung hinaus, da sie zahlreiche Teilaufgaben einschließen, die nur mit einem zusätzlich zum Kostenrechnungssystem eingeführten Materialwirtschaftssystem erfüllt werden können. (Vgl. Grochla 1978, S. 18 ff.) Dieses wird häufig auch als „Warenwirtschaftssystem" oder umfassender als „Logistiksystem" bezeichnet.[10] In der folgenden tabellarischen Übersicht werden die Teilaufgaben der Materialabrechnung aufgeführt und hinsichtlich ihrer jeweiligen Bedeutung für die Kostenrechnung, die Bilanz und GuV, sowie die Logistik und hierbei speziell der Beschaffung beurteilt.

Alle Teilaufgaben sind eng miteinander verbunden. Zunächst müssen die mengenmäßigen Materialbewegungen vom Wareneingang bis zum Verbrauch in der Produktion korrekt erfasst werden. Dies bildet die Grundlage für die Führung der Bestandskonten der Buchhaltung und die Ermittlung des Materialaufwands und der Materialkosten. Für die Kostenrechnung sind zunächst die Erfassung, Bewertung und Weiterverrechnung der Materialverbrauchsmengen als Bestandteile der Materialkostenartenrechnung von Bedeutung. Die Ermittlung und Kontrolle der mengenmäßigen Materialbestände und die Bewertung dieser Materialbestände sind in erster Linie für den korrekten Ansatz des Vorratsvermögens in der Bilanz wichtig. Heute hat sich die Berechnung kalkulatorischer Zinsen auf das betriebsnotwendige Vermögen bzw. die Kapitalbindung eines Produktes oder einer Produktgruppe in der Kostenrechnung weitgehend durchgesetzt. Es kann in bestimmten Produktionssituationen bzw. bei bestimmten Kostenstrukturen sinnvoll sein, für die Berechnung der kalkulatorischen Zinsen auch die Bestände an Roh-, Hilfs- und Betriebsstoffen eines Produktes zu berücksichtigen. Wenn für ein Produkt dauerhaft werthaltige hohe Materialbestände vorgehalten werden müssen, etwa wegen unsicherer Beschaffungsmöglichkeiten auf den Rohstoffmärkten, dann sollten die verursachten Kapitalbindungskosten dem Produkt verursachungsgerecht zugerechnet werden. Dies ist allerdings dann schwierig bzw. unverhältnismäßig aufwendig, wenn die betreffende Materialart in unterschiedliche Endprodukte eingeht und damit einem Produkt oder einer Produktgruppe nicht oder nur schwer verursachungsgerecht zugerechnet werden kann. Hier sind Sonderrechnungen des Logistikcontrollings erforderlich, die hohe Kapitalbindungskosten bestimmter Materialarten unabhängig von den Endprodukten analysieren und zu Optimierungsvorschlägen z. B. durch Bestellmengenoptimierung, Übergang zur fertigungssynchronen Beschaffung oder Lieferantenwechsel führen. (Vgl. Hoppe 2005, S. 423 ff.)

---

10 Das entsprechende umfassende SAP Logistik-Modul heißt Supply Chain Management SCM; das spezielle Materialwirtschaftsmodul heiß Material Management (MM). Unter dem Gesichtspunkt der Bestandsoptimierung werden zahlreiche Funktionalitäten beschrieben in Hoppe (2005) S, 23 ff.

Teilaufgaben der Materialabrechnung	Kostenrechnung	Finanzbuchhaltung Bilanz und GuV	Logistik/speziell: Beschaffung
Erfassung der mengenmäßigen Materialzulieferungen vom Beschaffungsmarkt (angels.: Supply Chain Management[a])	unwichtig	Wichtig bei permanenter Inventur Rechnungsprüfung	Wichtig für Wareneingangskontrolle, Termintreue der Lieferanten
Erfassung der Verbrauchsmengenabgänge in die Produktion	Wichtig: Verursachung von Materialkosten	Wichtig: Verursachung von Materialaufwand	Wichtig für die Materialdisposition/Bestellmengenplanung
Ermittlung und Kontrolle der mengenmäßigen Materialbestände	unwichtig	Stichtagsinventur oder verlegte Inventur	Wichtig für die Materialdisposition/Bestellmengenplanung
Bewertung der Materialverbrauchsmengen	Ermittlung der Materialkosten	Ermittlung des Materialaufwands	Wichtig sind die echten Einkaufspreise nicht die Bewertungspolitik
Bewertung der Materialbestände auf den Bestandskonten	Ermittlung des betriebsnotwendigen Vermögens für die Berechnung kalkulatorischer Zinsen	Anwendung handels- und steuerrechtlicher Vorschriften für die Bewertung des Umlaufvermögens	Entscheidungsgrundlage für den Einsatz von Bestellmengenoptimierungsmaßnahmen
Weiterverrechnung und Kontrolle (Abweichungsanalyse) der Materialkosten	Wichtig für alle weiteren Schritte im Prozess der Kostenrechnung	Keine Relevanz	Ggf. Sonderrechnungen des Logistikcontrollings

[a] Der Begriff Supply Chain Management kann mit Lieferkette übersetzt werden.

Abb. 2.7: Teilaufgaben der Materialabrechnung[11]

Die Materialabrechnung macht es erforderlich, alle Materialarten eines Unternehmens zu systematisieren und jeder Materialart eine Materialartenbezeichnung und eine Materialnummer zuzuordnen. In Literatur und Praxis haben sich zahlreiche Verfahren für die Strukturierung von Materialnummernschlüsseln herausgebildet. Ein einfaches System besteht z. B. darin, dass die erste Ziffer die Materialhauptgruppe und die beiden folgenden Ziffern Materialuntergruppen kennzeichnen. (Vgl. Grochla 1978,

---

[11] Die Tabelle wurde erstellt in Anlehnung an: Kilger 1992, S. 78 ff.; Grochla 1973, S. 154 ff., Mellerowicz 1974, S. 178 ff.

S. 35 ff.) Die folgenden Ziffern dienen der laufenden Nummerierung. In mittelständischen Unternehmen reichen hierfür ggf. zwei bis drei Ziffern aus, so dass sich ein fünf- oder sechsstelliger Materialnummernschlüssel ergibt. Neben den Materialartenbezeichnungen sollten den Materialnummern Dimensionsangaben zugeordnet werden, die erkennen lassen, welche Maßgrößen/Bezugsmengeneinheiten[12] (z. B. Stück, Kilogramm, Tonne, Liter, Quadratmeter, Kubikmeter usw.) zur Bestandsführung und Verbrauchserfassung verwendet werden.

Die verschiedenen Verfahren der Materialverbrauchsmengenerfassung werden im Folgenden kurz angesprochen und beurteilt:

Ein einfaches aber ungenaues Verfahren ist die Materialverbrauchsmengenerfassung ohne Bestandsführung, welches auch als Festwertmethode bezeichnet wird. Es erfolgen keine Zugangs- und Abgangsbuchungen auf Bestandskonten. Die Zugangsmenge einer Materialart in einer Periode wird als Verbrauchsmenge betrachtet, wobei eine verursachungsgerechte Zuordnung zu einem Produkt nur dann möglich ist, wenn die Materialart nur für ein Produkt eingesetzt wird. Dieses Verfahren wird häufig in den Finanzbuchhaltungen oder von den Steuerberatern kleiner und mittelständischer Unternehmen angewandt, die kein Materialwirtschaftssystem haben, das eine korrekte Verbrauchsmengenerfassung durch Materialentnahmebuchungen ermöglicht. Für die Kostenrechnung kann dieses Verfahren nur eine vorübergehende Hilfs- bzw. Näherungslösung sein. Das Verfahren ist auch bei sehr geringen Werten der Materialverbrauchsmengen akzeptabel. Die Kostenrechnungsperiode ist typischerweise der Monat. In der Monatsbetrachtung stimmen die Zugangsmengen aber nur selten bzw. zufällig mit den Verbrauchsmengen überein. Das Ausnutzen von günstigen Beschaffungsmarktsituationen durch die Einkaufsabteilung oder auch nur die routinemäßige (evtl. suboptimale) Beschaffung des gesamten Jahresbedarfs einer Materialart mit einer Bestellmenge führt dazu, dass im Monat der Beschaffung die Kostenrechnung aber auch die BWA, falls diese ergänzend oder anstelle der Kostenrechnung durchgeführt wird, verfälscht werden. (Vgl. Varnholt/Hoberg 2007, S. 76 ff.) Wenn unterstellt werden kann, dass die jährlichen Einkaufsmengen ungefähr mit den jährlichen Verbrauchsmengen übereinstimmen, können monatliche Normalverbrauchsmengen des Vorjahres errechnet und im laufenden Jahr als Istverbrauchsmengen angesetzt werden, ggf. multipliziert mit dem Istbeschäftigungsgrad. Damit werden zwar allzu heftige Materialverbrauchsmengenausschläge und damit irreführende Signale der Abweichungsanalyse vermieden; es ist aber auch keine aussagekräftige Abweichungsanalyse der Materialkosten auf den Kostenstellen möglich. Es gibt Materialarten, die im Rahmen einer fertigungssynchronen Anlieferung beschafft werden (angels.: Just-In-Time-System). Für diese Materialarten ist die Verbrauchsmengenerfassung ohne Bestandsführung gut geeignet, da der sofortige bzw. zeitnahe Verbrauch der typischerweise kleinen Bestellmenge gerade das Charakteristikum der fertigungssynchronen Anlieferung ist. Diese beruht im Wesentlichen auf der Absicht, Kapitalbindungskos-

---

12 Hierfür werden auch die Begriffe Dimension oder Einheit verwendet.

ten bzw. kalkulatorische Zinsen, Veralterung (lat.: Obsoleszenz) und sonstige Lagerhaltungskosten zu vermeiden bzw. zu minimieren (Vgl. Varnholt 1984, S. 20–24; Varnholt 1983, S. 24).

Ein weiteres Verfahren der Materialverbrauchsmengenerfassung ist das Inventurverfahren, welches auch Befundrechnung genannt wird. Hierbei werden die Materialverbrauchsmengen aus den Bestandsveränderungen gemäß der folgenden Gleichung abgeleitet:

$$\text{Materialverbrauchsmenge} = \text{Anfangsbestand} + \text{Zugang} - \text{Endbestand}$$

Die Anfangs- und Endbestände der Abrechnungsperioden müssen bei Lagermaterial durch Inventuren ermittelt werden. Bei Material, das nicht über das Lager läuft, also bei fertigungssynchroner Anlieferung, existiert kein Anfangs- und Endbestand. Der Verbrauch ergibt sich dann, wie bei der Festwertmethode, aus den Wareneingangsscheinen bzw. Rechnungen. Auch die Zugänge des Lagermaterials können auf der Basis der Liefer- oder Wareneingangsscheine ermittelt werden. Zwar ist eine jährliche Inventur von Handels- und Steuerrecht vorgeschrieben und muss unabhängig von den Bedürfnissen der Kostenrechnung ohnehin durchgeführt werden; die jährliche Inventur ergibt aber nur die jährliche Verbrauchsmenge und nicht den Monatsverbrauch. Darüber hinaus ist die handels- und steuerrechtliche Inventur nicht dazu vorgesehen, den Materialverbrauch für einzelne Kostenträger zu ermitteln, sondern nur gesamthaft für das ganze Unternehmen. Die entscheidenden Nachteile des Inventurverfahrens im Rahmen der Kostenrechnung bestehen darin, dass monatliche Inventuren sehr arbeitsaufwändig sind und dem Grundsatz der Wirtschaftlichkeit der Kostenrechnung widersprechen, wenn es sich um viele Produkte handelt. Weiterhin lassen sich die Materialverbrauchsmengen nur mit der Angabe der verbrauchenden Kostenstelle oder des verbrauchenden Kostenträgers diesen Bezugsobjekten zuordnen. Wenn die Zuordnung bei der Inventur nicht möglich ist, besteht keine Möglichkeit zur Ursachenanalyse von Unwirtschaftlichkeiten des Materialverbrauchs. Wenn die Zuordnung bei der Inventurdurchführung vorgenommen werden sollte, müsste bei jeder Materialentnahme aus dem Lager am Lagerort eine Information hinterlassen werden, für welchen Kostenträger bzw. welche Kostenstelle das Material entnommen wurde. Dann kann aber einfacher und zeitnäher eine Erfassung per Materialentnahmebuchung (siehe unten) durchgeführt werden. Das monatliche Inventurverfahren ist somit für die Kostenrechnung nicht geeignet, es sei denn, dass es sich um sehr wenige Materialarten handelt. Ein Abgleich der jährlichen Inventur für die Erstellung des Jahresabschlusses mit dem unten dargestellten Verfahren per Materialentnahmebuchung ist sinnvoll, um Differenzen zwischen den beiden Verfahren aufzudecken und eine Ursachenanalyse betreiben zu können. Evtl. vorhandene Systemfehler einerseits in der Materialwirtschaft (Softwarefehler oder häufige fehlerhafte Materialentnahmebuchungen der Mitarbeiter) sowie andererseits unprofessionell durchgeführte Inventuren bzw. Stichprobeninventuren oder Inventuren auf der Basis von Gruppenbewertungsverfahren mit zu großen Fehlertoleranzen können hierdurch erkannt werden.

Bei dem Verfahren der **Rückrechnung** der Materialverbrauchsmengen wird aus gegebenen bzw. bekannten Anteilen der Materialarten an den fertigen Kostenträgern der jeweilige Materialverbrauch pro Kostenträger nach erfolgter Produktion auf Basis der Ausbringung bzw. Istbeschäftigung „zurückberechnet". Dieses Verfahren wird auch retrogrades Verfahren genannt. Es ermittelt keine Istmaterialverbrauchsmengen, sondern Sollmaterialverbrauchsmengen. Diese können durch einen Zuschlag für Abfall, Ausschuss, Verschnitt etc. zwar einem wirklichkeitsnäheren Istverbrauch angenähert werden, sind aber doch niemals der echte Istverbrauch und können somit auch nicht für die Wirtschaftlichkeitskontrolle der Kostenstellen herangezogen werden. Die Rückrechnung funktioniert nur, wenn Stücklisten vorliegen, die den Sollmaterialverbrauch inklusive des zu erwartenden durchschnittlichen Ausschusses für einen Kostenträger genau angeben. Der Begriff der Stückliste wird hier als weit gefasster Oberbegriff für die klassischen Stücklisten des Maschinen-. Anlagen- und Fahrzeugbaus, die Baupläne von Architekten und Bauingenieuren der Bauindustrie und der Mischungszusammenstellungen, Rezepturen etc. der chemisch-pharmazeutischen Wirtschaftszweige verstanden. Wenn Stücklisten softwaretechnisch eingepflegt sind und die Istbeschäftigung aus der Abrechnung der Produktionsplanung und -steuerung bekannt ist, kann die Rückrechnung relativ einfach durchgeführt werden. Sie hat gegenüber den oben beschriebenen Verfahren den Vorteil, dass hierbei der Materialverbrauch nach Kostenträgern differenziert wird. Auch die Rückrechnung stellt keine befriedigende Lösung für die Kostenrechnung dar, sondern kann nur als Hilfslösung oder Übergangslösung klassifiziert werden, da sie keine Ist-, sondern Sollverbrauchsmengen erfasst und damit Abweichungsanalysen der Materialkostenarten keinen Sinn machen, da Soll mit Soll verglichen würde.[13] Die Materialkosten sind in der industriellen Produktion ein wesentlicher Produktionskostenfaktor, der für die Nachkalkulation und die Kostenkontrolle auf der Basis von Istmaterialverbrauchsmengen ermittelt werden muss. Auch die Rückrechnung entspricht nicht den Anforderungen einer professionell ausgebauten Kostenrechnung. Die Verbrauchsmengenergebnisse der Rückrechnung sollten regelmäßig mit der Inventur verglichen werden, damit die bestandsmäßigen Differenzen erkannt und geklärt werden können. Eine genaue Zuordnung des Materialverbrauchs auf die Kostenträger und -stellen ist allerdings trotzdem nicht möglich.[14]

Die Erfassung der Materialverbrauchsmengen mithilfe von Materialentnahmebuchungen ist für die Zwecke der Kostenrechnung das einzige Verfahren, das genaue Ergebnisse liefert. Dieses Verfahren wird auch als **Fortschreibung** (lat.: Skontration) bezeichnet. Hierbei erfolgt die Materialentnahmebuchung zu dem Zeitpunkt, wenn

---

13 Grochla ist der Ansicht, dass die Rückrechnung unter bestimmten Bedingungen „*relativ genaue Ergebnisse liefert …, vor allem für chemische Prozesse, bei denen die zu erzielende Reaktionen bestimmte Materialanteile notwendig macht und bei Massen- bzw. Serienfertigung mit erprobten Erfahrungssätzen der Materialanteile.*" Grochla 1973, S. 165.

14 Dies ist dann irrelevant, wenn die Materialart nur in einer Kostenstelle eingesetzt wird.

das Material körperlich aus dem Lager entnommen und in der Produktion eingesetzt wird. Buchhalterisch erfolgt ein Übergang von einem Bestandskonto auf ein Erfolgskonto. Das Material gehört jetzt nicht mehr zum Umlaufvermögen, sondern wird zu Aufwand bzw. Kosten in der Periode, in der es auch verbraucht wird. Es sollte von allen Unternehmen angewendet werden, die mit einer professionellen Kostenrechnung arbeiten und bei denen die Materialkosten eine nicht unbedeutende Rolle spielen. Nur für das oben angesprochene nicht gelagerte fertigungssynchron angelieferte Material kommt die Materialverbrauchsmengenerfassung ohne Bestandsführung infrage. Bei jeder Materialentnahmebuchung sollten folgende Informationen mitgegeben werden:

Materialnummer, Kennzeichnung des Lagerortes, Verbrauchsmenge

Daraus werden als weitere Daten selektiert und berechnet: Materialartenbezeichnung (Materialstamm), Beschaffungspreis pro Mengeneinheit (Materialstamm), Materialkostenbetrag (= Verbrauchsmenge mal Preis),

- Kontierungsangaben:
- Kostenstellenummer und Kostenartennummer bei Gemeinkostenmaterial das zunächst der Kostenstelle und erst später im Rahmen der Gemeinkostenverrechnung den Kostenträgern zugerechnet wird
- Auftrags- oder Kostenträgernummer bei Einzelmaterial, das direkt dem Kostenträger zugerechnet wird (Auch hier ist aber die verbrauchende Kostenstelle zu vermerken)
- Innenauftragsnummer bei Reparatur-, Instandhaltungsmaterial und Ersatzteilen
- Nummer des Geschäftsprozesses und -bezeichnung bei Einsatz der Prozesskostenrechnung
- Ausgabe- und Buchungsvermerke
- Datum, Name des Ausgebenden und des Empfängers

Aus den Kontierungsangaben ist zu entnehmen, wie die jeweiligen Materialkosten in der Kostenrechnung weiter zu verrechnen sind; für jede Materialentnahmebuchung ist jeweils als Echtbuchung nur eine der vier Angaben relevant. Bei statistischen Innenaufträgen kann eine Innenauftragskontierung zusätzlich zu einer echten ergebniswirksamen Kontierung (Kostenstellen-/träger oder Geschäftsprozesse) mitgegeben werden.

Bewertung der Materialverbrauchsmengen

Verfahren der Istpreisbewertung

Nachdem die Materialverbrauchsmengen erfasst sind, besteht die nächste Aufgabe der Materialabrechnung darin, sie mit den Materialpreisen pro Mengeneinheit zu bewerten (Wertkomponente). Ein von der Literatur wenig beachteter Posten der Materialkosten liegt in den noch anfallenden Nebenkosten bzw. in den möglicherweise sogar noch anfallenden Nebenerlösen. So sind z. B. die Verpackungen der Materialien bzw. die Reste der Materialien teilweise aufwendig zu entsorgen. Ggf. sind angelieferte Paletten zu sammeln und ev. zu reparieren und dann zu lagern. Die dabei anfallenden Kosten inkl. der Lagerkosten müssen beachtet werden. Im Sinne der Gesamtkostenbetrachtung (angels.: Total Cost of Ownership TCO) müssen zudem alle weiteren Kosten berücksichtigt werden, welche durch die Beschaffung entstehen. Wenn z. B. das Material in kleinen Gebinden eingekauft wird, so sind zusätzliche Handlingskosten zu berücksichtigen. Schließlich dürfen auch die Kosten der Lagerhaltung nicht vergessen werden. Zusätzlich müssen kalkulatorische Kapitalkosten berücksichtigt werden. Umgekehrt entstehen Entlastungen, wenn das Material bereits eingesetzt wurde, bevor es bezahlt wurde bzw. wenn es am Jahresende Rückvergütungen von den Lieferanten gibt.

Nebenkosten bei der Ersatzteilbeschaffung

Zusätzlich zum Kaufpreis nach allen Rabatten und Zahlungszielen muss auch berücksichtigt werden, was mit den ausgetauschten Teilen passiert. Die Bandbreite reicht von hohen Kosten für die Beseitigung als Sondermüll bis hin zu erfreulichen Erlösen bei Teilen z. B. aus Stahl oder Aluminium.

Zur Preisermittlung ist zunächst festzulegen, welche Preis- und Kostenbestandteile bei der Bewertung berücksichtigt werden sollen. Am zweckmäßigsten ist der Einkaufspreis frei Lager. Der Einkaufspreis ist gleich dem Verkaufspreis des Lieferanten ohne Berücksichtigung der Mehrwertsteuer vermindert um Rabatte und sonstige Preisnachlässe. Zu diesen Preisnachlässen gehören auch Skonti, wenn sie eher – was heute üblich ist – eine Kondition als eine Zahlungsbedingung sind. Die mit dem Lieferanten vereinbarten Zahlungsziele sollten über Abzinsungen berücksichtigt werden.

Beispiel: Mit dem Lieferanten ist ein Preis von 100 €/ME vereinbart, sowie Rabatte von 10 %. Dazu können 3 % Skonto bei Zahlung innerhalb von 30 Tagen abgezogen werden. Der Rechnungspreis beträgt dann 90 €/ME, den das Unternehmen mit 3 % Abzug bezahlen wird (87,30 €/ME) Da die Bezahlung einen Monat nach Lieferung vollzogen wird, sollten sie einen Monat abgezinst werden so dass zum Zeitpunkt der Lieferung bei einem Monatszinssatz von 0.5 % ein Wert von 86,87 €/ME entsteht.

Enthält eine per Bahn, Lkw oder Schiff zugehende Materialsendung mehrere Materialarten, so müssen die gemeinsam berechneten Beschaffungsnebenkosten den einzelnen Materialarten anteilig belastet werden. Verursachungsgerecht ist dies oft schwer oder nur mit hohem Aufwand möglich, weswegen hier das Durchschnittsprinzip evtl. gem. Gewicht oder Volumen eingesetzt werden kann. Hier könnten auch Äquivalenzziffern eingesetzt werden.

Die Bewertung der Materialverbrauchsmengen, also die Ergänzung des oben beschriebenen Mengengerüstes mit einem Wertgerüst, hängt u. a. davon ab, ob die Bewertung für die laufende Kostenrechnung vorgenommen werden soll, oder ob die Bewertung für spezielle Aufgaben, z. B. Sonderrechnungen dienen soll. Die Bewertungsansätze der Materialverbrauchsmengen hängen u. a. davon ab, ob sie in einer Ist-, Normal- oder Plankostenrechnung vorgenommen werden und ob auch Preisabweichungen oder nur Verbrauchsabweichungen in der Abweichungsanalyse analysiert werden sollten. Für die Istpreisbewertung und für die Bilanzpolitik sind folgende Verfahren bekannt:

1. Partie-/Chargen-/bestellmengenweise Istpreisbewertung
2. Bewertung zum Istpreisdurchschnitt
   A. Mit permanenter/gleitender Durchschnittspreisbildung
   B. Mit periodischer Durchschnittspreisbildung
3. Selektive Istpreisbewertung
   A. LIFO-Verfahren
   B. FIFO-Verfahren
   C. HIFO-Verfahren
   D. LOFO-Verfahren

Die Verfahren der Istpreisbewertung gehen durchweg bei der Bewertung von historischen Ist-Einstandspreisen d. h. Anschaffungskosten aus.

Die partie-/chargen-/bestellmengenweise Istpreisbewertung werden alle Materialzulieferungen mit ihren jeweiligen Ist-Einstandspreisen einzeln abgerechnet. Die partieweise Istpreisbewertung ermöglicht, dass sich allen Materialmengen, die genau für ihre Bestellmenge gezahlten Einstandspreise verursachungsgerecht zurechnen lassen, womit sie der Istkostenrechnung am konsequentesten entspricht. Für den Einsatz in der Praxis wurde sie vor dem Einsatz von ERP-Systemen als zu aufwändig angesehen, so dass sie früher seltener angewendet wurde; heute ist sie aber aufgrund der partieweisen Chargenverfolgung, die moderne Logistiksoftware ermöglichen sollte, wirtschaftlich durchführbar.[15]

Die Istpreisbewertung mit permanenter Durchschnittspreisbildung errechnet nach jeder Materialzulieferung aktualisierte Durchschnitte der Istpreise. Die ständige Aktualisierung der Durchschnittspreise war ebenfalls vor der Einführung von Standardsoftware für die Materialwirtschaft besonders für Materialarten, die mit zahlreichen Bestellungen angeliefert wurden, aufwendig. Heute wird dies systemseitig erledigt und stellt keinen Einwand gegen das Verfahren der permanenten/gleitenden Durchschnittspreisbildung mehr dar.

Bei der Istpreisbewertung mit periodischer Durchschnittspreisbildung werden die Durchschnittspreise nicht nach den einzelnen Materialzugängen, sondern jeweils am Ende jeder Abrechnungsperiode gebildet, was früher bei manueller Durchführung weniger Arbeitsaufwand verursachte als die periodische Durchschnittspreisbildung.

---

15 In bestimmten Branchen z. B. der pharmazeutischen Industrie oder Lebensmittelindustrie müssen wegen der dort erforderlichen Notwendigkeiten der Chargenrückverfolgung die Daten einzelner Zulieferungen genau erfasst und dokumentiert werden.

Der Vorteil der partieweisen, der permanenten und der periodischen Istpreisbewertung ist, dass die berechneten Wertansätze der Materialbestandskonten den deutschen handels- und steuerrechtlichen Bewertungsvorschriften für die Bilanzierung genügen. Ggf. muss gemäß § 253 Abs. 3 S. 1, 2 HGB (strenges Niederstwertprinzip) ein niedrigerer Tages-, Börsen- oder Marktpreis angesetzt werden.

Sowohl für den Ansatz des Materialaufwands in der GuV als auch für die Kostenrechnung werden die Materialbestandskonten bei der Durchschnittspreisbewertung zu durchschnittlichen Anschaffungskosten entlastet. Demgegenüber stehen die Verfahren der auswählenden (lat.: selektiven) Istpreisbewertung. Bei ihnen wird jeweils eine bestimmte Verbrauchsreihenfolge ausgewählt, nach der die Istpreise bei der Bewertung von Materialverbrauchsmengen heranzuziehen bzw. zu selektieren sind.

Die Verfahren der selektiven Istpreisbewertung sind für die Bestandsbewertung im Jahresabschluss im Rahmen der gesetzlich zulässigen Bilanzpolitik entwickelt worden. Für die Materialbewertung im Rahmen der Kostenrechnung sind sie nicht zweckmäßig. Die dispositiven Aufgaben der Kostenrechnung erfordern den Ansatz geplanter Wiederbeschaffungspreise. Damit werden die Preisschwankungen der Beschaffungsmärkte speziell aus der Kostenstellenrechnung herausgehalten. Die Kostenstellenleiter sind nur für die Wirtschaftlichkeit bzw. die Einhaltung der Sollverbrauchsmengen, nicht aber für die Preisschwankungen verantwortlich. Diese werden in erster Linie durch das Spiel von Angebot und Nachfrage auf den Beschaffungsmärkten bestimmt; in zweiter Linie allerdings auch durch die Beschaffungsabteilung, die durch professionelle Beschaffungspolitik minimale Gesamtkosten der Materialwirtschaft gewährleisten soll.

Verfahren der Planpreisbewertung

Gegen die Istpreisbewertung wurde in der Praxis früher häufig der rechnerische Aufwand angeführt, den die Bildung durchschnittlicher oder selektiver Istpreise verursacht. Aus Vereinfachungsgründen wurden daher in der Materialabrechnung früher oft Festpreise verwendet, die aber nicht notwendigerweise auch Planpreise waren. Festpreise können durch die Fortschreibung von Vergangenheitspreisen gewonnen werden. Dann handelt es sich in begrifflicher Analogie zur Normalkostenrechnung um Normalpreise, wobei diese Bezeichnung ungebräuchlich ist. Für Unternehmen, die mit einer Normalkostenrechnung arbeiten, wäre die Verwendung durchschnittlicher Istpreise der Vergangenheit als Festpreise idealtypisch. Bei Festpreisen kann es sich auch um grob geschätzte Preise handeln, bei denen z. B. Vergangenheitspreise mit der erwarteten Inflationsrate gewichtet werden. Festpreise können aber auch auf der Basis von Informationen der Zulieferanten sorgfältig geplante Einstandspreise sein; in diesem Fall handelt es sich um Planpreise. Fest-/Planpreise werden für eine Periode oder mehrere Perioden als Bewertungsansatz der Materialverbrauchsmengen konstant gehalten. Es erfolgt keine Berücksichtigung der Schwankungen der Istpreise, die sich in aller Regel durch die natürlichen Preisschwankungen in Marktwirtschaften ergeben.

In einer Plankostenrechnung wird anstelle des Begriffes Festpreis der Begriff Planpreis verwendet, wobei in der Praxis im Falle von z. B. mehreren tausend Materialarten nicht in jedem Fall eine sorgfältige Planpreisermittlung durchgeführt werden kann und somit die Begriffe Festpreis und Planpreis hinsichtlich ihrer Ermittlungsmethoden ineinander übergehen bzw. nicht exakt getrennt werden können. Die SAP Bezeichnung für Fest-/Planpreis ist *Standardpreis*. Der Begriff *Standardpreis* wird sowohl für die Planpreisbewertung von direkt in ein Endprodukt eingehende Materialarten verwendet, als auch für die Planpreisbewertung von Zwischenerzeugnissen. Die Planpreisbewertung von Zwischenerzeugnissen erfolgt mit der sogenannten Erzeugniskalkulation, welche im Kapitel 6 erläutert wird.

Die Plankostenrechnung strebt an, Planpreise für bestimmte Planperioden als durchschnittliche Wiederbeschaffungspreise anzusetzen. Die meisten Unternehmen treffen die Entscheidungen über die Preisbildung und das Produktions- und Absatzprogramm jeweils im Rahmen einer Jahresplanung. Wenn die Preise während eines Jahres keinen allzu großen Schwankungen unterliegen, reicht es meistens aus, jahresbezogene Planpreise zu bilden. Derartige Planpreise sind insbesondere auch angebracht, wenn Jahreslieferverträge mit festen Preisen abgeschlossen wurden. Bei starken Preisschwankungen erfordern die dispositiven Aufgaben aber neben den jahresbezogenen Planpreisen häufig auch Planpreise, die sich auf kürzere Planungsperioden beziehen, und im Extremfall sogar mit den geplanten Wiederbeschaffungspreisen zu bestimmten Beschaffungszeitpunkten übereinstimmen können. Auch in diesen Fällen werden aber in der laufenden Abrechnung meistens jahresbezogene Planpreise verwendet und die dispositiven Rechnungen mit Tagespreisen als Sonderrechnungen durchgeführt. Auch eine sorgfältige Beschaffungsmarktforschung und auskunftswillige Stammzulieferer können in volatilen Märkten oft keine genauen Angaben zur voraussichtlichen Preisentwicklung machen. Gegenwärtige Beispiele für derartige Planungsschwierigkeiten sind die starken Schwankungen auf den Energie- und Rohstoffmärkten.

Für die Kostenkontrolle bzw. Abweichungsanalyse ist die Höhe der Plan-/Festpreise allerdings von untergeordneter Bedeutung. Plan-/Festpreise haben hierbei die Aufgabe, Preisabweichungen aus dem Soll-Ist-Kostenvergleich herauszuhalten, da für die Wirtschaftlichkeitskontrolle nur die Verbrauchsmengenabweichungen benötigt werden. Die Verbrauchsmengenabweichungen sollen auch nicht durch Preisabweichungen kompensiert oder verstärkt werden.

Materialkostenverrechnung

In den vorhergehenden Abschnitten wurde dargestellt, mit welchen Methoden die Materialverbrauchsmengen erfasst und wie sie bewertet werden können. Es ist nun zu klären, wie die erfassten und bewerteten Istmaterialverbrauchsmengen im Controllingsystem weiter behandelt werden. Die Verrechnung und Analyse hängt vom Kostenrechnungssystem ab, also davon, ob eine Ist-, Normal- oder Plankostenrechnung im Einsatz ist.

Eine Istkostenrechnung verrechnet die Einzelmaterialkosten und die Materialgemeinkosten der Abrechnungsperiode auf die Kostenträger. Wenn eine Verbrauchsmengenerfassung per Materialentnahmebuchung getätigt wurde, können die Isteinzelmaterialkosten verursachungsgerecht den Kostenträgern zugerechnet werden. Die Istkosten des Gemeinkostenmaterials werden auf den verbrauchenden Kostenstellen erfasst. Gemeinkostenmaterial kann den Kostenträgern nicht verursachungsgerecht zugerechnet werden. Nach Periodenabschluss jeder Abrechnungsperiode werden in Abhängigkeit vom eingesetzten Kalkulationsverfahren Istkalkulationen durchgeführt bzw. Istkalkulationssätze gebildet. Unabhängig vom gewählten Kalkulationsverfahren werden auch die Materialgemeinkosten immer vollständig auf die Kostenträger verrechnet. Auch in den Divisionskalkulationen müssen die Materialeinzel- und Gemeinkosten in den gesamten Istkosten des Zählers enthalten sein und werden somit auf die Istbeschäftigung des Nenners verrechnet.

In einer reinen Istkostenrechnung, in der der Materialverbrauch mit Istpreisen bewertet wird, ist es aus zwei Gründen nicht möglich, die Wirtschaftlichkeit des Materialmengenverbrauchs zu analysieren. Zum einen werden Materialpreisschwankungen der Istpreise nicht ausgesteuert; diese Problematik wurde oben im Rahmen der Bewertung der Materialverbrauchsmengen angesprochen. Zum anderen liegen keine Sollmaterialkosten vor, die zur Beurteilung der Istmaterialverbrauchsmengen notwendig sind. Das Problem kann teilweise mit Produktionsstatistiken gelöst werden, die über den genauen Materialverbrauch Buch führen und Mengenabweichungen zum Normalverbrauch ausweisen.

Bei Anwendung einer Normalkostenrechnung werden für den Einzelmaterialverbrauch Normalverbrauchsmengen pro Kostenträger festgelegt, die aus Durchschnittswerten der Vergangenheit resultieren und mithilfe fester Verrechnungspreise bewertet werden. Den Kostenträgern werden in einer Normalkostenrechnung die Normaleinzelmaterialkosten belastet. Dadurch ergeben sich Abweichungen gegenüber den Isteinzelmaterialkosten. Diese werden als Unter- und Überdeckung der Istkosten durch die verrechneten Normalkosten erfasst. Für das Controlling stellt sich die Frage, ob die Unter- und Überdeckungen der Einzelmaterialkosten zur Wirtschaftlichkeitskontrolle herangezogen werden können. Das hängt von der Ermittlung der Normal-Einzelmaterialverbrauchsmengen ab. Wenn sich diese von reinen Durchschnittswerten der Vergangenheit lösen und durch Planungsverfahren ergänzt werden, sind sie zur Kostenkontrolle bedingt geeignet. In der Praxis existieren Mischformen unter Einsatz normalisierter Materialgemeinkosten aber als Plankosten verrechneter Einzelmaterialkosten.

In Plankostenrechnungssystemen wird der Einzelmaterialverbrauch pro Kostenträger genau geplant. Hierbei ist zu unterscheiden, ob es sich um standardisierte Produkte mit feststehender Stückliste handelt, auf deren Basis dann die Planung der Einzelmaterialkosten erfolgen kann, oder ob es sich um Einzel- und Auftragsfertigung handelt. Bei letzterer kann die Einzelmaterialplanung erst parallel zur Auftragsabwicklung erfolgen, da die erforderlichen Stücklisten erst nach Konstruktionsbeginn erstellt werden können.

Die Planung des Einzelmaterialverbrauchs kann keinem für alle Branchen und Kostenträger gültigen Schema folgen, da die Art des Materialverbrauchs der Produkte zu unterschiedlich ist. Häufig wird zunächst der Einzelmaterialverbrauch ohne Ausschuss oder Nullserien geplant. Dann können Zuschläge bzw. Planprozentsätze für Ausschuss, Abfall, Verschnitt etc. aufgrund von Erfahrungswerten geplant werden, mit deren Hilfe dann die tatsächlich anzusetzenden Planmengen festgelegt werden. In einer Plankostenrechnung werden die Planeinzelmaterialkosten für einen bestimmten Beschäftigungsgrad geplant. In der Materialabrechnung werden die mit Planpreisen bewerteten Ist-Materialmengen erfasst. Sie gehen in den Soll-Ist-Kostenvergleich für Material ein und werden dort mit den Soll-Einzelmaterialkosten verglichen. Die Soll-Einzelmaterialkosten ergeben sich durch Multiplikation der Istbeschäftigung (z. B. hergestellte Stückzahlen, oder zurückgelegte Strecke) mit den Planeinzelmaterialkosten. Die Differenz der Isteinzelmaterialkosten und der Solleinzelmaterialkosten ist die Einzelmaterial-Verbrauchsabweichung einer Periode, die nach Kostenträgern differenziert erfolgen muss.

Durch weitergehende Abweichungsanalysen können Einzelmaterial-Verbrauchsabweichungen auf ihre Ursachen untersucht werden und der Verantwortliche kann festgestellt werden. Abweichungen können auf die Unwirtschaftlichkeiten in bestimmten Kostenstellen zurückverfolgt werden, wenn feststellbar ist, in welcher Kostenstelle der überhöhte Materialverbrauch erfolgte. Es ist dann weiter zu analysieren, ob der Mehrverbrauch aufgrund personeller oder maschineller Probleme auftrat. In jedem Fall hat der Kostenstellenleiter Maßnahmen zur Abhilfe einzuleiten.

Eine andere Abweichungsursache besteht im vom Plan abweichenden Produktgestaltungen, die sich z. B. bei Einzel- und Auftragsfertigung durch modifizierte Kundenwünsche oder konstruktionstechnische Notwendigkeiten ergeben. In der chemisch-pharmazeutischen Industrie können sich Abweichungen in Folge nicht geplanter Mischungszusammensetzungen ergeben. Schließlich können Abweichungen aufgrund außerplanmäßiger Materialeigenschaften auftreten. Dies können z. B. bei der Wareneingangskontrolle nicht erkannte Qualitätsmängeln sein. Die zuletzt genannten drei Abweichungsursachen sind kein Indiz für Unwirtschaftlichkeiten und müssen von den Kostenstellenleitern der Produktion nicht verantwortet werden.

Die dargestellten Verbrauchsmengenabweichungen sollten zusammen mit den Preisabweichungen bei der Nachkalkulation in der Auftrags- und Einzelfertigung den

Aufträgen zugerechnet werden, um zu korrekten Istkosten zu gelangen und feststellen zu können, ob mit dem Kostenträger ein Gewinn erzielt wurde. In Unternehmen mit standardisierten Produkten werden sie in der kurzfristigen Erfolgsrechnung den Kostenträgern zugerechnet.

Die Istverbrauchsmengen für Gemeinkostenmaterial können in einer Normalkostenrechnung mit Normalverrechnungspreisen und in einer Plankostenrechnung mit Planpreisen bewertet und den verursachenden Kostenstellen zugerechnet werden. Dort geht das Gemeinkostenmaterial im Rahmen der Kalkulation i. d. R. in den allgemeinen Fertigungsgemeinkostenzuschlag oder Stundensatz ein.[16] Die Materialgemeinkosten werden im Normal-Ist-Kostenvergleich bzw. Soll-Ist-Kostenvergleich mit den Normal- bzw. Sollkosten verglichen. Dabei werden Gemeinkostenmaterial-Verbrauchsabweichungen ausgewiesen, die die Wirtschaftlichkeit des Gemeinkostenmaterialverbrauchs anzeigen.

2.1.4 Personal- und Sozialkostenarten

Grundsätzliches

Zu den Aufgaben des Personalwesens (SAP-Modul HCM Human Capital Management) gehören die Mitarbeit bei der Personalkostenplanung, sowie die Erfassung und Kontierung der Ist-Personalkosten.[17] Diese lassen sich wie folgt gliedern:
- Bruttoabrechnung
- Nettoabrechnung (Diese ist für die Kostenrechnung wenig relevant)
- Personalkostenverteilung
- Sonstige Aufgaben der Personalabrechnung

In der Bruttoabrechnung werden für alle Mitarbeiter die Ihnen für eine Abrechnungsperiode zustehenden Bruttovergütungen errechnet. In den meisten Unternehmen setzen sich diese aus folgenden Bestandteilen zusammen:
- Tarifliche Vergütung pro Vergütungsgruppe als Ergebnis der Tarifverhandlungen der Tarifparteien
- übertarifliche Zulagen (Betriebsvereinbarungen)
- Leistungsprämien (z. B. Prämie für erfüllte oder übererfüllte Zielvereinbarung)
- sonstige Prämien (z. B. Prämie in der Produktion für minimierten Ausschuss)
- Zusatzvergütungen (z. B. Erschwerniszulage, Gefahrenzulage)

---

16 Der Materialgemeinkostenzuschlag, der üblicherweise in der zweiten Zeile der Zuschlagskalkulation auf die Einzelmaterialkosten kalkuliert wird, bildet nur die Lagerkosten und ggf. die Beschaffungskosten ab. Bei einer besonders detaillierten Zuschlagskalkulation könnte auch ein gesonderter Gemeinkostenmaterialzuschlagssatz in den Lagerkostenstellen gebildet wird.

17 Die Unterteilung von Lohn- und Gehaltskosten ist nicht mehr üblich. Da aber einige Begriffe wie z. B. Hilfslöhne sich eingebürgert haben, bleiben wir in solchen Spezialfällen bei den bewährten Ausdrücken.

- Zuschläge für Überstunden, Werktags-. Samstags-, Sonntags-, Feiertags- und Nachtarbeit
- gesetzliche Sozialkosten/Personalnebenkosten (Arbeitgeberbeiträge bis zur jeweiligen Bemessungsgrundlage zur Renten-, Kranken-, Pflege- und Arbeitslosenversicherung
- freiwillige Personalnebenkosten

Hiervon werden die Krankheits-, Urlaubs- und Feiertagsvergütungen zeitlich abgegrenzt und zusammen mit den gesetzlichen und freiwilligen Sozialkosten auf die Kostenrechnungsperioden, d. h. üblicherweise die Monate, verrechnet (SAP-Fachbegriff für derartige Kostenarten: „Verrechnungskostenarten").

Nach der Ermittlung der gesamten Personalkosten im betrachteten Jahr muss berücksichtigt werden, dass der Arbeitnehmer für viel mehr Stunden bezahlt wird als er arbeitet. Folgende 3 Jahresstundenkontingente sind zu unterscheiden:

a) Bezahlte Stunden (= 365 Tage abzüglich 104 Wochenendtage = 261 d/a, multipliziert mit der durchschnittlichen Arbeitszeit pro Tag) in h/a
b) Anwesenheitsstunden (= Bezahlte Stunden abzüglich Nichtanwesenheit) in h/a
c) Arbeitsstunden (= Anwesenheitsstunden abzüglich der nicht produktiven Zeit) in h/a

Im normalen Beschäftigungsverhältnis werden alle Tage bezahlt mit Ausnahme der Tage an den Wochenenden. Häufig sind das 261 Tage im Jahr. Auch bezahlt werden Feiertage, Urlaubstage, Krankheitstage, Schulungstage usw., an denen der Mitarbeiter jedoch nicht dem Unternehmen zur Verfügung steht. Die Anzahl der Anwesenheitstage beträgt dann häufig ca. 200 Tage im Jahr.

Schließlich ist der Mitarbeiter nicht 100 % produktiv. Es kann sein, dass der Arbeitgeber die Arbeit nicht effizient organisiert hat, so dass Leerlauf entsteht oder dass der Mitarbeiter z. B. die Pausen überzieht oder am Arbeitsplatz privat surft. Diese Ausfallzeiten müssen ebenfalls abgezogen werden, wenn man die tatsächlichen Arbeitsstunden im Jahr wissen möchte. Denn nur für diese Arbeitsstunden kann der Arbeitgeber die gewünschte Leistung erhalten. Wenn nun die gesamten Jahreskosten durch die Arbeitsstunden dividiert werden, erhält man den Stundensatz pro gearbeiteter Stunde. Dieser ist von hoher Wichtigkeit, weil damit zum einen im Sinne der Wirtschaftlichkeitskontrolle (Hauptziel 1 der KLR) kontrolliert werden kann, ob die gearbeitete Stunde wirtschaftlich erbracht wurde und zum anderen Entscheidungen vorbereitet werden können (Hauptziel 2 der KLR).

Ein Beispiel (siehe Tab. 2.7) möge die Berechnungsweise dokumentieren.

Die Kosten für eine Arbeitsstunde liegen also mehr als doppelt so hoch wie der Bruttostundensatz, mit dem einige Unternehmen arbeiten, wobei sie nur die Sozialabgaben hinzurechnen und dann gegen 12 €/h vergleichen. Dadurch können große Fehlentscheidungen entstehen. In personalintensiven Branchen kann damit sogar das Überleben des Unternehmens aufs Spiel gesetzt werden.

Tab. 2.7: Bestimmung der Personalkosten pro gearbeiteter Stunde

Bruttostundenlohn in €/h:	10	Arbeitszeit pro Woche:			40
Jährlicher Bonus in €/Jahr:	4120	AG-Sozialabgaben:			20,0 %
Wochenendtage pro Jahr:	104	Feiertage pro Jahr:			11
Krankheitstage pro Jahr:	12	Weiterbildungstage pro Jahr			8
Urlaubstage pro Jahr:	30	Leerlaufanteil:			10 %
Anzahl bezahlter Tage:	261	d/a	→ h/a		2088
Anwesenheitstage	200	d/a	→ h/a		1600
Arbeitstage:	180	d/a	→ h/a		1440
Jahreskosten Bruttolohn					20880 €/a
Bonus					4120 €/a
Zwischensumme					25.000 €/a
AG-Sozialabgaben auf alles					5.000 €/a
Jahreskosten gesamt					30.000 €/a
Anwesenheitsstunden					1600 h/a
Kosten pro Anwesenheitsstunde					18,75 €/h
Arbeitsstunden					1440 h/a
Kosten pro Arbeitsstunde					20,83 €/h

Wenn man die ausführliche Rechnung nicht in allen Einzelheiten durchführen will, hat sich die Faustformel bewährt, nach der die Kosten pro Arbeitsstunde ca. das Doppelte des Bruttolohnes betragen. Dieser Faktor ist noch höher in Branchen, welche sich überproportional hohe Nebenkosten leisten. Dort ist neben anderen Vergünstigungen (Urlaubsgeld, 14. Gehalt, Lohnfortzahlung) insbesondere die betriebliche Altersversorgung zu nennen. Aber auch andere auf den ersten Blick harmlose Vereinbarungen führen zu großen Kostensteigerungen. So hat die Gewerkschaft IG Metall in einigen Betrieben im Südwesten durchgesetzt, dass die Arbeiter in jeder Stunde 5 Minuten bezahlte Pause haben (im Volksmund: „Steinkühler Pinkelpause"): Die Pause führt dazu, dass jede Stunde nur 55 Minuten gearbeitet werden. Die Anzahl der Arbeitsstunden reduziert sich somit von 1440 h/a auf 1320 h/a und damit steigt der Kostensatz pro gearbeiteter Stunde von 20,83 €/h auf 22,73 €/h.

Überstunden

Mit dem Kostensatz pro gearbeiteter Stunde kann nun entschieden werden, ob bestimmte Projekte vorteilhaft sind. Dazu kommt die Frage, ob sich bei hohen Auftragsbeständen Überstunden lohnen können (Vgl. Hoberg 2003 S. 12–19). Die Literatur (so auch aktuelle Auflage Wöhe 2016, S. 309) ist der Ansicht, dass die Stundenkosten dann steigen. Dies stimmt nicht, denn bei maßvollen Überstunden fallen große Teile des zweiten Lohnes nicht mehr an (Bonus, Urlaub, Krankheit etc.). Lediglich der Überstundenzuschlag und die AG-Sozialabgaben kommen hinzu. Im Beispiel möge der Zuschlag bei 25 % liegen. Dann ergeben sich Kosten pro Anwesenheitsstunde von $12,50 \cdot 1,2 = 15$ €/h. Da Überstunden nur gemacht werden, wenn genug Arbeit vorhanden ist, dürfte auch der Leerlaufanteil wegfallen oder zumindest deutlich niedriger sein.

Selbst bei einem Zuschlag von 50 % (z. B. an Samstagen) ist Überstundenarbeit billiger (15 · 1,2 = 18 €/h) als Normalarbeitszeit. Die Kostenrechnung zeigt somit klar auf, dass es für Unternehmen meistens viel besser ist, maßvolle Überstunden zu fahren anstelle der Neueinstellung von Mitarbeitern.[18] Dazu kommen noch Vorteile bei der Flexibilität und Einarbeitung.

Die Belastung regulärer sozialversicherungspflichtiger Arbeitsverhältnisse ist nicht nur für Arbeitgeber, sondern auch für den Arbeitnehmer sehr hoch durch die kombinierte Wirkung von Steuern und Sozialabgaben. Geradezu verheerend wirkt sich das System aus, wenn der Arbeitnehmer zusätzliches Geld verdient. Dies wird beim Arbeitnehmer mit Sozialabgaben von ca. 21 % und dem so genannten Grenzsteuersatz belastet. Letzterer ist eine Folge des Progressionstarifes in der Einkommensteuer, welche dazu führt, dass die letzten Euros des Verdienstes in der Spitze mit 47, 48 % versteuert werden (ohne Kirchensteuer). Der Grenzsteuersatz von 44,31 % ist bereits fällig, wenn das zu versteuernde Einkommen 55.961 € übersteigt (Rechtsstand 2020). Es bleibt dann nur noch ca. ein Drittel des Bruttolohnes übrig. Unter diesen Voraussetzungen wird es dem Unternehmen kaum gelingen, den Arbeitnehmer zur Arbeit zu bewegen, auch wenn er die Arbeit ausführen könnte und wollte.

Noch schlimmer ist die Situation, wenn ein Partner eines Ehepaares gut verdient und dann die andere Hälfte eine Teilzeittätigkeit aufnehmen möchte. In diesem Fall reicht der Nettoverdienst noch nicht einmal für die Kinderbetreuung. In dieser schwierigen Situation gibt es mit der geringfügigen Beschäftigung (450 € Job genannt) zumindest einen teilweisen Ausweg.

Solange der Arbeitnehmer im Jahr maximal 12·450 € = 5400 €/a verdient, gelten sehr vorteilhafte Bedingungen für Steuern und Sozialabgaben. Der Arbeitnehmer erhält nämlich seinen Bruttolohn ungekürzt ausgezahlt, wenn die Summe der Einkünfte aus geringfügiger Beschäftigung die obige Grenze nicht überschreitet.[19] Der Arbeitgeber muss etwas über 30 % Aufschlag auf den Bruttolohn zahlen insb. für Rentenversicherung (15 %), Krankenversicherung (13 %) und Steuern (2 %). Diese Nebenkosten wären etwas höher, wenn der 450 € Job verglichen würde mit den regulären Lohnnebenkosten. Allerdings hat sich im Arbeitsmarkt herausgebildet, dass die finanziellen Bedingungen für 450 € Jobs Brutto oft deutlich schlechter sind als für normale Beschäftigungsverhältnisse. Zusätzliche Gehaltskomponenten, Lohnfortzahlung, Ur-

---

18 Dies gilt sogar für Sonn- und Feiertage, an denen die Sozialabgaben auf die Überstundenzuschläge für die Arbeitgeber wegfallen. Für die Arbeitnehmer sind diese Zuschläge auch noch steuerfrei.

19 Ein Problem beim 450 € Job kann auftreten, wenn der Arbeitgeber noch ein 13. Gehalt, Urlaubsgeld, eine Prämie o. ä. zahlt und damit die Jahresgrenze überschreitet. Dann kann die Steuerpflicht eintreten. Die Sozialabgaben für den Arbeitnehmer entfallen nur noch teilweise, bis sie bei 1300 €/Monat vollständig zu zahlen sind.

laub etc. sind nicht selten weniger gut. Die Arbeitnehmer akzeptieren dies, weil der Nettolohn immer noch wesentlich höher ist als in einem normalen Job.

Unternehmen zahlen in einigen Fällen bis zu 30 % weniger für die gleiche Arbeit. Insofern profitieren dann auch die Unternehmen vom 450 € Job. Denn dazu kommt, dass die Mitarbeiter wesentlich flexibler eingesetzt werden können. Es ist dann die Kunst des Unternehmens, sich einen Stamm von 450 € Jobbern aufzubauen, mit denen Spitzennachfrage befriedigt werden kann.

Variabilisierung von Personalkosten

Im Zeitalter immer schnellerer Umbrüche ist das Management gefordert, die Anpassungsfähigkeit des Unternehmens zu erhöhen. Auf die Personalkosten bezogen heißt dies, dass die Auslastung des Unternehmens gut gesteuert sein muss, damit kein/wenig Leerlauf entsteht. Wenn sich ein bestimmtes hoffentlich sehr geringes Leerlaufniveau etabliert hat, kann man häufig von weitgehend variablen Kosten ausgehen, weil jedes zusätzliche Produkt eine bestimmte Zeit erfordert. Die eingesetzte Zeit setzt sich im ersten Schritt zusammen aus Nutzzeit und Leerzeit. Kalkulatorisch ist dies zu berücksichtigen, indem auf die Kosten pro Anwesenheitsstunde noch ein Zuschlag für Leerlaufanteile zu rechnen ist. Diese strikte Unterteilung in Nutzzeit und Leerzeit ist nur als grobe Vereinfachung anzusehen und kann heutzutage nicht mehr akzeptiert werden. Denn den Unternehmen stehen zahlreiche Anpassungsmöglichkeiten zur Verfügung, um Leerkosten wesentlich zu verringern.

Auftretende Mehrarbeit (Überstunden) sollten mit flexiblen Arbeitszeitkonten pro Mitarbeiter erfasst und wöchentlich bei der Personaleinsatzplanung berücksichtigt werden. Wichtig ist dabei natürlich, dass nur dann Überstunden abgeleistet werden, wenn auch entsprechend viel Arbeit vorhanden ist. Ansonsten sollte ein Abfeiern der Überstunden angestrebt werden, auch um die Flexibilität des Einsatzes eines Mitarbeiters zu erhalten. Das Abfeiern kann der Arbeitgeber weitgehend nach den Erfordernissen des Betriebes anordnen. Ein Kumulationsrecht (das Anhängen an den Urlaub) darf nur in Abstimmung mit dem Arbeitgeber erfolgen.

Sollte am Jahresende noch ein Bestand an Mehrarbeit vorliegen, so sind verschiedene Verrechnungen möglich:

– ein Übertrag auf das nächste Jahr
– eine Anrechnung auf die Lebensarbeitszeit bzw.
– eine Vergütung, wobei es sich dann um Überstunden handeln kann. Da diese aber häufig günstiger sind als normale Arbeitsstunden, stellt dies kein Kostenproblem dar.

Mit diesen Maßnahmen werden die Personalkosten zu einem großen Umfang in weitgehend variable, mengenabhängige Kosten verwandelt. Der Controller muss darauf achten, dass die Personalkosten entsprechend den geleisteten Stunden gebucht werden, damit die Monatsergebnisse aussagekräftig bleiben.

Die Anzahl der Mitarbeiter muss so geplant werden, dass sie – auf den Monat und das Jahr umgerechnet – maßvolle Überstunden fahren können. Dies ist kostengünstig und bringt sehr große Flexibilität. Zudem entfallen teure Einarbeitungszeiten.

Die Aufgabe der Personalkostenverteilung besteht darin, die Personalkosten inklusive aller Nebenkosten denjenigen Aufträgen, Produktarten und Kostenstellen zuzurechnen, durch die sie verursacht worden sind. Hier erfolgt also die Kontierung der Bruttopersonalkosten auf die Auftrags- oder Kostenstellennummern. Die Personalkostenermittlung und ihre Verteilung lassen sich als Bestandteile der Kostenartenrechnung auffassen. Die Nettopersonalabrechnung dagegen erfüllt Aufgaben, die für die Kostenrechnung nicht von Bedeutung sind.

Zu den sonstigen Aufgaben der Personalabrechnung gehören alle Personal- und leistungsstatistischen Auswertungen, sowie die Errechnung von Zeitbezugsgrößen für die Kostenstellenrechnung. Hier sollen nur die wichtigsten Aspekte der Personalabrechnung behandelt werden, die der Controller kennen muss, da die Bruttolöhne als wichtige Kostenarten in die Kostenrechnung eingehen. Hierzu zählen insbesondere die Verfahren zur belegmäßigen Erfassung der zu vergütenden Arbeitszeiten und sonstige Bemessungsgrundlagen der Vergütungszahlung. Bei der Erfassung von Fertigungslohneinzelkosten im Zeitlohn werden den Fertigungsaufträgen die Arbeitsstunden belastet, die mithilfe von Zeitlohnscheinen erfasst werden. In früheren Zeiten wurden Zeitlohnscheine als Papiervordrucke üblicherweise von sogenannten Werkstattschreibern ausgestellt, von den Meistern abgezeichnet und dann an die Personalabrechnung weitergegeben. Heute erfolgt die Erfassung der Fertigungslohneinzelkosten im Rahmen der Betriebsdatenerfassung am Bildschirm durch den ausführenden Mitarbeiter oder seine Führungskraft im SAP-Modul CATS.

Bei Arbeiten im Stückakkord werden den Mitarbeitern nicht die effektiv geleisteten Arbeitszeiten, sondern die den bearbeiteten Stückzahlen entsprechenden Vorgabezeiten vergütet und den Kostenträgern belastet. Die Erfassung der den bearbeiteten Stückzahlen entsprechenden Vorgabezeiten und die Berechnung der zugehörigen Beträge erfolgt mithilfe von speziellen Akkordlohnscheinen. Akkordarbeit wurde früher im Fertigungsbereich industrieller Betriebe und im Bauhandwerk geleistet. Sie hat heute eine geringere Bedeutung. Einerseits weil die Akkordarbeit z. T. durch die Fließbandtaktung abgelöst wurde und andererseits, weil sie tendenziell den hohen Qualitätsanforderungen moderner Industrieproduktion widerspricht. Zeitdruck ist nur bei einfachen Tätigkeiten akzeptabel und führt bei anspruchsvolleren bzw. komplexeren Tätigkeiten oft zu Fehlern bzw. Qualitätsproblemen. Die Akkordlohnscheine wurden entweder von sogenannten Werkstattschreibern ausgestellt oder unmittelbar von der Arbeitsvorbereitung den Fertigungsaufträgen beigefügt.

Für Arbeiten im Stückakkord müssen sogenannte Vorgabezeiten für jede Produktart und jeden Arbeitsgang gesondert ermittelt werden. Diese Vorgabezeiten sind die historischen Vorläufer der Planzeiten (d. h. des Mengengerüstes) der Plankostenrechnung. Bei der analytischen Kostenplanung in der Plankostenrechnung werden die Plankosten aus der Multiplikation eines Mengengerüstes mit einem Wertgerüst ermittelt. Für die Ermittlung der Vorgabe- bzw. Planzeiten sind spezielle Zeitstudienabteilungen gebildet oder spezialisierte Berater (wie z. B. Bedaux) beschäftigt worden. In Deutschland ist der Reichsausschuss für Arbeitsstudien (REFA) gebildet worden und hat die bis heute weiterentwickelten REFA-Verfahren entwickelt.[20] Die Ermittlung von Vorgabezeiten kann mithilfe analytischer oder synthetischer Verfahren erfolgen. Bei den analytischen Verfahren, wozu das REFA-Verfahren und das Bedaux-Verfahren zählen, geht die Vorgabe-/Planzeitermittlung von gemessenen Istzeiten aus, die mithilfe geschätzter Leistungsgrade in Vorgabe-/Planzeiten umgerechnet werden. Bei den synthetischen Verfahren werden die Vorgabezeiten aus Systemen vorbestimmter Zeiten zusammengesetzt, die ihrerseits aus bestimmten „Elementarbewegungen" bestehen. Hierzu zählen zum Beispiel das Work-Factor- und das Multi-Moment (MTM)-Verfahren.

In einer reinen Istkostenrechnung steht in SAP keine während des Monats laufende Leistungsverrechnung von Kostenstellen an Kostenträger zur Verfügung, da während der Periode keine Ist-Verrechnungspreise/Tarife vorliegen. Die für die Kostenträger direkt erbrachten Leistungen wie z. B. die Fertigungslohneinzelkosten, werden sowohl auf den Kostenstellen als auch den Kostenträgern gebucht. Für die Kostenstellen dient die Buchung zur Gehaltsberechnung, für die Kostenträger zur Kostenkontrolle. Alle übrigen Personalkostenarten (wie z. B. Zulagen) werden als Gemeinkosten auf den Kostenstellen berücksichtigt. In der Kostenstellenrechnung können aber nach Periodenabschluss für jede Abrechnungsperiode zur Soll-Ist-Abweichungsanalyse Ist-Gemeinkostenzuschlagssätze berechnet und Kalkulationssätze gebildet werden.

In einer Normalkostenrechnung werden die Personalkosten genauso verrechnet wie in einer Istkostenrechnung. Da aber zur Weiterverrechnung in der Kostenträgerrechnung normalisierte Gemeinkostenverrechnungssätze verwendet werden, gehen in die Kalkulationen nur die den Normalkostensätzen entsprechenden Personalkosten ein.

Die Akkordlöhne sind in einer Ist- und Normalkostenrechnung atypische Kostenarten, weil sie auf geplanten Vorgabezeiten basieren und insofern bereits Plankosten sind. Zugleich sind sie aber auch Istkosten, da abgesehen von evtl. gesondert erfassten Zusatzarbeitszeiten/Nacharbeitszeiten (z. B. bei Qualitätsproblemen) bei Akkordlöhnen stets nur die Vorgabezeiten verrechnet werden. Kostenabweichungen können daher bei Akkordvorgabezeiten nicht aus Zeitabweichungen (also aus mengenmäßigem Mehrverbrauch), sondern nur aus Tariferhöhungen bzw. dem Personaleinsatz anderer Tarifgruppen (also der Veränderung des Wertgerüsts) resultieren.

In Plankostenrechnungssystemen können die Einzellöhne in gleicher Weise direkt auf die Kostenträger verrechnet werden, wie in Ist- oder Normalkostenrechnungssystemen. Wenn die Bezugsgrößenanalyse bzw. -wahl zu dem Ergebnis führt, dass

---

20 Es wird u. a. die Weiterbildung zum REFA-Ingenieur, d. h. zur Fachkraft für Arbeitsstudien durchgeführt.

die den Einzellöhnen zu Grunde liegenden Fertigungszeiten eine geeignete Maßgröße für die kalkulatorische Verrechnung ihrer Gemeinkosten sind, können die Einzellöhne auch über die Kostenstellenrechnung abgerechnet werden und nicht direkt dem Kostenträger belastet werden. Dies wird in einer Maschinen-/Stundensatzrechnung so gemacht. Sie ist heute eines der gebräuchlichsten Kalkulationsverfahren und hat die Lohnzuschlagskalkulation, bei der die Fertigungslohneinzelkosten pro Kostenträger erfasst werden müssen, an Bedeutung überholt. (siehe Kapitel 7. Kalkulationsverfahren). Dass Fertigungszeiten eine geeignete Maßgröße für die kalkulatorische Verrechnung der Gemeinkosten sind, gilt z. B. für die Instandhaltungskostenstellen und für zahlreiche Fertigungsstellen. Auch wenn zwar Maschinenlaufzeiten als Bezugsgrößen gewählt werden, sich die Fertigungszeiten aber zu diesen proportional verhalten, können die Fertigungslohnkosten über die Maschinenstundensätze verursachungsgerecht auf die Kostenträger verrechnet werden. Eine Abrechnung der Fertigungslöhne auf den Kostenstellen und nicht direkt auf den Kostenträgern hat den wesentlichen Vorteil, dass sich die Fertigungslöhne in den Soll-Ist-Kostenvergleich der Kostenstellenrechnung einbeziehen lassen.

Die Kosten für Hilfs- bzw. Zeitarbeitslöhne, Zusatzlöhne und Mehrarbeitszulagen werden normalerweise den verursachenden Kostenstellen belastet, wenn sie nicht ausnahmsweise als Sondereinzelkosten der Fertigung direkt auf Kostenträger verrechnet werden. Auf den Kostenstellen werden sie im Rahmen der Soll-Ist-Abweichung analysiert. Es werden Verbrauchsmengenabweichungen ausgewiesen, die eine Beurteilung der Wirtschaftlichkeit des Arbeitskräfteeinsatzes ermöglichen. (siehe Kapitel 3 und ausführlicher Kapitel 8 Kostenstellenrechnung und Abweichungsanalyse)

Wenn sich während einer Planperiode keine Tariferhöhungen ergeben, dann stimmen die Ist-Personalkostentarife mit den Plan-Personalkostentarifen überein. Oft ist diese Voraussetzung nicht erfüllt. Daher müssen die aus den Verhandlungen der Tarifparteien resultierenden Tarifabweichungen in einer Plankostenrechnung durch für die Periode festgelegte Plantarife eliminiert werden, damit die für die Wirtschaftlichkeitsbeurteilung entscheidenden Verbrauchsmengenabweichungen erkannt werden können.

Die Personalkostenabrechnung der Mitarbeiter in den Verwaltungskostenstellen ist im Vergleich zu den Produktionskostenstellen einfacher. Die tariflich oder übertariflich bzw. vertraglich vereinbarten Personalkosten lassen sich unmittelbar den Personalstammdaten der Mitarbeiter entnehmen, ohne dass hierbei leistungsabhängige Daten berücksichtigt zu werden brauchen. Neben den Grundvergütungen können eventuelle Zulagen, z. B. Prämien, Provisionen oder Mehrarbeitszulagen vergütet werden. Die Mitarbeiter in den Verwaltungskostenstellen werden im Personalstammsatz bestimmten Kostenstellen zugeordnet. Somit können die Personalkosten von der Personalabrechnung in die verursachende Kostenstelle gesteuert werden. Arbeitet ein Mitarbeiter während einer Abrechnungsperiode gleichzeitig für mehrere Kostenstellen, dann werden seine Personalkosten prozentual mit einem Schlüssel aufgeteilt. Im Rahmen einer Prozesskostenrechnung ist auch eine Verrechnung mit einem Prozesskostensatz möglich. Bei der prozentualen Aufteilung sollten die Aufteilungsprozentsätze der Relation des Einsatzes möglichst verursachungsgerecht entsprechen. Falls sie saisonalen oder zufallsabhängigen Schwankungen unterliegt, sollte bei der Bildung der Prozentsätze von der durchschnittlichen bzw. Normal-Arbeitsaufteilung eines repräsentativen Zeitraumes ausgegangen werden. Wenn die Kalkulationsgenauigkeit oder die Wirtschaftlichkeitskontrolle eine besonders differenzierte Kostenstellenstruktur erfordert, betreuen die Führungskräfte oft mehrere Kostenstellen gleichzeitig. Eine ggf. nicht verursachungsgerechte prozentuale Aufteilung der Personalkosten der Führungskraft kann dadurch vermieden werden, dass man den betreffenden Kostenstellen sogenannte Bereichsstellen vorschaltet und auf diese die Führungskräftekosten kontiert.

Normalerweise muss bei der Personalkostenaufteilung darauf geachtet werden, dass keine Einzelvergütungen bekannt werden. Es wird hier davon ausgegangen, dass die Kostenstellenberichte allen oder mehreren Mitarbeitern der Kostenstelle bekannt sind, weil im Rahmen eines kooperativen Führungsstils die Mitarbeiter bei der Kostenplanung und Sollkosteneinhaltung beteiligt, oder zumindest informiert werden sollten. Die Vergütungen sollten aber diskret gehalten werden, um personelle Probleme zwischen den Mitarbeitern oder der Führungskraft mit den Mitarbeitern zu vermeiden.[21] Deshalb dürfen den Kostenstellen aus der Personalabrechnung jeweils nur die Personalkostensummen belastet werden. Dies stellt für die Kostenrechnung aber kein Problem dar, da die Einzelbeträge i. d. R. nicht benötigt werden und durch einen Einzelausweis die Übersichtlichkeit der Kostenstellenberichte durch zu viele Zeilen gestört würde. Wenn der Normalfall vorliegt, dass die Kostenstellenleitung gleichzeitig Führungskraft bzw. Disziplinarvorgesetzter ist, haben er oder sie ohnehin Kenntnis über die einzelnen Vergütungen, da sie sie ja selbst auf Basis der Zielgespräche zusammen mit der Personalabteilung festlegen.

Sozial- und Lohnnebenkosten

Die Sozialkosten, die auch als Lohnnebenkosten bezeichnet werden, können in die gesetzlichen und die freiwilligen Sozialkosten unterteilt werden. Um die gesetzlichen Sozialkosten ist seit Jahren eine intensive politische Diskussion entbrannt, da diese von vielen Fachleuten als zu hoch empfunden werden. Es wird die Meinung vertreten, dass die hohen Sozialkosten/Lohnnebenkosten die Wettbewerbsfähigkeit der deutschen Volkswirtschaft beeinträchtigen und für die hohe Arbeitslosigkeit mitverantwortlich sind. Diese Wirkung ergibt sich dadurch, dass sie normalerweise in voller Höhe in die Kostenrechnung eingehen und bei der Kalkulation die Preisuntergrenze erhöhen. Zu den gesetzlichen Sozialkosten nach deutschem Recht zählen insbesondere die Urlaubs-, Krankheits- und Feiertagslöhne und die Beiträge zur gesetzlichen So-

---

[21] Dieses korreliert auch damit, dass sich die Mitarbeiter in vielen Arbeitsverträgen, insbesondere des übertariflichen Bereichs, verpflichten, über ihre Vergütung nicht zu sprechen.

zialversicherung (Renten-, Kranken-, Pflege-, Unfall- und Arbeitslosenversicherung). Diese Sozialkosten werden üblicherweise von der Personalabrechnung erfasst und zur unterjährigen Verteilung mit einem der oben beschriebenen Abgrenzungsverfahren vorbereitet. Die Arbeitgeber- und die Arbeitnehmerbeiträge zur Sozialversicherung werden von der Personalabrechnung an die Finanzbuchhaltung weitergeleitet. Diese rechnet mit den Sozialversicherungsträgern ab. In der Kostenrechnung erhöhen die Arbeitgeberanteile zur Sozialversicherung über die Bruttovergütungen hinaus die Personalkosten; dagegen sind die Arbeitnehmeranteile bereits in den Bruttogehältern enthalten.

Freiwillige Sozialkosten fallen für Sozialleistungen eines Unternehmens an, die sowohl von gesetzlichen Bestimmungen als auch von den Verhandlungen der Tarifparteien unabhängig sind. Sie werden aber i. d. R. im Rahmen von Betriebsvereinbarungen geregelt, so dass sie systematisch und nicht einzelfallbezogen den Mitarbeitern zu Gute kommen. Sie können in die primären/direkten und die sekundären/indirekten freiwilligen Sozialkosten unterteilt werden. Die Bezeichnung primäre/direkte freiwillige Sozialleistungen deutet an, dass diese unmittelbar dem einzelnen Mitarbeiter auf seinem Girokonto oder als individuell nutzbare Sachleistung zukommen. Zu den primären freiwilligen Sozialkosten gehören z. B. Beihilfen/Zuschüsse für Auszubildende, für Weiterbildung und für Zusatzqualifikationen der Mitarbeiter. Darüber hinaus zählen die Gewährung von Dienstwagen und Fahrgelderstattungen, sowie freiwillige Beiträge zur Altersvorsorge bzw. Vermögensbildung zu den primären freiwilligen Sozialleistungen bzw. -kosten.

Die Kosten für betriebliche Sozialeinrichtungen (Sozialinfrastruktur), die den Mitarbeitern nicht individuell zugerechnet werden können, sondern der Gesamtheit der Mitarbeiter zu Gute kommen, werden als sekundäre oder indirekte Sozialleistungen und -kosten bezeichnet. Hierzu gehören z. B. Sporteinrichtungen, betriebsärztliche Abteilungen, Kantinen, Büchereien und Werkswohnungen. Die Kosten aller dieser Einrichtungen sollten auf eigenen Kostenstellen erfasst werden und im Rahmen der innerbetrieblichen Leistungsverrechnung als sekundäre Kosten verrechnet werden, wobei teilweise die Bezugsgrößenwahl schwierig ist.

Die gesetzlichen sowie die primären und sekundären Sozialkosten sollten in der Plankostenrechnung und in der Istkostenrechnung nach dem gleichen zeitlichen Abgrenzungsverfahren berechnet werden, damit eine Abweichungsanalyse der Sozialkosten sinnvoll durchgeführt werden kann und Abweichungen sich nicht aus abgrenzungstechnischen bzw. methodischen Unterschieden ergeben. (Siehe Ausführungen zum Zuschlags- und Soll-Ist-Kostenverfahren zur zeitlichen Abgrenzung mit SAP eingangs dieses Kapitels).

Einarbeitungskosten
Nach der häufig teuren Mitarbeitersuche hoffen Unternehmen, dass die neuen Mitarbeiter die Erwartungen erfüllen werden. Um dies sicher zu stellen, müssen die neu-

en Mitarbeiter sorgfältig eingearbeitet werden (vgl. hierzu im Detail Hoberg (2018b), S. 17 ff.). Diese Einarbeitungsphase kann von wenigen Stunden bei ganz einfachen Tätigkeiten bis zu vielen Jahren dauern. Da viele einfache Tätigkeiten automatisiert werden, dürften die Einarbeitungszeiten tendenziell steigen, zumal der Umgang mit immer komplizierteren Anlagen bzw. Computern gelernt werden muss. Neben den Anfangsschritten (Einrichtung des Arbeitsplatzes, vertraut werden mit der Umgebung usw.) müssen auch spezifische Kenntnisse vermittelt werden. In dieser Phase fallen dann üblicherweise doppelte Kosten an:

- Der neue Mitarbeiter wird bezahlt, bringt aber noch keine oder nur verringerte Leistung.
- Die Zeit des oder der Ausbilder muss ebenfalls eingerechnet werden. Insbesondere bei Einzeleinarbeitung sind diese Kosten häufig hoch. Wenn dagegen ein Ausbilder gleich mehrere neue Mitarbeiter unterweisen kann, verteilen sich die Kosten besser.

Je nach Höhe der Einarbeitungskosten (und der Kosten für die Auswahl der Mitarbeiter) muss sich das Unternehmen unterschiedlich verhalten. Bei geringen Kosten ist eine hohe Fluktuation nicht so gravierend. Wenn dagegen der Einarbeitungsprozess hohe Kosten verursacht, so sollten nur Mitarbeiter eingearbeitet werden, die voraussichtlich lange im Unternehmen bleiben.

Die Einarbeitungskosten können als Zuschlag auf die normalen Arbeitskosten bestimmt werden. Sie fallen nicht gleichmäßig über das Jahr verteilt an, sondern sie variieren in der ersten Zeit mit dem Schwerpunkt in den ersten Wochen und Monaten. Um diese Schwankungen auszugleichen, empfiehlt sich – ähnlich wie bei Sonderzahlungen (Urlaubsgeld, Weihnachtsgeld, Bonus etc.) – eine Jahresbetrachtung.

Die Personalkosten pro Anwesenheitsstunde (PK) ergeben sich vor Einarbeitungskosten wie folgt:

$$PK = JPK/JA \quad \text{in €/h}$$

PK: Personalkosten pro Stunde auf Jahresbasis in €/h
JPK: Jährliche Personalkosten ohne Einarbeitung in €/Pe
JA: Jahresanwesenheitsstunden ohne Einarbeitung in h/Pe

Die jährlichen Personalkosten JPK – gemessen in Euro in der betrachteten Periode – werden somit dividiert durch die Jahresarbeitszeit – gemessen in Anwesenheitsstunden in der betrachteten Periode. Mit dem resultierenden Stundensatz können dann viele betriebswirtschaftliche Kalkulationen durchgeführt werden.

Somit sind im nächsten Schritt die jährlichen Personalkosten und dann die Jahresanwesenheitszeit zu bestimmen.

Zu dem Bruttostundenlohn kommt noch der sogenannte zweite Lohn, der sich sowohl auf den Zähler als auch auf den Nenner der obigen Gleichung bezieht. Er umfasst 2 Gruppen:

1. Zusätzliche Lohn- und Gehaltsbestandteile im Zähler sowie
2. Den Effekt der bezahlten Stunden, in denen die Mitarbeiter aber nicht anwesend sind, was sich im Nenner auswirkt.

Neben den Boni, Weihnachts- und Urlaubsgeld usw. sind im Zähler auch weitere Elemente wie die Arbeitgeber-Sozialabgaben zu berücksichtigen. Denn der Arbeitgeber muss knapp die Hälfte der Gesamtbeiträge für die Renten-, Kranken-, Pflege- und Arbeitslosenversicherung bezahlen. Aus Arbeitgebersicht muss mit einem Aufschlag von ca. 20 % auf alle Teile des Bruttogehaltes (also auch auf die Prämien, Urlaubs- und Weihnachtsgelder) gerechnet werden. Dies gilt, wenn die Beitragsbemessungsgrenzen für Krankenversicherung (54.450 €/a für 2019) und Rentenversicherung (80.400 €/a in 2019 für West, 73.800 €/a für Ost) nicht überschritten werden.

Im Weiteren dürfen die Kosten für eine Firmenrente, Versicherungen, Essenszuschüsse usw. nicht vergessen werden. Bezüglich der Kosten der Einarbeitung ist zusätzlich zu ermitteln, wie hoch die Kosten der Ausbilder und der sonstigen Güterverbräuche (z. B. Übungsmaterial, Schulungsräume usw.) sind.

Im zweiten Schritt ist zu berücksichtigen, dass Arbeitnehmer über 20 % der bezahlten Zeit nicht anwesend sind (Urlaub, Feiertag, Krankheit, usw.) bzw. noch nicht arbeiten können. In die letzte Kategorie fallen auch die Zeitausfälle aufgrund der Einarbeitung.

Wenn im Zähler die Einarbeitungskosten für Dritte (wie z. B. Ausbilder) EKD addiert werden und im Nenner die für produktive Zwecke verlorene Zeit VZ_{EA} abgezogen wird, ergibt sich die folgende Formel:

$$PK_{EA} = (JPK + EKD)/(JA - VZ_{EA}) = JPK_{EA}/JA_{EA} \quad \text{in €/h}$$

PK_{EA}: Personalkosten inkl. Einarbeitung pro Stunde auf Jahresbasis in €/h
EKD Einarbeitungskosten bei Dritten in €/Pe
VZ_{EA} Verlorene Produktivzeit aufgrund der Einarbeitung in h/Pe
JPK_{EA}: Jährliche Personalkosten inkl. Einarbeitung in €/Pe
JA_{EA}: Jahresanwesenheitsstunden nach Abzug der Einarbeitung in h/Pe

Der Stundenkostensatz mit Einarbeitung PK_{EA} wird insb. im ersten Jahr für neue Mitarbeiter deutlich höher liegen als der Stundensatz für bereits eingearbeitete Mitarbeiter, wobei immer unterstellt wird, dass die Leistung erfahrener und neuer Mitarbeiter in qualitativer und quantitativer Hinsicht weitgehend gleich ist.

Ein Beispiel möge die Vorgehensweise demonstrieren. Im ersten Schritt wird zur Vereinfachung unterstellt, dass

a) die Beschäftigung nur 1 Jahr dauert.
b) keine Zinseffekte berücksichtigt werden müssen, da der Zeitraum kurz ist.
c) keine weiteren Kosten für Ausbilder, Material usw. anfallen. Diese realitätsferne Annahme muss in weiteren Rechnungen modifiziert werden.

Arbeitsstunden pro Woche	38 h/Woche
Stunden pro Tag	7,6 h/d
Anwesenheitstage pro Jahr	190 d/a
Anwesenheitsstunden pro Jahr	1444 h/a
Kosten pro Anwesenheitsstunde	32,00 €/h
Jahreskosten	46208 €/a

Monat Einheit	Anwesenheitstage d/Monat	Produktivanteil	Produktivtage d/Monat
1	15,83	0%	0,00
2	15,83	20%	3,17
3	15,83	40%	6,33
4	15,83	60%	9,50
5	15,83	80%	12,67
6	15,83	90%	14,25
7	15,83	100%	15,83
8	15,83	100%	15,83
9	15,83	100%	15,83
10	15,83	100%	15,83
11	15,83	100%	15,83
12	15,83	100%	15,83
Summe	190,00	74,2%	140,92

Kosten pro Produktivtag ohne Zinsen	327,91 €/d
Kosten pro Produktivstunde ohne Zinsen	43,15 €/h

Abb. 2.8: Personalkostensatz bei Produktivzeitverlusten durch Einarbeitung

Das betrachtete Unternehmen möge eine 38 Stundenwoche haben. Der Kostensatz pro Anwesenheitsstunde von 32 €/h möge sich aus der Formel ergeben haben (für Einzelheiten der Berechnungsweise vgl. z. B. Hoberg 2015, S. 1 ff.).

Es sei angemerkt, dass bei der Einheit €/h die Abkürzung „h" für Stunden noch indiziert werden könnte, um unterschiedliche Stunden nicht nur in der Variablenbezeichnung zu kennzeichnen. Man könnte h_b für die Einheit bezahlte Stunden nehmen, h_a für anwesende Stunden und h_p für produktive Stunden. Darauf wird hier verzichtet, weil z. B. die Bezeichnung „Kosten pro Produktivstunde" deutlich angibt, welche Stunden gemeint sind.

Die ermittelten 32 €/h gelten, wenn keinerlei Einarbeitung notwendig ist. Wenn die Hälfte der Jahresarbeitszeit für die Einarbeitung verwendet werden muss, verdoppelt sich der Kostensatz auf 64 €/h für jede produktive Stunde im ersten Jahr.

In der Abbildung ist monatsweise angegeben, wie sich der Anteil der produktiven Zeit erhöht. Dementsprechend können die Produktivtage der Monate ermittelt werden. Der erste Monat dient demnach vollständig der Einarbeitung. Im zweiten Monat fallen 20 % Produktivzeiten an usw. Danach werden die Werte für die betrachteten 12 Monate aufaddiert. Sie stehen dann im Nenner der Formel. Im Zähler finden sich die Jahrespersonalkosten zunächst ohne die zusätzlichen Kosten für Ausbilder, Material etc. Damit ergibt sich dann ein produktiver Stundensatz von

46.208 €/a/140,92 d/a = 327,91 €/d bzw. 43,15 €/h bei 140,92 · 7,6 = 1071 Jahresproduktivstunden. Der Stundensatz ist also von 32 €/h um über 30 % gestiegen, was zeigt, wie wichtig die Berücksichtigung der Einarbeitungszeiten sein kann.

Und es wird noch teurer, wenn die zusätzlichen Kosten der Einarbeitung berücksichtigt werden, die bei Dritten anfallen. Dazu kommen die Kosten am Arbeitsplatz, wenn die Vorgesetzten und die Ausbilder den neuen Mitarbeiter immer weiter unterstützen.

Im Beispiel galt aus Vereinfachungsgründen eine Beschäftigungsdauer von einem Jahr, wie es z. B. für Leiharbeit häufig vorkommt. Die Höhe des Aufschlags zeigt, dass dies angesichts einer längeren Einarbeitungsphase – wie es das Beispiel annimmt – kaum wirtschaftlich sein kann. Es stellt sich damit die Frage, wie sich die Mehrkosten in € pro Produktivstunde ändern, wenn die Beschäftigungsdauer steigt. Zudem sollen auch andere Ausfallzeiten untersucht werden.

Wenn längere Beschäftigungsdauern analysiert werden, darf die Zinsproblematik nicht vernachlässigt werden, weil die Einarbeitung am Anfang der z. B. 10-jährigen Beschäftigung anfällt, was wiederum umso wichtiger wird, je länger die Einarbeitung dauert. Die Kosten der Einarbeitung müssen dann auf den gesamten Beschäftigungszeitraum verteilt werden. Dafür werden Wiedergewinnungsfaktoren eingesetzt (vgl. zu den Details z. B. Varnholt/Hoberg/Gerhards, Wilms, S. 480 ff.), die in der folgenden Rechnung bestimmt werden:

Jahreszinssatz effektiv	10 % p. a.
Laufzeit	10 Jahre
Wiedergewinnungsfaktor nachschüssig	16,27 %
Wiedergewinnungsfaktor zur Jahresmitte	15,52 %

Mit dem Wiedergewinnungsfaktor werden die Mehrkosten aufgrund der Einarbeitung auf die gesamte Beschäftigungszeit inkl. der Zinseffekte umgelegt. Die Kosten der Einarbeitung werden dazu auf den Startzeitpunkt der Einstellung bezogen. Dies muss verzinslich passieren, wenn die Einarbeitungskosten nicht ganz überwiegend am Beginn anfallen.

Für das Beispiel sei aus Vereinfachungsgründen angenommen, dass die oben ermittelten Kosten von 6863 € nicht abgezinst werden müssen, weil der Effekt sehr klein wäre. Der Betrag wird nun mit dem Wiedergewinnungsfaktor zur Jahresmitte multipliziert. Es kann nicht der übliche nachschüssige Wiedergewinnungsfaktor verwendet werden, weil dieser die Beträge auf das jeweilige Jahresende bezieht. Es muss die Modifikation für die Jahresmitte durchgeführt werden.

Es ergeben sich jährlich Mehrkosten von 6863 € · 0,1552 = 1065 € zu jeder der 10 Jahresmitten. Diese können jetzt durch die jeweiligen Jahresproduktivstunden dividiert werden. Im ersten Jahr ergibt sich dann ein Aufschlag von 1065/1071 = 0,99 €/h nur für die Kosten Dritter. Damit steigen die Arbeitskosten des ersten Jahres auf 44,14 €/h und in den folgenden Jahren von 32 auf 32,77 €/h.

Kosten pro Anwesenheitsstunde:	32 €/h
Anwesenheitsstunden pro Jahr	1444 h/a
Anwesenheitsstunden pro Monat	120,3333 h/M
Jahreszinssatz effektiv	10% p.a.
Monatszinsfaktor effektiv:	1,00797
Einarbeitungskosten Dritter	0 € in Mitte der Einarbeitungsphase

in €/h		B e s c h ä f t i g u n g s j a h r e							
		0,5	1	2	5	10	20	30	40
	0	32,00	32,00	32,00	32,00	32,00	32,00	32,00	32,00
Ein-	1	38,55	35,05	33,53	32,68	32,42	32,30	32,27	32,26
arbei-	2	48,39	38,71	35,20	33,39	32,84	32,60	32,54	32,52
tungs-	3	64,77	43,19	37,02	**34,12**	33,28	32,91	32,82	32,79
mo-	5	195,87	55,97	41,25	35,66	34,16	33,53	33,38	33,33
nate	10	n.a.	199,85	57,14	40,07	36,54	35,15	34,82	34,71
	12	n.a.	n.a.	67,20	42,10	37,56	35,83	35,42	35,28
	24	n.a.	n.a.	n.a.	59,02	44,60	40,19	39,22	38,90

Abb. 2.9: Kosten pro Produktivstunde in Abhängigkeit von Beschäftigungs- und Einarbeitungsdauer

Die finanzielle Belastung der Stundenkosten kann mit Hilfe der modifizierten Stückkostenrechnung noch genauer kalkuliert werden (vgl. zu dem Verfahren Hoberg (2014), S. 1817 ff.). Mit ihr werden im ersten Schritt alle Auszahlungen zum Einstellungszeitpunkt t = 0 mittels Abzinsung gesammelt. Verteilt werden sie dann auf die Summe der abgezinsten produktiven Zeiten. Es ergibt sich dann der durchschnittliche Stundensatz für eine produktive Stunde.

Die Vorgehensweise sei an einem Beispiel dargestellt, das dann auch die Rechenweise der dann folgenden Tabelle darstellt. Bei wieder 32 €/h für eine Anwesenheitsstunde, betrage die monatliche Anwesenheit 120,33 h/M. Es werde mit einer durchschnittlichen Beschäftigungsdauer von 5 Jahren gerechnet. Die nicht produktive Zeit möge 3 Einarbeitungsmonate betragen. Einarbeitungskosten Dritter mögen im ersten Schritt nicht anfallen.

Mit diesen Daten ergibt sich ein Barwert aller Gehaltszahlungen von 183.055 € per t = 0. Bei den Zeiten dürfen nur die produktiven Zeiten verwendet werden. Im Beispiel heißt dies, dass die ersten 3 Monate wegfallen. Dementsprechend ist der Barwert der Stunden für 60 – 3 = 57 Monate zu bilden und dann noch 3 Monate abzuzinsen, was eine Barwertsumme der produktiven Stunden von 5365 h für die 5 Jahre ergibt. Die Division erbringt dann den durchschnittlichen Kostensatz von 34,12 € pro produktiver Stunde.

Dieser Wert findet sich auch in Abb. 2.9, in der allerdings noch weitere Beschäftigungszeiten (horizontal) und weitere Einarbeitungsmonate (vertikal) abgetragen sind.

Wie zu erwarten war, ist der Anstieg von 2,12 € pro produktiver Stunde noch maßvoll, was aber an der eher langen Beschäftigungsdauer liegt. Geht man nur von zwei Jahren Beschäftigungsdauer aus, ergeben sich mit 37,02 – 32,00 = 5,02 €/h mehr als doppelt so hohe Aufschläge.

Umgekehrt fallen die Aufschläge bei längeren Beschäftigungszeiten, weil sie sich dann besser verteilen können.

Bis jetzt sind die Kosten Dritter (für Ausbilder, Lehrgänge usw.) noch nicht berücksichtigt worden. Hierfür sei ein Betrag von 10.000 € pro Einarbeitung angenommen. Für die Beispielsdaten steigt der Stundenkostensatz auf 35,96 €/h. Bei einer anderen Höhe der Einarbeitungskosten Dritter kann eine Interpolation vorgenommen werden. Bei 5000 € Einarbeitungskosten sind es dann 35,04 € pro produktiver Stunde, die sich als Mittelwert ergeben.

Das Beispiel zeigt noch deutlicher, dass die Einarbeitungskosten bei eher kurzfristigen Beschäftigungsverhältnissen zu extremen Kostensteigerungen führen. Wer dann ohne die entsprechenden Zuschläge kalkuliert, wird rote Zahlen ernten. Unternehmen mit hoher Fluktuation dürfen sich über finanzielle Probleme nicht wundern.

Andererseits ist der Einfluss der Einarbeitungskosten eher gering, wenn durch eine Personalmotivations- und -bindungspolitik sehr lange Beschäftigungszeiten angestrebt und erreicht werden. Für diesen Fall wäre allerdings zu überlegen, ob die Kosten für Weiterbildungen einberechnet werden sollten.

2.1.5 Selbstlernmodul zu den Personalkosten

Da die Personalkosten zu den wichtigsten Kostenarten zählen und da gleichzeitig viele Unternehmen bei ihrer Berechnung Fehler machen, wurde zu den Personalkosten ein weiteres Selbstlernmodul entwickelt (herunterladbar von den Verlagsseiten gemäß Vorwort). Es knüpft an eine aktuelle Fragestellung an, nämlich ob Unternehmen statt Lohnerhöhungen zusätzliche freie Arbeitstage anbieten sollen.

Im ersten Register befindet sich wieder die Aufgabenstellung, die vom Leser bearbeitet werden kann (Abb. 2.10).

Im ersten Schritt sind die Anwesenheitstage zu berechnen, indem von den bezahlten Tagen alle die Tage abgezogen werden, in denen der Mitarbeiter nicht am Arbeitsplatz ist. Es ergeben sich 206 Anwesenheitstage pro Jahr.

Die vorgeschlagene Gehaltserhöhung betrug 4,2 %. Im Vergleich dazu ist zu ermitteln, welche Kostensteigerung die zusätzlichen 11 Tage herbeiführen. Die Anwesenheitstage bei Wahrnehmung der zusätzlichen Freizeit betragen dann 195 Tage pro Jahr. Somit verteilen sich die gesamten jährlichen Arbeitskosten auf 195 statt auf 206 Tage. Die Stundenkosten steigen somit um $206/195 - 1 = 5,64\%$, was auch als Ergebnis in Abb. 2.11 zu sehen ist.

Im nächsten Schritt sollen die Kosten der Einarbeitung ermittelt werden. Wie im vorigen Abschnitt beschrieben, muss dafür die Barwertsumme aller Auszahlungen für das Personal gebildet werden und dann auf die produktiven Monate verteilt werden. In Abb. 2.12 findet sich das Ergebnis von 37,72 €/h.

Durch die eher hohe Fluktuation steigen die Personalkosten durch die Einarbeitung um 17,9 %.

Gehaltsteigerung oder mehr Urlaubstage

Im Tarifvertrag hat die Bahn den Mitarbeitern angeboten, dass sie sich individuell entscheiden können, ob sie lieber 4,2% Gehaltserhöhung oder 11,0 zusätzliche frei Tage haben wollen.

Annahmen

Kosten pro Anwesenheitsstunde:	32,0 €/h
Arbeitsstunden pro Tag	7,5 d/W
Monatszinssatz	0,4%

a) Wie viele Tage sind Mitarbeiter pro Jahr anwesend?

Bezahlte Tage	261,0 d/a
Urlaub	-29,0 d/a
Feiertage	-10,0 d/a
Krankheit	-13,0 d/a
Sonstiges	-3,0 d/a
Summe	d/a

b) Was ist für die Bahn besser?

Kostensteigerung Gehaltserhöhung	4,2%

Kostensteigerung Freie Tage
* Neue Anzahl an Anwesenheitstagen   d
* Neuer Stundensatz   €/h$_A$
-> Steigerung

Es sei angenommen, dass die Einarbeitung 5,0
Monate dauert bei einer Betriebszugehörigkeit von
      35,0 Monaten.

c) Wie hoch ist der Aufschlag aufgrund der Einarbeitung?

Abb. 2.10: Selbstlernmodul: Aufgabe zu den Personalkosten.
Die Lösung für die Aufgabe der Abb. 2.10 findet sich in den folgenden Abb. 2.11 und 2.12.

Gehaltsteigerung oder mehr Urlaubstage

Im Tarifvertrag hat ein Unternehmen den Mitarbeitern angeboten, dass sie sich individuell entscheiden können, ob sie lieber 4,2% Gehaltserhöhung oder 11,0 zusätzliche frei Tage haben wollen.

Annahmen

Kosten pro Anwesenheitsstunde:	32,0 €/h$_A$
Arbeitsstunden pro Tag	7,5 h/d
Monatszinssatz	0,4%

Abb. 2.11: Selbstlernmodul: Lösung Teil 1 zu den Personalkosten

Fragen

a) Wie viele Tage sind Mitarbeiter pro Jahr anwesend?

Bezahlte Tage	261,0 d/a
Urlaub	-29,0 d/a
Feiertage	-10,0 d/a
Krankheit	-13,0 d/a
Sonstiges	-3,0 d/a
Summe (Beispiel)	206,0 d/a

b) Was ist für die Bahn besser?

Kostensteigerung Gehaltserhöhung	4,2%

Kostensteigerung Freie Tage	
* Neue Anzahl an Anwesenheitstagen	195 d/a
* Neuer Stundensatz	33,81 €/h$_A$
-> Steigerung	5,64%

Es sei angenommen, dass die Einarbeitung	5,0
Monate dauert bei einer Betriebszugehörigkeit von	
35 Monaten.	

c) Wie hoch ist der Aufschlag aufgrund der Einarbeitung?

Anzahl Monatsstunden Anwesenheit	128,75 h$_A$ /M
Ø Monatskosten nachschüssig (Basis alter Lohn, neuer Lohn geht auch)	4120 €/M
BWF (tn= 35, i= 0,4%)	32,600
Barwert Personalkosten für 35 Monate	134311 € in t=0
Aufzinsung 5 Monate	137019 € in t=5
Gearbeitete Monate	30
WGF (tn= 30, i= 0,4%)	3,54%
Monatskosten produktiv	4856 €/M
Steigerung	17,9%
Neuer Arbeitskostensatz	37,72 €/h$_A$

-> Wesentliche Erhöhung der Arbeitskosten

Abb. 2.12: Selbstlernmodul: Lösung Teil 2 zu den Personalkosten

2.1.6 Betriebsmittelkosten

Grundsätzliches

Betriebsmittelkosten sind Kosten, die durch den Einsatz von Betriebsmitteln wie z. B., Maschinen und maschinelle Anlagen, Transportmittel, Immobilien, Einrichtungsgegenstände, Lagersysteme usw. entstehen. Betriebsmittel verursachen kalkulatorische Abschreibungen, kalkulatorische Zinsen sowie Reparatur- und Instandhaltungskosten. Als Grundlage für die Erfassung der Betriebsmittelkosten dient der Anlagenstamm, der noch bis vor wenigen Jahrzehnten manuell als sogenannte Anlagenkartei geführt wurde. Der Begriff Anlagenstamm ist die allgemeine betriebswirtschaftliche Bezeichnung.

Für jedes Betriebsmittel, das nicht zu den geringwertigen Wirtschaftsgütern zählt, müssen im Zeitpunkt der Anschaffung die entsprechenden Daten eingepflegt werden. Mitverantwortlich für die Pflege des Anlagenstamms kann neben der Buchhaltung oft auch die Instandhaltungsabteilung sein, da diese im Tagesgeschäft der Anlagenwirtschaft und des Reparatur- und Instandhaltungswesens zur Aktualisierung der entsprechenden Daten des Anlagenstamms/SAP-Begriff: Asset Explorer beitragen kann und insbesondere Zuschreibungen und außerordentliche Abschreibungsursachen an die Anlagenbuchhaltung melden muss. Der Anlagenstamm/Asset Explorer enthält alle bereits im Zeitpunkt der Anschaffung feststellbaren Daten und Angaben zur Abschreibungsberechnung. Für die Kontierung der Betriebsmittelkosten ist im Anlagenstamm/Asset Explorer die Nummer der Kostenstelle, in der ein Betriebsmittel eingesetzt wird, einzupflegen. Ändert sich der Einsatzort eines Betriebsmittels durch Verlegung in eine andere Kostenstelle oder durch Verkauf beziehungsweise Verschrottung, so sollte eine Anlagen-Veränderungsmeldung aus der betreffenden Kostenstelle erfolgen. Dies ist auch im Interesse der Kostenstellenleiter damit die Kontierung der kalkulatorischen Abschreibungen und Zinsen auf die Kostenstelle eingestellt wird. Nur wenn die Verknüpfung von Anlagenstamm und Kostenstellenstamm jeweils aktuell ist, wird eine richtige Kontierung der Betriebsmittelkosten ermöglicht.

Abschreibungsursachen

Kalkulatorische Abschreibungen repräsentieren den Wertverzehr von Betriebsmitteln, die über mehrere Perioden genutzt werden und verteilen diesen Wertverzehr periodengerecht. Wenn dies nicht der Fall wäre, würde der Investitionsaufwand für ein Betriebsmittel im Monat seiner Anschaffung in voller Höhe in die Kostenrechnung eingehen. In den Folgeperioden würde seine Nutzung dagegen in der Kostenrechnung gar nicht mehr sichtbar. Die Zwecke der Kostenrechnung erfordern aber eine periodengerechte Steuerung der Betriebsmittelkosten. Eine ähnliche Argumentation gilt auch für die periodische Verteilung des Investitionsaufwandes in der Finanzbuchhaltung und GuV, allerdings ohne den Aspekt der Steuerung. In der handels- und steuerrechtlichen GuV dient die Periodenverteilung der Betriebsmittelkosten einer damit einhergehenden Periodenverteilung der Steuerzahllast sowie u. a. der

Dividendenpolitik. Die Periodenverteilung im externen Rechnungswesen muss nicht periodengerecht i. S. v. verursachungsgerecht sein. Sie kann handels- und steuerbilanzpolitischen Erwägungen folgen. In der Kostenrechnung dagegen sollte die Periodenverteilung möglichst verursachungsgerecht durchgeführt werden, wobei im konsequentesten Fall Leistungsabschreibungen notwendig wären. Diese widersprechen aber häufig dem Grundsatz der Wirtschaftlichkeit der Kostenrechnung, weshalb der Normalfall die lineare Abschreibung ist. Die erwähnten Abschreibungsverfahren werden unten erläutert. Die Ursachen für den Wertverzehr von Betriebsmitteln lassen sich grundsätzlich in den Gebrauchsverschleiß/die gebrauchsbedingte Abnutzung und den Zeitverschleiß/die zeitbedingte Abnutzung unterteilen.

Gebrauchsverschleiß ergibt sich dadurch, dass ein Betriebsmittel in der Produktion eingesetzt wird. Es unterliegt der Abnutzung die normalerweise mittel- bis langfristig zur technischen und/oder wirtschaftlichen Unbrauchbarkeit führt. Theoretisch ist es auch denkbar, dass eine so intensive und umfängliche Instandhaltung durchgeführt wird, dass der technische Gebrauchsverschleiß kompensiert wird, bzw. nicht ins Gewicht fällt. Ein Betriebsmittel unterliegt aber trotz sachgerechter Instandhaltung in aller Regel einer gebrauchsbedingten Entwertung, die durch Abschreibungen abgebildet werden muss. Meistens ist der Gebrauchsverschleiß im Wesentlichen von den geleisteten Betriebsstunden, d. h. von der Beschäftigung eines Betriebsmittels abhängig. Zwischen Abschreibungen (und Zuschreibungen in der Anlagenbuchhaltung) sowie Instandhaltungskosten besteht somit ein gegenseitiges Beziehungsgefüge.

Der **Zeitverschleiß** ist von der Beschäftigung eines Betriebsmittels unabhängig. Zeitverschleiß tritt unabhängig von der Beschäftigung im Laufe der Zeit ein, d. h. es ist nicht wesentlich, ob das Betriebsmittel intensiv oder weniger intensiv genutzt wird. Zeitverschleiß wird durch verschiedene Einflussfaktoren verursacht, die je nach Art des Betriebsmittels unterschiedliche Bedeutung haben. Diese Einflussfaktoren lassen sich in drei Kategorien einteilen.

Zeitverschleiß kann durch Witterungseinflüsse eintreten, die zu Korrosion, Fäulnis, Sprödigkeit oder sonstigen witterungsabhängigen Alterungserscheinungen führen. Auch Materialermüdung kann sich unabhängig von der Beschäftigung einstellen; sie hat aber meistens auch eine Gebrauchsverschleißkomponente. Witterungseinflüssen sind besonders Betriebsmittel ausgesetzt, die im Freien montiert oder gelagert sind oder häufig im Freien eingesetzt werden. Beispiele sind die meisten Betriebsmittel des Hoch- und Tiefbaus, zahlreiche Bahnanlagen, Lager- und Transporteinrichtungen in Hafenanlagen und des Tagebaus. Korrosionswirkungen treten darüber hinaus im Bergbau unter Tage auf und an Betriebsmitteln der chemischen Industrie sofern sie Dämpfen oder aggressiven Chemikalien ausgesetzt sind. Vorbeugende bzw. regelmäßige Instandhaltung wirkt dem Zeitverschleiß durch Witterungseinflüsse entgegen. Die Planung und innerbetriebliche Leistungsverrechnung von Instandhaltungsarbeiten wird daher häufig in eine beschäftigungsabhängige und eine zeitabhängige Komponente eingeteilt, so auch in dem Beispiel in Kapitel 4 dieses Buches.

Weiterhin kann Zeitverschleiß aufgrund sich wandelnder Marktgegebenheiten und wegfallender Absatzmöglichkeiten eintreten. Dies ist der Fall, wenn ein Betriebsmittel nur für ein kurzlebiges und zeitlich begrenzt marktfähiges bzw. trendabhängiges Produkt einsetzbar ist, das nur während einer relativ kurzen Zeitspanne verkauft werden kann. Der Begriff Zeitverschleiß hat in diesem Fall allerdings eine gänzlich andere Bedeutung als der materielle Zeitverschleiß aufgrund von Witterung und Materialermüdung. Der marktorientierte Zeitverschleiß manifestiert sich nicht materiell in Form von Korrosion etc., sondern immateriell aufgrund schwindender Absatzmengen. Er ist somit abhängig vom Produktlebenszyklus.

Zeitverschleiß aufgrund technischer Innovation tritt ein, weil das Betriebsmittel verfahrenstechnisch und/oder qualitativ veraltet ist. Dies kann sich darin ausdrücken, dass seine Produktions- bzw. Transportzeiten pro Stück zu lang sind, die Qualität der Endprodukte zu niedrig ist oder die Ausschussquote zu hoch ist. Der Zeitverschleiß infolge technischer Innovation wird wirksam, wenn es neue Betriebsmittel gibt, die wirtschaftlicher arbeiten. Es stellt sich dann die Frage, ob die vorhandenen Betriebsmittel vor Ablauf ihrer technisch möglichen Einsatzdauer ersetzt werden sollen. Ob und wann Ersatzinvestitionen sinnvoll sind, lässt sich mithilfe von Investitionsrechnungen bestimmen. In den meisten Fällen wird der Wertverzehr eines Betriebsmittels sowohl durch Gebrauchs- oder als auch durch Zeitverschleiß verursacht; beide Abschreibungsursachen sind oft kaum voneinander zu separieren.

In Unternehmen, die Rohstoffe abbauen bzw. gewinnen (Urproduktion), wie z. B. im Bergbau, in Steinbrüchen und Öl- und Gasfeldern, tritt als spezielle Abschreibungsursache der Wertverzehr infolge Substanzverringerung der Rohstoffvorkommen auf, da sich der Wert der noch abbaufähigen Rohstoffvorräte häufig proportional zum bereits getätigten Abbau vermindert.

Die Abschreibungsursachen bestimmen zugleich mit dem Wertverzehr die Nutzungsdauer, während der ein Gegenstand des Anlagevermögens im Betrieb eingesetzt wird. Wird bei einem Betriebsmittel nur Gebrauchsverschleiß wirksam, so kann es bis zur technischen Maximalnutzungsdauer eingesetzt werden. Oft legen aber auch hierbei im Zeitverlauf progressiv steigende Reparatur- und Instandhaltungskosten eine vorzeitige Ersatzinvestition nahe, so dass eine kürzere wirtschaftliche Nutzungsdauer realisiert wird. Dies ist immer der Fall, wenn Zeitverschleiß in Folge wegfallender Produktionsmöglichkeiten oder technisch-wirtschaftlichen Veraltens die Nutzungsmöglichkeiten vorzeitig begrenzt. Die optimalen wirtschaftlichen Nutzungsdauern der Gegenstände des Anlagevermögens lassen sich mithilfe der Investitionsrechnung bestimmen (vgl. Varnholt, Hoberg, Gerhards, Wilms 2018 S. 100 ff.). Die Entscheidung über den geeigneten bzw. optimalen Ersatzzeitpunkt ist dann eine Aufgabe, die die Instandhaltungsabteilung/Anlagenwirtschaft im Zusammenwirken mit der Investitionsrechnung zu treffen hat. Eine Grundregel lautet, dass eine Anlage dann ersetzt wird, wenn ihre Grenzkosten in der nächsten Periode höher sein werden, als die Durchschnittskosten einer neuen Anlage. Wegen der Unsicherheit der hierfür erforderlichen Daten und komplizierter Zurechnungsprobleme schätzt die betriebliche Praxis die Nutzungsdauern häufig aufgrund von Erfahrungswerten.

Vor der Berechnung kalkulatorischer Abschreibungen ist die Frage zu klären, wie ein Gegenstand des Anlagevermögens für die Zwecke der Abschreibungsberechnung zu bewerten ist. Nach Handels- und Steuerrecht sind die Anschaffungs- oder Herstellungskosten als Wertansätze und damit auch als Bemessungsgrundlage der Abschreibungsberechnung vorgeschrieben. Wird ein Betriebsmittel vom Beschaffungsmarkt bezogen, so fallen meistens folgende Anschaffungskosten an:

Anschaffungskosten =

Listenpreis minus Rabatt und sonstige Preisminderungen[22]

plus Beschaffungsnebenkosten (z. B. Frachten, Versicherungs- und Verpackungskosten)

plus Montage- und Installationskosten.

Die Umsatzsteuer gehört nicht zu den Anschaffungskosten, da sie als Vorsteuer rückerstattet wird. Bei selbsterstellten Gegenständen des Anlagevermögens treten an die Stelle der Anschaffungskosten die mithilfe der Kalkulation (zu den Kalkulationsverfahren siehe Kapitel 6 dieses Buches) gem. § 255 HGB ermittelten Herstellungskosten. Wenn davon auszugehen ist, dass gegen Ende der Nutzungsdauer ein Verkaufserlös erzielt wird, der höher ist als die Kosten der Außerbetriebnahme, so kann kalkulatorisch die Bemessungsgrundlage der Abschreibungen um den Nettoliquidationserlös vermindert werden. Der Nettoliquidationserlös (L) ergibt sich aus der folgenden Gleichung:

L = Verkaufspreis minus Demontagekosten minus Transportkosten
    minus Verkaufskosten

Handels- und steuerrechtlich dürfen Wertansätze der historischen Anschaffungs- bzw. Herstellungskosten später nicht erhöht werden. Dies gilt auch dann, wenn die Wiederbeschaffungspreise für die Wirtschaftsgüter (handelsrechtlicher Begriff) bzw. Vermögensgegenstände (steuerrechtlicher Begriff) inzwischen gestiegen sind. Betriebsmittel und sonstige Gegenstände des Anlagevermögens sind oftmals langfristig z. B. mehrere Jahrzehnte im Einsatz. Während dieser Zeit können sich die Preise für diese Vermögensgegenstände deutlich erhöhen. Die Abschreibungsbeträge, die in die Kalkulationen zu Ermittlung der Preisuntergrenze eingehen, sind daher zu niedrig bzw. zeigen nicht an, dass am Absatzmarkt hinreichend hohe Nettopreise für die Wiederbeschaffung erzielt werden müssen. Daraus kann gefolgert werden, dass Abschreibungen die von Anschaffungs- oder Herstellungskosten ausgehen, den Zwecken der Kostenrechnung nicht genügen. Die Kostenrechnung dient u. a. dem Zweck der langfristigen Substanzerhaltung des Unternehmens (Vgl.: Schneider 1984, S. 2521 ff.; Fässler/Rehkugler/Wegenast 1991 S. 531 ff., Kilger 1994 S. 116), d. h. der Fähigkeit langfristig mit einer angemessenen modernen Betriebsmittelausstattung zu produzieren und Gewinne zu machen.

---

[22] Wer betriebswirtschaftlich ganz genau vorgehen will, muss die Zahlungsziele durch Abzinsung berücksichtigen. Handels- und steuerrechtlich wäre eine solche Bewertung allerdings nicht erlaubt.

Die Zielsetzung der Substanzerhaltung und der daraus resultierenden Möglichkeit der Unternehmensfortführung kann als Bestandteil des allgemeinen marktwirtschaftlichen Ziels der langfristigen Gewinnmaximierung verstanden werden. Aus dem Ziel der Substanzerhaltung könnte gefolgert werden, dass der richtige Abschreibungsausgangsbetrag der Tagespreis des Wiederbeschaffungszeitpunktes wäre. Ersatzzeitpunkte bzw. Nutzungsdauern von Anlagen können und müssen zwar geschätzt werden, sind jedoch aufgrund technischer und wirtschaftlicher Unwägbarkeiten unsicher und nicht mit Genauigkeit zu bestimmen. Selbst wenn die Zeitpunkte der Wiederbeschaffung genau bestimmt werden könnten (weil z. B. im Rahmen einer unternehmensinternen Dienstwagenregelung Dienstwagen generell nur fünf Jahre gefahren werden dürfen) so sind doch exakte Berechnungen der zu erwartenden Wiederbeschaffungspreise kaum möglich. Durch Wiederbeschaffungspreise würde ein ggf. weit in der Zukunft liegendes Preisniveau die gegenwärtigen Kosten und Preise beeinflussen. Gegenwärtig können die erzielbaren Erlöse diesem höheren Preisniveau aber noch nicht entsprechen. Hieraus folgt, dass die Abschreibungen in der laufenden Kostenrechnung zu hoch bemessen wären. Vor diesem Hintergrund stellt sich das Problem des richtigen Abschreibungsausgangsbetrages, das im nächsten Abschnitt diskutiert wird.

2.1.7 Das Problem des richtigen Abschreibungs-Ausgangsbetrages bei Inflation

Die Frage nach dem richtigen Ausgangsbetrag für die Bemessung der Abschreibungshöhe aktivierter Güter gehört zu den klassischen Fragen der Kosten- und Leistungsrechnung. Kaum ein Autor, der sich zu dieser Frage nicht geäußert hat (vgl. z. B. Götze, S. 45 f., Coenenberg, S. 61 f., Schweitzer/Küpper, S. 811 ff.). Ursprung der Frage sind Kaufpreisänderungen im Zeitablauf. Es ist zu fragen, ob während der Nutzung abgeschrieben werden soll

a) von den historischen Anschaffungs- und Herstellkosten
b) vom Tageswert (Neuwert des Gutes am Bewertungsstichtag), (Vgl. Kilger 1994, S. 218)
c) vom zukünftigen Wiederbeschaffungswert bei Ersatz der Anlage.

Vielerorts findet man die Auffassung, dass zwar der zukünftige Wiederbeschaffungswert aus Substanzerhaltungsgründen der richtige sei, aber dass wegen der Probleme der Datenschätzung doch der Tageswert als zweitbeste Lösung einzusetzen sei (Vgl. Haberstock, S. 90).

Einzuordnen ist das Problem in die allgemeine Frage, auf welche Weise Unternehmen Investitionen in lange laufenden Projekten wieder „einspielen" können. Neben dem Aspekt der Vorteilhaftigkeitsermittlung ist auch zu klären, wie die Investitionen auf kürzere Abrechnungsperioden umzurechnen sind. Die im Gegensatz zu den typischen Investitionsrechnungsperioden kurzen Abrechnungsperioden Monate und

Quartale werden in der Kostenrechnung verwendet. Häufig wird der Monat als kleinste zeitliche Einheit gewählt.

In der Kostenrechnung geht man – meist implizit – davon aus, dass alle Größen in der Periodenmitte anfallen (vgl. Hoberg (2004), S. 271–279). Also müssen auch die Kosten für den Wertverzehr von Wirtschaftsgütern auf die Periodenmitte bezogen werden, damit eine Verrechnung z. B. mit Nettoumsätzen möglich ist, die auch häufig im Durchschnitt zur Jahresmitte anfallen.

Rückschauend möchten die Unternehmen wissen, ob die Marktleistungen ausgereicht haben, um die Kosten zu decken. Aus Abweichungen soll gelernt werden für die Zukunft (Verhaltensaspekt). Vorausschauend müssen die Unternehmen ermitteln, ob die erwarteten Marktleistungen die jeweiligen Kosten voraussichtlich decken werden.

Ausgangspunkt der betriebswirtschaftlichen Betrachtungen zu einem Wirtschaftsgut sind üblicherweise die Auszahlungen, die zum Erwerb notwendig waren (vgl. zu den Details der Argumentation Hoberg 2005, S. 165–171). Es ist dann die Aufgabe der Kostenrechnung, diese Zahlungsströme in Periodenkosten umzurechnen. Ein Teil dieses Themas ist in der Literatur im Rahmen der Diskussion um kalkulatorische Zinsen und Abschreibungen behandelt worden (Vgl. Schneider 1984, S. 2521–2528).

Erschwert wird die Erfassung durch den Einfluss von Inflation/Deflation, da im langfristigen Bereich Preisänderungen sehr wahrscheinlich sind.

In diesem Fall ist die Kaufkraft nominell gleicher Raten zu unterschiedlichen Zeitpunkten nur selten gleich hoch. Sie dürfen somit gar nicht verglichen werden, weil sie unterschiedliche zeitliche Dimensionen aufweisen (Vgl. Adam 2000, S. 190). Zahlungen dürfen erst dann verglichen werden, wenn sie zu gleichen Zeitpunkten anfallen oder auf gleiche Zeitpunkte umgerechnet worden sind.

Eine Zahlung, die an einem bestimmten Tag dem Konto gutgeschrieben wird, hat automatisch die Kaufkraft des Valutatermins. Wenn Zahlungen transformiert werden (z. B. vom Zeitpunkt 0 auf Zeitpunkt 1), so ist in einer Welt mit sich ändernden Preisen auch zu entscheiden, ob die resultierende Größe dann in der Kaufkraft des Basisjahres (also real) oder in der Kaufkraft des Zieljahres (also nominal) ausgedrückt werden soll. Denn es kann durchaus sinnvoll sein, die Rückflüsse für eine Investition, die zum Zeitpunkt t = 0 gestartet wurde, auch in der Kaufkraft des Zeitpunkts 0 anzugeben. Damit kann man ermitteln, ob die Investition real, d. h. nach Korrektur von Preisänderungen, durch die Zahlungsüberschüsse amortisiert wird.[23]

Die nominelle Zahlung fällt natürlich immer mit der Kaufkraft ihres Valutatermins an. Wenn sie aber auf einen anderen Zeitpunkt transformiert wird, kann die Dimension der Kaufkraft relevant werden.

---

[23] Generell kann natürlich jeder beliebige Zeitpunkt als Bezugspunkt für die Kaufkraft dienen. So könnte man sämtliche Zahlungen einer Investition auf die Kaufkraft des Jahres 2022 (31.12.) umrechnen.

Abschreibungsausgangsbeträge

Es sollen nun die impliziten Annahmen der drei Vorschläge zum Abschreibungsausgangsbetrag aufgedeckt werden. Bei Schweitzer/Küpper (S. 812 ff.) findet man ein ähnliches Beispiel, das aber die Zeitpunkte des Wertverzehrs auf das Jahresende bezieht. Dies ist nicht realistisch, weil der Wertverzehr offensichtlich über das ganze Jahr anfällt und somit im Durchschnitt zur Periodenmitte.

Als einfaches Beispiel diene eine Investition, die zum Jahresbeginn (t = 0) eine Anschaffungsauszahlung A von 1.000 erfordert habe. Der Restwert sei 0, weil z. B. der erwartete Schrottpreis die Abbruchauszahlungen ausgleicht. Die Laufzeit betrage 2 Perioden, die Inflation 21 % p. a. und die Realverzinsung 10,25 % p. a. Die Werte wurden so gewählt, um die wichtigen Halbjahreswerte gut ableiten zu können: 10 % Inflation pro Halbjahr und 5 % Realverzinsung pro Halbjahr. Damit beläuft sich der Nominalzinssatz auf $(1,21 \cdot 1,1025 - 1) = 33,4\,\%$ p. a.. Auch wenn hier von gleichen Sätzen pro Periode für Inflation und Realverzinsung ausgegangen wird, könnten auch unterschiedliche Werte je Periode zum Einsatz kommen.

Zu fragen ist nun, wie hoch die Abschreibung zur jeweiligen Periodenmitte (t = 0,5) und (t = 1,5) sein soll, um den Wertverzehr präzise abzubilden. In der Praxis würde man sicherlich monatliche Verrechnungen vornehmen. Dies kann nach dem gleichen Schema passieren wie bei dem hier gewählten der jährlichen Verrechnung.

Die explizite Angabe des Verrechnungszeitpunktes für die Abschreibungen ist sicherlich ungewöhnlich, aber im Falle der Inflation noch notwendiger, weil ansonsten keine Kaufkraft angegeben werden kann.[24] Die Zinswirkung der Verrechnungszeitpunkte soll erst im zweiten Schritt untersucht werden.

Anschaffungswert als Abschreibungsausgangsbetrag

Aus dem Nominalprinzip des externen Rechnungswesens kommend verlangt diese Methode, dass die Anschaffungs- bzw. Herstellungskosten die Basis für die Abschreibung darstellen. Im Beispiel soll von linearer Abschreibung ausgegangen werden, so dass sich die beiden Abschreibungsbeträge in t = 0,5 und t = 1,5 dadurch ergeben, dass die Anschaffungskosten A durch die Laufzeit dividiert werden:

$$AfA_t = A_{0;0}/LZ$$

AfA_t Abschreibung, zum Zeitpunkt t verrechnet
$A_{0;0}$ Anschaffungskosten zum Zeitpunkt 0 mit der Kaufkraft des Zeitpunkts 0
LZ Laufzeit

---

24 Es wurde an anderer Stelle gezeigt, dass die herkömmliche Kosten- und Leistungsrechnung (KLR) dringend um Bezugszeitpunkte ergänzt werden muss, wenn Kapitalkosten sauber abgebildet werden sollen. Die KLR geht ansonsten nämlich implizit von unterschiedlichen Annahmen zum zeitlichen Anfall von Kosten aus, was zu massiven Fehlern führen kann (siehe Hoberg (2004), S. 271–279; dort ist ein Literaturbeispiel angegeben, bei dem ein solcher Fehler aufgedeckt und korrigiert wird.).

Im Beispiel ergibt sich für die Zeitpunkte t = 0,5 und t = 1,5 ein Wert von je 1.000/2 = 500. Interessant sind vor allen Dingen die damit verbundenen Dimensionen Zeitpunkt und Kaufkraft. Bei der linearen Abschreibung wird der Ausgangsbetrag einfach durch die Laufzeit dividiert. Dies ist der Sonderfall, in dem allgemein für jeden Verrechnungszeitpunkt t angegeben wird, wie viel des Ausgangsbetrags verteilt wird. Die Frage der Kaufkraft wird nicht adressiert. Damit hat der Abschreibungsanteil 1/LZ die Dimension $GE_{t;0}/GE_{0;0}$ oder noch allgemeiner: $GE_{t;k}/GE_{0;k}$. Entsprechend ist die Formel wie folgt zu erweitern:

$$AfA_{0,5;0} = A_{0;0} \cdot 1/LZ \qquad \text{in } GE_{0,5;0}$$
$$= 1.000 \cdot 0,5 = 500$$
$$AfA_{1,5;0} = A_{0;0} \cdot 1/LZ \qquad \text{in } GE_{1,5;0}$$
$$= 1.000 \cdot 0,5 = 500$$

Übersetzt hieße das, dass gemäß obiger Formel die Verrechnung für den Zeitpunkt 1,5 mit der Kaufkraft des Zeitpunkts 0 stattfindet. Das kann nur ein Zwischenschritt sein, weil eine Zahlung oder Verrechnung für den Zeitpunkt 1,5 selbstverständlich auch die Kaufkraft des Zeitpunkts 1,5 haben muss, da ja andere Kosten- und Leistungselemente wie Umsätze oder Materialkosten am Jahresende ebenfalls die Kaufkraft des Zeitpunkts 1,5 haben müssen. Eine Saldierung von Größen, die unterschiedliche Kaufkraftzeitpunkte aufweisen, ist offensichtlich unzulässig.[25] Die Abschreibung zu 500 GE mit der Kaufkraft 0 muss also auf den jeweiligen Zeitpunkt der Kaufkraft transformiert werden (siehe auch Gleichung 2).

$$AfA_{0,5;0,5} = AfA_{0,5;0} \cdot (1 + p)^{(1/2)} \qquad \text{in } GE_{0,5;0,5}$$
$$= 500 \cdot (1 + 0,21)^{0,5} = 550$$
$$AfA_{1,5;1,5} = AfA_{1,5;0} \cdot (1 + p)^{(3/2)} \qquad \text{in } GE_{1,5;1,5}$$
$$= 500 \cdot (1 + 0,21)^{(3/2)} = 665,50$$

Eine Abschreibung von 500 GE in t = 0,5 und t = 1,5 zu fordern, ist also nur dann richtig, wenn man beachtet, dass es sich um Geldeinheiten mit der Kaufkraft des Zeitpunktes 0 handelt. Die tatsächliche Verrechnung muss dann berücksichtigen, dass in aktueller Kaufkraft gezahlt bzw. verrechnet werden muss. Die tatsächlichen Verrechnungen betragen dann in t = 0,5 550 $GE_{0,5;0,5}$ und in t = 1,5 665,50 $GE_{1,5;1,5}$.

Tageswert als Abschreibungsausgangsbetrag
Der Tageswert am Bewertungsstichtag als richtiger Betrag wird häufig gefordert, weil der Wert zum Wiederbeschaffungszeitraum kaum abschätzbar sei.

---

25 Als Parallele sind Beträge in unterschiedlichen Währungen zu sehen, die ebenfalls erst dann verrechnet werden dürfen, wenn sie gleichnamig gemacht wurden.

Im Gegensatz zum Nominalkonzept wird berücksichtigt, dass sich der Neuwert einer Anlage permanent ändern kann. Erst auf Basis des aktuellen Wertes am Bewertungsstichtag wird die Höhe der Abschreibung ermittelt. Es muss somit zunächst der auf den Bewertungsstichtag umgerechnete Abschreibungsausgangsbetrag $A_{0;0,5}$ bei ansonsten gleichen Daten ermittelt werden:

$$A_{0;0,5} = A_{0;0} \cdot (1 + p)^{(1/2)} \qquad \text{in } GE_{0;0,5}$$
$$= 1.000 \cdot (1 + 0,21)^{(1/2)} = 1100$$
$$A_{0;1,5} = A_{0;0} \cdot (1 + p)^{(3/2)} \qquad \text{in } GE_{0;1,5}$$
$$= 1.000 \cdot (1 + 0,21)^{(3/2)} = 1331$$

Auf Basis dieser aktualisierten Werte kann nun mit dem Abschreibungsanteil $1/LZ$ (Dimension $GE_{t;k}/GE_{0;k}$) multipliziert werden:

$$AfA_{0,5;0,5} = A_{0;0,5} \cdot 1/LZ \qquad \text{in } GE_{0,5;0,5}$$
$$= 1100 \cdot 0,5 = 550$$
$$AfA_{1,5;1,5} = A_{0;1,5} \cdot 1/LZ \qquad \text{in } GE_{1,5;1,5}$$
$$= 1331 \cdot 0,5 = 665,50$$

Die Ergebnisse stimmen mit denen aus dem Nominalansatz 1 zu den Anschaffungskosten überein, weil beide Ansätze sauber in Bezug auf Kaufkraft und Zeitpunkt des Zahlungsanfalls aufgebaut wurden.

Wiederbeschaffungswerte als Abschreibungsausgangsbetrag

Mit dem Wiederbeschaffungswert am Ende der erwarteten Nutzungsdauer als richtigem Betrag soll sichergestellt werden, dass mit dem Ausscheiden des Gutes hinreichende Mittel für eine ggf. teurere Ersatzbeschaffung vorhanden sind bzw. dass das Gewinnniveau gehalten werden kann.

Die Abschreibung wird somit auf Basis des geschätzten Wertes zum Zeitpunkt der Wiederbeschaffung ermittelt. Zu diesem Zeitpunkt gilt selbstverständlich auch die Kaufkraft des Endes der Nutzungsdauer. Bei tn Perioden ermittelt sich der Abschreibungsausgangsbetrag $A_{0;tn}$ wie folgt:

$$A_{0;tn} = A_{0;0} \cdot (1 + p)^{tn} \quad \text{in } GE_{0;tn}$$

Für das vorliegende Beispiel mit zwei Perioden ergibt sich dann:

$$A_{0;2} = A_{0;0} \cdot (1 + p)^{2} \qquad \text{in } GE_{0;2}$$
$$= 1.000 \cdot (1 + 0,21)^{2} = 1464,10$$

Dieser Neumaschinenwert zum Zeitpunkt 2 muss nun in Abschreibungen zu den Zeitpunkten $t = 0,5$ und $t = 1,5$ umgerechnet werden. Für die Abschreibung im Zeitpunkt

0,5 ergibt sich im ersten Schritt durch die Anwendung des Aufteilungsfaktors der Betrag mit der Kaufkraft des Zeitpunkts 2:

$$AfA_{0,5;2} = A_{0;2} \cdot 1/LZ \qquad\qquad in\ GE_{0,5;2}$$
$$= 1464,10 \cdot 0,5 = 732,05$$

Zum Zeitpunkt 0,5 kann natürlich kein Betrag mit der Kaufkraft von Zeitpunkt 2 verrechnet werden. Es muss also 1,5 Perioden „herabtransformiert" werden. Der Faktor $1/(1 + p)^{(3/2)}$ hat in diesem Fall die Dimension $GE_{0,5;0,5}/GE_{0,5;2}$:

$$AfA_{0,5;0,5} = AfA_{0,5;2} \cdot 1/(1 + p)^{(3/2)} \qquad in\ GE_{0,5;0,5}$$
$$= 732,05/(1 + 0,21)^{(3/2)} = 550 \quad in\ GE_{0,5;0,5}$$

Für die Abschreibung im Zeitpunkt 1,5 ergibt sich im ersten Schritt durch die Anwendung des Aufteilungsfaktors der Betrag mit der Kaufkraft des Zeitpunkts 2:

$$AfA_{1,5;2} = A_{0;2} \cdot 1/LZ \qquad\qquad in\ GE_{1,5;2}$$
$$= 1464,10 \cdot 0,5 = 732,05$$

In diesem Fall muss 0,5 Perioden „herabtransformiert" werden. Der Faktor $1/(1 + p)^{(1/2)}$ hat in diesem Fall die Dimension $GE_{0,5;0,5}/GE_{0,5;2}$

$$AfA_{1,5;1,5} = AfA_{1,5;2} \cdot 1/(1 + p)^{(1/2)} \qquad in\ GE_{1,5;1,5}$$
$$= 732,05/(1 + 0,21)^{(1/2)} = 665,50 \quad in\ GE_{1,5;1,5}$$

Es ergeben sich also wiederum die gleichen Abschreibungsbeträge und Dimensionen wie für die beiden anderen Verfahren, wenn die Zeitpunkte des Anfalls und die der Kaufkraft adäquat berücksichtigt werden.

Mit diesen Erkenntnissen kann der Literaturstreit beendet werden, da das umfassendere Modell gefunden wurde. Damit kann man zeigen, dass alle drei Ansätze zu richtigen Ergebnissen führen. Die zunächst abweichenden Abschreibungen aus Ansatz 1 und 3 müssen lediglich entsprechend ihren impliziten Prämissen interpretiert werden, sprich auf den Zeitpunkt der Kaufkraft für die Verrechnung der Abschreibung transformiert werden. Der Tageswertansatz führt direkt zum korrekten Ergebnis. Er ist daher vorzuziehen.

Abschließend sei der Fall mit Restwerten bei Inflation kurz skizziert. Der Restwert in t = tn reduziert den Wertverzehr. Also ist er von den Anschaffungs- und Herstellungskosten zu subtrahieren. Dies geht allerdings nur dann, wenn er in der gleichen Kaufkraft gerechnet wird. Der Restwert ist somit auf den Startzeitpunkt zu beziehen, d. h. tn Perioden Inflation sind herauszurechnen („Herunterinflationieren"). Von der dabei entstehenden Differenz kann dann wie oben gezeigt abgeschrieben werden.

2.1.8 Abschreibungsverfahren

Grundsätzliches

Die Berechnungsmethoden bzw. Formeln der folgenden Abschnitte gelten grundsätzlich sowohl für die buchhalterische, als auch für die kalkulatorische Abschreibungsberechnung. Handelsrechtlich eröffnet der Gesetzgeber in § 253 Abs. 2 S. 1 HGB mit der Formulierung „planmäßige Abschreibungen" einen weiten Spielraum bzw. großzügige Gestaltungsmöglichkeiten. Demnach können alle unten darzustellenden Abschreibungsverfahren als handelsrechtlich zulässig gelten. Steuerrechtlich ist nur noch die lineare Abschreibung erlaubt. Sie kann gem. § 7 Abs. 1 EStG in der Steuerbilanz angesetzt werden. Der buchhalterische Abschreibungsaufwand (AfA) und die Abschreibungskosten unterscheiden sich durch die ggf. unterschiedlichen Abschreibungsausgangsbeträge. Abschreibungskosten können Grundkosten, Anderskosten und Zusatzkosten sein. Abschreibungen sind Grundkosten, wenn vom gleichen Abschreibungsausgangsbetrag und mit dem gleichen Abschreibungsverfahren wie in der Buchhaltung abgeschrieben wird. Es sind Anderskosten, wenn in der Buchhaltung von einem anderen Abschreibungsausgangsbetrag und/oder mit einem anderen Abschreibungsverfahren abgeschrieben wird als in der Kostenrechnung. Abschreibungen sind Zusatzkosten, wenn der Vermögensgegenstand handels- und steuerrechtlich vollständig abgeschrieben ist und in der Kostenrechnung weiterhin Abschreibungskosten verrechnet werden. Diese Gegenüberstellung von buchhalterischen und kalkulatorischen Abschreibungen bedeutet aber nicht, dass bei der Organisation des Rechnungswesens zwei verschiedene Abteilungen mit Abschreibungsberechnungen befasst sein sollten. Eine Anlagenbuchhaltung sollte buchhalterische und kalkulatorische Werte liefern und einerseits in den Buchhaltungskreis und andererseits in den Kostenrechnungskreis korrekt einsteuern.

Lineare Abschreibung

Das Verfahren der linearen Abschreibung verteilt die Abschreibungsbeträge in gleichen Teilbeträgen auf die Perioden der Nutzungsdauer. Wegen den gleichmäßigen Teilbeträgen wird die lineare Abschreibung auch konstante Abschreibung genannt. Die geschätzte technisch und/oder wirtschaftliche Nutzungsdauer eines Betriebsmittels soll tn Perioden betragen. Die Berechnung der Abschreibungsteilbeträge, wird mit folgender Formel durchgeführt:

$$K_{At} = \frac{A - L}{tn} \quad \text{in €/Pe}$$

K_{At} = linearer Abschreibungsbetrag in einer Periode t (der Abschreibungsbetrag fällt durchschnittlich zur Periodenmitte an) €/Pe

tn = Nutzungsdauer eines Betriebsmittels in Jahren

A = Anschaffungswert: Anschaffungs-, Herstellungs-, Wiederbeschaffungskosten eines Betriebsmittels in € zum Zeitpunkt 0

L   = Nettoliquidations (-verkaufs)erlöse eines Betriebsmittels in € zum Zeitpunkt
      $t = tn$
R_t = Restbuchwert eines Betriebsmittels in € zum Zeitpunkt tn
t   = Zeitindex t = 1, . . . , tn

Die normale Abrechnungsperiode der Kostenrechnung ist der Monat. Daher wird der
berechnete Betrag in der monatlichen Kostenartenrechnung durch 12 dividiert. Auch
für die Handels- und Steuerbilanz müssen die Abschreibungsbeträge monatsgenau
(lat.: pro rata temporis) gebucht werden, wenn das Betriebsmittel nicht das ganze Geschäftsjahr genutzt wurde. Die nach der linearen Methode ermittelten Abschreibungsbeträge sind im Zeitablauf konstant, die Restbuchwerte der Anlagenbuchhaltung vermindern sich daher in jedem Jahr und in jedem Monat um den gleichen Betrag:

$$R_t = A - \frac{A - L}{tn}t \quad \text{in € zum Zeitpunkt } t(t = 1, \ldots , tn)$$

Am Ende der Nutzungsdauer wird der Restbuchwert zum Nettoliquidationserlös L.
Häufig wird der Nettoliquidationserlöse mit Null angesetzt, da die Verkaufserlöse alter
Betriebsmittel geringfügig sind oder ungefähr den Abbruch-/Entsorgungslogistikkos-
ten entsprechen.

Die lineare Abschreibung ist einfach zu berechnen und ihre Ergebnisse sind
leicht nachvollziehbar. Andererseits werden in den linearen Abschreibungsbeträgen
der Gebrauchsverschleiß und die wirtschaftliche Veralterung nicht berücksichtigt.
Die Restbuchwerte liegen daher meistens über dem Zeitwert. Der Zeitwert ist der erzielbare Veräußerungserlös bzw. Marktwert. Dieser nimmt bei der linearen Abschreibung meistens stärker ab, als der Restbuchwert. Oft nehmen die Reparatur- und
Instandhaltungskosten während der Nutzungsdauer aufgrund des zeitbedingten Ver-
schleißes progressiv zu, so dass bei konstanten Abschreibungsbeträgen die Betriebsmittelkosten insgesamt steigen, was mit einer progressiven Abschreibung tendenziell
abgebildet werden könnte. Bei einer gut ausgebauten innerbetrieblichen Leistungsverrechnung brauchen die Instandhaltungskosten aber nicht durch eine progressive
Abschreibung simuliert zu werden, da sie als direkte Leistungsinanspruchnahme auf
einer empfangenden Kostenstelle gebucht werden. Diese Leistungsverrechnung von
im Zeitablauf steigenden Instandhaltungskosten entspricht dem Verursachungsprinzip besser als eine Simulation über progressive Abschreibungen.

Degressive Abschreibung

Bei den degressiven Abschreibungsverfahren nehmen die jährlichen Abschreibungsbeträge im Zeitablauf ab. Am Anfang sind die Abschreibungsbeträge am höchsten, wogegen in den letzten Jahren relativ niedrige Abschreibungsbeträge verrechnet werden.
Auch die Restbuchwerte nehmen bei degressiven Abschreibungsverfahren degressiv
ab. Zwei Verfahren können nach der Art der Degression unterschieden werden.

Die **arithmetisch-degressiven Abschreibung**, verringert die Abschreibungsbeträge jährlich um einen gleichbleibenden Betrag.[26] Wenn die Nutzungsdauer mit t_n Jahren angesetzt wird, dann ist der Abschreibungsbetrag im ersten Jahr tn mal so groß wie der Abschreibungsbetrag im letzten Jahr. Der Degressionsbetrag, um den sich die jährlichen Abschreibungsbeträge verringern, wird mit ΔK_A bezeichnet und gemäß folgender Formel ermittelt:

$$\Delta K_A = \frac{2(A - L)}{tn(tn + 1)} \quad \text{€/Pe}$$

Es ergeben sich für die arithmetisch-degressive Abschreibung Jahresbeträge gemäß der folgenden Formel:

$$K_{At}^{AD} = \frac{2(A - L)}{tn(tn + 1)}[tn - t + 1] \quad \text{€ in Periode t}$$

K_{At}^{AD} = Arithmetisch degressive Abschreibung in Periode t in €/Pe

In der Kostenrechnung werden die mithilfe der Formel ermittelten Abschreibungsbeträge auf 12 Monatsbeträge heruntergebrochen und bleiben damit unterjährig konstant. Der Degressionseffekt wird somit nur von Jahr zu Jahr berücksichtigt.

Die **geometrisch-degressive** Abschreibung ermittelt die jährlichen Abschreibungsbeträge, indem der Restbuchwert des Vorjahres mit einem gleich bleibenden Abschreibungsprozentsatz multipliziert wird.[27] Dieser Abschreibungsprozentsatz wird mit γ bezeichnet. Die jährlichen Abschreibungsbeträge können mithilfe folgender Formel berechnet werden:

$$K_{At}^{GD} = \frac{\gamma}{100}R_{t-1}$$

K_{At}^{GD} = Geometrisch degressive Abschreibung in der Periode t in €/Pe
tn = Nutzungsdauer eines Betriebsmittels
R_t = Restbuchwert eines Betriebsmittels zum Zeitpunkt t in €
γ = Zähler des Abschreibungsprozentsatzes

Die degressiven Abschreibungen wurden hauptsächlich für bilanzpolitische Zwecke des handels- und steuerlichen Jahresabschlusses entwickelt. Hier hat bzw. hatte die degressive Abschreibung ihre Berechtigung. Für den Jahresabschluss nach deutschem Recht gilt das Vorsichtsprinzip und das Prinzip des Gläubigerschutzes. Die Abschreibungsursachen, insbesondere die Wirkung des Zeitverschleißes infolge technisch-wirtschaftlichen Veraltens sind schwer prognostizierbar. Bei der linearen Abschreibung wurde bereits angemerkt, dass die Restbuchwerte dabei meistens höher

---

26 Die arithmetisch degressive Abschreibung wird auch als digitale Abschreibung bezeichnet.
27 Die geometrisch-degressive Abschreibung wird auch als Buchwertabschreibung bezeichnet.

sind als die jeweiligen realistischen Liquidationserlöse. Höhere Abschreibungsquoten in den ersten Jahren entsprechen somit durchaus dem Vorsichtsprinzip und dem Gläubigerschutz.

Hier ist nun die Frage relevant, ob die degressiven Abschreibungsverfahren für die Kostenrechnung geeignet sind. Kalkulatorische Abschreibungen in der Kostenrechnung sollen verursachungsgerecht sein, d. h. sie sollen den zugrundeliegenden Abschreibungsursachen möglichst entsprechen. Die degressiven Abschreibungen ist in den Fällen verursachungsgerecht, in denen der Zeitverschleiß überwiegt und sich in den ersten Jahren besonders stark auswirkt, wie z. B. bei Gebrauchtwagen. Der beschäftigungsabhängige Gebrauchsverschleiß dagegen lässt sich mithilfe degressiver Abschreibungen kaum verursachungsgerecht erfassen. Verursachungsgerechtigkeit kann im Einzelfall möglich sein, wenn Beschäftigung Verschleiß im Zeitablauf wirklich degressiv abnehmen. Dies kann bei speziellen Maschinen, die trend- bzw. modeabhängige Produkte oder Dienstleistungen produzieren gegeben sein.

Leistungs-/beschäftigungsabhängige Abschreibung

Bei der beschäftigungsabhängigen Abschreibung wird bei der Abschreibungsberechnung die Beschäftigung beziehungsweise der Umfang der Leistungsinanspruchnahme berücksichtigt.[28] Neben den Produktionsmengen können auch andere Größen eine Wertminderung erzeugen. Im Fall des defekten Rumpfs einer Boeing 737-300 ist wohl die Anzahl der Starts und Landungen entscheidend für den übermäßigen Verschleiß gewesen.

Verursachungsgerecht sind beschäftigungsabhängige Abschreibungen, wenn als Abschreibungsursachen nur Gebrauchsverschleiß oder Substanzverminderung aber keine wirtschaftliche Veralterung gegeben sind. Die wirtschaftliche Veralterung ist aber meistens als Abschreibungsursache mit vorhanden und schränkt daher die Verursachungsgerechtigkeit wieder ein. Wenn die wirtschaftliche Veralterung vereinfachend unberücksichtigt bleibt, kann folgendermaßen vorgegangen werden: Im ersten Schritt werden die maximal realisierbaren Beschäftigungs- oder Nutzungseinheiten ermittelt. Dabei kann es sich z. B. um die Plan-Betriebsstunden, die Plan-Kilometerleistung oder die Gesamtfördermenge eines Erdgas- oder Ölfeldes handeln. Eine exakte Planung dieser Mengengrößen ist allerdings meistens nicht möglich. Im zweiten Schritt wird der Abschreibungsausgangsbetrag durch die realisierbaren Beschäftigungs- oder Nutzungseinheiten geteilt, die mit B^* bezeichnet werden. Man erhält den auf eine Leistungseinheit entfallenden Abschreibungsbetrag. Im dritten Schritt wird dieser Betrag mit den in einer Periode verbrauchten Leistungseinheiten multipliziert. In einer Periode, in der b_t Leistungseinheiten in Anspruch genommen

---

28 Sie wird auch als „Abschreibung nach der Leistung und Inanspruchnahme" bezeichnet.

werden, sind daher folgende Abschreibungen zu verrechnen:

$$K_{At}^{L} = \frac{A - L}{B^*}b_t$$

K_{At}^{L} = Leistungs-/Nutzungsabhängige Abschreibung in Periode t, in €/Pe

A   = Anschaffungs-, Herstellungs-, Wiederbeschaffungskosten eines Betriebsmittels in € zum Zeitpunkt t = 0

L   = Nettoliquidationserlös eines Betriebsmittels in € im Zeitpunkt tn

B^* = Leistungsvorrat/Gesamtkapazität/max. realisierbare Beschäftigungs-/Nutzungseinheiten in ME

b_t = Leistungsentnahme in Periode t, in Beschäftigungs-/Nutzungseinheiten, in ME/Pe

Die Schätzung einer bestimmten zeitlichen Nutzungsdauer ist nicht erforderlich. Die maximale Nutzungsdauer tn ist aber durch B^* begrenzt, d. h. wenn der Leistungsvorrat entnommen ist, ist auch die Nutzungsdauer zu Ende und muss daher nicht gesondert festgelegt werden.

Beschäftigungsabhängige kalkulatorische Abschreibungen sind als einzige Abschreibungskostenart proportionale Kosten.[29] Wenn der Normalfall vorliegt, dass Gegenstände des Anlagevermögens zugleich durch Gebrauchs- und Zeitverschleiß entwertet werden, so ist für eine Verursachungsgerechtigkeit die Unterteilung der in fixe und proportionale Bestandteile notwendig.

Gemischte (gebrochene) Abschreibung
Rein zeitabhängige Abschreibungen und rein leistungsabhängige Abschreibungen stellen die jeweiligen Extremfälle dar. In der Realität dürfte fast immer eine Mischung vorliegen. Dann verliert das Wirtschaftsgut einmal aufgrund der fortschreitenden Zeit an Wert und zum anderen aufgrund der Nutzung. Eine verursachungsgerechte Abschreibung im Sinne einer möglichst realitätsgerechten Erfassung der Wertminderung einer Periode müsste also beide Abschreibungsursachen berücksichtigen. Allerdings ist die Wirtschaftlichkeitsbedingung zu beachten, nach der in der Praxis nur dann mit aufwendigen Verfahren abgeschrieben werden sollte, wenn die dadurch erzeugte zusätzliche Genauigkeit dies rechtfertigt. Fast immer entscheiden sich Unternehmen für die zeitliche Abschreibung und da für die lineare Abschreibung, seit die degressive auf 20 % reduziert wurde, bzw. steuerrechtlich ganz abgeschafft wird. Zudem muss berücksichtigt werden, dass die internationale Rechnungslegung (IFRS) keine Maßgeblichkeit kennt. Es kann somit in der Handelsbilanz die verursachungsgerechtere Abschreibung gewählt werden, ohne dass Vorteile durch Verschiebung von Steuern gefährdet werden.

---

29 Hier liegt der seltene Fall vor, dass Abschreibungen zu den variablen Kosten gehören und somit in der Deckungsbeitragsrechnung schon auf der ersten Stufe abgezogen werden.

Anders sieht es für teure Investitionsgütern aus, bei denen es sich lohnt, den exakten Wertverzehr einmal für Zwecke der Kostenkontrolle und zum anderen für Zwecke der Entscheidungsvorbereitung zu ermitteln. Hier bietet sich ein zweistufiges Verfahren an. Im ersten Schritt wird die zeitliche (häufig lineare) Abschreibung unter der Annahme gebildet, dass das Gut zwar vorhanden ist, aber nicht eingesetzt wird. Alternativ könnte man auch die Minimalbeschäftigung ansetzen. Im zweiten Schritt wird dann der Wertverlust ermittelt, der dadurch entsteht, dass das Gut abgenutzt wird. Denn dadurch ändert sich der Restwert.

Ein Beispiel möge die Vorgehensweise zeigen. Ein Spezialfahrzeug mit einem Wert von 100 T€ soll über 5 Jahre im Betrieb eingesetzt werden. Am Ende der 5 Jahre beträgt der Wert 50 T€, wenn das Fahrzeug nicht (kaum) genutzt wurde. Wenn es jedoch 500 Tkm gefahren ist, beträgt der Restwert nur noch 10 T€. Mit diesen Daten ergibt sich eine feste jährliche lineare Abschreibung von 10 T€. Dazu kostet jeder gefahrene Kilometer 40 T€ dividiert durch 500 Tkm = 8 Cents pro km. Ist das Fahrzeug in einem Jahr 120 Tkm gefahren, so ergibt sich der korrekte Wertverzehr zu 10 T€ plus $120.000 \cdot 0,08(= 9.600\,€) = 19.600\,€$ in der betrachteten Periode.

Als Näherungslösung kann man unabhängig voneinander diejenige Nutzungsdauer schätzen, die unter der Voraussetzung realisiert werden könnte, dass nur der Gebrauchsverschleiß wirksam würde, sowie diejenige Nutzungsdauer, die realisierbar wäre, wenn nur der Zeitverschleiß die Entwertung verursachen würde. Der größere Abschreibungsbetrag wird in einer Periode angesetzt.

Änderungen von Abschreibungen

Die Nutzungsdauern, die der Abschreibungsberechnung zu Grunde liegen, hängen von zahlreichen unvorhersehbaren Einflussgrößen ab. In der Praxis weichen daher die geschätzten Nutzungsdauern von den tatsächlichen Einsatzzeiten oft ab. Hierbei sind zwei Fälle zu unterscheiden.

– Wenn ein Vermögensgegenstand vor Ablauf der geschätzten Nutzungsdauer aus dem Unternehmen ausscheidet und nicht reinvestiert wird, dann werden für ihn in der Kostenrechnung vom Zeitpunkt des Ausscheidens an keine Abschreibungen verrechnet. Ein eventueller Restbuchwert in der Finanzbuchhaltung wird als außerordentlicher Aufwand der Gewinn und Verlustrechnung belastet. Ihm können außerordentliche Erträge in Höhe realisierter Nettoliquidationserlöse gegenüberstehen. Wenn der Vermögensgegenstand vor Ablauf der geschätzten Nutzungsdauer ausscheidet aber ein vergleichbarer Vermögensgegenstand wieder angeschafft wird, laufen die alten Abschreibungsbeträge weiter, bis der neue Abschreibungsausgangsbetrag festgelegt ist.

– Wenn ein Vermögensgegenstand nach Ablauf der geschätzten Nutzungsdauer weiter eingesetzt wird, so sind der betreffenden Kostenstelle weiterhin kalkulatorische Abschreibungen als Zusatzkosten zu belasten, obwohl der Gegenstand bereits handels- und steuerrechtlich voll abgeschrieben wurde. Weiterlaufende

Kalkulatorische Abschreibungskosten von voll abgeschriebenen Vermögensgegenständen sollten in Kalkulationen deshalb eingehen, damit die Preisuntergrenze hoch genug ist, um am Absatzmarkt das Geld zu verdienen, mit dem reinvestiert werden kann. Würde aufgrund wegfallender Abschreibungskosten die Preisuntergrenze gesenkt, so könnte der Vertrieb die Preise entsprechend senken. Der Vertrieb könnte sich davon bei gleichem Deckungsbeitrag einen größeren Marktanteil versprechen. In Deckungsbeitragsrechnungen würde der Deckungsbeitrag erhöht und die ergebnisverantwortliche Führungskraft hätte ggf. Anspruch auf eine höhere Zielerreichungsprämie. Auch wenn nachgewiesen werden könnte, dass mit den bisherigen in den Kalkulationen verrechneten Abschreibungskosten das Betriebsmittel reinvestiert werden könnte, sind Schwankungen in den Kalkulationen bzw. Preisuntergrenzen, die auf einer vorübergehenden verlängerten Nutzungsdauer beruhen, nicht sachgerecht. Die Preisuntergrenze müsste bei erfolgter Reinvestition angehoben werden. Dann müsste auch der Verkaufspreis wieder angehoben werden, was negative Folgen im Markt haben könnte oder der Deckungsbeitrag würde sinken. Beides ist nicht wünschenswert. Der Ansatz von Abschreibungen als Zusatzkosten ist ein latenter Streitfall zwischen Controllern und ergebnisverantwortlichen Führungskräften. Letztere drängen häufig auf den Wegfall von Abschreibungskosten aus Kalkulationen und Ergebnisrechnungen, wenn sie in Erfahrung gebracht haben, dass der Vermögensgegenstand handels- und steuerrechtlich bereits voll abgeschrieben ist.

2.1.9 Kalkulatorische Zinsen als Kostenart

Kalkulatorische Zinsen sind die Kosten der Kapitalbindung eines Unternehmens. In einer umfänglich ausgebauten Kostenrechnung sollten kalkulatorische Zinsen nicht nur auf das Anlagevermögen, sondern auch auf das Umlaufvermögen berechnet werden. In der Industrie überwiegt normalerweise die Kapitalbindung im Anlagevermögen, wogegen im Handel auch die Kapitalbindung im Umlaufvermögen eine größere Bedeutung haben kann.

Ob überhaupt und wenn ja nach welchem Verfahren kalkulatorische Zinsen zu verrechnen sind, ist in Literatur und Praxis lange diskutiert worden. Es können drei grundsätzliche Möglichkeiten unterschieden werden:
– Es werden überhaupt keine Zinsen angesetzt, d. h. weder Fremdkapitalzinsen als Zweckaufwand und Grundkosten noch Eigenkapitalzinsen als Anders- und oder Zusatzkosten werden als Kosten verrechnet. In diesem Fall wird die betriebliche Finanzwirtschaft und Investitionsrechnung von der Kostenrechnung scharf abgegrenzt.
– Nur Fremdkapitalzinsen die als Zinsaufwand gebucht und als Zinsauszahlungen tatsächlich an die Banken oder sonstige Kreditgeber gezahlt werden, gelten als Kosten. Dieser Ansatz wird von Anhängern des sog. pagatorischen Kostenbegriffs

vertreten. Dabei handelt es sich um eine Kostendefinition die Kosten zwingend mit Auszahlungen verknüpft. Diese Kostendefinition wird heute kaum noch verwendet.

– Das betriebsnotwendige Kapital bildet die Berechnungsbasis für kalkulatorische Zinsen, die somit unabhängig von den Fremdkapitalzinsen, bzw. der Finanzierung des Unternehmens berechnet werden. Diese Ansicht ist heute vorherrschend. Die auf das Eigenkapital entfallenden kalkulatorischen Zinsen sind weder Aufwand noch Auszahlung, sondern Nutzenentgang und damit Opportunitätskosten. Wenn das Unternehmen das gebundene Kapital am Kapitalmarkt investieren würde, erhielte es dafür Zinsen. Dadurch, dass das Kapital im Unternehmen gebunden ist, kann es von der Gelegenheit (Opportunität) der Zinserwirtschaftung keinen Gebrauch machen.

Der kalkulatorische Zinssatz wird daher meistens in Anlehnung an einen möglichen Marktzinssatz gebildet, auf den noch ein Zuschlag für das unternehmerische Wagnis bzw. Risiko gerechnet werden kann. Die Frage ist allerdings welcher mögliche Marktzinssatz angemessen ist, da die Anlagemöglichkeiten, Renditen und Risiken an den Kapitalmärkten sehr unterschiedlich sind. Die durchschnittliche Rendite an den Aktienmärkten in der zweiten Hälfte des 20. Jahrhunderts betrug über 10 % (bis zum .com crash bzw. dem 11. September bei denen diese relativ hohe Rendite korrigiert wurde), ist aber für die nächsten Jahre nicht zu erwarten. Die derzeitige Rendite auf Sparbüchern beträgt bei den meisten Anbietern (in Abhängigkeit von Anlagebetrag und Zinsbindung) deutlich unter 1 %. Zwischen diesen Extremen kann der kalkulatorische Zinssatz vom Grundsatz her gewählt werden. Verzinsungen unter 2 % sollten allerdings nicht gewählt werden, da sie bei tatsächlicher Kapitalanlage zur Kapitalverringerung beitragen, da die (offizielle, von der EZB gewollte) Inflationsrate bei rund zwei Prozent liegt. Wird der kalkulatorische Zinssatz allerdings bei 10 % angesetzt, fließen hohe kalkulatorische Zinsen in die Kalkulationen und erhöhen die Preisuntergrenze, was im Vergleich zu den Mitbewerbern, die ggf. mit einer moderateren Kapitalmarktrenditeerwartung ihre kalkulatorischen Zinsen ermitteln, nachteilig wäre. Das Unternehmen würde Gefahr laufen, sich durch den überhöhten Ansatz kalkulatorischer Zinsen „aus dem Markt zu kalkulieren".[30] Als angemessener kalkulatorischer Zinssatz wird hier die durchschnittliche oder leicht über dem Durchschnitt liegende Gesamtkapitalrendite einer Branche angesehen. Das impliziert, dass über den kalkulatorischen Zinssatz in die Kalkulationen keine unrealistischen Renditeerwartungen einfließen sollen, die in der jeweiligen Branche nicht zu erzielen sind. Kalkulatorische Zinsen haben nicht die Aufgabe eine reale entgangene Kapitalmarktrenditechance ab-

---

[30] Bei der Berechnung kalkulatorischer Zinsen kann auch der Kalkulationszinsfuß der Investitionsrechnung verwendet werden. Auch dieser Mischzinssatz lässt sich kaum exakt bestimmen. In der Praxis ist man daher auf fundierte Schätzungen angewiesen.

zubilden. Sie haben aber die Aufgabe die knappe Ressource Kapital zu repräsentieren und zu ihrer wirtschaftlichen, i. d. R. sparsamen Verwendung beizutragen.

Wenn die Höhe des kalkulatorischen Zinssatzes festgelegt ist, stellt sich als nächstes die Frage, von welchen Wertansätzen der Vermögensgegenstände man bei der Berechnung kalkulatorischer Zinsen ausgehen soll. Meistens werden die Buchwerte als Basis der Zinsberechnung verwendet. Es kann aber auch argumentiert werden, dass die Tageswerte als Wertansätze zu wählen sind, da ein Unternehmen im realistischen Falle von Preiserhöhungen an den Beschaffungsmärkten zur Substanzerhaltung bzw. Reinvestition Kapitalrücklagen bilden muss.

Bei der Erfassung und Verrechnung kalkulatorischer Zinsen können zwei unterschiedliche Methoden eingesetzt werden:

Das **Globalverfahren** geht von der Aktivseite der Bilanz aus und subtrahiert alle Positionen, die nicht für den eigentlichen Betriebszweck erforderlich sind. Die abgezogenen Positionen bilden das nicht betriebsnotwendige Vermögen, das seltener auch als neutrales Vermögen bezeichnet wird (in Analogie zum neutralen Aufwand bzw. Ertrag). Zum nicht betriebsnotwendigen Vermögen gehören z. B. Immobilien und Wertpapiere, die zur Kapitalanlage gehalten werden, die aber für die Leistungserstellung nicht notwendig sind. Es ergibt sich dann das betriebsnotwendige Vermögen, welches allerdings noch nicht die geeignete Bemessungsgrundlage für die kalkulatorischen Zinsen darstellt. Es ist um das Abzugskapital zu vermindern. Darunter versteht man alle Kapitalbeträge, die dem Unternehmen zinslos zur Verfügung stehen, wie z. B. Kundenanzahlungen oder Lieferantenkredite. Multipliziert man das um das Abzugskapital verminderte betriebsnotwendige Vermögen mit dem kalkulatorischen Zinssatz, so erhält man den Gesamtbetrag der kalkulatorischen Zinsen für eine Abrechnungsperiode. Dieser Gesamtbetrag muss den Kostenobjekten, insbesondere den Kostenstellen zugerechnet werden. Hierzu können Kapitalverteilungsschlüssel eingesetzt werden, die der Kapitalbindung in den Kostenstellen entsprechen sollen. Die Verursachungsgerechtigkeit des Globalverfahrens hängt davon ab, wie genau die gewählten Verteilungsschlüssel der Kapitalbindung tatsächlich entsprechen. Das Globalverfahren stellt i. d. R. ein Näherungsverfahren dar.

Verursachungsgerechtere Ergebnisse werden erzielt, wenn die Verteilungen der kalkulatorischen Zinsen analytisch aus den einzelnen Kapitalpositionen der Kostenstellen aufgebaut werden. Hierbei geht man nicht über die Aktivseite der Bilanz, sondern von den einzelnen in den Kostenstellen gebundenen Vermögenspositionen aus. Die Positionen des Umlaufvermögens, z. B. Vorräte, Halb- und Fertigfabrikatebestände und Debitoren schwanken in ihrer Höhe im Zeitablauf. Man kann daher von erfassten bzw. geplanten Durchschnittsbeständen der Perioden ausgehen.

Bei den Vermögenspositionen des Anlagevermögens bildet die Anlagenbuchhaltung die Grundlage für die positionsweise Erfassung und Verrechnung kalkulatorischer Zinsen, da diese erkennen lässt, in welchen Kostenstellen die einzelnen Betriebsmittel eingesetzt sind. Dazu müssen im Anlagenstamm/Asset Explorer die Vermögensgegenstände den Kostenstellen genau und aktuell zugeordnet sein. Ein

Problem der Zinsberechnung für Gegenstände des Anlagevermögens resultiert daraus, dass sich die Kapitalbindung infolge des verschleißbedingten Wertverzehrs im Zeitablauf ändert. Zur Berücksichtigung dieses Effektes haben sich folgende Verfahren herausentwickelt:

Beim **Restwertverfahren** werden die durchschnittlichen Restbuchwerte der Abrechnungsperioden mit dem kalkulatorischen Zinssatz i gewichtet. Die kalkulatorischen Zinsen nehmen hierbei mit abnehmenden Restbuchwerten ebenfalls ab. Die kalkulatorischen Zinsen können nach folgender Formel berechnet werden:

$$K_{Zt} = \frac{1}{2}(R_{t-1} + R_t)\frac{i}{100} \quad \text{in €/Pe}$$

K_{Zt} = Kalkulatorische Zinsen der Periode t nach dem Restwertverfahren in €/Pe
i = Kalkulationszinsfuß bzw. kalkulatorischer Zinssatz

Beim Verfahren der Durchschnittsverzinsung wird das durchschnittlich gebundene Kapital als Bemessungsgrundlage der kalkulatorischen Zinsen genommen. Die kalkulatorischen Zinsen bleiben hierbei konstant. Diese werden nicht vom Restbuchwert beeinflusst.

$$K_{Z\varnothing} = \frac{A + L}{2}i \quad \text{in €/Pe}$$

$K_{Z\varnothing}$ = Kalkulatorische durchschnittliche Zinsen einer Abrechnungsperiode nach dem Durchschnittsverfahren in €/Pe

Das Restwertverfahren ist verursachungsgerechter, wogegen das Durchschnittsverfahren weniger unerwünschte Schwankungen in die Kalkulationen und die Kostenstellenrechnung bringt.

In SAP erfolgt die Berechnung kalkulatorischer Zinsen auf Basis eines so genannten Zinsschlüssels. Im Zinsschlüssel wird der Zinssatz festgelegt. Der Zinsschlüssel wird dem *Bewertungsbereich* zur Berechnung kalkulatorischer Abschreibungen zugeordnet. Bei der Berechnung auf Basis des Restwertes wird der periodengenaue Anlagenrestbuchwert mit dem monatlichen Zinsfaktor multipliziert. Bei der Berechnung auf Basis des Durchschnittswertes wird – lineare Abschreibung vorausgesetzt – der halbe Anschaffungswert der Anlage zugrunde gelegt.

2.1.10 Kapitalkostenerfassung bei Inflation

Im Absatz zur Ermittlung der richtigen Höhe der Abschreibung bei Inflation ist gezeigt worden, dass der Wert des Vermögensgegenstandes zum Verrechnungsstichtag (also zur Periodenmitte) anzuwenden ist. Neben der richtigen Abschreibung sollen jetzt auch die richtigen Kapitalkosten abgeleitet werden können. Auch hier sei das Beispiel von Schweitzer/Küpper, S. 811 ff., erwähnt, das allerdings die Belastungen wiederum nur zum Periodenende erfasst.

Der Zeitpunkt der Verrechnung des Wertverzehrs gibt vor, ab wann und in welcher Höhe Kapitalkosten verrechnet werden müssen. Eine isolierte Ermittlung der Kapitalkosten ohne Berücksichtigung der Abschreibung ist dann nicht mehr möglich.

Wird das Tageswertkonzept angewendet, dann ist der Inflationseffekt damit weitgehend abgedeckt. Die Kapitalkosten dürfen dann nur noch die reale Verzinsung abdecken, damit eine Doppelerfassung der Inflation verhindert wird. Da die Realzinsen aber in der Kaufkraft des Ausgangszeitpunktes anfallen, müssen sie um die entsprechende Anzahl Perioden Kaufkraft hochtransformiert werden. Es gilt für die Zinsen ZI:

$$ZI_{0,5;0} = KB_{0;0} \cdot i_{rHJ} \qquad \text{in } GE_{0,5;0}$$

$ZI_{0,5;0}$ Zinsen zum Zeitpunkt t = 0,5 mit der Kaufkraft des Zeitpunkts k (hier: 0)
$KB_{0;0}$ Kapitalbindung zum Zeitpunkt t = 0 mit der Kaufkraft der Zeitpunkts k (hier: 0)
i_{rHJ} Realzinssatz für ein Halbjahr

Zum Zeitpunkt 0,5 kann aber nur in der Kaufkraft 0,5 gezahlt werden, so dass die Zinsen entsprechend „aufgezinst" werden müssen:

$$Z_{0,5;0,5} = Z_{0,5;0} \cdot (1 + p)^{(1/2)} \qquad \text{in } GE_{0,5;0,5}$$

Wenn also richtigerweise auf Tageswertbasis abgeschrieben werden soll, folgt daraus, dass dann die Kapitalkosten als Realverzinsung plus Kaufkraftkorrektur ermittelt werden müssen

Die Realverzinsung ist dabei immer auf das noch gebundene Kapital zu beziehen. Darin zeigt sich die enge Kopplung zwischen kalkulatorischer Abschreibung und den Kapitalkosten/Zinsen. Wichtig für das Verständnis dieser Zusammenhänge ist die Erkenntnis, dass dieses gebundene Kapital mit der Inflation ansteigt.

Da diese Kalkulation bei mehreren Perioden nicht einfach ist, sei sie in einem Beispiel gezeigt. Ein Wirtschaftsgut mit Anschaffungskosten von 100 möge über 2 Jahre eingesetzt werden, wobei kein Restwert anfallen möge. Entsprechend dem Anfall von Kosten und Leistungen zur Jahresmitte sind auch die Zeitpunkte t = 0,5 und t = 1,5 in der Tabelle erfasst.

Nominaljahreszinssatz i p. a.:	120 %
→ Jahreszinsfaktor q = 1 + i:	2,20
→ Halbjahreszinssatz:	48,32 %
Inflation p. a.:	100 %
Halbjahresinflation:	41,42 %
→ Realzinssatz i_r p. a.:	10,0 %
→ Halbjahresrealzinssatz i_{rHJ}:	4,88 %
Nutzungsdauer in Jahren:	2

Der Wert des Wirtschaftsgutes zum Zeitpunkt t = 0,5 steigt um die halbjährliche Inflationsrate auf 141,42 an. Auf dieser Basis wird die Abschreibung des ersten Jahres

Tab. 2.8: Abschreibung und Zinsen bei hoher Inflation

	Zeitpunkt t	0	0,5	1	1,5	2
1	Neuwert in t	100,00	141,42	200,00	282,84	400,00
2	Geb. Kapital vor Tilgung		141,42	100,00	141,42	0,00
3	Kalk. AfA in t		70,71		141,42	
4	Realzinsen		4,88		7,07	
5	Zinsen nach KK-Korrektur		6,90		14,14	
6	Geb. Kapital nach Tilgung	100,00	70,71	100,00	0,00	0,00
7	Kapitaldienst: 3+5		77,61	0,00	155,56	0,00
8	Barwerte		52,33		47,67	
	Summe Barwerte:	100,00				

berechnet. Da die Nutzungsdauer 2 Jahre beträgt, beträgt der Wertverzehr im ersten Jahr $141,42/2 = 70,71$, natürlich in Geldeinheiten des Zeitpunktes $t = 0,5$.

Auf Basis des gebundenen Kapitals von 100 in $t = 0$ werden die Zinsen berechnet bis zum ersten Verrechnungszeitpunkt in $t = 0,5$. Da die Inflation bereits durch die erhöhte kalkulatorische Abschreibung abgedeckt ist, reicht der Ansatz von Realzinsen aus, die aber auch auf die Kaufkraft (KK) des Zeitpunktes $t = 0,5$ zu beziehen sind.

Nach Verrechnung der kalkulatorischen Abschreibung in $t = 0,5$ bleibt ein Kapital von 70,71 gebunden. Dieses steigt nun mit der Inflationsrate, zunächst auf 100 in $t = 1$ und dann auf 141,42 in $t = 1,5$, wenn wieder eine kalkulatorische Abschreibung zu verrechnen ist. Das Wirtschaftsgut hat in $t = 1,5$ einen Neuwert von 282,84 erreicht, der aufgrund der Nutzungsdauer auf 2 Jahre verteilt wird. Daraus ergibt sich eine Abschreibung von 141,42, welche exakt dem noch gebundenen Kapital entspricht. Damit ist dann der gesamte Wertverzehr verrechnet. Die Zinsen im Zeitraum zwischen $t = 0,5$ und $t = 1,5$ ergeben sich wieder als Realzinsen von 7,07 auf das gebundene Kapital in $t = 0,5$, erhöht um den Inflationseffekt auf 14,14. Als Kontrollmaß sind die Barwerte berechnet. Denn die Summe aus Zinsen und Abschreibung (= Kapitaldienst) muss ja abgezinst gerade ausreichen, um den Anschaffungswert von 100 zu amortisieren. Dies passt exakt, was die Richtigkeit des Verfahrens zeigt.

2.1.11 Reparatur- und Instandhaltungskosten

Reparatur- und Instandhaltungskosten sind alle Kostenarten, die der Wiederinstandsetzung, Wartung und Überholung dienen. Reparaturkosten[31] werden durch die Behebung bereits eingetretener Schäden an Betriebsmitteln verursacht. Kosten für Instandhaltungsleistungen haben dagegen vorbeugenden Charakter; sie sollen die

---

31 Reparaturkosten heißen auch Instandsetzungskosten. Angelsächsisch werden sie als maintenance cost bezeichnet.

Einsatzbereitschaft erhalten und verschleißbedingte Störungen verhindern. Instandhaltungsleistungen umfassen insbesondere Arbeiten, die der Betriebsmittelpflege dienen. Auch der regelmäßige Austausch von Verschleißteilen aufgrund von Wartungs- bzw. Revisionsplänen gehört zur vorbeugenden Instandhaltung. Instandhaltungsleistungen und -kosten können für die empfangende Kostenstelle sowohl fix als auch variabel sein, je nachdem ob die Instandhaltung in festgelegten zeitlichen Intervallen oder beschäftigungsabhängig erfolgen muss. Häufig setzt sie sich aus einem fixen zeitabhängigen Leistungsempfang und einem variablen beschäftigungsabhängigen Empfang von Instandhaltungsleistungen zusammen. Diese Kosten können geplant werden, wogegen Reparaturleistungen und -kosten per Definition nicht analytisch planbar sind, da sie durch unvorhersehbare Schäden verursacht werden. Es können aber Normalreparaturkosten auf Basis der vergangenen Perioden angesetzt werden.

Reparatur- und Instandhaltungskosten, die zugleich (nachträgliche) Herstellungskosten darstellen, sind Leistungen von längerfristiger Wirkung, die die Nutzungsdauer oder den Wert eines Vermögensgegenstandes deutlich erhöhen. Herstellungskosten sind gem. § 255 Abs. 2 S. 1, 2 HGB Aufwendungen für den Verzehr von Gütern und Dienstleistungen für die Herstellung, Erweiterung und wesentliche Verbesserung eines Vermögensgegenstands. Herstellungskosten[32] liegen in der Regel vor, wenn der Vermögensgegenstand in der Substanz verbessert wird, wenn die Wesensart des Vermögensgegenstandes verändert wird und wenn die Nutzungsdauer des Vermögensgegenstandes erheblich verlängert wird. Reparatur- und Instandhaltungskosten, die zugleich Herstellungskosten darstellen, sind zu aktivieren, bzw. als Zuschreibung zu verbuchen. Sie werden während der Nutzungsdauer als Abschreibungen verrechnet.

Davon zu unterscheiden ist Erhaltungsaufwand, worunter Aufwand zu verstehen ist, auf den die obigen Kriterien nicht zutreffen. Erhaltungsaufwand liegt in der Regel vor, wenn die Aufwendungen dazu dienen, einen Vermögensgegenstand in ordnungsmäßigem Zustand zu erhalten, wenn die Aufwendungen in regelmäßigen Zeitabständen anfallen und wenn es sich dabei um routinemäßig notwendige Ausbesserungen bzw. Instandhaltungsarbeiten handelt. Ein weiteres Kriterium für Erhaltungsaufwand ist, wenn durch die Aufwendungen die Wesensart des Vermögensgegenstandes nicht verändert wird.

Die meisten Reparatur- und Instandhaltungsarbeiten verursachen Reparatur- und Instandhaltungskosten, die handels- und steuerrechtlich als Erhaltungsaufwand zu klassifizieren sind und als innerbetriebliche Instandhaltungsleistungen und -kosten in der Kostenrechnung verrechnet werden. Sie können hierbei aber durch Verbuchung auf Innenaufträgen auf mehrere Abrechnungsperioden verteilt werden, was hinsichtlich der Periodengerechtigkeit einer Aktivierung und Abschreibung im exter-

---

32 Der Gesetzgeber spricht von Herstellungskosten, meint aber zugleich Herstellungsaufwand.

nen Rechnungswesen gleichkommt. Reparatur- und Instandhaltungskosten können grundsätzlich aus den nachfolgenden Kostenarten bestehen:

– Kosten für Reparaturmaterial und Ersatzteile (fremdbezogen oder selbsterstellt)
– Reparatur- und Instandhaltungskosten für Leistungen fremder Betriebe (zugleich Aufwand und Auszahlungen)
– Reparatur- und Instandhaltungskosten für Leistungen eigener Instandhaltungskostenstellen (sekundäre Kosten die in der innerbetrieblichen Leistungsverrechnung verrechnet werden)

Bei den ersten beiden Kostenarten kann es sich um primäre Kosten handeln, die in der Kostenartenrechnung erfasst werden. Die Kosten für Reparaturmaterial und Ersatzteile werden mithilfe von Materialentnahmebuchungen bzw. -belegen erfasst, sofern beides vom Lager entnommen wird. Fremdbezogene Ersatzteile und die Kosten der Reparatur- und Instandhaltungsleistungen fremder Betriebe werden über die Rechnungen als Kostenartenbelege kontiert. Bei den Reparatur- und Instandhaltungskosten für Leistungen eigener Instandhaltungskostenstellen handelt es sich um Sekundärkosten. Die gesendeten Stunden werden in den empfangenden Kostenstellen erfasst und mit Stundensätzen/Tarifen bewertet, die in der Kostenstellenrechnung ermittelt oder unternehmenspolitisch gesetzt werden.

Für die Verrechnung der Reparatur- und Instandhaltungskosten gibt es zwei Möglichkeiten.

Die Kosten für kleinere Reparatur- und Instandhaltungsarbeiten werden monatlich im Rahmen der innerbetrieblichen Leistungsverrechnung den empfangenden Kostenstellen belastet. Auf den Materialbelegen, den Fremdrechnungen und den internen Leistungsverrechnungen der eigenen Instandhaltungskostenstellen sind die betreffenden Kostenstellennummern anzugeben.

Die Kosten für alle Reparatur- und Instandhaltungsleistungen, deren Kosten einen bestimmten Mindestbetrag überschreiten, sollten dagegen nicht unmittelbar auf Kostenstellen, sondern zunächst auf Innenaufträgen (siehe Kapitel 4 Innenaufträge) verrechnet werden. Die auftragsweise Verrechnung hat den Vorteil, dass für jeden Reparatur- und Instandhaltungsauftrag die verursachten Kosten ausgewiesen werden. Reparatur- und Instandhaltungsleistungen größerer Projekte verteilen sich oft über mehrere Perioden. Die Gesamtkosten werden nicht transparent, wenn man die verursachten Kosten monatlich in der Kostenstellenrechnung verrechnet. Die Abrechnung über Innenaufträge hingegen ermöglicht den Vergleich mit den Instandhaltungsplankosten. Als Zwischenergebnis ergibt sich, dass für die Aktivierung oder zeitliche Abgrenzung von Reparatur- und Instandhaltungskosten die Verrechnung über Innenaufträge notwendig ist.

Auftragsnummernkreise von Innenaufträgen können so gewählt werden, dass ersichtlich ist, für welche betrieblichen Teilbereiche die Leistungen angefallen sind. Auf den Materialbelegen für Reparaturmaterial und Ersatzteile, den Rechnungen für fremdbezogene Teile oder Leistungen und den Leistungserfassungen eigener Instandhaltungskostenstellen werden die Innenauftragsnummer und die Nummern der empfangenen Kostenstellen angegeben. Innenaufträge sind innerbetriebliche Kostenträger. Es können Einzel- und Daueraufträge unterschieden werden. Einzelaufträge werden i. d. R. erst nach Abschluss abgerechnet, Daueraufträge hingegen periodisch.

Einzelne Innenaufträge werden für Reparatur- und Instandhaltungsleistungen geführt, die sich ohne periodische Abgrenzungsschwierigkeiten als Einzelleistungen erfassen und abrechnen lassen. Diese Voraussetzung kann für die Mehrzahl der anfallenden Reparatur- und Instandhaltungsarbeiten angenommen werden. Alle für einen Einzelauftrag verursachten Kosten werden zunächst auf der zugehörigen Auftragsnummer gesammelt (Innenauftrag als Kostensammler). Die Weiterverrechnung erfolgt erst, nachdem der Auftrag abgeschlossen wurde. Handelt es sich um eine Reparatur- oder Instandhaltungsleistung, die Herstellungskosten darstellt, so wird der angefallene Kostenbetrag aktiviert; das gleiche gilt für selbst erstellte Betriebsmittel und Anlagen. Die Kosten aller nicht aktivierungspflichtigen Reparaturen oder Instandhaltungsaufträge werden bei Fertigstellung oder bei größeren Arbeiten in mehreren Monatsraten den empfangenen Kostenstellen belastet. Die Kosten für Reparaturmaterial und Ersatzteile, die Kosten für fremde Lieferungen und Leistungen und die Kosten eigener Instandhaltungskostenstellen sollten getrennt ausgewiesen werden.

Innenaufträge als Daueraufträge werden für wiederkehrende Reparatur- und Instandhaltungsleistungen erteilt, die nur schwer voneinander abgegrenzt werden können. Ein typisches Beispiel hierfür ist die Reparatur von Elektromotoren. In vielen Kostenstellen industrieller Betriebe wird eine große Anzahl von Elektromotoren eingesetzt. Um unnötige Wartezeiten zu vermeiden, werden in Schadensfällen die Motoren gegen andere ausgetauscht; die schadhaften Motoren werden erst später repariert und dann für andere Maschinen verwendet. Daher lassen sich die einzelnen Reparaturen nur schwer erfassen und abrechnungstechnisch voneinander abgrenzen. Aus diesem Grunde werden die Kosten solcher Leistungen bestimmten Daueraufträgen belastet. Diese unterscheiden sich von den einzeln angelegten Innenaufträgen dadurch, dass ihre Kosten monatlich in die Kostenstellenrechnung ausgebucht werden. Bestände werden durch sie nicht verursacht.

Sehr komplexe und umfangreiche Instandhaltungs- und Reparaturarbeiten (z. B. Neuverklinkern bzw. Überholung eines Klinkerofens in einem Zementwerk, Kraftwerksrevision in einem Energieversorgungsunternehmen) werden in SAP durch Einsatz des Projektplanungs- und Steuerungssystem (PS) betriebswirtschaftlich abgebildet (vgl. im Detail Varnholt/Hoberg/Gerhards/Wilms, S. 146 ff.). Die Projekte werden in einzelne Teilprojekte gegliedert. Die zeitlich und logistisch voneinander abhängigen Arbeitsvorgänge werden in einem Netzplan zusammengestellt. Die Netzplanvorgänge wiederum werden den zuständigen Teilprojekten zugeordnet. Empfänger der Projektkosten sind bei aktivierungspflichtigem Aufwand Anlagen, d. h. auf die Anlagenkonten der Anlagenbuchhaltung erfolgen Zuschreibungen. In anderen Fällen sind als Empfänger alle Controlling-Objekte einschließlich der Ergebnisrechnung denkbar.

2.2 Kostenartenrechnung in SAP S/4 HANA

2.2.1 Neuausrichtung der Kostenartenrechnung

Mit S/4 HANA ist die Kostenartenrechnung als separates Teilmodul des Moduls CO weggefallen. Dem Einkreissystem entsprechend gibt es nur noch Sachkonten. Anders formuliert werden für Kostenarten nunmehr ausschließlich Sachkonten angelegt. Dies erfolgt selbst für Sekundärkosten, die als Zusatzkosten nicht für das legale Reporting von Relevanz sind. Die Abgrenzung zu den Sachkonten des externen Rechnungswesens ist dann, zumindest formal, im FI durchzuführen und nicht mehr im CO. Die Vorschlagskontierungen im Kostenartenstammsatz sind nicht mehr möglich, können jedoch weiterhin über die Transaktion OKB9 – Automatische Kontierung – vorgenommen werden.

Während im SAP ERP 2005 im Financials zwischen Bilanzkonto und Erfolgskonto unterschieden wurde, sowie für Erfolgskonten im Controlling Kostenarten gepflegt wurden, werden im S/4HANA Konto und Kostenart im Financials gepflegt.

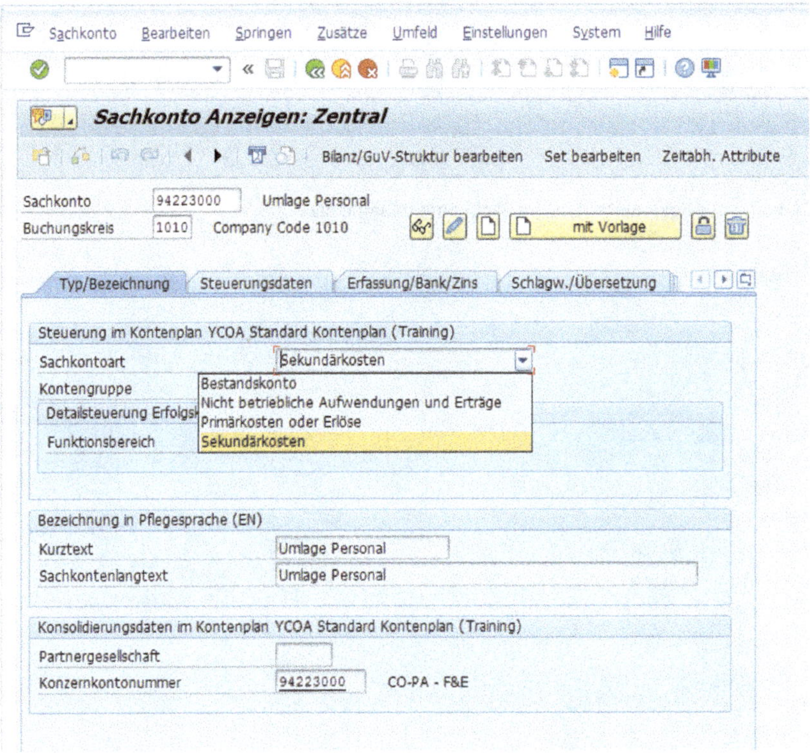

Abb. 2.13: Sachkontenstamm vom Typ Sekundärkosten – Umlage Personalkosten

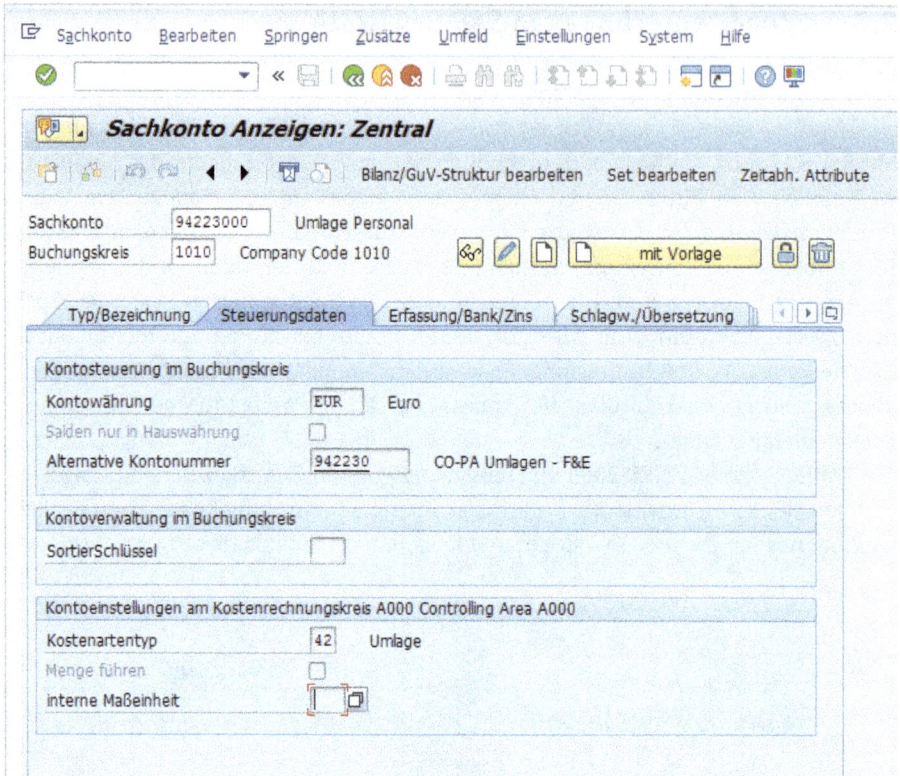

Abb. 2.14: Angabe des Kostenartentyps im Sachkontenstammsatz

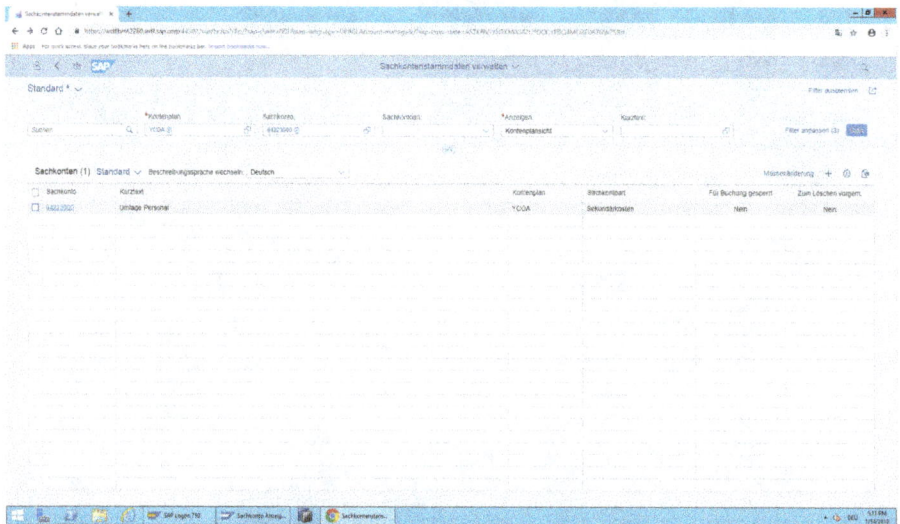

Abb. 2.15: Fiori App „Sachkontenstammdaten verwalten"

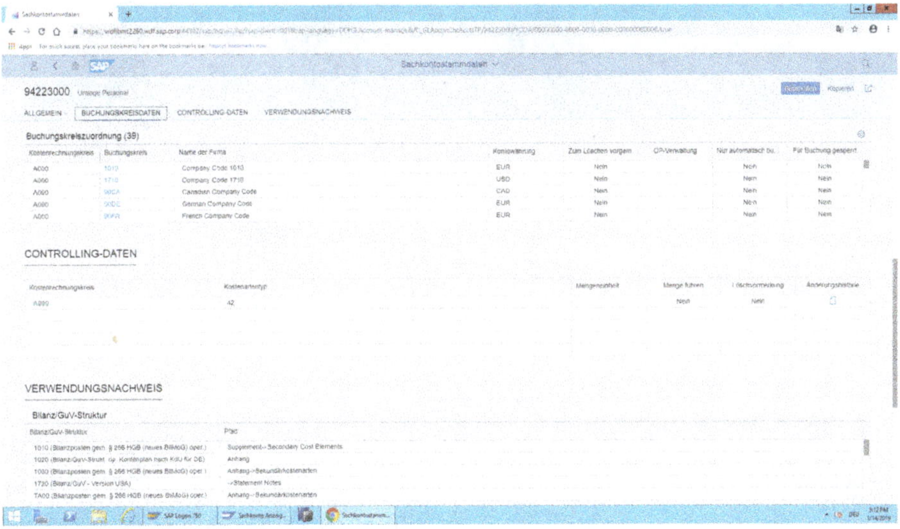

Abb. 2.16: Buchungskreisdaten des Sachkontos

Die Logik indes ist gleich geblieben. Sekundärkostenarten können nicht im FI gebucht werden, Bilanzkonten und Konten der Kontoart „Neutraler Aufwand/Ertrag" können nicht im CO gebucht werden. Konten der Kontoart „Primärkosten" erfordern beim Buchen die Angabe einer CO-Kontierung.

Die Pflege von Sachkontenstammsätzen kann auch über eine Fiori-App durchgeführt werden (Abb. 2.15).

Zusammen mit der Angabe des Kontenplans kann nach dem Sachkonto gesucht werden. Durch Auswahl des Kontos werden die Sachkontenstammdaten angezeigt. Bedeutsam sind vor allem die Buchungskreisdaten und die Kostenrechnungskreisdaten des Sachkontos. Die Buchungskreisdaten zeigen insbesondere die Kontowährung im Buchungskreis und die Steuerkategorie (Vorsteuer, Mehrwertsteuer, Buchung ohne Steuer erlaubt).

In den Kostenrechnungskreis-Daten wird der Kostenartentyp zugordnet. Obwohl es sich bei Sekundärkostenarten um CO-interne Kosten handelt, welche nicht direkt in FI gebucht werden können, werden sie über ein Sachkonto abgebildet. Eine vom Sachkonto losgelöste Kostenart, so wie es im SAP ERP 2005 der Fall war, gibt es in SAP S/4 HANA nicht mehr. Als „Single Source of Truth" wird als Einkreissystem ein Rechnungswesen vorgehalten, welches allen Rechnungszwecken dienen soll. Die Abgrenzung jener Sachkonten, die für das legale Berichtswesen von Relevanz sind von jenen, die es nicht sind, verlagert sich auf das externe Rechnungswesen, da in SAP S/4 HANA die Sachkontenart neben Bilanzkonto, neutrales Aufwands- und Ertrags-Konto um die Kontoart Primärkostenart und Sekundärkostenart erweitert worden ist.

Die Controlling-Daten des Sachkontos enthalten die Parameter zur Kostenart.

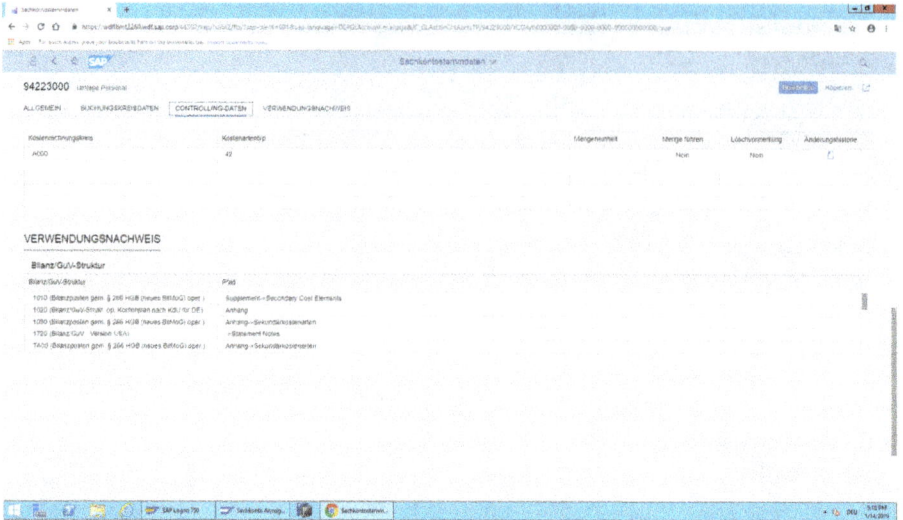

Abb. 2.17: Controlling-Daten des Sachkontos

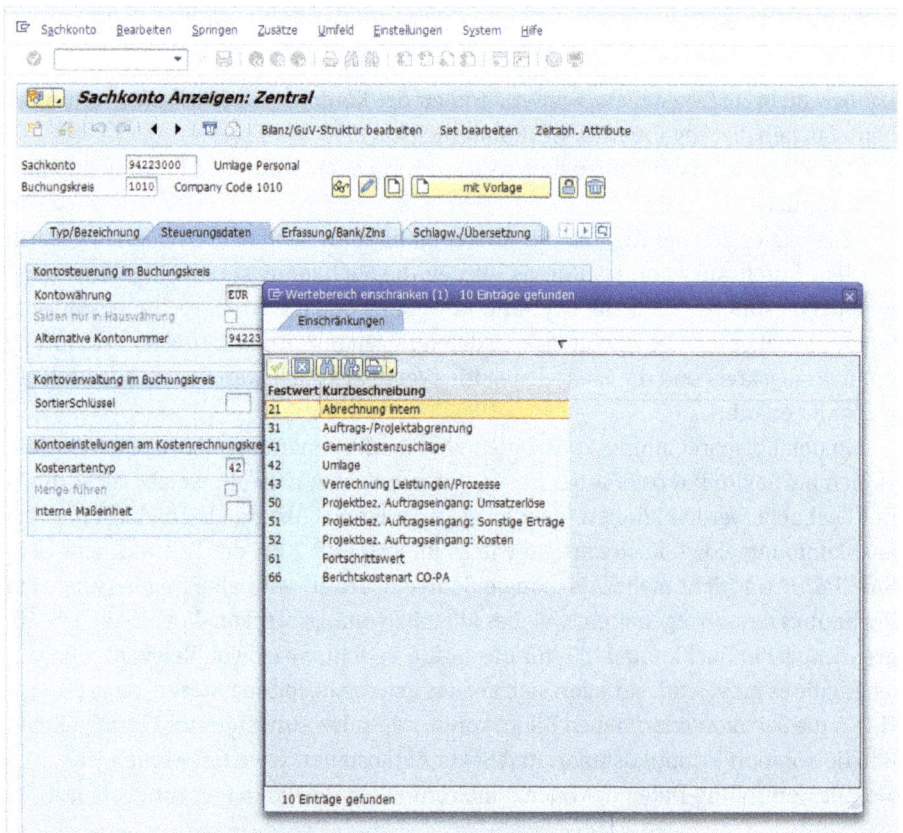

Abb. 2.18: Sekundärkostenartentypen

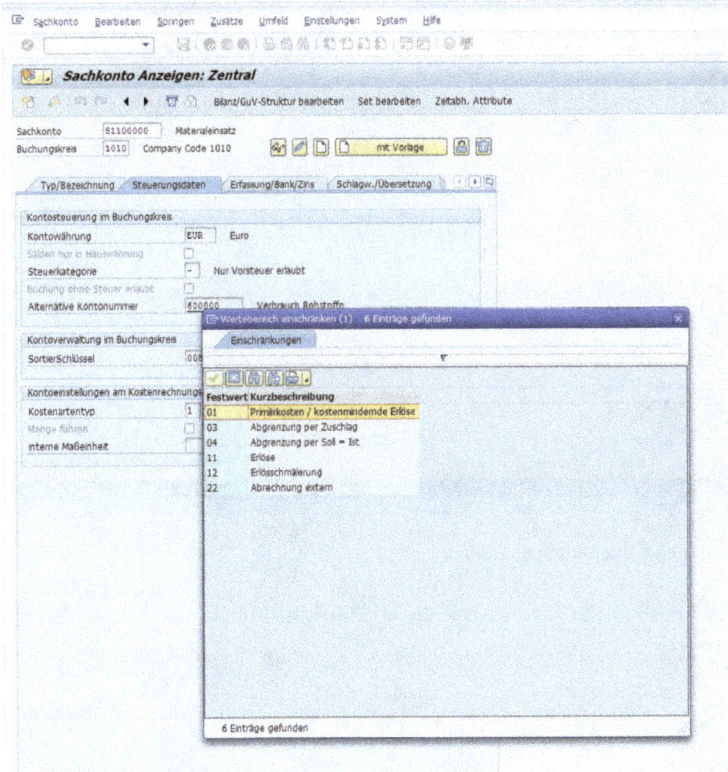

Abb. 2.19: Primärkostenartentypen

Primärkostenarten sind dadurch gekennzeichnet, dass ihre Herkunft aus CO-Sicht von außen ausgelöst und ins CO fortgeschrieben wurde. Beispiel: Der Primärkostenartentyp 01 kennzeichnet betriebsbedingten Aufwand bzw. Grundkosten. Primärkostenarten vom Typ 11 entsprechen betriebsbedingten Erträgen bzw. Erlösen. Zur Abgrenzung von Kosten, etwa bei Einmalzahlungen wie Urlaubs- und Weihnachtsgeld oder Boni werden beim Zuschlagsverfahren Kostenartentyp 02 und beim Soll-Ist-Verfahren Kostenartentyp 03 verwendet.

2.2.2 Buchungslogik aufwandsgleicher Kosten

Durch den Wegfall einer Kostenartenrechnung ändert sich die Buchungslogik bei der Übernahme von aufwandsgleichen Kosten in die Kosten- und Leistungsrechnung grundsätzlich nicht. Bei einer Verbuchung eines Hauptbuchbeleges im FI, welche CO-relevant ist, bleibt die Vorgehensweise gleich. Es werden die Konteninformationen sowie eine CO-Kontierung mitgegeben, um den zu verbuchenden Betrag im CO dort

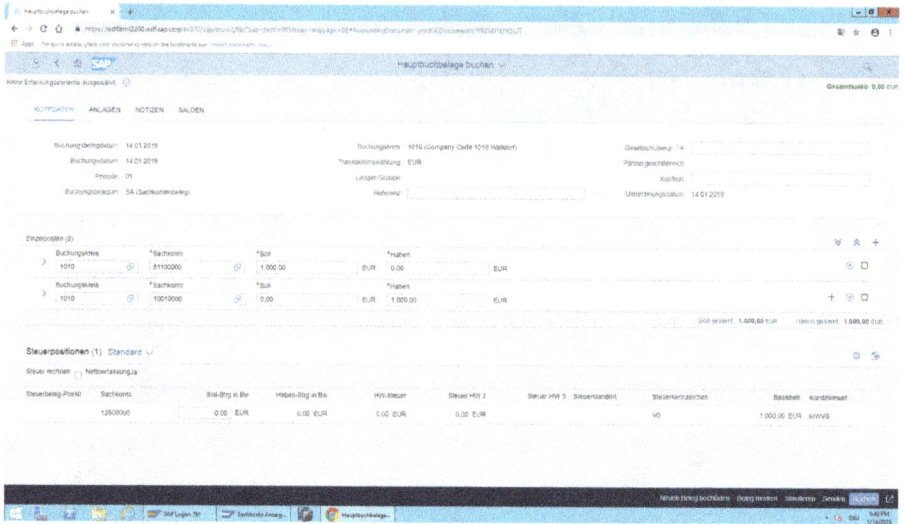

Abb. 2.20: Hauptbuchbelege: Buchungspositionen

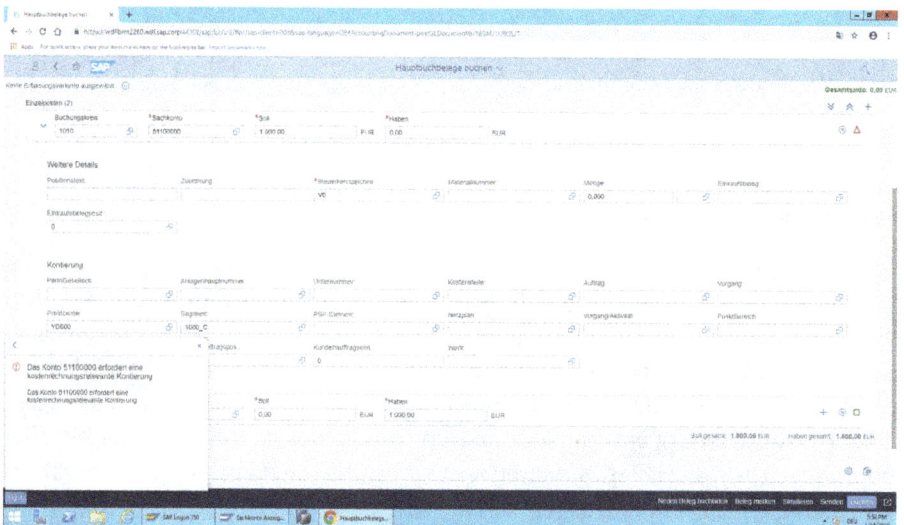

Abb. 2.21: Fehlermeldung: CO-relevante Kontierung erforderlich

auszuweisen, wo sie verursachungsgerecht zugeordnet werden können oder von wo sie über CO-interne Vorgänge allokiert werden können.

Eine kostenrechnungsrelevante Buchung auf Konto 51100000 (Materialaufwand) erfordert eine CO-Kontierung, da es sich bei diesem Konto um eine Primärkostenart handelt. Das System prüft die Konsistenz der Daten. Wird keine CO-Kontierung mitgegeben, wird eine Fehlermeldung ausgegeben. Der Fehler muss erst behoben werden, bevor der Beleg gebucht werden kann. Auf sachliche Korrektheit, also ob etwa die

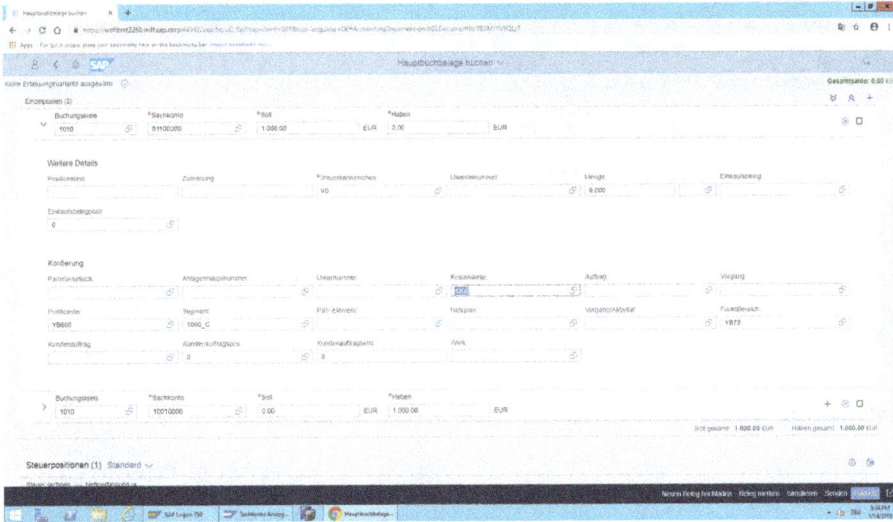

Abb. 2.22: Eingabe einer CO-Kontierung

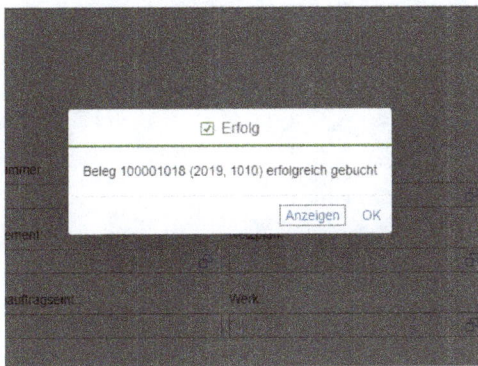

Abb. 2.23: Beleg für die erfolgreiche Verbuchung

richtige CO-Kontierung (zum Beispiel die sachlich korrekte Kostenstelle) mitgegeben wurde, kann das System nicht prüfen. Dies liegt in der Verantwortung der Belegerfassung.

Formal konsistent ist der Beleg erst nach Eingabe einer CO-Kontierung.

Die erfolgreiche Verbuchung wird dem Nutzer als Information angezeigt.

Der Beleg selbst wurde nicht im Front-End (FIORI) gebucht, sondern im Back End System, welches die Applikationen des Rechnungswesens enthält. Die Erfolgsmeldung über das Abspeichern der erzeugten Bewegungsdaten werden in das Fiori Front End lediglich zur Anzeige gebracht.

Die gebuchten Beträge werden auch in SAP S/4 HANA je nach Kostentyp mit einem sogenannten Werttyp versehen. Wert-Typ 01 kennzeichnet Ist-Kosten, Wert-Typ 11 kennzeichnet Ist-Erlöse. Im SAP-System werden über 100 Werttypen verwendet, von

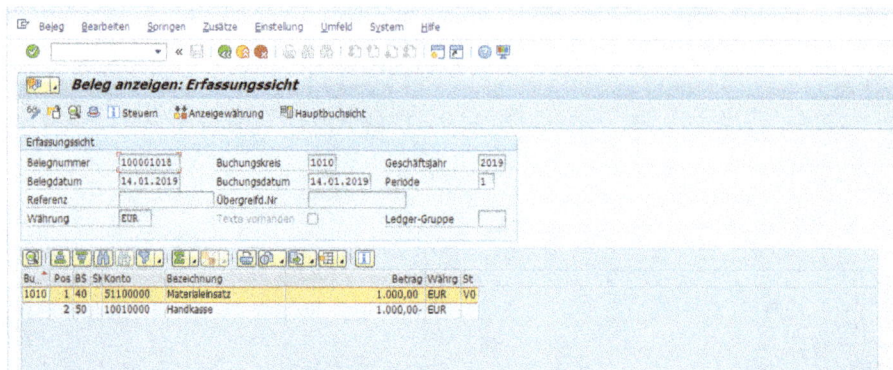

Abb. 2.24: Beleganzeige im Back End

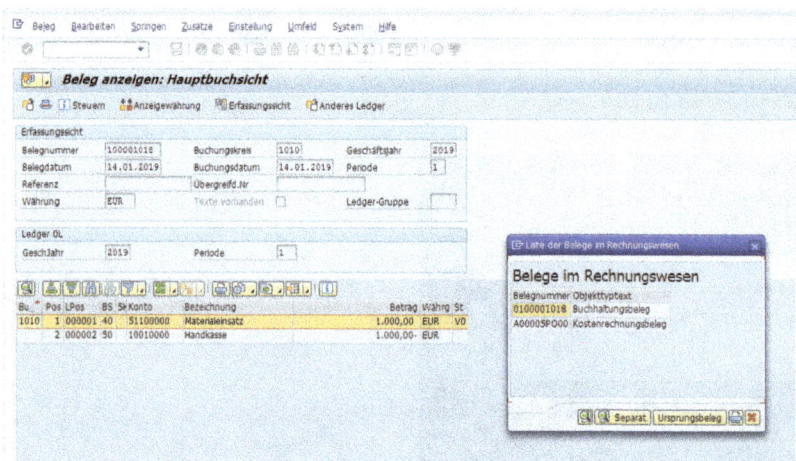

Abb. 2.25: Anzeige Beleginformationen

denen in der zentralen FI- und CO-Tabelle ACDOCA (Accounting Documents Actual) nicht alle Werttypen (im Release 1809 nur „04" und „112) gebucht werden können. Daher werden auch im System S/4HANA bei Ist-Buchungen mit Kontierung auf CO-Objekten ein FI- und ein CO-Beleg erzeugt. Der FI-Beleg wird in der Tabelle ACDOCA, der CO-Beleg in der Tabelle COEP (Einzelposten IST) gebucht.

Dennoch wird das CO-Ergebnis auch aus der Tabelle ACDOCA heraus berechnet und in der sogenannten buchhalterischen Ergebnisrechnung (CO-PA – Controlling Profitability Analysis) ausgewiesen. Daher sind schon rein technisch FI und buchhalterisches CO-PA im Ergebnis immer abgestimmt.

Bei der Erstellung des CO-Beleges gibt zwei Fälle:

–   Buchung von Kosten mit Erfassung der „Prima Nota" außerhalb des CO, z. B. Buchung aus FI, Lager etc: Der CO-Beleg ist nur ein virtueller Beleg.

– Buchung von Kosten mit Erfassung der „Ursache" innerhalb des CO, z. B. Leistungsverrechnung etc: Der CO-Beleg ist ein echter Beleg, weil er die Prima Nota darstellt. Ein CO-Belegkopf wird geschrieben. Die Einzelposten gehen in die AC-DOCA mit einer numerische Belegnummer.

Der angezeigte Kostenrechnungsbeleg ist kein virtueller Beleg, auch wenn die Summentabelle für Ist-Daten im CO (COSS – CO Summensätze) nur noch als View vorhanden ist. Der CO-Beleg ist als Eintrag in der CO-Einzelposten Tabelle COEP gebucht. Mit der Transaktion SE16N können die gebuchten CO-Belege direkte auf Tabellen-Ebene selektiert werden.

2.2.3 Zur Abgrenzung von Primärkosten und Sekundärkosten

Für **Primärkosten** stellen die Zweckaufwendungen der Finanzbuchhaltung die zentrale Quelle dar. Sie werden auch aus anderen betriebswirtschaftlichen Funktionsbereichen ausgelöst und über die Finanzbuchhaltung in die Kosten –und Leistungsrechnung verbucht. Wenn also etwa im Modul „Personalwirtschaft" die Gehälter angewiesen werden, so ist die Prima Nota ein Beleg in der Personalwirtschaft. Da Gehälter Personalaufwendungen darstellen und Personalaufwendungen in der Regel auch als Personalkosten Eingang in die Kosten- und Leistungsrechnung finden, muss bereits bei der Erfassung des Beleges in der Personalwirtschaft eine CO-Kontierung abgeleitet werden können. Andernfalls werden die Daten überhaupt nicht fortgeschrieben. Die Ableitung kann über die Hinterlegung der Kostenstelle im Personalstammsatz (Infotyp Organisatorische Zuordnung) erfolgen.

Abb. 2.26 zeigt die Datenflüsse aus anderen Modulen in die Finanzbuchhaltung.

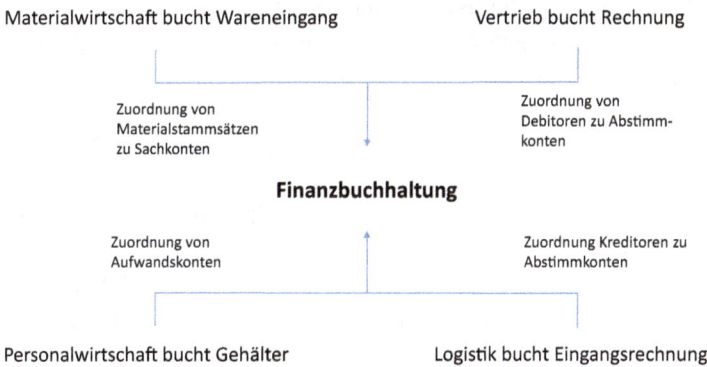

Materialwirtschaft bucht Wareneingang   Vertrieb bucht Rechnung

Zuordnung von Materialstammsätzen zu Sachkonten   Zuordnung von Debitoren zu Abstimmkonten

Finanzbuchhaltung

Zuordnung von Aufwandskonten   Zuordnung Kreditoren zu Abstimmkonten

Personalwirtschaft bucht Gehälter   Logistik bucht Eingangsrechnung

Abb. 2.26: Buchung in der Finanzbuchhaltung

Finanzbuchhaltung

Verbuchung von
Zweckaufwand als
Grundkosten

- Herstellkosten als Grundlage
  für handelsrechtliche Her-
  stellungkosten
- Ableitung der GuV nach dem UKV
  mittels einer Kostenstellenrechnung

Personalabrechnung
(Verbuchung von
Personalkosten)

Human Capital
Management

Kosten- und Leistungsrechnung

- Verbuchung von Isterlösen
- Übernahme von Kundenaufträgen
  als Planerlöse

(Stamm)Kostenstellen
als Teil der Aufbau-
organisation

Vertrieb

Materialwirtschaft

- Verbuchung von Warenausgang
  für Kostenstelle
- Ausweisen von Bestellobligos

Abb. 2.27: Geschäftsvorfälle für Primärkosten

Sind die Aufwendungen gleichzeitig auch Kosten, so müssen die Verbindungen zur Kosten- und Leistungsrechnung eingestellt werden. Die Interdependenzen zwischen den einzelnen Bereichen im Unternehmen verdeutlicht Abb. 2.27.

Am Beispiel einer Warenausgangsbuchung für die Produktion kann der Zusammenhang wie folgt exemplarisch dargestellt werden:

1. Die Materialwirtschaft verbucht einen Warenausgang von Rohstoffen für die Produktion. In der Materialwirtschaft nimmt damit der mengenmäßige Bestand ab.
2. Aus Sicht der Finanzbuchhaltung stellt der Warenausgang eine Bestandsminderung, also Aufwand dar. Dieser Sollbuchung steht die Habenbuchung auf dem entsprechenden Bestandskonto gegenüber. In der Finanzbuchhaltung wird damit die wertmäßige Bestandsabnahme verbucht.
3. Wenn der Aufwand auch kostenrechnungsrelevant ist, so muss in der Warenausgangsbuchung bereits eine CO-Kontierung vom Nutzer mitgegeben werden, weil Primärkosten vorliegen. Dies kann eine Kostenstelle sein, ein Kostenträger oder grundsätzlich jedwedes CO-Objekt.

Bei der Warenbewegung erfolgt zunächst die Angabe des ausgehenden Materials (Abb. 2.28).

Die Bewegungsart bestimmt den CO-Kontierungstyp. Für eine Kostenstelle oder einen Kostenträger werden unterschiedliche Bewegungsarten verwendet.

Die Angabe des CO-Kontierungsobjektes, hier der Kostenstelle, erfolgt dann im Bereich „Kontierung". Das FI-Konto bzw. die Primärkostenart werden aus der Kontenfindung in MM (Transaktion OMWB) über die MM-Bewegungsart, Kontenplan des dem Werk der Logistik-Buchung zugeordneten Buchungskreises, die Bewertungsklasse im Materialstamm und einer Modifikation (zum Beispiel Warenausgang für Produktion oder Warenausgang für Lieferung) abgeleitet.

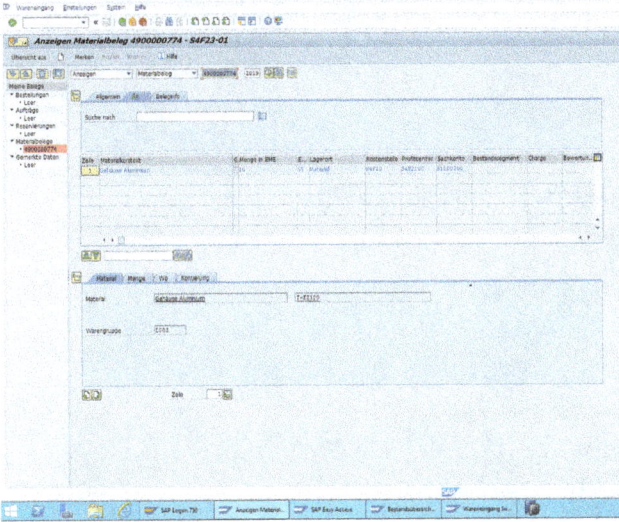

Abb. 2.28: Warenausgang

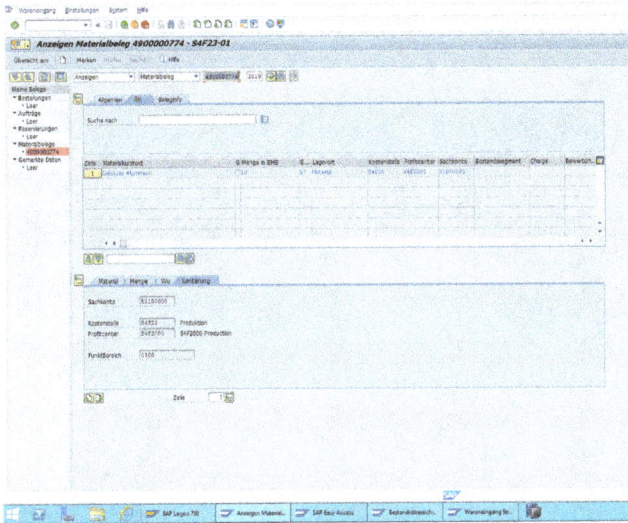

Abb. 2.29: Eingabe der CO-Kontierung (Kostenstelle)

Über die Beleginformationen lassen sich die vom System fortgeschriebenen Daten verifizieren.

Die Fortschreibung der Daten zeigt Abb. 2.31. Wieder werden ein FI- und ein CO-Beleg erzeugt. Nur die FI-Buchung ist jedoch die ergebnisrelevante Buchung. Die FI-Tabelle ACDOCA wird um weitere Werttypen erweitert, zum Beispiel auch die Verbu-

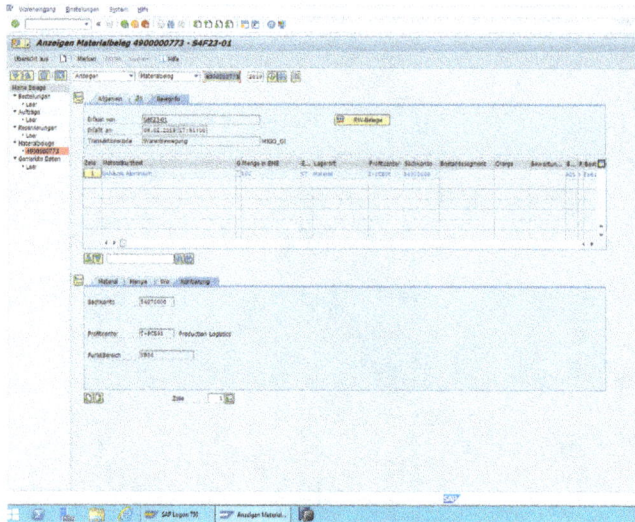

Abb. 2.30: Beleginformation im Materialbeleg

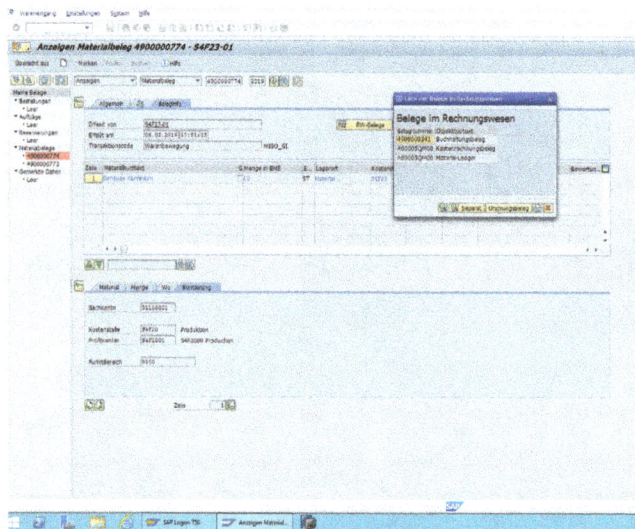

Abb. 2.31: Belege im Rechnungswesen

chung eines Kundenauftrag-Eingangs in einem sogenannten Extension-Ledgers (Erweiterungsledger) in FI.

Im Berichtswesen der Kostenstellenrechnung werden die Buchungen auf der Kostenstelle ausgewiesen (Abb. 2.32).

Bericht   Bearbeiten   Springen   Sicht   Zusätze   Einstellungen   System   Hilfe

Kostenstellen: Ist/Plan/Abweichung

Spalte ◄◄ ◄ ► ►◄

Kostenstellen: Ist/Plan/Abweichung   Stand: 06.02.2019   Seite: 2 / 3

                                                                        Spalte: 1 / 2
Kostenstelle/Gruppe   S4F20   Produktion
Verantwortlicher: SAP
Berichtszeitraum: 1 bis 12 2019

Kostenarten	Istkosten	Plankosten	Abw (abs)	Abw (%)
51100000 Materialeinsatz	20.000,00	24.000,00	4.000,00-	16,67-
51500000 Verbrauch Verpack		18.000,00	18.000,00-	100,00-
51600000 Verbrauch Handels		3.600,00	3.600,00-	100,00-
61100000 Gehälter		480.000,00	480.000,00-	100,00-
61102000 Sonst. Lohnaufwan		48.000,00	48.000,00-	100,00-
* Belastung	20.000,00	573.600,00	553.600,00-	96,51-
94301000 Maschinenstunden		191.199,60-	191.199,60	100,00-
94303000 Rüsten		191.200,08-	191.200,08	100,00-
94311000 Personalstunden		191.199,60-	191.199,60	100,00-
* Entlastung		573.599,28-	573.599,28	100,00-
** Über-/Unterdeckung	20.000,00	0,72	19.999,28	*77677,78

Kostenstellen: Ist/Plan/Abweichung   Stand: 06.02.2019   Seite: 3 / 3

                                                                        Spalte: 1 / 2
Kostenstelle/Gruppe   S4F20   Produktion
Verantwortlicher: SAP
Berichtszeitraum: 1 bis 12 2019

Leistungsarten	Istlstg	Planlstg	Abw (abs)	Abw (%)
1420 Maschinenstunden		1.200 H	1.200- H	100,00-
1421 Personalstunden		1.800 H	1.800- H	100,00-
1422 Rüststunden		2.400 H	2.400- H	100,00-

Abb. 2.32: Summensatzbericht Kostenstellen

Die Ist-Kosten werden unter dem Sachkonto als Summe ausgewiesen. Von da aus
kann über die „Bericht-Bericht-Schnittstelle" auf andere Berichte abgesprungen werden, etwa auf den Einzelpostenbericht (Abb. 2.33).

Der Einzelpostenbericht zeigt den einen Posten, der ausgehend aus der Materialwirtschaft in die Kosten- und Leistungsrechnung übertragen wurde (Abb. 2.34).

Der Einzelpostenbericht als Fiori-App entspricht jenem aus dem klassischen SAP
Menu (Abb. 2.35).

Vom Einzelpostenbericht kann über einen Doppelklick auf den Einzelposten zur
Prima Nota (Ursprungsbeleg) navigiert werden. Es handelt sich um den materialwirt-
schaftlichen Warenausgangsbeleg.

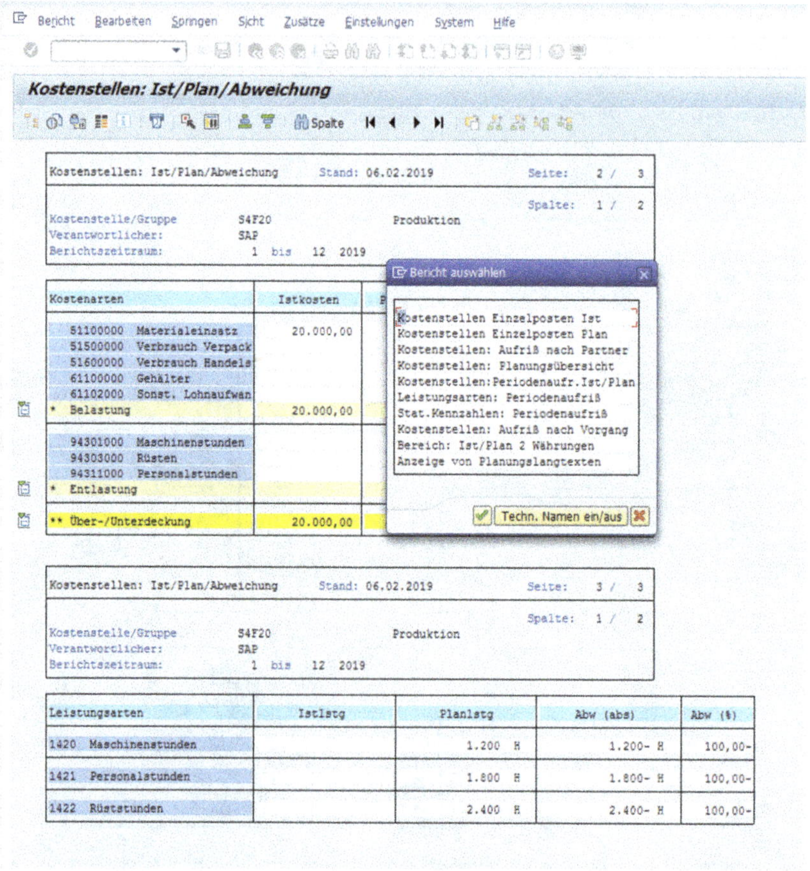

Abb. 2.33: Absprung auf den Einzelpostenbericht

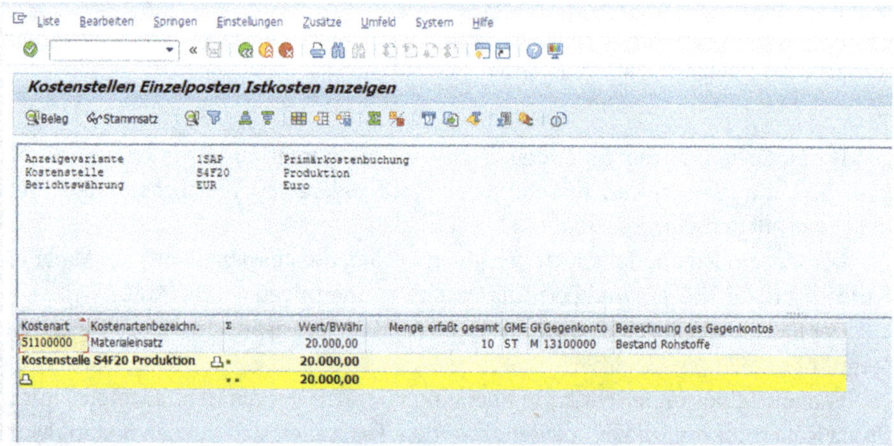

Abb. 2.34: Einzelpostenbericht

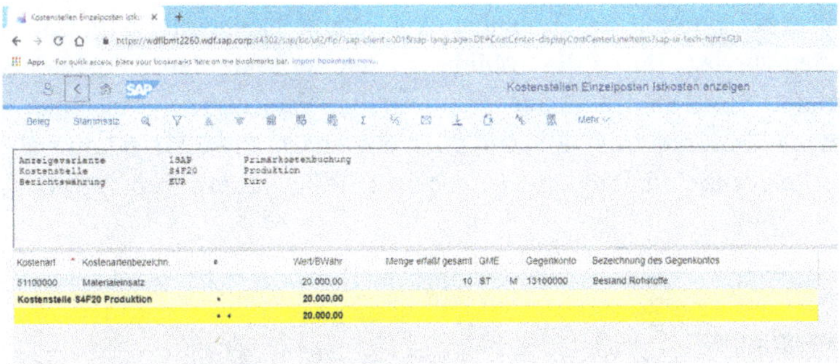

Abb. 2.35: Fiori App Kostenstellen Einzelposten Ist

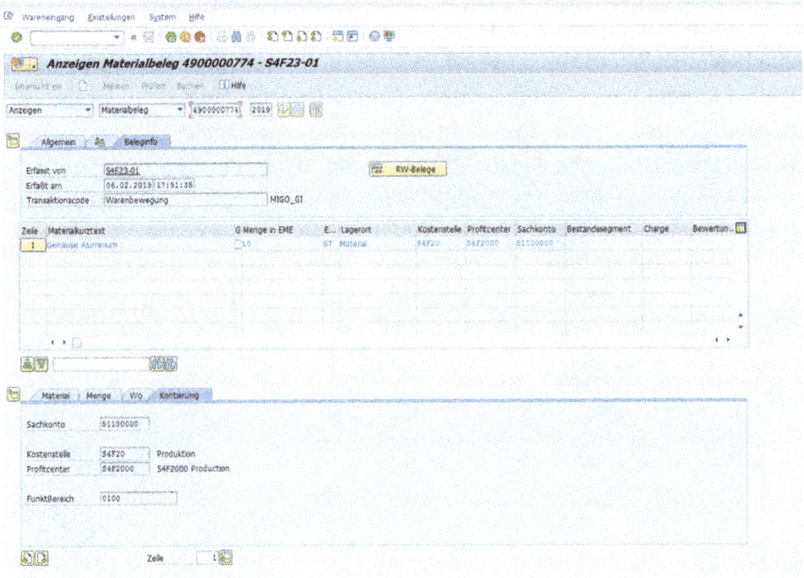

Abb. 2.36: Anzeige Ursprungsbeleg aus dem Einzelposten heraus

Sekundärkosten umfassen Aktivitäten, die wertmäßigen Charakter haben und daher grundsätzlich nur innerhalb des CO von Relevanz sind. Vorgänge, die als Sekundärkosten gebucht werden sind z. B.:

– Direkte innerbetriebliche Leistungsverrechnungen,
– Indirekte innerbetriebliche Leistungsverrechnungen,
– Umlagen,
– Abrechnungen von Aufträgen, z. B. von Innenaufträgen.

Sekundärkostenverrechnungen dienen dazu, auch den internen Verbrauch von Ressourcen zu dokumentieren und durch Be- bzw. Entlastungsbuchungen auszuweisen.

Durch die Fiktion eines internen Marktes sollen Wirtschaftlichkeitsanreize im Unternehmen geschaffen werden. Durch die Abbildung auch der sekundären Kosten als Sachkonten wird durch SAP S/4 HANA das Einkreissystem Vorschub geleistet. Die Finanzbuchhaltung muss nunmehr jene Sachkonten abgrenzen, die für den Jahresabschluss nicht von Relevanz sind. Dies kann jedoch über die Selektion der entsprechenden Kontoarten geschehen.

2.2.4 Kostenartengruppen

Die Bildung von Stammdatengruppen dient ganz allgemein dazu, Stammdaten nach sachlogischen Kriterien zusammenzufassen. Dies ist insbesondere für das Berichtswesen von Bedeutung, aber auch für Verrechnungen. Etwa kann als Empfänger einer Umlage eine Kostenstellengruppe angegeben werden. Konkret gebucht werden allerdings stets die Stammdaten, nicht die entsprechende Gruppenebene.

Kostenartengruppen können in SAP in beliebiger Weise angelegt und verwendet werden. Beispielsweise können Personalkosten oder Materialkosten gruppiert werden. Die Auswertung speziell von Sekundärkosten kann die Inanspruchnahme interner Ressourcen dokumentieren.

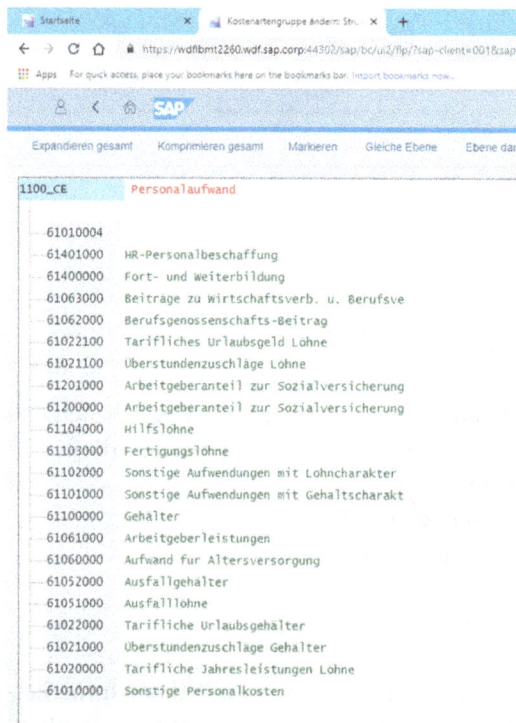

Abb. 2.37: Kostenartengruppe „Personalaufwand"

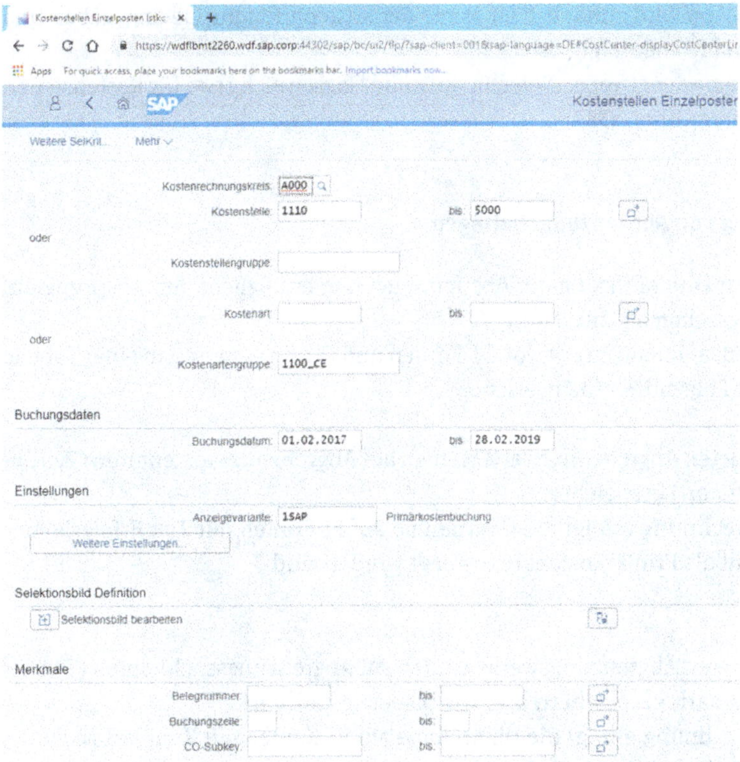

Abb. 2.38: Einstieg in den Bericht „Kostenstellen Einzelposten Ist"

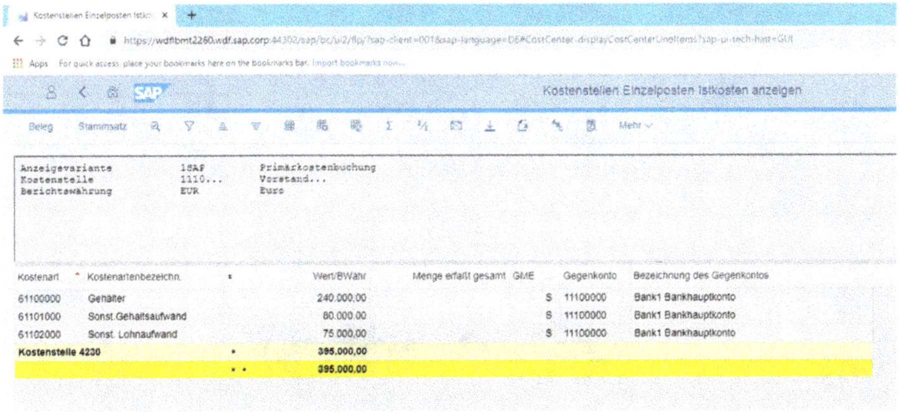

Abb. 2.39: Ergebnisliste „Kostenstellen Einzelposten Ist"

In der Fiori-App wird zunächst der Name der Kostenartengruppe angegeben und dann die Hierarchie angezeigt (Abb. 2.37).

Mit der Kostenartengruppe „Personalaufwand" lassen sich etwa für Kostenstellen Berichte ausführen (Abb. 2.38).

2.2.5 Steuerung von Abgrenzungsbeträgen

Die Fiori App zur Durchführung der Abstimmbuchung ermöglicht den Absprung auf das Abgrenzungsschema (Abb. 2.40).

Durch die Zusammenführung von FI-Konten und CO-Kostenarten in einer Tabelle ACDOCA ist auf Folgendes hinzuweisen:

SAP ERP 2005

– Die berechneten Abgrenzungswerte werden auf Abgrenzungskostenarten (Typ Sekundärkostenart) gespeichert.
– Mit der Abrechnung erfolgt die Übernahme auf FI-Konten mit Typ Erfolgskonto, welche nicht als Primärkostenart angelegt worden sind.

S/4HANA

– Die berechneten Abgrenzungswerte werden auf Abgrenzungssachkonten (Typ Sekundärkostenart) gespeichert, also wie bisher gespeichert.
– Mit der Abrechnung erfolgt die Übernahme auf FI-Konten mit Kontoart *Nicht Betrieblicher Aufwand*, damit die Werte nur in FI gebucht werden und keine CO-Kontierungen erforderlich sind.

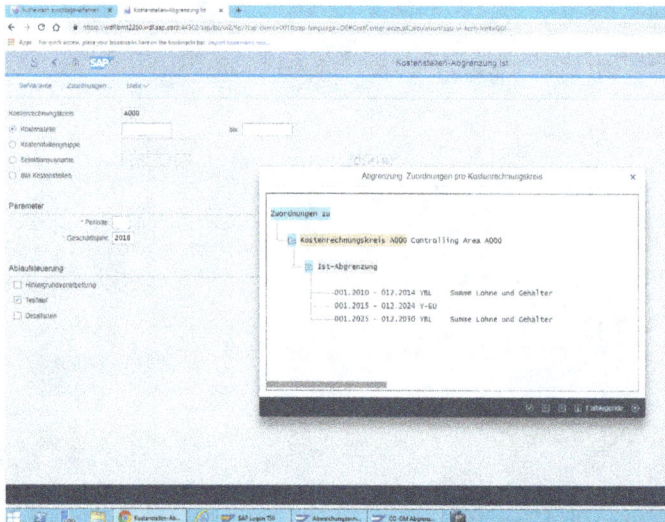

Abb. 2.40: Abgrenzungsbuchung

2.3 Leistungsartenrechnung

2.3.1 Leistungsarten

Parallel zu den Kosten müssen im Unternehmen auch die Leistungen exakt erfasst werden. Leistungen lassen sich gliedern in;
– Umsatzerlöse
– Änderungen im Lagerbestand
– Selbsterstellte Wirtschaftsgüter zum Eigenverbrauch.
– Innerbetriebliche Leistungen einschließlich Innenaufträgen die zwischen Kostenstellen verrechnet werden

Dabei stellen die Umsatzerlöse die bei weitem wichtigste Komponente dar. Zu ihrer Erfassung ist im ersten Schritt der Preis (Wertkomponente) genauer zu definieren. Im Unternehmensalltag gibt es zahlreiche unterschiedliche Preise. Die Spanne reicht vom Listenpreis über Rechnungspreise zu den verschiedenen Formen der Nettopreise. Im Controlling interessiert hauptsächlich der Preis nach Abzug aller Rabatte, weil nur daraus Einzahlungen erwachsen können. Dazu sind dann auch die Zahlungsziele zu berücksichtigen, was durch Ab- oder Aufzinsung geschehen kann. Denn nur dieser Betrag steht dem Unternehmen zur Verfügung, um dann Auszahlungen tätigen zu können.

Es sind Rabatte/Erlösschmälerungen zu beachten, die in die folgenden drei Gruppen eingeteilt werden können:
a) Rabatte/Erlösschmälerungen anlässlich der Rechnungsstellung
b) Rabatte/Erlösschmälerungen bei der Bezahlung und
c) Rabatte am Ende einer Periode z. B. in der Form von Rückvergütungen, Handelsförderung, Listungsgebühren etc., auf Basis der Rechnungspreise (Ergebnis aus a)).

Dazu kommen die finanziellen Effekte von Zahlungszielen oder Zahlungsplänen. Zahlungspläne findet man hauptsächlich bei Investitionsgütern, wenn die Produktion längere Zeiträume in Anspruch nimmt. Dann fordert der Produzent z. B. bei Auftragserteilung und zu bestimmten festgelegten Zeitpunkten (angels.: Milestones) Abschlagszahlungen, um seine Vorfinanzierung zu begrenzen. Diese Zahlungen sollten dann auf den Lieferzeitpunkt hochgezinst werden, während die spätere Abschlusszahlung nach Abnahme der Maschine auf den Lieferzeitpunkt abzuzinsen ist. Zahlungstermine können somit über Auf- und Abzinsungen abgebildet werden (vgl. Hoberg (2010a), S. 412 ff.) Das folgende Beispiel möge die Vorgehensweise zeigen. Für ein Großprojekt mit einem Kaufpreis von 500 Mio. € sei der folgende Zahlungsplan vereinbart worden (Tab. 2.9).

Im ersten Schritt ist der einheitliche Vergleichs- bzw. Bezugszeitpunkt festzulegen. Dafür empfiehlt sich meistens der Tag der Übergabe, wenn also die Leistung er-

Tab. 2.9: Ermittlung des Wertes einer Leistung zum Übergabetag

Bezugstag:	1	Kaufpreis:					500	Mio €
Bezugsmonat:	8	Monatszinssatz eff.:					1,0 %	
Bezugsjahr:	2024							

			Zeitlicher Anfall			Aufzinsungen		Wert am
Anlass	Anteil	Betrag	Tag	Monat	Jahr	Monate	Zinsfaktor	1.8.2024
Einheit		in Mio. €						in Mio. €
Anzahlung	6,0 %	30	1	2	2017	90,00	2,4486	73,46
Abschlag	12,0 %	60	1	7	2018	73,00	2,0676	124,05
Abschlag	27,0 %	135	1	9	2020	47,00	1,5963	215,50
Abschlag	2,0 %	10	1	11	2022	21,00	1,2324	12,32
Inbetriebn.	53,0 %	265	1	8	2024	0,00	1,0000	265,00
Total	100,0 %	500						690,33

bracht ist. Auf diesen Zeitpunkt sind dann alle weiteren Zahlungen zu beziehen, indem auf- oder abgezinst wird. Wie das Beispiel zeigt steigt aufgrund der langen Bauzeit der Wert wesentlich an.

Wichtig ist nun im nächsten Schritt, dass auch alle Kosten auf diesen Zeitpunkt bezogen werden. Erst dann kann beurteilt werden, ob das Großprojekt vorteilhaft war.

Ohne Berücksichtigung dieser Rabatte und Erlösschmälerungen besteht die Gefahr, dass Vergleiche zwischen Produkten (auch Regionen, Kunden, Vertriebskanälen) zu falschen Ergebnissen führen. Es ist also vom Nettopreis und vom Nettoumsatz nach Abzug aller Rabatte und nach Verrechnung aller Zahlungsziele auszugehen.

Auch ist die Absatzmenge genauer zu betrachten. Denn Mengen, die als Naturalrabatt an den Kunden gegeben wurden, führen nicht zu Einzahlungen. Somit sollte der gesamte Nettoumsatz U_N durch die gesamte Absatzmenge dividiert werden, um den tatsächlichen Nettopreis p_N zu erhalten.

Da die Vielfalt der Rabatte in der Praxis fast unübersehbar ist, kann das folgende Beispiel nur einen kleinen Teil exemplifizieren. Wichtig ist dabei, auf welche Preisstufen sich die jeweiligen Rabatte beziehen.

In SAP können im Modul Vertrieb (SD) beliebige Preismodelle zur Preisfindung implementiert werden. Mittels *Konditionsarten* erfolgt die Festlegung, auf welcher Basis Preise berechnet werden sollen. Denkbar sind feste Preise, aber auch die Berechnung von Zuschlägen. Feste Preise und Zuschlagssätze werden in *Konditionssätzen* zu den Konditionsarten festgelegt. Komplexere Anforderungen an die Berechnung von Konditionsbeträgen können auch mittels *Kodierung (Programmierung)* implementiert werden. Die organisatorische Zuordnung der Konditionssätze erfolgt über sog. *Zugriffsfolgen*, denen Merkmale zugeordnet werden. Beispiele für Merkmale sind Verkaufsorganisation, Vertriebsweg, Werk, Kunde, Kundengruppe, usw. In den Konditionssätzen wird dann direkt Bezug zu den Werten der Merkmale genommen. Beispiel: Rabatt für bestimmte Kundengruppen, Aufschlag bei bestimmten Vertriebswegen.

Tab. 2.10: Beispiel eines Konditionensystems

Listenpreis des Herstellers oder Kundenlistenpreis		10,000	€/ME
abz. Rabattgruppe 1 (Rabatte in der Rechnung)			
Mengenrabatt in €		0,200	€/ME
Mengenrabatt in %	3 %	0,300	€/ME
Sortimentsrabatt	1 %	0,100	€/ME
Europarabatt	4 %	0,400	€/ME
Ostrabatt	2 %	0,200	€/ME
Aktionsrabatt		0,500	€/ME
Werbekostenunterstützung (WKZ)		1,000	€/ME
etc.			
Rechnungspreis (Netto 1)		**7,300**	€/ME
abz. Rabattgruppe 2 (Rabatte nach der Rechnung)			
Skonto	2 %	0,146	€/ME
Delkredere	3 %	0,219	€/ME
Bonus	4 %	0,292	€/ME
Zahlungseingang (Netto 2)		**6,643**	€/ME
Abz. Rabattgruppe 3 (nachträgliche Vergütungen am Periodenende)			
(in % vom Rechnungspreis oder Festbeträge)			
Steigerungsrabatte	3,5 % vom Rechnungspreis	0,256	€/ME
Neueröffnungen in €		300	€/Periode
Listungsgelder in €		500	€/Periode
etc.			
Festbeträge bezogen auf z. B. 1.000 Stück		0,800	€/ME
Zwischensumme Abzüge Gruppe 3		1,056	
Nettopreis 3 (vor Abzug Zinsen)		**5,588**	€/ME

Die so ermittelten Nettopreise bzw. Nettoumsätze stellen die Basis für die Deckungsbeitragsrechnung dar (siehe Kap. 7).

2.3.2 Interne Leistungsartenrechnung

Herleitung des Begriffs Leistungsart

Neben den Leistungen für den Absatzmarkt müssen auch die internen Leistungen exakt erfasst werden, d. h. es muss ein Leistungsartenplan erstellt und die Leistungsarten müssen als Stammdaten eingepflegt werden. Eine Arbeitsgrundlage bei der Einführung eines Controllingsystems in einem bereits bestehenden Unternehmen kann dabei der Kontenrahmen sein, in dem die Ertragskonten gem. § 238 HGB bereits angelegt sein müssen. Bei einer Unternehmensgründung sollte ein Controllingsystem sofort eingeführt werden, auch wenn das gesetzlich nicht vorgeschrieben ist. Die Kostenarten und Leistungsartenstämme können dann direkt mit dem Kontenplan abgestimmt angelegt werden, was dem neuen Einkreissystem in SAP S/4HANA besonders gut entspricht. Ähnlich wie bei der Abgrenzung von Aufwand und Kosten sind die

Ertragskonten mit den Leistungsarten aber nur teilweise deckungsgleich. Leistungen können in einer Periode gleichzeitig Einzahlungen, Umsatzerlöse und Erträge sein, müssen es aber nicht.

Eine Unternehmung erhält von den Absatzmärkten Einzahlungen für gelieferte Waren und Leistungen. Ihr fließen Einzahlungen im Falle von Subventionen oder Steuerrückzahlungen auch von der öffentlichen Hand zu. In der Totalbetrachtung müssen die insgesamt von den Absatzmärkten erhaltenen Einzahlungen mit den zu Verkaufspreisen bewerteten Leistungen übereinstimmen, welche die Unternehmung während ihrer Lebenszeit insgesamt an die Absatzmärkte geliefert hat. Wenn hierzu Zinszahlungen für Kapitalanlagen und ggf. Subventionszahlungen des Staates hinzugerechnet werden, so erhält man die Positivkomponente des Totalerfolgs einer Unternehmung, da hierin alle Einzahlungen enthalten sind. Für eine periodengerechte Erfolgsermittlung sind aber Einzahlungen ebenso wenig geeignet wie Auszahlungen, weil Bestandsaufbau und -abbau und Phasenverschiebungen zwischen Warenlieferungen und Zahlungseingängen wirksam werden. Man grenzt daher die Strömungsgrößen Einzahlung, Umsatzerlös, Ertrag und Leistung gegeneinander ab.

Als Umsatzerlös[33] wird der Nettomarktwert aller während einer Periode verkauften Leistungen bezeichnet, d. h. die Summe aller verkauften Leistungsartenmengen mit den Nettomarktpreisen. Entscheidend für die Frage, ob ein Geschäftsvorfall in eine Periode gehört, ist der Zeitpunkt des Gefahrenübergangs.

Nettomarktpreise ergeben sich, indem man die Verkaufspreise einschließlich der darin enthaltenen Mehrwertsteuer um die Mehrwertsteuer und sämtliche Erlösschmälerungen vermindert. Es wird in Kapitel 7 im Rahmen der Zeilenstrukturen von kurzfristigen Erfolgsrechnungen aber darauf eingegangen, dass man die Erlösschmälerungen der Art und Höhe nach im Berichtswesen durchaus sehen möchte. In der GuV kommen zu den Umsatzerlösen u. a. noch Erlöse aus neutralen Geschäftsvorfällen. Letztere werden im Controlling nicht gezeigt. Die Umsatzerlöse in der jeweiligen Periode stimmen nicht notwendigerweise mit den Einzahlungen überein. Einzahlungen, denen in einer Periode keine Umsätze entsprechen, können entweder erhaltene Anzahlungen für spätere Lieferungen oder nachträglich geleistete Zahlungen für frühere Lieferungen sein. Im ersten Fall 1 entsteht eine Verbindlichkeit gegenüber dem Kunden auf spätere Lieferung oder Rückzahlung des Betrages. Im zweiten Fall 2 erlischt eine Forderung gegenüber dem Kunden, die zum Zeitpunkt der ursprünglichen Lieferung entstanden ist. Umsatzerlöse, denen während einer Periode keine Einzahlungen gegenüberstehen, können entweder Lieferungen sein, die bereits im Voraus bezahlt wurden, oder Lieferungen, für die der Käufer ein Zahlungsziel in Anspruch nimmt. Im Fall 3 erlischt eine Verbindlichkeit, im Fall 4 entsteht eine Forderung gegenüber einem Kunden.

---

[33] In Literatur und Praxis finden sich auch die Begriffsbildungen Umsatz oder Erlös. Wir haben uns für den zusammengesetzten Begriff entschieden.

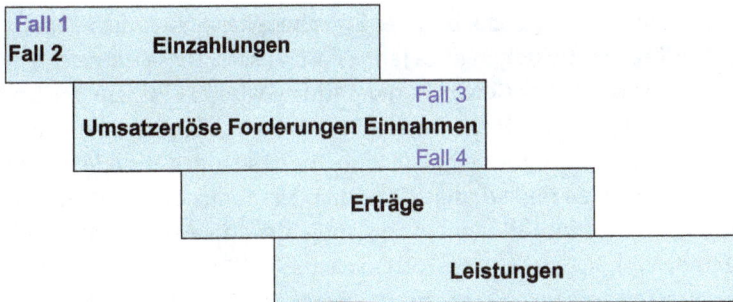

Abb. 2.41: Schema zu Einzahlungen, Einnahmen, Erträge und Leistungen

Im Folgenden sind die Umsatzerlöse bzw. Forderungen/Einnahmen in ihrem Verhältnis zu der finanzbuchhalterischen Ebene der Erträge zu untersuchen. Der Umsatzerlös einer Periode ist dann mit den Erträgen identisch, wenn die umgesetzten Leistungen in der gleichen Periode produziert und damit auch auf ein Ertragskonto gebucht worden sind. Diese Voraussetzung ist meistens in der Dienstleistungsproduktion erfüllt und bei nicht lagerfähigen Sachgütern wie z. B. Strom. In der Sachgüterproduktion im Allgemeinen ist diese Voraussetzung aber meistens nicht erfüllt. Daher ist eine weitere Abgrenzung zwischen Umsatzerlösen und Erträgen erforderlich. Als Ertrag einer Periode wird die Summe aus Umsatzerlösen und den zu Herstellungskosten bewerteten Bestandsveränderungen an Halb- und Fertigerzeugnisse bezeichnet. Der Ertrag entspricht dem während einer Periode erwirtschafteten Bruttowertzuwachs. Der Ertragsbegriff wird anhand der folgenden Fälle betrachtet:

Werden in einer Periode Produkte hergestellt und wird während dieser Periode nichts verkauft, so erhöhen diese Produktionsmengen in der Materialwirtschaft die Lagerbestände. Finanzbuchhalterisch sind sie auf Ertragskonten zu buchen, welche als Bestandskonten in die Bilanz abgeschlossen werden. Im hier betrachteten Extremfall ist in dieser Periode kein Umsatzerlös vorhanden; trotzdem hat das Unternehmen durch die Herstellung von Produkten eine Wertschöpfung erwirtschaftet. Die hergestellten aber noch nicht verkauften Produkte dürfen jedoch in diesem Stadium noch nicht mit ihren Verkaufspreisen bewertet werden, wenn diese über den Herstellungskosten liegen. Sonst würden in den Beständen bzw. in der Bilanz noch nicht realisierte Gewinne bzw. ein zu hohes Eigenkapital ausgewiesen. Das widerspräche dem aus dem Vorsichtsprinzip hergeleiteten Realisationsprinzip. Hiernach dürfen Gewinne erst dann ausgewiesen werden, wenn sie durch den Umsatzprozess in Erscheinung getreten sind; Vgl. § 252 Abs. 1 Nr. 4 2. Halbsatz HGB. Der erste Halbsatz und das Niederstwertprinzip gemäß § 253 Abs. 4 bestimmen jedoch in bestimmten Fällen eine Bewertung unterhalb der Herstellungskosten:

Liegen die voraussichtlich erzielbaren Verkaufspreise unter den Herstellungskosten, so sind diese Verkaufspreise für die Bestandsbewertung zu verwenden, da erkennbare Verluste im Gegensatz zu voraussehbaren Gewinnen bei der Bewertung zu berücksichtigen sind und dies sogar noch in der Zwischenphase nach dem Bilanz-stichtag und vor dem Tag der Aufstellung des Jahresabschlusses. Diese unterschied-liche Behandlung voraussichtlicher Gewinne und Verluste wird als Prinzip der Un-gleichbehandlung (lat.: Imparitätsprinzip) bezeichnet. Wenn es sich bei allen herge-stellten Produkten um Fertigerzeugnisse handelt, so ergibt sich der Periodenertrag als Produkt der stückbezogenen Herstellungskosten mit der produzierten verkaufsfä-higen Menge. Der Ertrag wird im Fall von voraussichtlich niedrigeren Verkaufsprei-sen entsprechend reduziert. Vertriebskosten dürfen gemäß § 255 Abs. 2 S. 4 HGB nicht in die Ansätze der Bestände einbezogen werden (siehe Absatz 7.3.1). Sind neben Fer-tigerzeugnissen auch Halbfertigfabrikate hergestellt worden, so sind diese mit den-jenigen Herstellungskosten zu bewerten, die ihrem Reifegrad entsprechenden bzw. mit entsprechend reduzierten Verkaufspreisen, sofern die Verkaufspreise der Fertig-erzeugnisse niedriger als die Herstellungskosten sind.

Die obigen Ausführungen gelten für das externe Rechnungswesen. Im Controlling könnte man anders vorgehen. Allerdings haben sich viele Unternehmen entschlossen, die Unterschiede zwischen externem und internem Rechnungswesen zu minimieren. Daher starten sie auch im Controlling mit den Daten des externen Rechnungswesens und korrigieren diese Werte nur im Falle wichtiger Abweichungen (z. B. für Eigenka-pitalkosten oder für immaterielle Wirtschaftsgüter).

Für die Zwecke des handelsrechtlichen Jahresabschlusses reicht der Ertrag als Be-messungsgrundlage des Periodenerfolgs aus. Im Controlling bzw. der kurzfristigen Er-folgsrechnung wird aber noch eine Eliminierung derjenigen Ertragspositionen vorge-nommen, die auf neutrale Geschäftsvorfälle zurückzuführen sind. Diese sind in der folgenden Abbildung aufgeführt.

Neutrale Erträge können aus betriebsfremden, außerordentlichen und perioden-fremden Geschäftsvorfällen entstehen (siehe Abb. 2.42.) und weisen damit die glei-chen Neutralitätseigenschaften auf wie neutrale Aufwendungen (siehe Kap. 2.1). Be-triebsfremde Erträge resultieren aus Erlösen betriebsfremder Einrichtungen, zum Beispiel aus Werkswohnungen und sonstigen Mietshäusern im Betriebsvermögen, landwirtschaftlichen Nebenbetrieben, Beteiligungen an anderen Unternehmungen usw. Bei außerordentlichen Erträgen handelt es sich um nicht regelmäßig mit dem Betriebszweck zusammenhängende Ereignisse. Hierzu zählen Schadensfallvergü-tungen von Versicherungen, Buchgewinne aus dem Verkauf von Anlagen usw. Peri-odenfremde Erträge sind Erträge aus früheren Perioden. Ein typisches Beispiel für periodenfremde Erträge sind zurückerstattete Steuern.

Vermindert man den gesamten Ertrag einer Periode um den neutralen Ertrag, so erhält man nach Addition der Zusatzleistungen und ggf. der Andersleistungen denje-nigen Ertrag, der aus den eigentlichen betrieblichen Aufgaben resultiert. Er wird heu-te üblicherweise mit Leistung bezeichnet, teilweise findet sich auch die Bezeichnung Betriebsertrag.

Die Ebene der Einzahlungen und Auszahlungen wird insb. in der Investitions-rechnung benötigt (vgl. Varnholt/Hoberg/Gerhards/Wilms, S. 27 ff.). Es wird dort an

Ertrag: Zunahme des Reinvermögens in einer Periode nach handelsrechtlichen Kriterien
Leistung: Bewerteter betrieblicher Output in einer Periode nach betriebswirtschaftlichen Kriterien

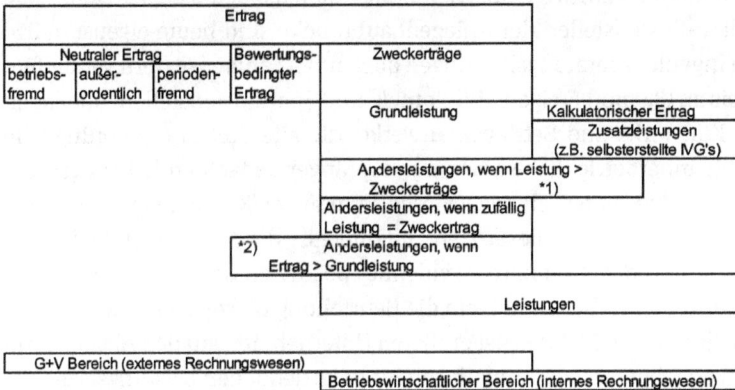

Ertrag					
Neutraler Ertrag			Bewertungs-bedingter Ertrag	Zweckerträge	
betriebs-fremd	außer-ordentlich	perioden-fremd			
				Grundleistung	Kalkulatorischer Ertrag
					Zusatzleistungen (z.B. selbsterstellte IVG's)
			Andersleistungen, wenn Leistung > Zweckerträge *1)		
			Andersleistungen, wenn zufällig Leistung = Zweckertrag		
		*2)	Andersleistungen, wenn Ertrag > Grundleistung		
			Leistungen		

G+V Bereich (externes Rechnungswesen)	
	Betriebswirtschaftlicher Bereich (internes Rechnungswesen)

*1) Wenn der tatsächliche Wertzuwachs höher ist als der in der G+V, z.B. höhere Bewertung einer selbst erstellten Maschine in der KLR
*2) Wenn der tatsächliche Wertzuwachs geringer ist als der in der G+V, z.B. höhere Bewertung einer selbst erstellten Maschine in der G+V

Abb. 2.42: Zusammenhang zwischen Ertrag und Leistung

die hier gemachten einführenden Bemerkungen zu dieser Zahlungsmittelebene angeknüpft. Die Ebene Ertrag und Aufwand gehört zu der Finanzbuchhaltung und hier speziell zur Gewinn- und Verlustrechnung und wird daher in diesem Buch nicht eingehender ausgeführt.

Der Begriff Zusatzleistungen ist aus Sicht des Controllings deshalb besonders anschaulich, weil die Zusatzleistungen bzw. innerbetrieblichen Leistungsarten im Controlling (CO) eingepflegt werden müssen und nicht aus anderen Modulen wie zum Beispiel der Finanzbuchhaltung (FI), Verkauf und Distributionslogistik (Sales and Distribution SD) oder der Produktionsplanung und Steuerung (PPS) übernommen werden können.

Die Übergänge zwischen den für den Absatzmarkt bestimmten Leistungen und den innerbetrieblichen Leistungen sind teilweise fließend. Dies resultiert insbesondere aus der Vorgabe an Kostenstellenleiter ihre Leistungsarten bei Unterbeschäftigung ihrer Kostenstelle auch auf dem externen Absatzmarkt anzubieten und zu verkaufen.[34] Beispiele dafür sind die Rechenzentren/IT-Kostenstellen vieler größerer Unternehmen, bei denen die Vorgabe zum Verkauf ihrer Leistungen an den Absatzmarkt in vielen Fällen schließlich sogar zur Auslagerung geführt hat, d. h. zur Gründung einer rechtlich eigenständigen Informatik-GmbH, die ihrer Leistungsarten dann sowohl an die alten Empfängerkostenstellen innerhalb des Konzerns als auch an unternehmensexterne Empfänger verkauft. Ein weiteres Beispiel sind zahlreiche Ingenieur-

---

34 Im strengen Sinne dürfte man dann nicht mehr von Kostenstelle sprechen, sondern müsste von Profitcenter sprechen.

Kostenstellen in der Anlagenbaubranche, die ursprünglich die eigenen Anlagen projektierten und im Rahmen eines technischen Projektmanagements begleiteten. Viele derartige Ingenieur-Kostenstellen der Anlagenbaubranche sind heute eigenständige GmbHs, die ihre Ingenieurberatungsleistungen auch unternehmensextern verkaufen. Der Trend geht bis zu Casino-, Freizeit-, Bibliothek- und Sportkostenstellen, oder auch Abwasser- bzw. Klärwerke und Betriebskraftwerke, die allesamt ihre ursprüngliche und eigentlich für innerbetriebliche Leistungsempfänger gedachten Leistungsarten auch und zunehmend an unternehmensexterne Empfänger/Kunden verkaufen. Aus betriebswirtschaftlicher Sicht ist dieser Trend im Interesse der Mitarbeiter (Sicherung des Arbeitsplatzes) und der Aktionäre (Dividende) positiv zu beurteilen. Aus volkswirtschaftlicher und politischer Sicht kann die Beurteilung dieses Trends auch negativ ausfallen, da die von den in der Regel größeren Unternehmen auf den Absatzmärkten in der Region angebotenen ursprünglichen innerbetrieblichen Leistungsarten die Konkurrenzintensität der dort bereits agierenden kleinen- und mittelständischen Unternehmen erhöht. Die auszulagernden Kostenstellen/Profitcenter bekommen von ihrer Konzernmutter üblicherweise eine befristete Absatzgarantie von einigen Jahren, alleine schon um die Auslagerung sozialverträglich zu gestalten und die Zustimmung von Betriebsräten und Gewerkschaften zu bekommen. Die Kosten der ausgelagerten Kostenstellen/Profitcenter sind wegen der höheren Sozialleistungen und der allgemein besseren Vergütung i. d. R. höher als die vergleichbarer kleinerer Unternehmen. Die bieten dann z. T. unter Selbstkosten an, um sich am Markt zu etablieren und erhöhen die Wettbewerbsintensität. Dies kann bei kleineren Unternehmen zum Auftragsausfall und gegebenenfalls zur Insolvenz führen.

Bedeutung innerbetrieblicher Leistungsarten
Innerbetriebliche Leistungsarten werden im Rahmen der Kostenstellenrechnung festgelegt, um den Bezug bzw. Zusammenhang zwischen der oder den Leistungsarten und den durch diese verursachten Kostenarten anzugeben. Innerbetriebliche Leistungsarten werden in der betriebswirtschaftlichen Grundlagenliteratur daher auch als Bezugsgrößen oder Maßgrößen der Kostenverursachung bezeichnet. Beispiel: Eine Energiekostenstelle wird gebildet. Sie hat die Aufgabe, Strom und Dampf zu produzieren und zu verteilen. Als Leistungsarten werden dann Strom und Dampf (gemessen in kWh bzw. Tonnen (to) Dampf) gewählt, da beide Energiearten unterschiedlich hohe Kosten verursachen und für die demzufolge auch zwei unterschiedliche Sekundärkostenarten/innerbetriebliche Leistungsarten anzulegen sind.

Die Leistungsart[35] ist diejenige Maßgröße, zu der sich die beschäftigungsabhängigen bzw. leistungsabhängigen Kosten einer Kostenstelle proportional verhalten.[36] Für die Adjektive „leistungs- oder beschäftigungsabhängig" werden häufig synonym die Begriffe proportional oder variabel benutzt. SAP hat sich für den Ausdruck variabel entschieden, obwohl variabel ein Oberbegriff ist und darunter verschiedene variable Kostenfunktionen subsumiert werden können (siehe Abs. 2.4.3). Über die Leistungsarten müssen sich die beschäftigungsabhängigen Kostenarten einer Kostenstelle (früher manuell heute maschinell) an die Istbeschäftigung der Periode anpassen lassen. Diese Möglichkeit zur Anpassung der Kosten ist die Basis für den Soll-Istkosten-Vergleich, bzw. die Abweichungsanalyse als Beurteilungsinstrument der Wirtschaftlichkeit von Kostenstellen (siehe Kap. 8).

Einführendes Beispiel zur Bedeutung von Leistungsarten: Für eine Stromkostenstelle ist die Leistungsart Stromerzeugung in Kilowattstunden (kWh) gebildet worden. Wenn die Leistung dieser Kostenstelle wie im Plan 10.000 kWh in der betrachteten Periode beträgt und ein leistungsabhängiger Tarif von 0,10 €/kWh geplant ist, ergibt sich für die leistungsabhängigen Plankosten:

Planleistungsmenge mal leistungsabhängiger Tarif = leistungsabhängige Kosten

$$10.000\,kWh/Pe \cdot 0,10\,€/kWh = 1.000\,€/Pe$$

Bei einer Istleistung der Stromstelle von 12.000 kWh statt der geplanten 10.000 kWh ist anzunehmen, dass die leistungsabhängigen Kosten entsprechend höher ausfallen werden/sollen. Sie müssen an die Istleistung angepasst (in diesem Fall hochgerechnet) werden. Diese angepassten Kosten tragen den Fachbegriff Sollkosten.

Istleistung mal leistungsabhängiger Tarif = leistungsabhängige Sollkosten

$$12.000\,kWh/Pe\ mal\ 0,10\,€/kWh = 1.200\,€/Pe$$

Wenn die Stromkostenstelle im Ist 1.200 €/Pe verursacht hat, hat sie keine Abweichung und ist wirtschaftlich.

Leistungsarten sind notwendig für korrekte Sollkostenvorgaben in der Kostenstellenrechnung und für korrekte Grenzkostensätze in der Kalkulation und Erfolgsrechnung.

Die Wahl ausreichend detaillierter Leistungsarten ist eine notwendige Voraussetzung für den Aufbau genauer Kalkulationen (siehe Kap. 6) und die Durchführung eines wirksamen Gemeinkostencontrollings (siehe Kap. 3). Leistungsarten sollten sich

---

35 Innerbetriebliche Leistungsarten sind in der betriebswirtschaftlichen Grundlagenliteratur besser als Bezugsgrößen bekannt; der Terminus Leistungsart wird von SAP verwendet. Kilger bezeichnet die Bezugsgrößen als Maßgrößen der Kostenverursachung. In der Prozesskostenrechnung hat sich leider noch zusätzlich, in undifferenzierter Übernahme des amerikanischen Begriffs Cost Driver der Begriff Kostentreiber eingebürgert.

36 Nichtlineare Funktionen werden vom SAP-System nicht unterstützt. Auch in der Realität werden nichtlineare Zusammenhänge häufig durch mehrere lineare Funktionen abgebildet.

im Idealfall linear-proportional zu den beschäftigungsabhängigen Kosten der Kostenstellen verhalten. Dass das in der Realität nicht immer so sein kann, weil technisch-naturwissenschaftlich bedingt, auch degressive, progressive und regressive Kostenverläufe vorkommen, wurde in Abschnitt 2.1 gezeigt. In der Produktion und der Logistik können Leistungsarten unter Anwendung technisch-kostenwirtschaftlicher Analysen bestimmt werden. Als Ergebnis kann z. B. herauskommen, dass Gewicht in kg, Volumen in Liter oder Hektoliter oder Durchsatzvolumen in Liter für eine Abfüllmaschine die geeignete Leistungsart ist. Für die Bestimmung der Leistungsarten der Verwaltungsbereiche[37], die in der Prozesskostenrechnung notwendig ist, entfällt weitgehend die technische Komponente der kostenwirtschaftlichen Analyse. Für eine Buchhaltungskostenstelle kann z. B. die Anzahl der Buchungen, der Kundenstammsätze, der Lieferantenstammsätze oder der Anlagenstammsätze die geeignete Bezugsgröße sein, da diese Leistungsartenmengen u. a. die erforderliche Personalkapazität und damit die Personalkosten determiniert.

Leistungsarten sollten sich bei der laufenden Abrechnung (Periodenabschluss) als Istleistungsartenmengen einfach erfassen lassen. Wenn die technisch-kostenwirtschaftliche Analyse in einer Produktionskostenstelle ergibt, dass die Volumina der gefertigten Produkte in Kubikmetern die verursachungsgerechte Leistungsart sind, kann es sein, dass sich diese Leistungsart im Ist nur mit unvertretbar großem Aufwand messen lässt. Es kann dann eine weniger genaue aber hinreichende Leistungsart wie z. B. das Gewicht gewählt werden.

Es wurde für die Leistungsarten gefordert, dass sie die Basis für die Anpassung der leistungsabhängigen Kosten an die Istleistung bilden. Wenn Arbeitspläne in produzierenden Unternehmen für die Kalkulationen und Kostenträgerrechnung genutzt werden, ist außerdem sicherzustellen, dass diese Leistungsarten auch Bestandteil der einzelnen Arbeitsvorgänge des Plans und damit des PPS-Systems sind. Selbst wenn andere Leistungsarten als geeigneter erscheinen würden, muss gewährleistet sein, dass die Leistungsarten auch in ihren Mengen ermittelbar sind.

Nicht als Leistungsart infrage kommt der Fertigungslohn, da dieser üblicherweise als Steuerungskriterium nicht im Arbeitsplan enthalten ist und vor allem kein direkter Zusammenhang zwischen dem Fertigungslohn und den übrigen variablen Kosten einer Kostenstelle besteht.

Beispiel zum Fertigungslohn als Leistungsart

Wenn der Fertigungslohn in einer Kostenstelle für eine Leistungsart planmäßig bei 15 €/h liegt und die übrigen Kosten 45 €/h betragen, würde dies einen Fertigungsgemeinkostenzuschlag von 300 % bzw. einen Plankostensatz von 60 €/h ergeben. Wenn aber im Ist ein Mitarbeiter einer höheren Lohngruppe mit 17 €/h eingesetzt würde, kä-

---

37 Die Leistungsarten werden in der Prozesskostenrechnung in wörtlicher Übersetzung aus dem amerikanischen (cost driver) als Kostentreiber bezeichnet (siehe Kapitel 5.).

men über den Fertigungsgemeinkostenzuschlag anteilig 51 €/Stunde hinzu. Die FGK pro Stunde sind aber weitgehend die gleichen, unabhängig davon, ob die ausführende Person der Lohngruppe X oder Y angehört. Hinzu kommt, dass im Zuge der heutigen Mechanisierung und Automatisierung der Produktion in vielen Fertigungsstellen überhaupt kein oder ein sehr geringer Fertigungslohn als Einzelkostenart anfällt.

In der Grenzplankostenrechnung werden die Verrechnungspreise bzw. Tarife gebildet, indem die variablen Kosten durch die Leistungsartenmenge der entsprechenden Leistungsart dividiert werden; es ergibt sich ein Teilkostentarif/-verrechnungssatz. In der flexiblen Plankostenrechnung dagegen bezieht man auch die fixen Kosten in die verrechneten Plankosten ein; dadurch entsteht ein Vollkostenverrechnungssatz/-tarif. Im letzteren Fall ergibt sich das in Kapitel 1.6.5 bereits erwähnte Problem der Proportionalisierung der fixen Kosten in den verrechneten Plankosten. Nur mit den Sollkosten berücksichtigt die flexible Plankostenrechnung den variablen Anteil der Kosten adäquat.

Für Kostenstellen, in denen überwiegend fixe Kosten anfallen, wie in Gebäudekostenstellen und in vielen anderen Kostenstellen der Verwaltungsbereiche, fällt es schwerer als in Produktionskostenstellen, Leistungsarten als geeignete Maßgrößen der Kostenverursachung zu finden.[38] Die Kosten von Gebäudekostenstellen werden meistens auf die bewirtschafteten Quadratmeter bezogen. Dies stellt aber eine statistische Kostenumlage dar (SAP Terminologie: Statistische Kennzahl) und keine beschäftigungsabhängige Kostenverrechnung, die kurzfristig von der Menge der erzeugten Leistungsartenmengen abhängig ist. Die Kosten der indirekten bzw. Verwaltungsbereiche gehen in Grenzkostenkalkulationen nur ein, wenn Leistungsarten ermittelt und Prozesskostenkalkulationen durchgeführt werden (vgl. die Kap. 6 und 7). In der Terminologie der Prozesskostenrechnung werden die Leistungsarten heute Kostentreiber genannt, obwohl dieser Begriff keinen zusätzlichen Informationsnutzen ergibt und lediglich eine – hinsichtlich der Vielzahl vorliegender Begriffe – überflüssige und ggf. verwirrende wörtliche Übersetzung des angelsächsischen Begriffes Cost Driver darstellt.

Direkte innerbetriebliche Leistungsarten

Direkte innerbetriebliche Leistungsarten sind Maßgrößen der Kostenverursachung, die direkt aus der Istbeschäftigung einer Kostenstelle gemessen in Produktionsmengen bzw. Leistungsartenmengen während des Produktionsprozesses erfasst werden können. Direkte Leistungsarten finden sich vor allem in den Produktions-/Hauptkostenstellen. Jedoch können direkte Leistungsarten auch in den indirekten Bereichen, d. h. in denjenigen Vor-/Hilfskostenstellen und den Verwaltungs- und Vertriebskostenstellen angewendet werden, für die Plan- und Istleistungsmengen existieren (z. B.

---

38 Die Kostenstellen der Verwaltung werden auch als Bereitschafts- oder Fixkostenstellen oder als Kostenstellen der indirekten Bereiche bezeichnet.

Energieabrechnungen). Direkte Leistungsarten sind den unten darzustellenden indirekten Leistungsarten vorzuziehen, da sie dem Verursachungsprinzip besser entsprechen.

In der Großserien- und Prozessfertigung werden oftmals direkte Leistungsarten wie Gewichte, Volumina, Mengen (gemessen in Tonnen, Kubikmeter, Stück) und Ähnliches genutzt. Wenn in einer Kostenstelle nur ein Produkt gefertigt werden wird, kann als Leistungsart die Ausbringungsmenge (ME) gewählt werden, die auch alle PPS-Anforderungen abdeckt.

Wenn eine Kostenstelle nur eine Leistungsart hervorbringt, kann die Istleistungsmenge unmittelbar für die Ermittlung des Ist-Tarifs als Nenner verwendet werden. Diese Möglichkeit kann z. B. in denjenigen Produktionskostenstellen bestehen, die mit gleichartigen Betriebsmitteln ausgerüstet sind und die im Rahmen einer Großserien- oder Massenproduktion homogene Leistungsarten hervorbringen.

Wenn eine Kostenstelle mehrere Leistungsarten zur Verfügung stellt, können die insgesamt geplanten oder im Ist erfassten Leistungsartenmengen nicht einfach aufaddiert werden, da sie sich hinsichtlich der Kostenverursachung unterscheiden können. Es müssen den unterschiedlichen Leistungsarten entsprechende unterschiedliche Tarife zugewiesen werden.

Unabhängig vom Produktionstyp sind wichtige Leistungsarten in den industriellen Fertigungsbereichen die Zeitbezugsgrößen (zum Beispiel Fertigungs-, Vorgabe-, Rüst- und Maschinen-/Anlagestunden). Entscheidend ist, dass die Mengeneinheiten (Gewicht, Volumina, Stück) oder Zeitangaben (Stunde, Minute) gleichlautend in CO-OM, CO-PC, PPS genutzt werden. In CO-OM werden sie als Leistungsarten für die Anpassung der beschäftigungsabhängigen variablen Plankosten an die monatliche Istbeschäftigung eingesetzt. Im CO-PC werden sie für die korrekte Zurechnung variabler Kosten auf die Kostenträger genutzt. im PPS-System kommen sie zur Anlage der Arbeitspläne zum Einsatz. Zeitleistungsarten werden meist auch in der Prozesskostenrechnung zugrunde gelegt.

Aus der Leistungsart „Maschinenzeit" oder allgemeiner „Bearbeitungszeit" hat sich das Kalkulationsverfahren der Maschinenstundensatzkalkulation entwickelt (siehe Kap. 6.3.7). Hierbei sind die Leistungsartenmengen gleich den Bearbeitungszeiten pro ausgebrachter Mengeneinheit (gemessen in Stück, Kg, Liter etc.). Es können sich mit der Auftragszusammensetzung die Verhältnisse zwischen Produktions- bzw. Einsatzzeiten der Mitarbeiter und den Maschinenlaufzeiten (Bedienungsrelationen) verändern. Es sind in diesem Fall parallel die Leistungsarten „Produktionsstunden der Mitarbeiter" und „Maschinenstunden" anzuwenden.

Für die Produktionskostenstellen können anstatt der Maschinenstundensätze auch die Durchsatzgewichte sowie die bearbeiteten Längen, Flächen oder Volumina als Leistungsarten verwendet werden; man spricht dann im Rahmen der Kalkulation von sogenannten Bezugsgrößenkalkulationen. In diesen Fällen werden bezüglich der Leistungsarten die Informationen gebraucht, wie viel Kilogramm pro ME, Meter pro ME, Quadratmeter pro ME, oder Kubikmeter pro ME einzusetzen sind. Es sei aber bereits hier darauf hingewiesen, dass Zuschlagskalkulationen, Maschinenstundensatz-kalkulationen, Bezugsgrößenkalkulationen und auch Prozesskostenkalkulationen in der gesamthaften Kalkulation eines Kostenträgers, d. h. einer endgültig für die Auslieferung an den Absatzmarkt fertig bearbeiteten Leistung, kombiniert werden können (siehe Kap. 6).

Wenn sich alle oder die Mehrzahl der beschäftigungsabhängigen Kostenarten proportional zu der Leistungsmenge verhält, spricht man von gleichartiger (lat.: homogener) Kostenverursachung. Im diesem Fall kann eine Kostenstelle mit nur einer Leistungsart und einem Tarif arbeiten. Wenn eine unterschiedliche (lat.: heterogene) Kostenverursachung dagegen genau abgebildet werden soll, sind für eine Kostenstelle mehrere Leistungsarten erforderlich. In einer Produktionskostenstelle der metallverarbeitenden Industrie kann sich ein Teil der beschäftigungsabhängigen Kostenarten wie z. B. die Personalkosten zur Produktionszeit proportional verhalten. Eine andere Kostenart wie z. B. die Energiekosten kann vom Durchsatzgewicht, d. h. von den Tonnen Stahl oder Aluminium durch den Hochofen, verursacht werden. Für eine verursachungsgerechte Kostenplanung und Erfassung müssen nebeneinander beide Leistungsarten Fertigungsstunden und Tonnen-Durchsatzgewicht verwendet werden. Noch komplexer wird die Leistungsartenwahl in einer Stranggussanlage, in der sowohl Edelstahl, Aluminium und Kupfer verarbeitet wird. Die variablen Kosten verhalten sich durchaus proportional zur Produktionszeit. Für alle drei Metallarten sind die Kosten pro Produktionszeiteinheit jedoch unterschiedlich. Es müssen daher die Leistungsarten „Produktionsstunden Edelstahl", „Produktionsstunden Aluminium" und „Produktionsstunden Kupfer" definiert und nebeneinander verwendet werden. In Kostenstellen, die unterschiedliche Serien bzw. Losgrößen produzieren, und in denen somit Rüstzeiten anfallen, um Betriebsmittel von einer Produktart auf eine andere umzurüsten, müssen sowohl die Leistungsart Rüststunden als auch die Leistungsart Maschinenstunden verwendet werden, da die Rüstzeiten andere Kosten verursachen als die Produktionszeiten. Eine einzige Leistungsart reicht somit bei vielen Fertigungsstellen nicht aus, wie auch die folgenden Beispiele zeigen.

Wenn in Abhängigkeit von Gewicht, Abmessungen oder der Bearbeitungszeit an einer großen Presse neben dem Pressenführer artikelabhängig ein bis drei Helfer eingesetzt werden müssen, sind zwei getrennte Leistungsarten für die Maschinen- und die Personenzeit vorzusehen. Eine einzige Leistungsart (man würde wahrscheinlich die Maschinenzeit wählen) würde nur dann genügen, wenn stets d. h. bei allen Artikeln, ein konstantes Bedienungsverhältnis zutreffen würde.

Die Berücksichtigung unterschiedlicher Personen- und Maschinenzeiten ist in SAP kein Problem, da je Arbeitsplatz bis zu sechs Vorgabewertschlüssel zur Verfügung stehen. Der Vorgabewertschlüssel ist im Modul PP die Verknüpfung zur Leistungsart des Controllings. Sollte im obigen Beispiel für das Rüsten an den Pressen eine separate Zeit zu vergeben und ein unterschiedlicher Kostensatz zu berücksichtigen sein, ist dafür ein zusätzlicher Vorgabewertschlüssel im Arbeitsplatz zu definieren.

Unterschiedliche Leistungsarten sind auch erforderlich, wenn in Abhängigkeit vom zu bearbeitenden Material oder von Produkteigenschaften abweichende Kostenstrukturen und Kostensätze zu berücksichtigen sind. Dies verdeutlicht folgendes Beispiel.

Differenzierende Leistungsarten sind anzulegen, wenn etwa in einer mechanischen Fertigung in der gleichen Maschine sowohl Wolfram- als auch Molybdän- Artikel – beide mit unterschiedlichen Werkzeugkosten – zu bearbeiten sind oder wenn bei Schleifmaschinen in Abhängigkeit von der Materialart der Produkte entweder normale Korund – oder Dia-Scheiben erforderlich werden.

In einem Ofen wird je nach Produkt sowohl bei 800 als auch bei 1200 °C geglüht. Zusätzlich wird in dem gleichen Ofen auch gehärtet; das Füllen bzw. Entleeren des Ofens erfolgt wiederum mit differenzierten Personenzeiten. Diese unterschiedlichen Leistungsarten verlangen dann auch unterschiedliche Kostensätze.

Im Reisebüro könnten die Leistungsarten Verkauf einer Bahnreise und Verkauf einer Pauschalreise unterschieden werden und sollten dann mit unterschiedlichen Kostensätzen belegt werden.

In der Personalstellenbeschreibung, welche die Personalabteilung in Abstimmung mit der Fachabteilung vorzunehmen hat, erfolgt die Festlegung der Tätigkeitsarten, welche von den Inhabern einer Planstelle auszuführen sind. Für die Verrechnung der Tätigkeiten zwischen den Kostenstellen sind zu den Tätigkeitsarten Leistungsarten im Controlling und ggf. auch im PPS-System anzulegen. Beispiel: Ein Mitarbeiter an einer Abfüllanlage in der Getränkeindustrie findet in seiner Stellenbeschreibung folgende Tätigkeitsarten:

1. Vorbereitung neuer Abfüllaufträge,
2. Überwachung des Abfüllvorgangs,
3. Reinigung der Anlage.

Diese Tätigkeitsarten könnten entweder zu einer Leistungsart zusammengefasst oder auch mit jeweils einer eigenen Leistungsart definiert werden. Die Bildung einer Leistungsart je Tätigkeitsart wird insbesondere dann vorgenommen, wenn die vor- und nachbereitenden Tätigkeiten zeitaufwendig sind und wenn mit unterschiedlichen Tarifen besonders verursachungsgerecht verrechnet werden soll.

Beim Neuaufbau der Controllingsysteme müssen solche grundsätzlichen Überlegungen zu den Leistungsarten und ihrer kostenrechnerischen Berücksichtigung angestellt und mit den PPS-Aktivitäten abgestimmt werden. Wenn die Arbeitsplätze bereits angelegt und die Arbeitspläne schon vorhanden sind, müssen entsprechende Korrekturen an den PPS-Stamm- und Plandaten vorgenommen werden. Im Idealfall sollte bereits vor dem Neuaufbau überlegt werden, wie beide Anforderungsprofile berücksichtigt werden können. Im schlechtesten Fall müssen die Stamm- und Plandaten der PPS-Seite korrigiert werden. Aber der Abgleich ist zwingend erforderlich, um neben der generellen Abstimmung eine aussagefähige Kostenstellenrechnung, exakte Kalkulationen und damit auch eine korrekte Deckungsbeitragsrechnung in CO zu erhalten.

Innerbetriebliche Leistungsarten der indirekten Leistungsbereiche

Leistungsarten der indirekten Leistungsbereiche[39] (im Folgenden kurz als indirekte Leistungsarten bezeichnet) können unterteilt werden in solche, die keine unmittelbare Beziehung zur Leistung und damit zur Kostenverursachung der Kostenstelle aufweisen (z. B. Bezugsgröße Herstellkosten für die Verrechnung der Verwaltungskostenstellen) und solche, die zwar eine unmittelbare Beziehung zur Leistungsmenge einer Vor-/Hilfs-/Verwaltungskostenstelle aber nicht zur Leistungsmenge der betriebstypischen Hauptprodukte aufweisen (z. B. Leistungsart Anzahl der Materialbewegungen einer Lagerkostenstelle). Die Leistungsmenge der betriebstypischen Hauptprodukte wird üblicherweise mit dem kürzeren Begriff Beschäftigung bezeichnet. Nur in Bezug auf die betriebstypische Beschäftigung können die leistungsmengenabhängigen Bezugsgrößen der indirekten Bereiche als indirekt bezeichnet werden (Anzahl Bestellungen im Einkauf). Leistungsarten für Vor-/Hilfs-/Verwaltungskostenstellen deren Leistungsmengen planbar bzw. erfassbar sind, werden in der Terminologie der Prozesskostenrechnung als leistungsmengeninduzierte Kostentreiber bezeichnet.

Auch die Bezugsgrößen der indirekten Bereiche können und sollen sich möglichst weitgehend – soweit sie auf Leistungsmengen beruhen – am Verursachungsprinzip orientieren. Dadurch unterscheiden sie sich von den sogenannten Umlageschlüsseln, die nicht auf dem Verursachungsprinzip beruhen bzw. eine Verursachungsgerechtigkeit von vornherein nicht anstreben. Eine Verteilung der Kostenstellenkosten nach dem Durchschnittsprinzip (vgl. Kapitel 3) auf andere Kostenstellen entspricht z. B. der Anwendung eines Umlageschlüssels, aber nicht einer indirekten Leistungsart.

Besonders schwierig ist die Wahl geeigneter Leistungsarten für Führungskostenstellen, wozu u. a. Vorstand, Geschäftsbereichsleitung, Betriebsleitungen, und Meisterbereichsstellen zählen. Diese Stellen erbringen Führungsleistungen. Führungsleistungen lassen sich kaum quantifizieren, es sei denn, es würden von den Führungskräften Zeitaufschreibungen für die Lösung von Führungsproblemen durchgeführt, die dann über Stunden- bzw. Tagessätze an die geführten Kostenstellen verrechnet würden. Dies kommt allerdings für festangestellte Führungskräfte in der Praxis so gut wie nicht vor. Allerdings verrechnen sich Unternehmensberater, die zur Lösung von bestimmten Führungsproblemen engagiert werden und damit „Management bzw. Führungskräfte auf Zeit" sind, durchaus über Tages- bzw. Stundensätze. Diese Zeitaufschreibungen dienen jedoch eher der Fakturierung der Berater als der innerbetrieblichen Leistungsverrechnung und dem Gemeinkostencontrolling, denn auch die ex-

---

39 Bezugsgrößen der indirekten Leistungsbereiche werden auch als indirekte Bezugsgrößen, Hilfs- oder Verrechnungsbezugsgrößen bezeichnet.

ternen Manager auf Zeit schreiben i. d. R. nicht auf, für welche Kostenstellen sie im Einzelnen tätig waren, d. h. an welche sie ihre Führungsleistungsart gesendet haben.

Im Produktionsbereich können indirekte Leistungsarten für die Führungskostenstellen ggf. aus den Bezugsgrößen der Produktions-/Hauptkostenstellen abgeleitet werden. Für Hauptkostenstellen können i. d. R. direkte Leistungsarten festgelegt werden. Als indirekte Hilfsleistungsart kann häufig eine proportionale Beziehung der Führungskosten zu den direkten Leistungsarten der betreuten Stellen unterstellt werden. Allerdings entstehen in Führungskostenstellen normalerweise keine leistungsmengenabhängigen proportionalen Kosten, sondern überwiegend fixe Gemeinkosten. Es handelt sich somit bei der Verrechnung von Führungskostenstellen proportional zu den direkten Bezugsgrößen der geführten Hauptkostenstellen um die künstliche Proportionalisierung fixer Gemeinkosten.

Für die Sozialkostenstellen kann die Personalkostensumme oder die Anzahl der Mitarbeiter als Leistungsart gewählt werden. Für diese Stellen lassen sich keine geeigneten beschäftigungsabhängigen Leistungsarten finden, da bei festen bzw. langfristigen Arbeitsverhältnissen die Anzahl der Mitarbeiter nicht mit der kurzfristigen Beschäftigung schwankt. Die Anzahl der Mitarbeiter als Leistungsart der Sozialkosten hat den Vorteil, dass sie die Betreuungsintensität bzw. Fallzahl als Maßgröße der primären Sozialkostenverursachung besser abbildet als die Personalkostensumme.

Auch die Kosten der Kostenstellen des Einkaufs, der Lager- und Materialwirtschaft und des innerbetrieblichen Transports verändern sich nicht immer direkt mit der Beschäftigung bzw. der Leistungsmenge der betriebstypischen Endprodukte. Leistungsarten dieser Bereiche sind logistische Aktivitäten, die z. T. kurzfristig unabhängig von der Beschäftigung anfallen können. Z. B. kann der Einkauf und die Einlagerung eines Rohstoffs (z. B. Zuckerrüben) abhängig vom Erntezeitpunkt dieses Rohstoffs sein (Herbst) und hinsichtlich seiner Verarbeitung zum Endprodukt bzw. der Absatzlage in einem späteren Zeit erfolgen (bis ins Frühjahr). Leistungsarten dieser Logistik-Kostenstellen können in Einkaufsabteilungen die Anzahl der Lieferantenanfragen, die Anzahl der geführten Einkaufsverhandlungen, die Anzahl der Vertragsabschlüsse oder die Anzahl der Bestellungen sein. In Lagerkostenstellen können die Lagerbewegungen, die Lagermengen in Stück oder in Volumengrößen (z. B. Kubikmeter) oder die bewerteten Lagermengen als Leistungsarten dienen. Diese Leistungsarten der indirekten Bereiche, die den Klassikern der deutschsprachigen Kostenrechnungsliteratur seit langem bekannt waren, sind aber erst von der Prozesskostenrechnung „populär" gemacht worden. Die laufende Erfassung der Leistungsmengen dieser Bezugsgrößen ist jedoch zeitaufwendig. Der Ansatz der praxisorientierten Prozesskostenrechnung ist daher nicht die laufende monatliche Erfassung, sondern die sporadische Erfassung als Sonderrechnung zur Bildung von Prozesskostensätzen, die dann eine gewisse Zeit (zumindest länger als einen Monat) Gültigkeit haben.

Die oben angeführten Leistungsarten sind als Maßgrößen der Kostenverursachung und damit als Wirtschaftlichkeitsmaßstab der jeweiligen Kostenstelle geeignet. Die Plankosten einer Lagerkostenstelle können z. B. auf der Planmenge einer bestimmten Anzahl von Lagerbewegungen basieren. Wenn diese Lagerbewegungen im Ist nicht durchgeführt wurden, aber die Plankosten trotzdem verursacht wurden, kann daraus geschlossen werden, dass die Lagerkostenstelle nicht wirtschaftlich gearbeitet hat bzw. eine zu große Kapazität vorhält. Diese Leistungsarten sind aber im Rahmen der Prozesskostenrechnung nur dann als direkte Verrechnungsgrundlagen für die Kalkulation geeignet, wenn die Prozesskostensätze den Kostenträgern verursachungsgerecht zugeordnet werden können. Bestellungen und Lagerbewegungen von Roh-, Hilfs- und Betriebsstoffen, die für mehrere Endprodukte eingesetzt werden, können bestimmten Endprodukten nicht direkt zugerechnet werden, da meistens im Bestellprozess bzw. Zeitpunkt der Lagerbewegung noch nicht feststeht, für welche Endprodukte diese Produktionsfaktoren dann tatsächlich verwendet werden. Der traditionelle Ansatz zur Verrechnung der Kostenstellen des Einkaufs- und Materialbereichs in der Kalkulation ist daher die indirekte Hilfsbezugsgröße „bewerteter Materialverbrauch" (Materialeinzelkosten in €). Da die einzelnen Materialarten in der Logistik i. d. R. unterschiedlich hohe Kosten verursachen, kann eine Verfeinerung dahingehend erzielt werden, dass die indirekte Hilfsbezugsgröße Materialeinzelkosten in € für jede Materialgruppe bzw. jeden Lagertyp gesondert angesetzt und unterschiedliche Materialgemeinkostenzuschlagssätze gebildet werden. Der Ansatz der Prozesskostenrechnung ist die Bildung von Prozesskostensätzen für logistische Prozesse (und auch für andere Prozesse der indirekten Bereiche). Dem Endprodukt wird dann in der Kalkulation ein durch ihn verursachter Prozesskostensatz verursachungsgerecht zugerechnet (Vgl. Kapitel 5 Prozesskostenrechnung).

Auch für die Kostenstellen des Verwaltungs- und Vertriebsbereichs lassen sich weitgehend verursachungsgerechte Leistungsarten definieren. Für die Buchhaltung ist z. B. eine solche Leistungsart die Anzahl der Buchungen und die Anzahl der Mahnungen, für die Kostenrechnung die Anzahl der Kalkulationen, für den Verkaufsinnendienst die Anzahl bearbeiteter Verkaufsaufträge und für den Außendienst die Anzahl der Kundenbesuche. Auch diese Leistungsarten sind als direkte Verrechnungsgrundlagen für die Kalkulation nur im Rahmen der Prozesskostenrechnung geeignet. Die traditionelle indirekte Zuschlagskalkulations-Bezugsgröße für die Verwaltungs- und Vertriebskostenstellen sind die „Herstellkosten des Umsatzes in €". Darauf wird ein Verwaltungs- und Vertriebsgemeinkostenzuschlag verrechnet, was dem Verfahren der Zuschlagskalkulation entspricht (siehe Kap. 6.3.6). Die indirekte Bezugsgröße „Herstellkosten des Umsatzes in €" ist keine gute Maßgröße der Kostenverursachung, die für die Wirtschaftlichkeitsbetrachtung der Verwaltungs- und Vertriebskostenstellen geeignet ist. Deshalb sprechen wir hier auch nicht von Leistungsarten, weil es sich im eigentlichen Sinne eben nicht um eine Leistung handelt, sondern um eine Hilfsbezugsgröße für die Zwecke der Kalkulation. Diese lässt sich verfeinern, bzw. die Kostenunterschiede der einzelnen Produktgruppen lassen sich dahingehend berücksichtigen, dass man die „Herstellkosten des Umsatzes in €" nach Produktgruppen differenziert und entsprechend unterschiedliche Verwaltungs- und Vertriebsgemeinkostenzuschlagssätze bildet. Der Ansatz der Prozesskostenrechnung besteht dagegen in der Bildung von Prozesskostensätzen für Verwaltungs- und Vertriebskostenstellen, die den Endprodukten im Idealfall verursachungsgerecht zugerechnet werden können.

U. a. hat die Gesamtproblematik der Leistungsartenwahl der Kostenstellen der indirekten Bereiche, sowohl für das Gemeinkostencontrolling als auch der Verrechnung in der Kalkulation, zur Herausbildung der Prozesskostenrechnung geführt (Vgl. Kapitel 5). Wie oben angedeutet, hat die Prozesskostenrechnung die Leistungsarten der indirekten Bereiche nicht neu erfunden. Die Prozesskostenrechnung hat aber die aktuelle Bedeutung der Leistungsarten der indirekten Bereiche ins Bewusstsein gebracht und Techniken zur Prozesskostensatzkalkulation erarbeitet. Die aktuelle Bedeutung ergibt sich deshalb, weil die Kosten der indirekten Bereiche wegen des hohen Anteils administrativer, steuernder und überwachender Tätigkeiten heute oft den größten Teil der Gesamtkosten ausmachen. In der Frühzeit der Industrialisierung und damit in den Ursprungsjahren der neuzeitlichen Kostenrechnung haben dagegen die Einzelkosten i. d. R. den größten Teil der Gesamtkosten dargestellt, weshalb die Verfahren zum Gemeinkostencontrolling in den indirekten Bereichen nicht im Mittelpunkt des Interesses standen.

2.4 Leistungsarten mit SAP

2.4.1 Einteilung betrieblicher Leistungen

Grundsätzlich ist mit dem Begriff „Kostenträger" die Verursachung von Kosten durch die Leistungserstellung verbunden. Jede betriebliche Leistung wird andererseits erbracht, um sie zu verwerten. Jeder Kostenträger ist somit auch gleichzeitig ein Leistungsträger, weil die Leistungsverwertung, bis auf Handelsunternehmen, die Leistungserstellung bedingt. Die betrieblichen Leistungen lassen sich wie folgt einteilen.

Die Absatzleistungen werden entweder auf Lager produziert, um dann aus dem Lager heraus Kundenaufträge bedienen zu können. Bei Kundenauftragsleistungen

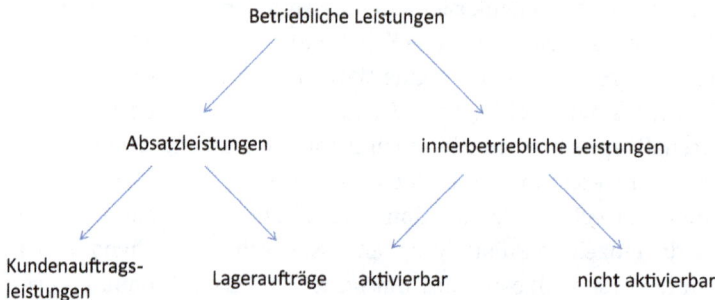

Abb. 2.43: Einteilung betrieblicher Leistungen

geht die Bestellung des Kunden der Produktion voraus. In der Regel handelt es sich hierbei um Kundenauftragseinzelfertigung.

Innerbetriebliche Leistungen sind dann aktivierbar, also auf die Aktivaseite der Bilanz aufzunehmen, wenn sie die handelsrechtlichen Voraussetzungen zur Aktivierung erfüllen. Die Herstellung einer Maschine für einen längeren Zeitraum erfüllt regelmäßig die Aktivierungsvoraussetzungen und wird bei der Darstellung der Gewinn- und Verlustrechnung nach dem Gesamtkostenverfahren als aktivierte Eigenleistung aktiviert.

Bei den nicht-aktivierbaren innerbetrieblichen Leistungen handelt es sich regelmäßig um solche Leistungen, die in der gleichen Periode erstellt und verbraucht werden. Wenn etwa die EDV-Kostenstelle Leistungen für die Personalkostenstelle erbringt, wird diese (als Dienstleistung) bei der Erstellung verbraucht und nicht aktiviert. Auch die Herstellung eines Halbfabrikats für den Einbau in ein Enderzeugnis ist dann nicht aktivierbar, wenn der Sofortverbrauch erfolgt.

Die Erstellung der betrieblichen Leistungen erfolgt für den Fremdbedarf. Dieser besteht bei innerbetrieblichen Leistungen aus dem Bedarf einer Kostenstelle, Leistungen anderer Kostenstellen in Anspruch nehmen zu wollen. Da innerbetriebliche Ressourcen knapp sind und durch ihre Erstellung Inputressourcen verbraucht wurden, erfordert das ökonomische Prinzip, dass ihre Inanspruchnahme nicht umsonst zu erfolgen hat. Innerbetriebliche Leistungen werden daher über die Leistungsverrechnung bepreist. Sie führt bei der leistenden Kostenstelle zu einer Entlastung (Menge der in Anspruch genommenen Leistungsmenge multipliziert mit Preis der Leistung pro Leistungseinheit) und in gleicher Höher zu einer Belastung bei der leistungsempfangenden Kostenstelle.

Bei Absatzleistungen ist im Rahmen der Konditionstechnik ein Preis für die Leistungen flexibel festsetzbar.

2.4.2 Preisfestsetzung für Absatzleistungen

Der gleichen Absatzleistung können über die Konditionstechnik unterschiedliche Preise zugeordnet werden. Das gleiche Produkt kann beispielsweise auf verschiedenen geografischen Marktsegmenten unterschiedlich gestaltet werden. So kann etwa auf ein neues Segment mit einem niedrigeren Preis versucht werden, die Markteintrittsbarriere zu überwinden. Die gleiche Absatzleistung kann auf den Heimatmärkten zu einem höheren Preis angeboten sein, weil man dort bereits etabliert ist.

Jedenfalls bietet SAP die Möglichkeit, über die Konditionstechnik eine Preisfindungsstrategie softwaretechnisch umzusetzen. Eine solche Strategie definiert Kriterien, die in ihrer Kombination einen spezifischen Preis ableiten. Dazu werden Konditionsarten, also einzelne Preiskomponenten, in Beziehung gesetzt, um final einen Endpreis daraus abzuleiten. Jede Konditionsart, z. B. Basispreis, Zu- und Abschläge (z. B. Rabatte), Fracht, Zoll etc. Für jede Konditionsart können dann Zugriffsfolgen definiert

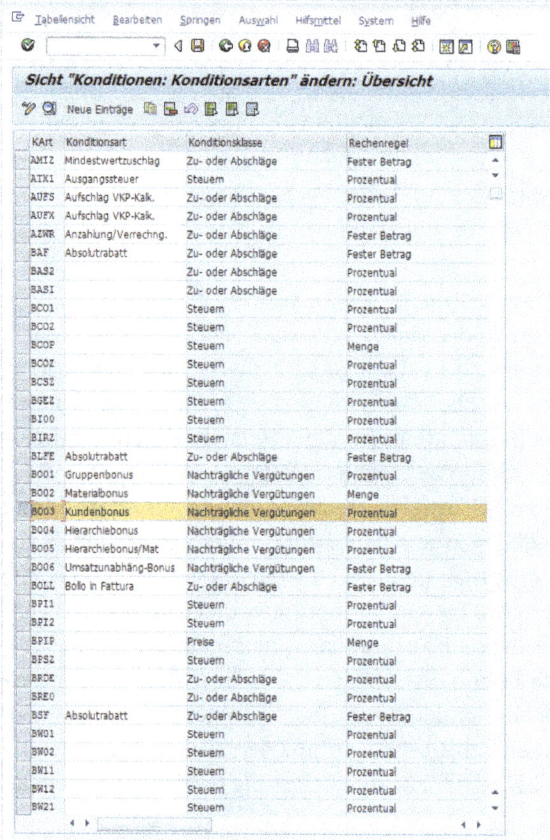

KArt	Konditionsart	Konditionsklasse	Rechenregel
AMIZ	Mindestwertzuschlag	Zu- oder Abschläge	Fester Betrag
ATX1	Ausgangssteuer	Steuern	Prozentual
AUFS	Aufschlag VKP-Kalk.	Zu- oder Abschläge	Prozentual
AUFX	Aufschlag VKP-Kalk.	Zu- oder Abschläge	Prozentual
AZWR	Anzahlung/Verrechng.	Zu- oder Abschläge	Fester Betrag
BAF	Absolutrabatt	Zu- oder Abschläge	Fester Betrag
BAS2		Zu- oder Abschläge	Prozentual
BASI		Zu- oder Abschläge	Prozentual
BCO1		Steuern	Prozentual
BCO2		Steuern	Prozentual
BCOP		Steuern	Menge
BCOZ		Steuern	Prozentual
BCSZ		Steuern	Prozentual
BGEZ		Steuern	Prozentual
BIO0		Steuern	Prozentual
BIRZ		Steuern	Prozentual
BLFE	Absolutrabatt	Zu- oder Abschläge	Fester Betrag
BO01	Gruppenbonus	Nachträgliche Vergütungen	Prozentual
BO02	Materialbonus	Nachträgliche Vergütungen	Menge
BO03	Kundenbonus	Nachträgliche Vergütungen	Prozentual
BO04	Hierarchiebonus	Nachträgliche Vergütungen	Prozentual
BO05	Hierarchiebonus/Mat	Nachträgliche Vergütungen	Prozentual
BO06	Umsatzunabhäng-Bonus	Nachträgliche Vergütungen	Fester Betrag
BOLL	Bollo in Fattura	Zu- oder Abschläge	Fester Betrag
BPI1		Steuern	Prozentual
BPI2		Steuern	Prozentual
BPIP		Preise	Menge
BPSZ		Steuern	Prozentual
BRDE		Zu- oder Abschläge	Prozentual
BREO		Zu- oder Abschläge	Prozentual
BSF	Absolutrabatt	Zu- oder Abschläge	Fester Betrag
BW01		Steuern	Prozentual
BW02		Steuern	Prozentual
BW11		Steuern	Prozentual
BW12		Steuern	Prozentual
BW21		Steuern	Prozentual

Abb. 2.44: Konditionsarten in SAP

werden die bestimmen, wie nach Konditionssätzen gesucht werden soll. Zu jeder Konditionsart können verschiedene Preise im System vorhanden sein. Mit der Zugriffsfolge kann gezielt mittels einer Suchstrategie der gewünschte Konditionssatz vom System gefunden werden. Für die Konditionsart „Preis" kann etwa festgelegt werden, dass das System zuerst nach einem Listenpreis sucht und, sollte keiner gefunden werden, nach einem kundenindividuellen Preis für das Produkt sucht.

Bei Rabatten kann darüber hinaus mit Staffelungen gearbeitet werden. Eine Konditionsart „Rabatte" kann dann abhängig von einer Bezugsgröße „Mengenstaffel" prozentuale Abschläge vorsehen. Je mehr der Kunde bestellt und dabei die Staffelgrenze überschreitet, desto höher der prozentuale Abschlag.

Eine konkrete Ordnung von Konditionsarten zur Determinierung des Verkaufspreises erfolgt in SAP dann über ein Konditionsschema.

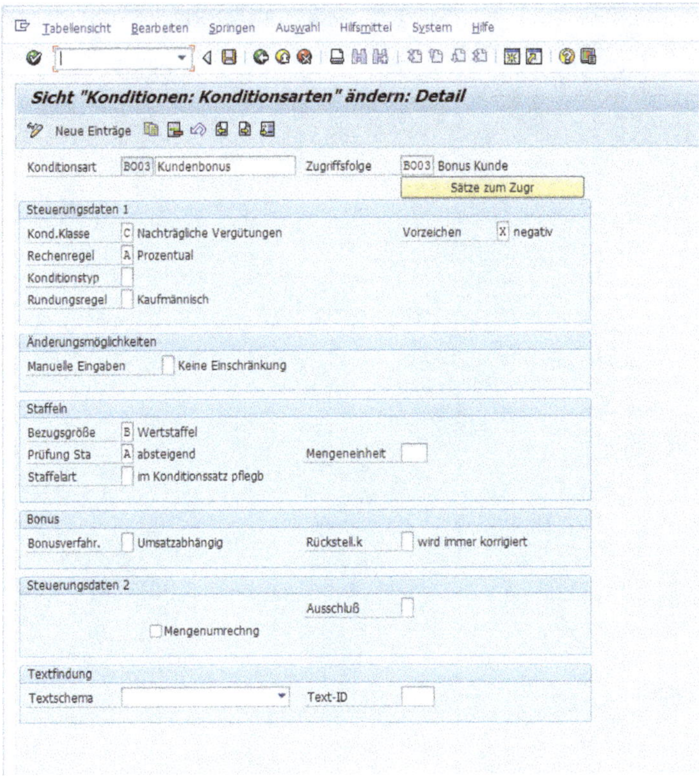

Abb. 2.45: Attribute einer Konditionsart

Im Stammsatz jeder Kondition können dann Attribute angegeben werden, etwa ob die Kondition als negativer (Abschlag) oder positiver Betrag (Zuschlag) behandelt wird (Feld „Vorzeichen" in Abb. 2.45).

Die Zusammenstellung von Preisdeterminanten erfolgt dann innerhalb eines Kalkulationsschemas. Dort wird festgelegt, welche Konditionsarten in welcher Reihenfolge berücksichtigt werden sollen, um die Preisinformation vom System kalkulieren zu lassen.

Mittels der Stufen können Bezüge innerhalb des Kalkulationsschemas abgegrenzt werden. Rabattierungen werden sich regelmäßig auf eine Gruppe von Konditionsarten beziehen. Um diese Gruppe abzugrenzen, werden sie als Stufen abgebildet, auf die dann andere Konditionsarten referenzieren können.

Der Zähler legt die Reihenfolge des Zugriffs auf die Konditionsarten fest, die bei der automatischen Preisfindung durch das System übernommen wird.

Um bei einem Kundenauftrag auf ein Kalkulationsschema zugreifen zu können, werden die Kalkulationsschemata Merkmale eines Kundenauftrages zugeordnet. In Kombination dieser Merkmale wird dann ein konkretes Kalkulationsschema beim

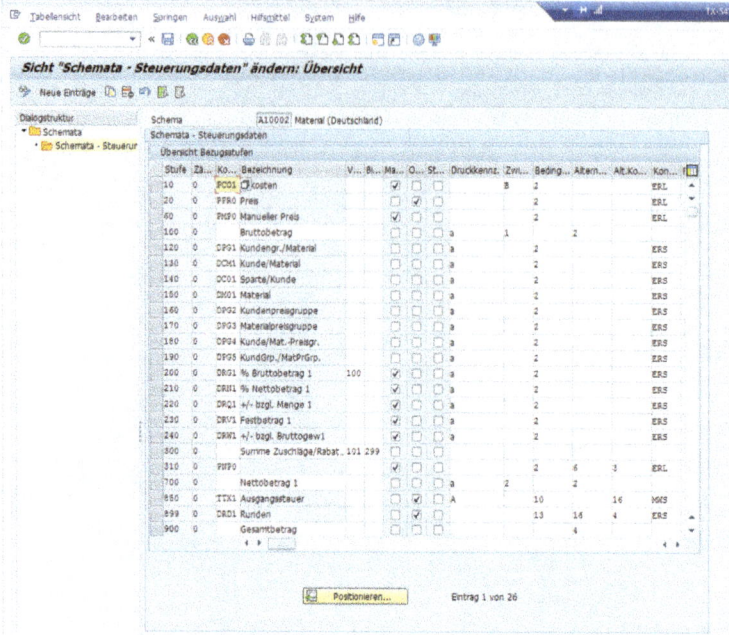

Abb. 2.46: Kalkulationsschema

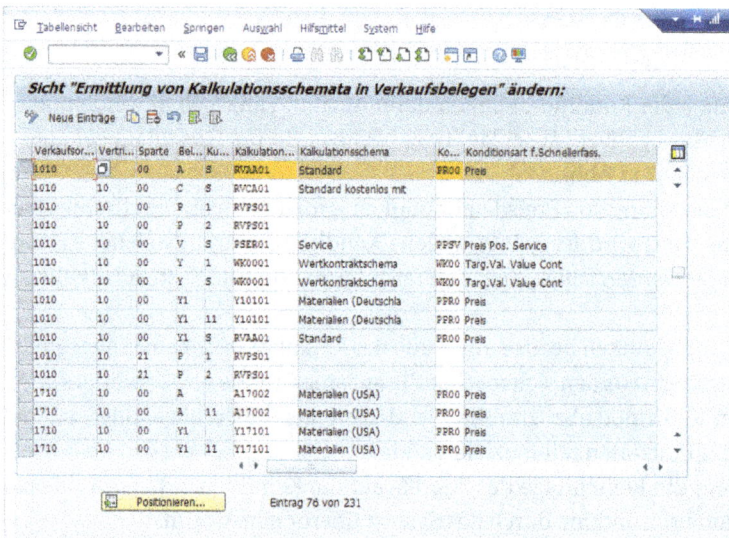

Abb. 2.47: Zuordnung von Kalkulationsschemata

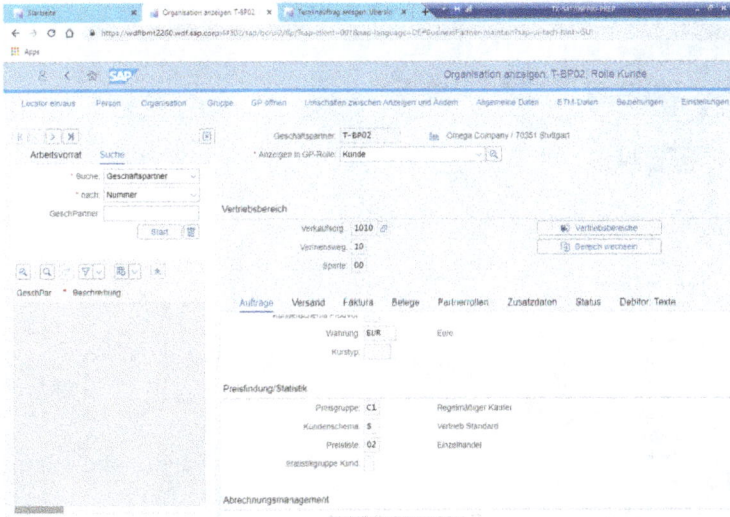

Abb. 2.48: Kundenschema: Hinterlegung im Geschäftspartnerstammsatz

Anlegen eines Kundenauftrages abgeleitet. Durch die Kombination verschiedener Merkmale können flexibel differenzierte Kalkulationsschemafindungen im System hinterlegt werden. Zu den Kriterien zählen Verkaufsorganisation, Vertriebsweg, Sparte und Kundenschema. Verkaufsorganisation, Vertriebsweg und Sparte konstituieren den Vertriebsbereich in SAP. Dabei handelt es sich um die zentrale Organisationseinheit im Vertrieb. Das Kundenschema wird im Kundenstammsatz hinterlegt. Das Belegschema wird einer Auftragsart zugeordnet.

Beim Anlegen eines Kundenauftrages werden zunächst die Daten für den Vertriebsbereich angegeben.

Die Verbindung zum Kundenschema erfolgt durch die Angabe des Geschäftspartners als Auftraggeber. Die für den Kundenauftrag relevanten Informationen, so auch das Kundenschema, werden aus dem Geschäftspartnerstammsatz übernommen. Über die Auftragsart wird das Belegschema gefunden. Damit sind alle Merkmale identifiziert, denen ein Kalkulationsschema zugeordnet wurde.

Die Details zur Vertriebsbelegposition 10 beinhalten auch die Findung des Kalkulationsschemas bzw. die dadurch bewirkte Preisermittlung.

Über den Button „Analyse" wird das zugeordnete Kalkulationsschema eingestellt.

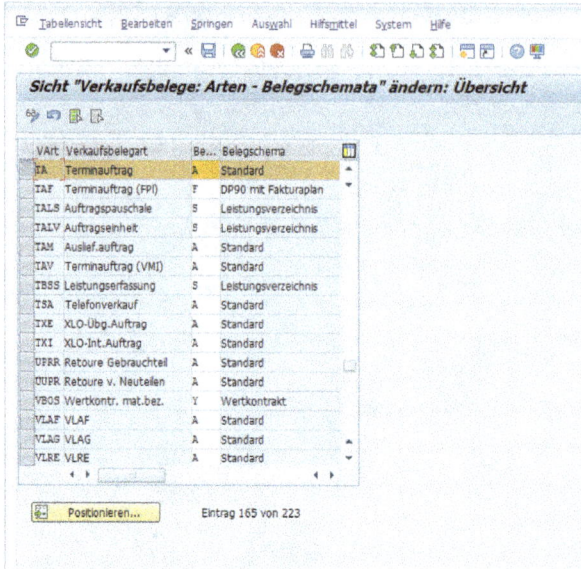

Abb. 2.49: Belegschema: Zuordnung zur Auftragsart

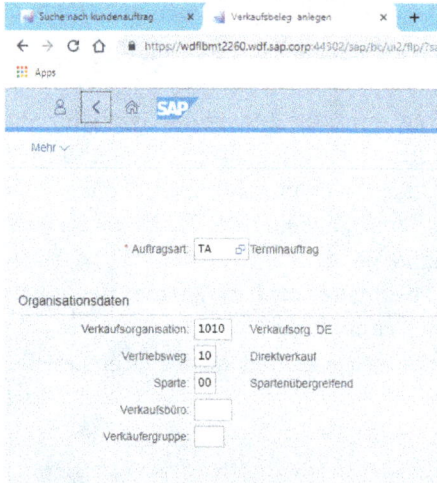

Abb. 2.50: Anlegen eines Kundenauftrags

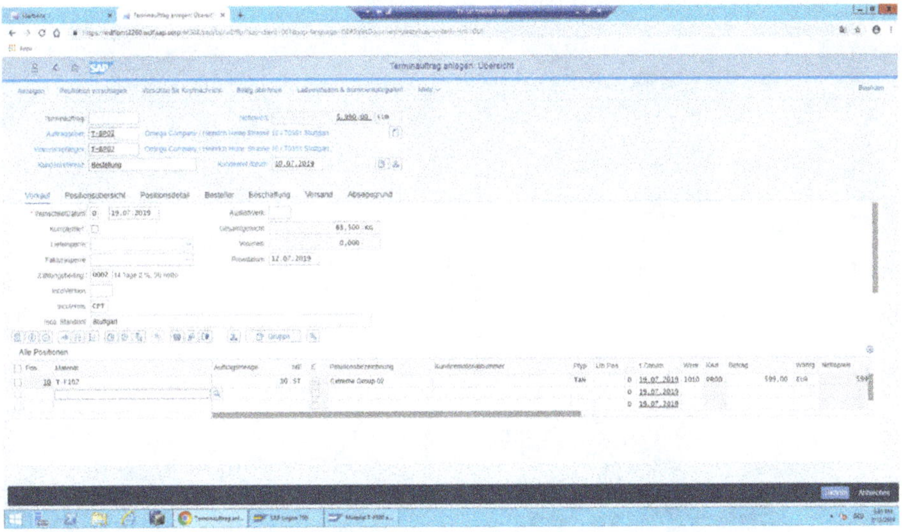

Abb. 2.51: Stammdaten des Kundenauftrags

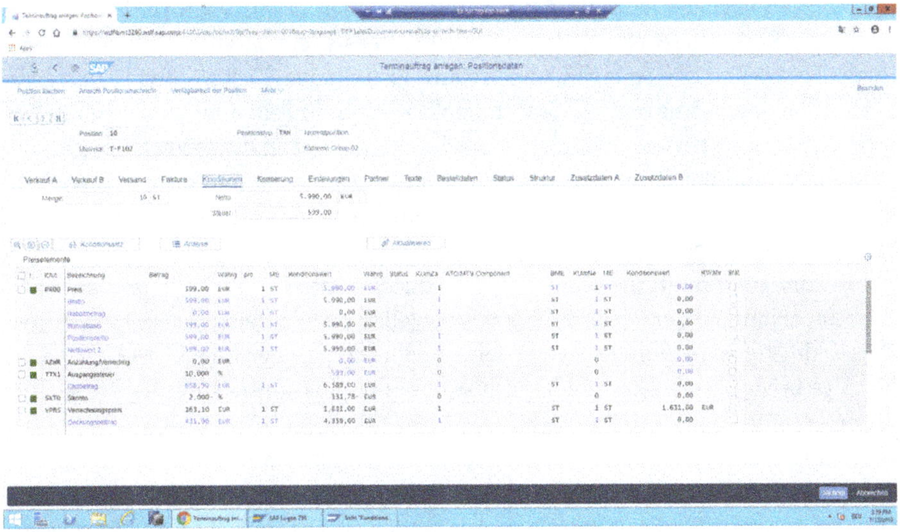

Abb. 2.52: Konditionen der Kundenauftragsposition

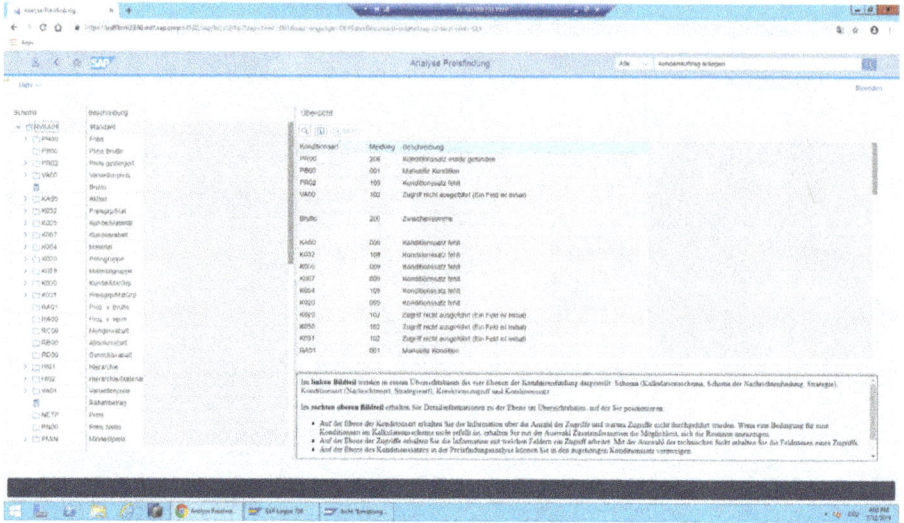

Abb. 2.53: Kalkulationsschema für die Kundenauftragsposition

2.4.3 Direkte und indirekte Ermittlung der innerbetrieblichen Leistungsartenmengen in SAP

Die Planung und Verbuchung von innerbetrieblichen Leistungsmengen erfolgt über das Anlegen bzw. die Auswahl der innerbetrieblichen Leistungsart im Leistungsartenstamm. Rechnungswesen – Controlling – Kostenstellenrechnung – Stammdaten – Pfad: Leistungsarten – Anlegen/Ändern/Anzeigen. In der Regel werden Leistungsarten für Personalleistungen und Maschinenleistungen in Zeit- oder Mengeneinheiten je produktiver Kostenstelle definiert. Je nach Anforderung an die Verrechnungsart der Leistungen wird der „Leistungsartentyp" festgelegt. Der Leistungsartentyp wird sowohl für die geplante Leistungsabgabe und -aufnahme als auch für die Ist-Leistungsverrechnung gesetzt.

Bei direkter Ermittlung planen die Kostenstellen die Leistungsmengen auf Basis ihrer Kapazität und der durch andere Kostenstellen angeforderten Leistungsmengen. Dies ist der Regelfall. Voraussetzung dafür sind Informationen über bisherige und zukünftige Leistungsmengen und Kenntnisse über produktionstechnische Notwendigkeiten.

Die indirekte Ermittlung von Leistungsmengen ist dann notwendig, wenn keine Leistungsplanung und -aufschreibung durchgeführt wird, also keine Information über die benötigte Planleistungsmenge vorhanden ist. Dies ist z. B. im Qualitätswesen der Fall, wenn Stichproben durchgeführt werden und eine Leistungsaufschreibung zu aufwändig wäre. In diesem Falle wird die Leistungsmenge aus einer Empfängerbeziehung abgeleitet; zum Beispiel: pro 1.000 Stück Produktionseinheiten je eine Stunde Qualitätsprüfung u. ä.

Bei der direkten Leistungsverrechnung werden die zu verrechnenden Leistungs-mengen auf Basis einer Leistungsaufschreibung erfasst und verbucht. Dieser Stan-dardfall kommt insbesondere für die aus der Produktion rückgemeldeten Erzeugnis-mengen und die daraus abgeleitete Leistungsverrechnung in Betracht. Auch bei der Leistungsabgabe von Hilfs- an Hauptkostenstellen (zum Beispiel interne Reparatur-werkstatt, innerbetrieblicher Transport) werden die erbrachten Leistungsmengen er-fasst und verbucht.

Bei der indirekten Leistungsverrechnung erfolgt eine Aufteilung der erbrach-ten Leistungsmengen an mehrere Empfänger auf der Basis eines Schlüssels, der nur bedingt die tatsächliche Inanspruchnahme repräsentiert. Basis für die Aufteilung können Prozentwerte, Anteilswerte oder auch Werte beim Empfänger, wie z. B. Istleis-tungsmengen oder Istkosten sein. Wird als Basis der Beschäftigungsgrad des Emp-fängers genommen, so handelt es sich in SAP um eine sog. „Soll-Ist-Leistungsverrech-nung". Dabei wird die Sollleistungsmenge als Istleistungsmenge gebucht. Beispiel: Geplante Leistungsverrechnung Instandhaltung bei 100 % Auslastung des Empfän-gers Produktion = 1.000 h/Pe. Bei einem Ist-Beschäftigungsgrad der Produktion von 50 % wird eine Ist-Leistungsmenge von 500 h/Pe Instandhaltung an die Produktion verrechnet.

Eine weitere Festlegung, die im Leistungsartenstamm vorgenommen werden muss, ist das Tarifkennzeichen bzw. die Tarifermittlung. Der Tarif (=innerbetrieb-licher Verrechnungspreis/Sekundärkostensatz) kann manuell politisch festgelegt werden. Dies ist der Fall bei dem so genannten Gutschrift-Lastschriftverfahren der in-nerbetrieblichen Leistungsverrechnung, das unten in Kapitel 3.4.4 beschrieben wird.

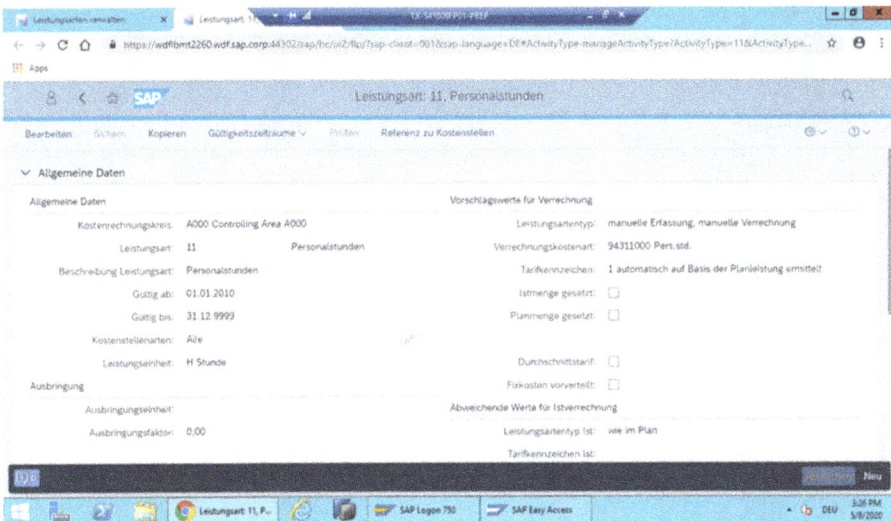

Abb. 2.54: Leistungsartenstammsatz in SAP

Er kann auch aus dem Verhältnis der leistungsartenbezogenen Kosten und der Plan-leistungsmenge als Quotient bzw. mit der Divisionskalkulation berechnet werden. Die maschinelle Tarifermittlung erfolgt nach dem Iterationsverfahren (Beschreibung siehe unten in Kapitel 3.4.3), d. h. die gegenseitigen Leistungsbeziehungen der Kostenstellen werden bei der Tarifermittlung berücksichtigt.

Schließlich ist der Leistungsart die Kostenart des Empfängers zuzuordnen, über die eine Verbuchung der Kosten bei der Leistungsverrechnung erfolgen soll. Die Kostenart muss vom Typ „innerbetriebliche Leistungsverrechnung" (= Sekundärkostenart) sein.

Wenn für die Leistungsart auch der Isttarif auf Basis der Istkosten und Istleistungsverrechnung ermittelt werden soll, so ist das Kennzeichen für Isttarifermittlung zu setzen. Im System SAP kann bestimmt werden, ob bei einer Abweichung von Ist- und Plantarif eine nachträgliche Korrektur der schon gebuchten Leistungsverrechnung maschinell gebucht werden soll. Soll der Tarif zur Leistungsart nur auf Basis der variablen Kosten berechnet werden (Grenzplankostenrechnung), so werden die Fixkosten zur Leistungsart vorab verteilt. In diesem Fall wird das Kennzeichen zur Teilnahme der Leistungsart an der Fixkostenvorverteilung gesetzt.

3 Kostenstellenrechnung und Leistungsrechnung

3.1 Stellenrechnung aus betriebswirtschaftlicher Sicht

3.1.1 Grundsätze für die Bildung von Kostenstellen

Eine effektive Kostenplanung und Kostenkontrolle und die Bildung von Kalkulationssätzen für die Durchführung von Kalkulationen machen die Untergliederung eines Unternehmens in Kostenstellen notwendig. Kostenstellen sind Abteilungen oder betriebliche Teilbereiche, die in der Kostenrechnung als eigenständige Kontierungseinheiten abgerechnet werden. Auf sie werden in der Istkostenrechnung Istkosten gebucht und in der Plankostenrechnung Plankosten geplant. Vorkostenstellen und Hilfskostenstellen, auch als sekundäre Kostenstellen bezeichnet, geben typischerweise ihre Kosten im Rahmen der innerbetrieblichen Leistungsverrechnung als sekundäre Kosten an andere Hilfskostenstellen und an die Hauptkostenstellen ab. Hauptkostenstellen sind diejenigen Kostenstellen, in denen die Endprodukte produziert werden. Sie werden daher auch als Endkostenstellen und in SAP als Produktionskostenstellen bezeichnet. Hauptkostenstellen werden darüber hinaus teilweise auch als kalkulierende Kostenstellen bezeichnet, weil für ihre Endprodukte die Kalkulationen zur Ermittlung der Preisuntergrenze durchgeführt werden. Die Bezeichnung kalkulierende Kostenstelle für Hauptkostenstelle ist allerdings nicht befriedigend, da auch Kostenstellen die Zwischenprodukte herstellen, kalkulieren müssen. Die Kalkulation von Zwischenprodukten ist in einer mehrteiligen und mehrstufigen Kalkulation erforderlich, weil die Zwischenkalkulationsergebnisse für die Kalkulation der Hauptprodukte benötigt werden und weil auch Zwischenprodukte bzw. Halbfertigprodukte als Ersatzteile marktfähige Produkte sein können. Auch früher als klassische Vor- bzw. Hilfskostenstellen betrachtete Kostenstellen wie Instandhaltungskostenstellen, Konstruktionskostenstellen, IT-Kostenstellen oder die Kostenstelle einer unternehmensinternen Unternehmensberatung (Inhouse Consulting) können ihre Dienstleistungen nicht nur intern verkaufen, sondern auch unternehmensextern. Dies haben z. B. die IT-Kostenstellen bzw. Rechenzentren vieler größerer Unternehmen so intensiv getan – z. T. auch weil es von ihnen zur Kapazitätsauslastung verlangt wurde –, dass diese ehemaligen Vor-/Hilfskostenstellen eine eigenständige Rechtsform bekommen haben bzw. in ein Dienstleistungsunternehmen umgewandelt wurden. Dadurch sind die ehemaligen innerbetrieblichen Leistungen von Vor-/Hilfskostenstellen zu Endprodukten der nunmehr eigenständigen Dienstleistungsunternehmen geworden. Vor- und Hilfskostenstellen müssen allerdings nicht notwendigerweise eine eigene Rechtsform erhalten, um ihre Dienstleistungen am freien Markt absetzen zu können. Sie müssen allerdings für ihre Dienstleistungen Preisuntergrenzen kalkulieren und sind damit auch kalkulierende Kostenstellen die Dienstleistungsendprodukte anbieten. Sämtliche Kostenstellen müssen letztendlich innerbetriebliche Verrechnungspreise bzw.

https://doi.org/10.1515/9783110616927-003

Tarife für ihre Leistungen ermitteln, unabhängig davon, ob sie eher als Vor-/Hilfs oder als Haupt-/Endkostenstellen definiert werden können. In SAP S/4HANA gibt es keine Unterteilungsmöglichkeit in Vor-/Hilfskostenstellen und Haupt-/Endkostenstellen, d. h. es gibt kein Merkmal bzw. Eingabefeld mit dem eine solche Zuordnung vorgenommen werden könnte. Alle Kostenstellen können sendende und empfangende Kostenstellen von innerbetrieblichen Leistungen und Kosten sein. Typischerweise sind Vor-/Hilfskostenstellen eher sendende und Haupt-/Endkostenstellen eher empfangende Kostenstellen. Aber auch eine Haupt- oder Endkostenstelle kann an eine Vor- oder Hilfskostenstelle Leistungen senden.

Nach folgenden Prinzipien sollte bei der Einteilung eines Unternehmens in Kostenstellen verfahren werden. Eine Kostenstelleneinteilung, die diesen Prinzipien entspricht stellt sicher, dass die Kostenstellenrechnung ihre Aufgaben erfüllen kann.

Die Kostenstellen sollten so gebildet werden, dass es sich um selbstständige Verantwortungsbereiche handelt. Für jede Kostenstelle muss ein Kostenstellenleiter verantwortlich sein, der die Plan- und Ist-Kosten zu vertreten hat und daher die Kostenplanung durchführen sollte oder zumindest daran maßgeblich mitwirken muss. Kostenstellenleiter sind typischerweise auch Leiter organisatorischer Einheiten und Disziplinarvorgesetzte, wie z. B. Meister oder Abteilungsleiter. Nur die Mitwirkung der verantwortlichen Kostenstellenleiter gewährleistet die Durchführung eines wirksamen Kostenmanagements. Die Bildung selbstständiger Verantwortungsbereiche schließt nicht aus, dass einem Kostenstellenleiter mehrere Kostenstellen unterstehen. Es ist aber zu vermeiden, dass für eine Kostenstelle mehrere Führungskräfte gleichzeitig verantwortlich sind. Im Falle von Sollkostenüberschreitungen wird dann letztlich keiner die Verantwortung für die Kostenverursachung übernehmen wollen. Wenn ein Unternehmen eine Kostenstellenrechnung einführt, so ist es häufig sinnvoll und zeitsparend, sich bei der Bildung von Kostenstellen an vorliegenden Organisationsplänen (Organigramme) zu orientieren.

Die Definition von Kostenstellen sollte so erfolgen, dass sich für alle Kostenstellen Maßgrößen der Kostenverursachung (Maschinenstunden, Produktionsmengen usw.) finden lassen. Derartige Maßgrößen der Kostenverursachung werden in der Literatur auch als Bezugsgrößen bezeichnet; die Prozesskostenrechnung bezeichnet sie als Kostentreiber. Ihre Definition ist die Voraussetzung für Bezugsgrößenkalkulationsverfahren[1] und für die Kostenplanung und Kostenkontrolle. Je feiner die Kostenstellenstruktur gewählt wird, desto weniger Bezugsgrößen werden im Normalfall pro Kostenstelle benötigt.

Die Kostenstellenstruktur sollte so definiert werden, dass sich alle Belege aus der Buchung der Kostenarten möglichst ohne Kontierungsschwierigkeiten auf die verur-

---

[1] Es handelt sich bei der Bezugsgrößenkalkulation um das genaueste Kalkulationsverfahren. Für einfachere Kalkulationsverfahren, wie z. B. die Divisionskalkulationen sind Bezugsgrößen nicht notwendig.

sachenden Kostenstellen kontieren lassen. Die Vermeidung von Kontierungsschwierigkeiten ist umso leichter, je gröber man die Kostenstelleneinteilung wählt. Es können z. B. alle Maschinengruppen und Arbeitsplätze eines fertigungstechnisch zusammenwirkenden Produktionsbereichs (einer Produktionsstufe) zu einer relativ großen Kostenstelle zusammengefasst werden. Dann können Kosten, die bei einer feineren Einteilung nur mit Umlageschlüsseln den kleineren Kostenstellen zugerechnet werden könnten, wie z. B. die Personalkosten der Führungskraft, verursachungsgerecht dieser größeren Kostenstelle zugerechnet werden. Unterteilt man dagegen den Produktionsbereich in mehrere Kostenstellen, z. B. in mehrere Maschinengruppen mit jeweils unterschiedlichen Bezugsgrößen, so ergibt sich zwar eine geringere Zahl von Bezugsgrößen je Kostenstelle, was die Definition der Bezugsgrößen und die Kalkulation vereinfachen kann, aber bestimmte Kostenarten wie die genannten Personalkosten der Führungskraft können realistischerweise nur mit Umlageschlüsseln auf die kleineren Kostenstellen verteilt werden, wenn der wenig praktikable Fall einer Zeitaufschreibung der Führungskraft ausgeklammert wird.

Wenn die Genauigkeit der Kalkulation und der Abweichungsanalysen eine sehr feine Kostenstelleneinteilung erfordern, so können die damit einhergehenden Kontierungsschwierigkeiten auf verschiedene Weisen vermindert werden.

Zunächst können im Rahmen der jährlichen Planung die Kosten auf der Ebene einzelner Maschinen, Maschinengruppen und/oder Arbeitsplätze geplant werden. Diese feinere Einteilung für die analytische Plankostenrechnung wird in der Istkostenrechnung, d. h. bei der laufenden Kontierung zu größeren Einheiten zusammengefasst. Diese Methode wird auch als Kostenplatzrechnung bezeichnet, wobei Kostenplätze als Maschinengruppen oder Arbeitsplatzgruppen interpretiert werden. Im Soll-Ist-Kostenvergleich können bei der Kostenplatzrechnung nach Maschinengruppen bzw. Arbeitsplätzen differenzierte Sollkosten ermittelt werden, da man die Istbeschäftigung und die Plantarife der Kostenplätze kennt. Die Sollkosten müssen aber dann auf der Ebene der Kostenstelle aufaddiert werden, da die Istkosten (wegen des Kontierungsaufwandes) nicht nach Kostenplätzen zugerechnet werden. Der Nachteil der Kostenplatzrechnung besteht demzufolge darin, dass im Soll-Ist-Kostenvergleich zwar Abweichungen auf Kostenstellenebene erkennbar sind, aber diese nicht ohne weiteres auf die zusammengefassten Kostenplätze (Maschinengruppen bzw. Arbeitsplätze) heruntergebrochen werden können. Die Aussagefähigkeit der Abweichungsanalyse zur Kostenkontrolle ist also eingeschränkt.

Die Kontierungsschwierigkeiten können auch durch die Bildung von sog. Bereichsstellen[2] vermindert werden. Dieses Verfahren kann sowohl für die Plankostenrechnung als auch für die Istkostenrechnung angewendet werden. Bei der Bildung von

---

2 Kostenstellen lassen sich über eine Kostenstellenhierarchie mehrstufig strukturieren. Die Hierarchie besteht aus Kostenstellengruppen, denen wiederum die Kostenstellen zugeordnet werden. Damit lassen sich gruppenbezogen Selektionen für Berichts- und Verrechnungszwecke durchführen.

Bereichsstellen werden alle Maschinengruppen und Arbeitsplätze, für die gesonderte Kalkulationssätze gebildet werden, in der laufenden Abrechnung als selbstständige Kostenstellen abgerechnet. Zur Verminderung der Kontierungsschwierigkeiten ordnet man jeweils den zu einem Leitungsbereich gehörenden Maschinengruppen oder Arbeitsplätzen Bereichsstellen zu. Auf Bereichsstellen werden alle Kostenarten geplant und im Ist belastet, die sich nicht oder nur mit Schwierigkeiten verursachungsgerecht auf die zum Leitungsbereich gehörenden Kostenstellen verteilen lassen. Die Kosten der Bereichsstellen werden bei der innerbetrieblichen Leistungsverrechnung auf die betreuten Kostenstellen weiter verrechnet, wofür allerdings ggf. wieder ein nicht verursachungsgerechter Umlageschlüssel angewendet werden muss, da es für Leitungstätigkeiten naturgemäß schwer fällt, Bezugsgrößen der Kostenverursachung zu definieren.

Kostenstelleneinteilungen sind von branchentypischen, größenabhängigen und unternehmensindividuellen Faktoren abhängig. Es ist somit nicht möglich, eine für alle Unternehmen allgemein gültige Kostenstelleneinteilung anzugeben.

Wenn die Kostenstelleneinteilung gefunden ist, müssen Kostenstellen-Bezeichnungen vergeben werden und die Kostenstellen in einem Kostenstellen-Nummernkreis erfasst, bzw. in den Kostenstellenstamm eingepflegt werden. Die erste oder die ersten beiden Ziffern der Kostenstellen-Nummern oder Buchstaben können z. B. aufbauorganisatorische Teilbereiche indizieren, die übrigen Ziffern können zur laufenden Nummerierung dienen.

Die Kostenstelle wird in die Organisation des Rechnungswesens des Unternehmens eingebettet, indem im Stammsatz die *Organisationselemente* eingetragen werden, denen die Kostenstelle zuzuordnen ist. Dies sind der *Kostenrechnungskreis* und bei buchungskreisübergreifender Kostenrechnung der *Buchungskreis*. Für die Selektion von Kostenstellen werden *Kostenstellengruppen* (Verdichtungen von Kostenstellen) definiert, denen die Kostenstellen zugeordnet werden. Welche Kostenstellengruppen zu definieren sind, hängt von der Aufbauorganisation des Unternehmens und dem Informationsbedarf im Kostenstellencontrolling ab. Beispiele für Kostenstellengruppen sind Gruppen für Beschaffung, Produktion, Vertrieb und Verwaltung.

3.1.2 Abbildung in SAP S/4 HANA

Die Kostenstellenstandardhierarchie ist eine verbindlich zu pflegende Kostenstellengruppe. Kostenstellen als Orte der Kostenverursachung sind eindeutig einem Knoten innerhalb der Standardhierarchie zuzuordnen. Die Angabe eines Knotens der Hierarchie ist beim Anlegen eines Kostenstellenstammsatzes als Mussfeld verbindlich mit einem Wert zu versehen. Wie die Hierarchie aufgebaut werden soll, ist unternehmensindividuell auszuprägen. Sowohl geografische, segmentbezogene als auch produktbezogene Ausprägungen sind möglich. Der oberste Knoten der Standardhierarchie ist im Customizing des Kostenrechnungskreises zu hinterlegen.

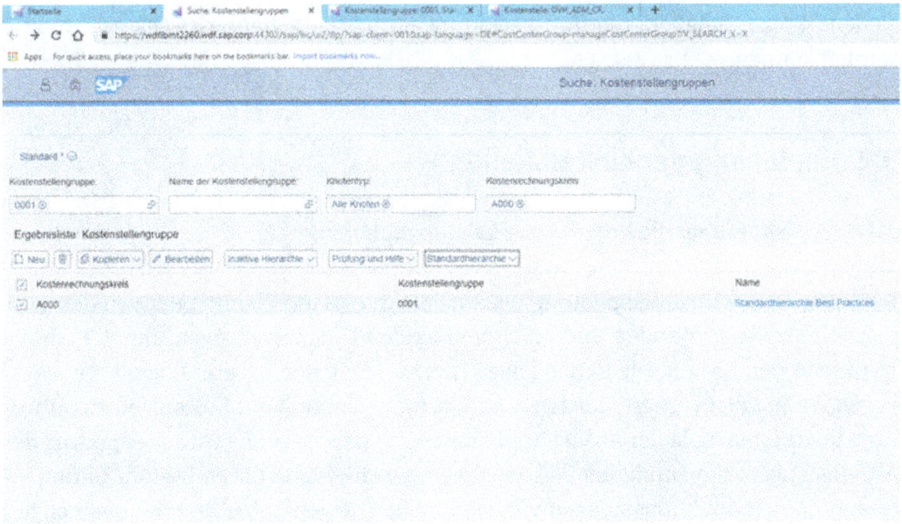

Abb. 3.1: Kostenstellenstandardhierarchie: Einstieg.

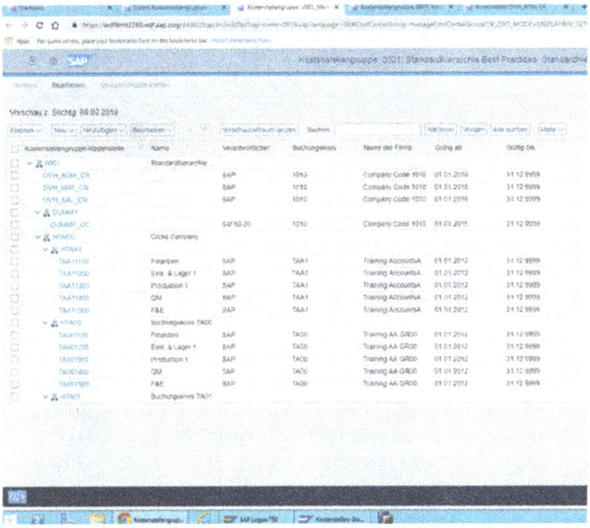

Abb. 3.2: Kostenstellenstandardhierarchie: Struktur

Aus der Standardhierarchie heraus kann der Anwender direkt in den Stammsatz einer der Kostenstellen navigieren, um sich weitere Informationen gezielt anzeigen zu lassen.

Innerhalb der Standardhierarchie ist eine Kostenstelle zwingend genau einem Knoten zuzuordnen, da die Verantwortung für das Entstehen von Gemeinkosten auf Kostenstellen eindeutig zugeordnet werden muss. Daneben sind beliebig viele Kostenstellengruppen möglich, die für Auswertungs- und Verrechnungszwecke verwendet werden können.

3.2 Beplanung der Kostenstellen

3.2.1 Basisdaten für die Kosten- und Leistungsplanung

Die Kosten- und Leistungsplanung umfasst die integrierte Planung der von den Kostenstellen zu erbringenden und aufzunehmenden Leistungsmengen und die daraus resultierenden Kosten. Die in den jeweiligen Kostenstellen dezentral geplanten Werte werden in die integrierte Kosten- und Leistungsplanung des Kostenstellencontrollings übernommen. In der Absatz- und Produktionsgrobplanung wird die Planung der Absatzmengen, die durch den Vertrieb geplant werden und die zu ihrer Erfüllung erforderlichen Produktionsmengen vorgenommen. Die geplanten Produktionsmengen führen zu einer disponierten Leistung der Produktionskostenstellen. Innerhalb des Gemeinkostencontrollings werden von allen CO-OM Objekten Leistungsaufnahmen geplant, die ebenfalls zu einer disponierten Leistung bei den Senderkostenstellen führen.

> **Einführungsbeispiel**
> Die Produktion von 1.000 Pumpen erfordert in der ersten Produktionsstufe für die Bereitstellung der benötigten Materialien einen Zeitaufwand von 20 Stunden in der Kostenstelle Kommissionierung. Die Planung der Produktion führt daher zu einer disponierten Leistung von 20 Stunden der Leistungsart „Kommissionieren". Die Produktionskostenstellen planen für die Wartung ihrer Maschinen 100 Stunden vorbeugende und 100 Stunden bedarfsgesteuerte Instandhaltung. Die Leistungsaufnahmeplanung ergibt eine disponierte Leistung von 100 Instandhaltungsstunden fix und 100 Instandhaltungsstunden variabel. Aus der disponierten Leistung wird der Bedarf an Anlagen- und Personalkapazität abgeleitet. Die Berechnung der Abschreibungen erfolgt in der Anlagenbuchhaltung und wird in die Kostenstellenplanung übernommen. Dazu muss jedoch eine genaue und aktuelle Zuordnung der Anlagen zu den Kostenstellen gegeben sein. Das Wertgerüst der Personalkosten wird im Personalwesen in Anlehnung an die erwarteten Tarifabschlüsse geplant (vgl. zur Ermittlung der tatsächlichen Personalkosten pro Anwesenheitsstunde Abschnitt 2.1.4) und an die Kostenstellenplanung übergeben. Auch hier gilt, dass jeder Mitarbeiter einer oder auch mehreren Kostenstellen zugeordnet sein muss. Falls er mehreren Kostenstellen zugeordnet ist, muss ein Verteilungsschlüssel hinterlegt sein. Der Materialbedarf wird in der Materialwirtschaft berechnet und führt zu einer entsprechenden Kostenplanung auf der Kostenstelle. Dabei handelt es sich um Gemeinkostenmaterial für die Kostenstelle, also in der Regel um Kleinteile sowie Hilfs- und Betriebsstoffe. Das benötigte Einzelkostenmaterial wird direkt in der Produktkostenplanung berücksichtigt (siehe dazu das Kapitel 6. Produktkostencontrolling).

Die aus den erwähnten Vorsystemen übernommenen Plankosten werden in der integrierten Kostenstellenplanung dahingehend abgestimmt,

- dass die disponierte Leistung (Planbeschäftigung) in fixe und variable Leistungs-
  aufnahmemengen getrennt wird, wenn das Kostenrechnungssystem „Grenzplankostenrechnung" eingesetzt wird (vgl. Kap. 1.6.6)
- dass alle gegenseitigen Leistungsbeziehungen der Kostenstellenstellen berücksichtigt werden (wird z. B. durch vollständiges Iterationsverfahren oder Gleichungsverfahren erreicht)
- dass die Summe an disponierter Leistungsmenge die geplante Leistungsmenge
  des Senders nicht übersteigt
- dass der sich aus dem Verhältnis von Kosten und Leistungsmenge ergebende (faire) Tarif errechnet wird

Im Folgenden wird dargestellt, wie die Leistungsplanung in die gesamte Planintegration eingebettet ist.

Planintegration
Die Planung der Gemeinkosten auf den Kostenstellen ist Teil der betrieblichen Gesamtplanung. Ausgangspunkt der Gesamtplanung ist die Planung der Absatzmengen
der Erzeugnisse des Unternehmens. Diese Planung findet im Rahmen der Umsatzpla-
nung statt. Basis sind Prognosen des Vertriebs. Im Rahmen der Absatzplanung sollten
sowohl gesamtwirtschaftliche als auch betriebsindividuelle Einflussgrößen berücksichtigt werden. Gesamtwirtschaftliche Einflussgrößen ergeben sich z. B. aus dem aktuellen und erwarteten Konjunkturverlauf, aus den saisonalen Einflüssen, dem Verhalten der Wettbewerber und absehbaren Trends im Kundenverhalten. Maßgebend
für die Einschätzung der künftigen Absatzentwicklung sind die Aussagen markter-
fahrener Vertriebsmitarbeiter, der Marktforschungsabteilung und gegebenenfalls be-
auftragter Marktforschungsinstitute. Eine aussagekräftige Absatzplanung ist nur über
eine Differenzierung nach Marktsegmenten möglich. Ein Marktsegment ist die Kombination von *Vertriebsmerkmalen*, die einen Teilmarkt des Unternehmens repräsentieren.

Beispiel
Ein Automobilzulieferer für Abgasanlagen hat als Marktsegmente definiert:

Warengruppe:	Schalldämpfer, Rohre, Filter, Sonderanfertigung
Kundengruppen:	Verbundene Unternehmen, Fremdunternehmen
Sparte:	Pkw, Nutzfahrzeuge, Motorrad
Vertriebsweg:	Handel, Direktvertrieb, Internet

Ein Beispiel für ein Marktsegment ist der Vertrieb von Schalldämpfern unterschiedlicher Varianten für Ottomotoren, Dieselmotoren, PKW und LKW und die Kombinationen solcher Vertriebsmerkmale. Im System SAP S/4HANA werden diese Vertriebsmerkmale aus den Kunden- und Materialstammdaten abgeleitet. In der Ergebnisrechnung erfolgt aus der Absatzmengenplanung durch Multiplikation mit den Planver-

kaufspreisen (Selektion aus den Konditionen des Vertriebs) die Umsatzerlösplanung und durch Subtraktion der variablen Kosten die Ermittlung der Plandeckungsbeiträge (vgl. Kapitel 7. Ergebnis- und Unternehmenscontrolling).

Nach dieser Abstimmung bzw. Integration der Absatzmengen mit der Ergebnisrechnung (kurzfristigen Erfolgsrechnung) können die Werte an die Produktionsplanung übergeben werden. Dort findet die Planung der Produktionsmengen statt und die Überleitung in einen logistischen Planungskreislauf. Aus Sicht der Logistik (einschließlich der Materialwirtschaft und Beschaffung) wird aus der Produktionsplanung der verkaufsfähigen Erzeugnisse die Bedarfs- und Beschaffungsplanung für das benötigte Material durchgeführt. Aus dieser Produktionsmengenplanung werden dann über die Materialbedarfsplanung die Planaufträge generiert.

Aus Sicht des Controllings erfolgt die Überleitung der Produktionsmengen von der Produktionsplanung als benötigte (disponierte) Leistung auf die Kostenstellen. Im Kostenstellencontrolling werden auf dieser Basis die Planleistungsmengen, die dafür benötigten Ressourcen (benötigte Leistungen von anderen Kostenstellen und von unternehmensexternen Zulieferanten) sowie die Plankosten und die Planleistungstarife je Leistungsart berechnet.

Die Planleistungstarife sind Basis für die Berechnung der Planfertigungskosten in der Erzeugniskalkulation (vgl. Kap. 6. Produktkostencontrolling). Die Materialkosten für ein Erzeugnis resultieren aus den Kalkulationen für das eigengefertigte Material bzw. den Lieferpreisen für Fremdmaterial. Zusammen mit den Kosten für Fremdbezug

Integrierte Unternehmensplanung

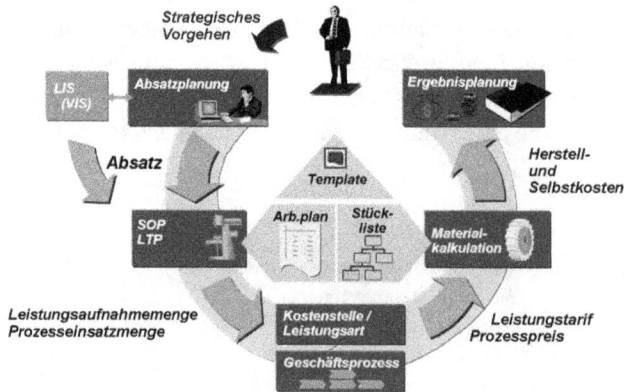

Abb. 3.3: Planintegration in SAP S/4HANA

LIS   Logistik Info System

VIS   Vertriebsinfosystem

SOP   Sales Operations Planning Absatz- und Produktionsgrobplanung

LTP   Long Time Planning

und den jeweiligen Gemeinkosten ergeben sich die Selbstkosten als Grundlage für die Preisbildung einerseits und die Herstellungskosten für die handels- und steuerrechtliche Bewertung der Bestände andererseits.

Die bewertungsrelevanten Standardherstellungskosten[3] sind die Basis für die Bewertung der geplanten Absatzmengen. Dabei werden die Kostenbestandteile in unterschiedliche Wertfelder der Ergebnisrechnung (CO-PA) gesteuert, so dass eine Plandeckungsbeitragsrechnung durchgeführt werden kann. Die bewertungsrelevanten Standardherstellungskosten dienen im externen Rechnungswesen als Grundlage der Bewertung des Materialbestandes, der im Umlaufvermögen der Bilanz zu aktivieren ist. Sie dienen deshalb „nur" als Grundlage, weil bei der Bewertung des Umlaufvermögens das strenge Niederstwertprinzip gilt und gegebenenfalls Bewertungsansätze unterhalb der bewertungsrelevanten Standardherstellungskosten gewählt werden müssen.

3.2.2 Einführendes Beispiel zur Beplanung einer Produktionskostenstelle mit originären Kosten

Im Folgenden wird die Produktionskostenstelle „Produktion elektrische Steuerteile Verkehrsflugzeuge" eines Luft- und Raumfahrtunternehmens mit originären Kosten beplant. Der dazu unten gezeigte Planungs- und Abweichungsanalysebericht ist eine Komprimierung, die in einer zusammenfassenden Ansicht zunächst die Planung und in dem Kapitel zur Abweichungsanalyse auch die Istkosten, die Sollkosten und die Abweichungen ersichtlich macht. Die Tabelle könnte grundsätzlich auch im praktischen Berichtswesen eingesetzt werden. Die effektiven Istkosten (Istmenge mal Isttarife) werden aber im Berichtswesen üblicherweise nicht gezeigt, da sie für die Wirtschaftlichkeitsbeurteilung einer Kostenstelle nicht relevant sind, wie noch ausgeführt wird. Weiterhin werden die Mengen im Berichtswesen in der Praxis üblicherweise nicht gezeigt, um die Spaltenstruktur des Berichtes nicht zu umfangreich bzw. unübersichtlich werden zu lassen.

In der zweiten Spalte sind die für die Kostenstelle zu planenden Leistungs- bzw. Sekundärkostenartennummern aufgeführt. Dabei ist es notwendig, sowohl die Leistungsarten- und Kostenartennummer als auch die Leistungsarten- und Kostenartenbezeichnung so in die Planung zu übernehmen, wie sie im Leistungsartenstamm der Kostenstellenrechnung und im Kostenartenstamm der Kostenartenrechnung hinterlegt sind. Jeder internen Leistungsart muss eine Sekundärkostenart entsprechen. Um eine Beplanung ihrer Kostenstellen vornehmen zu können, sollten den Kostenstellenleitern die Berechtigungen für die Auswahlmöglichkeiten „Leistungsarten anzeigen" und „Kostenarten anzeigen" gegeben werden. Diese Berechtigungen können vom Ad-

---

3 In anderen Ländern können andere handels- und steuerrechtliche Bewertungsvorschriften als in Deutschland maßgebend sein, dann wären andere Kostenbestandteile relevant.

ministrator risikolos vergeben werden, da die Nutzer die Leistungs- und Kostenarten in dieser Funktion nur auswählen, aber nicht anlegen oder ändern können. Um einen vom Umfang der Leistungs- und Kostenartenanzahl begrenzten und korrekt eingepflegten Stamm zu erhalten, sollte die Berechtigung zur Anlage und zur Änderung dieser Stammdaten den Mitarbeitern des Zentralcontrollings vorbehalten bleiben.

Zunächst werden zwei Leistungsarten geplant, bei denen es sich um Personalstunden handelt, die zwei unterschiedlichen Qualifikations- und Tarifgruppen zugeordnet sind. Dies sind die Leistungsartennummern 1440 und 4300, die beide in Stunden (h) gemessen werden: Pfad: Rechnungswesen-CO-Kostenstellenrechnung-Stammdaten-Leistungsart-Anzeigen. Diese beiden Leistungsarten müssen im Modul Personalwirtschaft (angels.: Human Capital Management HCM) mit ihrem derzeit gültigen Tariflohn und im CO als Sekundärkostenarten mit ihren CO-Stundentarif angelegt sein. In der Spalte Herkunft ist daher das Modul HCM Tarifgruppe 1 bzw. 2 eingepflegt und in der Spalte „Einheit der Leistungsart" ist „Personalstunden" eingepflegt. Die Leistungsart 1440 erfordert Mitarbeiter aus der Tarifgruppe 1 und die Leistungsart 4300 Mitarbeiter aus der Tarif- bzw. Qualifikationsgruppe 2. Die Planleistungsmengen -geplant in h – zeigen die notwendige Kapazität der Kostenstelle, um die vom Vertrieb bzw. der Produktionsplanung vorgegebene Planbeschäftigung (synonym: Ausbringung; angels.: Output) zu erreichen. Die Leistungsmengeneinheit Personalstunden wird daher auch als Bezugsgröße bezeichnet, die den Bezug zwischen der Planbeschäftigung (Produktionsmenge an Flugzeugen, Hubschraubern, Satelliten etc.) und den dafür benötigten Stunden in der jeweiligen Kostenstelle bei den Leistungsarten Personalstunden der Qualifikations- bzw. Tarifgruppe 1 bzw. 2 angibt.[4]

Die Planung der Planleistungsmengen ist neben der Planung der primären Kosten die wichtigste Aufgabe des Kostenstellenleiters in der Planung. Dieser benötigt dazu einen Produktions- bzw. Arbeitsplan aus dem hervorgeht, wie viele Leistungen seiner Kostenstelle in der Planperiode abverlangt werden, d. h. von ihm zu senden sind. Man kann auch formulieren: Der Kostenstellenleiter muss die Planleistungsmengen (=Plankapazität) bereitstellen, um die Planbeschäftigung abarbeiten zu können. Der Produktions- und Arbeitsplan wird von der Produktionsplanung und -steuerung im gleichnamigen SAP Modul (PPS) erstellt. Die Produktionsplanung und -steuerung erhält einen wesentlichen Teil ihrer notwendigen Informationen wiederum aus dem Vertriebsplan, aus dem hervorgeht, wie viele Mengeneinheiten der Vertrieb am Markt absetzen wird. Der Vertriebsplan ist mit dem Bestand des Fertigwarenlagers abzugleichen. Wenn hier ein hoher Bestand existiert, so wird dieser in der Regel zunächst abgesetzt und verringert die Produktionsplanmenge der Planperiode. Die Probleme dieses Abgleichs zwischen Lagerbestand und Produktionsplan sind im Folgenden aus-

---

4 In der Prozesskostenrechnung ist leider noch der aus dem amerikanischen übersetzte Begriff Kostentreiber (angels.: Cost Driver) hinzugekommen, so dass nun in Literatur und Praxis drei synonyme Begriffe Verwendung finden, nämlich Leistungsart, Bezugsgröße und Kostentreiber.

geklammert. Diese Vereinfachung ist in der Luft- und Raumfahrtindustrie durchaus zulässig bzw. realitätsnah, da Flugzeuge und Satelliten selten auf Lager produziert werden.

In dem Absatzplan ist die Planabsatzmenge der Planperiode (hier das Geschäftsjahr) für ein Endprodukt wie z. B. Verkehrsflugzeuge anzugeben. Der Absatzmengenplan ist von den Vertriebsmitarbeitern der Sparten des Unternehmens aufgrund der Kundengespräche, der vorliegenden Aufträge und der Marktforschung erstellt worden. Der Absatzplan ist hier gleichzeitig der Produktions- bzw. Beschäftigungsplan. In dem Absatz 3.6 (Abweichungsanalyse) wird das vorliegende Beispiel weitergeführt und die Istabsatzmenge dargestellt. Diese ist naturgemäß erst am Ende der Planperiode bzw. des Geschäftsjahres bekannt. Die Division der Istmenge durch die Planmenge ergibt den Beschäftigungsgrad. Der Beschäftigungsgrad ist typischerweise für jedes Produkt ein anderer, da die Produkte meistens unabhängig voneinander verkauft und produziert werden. Der Beschäftigungsgrad bestimmt die Leistungsartenmengen der Produktionskostenstellen, die zur Produktion eines bestimmten Produktes benötigt werden. Aus der Multiplikation des Beschäftigungsgrades mit dem variablen Kostentarif plus den gesamten fixen Kosten werden die Sollkosten errechnet.

In der Produktionskostenstelle „Produktion elektrische Steuerteile Verkehrsflugzeuge" werden nur Steuerteile für Verkehrsflugzeuge produziert. Dafür werden jeweils zwei Leistungsarten „Personalstunden" zweier verschiedener Qualifikationsarten und zwei Leistungsarten „Maschinenstunden" zweier verschiedener Maschinen benötigt:

- 1440 Personalstunden
- 4300 Personalstunden
- 1420 Maschinenstunden
- 1430 Maschinenstunden

Nr.	Leistungsart-Nr.	Benennung	Einheit	Plan-beschäftigung sart	Menge Leistungsart pro End-produkt in Tausend Me/Pe nd	Plan-leistungs-menge in Tausend Plan Taus end	Plan-tarif T€/h	ursprüngliche Herkunft	Plankosten Gesamte Kosten T€/Pe	variable Kosten T€/Pe	fixe Kosten €/Pe	Beschäfti-gungs-grad	Sollkosten Soll-menge T Me/Pe	variable Kosten T€/Pe	gesamte Kosten T€/Pe	Ist Ist-menge T Me/Pe	Ist Tarif €/Pe	Istkosten effektiv SN T€/Pe	Istkosten rechnet für SN T€/Pe	Abweichungen Verbrauchs-mengen-abw Me/Pe	Verbrauchs-abw Soll/Ist T€/Pe	Tarif-abw Soll-/Ist T€/Pe	Gesamt-ab-weichung T€/PE
1	1440	Pers. h	h	125	3	375	65	HCM	24375	24375	0	0,8	300	19500	19500	300	67,5	20250	19500	0	0	-750	-750
2	4300	Pers. h	h	155	4	620	70	HCM	43400	43400	0	0,8	496	34720	34720	560	73	40880	39200	-64	-4480	-1680	-6180
3	1420	Maschinen-stunden	h	125	3	375	75	CO	28125	28125	0	0,8	300	22500	22500	350	54	18750	26250	-50	-3750	3750	0
4	1430	Maschinen-stunden	h	20	2	40	200	CO	8000	8000	0	0,8	32	6400	6400	25	256	6400	5000	7	1400	-1400	0

Plan/Soll/Ist/Abweichungen der KST Produktion elektrische Steuerteile Verkehrsflugzeuge — Kst.-Verantwortlicher — Periode 2020 Gesamtjahr (Der Bericht wird im Berichtswesen monatlich gezeigt)

Abb. 3.4: Beispiel zur Beplanung einer Produktionskostenstelle

Von der Leistungsart 1440 Personalstunden, die zur Produktion eines Verkehrsflugzeuges benötigt werden, werden für die Produktion von 125 Verkehrsflugzeugen 375.000 h/Pe geplant, da in dieser Kostenstelle für ein Flugzeug bei wirtschaftlicher Produktionsweise dreitausend Personalstunden benötigt werden. Der Plantarif beträgt 65 €/h und ist im Personalwesen (angels.: Human Capital Management HCM) derzeit mit 63,50 €/h hinterlegt. Dieser Wert basiert auf einer bestimmten Tarifgruppe, die von den Tarifparteien bei den letzten Tarifverhandlungen so ausgehandelt wurde. Die Planungsverantwortlichen gehen davon aus, dass eine Tariferhöhung auf 65 €/h erfolgen wird. Dies ist der für die Planperiode feste Plantarif. Die Multiplikation der Planleistungsmenge mit dem Tarif ergibt Plankosten von 24.375 T €/Pe bezogen auf eine Beschäftigung von 125 Verkehrsflugzeugen. Diese Plankosten werden im Controlling zu 100 % variabel geplant, unabhängig davon, dass die Mitarbeiter von der Buchhaltung/Personalabrechnung auch dann ihr volles Gehalt ausbezahlt bekommen, wenn die Planbeschäftigung nicht erreicht wird und sie ggf. unterbeschäftigt sind. Sie sind dann nicht unterbeschäftigt, wenn Kurzarbeit vereinbart wurde, wenn Arbeitsguthaben abgebaut werden, wenn Urlaub vorgezogen wird, oder sie in anderen Bereichen flexibel eingesetzt werden. Mit diesen Maßnahmen ist es gerechtfertigt, von (weitgehend) variablen Kosten zu sprechen.

Die zweite zu planende Leistungsart ist „4300 Personalstunden". Bei einer Planbeschäftigung von 155 Verkehrsflugzeugen und einer Bezugsgröße von 4.000 h/ME ergibt sich eine Planleistungsmenge von 620.000 h/Pe. Der Plantarif beträgt hier 70 €/h und beinhaltet ebenfalls bereits eine erwartete Plantariferhöhung gegenüber dem Isttarif. Auch dieser Tarif gilt während der gesamten Planperiode, d. h. dem Geschäftsjahr. Es ergeben sich Plankosten von 43.400.000 €/Pe die wiederum in voller Höhe im Controlling variabel geplant werden.

Die Leistungsart „1420 Maschinenstunden" wird für die Produktion der Verkehrsflugzeuge geplant, weil diese laut Arbeitsplan eine bestimmte in der Kostenstelle stehende Maschine in Anspruch nehmen. Bei einer Bezugsgröße von 3.000 h/ME ergibt sich eine Planleistungsmenge von 375.000 h/Pe. Bei einem Plantarif von 75 €/h ergeben sich Plankosten von 28.125 T €/Pe, die wiederum zu 100 % variabel sind.

Die nächste zu planende Leistungsart ist „1430 Maschinenstunden". Bei einer Bezugsgröße von 2.000 h/ME ergibt sich eine Planleistungsmenge von 40.000 h/Pe. Diese wird mit dem Plantarif von 200 €/h multipliziert und führt zu variablen Plankosten von 8.000 T €/Pe. Auf diese Weise sind auch die anderen Leistungsarten zu planen.

3.3 Beplanung der Kostenstellen in SAP S4/HANA

Die Planung in der Kostenstellenrechnung in SAP S4/HANA umfasst drei Gebiete: Die Leistungserbringung, die Kosten-/Leistungsaufnahme sowie die statistischen Kennzahlen. Bei der Leistungserbringung dokumentieren die Kostenstellen die von ihnen geplanten Leistungen für die Planungsperiode. Neben der Leistungsmenge kann auch

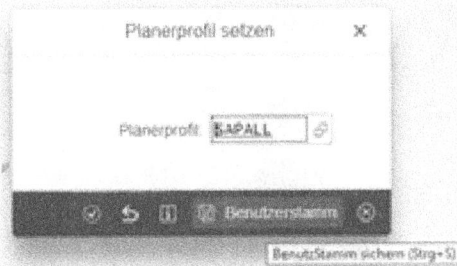

Abb. 3.5: Planerprofil

der Tarif pro Leistungseinheit festgesetzt werden. Um Outputleistungen zu erbringen müssen die Kostenstellen selbst ihren Input, also ihre geplanten Ressourceninanspruchnahmen planen. Bei der Kosten-/Leistungsaufnahmeplanung werden Kosten geplant bzw. die Inanspruchnahme von Leistungen anderer Kostenstellen. Diese Planung kann leistungsabhängig oder leistungsunabhängig für die erbringende Kostenstelle insgesamt vorgenommen werden. Die Planung der statistischen Kennzahlen wird etwa zur Verwendung in Planumlagen genutzt.

Die Eingabefelder für die Planung werden in Layouts zusammengefasst. Ein Planungslayout stellt also eine konkrete Eingabemaske für die Planung dar. Da Planungen grundsätzlich an Berechtigungen gekoppelt sind, werden Planungsgebiete mit Planungslayouts zu einem Planerprofil zusammengefasst und in den Nutzerstammsatz eingetragen (Abb. 3.5).

Die Kostenstellenplanung ist in SAP ERP 2005 noch eine isolierte Planung nur für die Kostenstellenrechnung. Dies bedeutet, dass keine Simultanplanung in Übereinstimmung mit sonstigen Teilplänen möglich ist. Mit SAP S/4 HANA wird für die gesamte Supply Chain eine integrierte Planungsumgebung in Echtzeit zur Verfügung gestellt. Dadurch werden Simulationen in ihren Auswirkungen in allen Teilplänen in Echtzeit sichtbar. Als Planungsoberfläche dient entweder ein Excel-basiertes Front End oder ein Web Front End. Dieses so genannte Integrated Business Planning (= SAP BPC for SAP S/4 HANA) wird technisch durch die Installation einer Business Warehouse Komponente auf dem S/4 HANA Systems umgesetzt.

Bei der Outputplanung werden von den Kostenstellen ihre Leistungen geplant. Dazu können die Leistungsmengen und der Tarif pro Leistungseinheit geplant werden. Die Outputplanung verbindet Kostenstellen und Leistungsarten, da sich die Leis-

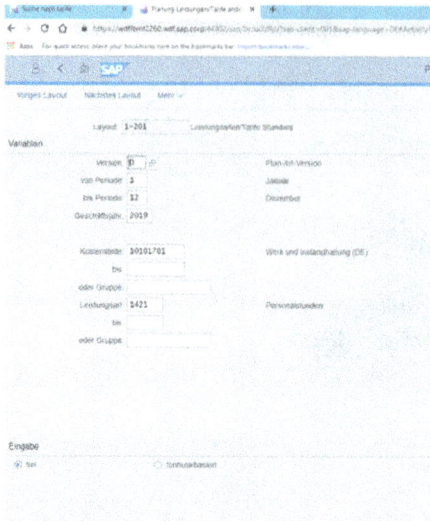

Abb. 3.6: Einstiegsbild in die Outputplanung

tungsmengen und die Tarife auf die Leistungsarten beziehen. Die Leistungsart ist ein eigener Stammsatz mit steuerungsrelevanten Informationen. Insbesondere die Art der Tarifermittlung sowie die Verwendung der Leistungsart werden determiniert. Im Einstiegsbild der Outputplanung werden das Planungslayout, die Version, der Planungszeitrum sowie die zu planenden Stammdaten angegeben (Abb. 3.6). Der Version entspricht dabei ein konkretes Planungsszenario. Die Version „0" führt neben den Istwerten ein erstes Planungsszenario. In mehreren Szenarien zu planen ist Kernelement von Simulationen. Es werden mehrere Planungen unter jeweils unterschiedlichen Annahmen durchgeführt und die Ergebnisse simuliert. Dadurch können entscheidungsnützliche Informationen generiert werden. In der Version, die im CO-Customizing eingestellt wird, werden weitere zentrale Einstellungen gepflegt. Dazu zählen unter anderem die Erlaubnis zur Planungsintegration in andere Bereiche, z. B. in die Profit Center Rechnung, sowie die Erlaubnis, Daten aus der Abweichungsermittlung sowie der Ergebnis- und WIP-Ermittlung führen zu können. Die Version selbst wird auf Kostenrechnungskreisebene gepflegt.

Im Planungslayout können dann Mengen und Tarif gepflegt werden (Abb. 3.7).

Die Planleistung ist dabei die Leistungsmenge, mit der die Kostenstelle ihren Output für die Planungsperiode abschätzt. Sie kann kleiner oder gleich der Kapazität sein. Diese Differenzierung ist bei der automatischen, also von SAP durchgeführten Tarifermittlung von Bedeutung. Sie entscheidet darüber, ob auch die Kosten der nicht genutzten Kapazitäten (Leerkosten) verrechnet werden. Die sekundäre Kostenart leitet sich aus dem Stammsatz der Leistungsart ab. Die Äquivalenzziffer ist neben dem Splittungsschema eine Möglichkeit, leistungsunabhängige Kosten auf die Leistungsarten und damit auf die Outputleistungen einer Kostenstelle zu verteilen. Die disponierten Leistungsmengen zeigen an, welche Leistungsmengen von anderen Kostenstellen be-

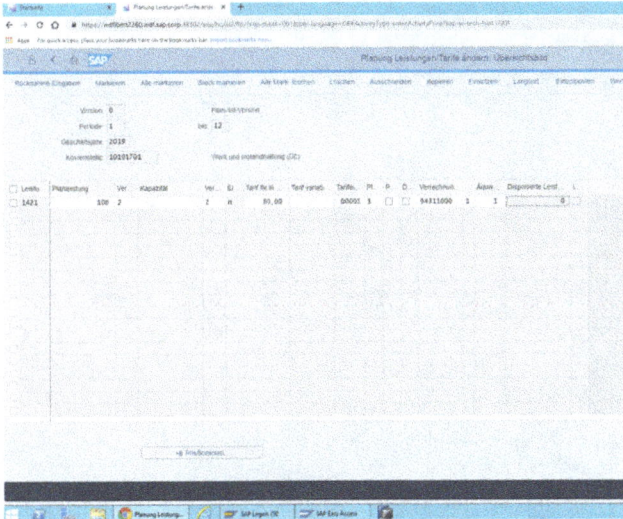

Abb. 3.7: Planungslayout für die Outputplanung

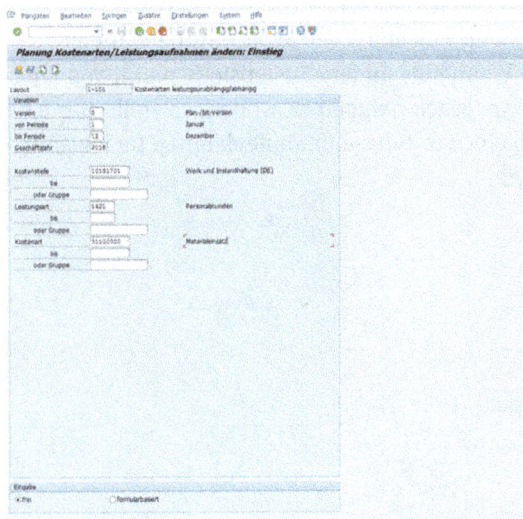

Abb. 3.8: Einstieg Inputplanung

reits als Leistungsaufnahme geplant worden sind. Aus Sicht dieser anderen Kostenstellen stellt dies also eine Leistungsaufnahmeplanung dar. Die Outplanung stellt aus Sicht der leistenden Kostenstelle eine Planentlastung dar.

Bei der Inputplanung, die für die leistende Kostenstelle eine Planbelastung darstellt, werden die Ressourcen geplant, die für die zu erbringenden Leistungen benötigt werden. Die Abbildung 3.8 zeigt eine leistungsabhängige Kostenaufnahmeplanung.

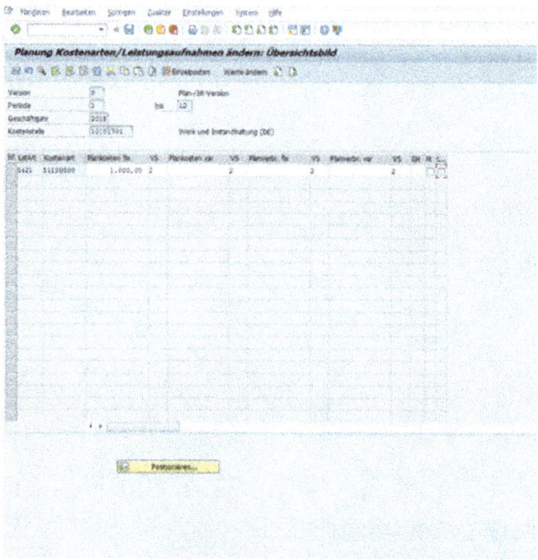

Abb. 3.9: Planungslayout Inputplanung

Damit hat die Kostenstelle einen Output geplant sowie die dafür erwarteten Ressourcenverbräuche (Inputplanung). Wenn eine andere Kostenstelle plant, von einer anderen Kostenstelle Leistungen in Anspruch nehmen zu wollen, so stellt dies eine Form der Inputplanung dar, nämlich eine Leistungsaufnahmeplanung. Im folgenden Beispiel ist diese leistungsunabhängig.

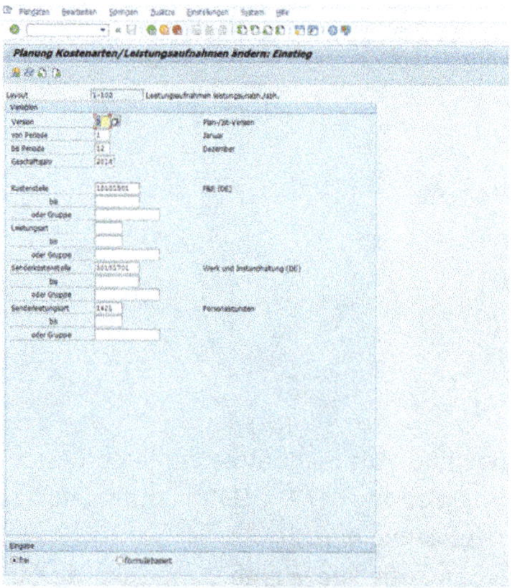

Abb. 3.10: Einstiegsbild Leistungsaufnahmeplanung

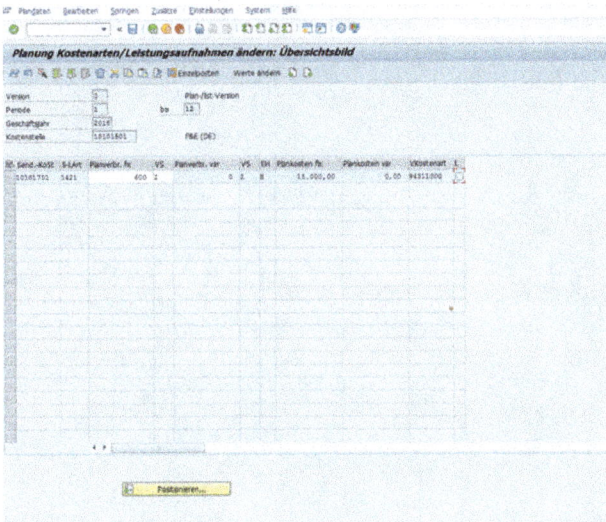

Abb. 3.11: Leistungsaufnahmeplanung

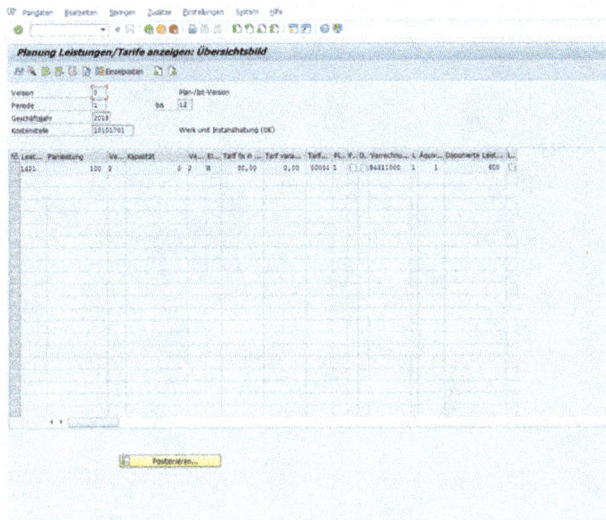

Abb. 3.12: disponierte Leistungsmenge

Aus Sicht der die Leistung erbringenden, sendenden Kostenstelle stellt dies eine disponierte Leistungsmenge dar. Zu beachten ist, dass die disponierte Leistungsmenge größer sein kann als die Planleistung. Dies muss im weiteren Verlauf der Planabstimmung berücksichtigt werden, in dem entweder bei der leistenden Kostenstelle Kapazitäten aufgebaut werden oder die nicht bereitgestellten Leistungen extern besorgt werden. Die Steuerung, ob bei der Planabstimmung die Outputmengen an die dispo-

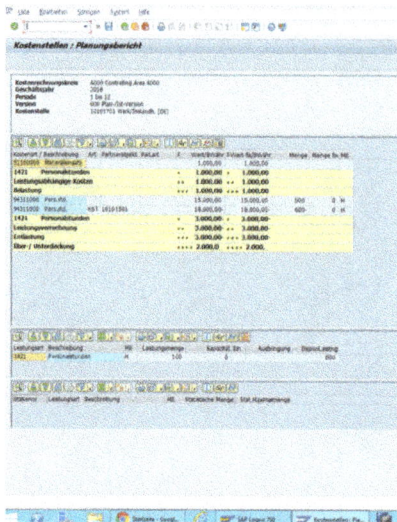

Abb. 3.13: Kostenstellen-Planungsbericht

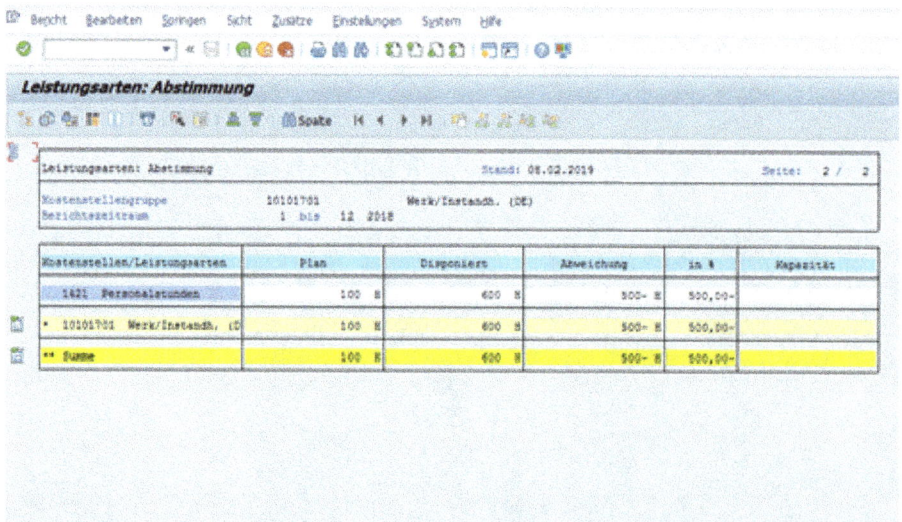

Abb. 3.14: Abstimmungsbericht

nierte Mengen angepasst werden, erfolgt über den Leistungsartenstammsatz („Planmenge gesetzt"). Für die Plantarifermittlung muss die disponierte Leistung kleiner oder gleich der geplanten Leistungsmenge des Senders sein.

Die Planungsübersicht in Abbildung 3.13 zeigt für die leistende Kostenstelle die durchgeführten Planungen. Insbesondere wird auch die Differenz zwischen dispo-

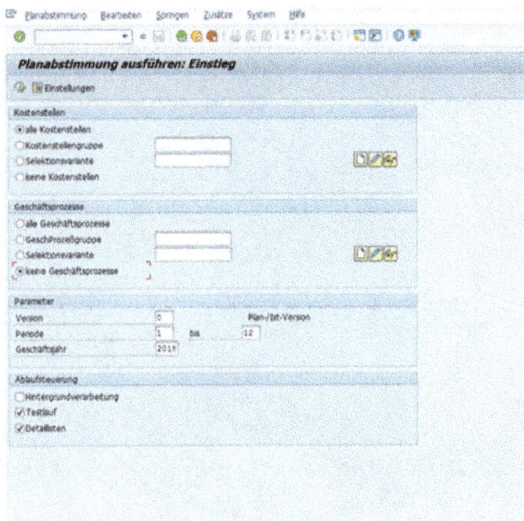

Abb. 3.15: Einstieg in die Planabstimmung

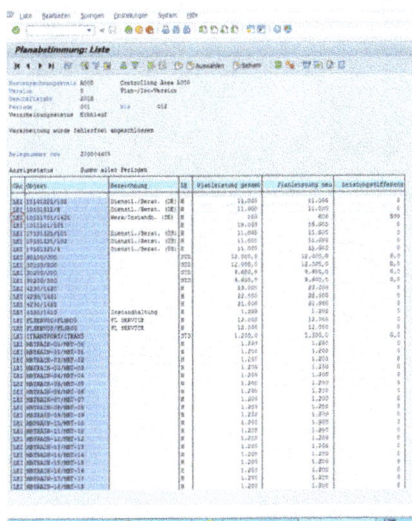

Abb. 3.16: Verbuchung der Leistungsdifferenz

nierter Leistung und Planleistung des Senders ausgewiesen. Sie werden als weitere Planbelastung für die leistende Kostenstelle aufgeführt.

Die Planabstimmung (Abb. 3.14) zeigt dann die Abweichung zwischen geplanter und disponierter Leistungsmenge.

Im Rahmen der Planüberwachung muss die Entscheidung getroffen werden, wie über die Lücke zwischen Leistungsmenge und disponierte Menge entschieden wird.

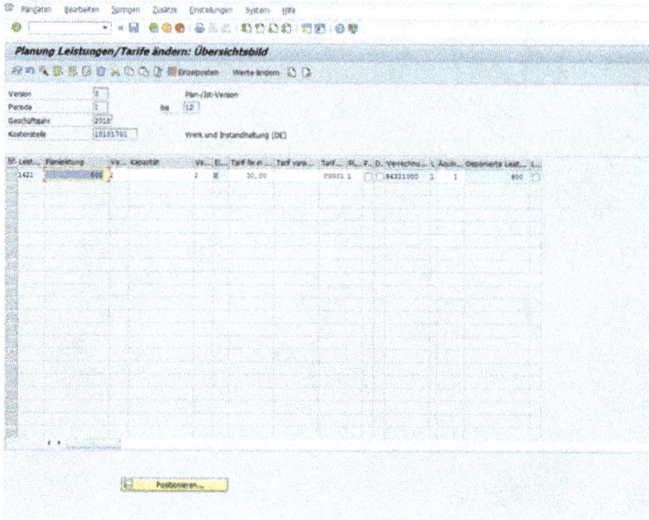

Abb. 3.17: Erhöhung der Leistungsmenge nach Planabstimmung

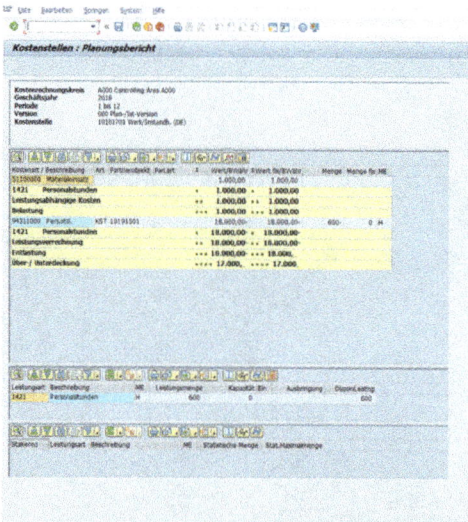

Abb. 3.18: Planungsbericht mit fortgeschriebener Leistungsmenge

Soll die Leistungsmenge angepasst werden und ist dies mit den Informationen im Leistungsartenstammsatz vereinbar, so kann über die Planabstimmung (Transaktion KPSI) die disponierte Leistung als Planleistung übernommen werden.

Nach der Verbuchung kann in der Outputplanung die angepasste Leistungsmenge verifiziert werden (Abb. 3.18).

Auch im Planungsbericht wurde die erhöhte Leistungsmenge fortgeschrieben.

Exkurs: Planung mit SAP BPC for SAP S/4 HANA

Die Planungsmöglichkeiten im SAP ERP sind stark auf den jeweiligen Planungsbereich fokussiert. Eine systemweite Planung bzw. eine Planung mit allen Planelementen, die im Planungsprozess berücksichtigt werden sollen, ist standardmäßig nur bedingt möglich. Insbesondere ist es nicht möglich, Planänderungen in einem Planungsteilgebiet automatisch an in den nachfolgenden Planungsteilgebieten fortzuschreiben. Mit SAP BPC for SAP S/4 HANA wird nunmehr die Möglichkeit gegeben, eine übergreifende und, vor allem, integrierte Unternehmensplanung ausführen zu können.

Um dies zu realisieren, wird eine Business Warehouse Komponente auf das SAP S/4 HANA System aufgespielt. Für die Planung können dann die Funktionalitäten aus dem Business Warehouse genutzt werden. Sie erfolgt entweder excel-basiert oder webbasiert.

Für die excel-basierte Kostenstellenplanung werden eigene Arbeitsmappenvorlagen ausgeliefert, die vom Anwender direkt genutzt werden können.

Die zu planenden Daten werden entweder aus dem SAP S/4 System in das BPC extrahiert und dort beplant oder aber es werden die Daten direkt in BPC geplant. Die dort durchgeführten Planänderungen können dann wieder nach SAP S/4 retraktiert werden, wenn der Anwender die Plandaten in einem BW-Planungscube sichert. Die retraktierten Daten können dann im SAP S/4 System für weitere Aktivitäten verwendet werden. Alternativ dazu ist es möglich, die Plandaten aus dem BPC in der Tabelle ACDOCP zu speichern. Derzeit ist diese Tabelle allerdings „isoliert" und deren Daten können für weitere Planungsaktivitäten im SAP S/4 HANA nicht verwendet werden.

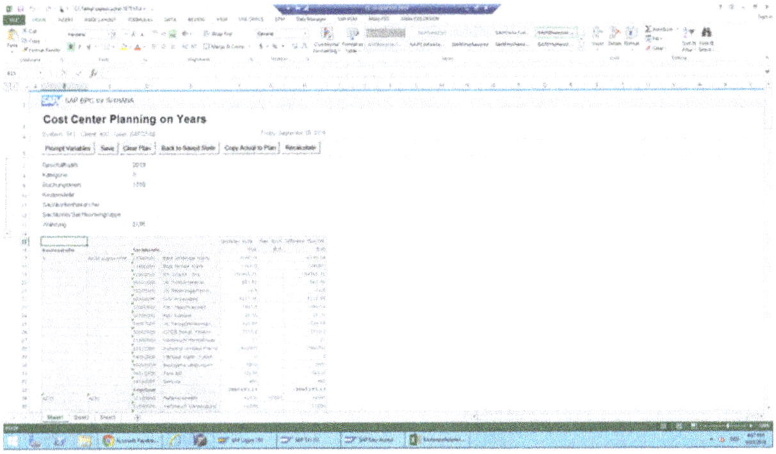

Abb. 3.19: Beispiel einer Arbeitsmappe für die Kostenstellenplanung

3.3.1 Abschreibungen

Das Modul FI-AA Anlagenbuchhaltung ist auch für die Planung hilfreich. Man betrachte hier die Kostenstelle FHWO mit einer einzigen Anlage, einem Dienstwagen, dessen Anschaffungswert von 120.000 € zu Grunde liegt. Dienstwagen werden in diesem Unternehmen auf 10 Jahre linear abgeschrieben, was eine AFA von 12.000 € pro Jahr bzw. 1000 € pro Monat ergibt. Im vorliegenden Beispiel wurde die Anschaffung im Mai 2020 gebucht, damit ergibt sich als geplante AfA des Anschaffungsjahres ein Betrag von 8.000,- €.

Zur Übernahme von geplanten Abschreibungen aus der Anlagenbuchhaltung in die Kostenstellenrechnung nutzen Sie die Transaktion S_ALR_87099918 im Menü Rechnungswesen- CO-Kostenstellenrechnung-Planung-Planungshilfen-Übernahmen AfA/Zinsen.

Die Abbildung 3.20 zeigt den sogenannten Asset Explorer im System SAP S/4 HANA, der einen Überblick über die geplanten und gebuchten Werte zur Anlage gibt.

Die Abbildung 3.21 zeigt das Ergebnis der Übernahme der kalkulatorischen Abschreibungen und Zinsen als Planwerte.

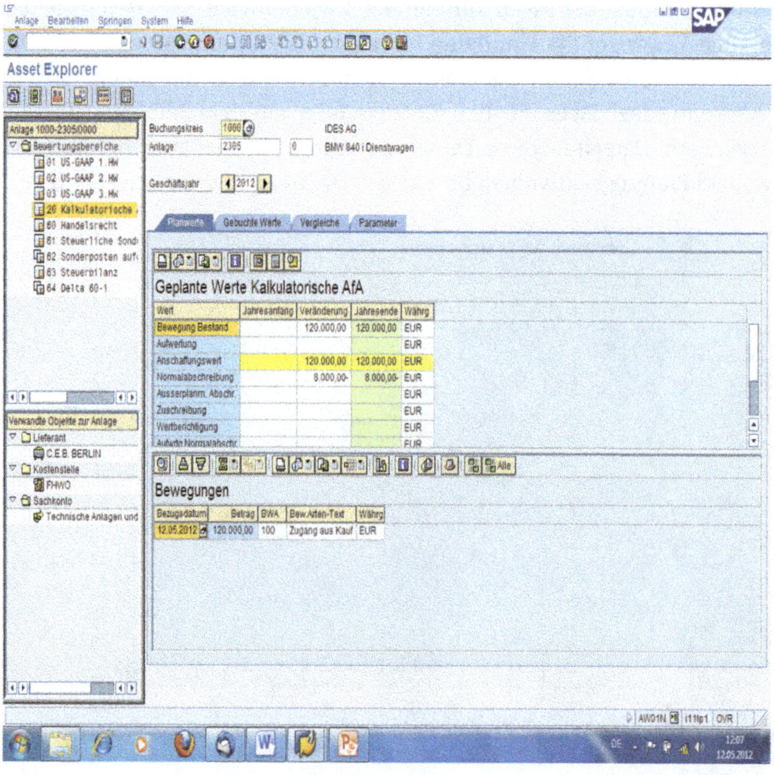

Abb. 3.20: Asset Explorer zur Anlage im System SAP®

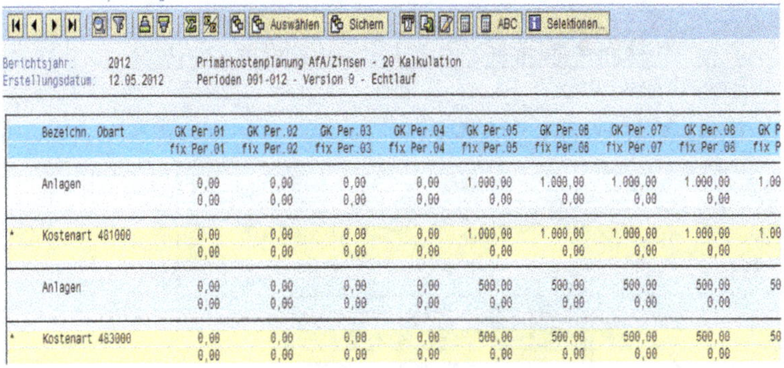

Abb. 3.21: Übernahme der geplanten Abschreibungen und Zinsen in SAP®

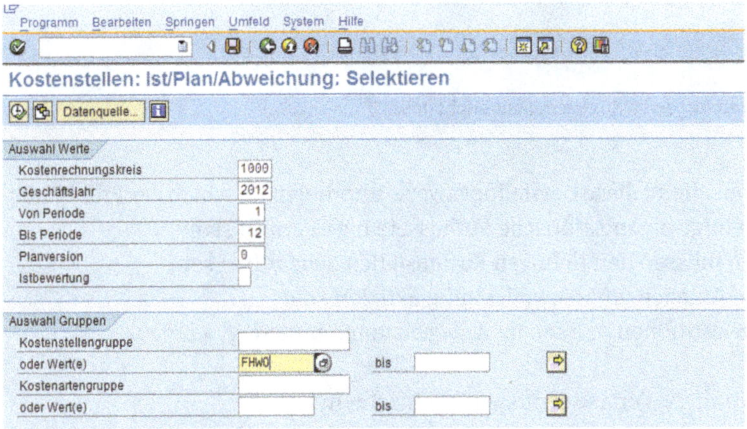

Abb. 3.22: Einstieg in den Kostenstellenbericht Ist/Plan/Abweichung in SAP

Im Kostenstellenbericht über die Transaktion S_ALR_87013611 im Menü: Rechnungswesen -CO-Kostenstellenrechnung-Infosystem-Berichte zur Kostenstellenrechnung-Plan-/Ist-Vergleich Kostenstellen: Ist/Plan/Abweichung können Sie die übernommenen Planwerte (AfA) überprüft werden. Auswahl: Kostenrechnungskreis Geschäftsjahr, Periode von/bis und die Planversion. Die Kostenstelle von Interesse ist die Kostenstelle mit der ID: FHWO. Diesen Wert tragen Sie im Feld Kostenstellenwert ein. Hier könnten auch Kostenstellengruppen selektiert werden, um Daten hierarchisch zu gruppieren. Die Felder hinter Kostenartengruppe oder Werte lassen sie leer. Kein Eintrag bedeutet hier selektiere alles.

Mit dem Button ausführen wird der Bericht gestartet. Sie sehen hier einen Bericht zum Vergleich von Ist- und Plankosten. Für dieses Beispiel sind für das Jahr 2012 zunächst Plankosten erfasst, aber noch keine Istkosten. Entsprechend sind die gesamten Plankosten zugleich Abweichungen. Diese Abweichung von Ist zum Plan ist in der Spalte Abw (abs) als absoluter Betrag dargestellt.

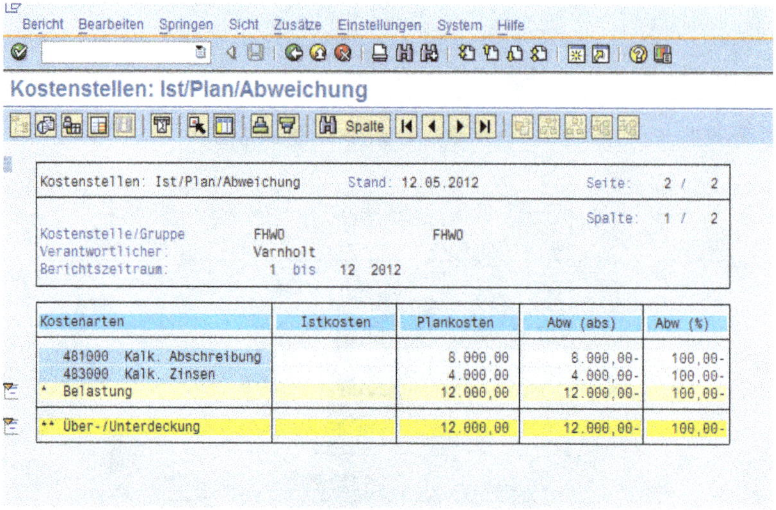

Abb. 3.23: Abschreibungen im Kostenstellenbericht in SAP®

Technisch erscheint diese Darstellungsweise unproblematisch. In der Praxis müssen allerdings einige organisatorische Voraussetzungen erfüllt sein:
- die Anlagen müssen den richtigen Kostenstellen zugeordnet sein
- bestehende Anlagen müssen vollständig aktiviert sein
- geplante Investitionen müssen im Anlagenstamm hinterlegt werden

Untersuchen wir diese Voraussetzungen im Einzelnen:

Die Anlagen müssen den richtigen Kostenstellen zugeordnet sein. Diese Forderung erscheint selbstverständlich. Wenn Sie die Situationen in vielen Unternehmen betrachten, wird klar, warum sie nicht immer erfüllt ist. Die Zuordnung von Anlagen und Anlagenteilen zu Kostenstellen ist stets im System eindeutig vorzunehmen. Wird eine Anlage von mehreren Abteilungen (Kostenstellen) benutzt, ist dies über eine Kostenverrechnung zu regeln.

Bestehende Anlagen sind vollständig zu aktivieren. Selbsterstellte Anlagen werden bis zur Fertigstellung als sogenannte Anlagen im Bau geführt, jedoch verständlicherweise noch nicht abgeschrieben, da die Anlagen ja auch noch nicht produktiv eingesetzt werden können.

Geplante Investitionen werden im Investitionsmanagement dokumentiert. Das System SAP S/4 HANA bietet mit Maßnahmenanforderungen, Investitionsprogrammen, Innenaufträgen und Projekten die notwendigen Funktionalitäten, mit denen zukünftige Investitionen geplant und verwaltet werden können.

Es sollte sichergestellt sein, dass die erste Voraussetzung, Zuordnung von Anlagen und Kostenstellen im Unternehmen erfüllt ist. Diese Zuordnungen brauchen Sie für korrekte Buchungen. Jetzt können für die bestehenden aktivierten Anlagen die geplanten Abschreibungen vom System gebucht werden. Danach kann manuell nachgearbeitet werden. Dabei besteht auch die Möglichkeit, Plandaten im EXCEL zu bearbeiten, und über den „flexible file-upload" in das SAP System zu übernehmen.

In der Gemeinkostenrechnung von SAP S/4 HANA werden Planwerte immer auf Perioden, d. h. Monate verteilt. Die erfassten Jahreswerte verteilt das System aufgrund des angegebenen Verteilungsschlüssels. Die gleichmäßige Verteilung auf die einzelnen Monate ist allerdings auch unter dem Aspekt von Rundungsdifferenzen zu sehen. Es gilt das SAP-Gesetz: der Cent ist nicht teilbar. Währungsbeträge werden immer auf eine definierte Anzahl von Stellen gerundet.

3.4 Innerbetriebliche Leistungs- und Sekundärkostenverrechnung

3.4.1 Anbauverfahren

In der innerbetrieblichen Leistungsverrechnung besteht eines der Hauptprobleme darin, die gegenseitigen Leistungsverflechtungen (lat.: Interdependenzen) der Kostenstellen vollständig und genau zu berücksichtigen. Das am einfachsten durchführbare Verfahren der innerbetrieblichen Leistungsverrechnung besteht darin, dass man den Leistungsaustausch der Vor-/Hilfskostenstellen untereinander vollständig vernachlässigt (Näherungsverfahren). Für dieses Verfahren wurde der Begriff „einstufiges Anbauverfahren" geprägt. Die Vernachlässigung der Leistungsverflechtungen im Anbauverfahren wird im Zahlenbeispiel dadurch deutlich gemacht, dass zunächst die tatsächliche Leistungsverflechtung in der nachfolgenden Matrix gezeigt wird. Diese gilt auch für alle im weiteren Verlauf dieses Kapitels darzustellenden Verfahren der innerbetrieblichen Leistungsverrechnung. In der darauffolgenden Berechnungstabelle des Anbauverfahrens ist eine Zeile eingefügt: „Im Anbauverfahren berücksichtigungsfähige Leistungsmengenabgabe an die Hauptkostenstellen", die diejenige Teilmenge der Leistungsmengenabgabe der Vor-/Hilfskostenstellen enthält, die direkt an die Hauptkostenstellen geliefert wird.

Die Verrechnungssätze/Tarife[5] für innerbetriebliche Leistungen werden im Anbauverfahren ermittelt, indem man die primären Kosten der sekundären Kostenstellen durch die insgesamt an die Hauptkostenstellen gelieferten Mengeneinheiten dividiert.

In der letzten Spalte des Beispiels sind Zeilensummen angeführt. Daraus kann entnommen werden, dass das Anbauverfahren hier nur ca. die Hälfte der innerbetrieblichen Leistungen (350 Mengeneinheiten) korrekt auf die Hauptkostenstellen verteilen

---

5 Die Begriffe Verrechnungssatz, Verrechnungspreis und Tarif sind Synonyme. In der allgemeinen Kostenrechnungs- und Controllingliteratur werden meistens die Begriffe Verrechnungssatz/-preis verwendet, wogegen im SAP S/4HANA-System und in der darauf bezogenen eher systemtechnischen Literatur der Begriff Tarif gebräuchlich ist.

Leistungsverflechtungs- matrix	Vor-/Hilfskostenstellen			Hauptkostenstellen			Zeilen- summe
	KST 1	KST 2	KST 3	KST 4	KST 5	KST 6	
Primärkosten	600	740	1000	5000	3000	7000	17340
Leistungsmengenabgabe von KST 1 an KST 2-6	-200	20	80	60	20	20	0
Leistungsmengenabgabe von KST 2 an KST 3-6		-400	200	100	50	50	0
Leistungsmengenabgabe von KST 3 an KST 1-6	40		-100	10	10	40	0

Leistungsverflechtungs- matrix	Vor-/Hilfskostenstellen			Hauptkostenstellen			Zeilen- summe
	KST 1	KST 2	KST 3	KST 4	KST 5	KST 6	
Primärkosten	600	740	1000	5000	3000	7000	17340
Leistungsmengenabgabe von KST 1 an KST 2-6		20	80	60	20	20	200
Leistungsmengenabgabe von KST 2 an KST 3-6			200	100	50	50	400
Leistungsmengenabgabe von KST 3 an KST 1-6	40			10	10	40	100

Abb. 3.24: Leistungsverflechtungsmatrix des Beispiels zur innerbetrieblichen Leistungsverrechnung

kann. Die 350 Mengeneinheiten, die den Vor-/Hilfskostenstellen zuzurechnen wären, bleiben bei diesem Verfahren unberücksichtigt. Das sind 50 % der insgesamt 700 geleisteten Einheiten.

Bei diesem und bei allen anderen Verfahren der innerbetrieblichen Leistungsverrechnung müssen die in der ersten Zeile ausgewiesenen Primärkosten summenmäßig mit den in der letzten Zeile dargestellten gesamten Endkosten nach innerbetrieblicher Leistungsverrechnung übereinstimmen, da im Laufe der jeweiligen Verrechnungen die Primärkosten als Sekundärkosten nur umverteilt werden. Es werden aber im Laufe der innerbetrieblichen Leistungsverrechnungen keine Primärkosten hinzugefügt oder weggenommen. Insofern ist die jeweils dargestellte Übereinstimmung der Primärkostenzeile mit der Endkostenzeile auch als Probe zu verstehen, die belegt, dass die innerbetriebliche Leistungsverrechnung mathematisch korrekt durchgeführt wurde. Es sei an dieser Stelle bereits angemerkt, dass nur das Simplex- und Gleichungsverfahren und das bis zur letzten Iteration durchgerechnete Iterationsverfahren mathematisch und zugleich betriebswirtschaftlich korrekt sind.

Die Tarife k_T des einstufigen Anbauverfahrens lassen sich nach der folgenden Formel berechnen:

$$k_{Ts} = \frac{K_{Prs}}{\sum_{e=1}^{en} r_{se}}$$

k_{Ts} = Tarif der sendenden Kostenstelle s in €/ME

K_{Prs} = Summe der primären Kostenarten einer sendenden Vor-/Hilfskostenstelle s in €/Pe

Anbauverfahren	Hilfskostenstellen		Hauptkostenstellen				Zeilen-
	KST 1	KST 2	KST 3	KST 4	KST 5	KST 6	
Primärkosten €/Pe	600	740	1.000	5.000	3.000	7.000	17.340
Gesamte tatsächliche Leistungsmengenabgabe der KST 1-6 ME/Pe	200	400	100				700
Im Anbauverfahren berücksichtigungsfähige Leistungsmengenabgabe der KST 4-6 ME/Pe	100	200	50				350
Tarife €/ME				6	3,7	20	
Leistungsmengenabgabe ME/Pe von KST 1 an KST 4-6	-100			60	20	20	0
Leistungsverrechnung €/Pe von KST 1 an KST 4-6				360	120	120	
Leistungsmengenabgabe ME/Pe von KST 2 an KST 4-6		-200		100	50	50	0
Leistungsverrechnung €/PE von KST 2 an KST 4-6				370	185	185	
Leistungsmengenabgabe ME/Pe von KST 3 an KST 4-6			-50	10	10	30	0
Leistungsverrechnung €/Pe von KST 3 an KST 4-6				200	200	600	
Summen Sekundärkosten €/Pe				930	505	905	
gesamte Endkosten €/Pe				5.930	3.505	7.905	17.340

Abb. 3.25: Zahlenbeispiel zum Anbauverfahren

$r_{s,e}$ = Anzahl der von der sendenden Kostenstelle s gesendeten innerbetrieblichen Leistungseinheiten an die empfangenden Kostenstellen[6]

$s = 1, \dots, sn$ Kostenstellenindex einer sendenden Kostenstelle

$e = 1, \dots, en$ Kostenstellenindex einer empfangenden Kostenstellen

$\sum_{e=1}^{en} r_{se}$ = Summe der Lieferungen der Vor-/Hilfskostenstelle s an die empfangenden Kostenstellen $e = 1, \dots, en$

Demnach werden beim einstufigen Anbauverfahren den Vor-/Hilfskostenstellen mangels nicht abgebildeten Leistungsempfangs auch keinerlei sekundäre Kostenarten belastet. Das einstufige Anbauverfahren ergibt Tarife, die je nach Intensität des Leistungsaustausches der Vor-/Hilfskostenstellen mehr oder weniger stark von den kor-

---

6 Im Spezialfall des Anbauverfahrens sind die sendenden Kostenstellen ausschließlich Vorkostenstellen und die empfangenden Kostenstellen ausschließlich Hauptkostenstellen.

rekten Verrechnungssätzen des Gleichungsverfahrens abweichen. Hierdurch werden auch die Kalkulationssätze der Hauptkostenstellen ungenau.

Eine erweiterte Form des Anbauverfahrens besteht darin, dass man die sekundären Kostenstellen in zwei Gruppen unterteilt und bei der zweiten Gruppe, die von der ersten Gruppe empfangenen Leistungen berücksichtigt. Der Leistungsaustausch innerhalb der Gruppen und eventuelle Leistungen in der zweiten Gruppe an die erste bleiben dagegen unberücksichtigt. Dieses Verfahren wird als das zweistufige Anbauverfahren bezeichnet. Es führt zu besseren Ergebnissen als das einstufige Anbauverfahren.

Die Verfahren der innerbetrieblichen Leistungsverrechnung sind jeweils unter zwei Blickwinkeln zu würdigen:
- Genauigkeit der Zurechnung der Kosten der Vor-/Hilfskostenstellen an die Hauptkostenstellen
- Genauigkeit i. S. v. Vollständigkeit der Gesamtkosten nach innerbetrieblicher Leistungsverrechnung auf den Vor-/Hilfskostenstellen. Diese Gesamtkosten werden u. a. zur Entscheidung über Eigenfertigung oder Fremdbezug (angels.: Make or Buy) benötigt. Z. B. kann die Entscheidung, ob eine eigene Instandhaltungsabteilung weiterhin vorhanden sein soll oder ob die entsprechenden Leistungen extern beschafft werden sollen, nur auf Basis der korrekten Gesamtkosten der Instandhaltungskostenstelle getroffen werden. Ggf. muss die Analyse nur mit den abbaubaren Gesamtkosten durchgeführt werden

Zu 2. ist bezüglich des Anbauverfahrens festzustellen, dass es für diese dispositive Aufgabe völlig ungeeignet ist, da es gerade nicht die korrekten Gesamtkosten der Vor-/Hilfskostenstellen ausweist.

Zu 1. ist beim Anbauverfahren anzumerken, dass es zwar die gesamten Kosten der Vor-/Hilfskostenstellen auf die Hauptkostenstellen verteilt und dass damit die Gesamtsumme der auf die Hauptkostenstellen zugerechneten sekundären Kosten stimmig ist, aber nicht die genaue Summe der sekundären Kosten auf der einzelnen Hauptkostenstelle. Es führt somit immer zu Kalkulationsungenauigkeiten, die aber z. B. bei kleinen und mittelständischen Unternehmen, die gerade erst ein Kostenrechnungssystem einführen, vorübergehend (in einer ersten Phase) hingenommen werden können.

Das Anbauverfahren ist abschließend aber eher als ein historischer Entwicklungsschritt in der Entstehungsgeschichte der Kostenrechnung zu würdigen. Es hatte seine Berechtigung aufgrund seiner Einfachheit in Zeiten vor der elektronischen Datenverarbeitung. Es verursacht einen wesentlich geringeren manuellen Rechenaufwand als die unten zu besprechenden Verfahren; dieser Aspekt erscheint allerdings heute bei Einsatz von Standardanwendungssoftware nicht mehr relevant.

3.4.2 Stufenleiterverfahren

Eine bis heute verbreitete Näherungsmethode der innerbetrieblichen Leistungsverrechnung insbesondere bei kleinen und mittelständischen Unternehmen ist das Stufen(-leiter)verfahren, welches auch als Treppenverfahren (angels.: Step Ladder System) bezeichnet wird. Bedeutung kommt bei diesem Verfahren der Anordnung der Kostenstellen im Betriebsabrechnungsbogen zu. Im Idealfall wird beim Stufenleiterverfahren in der ersten Spalte diejenige Vor-/Hilfskostenstelle abgerechnet, die keine oder nur geringfügige Leistungsmengen von anderen Vor-/Hilfskostenstellen bezieht, wenn sich eine Solche mit angemessenem zeitlichen Aufwand bestimmen lässt. Der Tarif wird gebildet, indem die primären Kosten durch die erstellten Leistungen (B_s) abzüglich eines eventuellen Eigenverbrauchs dieser Stelle dividiert werden. Dieser Eigenverbrauch kommt in der Praxis vor, wird aber im unten angeführten Beispiel aus Vereinfachungsgründen weggelassen. Als nächste Stelle wird jeweils die Vor-/Hilfskostenstelle abgerechnet, die möglichst wenig Leistungen von den noch nicht abgerechneten Stellen bezieht. Hierbei bildet man die Tarife, indem man die primären Kosten und die von den bereits abgerechneten sekundären Stellen empfangenen sekundären Kosten durch die für Andere erstellten Leistungen dividiert.

Das Stufenleiterverfahren kann in Sonderfällen zu den gleichen Tarifen führen, wie das mathematisch korrekte Simplex-Gleichungsverfahren. Dazu müssten die Kostenstellen in einer Reihenfolge abgerechnet werden, bei der die erste Kostenstelle von keiner anderen Stelle Leistungen bezieht und alle folgenden Stellen von bereits abgerechneten sekundären Stellen beliefert werden. Diese Voraussetzung ist in der Praxis so gut wie nie erfüllt, da zumindest teilweise ein gegenseitiger Leistungsaustausch immer gegeben ist. Die Reihenfolge der Abrechnung kann aber so gewählt werden, dass die Fehlerraten der Tarife relativ klein werden. Wenn dies für alle Kostenstellen systematisch durchgeführt wird, wird vom „Optimierten Stufenleiterverfahren" gesprochen. Eine solche systematische Anordnung im oben beschriebenen Sinne ist jedoch bei mehreren hundert oder tausend Kostenstellen mit angemessenem Zeitaufwand nicht durchführbar.

Im Beispiel liefert die Kostenstelle 1 an alle nachgelagerten Kostenstellen. Im Gegensatz zum Anbauverfahren wird also hier beim Stufenleiterverfahren auch die Leistungsabgabe an die Vor-/Hilfskostenstellen 2 und 3 berücksichtigt. Die Kostenstelle 1 wurde als erste Spalte des BAB eingefügt, weil sie die meisten Leistungsabgaben tätigt, ohne Leistungen zu erhalten. Obwohl die Primärkosten und die Leistungsmengenabgaben der Vor-/Hilfskostenstellen mit denjenigen des obigen Beispiels zum Anbauverfahren übereinstimmen, ist der Tarif mit 3 €/ME unterschiedlich. Der Nenner des Quotienten, mit dem der Tarif gebildet wird, ist nun größer, da die Leistungsmengenabgabe von 100 Leistungsmengeneinheiten an die Vor-/Hilfskostenstellen 2 und 3 zusätzlich in den Nenner einfließt. In diesem ersten Schritt (Abrechnung der ersten Vor-/Hilfskostenstelle) bekommen die Hauptkostenstellen demnach weniger Sekundärkosten zugerechnet als beim Anbauverfahren. Dies gleicht sich im weiteren Gang

Stufenleiterverfahren	Vor-/Hilfskostenstellen			Hauptkostenstellen			Zeilen-
	KST 1	KST 2	KST 3	KST 4	KST 5	KST 6	summen
Primärkosten €/Pe	600	740	1.000	5.000	3.000	7.000	17.340
Gesamte Leistungsmengenabgabe an die KST 1–6 ME/Pe	200	400	100				700
Tarif KST 1 = 600/200 €/ME	3						
Leistungsmengenabgabe von KST1 an KST 2–6 ME/Pe		20	80	60	20	20	200
Leistungsverrechnung von KST 1 an Kst 2–6 €/Pe		60	240	180	60	60	600
Zwischensumme KST 2–6 €/Pe		800	1.240	5.180	3.060	7.060	17.340
Leistungsmengenabgabe von KST2 an KST 1–6 ME/Pe			200	100	50	50	400
Tarif KST 2 €/ME		2					
Leistungsverrechnung von KST 2 an KST 3–6 €/Pe			400	200	100	100	800
Zwischensumme KST 3–6 €/Pe			1.640	5.380	3.160	7.160	15.700
Leistungsmengenabgabe von KST 3 an KST 1–6 ME/Pe	40			10	10	40	100
Tarif KST 3 €/ME			27,33				
Leistungsverrechnung von KST 3 an KST 4–6 €/Pe				273,3	273,3	1.093,3	1.640
Summen Sekundärkosten €/Pe				653,3	433,3	1.253,3	
gesamte Endkosten €/Pe				5.653,3	3.433,3	8.253,3	17.340

Abb. 3.26: Zahlenbeispiel zum Stufenleiter-(Treppen-)verfahren

der Berechnung durch höhere Tarife der Kostenstellen 2 und 3 wieder aus, so dass schließlich die Sekundärkostensumme, die insgesamt auf die Hauptkostenstellen verrechnet wird, die gleiche ist wie beim Anbauverfahren, nämlich 17.340 €.

Die Vor-/Hilfskostenstelle 2 wurde in der zweiten Spalte des BAB angeordnet, weil sie an alle nachgelagerten Kostenstellen 4–6 Leistungen abgibt, aber nicht an die vorgelagerten Vor-/Hilfskostenstellen 1 und 2 (also an sich selbst). Der Tarif von 2 €/ME unterscheidet sich nun von demjenigen des Anbauverfahrens aus zweierlei Gründen. Zunächst ist wieder festzustellen, dass die Kostenstelle 2 auch an die Kostenstelle 3 liefert, was beim Anbauverfahren nicht berücksichtigt werden konnte. Daher werden die Primärkosten auf eine größere Leistungsmengenabgabe verteilt. Da die Kostenstelle 2 mit den Sekundärkosten der Kostenstelle 1 belastet ist, wird ihr Tarif daher aufgrund der Summe aus Primär- und Sekundärkosten im Zähler wieder erhöht.

Die Vor-/Hilfskostenstelle 3 wurde in der dritten Spalte des BAB angeordnet, weil sie zwar an alle Hauptkostenstellen liefert, aber nur an die Vor-/Hilfskostenstelle 1. Letzteres kann im Stufenleiterverfahren nicht abgebildet werden.

Die Tarife betragen nach dem Stufenleiterverfahren 3 €/ME in der Kostenstelle 1, 2 €/ME in der Kostenstelle 2 und 27,33 €/ME in der Kostenstelle 3.

Zur Berücksichtigung der Leistungsabgabe von Vor-/Hilfskostenstelle 3 an 1 wäre ein nochmaliges Durchrechnen des BAB mit den verbesserten/aktuellen Tarifen notwendig. Dies ist der Ansatz des im nächsten Kapitel zu besprechenden Iterationsverfahrens.

Die Tarife für die jeweiligen sendenden Kostenstellen s ergeben sich wie folgt:

$$k_{T1} = \frac{K_{Pr1}}{B_1 - r_{1;1}}$$

$$k_{T2} = \frac{K_{Pr2} + r_{1;2}k_{T1}}{B_2 - r_{2;1} - r_{2;2}}$$

$$k_{T3} = \frac{K_{Pr3} + r_{1;3}k_{T1} + r_{2;3}k_{T2}}{B_3 - r_{3;1} - r_{3;2} - r_{3;3}}$$

$$\vdots$$

$$k_{Ts} = \frac{K_{Prs} + r_{1;s}k_{T1} + r_{2;s}k_{T2} + \cdots + r_{s-1;s}k_{Ts-1}}{B_s - r_{s;1} - r_{s;2} - \cdots - r_{s;s-1} - r_{s;s}}$$

K_{Prs} = Summe der primären Kostenarten einer sendenden Vor-/Hilfskostenstelle s in €/Pe

B_s = Beschäftigung der sendenden Kostenstelle in innerbetrieblichen Leistungseinheiten

$r_{s;e}$ = Anzahl der von der sendenden Kostenstelle s gesendeten innerbetrieblichen Leistungseinheiten an die empfangende Kostenstelle e

Indizes =
s = sendende Kostenstellen, s = 1, ... , sn
e = empfangende Kostenstellen, e = 1, ... , en

Der Nenner z. B. bei der Kostenstelle zwei setzt sich aus der Gesamtbeschäftigung B_2 abzüglich der gelieferten aber im Treppenverfahren nicht berücksichtigten Lieferungen an Kostenstelle 1 $r_{2;1}$ und des evtl. Eigenverbrauchs $r_{2;2}$ zusammen.

3.4.3 Iterationsverfahren

Das Iterationsverfahren bestimmt die Verrechnungspreise für innerbetriebliche Leistungen durch einen iterativen Prozess. Der lateinische Begriff Iteration bedeutet Wiederholung, wobei hier die wiederholte Durchrechnung der innerbetrieblichen Leistungsverrechnung mit jeweils verbesserten beziehungsweise genaueren Tarifen gemeint ist. Die einzelnen als Iterationen/Wiederholungen bezeichneten Stufen dieses Prozesses nehmen jeweils eine vollständige innerbetriebliche Leistungsverrechnung vor. Die erste Iteration kann dabei durchaus mit den Ergebnissen des Stufenleiterver-

Iterationsverfahren	Vor-/Hilfskostenstellen		Hauptkostenstellen				Zeilen-
	KST 1	KST 2	KST 3	KST 4	KST 5	KST 6	summen
Gesamte Leistungsmengenabgabe an die KST 1–6 ME/Pe	200	400	100				700
Primärkosten €/Pe	600	740	1.000	5.000	3.000	7.000	17.340
Tarif KST 1 in €/ME	3						
Leistungsmengenabgabe von KST1 an KST 2–6 ME/Pe		20	80	60	20	20	200
Leistungsverrechnung von KST 1 an KST 2–6 €/Pe		60	240	180	60	60	600
Leistungsmengenabgabe von KST 2 ME/Pe			200	100	50	50	400
Zwischensumme noch nicht abgerechneter KST in €/Pe		800	1.240	5.180	3.060	7.060	17.340
Tarif KST 2 in €/ME		2					
Leistungsverrechnung von KST 2 €/Pe			400	200	100	100	800
Leistungsmengenabgabe von KST 3 an KST 1–6 ME/Pe	40	0	0	10	10	40	100
Zwischensumme nicht abgerechneter KST in €/Pe			1.640	5.380	3.160	7.160	17.340
Tarif KST 3 €/Pe			16,4				
Leistungsverrechnung von KST 3 an KST 1–6 €/Pe	656	0	0	164	164	656	1.640
Kostendifferenz €/Pe	656						
Probe Gesamtkosten inkl. Kostendifferenz €/Pe	656			5.544	3.324	7.816	17.340

Abb. 3.27: Zahlenbeispiel zum Iterationsverfahren

fahrens identisch sein, wenn die Reihenfolge der Kostenstellen im Betriebsabrechnungsbogen gleich gewählt wird. Von Iteration zu Iteration nähern sich die Verrechnungspreise immer mehr den mathematisch richtigen Verrechnungspreisen aus dem Simplex-/Gleichungsverfahren an.

Das Iterationsverfahren kann im Gegensatz zu den beiden oben besprochenen Verfahren wechselseitige Leistungsverflechtungen berücksichtigen. Es kommt durch seine schrittweise Annäherung an die gesuchten Tarife bei vollständiger Durchrechnung aller Iterationen zu den gleichen korrekten Ergebnissen wie das unten zu besprechende Simplex-/Gleichungsverfahren.

Zur Durchführung der ersten Iterationen müssen für die Leistungen der Vor-/Hilfskostenstellen vorläufige Tarife ermittelt werden. Dies erfolgt wie bei dem Anbau- und Stufenleiterverfahren dadurch, dass die Summen der Primärkosten dieser Kostenstellen durch die Anzahl der abgegebenen Leistungseinheiten dividiert wird. Das führt zu Verrechnungspreisen, die zunächst die gegenseitige Leistungsverflechtung außer Acht lassen. Dieses Vorgehen ist jedoch nicht zwingend. Es können auch die Vorjahreswerte oder unternehmenspolitisch festgelegte Verrechnungspreise als Ausgangs-

Iterationsverfahren	Vor-/Hilfskostenstellen			Hauptkostenstellen			Zeilen-
	KST 1	KST 2	KST 3	KST 4	KST 5	KST 6	summen
Zweite Iteration							
Neue Gesamtkosten KST 1 €/Pe	1.256						
Neuer Tarif KST 1 in €/ME	6,28						
Leistungsverrechnung von KST 1 an Kst 2–6 €/Pe		125,6	502,4	376,8	125,6	125,6	
Neue Gesamtkosten KST 2 €/Pe		865,6					
neuer Tarif KST 2 €/ME		2,16					
Leistungsverrechnung von KST 2 an KST 3–6 €/Pe			432,8	216,4	108,2	108,2	
Neue Gesamtkosten KST 3 €/Pe			1.935,2				
Neuer Tarif KST 3 in €/ME			19,35				
Leistungsverrechnung von KST 3 an KST 1–6 €/Pe	774,08			193,52	193,52	774,08	
Kostendifferenz €/Pe	118,08						
Probe Gesamtkosten inkl. Kostendifferenz €/Pe	118,08			5.786,72	3.427,32	8.007,88	17.340
Dritte Iteration							
Neue Gesamtkosten KST 1 €/Pe	1.374,08						
Neuer Tarif KST 1 in €/ME	6,87						
Leistungsverrechnung von KST 1 an Kst 2–6 €/Pe		137,41	549,63	412,22	137,41	137,41	
Neue Gesamtkosten KST 2 €/Pe		877,41					
Neuer Tarif KST 2 in €/ME		2,19					
Leistungsverrechnung von KST 2 an KST 3–6 €/Pe			438,70	219,35	109,68	109,68	
Neue Gesamtkosten KST 3 €/Pe			1.988,34				
Neuer Tarif KST 3 in €/ME			19,88				
Leistungsverrechnung von KST 3 an KST 1–6 €/Pe	795,33			198,83	198,83	795,33	
Kostendifferenz €/Pe	21,25						
Probe Gesamtkosten inkl. Kostendifferenz €/Pe	21,25			5.830,41	3.445,92	8.042,42	17.340

Abb. 3.27: Zahlenbeispiel zum Iterationsverfahren (Fortsetzung)

werte gewählt werden (Es könnte also das unten zu beschreibende Gutschrift-Last-schrift-Verfahren, das mit politischen Tarifen arbeitet, über das Iterationsverfahren zu korrekten Tarifen weitergeführt werden. Somit kann ein Vergleich der unternehmens-politischen Tarife mit den mathematisch korrekten Tarifen durchgeführt werden). Mit den berechneten oder gesetzten Ausgangstarifen wird eine erste Iteration durchgeführt. Da die gewählten Verrechnungssätze die gegenseitige Leistungsverflechtung nicht berücksichtigen, werden zunächst nicht alle Kosten der Vor-/Hilfskostenstellen auf die Hauptkostenstellen verrechnet. Es ergeben sich so genannte Verrechnungsdifferenzen. Diese sind ein Maßstab für die Genauigkeit der angesetzten Verrechnungspreise. Üblicherweise sind diese Verrechnungsdifferenzen nach der ersten Iteration noch so gravierend, dass die innerbetriebliche Leistungsverrechnung mit verbesserten Tarifen wiederholt werden muss. Verbesserte Tarife lassen sich durch Addition der Verrechnungsdifferenzen zu den bisher errechneten Kosten und anschließender Division dieser Summe durch die Anzahl der von einer Hilfskostenstelle abgegebenen Leistungseinheiten bestimmen. Als Ergebnis der mit den so modifizierten Werten durchgeführten zweiten Iteration ergeben sich niedrigere Verrechnungsdifferenzen. Die ermittelten Tarife sind daher genauer als die ursprünglichen. Das geschilderte Vorgehen wird so lange wiederholt, bis keine oder nur sehr geringe Verrechnungsdifferenzen mehr auftreten, die Tarife also so bestimmt sind, dass die mit ihnen bewertete Gesamtleistung einer Vor-/Hilfskostenstellen gleich der korrekten Summe der primären und sekundären Kosten dieser Vor-/Hilfskostenstelle ist. Wenn dies gelingt, führt das Iterationsverfahren zu den gleichen vollständig korrekten Ergebnissen wie das unten zu beschreibende Simplex-/Gleichungsverfahren. Das Iterationsverfahren muss aber nicht zwingend bis zu vollständig korrekten Ergebnissen durchgerechnet werden. In Abhängigkeit von der gewünschten/benötigten Genauigkeit der Ergebnisse, kann das Iterationsverfahren nach jeder durchgeführten Iteration beendet werden. Damit kann der Genauigkeitsgrad der Ergebnisse stufenweise festgelegt werden.

Sowohl das Iterationsverfahren als auch das Treppenverfahren können im SAP S/4HANA System angewendet werden.

Die Tarife betragen nach dieser Iteration 21,25 €/ME in der Kostenstelle 1, 2,19 €/ME in der Kostenstelle 2 und 19,88 €/ME in der Kostenstelle 3. Die Unterschiede zum Stufenleiterverfahren sind insbesondere bei der Kostenstelle 1, welche ja Leistungsmengen von der Kostenstelle 3 erhält, sehr groß und zeigen, dass das Stufenleiterverfahren zu grob falschen Tarifen führen kann. Wenn auf dieser Basis entschieden werden müsste, ob Kostenstelle 1 ausgelagert werden soll, wäre die Entscheidung nicht sachgerecht durchführbar.

Die vollständige Berechnung aller Iterationen befindet sich im Anhang.

3.4.4 Gutschrift-Lastschriftverfahren

Das Gutschrift-Lastschriftverfahren nimmt eine Sonderstellung innerhalb der Verfahren der innerbetrieblichen Leistungsverrechnung ein, da es die Tarife nicht selbst errechnet, sondern unternehmenspolitisch vorgegebene Tarife voraussetzt. Die Leistungsmengenabgaben werden dann wie bei den anderen Verfahren mit diesen Tarifen multipliziert, um die Leistungsverrechnungen durchzuführen. Da die Tarife mathematisch nicht korrekt sind, werden normalerweise zu wenig sekundäre Kosten der

Vor-/Hilfskostenstellen auf die Hauptkostenstellen verrechnet. Im theoretischen Ausnahmefall können auch einmal zu viele sekundäre Kosten auf die Hauptkostenstellen verrechnet werden. Dieser Fall ist aus Veranschaulichungszwecken im Zahlenbeispiel (KST 3) enthalten; er kommt aber in der Praxis selten vor, weil wenige vernünftig begründbare Fälle hergeleitet werden können, in denen innerbetriebliche Leistungen absichtlich „künstlich" verteuert werden sollen. Es kann aber sein, dass in Ermangelung der Kenntnis der korrekten Tarife irrtümlich zu hohe Tarife vorgegeben werden. Die üblicherweise zu wenig verrechneten sekundären Kosten, müssen auf die Hauptkostenstellen weiterverrechnet werden, um zu möglichst korrekten Kalkulationen zu gelangen. Die Ermittlung der zu wenig verrechneten sekundären Kosten und ihre Umlage auf die Hauptkostenstellen wird als Deckungsumlage bezeichnet. Diese Deckungsumlage kann aufgrund ihres Zustandekommens, nämlich aufgrund mathematisch falscher Tarife, niemals verursachungsgerecht sein. Dies kommt auch in dem Begriff Deckungs-„umlage" deutlich zum Ausdruck. Innerbetriebliche Umlagen (Verrechnungsbasis Schlüssel) sind im Gegensatz zur innerbetrieblichen Leistungsverrechnung (Verrechnungsbasis gesendete und empfangene Leistungen) selten verursachungsgerecht. Die Deckungsumlage wird i. d. R. nach dem Durchschnitts- oder dem Tragfähigkeitsprinzip vorgenommen werden. Im Zahlenbeispiel haben wir uns für das Durchschnittsprinzip entschieden, d. h. jede der drei Hauptkostenstellen bekommt ein Drittel der Deckungsumlage (100 €) zugerechnet. Wenn nach dem Tragfähigkeitsprinzip gemäß den Gesamtkostensummen der Hauptkostenstellen verfahren würde, bekäme die KST 6 mehr sekundäre Kosten aus der Deckungsumlage als die KST 5 und diese mehr als die KST 4. Die Deckungsumlage nach dem Tragfähigkeitsprinzip könnte allerdings plausibler nach Deckungsbeiträgen oder den kalkulatorischen Gewinnen der aus den Hauptkostenstellen hervorgehenden Endprodukte vorgenommen werden. Die Deckungsumlage sollte (wie die anderen nicht leistungsbezogenen Umlagen auch) im Kostenstellenberichtswesen in einer „unteren" Zeile, d. h. außerhalb der durch den Kostenstellenleiter zu beeinflussenden und zu verantwortenden Kosten auftauchen.

Sinn und Zweck der unternehmenspolitisch (d. h. von der Geschäftsführung im Zusammenwirken mit dem Controlling) gesetzten Tarife ist es, den Kostenstellenleitern marktübliche (Verrechnungs-) Preise für innerbetriebliche Leistungen zu bieten, wenn die mathematisch korrekten Tarife höher wären als die Preise für vom Beschaffungsmarkt extern bezogene gleichartige Dienstleistungen. Dieses Vorgehen macht nur dann Sinn, wenn die Kostenstellenleiter wirkliche Entscheidungsfreiheit darüber haben, wo sie ihre benötigten Leistungen einkaufen, wenn also die Idee Schmalenbachs der pretialen[7] Lenkung, d. h. von der innerbetrieblichen Marktwirtschaft umge-

---

[7] Es ist allerdings zu berücksichtigen, dass die pretiale Lenkung auf der Basis der entscheidungsrelevanten Kosten arbeitet und daher alle Fixkostenanteile eliminiert werden müssten, die nicht entscheidungsrelevant sind.

Gutschrift-Lastschrift-Verfahren	Vor-/Hilfskostenstellen			Hauptkostenstellen			Zeilensummen
	KST 1	KST 2	KST 3	KST 4	KST 5	KST 6	
Primärkosten €/Pe	600	740	1000	5000	3000	7000	17340
Unternehmenspolitisch gesetzte Tarife €/Periode	5	1,5	18				
Leistungsmengenabgabe ME/Pe von KST 1 an KST 2-6	-200	20	80	60	20	20	0
Leistungsverrechnung €/Pe von KST 1 an KST 2-6		100	400	300	100	100	1000
Leistungsmengenabgabe ME/Pe von KST 2 an KST 3-6		-400	200	100	50	50	0
Leistungsverrechnung €/Pe von KST 2 an KST 3-6			300	150	75	75	600
Leistungsmengenabgabe ME/Pe von KST 3 an KST 1-6	40		-100	10	10	40	0
Leistungsverrechnung €/Pe von KST 3 an KST 1-6	720			180	180	720	1800
Zwischensumme €/Pe sekundäre Kosten nach interner Leistungsverrechnung ohne Deckungsumlage	1320	840	1700	630	355	895	5740
Verrechnet wurden von KST 1-3 €/Pe	1000	600	1800				
Deckungsumlage KST 1-3 €/Pe	320	240	-100				460
Deckungsumlage n. d. Durchschnittsprinzip auf KST 4-6 verteilt €/Pe				153,33	153,33	153,33	
Gesamtkosten nach interner Leistungs-verrechnung und Deckungsumlage auf KST 4-6				5.783,33	3.508,33	8.048,33	17.340

Abb. 3.28: Zahlenbeispiel zum Gutschrift-Lastschrift-Verfahren

setzt ist. Wenn diese Entscheidungsfreiheit der Kostenstellenleiter nicht gegeben ist, könnten unternehmenspolitisch gesetzte Tarife allenfalls aus psychologischen Gründen Sinn machen. D. h. die Kostenstellenleiter sind zwar verpflichtet, die im Vergleich zum Markt eigentlich zu teuren innerbetrieblichen Leistungen in Anspruch zu nehmen, ihnen wird dies aber durch einen marktüblichen Verrechnungspreis akzeptabel gemacht.

Gründe für unternehmenspolitisch gesetzte Tarife, die von den mathematisch korrekten höheren Werten auf Marktpreisniveau abgesenkt werden, liegen in dem Bestreben der Unternehmensführung, unternehmensinternes Wissen (insbesondere in

Kernkompetenzfeldern) und die dazugehörigen Mitarbeiter im Unternehmen zu halten, obwohl sie im Vergleich zum Markt ihre Leistungen (dauerhaft) kostenintensiver produzieren und bei einer konsequenten Entscheidung über Eigenfertigung oder Fremdbezug[8] eigentlich ausgegliedert werden müssten. Ein vernünftiger Kompromiss kann darin liegen, kurz bis mittelfristig die zu kostenintensiven innerbetrieblichen Leistungen durch unternehmenspolitisch gesetzte marktübliche Preise zu akzeptieren. Mittel- bis langfristig (langfristig wegen der natürlichen Fluktuation beim Personal) sind die Kosten der innerbetrieblichen Leistungen so zu reduzieren, dass die entsprechenden Kostenstellen wettbewerbsfähig werden.

Die Deckungsumlage entspricht in SAP S/4HANA der Verrechnung mit der Senderregel *Gebuchte Beträge*. Dadurch werden alle noch auf den Senderkostenstellen vorhandenen Beträge verrechnet.

3.4.5 Gleichungsverfahren

In dem in der Praxis üblichen Fall, dass eine Hilfskostenstelle an andere sekundäre Kostenstellen Leistungen sendet und sie gleichzeitig von diesen Leistungsarten in Anspruch nimmt, lässt sich der Verrechnungssatz jeder Stelle erst bestimmen, wenn man die Verrechnungssätze der übrigen Stellen kennt. Hieraus folgt aber, dass man exakte Verrechnungssätze für innerbetriebliche Leistungen nur simultan bestimmen kann. Hierfür wurde das so genannte Gleichungsverfahren entwickelt.

Es basiert auf den mengenmäßigen Leistungsbeziehungen zwischen den Kostenstellen, die in der Tab. 3.1 zusammen mit den Primärkosten dargestellt sind.

Die Wechselbeziehungen zeigen sich z. B. bei den Kostenstellen 1 und 3. So gibt Kostenstelle 1 80 Leistungseinheiten an Kostenstelle 3 ab und erhält 40 Leistungseinheiten der Kostenstelle 3.

Bei dem Gleichungsverfahren werden genauso viele lineare Gleichungen gebildet, wie es sekundäre Kostenstellen und zu bestimmende Verrechnungssätze/Tarife

Tab. 3.1: Abgegebene und empfangene Leistungseinheiten der Kostenstellen

Abgebende Kostenstelle	Empfang. Vor/Hilfs-KSt			Empfangende Haupt-KSt			Summe
	KST 1	KST 2	KST 3	KST 4	KST 5	KST 6	
KST 1	0	20	80	60	20	20	200
KST 2	0	0	200	100	50	50	400
KST 3	40	0	0	10	10	40	100
Primärkosten	600	740	1.000	5.000	3.000	7.000	17.340

---

8 Im angelsächsischen Sprachraum wird dieser Prozess mit Outsourcing bezeichnet. Vgl. zum Outsourcing Kap. 3.7.

gibt. Die Verrechnungssätze/Tarife k_{Ts} der sendenden Kostenstellen s sind die Unbekannten dieses Gleichungssystems.

Im Weiteren werden die folgenden Variablen benötigt:

K_{prs} Summe der primären Kostenarten einer sendenden Kostenstelle s in €/Pe

K Summe der primären und sekundären Kostenarten einer Kostenstelle in €/Pe

B_s Anzahl der erstellten innerbetrieblichen Leistungseinheiten der Kostenstelle s, die an andere Kostenstellen abgegeben werden in LE/Pe

r Anzahl der verbrauchten/empfangenen innerbetrieblichen Leistungseinheiten in LE/Pe

k_{Ts} Tarif/Verrechnungssatz einer sendenden Kostenstelle s in €/ME

s 1, ..., sn, Kostenstellenindex einer sendenden Kostenstelle

e 1, ..., en, Kostenstellenindex einer empfangenden Kostenstelle

c 1, ..., cn Kostenstellenindex einer Kostenstelle

Das Produkt aus Tarif k_{Ts} der sendenden Kostenstelle mit der Anzahl der erstellten Leistungsarten B_s gibt die erzeugte Leistung der sendenden Kostenstelle s an, die in €/Pe gemessen wird.

Die erzeugte Leistung $k_{Ts}B_s$ wird an die anderen Kostenstellen abgegeben und muss von diesen erstattet werden. Die erzeugten Leistungen bilden die linke Seite des linearen Gleichungssystems. Auf der rechten Seite stehen dann die Kosten der betrachteten Kostenstelle c, welche sich aus den Primärkosten und den Sekundärkosten zusammensetzen.

Für die Verrechnungssätze k_{Tc} einer Kostenstelle c gilt folgende Bestimmungsgleichung:

$$k_{Tc}B_c = K_{prc} + \sum_{s=1}^{sn} r_{sc}k_{Ts}$$

Mit dem Spezialfall s = c ist der Eigenverbrauch der Kostenstelle c angegeben.

Für jede der sendenden Kostenstellen (s = 1, ..., sn) ist eine derartige Gleichung aufzustellen.

Für die 3 abgebenden Kostenstellen werden gemäß den Mengenbeziehungen in Tab. 3.1 die folgenden Gleichungen aufgestellt:

$$200 \cdot k_{T1} = 600 + 0 \cdot k_{T1} \quad + 0 \cdot k_{T2} + 40 \cdot k_{T3}$$
$$400 \cdot k_{T2} = 740 + 20 \cdot k_{T1} \quad + 0 \cdot k_{T2} + 0 \cdot k_{T3}$$
$$100 \cdot k_{T3} = 1000 + 80 \cdot k_{T1} + 200 \cdot k_{T2} + 0 \cdot k_{T3}$$

Mit den Daten des Beispiels lässt sich die Tab. 3.2 aufbauen.

Die erste Zeile der Tab. 3.2 zeigt die bewerteten Leistungen und Kosten der ersten Kostenstelle. Die abgegebenen bewerteten Leistungen betragen 200 LE/Pe · k_{T1}. Diese müssen – wenn der Tarif richtig bestimmt wird – die gesamten Kosten der Kostenstelle decken. Die Kosten bestehen aus 600 €/Pe an Primärkosten (letzte Spalte) und den Sekundärkosten, welche im ersten Fall aus 40 empfangenen Leistungseinheiten der

Tab. 3.2: Lineares Gleichungssystem zur Ermittlung der Tarife

	k_{T1}	k_{T2}	k_{T3}				K_{Pr}
KST 1	200	0	−40				600
KST 2	−20	400	0				740
KST 3	−80	−200	100				1.000
KST 1	1	0	−0,2				3
KST 2	0	400	−4,0				800
KST 3	0	−200	84,0				1.240
KST 1	1	0	−0,20				3
KST 2	0	1	−0,01				2
KST 3	0	0	82				1.640
KST 1	1	0	0				7
KST 2	0	1	0				2,20
KST 3	0	0	1				20
Sekundärkosten der Hauptkostenstellen:				840	450	1.050	2.340
Gesamtkosten der Hauptkostenstellen:				5.840	3.450	8.050	17.340

Kostenstelle 3 bestehen. Letztere werden auf die linke Seite geholt, so dass $-40 \cdot k_{T3}$ (der noch unbekannte Tarif der Kostenstelle 3) in der Tabelle erscheinen.

Die gleiche Vorgehensweise wird für die beiden anderen abgebenden Kostenstellen 2 und 3 durchgeführt.

Mathematisch korrekt müsste also die erste Kostenstelle ihre Leistungen mit 7 €/ME verrechnen, die zweite mit 2,20 €/ME und die dritte mit 20 €/ME. Die erhaltenen Lösungen können auch als Referenz für die anderen Verfahren gelten, um deren Güte abzuschätzen. In der Praxis hilft das allerdings weniger, da bei Vorhandensein der exakten Lösung die anderen Verfahren nicht mehr notwendig sind.

Das mathematische Verfahren kann über Tabellenkalkulationen durchgeführt werden, auch wenn hunderte von Kostenstellen abgerechnet werden sollen.

3.4.6 Selbstlernmodul: Innerbetriebliche Leistungsverrechnung

Bei der Analyse der Lieferbeziehungen zwischen den Kostenstellen mögen sich die folgenden Leistungsverpflechtungen ergeben.

Ermitteln Sie im ersten Schritt die 3 Gleichungen, welche für die 3 Vor- und Hilfskostenstellen die Leistungsbeziehungen abbilden. k_{T1} ist der Tarif (Verrechnungssatz) für die Vorkostenstelle 1 (in €/FE)

Ermitteln Sie im zweiten Schritt mit Hilfe der Gleichungen die Tarife (Verrechnungssätze der 3 Vor- bzw. Hilfskostenstellen).

Ermitteln Sie im dritten Schritt die Sekundärkosten und die Gesamtkosten der Hauptkostenstellen.

Tab. 3.3: Selbstlernmodul: Leistungsbeziehungen

Abgebende Kostenstelle	Einheit	Empfangende Vor/Hilfs-KSt			Empfangende Haupt-Kst			Summe
		V/H-KST 1	V/H-KST 2	V/H-KST 3	HKST 1	HKST 2	HKST 3	
V/H-KST 1	FE/Pe	2	19	105	51	268	1	446
V/H-KST 2	FE/Pe	11	15	75	52	1	88	242
V/H-KST 3	FE/Pe	8	35	6	10	8	70	137
Primärkosten	€/Pe	1600	900	300	1900	1100	1600	7400

Hinsichtlich der Handhabung von Excel wählen Sie bitte im Menü Formeln/Berechnungsoptionen die Option „manuell" und im Menü Datei/Optionen/Formeln ebenfalls manuell. Setzen Sie kein Häkchen für Neuberechnungen bei „Speichern". Auf diese Weise können Sie immer wieder neue Aufgaben generieren, Lösungen erarbeiten und diese dann im zweiten Register „Lösung" kontrollieren.

Der Lösungsvorschlag für die obige Aufgabe sieht wie folgt aus:

Aufstellung der 3 Gleichungen

Tab. 3.4: Selbstlernmodul: Aufstellung des Gleichungssystems

Gleichung 1	444	$\cdot k_{T1}$	−11	$\cdot k_{T2}$	−8	$\cdot k_{T3}$	=	1600
Gleichung 2	−19	$\cdot k_{T2}$	227	$\cdot k_{T3}$	−35	$\cdot k_{T4}$	=	900
Gleichung 3	−105	$\cdot k_{T3}$	−75	$\cdot k_{T4}$	131	$\cdot k_{T5}$	=	300

Lösung des Gleichungssystems

Auf Basis der obigen Daten können die Tarife bestimmt werden:

Tab. 3.5: Selbstlernmodul: Lösung des Gleichungssystems

	k_{T1}	k_{T2}	k_{T3}	K_{Pr}
V/H-KST 1	444,00	−11,00	−8,00	1600,00
V/H-KST 2	−19,00	227,00	−35,00	900,00
V/H-KST 3	−105,00	−75,00	131,00	300,00
V/H-KST 1	1,00	−0,02	−0,02	3,60
V/H-KST 2	0,00	226,53	−35,34	968,47
V/H-KST 3	0,00	−77,60	129,11	678,38
V/H-KST 1	1,00	0,00	−0,02	3,71
V/H-KST 2	0,00	1,00	−0,16	4,28
V/H-KST 3	0,00	0,00	117,00	1010,14
V/H-KST 1	1,00	0,00	0,00	3,90
V/H-KST 2	0,00	1,00	0,00	5,62
V/H-KST 3	0,00	0,00	1,00	8,63

Mit Hilfe der berechneten Tarife können nun die Primär- und Sekundärkosten bestimt werden:

Tab. 3.6: Selbstlernmodul: Bestimmung der Sekundärkosten

Tarif	€/FE	3,90	5,62	8,63	Kosten in €/Pe
Haupt-Kst 1	FE/Pe	51	52	10	578
Haupt-Kst 2	FE/Pe	268	1	8	1119
Haupt-Kst 3	FE/Pe	1	88	70	1103

Im letzten Schritt können nun die Primär- und Sekundärkosten addiert werden.

Tab. 3.7: Selbstlernmodul: Ermittlung der Gesamtkosten der Kostenstelle

Kostenstelle	Einheit	Empfangende Haupt-Kostenstellen			Summe
		HKST 1	HKST 2	HKST 3	
Primärkosten	€/Pe	1900	1100	1600	4600
Sekundärkosten	€/Pe	578	1119	1103	2800
Gesamtkosten	€/Pe	2478	2219	2703	7400

3.5 Steuerung der innerbetrieblichen Kosten- und Leistungsverrechnung in SAP®

3.5.1 Grundsätzliches

Die Steuerung der innerbetrieblichen Kosten- und Leistungsverrechnung beinhaltet die Zuordnung und Bewertung der benötigten Leistungen und verursachten Kosten. Je nach Szenario kommen unterschiedliche betriebswirtschaftliche Methoden zum Einsatz:
- Umbuchung, Verteilung und Umlage von Kosten
- Direkte oder indirekte Leistungsverrechnung

Die Verrechnung von Kosten erfolgt bei erstmaliger Kontierung und bei der Verteilung von Kosten, wenn diese zuvor auf einer Vor-/Hilfskostenstelle kontiert wurden. Erfolgt die Verteilung der Kosten zum Beispiel monatlich, dann wird für die periodische Umbuchung ein Zyklus definiert, der die Sender, Empfänger und den Verteilungsschlüssel enthält. Die Leistungsverrechnung ist dann möglich, wenn eine zu verrechnende Leistungsmenge erbracht wurde. Die unter 4.4.2 bis 4.4.5 vorgestellten Verfahren gelten sowohl für die Istkostenrechnung als auch für die Plankostenrechnung.

3.5.2 Umlage von Kosten

Die Umlage[9] von Kosten wird dann angewendet, wenn die unterschiedlichen, zu verrechnenden Kosten des Senders zu einer Umlagekostenart zusammengefasst werden. In einem Umlagezyklus werden Sender, Empfänger, Umlagekostenart und Umlageschlüssel definiert. Die Umlage ist dann erforderlich, wenn sowohl primäre als auch sekundäre Kosten verrechnet werden sollen und der getrennte Ausweis der einzelnen Umlagekostenarten beim Empfänger keinen betriebswirtschaftlichen Nutzen hätte.

Beispiel:

Die bei einem Zementwerk eingehende Stromrechnung wird bei der Verbuchung in der Finanzbuchhaltung zuerst auf eine Hilfskostenstelle Strom kontiert. Die stromintensiven Fertigungsprozesse im Zementwerk sind die Fertigungsstufen Zerkleinerung, Klinkerofen und der Mahlbetrieb. Für diese Prozesse wird der Stromverbrauch explizit gemessen. Die verbrauchten Stromeinheiten werden als statistische Kennzahl bzw. direkte Bezugsgröße im System gebucht. Auf dieser Basis erfolgt dann die Buchung der für den Fertigungsprozess angefallenen Stromkosten. Es wird ein Verteilungszyklus verwendet, der als Bezugsbasis die Kennzahl Stromverbrauch enthält. Die Stromkosten im jeweiligen Produktionsprozessschritt ergeben sich aus Stromkostentarif mal verbrauchte Kilowattstunden. Wenn nur ein Zähler für die gesamte Verwaltung existiert, kann der Verbrauch des Verwaltungsbereiches per Prozentanteil (indirekte Bezugsgröße) weiterverteilt werden.

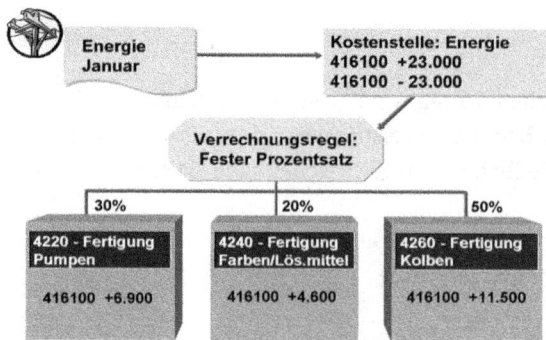

Abb. 3.29: Kostenverteilung der Kostenart Stromkosten

---

9 Der Begriff Umlage wird in SAP® ERP® für die reine Kostenverrechnung im Gegensatz zu einer Leistungsverrechnung verwendet. Bei einer Umlage können die verschiedenen Kostenarten des Senders zu einer Umlagekostenart zusammengefasst werden. Beim Empfänger werden die Kosten zusammengefasst belastet.

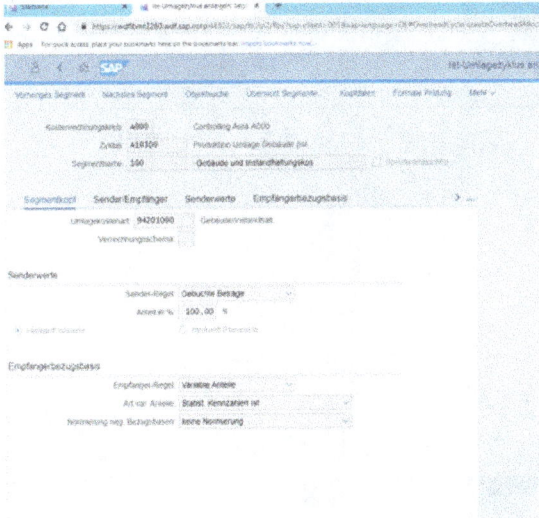

Abb. 3.30: Umlagezyklus Segment

Die Definition eines Umlagezyklus zeigt die Abbildung 3.30. Ein Zyklus des Iterationsverfahrens besteht aus einem oder mehreren Segmenten, die sukzessive abgearbeitet werden. In einem Segment wird festgelegt, welche Kostenobjekte entlastet (Sender) beziehungsweise belastet (Empfänger) werden sollen. Für die Senderwerte wird festgelegt, ob geplante Festbeträge oder gebuchte Ist-Beträge umgelegt werden sollen. Für die Schlüsselung der Kosten auf mehrere Empfänger wird definiert, auf welcher Bezugsgröße die Aufteilung der Kosten erfolgt.

Werden z. B. Gebäude- und Instandhaltungskosten mit der Bezugsgröße „Anzahl Mitarbeiter" umgelegt, so ist die Bezugsgröße „variable Anteile" zu wählen und in der Eingabemaske im Feld Bezugsbasis die statistische Kennzahl anzugeben, unter der die Anzahl Mitarbeiter für die empfangenden Kostenstellen gebucht worden sind. Andere Methoden zur Verrechnung der Kosten sind bei den Empfängern gebuchte Kosten, Leistungsmengen oder auch Tarife.

Das Beispiel in Abbildung 3.30 zeigt einen Umlagezyklus im System SAP® ERP®.

Bei diesem Umlagezyklus werden die gebuchten Beträge der Sonderkostenstelle auf Basis der Anzahl Mitarbeiter der Empfängerkostenstellen umgelegt.

Die Senderkostenstelle(n) und Empfängerkostenstellen können auch als Gruppe angegeben werden. Welche Kosten verrechnet werden sollen, wird über die Zuordnung einer Kostenartengruppe festgelegt (Abb. 3.31).

Aufgrund einer Verrechnung auf Basis variabler Anteile ist die Bezugsgröße anzugeben. Im Beispiel erfolgt die Umlage auf Basis der Anzahl Mitarbeiter, welche über die statistische Kennzahl 9100 den Empfängerkostenstellen zugeordnet wurden.

Werden als Aufteilungsbasis die bei den Empfängern gebuchten Istkosten verwendet, so kann es vorkommen, dass negative Werte auftreten. Dies ist dann der Fall,

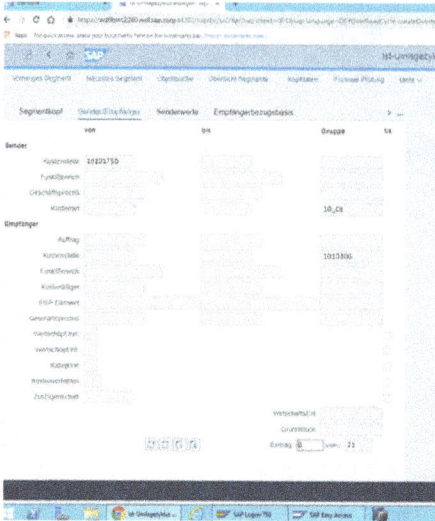

Abb. 3.31: Umlagezyklus: Sender-Empfänger

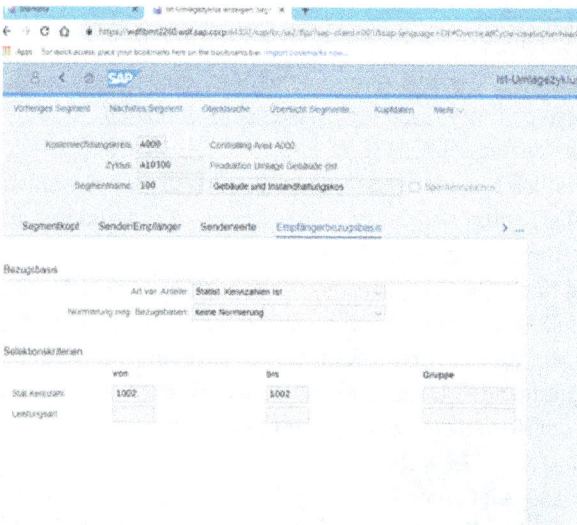

Abb. 3.32: Umlagezyklus – Empfängerbezugsbasis

wenn bei den Empfängerkostenstellen mehr Kostenentlastung als Belastung gebucht wurde. Negative Bezugsbasen führen zu falschen Ergebnissen. Es muss über das Eingabefeld „Normierung" festgelegt werden, ob ein negativer Wert auf null oder auf Betrag gesetzt wird. Wenn der Wert auf null gesetzt wird, nimmt die Empfängerkostenstelle an der Verteilung nicht teil. Wenn der Wert auf Betrag gesetzt wird, verkehrt sich die negative Bezugsgröße[10] in eine positive und die Empfängerkostenstelle nimmt an der Verteilung teil (Abb. 3.32).

Die Segmente eines Zyklus werden sukzessive (Treppenverfahren) oder iterativ (Iterationsverfahren) abgearbeitet.[11] Dabei werden gegenseitige Leistungsbeziehungen solange durchgerechnet, bis sich ein Wert ergibt, welcher der mathematisch korrekten Lösung entspricht. Beispiel: Kostenstelle A entlastet sich zu 100 % an Kostenstelle B und C mit jeweils 50 %. Kostenstelle B entlastet sich vollständig an A und C mit ebenfalls jeweils 50 %. Nach mehreren Iterationsschritten wird Kostenstelle C mit 100 % belastet.

3.5.3 Tarifermittlung

Eine wichtige Rolle bei der Leistungsverrechnung spielt die Frage, ob mit Gesamttarifen oder mit fixen und variablen Tarifen gearbeitet werden soll. Der variable Tarif der Leistungsart einer Kostenstelle ergibt sich aus dem Verhältnis der variablen Kosten der Kostenstelle pro Leistungsart und der Leistungsmenge der Leistungsart. In den variablen Tarif gehen die leistungsbezogenen Kosten ein. Der Fixtarif ergibt sich aus dem Verhältnis der fixen Kosten der Kostenstelle pro Leistungsart und Leistungsmenge. Fixer und variabler Tarif dienen dazu, die verrechneten fixen bzw. variablen Kosten der Kostenstelle getrennt über die Leistungsverrechnung zu verrechnen und auszuweisen. Damit können für die bei der Leistungsverrechnung gebuchten sekundären Kosten auch die Sollkosten berechnet werden. Die Sollkosten ergeben sich aus den verrechneten fixen Kosten plus variable Kosten mal Istbeschäftigungsgrad. Die fixen Kosten sind das Produkt aus fixem Tarif und verrechneten Leistungsmengen (fixe und variable). Die variablen Kosten sind das Produkt aus variablem Tarif und verrechneter variabler Leistungsmenge.

Beispiel

Die Kostenstelle Instandhaltung plant folgende Instandhaltungsleistung für eine Fertigungskostenstelle:

Fixe Instandhaltung (vorbeugende Instandhaltung):   500 h/Pe
Variable Instandhaltung (bei Bedarf):   500 h/Pe
Gesamte Planstunden: 1.000 h/Pe

---

10 Im ersten Schritt sollte natürlich versucht werden, die Ursache für die Negativität zu finden.
11 Es können bei mehreren Segmenten in einem Verrechnungszyklus bei einigen Segmenten iterative und bei anderen sukzessive Verrechnungen vorgenommen werden.

Für die Instandhaltung benötigt die Instandhaltungskostenstelle:
Fixe Kosten (Abschreibung für Maschinen, Werkzeuge): 40.000 €/Pe
Variable Kosten (Verbrauchsmaterialien, Leistungslohn): 35.000 €/Pe
Gesamte Plankosten: 75.000 €/Pe

Daraus ergeben sich folgende Tarife für die Leistungsverrechnung:
Fixer Tarif   = 40.000/1.000 = 40 €/h
Variabler Tarif = 35.000/1.000 = 35 €/h
Gesamt-Tarif   = 75 €/h

Bei einer Beschäftigung von 100 %, d. h. es werden 1.000 Stunden Instandhaltungsleistung erbracht, ergeben sich als Sollkosten:

> Fixe Sollkosten
>
> = fixer Tarif · fixe Instandhaltungsstunden
>
> + fixer Tarif · variable Instandhaltungsstunden
>
> + variabler Tarif · fixe Instandhaltungsstunden
>
> = 40 · 500 + 40 · 500 + 35 · 500 = 57.500 €/Pe
>
> Variable Sollkosten
>
> = variabler Tarif · variable Instandhaltungsstunden
>
> = 35 · 500 = 17.500 €/Pe

Beim Vergleich der Plankosten mit den Istkosten spielen die Sollkosten folgende Rolle:
Sind die verrechneten fixen Istkosten höher oder niedriger als die fixen Sollkosten, so
handelt es sich um eine Fixkostendeckungsabweichung, d. h. es wurden zu viele oder
nicht alle Fixkosten verrechnet. Die Auswirkung von Beschäftigungsabweichungen
auf die fixen Kosten können aber in einer flexiblen Plankostenrechnung nur berechnet werden, wenn auch die fixen Sollkosten geplant wurden. Dies wiederum erfordert
die Trennung des Tarifs in einen fixen und variablen Anteil. Bei der Berechnung des
Plantarifs sind nicht nur die direkten Plankosten der Kostenstelle zu berücksichtigen,
sondern auch die Plankosten, die sich aus der Inanspruchnahme von Leistungen anderer Kostenstellen ergeben. Dadurch ergeben sich für die Tarifermittlung mehrere
Planungsschritte für die Kostenstellen, bis alle Kosten berücksichtigt sind.

Beispiel
Kostenstelle A plant für einen Monat:
fixe Kosten: 250.000 €/Pe
variable Kosten: 550.000 €/Pe
Planleistung: 10.000 h/Pe

Damit ergeben sich folgende Tarife:

Fixer Tarif: 25 €/h
Variabler Tarif: 55 €/h

Kostenstelle B plant für den gleichen Monat:
Fixe Kosten: 350.000 €/Pe
variable Kosten: 650.000 €/Pe
Planleistung: 10.000 h/Pe

damit ergeben sich folgende Tarife
Fixer Tarif: 35 €/h
Variabler Tarif: 65 €/h

Kostenstelle B liefert an die Kostenstelle A für den Monat 1.000 Stunden. Diese werden mit 35.000 € fixen und 65.000 € variablen Kosten verrechnet. Auf 10 Leistungsstunden in der Kostenstelle A fällt eine Leistungsstunde in der Kostenstelle B an (Annahme). Für die Tarifermittlung folgt:
Kostenstelle A:
Fixe Kosten: 250.000 €/Pe + 35.000 €/Pe aus Leistungsbeziehung Kostenstelle
                    B = 285.000 €/Pe
Variable Kosten: 550.000 €/Pe + 65.000 €/Pe aus Leistungsbeziehung Kostenstelle
                    B = 615.000 €/Pe
Planleistung: 10.000 h/Pe

Damit ergeben sich folgende Tarife:
Fixer Tarif für A: 28,50 €/h
Variabler Tarif für A: 61,50 €/h

In diesem Praxisbeispiel werden die Kosten nur einseitig verrechnet.

3.5.4 Direkte Leistungsverrechnung

Die direkte Leistungsverrechnung ist die Verbuchung von Leistungsmengen, die von Kostenstellen an andere Kostenobjekte geleistet werden. Die zu verrechnenden Kosten ergeben sich aus der Multiplikation von Leistungsmengen und Plantarif. Bei der direkten Leistungsverrechnung wird die Leistungsmenge direkt eingegeben, oder im Fall der Rückmeldung gefertigter Erzeugnismengen in der Produktion bei der Rückmeldung aus der gefertigten Produktionsmenge berechnet. Voraussetzung für die direkte Leistungsverrechnung ist die Möglichkeit der Erfassung der erbrachten Istleistungsmengen beim Sender.

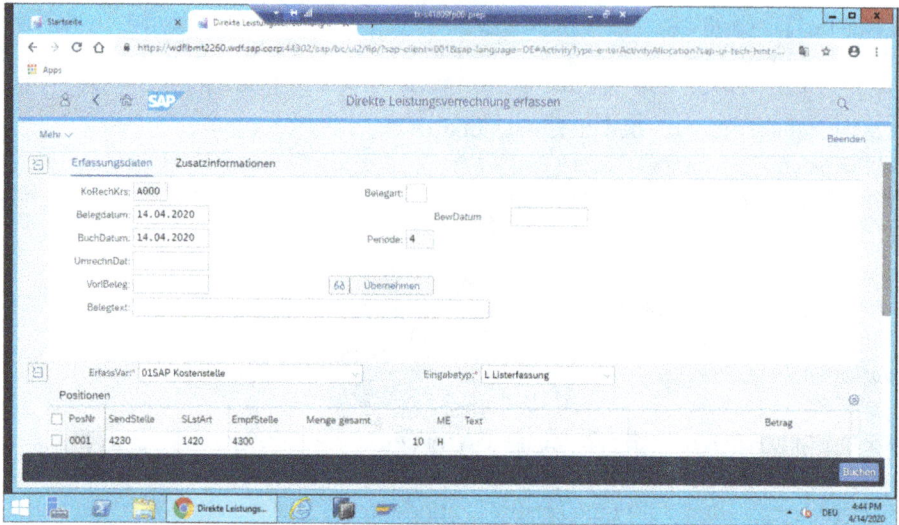

Abb. 3.33: Direkte Leistungsverrechnung in SAP

3.5.5 Indirekte Leistungsverrechnung

Das Controlling der Leistungsbeziehungen wird über die indirekte Leistungsverrechnung durchgeführt, wenn die Leistungen aufgrund einer festen Bezugsgröße
zwischen Sender und Empfänger erbracht werden. Die Bezugsgrößen können feste Anteilswerte oder auch auf den Empfängern gebuchte Größen, z. B. Kosten oder
Leistungsmengen sein.

Beispiele:
In der Produktion eines Unternehmens sind in einem Monat 1.000 Stunden für die
Arbeitsvorbereitung angefallen. Der Tarif für die Arbeitsvorbereitung beträgt 90 € je
Stunde. Da die Arbeitsvorbereitung keine Erfassung der für die Fertigungsaufträge in
einer Kostenstelle geplanten Produktionsaufträge durchführt, sollen die Stunden für
die Arbeitsvorbereitung prozentual in gleichen Teilen auf die Fertigungskostenstellen
A bis D verrechnet werden.

Es wird ein Zyklus für die indirekte Leistungsverrechnung definiert, indem Folgendes festgelegt wird:

Senderkostenstelle: Arbeitsvorbereitung
Senderwerte: Ist-Leistung
Senderleistungsart: Produktionsplanung
Empfängerkostenstellen: A, B, C, D

Bezugsgröße jeweils 25 %
Im Rahmen der indirekten Leistungsverrechnung ergibt sich:
Senderkostenstelle Arbeitsvorbereitung

$$1.000 \cdot 90 = 90.000 \ \text{€/Pe Entlastung}$$

Empfängerkostenstellen

$$\text{A bis D jeweils:} \quad 250 \ \text{Stunden} \cdot 90 \ \text{€} = 22.500 \ \text{€/Pe Belastung}$$

Ein anderes Szenario ergibt sich, wenn die Senderkostenstelle keine Leistungserfassung durchführt, aber dennoch die Kosten zwecks genauer Analyse im Controlling gefordert sind. In diesem Fall ist eine indirekte Leistungsverrechnung mit retrograd ermittelten Leistungsmengen zu definieren.

Beispiel
In der Produktion eines Unternehmens wurden in einem Monat 100.000 Fertigungsstunden geleistet. Auf 100 Fertigungsstunden kommt je eine Qualitätsprüfungsstunde. Eine Qualitätsprüfungsstunde hat einen Tarif von 110 €/h. Die Ist-Fertigungsstunden wurden von den Kostenstellen wie folgt erbracht:
Kostenstelle A: 20.000 Stunden
Kostenstelle B: 40.000 Stunden
Kostenstelle C: 15.000 Stunden
Kostenstelle D: 25.000 Stunden

Es wird ein Zyklus für die indirekte Leistungsverrechnung mit retrograd ermittelter Leistungsmenge definiert:
Senderkostenstelle: Qualitätsprüfung
Senderwerte: retrograd ermittelte Leistungsmenge
Senderleistungsart: Qualitätsprüfung
Empfängerkostenstellen: A, B, C, D
Bezugsgröße: Ist-Leistung Fertigung

Im Rahmen der indirekten Leistungsverrechnung ergibt sich:
Senderkostenstelle Qualitätsprüfung

$$(100.000/100) \cdot 110 = 110.000 \ \text{€/Pe Entlastung}$$

Empfängerkostenstellen
Kostenstelle A: $(20.000/100) \cdot 110 = 22.000 \ \text{€/Pe Belastung}$
Kostenstelle B: $(40.000/100) \cdot 110 = 44.000 \ \text{€/Pe Belastung}$
Kostenstelle C: $(15.000/100) \cdot 110 = 16.500 \ \text{€/Pe Belastung}$
Kostenstelle D: $(25.000/100) \cdot 110 = 27.500 \ \text{€/Pe Belastung}$

Eine weitere Möglichkeit der indirekten Leistungsverrechnung mit retrograder Leistungsermittlung ist die Verwendung des Beschäftigungsgrades der Empfängerkostenstellen als Bezugsgröße. Da sich in diesem Fall aus dem Beschäftigungsgrad der Empfänger die Soll-Leistungsmengen des Senders ergeben, welche als Ist-Leistungsmengen gebucht werden, handelt es sich um eine Soll-Ist-Leistungsverrechnung.

In der Produktion eines Unternehmens entfielen auf einen Monat die Fertigungsstunden gemäß Abbildung 3.34.

Kostenstelle	Plan-Fertigungsstunden	Ist-Fertigungsstunden	Beschäftigungsgrad
A	20.000	10.000	50 %
B	40.000	28.000	70 %
C	15.000	15.000	100 %
D	25.000	20.000	80 %

Abb. 3.34: Zahlenbeispiel Plan-Ist-Fertigungsstunden und Beschäftigungsgrad

Der innerbetriebliche Transport führt keine Leistungsaufschreibung durch. Statistisch wurde ermittelt, dass bei Vollbeschäftigung eine Transportstunde (Tarif = 60 €/h) je 10 Stunden Fertigungsleistung erforderlich sind. Bei Teilbeschäftigung fällt der Transportaufwand unterproportional. Je 10 % Unterbeschäftigung fällt das Transportaufkommen nur um 5 %, da nur zum Teil gefüllte Transportbehälter transportiert werden. Da die Fertigungskostenstellen regelmäßig Material benötigen, kann die Transporthäufigkeit nicht in dem Maße gesenkt werden, wie die Beschäftigung gefallen ist. Damit ergibt sich die folgende Abhängigkeit in der Tabelle der innerbetrieblichen Transporte von der Beschäftigung der Kostenstellen:

Beschäftigung Fertigungskostenstelle	Beschäftigung innerbetrieblicher Transport
100 %	100 %
90 %	95 %
80 %	90 %
70 %	85 %
60 %	80 %
50 %	75 %

Daraus lässt sich folgende Formel für die Berechnung des Beschäftigungsgrades als Faktor ableiten:

$$\text{BG Transportkostenstelle} = \frac{100 - ((100 - (\text{BG Fertigungskostenstelle} \cdot 100)) \cdot 0{,}5}{100}$$

Das lässt sich vereinfachen zu $0{,}5 + 0{,}5 \cdot \text{BG Fertigungskostenstelle}$.

Für die Beschäftigungsgrade der Transportkostenstelle ergibt sich:

$$\text{BG 1 (100 \%)} \quad = \frac{100 - ((100 - (1{,}0 \cdot 100)) \cdot 0{,}5)}{100} = 1{,}0$$

BG 2 (90 %) = 0,95
BG 3 (80 %) = 0,9
BG 4 (70 %) = 0,85

Es wird ein Zyklus für die indirekte Leistungsverrechnung mit retrograd ermittelter Leistungsmenge unter Berücksichtigung von Gewichtungsfaktoren definiert:

Senderkostenstelle: innerbetrieblicher Transport
Senderwerte: retrograd ermittelte Leistungsmenge
Senderleistungsart: Anlieferung in die Produktion
Empfängerkostenstellen: A, B, C, D
Bezugsgröße: Beschäftigungsgrad mit Gewichtungsfaktor

Im Rahmen der indirekten Leistungsverrechnung ergibt sich Folgendes für die Senderkostenstelle „innerbetrieblicher Transport":

Erläuterung für Fertigungskostenstelle A: Die 20.000 h sind die Planbeschäftigung der Fertigungskostenstelle. Laut Tabelle oben ist die Fertigungskostenstelle A nur zu 50 % ausgelastet. Laut dargestelltem Zusammenhang siehe Tabelle oben fällt der Beschäftigungsgrad der Transportkostenstelle von 100 % nur um die Hälfte gegenüber der Produktionskostenstelle und zwar auf 75 %. Daraus erklären sich die Operanden 0,5 und 0,75 und es ergeben sich die 75 h/Pe.

Kostenstelle A: $(20.000/100) \cdot 0{,}5 \cdot 0{,}75 = 75 \, \text{h/Pe}$

Kostenstelle B: $(40.000/100) \cdot 0{,}7 \cdot 0{,}85 = 238 \, \text{h/Pe}$

Kostenstelle C: $(15.000/100) \cdot 1{,}0 \cdot 1{,}0 = 150 \, \text{h/Pe}$

Kostenstelle D: $(25.000/100) \cdot 0{,}8 \cdot 0{,}9 = 180 \, \text{h/Pe}$

Für die Senderkostenstelle „innerbetrieblicher Transport" ergibt sich damit eine Entlastung von 643 Stunden · 60 € = 38.580 €/Pe.

Für die Empfängerkostenstellen „Fertigungskostenstellen" ergibt sich als Belastung:

Kostenstelle A: 75 Stunden · 60 € = 4.500 €/Pe

Kostenstelle B: 238 Stunden · 60 € = 14.280 €/Pe

Kostenstelle C: 150 Stunden · 60 € = 9.000 €/Pe

Kostenstelle D: 180 Stunden · 60 € = 10.800 €/Pe

Summe auf den empfangenden Kostenstellen   38.580 €/Pe

3.6 Kosten- und Leistungsabweichungen

3.6.1 Fortführung des einführenden Beispiels

Die Analyse der Kostenabweichungen einer Kostenstelle soll zeigen, welche Ursachen zu Kostenabweichungen geführt haben. Kostenstellenleiter müssen darauf aufbauend ggf. im Zusammenwirken mit den Controllern Maßnahmen zur Einhaltung der Sollkosten erarbeiten. Insbesondere dient die Abweichungsanalyse der Beurteilung der Wirtschaftlichkeit einer Kostenstelle und erfordert eine Kostensteuerungskompetenz des Kostenstellenleiters, d. h. auch bei Nicht-Betriebswirten ein gewisses Verständnis der Kostenrechnung. Für eine differenzierte und aussagekräftige Abweichungsanalyse müssen folgende Voraussetzungen gegeben sein: Die Kostenrechnung muss als Teilkostenrechnungssystem (Grenzplankostenrechnung) ausgebaut sein. D. h. es muss eine Unterscheidung in fixe und variable Kosten vorgenommen werden und es müssen sich die Plankosten auf Basis der Istbeschäftigung zu Sollkosten umrechnen lassen. Der Soll-Ist-Vergleich spiegelt die tatsächliche Kostensituation, d. h. Unwirtschaftlichkeit oder Wirtschaftlichkeit einer Kostenstelle wider. 10 % geringere Istkosten als Plankosten haben allein noch keine Aussagekraft ohne die zusätzliche Betrachtung des Beschäftigungsgrades. Liegt der Beschäftigungsgrad bei 50 %, so müssten die variablen Istkosten auch um 50 % niedriger sein und die Gesamtkosten der Kostenstelle einschließlich der Fixkosten beispielsweise um 30 % unter den Plankosten liegen, wenn die Kostenstelle wirtschaftlich arbeiten würde. Daher liefert eine Abweichungsanalyse auf Basis der starren Plankostenrechnung in Kostenstellen mit bedeutenden variablen Kostenanteilen kein aussagekräftiges Ergebnis. In Verwaltungskostenstellen dagegen, die häufig über 90 % fixe Kostenanteile haben, spielt der Beschäftigungsgrad für die Aussagekraft der Abweichungsanalyse keine große Rolle. Allerdings wird im Rahmen der Prozesskostenrechnung (siehe Kap. 5) versucht, die Kostenarten der Verwaltungskostenstellen leistungsmengenabhängig und damit variabel zu planen und zu buchen und somit aussagekräftige Abweichungsanalysen durchzuführen.

Es können folgende Voraussetzungen für eine Abweichungsanalyse auf der Basis von Sollkosten in den Kostenrechnungssystemen der flexiblen Plankostenrechnung und der Grenzplankostenrechnung festgehalten werden:

Es müssen bei Kostenabweichungen die Plankostenanteile herausgerechnet werden können, die durch eine niedrigere Ist-Beschäftigung nicht verursacht werden dürfen und bei einer höheren Ist-beschäftigung zusätzlich zu den Plankosten verursacht werden können.

Die Beschäftigungsabweichung (auch Fixkostendeckungsabweichung genannt) besagt, welcher Teil der fixen Kosten in einer flexiblen Plankostenrechnung (bei der die fixen Kosten variabilisiert werden) aufgrund einer Beschäftigungsänderung zu wenig oder zu viel über die Leistungsverrechnung verrechnet wurde.

Es muss als Voraussetzung dafür wiederum eine analytische Planung der Kosten und Planleistungsmengen zur Ermittlung der Primärkosten und der Plantarife/innerbetrieblichen Verrechnungspreise durchgeführt werden.

Durch die Planung der Leistungsmengen ergibt sich aus dem Verhältnis von Plankosten und Planleistungsmenge der Plantarif. Bei der Verrechnung der Istkosten ergibt sich als Quotient aus Istkosten und Istleistungsmenge der Isttarif. Die Differenz von Plantarif und Isttarif, multipliziert mit der Istverbrauchsmenge ergibt die Preis-/ bzw. Tarifabweichung. Durch die Planung und Istmengenerfassung lassen sich die Verbrauchsmengenabweichungen berechnen. Sie berechnen sich aus der Differenz von Plan- und Istmenge, multipliziert mit dem Plantarif und liefern die entscheidenden Aussagen zur Wirtschaftlichkeit einer Kostenstelle wie in dem folgenden Beispiel dargelegt wird. Dazu wird das einführende Beispiel zur Beplanung einer Produktionskostenstelle eines Unternehmens der Luft- und Raumfahrtindustrie fortgeführt.

Von den Verkehrsflugzeugen werden im Laufe des Geschäftsjahres nur 100 ME/Pe produziert, was einem Beschäftigungsgrad von 0,8 oder 80 % entspricht. Die Gründe können konjunkturbedingt oder wettbewerbsbedingt sein, oder sie können in einer zu optimistischen Planung des Vertriebs liegen. Unter Zugrundelegung einer linearproportionalen Kostenfunktion und wirtschaftlicher Produktionsweise dürfen dementsprechend auch nur maximal 80 % der variablen Kosten verursacht werden. Die Sollleistungsmenge der Leistungsart 1440 Personalstunden beträgt demnach 300.000 Stunden pro Periode oder kürzer 300 T h/Pe und die Sollkosten bei dem Plantarif von 65 €/h 19.500 T €/Pe. Die verbrauchte Istmenge der 1440 Personalstunden beträgt ebenfalls genau 300 T h und entspricht somit der Sollmenge. Es lässt sich aufgrund dieser Gleichheit bereits sagen, dass die Mitarbeiter die Flugzeuge wirtschaftlich produziert haben. Den Sollkosten müssen aber noch Istkosten gegenübergestellt werden. Die effektiven (i. S. v. tatsächlich verursachten) Istkosten betragen 20.250 T €/Pe, da während des Geschäftsjahres ein Tarifabschluss von 67,5 €/h ausgehandelt wurde. Weder der Kostenstellenleiter noch der Controller konnten diesen Wert aber in der Planung genau kennen und sind beide für den über der Planung liegenden Wert auch nicht verantwortlich. Die Tarifabweichung ist dementsprechend eine Abweichung, die aufgrund unterjährig veränderter Tarife gegenüber dem Plantarif entstanden ist und nicht vom Kostenstellenleiter zu verantworten ist. Wenn der Isttarif für den Soll-/ Ist Vergleich eingesetzt würde, hätte der Kostenstellenleiter scheinbar eine Unwirtschaftlichkeit von −750 T €/Pe zu verantworten. Tatsächlich hat die Kostenstelle bei der Leistungsart 1440 Personalstunden aber wirtschaftlich gearbeitet, was aus den für den Soll-/Ist Vergleich verrechneten Istkosten hervorgeht, die sich als Produkt der Istmenge multipliziert mit dem Plantarif errechnen.

Die zweite geplante Leistungsart hat die Nr. 4300 und die Bezeichnung Personalstunden und wird für die Produktion elektronischer Steuerungskomponenten in einem anderen Flugzeugmuster benötigt. Bei einer Planbeschäftigung von 155 und einer Bezugsgröße von 4 T h/ME ergibt sich eine Planleistungsmenge von 620 T h/Pe. Der Plantarif beträgt hier 70 €/h und beinhaltet ebenfalls bereits eine Plantariferhöhung gegenüber dem Isttarif. Es ergeben sich Plankosten von 43.400 T €/Pe, die wiederum in voller Höhe variabel geplant werden. Es werden nur 124 Flugzeuge gebaut, was einer Planbeschäftigung von 0,8 oder 80 % entspricht. Daraus lassen sich eine Sollleistungsmenge von 496 T h/Pe und Sollkosten von 34.720 T €/Pe berechnen. Die tatsächlich verbrauchte Istmenge beträgt allerdings 560 T h/Pe. Hier kann aufgrund des Leistungsmengenvergleichs bereits festgestellt werden, dass eine Unwirtschaftlichkeit vorliegt. Jeweils mit dem Plantarif bewertet ergeben sich Sollkosten von 34.720 T €/Pe und Istkosten von 39.200 T €/Pe. Daraus ergibt sich eine aussagekräftige Soll-/Ist Abweichung von −4.480 T €/Pe, die sich der Kostenstellenleiter als Unwirtschaftlichkeit zurechnen lassen muss. Falls die Tarifabweichung von −1.680 T €/Pe noch hinzugerechnet würde, ergäbe sich eine Gesamtabweichung von −6.160 T €/Pe. Damit wäre allerdings der Kostenstellenleiter um rund 30 % zu unwirtschaftlich dargestellt. Auch hier gilt, dass er für den aus Mitarbeitersicht erfreulich höheren Tarifabschluss gegenüber dem Plan keine Verantwortung trägt und dieser Tarifabschluss für seine Wirtschaftlichkeit keine Rolle spielt. Im Berichtswesen einer Kostenstelle in der Praxis werden das effektive Ist sowie die Gesamtabweichung daher i. d. R. nicht gezeigt.

Die Leistungsart Nr. 1420 mit der Bezeichnung Maschinenstunden wird für die Produktion des ersten Flugmusters benötigt, von dem 125 ME/Pe produziert werden sollen. Bei einer Bezugsgröße von 3 T h/ME ergibt sich eine Planleistungsmenge von 375 T h/Pe. Bei einem Plantarif von 75 €/h resultieren Plankosten von 28.125 T €/Pe, die wiederum zu 100 % variabel sind. Bei einem Beschäftigungsgrad von 0,8 ergeben sich Sollmengen von 300 T h/Pe und Sollkosten von 22.500 T €/Pe. Der Isttarif liegt in diesem Fall mit 54 €/h um 21 €/h unter dem Plantarif von 75 €/h, was z. B. auf Preissenkungen von Hilfsstoffen und Betriebsstoffen und/oder eine fehlerhafte Planung zurückzuführen ist. Es kann auch während des Geschäftsjahres eine neue/modernere Maschine mit einem niedrigeren Maschinenstundensatz angeschafft worden sein. Es ergibt sich eine Verbrauchsmengenabweichung von 50 T h/Pe und eine aussagefähige Soll-/Ist Kostenabweichung von −3.750 T €/Pe. Falls die Tarifabweichung mitberücksichtigt würde, ergäbe sich eine Gesamtabweichung von 0, da die Tarifabweichung die Verbrauchsabweichung kompensieren würde. Die tatsächlich vorhandene Unwirtschaftlichkeit würde durch den „günstigen" neuen Tarif kompensiert und die Abweichungsanalyse ergäbe keine verwertbare bzw. sinnvolle Aussage. Hiermit ist demonstriert, dass es notwendig ist, die Tarifabweichung in der Abweichungsanalyse der Kostenstellen herauszurechnen, indem mit festen Planpreisen gearbeitet wird.

Die nächste geplante Leistungsart ist die Nr.: 1430 Maschinenstunden für die Produktion eines dritten Flugzeugmusters, von dem 20 Stück gebaut werden sollen. Bei einer Bezugsgröße von 2 T h/ME ergibt sich eine Planleistungsmenge von 40 T h/Pe. Diese wird mit dem Plantarif von 40 €/h multipliziert und führt zu variablen Plankosten von 8.000 T €/Pe. Bei einem Beschäftigungsgrad von 0,8 ergibt sich eine Sollmen-

Zeilennummer	Kosten- und Leistungsarten Nr.:	Benennung	Einheit der Leistungsart Me/Pe	Planbeschäftigung Me/Pe	Menge Leistungsart pro Me Plan-Endprodukt in Tausend	Plan-leistungsmengen Tausend	Plan-tarif T€/h	ursprüngliche Herkunft	Plankosten Gesamte Kosten T€/Pe	variable Kosten T€/Pe	fixe Koste n€/Pe	Beschäftigungsgrad	Soll-menge T Me/Pe	Sollkosten variable Kosten T€/Pe	gesamte Kosten T€/Pe	Ist-mengen ge T	Ist-Tarif €/Pe	Istkosten effektiv T€/Pe	Istkosten verrechnet für SM T€/Pe	Verbrauchsmengenabw gen abw Me/Pe	Verbrauchsabw. für Soll/Ist T€/Pe	Tarifabw. Soll-/Ist T€/Pe	Gesamtabweichung T€/PE
1	1440	Pers. h	h	125	3	375	65	HCM	24375	24375	0	0,8	300	19500	19500	300	67,5	20250	19500	0	0	-750	-750
2	4300	Pers. h	h	155	4	620	70	HCM	43400	43400	0	0,8	496	34720	34720	560	73	40880	39200	-64	-4480	-1680	-6160
3	1420	Maschinenstunden	h	125	3	375	75	CO	28125	28125	0	0,8	300	22500	22500	350	54	18750	26250	-50	-3750	3750	0
4	1430	Maschinenstunden	h	20	2	40	200	CO	8000	8000	0	0,8	32	6400	6400	25	256	6400	5000	7	1400	-1400	0

Abb. 3.35: Plankosten, Sollkosten und Abweichungsanalyse des Flugzeugherstellers

ge von 32 T h/Pe. Die tatsächlich benötigte Istmenge beträgt allerdings nur 25 T h/Pe, was auf einer falschen Planung (degressiver statt linearer Kostenverlauf) oder unterjährig verwirklichten Rationalisierungsmöglichkeiten beruhen kann. Allerdings liegt der Isttarif mit 256 €/h um 56 €/h höher als der Plantarif, was ebenfalls an einer falschen Planung oder an unterjährigen Kostensteigerungen innerhalb des Maschinenstundensatzes liegen kann. Die aussagekräftige Verbrauchsmengenabweichung liegt bei 7 T h/Pe und die Soll-/Ist Kostenabweichung bei 1.400 T €/Pe. Diese würde allerdings im Falle eines Ausweises der Gesamtabweichung durch die Tarifabweichung von −1.400 T€ kompensiert, so dass sich hier ebenfalls keine sinnvolle Aussage aus der Gesamtabweichungsanalyse (inklusive Preisabweichung) gewinnen ließe. Hiermit ist wiederum vorgeführt, dass es notwendig ist, die Tarifabweichung in der Abweichungsanalyse der Kostenstellen herauszurechnen, indem mit unterjährig festen Planpreisen gearbeitet wird. Natürlich sind die Zahlen in diesem Beispiel so gewählt, dass sich der augenfällige Effekt einer nicht aussagekräftigen Gesamtabweichungsanalyse ergibt. Wenn sich die Verbrauchs- und die Tarifabweichungen nicht genau auf Null kompensieren, ist dies weniger leicht ersichtlich.

3.6.2 Abweichungskategorien in SAP S/4HANA

Abweichungen auf der Einsatzseite

Die Kostenabweichungen im Kostenstellencontrolling lassen sich in Abweichungen auf der Einsatzseite und Abweichungen auf der Ausbringungsseite unterscheiden. Zunächst werden hier die vier Abweichungen auf der Einsatzseite angesprochen, die das System SAP® ERP® berechnen kann.

Einsatzpreisabweichung/Tarifabweichung

Die Einsatzpreisabweichung sagt aus, inwieweit die Istpreise für eine Materialart von den Planpreisen abweichen. Gleiches gilt für die Inanspruchnahme von Kostenstellenleistungen von anderen Kostenstellen und damit verbundener Tarifabweichungen zwischen Plantarif und Isttarif.

Die Berechnung der Preisabweichung PA erfolgt nach der Formel:

$$PA = (p_{Ist} - p_{Plan}) \cdot x_{Ist} \text{ in } €/Pe$$

p = Nettoeinsatzpreis einer Produktionsfaktorart oder Isttarif einer innerbetrieblichen Leistungsart in €/ME

x = Ausbringungsmenge eines Produktes in ME/Pe

Einsatzmengenabweichung/Verbrauchsmengenabweichung

Mit der Einsatzmengenabweichung wird berechnet, welche Kostenabweichung dadurch zu Stande gekommen ist, dass mehr oder weniger Materialmengen oder Leistungsmengen von anderen Kostenstellen in Anspruch genommen wurden als geplant:

Die Berechnung der Einsatzmengenabweichung EA erfolgt nach der Formel:

$$EA = (x_{Ist} - x_{Soll}) \cdot p_{Plan} \text{ in } €/Pe$$

Einsatzstrukturabweichung

Die Einsatzstrukturabweichung tritt ein, wenn eine andere Materialart und/oder eine andere Leistungsart in Anspruch genommen wurde als geplant. Das Programm zur Abweichungsermittlung stellt dies aufgrund einer anderen, d. h. vom Plan abweichenden, im Ist gebuchten Kostenart oder Leistungsart fest.

Einsatzrestabweichung

Hierunter fallen insbesondere Rundungsdifferenzen und Abweichungen bei den Gemeinkostenzuschlägen.

Abweichungen auf der Ausbringungsseite

Verrechnungspreisabweichung

Abweichungen auf der Ausbringungsseite fallen dann an, wenn Istbeschäftigung und Planbeschäftigung nicht übereinstimmen und die Istleistungsverrechnung mit dem Plantarif gebucht wurde. Im System SAP® ERP® können als Abweichungen auf der Ausbringungsseite die Verrechnungspreisabweichung und die Fixkostendeckungsabweichung ermittelt werden.

Die Verrechnungspreisabweichung ergibt sich aus der Differenz der Istentlastung auf der Basis des Plantarifs und der Sollentlastung der Kostenstelle auf der Basis des Solltarifs. Der Plantarif kann der maschinell ermittelte (dann gilt Plantarif = Solltarif) oder ein politisch gesetzter Tarif sein. Der Solltarif ist in jedem Falle der Quotient aus leistungsbezogenen Plankosten und Planleistungsmenge. Er kann im Rahmen der Planung, d. h. bevor die Abweichungen auftreten, in einer flexiblen Plankostenrechnung und einer Grenzplankostenrechnung berechnet werden.

Formel der Verrechnungspreisabweichung VPA:

$$VPA = Sollentlastung - Istentlastung$$

Ist der vorgegebene Plantarif niedriger als der Solltarif, ergibt sich eine positive Verrechnungspreisabweichung. D. h., es werden zu wenig Kosten von der sendenden an die empfangenden Kostenstellen verrechnet. Der Fachbegriff des Gutschrift-Lastschrift-Verfahrens für diese Art der Verrechnungspreisabweichung ist „Deckungsumlage". Diese Deckungsumlage, d. h. der verbleibende Rest auf Kostenstellen, die sich eigentlich vollständig verrechnen sollen, kann durch die Wahl eines Verteilungsschlüssels auf die empfangenden Kostenstellen verrechnet werden.

Fixkostendeckungsabweichung

Die Fixkostendeckungsabweichung gibt an, welcher Anteil der fixen Kosten aufgrund eines niedrigeren Beschäftigungsgrades im Ist als im Plan nicht verrechnet wurde.

Formel der Fixkostendeckungsabweichung FKA

$$FKA = Plankosten\ fix - Plankosten\ fix \cdot (Istleistung/Planleistung)$$

3.6.3 Beispiel zur Ermittlung der Kostenstellenabweichungen in SAP® ERP®

In SAP S/4 HANA können flexibel aus den Dimensionen einzelne Merkmale in die Spalten- bzw. Zeilenanzeige eingebunden werden. Genauso kann auf weitere Apps navigiert werden, etwa zu den Stammdaten der Kostenstelle.

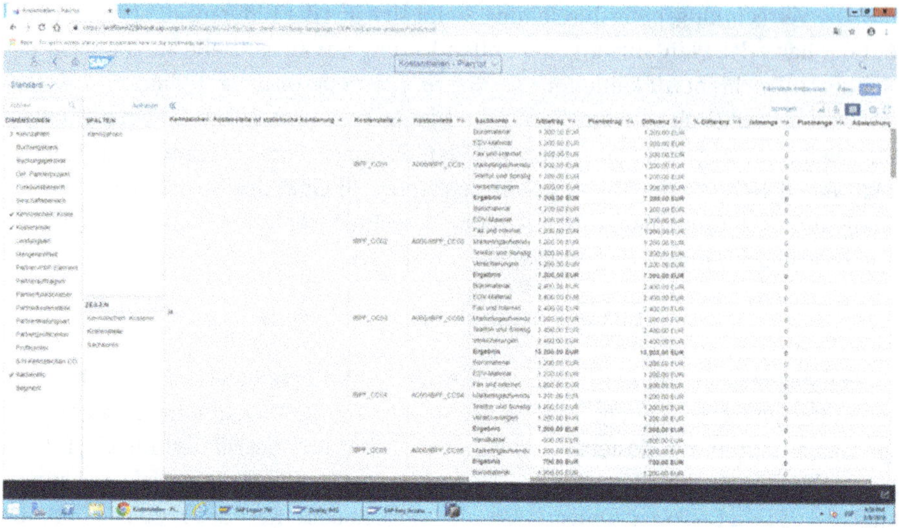

Abb. 3.36: Kostenstellenbericht Plan/Ist

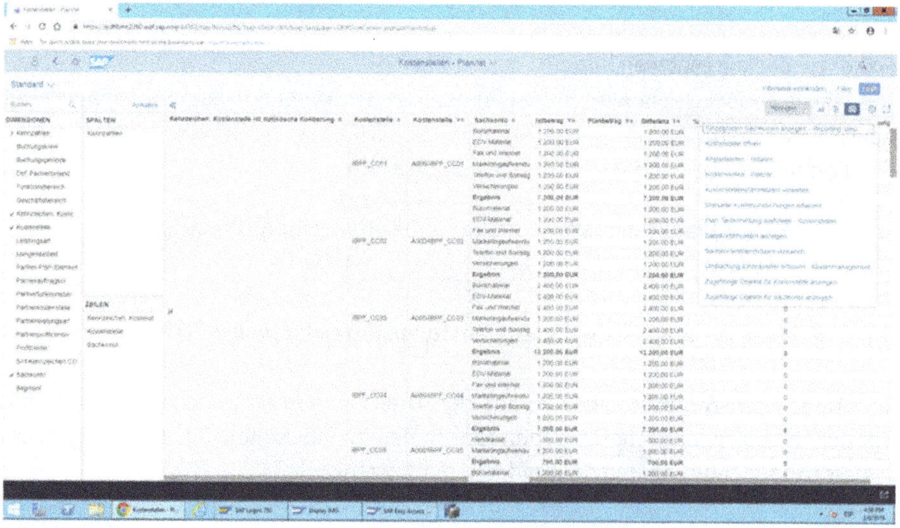

Abb. 3.37: Absprungmöglichkeiten

Im Bericht kann direkt auch in die grafische Ansicht gewechselt werden (Abb. 3.38).

Planung von Materialmengen und -kosten

Für eine Kostenstelle werden 10.000,- € fixe und 10.000,- € variable Kosten mit einer Instandhaltungsmaterialmenge (Kostenart 400.000 siehe Abb.) von jeweils 1.000 Stück (1.000 Stück fixer Verbrauch, 1.000 Stück leistungsabhängiger variabler Ver-

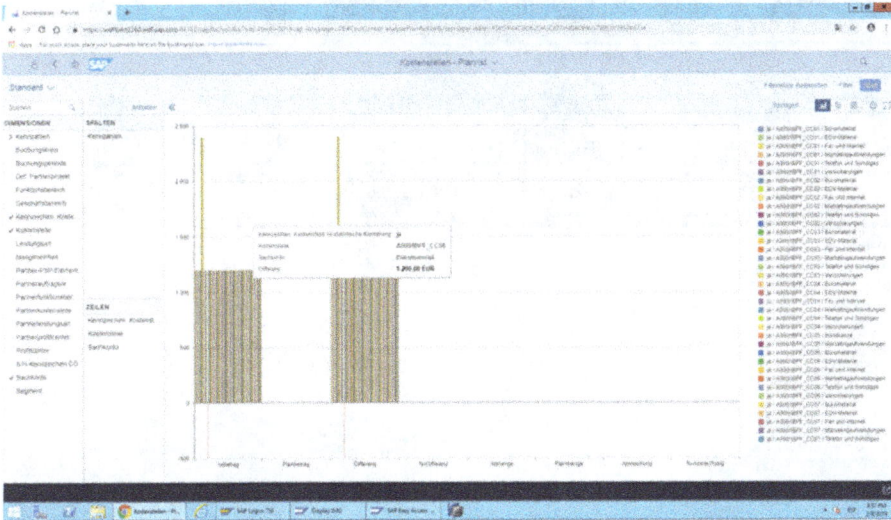

Abb. 3.38: Grafische Sicht im Abweichungsbericht

brauch in Abhängigkeit von der Anzahl der Instandhaltungseinsätze/-aufträge) geplant. Dadurch ergibt sich ein Planpreis für die variablen Bestandteile von insgesamt
10,- €/Stück Instandhaltungsmaterial.[12]

Leistungsmengen und -tarife
Die geplante variable Instandhaltungsleistungsmenge beträgt 1.000 h/Pe, die verrechnete Ist-Leistung aber nur 500 Stunden. Der Beschäftigungsgrad beträgt somit
50 %. Der manuell geplante (unternehmenspolitisch festgelegte) Leistungstarif beträgt 100,- € je Stunde.

Istkosten und -mengen
Die Istkosten betragen 18.000,- €/Pe bei einer gebuchten Ist-Instandhaltungsmateri-
almenge von 900 ME/Pe. Daraus ergibt sich ein Ist-Preis von 20,- €/ME.

Sollinstandhaltungsmaterialkosten und Abweichung
Der Bericht zeigt die berechneten Sollinstandhaltungsmaterialkosten aus 10.000,- €
fixe Plankosten + 10.000,- € variable Plankosten · Beschäftigungsgrad = 15.000,- €/Pe.

---

12 Zum Instandhaltungsmaterial zählen Betriebsstoffe wie Schmierstoffe und Reinigungsmaterial sowie kleinere Verschleißteile wie ein neuer Ölfilter.

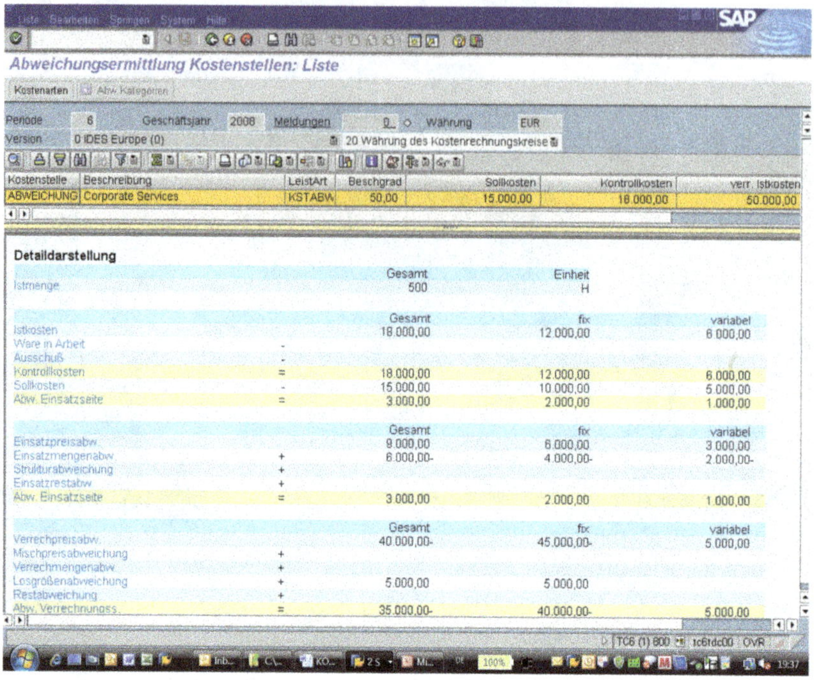

Abb. 3.39: Abweichungsermittlung auf der Kostenstelle in SAP®

Die Abweichungsanalyse ergibt folgendes Ergebnis:
Es ergibt sich eine Einsatzpreisabweichung von 9.000 €/Pe.

Berechnung: (Istpreis – Planpreis) · Istmenge = (20 – 10) · 900 = 9.000 €/Pe

Es wurde somit um 9.000 €/Pe teurer beschafft als geplant.
Die Einsatzmengenabweichung beträgt –6.000 €/Pe

Berechnung (Ist-Menge – Soll-Menge) · Plan-Preis = (900 – 1500) · 10 = –6.000 €/Pe .

Die Soll-Menge ergibt sich aus 1.000 fixem und 0,5 · 1.000 leistungsabhängigem Verbrauch.

Bei gegebenem Beschäftigungsgrad sollte eine Menge von 1.000 ME fix + 1.000 · Beschäftigungsgrad = 1.500 ME verbraucht worden sein. Es wurden jedoch nur 900 ME verbraucht.

Bei Vollbeschäftigung von 1.000 ME/Pe und geplanten Kosten von 20.000 €/Pe hätte bei einer Istbeschäftigung von 500 h/Pe 10.000 € verrechnet werden sollen (faire Verrechnungspreise). Tatsächlich wurden aber 500 h/Pe Ist-Leistung · vorgegebenem Leistungstarif 100 €/h = 50.000 €/Pe verrechnet.

Daraus ergibt sich eine Verrechnungspreisabweichung von −40.000 €/PE, d. h. die Kostenstelle verrechnet 40.000 € mehr als bei gegebenen Plankosten verrechnet werden sollten, um einen Plankostensaldo von null zu erreichen.

Berechnung: (Soll-Tarif−Plan-Tarif)·Ist-Leistungsmenge = (20−100)·500 = −40.000.

Der Soll-Tarif ergibt sich aus dem Verhältnis der Plankosten und der Plan-Leistung, im vorliegenden Beispiel = 20.000 €/Pe/1.000 Std.

Die Fixkostendeckungsabweichung (Losgrößenabweichung) beträgt 5.000,- €/Pe.

Das heißt, die Hälfte der fixen Plankosten von 10.000,- €/Pe konnte aufgrund des Beschäftigungsgrades von 50 % (Ist-Leistung/Plan-Leistung) nicht verrechnet werden.

Damit hat der Controller aufgrund der Abweichungsergebnisse die Möglichkeit, gezielt Maßnahmen vorzuschlagen.

3.7 Grundlagen der Entscheidungsfindung bei Auslagerungen

3.7.1 Begriffliche Grundlagen

Der Begriff Auslagerung (angels.: Outsourcing) ist weder gesetzlich noch nach herrschender Meinung abschließend definiert. Im weitesten Sinne wird hier unter Outsourcing die Auslagerung
- einer Stelle
- einer organisatorischen Einheit
- von Tätigkeiten/Leistungsarten oder
- der Produktion von Sachgütern oder Dienstleistungen

aus der bisherigen organisatorischen Einheit (Abteilung/Kostenstelle/Geschäftsbereich/Teilunternehmen) eines Unternehmens bzw. einer Behörde in eine andere organisatorische Einheit oder in ein anderes Unternehmen verstanden. Die Auslagerung der genannten Optionen in andere organisatorische Einheiten des gleichen Unternehmens wird allerdings typischerweise nicht als Outsourcing bezeichnet, sondern als Organisationsentwicklung, Restrukturierung oder Change-Management. In der u. a. Abbildung ist der Fall 1 Organisatorische Trennung demnach als Auslagerung im weiteren Sinne zu verstehen und kann mit Organisationsentwicklung und Restrukturierung gleichgesetzt werden.

Bei der Auslagerung einer Stelle, also des Arbeitsplatzes eines Mitarbeiters in ein anderes Unternehmen wird im angelsächsischen Sprachgebrauch üblicherweise von Outplacement gesprochen. Die angelsächsische Bezeichnung Outplacement bedeutet im Deutschen die geplante und begleitete Aufhebung des Arbeitsvertrags eines Mitarbeiters zu dem Zeitpunkt, an dem der Mitarbeiter unter Mithilfe des kündigenden Unternehmens einen neuen Arbeitsplatz gefunden hat.

		S T A N D O R T	
		gleich	weit weg
		1	2
UNTER-	gleiches	Organisatorische Trennung	Tochter z. B. im Ausland
		3	4
NEHMEN	fremdes	Non Core Aktivitäten durch Dritte	Vergabe an Dritte im Ausland

Abb. 3.40: Grundtypen des Outsourcings

- Lokale Trennung: Funktion wird im Unternehmen hierarchisch separiert, um neues Denken zu ermöglichen, z. B. in der Forschung, die ausgetretene Pfade verlassen soll.
- Aus Gründen der Personalkosten, Umweltvorschriften, Flexibilität u. ä. wird z. B. eine Produktion in osteuropäischen Ländern eröffnet. Wichtige Kostenarten, die in den unten dargestellten Bereichen der Kostenstellenrechnung und der Kalkulation eine Rolle spielen, sind die Personalkosten, Frachtkosten, Umweltkosten und die Forschungs- und Entwicklungskosten.
- Auf dem eigenen Gelände oder sehr nahe dran (angels.: Wall to Wall) übernehmen Dritte bestimmte Funktionen. Beispiele: Kantine, Logistik, Werkschutz, Reinigung, Wartung etc.
- Einkauf bestimmter Leistungen von Dritten, die einen für die Produktart besser geeigneten Standort aufweisen.

3.7.2 Auslagerungen von innerbetrieblichen Leistungsarten

Die Entscheidungsfindung, ob eine Auslagerung durchgeführt werden soll oder nicht, ist eng verknüpft mit der Entscheidung über Eigenfertigung oder Fremdbezug (angels.: Make or Buy). Die Vorbereitung der Entscheidungsfindung zu Auslagerung von Stellen, organisatorischen Einheiten und Leistungsarten/Tätigkeiten erfordert eine für diesen Zweck sachgerecht ausgebaute Kostenstellenrechnung. Die Vorbereitung der Entscheidungsfindung zu Auslagerung der Produktion von Sachgütern oder Dienstleistungen macht zusätzlich eine für diesen Zweck sachgerecht ausgebaute Kalkulation erforderlich.

In der Kostenstellenrechnung muss geklärt werden, welche Gesamtkosten eine Kostenstelle verursacht und/oder welche Kosten eine oder mehrere Leistungsarten einer Kostenstelle pro Leistungsmengeneinheit verursachen. Die Kosten einer Leistungsmengeneinheit, die im Rahmen der innerbetrieblichen Kosten- und Leistungsverrechnung als sekundäre Kostenart von einer sendenden auf empfangende

Kostenstellen verrechnet wird, wird als innerbetrieblicher Verrechnungspreis oder Tarif bezeichnet. Dieser Tarif ist mit den Angeboten von Fremddienstleistern oder von anderen Einheiten innerhalb des Unternehmens zu vergleichen, die im Rahmen einer Ausschreibung oder von Einzelanfragen des Einkaufs aktuell einzuholen sind. Falls die Kosten für die Zurverfügungstellung einer Leistungsmengeneinheit des Fremddienstleisters unterhalb des Tarifs der Kostenstelle liegen, so empfiehlt sich häufig eine Fremdvergabe. Damit wäre der Tatbestand der Auslagerung (Outsourcing) erfüllt. Der Kostenvergleich des Tarifs einer Leistungsmengeneinheit mit den Kosten eines Fremdanbieters bietet sich dann an, wenn eine Kostenstelle mehrere Leistungsarten zur Verfügung stellt. Es kann dann selektiert werden, ob nur eine Leistungsart von mehreren fremd vergeben wird. Wenn eine Kostenstelle nur eine Leistungsart erbringt, kann die Entscheidungsfindung zur Auslagerung auch auf der Basis der Gesamtkosten der Kostenstelle erfolgen. Unabhängig davon, ob die Entscheidungsfindung nur auf der Basis des Tarifs einer oder mehrerer Leistungsarten oder der Gesamtkosten der Kostenstelle erfolgt, sind die Gesamtkosten einer Kostenstelle hinreichend korrekt zu ermitteln, in Höhe und Zuordnung auf die Leistungsarten.

Die Kostenstellenrechnung kennt zahlreiche Verfahren der innerbetrieblichen Kosten- und Leistungsverrechnung. Die wichtigsten Verfahren sind das Anbauverfahren, das Stufenleiterverfahren, das mathematische oder Simplexverfahren, das Iterationsverfahren und das Gutschrift-Lastschriftverfahren (vgl. hierzu im Detail Abschnitt 3.4, wo sich auch Beispiele finden). Beim Anbauverfahren werden die Kosten der Vor-/Hilfskostenstellen nur auf die Hauptkostenstellen verrechnet. Dadurch lassen sich die Gesamtkosten der Vor-/Hilfskostenstellen nicht hinreichend genau ermitteln. Das Anbauverfahren scheidet daher als Entscheidungsgrundlage für die Auslagerung aus. Beim Stufenleiterverfahren und insbesondere beim optimierten Stufenleiterverfahren werden zwar die Leistungs- und Sekundärkostenarten der Vor-/Hilfskostenstellen auch auf andere Vor-/Hilfskostenstellen verrechnet, jedoch wird die vollständige Interdependenz, d. h. die Leistungsverflechtung aller Kostenstellen untereinander auch mit dem optimierten Stufenleiterverfahren nicht hinreichend genau abgebildet. Eine exakte Ermittlung der Gesamtkosten einer Kostenstelle und damit auch der exakten Tarife, erfolgt mit den mathematischen Verfahren der Matrizenrechnung. Dies ist aber aufgrund des Konstruktionsaufwands des linearen Gleichungssystems als Ausgangslösung und des Rechenaufwandes arbeitsaufwändig und findet auch nur selten eine Umsetzung in marktgängigen Standardsoftwarelösungen. Bei kleineren und mittleren Unternehmen kann dies bereits mit Excel gelöst werden. Das Verfahren, das in den meisten Standardsoftwarelösungen heute programmiert ist, ist das so genannte Iterationsverfahren. Es beruht auf der mehrfachen Durchrechnung des Stufenleiterverfahrens und kann bei entsprechend häufiger Durchrechnung zu den gleichen exakten Lösungen führen wie das mathematisch exakte Verfahren. Es lassen sich mit diesem Verfahren aber auch hinreichend genaue Näherungslösungen erzeugen. Insofern ist das Iterationsverfahren häufig das geeignete Verfahren für die Ermittlung der Gesamtkosten inklusive der Sekundärkosten und der Tarife einer Kostenstelle zur Entscheidungsfindung über die Auslagerung. Das Gutschrift-Lastschriftverfahren arbeitet mit unternehmenspolitisch gesetzten Tarifen und ist daher schon von seiner Grundidee für die Entscheidungsfindung über Auslagerungen ungeeignet. Denn mit den unternehmenspolitisch gesetzten Tarifen sollen im Vergleich zu extern beschafften Leistungen zu kostenintensive Leistungsarten ja gerade subventioniert werden, wodurch eine Auslagerung aus strategischen Gründen verhindert werden soll.

3.7.3 Auslagerungen aus Sicht der Kalkulation marktbestimmter Leistungsarten

Die Vorbereitung der Entscheidungsfindung zur Auslagerung der Produktion von Sachgütern oder Dienstleistungen sollte auf einer für diesen Zweck sachgerecht ausgebauten Kalkulation basieren. Grundsätzlich gilt, dass die Produktion c. p. dann auszulagern ist, wenn der Einkaufspreis unter den relevanten Selbstkosten liegt. Wenn der Einkaufspreis genauso hoch liegt, wie die relevanten Selbstkosten, besteht Entscheidungsneutralität. Wenn der Einkaufspreis höher ist als die relevanten Selbstkosten, ist Eigenfertigung durchzuführen. In der Praxis ist die Entscheidungsfindung stark von dem gewählten Zeitbezug und vertriebspolitischen Aspekten abhängig. Der Zeitbezug spielt bei momentaner Vollbeschäftigung dahingehend eine Rolle, dass die Produktion ausgelagert werden muss, um einen weiteren Auftrag überhaupt noch annehmen zu können. Wenn ein neuer Auftrag aus vertriebspolitischen Gründen angenommen werden soll, um zum Beispiel eine neue Kundenbeziehung aufzubauen, werden in der Regel auch Einkaufspreise akzeptiert, die über den eigenen variablen Selbstkosten liegen. Kostenrechnerisch ist die genaue Kenntnis der variablen Selbstkosten anspruchsvoll, da sie eine Teilkostenkalkulation erfordert. Damit kommen als Kalkulationsmethoden die Zuschlags-, Bezugsgrößen- und Prozesskostenkalkulationen infrage (vgl. hierzu Kap. 7.3). Die Methoden der Divisionskalkulationen, einschließlich der Äquivalenzziffern- und Kuppelkalkulationen scheiden i. d. R. aus, da sie nicht als Teilkostenkalkulation durchführbar sind. In vielen Unternehmen werden aber auch die Zuschlags- und Bezugsgrößenkalkulationen mit Vollkostenzuschlagssätzen durchgeführt, d. h. in den Gemeinkostenzuschlagssätzen befinden sich sowohl variable als auch fixe Kostenbestandteile. Daher ist es ein in der Praxis gängiges Verfahren, die Entscheidungsfindung über die Auslagerung einer Produktion nicht auf Basis der variablen Selbstkosten, sondern vereinfachend auf Basis der Herstellkosten als Vollkosten durchzuführen. Die in den Herstellkosten enthaltenen vollen Materialgemeinkosten- und Fertigungsgemeinkostenzuschläge beinhalten in der Regel fixe und variable Kostenbestandteile. Typische fixe Kostenarten in Materialgemeinkosten- und Fertigungsgemeinkostenzuschlagssätzen sind zum Beispiel zeitbezogene Abschreibungen und kalkulatorische Zinsen auf Gebäude und Betriebsmittel.

	Unterbeschäftigung	Vollbeschäftigung
Unveränderliche Kapazitäten	**Entscheidungssituation I:** Preisobergrenze = variable Herstellkosten	**Entscheidungssituation III:** Preisobergrenze = variable Herstellkosten + Opportunitätskosten
Veränderliche Kapazitäten	**Entscheidungssituation II:** Preisobergrenze = variable Herstellkosten + abbaufähige Fixkosten	**Entscheidungssituation IV:** Preisobergrenze = variable Herstellkosten + abbaufähige Fixkosten + Opportunitätskosten

Abb. 3.41: Make-or-Buy-Entscheidungen nach Reichmann/Palloks, 1995, S. 6

Die Entscheidung zur Eigenfertigung kann bei Unterbeschäftigung durchaus damit begründet werden, dass eine Kapazitätsauslastung der fixen Gemeinkosten erwünscht ist.

Bei voller Auslastung kann eine Entscheidungsfindung auf der Grundlage von Herstellkosten als Vollkosten allerdings zu falschen Entscheidungen führen. Unabhängig davon, ob die Entscheidungsfindung mit variablen oder vollen Gemeinkostenzuschlagssätzen ermittelt wird, sollte es sich um Normalgemeinkostenzuschlagssätze handeln. Istgemeinkostenzuschlagssätze führen bei Unterbeschäftigung zu überhöhten Herstell- und Selbstkosten, was eine Auslagerung der Produktion in solchen Fällen günstig erscheinen lässt. Da das eigene Unternehmen in Zeiten der Unterbeschäftigung aber nicht ausgelastet ist, wird eine Auslagerung in diesen Zeiten der Unterbeschäftigung zu einer noch weiter verschärften Unterbeschäftigung führen. Gemeinkostenzuschlagssätze auf der Basis der Maximalbeschäftigung dagegen stellen die eigene Kostensituation zu günstig dar und verhindern die Auslagerung von Produktionsaufträgen. Gerade in Zeiten der Maximalbeschäftigung müssen aber Produktionsaufträge ausgelagert werden, wenn weitere Aufträge aus vertriebspolitischen Gründen überhaupt angenommen werden sollen.

Damit sind die Gründe für das Outsourcing aus kostenrechnerischer Sicht in der hier notwendigen Kürze dargestellt. Über die kostenrechnerische Sicht im engeren Sinne hinaus, spielen aber noch weitere Aspekte eine wesentliche Rolle bei der Frage der Auslagerung.

3.7.4 Auslagerungen aus strategischer Sicht

Bei der gesamten Entscheidungsfindung über Auslagerungen ist neben der kurzfristigen Sicht auch die strategische bzw. langfristige Sicht zu berücksichtigen. Eine Auslagerung kann zur Folge haben, dass Wissen aus dem Unternehmen abfließt bzw. verloren geht, das vorher im Laufe der Unternehmensgeschichte langsam und mühsam erworben wurde (Human Ressource Accounting z. B. über Wissensdatenbanken). Es ist damit in die operative Entscheidungsfindung einfließen zu lassen. Das strategische Risiko einer Auslagerung besteht hauptsächlich in zwei Punkten:

Zum einen kann das zuliefernde Unternehmen im Falle einer oligopolistischen oder monopolistischen Marktsituation seine Verhandlungsmacht ausnutzen und die Preise erhöhen. Es kann sein, dass eine Preiserhöhung zu Preisen führt, die bei einer Entscheidungsfindung über Eigenfertigung und Fremdbezug zu diesem Zeitpunkt zu Gunsten der Eigenfertigung ausfallen würde. Zum anderen kann das ursprünglich ausgewählte zuliefernde Unternehmen (der Fremddienstleister) in die Insolvenz geraten und es bei den oben erwähnten Marktformen nicht möglich sein, einen Ersatzanbieter zu finden oder zumindest diesen kurzfristig zu finden. Wenn das Wissen im auslagernden Unternehmen um die Eigenfertigung der entsprechenden Leistungsarten im Zuge der Auslagerung verloren gegangen ist, ist es schwierig bzw. kostenintensiv, diese selbst wiederaufzubauen. Es kann dann notwendig sein, Spezialisten am Fachkräftemarkt einzukaufen bzw. abzuwerben.

Bei den beschriebenen strategischen Maßnahmen muss jedoch grundsätzlich unterschieden werden zwischen anspruchsvollen bzw. komplexen Leistungsarten und weniger komplexen bzw. einfachen Leistungsarten. Beispiele für komplexe bzw. anspruchsvolle Leistungsarten sind die Auslagerung der Distributionslogistik eines Industrieunternehmens an einen Logistikdienstleister und die Auslagerung der Kraftwerksrevision eines produzierenden Energieversorgungsunternehmens. Beispiele für einfache bzw. weniger komplexe Leistungsarten, bei denen das strategische Risiko der Auslagerung geringer ist, sind die Gebäudebewirtschaftung (Facility Management), Instandhaltungsleistungen und der Werkschutz. Generell lässt sich sagen, dass je höher der Qualifizierungsgrad, der hinter den entsprechenden ausgelagerten Leistungsarten stehenden Mitarbeiter ist, und je höher das branchenspezifische Vorwissen sein muss, desto größer ist das strategische Risiko einer Auslagerung.

3.7.5 Weitere Aspekte bei Auslagerungen

Insbesondere in Deutschland und in anderen europäischen Ländern, in denen das Arbeitsrecht einen starken Kündigungsschutz beinhaltet und eine ausgeprägte Mitbestimmungsgesetzgebung vorliegt, spielt die Flexibilität bei der Wahl der Arbeitszeiten und der Art des Einsatzes der Mitarbeiter eine große Rolle bei der Entscheidungsfindung zur Auslagerung. Neben der starken Nutzung von Jahresarbeitszeitmodellen ist die gesamte Zeitarbeitsbranche ein Beleg für diese Aussage. Im Rahmen der rechtlichen Aspekte bei Auslagerungen ist noch das Umweltrecht zu nennen, das im Falle bestimmter Einschränkungen von Produktions- und/oder Forschungsverfahren, wie zum Beispiel der Genforschung, zur Auslagerung ins Ausland führen kann, wo eine weniger restriktive Gesetzgebung vorliegt.

Die Notwendigkeit, Spezialwissen (angels.: Knowhow) zur Verfügung zu haben, ist ein weiterer Grund für die Auslagerung, insbesondere von Forschungsaufträgen und Beratungsaufträgen. Bei der Fremdvergabe von Beratungsaufträgen an externe Unternehmensberater im Vergleich zur Durchführung der Projekte mit Mitarbeitern eigener Stabsstellen (angels.: Inhouse Consulting) liegt bei der Entscheidungsfindung in der Praxis in der Regel eine komplexe Gemengelage jenseits der betriebswirtschaftlichen Rationalität vor. Entscheidungskriterien für die Fremdvergabe von Beratungsleistungen sind häufig vorbestellte Wunschergebnisse, vermeintliche Objektivität und Branchenkenntnisse sowie ein vermeintlich hohes Ansehen des Beratungshauses. In Großunternehmen, in denen häufig zahlreiche Beratungsprojekte nebeneinander laufen, kann ein dauerhaft bestehender Sockelberatungsbedarf durch eigene Stabsstellen abgedeckt werden und Spitzenlastberatungsbedarf durch externe Berater hinzugekauft werden.

Wenn Unternehmen komplizierte Produkte fertigen, so ist häufig eine enge Zusammenarbeit mit den Kunden notwendig, die jede Stufe der Produktion mit abnehmen wollen. In solchen Fällen ist es notwendig, die Produktion in der Nähe der wichtigen Kunden zu haben, damit die notwendige intensive Interaktion möglich ist. Wenn die Produkte fertig entwickelt sind, kann eine spätere Massenproduktion ggf. ausgelagert werden.

Ein weiterer Gesichtspunkt liegt in den Unternehmenskulturen. Wenn das auslagernde Unternehmen und das liefernde Unternehmen unterschiedliche Firmenphilosophien haben (selbst wenn sie zu einer Gruppe gehören), so sind teure Missverständnisse und gegenseitige Blockaden nicht selten die Folge. Wenn die Fertigstellung der zu fertigenden Produkte dann zeitkritisch ist (ev. sogar im Rahmen einer Just-in-time Produktion), kann es zu kostspieligen Abstimmungsproblemen kommen.

3.7.6 Dynamisches Outsourcing

Vollständiger Finanzplan für das Dynamische Outsourcing
Outsourcing Entscheidungen werden wie oben gezeigt wurde vielfach mit den Methoden der Kosten- und Leistungsrechnung getroffen. Damit beschränkt sich die Untersuchung auf nur eine Periode, die gegebenenfalls auch eine Durchschnittsperiode sein kann. Dies ist jedoch insbesondere dann nicht ausreichend, wenn die Zielländer möglicher Auslagerungen andere Entwicklungen in Bezug z. B. auf Lohnkosten, Steuern, Subventionen, Infrastruktur etc. haben als das Land, in dem heute (noch) produziert wird. Bei einer mehrjährigen Betrachtungsweise stoßen die Verfahren der Kosten- und Leistungsrechnung an ihre Grenzen. Eine hinreichend exakte Planung erfordert die Anwendung der Investitionsrechnung.

Im Folgenden wird die herkömmliche Vorgehensweise der Vorteilhaftigkeitsermittlung von Outsourcing auf einen mehrperiodigen Ansatz übertragen. Es kommen dabei Vollständige Finanzpläne zum Einsatz (vgl. Varnholt/Hoberg/Gerhards/Wilms,

S. 55 ff.). Der Übergang auf die vollständigen Finanzpläne ist allerdings nicht trivial, weil die Philosophien von Kostenrechnung und Investitionsrechnung unterschiedlich sind. Es darf auf keinen Fall der Fehler begangen werden, dass Umsätze und Kosten einfach als Ein- und Auszahlungen verwendet werden.[13] Hier muss zunächst eine Übersetzung erfolgen.

Es werden hier nur die Kosten der Handlungsmöglichkeiten „Outsourcing vs. Weiterproduzieren wie bisher" betrachtet. In der Realität sollte allerdings überprüft werden, ob nicht auch Umsätze durch die Outsourcingentscheidung positiv oder negativ beeinflusst werden. Nicht selten kann aus einer ausländischen Produktionsstätte, die eigentlich zur Versorgung des Heimatmarktes aufgebaut wurde auch der Kern für die Versorgung einer neuen Absatzregion werden.

Die Kosten müssen gemäß den Prinzipien der intraperiodischen Verzinsung (siehe Varnholt/Hoberg/Gerhards/Wilms, S. 29 ff.) in Zahlungen umgerechnet werden. Da die Lohnkosten meistens im Vordergrund stehen, seien sie als Beispiel gewählt. Sie fallen jeweils am Ende eines Monats an, nämlich dann, wenn die Gehaltsabrechnung die entsprechenden Überweisungen vornimmt. In der Planung kann man davon ausgehen, dass nicht monatliche Bestandteile wie z. B. Urlaubsgeld oder ein 13. Gehalt normalisiert werden, so dass von 12 gleich hohen Beträgen ausgegangen werden kann. Diese monatlichen Kosten sind für die Zwecke der mehrperiodigen Analyse auf die Jahresenden zu beziehen. Wenn man es ganz genau machen möchte, kann man den Endwertfaktor für 12 Monate ermitteln ((siehe Varnholt/Hoberg/Gerhards/Wilms, S. 44 ff.). Bei einem effektiven Jahreszinssatz von 10 % ergibt er sich zu 12,54. Somit führen monatliche Lohnkosten von 100 T€ zu einer Auszahlung von 1.254 T€ am Ende des Jahres. Ein einfacherer etwas weniger genauer Ansatz bestünde in einem Durchschnittsverfahren. Wenn die Kosten am Monatsende entstehen, dann kommen sie im Durchschnitt am 15.7 des Jahres in Höhe von 12 · 100 T€ ohne Zinsen. Es fehlen dann noch 5,5 Monate bis zum Jahresende. Über diesen Zeitraum findet die Aufzinsung statt mit 5,5/12 · 10 % = 4,583 %, was 120.000 · 1,04583 = 1.255 T€ ergibt.[14]

Die nächstwichtigste Zahlungsart besteht häufig in den Auszahlungen für Investitionen. Es wird also angenommen, dass im Fall des Outsourcings entsprechende Anlagen beschafft werden müssen. Wenn es sich um eine eigene Tochtergesellschaft handelt, fallen die Zahlungen direkt an, ansonsten muss der Auftragnehmer die Investitionen durchführen, die er dann weitergeben wird über seine Preise.

Da üblicherweise eine laufende Produktion gegen das Outsourcing verglichen wird, fallen in der Basislösung „Weitermachen wie bisher" keine anfänglichen Investitionsauszahlungen an. Um eine realitätsgerechte Beurteilung zu erreichen, muss hier aber geschätzt werden, welchen Wert die Anlagen in einer anderen Verwendung

---

13 Vgl. zu dieser unreflektierten Vorgehensweise z. B. Homburg/Krohmer, S. 569.
14 Der Wert ist etwas höher als der Betrag aus dem Endwertfaktor, weil der Durchschnittsansatz keinen unterjährigen Zinseszinsanfall berücksichtigt, also mit 10 %/12 = 0,833 % pro Monat rechnet, während der Endwertfaktor den Monatszinssatz korrekt mit Einbezug von Zinseszinsen mit 0,797 % pro Monat unterstellt.

oder dem Verkauf haben. Dazu ist es vorteilhaft, wenn Marktpreise bestehen, weil damit einfach und objektiv ein Wert abgeleitet werden kann. Wenn die Anlagen (partiell) auch für andere Produkte verwendet werden können, so sind die ersparten Investitionsauszahlungen der anderen Produkte anzusetzen. Denn wenn weiterproduziert würde, würden entweder keine Verkaufserlöse für die bestehenden Anlagen anfallen oder es müsste für die anderen Projekte höher investiert werden. Allerdings werden die anrechenbaren Auszahlungen aufgrund des Alters der gebrauchten Maschinen deutlich geringer sein als beim Aufbau einer neuen Fertigung. Die Mehrinvestitionen im Falle des Outsourcings müssen dann über die Einsparungen in anderen Kostenarten über die Jahre eingespart werden.

Im Falle des Weitermachens dürften die Auszahlungen für Wartung, Reparatur und Ersatzbeschaffungen höher sein.

Wichtig ist, dass am Ende des Planungszeitraums eine realistische Bewertung des noch vorhandenen Maschinenparkes vorgenommen wird. Es kann wieder unterstellt werden, dass die verbliebenen Anlagen veräußert würden.

Die Vorgehensweise sei an einem Beispiel demonstriert. Es wird überlegt, ob für eine bestimmte Produktion ein neues Werk in Osteuropa gebaut werden soll. Dazu sei angenommen, dass die Rohwarenkosten gleich sind, weil die Rohwaren über den Weltmarkt beschafft werden. Damit kann dann die Entscheidung hauptsächlich auf Basis der Produktions-, Energie- und Logistikkosten getroffen werden. Die sich anschließende Tabelle zeigt die Zahlen für den Fall, dass es zu keiner Verlagerung kommt und dass so weiter gemacht wird wie bisher (Do Nothing). Es gilt wieder ein effektiver Jahreszinssatz von 10 % p. a.

Wie oben beschrieben wurden die Personalkosten (im Beispiel 2,4 Mio. € im ersten Jahr) dadurch in Auszahlungen zum Jahresende hochgerechnet, dass ihr jeweiliger Anfall erfasst wurde, worauf dann eine Aufzinsung auf das Jahresende folgt. Dazu wurde der nachschüssige Endwertfaktor eingesetzt. Per Jahresende betragen dann die Auszahlungen für das Personal 2,508 Mio. €. Zudem ist für jedes Jahr eine Wachstumsrate der Kosten und Auszahlungen unterstellt, um die unterschiedliche Dynamik in Deutschlang und in Osteuropa erfassen zu können. Insbesondere die Personalkosten erhöhen sich wohl in Osteuropa deutlich stärker.

Der vorschüssige Endwertfaktor findet Anwendung bei den Energiekosten, weil diese wie üblich am Monatsanfang bezahlt werden müssen (EWF: 12,64054). Für die Transportkosten ist wieder davon auszugehen, dass sie jeweils am Monatsende per Sammelrechnung anfallen.

Für den Maschinenpark sei angenommen, dass er zum Startzeitpunkt $t = 0$ einen Wert von 1 Mio. € gehabt habe. Denn die alten Maschinen könnten ja verkauft werden, wenn nicht weiterproduziert würde. Im Weiteren sind Ersatzinvestitionen von 500 T€ alle 2 Jahre für Teile der Anlage unterstellt. Am Ende des Planungszeitraums muss der Marktwert der Anlagen nochmals geschätzt werden (im Beispiel 500 T€).

Mit diesen Ansätzen ergeben sich die Zahlungen für den Fall des Weitermachens wie folgt:

Weitermachen		Jahre (für Kosten und Zinssätze) bzw. Jahresenden für Zahlungen						
Finanzielle Größen	0	1	2	3	4	5	6	7
Personalkosten		-2.400.000	-2.424.000	-2.448.240	-2.472.722	-2.497.450	-2.522.424	-2.547.648
Lohnkostenerhöhung		1,0%	1,0%	1,0%	1,0%	1,0%	1,0%	1,0%
Auszahlung Personal		-2.508.107	-2.533.188	-2.558.520	-2.584.105	-2.609.947	-2.636.046	-2.662.406
Energiekosten		-400.000	-420.000	-441.000	-463.050	-486.203	-510.513	-536.038
Energiekostenerhöhung		5,0%	5,0%	5,0%	5,0%	5,0%	5,0%	5,0%
Auszahlung Energie		-421.351	-442.419	-464.540	-487.767	-512.155	-537.763	-564.651
Transportkosten		-50.000	-51.000	-52.020	-53.060	-54.122	-55.204	-56.308
Transportkostenerhöhung		2,0%	2,0%	2,0%	2,0%	2,0%	2,0%	2,0%
Auszahlung Transport		-52.252	-53.297	-54.363	-55.450	-56.560	-57.691	-58.845
Sonstige Kosten		-300.000	-306.000	-312.120	-318.362	-324.730	-331.224	-337.849
Erhöhung So Kosten		2,0%	2,0%	2,0%	2,0%	2,0%	2,0%	2,0%
Auszahlung So Kosten		-316.013	-322.334	-328.780	-335.356	-342.063	-348.904	-355.882
Summe lfd Auszahlungen		-3.297.724	-3.351.238	-3.406.204	-3.462.679	-3.520.724	-3.580.404	-3.641.784
Investition	-1.000.000		-500.000		-500.000		-500.000	500.000
Total Auszahlungen	-1.000.000	-3.297.724	-3.851.238	-3.406.204	-3.962.679	-3.520.724	-4.080.404	-3.141.784

Abb. 3.42: Datenaufbereitung für eine mehrperiodige Outsourcingproblemstellung: Weiterproduzieren im Inland

Outsourcing		Jahre (für Kosten und Zinssätze) bzw. Jahresenden für Zahlungen						
Finanzielle Größen	0	1	2	3	4	5	6	7
Personalkosten		-1.200.000	-1.320.000	-1.452.000	-1.597.200	-1.756.920	-1.932.612	-2.125.873
Lohnkostenerhöhung		10,0%	10,0%	10,0%	10,0%	10,0%	10,0%	10,0%
Auszahlung Personal		-1.254.054	-1.379.459	-1.517.405	-1.669.145	-1.836.060	-2.019.666	-2.221.633
Energiekosten		-400.000	-420.000	-441.000	-463.050	-486.203	-510.513	-536.038
Energiekostenerhöhung		5,0%	5,0%	5,0%	5,0%	5,0%	5,0%	5,0%
Auszahlung Energie		-421.351	-442.419	-464.540	-487.767	-512.155	-537.763	-564.651
Transportkosten		-200.000	-202.000	-204.020	-206.060	-208.121	-210.202	-212.304
Transportkostenerhöhung		1,0%	1,0%	1,0%	1,0%	1,0%	1,0%	1,0%
Auszahlung Transport		-209.009	-211.099	-213.210	-215.342	-217.496	-219.671	-221.867
Sonstige Kosten		-500.000	-510.000	-520.200	-530.604	-541.216	-552.040	-563.081
Erhöhung So Kosten		2,0%	2,0%	2,0%	2,0%	2,0%	2,0%	2,0%
Auszahlung So Kosten		-526.689	-537.223	-547.967	-558.927	-570.105	-581.507	-593.137
Summe lfd Auszahlungen		-2.411.103	-2.570.200	-2.743.122	-2.931.181	-3.135.816	-3.358.606	-3.601.288
Investition	-5.000.000		-500.000		-500.000		-500.000	2.000.000
Total Auszahlungen	-5.000.000	-2.411.103	-3.070.200	-2.743.122	-3.431.181	-3.135.816	-3.858.606	-1.601.288

Abb. 3.43: Datenaufbereitung für eine mehrperiodige Outsourcingproblemstellung. Fall Outsourcing

Abbildung 3.43 enthält die Beispielsdaten für den Fall „Outsourcing".

Der Hauptunterschied der Szenarien liegt in den Personalkosten, der zu Beginn des Vergleichszeitraums sehr hoch ist (nur die Hälfte in Osteuropa), sich aber dann schnell reduziert.

Nach diesen Ableitungen der Auszahlungen für die beiden Fälle „Weitermachen" und „Outsourcing" können die Zahlungen in einem kleinen Vollständigen Finanzplan

Kapitalkostensatz (weighted average cost of capital wacc):						10,0%		
VoFi für Vergleich			J A H	R E S	E N	D E	N	
Finanzielle Größen	0	1	2	3	4	5	6	7
Cash Flow Outsourcing	-5.000.000	-2.411.103	-3.070.200	-2.743.122	-3.431.181	-3.135.816	-3.858.606	-1.601.288
Cash Flow Weitermachen	-1.000.000	-3.297.724	-3.851.238	-3.406.204	-3.962.679	-3.520.724	-4.080.404	-3.141.784
Delta Cash Flow	-4.000.000	886.621	781.038	663.082	531.498	384.908	221.797	1.540.496
* Zinsen auf geb. Kapital		-400.000	-351.338	-308.368	-272.896	-247.036	-233.249	-232.104
Cash Flow nach Zinsen	-4.000.000	486.621	429.701	354.714	258.601	137.872	-11.452	1.308.392
Kapitaländerung								
* Kapitalaufnahme	4.000.000	0	0	0	0	0	11.452	0
* Kapitalrückzahlung		486.621	429.701	354.714	258.601	137.872	0	1.308.392
Bestandsgröße								
Gebundenes Kapital	-4.000.000	-3.513.379	-3.083.678	-2.728.964	-2.470.363	-2.332.491	-2.321.039	-1.012.647

Abb. 3.44: Vollständiger Finanzplan Outsourcing vs. Weitermachen

zusammengefasst werden. Es wird wieder die Differenzmethode eingesetzt, d. h. es wird nach den zusätzlichen Zahlungen gefragt, die anfallen, wenn die Outsourcing-variante gewählt wird. Im Falle des Outsourcings wäre eine Investition von 5 Mio. € notwendig, wobei dann aber die alte Anlage zu 1 Mio. € verkauft werden kann, so dass eine Gesamtbelastung in t = 0 von 4 Mio. € resultiert. Auf diese Weise werden auch die weiteren Auszahlungen saldiert, woraus sich dann das Bild gemäß Abbildung 3.44 ergibt.

Das Outsourcing führt in t = 1 zu Einsparungen von über 800 T€, was insb. auf die geringeren Personalkosten zurückzuführen ist. Dadurch sinkt das zusätzlich ge-bundene Kapital. Aber durch die hohen angenommenen Lohnkostensteigerungen in Osteuropa schmelzen die Vorteile immer weiter dahin, bis sie im sechsten Jahr nur noch 200 T€ betragen. Das reicht bei den Daten des Beispiels nicht aus, um die hohen Anfangsinvestitionen aufzuholen. Der VoFi-Endwert ist negativ. Wenn die Daten also korrekt geschätzt sind, würde sich ein Outsourcing nicht lohnen.

Zu prüfen wäre allerdings, ob günstigere steuerliche Bedingungen in Osteuropa zu einer anderen Entscheidung führen würden. Auch ist zu überlegen, ob ggf. von der neuen Fabrik in Osteuropa die entsprechenden Märkte besser bedient werden kön-nen. Weiterhin ist zu klären, ob in einer verlängerten Outsourcingvariante der End-wert doch noch positiv würde.

Die höchste Beeinflussbarkeit der Kosten bzw. der Auszahlungen liegt wie be-schrieben dann vor, wenn die Überlegungen sehr früh starten. Schon wenige Wochen nach den ersten Entscheidungen verringern sich die Einflussmöglichkeiten. Damit re-duzieren sich auch die Kosten, die noch entscheidungsrelevant sind. Mit der Zeit wer-den immer größere Anteile zu nicht mehr beeinflussbaren Kosten (angels.: Sunk Cost), also Kosten, über die nicht mehr entschieden werden kann.

Wenn also einmal die Entscheidung für eine Produktion im Ausland getroffen wurde und die ersten Investitionen getätigt wurden, muss ein ganz anderer Vollstän-diger Finanzplan aufgebaut werden, der nur noch solche Auszahlungen enthält, über die noch entschieden werden kann.

4 Controlling mit Innenaufträgen

4.1 Definition und betriebswirtschaftlicher Einsatz

Innenaufträge dienen als Kostenobjekte, wenn es um die Kosten- und Ergebnissteuerung betrieblicher Aufgaben geht, die keine logistische Steuerung wie z. B. für die Produktion von Sachgütern benötigen.[1] Auf Innenaufträgen werden ähnlich wie auf Kostenstellen und Kostenträgern die Kosten gesammelt.

Innenaufträge werden für das Kostencontrolling in folgenden Szenarien eingesetzt:

- Kostensammler für betriebliche Maßnahmen, wie z. B. Großreparaturen und Marketing-Maßnahmen
- Kostensammler für selbsterstellte Anlagen, um diese im Anlagevermögen der Bilanz korrekt mit den Herstellungskosten bewerten zu können
- Statistische Zusatzauswertung, z. B. für Dienstfahrzeuge/Fuhrpark
- Kostenträger in der Dienstleistungsbranche (keine Sachgüterproduktion)

4.2 Innenaufträge als Kostensammler für Instandhaltungs- und Reparaturarbeiten

Ein Innenauftrag wird als Kostensammler eingesetzt, wenn für betriebliche Maßnahmen die Plan- und Istkosten erfasst und Abweichungen analysiert werden sollen. Die Primärkosten werden dem Innenauftrag durch Kontierung in den jeweiligen Belegen belastet und die Sekundärkosten werden über Umbuchungen, Verteilungen, Umlagen und Verrechnungen belastet. Es lässt sich dann feststellen, ob die Entwicklung der Istkosten konform mit dem Auftragsfortschritt und den dafür geplanten Kosten verläuft.

Beispiel

Die Instandhaltungsarbeiten sollen für jede Produktionshalle getrennt auswertbar sein. An Plankosten wird für das kommende Geschäftsjahr für eine bestimmte Halle veranschlagt:

---

[1] Wenn es um größere Projekte geht, stellt SAP S/4HANA das Modul PS (Projektsystem) zur Verfügung, das über eine eigene Abrechnungsfunktionalität verfügt. Innenaufträge werden in der SAP S/4HANA Cloud Lösung nicht mehr als eigenständige CO-Objekte sondern als Bestandteile des Projektsystems angelegt. In Anwendungen, die nicht über eine Cloud laufen können Innenaufträge noch angelegt werden. Im Gegensatz zu Innenaufträgen können Projekte in Teilprojekte strukturiert werden (PSP= Projektstrukturplanelement). Die logistische Abwicklung kann über einen Netzplan abgebildet werden.

https://doi.org/10.1515/9783110616927-004

Malerarbeiten:	20.000,- €/Pe
Elektrik:	7.000,- €/Pe
Klima/Heizung:	14.000,- €/Pe
Schlosserarbeiten:	3.000,- €/Pe

Es wird ein Innenauftrag in SAP S/4HANA mit Nr. INST99 angelegt und die Eingabe der Planwerte vorgenommen. Mit den Malerarbeiten wird eine externe Firma beauftragt. Sie sendet bis Jahresende Rechnungen in Höhe von 21.000,- €/Pe. Beim Einbuchen der Rechnung wird der Innenauftrag INST99 im Beleg kontiert. Die Elektrikerarbeiten werden von der Hauselektrik übernommen. Es werden 110 Std. zum Tarif von 70,- €/h verrechnet. Empfänger der Leistungsverrechnung ist der Innenauftrag INST99 mit Ist-kosten: 7.700,- €/Pe. Die Arbeiten an den Klima- und Heizungsanlagen werden von einem Tochterunternehmen durchgeführt, das mit dem Auftraggeber eine umsatzsteuerliche Organschaft bildet. Es werden die tatsächlich entstandenen Kosten[2] in Höhe von 13.000,- €/Pe im Ist verrechnet. Sender ist die Kostenstelle KHMA1, Empfänger der Innenauftrag INST99. Die Schlosserarbeiten werden vom Hausmeister erledigt. Der Innenauftrag wird mit einer Umlage von 3.200,- €/Pe belastet. Die Umlage wird über einen Umlagezyklus gebucht, Sender ist die Kostenstelle HAUSM, Empfänger der Innenauftrag INST99. Am Ende des Geschäftsjahres ergibt sich Bild gemäß Abbildung 4.1.

Kostenart	Plan	Ist	Abweichung
Malerarbeiten	20.000,- EUR	21.000,- EUR	1.000,- EUR
Elektrik	7.000,- EUR	7.700,- EUR	700,- EUR
Klima/Heizung	14.000,- EUR	13.000,- EUR	−1.000,- EUR
Schlosserarbeiten	3.000,- EUR	3.200,- EUR	200,- EUR
Gesamt	44.000,- EUR	44.900,- EUR	900,- EUR

Abb. 4.1: Beispiel für Plan-Ist-Abweichungen auf einem Innenauftrag

Für das Controlling stellt sich die Aufgabe, die Ursachen für die Einzelabweichungen zu untersuchen und ggf. Maßnahmen anzustoßen.

4.3 Innenaufträge als Kostensammler für Marketing-Maßnahmen

4.3.1 Die Problematik der Planung und Steuerung der Marketing-Kosten

Ein Teil der Marketingkosten sind allgemein formuliert Investitionen in den Markt. Es sind immaterielle, komplexe und für „Nicht Marktsegmentspezialisten" meistens

---

2 Ggf. muss ein Servicezuschlag verrechnet werden.

schwer zu beurteilende Investitionen.[3] Sie haben im Vergleich zu den Investitionen in Sachgüter in der Konsumgüterbranche und im Dienstleistungssektor oft eine größere Bedeutung, d. h. sie machen nicht selten den größten Teil des Investitionsvolumens aus. Handels- und steuerrechtlich handelt es sich meistens um Aufwand ohne die Eigenschaft eines Vermögensgegenstandes oder Wirtschaftsgutes. Sie dürfen – wenn selbst erstellt – daher i. d. R. nicht aktiviert werden[4], sondern sind in der GuV sofort ergebniswirksam zu verbuchen. Die Wirkungen von Investitionen in den Markt erstrecken sich aber häufig über mehrere Geschäftsjahre oder sogar den gesamten Produktlebenszyklus. Im Jahresabschluss ist daher bei fehlender Möglichkeit der Aktivierung kein periodengerechter Erfolgsausweis von Investitionen in den Markt möglich. Umso wichtiger ist es, dass zumindest intern ein fundiertes Controlling dieser Investitionen vorgenommen wird. Wie ein periodengerechter und transparenter Erfolgsausweis mit Innenaufträgen im internen Rechnungswesen durchgeführt werden kann, wird im Folgenden gezeigt.

Die Planung der Marketing-Maßnahmen und der entsprechenden Marketingkosten obliegt den Produktmanagern als den Verantwortlichen für die Markenführung. Der Produktmanager[5] hat gegenüber der nächst höheren Hierarchieebene und der Geschäftsführung die Möglichkeit, mit Konkurrenzabwehrargumenten und Marktanteilsargumenten hohe, manchmal unverhältnismäßig hohe Marketingkosten zu begründen und als genehmigte Plankosten durchzusetzen. Mit hohen Marketingplankosten ergibt sich ein geringerer Planvertriebsdeckungsbeitrag. Das Erreichen des Planvertriebsdeckungsbeitrags ist im Rahmen des Führens mit Zielen (angels.: Management by Objectives) ein wichtiges Zielerreichungskriterium, an das meistens auch Erfolgsprämien geknüpft werden. Durch das Nicht-Verausgaben der Marketingplankosten kann der Produktmanager seinen Ist-Vertriebsdeckungsbeitrag selbst mitbestimmen. Das Nicht-Verausgaben der Marketingplankosten kann einerseits daran liegen, dass sie ursprünglich bewusst zu hoch geplant waren, andererseits weil auf den Wettbewerb fahrlässigerweise weniger intensiv reagiert wurde als es notwendig gewesen wäre. Beschäftigungsabhängige Marketingkosten gibt es kaum[6]. Damit gibt es aber auch keine Soll-MarketingKosten mit denen der Controller dem Produktmanager vorrechnen könnte, welche Soll-Marketingkosten er bei wirtschaftlichem

---

3 Angelsächsisch wird dies, u. a. in der IAS/IFRS Literatur, als Aufbau von Intangible Assets oder Intellectual Capital bezeichnet.

4 Eine Ausnahme bildeten die nach BilMoG weggefallenen Bilanzierungshilfen. Marketingaufwand konnte als Ingangsetzungsaufwand klassifiziert und als Bilanzierungshilfe aktiviert werden.

5 Der Produktmanager wird hier als Führungskraft verstanden, die für Marketing-Maßnahmen, Marketingkosten, den Deckungsbeitrag der entsprechenden Produkte und oft auch für eine ergebnisverantwortliche Kostenstelle (Profi Center) verantwortlich ist und dazu alle produktbezogenen Aktivitäten koordinieren muss.

6 Ausnahmen sind z. B. Coupons, stückabhängige Werbekostenzuschüsse an den Handel und Zugaben.

Verhalten auf Basis einer Istbeschäftigung hätte verursachen sollen. Die Ist-Marketingkosten hängen von der Einschätzung des mit den Besonderheiten des jeweiligen Marktsegments vertrauten Produktmanagers ab. Ein Controller kann dem Produktmanager kaum beweisen, welche unterlassenen Marketing-Maßnahmen notwendig gewesen wären und welche durchgeführten Marketing-Maßnahmen überflüssig bzw. zu kostenintensiv waren. Traditionelle Abweichungsanalysen der Marketingkosten, die als verdichtete Zeilen in monatlichen Deckungsbeitrags- und Kostenstellenrechnungen stehen, laufen daher zunächst ins Leere.

4.3.2 Die Steuerung der Kosten der Marketing-Maßnahmen durch die Produktmanager

In einem modernen Kostenrechnungs- und Controllingverständnis sollten die Produktmanager bis zu einem gewissen Grad ihre eigenen Controller sein, bzw. das zur Verfügung gestellte Planungs- und Berichtswesen aktiv nutzen. Allerdings sind Marketingkostenzeilen in Deckungsbeitragsrechnungen[7] meistens für die Steuerung einzelner Marketing-Maßnahmen nicht geeignet, weil in sie gleiche Kostenarten unterschiedlicher Marketing-Maßnahmen gebucht werden. Selbst wenn einzelne Marketing-Maßnahmen als solche identifiziert werden können, weil z. B. gerade nur eine Maßnahme läuft, sind die Auswertungs- und Analysemöglichkeiten im Rahmen einer Deckungsbeitragsrechnung beschränkt. In der mehrstufigen Deckungsbeitragsrechnung eines großen deutschen Konsumgüterherstellers beispielsweise werden die Zeilen Werbung, Verkaufsförderung und Marktforschung für die Produktmanager gesondert ausgewiesen. Auf höheren Berichtsebenen werden sie zur Zeile Marketing verdichtet. Eine solche zielgruppenadäquate Zeilenstruktur lässt durchaus auf ein empfängerorientiertes Berichtswesen schließen, ist aber für die Produktmanager noch zu grob und als Steuerungsinstrument für Marketing-Maßnahmen nur bedingt tauglich. In der Zeile Werbung verbergen sich nämlich u. a. die Kosten für die Herstellung und Verteilung von Gutscheinen/Coupons und Herstellkosten, die im Zusammenhang mit Aktionen entstehen. Weiterhin finden sich in dieser Zeile sämtliche Kosten einschließlich der Verteilungskosten von unentgeltlich abgegebenen Proben und Mustern, sowie Kosten die durch den Einsatz des Werbepersonals entstehen und nicht den Vertriebskosten des Außendienstes zugerechnet werden. Dazu kommen die Personal- und Gemeinkosten der Produktmanagementkostenstelle. In der Zeile Werbung finden sich demnach sehr unterschiedliche aber jeweils wichtige Kostenarten.

Es wäre grundsätzlich möglich, für jede einzelne Marketingkostenart eine eigene Zeile einzurichten. Dadurch würde aber die Zeilenstruktur der Deckungsbeitragsrech-

---

7 Der Begriff Deckungsbeitragsrechnung wird hier als Synonym für kurzfristige Ergebnisrechnungen aller Art verwendet. Vgl. zur kurzfristigen Ergebnis- und Deckungsbeitragsrechnung das Kapitel 8, in dem auch Beispiele für Zeilenstrukturen mit Marketingkostenzeilen dargestellt sind.

nung verlängert und unübersichtlich. Eine maßnahmenorientierte Kostensteuerung wäre trotzdem nicht möglich, da von verschiedenen laufenden Marketing-Maßnahmen die gleichen Kostenarten verursacht werden können und die einzelnen Maßnahmen nicht getrennt voneinander verfolgt werden können. Marketing-Maßnahmen wie z. B. Produktneueinführungen (angels.: Launches), regionale Ausweitungen (angels.: Roll Outs), Wiedereinführung von Produkten (angels.: Relaunches), Aktionen, Messen und Veranstaltungen (angels.: Events), können nur dann optimal gesteuert werden, wenn sie als eigenständige Maßnahmen auf Innenaufträgen geplant, gebucht und abgerechnet werden. Natürlich müssen die Marketingkosten in den Deckungsbeitrags- und Kostenstellenrechnungen weiterhin sichtbar bleiben.

4.3.3 Innenaufträge als Instrumente für ein aussagefähiges Controlling der Marketing-Maßnahmen

Im Produktionskostencontrolling sind Instandhaltungs- und Fertigungsaufträge als Innenaufträge ein in der Literatur behandeltes und in der Praxis häufig eingesetztes Instrument. Es ist bemerkenswert, dass in der Spezialliteratur zum Marketing-Controlling (Auerbach 1993; Kiesel 1995; Kaufmann 1997; Lehmann 1998; Reinecke/Tomczak/ Dietrich 1998; Zerres 1998; Preißner 1999; Ehrmann 2004; Reinecke/Tomczak 2006) und der Kostenrechnungs- und Controllingliteratur[8], der Einsatz von Innenaufträgen für das Controlling der Marketing-Maßnahmen bisher nicht ausführlich thematisiert wurde. Kilger hat die Vorkosten für „Werbefeldzüge oder der Einführung neuer Produkte" mit „Sondereinzelkosten als Vorleistungskosten" bezeichnet. (Kilger/Pampel/ Vikas 2007, S. 274). „Vorleistungskosten sind Kosten, die dazu dienen, zeitungebundene Nutzungspotentiale zu schaffen, welche die Voraussetzung dafür bilden, dass in zukünftigen Perioden die Stellung einer Unternehmung im Markt verbessert wird oder sich zumindest nicht verschlechtert." Kilger beschäftigt sich mit der Verrechnung der Vorleistungskosten und schlägt dafür den Begriff „kalkulatorische Deckungskontrolle vor". Er versucht die „Vorleistungskosten pro Einheit" zu variabilisieren, indem er die „Projektvariablen Kosten pro Vorleistungsprojekt" durch die gesamten Nutzungseinheiten dividiert. Dieser Ansatz ist für Vorleistungskosten wie z. B. Spritzgussformen für Kunststoffspritzgussartikel oder Druckwalzen für die Tapetenherstellung aufgrund technischer Erfahrungswerte für die stückzahl- und produktionsabhängige Lebensdauer von Spritzgussformen und Druckwalzen anwendbar. Auf Kilgers eigene Beispiele für die Marketing-Controlling-Objekte „Werbefeldzüge und Einführung neuer Produkte" erscheint dieser Ansatz allerdings nicht anwendbar. Denn Marketingkosten verhalten sich häufig gerade nicht proportional zu Nutzungseinheiten, seien es

---

8 Diese wird hier nicht gesondert zitiert, da ansonsten die gesamte verarbeitete Kostenrechnungs- und Controllingliteratur für das vorliegende Buch zitiert werden müsste, in der keine Ausführungen zum Marketing-Controlling mit Innenaufträgen gefunden wurden.

produzierte oder verkaufte Einheiten und auch nicht proportional zu Produktionsvorgängen. Im Falle einer erfolgreichen Marketing-Maßnahme, die mit einer Werbewirkungskontrolle analysiert wurde, lässt sich empirisch eher die umgekehrte Wirkung annehmen: die Anzahl der abgesetzten Einheiten verhält sich proportional zu den Marketingkosten.

Hier wird daher die stückzahlabhängige Proportionalisierung von als Vorkosten erfassten Marketingkosten abgelehnt und eine zeitabhängige Verteilung entweder auf den Produktlebenszyklus oder auf die Dauer der Werbewirkung einer Verkaufsförderungsmaßnahme oder einer Aktion etc. vorgeschlagen. Dazu sollten die Kosten der Marketing-Maßnahme auf Innenaufträgen gesammelt und über den von Produktmanager und Controller festgelegten Zeitraum durch Entlastung des Innenauftrags in die Deckungsbeitrags-/Kostenstellenrechnung gesteuert werden.

Marketingmaßnahmen, wie z. B. Marktforschungs-, Marktanalyse-, Werbeagenturkosten und Regaleintrittsgelder können insbesondere bei Produktneueinführungen erhebliche Kosten verursachen, ohne dass das Produkt bereits in den Markt eingeführt ist und Umsatz generiert. Eine Verrechnung in eine oder wenige Berichtsperioden einer mehrstufigen Deckungsbeitrags- oder Kostenstellenrechnung würde keine ausreichende Kostentransparenz und keine Periodengerechtigkeit ergeben. Allerdings kann es aus Sicht der Produktmanager wünschenswert sein, möglichst hohe Vorkosten in den ersten Monaten oder dem ersten Jahr einer Produktneueinführung in die Deckungsbeitrags-/Kostenstellenrechnung zu verrechnen, da dann sowieso noch niemand positive Deckungsbeiträge erwartet, bzw. negativ geplante Deckungsbeiträge von der Geschäftsführung oft durchaus noch ein wenig negativer akzeptiert werden. Einführungsverluste bei neuen Produkten werden als Standardfall in den Konsumgüterbranchen verstanden und zu Lasten des Unternehmensgesamtergebnisses verrechnet. Wenn Vorkosten auf Innenaufträgen gesammelt werden und über einen angemessenen Zeitraum des Produktlebenszyklus in die Deckungsbeitrags-/Kostenstellenrechnung verrechnet werden, erfolgt eine verursachungsgerechte und transparente Abbildung der Kosten der Marketing-Maßnahmen. Dieses hat dann auch Steuerungswirkung, weil hohe Vorlaufkosten wieder eingespielt werden müssen und dies auch im Reporting abgebildet werden sollte.

4.3.4 Kriterien und Anwendungsvorschläge für das Controlling von Marketing-Maßnahmen mit Innenaufträgen

Eine umfassende Darstellung aller möglichen Marketing-Maßnahmen, die für das Controlling mit Innenaufträgen geeignet sind, würde den hier gesetzten Rahmen sprengen. Daher werden im Folgenden Kriterien für die Auswahl geeigneter Maßnahmen vorgeschlagen und ohne Anspruch auf Vollständigkeit einige typische Maßnahmen erwähnt.

Eine Maßnahme sollte von einem Verantwortlichen als eigenständige Maßnahme geplant, verfolgt und verantwortet werden. Sie sollte von der Kostenintensität und der Anzahl der Kostenarten nennenswert sein. Viele Marketing-Maßnahmen, die auf echten Innenaufträgen erfasst werden, werden als Vorkosten zu klassifizieren sein. Für echte Innenaufträge bieten sich besonders komplexe Marketing-Maßnahmen wie z. B. Messen oder Großveranstaltungen an, die ihrerseits wiederum aus mehreren Teilprojekten bestehen können. Es kann auch sinnvoll sein, mit statistischen Innenaufträgen einzelne laufende Werbekostenarten einer Mediengattung parallel zur Deckungsbeitrags- und Kostenstellenrechnung zu erfassen.

Produktneueinführungen[9] stehen am Beginn der Marktphase des Produktlebenszyklus und bezeichnen das Erscheinen im Handel oder die Möglichkeit des Kaufs durch den Endkunden im Direktvertrieb. Ab diesem Zeitpunkt kann mit dem Produkt Umsatz und Deckungsbeitrag erzielt und dies in einer Deckungsbeitragsrechnung gezeigt werden. Vor der Einführung sind aber oft erhebliche Vorkosten in Form von Investitionen in die Produktneueinführung verursacht worden. Dies können sowohl Forschungs- und Entwicklungskosten sein als auch Marktforschungskosten, Kosten einer Werbeagentur und Regaleintrittsgelder (Listungsgelder). Diese werden an den Handel gezahlt, damit das Produkt überhaupt einen Regalplatz erhält. Regaleintrittsgelder dürfen nur dann einer Produktneueinführung zugerechnet werden, wenn sie auch tatsächlich vom Handel genau dafür verlangt werden. Wenn ein Konsumgüterhersteller für die generelle Aufnahme seiner Produktpalette zahlt, sollten diese Regaleintrittsgelder in die letzte Stufe der Deckungsbeitragsrechnung gestellt werden, da sie keiner Produktgruppe verursachungsgerecht zugerechnet werden können.

Auch Kosten für die Messung von Verbraucherpräferenzen sowie Kosten für Pretests gehören zu den Vorkosten. Regionale Ausweitungen des Produktangebots insbesondere auf andere Länder, werden heute üblicherweise als roll outs bezeichnet. Durch das roll out fallen Kosten für ausländische Werbeagenturen an, die die Kommunikationsstrategie an das dortige Konsumentenverhalten anpassen.

Begriffliche Uneinigkeiten bestehen in der Marketing Literatur hinsichtlich der Verwendung der Begriffe Produktdifferenzierung, Produktrepositionierung, Produktmodifikation, Produktrelaunch und Produktmodifikation. Die Maßnahmen werden ihrerseits wiederum nach der Verbesserung der Qualitätsdimension in Upgradings und nach der Verbesserung der Preisdimension in Downgradings unterteilt. Neben der Beabsichtigung des Umsatz- und Marktanteilswachstums, zielen diese Marketing-Maßnahmen häufig auf die Wiederbelebung stagnierender oder rückläufiger Umsätze oder Deckungsbeiträge und sollen das Auslaufen als Cash-Cow oder die Produktelimination verhindern. Produktdifferenzierungen sind je nach der verursachten Höhe der Differenzierungskosten ebenfalls Marketing-Maßnahmen, die eine Erfassung auf einem Innenauftrag als eigenständiges Controlling-Objekt sinnvoll machen können.

---

9 Der Begriff Produkt wird hier sowohl für Sachgüter als auch für Dienstleistungen verwendet.

Verkaufsförderungsmaßnahmen und Aktionen unterscheiden sich von der Werbung durch ihre zeitliche, räumliche oder sachliche Begrenztheit. Werbung ist kontinuierlich, breit und umfassend angelegt. Daraus folgt für das Marketing-Controlling, dass gleichmäßig anfallende Marketingkosten, etwa monatliche Kosten für laufende Anzeigen, TV-Spots oder Plakatwerbung in der monatlichen Deckungsbeitragsrechnung gezeigt werden können. Aber auch bei den Kosten der kontinuierlichen Werbung kann eine Auswertung nach den Kosten der einzelnen Medien auf statistischen Innenaufträgen sinnvoll sein.

Der Erfolg einer Maßnahme wie z. B. ein Marktanteils-, Umsatz- oder Deckungsbeitragswachstum kann erst dann richtig beurteilt werden, wenn ihm die Gesamtkosten der Maßnahmen verursachungsgerecht gegenübergestellt werden. In der Marketingliteratur und Praxis werden die Begrifflichkeiten für Verkaufsförderungsmaßnahmen und Aktionen nicht klar unterschieden. Der Begriff Aktion wird manchmal nur auf die Preispolitik angewendet, manchmal für weitere besondere Marketing-Maßnahmen, wie z. B. für die Herstellung und Verteilung von Gutscheinen und Coupons, oder Preisausschreiben. Im Zusammenhang mit Aktionen können besondere Herstellkosten entstehen, z. B. durch eine Aktions-Verpackung, durch Sonderdisplaypaletten oder durch Zugaben in Form von firmeneigenen oder firmenfremden Artikeln.[10] Je nach Kostenintensität und erforderlicher Kostentransparenz ist es sinnvoll, Verkaufsförderungsmaßnahmen und Aktionen als Innenaufträge zu führen.

Die Bezeichnung Event Management hat sich in den letzten Jahren aus dem internationalen Marketing Sprachgebrauch der Praxis entwickelt und kann mit der Planung und Durchführung von Veranstaltungen übersetzt werden. Heute wird der Begriff Event zunehmend als Oberbegriff für Mitarbeiterveranstaltungen, Incentive-Ereignissen, Messen, Kongresse, Symposien, Firmengalas u. ä. verwendet. Den Events wird explizit eine Unterhaltungsfunktion zugebilligt, die in diesem Maße früher bei den Maßnahmen der Kommunikationspolitik nicht hervorgehoben wurde. Events erfüllen in besonderem Maße die Kriterien Eigenständigkeit, Kostenintensität sowie Komplexität der Marketing-Maßnahme. Events sind von ihrer Wirkung her Investitionen in den Markt bzw. Vorkosten, die häufig eine mindestens einjährige Wirkung entfalten sollen. Auch Events sind daher auf echten Innenaufträgen zu planen und zu buchen und dann unterjährig in die Deckungsbeitrags- und Kostenstellenrechnung zu verrechnen.

Die projektspezifische Erfassung der Marketingkosten über Innenaufträge und der Marketinginvestitionen ist der erste Schritt. Im zweiten Schritt müssen sie anteilig auf die Produkte in den Nutzungsperioden zugeordnet werden. Im dritten Schritt sollte der Controller darauf bestehen, dass spezifische Marketingziele vorher vereinbart werden, welche auf dem Weg zur Deckungsbeitragssteigerung erreicht werden müs-

---

10 Eine der beliebtesten Zugaben der Getränkeindustrie und hier insbesondere der Bierbrauer, war in den letzten Jahren die Zugabe von kleinen Modell-LKWs, wobei es sich um firmenfremde Artikel handelt, da diese extra für die Aktionen zugekauft werden müssen.

sen. Dazu zählen z. B. Bekanntheitsgrad (gestützt und ungestützt), Einstellungen, Kaufabsichten, Distribution (gewichtet und ungewichtet) etc. Nur so kann sichergestellt werden, dass die Marketingbudgets sinnvoll ausgegeben werden. Als Krönung sollte man versuchen, den Einfluss der Maßnahmen auf den Markenwert zu erfassen. Auch hier ist das Controlling stark gefragt, insbesondere wenn es um Markenwertanalysen bis hin zur Aufstellung von Markenbilanzen geht.

4.4 Innenaufträge für selbsterstellte Anlagen

Für selbsterstellte Anlagen werden zum Ende eines Geschäftsjahres die bisher angefallenen Herstellkosten als Anlagen im Bau aktiviert. Für die Analyse der Kosten eignet sich der Innenauftrag als Controllingobjekt insbesondere dann, wenn die Kosten budgetiert werden und ein Überschreiten des Budgets explizit genehmigt werden muss.

Die Kosten werden zunächst auf dem Innenauftrag gesammelt. Dabei wird entschieden, ob alle oder nur bestimmte Kosten an die Anlagen im Bau abgerechnet und damit aktiviert werden. Handels- und steuerrechtlich nicht aktivierungspflichtiger Aufwand (Erhaltungsaufwand) wird in der Regel an Kostenstellen oder an das Ergebnis abgerechnet und ist damit in der GuV sofort aufwands- bzw. ergebniswirksam. Die aktivierten Herstellungskosten werden dagegen nur sukzessive in Höhe der Abschreibungen aufwands- und ergebniswirksam. Aus der Sicht der Bilanzpolitik ist es daher wichtig zu entscheiden, ob durch eine restriktive Aktivierung der Herstellungskosten

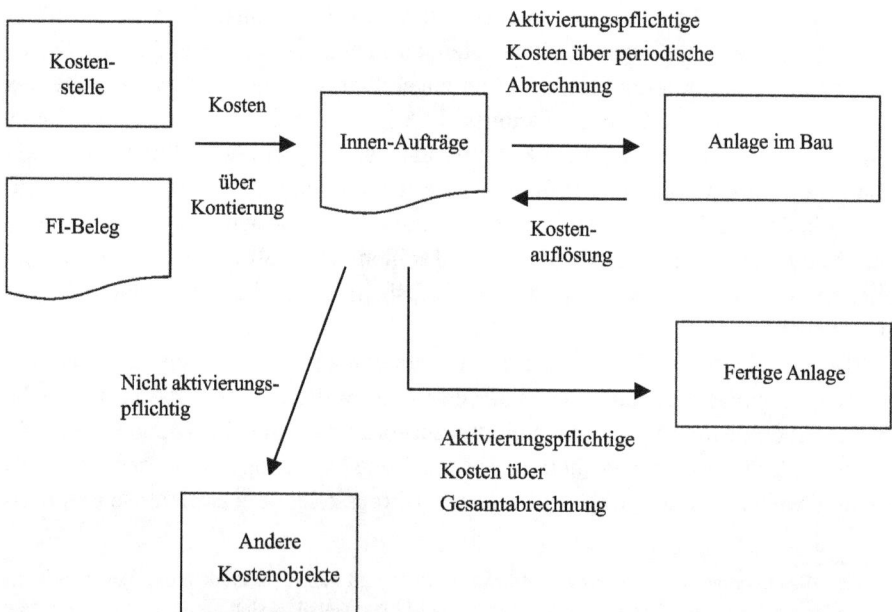

Abb. 4.2: Abrechnungsgang eines Innenauftrags für selbst erstelle Anlagen oder andere Kostenobjekte

das Ergebnis eher verschlechtert werden soll, um die Bemessungsgrundlage für die Ertragsbesteuerung zu reduzieren, oder ob das Ergebnis eher verbessert werden soll, um z. B. gegenüber den Banken einen höheren Jahresüberschuss als positiven Faktor für ein günstigeres Rating zu erzielen.

Der Innenauftrag erhält somit eine Abrechnungsvorschrift, mit der die aktivierungspflichtigen Kosten an eine Anlage im Bau und die nicht aktivierungspflichtigen Kosten an das Ergebnis abgerechnet werden. Dazu werden die Kostenbestandteile jeweils (z. B. Einzel- und Gemeinkosten) auf eigene Kostenarten gebucht und in der Abrechnungsvorschrift über ein Zuordnungsschema selektiert. Nach Fertigstellung der Anlage wird die Anlage im Bau aufgelöst und die gesamten aktivierungspflichtigen Kosten an die Anlage abgerechnet.

4.5 Innenaufträge für statistische Zusatzauswertungen

Die Verwendung eines Innenauftrages als statistisches Kostenobjekt dient dazu, eine genauere Analyse der Kosten gegenüber der echten Kontierung zu ermöglichen, ohne bei Kontierung der Kosten einen Mehraufwand in Kauf nehmen zu müssen. Dazu werden die Kosten parallel auf dem echten Kostenobjekt (z. B. Kostenstelle) und dem statistischen Auftrag kontiert. Eine Umbuchung ist nicht mehr notwendig.

Beispiel:
Die Kosten der Firmenfahrzeuge eines Unternehmens werden von der Kostenstelle Fuhrpark verantwortet. Alle eingehenden Rechnungen für Neukauf, Kraftstoff und Reparaturen werden auf die Kostenstelle Fuhrpark kontiert. Zusätzlich sollen auch die Kosten für jedes einzelne Firmenfahrzeug ausgewertet werden.

Für jedes Firmenfahrzeug wird daher ein Innenauftrag angelegt, der als statistischer Auftrag gekennzeichnet wird. Dem Innenauftrag wird die Kostenstelle Fuhrpark zugeordnet. Die eingehenden Belege werden auf den Innenauftrag und damit automatisch auf die Kostenstelle kontiert.

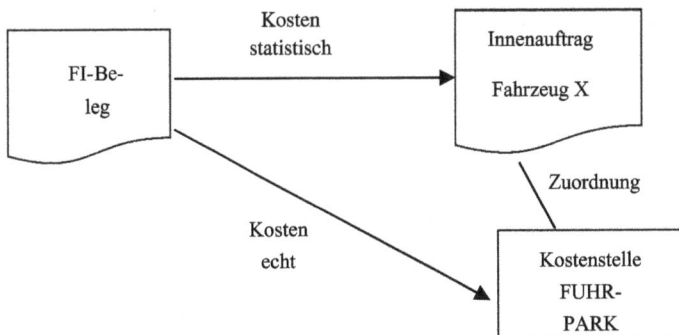

Abb. 4.3: Beispiel für statistische Innenaufträge

Von der Kostenstelle Fuhrpark ist die Weiterverrechnung der Kosten möglich, vom Innenauftrag aus ist sie nicht möglich und auch nicht sinnvoll, da sonst die Kosten doppelt in der Ergebnisrechnung, jedoch nur einfach in der GuV vorhanden sind. Dadurch bleiben Finanzbuchhaltung und Ergebnisrechnung abgestimmt.

4.6 Innenaufträge als Kostenträger

Innenaufträge können auch dann als Kostenträger eingesetzt werden, wenn ein Wertschöpfungsprozess nicht in ein Sachgut, sondern in eine verkaufsfähige Leistung (Dienstleistung) mündet. Auf dem Innenauftrag werden dann sowohl Kosten als auch Erlöse geführt. Das Ergebnis des Auftrags ergibt sich aus der Differenz von Erlösen und Kosten, differenziert nach Kosten- bzw. Erlösarten. Die Kosten werden dem Innenauftrag durch Kontierung (externe Kosten) bzw. innerbetriebliche Verrechnung belastet, die Erlöse durch Kontierung des Innenauftrages im Buchhaltungsbeleg.

Setzt ein Unternehmen für die Faktura ein integriertes Vertriebssystem ein, so bietet es sich an, nicht den Innenauftrag, sondern den Kundenauftrag als Kostenträger zu verwenden. Die Erlöse werden dann direkt auf dem Kundenauftrag geführt, die Kosten durch Kontierung auf dem Kundenauftrag gebucht.

Beispiel
Ein Softwareunternehmen legt für die Entwicklung und Einführung von Anwendungssoftware einen Innenauftrag an. Die für das Softwareprojekt erbrachten innerbetrieblichen Leistungen werden von den Entwicklern und Beratern durch Leistungsverrechnung dem Innenauftrag belastet. Extern zugekaufte Leistungen werden durch Kontierung auf den Innenauftrag gebucht. Die Faktura an den Kunden erfolgt auf Basis von Tagessätzen für die Mitarbeiter, die beim Kunden vor Ort tätig sind bzw. auf Basis der abgelieferten Softwareprogramme. Bei der Erstellung der Fakturabelege werden die Isterlöse auf den Innenauftrag kontiert.

4.7 Stammdaten des Innenauftrags

Die Stammdaten eines Innenauftrages setzen sich aus folgenden Datengruppen zusammen:
– Allgemeine Daten
– Zuordnung
– Investitionen
– Steuerungen
– Periodenabschluss

Die allgemeinen Daten enthalten Beschreibungen zum Innenauftrag ohne steuernde Wirkung auf den Wertefluss zum Innenauftrag. Beispiele dafür sind: Bezeichnung, Beschreibung, verantwortliche Kostenstelle, Verantwortlicher, Zeitrahmen.

In den Zuordnungen wird die organisatorische Eingliederung des Innenauftrags festgelegt. Zugeordnet werden Kostenrechnungskreis, Buchungskreis und Werk. Damit wird der Wertefluss vom und zum Innenauftrag vordefiniert.

In der Sicht *Investitionen* erfolgt der Eintrag eines Investitionsprofils. Werden Innenaufträge als Kostensammler für selbsterstellte Anlagen verwendet, so wird über das Investitionsprofil festgelegt, in welcher Anlagenklasse eine Anlage im Bau angelegt wird und ob die Abrechnung einzelpostengenau oder in Summen erfolgt.

Mit den Einträgen für die Steuerung des Innenauftrages wird bestimmt, über welches Zuschlagsschema die Berechnung von Gemeinkosten erfolgt (vgl. Kapitel Abgrenzung zum Kostenartencontrolling), welche Kostenstelle bei einem statistischen Auftrag automatisch kontiert werden soll. Zusätzlich werden Kennzeichen gesetzt für:
– Statistischer Auftrag (vgl. Ausführungen oben)
– Planintegrierter Auftrag (eine Leistungsaufnahmeplanung von einer Kostenstelle zum Auftrag führt automatisch zu einer disponierten Leistung und Planentlastung der Kostenstelle)
– Erlösbuchungen (wenn der Innenauftrag als Kostenträger eingesetzt werden soll)
– Obligofortschreibungen (Bestellanforderungen und Bestellungen werden als Obligo auf dem Auftrag geführt).

Eine wirksame Kostenkontrolle über die gesamte Laufzeit eines Auftrages wird dadurch unterstützt, dass in bestimmten zeitlichen Phasen der Auftragsplanung und Auftragsabwicklung nur die für die Phase erforderlichen Vorgänge erlaubt bzw. nicht erlaubt sind. Z. B. sind im Status *Eröffnet* nur Planbuchungen erlaubt; im Status *Freigegeben* sind auch Istbuchungen erlaubt.

Dazu wird ein Statusschema definiert, das aus einzelnen Phasen besteht. Pro Phase werden die erlaubten betriebswirtschaftlichen Vorgänge zugewiesen. Bestimmte Phasen sind für eine ordnungsgemäße Abwicklung des Auftrags notwendig. Die notwendigen und betriebswirtschaftlich wichtigen Phasen sind in einem Systemstatusschema vordefiniert. Es besteht beim Innenauftrag aus den Phasen:
– *Eröffnet*: alle Planungsvorgänge (Kostenplanung, Budgetplanung, Erlösplanung) sind erlaubt
– *Freigegeben*: alle Plan- und Istvorgänge sind erlaubt, also neben der Änderung der Planwerte die Buchung von Istkosten auf den Auftrag aus allen denkbaren Quellen
– *Abrechnungsvorschrift erfasst:* (die Empfänger der Auftragskosten wurden zugeordnet), Bestandteil der Systemstatusphase *eröffnet*
– *Budgetiert:* (dem Auftrag wurde ein Kostenbudget zugewiesen), Bestandteil der Systemstatusphase *eröffnet*

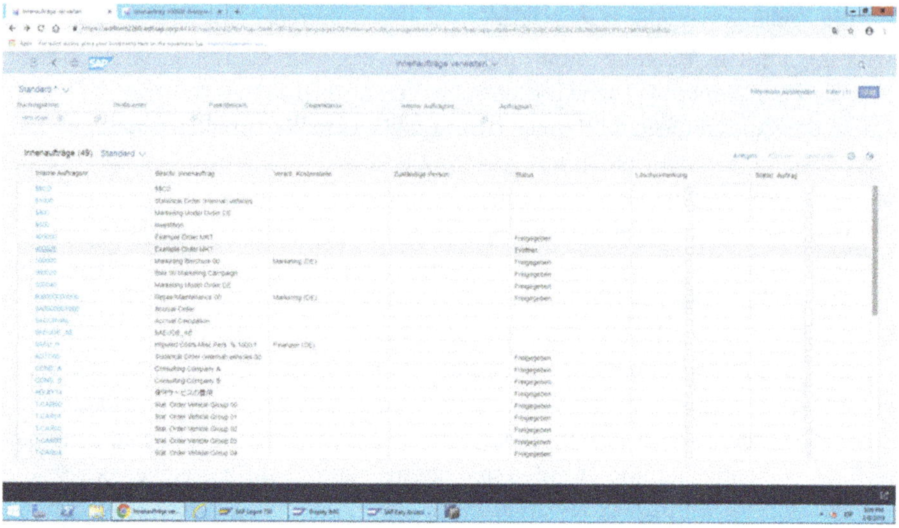

Abb. 4.4: Innenauftragsverwaltung

– *Technisch abgeschlossen:* (für den Auftrag sind keine Logistik-Buchungen mehr möglich, jedoch können weiterhin Nachlaufkosten dem Auftrag belastet werden. Der Auftrag muss noch abgerechnet werden).
– *(Kaufmännisch) Abgeschlossen/abgerechnet:* (keine Buchungen mehr möglich, danach muss der Auftrag archiviert werden).

Wenn die Anforderungen über das Systemstatusschema hinausgehen, also unterhalb einer Systemstatusphase eine feinere Einteilung der erlaubten betriebswirtschaftlichen Vorgänge notwendig ist, so wird noch ein zusätzliches Anwenderstatusschema definiert und dem Auftrag zugeordnet. So könnte z. B. unterhalb der Phase *eröffnet* eine Teilphase für Budgetplanung und eine zweite Teilphase für Kostenplanung definiert werden, um bei Eröffnen des Auftrags zunächst nur die langfristige Budgetplanung zuzulassen.

Neben den erlaubten betriebswirtschaftlichen Vorgängen einer Phase wird über das Statusschema auch festgelegt, welche anderen Phasen von der aktuellen Phase aus anwählbar sind. Über den erlaubten Phasenwechsel wird z. B. bestimmt, dass ein abgeschlossener Auftrag nicht mehr mit Plan- und Istwerten gebucht werden darf und ein Wechsel von der Phase *technisch abgeschlossen* in die Phase *freigegeben* nicht möglich ist. Ein Vorgang ist nur dann erlaubt, wenn er sowohl in der aktuellen System- als auch Anwenderstatusphase erlaubt ist.

Durch Auswahl eines Stammsatzes kann zum Beispiel das Informationsblatt angezeigt werden. Der Bereich „Allgemeine Informationen" weist hierin etwa auf den Buchungskreis hin oder auch auf den Charakter als echter oder statistischer Auftrag (Abb. 4.5).

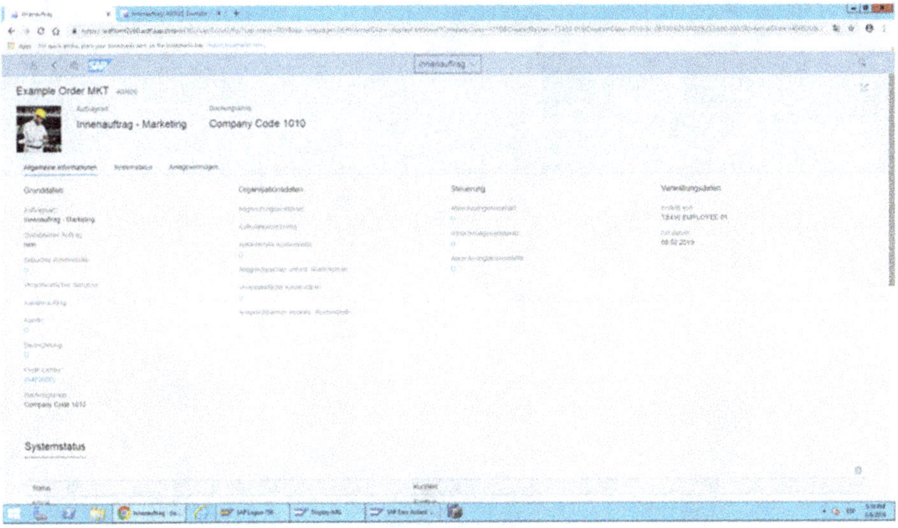

Abb. 4.5: Informationsblatt zum Innenauftrag – allgemeine Information

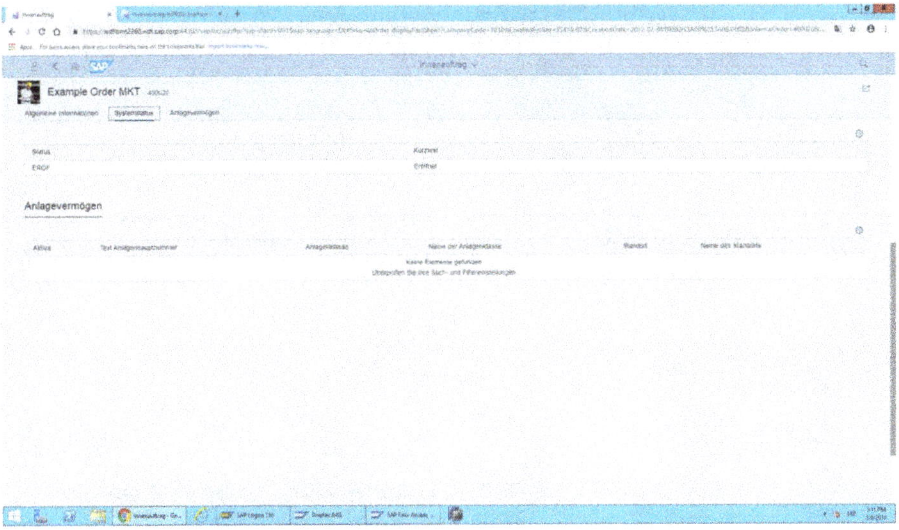

Abb. 4.6: Informationsblatt zum Innenauftrag – Systemstatus

Der Bereich „Systemstatus" verweist auf die bisher erreichten Status des Auftrages. Mit dem Erreichen von Status ist die Erlaubnis verbunden, betriebswirtschaftliche Vorgänge buchen zu können.

Die eigentliche Bearbeitung des Innenauftrags, etwa die Änderungen des Status, erfolgt in einer eigenen App (Abb. 4.7).

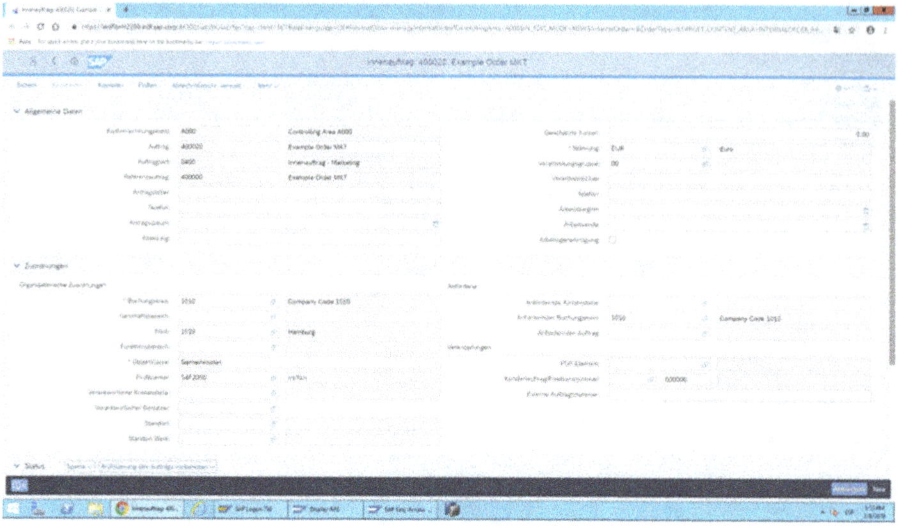

Abb. 4.7: Stammdaten des Innenauftrages

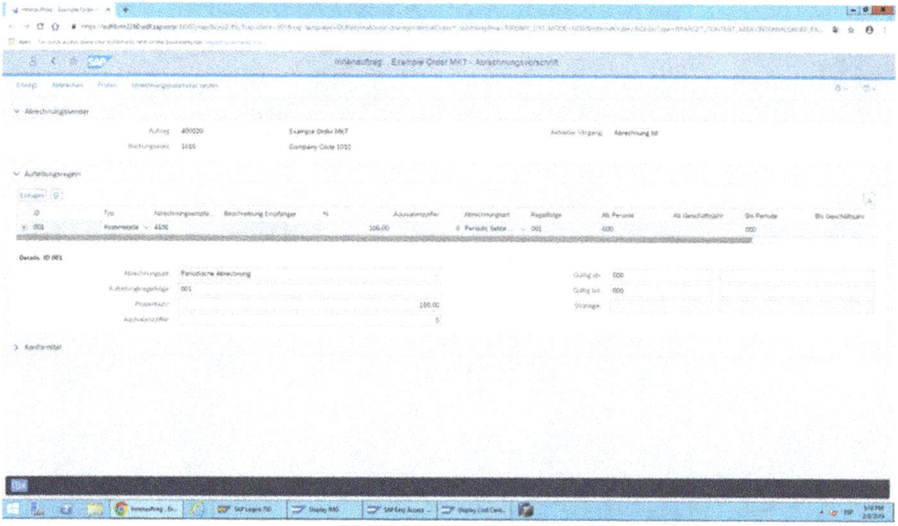

Abb. 4.8: Abrechnungsvorschrift

Die Abrechnungsvorschrift gibt an, an wen und wie sich der Innenauftrag abrechnet (Abb. 4.8).

Der Auftrag kann dann freigegeben werden. Dies bedeutet, etwa, dass nunmehr Buchungen auf den Auftrag möglich sind (Abb. 4.9).

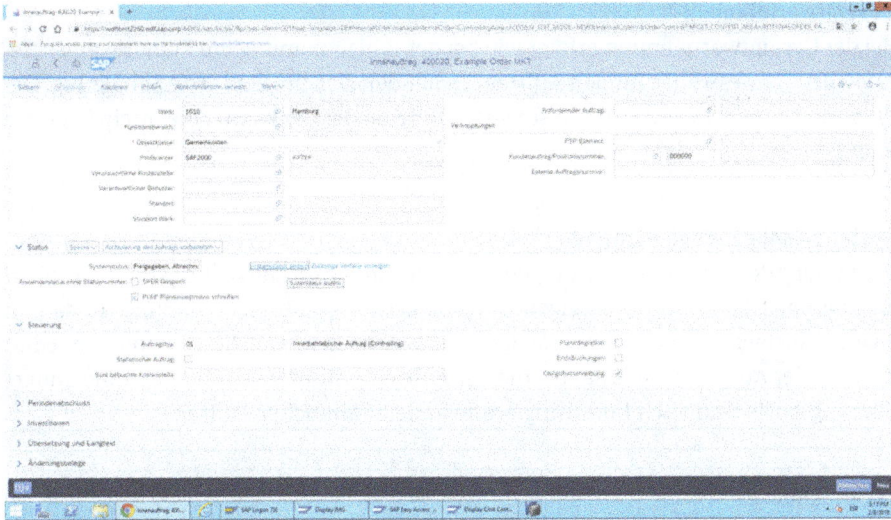

Abb. 4.9: Freigabe Innenauftrag

4.8 Kosten- und Erlösplanung

4.8.1 Planungsebenen von Innenaufträgen

Je nach Anforderung an die Planungsgenauigkeit erfolgt die Kosten- und Erlösplanung:

– als Budgetwert
– als Gesamtwert
– kostenartenbezogen
– über Detailplanung

Budgetplanung
Langfristig wird bei kostenintensiven Aufträgen ein Budget geplant, dass als Gesamtwert oder Jahreswert angesetzt wird. Wird für den Auftrag eine Verfügbarkeitskontrolle aktiviert, so erfolgt bei jeder Kostenbuchung auf den Auftrag systemseitig eine Verprobung der kumulierten Kosten (einschließlich der aktuell anstehenden Buchung) gegen das Budget. Bei annäherndem Erreichen des Budgets (z. B. bei 95 %) wird ggf. eine Warnmeldung erzeugt, die Buchung wird aber dennoch zugelassen. Bei drohender Budgetüberschreitung erfolgt dagegen eine Fehlermeldung; die Buchung kann zwar gesichert, aber nicht mit Be- und Entlastung gebucht werden.

Gesamtwertplanung

Bei der Gesamtwertplanung erfolgt wie bei der Budgetplanung die Planung eines Gesamt- bzw. Jahreswertes für den Auftrag. Es handelt sich um eine erste Schätzung. Der Planwert ist nicht in Bezug auf Kostenarten differenziert, er kann daher nicht in einem Plan-Ist-Bericht gezeigt werden.

Kostenartenbezogene Planung

Die kostenartenbezogene Planung bezieht sich auf die Primärkostenplanung (Bedarf an externen Gütern und Leistungen) und die Leistungsaufnahmeplanung (Bedarf an eigener Kostenstellenleistung). Dazu ist zu analysieren, welcher Ressourcenbedarf sich aus der Aufgabenstellung, für die der Auftrag geführt wird, ableitet. Eine andere Planungsbasis sind auch Erfahrungswerte anderer ähnlicher Aufträge.

Detailplanung

Bei Planung auf der Ebene *Detailplanung* wird konkret auf den Bedarf bestimmter Materialien und Kostenstellenleistungen Bezug genommen. Die Materialkosten ergeben sich aus der Multiplikation von benötigter Materialmenge inklusive Ausschuss und dem aus dem Materialstammsatz selektierten Materialpreis. Die Kostenstellenkosten werden über die Multiplikation der benötigten Leistungsmenge mit dem Tarif berechnet.

4.8.2 Planung der Gemeinkostenzuschläge

Die Berechnung von Gemeinkostenzuschlägen im Ist und Plan erfolgt über die Anwendung eines Gemeinkostenzuschlagschemas. Ein Zuschlagsschema besteht aus Basis-, Zuschlags-und Entlastungselementen.

Die Basiselemente enthalten den Kostenartenbereich, innerhalb dessen die zu bezuschlagenden Kosten gebucht werden. Beispiel: Für die Materialgemeinkosten werden im Basiselement die Kostenarten eingetragen, über die die Materialkosten auf den Auftrag gebucht werden. Für die Fertigungsgemeinkosten werden im Basiselement die Kostenarten eingetragen, über die eine Verrechnung der Kostenstellenleistungen erfolgt.

Wird vom Controlling gefordert, für bestimmte Materialien unterschiedliche Zuschlagssätze zu verwenden, so wird neben der Kostenart noch ein Herkunftsschlüssel im Basiselement definiert, der wiederum in den Materialstammsätzen eingetragen wird.

Beispiel

Für einen Innenauftrag werden Material A und Material B eingesetzt. Die Material-kosten für A sollen mit 10 %, die von B mit 8 % Materialgemeinkosten bezuschlagt werden. Beide Materialien werden über die Kostenart 400000 gebucht.

Im Materialstamm von A wird der Herkunftsschlüssel HA, im Materialstamm von B der Herkunftsschlüssel HB eingetragen. Im Zuschlagsschema zur Berechnung der Gemeinkosten wird das Basiselement B001 mit Selektion auf Kostenart 400000 und Herkunftsschlüssel HA sowie das Basiselement B002 mit Selektion auf Kostenart 400000 und Herkunftsschlüssel HB definiert.

Es wird ein Zuschlagselement Z001 definiert mit dem Eintrag 10 % und ein Zu-schlagselement Z002 mit dem Eintrag 8 %.

Die Definition im Zuschlagsschema lautet dann:

Position	Basiselement	Zuschlagelement	Bezug auf Position
010	B001		
020	B002		
030		Z001	010
040		Z002	020

Abb. 4.10: Beispiel für ein Zuschlagsschema für Innenaufträge

Im Zuschlagselement wird dann die Höhe des Zuschlagsprozentsatzes angegeben.

Ein weiteres Selektionskriterium im Basiselement ist der Bezug zu fixen und varia-blen Anteilen. Es wird bestimmt, ob nur die fixen, variablen oder beide Kostenanteile selektiert werden sollen. Die Zuschlagselemente enthalten die prozentualen Zuschlä-ge (oder auch Festbeträge). Eine weitere Differenzierung der Bezuschlagung ist die Verwendung von Abhängigkeiten in den Zuschlagselementen. Typische Abhängigkei-ten sind:

– Zeitraum (zeitliche Abhängigkeit der Zuschlagssätze)
– Plan- bzw. Istkennzeichen (unterschiedliche Plan- und Istzuschlagssätze)
– Organisationselemente (unterschiedliche Zuschlagssätze, z. B. je nach Werkszu-ordnung des Auftrags)

Das Entlastungselement dient im Zuschlagsschema als Gegenbuchung. Die Gemein-kosten sind in der Regel auf Gemeinkostenstellen oder Gemeinkostenaufträgen gesam-melt worden. Zum Beispiel werden die Kosten für Hilfsmaterial erst auf einen per-manenten Innenauftrag für Hilfsmaterialien kontiert. Mit der Durchführung einer Zuschlagsrechnung wird der Auftrag um den berechneten Gemeinkostenbetrag ent-lastet. Bleibt nach der Summe der in einer Buchungsperiode angefallenen Entlas-tungsbuchungen eine Über- oder Unterdeckung, wird der verbleibende Rest in das

Betriebsergebnis (Ergebnisrechnung) abgerechnet. Bei gravierenden Restbeträgen ist der Zuschlagssatz anzupassen.

Ein Bestellobligo dient dazu, neben den bereits gebuchten Kosten auch die erwarteten Kosten auszuweisen. Werden Bestellanforderungen bzw. Bestellungen für einen Auftrag gebucht, so stellen die damit verbundenen Kosten eine Mittelbindung für den Auftrag dar. Die erzeugten Obligos werden zusätzlich zu den gebuchten Kosten bei der aktiven Budgetkontrolle berücksichtigt.

Obligos

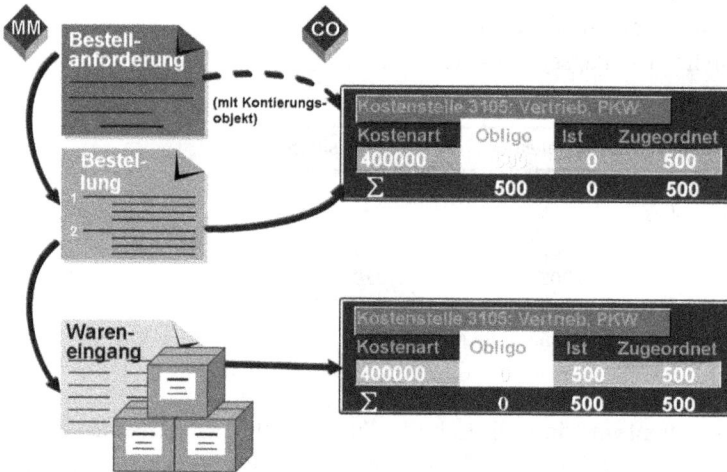

Abb. 4.11: Obligo in SAP S/4HANA

Mit der Kontierung des Auftrags in einer Bestellanforderung bzw. Bestellung wird das Obligo aufgebaut und als bereits verfügte Mittel (zusammen mit evt. bereits gebuchten Kosten) ausgewiesen. Bei der Buchung des Wareneingangs wird das Obligo aufgelöst und durch die Kosten für die Warenbeschaffung ersetzt. Die Verwendung von Obligos dient dem Controlling dazu, eine genauere Auswertung der bereits verfügten Mittel eines Auftrags durchzuführen und schon bei der Bestellung auf etwaige Budgetüberschreitungen hinzuweisen.

4.9 Auftragsabrechnung

Die auf einem Auftrag gebuchten Kosten werden über die Auftragsabrechnung an die Empfänger der Kosten (Verursacher) belastet. Dazu wird im Innenauftrag eine Abrechnungsvorschrift angelegt, in der als Empfänger-Objekt die beauftragende Kostenstelle, die Ergebnisrechnung oder im Fall selbsterstellter Anlagen auch die Anlagenbuchhaltung festgelegt wird. Die Kosten können prozentual oder auch nach Kostenarten

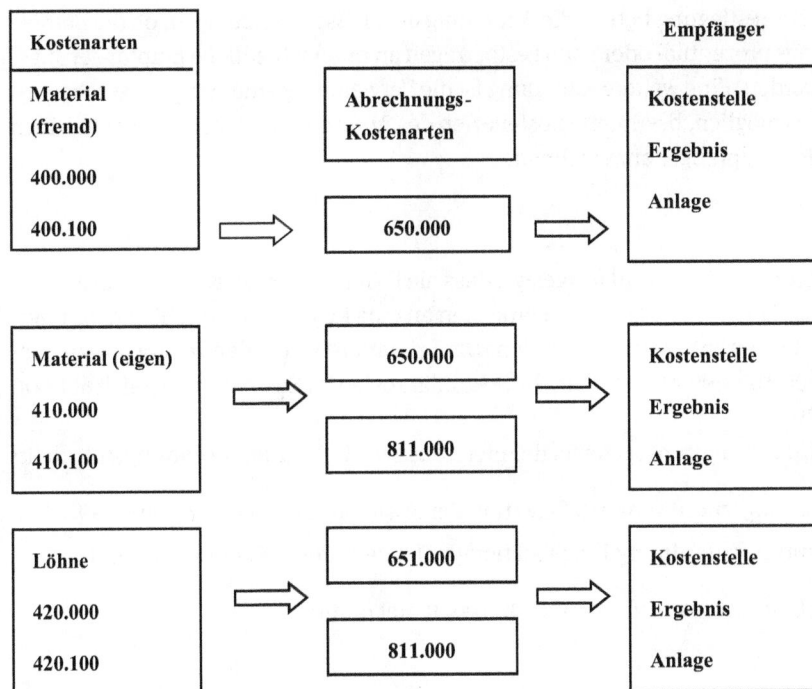

Abb. 4.12: Auftragsabrechnung in SAP S/4HANA

an unterschiedliche Empfänger abgerechnet werden. In der Regel erfolgt die Abrechnung periodisch, möglich ist auch eine periodenübergreifende Abrechnung nach Abschluss des Auftrags (insbesondere bei selbsterstellten Anlagen). Erst ein vollständig abgerechneter Auftrag kann archiviert werden.

Die Konzeption der Auftragsabrechnung für das Controlling erfolgt über die Pflege von:
- Abrechnungsprofil
- Verrechnungsschema
- Ergebnisschema

4.9.1 Abrechnungsprofil

Über das Abrechnungsprofil wird festgelegt, welche Empfänger der Kosten zu einem bestimmten Auftragstyp möglich sind. Ein Investitionsauftrag rechnet seine Kosten in der Regel an eine Anlage bzw. an ein Sachkonto ab. Für einen Innenauftrag als Kostensammler werden als mögliche Abrechnungsempfänger Kostenstellen oder andere Innenaufträge zugelassen. Ein Innenauftrag als Kostenträger wird in der Regel direkt an das Ergebnis abgerechnet. Ein statistischer Auftrag wird nicht abgerechnet.

Eine weitere Festlegung betrifft die Aufteilungsregel. Es ist festzulegen, ob die Beträge des Auftrags prozentual oder nach Festbeträgen an unterschiedliche Empfänger abgerechnet werden. Eine weitere Aufteilung ist die Verwendung eines Ursprungsschemas. Damit ist es möglich, bestimmte Kostenarten des Auftrags zu selektieren und an einen bestimmten Empfänger abzurechnen.

Beispiel

Für einen Innenauftrag wird festgelegt, dass die Primärkosten an eine Anlage (aktivierungspflichtige Kosten), die Sekundärkosten an eine Kostenstelle (nicht aktivierungspflichtige Kosten) abgerechnet werden. Die Primärkosten werden im Kostenartenbereich 400000 bis 499999 gebucht, die Sekundärkosten im Kostenartenbereich 600000 bis 699999.

Es wird ein Ursprungsschema definiert, das zwei Ursprungszuordnungen enthält:

Ursprungszuordnung U1, Selektion der Kostenarten   400000 – 499999

Ursprungszuordnung U2, Selektion der Kostenarten   600000 – 699999

Die Abrechnungsvorschrift im Innenauftrag lautet dann:

Abrechnungsregel 1

Selektion mit Ursprungszuordnung U1, Aufteilung 100 %, Empfänger Anlage

Abrechnungsregel 2

Selektion mit Ursprungszuordnung U2, Aufteilung 100 %, Empfänger Kostenstelle

4.9.2 Verrechnungsschema

Über das Verrechnungsschema wird definiert:
– Welche Kosten des Auftrags für die Abrechnung zusammengefasst werden oder
– Ob die Kosten unter Beibehaltung der Ursprungskostenart abgerechnet werden
– Unter welcher Abrechnungskostenart bei Kostenzusammenfassung die Abrechnung gebucht wird.

Mit Ausnahme der Abrechnung an andere Aufträge werden in der Regel die Kosten unter einer Abrechnungskostenart zusammengefasst. Aus der Sicht des Controllings ist die Analyse der Zusammensetzung der Abrechnungsbeträge bei dem sendenden Auftrag möglich und braucht daher nicht beim Empfänger mit gleich hoher Differenziertheit gebucht zu werden.

Für das vorherige Beispiel wird im Abrechnungsschema definiert:

Abrechnungszuordnung 1
– Selektion der Kostenartengruppe MATKOST mit dem Kostenartenintervall 400000–419999
– Empfänger: Kostenstelle, Abrechnung über Abrechnungskostenart 620000
– Empfänger: Anlage, Abrechnung kostenartengerecht

Abrechnungszuordnung 2
– Selektion der Kostenartengruppe FERTKOST mit dem Kostenartenintervall 420000–429999
– Empfänger: Kostenstelle, Abrechnung über Abrechnungskostenart 651000
– Empfänger: Anlage, Abrechnung kostenartengerecht

Mit dem Abrechnungsschema wird der Wertefluss in der Abrechnung definiert. Die konkreten Abrechnungsempfänger werden dagegen in der Abrechnungsvorschrift des Auftrags eingetragen.

4.9.3 Ergebnisschema

Die Verwendung eines Ergebnisschemas für die Auftragsabrechnung ist dann notwendig, wenn der Innenauftrag an die kalkulatorische Ergebnisrechnung abgerechnet werden soll. In diesem Fall müssen die fixen und variablen Anteile der Kosten in unterschiedliche Wertfelder der kalkulatorischen Ergebnisrechnung eingesteuert werden.

Die Zuordnung im Ergebnisschema setzt sich zusammen aus:
– Der selektierten Kostenartengruppe
– Einem Fix-Variabel-Kennzeichen
– Zuordnung eines Wertfeldes

Für das Beispiel könnte die Zuordnung lauten:

Selektion	Fix/Variabel-Kennzeichen	Wertfeld (DB-Zeile)
MATKOST	1 (= variabel)	VV100 (Materialkosten variabel)
MATKOST	2 (= fix)	VV110 (Materialkosten fix)
FERTKOST	1 (= variabel)	VV150 (Fertigungskosten variabel)
FERTKOST	2 (= fix)	VV160 (Fertigungskosten fix)

Dies führt dann zu folgendem Aufbau in der Deckungsbeitragsrechnung:

> Umsatzerlös
> – variable Materialkosten
> – variable Fertigungskosten
> = Deckungsbeitrag I
> – fixe Materialkosten
> – fixe Fertigungskosten
> = Deckungsbeitrag II (Erfolg)

4.9.4 Verbuchung der Auftragsabrechnung

Die Auftragsabrechnung führt zur Kostenentlastung beim Auftrag und Belastung beim Empfänger der Kosten. Bei einer Auftragsabrechnung innerhalb des internen Rechnungswesens erfolgt die Be- und Entlastungsbuchung unter der Abrechnungskostenart, die dem Auftrag über das Verrechnungsschema zugeordnet wurde. Alternativ erfolgt die Be- und Entlastungsbuchung unter der originären Kostenart mittels Verrechnungsschema. Bei Abrechnung des Auftrags an das externe Rechnungswesen, z. B. an die Anlagenbuchhaltung, wird das Hauptbuchkonto aus der Kontenfindung in der Anlagenbuchhaltung selektiert.

Das Konto ergibt sich aus dem Kontenfindungsschlüssel der Anlagenklasse, der die Anlage zugeordnet ist, der Bewegungsart (Anlagenzugang) und dem Bewertungsbereich in der Anlagenbuchhaltung (HGB, IFRS, US-GAAP). Der Buchungssatz lautet dann:

Anlagenbuchhaltung	Anlagenzugang
Finanzbuchhaltung	Bestandskonto Anlagen
	an Bestandsveränderung aus
	abgerechneten Aufträgen
Kostenrechnung	Kostenentlastung des Innenauftrags

5 Prozesskostenrechnung

5.1 Grundlagen der Prozesskostenrechnung

Die ständig steigende Automatisierung in der Fertigung hat den Anteil der direkten bzw. Einzelkosten abnehmen und den Anteil der Gemeinkosten überproportional zunehmen lassen. Gleichzeitig steigt laufend der Kostenanteil der indirekten Leistungsbereiche. Kritiker der Grenzplankostenrechnung stellen daher die Steuerungsmöglichkeiten ausschließlich über Grenzkosten in Zweifel, da ihr Anteil am gesamten Kostenvolumen zu gering sei. Die klassischen Systeme richten sich bei der Planung und Steuerung an den Produktionsmengen und somit der **Beschäftigung** aus. Durch die Verschiebung der Märkte in Richtung **Käufermärkte** steigen die Anforderungen an die Unternehmen. Die Anzahl der zu produzierenden Varianten steigen genauso wie die Qualitätsforderungen; gleichzeitig sind bei zunehmend internationalen Märkten die Lieferzeiten zu verkürzen, die Produktlebenszyklen sinken ebenfalls. Während im Produktionsbereich der Unternehmen die Aktivitäten durch Outsourcing eher vermindert werden, steigen die Aktivitäten in den sogenannten indirekten Leistungsbereichen deutlich an. Neue Kosteneinflussgrößen, wie z. B. die Variantenzahl, Produkt-Updates, Teilevielfalt, Automatisierungsgrad oder Produktkomplexität sind zu berücksichtigen.[1]

Die Prozesskostenrechnung widmet sich dem entsprechend insbesondere den indirekten Bereichen, in denen klassischer Weise die Gemeinkosten und der Fixkostenanteil aufgrund des ausgeprägten Personalkostenanteils besonders hoch ausfällt; wie z. B. bei der Verwaltung, der Forschung und Entwicklung, der Logistik, der Fertigungsplanung und -steuerung, der Qualitätssicherung, der Instandhaltung, der Auftragsabwicklung oder dem Vertrieb.[2]

Nur über die Analyse der Gemeinkosten lassen sich **mittel** und **langfristig signifikante Kosteneinsparungspotentiale** erkennen, da die Fixkosten als größter Gemeinkostenblock nicht zu den kurzfristig entscheidungsrelevanten Kosten gehören. Erste Hinweise gibt es im deutschen Sprachraum bereits bei Schmalenbach; in den USA wurden die Ansätze der **Aktivitätskostenrechnung** [Activity-based Costing (ABC), Activity-based Management und Transaction-based Costing] als Vollkostenansätze entwickelt, deren Grundlagen in die Prozesskostenrechnung eingingen.[3] Insbesondere in Unternehmen, in denen ein auf Kostenträger eindeutig zurechenbares Mengengerüst nicht oder in nur geringem Umfang möglich ist, kann die Prozesskostenrechnung eine wirksame Ergänzung im Kostencontrolling bieten.[4]

---

1 Vgl. Schweitzer u. a. 2016, S. 366; Wilms, Zündorf 2006, S. 889–893.
2 Vgl. Ewert, Wagenhofer 2014; Schweitzer u. a. 2016 S. 366 f.
3 Vgl. Schweitzer u. a. 2016, S. 367 f., 377 f..
4 Vgl. Kaplan/Cooper 1999, S. 111 ff.; Horvath & Partners 2004, S. 113 ff.

https://doi.org/10.1515/9783110616927-005

Die beschriebene abnehmende Bedeutung der direkten Produktionskosten an den Gesamtkosten, in Verbindung mit der Zunahme der Komplexität der Produktionsstrukturen von Produkten und der damit verbundenen Schwierigkeiten einer verursachungsgerechten Kostenermittlung, hat in vielen Industriezweigen zur Suche nach alternativen bzw. neuen oder veränderten Kostenrechnungssystemen geführt. Die Ansätze der Grenzkosten- und Deckungsbeitragsrechnungen wurden zur Identifizierung der Gewinn- und Verlustbringer weiter ausgebaut. Deckungsbeitragsrechnungen auf Sparten-, Segment- oder Produktebene sind mittlerweile Standard (vgl. hierzu Kapitel 7.2). Ziel ist die Identifizierung der kurz-, mittel- und langfristig relevanten Stückkosten.

In vielen Unternehmen kam es bei der verstärkten Analyse der Kostentreiber zu einer genaueren Betrachtung und Untersuchung der kostenverursachenden Prozesse. Als adäquates Kostenrechnungssystem wird auf die Prozesskostenrechnung zurückgegriffen. Hierbei erfolgt die Kostenzurechnung, neben dem alt vertrauten strengen Verursachungsprinzip, mittels der von den Produktionsprozessen abgeleiteten, statistischen oder durchschnittlichen Werten.

Ziele der Prozesskostenrechnung sind die Planung, Steuerung und Kontrolle der betrieblichen Gemeinkosten und deren Behandlung im Rahmen der Kalkulation, sowie die aktivitätsorientierte Optimierung des Kapazitäts- bzw. Ressourceneinsatzes. Wesentliche Eckpunkte des Konzeptes der Prozesskostenrechnung sind hierbei[5]:

- die **Vollkostenorientierung**, die Verteilung der Gemeinkosten anhand der verursachenden **repetitiven** Aktivitäten entsprechend der **Ressourcenbeanspruchungen;**
- die **Strategieorientierung**, die nicht auf kurzfristige Entscheidungen ausgerichtet, sondern eher **langfristige, vollkostenorientierte Entscheidungen**, unter Berücksichtigung notfalls erforderlicher Kapazitätsanpassungen;
- die Abkehr von der Kostenstellenbetrachtung hin zu einer **Prozessbetrachtung** und entsprechend Abkehr von einer Kostenstellenverantwortung hin zu einer Prozessverantwortung.

Die Prozesskostenrechnung eignet sich in erster Linie für häufig wiederkehrende, **repetitive Prozesse**, welche in hoher Anzahl und gleicher oder ähnlicher Qualität auftreten; die mehrstufige Deckungsbetragsrechnung wird entsprechend modifiziert. Ihr wird in der **Praxis** eine **hohe Akzeptanz** zugeschrieben, während aus theoretischer Sicht noch ein Weiterentwicklungsbedarf besteht.[6] Dieser vermeidliche Widerspruch dürfte darin begründet sein, dass in der Theorie immer ausgefeilter Modelle mit zunehmender Komplexität entwickelt werden, während in der Praxis der Hauptfokus auf eine angemessene Verrechnung der Gemeinkosten der repetitiven Hauptprozesse

---

5 Ewert, Wagenhofer 2014 S. 674–680, 696.
6 Ewert, Wagenhofer 2014, S. 680, Schweitzer u. a. 2016, S. 400.

und der Aufgaben der untersuchten Abteilungen liegt. Beispielsweise wird in der Praxis eine annährend verursachungsgerechte Verrechnung der Buchhaltungskosten auf die beanspruchenden Geschäftsbereiche oder die Verrechnung von Personalbeschaffungskosten auf die anfordernden Abteilungen, einer pauschalen Verrechnung in der Zuschlagskalkulation als Bestandteil der allgemeinen Verwaltungskosten bevorzugt.

Die Prozesskostenrechnung rechnet den jeweiligen Produkten über die Analyse der Teilprozesse immer exakt die Kosten der Aktivitäten oder der internen Dienstleistungen zu, die diese Kalkulationsobjekte erbracht bzw. durch diese in Anspruch genommen worden sind.

Die Zielsetzungen der Prozesskostenrechnung sind somit:

- Transparenz in den Gemeinkostenbereichen bezüglich der Ressourcennutzung durch die Prozesse, unter zusätzlicher Berücksichtigung der Mengenflüsse neben den üblichen Werteflüssen, zu schaffen.
- Eine gerechte Kalkulation unter Berücksichtigung von Komplexitätskosten sowie Kosten der Produkt- und Verfahrensänderungen,
- Ausweitung der verursachungsgerechten Kostenplanung, Kostenverrechnung und Kontrolle auf die indirekten Bereiche wie z. B. der Verwaltung,
- Ableitung strategischer und entscheidungsrelevanter Informationen bezüglich Kapazitätsanforderungen zur Vermeidung unnötiger Gemeinkosten.

5.1.1 Effekte der Prozesskostenrechnung

Die Vorteile der Prozesskostenrechnung werden bei der Verrechnung der Gemeinkosten gegenüber der klassischen Zuschlagskalkulation häufig mittels dreier Effekte beschrieben:[7]

Allokationseffekt: Bei der Prozesskostenrechnung erfolgt die Zuordnung der Gemeinkosten auf die Produkte entsprechend der Inanspruchnahme der betrieblichen Ressourcen und nicht auf der Grundlage von Wertgrößen, wie z. B. Materialeinzel- oder Fertigungseinzel-Kosten, wie dies bei der klassischen Zuschlagskalkulation der Fall ist. Der Allokationseffekt beschreibt, dass sich die Selbstkosten eines Produktes nur bei der Verwendung von Mengengrößen, und nicht aufgrund eines Preises wie bei Wertgrößen, verändern kann. Im Ergebnis sind höhere oder auch geringere Selbstkosten möglich, die jedoch als „verursachungsgerechter" bewertet werden.

Beispielsweise könnten die Kosten je Bestellvorgang bei der Materialbeschaffung angeführt werden, die bei prozessorientierter Verrechnung nicht mehr Bestandteil der Materialgemeinkosten wären. Beispiel: Optisch nicht zu unterscheidende Steckkarten mit unterschiedlichen Leistungen werden z. B. in baugleichen Mobiltelefonen verbaut. Für die Materialbeschaffung spielt es beim Handling keine Rolle, ob die Steck-

---

7 Vgl. Coenenberg u. a. 2012, S. 174 ff., Ewert; Wagenhofer 2014, S. 681.

Tab. 5.1: Allokationseffekt (eigene Darstellung)

Materialeinzelkosten (€/ME)	Materialgesamtkosten Zuschlagskalkulation 25 %	Prozesskostensatz	Allokationseffekt
Steckkarte A 40,–	10,–	12,–	2,–
Steckkarte B 64,–	16,–	12,–	–4,–
Steckkarte C 96,–	24,–	12,–	–12,–

karten A, B oder C beschafft werden. In der klassischen Zuschlagskalkulation wird den hochpreisigen Steckkarten C entsprechend den Einzelkosten ein höherer Gemeinkostenanteil zugerechnet, als es bei der preiswerteren Steckkarte A der Fall ist. Dies führt letztendlich zu dem Allokationseffekt.

Da der Mehrbetrag aus dem Allokationseffekt Bestandteil der Herstellkosten wird, verstärkt sich dieser Effekt bei der klassischen Zuschlagskalkulation durch die später erfolgenden Zuschläge, wie z. B. Verwaltung, Vertrieb, Gewinnanteil, Provision und Mehrwertsteuer, so dass sich die Endprodukte mit C deutlich mehr als den ausgewiesenen Allokationseffekt verteuern. Gegebenenfalls leidet hierunter der Absatz der deckungsbeitragsstarken Produkte.

Produkte mit Steckkarte A werden hingegen entsprechend zu günstig kalkuliert und weisen im ungünstigsten Fall einen positiven Deckungsbeitrag aus, den die Endprodukte mit A bei genauer Betrachtung nicht aufweisen. Der Verbraucher reagiert eventuell mit einer verstärkten Nachfrage auf diese günstigen Produkte, so dass das Unternehmen gegebenenfalls in die Verlustzone gerät und die Ursachen hierfür in der Zuschlags-Kalkulation nicht ersichtlich sind.

Degressionseffekt: Bei der Zuschlagskalkulation wird aufgrund der proportionalen Gemeinkostenverrechnung jedem Stück ein konstanter Gemeinkostenanteil verrechnet. Die Prozesskosten je Stück einer Materialbestellung oder eines Kundenauftrages verringern sich jedoch mit steigenden Stückzahlen, da die erforderlichen internen Prozesse, wie z. B. die Erfassung der Kundendaten oder Bonitätsprüfung, nur einmal ablaufen müssen. Bei steigender Prozesszahl sinken die anteiligen Prozesskosten; bei sinkender steigen sie. Der Degressionseffekt resultiert aus der Proportionalisierung von Fixkosten. Die Zuschlagskalkulation bevorzugt kleine Mengen und Aufträge, während die großen Aufträge dies Unterdeckung ausgleichen müssen.

Komplexitätseffekt: Der Komplexitätseffekt verdeutlicht, dass komplexere Produkte oder Prozesse mit höheren Kosten entsprechend der benötigten Prozesse belastet werden müssten, was bei den pauschalen Zuschlagssätzen nicht in ausreichender Form erfolgt. Beispielsweise können bei einer deckungsbeitragsgetriebenen Sortimentsausweitung durch Kleinstauflagen von Produkten, zusätzlich erforderliche Handlings- und Kontrollaufgaben zu einer deutlichen Komplexitätserhöhung führen. Die damit verbundenen Kosten werden bei der klassischen Zuschlagskalkulation nicht verursachungsgerecht verrechnet.

Die klassische Zuschlagskalkulation bevorzugt durch die pauschale, prozentuale Verrechnung kleine Aufträge, umsatzschwache Kunden, komplexe Produkte und kleine Losgrößen, während große Aufträge, einfache Produkte und große Losgrößen benachteiligt werden. Da der Verbraucher unter Umständen verstärkt auf die vermeintlich günstigen Produkte zurückgreift, fehlen dem Unternehmen die zum Ausgleich erforderlichen Deckungsbeiträge, der durch den Allokationseffekt verteuerten Produkte (z. B. inkl. Bauteil C).

5.1.2 Prozesskostenrechnung als Modellerweiterung

Die Leistungsverrechnung in der Voll- und Teilkostenrechnung geht von einer Kostenstelle aus. Damit wird Bezug zu einer Organisationseinheit des Unternehmens genommen. Diese funktionsorientierte Sichtweise wird von der Prozesskostenrechnung durch den Bezug der Kosten auf Geschäftsprozesse geändert. Eine Konsequenz einer prozessorientierten Kostenrechnung könnte die Organisationsentwicklung sein. Führungskräfte des Unternehmens sind nicht mehr nur verantwortlich für bestimmte Funktionsbereiche, sondern auch für bestimmte funktionsübergreifende Geschäftsprozesse. Voraussetzung hierfür ist das Etablieren einer neuen Unternehmenskultur, die ein *Abteilungs- oder Funktionsdenken* durch ein *Projekt- und Aufgabenorientiertes* Denken ersetzt.

Die Prozesskostenrechnung kann in diesem Sinne als eine Modellerweiterung der klassischen Kostenrechnung angesehen werden, die zwischen der Kostenstellenrechnung und der Kostenträgerrechnung eingefügt wird.

Integration der Prozesskostenrechnung in die klassische Kostenrechnung

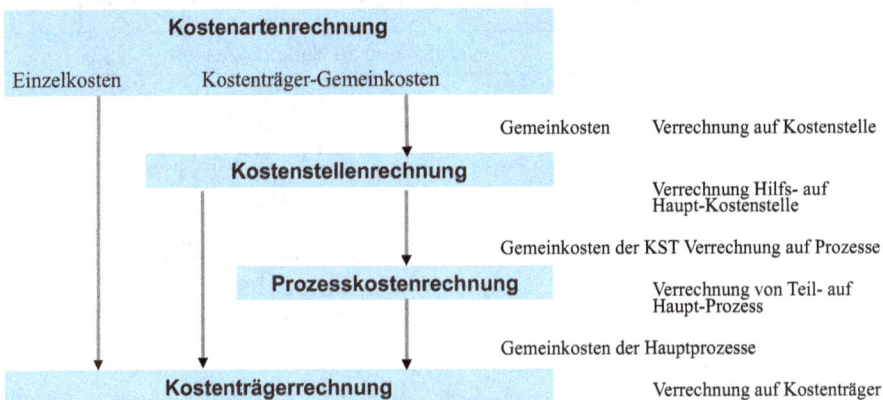

Abb. 5.1: Integration der Prozesskosten in die klassische Kostenrechnung (eigene Darstellung)

5.1.3 Tätigkeiten und Teilprozesse

Die Kostenstellen werden bezüglich ihrer zu erfüllenden Aufgaben und den daraus ableitbaren Tätigkeiten und Teilprozessen nach Kapazitätsbedarf analysiert. Repetitive Kernaufgaben von Kostenstellen werden als Teilprozesse definiert, zu deren Erfüllung i. d. R. eine Reihe von Tätigkeiten erforderlich sind. Die Kostenstellen unterstützen mit Hilfe der definierten Teilprozesse die Erfüllung der Anforderungen der Hauptprozesse (vgl. z. B. 5.2.1).

Insbesondere die „schlanke Unternehmensführung" (Lean-Management) mit einer geringen Anzahl an Fertigungsstufen, selbstständigen Organisationseinheiten innerhalb eines Unternehmens und einem internen preissensiblen Kunden-Lieferanten-Verhältnis, wird durch eine Prozesskostenrechnung unterstützt. Die Kosten der einzelnen, erforderlichen Teilprozesse werden ersichtlich. Die Fragen lauten: Welche Aufgaben im Unternehmen werden von externen Partnern besser und/oder günstiger gelöst und welche Unternehmensprozesse sollten daher z. B. ausgelagert (Outsourcing) werden? Welche Prozesse sind wertschöpfend und erzielen langfristig einen Deckungsbeitrag auf dem Absatzmarkt und dienen somit direkt dem Geschäftszweck des Unternehmens? Was treibt letztendlich die Kosten?

Die betriebswirtschaftlichen IT-Anwendungen des Unternehmens sollten innerhalb des Controllings eine Funktionalität bieten, mit der interne Geschäftsprozesse als CO-Objekte definiert und mit den wertschöpfenden Prozessen integriert werden können. Die Eigenschaften der Geschäftsprozesse beinhalten eine Unterscheidung

Beispiel: Tätigkeiten, Teilprozesse, Kostenstellen & Hauptprozesse

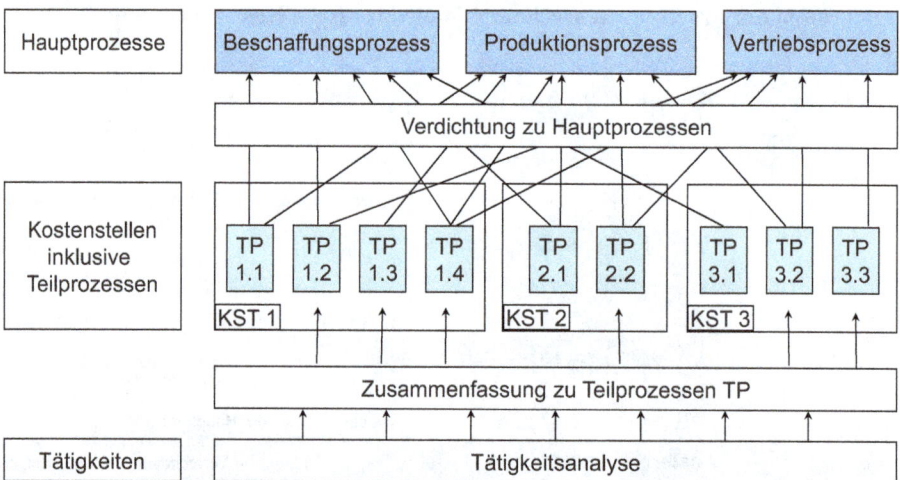

Abb. 5.2: Verdichtung Tätigkeiten & Teilprozesse der Kostenstellen zu Hauptprozessen (eigene Darstellung)

nach Leistungsmengenbezug (fix, variabel) und nach interner oder externer Wertschöpfung.

5.1.4 Leistungsmengen induzierte & neutrale Kosten

Die Prozesskostenrechnung löst sich bei Entscheidungsprozessen von der kurzfristigen Betrachtung, so dass Kosten nicht in fixe und variable, sondern in leistungsmengen-neutrale und leistungsmengen-induzierte Kosten eingeteilt werden. Die Gesamtkosten einer Kostenstelle können entsprechend als Summe der fixen und der variablen Kosten oder als leistungsneutrale und leistungsinduzierte Kosten abgebildet werden. Die Prozesskostenrechnung bildet erforderliche Anpassungsprozesse bei den Kapazitäten der Kostenstellen ab. Dies ist unabhängig davon, ob diese Anpassungen kurzfristig erfolgen können.

- **leistungsmengeninduzierte (lmi) Prozesse:** Der Zeitaufwand verhält sich – und damit die zugeordneten Kosten – mengenproportional zum erbrachten Leistungsvolumen.
- **leistungsmengenneutrale (lmn) Prozesse:** lmn – Prozesse stellen die "Grundlast" einer Kostenstelle dar und sind unabhängig vom Leistungsvolumen. Der Prozess, Abteilung leiten, ist ein typischer lmn-Prozess.

Für die einzelnen lmi-Prozesse wird in den meisten Fällen aus Vereinfachungsgründen nur ein Kostentreiber (cost driver) ausgewählt, auch wenn eine heterogene Kostenverursachung vorliegen sollte. Diese Kostentreiber sind in der Regel mengenorientiert. Wertorientierte Kostentreiber werden aufgrund des impliziten möglichen Preis-

Vergleich:	Prozesskostenrechnung lmn & lmi	Plankostenrechnung fixe & variable Kosten

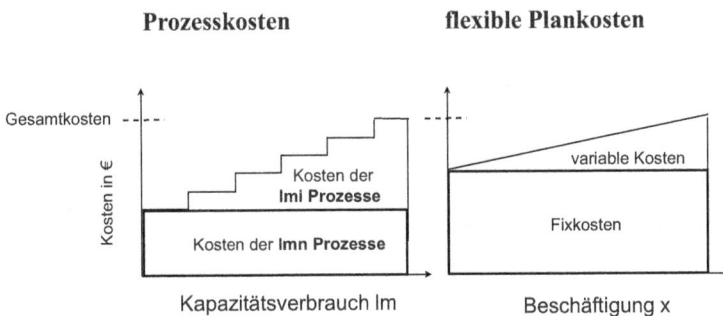

Abb. 5.3: Leistungsmengenabhängigkeit der Teilprozesse (eigene Darstellung)

effektes i. d. R. abgelehnt. Die lmi Kostentreiber orientieren sich direkt an der Prozessmenge, wie z. B. Anzahl der Angebote, Anzahl der Bestellungen, Anzahl der Fakturen, Anzahl der Reklamationen; die Outputmenge Beschäftigung, die etwa in der Grenzplankostenrechnung im Vordergrund steht, spielt nur eine untergeordnete Rolle.[8]

5.1.5 Prozesskostensätze

Der Prozesskostensatz errechnet sich über die Divisionskalkulation

Prozesskostensatz = Prozesskosten/Prozessmenge

Der Prozesskostensatz kann inklusive oder exklusive der lmn-Prozesskosten berechnet werden.

Die Kosten der lmi-Prozesse entsprechen in vielen Fällen sprungfixen Kosten. Dies könnten beispielsweise die Vollkosten einer zusätzlichen Lagerhalle (Miete, Versicherung, Reinigung usw.) sein, die bei einer Produktionsausweitung angemietet werden müsste.

Die Prozesskostenrechnung basiert, aufgrund der mittel- und langfristigen Betrachtungsweise der Kapazitätsanforderungen, auf einer Variabilisierung der Fixkosten und wird deshalb bevorzugt in den indirekten Bereichen, wie zum Beispiel der Verwaltung, eingesetzt.

Der Prozesskostensatz hängt auch von der Festlegung der zugrunde gelegten Prozessmenge ab[9].

- **Ist- oder Normalbeschäftigung:** Dies führt zu Schwankungen der Prozesskostensätze in Abhängigkeit der aktuellen Prozessmenge, so dass die Ergebnisse für strategische Entscheidungen nicht geeignet sind.
- **Engpassplanung:** Die maximale Beschäftigung des Unternehmens definiert die Beschäftigung für die einzelnen Prozesse, die sich nach dem entscheidungsrelevanten Engpass ausrichten. Der Prozesskostensatz wird nur bei dem Auftreten eines neuen relevanten Engpasses ermittelt. Nur bei einer optimalen Beschäftigung unter Engpassauslastung werden alle Kosten auch tatsächlich verrechnet.
- **Kapazitätsplanung:** Die Beschäftigung eines Prozesses richtet sich nach der maximalen Beschäftigung des jeweiligen Prozesses. Der Prozesskostensatz ist unabhängig von der tatsächlichen Beschäftigung mit der Folge, dass nicht alle Kosten verrechnet werden. Vorteil dieser Vorgehensweise ist die Transparenz der Ressourcennutzung; Leerkosten deuten auf Überkapazitäten hin, bereiten aber u. U. bei anderen Fragestellungen Probleme.

---

8 Vgl. Ewert, Wagenhofer 2014, S. 676.
9 Vgl. Ewert, Wagenhofer 2014, S. 678; Schweitzer u. a. 2016, S. 386.

Prozesskostenbasierte Ergebnisrechnung

- € -	Kunde A			Kunde B
	Auftrag 1		Auftrag 2	Auftrag 3
	Produkt			
	I	II		
Netto-Erlöse	12.000	3.000	18.000	15.000
- Herstellungskosten (HGB § 255)	9.400	2.200	15.000	13.500
Deckungsbeitrag I Produkte	**2.600**	**800**	**3.000**	**1.500**
- weitere prozessorientierte Herstellkosten	600	300	800	500
Deckungsbeitrag II Produkte	*2.000*	*500*	*2.200*	*1.000*
- Kommissionierungsprozesskosten	130		50	
- Auftragsabwicklungskosten	170		150	200
Deckungsbeitrag Auftrag	*2.200*		*2.000*	*800*
- Kundenbetreuungskosten		1.000		1.000
Deckungsbeitrag Kunden		3.200		*-200*
- Vertriebswegebetreuungskosten			1.000	
Deckungsbeitrag Vertriebsweg			*2.000*	
- ....betreuungskosten			...	
- ...				
- Unternehmensfixkosten				
Gewinn / Verlust				

Abb. 5.4: Prozesskostenbasierte Ergebnisrechnung (in Anlehnung an Küpper u. a. 2011, S. 111 f. und 332 f.)

Prozesskosten können regelmäßig Fixkosten enthalten. Bei dem Aufbau einer Deckungsbeitrags- oder Ergebnisrechnung inkl. Fixkostendeckungsrechnung ist entsprechend darauf zu achten, dass die für die unterschiedlichen Steuerungs- und Berichtszwecke erforderlichen Informationen bereitgestellt werden können. Beispielsweise ist bei einer Verwendung der Herstellungskosten entsprechend HGB § 255 zur Bestandsbewertung auf eine „angemessene" Verrechnung der Gemeinkosten zu achten.

HGB § 255

(2) Herstellungskosten sind die Aufwendungen, die durch den Verbrauch von Gütern und die Inanspruchnahme von Diensten für die Herstellung eines Vermögensgegenstands, seine Erweiterung oder für eine über seinen ursprünglichen Zustand hinausgehende wesentliche Verbesserung entstehen. Dazu gehören die Materialkosten, die Fertigungskosten und die Sonderkosten der Fertigung sowie angemessene Teile der Materialgemeinkosten, der Fertigungsgemeinkosten und des Werteverzehrs des Anlagevermögens, soweit dieser durch die Fertigung veranlasst ist. Bei der Berechnung der Herstellungskosten dürfen angemessene Teile der Kosten der allgemeinen Verwaltung sowie angemessene Aufwendungen für soziale Einrichtungen des Betriebs, für freiwillige soziale Leistungen und für die betriebliche Altersversorgung einbezogen werden, soweit diese auf den Zeitraum der Herstellung entfallen. Forschungs- und Vertriebskosten dürfen nicht einbezogen werden.

5.1.6 Prozessbildung und Planung

Bei der Implementierung einer Prozesskostenrechnung ist zuerst der Untersuchungsbereich zu definieren und die Zielsetzung festzulegen. Da es sich bei der Prozesskostenrechnung um eine Modellerweiterung der klassischen Kostenrechnung handelt, kann die Einführung stufenweise erfolgen. Hierbei bietet es sich an, beispielsweise mit dem Controlling, Rechnungswesen oder mit der Personalabteilung zu beginnen. Es wären dann Hypothesen über Hauptprozesse, Teilprozesse inklusive der erforderlichen Tätigkeiten, sowie der Kostentreiber zu erstellen. Kostentreiber lassen sich i. d. R. über die Hauptaufgaben der Kostenstellen ableiten.

Eine mögliche Vorgehensweise bei der Implementierung einer Prozesskostenrechnung wäre:
– Definition des Untersuchungsbereiches und Festlegung der Zielsetzung
– Hypothesen über Kostentreiber und Hauptprozesse
– Tätigkeitsanalyse und Teilprozessableitung
– Kosten und Kapazitätszuordnung; Abgrenzung
  – leistungsmengenneutrale (lmi) und
  – leistungsmengeninduzierte (lmn) Teilprozesse
– Verdichtung zu Hauptprozessen

Laufende Erkenntnisse während des Projektes gehen in die Definition und Abgrenzung der Teil- und Hauptprozesse ein. Die Prozessanalyse versucht die wesentlichen repetitiven Hauptaufgaben der Abteilungen zu identifizieren und zu bewerten, damit diese möglichst verursachungsgerecht auf die beanspruchenden Prozesse weiterverrechnet werden können.

Beispiel einer Prozess-Hierarchie in der Logistik

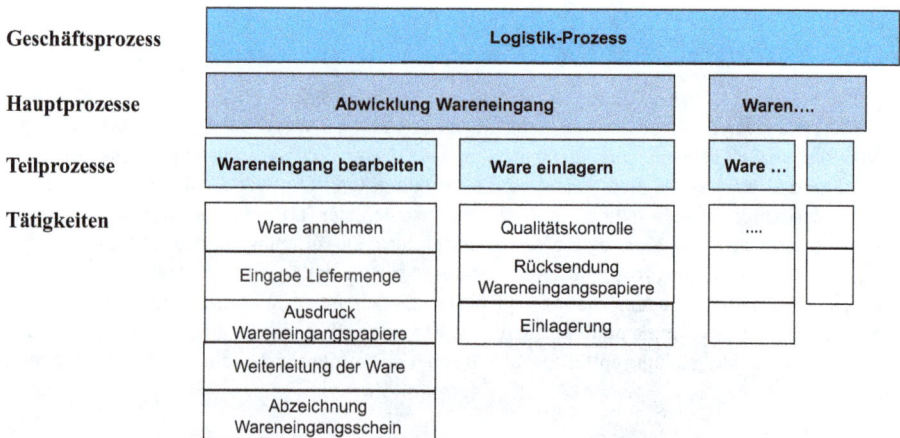

Abb. 5.5: Prozess-Hierarchie in der Logistik (eigene Darstellung)

5.2 Beispiele zur Prozesskostenrechnung

Zur Erläuterung der Theorie werden verschiedene Beispiele ausgeführt.

5.2.1 Beispiel: Teilprozesse und Tätigkeiten Personalabteilung

Bei einer Personalabteilung könnten beispielsweise die identifizierten repetitiven Hauptaufgaben und somit Teilprozesse inklusive der Tätigkeiten z. B. sein:

- Personalakten führen   (Teilprozess)
  - Lohnsteuerkarten, Zeugnisse, Abmahnungen usw.   (Tätigkeit)
    bearbeiten
  - Erfassung von Arbeits-, Urlaubs-, Fehlzeiten von
    Mitarbeitern
  - Krankmeldungen, Elternzeiten, Urlaubsvertretung
  - Reisekosten, Trennungsgeld
  - Weiterbildung, Schulungsmaßnahmen ...
- Personalbeschaffung   (Teilprozess)
  - Planstelle, Stellengenehmigung   (Tätigkeit)
  - Stellenbeschreibung
  - Stellenbewertung (Tarifgruppe)
  - Interne Abstimmung: Fachabteilung, Personalrat usw.
  - Stellenausschreibung: Intern, extern
  - Vorauswahl Stellenbewerbungen
  - Abstimmung Einladungen mit Fachabteilung
  - Einladungen, Terminabstimmungen
  - Bewerberauswahlgespräche
  - Interne Abstimmung
  - Vertragserstellung
  - Bei erfolgloser Stellenausschreibung gegebenenfalls
    zweite Runde des gesamten Teilprozesses.
- Personalentwicklung, Aus- und Weiterbildung   (Teilprozess)
- Rechtliche Fragen, Arbeitssicherheit   (Teilprozess)

Analysiert werden könnte, wie viele Personalakten ein Mitarbeiter führen kann, wie viele Stellenbesetzungen ein Mitarbeiter betreuen oder wieviel Schulungen er organisieren kann und wieviel diese einzelnen Tätigkeiten und Teilprozesse dem Unternehmen kosten.

Hierfür erfolgt eine Bewertung der Ergebnisse der Tätigkeitsanalysen, welche Zeiten für die einzelnen Tätigkeiten durch welchen Mitarbeiter zu welchem Kostensatz erforderlich sind. Letztendlich sollen die durchschnittlichen Kosten eines Personalbeschaffungsvorgangs oder einer Schulungsmaßnahme ermittelt werden und dem auslösenden Bereich (Hauptprozess), der Produktgruppe oder dem Produkt in einer erweiterten Deckungsbeitragsrechnung zugerechnet werden.

Der Vorteil dieser Vorgehensweise ist, dass die Kosten einer Aktivität, wie z. B. einer Stellenbesetzung, in Summe über alle beteiligten Unternehmensbereiche hinweg transparent werden. Abgerechnet werden nicht die Istkosten des einzelnen Personalbeschaffungsprozesses, sondern dessen Durchschnittswert. Dies ist nicht absolut verursachungsgerecht, die Kosten könnten auch mittels Stundenzettel in jeder betroffenen Abteilung erfasst werden. Diese Verrechnung ist aber verursachungsgerechter als eine prozentuale Verrechnung der Gemeinkosten mittels Zuschlagskalkulation. Die Prozesskostenrechnung ermöglicht die Verrechnung sämtlicher (Voll-) Kosten auf Prozesse und letztendlich auf die Produkte. Dies entspricht der Erwartungshaltung in der Praxis, die eine möglichst vollständige und verursachungsgerechte Verrechnung aller Kosten wünscht. Deswegen kommt die Prozesskostenrechnung insbesondere den Technikern und Ingenieuren entgegen, die gerne Mengen- und Prozessstrukturen denken. Teilkostenrechnungssysteme stoßen dagegen mit steigenden Fixkosten auf sinkende Akzeptanz, da immer weniger Kosten als Einzelkosten oder variable Kosten verrechenbar sind und eine „Entscheidungslücke" zwischen Ergebnis- und Investitionsrechnung entsteht.

Die Prozesskostenrechnung muss nicht zwingend im gesamten Unternehmen in einem Projektschritt eingeführt werden. Erfahrungsgemäß ist es bei solchen Projekten zweckmäßig, wenn sie zuerst im Controlling, dem Rechnungswesen oder in der Personalabteilung umgesetzt werden. Hierdurch können wichtige Erkenntnisse über mögliche Probleme sowie über den Ressourcenbedarf gewonnen werden. Die Einbeziehung der Personalabteilung bei Veränderungsprozessen hat sich in der Praxis bewährt, da diese häufig die Anlaufstation der Mitarbeiter bei auftretenden Rückfragen ist. Falls die Personalabteilung bereits in das Projekt involviert ist, kann diese auch fundiert beurteilen, ob die vorgetragenen Einwende der Mitarbeiter berechtig sind oder nicht.

5.2.2 Beispiel: Vertrieb

Ein Geschäftsprozess ist in der Regel funktionsübergreifend und setzt sich aus einzelnen, den Funktionsbereichen zugeordneten Prozessen zusammen (Teilprozesse). Ein Vertriebshauptprozess setzt sich z. B. aus den Teilprozessen gemäß Abbildung 5.6 zusammen.

Die Klassifizierung der Geschäftsprozesse nach Eigenschaften wie Wertschöpfung und Abrechnungsbezug führt dazu, dass die auf die Prozesse kontierten Kosten unterschiedlich interpretiert und analysiert werden. Kosten der Wertschöpfung werden im Zusammenhang mit der Profitabilität, Kosten nicht wertschöpfender Prozesse im Zusammenhang mit der Rationalisierung analysiert. Insbesondere Fragen nach den Einflüssen für die Leistungsfähigkeit der Prozesse (Process Performance), der Untersu-

Prozess	Wertschöpfung int.	Wertschöpfung ext.	Verrechnungstyp
Werbung	Keine	Durchschnittliche	Markenbezogen
Absatzplanung	Geringe	Keine	Absatzwegbezogen
Kundenanfragen	Bedeutend	Bedeutend	Kundenbezogen
Kundenangebote	Bedeutend	Höchste	Kundenbezogen
...			

Abb. 5.6: Wertschöpfung von Geschäftsprozessen (eigene Darstellung)

chung der Kostenstruktur der Prozesse nach wertschöpfenden und nicht wertschöpfenden Einflussfaktoren, sowie die Frage nach den kostenmäßigen Auswirkungen spezieller Kundenwünsche ist Gegenstand eines prozessorientierten Controllings.

Die Bildung von Prozessen beginnt mit der Tätigkeitsanalyse im Unternehmen. Dazu werden Erhebungen vor Ort in den Kostenstellen durchgeführt.

Beispiel:
Übliche Tätigkeiten für den Vertrieb sind:

Aktivitäts-Nr.	Bezeichnung	Kostenstellen
1	Kundenanfragen bearbeiten	Vertriebsakquisition
2	Angebote erstellen	Vertriebsunterstützung
3	Kundenaufträge anlegen	Vertriebsabwicklung
4	Auftragsverfolgung	Vertriebscontrolling
5	Verkaufsabteilung leiten inkl. Problemlösungen (Trouble Shooting)	Verkaufsleiter

Abb. 5.7: Teilprozesse des Hauptprozesses Vertrieb (eigene Darstellung)

Im nächsten Schritt sind die Kostentreiber für diese Tätigkeiten zu bestimmen. Der Begriff wurde wörtlich von dem angelsächsischen Begriff **Cost Driver** ins Deutsche übersetzt und schafft eine Abgrenzung zur Bezugsgröße, die in der Regel im Zusammenhang mit Kostenstellen verwendet wird.

Aktivitäts-Nr.	Bezeichnung	Kostentreiber/Kosteneinflussfaktoren
1	Kundenanfragen bearbeiten	Anzahl Anfragen
2	Angebote erstellen	Anzahl Anfragen
3	Kundenaufträge anlegen	Anzahl Kundenaufträge
4	Auftragsverfolgung	Anzahl Kundenaufträge
5	Verkaufsabteilung leiten	Anzahl Mitarbeiter, Anzahl Eskalationsfälle

Abb. 5.8: Kostentreiber- und Einflussfaktoren des Vertriebsprozesses (eigene Darstellung)

Der nächste Schritt besteht darin, die erwarteten Aktivitätsmengen für den Planungszeitraum festzulegen. Dazu sind Kenntnisse über bereits vorliegende Kundenaufträge, Verkaufserwartungen und statistische Informationen notwendig. Aus der geplanten Aktivitätsmenge werden die benötigte Anzahl an Mitarbeiterstunden und die Aktivitätskosten abgeleitet. Die Personalkosten sind in den Aktivitätskosten enthalten. Es wird einheitlich für die Aktivitäten 1–4 von einem Stundensatz von 60 € pro gearbeiteter Stunde ausgegangen.[10]

Aktivitäts-Nr.	Aktivitätsmenge	Soll-Bearbeitungsstunden	Aktivitätskosten
1	10.500 BK/Pe	2.000 h/Pe	120.000,- €/Pe
2	7.000 AE/Pe	3.000 h/Pe	180.000,- €/Pe
3	3.500 KA/Pe	2.000 h/Pe	120.000,- €/Pe
4	3.500 AV/Pe	2.000 h/Pe	120.000,- €/Pe
5	50 MA/Pe	–	80.000,- €/Pe

Abb. 5.9: Aktivitätsmengen und -kosten des Vertriebsprozesses (eigene Darstellung)

BK = Bearbeitung Kundenanfragen
AE = Angebotserstellung
KA = Kundenauftrag Anlage
AV = Auftragsverfolgung
MA = Mitarbeiter

Zur Berechnung der Prozesskostensätze werden die Teilprozesse nach ihrer Abhängigkeit von der Aktivitätsmenge klassifiziert. Von der Aktivitätsmenge abhängige Prozesse sind leistungsmengeninduziert.

Der Prozesskostensatz für eine Prozesseinheit setzt sich aus den leistungsmengeninduzierten Kosten und einem Zuschlag für die leistungsmengenneutralen Kosten zusammen. Für das Beispiel sind die Teilprozesse 1 bis 4 leistungsmengeninduziert (lmi), der Teilprozess 5 (Verkaufsleitung) ist dagegen leistungsmengenneutral (lmn). Die Schwierigkeiten bei der Führung der Mitarbeiter (Anzahl Mitarbeiter) und die bearbeiteten Eskalationsfälle (Anzahl Eskalationsfälle) sind nicht bzw. nicht direkt abhängig von der Aktivitätsmenge. Es lässt sich kaum ein verursachungsgerechter Zusammenhang herstellen.

Die Kosten pro Teilprozess ergeben sich aus der Division der Aktivitätskosten der Periode durch die Aktivitätsmenge.

Es wird nun pro Kundenauftrag statistisch ausgewertet, welche Anzahl an Teilprozessen benötigt werden und damit welche Teilprozesskosten je Kundenauftrag anfallen.

---

10 Vgl. zur Ermittlung der Kosten pro gearbeiteter Stunde die Ausführungen in 2.1.4.

Prozess	Prozesskostensatz €/Prozess
Kundenanfragen bearbeiten	120.000/10.500 = 11,42 €/BK
Angebote erstellen	180.000/7.000 = 25,71 €/AE
Kundenaufträge anlegen	120.000/3.500 = 34,28 €/KA
Auftragsverfolgung	120.000/3.500 = 34,28 €/AV
Verkaufsabteilung leiten	80.000/50 = 1.600 €/MA

Abb. 5.10: Kosten pro Vertriebsteilprozess (eigene Darstellung)

Prozess	Anzahl Je Kundenauftrag	Teilprozesskosten je Kundenauftrag
Kundenanfragen bearbeiten	3 BK/KA	34,26 €/KA
Angebote erstellen	2 AE/KA	51,42 €/KA
Kundenaufträge anlegen	1 KA/KA	34,28 €/KA
Auftragsverfolgung	1 AV/KA	34,28 €/KA
Verkaufsabteilung leiten	Kein Bezug	

Abb. 5.11: Teilprozesskosten je Kundenauftrag (eigene Darstellung)

Die Teilprozesse werden nun zu dem Hauptprozess: „Auftragsbearbeitung" zusammengefasst. Der Prozesskostensatz pro Kundenauftrag für die Teilprozesse ergibt sich aus der Division der Prozesskosten des Teilprozesses und der Anzahl der Teilprozesse

$$\text{Prozesskostensatz Teilprozess je Produkteinheit:} \quad k_{TP} = \frac{K_{TP}}{x_{TP}}$$

k_{TP} = Kosten des Teilprozesses TP in €/ME
K_{TP} = Kosten des Teilprozesses TP in €/Pe
x_{TP} = Menge des Teilprozesses TP in ME/Pe
TP = Index der Teilprozesse TP = 1, . . . , TPn

Pro Kundenauftrag ergeben sich damit folgende Prozesskostensätze:[11]

Aktivitäts-Nr.	Prozesskostensatz für Teilprozess
1 Kundenauftrag bearbeiten	34,26 €/KA
2 Angebot erstellen	51,42 €/KA
3 Kundenaufträge anlegen	34,28 €/KA
4 Auftragsverfolgung	34,28 €/KA
5 Verkaufsabteilung leiten	22,85 €/KA
Summe	177,09 €/KA

Abb. 5.12: Prozesskostensätze je Kundenauftrag (eigene Darstellung)

---

11 Die Division der Kosten für die Mitarbeiterführung durch die Anzahl der Kundenaufträge ist nicht verursachungsgerecht.

Bei einer Produktmenge von 10.000 ME/Pe hat das Unternehmen eine durchschnittliche Auftragsgröße von 10.000/3500 = 2,857 ME/KA. Damit ergibt sich pro Stück eine Belastung von 177,09 €/KA/2,857 ME/KA = 61,98 €/ME.

Neben der Abhängigkeit des Prozesskostensatzes von der Anzahl der zu bearbeitenden Aufträge ist insbesondere die Angebotserstellung von der Komplexität der Produkte abhängig. Dies kann bei der Ermittlung des Prozesskostensatzes durch einen Äquivalenzfaktor oder Bezug der Prozessmenge zur Produktgruppe berücksichtigt werden. An Kundeneinzelprodukten werden 2.000 Stück der komplexen Produktgruppe A und 8.000 Stück der weniger komplexen Produktgruppe B geplant.

Die modifizierte Aktivitätsanalyse könnte z. B. für den Teilprozess 2 ergeben, dass
- bei der komplexen Produktgruppe A: 3.500 Angebote mit 2.000 Stunden und
- bei der weniger komplexen Produktgruppe B: 3.500 Angebote mit 1.000 Stunden

geplant werden. Die Angebotserstellung für die Produktgruppe A benötigt mehr Zeit. Die Prozesskostensätze lauten nun:

	Prozesskostensatz für Teilprozesse Produktgruppe A	Prozesskostenansatz für Teilprozesse Produktgruppe B
1	34,26 €/KA	34,26 €/KA
2	68,56 €/KA	34,28 €/KA
3	34,28 €/KA	34,28 €/KA
4	34,28 €/KA	34,28 €/KA
5	22,85 €/KA	22,85 €/KA
Summe	194,23 €/KA	159,95 €/KA

Abb. 5.13: Prozesskostensätze für Teilprozesse der Produktgruppen A und B

Die Komplexität von Produktgruppe A führt zu höheren Teilprozesskosten für die Angebotserstellung und damit auch zu höheren Prozesskostensätzen für den Hauptprozess, die Auftragsabwicklung. Am Beispiel der Komplexitätskosten wird ersichtlich, dass über die Prozesskostenrechnung eine genauere Differenzierung der Gemeinkosten (am Beispiel der Vertriebskosten) möglich ist, als über die Verwendung von Gemeinkostenzuschlägen. So lässt sich z. B. berechnen, was ein Geschäftsprozess kostet und dieser lässt sich nun mit alternativen Prozessen (einschließlich Auslagerung/ Fremdvergabe) vergleichen. Weitere Analyseschwerpunkte sind die Auswirkungen von Änderungen der Unternehmensorganisation und der Produkteigenschaften[12]. Voraussetzung dafür ist eine Klassifizierung der Prozesse, um gezielt die Abhängigkeiten für die Berechnung der Prozesskosten zu analysieren. Die Genauigkeit der

---

[12] Eine Anwendung der Prozesskostenrechnung im Servicemanagement am Beispiel der IDES AG findet sich bei Großmann 1999, S. 75 ff.

Prozesskostenkalkulation hängt davon ab, wie genau und wie stabil der Zusammenhang zwischen der Absatzmenge und der Anzahl der Hauptprozessmenge, in diesem Beispiel die Anzahl der Kundenauftragsbearbeitungen, ist.

5.2.3 Beispiel: Mobilfunktelefone

Ein Hersteller von Mobiltelefonen analysiert sein Konkurrenzumfeld und sein Produktportfolio. Das Ergebnis der Marktanalyse ist, dass die Konkurrenz eine erheblich größere Produktpalette anbietet. Des Weiteren ist auffallend, dass die Zeiträume der Produktanpassungen bei den Konkurrenten z. T. erheblich abweichen. Die Geschäftsführung beauftragt das Controlling, diese Umstände genauer zu untersuchen. Relativ schnell werden sowohl die Produkt-Updates als auch die Variantenanzahl der Handys als Kostentreiber identifiziert, die sich in sehr vielen beteiligten Kostenstellen, beginnend mit der Beschaffung, der Lagerhaltung, der Fertigungssteuerung, der Qualitätssicherung usw., auswirken.

Das folgende Beispiel beschränkt sich auf die Betrachtung der Kostenstellen Fertigungsplanung und Qualitätssicherung. Eine Tätigkeitsanalyse soll zeigen, wieviel Kapazitäten der Stellen für die Produkt-Updates und die Betreuung der Varianten verwendet werden.

In der Fertigungsplanung sind inkl. Abteilungsleiter 11 Mitarbeiter beschäftigt, von denen sich fünf Mitarbeiter mit den Auswirkungen der jährlich zwei mal erfolgenden Updates und sechs Mitarbeiter mit der laufenden Produktion der 100 Varianten beschäftigen. Der Abteilungsleiter Dr. Planlos hat bei allen Mitarbeiter ungefähr den gleichen Betreuungs- und Kontrollaufwand. In der Qualitätssicherung sind 10 Mitarbeiter beschäftigt, von denen zwei die Prüfpläne für die Updates anpassen

Produkt-Updates und Anzahl der Varianten als Kostentreiber bei Mobiltelefonen

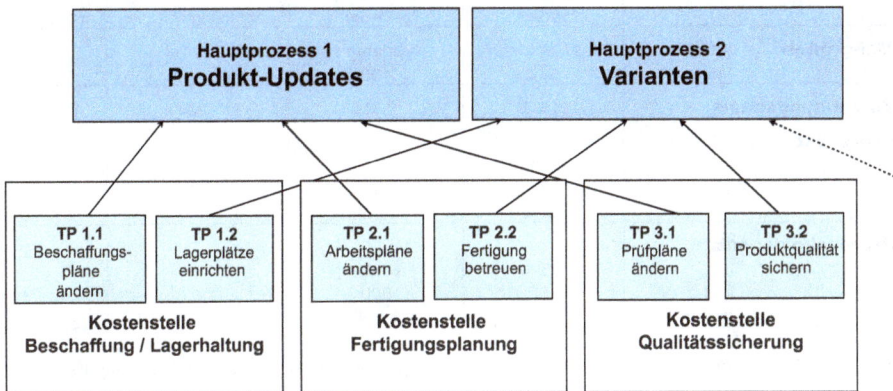

Abb. 5.14: Zusammenhang Kostenstellen/Hauptprozesse (eigene Darstellung)

Jahresbudget: Kostenstelle 0815:	Dr. Planlos Fertigungsplanung		fixe & variable Kosten		
Kostenart in €	Menge	Preis	variable	Fix	Summe
Gehälter	11	60.000		660.000	660.000
Sozialaufwand				170.000	170.000
Büromaterial u.a.			40.000	10.000	50.000
Telefon / IT			15.000	25.000	40.000
Kalk. Raumkosten	200 qm	300		60.000	60.000
Kalk. Abschreibungen			20.000	40.000	60.000
Summe Primärkosten			**75.000**	**965.000**	**1.040.000**
Sekundärkosten			45.000	125.000	170.000
KST-Summe			**120.000**	**1.090.000**	**1.210.000**

Abb. 5.15: Kostenstelle Fertigungsplanung (eigene Darstellung)

und sechs die Produktqualität der laufenden Produktion sicherstellen. Neben dem Abteilungsleiter ist eine Kollegin für die Einhaltung der aktuellen und zukünftigen Produktstandartds zuständig. Die Kollegin analysiert weltweit die Entwicklungen bei den Mobilfunk-, W-Lan-, Bluetooth-, Anschluss- und Speicherstandards, um die Auswirkungen der aktuellen Veränderungen und Anforderungen bei den laufend anzupassenden Qualitätsstandards und Prüfungen berücksichtigen zu können.

Jahresbudget: Kostenstelle 0815:		Dr. Planlos Fertigungsplanung		lmi & lmn Kosten	
		Teilprozesse			
		Arbeitspläne ändern	Fertigung betreuen	Abteilungsleitung	Summe
Maßgrößen Art Menge		Produktänderung 200	Varianten 100		
Zurechnungsbasis		5 MJ	6 MJ	1 MJ	12 MJ
Prozesskosten € lmi lmn Summe		500.000 50.000 550.000	600.000 60.000 660.000	110.000	1.100.000 110.000 1.210.000
Prozesskostensatz € lmi lmn gesamt		2.500 250 2.750	6.000 600 6.600		

Abb. 5.16: Zuordnung der Kosten der Kostenstelle Fertigungsplanung auf Teilprozesse (eigene Darstellung)

Jahresbudget: Kostenstelle 0911:	Dr. Genau Qualitätssicherung		fixe & variable Kosten		
Kostenart in €	Menge	Preis	variable	Fix	Summe
Gehälter	10	65.000		650.000	650.000
Sozialaufwand				130.000	130.000
Büromaterial/ Telefon			24.000	12.000	36.000
Werkzeuge/Prüfhilfsmittel			80.000	60.000	140.000
Kalk. Raumkosten	100 qm	240		24.000	24.000
Kalk. Abschreibungen			20.000	90.000	110.000
Summe Primärkosten			**124.000**	**966.000**	**1.090.000**
Sekundärkosten			20.000	90.000	110.000
KST-Summe			**144.000**	**1.056.000**	**1.200.000**

Abb. 5.17: Kostenstelle Qualitätssicherung (Eigene Darstellung)

Während in der klassischen Kostenrechnung der Focus auf den fixen und variablen Kosten liegt, wird in der Prozesskostenrechnung unabhängig von der zeitlichen Anpassung der Kapazitätsverbrauch geprüft.

Beispiel: Wie viele Arbeitsplanänderungen in Folge von Produktänderungen kann ein Mitarbeiter in der Periode vornehmen (z. B. 40) oder wie viele Varianten kann ein Mitarbeiter in der Fertigung betreuen (z. B. 16,7). Zugeordnet werden alle Kosten inklusive Gehalt, Sozialkosten, Arbeitsplatzkosten, Reisekosten usw.; entsprechend werden im Beispiel je Mitarbeiter bei den lmi 100.000 € Vollkosten angesetzt. Für die Arbeitsplanänderung bedeutet dies bei 5 Mitarbeiter à 100.000 €/a in Summe 500.000 €/a leistungsmengen induzierte Kosten (lmi). Zusätzlich werden die Vollkosten des Abteilungsleiters in Höhe von 110.000 €/a proportional zu der Anzahl der Mitarbeiter (5/11 : 50.000 €/a & 6/11 : 60.000 €/a) verrechnet (lmn).

Die Prozesskosten der Arbeitsplanänderungen in Höhe von 550.000 € werden durch die Anzahl der 200 Produktänderungen dividiert, woraus sich der Prozesskostensatz von 2.750 € je Produktänderung ergibt.

Bei der Qualitätssicherung erfolgt in der Prozesskostenrechnung eine analoge Verrechnung der Kosten, unabhängig von ihrem Fixkosten oder variable Kosten-Charakter, nach dem Kapazitätsbedarf. Die Kollegin, die für die Einhaltung der neusten Produktstandards zuständig ist, wird wie der Abteilungsleiter der Grundlast zugerechnet, da ohne ihre Tätigkeit eine den neusten Anforderungen entsprechende Qualitätssicherung nicht möglich wäre.

In diesem Beispiel berechnen sich die lmi Kosten der Prüfplanänderung (240.000 €) über die Zuordnung von 2 Mitarbeitern a 120.000 € zu den Planände-

Jahresbudget:	Dr. Genau			
Kostenstelle 0911:	Qualitätssicherung	lmi & lmn Prozesskosten		

		Teilprozesse				
		Prüfpläne ändern	Produktquälität sichern	Qualitätszirkel	Abteilungsleitung	Summe
Maßgrößen Art		Produkt-änderungen	Varianten			
Menge		200	100			
Zurechnungsbasis		2 MJ	6 MJ	1 MJ	1 MJ	10 MJ
Prozesskosten €						
lmi		240.000	720.000			960.000
lmn		60.000	180.000	100.000	140.000	240.000
Summe		300.000	900.000			1.200.000
Prozesskostensatz €						
lmi		1.200	7.200			
lmn		300	1.800			
gesamt		1.500	9.000			

Abb. 5.18: Zuordnung der Kosten der Kostenstelle Qualitätssicherung auf Teilprozesse (eigene Darstellung)

rungen. Diese werden durch die 200 Produktänderungen dividiert, wodurch sich lmi Kosten von 1.200 € je Arbeitsplanänderung ergeben.

Die lmn Kosten in Höhe von 60.000 € der Produktänderung ergeben sich aus der proportionalen Verrechnung der als Grundlast (lmn) eingestuften Kosten 240.000 € (Abteilungsleitung 140.000 €; Mitarbeiters Qualitätszirkel 100.000 €) auf die zu be-

Jahresbudget:	GF Produktion		
Kostenstellen 0514 – 0962	lmi & lmn Prozesskosten		

	Hauptprozesse		Geschäftsjahr
	Produkt-Updates	**Varianten**	
Cost Driver KST	Anzahl Produktänderung 200	Anzahl Varianten 100	Summe Kostenstelle
Prozesskosten in €			
Beschaffung/ Lager 0514	....	....	....
Fertigungsplanung 0815	550.000	660.000	1.210.000
Qualitätssicherung 0911	300.000	900.000	1.200.000
.... 0962	....	....	....
Summe	**850.000**	**1.560.000**	**2.410.000**
Prozesskostensatz in €			
lmi	3.700	13.200	
lmn	550	2.400	
gesamt	**4.250**	**15.600**	
Kostenanteil in %	**35,3%**	**64,7%**	

Abb. 5.19: Aggregation der Kosten der Teilprozesse zu Hauptprozessen (eigene Darstellung)

treuenden 2 Sachbearbeiter der Produktänderung (2/8). Den 6 Sachbearbeitern der Variantenbetreuung werden anteilig 180.000 € zugerechnet (6/8). Bei 200 Produktänderungen ergeben sich 300 € lmn je Planänderung. Der Prozesskostensatz gesamt beläuft sich damit auf 1.500 € je Produktänderung.

Die den Teilprozessen zugeordneten lmi und lmn-Kosten der einzelnen Stellen werden den Hauptprozessen zugerechnet. Diese ergeben sich hier aus den Prozesskosten der Fertigungsplanung und der Qualitätssicherung. In der Praxis sind in der Regel deutlich mehr als zwei Kostenstellen zu berücksichtigen.

Als Kostentreiber wurden die Anzahl der Produktänderungen und die Anzahl der Varianten identifiziert. Die Prozesskosten könnten nun jeder Variante in der Deckungsbeitragsrechnung direkt zugeordnet werden anstelle, wie in der Zuschlagskalkulation üblich, pauschal über einen Prozentsatz auf die Herstellungskosten aufgeschlagen werden. Hierdurch werden die Varianten mit kleineren Stückzahlen stärker belastet und die Varianten mit einer großen Stückzahl entlastet.

Einerseits entfallen bei der Einstellung einer Variante die zugerechneten Prozesskosten nicht unmittelbar in der ausgewiesenen Höhe; andererseits sind die aggregierten Prozesskosten bei strategischen Entscheidungen, z. B. wieviel Updates sollte es pro Jahr geben, ein wichtiger Indikator für die zu erwartenden Kostenveränderungspotentiale. Im Rahmen der Strategiebildung könnte überlegt werden, ob in Zukunft das zweimalige Update pro Jahr nur noch bei den 20 oder 30 Top-Modellen erfolgen sollte, während die anderen Produkte nur noch einmal pro Jahr aktualisiert würden. Dies hätte unmittelbar Auswirkungen auf viele Kostenstellen, deren Auswirkungen mit der Prozesskostenrechnung abgeschätzt werden könnten. Ebenso könnten die Informationen der Prozesskostenrechnung bei einer strategischen Entscheidung bezüglich der optimalen Anzahl von Varianten genutzt werden. Durch die direkte Zuordnung der Prozesskosten in den Deckungsbeitragsrechnungen zu den Varianten wird schnell ersichtlich, welche Varianten eine geringe Marge aufweisen. Kosten der Kom-

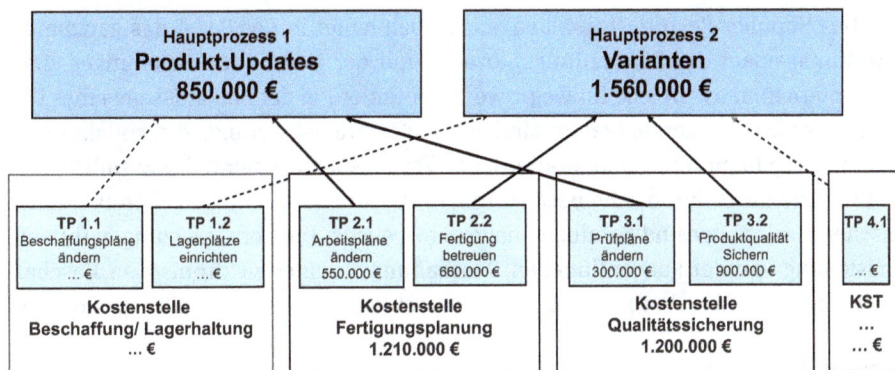

Abb. 5.20: Summe zugerechnete Prozesskosten = Summe Kostenstellen (eigene Darstellung)

plexität sind in der klassischen Zuschlagskalkulation nicht erkennbar, so dass kleine Aufträge oder Chargen oft bevorzugt werden, obwohl sie nicht unbedingt zum Unternehmensergebnis beitragen.

Die Prozesskostenrechnung stellt eine Modellerweiterung dar. Die Summe der umgelegten Kosten der Kostenstellen ($\sum$ 2.410.000 €) verändert sich nicht, sondern nur die verursachungsgerechtere Zurechnung entsprechend der Kostentreiber, was zu einer deutlich erhöhten Transparenz führt.

5.2.4 Beispiel: Beschaffungsprozess[13] mittels SRM Tools

Prüfung der Vorteilhaftigkeit eines Supplier-Relationship Management-Tools (SRM) mit Hilfe der Prozesskostenrechnung am Beispiel der C- Artikelbeschaffung.

Das Controlling soll prüfen, in wieweit eine elektronische Beschaffung eine relativ aufwendige konventionelle Beschaffung – insbesondere bei den C-Artikeln – ersetzen könnte. Ausgangspunkt bildet die unterschiedliche Sicht der traditionellen und der Prozess-Kostenrechnung. Während die traditionelle Kostenrechnung Kostenvorteile durch bessere Beschaffungspreise und Beschaffungsmodalitäten (Economies of Scales and Scope) erwartet, werden zusätzliche Kostenvorteile bei der Prozesskostenrechnung durch geringere Kosten der Prozessabwicklung realisiert.

Hierzu werden zuerst die C-Artikel definiert, benannt und vom Volumen her abgeschätzt. C – Artikel zeichnen sich durch eine häufige Frequentierung, ein geringes Beschaffungsrisiko, eine Vielzahl von Lieferanten, fehlende Bestandsführungen sowie eine vereinfachte Abwicklung bei der Beschaffung aus. Die Prozesskosten sind oft höher als der Anschaffungs- bzw. Einkaufpreis. C-Artikel stehen typischer Weise für einen geringen Wertanteil am gesamten Beschaffungsvolumen des Unternehmens bei einer gleichzeitig hohen Anzahl von Bestellvorgängen und Lieferanten bei einem gleichzeitig geringen Beschaffungs- und Versorgungsrisiko. Typische C-Artikel sind Reinigungs- und Hygienematerial, Werkzeuge, Büromaterial, Normteile oder Elektro-Kleinmaterial.

Das Supplier-Relationship-Management beinhaltet in der Regel das ganzheitliche Management der Beschaffungsprozesse und der Lieferantenbeziehungen über alle Unternehmensbereiche hinweg, zwecks Optimierung der Einkaufsseite eines Unternehmens.[14] Die Kernaufgaben sind die Lieferkettensteuerung, die kollaborative Beschaffungsplanung (eCollaboration), das Vertragsmanagement, das Supplier-Controlling und die elektronische Beschaffung (E-Procurement). Hierzu gehören Elektronischen Marktplätze und Katalogmanagementsysteme. Die Voraussetzungen für eine Umstellung von der konventionellen Beschaffung zu einer elektronischen Beschaffung sind eine klare Prozessstruktur und einheitliche Prozessbearbeitungsvorgänge.

---

13 Allweyer, T. 2001, S. 269–282.
14 HMD, Heft 228, 2002.

Typischer Beschaffungsprozess (inkl. Teilprozesse):

Bedarf melden und erfassen	Bestellung prüfen und genehmigen	Lieferanten auswählen	Bestellung aufgeben	Ware prüfen und kontrollieren	Ware einlagern, verbuchen und verteilen	Rechnung prüfen und verbuchen	Zahlung abwickeln
• Bedarf • aufgeben	• Bestellung prüfen • Bestellung genehmigen • Vorkontieren	• Preisanfrage • Preisvergleich • Lieferantenwahl	• Bestellung erfassen • Bestellung übermitteln	• Eingang kontrollieren • Eingang quitieren • Ware einlagern • Eingang verbuchen	• Ware prüfen • Rechnung sachlich kontrollieren	• Rechnung prüfen • Rechnung verbuchen Kostenstelle zuweisen	• Zahlung freigeben Zahlung • ausführen

Abb. 5.21: Teilprozesse und Tätigkeiten eines Beschaffungsprozesses[15]

Des Weiteren müssen das Prozess-Mengengerüst (Anzahl Prozessabwicklungen) und das Prozess-Wertgerüst (Kosten pro Prozessabwicklung) bezüglich der Teilprozesse analysiert werden, um die Kosten beider Alternativen, konventionelle oder e-Beschaffung, vergleichen zu können. Es geht um die Kosten der Artikelsuche und -auswahl, der Genehmigung, der Rechnungsprüfung, der Buchung und der Bezahlung. Die Preise und die Mengen der Produkte werden als gegeben unterstellt.

Als Beispiel wird eine Fallstudie von Thomas Allweyer[16] herangezogen.

Rahmendaten der Industriefall-Studie:

– Unternehmen ist tätig in 6 Ländern
– Ca. 5.000 Mitarbeiter
– Ca. 800 Mio. € Jahresumsatz
– Ca. 18.000 Bestellungen pro Jahr für indirekte Güter
– Ca. 15 Mio. € Bestellvolumen/Jahr
– Ca. 400 Lieferanten
– E-Beschaffung realisiert über ein Katalogmanagmentsystem (Desktop Purchasing System), das ca. 50 der ursprünglichen Lieferanten berücksichtigt.

In der Fallstudie werden die erforlichen durchschnittlichen Zeiten für die Bearbeitung der einzelnen Teilprozesse ermittelt und bewertet.

Für eine abschließende Bewertung der beiden Alternativen müssen die laufenden Kosten für das Katalog- und Lieferantenmanagement bei der E-Beschaffung berücksichtigt werden. In der Fallstudie werden hierfür sechs Mitarbeiter für das Katalog und vier Mitarbeiter für das Lieferantenmanagement angesetzt, die laufende Kosten von 1,3 Mio. € verursachen sollen, wodurch der Vorteil der E-Beschaffung auf 0,2 Mio. € pro Jahr sinken würde. Die Umstellung würde voraussichtlich weitere Investitionen, Schulungen und Lizenzen erfordern, die hier aus Vereinfachungsgründen unberücksichtigt bleiben. Personalfreisetzungen in der alten Beschaffungsabteilung wären unvermeidlich, was zu erheblichen Einmaleffekten führen dürfte. Hierbei sind

---

15 Allweyer, T. 2001 S. 276.
16 Allweyer, T. 2001 S. 269–282.

Fallstudie Allweyer:

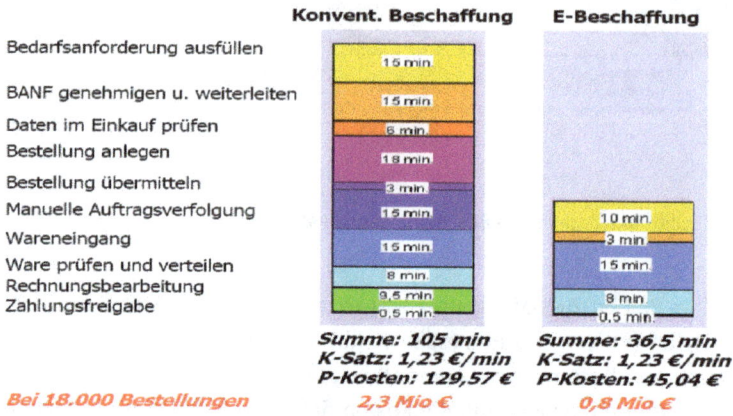

	Konvent. Beschaffung	E-Beschaffung
Bedarfsanforderung ausfüllen	15 min.	
BANF genehmigen u. weiterleiten	15 min.	
Daten im Einkauf prüfen	8 min.	
Bestellung anlegen	18 min.	
Bestellung übermitteln	3 min.	
Manuelle Auftragsverfolgung	15 min.	
Wareneingang	15 min.	10 min.
Ware prüfen und verteilen	8 min.	3 min.
Rechnungsbearbeitung	9,5 min.	15 min.
Zahlungsfreigabe	0,5 min.	8 min.
		0,5 min.

	Summe: 105 min	Summe: 36,5 min
	K-Satz: 1,23 €/min	K-Satz: 1,23 €/min
	P-Kosten: 129,57 €	P-Kosten: 45,04 €
Bei 18.000 Bestellungen	*2,3 Mio €*	*0,8 Mio €*

Abb. 5.22: Prozesskostenvergleich konventionelle/E-Beschaffung, vgl. Allweyer, T. 2001

nicht nur die finanziellen Sonderzahlungen sondern insbesondere auch die sozialen Auswirkungen zu berücksichtigen.

5.2.5 Beispiel: Paketdienst

Sie sollen als Controller die Kalkulation eines neuen Paketdienstes erstellen. Relativ schnell erkennen Sie, dass Sie mit einer pauschalen Kostenverrechnung mittels einer Bezugsgröße, z. B. Entfernung in km, nicht zu befriedigenden Ergebnissen kommen werden. Darauf hin untersuchen Sie die anfallenden Prozesse.

Die Mitarbeiter beschreiben Ihnen bei Interviews die unterschiedlichsten Tätigkeiten und Teilprozesse. Über den Umschlag im Hub berichten sie beispielsweise, wie sie die Fahrzeuge öffnen und entladen und dabei die Pakete einscannen. Danach werden die Pakete sortiert und an die Rampe für den entsprechenden Hauptlauf transportiert und dort wieder verladen. In der Zielstadt erfolgen entsprechende Prozesse, Ausladen, Sortieren, interner Transport sowie die Bereitstellung für die Auslieferung, die mit Hilfe eines Nahverkehrsfahrzeuges erfolgen soll. Sie müssen nun die Aussagen der Mitarbeiter auswerten und nach Tätigkeiten, Teilprozessen und Hauptprozessen strukturieren. Typischer Weise werden bei solchen Logistikdienstleistern folgende physischen Haupt-Prozesse betrachtet[17]:

---

17 Barwig, Hartmann 2014, S. 146 ff.

Vorlauf:
- Fahrt vom letzten Zustellkunden zum ersten Abholkunden
- Kundenstopp (Beladungsvorbereitung und Beladung)
- Fahrt zum nächsten Kunden
- Rückfahrt zum Depot

Umschlag Sammelausgangsgut
- Nahverkehrsfahrzeug öffnen
- Entladen
- Sortieren
- Transportieren
- Beladen Fernverkehrsfahrzeug

Hauptlauf
- Bereitstellung Ladeeinheit zur Beladung
- Fahrt vom Versand- zum Empfangsdepot
- Bereitstellung Ladeeinheit zur Endladung

Umschlag Sammeleingangsgut
- Fernverkehrsfahrzeug öffnen
- Entladen
- Sortieren
- Transportieren
- Beladen Nahverkehrsfahrzeug

Nachlauf
- Anfahrt zum Bediengebiet
- Kundenstopp (Entladungsvorbereitung und Entladen)
- Fahrt zum nächsten Kunden

Die Aufgabe ist es nun, die Kostentreiber für die einzelnen Hauptprozesse zu identifizieren. Was entscheidet über die Kosten im Vorlauf? Die Anzahl der Pakete, die bei den einzelnen Kunden abgeholt werden müssen oder die Tatsache, dass der Kunden angefahren werden muss. Was verursacht mehr Kosten? Ein Kunde mit drei Paketen oder drei Kunden mit je einem Paket? Hierbei wird ersichtlich, dass der Kundenstopp der wichtigste Kostentreiber sei dürfte. Beim Umschlag dürfte für die Kosten die Anzahl der umzuschlagenden Pakete entscheidend sein. Beim Hauptlauf dürfte die Entfernung und der beanspruchte Stellplatz ausschlaggebend sein für die Kosten. Bei dem folgenden Umschlag und dem Nachlauf sind die Kostentreiber entsprechend die Anzahl der Pakete und im Nachlauf die Zustellstopps kostentreibend. Die Gesamt-Kosten des definierten Prozesses werden jeweils durch die Anzahl der realisierten Kostentreiber dividiert.

Prozesskostenrechnung im Paketdienst

Hauptprozess	Kostentreiber	Prozesskostensatz
Vorlauf	Anzahl Abholstopps	Kosten der Abholung / Abholstopps
Umschlag	Gewichtsklassen	Kosten des Umschlags (Ausgang) / Umschlagszahl nach Gewichtsklassen
Hauptlauf	Stellplatz	Hauptlaufkosten / Stellplatz
Umschlag	Gewichtsklassen	Kosten des Umschlags (Eingang) / Umschlagszahl nach Gewichtsklassen
Nachlauf	Anzahl Zustell-Stopps	Kosten der Zustellung / Zustellstopps

Abb. 5.23: Kostentreiber Paketdienst (vgl. Hartmann, Lohre)[18]

5.2.6 Beispiel: Buchauslieferungslager[19]

Der Einsatz der Prozesskostenrechnung soll am **Beispiel eines Vergleichs von verschiedenen Buchauslieferungslagern** verdeutlicht werden, wobei folgende Ausgangssituation gegeben sei:

– Die Distributionskosten der Buchauslieferungslager wurden pauschal als Gemeinkosten über Mengen- oder Wertschlüssel verrechnet, was zu einer bewussten Quersubventionierung führte. Bei Verwendung des Mengenschlüssels trug jedes Buch unabhängig von der Auflage die gleichen Kostenanteile. Bei dem Wertschlüssel erfolgte die Kostenverteilung proportional zu den Herstellkosten oder zum Umsatz.
– Es gab starke Veränderungen des Marktumfeldes. Bei den Buchhandlungen entstand der Trend zu den Megastores und zum Internet-Buchhandel.
– Deutlich steigende Remissionsquoten aufgrund des veränderten Verhaltens der Buchhändler bei zunehmend elektronischen Abstimmens der optimalen Bestands- und der optimalen Bestell- und Retouren-Mengen. Dies führte zu einer Gefährdung der Prozesssicherheit, erhöhten Durchlaufzeiten und erhöhten Lagerbeständen im eigenen Lager. Die Remissionsbearbeitung erwies sich zunehmend als Engpass.
– Gleichzeitig gab es laufend Fusionen auf der Verlagsseite.

Die Distributionskosten wurden zu einem erheblichen Kostenfaktor.

---

19 Vgl. Hartmann, Lohre 2013, S. 244 ff.
19 Wilms, Zündorf 2006, S. 889–893.

Ziel:
- Verursachungsgerechte Kalkulation der Distributionskosten nach Buchsegmenten
- Erhöhung der Prozesssicherheit
- Reduzierung der absoluten Distributionskosten
- Entscheidungsgrundlage für Make or Buy.
- Reaktion auf die Veränderungen des Umfeldes
    - Verursachungsgerechte Bewertung von Remissionen/Retouren
    - Bestimmung der optimalen Druckauflagen
    - Optimierung von Transportkosten und Transportzeiten
    - Neue Drucktechniken: Printing on demand

Vorgehensweise:
- Ableitung von Hypothesen über Kostentreiber (Cost Driver)
- Festlegung von Teilprozessen und Maßgrößen
- Kapazitäts- und Kostenzuordnung
- Verdichtung zu Hauptprozessen
- Analyse der Engpässe
- Umfangreiche Tätigkeitsanalyse der Mitarbeiter.

Die Hauptprozesse unterscheiden sich nach den folgenden Produktkategorien:
- **BIG-Books**, Bestseller mit hohen Auflagen und hohen Bestellmengen
- **Belletristik**, Hardcover und Coffee-table-books mit mittlerer Auflage und
- **College-Books**, Wissenschafts- und Lehrbücher mit kleinsten Auflagen.

Ausgangsdaten Kosten der Warenannahme der Periode:

Entladen	60.000 €
Qualitätskontrolle	340.000 €
Remissionsbearbeitung	600.000 €
Gesamtkosten Warenannahme	1.000.000 €

Anzahl nach Buchklassen:

Bestseller/BIG-Books	10.000.000 Stück
Belletristik	4.000.000 Stück
College-Books	500.000 Stück

In den einzelnen Kostenstellen wurden die wesentlichen Teilprozesse identifiziert, die zur Erfüllung der Hauptprozesse erforderlich sind. Die Teilprozesse
- **Entladen** der Bücher, die in Form von Paletten, Paketen oder Einzellieferung in Kunststoffwannen mittels LKW oder Paketdiensten angeliefert werden können,
- **Erfassung** und **Qualitätskontrolle** der eingehenden Lieferungen sowie
- **Remission**sbearbeitung (ganzen Paletten bei BIG-Books bis hin zu einzelnen Büchern bei College-Books)

Einsatz der Prozesskostenrechnung in einem Buch-Auslieferungslager

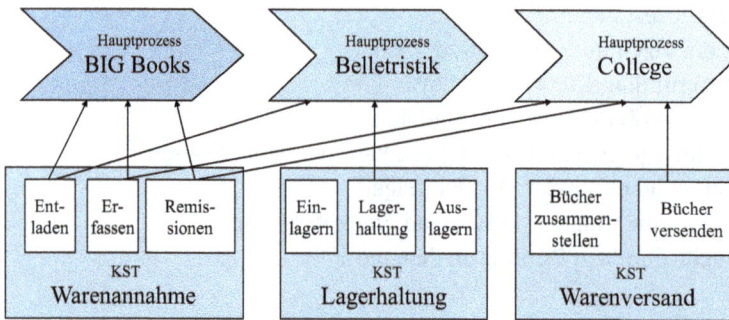

Abb. 5.24: Prozesskostenrechnung in einem Buch-Auslieferungslager (eigene Darstellung)

werden von der Kostenstelle Warenannahme für alle neu definierten Hauptprozesse erbracht und entsprechend zugeordnet und abgerechnet.

Im einfachsten Falle werden die gesamten Kosten gleichmäßig mittels einer Divisionskalkulation auf alle Bücher verteilt. Dies entspricht

$$1.000.000\ €/14.500.000\ \text{Bücher} = 6,896\ \text{Cent/Buch}$$

Bei einer Verteilung der Kosten der Warenannahme auf der Grundlage der Mengen trägt jedes Buch die gleichen Stückkosten in Höhe von 6,90 Cent, was aber bei weitem nicht den tatsächlich anfallenden Kosten entsprechen dürfte. Während die Bestseller als BIG-Books in großen Mengen paletten- oder kartonweise angeliefert werden, handelt es sich bei den Collegebüchern häufig um kleinere oder kleinste Auflagen. Die allgemeine Belletristik zeichnet sich durch mittlere Auflagen aus. Aus diesem Grunde erfolgt in vielen Fällen die Kostenzurechnung über den Umsatz. Hierzu werden die durchschnittlichen Verkaufspreise der Bücher nach Gruppen ermittelt. Collegebücher

Tab. 5.2: Zuschlagskalkulation Mengenbasis (eigene Darstellung)

Warenannahme		BIG-Books Stück 10.000.000	Belletristik Stück 4.000.000	College Stück 500.000
Teilprozess	Buchmenge Prozesskosten (€)	€	€	€
Entladen/Bereitstellen	60.000	41.379	16.552	2.069
Erfassung/Qualitätskontrolle	340.000	234.483	93.793	11.724
Remissionsbearbeitung	600.000	413.793	165.517	20.690
Kosten nach Hauptklassen	1.000.000	689.955	275.862	34.483
Kosten pro Buch	0,06897	0,06897	0,06897	0,06897

Tab. 5.3: Zuschlagskalkulation Umsatzbasis (eigene Darstellung)

		BIG-Books Umsatz	Belletristik Umsatz	College Umsatz
	Buchmenge	10.000.000	4.000.000	500.000
	€/Buch	15,00	20,00	50,00
	Umsatz in €	150.000.000	80.000.000	25.000.000
Teilprozess	Prozesskosten (€)	€	€	€
Entladen/Bereitstellen	60.000	35.294	18.824	5.882
Erfassung/Qualitätskontrolle	340.000	200.000	106.667	33.333
Remissionsbearbeitung	600.000	352.941	188.235	58.824
Kosten nach Hauptklassen	1.000.000	588.235	313.725	98.039
Zuschlagssatz pro € Umsatz		0,0039	0,0039	0,0039
Zuschlagssatz pro Buch (Durchschnitt) in Cent		5,88	7,84	19,61

werden aufgrund des relativ hohen Wertes deutlich stärker belastet als bei Verwendung des Mengenschlüssels.

Die gesamten Kosten werden gleichmäßig mittels einer Divisionskalkulation auf Umsatz-Basis auf alle Bücher verteilt. Dies entspricht

$$\frac{(10.000.000 \cdot 15\,€ + 4.000.000 \cdot 20\,€ + 500.000 \cdot 50\,€)}{255.000.000\,€} = 0{,}39\ \text{Cent/€ Umsatz}$$

Dieser Ansatz wird jedoch nach einer Analyse der Prozesse verworfen, da sich herausstellt, dass gerade die Collegebücher bei der Remissionsbearbeitung sehr arbeitsintensiv sind. Hier werden häufig einzelne ausgepackte Bücher zurückgesendet, während bei den BIG-Books die Remission in der Regel originalverpackt und kartonweise erfolgt. Laut Mitarbeiter wird bei der Remissionsbearbeitung je Buchgruppe ein Drittel der Gesamtarbeitszeit verwendet. Dies soll mit Hilfe der Prozesskostenrechnung berücksichtig werden.

Die Kosten der Kostenstelle Warenannahme der einzelnen Teilprozesse werden den Hauptprozessen zugeordnet. Die Umlage der Kosten der Kostenstellen Lagerhaltung und Warenversand kann nach einer Zuordnung auf die Teilprozesse entsprechend auf die Hauptprozesse erfolgen. Für die einzelnen Teilprozesse werden entsprechend der Arbeitsanalysen die Anteile der volumen- und variantenabhängigen Kosten festgelegt. Unter Berücksichtigung der Inanspruchnahme der einzelnen Teilprozessmengen werden die volumenabhängigen Kosten den Hauptprozessen zugeordnet. Die variantenabhängigen Kosten werden vereinfacht gleichmäßig auf alle drei Hauptprozesse zugerechnet (je ein Drittel je Hauptprozess) mit anschließender Verrechnung auf die einzelnen Bücher (Kosten je Hauptprozess dividiert durch Menge der Bücher).

Beispiel: Die Entladevorgänge verursachen 12.000·5 € = 60.000, - €. Davon sind 90 % volumenabhängig (€ 54.000,-), die in Summe 14.5 Mio. Büchern zugeordnet werden (54.000,- €/14.500.000 = 0,0037 € = 0,37 Cent). Die verbleibenden variantenab-

Tab. 5.4: Zuschlagskalkulation Prozesskosten (eigene Darstellung)

Teilprozess	Prozess-menge	Prozess-kostensatz €	volumen-abhängig %	varianten-abhängig %	BIG-Books 10.000.000 Cent	Belletristik 4.000.000 Cent	College 500.000 Cent
Entladen/ Bereitstellen	12.000	5	90	10	0,37 0,02	0,37 0,05	0,37 0,40
Erfassung/ Qualitäts-kontrolle	34.000	10	20	80	0,47 0,91	0,47 2,27	0,47 18,13
Remissions-bearbeitung	100.000	6		100	– 2,00	– 5,00	– 40,00
Prozesskosten in Cent je Buch					3,77	8,16	59,37

hängigen Kosten in Höhe von 6.000 € werden im Beispiel gleichmäßig auf die drei Hauptprozess verteilt (je € 2.000,-) und durch die jeweiligen Buchmengen dividiert (BIG-Books: 2.000,- €/10.000.000 = 0,0002 € = 0,02 Cent).

Die Erfassungs- und Kontrollkosten werden entsprechend verrechnet.

Die Kosten der Remissionsbearbeitung werden entsprechend des Arbeitsaufwands gleichmäßig auf die drei Hauptprozesse verteilt. (100.000·6 €)/3 = 200.000 € pro Produktgruppe. Diese Kosten werden dann durch die Anzahl der Bücher dividiert. Big-Book: 200.000 €/10.000.000 = 0,02 € = 2 Cent.

Das mittels der Prozesskostenrechnung ausgewiesene Ergebnis unterscheidet sich deutlich von dem Ergebnis einer Zuschlagskalkulation auf Mengen oder Wertbasis (s. o.). Nur bei der Prozesskostenbetrachtung wird die bei Mengen- und Wertschlüsseln auftretende interne Quersubventionierung vermieden.

Je nach gewähltem Ansatz führt der Einsatz der Prozesskostenrechnung zu einer deutlichen Entlastung der BIG-Books, während der Collegebereich zunehmend belastet wird. Die Veränderungen für die Trade Books sind nicht ganz so stark ausgeprägt; dennoch kam es auch hier zu einer Quersubventionierung durch die BIG-Books.

Tab. 5.5: Vergleich verschiedener Zuschlagsbasen Prozesskosten (eigene Darstellung)

Zuschlagskalkulation auf Mengenbasis	6,90 Cent/Buch	689.655	275.862	34.483
Zuschlagskalkulation auf Umsatzbasis	0,39 Cent/$	588.235	313.725	98.039
Prozesskostenrechnung		376.805	326.322	296.874
Delta Mengenbasis-Umsatzbasis		101.420	−37.863	−63.556
Delta Mengenbasis-Prozesskostenrechnung		312.851	−50.460	−262.391
Delta Umsatzbasis-Prozesskostenrechnung		211.430	−12.597	−198.835

Durch die Prozesskostenrechnung können folgende Ergebnisse erzielt werden:
- verursachungsgerechtere Kalkulation der Distributionskosten
- Bewertung von Engpassfaktoren wie der Remissionsbearbeitung
- Optimierung der Durchlaufzeiten und der Prozesssicherheit
- Grundlage für die Bewertung von Outsourcen von Teilaktivitäten
- Optimierung der Lagerbestände

Des Weiteren können wichtige Erkenntnisse für die
- Optimierung von Transportkosten und Transportzeiten und
- Optimierung der Druckauflagen gewonnen werden.

Durch den Einsatz der Prozesskostenrechnung lassen sich in vielen prozessgetriebenen Bereichen durch das Ersetzen einer klassischen Gemeinkosten Zuschlagskalkulation erhebliche Einsparungspotentiale realisieren.

6 Kalkulation/Produktkostencontrolling/ Kostenträgerstückrechnung

6.1 Ziele

Das Produktkostencontrolling beinhaltet die Kalkulation von Zwischenerzeugnissen[1], Fertigungs- und Kundenaufträgen. Ziel ist es, die mit der Herstellung der Produkte verbundenen Kosten zu ermitteln, was im Rahmen einer Plan-, Soll- und Istkalkulation geschehen kann.

Die Kalkulation[2] von Erzeugnissen dient folgenden Zwecken:
- Entscheidungshilfe für die Sortiments- und Produktpolitik
- Preisuntergrenzenermittlung für die Preisbildung in den Marketing- und den Verkaufsabteilungen
- Bestandsbewertung der Erzeugnisse: Halbfertig- und Fertigwarenbestände im Umlaufvermögen der Bilanz
- Bewertung der verkauften Erzeugnisse für das Ergebniscontrolling/kurzfristige Erfolgsrechnung
- Controlling der Herstellkosten: Abweichungsanalyse, Perioden- und Betriebsvergleiche (angels.: Benchmarking)

Die Kalkulation der Kostenträger (Fertigungs- und Kundenaufträge) dient der:
- Entscheidungsvorbereitung (dispositive Aufgaben der Kostenrechnung)
- Plan- und Istkostenermittlung der Aufträge
- Bewertung der in einem Kostenträger gebundenen Kosten für angefertigte Produkte ⇒ Ware in Arbeit (angels.: Work in Process WIP)
- Abweichungsanalyse, differenziert nach Abweichungskategorien

Das Controlling der Erzeugniskosten beinhaltet die Kalkulation, die Analyse der Zusammensetzung und die Auswertung der Entwicklung der Erzeugniskosten. Die Ergebnisse der Erzeugniskalkulation werden nach unterschiedlichen Gesichtspunkten ermittelt. In der Gesamtsicht erfolgt eine Analyse der Kosten nach:

---

[1] Erzeugnisse, Produkte und Material werden hier als synonyme Begriffe gebraucht. Sie können sowohl Roh-, Hilfs- und Betriebsstoffe, Halbfertigfabrikate und Endprodukte sein. Dienstleistungen werden dagegen ausschließlich als Produkte bezeichnet. Kostenträger dagegen sind Aufträge oder Projekte.

[2] Die Kalkulation wird hier rein kostenorientiert verstanden. Dagegen basiert die Preisbildung (angels.: Pricing), die teilweise (umgangssprachlich) auch als Kalkulation bezeichnet wird, auch auf der Analyse der Absatzmärkte. Vgl. hierzu auch Absatz 7.8.1 zur Zielkostenrechnung (insb. das Schmalenbachzitat).

https://doi.org/10.1515/9783110616927-006

- bestandsbewertungsrelevanten und nicht bestandsbewertungsrelevanten Anteilen,
- nach direkten (Herstellkosten) und indirekten (Gemeinkosten) Anteilen und
- nach der Zusammensetzung aus fixen und variablen Kosten.

Die betriebswirtschaftlichen Anforderungen der Kalkulation bestimmen, wie in SAP S/4HANA die Parameter zur Berechnung festgelegt werden.

6.2 Einteilung der Kalkulationsarten nach Kostenrechnungssystemen

6.2.1 Plankalkulation

Je nach Szenario werden unterschiedliche betriebswirtschaftliche Anforderungen an die Berechnung der Erzeugniskosten gestellt. Während eine Plankalkulation auf Basis geplanter Preise und geplanter Mengen der benötigten Komponenten zum Endprodukt durchgeführt wird, sind bei der Kundenauftragskalkulation spezifische Vorgaben an die Eigenschaften des Endproduktes maßgebend.

In einer *Plankalkulation* erfolgt die Berechnung des Planpreises eines Erzeugnisses. Dabei können mehrere alternative Planpreise für alternative Produktionsmöglichkeiten kalkuliert werden. Der bewertungsrelevante Planpreis ist dann der Standardpreis, der für mindestens einen Monat konstant bleibt. Der innerbetriebliche Planpreis wird für neue Produkte und zu Beginn einer Rechnungsperiode (z. B. das Geschäftsjahr) oder einer Vertriebskampagne (häufig Quartal oder Tertial) ermittelt. Basis sind die Standardpreise und Planmengen der für die Herstellung des Erzeugnisses benötigten Vorprodukte. Der Standardpreis ist Basis für die Bewertung des Lagerbestandes des Erzeugnisses. Der aktuell bewertete Lagerbestand ergibt sich aus der Multiplikation von Istlagermenge und aktuell gültigem Standardpreis.

Eine Änderung des Standardpreises durch Neukalkulation mit veränderten Preisen und/oder Mengen führt zu einer Umbewertung des Lagerbestandes. Für Halb- und Fertigprodukte ist in SAP S/4HANA die Bestandsbewertung mit *Standardpreissteuerung* die Regel. Eine Alternative ist die Bewertung des gesamten Bestandes mit einem aktuellen Istpreis.[3] Diese Vorgehensweise kann je nach Rechtslage in Ländern mit hoher Inflationsrate und in Branchen mit stark schwankenden Rohstoffpreisen angewendet werden. Eine Nicht-Aktualisierung der Standardpreise auf den Istpreis hätte eine Unterbewertung der Halb- und Fertigprodukte zur Folge.

---

3 Im externen Rechnungswesen nach HGB ist dabei das strenge Niederstwertprinzip zu beachten.

Ein weiteres mögliches Verfahren ist die *gleitende Durchschnittspreisbildung*, bei der nach jeder Lagerzugangsbuchung der gleitende Durchschnittspreis neu berechnet wird.

6.2.2 Istkalkulation

Die Ist-Kalkulation erfolgt über die Bewertung der logistischen Prozesse (z. B. Materialfluss durch die Produktion) bei der Erzeugnisherstellung. Dazu werden die Differenzen von Standardkosten der Produktion – bewertet zum kalkulierten Standardpreis – und tatsächlichen Ist-Kosten als Abweichung gesondert gesammelt. Dies erfolgt im sog. Material-Ledger.[4] Am Ende einer abgeschlossenen Rechnungsperiode berechnet dann die Ist-Kalkulation aus der Summe der Standardkosten und Abweichungen den periodischen Durchschnittspreis und bewertet den Lagerbestand neu. Im Rahmen der mehrstufigen Ist-Kalkulation erfolgt dies sukzessive vom Rohstoff bis hin zu den Endprodukten.

6.2.3 Sollkalkulation

Ändert sich das Mengengerüst zur Herstellung des Produktes durch andere Einsatzgüter oder Änderung der Einsatzmengen an Material oder durch andere Materialarten bzw. Fertigungsleistungen, so wird auf der Basis der aktuellen Istmengen und der Planpreise eine *Sollkalkulation*[5] erstellt. Die Verbrauchsmengen ergeben sich z. B. bei retrograder Ermittlung aus der aktuellen Stückliste (Materialbedarf plus ggf. Zuschläge für den Ausschuss) und dem aktuellen Arbeitsplan (Bedarf an Fertigungsleistungen). Ergebnis der Sollkalkulation ist ein modifizierter Planpreis. Der so ermittelte Planpreis dient z. B. der Auswertung unterschiedlicher Fertigungsszenarien und deren Auswirkung auf die Herstellkosten des Erzeugnisses. Fehlende Verfügbarkeit benötigter Vormaterialien oder nicht vorhandene Kapazitäten, die zur Produktion auf anderen Arbeitsplätzen führen, sind Beispiele für die Notwendigkeit einer Sollkalkulation.

Im Rahmen der Abweichungsermittlung beim Controlling der Kostenträgerkosten erfolgt die Umrechnung der Plankosten auf die Istbeschäftigung in der Fertigung. Wurden in der Fertigung andere Materialien benötigt oder wurde Ausschuss produziert, so sind auch dies typische Beispiele für die Abweichung der Soll- von den Plankosten.

---

4 Der angelsächsische Begriff Material-Ledger bedeutet Materialbuchhaltung (z. B. Bestandskonten der Roh-, Hilfs- und Betriebsstoffe). Im Deutschen wird dieser Bereich oft auch als Warenwirtschaft bezeichnet.

5 Zur Berechnung der Soll-Ist-Abweichung ermittelt SAP S/4HANA die Sollkosten automatisch. Dies gilt auch für den Soll-Ist-Abweichungsbericht.

Das Sichtbarmachen von Ausschuss dient der Wirtschaftlichkeitskontrolle der Produktion. Eine Abweichungsermittlung nach Abweichungskategorien ist nur auf Basis der Ist- mit den Sollkosten möglich, da nur die Sollkosten die Fertigungssituation aus Sicht von Planpreisen und Planmengen widerspiegeln.

6.2.4 Inventurkalkulation

Erfolgt die Kalkulation mit dem jeweils niedrigsten Preis für das Material und die Kostenstellenleistung (Leistungsart), so ist das Ergebnis der für den Abschluss in der Finanzbuchhaltung notwendige handels- und steuerrechtliche Wertansatz. Gegebenenfalls werden bei der Inventurkalkulation Abschläge auf die ermittelten Kosten vorgenommen. Diese Abschläge beruhen i. d. R. auf kalkulatorischen Bestandteilen in der Materialkalkulation, z. B. kalkulatorische Abschreibungen. In der internationalen Bilanzierung (IFRS) kann hingegen mit Marktpreisen (fair value) bewertet werden.

Beispiel zur Inventurkalkulation
Ein Unternehmen berücksichtigt bei der Kalkulation des Leistungstarifs die kalkulatorischen Abschreibungen und kalkulatorischen Zinsen der in der Kostenstelle eingesetzten maschinellen Anlagen. Die kalkulatorischen Zinsen erhöhen den Leistungstarif und führen so über höhere Kostenstellenkosten auch zu einer höheren Bewertung der Materialbestände. Es wird ermittelt, wie hoch der prozentuale Anteil der kalkulatorischen Zinsen am Leistungstarif der Kostenstelle ist.

Ein daraus ermittelter Abschlagsfaktor wird bei der Kalkulation für die Bestandsbewertung in der Bilanz benötigt, um die kalkulatorischen Zinsen herauszurechnen. Dies geschieht, indem der Abschlagsfaktor in den Arbeitsplänen, über welche die Selektion der entsprechenden Kostenstellenleistungen erfolgt, eingetragen wird.

6.3 Überblick über die betriebswirtschaftlichen Kalkulationsverfahren

6.3.1 Ein- und zweistufige Divisionskalkulationen

Grundsätzliches
Der Begriff „Kalkulationsverfahren" wird als Oberbegriff für die Verfahrensart (z. B. Divisionskalkulation oder Zuschlagskalkulation) sowie die Anzahl und Reihenfolge der bei einer Kalkulation durchzuführenden Rechenwege (Algorithmus) verwendet.[6]

---

6 Die Kalkulation ist rein kostenorientiert und berücksichtigt noch nicht die Absatzmarkt-/Preisbildungsseite.

Mit der Entscheidung für ein bestimmtes Kalkulationsverfahren wird der formale rechnerische Aufbau einer Kalkulation bestimmt. Der grundsätzliche Gang des formalen Rechenweges ist beim Einsatz innerhalb der verschiedenen Kostenrechnungssysteme (Plan-, Ist-, Sollkalkulation) gleichartig bzw. sehr ähnlich. Die Kalkulationsverfahren sind deshalb unabhängig von dem System der Kostenrechnung, da sie nur den rechnerischen Kalkulationsaufbau, nicht aber den Inhalt der zu kalkulierenden Kosten festlegen. Sie gelten in gleicher Weise für Plan-, Vor-, Zwischen- und Nachkalkulationen, sowie für Grenz- und Vollkostenkalkulationen. Die folgende Darstellung der Kalkulationsverfahren kann sich daher auf Ist-, Normal- oder Plankosten bzw. auf Voll- oder Grenzkosten beziehen. Deshalb werden die Kalkulationsverfahren in den folgenden Kapiteln nicht nach Kostenrechnungssystemen getrennt behandelt. Die in der Praxis vorkommenden Kalkulationsverfahren werden mithilfe der allgemein gültigen Grundformeln, d. h. ohne explizite Herleitung der Formeln und ohne Sonderfälle, dargestellt. Ihre Anwendung wird durch Zahlenbeispiele erläutert.

Beeinflusst wird die Auswahl der Kalkulationsverfahren von:
- der Breite des Produktionsprogramms,
- der Produktzusammensetzung,/-mischung,/-konstruktion und
- den angewendeten Produktionsverfahren.

Der Schwierigkeitsgrad bzw. die Komplexität der Kalkulation nimmt in Abhängigkeit von diesen Kriterien schrittweise zu. Bei Massenproduktion sind die Kalkulationsverfahren einfacher als bei Sorten- oder Serienproduktion. Bei Einzel- und Auftragsfertigung erreichen sie ihren größten Schwierigkeitsgrad. Einteilige Stückgüter oder Fließprodukte wie Flüssigkeiten, Gase, pulverisierte Stoffe, Meterware usw., lassen sich leichter kalkulieren als Erzeugnisse, die aus mehreren oder vielen Einzelteilen bestehen. Weiterhin nimmt der Schwierigkeitsgrad der Kalkulation mit der Zahl der aufeinander folgenden Produktionsstufen und Arbeitsgänge zu. Besondere Kalkulationsprobleme entstehen, wenn Kuppelproduktion vorliegt, dass heißt wenn Produktionsprozesse zwangsläufig zu mehreren Produkten (=Kuppelprodukten) führen.

Beschreibung der ein- und zweistufigen Divisionskalkulationen

In diesem Kapitel werden Kalkulationsverfahren behandelt, die bei den folgenden Voraussetzungen anwendbar sind:

Es sind nur einteilige Produkte zu kalkulieren. Hierbei handelt es sich entweder um einteilige Stückgüter, wie z. B. Schrauben, Stangen, Einzelteile usw. oder um Fließgüter, wie z. B. Flüssigkeiten, Gase, pulverisierte Stoffe, Meterware usw. Weiterhin wird unterstellt, dass das Unternehmen nur ein Produkt herstellt. Hiermit ist zugleich Kuppelproduktion ausgeschlossen, da hier mindestens zwei Produkte anfallen. Einproduktfälle sind in der Praxis selten. Beispiele sind aber viele Dienstleistungsproduktionen wie z. B. Veranstaltungen (angels.: Event), Energieversorger die nur Strom gemessen in Kilowattstunden produzieren, Bergbauunternehmen, die nur eine Sorte

Kohle oder Erze oder Salze gewinnen oder Wasserwerke. Es kann sich auch um eine Kostenstelle handeln, die nur eine Leistungsart erbringt. Sind die obigen Voraussetzungen erfüllt, so kann man die Stückkosten dadurch bestimmen, dass man die Kosten der Kalkulationsperiode (Monat, Quartal oder Jahr) durch die zugehörigen Produktionsmengen beziehungsweise Absatzmengen dividiert. Dieses Verfahren wird daher als Divisionskalkulation bezeichnet. Es lassen sich die Unterformen der ein-, zwei- und mehrstufigen Divisionskalkulation unterscheiden.

Sind neben den oben genannten Voraussetzungen folgende weitere Voraussetzungen erfüllt, so lässt sich die einstufige Divisionskalkulation anwenden: Erstens müssen in der Kalkulationsperiode die produzierten Mengen mit den Absatzmengen übereinstimmen. Nur unter dieser Voraussetzung können die Herstellkosten und die Kosten des Verwaltungs- und Vertriebsbereiches auf die gleiche Menge bezogen werden. Zweitens muss entweder einstufige Produktion vorliegen, oder es dürfen im Falle mehrerer aufeinander folgender Arbeitsgänge keine Zwischenlagerbestandsveränderungen entstehen. Diese Voraussetzung muss erfüllt sein, damit sich die Herstellkosten auf die gleiche Ausbringungsmenge beziehen lassen. Wenn die produzierte Menge einer Periode von der abgesetzten Menge abweicht, muss bereits die zweistufige Divisionskalkulation eingesetzt werden.

Beispiel für die ein- und zweistufige Divisionskalkulation

Ein Textilunternehmen hat in einer Periode Gesamtkosten von 100.000 €, in denen auch die Vertriebskosten enthalten sind. Das Unternehmen produziert in dieser Periode eine Produktionslosgröße von 4.000 ME/Pe gleichartigen Badetüchern, die auch alle innerhalb der Produktionsperiode verkauft werden. Es werden keine Badetücher in das Fertigwarenlager eingelagert, die erst in der nächsten Periode verkauft werden. Bei diesem Beispiel handelt es sich in der betrachteten Periode um einen Einproduktfall ohne Bestandsveränderungen an Halb- und Fertigfabrikaten. Daher lassen sich die Selbstkosten mit der einstufigen Divisionskalkulation kalkulieren, das heißt als einfacher Quotient mit den Gesamtkosten im Zähler und der produzierten Menge im Nenner. Die Selbstkosten eines Badetuches betragen demnach 25 €/ME. In der nächsten Periode entstehen wiederum Gesamtkosten von 100.000 €/Pe einschließlich Vertriebskosten und es wird auch wieder eine Produktionslosgröße von 4.000 ME/Pe gleichartigen Badetüchern produziert. Allerdings können in dieser Periode nicht alle 4.000 Badetücher verkauft werden, weshalb 2.000 in das Fertigwarenlager eingelagert werden. Der letzte Tag dieser Kostenrechnungsperiode ist gleichzeitig der Bilanzstichtag. Es ergeben sich damit zwei Probleme:

1. mit welchem Wert sollen die 2.000 auf Lager liegenden Badetücher im Umlaufvermögen der Bilanz bewertet werden?
2. welche Preisuntergrenze soll dem Vertrieb für die Preisbildung mitgeteilt werden?

Für die Bestandsbewertung in der Bilanz, die zu Herstellungskosten zu erfolgen hat, dürfen die Vertriebskosten gemäß § 255 Abs. 2 Satz 4 HGB nicht eingerechnet werden. Hieraus ergibt sich die Notwendigkeit einer zweistufigen Divisionskalkulation in der die Herstellkosten und „angemessene" Teile der Verwaltungskosten auf die gesamte in der Periode produzierte Menge und die Vertriebskosten nur auf die in der Periode abgesetzte Menge bezogen werden. Für die zweistufige Divisionskalkulation ist also eine einfache Kostenstellenrechnung notwendig, in der zumindest die Vertriebskosten auf einer Vertriebskostenstelle und die Herstellkosten auf einer Produktionskostenstelle gesammelt werden. Die Gesamtkosten von 100.000 €/Pe mögen sich aus 80.000 €/Pe Herstellkosten und aus 20.000 €/Pe Vertriebskosten zusammensetzen. Somit ergeben sich Herstellkosten von 20 € pro produzierten Badetuch und Vertriebskosten von 10 € pro abgesetzten Badetuch. Die in der Position Fertigwarenbestände der Bilanz anzusetzenden 2.000 Badetücher sind mit 40.000 € zu bewerten. Wenn die Vertriebskosten mit in die Bewertung der auf Lager liegenden Badetücher eingehen würden, das heißt die Bewertung mit 25 € pro produzierten Badetuches erfolgen würde, dann hätte das Unternehmen eine noch nicht realisierte Vertriebsleistung als Umlaufvermögen in der Bilanz angesetzt.[7] Es hätte sein Vermögen damit höher ausgewiesen, als es tatsächlich zum Bilanzstichtag ist und sich damit „reicher gerechnet". Dieses Problem ist allerdings nur mit dem Aussteuern der Vertriebskosten aus dem Bewertungsansatz des Umlaufvermögens noch nicht gelöst. Die weitere Problematik der Bewertung wird im Rahmen der Preisuntergrenze (s. u.) besprochen.

Exkurs: Aktivierung von Vertriebsaufwand

Am Ende eines Jahres und ggf. auch eines Quartals oder Halbjahres müssen die Lagermengen bewertet werden. Bei der Ermittlung der Herstellungskosten für Produkte gehen HGB, EStG und IFRS von einem expliziten Verbot für die Aktivierung von Vertriebsaufwand aus. Er darf somit auf keinen Fall in die Herstellungskosten eingerechnet werden. Dies ist jedoch häufig für dispositive Zwecke nicht problemadäquat und spätestens im internen Rechnungswesen sollte eine realitätsgerechtere Bewertung vorgenommen werden.[8]

Da heutzutage der Vertriebsaufwand teilweise höher liegt als die Herstellungskosten, ist die Frage der Behandlung von Vertriebsaufwand oft von hoher Bedeutung. Insbesondere, wenn Produkte genau auf den Kunden zugeschnitten werden, spielen die Vertriebskosten eine wesentliche Rolle. Auch die Erarbeitung von Verkaufsmöglichkeiten (angels.: Lead Management) ist eine wichtige Leistung.

---

7 Der Ansatz von Vertriebskosten wäre zwar handels- und steuerrechtlich immer noch verboten aber in einer kalkulatorischen Sonderrechnung zu verantworten, wenn der eigentliche Verkaufsprozess bereits stattgefunden hat, aber der Gefahrenübergang noch nicht.

8 Dies schließt eine eventuelle Abwertung des Lagerbestandes für den Fall ein, dass die Marktpreise niedriger liegen.

Zur Klärung sei eine Fallunterscheidung getroffen:

a) Zum Zeitpunkt der Bewertung ist noch kein Vertriebsaufwand entstanden.

b) Zum Zeitpunkt der Bewertung hat der Vertrieb fast vollständig stattgefunden (z. B.: Kaufvertrag ist unterzeichnet).

c) Zum Zeitpunkt der Bewertung hat der Vertrieb teilweise stattgefunden (Vertrag ist nicht unterzeichnet).

Fall a) ist das Szenario, für das der Gesetzgeber wohl das Vertriebskostenaktivierungsverbot des HGB vorgesehen hat. Nicht entstandener Aufwand darf weder aus der Sicht des Verursachungsprinzips noch aus der Sicht des Gläubigerschutzes aktiviert werden. Es gilt handelsrechtlich der Grundsatz, dass erst mit dem Gefahrenübergang die Marktleistung gebucht werden darf, weil dann auch die Vertriebsleistung erbracht und die Vertriebskosten verursacht wurden.

Fall b) hingegen stellt ein Szenario dar, bei dem bis auf die Auslieferung bereits die gesamte Vertriebstätigkeit erbracht wurde. Diese müsste aus der Sichtweise des Verursachungsprinzips im Umlaufvermögen berücksichtigt werden, solange der Marktpreis über dem Aktivierungswert liegt. Dem Gläubigerschutz entspricht dies, weil die erbrachte Vertriebsleistung den Marktwert des Fertigwarenbestands deutlich erhöht und ein Wertverlust der Vertriebsleistung nur durch Leistungsstörungen beim Lieferanten und Zahlungsschwierigkeiten/Insolvenz des Kunden eintreten kann. Wenn diese nicht sehr wahrscheinlich sind, sollte aktiviert werden, ggf. mit einem kleinen Abschlag. Nach derzeitigem deutschen Handels- und Steuerrecht ist dies aber verboten.

Fall c) ist schwieriger zu quantifizieren. Solange der Kunde keinen Kaufvertrag abgeschlossen hat, ist es nicht sicher, ob die Vertriebsbemühungen zum Erfolg führen werden. Hier könnte man mit Erfahrungswerten arbeiten, wonach z. B. jeder dritte bearbeitete Kunde auch Vertragspartner wird. Aber die Abschätzung ist sehr schwierig und öffnet die Tür für Bilanzmanipulationen. Somit ist eine zukünftige Umsetzung im externen Rechnungswesen kaum wahrscheinlich. Dem Verursachungsprinzip entspricht die Aktivierung deshalb, weil der Marktwert der auf Lager liegenden Produkte durch die darin enthaltenen erbrachten Vertriebsleistungen erhöht ist, weil diese Produkte eine höhere Wahrscheinlichkeit auf den Abschluss eines Kaufvertrags haben als diejenigen Produkte, für die die Vertriebsleistung noch nicht erbracht wurde.

Im internationalen Rechnungswesen (IFRS) gibt es zumindest für langfristige Auftragsfertigung (z. B. für Anlagen und Maschinen) die Möglichkeit, entsprechend dem Produktionsfortschritt (angels.: Percentage/Degree of Completion) auch die anteiligen Bestandteile für Fixkosten (insb. Vertrieb) und Gewinn zu verrechnen. Im HGB gilt die Regel, dass erst mit dem Gefahrenübergang die Marktleistung gebucht werden darf einschließlich der Anteile für die Deckung des Vertriebsaufwandes (Realisationsprinzip). Dies kann in Branchen mit geschäftsjahresübergreifender Projektfertigung (z. B. im Großanlagenbau) zu einem Wertsprung in den Jahresabschlüssen führen, der die Vergleichbarkeit der Periodenergebnisse verzerren kann.

Im internen Rechnungswesen sollten die Fälle b) und c) abgebildet werden, um das verursachungsgerechte (= das der tatsächlichen Produktions- und Vertriebswertschöpfung entsprechende) Periodenergebnis zu zeigen. Insofern sollte der Wertansatz des externen Rechnungswesens nicht in jedem Fall in die Kostenrechnung übernommen werden. Allerdings ist bei der Entscheidung zu prüfen, ob sich wesentliche Wertänderungen ergeben. Wenn nur geringe Vertriebsvorleistungen erbracht wurden, kann auf die Berücksichtigung im internen Rechnungswesen nach dem Grundsatz der Wesentlichkeit verzichtet werden.

Problem der Preisuntergrenze bei Beschäftigungsschwankungen

Im obigen Beispiel stellt sich nun noch die Frage, welche Preisuntergrenze dem Vertrieb für die Preisbildung im Markt mitgeteilt werden soll. Im Falle der Deckungsgleichheit von Produktions- und Absatzmenge können die 25 € Selbstkosten als Preisuntergrenze genommen werden.[9] Wenn im Zuge einer einstufigen Divisionskalkulation nun aber die 100.000 € Gesamtkosten auf die abgesetzte Menge von nur 2.000 Badetüchern bezogen würden, ergäben sich Selbstkosten bzw. eine Preisuntergrenze von 50 € pro Badetuch. Wenn Marketing und Vertrieb auf der Basis dieser Preisuntergrenze Verkaufspreise bilden würden, wären die Badetücher im Vergleich mit den Preisen der Wettbewerbern deutlich zu teuer. Das Unternehmen läuft Gefahr sich „aus dem Markt heraus zu kalkulieren". Dieses Problem wird allerdings hier nicht durch das Aussteuern der Vertriebskosten gelöst, denn die Zurechnung der Vertriebskosten auf die 2.000 abgesetzten Einheiten ist rechnerisch verursachungsgerecht.

Das Problem einer zu hohen Bewertung im Umlaufvermögen und einer zu hohen Preisuntergrenze ergibt sich immer auch dann, wenn im Vergleich zur im Beispiel angenommenen Normalkapazität von 4.000 Badetüchern ein deutlicher Absatz- und Produktionsmengenrückgang zu verzeichnen ist und bei den hier zu behandelnden Vollkosten-Divisionskalkulationen die gesamten fixen und variablen Kosten auf eine kleinere Menge zugerechnet werden. Pro Stück ergeben sich dann größere anteilige Fixkostendegression. Der Bilanzbewertungsansatz und die Preisuntergrenze steigen durch diesen Effekt, der einer Zurechnung der in der Periode nicht genutzten/leerstehenden Produktionskapazitäten als Fixkosten auf die produzierte/abgesetzte Menge gleichkommt. Die Konsequenz ist in jeder Hinsicht negativ: In der Bilanz würden die nicht genutzten Kapazitäten ungerechtfertigt als Umlaufvermögen ausgewiesen und auf dem Absatzmarkt würde man versuchen, sich über überhöhte Verkaufspreise die Leer-Kapazitäten der Vorperiode von den Kunden bezahlen zu lassen.

Die gesamte Gruppe der auf Vollkosten beruhenden Divisionskalkulationen, zu denen auch die unten noch zu besprechenden Äquivalenzziffern- und Kuppelkalkula-

---

[9] Bei einer eigentlich angebrachten Teilkostenrechnung müsste man für die betrachtete Periode die nicht beeinflussbaren/fixen Kosten abziehen um zur korrekten kurzfristigen Preisuntergrenze zu kommen. Dazu wären noch sachliche und zeitliche Interdependenzen zu berücksichtigen.

tionen gehören, können die Probleme stark schwankender Beschäftigung nicht lösen. Dies gelingt erst den später anzusprechenden Zuschlags- und Bezugsgrößenkalkulationen, die die fixen Gemeinkosten als beschäftigungsunabhängigen bzw. mengenneutralen prozentualen Zuschlagssatz, der aus der Normalbeschäftigung resultiert, auf geeignete Bezugsgrößen, wie z. B. die Material- oder Lohneinzelkosten verrechnen.[10]

Die allgemeinen Formeln der ein- und zweistufigen Divisionskalkulation

Das Ziel aller Kalkulationsverfahren ist es, die Stückkosten bzw. Selbstkosten[11] pro Stück der Kalkulationsperiode k in €/ME zu berechnen. Die Gesamtkosten eines Unternehmens werden mit K in €/Pe und die Produktionsmenge[12] mit x in ME/Pe bezeichnet. Wenn nur eine Kostenstelle c betrachtet wird, gelten die Abkürzungen K_c als Gesamtkosten der Kostenstelle und x_c als gesamte Leistungsmenge der Kostenstelle c. Es ergibt sich für die einstufige Divisionskalkulation folgende Kalkulationsformel:

$$k_{ED} = \frac{K}{x} \quad \text{in €/ME}$$

k^{ED} = Selbstkosten nach der Methode der einstufigen Divisionskalkulation, in €/ME

Es erübrigt sich ein Index für die zu kalkulierenden Produkte, da es sich per Definition um ein Einproduktunternehmen handeln muss. Diese allgemeine Grundformel der einstufigen Divisionskalkulation, aus der sich auch alle weiteren Verfahren der Divisionskalkulationen ableiten, beinhaltet keine Aufteilung in fixe und variable Kosten sowie Einzel- und Gemeinkosten und lässt sich in dieser einfachsten Form ohne Vorhandensein einer Kostenstellenrechnung anwenden. Aus eben diesen Eigenschaften resultieren aber auch die oben angesprochenen Probleme bei Beschäftigungsschwankungen. Für die Kostenkontrolle ist allerdings unbedingt eine Unterteilung der Kosten nach Kostenstellen notwendig.[13] Die Bedingungen für die Anwendung der einstufigen Divisionskalkulation sind in der Unternehmenspraxis nur in wenigen Fällen gegeben. Es kommt allerdings auch bei Sachgüterunternehmen vor, dass die Produkte technisch oder wirtschaftlich nicht lagerfähig sind. Technisch sind z. B. die Strommengen (in kwh) von Energieversorgungsunternehmen nicht lagerfähig. Letztere können theoretisch auch Einproduktunternehmen darstellen und sind dafür ein beliebtes

---

10 Theoretisch könnte man auch die Fixkosten in der Divisionskalkulation durch die Planbeschäftigung anstelle der Istbeschäftigung dividieren und nur die Periodengesamtkosten im Zähler anpassen um zu beschäftigungsneutralen Ergebnissen zu gelangen.

11 Die Begriffe Stückkosten und Selbstkosten werden hier als Synonyme verstanden.

12 Die Begriffe Produktionsmenge, Ausbringung (angels.: Output) und Beschäftigung werden als Synonyme gebraucht.

13 Auch Grenzkosten, die innerhalb der einzelnen Kostenstellen unterschiedlich sind, können viel leichter und besser ermittelt werden, wenn eine nach Kostenstellen differenzierte Kostenplanung vorliegt.

Lehrbuchbeispiel. Wenn der Energieversorger aber sowohl Strom produziert als auch verteilt, was häufig vorkommt, dann handelt es sich mindestens um ein Zweiproduktunternehmen: Die Kosten der Energieerzeugung sind ins Verhältnis zu den erbrachten Strommengen (in kwh/Pe) zu setzen, die Kosten der Energieverteilung ins Verhältnis zu der Anzahl der Übergabepunkte (Haus-/Gewerbeanschlüsse). Betreibt der Energieversorger mehrere und/oder unterschiedliche Kraftwerksblöcke, so will man in der Praxis immer die Kosten pro Block wissen, so dass die Gesamtkosten K in die Kosten der einzelnen Kraftwerksblöcke unterteilt werden, bzw. die Blöcke Kostenstellen oder Bereichskostenstellen sind.

Wirtschaftlich nicht lagerfähige Sachgüter sind weiterhin zahlreiche landwirtschaftliche Produkte, die aus Frischegründen unmittelbar, d. h. am gleichen Tag verkauft bzw. verwertet werden müssen. Meistens handelt es sich aber auch hier um Mehrproduktunternehmen, so dass die einstufige Divisionskalkulation aus diesem Grunde nicht anwendbar ist.

In den Dienstleistungsbranchen ist zwar die Bedingung, dass keine Bestandsveränderungen an Halb- und Fertigprodukten auftreten dürfen, per Dienstleistungsdefinition erfüllt, da Dienstleistungen nicht lagerfähig sind. Allerdings handelt es sich bei den meisten Dienstleistungsunternehmen um Mehrproduktunternehmen, so dass die einstufige Divisionskalkulation aus diesem Grunde nicht anwendbar ist.

Wenn während der Kalkulationsperiode Lagerbestandsveränderungen an Fertigprodukten auftreten, also die Absatzmengen von den Produktionsmengen abweichen, kann die zweistufige Divisionskalkulation eingesetzt werden. Diese Kalkulationsmethode trennt die Gesamtkosten K der einstufigen Divisionskalkulation in zwei Kostenblöcke auf: In die Herstellkosten der produzierten Menge K_H und die Verwaltungs- und Vertriebskosten der abgesetzten Menge K_V. Die beiden anderen o. a. Voraussetzungen müssen weiterhin eingehalten werden. Wenn die produzierte Menge mit x_p und die abgesetzte Menge mit x_A bezeichnet werden, dann ergibt sich für die zweistufige Divisionskalkulation die folgende Formel:

$$K^{ZD} = \frac{K_H}{x_p} + \frac{K_V}{x_A} = k_H + k_V \quad \text{in €/ME}$$

K^{ZD} = Selbstkosten nach der Methode der zweistufigen Divisionskalkulation in €/ME
K_H = Herstellkosten der produzierten Menge in €/Pe
k_H = Herstellkosten pro Stück in €/ME
k_V = Vertriebs- und Verwaltungskosten pro Stück in €/ME
K_V = Verwaltungs- und Vertriebskosten der abgesetzten Menge in €/Pe
x_p = produzierte Menge in ME/Pe
x_A = abgesetzte Menge in ME/Pe

Diese Formel entspricht der Bestimmung des § 255 HGB, der besagt, dass Vertriebskosten nicht in die Bestandsbewertung der Halb- und Fertigfabrikate einfließen dürfen. Die Bestandsbewertung wird demnach nur mit dem Wert vorgenommen, der sich aus dem Quotienten Herstellkosten pro Einheit K_H/x_p (€/ME) ergibt. Die Vertriebskosten müssen den abgesetzten Mengen zugerechnet werden und fließen in die Ergebnisrechnung. Verwaltungskosten dürfen in angemessener Höhe gem. § 255 HGB in die Bestandsbewertung einfließen.

6.3.2 Mehrstufige Divisionskalkulationen

Addierende mehrstufige Divisionskalkulation
Eine mehrstufige Produktion ist ein Produktionsprozess, in dem ein Produkt in mehreren unterschiedlichen Produktionsstufen bearbeitet werden muss, um zum verkaufsfähigen Endprodukt zu gelangen. Dies ist bei der industriellen Produktion der Regelfall. Die einfachste Variante ist die addierende mehrstufige Divisionskalkulation
– ohne Zwischenlagerbestandsveränderungen und
– ohne Mengenverluste zwischen den Produktionsstufen u. a. durch Schwund, Verdunstung, Ausschuss und Verschnitt etc.

Dass keine Zwischenlagerbestandsveränderungen und kein Ausschuss etc. auftreten, wird in dem folgenden Beispiel durch die Gleichheit von Einsatzmengen und Ausbringungsmengen der einzelnen Produktionsstufen sichtbar. Die Stückkosten der einzelnen Produktionsstufen (= Produktionskostenstellen) können bei diesen Voraussetzungen isoliert voneinander abgerechnet werden. Für die Bestandsbewertung halbfertiger Erzeugnisse (Ware in Arbeit, angels.: Work in Process) ist es sinnvoll, eine Darstellung der kumulierten Stückkosten mitlaufen zu lassen. Unter den obigen Voraussetzungen führt die addierende mehrstufige Divisionskalkulation zu dem gleichen Ergebnis, als wenn der gesamte mehrstufige Produktionsprozess wie ein einstufiger Prozess kalkuliert würde. Dies wird in der Summenzeile des Beispiels deutlich, in der die gesamten Kostenstellenkosten von 60.000 € durch die Ausbringungsmenge von 3.000 ME dividiert wird und sich das gleiche Ergebnis ergibt, wie bei der Addition der einzelnen Stückkosten der Produktionsstufen. Aus Gründen der Kostentransparenz und der Bestandsbewertung ist die addierende mehrstufige Divisionskalkulation der einstufigen vorzuziehen.

Eine Darstellung der mehrstufigen Divisionskalkulation in der die Materialeinzelkosten in der ersten Zeile gesondert ausgewiesen werden, wird auch Veredelungsrechnung genannt. Sie hat den Vorteil, dass der Anteil der Materialkosten am Kalkulationsergebnis sofort sichtbar ist und damit die Kalkulationstransparenz gesteigert wird. Das Ergebnis der beiden Varianten muss immer das gleiche sein. Im Beispiel betragen die Materialeinzelkosten 1,33 €/ME, so dass sich für die 3.000 eingesetzten ME insgesamt 4.000 € Materialeinzelkosten ergeben. Die Kostenstellenkosten der ersten Produktionsstufe betragen dann nur noch 6.000 €, da die 4.000 € Materialeinzelkosten herausgerechnet werden müssen. Falls Materialeinzelkosten in den anderen Pro-

Tab. 6.1: Addierende mehrstufige Divisionskalkulation ohne Zwischenlagerbestandsveränderungen und Schwund etc.

Produktions- Stufe	Einsatzmenge ME/Pe	Kostenstellen- kosten €/Pe	Ausbringung in ME/Pe	Stückkosten €/ME	Kumulierte Stückkosten €/ME
1.	3.000	10.000	3.000	3,33	3,33
2.	3.000	18.000	3.000	6	9,33
3.	3.000	12.000	3.000	4	13,33
4.	3.000	20.000	3.000	6,67	20
Summe		60.000	3.000	20	

duktionsstufen anfallen, könnten sie jeweils in die Kostenstellenkosten der anderen Produktionsstufen eingerechnet werden oder auch gesondert ausgewiesen werden. Es ergeben sich somit für alle in diesem Kapitel behandelten mehrstufigen Divisionskalkulationen drei Darstellungsmöglichkeiten:

- Integration der Materialeinzelkosten in die Kostenstellenkosten auf allen Produktionsstufen auf denen sie ggf. verursacht werden (= kein gesonderter Ausweis der Materialeinzelkosten)
- gesamthafter Ausweis der Materialeinzelkosten vor der ersten Produktionsstufe, auch wenn sie evtl. erst in späteren Produktionsstufen verursacht werden
- Ausweis der Materialeinzelkosten vor der Produktionsstufe, in der sie verursacht werden (nur bei Produktionsprozessen, bei denen auf den verschiedenen Produktionsstufen weitere Materialeinsätze erfolgen).

Die Veredelungsrechnung wird in diesem Kapitel nur noch einmal bei der folgenden weiterwälzenden Divisionskalkulation gezeigt und dann aus Vereinfachungsgründen der umfänglichen Tabellen nicht mehr.

Tab. 6.2: Addierende mehrstufige Divisionskalkulation ohne Zwischenlagerbestandsveränderungen und Schwund etc. als Veredelungsrechnung

Produktionsstufe	Einsatzmenge ME/Pe	Kostenstellen- kosten €/Pe	Ausbringung in ME/Pe	Stückkosten €/ME
	3.000			1,33
1.	3.000	6.000	3.000	2
2.	3.000	18.000	3.000	6
3.	3.000	12.000	3.000	4,00
4.	3.000	20.000	3.000	6,67
Summe				20

Tab. 6.3: Weiterwälzende mehrstufige Divisionskalkulation ohne Zwischenlagerbestandsveränderungen und Schwund etc. als Veredelungsrechnung

Produktions-stufe	Einsatz-menge in ME/Pe	Weiter-gewälzte Kosten €/Pe	Kosten-stellen-kosten €/Pe	Gesamtkosten der Produk-tionsstufe €/Pe	Ausbringung in ME/Pe	Stückkosten €/ME
	3.000					1,33
1.	3.000	4.000	6.000	10.000	3.000	3,33
2.	3.000	10.000	18.000	28.000	3.000	9,33
3.	3.000	28.000	12.000	40.000	3.000	13,33
4.	3.000	40.000	20.000	60.000	3.000	20

Das obige Beispiel wird unter Beibehaltung der Voraussetzungen unten als weiterwälzende Divisionskalkulation gezeigt. Das Adjektiv *weiterwälzend* bezieht sich auf die Einsatzmenge einer Produktionsstufe, die mit den kalkulierten Stückkosten der vorhergehenden Stufe multipliziert wird. Dadurch ergeben sich die Produkte in der Spalte *Weitergewälzte Kosten*. Hierzu müssen noch die Kostenstellenkosten der jeweiligen Stufe addiert werden, um zu den Gesamtkosten der Produktionsstufe zu gelangen. Diese werden durch die Ausbringungsmenge dividiert und es ergeben sich die Stückkosten des Halbfertigfabrikats/Ware in Arbeit bis einschließlich der kalkulierten Stufe. Die jeweiligen Zwischenergebnisse und das Endergebnis müssen mit den kumulierten Stückkosten der entsprechenden Stufe der addierenden Divisionskalkulation übereinstimmen und können zur Bestandsbewertung herangezogen werden.

Im Folgenden wird der in der industriellen Produktion häufig vorkommende Fall eines mehrstufigen Produktionsprozesses mit Zwischenlagerbestandsveränderungen mit der addierenden mehrstufigen Divisionskalkulation abgebildet. Es fließt nicht mehr, wie oben, die gleiche Einsatz- und Ausbringungsmenge durch alle Produktionsstufen. Von der Ausbringungsmenge der ersten Produktionsstufe werden 2.000 ME in ein Zwischenlager mit einem Bestandswert von 3,33 €/ME eingelagert. Dementsprechend bilden nur 1.000 ME die Einsatzmenge der zweiten Produktionsstufe. Diese werden dort bearbeitet und ohne Lagerbestandsveränderung an die dritte Produktionsstufe weitergegeben. Da die vierte Produktionsstufe 3.000 ME als Einsatzmenge benötigt, müssen von dem Zwischenlager der dritten Produktionsstufe 2.000 ME entnommen werden, die dort früher eingelagert wurden. Es könnte hier z. B. davon ausgegangen werden, dass diese 2.000 ME früher ebenfalls mit kalkulierten Stückkosten von 33,33 €/ME eingelagert wurden. Für den Rechengang und das Kalkulationsergebnis der addierenden Divisionskalkulation spielt die Lagerbestandsbewertung der 2.000 ME allerdings keine Rolle, da der Rechengang keine bewertete, und auch keine mengenmäßige Lagerentnahme abbildet, sondern nur die Ausbringungsmenge der jeweiligen Stufe. Die Bewertung der 2.000 entnommenen Mengeneinheiten erfolgt

Tab. 6.4: Addierende mehrstufige Divisionskalkulation mit Zwischenlagerbestandsveränderungen ohne Schwund, Verdunstung, Verschnitt etc.

Produktionsstufe	Einsatzmenge ME/Pe	Kostenstellenkosten €/Pe	Ausbringung in ME/Pe	Stückkosten €/ME	Kumulierte Stückkosten €/ME	Lagerbestandsänderung (Menge) ME	Lagerbestandsänderung (Wert) €
1.	3.000	10.000	3.000	3,33	3,33	+ 2.000	+ 6.667
2.	1.000	18.000	1.000	18	21,33		
3.	1.000	12.000	1.000	12	33,33	−2.000	−66.667
4.	3.000	20.000	3.000	6,67	40		
Summe		60.000	3.000	40			

zusammen mit den direkt weitergereichten 1.000 ME im Nenner des Divisionskalkulationsquotienten in der vierten Produktionsstufe. Hier stehen die 20.000 € Kostenstellenkosten im Zähler und sind allein ausschlaggebend für das Kalkulationsergebnis der Produktionsstufe von 6,66 €, also für die Bewertung der 3.000 ME.

Diese rein mengenmäßige Berücksichtigung der Lagerentnahmen bei der addierende und auch der weiterwälzenden Divisionskalkulation ist insofern positiv, weil dadurch die von der jeweiligen Beschäftigung bzw. Ausbringungsmenge der Periode stark abhängigen Kalkulationsergebnisse der Vollkostendivisionskalkulationen ausgesteuert werden. Dieser negative Effekt wurde oben bei den ein- und zweistufigen Divisionskalkulationen erklärt. Auf das Beispiel bezogen könnte es bedeuten, dass sich durch Unterbeschäftigung in der früheren Periode (z. B. bei einer Ausbringungsmenge von nur 500 ME anstelle von 1.000 ME) ein Lagerbestandswert von 20 €/Stück anstelle von 12 €/Stück ergab, weil die fixen Kostenstellenkosten der dritten Produktionsstufe in voller Höhe auf die geringe Ausbringungsmenge verrechnet wurde.[14] Dies führte zwar zu einer falschen Lagerbestandsbewertung in der vergangenen Periode, weil fixe Leerkosten als Lagerbestand bewertet wurden. Dieser Effekt spielt nun allerdings in der aktuellen Kalkulation keine Rolle mehr, weil die frühere Lagerbestandsbewertung in ihr nicht mehr herangezogen wird.

Als Nächstes wird das Beispiel als weiterwälzende Divisionskalkulation gezeigt. Hier spielt die Bewertung des Zwischenlagerbestandes eine Rolle, weil im Produkt der weiter gewälzten Kosten eine Mengen- (3.000 ME) und eine Wertkomponente (33,33 €) enthalten ist. Der übliche Gang der weiterwälzenden Divisionskalkulation ist es, den in der aktuellen Periode kalkulierten Wert (33,33 €) als Wertansatz für die Weiterwäl-

---

14 Die Kostenstellenkosten der dritten Produktionsstufe mögen sich aus 8.000 € Fixkosten und 4 € variablen Gemeinkosten pro ME zusammensetzen. Dadurch ergeben sich 12.000 € bei einer Ausbringung von 1.000 ME und 10.000 € bei einer Ausbringung von 500 ME mit einem Kalkulationsergebnis von 20 €/ME in der früheren Periode.

Tab. 6.5: Weiterwälzende mehrstufige Divisionskalkulation mit Zwischenlagerbestandsveränderungen ohne Schwund etc.

Produktions-stufe	Einsatz-menge ME/Pe	Weiter-gewälzte Kosten €/Pe	Kosten-stellen-kosten €/Pe	Gesamtkos-ten der Pro-duktions-stufe €/Pe	Ausbrin-gung in ME/Pe	Stück-kosten €/ME	Lager-bestands-änderung ME	Lager-bestands-änderung €
1.	3.000		10.000	10.000	3.000	3,33	+ 2.000	+ 6.667
2.	1.000	3.333,33	18.000	21.333,33	1.000	21,33		
3.	1.000	21.333,33	12.000	33.333,33	1.000	33,33	−2.000	−66.667
4.	3.000	100.000	20.000	120.000	3.000	40,00	0	0

Tab. 6.6: Falsches Kalkulationsergebnis der addierenden mehrstufigen Divisionskalkulation ohne Einsatzfaktoren

Produktions-stufe	Einsatzmenge ME/Pe	Kostenstellen-kosten €/Pe	Ausbringung in ME/Pe	Stückkosten €/ME	Kumulierte Stückkosten €/ME
1.	3.000	10.000	2.800	3,57	3,57
2.	2.800	18.000	2.600	6,92	10,49
3.	2.600	12.000	2.400	5,00	15,49
4.	2.400	20.000	2.200	9,09	24,59
Summe		60.000		24,59	

zung heranzuziehen. Wenn ein anderer Wertansatz gewählt werden soll, müssen die weiter gewälzten Kosten aufgeteilt werden in 1.000 ME zu 33,33 € und 2.000 ME zu dem Wertansatz der früheren Periode oder eines Normal- oder Planwertes. Einem Planwert auf der Basis einer Plan- bzw. Normalbeschäftigung ist der Vorzug zu geben, um die oben angesprochenen negativen Effekte der Vollkostendivisionskalkulationen auszusteuern. Wenn die weiterwälzende mehrstufige Divisionskalkulation entnommene Zwischenlagerbestände mit den aktuellen Kalkulationsergebnissen der laufenden Periode bewertet, kommt sie zu den gleichen Endergebnissen wie die addierende mehrstufige Divisionskalkulation.

Es wird nun die obige Voraussetzung aufgegeben, dass keine Mengenverluste während der Bearbeitung in den Produktionsstufen durch Schwund, Verdunstung, Ausschuss, Verschnitt etc. anfallen. Hierbei kommt die addierende Divisionskalkulation wie unten dargestellt zu einem falschen Ergebnis, da sie die Mengenverhältnisse zwischen Einsatz- und Ausbringungsmengen der Stufen in ihrem Rechengang nicht berücksichtigen kann.

Falls die Mengenverluste nicht sprunghaft bzw. wechselhaft sind, sondern sich bei den entsprechenden Produktionsprozessen verfahrenstechnisch dauerhaft, d. h. von Periode zu Periode ergeben, so können sie durch Einsatzfaktoren abgebildet wer-

Tab. 6.7: Richtiges Kalkulationsergebnis der addierenden mehrstufigen Divisionskalkulation ohne Zwischenlagerbestandsveränderungen mit Schwund, Verdunstung, Verschnitt etc. mit Einsatzfaktoren

Produk- tions- stufe	Einsatz- menge ME/Pe	Kosten- stellen- kosten €/Pe	Aus- brin- gung ME/Pe	Stück- kosten €/ME	Kumu- lierte Stück- kosten €/Pe	Einsatz- faktoren	Multiplikation der Einsatzfaktoren			Gesamt- bedarfs- koeffi- zient	
1.	3.000	10.000	2.800	3,57	3,57	1,0714	1,0769	1,0833	1,0909	1,27	4,55
2.	2.800	18.000	2.600	6,92	10,49	1,0769	1,0833	1,0909		1,18	8,18
3.	2.600	12.000	2.400	5	15,49	1,0833	1,0909			1,10	5,45
4.	2.400	20.000	2.200	9,10	24,59	1,0909				1	9,10
				24,59							27,27

den. Diese geben an, wie viele Einsatzmengeneinheiten in einer Produktionsstufe eingesetzt werden müssen, um eine bestimmte gewünschte Ausbringungsmenge zu erhalten. Wenn das Einsatzmengenverhältnis der u. a. zweiten Produktionsstufe dauerhaft verfahrenstechnisch bedingt ist und nicht auf sporadisch auftretendem bzw. zufälligem Ausschuss beruht, so ergibt sich ein Einsatzfaktor von 1,076 (2800/2600). D. h., es muss auf dieser Produktionsstufe immer die 1,076-fache Menge eingesetzt werden um eine ME zu produzieren, weil z. B. in einem Chemiewerk flüssige Stoffe erhitzt werden und in diesem Produktionsverfahren immer eine bestimmte Menge verdunstet.

Die weiterwälzende Divisionskalkulation kann mit ihrem Standardrechengang, d. h. ohne Einsatzfaktoren, Mengenverluste im Produktionsprozess abbilden und zu korrekten Ergebnisse kommen. Die Kosten des Mengenverlustes auf einer Produktionsstufe sind in den weiter gewälzten Kosten enthalten und müssen nicht durch Einsatzfaktoren simuliert werden. Sie ist daher unter der Voraussetzung des Mengenverlustes das etwas einfacher durchzuführende Verfahren. Darüber hinaus bietet sie die Möglichkeit eine Bestandsbewertung der Ware in Arbeit durchzuführen. Dies ermöglicht die addierende mehrstufige Divisionskalkulation mit Einsatzfaktoren nicht, da die Zwischenergebnisse, d. h. die Produkte der Gesamtbedarfskoeffizienten mit den Stückkosten keine korrekten Werte für die Bestandsbewertung sind, sondern nur das Endergebnis.

Die folgende Formel der mehrstufigen addierenden Divisionskalkulation lässt sich für eine Einproduktunternehmung aufstellen, in der das Produkt in den Produktionskostenstellen $i = 1, \ldots ,$ in bearbeitet wird. Die Herstellkosten dieser Stellen werden mit K_{Hi} und die Ausbringungsmengen mit x_{pi} bezeichnet:

Tab. 6.8: Weiterwälzende mehrstufige Divisionskalkulation ohne Zwischenlagerbestandsveränderungen mit Mengenverlusten im Produktionsprozess

Produktions-stufe	Einsatz-menge ME/Pe	Weiter-gewälzte Kosten €/Pe	Kosten-stellen-kosten €/Pe	Gesamt-kosten der Produktions-stufe €/Pe	Aus-bringung ME/Pe	Stück-kosten €/ME
1.	3.000		10.000	10.000	2.800	3,57
2.	2.800	10.000	18.000	28.000	2.600	10,76
3.	2.600	28.000	12.000	40.000	2.400	16,67
4.	2.400	40.000	20.000	60.000	2.200	27,27

Es treten normalerweise zwischen den einzelnen Stufen Halbfabrikatebestandsveränderungen (Lagerbestandsveränderungen in Zwischen-/Pufferlagern) auf.

$$k_{MD} = \sum_{i=1}^{in} \frac{K_{Hi}}{x_{pi}} + \frac{K_V}{x_A}$$

k^{MD} = Selbstkosten nach der Methode der mehrstufigen Divisionskalkulation in €/ME

i = Index der Produktionskostenstellen, die ein zu produzierendes Produkt durchläuft, $i = 1, \ldots, in$

Die Kalkulationstransparenz bzw. Aussagekraft kann in einer mehrstufigen Einproduktunternehmung gesteigert werden, indem die Einzelmaterialkosten und die Fertigungskosten getrennt kalkuliert werden. Dazu ist der Index $v = 1, n$ für die Materialarten einzuführen, die als Einzelkosten in das Produkt einfließen. Zusätzlich kann noch Gemeinkostenmaterial in den Fertigungskosten der Kostenstelle i K_{Ftgi} enthalten sein. m_v Mengeneinheiten dieser Materialarten gehen in eine Produkteinheit ein. Die Netto-Materialpreise liegen bei q_v. Für alle Materialarten gilt der gleiche prozentuale Materialgemeinkostenzuschlag d_M. Bei gesondertem Materialkostenausweis stellt sich die Formel der mehrstufigen addierenden Divisionskalkulation wie folgt dar:

$$k_{MV} = \sum_{v=1}^{vn} m_v q_v \left(1 + \frac{d_m}{100} \right) + \sum_{i=1}^{in} \frac{K_{Ftgi}}{x_{pi}} + \frac{K_V}{x_A} \quad \text{in €/ME}$$

k^{MV} = Selbstkosten nach der Methode der zweistufigen Divisionskalkulation als Veredelungsrechnung in €/ME

m_v = Mengeneinheiten der Materialarten in ME/Pe

q_v = Netto-Materialpreise in €/ME

v = Index der Materialarten $v = 1, \ldots, vn$

d_m = Materialgemeinkostenzuschlagssatz

K_{Ftgi} = Fertigungskosten der Fertigungskostenstellen $i = 1, \ldots, in$

x_{pi} = in der Kostenstelle i produzierte Menge in ME/Pe

Die unterschiedlichen Beschaffungs- und Lagerkosten der Materialarten bzw. -gruppen können durch differenzierte Materialgemeinkostenzuschlagssätze verursachungsgerechter kalkuliert werden. In der Formel müsste dann der Summenausdruck für die Materialkosten in entsprechend viele Teilausdrücke mit jeweils spezifischen Zuschlagssätzen (d_{mv}) differenziert werden. Weiterhin kann die addierende mehrstufige Divisionskalkulation durch die explizite Berücksichtigung der Sondereinzelkosten der Fertigung und des Vertriebs verfeinert werden. Darüber hinaus können die Verwaltungs- und Vertriebsgemeinkosten mithilfe prozentualer Zuschlagsätze auf die Herstellkosten zugerechnet werden. Dies ist aber kein Charakteristikum der Divisionskalkulationen, sondern entspricht dem Ansatz der Zuschlagskalkulationen, die in einem späteren Kapitel beschrieben werden.

6.3.3 Äquivalenzziffernkalkulation

Beschreibung der Äquivalenzziffernkalkulation

Wenn ein Unternehmen verschiedene Produktarten mit unterschiedlicher Kostenverursachung produziert, so sind die ein- bis mehrstufigen Divisionskalkulationen nicht mehr anwendbar, da sie nur für Einproduktunternehmen gelten. Sie beinhalten keine Kriterien zur Kostenaufteilung der Gesamtkosten auf mehrere unterschiedliche Produkte. Wenn die Produkte starke Ähnlichkeiten aufweisen, also Produktvarianten eines Grundproduktes sind, können sie auch als Sorten, Abarten und Ausprägungen dieses Grundproduktes bezeichnet werden. Dies ist der Fall, wenn sie nur geringe konstruktive Änderungen aufweisen, weil sie aus den gleichen Ausgangsmaterialien oder mithilfe gleichartiger Prozesse hergestellt werden. Die Kosten derart ähnlicher Produkte rechnet die Äquivalenzziffernkalkulation mit Äquivalenzziffern auf eine Einheitssorte um. Dieses Kalkulationsverfahren wird in Anlehnung an das charakteristische Merkmal dieser Methode, nämlich die Äquivalenzziffern, als Äquivalenzziffernkalkulation bezeichnet. Die Anwendung der Äquivalenzziffernkalkulation ist in Unternehmen und Kostenstellen möglich, die eine überschaubare Anzahl artähnlicher Produkte bzw. innerbetrieblicher Leistungen erzeugen. Dies wird oft auch als Sortenproduktion bezeichnet.[15]

Äquivalenzziffern sind Verhältniszahlen, die angeben, wie sich die Kostenverursachung der Sorten von den Kosten einer gewählten Einheitssorte (Synonyma: Normalsorte, Standardsorte) unterscheiden. Der Einheitssorte wird üblicherweise die

---

[15] Wahrscheinlich hat die Äquivalenzziffernrechnung ihren Ursprung in Blechwalzbetrieben. Bereits 1907 hatte P. Stein für Blechwalzwerke nach der Blechstärke differenzierte Äquivalenzziffern vorgeschlagen, wobei dünnen Blechen infolge ihrer längeren Bearbeitungszeiten höhere Äquivalenzziffern zugeteilt werden als dickeren Blechen.

Äquivalenzziffer 1 zugewiesen.[16] Im u. a. Beispiel betragen z. B. die Äquivalenzziffern der anderen Sorten 0,9 und 1,2. Das bedeutet, dass eine Produktvariante 10 % weniger und die andere 20 % mehr Kosten als die Einheitssorte verursacht. Die produzierten Mengen in einer Istkalkulation oder die geplanten Mengen in einer Plankalkulation werden dann mit den Äquivalenzziffern multipliziert und es ergeben sich so genannte Recheneinheiten. Diese Recheneinheiten haben selbst keine betriebswirtschaftliche Aussagekraft, sondern sind nur Zwischenschritte im Algorithmus. Sie werden aufaddiert und ergeben die Schlüsselzahl. Die Gesamtkosten des Unternehmens oder des mit der Äquivalenzziffernkalkulation abzubildenden Teilbereichs werden durch diese Schlüsselzahl dividiert und man erhält die Stückkosten der Einheitssorte. Die Stückkosten der Einheitssorte werden nun mit den jeweiligen Äquivalenzziffern der anderen Sorten multipliziert um zu deren Stückkosten zu gelangen.

Die Äquivalenzziffern können sich auf die Gesamtkosten eines Unternehmens in einer Periode beziehen, was als Äquivalenzziffernkalkulation mit einer Ziffernreihe bezeichnet wird. Zur Erhöhung der Kalkulationsgenauigkeit können auch für einzelne Kostenarten(-gruppen) gesonderte Äquivalenzziffernreihen gebildet werden. Diesen Fall bezeichnet man als Äquivalenzziffernkalkulation mit mehreren Ziffernreihen. Werden für mehrere aufeinander folgende Produktionsstufen oder Werke (Teilbetriebe) jeweils entsprechende Äquivalenzziffernreihen gebildet, liegt eine mehrstufige Äquivalenzziffernkalkulation vor. Für sie ist mindestens eine Äquivalenzziffernreihe pro Kostenstelle erforderlich, d. h. für den gesamten Produktionsprozess sind immer mehrere Ziffernreihen erforderlich.

In der Praxis finden sich zahlreiche industrielle Produktionsprozesse und auch Prozesse der Dienstleistungsproduktion die artverwandte Sorten produzieren und für die Anwendung der Äquivalenzziffernkalkulation in Frage kommen. Beispiele sind Kalksandsteinfabriken, die mehrere Kalksandsteinsorten unterschiedlicher Abmessungen herstellen, Getränkeproduktionen, in welchen Limonaden und Bierprodukte mit mehreren Limonaden- und Biersorten produziert werden, sowie aus der Dienstleistungsproduktion das unten angeführte Hotel, das Zimmer verschiedener Kategorien anbietet.

Die Ermittlung von Äquivalenzziffern kann nach Breininger wie folgt vorgenommen werden:
1. Aufgrund betriebseigener Grundlagen, z. B. Produktionszeiten
   a. durch kosten- und verkaufspreisstatistische Festlegung
   b. durch analytische Festlegung
2. Aufgrund betriebsfremder Grundlagen

---

16 Breiniger hat bereits 1928 den Begriff der Äquivalenzziffer wie folgt definiert: „Äquivalenzziffern sind konstante Ausgleichsziffern mit mittelbarer Verteilungswirkung, die mit variablen Größen zu Rechnungseinheiten verschmolzen werden, um das Divisionsverfahren für verschiedenartige Leistungsarten gemeinsamen Ursprungs zu ermöglichen".

Kostenstatistische Verfahren sind vergangenheitsorientiert, da sie ähnlich wie die Normalkostenrechnung Istkosten vergangener Perioden in die Zukunft (hier in aktuelle Äquivalenzziffern) extrapolieren. Zufällige Kostenschwankungen oder Unwirtschaftlichkeiten der Vergangenheit könnten die Äquivalenzziffern beeinflussen. Verkaufspreise sind für die Ermittlung von Äquivalenzziffern ungeeignet, da es sich bei ihnen um betriebsfremde Größen handelt. Auf ihrer Basis könnten allenfalls die Vertriebskosten verrechnet werden, aber nur wenn ein Zusammenhang zwischen Vertriebskosten und Verkaufspreisen besteht. Dieser ist in der Praxis allerdings selten gegeben. Aus Verkaufspreisen abgeleitete Äquivalenzziffern kommen nur als Notlösung in Frage. Am verursachungsgerechtesten lassen sich Äquivalenzziffern analytisch festlegen. Die Kostenverursachung der Sorten wird dabei auf geeignete Bezugsgrößen wie zum Beispiel Materialgewichte, Blechstärken, Oberflächen, Längen, Durchmesser oder Fertigungszeiten zurückgeführt und hieraus werden Äquivalenzziffernreihen abgeleitet. Je verursachungsgerechter die Äquivalenzziffern gebildet werden, desto genauer werden die Ergebnisse der Äquivalenzziffernkalkulation, desto aufwendiger wird aber auch ihre Ermittlung und desto mehr geht die Äquivalenzziffernkalkulation in die Bezugsgrößenkalkulation über. Äquivalenzziffernreihen können hinsichtlich der angestrebten Verursachungsgerechtigkeit nur für die variablen Kostenarten mit proportionaler Kostenfunktion gute Ergebnisse liefern. Wenn sie auch für die kalkulatorische Verrechnung von Vollkosten verwendet werden, proportionalisieren sie Fixkosten und beinhalten damit die oben angesprochenen Nachteile der Divisionskalkulationen.

Für die einstufige Äquivalenzziffernkalkulation mit einer Ziffernreihe müssen die folgenden Voraussetzungen gegeben sein:
- Es müssen die Produktion- und Absatzmengen aller Sorten übereinstimmen, das heißt es dürfen keine Bestandsveränderungen an Fertigwaren auftreten.
- Weiterhin muss entweder einstufige Produktion vorliegen, oder es dürfen im Falle mehrerer Produktionsstufen keine Bestandsveränderungen in den Zwischenlagern entstehen. Diese beiden Voraussetzungen müssen erfüllt sein, damit sich alle Kosten auf die gleichen Mengen der Sorten beziehen lassen.
- Darüber hinaus müssen sich alle Kosten zu einer Äquivalenzziffernreihe proportional verhalten, das heißt es dürfen keine progressiven oder degressiven Kostenfunktionen einer Kostenart vorliegen.

Beispiel zur Äquivalenzziffernkalkulation
Es wird eine einstufige Äquivalenzziffernkalkulation mit einer Ziffernreihe in einem Hotel mit drei Zimmerkategorien dargestellt. Die Übernachtungen in den Zimmerkategorien sind ähnliche Dienstleistungsproduktionen, d. h. Sorten bzw. Abarten der Kerndienstleistung *Übernachtung*. Die Kostenverursachung der drei Zimmerkategorien wird mit der u. a. Äquivalenzziffernreihe ausgedrückt, wobei das Doppelzimmer als Einheits- bzw. Standardsorte gewählt wird. Alle Kostenarten der anderen beiden Zimmerkategorien werden im Verhältnis zu den Kosten des Doppelzimmers geschätzt. Kostenarten sind u. a die kalkulatorischen Abschreibungen und Zinsen auf die Hotel-

immobilie, sowie die Heizungs-, Strom-, Reinigungs- und Instandhaltungskosten. Da die Suiten flächenmäßig 20 % größer sind als die Doppelzimmer ist die Schätzung, dass diese Kostenarten hier auch rund 20 % höher liegen als im Doppelzimmer plausibel. Da die Einzelzimmer 10 % kleiner sind als die Doppelzimmer ist auch die Schätzung, dass diese Kostenarten hier 10 % niedriger liegen nachvollziehbar.

Tab. 6.9: Äquivalenzziffernkalkulation mit einer Ziffernreihe

Zimmer-kategorie (Sorte)	Planmenge ME/Pe	Äquivalenz-ziffern	Rechnungs-einheiten/ Schlüssel-zahl	Stückkosten €/ME	Gesamtkosten pro Zimmerkategorie €/Pe
Doppelzimmer	1.000	1	1.000	50	50.000
Einzelzimmer	800	0,9	720	45	36.000
Suite	500	1,2	600	60	30.000
Summen			2.320		116.000
Gesamtkosten der Periode			116.000		
Stückkosten der Einheitssorte ⇒			50		
Gesamtkosten/Summe der Schlüsselzahlen					

Wie oben ersichtlich, ergeben sich die Rechnungseinheiten als Produkte aus Planmengen und Äquivalenzziffern. Die Spaltensumme der Rechnungseinheiten führt zu der Schlüsselzahl von 2320. Diese hat alleine noch keine betriebswirtschaftliche Aussagekraft und kann als gleichnamig gemachte Planmenge aller Zimmerkategorien aufgefasst werden. Sie ist der Nenner eines Divisionskalkulationsschrittes, bei dem die Gesamtkosten des Hotels von 116.000 € in der Periode im Zähler stehen. Das Ergebnis sind die Stückkosten der Einheitssorte Doppelzimmer. Diese Stückkosten werden nun mit den jeweiligen Äquivalenzziffern der anderen Sorten multipliziert um zu deren Stückkosten zu gelangen. Werden die Stückkosten mit den Planmengen multipliziert ergeben sich die Gesamtkosten pro Zimmerkategorie. Deren Spaltensumme muss wieder die Gesamtkosten der Periode ergeben und kann somit als Probe dienen.

Die Formeln der Äquivalenzziffernkalkulation

Für die einstufige Äquivalenzziffernkalkulation mit einer Ziffernreihe gilt die folgende Kalkulationsformel, worin die Größen α_j die Äquivalenzziffern angeben:

$$k_j^{\ddot{A}Z} = \frac{K}{\sum_{j=1}^{jn} x_j \alpha_j} \alpha_j \quad \text{in €/ME}$$

$k_j^{\ddot{A}Z}$ = Selbstkosten des Produktes j nach der Methode der einstufigen Äquivalenzziffernkalkulation, in €/ME

K = Gesamtkosten einer Periode €/Pe

x_j = Menge des Produktes j in einer Periode ME/Pe

α_j = Äquivalenzziffer für das Produkt j

j = Index der zu kalkulierenden Produkte; hier der Sorten j = 1, . . . , jn

Der Summenausdruck im Nenner beinhaltet die aufaddierten Produkte von Äquivalenzziffern und Mengen und damit die Schlüsselzahl. Mit den Gesamtkosten K im Zähler errechnet der Quotient der obigen Formel die Selbstkosten pro Einheit der Einheitssorte. Durch Multiplikation mit den Äquivalenzziffern α_j, erhält man die Selbstkosten pro Einheit der einzelnen Sorten. Die Äquivalenzziffernkalkulation mit lediglich einer Ziffernreihe führt oftmals nur zu ungenauen Ergebnissen. Je unterschiedlicher (lat.: heterogener) die Kostenverursachung der verschiedenen Produkte ist, desto schwieriger ist es, sie mit nur einer Äquivalenzziffernreihe verursachungsgerecht zu kalkulieren und desto notwendiger werden mehrere Äquivalenzziffernreihen.

Die einstufige Äquivalenzziffernkalkulation mit mehreren Ziffernreihen (für verschiedene Bereiche) wird durch die folgende Formel abgebildet. Die genaue Ausgestaltung der Formel hängt davon ab, wie viele Äquivalenzziffernreihen gebildet werden müssen, um die gewünschte Genauigkeit zu erzielen. Insofern gibt es nur vom prinzipiellen Rechengang her, aber nicht von der Anzahl der Glieder eine allgemeingültige Formel. Wenn z. B. für die Materialkosten K_M, die Fertigungskosten K_{Ftg} und die Verwaltungs- und Vertriebskosten K_V gesonderte Äquivalenzziffernreihen gebildet werden, so erhält man folgende Kalkulationsformel:[17]

$$k_j^{M\ddot{A}} = \frac{K_M}{\sum_{j=1}^{jn} x_j \alpha_{Mj}} \alpha_{Mj} + \frac{K_{Ftg}}{\sum_{j=1}^{jn} x_{pj} \alpha_{Ftgj}} \alpha_{Ftgj} + \frac{K_V}{\sum_{j=1}^{jn} x_{aj} \alpha_{Vj}} \alpha_{Vj} \quad \text{in } €/ME$$

$k_j^{M\ddot{A}}$ = Selbstkosten des Produktes j nach der Methode der einstufigen Äquivalenzziffernkalkulation mit mehreren Ziffernreihen, in €/ME
K_M = Gesamte Materialkosten in €/Pe
α_{Mj} = Äquivalenzziffernreihe der Materialkosten
K_{Ftg} = Gesamte Fertigungskosten in €/Pe
α_{Ftgj} = Äquivalenzziffernreihe der Fertigungskosten
K_V = Gesamte Verwaltungs- und Vertriebskosten in €/Pe
α_{Vj} = Äquivalenzziffernreihe der Verwaltungs- und Vertriebskosten

Die Formel kann beliebig erweitert werden, indem man für weitere Kostenarten gesonderte Äquivalenzziffernreihen bildet.

Durchlaufen die Sorten mehrere Fertigungsstellen und treten in den Zwischenlagern und im Fertigwarenlager Bestandsveränderungen auf, so ist die Anwendung der mehrstufigen Äquivalenzziffernkalkulation mit mehreren Ziffernreihen erforderlich.

Es wird vereinfachend angenommen, dass der Materialeinsatz nur in der Stelle 1 erfolgt und für die Materialkosten, die Fertigungskosten in den Stellen i = 1, ..., in und den Absatzbereich jeweils gesonderte Ziffernreihen gebildet werden. Insgesamt sind daher zusätzlich zu der Materialkostenziffernreihe weitere zwei Ziffernreihen er-

---

17 Verursachungsgerechter wird man die Materialkosten als Einzelkosten erfassen und nicht mit Äquivalenzziffern.

forderlich. Daraus folgt folgende Kalkulationsformel:

$$k_j^{MM\ddot{A}} = \frac{K_M}{\sum_{j=1}^{jn} x_j \alpha_{Mj}} \alpha_{Mj} + \sum_{i=1}^{in} \frac{K_{Ftgi}}{\sum_{j=1}^{jn} x_{pj} \alpha_{Ftgji}} \alpha_{Ftgji} + \frac{K_V}{\sum_{j=1}^{jn} x_{aj} \alpha_{Vj}} \alpha_{Vj} \quad \text{€/ME}$$

$k_j^{MM\ddot{A}}$ = Selbstkosten des Produktes j nach der Methode der einstufigen Äquivalenzziffernkalkulation, in €/ME

x_{pji} = Produktionsmenge der Produktart j in der Kostenstelle i in ME/Pe

Diese Formel der mehrstufigen Äquivalenzziffernkalkulation mit mehreren Ziffernreihen kann ähnlich, wie die Divisionskalkulationen um Bestandteile der Zuschlagskalkulationen und Sondereinzelkosten ergänzt werden, bis nur noch die Zurechnung der Fertigungskosten mittels Äquivalenzziffern als Charakteristikum einer Äquivalenzziffernkalkulation übrigbleibt. So können die Einzelmaterialkosten, die Sondereinzelkosten der Fertigung und die Sondereinzelkosten des Vertriebs den Sorten direkt zugerechnet werden und die Materialgemeinkosten prozentual auf die Einzelmaterialkosten zugeschlagen werden. Weiterhin können die Verwaltungs- und Vertriebsgemeinkosten als Zuschlagssatz auf die Herstellkosten verrechnet werden. Wenn in der Formel die Äquivalenzziffern α_{Ftgij} durch die Fertigungszeiten pro Stück t_j oder sonstige Bezugsgrößen pro Stück ersetzt werden, so verändert sich die Äquivalenzziffernkalkulation der Fertigungskosten zu einer Maschinenstundensatz- oder Bezugsgrößenkalkulation, die unten besprochen wird.

Beurteilung der Äquivalenzziffernkalkulation
Die Problematik der Äquivalenzziffernkalkulation liegt im Aufwand, der für einen hinreichenden Genauigkeitsgrad (Verursachungsgerechtigkeit) bei der analytischen Bildung der Äquivalenzziffern erforderlich ist. Schätzt man die Äquivalenzziffern grob als ungefähre Verhältniszahlen der Kostenverursachung, so ergeben sich Kalkulationsungenauigkeiten bzw. die Kalkulationsergebnisse sind selbst nur eine Schätzung. Geht man dagegen sorgfältig analytisch vor, so ergeben sich Äquivalenzziffern, die mit Bezugsgrößen der Kostenverursachung identisch sind. In diesen Fällen geht aber die Äquivalenzziffernkalkulation in die Bezugsgrößenkalkulation über, die unten beschrieben wird.

6.3.4 Kuppelkalkulation

Beschreibung der Kuppelproduktion und ihrer Problematik bei der Kalkulation
Der Oberbegriff Kuppelproduktion umfasst Produktionsprozesse, bei denen aus verfahrenstechnischen Gründen zwingend und oft unbeabsichtigt mehrere Produktarten gleichzeitig entstehen. Deren Mengenrelationen sind entweder konstant oder va-

riieren innerhalb bestimmter Intervallgrenzen. Die durch solche Produktionsprozesse hergestellten Erzeugnisse werden als Kuppelprodukte bezeichnet.

Die Kuppelproduktion war schon Vertretern der klassischen Nationalökonomie bekannt. Schmalenbach hat die Bezeichnung in die Betriebswirtschaftslehre eingeführt (vgl. Schmalenbach 1963, S. 249 ff.). Die Kuppelproduktion ist in der Praxis weit verbreitet und tritt dort in mannigfaltigen Formen auf. Dies gilt vor allem für die chemische Industrie und artverwandte Branchen. Typische Beispiele für Kuppelproduktion sind Kokereien bei denen aus Steinkohle gleichzeitig Koks, Gas, Teer, Benzol und andere Kohlenwasserstoffe gewonnen werden. Weiterhin können Hochöfen genannt werden, die neben dem Roheisen auch Gichtgas und Schlacke produzieren und Raffinerien, in denen aus dem eingesetzten Rohöl Schweröl, Leichtöl, Benzin, Gas, Wachs und einige andere Stoffe gewonnen werden. Auch viele Zerlegungsprozesse, so zum Beispiel das Zerlegen von Tieren in Schlachthöfen, zählen zu der Kuppelproduktion. Bei der Tierzerlegung entstehen gleichzeitig mehrere Fleischsorten, Häute, Knochen und Abfälle. Auch bei der Fruchtverarbeitung entstehen Kuppelprodukte. Bei Orangen sind dies z. B. der Saft, die Aromen, Öle, das Fruchtfleisch und die Schale, die alle einzeln vermarktet werden. In der Dienstleistungsproduktion kommt Kuppelproduktion z. B. im Passagierluftverkehr vor, wenn im Rumpf der Flugzeuge gleichzeitig Fracht transportiert wird. Weiterhin kann man auch jede Entstehung von Abfall und Ausschuss sowie den zwangsläufigen Anfall wertverminderter Produkte (so genannte zweite und dritte Wahl) zur Kuppelproduktion zählen.

Bei der Einteilung der Kuppelproduktion unterscheidet man Kuppelproduktion mit starren und veränderlichen Mengenrelationen. Bei starren Mengenrelationen lassen sich die Kuppelprodukte als ein Kuppelpäckchen auffassen. Veränderliche Mengenrelationen resultieren meistens aus Änderungen der eingesetzten Rohstoffmischungen, variierten Prozessbedingungen (z. B. Temperatur, Druck, Katalysatoren) oder unterschiedlich langen Prozessdauern (Verweilzeiten). Bei der Kalkulation ist darauf zu achten, dass unterschiedliche Mengenrelationen stets auch die Kostenhöhe beeinflussen. Ein weiteres Unterscheidungsmerkmal ist die Anzahl der Produktionsstufen mit Kuppelproduktion, die im Produktionsablauf aufeinander folgen. Gibt es nur einen Prozess, bei dem Kuppelprodukte entstehen, so spricht man von einfacher Kuppelproduktion. Folgen dagegen mehrere solcher Prozesse aufeinander, so dass die Kuppelprodukte vorgelagerter Prozesse als Einsatzstoffe in nachfolgende Prozesse mit Kuppelproduktion eingehen, so liegt mehrfache Kuppelproduktion vor. Treten hierbei keine Rückflüsse auf, so spricht man von linearer, bei Vorliegen von Rückflüssen von zyklischer mehrfacher Kuppelproduktion.

Das spezielle Kalkulationsproblem der Kuppelproduktion besteht darin, dass bei Kuppelproduktion eine dem Verursachungsprinzip entsprechende und nach Endprodukten differenzierte Kostenträgerrechnung nicht möglich ist und eine produktindividuelle Zurechnung der Kosten des Kuppelprozesses immer willkürlich bleibt. Dies gilt nicht etwa nur für die fixen Kosten, sondern gerade auch für die variablen Kosten. Hierin liegt der entscheidende Unterschied gegenüber Produktionsprozessen, bei denen die Erzeugnisse unabhängig voneinander produziert werden können. Da bei Kuppelproduktion gleichzeitig mehrere Produkte entstehen, kann es keine kausale Zurechnungsmöglichkeit variabler Kosten auf einzelne Kuppelprodukte geben. Hieraus folgt, dass die verursachungsgemäße kalkulatorische Bestimmung der proportionalen Stückkosten für Kuppelprodukte eine unlösbare Aufgabe ist. Für die betriebswirtschaftliche Praxis sind die unten zu beschreibenden Näherungslösungen entwickelt worden.

In Entscheidungsmodellen der betrieblichen Planung hat man hieraus die Konsequenz gezogen, bei Kuppelproduktion auf den Ausweis produktindividueller Stückkosten völlig zu verzichten. Man ordnet vielmehr die variablen Prozesskosten jeweils bestimmten Leiteinsatz- oder Leitausbringungsmengen zu und stellt im Übrigen durch Mengenflussrestriktionen sicher, dass die Relationen der Kuppelprodukte eingehalten werden. In der Kostenrechnung kann man aber auf die kalkulatorische Bestimmung produktindividueller Stückkosten nicht verzichten, da diese für die Bestandsbewertung und die Durchführung der kurzfristigen Erfolgsrechnung benötigt werden. Den Widerspruch, dass man zwar produktindividuelle Stückkosten für Kuppelprodukte benötigt, diese aber nach dem Verursachungsprinzip nicht bestimmen kann, hat man in der Kostenrechnung seit langem mithilfe von Kalkulationsverfahren zu lösen versucht, bei denen die Kosten nach anderen Prinzipien zugerechnet werden, z. B. nach dem Tragfähigkeitsprinzip. Zu beachten ist, dass die Verfahren, die wir in den folgenden beiden Kapiteln darstellen wollen, nicht zu entscheidungsrelevanten Stückkosten führen können, und zwar auch dann nicht, wenn man sich auf die kalkulatorische Zurechnung der variablen Kosten beschränkt. Eine verursachungsgerechte Zurechnung ist nur auf Basis der entstehenden Produktbündel zu gewährleisten.

Das Subtraktions- oder Restwertverfahren der Kuppelkalkulation

Beim Subtraktions- oder Restwertverfahren müssen sich die Kuppelprodukte in ein Hauptprodukt und ein oder mehrere Nebenprodukte einteilen lassen. Das Hauptprodukt ist das Kuppelprodukt, dessen Fertigung zuvorderst beabsichtigt ist, entweder weil sein ökonomischer Wert höher als der der Nebenprodukte, oder weil es als Zwischenerzeugnis für den Einbau in Endprodukte erforderlich ist. Ein Beispiel für die eindeutige Bestimmbarkeit eines Hauptproduktes ist ein Hochofen, bei dem das Roheisen als Hauptprodukt produziert werden soll. Oft ist eine Unterteilung in ein Hauptprodukt und ein oder mehrere Nebenprodukte nicht möglich, weil mehrere gleichermaßen erwünschte oder ähnlich gut am Absatzmarkt verwertbare Kuppelprodukte entstehen. Beispiele hierfür sind zahlreiche chemische Prozesse in Kokereien und Raffinerien.

Wenn ein Hauptprodukt bestimmt werden kann, so ist das Subtraktions- oder Restwertverfahren einsetzbar. Bei diesem Verfahren werden die Herstellkosten der Kuppelproduktion um die Nettoumsatzerlöse der Nebenprodukte abzüglich der von diesen zusätzlich verursachten Kosten (= über die im Kuppelprozess verursachten

Kosten hinausgehende Kosten) vermindert. Der Saldo wird dem Hauptprodukt zugerechnet. Es ergibt sich durch die Division dieser auf dem Hauptprodukt verbleibenden
Kosten durch die Menge des Hauptproduktes eine einstufige Divisionskalkulation.

Beispiel

Auf einer Kokosnussplantage wird in Malaysia, einem der Haupterzeugerländer, als
Hauptprodukt Kokosnussöl (angels.: Copraoil) produziert. Die Istmenge der Periode
beträgt 850.000 Liter Kokosnussöl. Als Nebenprodukt 1 entstehen 1.700 kg Kokosnussfasern. Diese werden an eine Fußmatten- und Seilweberei zum Preis von 20 Ringit/kg
verkauft, wobei Transportkosten von 1,- Ringit/kg entstehen.

Als Nebenprodukt 2 entstehen 20.000 Liter Kokosnusswasser und -milch. Diese
werden an Küche und Cocktailbar des benachbarten Clubdorfes zum Preis von 17,-
Ringit/l verkauft, wobei Transportkosten von 3,- Ringit/l entstehen.

Als Nebenprodukt 3 entstehen 1.600 kg in der Ölmühle ausgepresstes Fruchtfleisch (angels.: Copra pulp), welches als Viehfutter an Bauern, die es selbst abholen,
zum Preis von 2,- Ringit/kg verkauft wird.

Als Nebenprodukt 4 entstehen 3.500 kg Kokosnussschalen, -blätter und -stäm-
me. Teilweise erfolgt hier eine Eigennutzung als Brennmaterial für die Copraöfen und
als Baumaterial für Hütten, teilweise erfolgt eine Entsorgung durch Fremdspediteu-
re, welche Kosten von 1,- Ringit/kg verursacht. Die Entsorgung wird für das folgende
Beispiel angenommen.

Es ergaben sich Gesamtkosten von 1.700.000,- malaysischen Ringit im letzten Geschäftsjahr.

Die Formel des Subtraktions- oder Restwertverfahrens

$$k_j^{RW} = \frac{K_H - \sum_{b=1}^{bn}(p_{Nb} - k_{Nb})x_{Nb}}{x_h} \quad \text{in } €/ME$$

k_j^{RW} = Selbstkosten des Produktes j nach der Methode des Restwertverfahrens bei
Kuppelproduktion, in €/ME

K_H = gesamte Herstellkosten des Kuppelprozesses in €/Pe

K_H umfasst bei Vollkostenkalkulationen die fixen und variablen Kosten. Bei
Grenzkostenkalkulationen werden nur die variablen Kosten verrechnet. Die
Kosten K_H können sich entweder auf eine Losgröße bzw. Charge oder einen
Zeitraum beziehen.

x_h = Ausbringungsmenge des Hauptproduktes h in ME/Pe

k_{Nb} = variable Stückkosten des Nebenproduktes b in €/ME

x_{Nb} = Ausbringungsmenge der Nebenprodukte in ME/Pe

b = Index für die Art der Nebenprodukte, b = 1, . . . , bn

P_{Nb} = Netto-Marktpreise der Nebenprodukte b in €/ME

Der Summenausdruck im Zähler berechnet die gesamten Deckungsbeiträge der Nebenprodukte, die die dem Hauptprodukt zuzurechnenden Kosten entlasten. Die im

Tab. 6.10: Kuppelkalkulation mit der Subtraktions-/Restwertmethode

Kuppelkalkulation mit der Subtraktions-/ Restwertmethode	Aus- bringungs- mengen der Nebenpro- dukte ME/Pe	Netto- verkaufs- preise der Nebenpro- dukte €/ME	Weiter- verarbei- tungs- kosten €/ME	Deckungs- spanne der Neben- produkte €/ME	Gesamte Deckungs- beiträge bzw. Kosten der Neben- produkte €/Pe
Nebenprodukt 1 Kokosnussfasern	1.700	20	1	19	32.300
Nebenprodukt 2 Kokosnusswasser/ -milch	20.000	17	3	14	280.000
Nebenprodukt 3 Fruchtfleisch	1.600	2	0	2	3.200
Nebenprodukt 4 Schalen, Blätter, Stämme	3.500	0	1	−1	−3.500
Die Kosten des Hauptproduktes entlastende Gewin- ne der Nebenpro- dukte	312.000				312.000
Gesamtkosten des Kuppelproduktions- prozesses	1.700.000				
Dem Hauptprodukt zurechenbare Kos- ten	1.388.000				
Ausbringungsmenge des Hauptproduktes	850.000				
Stückkosten des Hauptproduktes	1,63	Ringit/kg			

Zähler verbleibenden reduzierten Kosten werden durch die im Nenner stehende Ausbringungsmenge des Hauptproduktes x_h dividiert.

Beurteilung des Subtraktions- oder Restwertverfahrens

Eine einschränkende Voraussetzung des Subtraktions- oder Restwertverfahren ist, dass es nur beim Vorliegen eines eindeutigen Hauptproduktes anwendbar ist, was manchmal nicht gegeben ist. Weiterhin sind die Kalkulationsergebnisse von Preisschwankungen der Nebenprodukte abhängig. Im Falle einer Vollkostenkalkulation kommen also zu den nachteiligen Schwankungen des Kalkulationsergebnisses aufgrund von Schwankungen der Ausbringungsmenge (siehe zur ausführlicheren Begründung den Absatz 6.3.1 zur ein- und zweistufigen Divisionskalkulation) noch die

Schwankungen der Marktpreise der Nebenprodukte. Die unternehmensexternen Kalkulationshilfsgrößen *Marktpreise* haben demnach einen nicht verursachungsgerechten und verzerrenden Einfluss auf das Kalkulationsergebnis.

Das Äquivalenzziffern- oder Verteilungsverfahren

Wenn die Festlegung eines Hauptproduktes nicht möglich oder nicht sinnvoll ist, weil alle oder mehrere Kuppelprodukte gleichermaßen erwünscht bzw. deren Produktion beabsichtigt ist, dann wird teilweise das Äquivalenzziffern- oder Verteilungsverfahren zur Kalkulation der Kuppelprodukte herangezogen. Der Marktwert der Kuppelprodukte ist kein hinreichendes Kriterium zur Bestimmung von Haupt- und Nebenprodukten.[18] Im obigen Beispiel der Kokosnussölproduktion können z. B. die Kokosnussfasern und die Milch einen höheren Marktwert haben als das Hauptprodukt Kokosnussöl. Allerdings wird am Weltmarkt mengenmäßig wesentlich mehr Kokosnussöl nachgefragt als Fasern und Milch, da Kokosnussöl in vielen Wasch- und Reinigungsmitteln und Kosmetika enthalten ist. Der Markt für Fasern und Milch aber dagegen sehr begrenzt ist. Für die alleinige Produktion von Fasern und Milch wäre es investitionsrechnerisch kaum sinnvoll, eine Plantage zu betreiben.

Der Algorithmus ist formal der gleiche wie der in dem Kapitel zur Äquivalenzziffernkalkulation für die Sortenproduktion bereits dargestellte. Es müssen im ersten Schritt für die Kuppelprodukte Äquivalenzziffern bestimmt werden, die möglichst verursachungsgerecht die anteiligen Kosten des Kuppelproduktionsprozesses für die Kuppelprodukte abbilden sollen. Der entscheidende Unterschied zu Sortenproduktion besteht aber darin, dass bei Kuppelproduktion keine Äquivalenzziffern gefunden werden können, die auch dem Verursachungsprinzip entsprechen, weil die Kostenverursachung innerhalb des Kuppelproduktionsprozesses nicht analysierbar und nicht steuerbar ist, da sie naturwissenschaftlich bestimmt ist und sich aufgrund verfahrenstechnischer und betriebswirtschaftlicher Maßnahmen nicht oder sehr wenig steuern lässt. Wenn dies doch der Fall wäre, sich also die Zusammensetzung des Ausbringungsmengensortimentes eines Kuppelproduktionsprozesses steuern ließe, wäre dieser per Definition kein Kuppelproduktionsprozess mehr. Wenn verfahrenstechnisch unterschiedliche Kuppelproduktionsprozesse gewählt werden können, können daraus unterschiedliche Ausbringungsverhältnisse resultieren. Diese wären jeweils getrennt zu analysieren.

Zur Lösung dieses Problems sind Maßgrößen technisch-naturwissenschaftlicher Eigenschaften der Kuppelprodukte, zum Beispiel Molekulargewichte oder Heizwerte als Äquivalenzziffern vorgeschlagen worden. Dies ist nur sinnvoll, wenn für alle Kuppelprodukte, die aus einem Produktionsprozess hervorgehen, die gleiche chemische oder physikalische Eigenschaft als Maßgröße geeignet ist; zum Beispiel, wenn alle

---

18 Vgl. Kilger 1992, S. 357. Kilger argumentiert, dass die Bestimmung eines Hauptproduktes nicht möglich ist, wenn die Kuppelproduktion zu mehreren höherwertigen Produkten führt.

Kuppelprodukte einen Heizwert haben und zur Verwendung als Brennstoffe grundsätzlich geeignet sind. Diese Voraussetzung ist aber oft nicht erfüllt. Meistens fehlt chemischen und physikalischen Maßgrößen aber eine kausale Beziehung zur Kostenverursachung und auch zum Marktwert der Kuppelprodukte. Wenn es gelingen würde, verursachungsgerechte Mengenbezugsgrößen der Kostenverursachung im Kuppelproduktionsprozess zu finden, so läge eine Bezugsgrößenkalkulation vor. Als Beispiel möge der häufig auftretende Fall der Erdölexploration dienen, in dem meistens auch Erdgas zwangsläufig mitgefördert wird, weil es über dem Ölvorkommen lagert. In diesem Falle haben beide Kuppelprodukte einen Brenn-/bzw. Heizwert. Dieser könnte zwar hilfsweise als Äquivalenzziffer herangezogen werden, das sagt aber nichts über eine evtl. unterschiedliche Kostenverursachung von Erdöl und Erdgas im Explorationsprozess aus. Es ist festzuhalten, dass das Verursachungsprinzip in der Kuppelkalkulation nicht anwendbar ist und dass die Gewichtung der Ausbringungsmengen mit Äquivalenzziffern eine in Wirklichkeit nicht gegebene Verursachungsgerechtigkeit vortäuscht und die Kalkulationsergebnisse somit willkürlich sind. Dies gilt auf der Ebene der einzelnen Produkte; erst auf der Ebene des Ausbringungssortiments (Gesamtgüterbündel des Kuppelproduktionsprozesses) können konkrete Kostenanalysen durchgeführt werden.

Alternativ können Marktpreise oder Verwertungsüberschüsse bzw. Deckungsbeiträge als Äquivalenzziffern herangezogen werden. In diesem Fall wird das nicht realisierbare Verursachungsprinzip aufgegeben und das Tragfähigkeitsprinzip herangezogen. Beispiele werden unten gezeigt.

Im unten abgebildeten Beispiel werden vier Produkte im Kuppelproduktionsprozess produziert. Die Kosten des Materials und des gesamten Produktionsprozesses einschließlich des Kuppelproduktionsprozesses und der jeweiligen Weiterverarbeitungsprozesse der einzelnen Produkte betragen 130.000 €/Pe. Bei der Äquivalenzziffern-/Verteilungsmethode auf Basis der Ausbringungsmengen werden diese mit Äquivalenzziffern gewichtet und man gelangt zu den Recheneinheiten. Deren Addition ergibt die Schlüsselzahl. Sowohl die Recheneinheiten als auch die Schlüsselzahl haben für sich genommen keine betriebswirtschaftliche Aussagekraft, sondern sind nur Hilfsgrößen im Rechengang. Erst die Division der Gesamtkosten durch die Schlüsselzahl ergibt einen betriebswirtschaftlich aussagekräftigen Wert, nämlich die Stückkosten des Produktes mit der Äquivalenzziffer 1,0. Dafür wurde in der Äquivalenzziffernkalkulation der Begriff Einheitssorte gebraucht, der hier aber nicht angemessen ist, weil es sich hier nicht um eine Sorten- sondern um eine Kuppelproduktion handelt. Durch Multiplikation der Äquivalenzziffern mit den Stückkosten des Referenzproduktes (das mit der Ziffer 1,0) ergeben sich die Stückkosten der anderen Kuppelprodukte und durch Multiplikation mit den Ausbringungsmengen die jeweiligen Gesamtkosten der Kuppelprodukte in der Periode. Deren Addition muss wieder zu den Kosten der Gesamtproduktion führen.

Im Folgenden wird die Kalkulation verfeinert, indem nun angenommen wird, dass die Kosten der Weiterverarbeitung der einzelnen Produkte bekannt sind und nach dem

Tab. 6.11: Verteilung der Gesamtkosten des Kuppelproduktionsprozesses inkl. der Weiterverarbeitungskosten auf Basis der mit Äquivalenzziffern gewichteten Ausbringungsmengen

Produkt	Ausbringung in ME/Pe	Äquivalenz- ziffern	Rechnungs- einheiten/ Schlüsselzahl	Stückkosten €/ME	Gesamtkosten der Kuppel- produkte €/Pe
A	1.300	1,1	1.430	26,63	34.618,25
B	1.250	1,2	1.500	29,05	36.312,85
C	1.400	1,0	1.400	24,21	33.891,99
D	1.300	0,8	1.040	19,37	25.176,91
Summe	5.250		5.370		130.000
Kosten der Gesamtproduktion inkl. Kuppelproduktion €/Pe				130.000	
Stückkosten des Produktes mit der Äquivalenzziffer 1,0				24,21	

Durchlaufen des Kuppelproduktionsprozesses direkt verursachungsgerecht den Produkten zugerechnet werden. Die Kosten des Kuppelproduktionsprozesses betragen 80.000 € und die Kosten der Weiterverarbeitung insgesamt 50.000 €. Daraus ergaben sich oben die Gesamtkosten von 130.000 €.

Der erste Teil des Rechengangs, der Äquivalenzziffern-Algorithmus, ist formal der gleiche wie oben; er verteilt allerdings hier nur die Kosten des Kuppelproduktionsprozesses auf die Kuppelprodukte. Die direkt zurechenbaren Kosten der Weiterverarbeitung der Kuppelprodukte sind oben jeweils gesondert für die Ausbringungsmenge der einzelnen Produkte angegeben. Sie werden zu den Gesamtkosten der Kuppelprodukte im Kuppelproduktionsprozess addiert und durch die Ausbringungsmenge dividiert,

Tab. 6.12: Äquivalenzziffern-/Verteilungsmethode der Kuppelkalkulation hier: Verteilung der Gesamtkosten des Kuppelproduktionsprozesses auf Basis der mit Äquivalenzziffern gewichteten Ausbringungsmengen und gesonderter Verrechnung der Weiterverarbeitungskosten

Pro- dukt	Ausbrin- gung in ME/Pe	Äqui- valenz- ziffern	Rechnungs- einheiten/ Schlüssel- zahl	Stückkosten der Produkte im Kuppel- produktions- prozess €/ME	Gesamt- kosten der Kuppel- produkte €/Pe	Direkt zurechen- bare Kosten der Weiter- verarbei- tung €/Pe	Gesamtkosten Kuppelpro- duktion und Weiterverar- beitung €/Pe	Stück- kosten €/ME
A	1.300	1,1	1.430	16,39	21.303,54	15.000	36.303,54	27,93
B	1.250	1,2	1.500	17,88	22.346,37	7.000	29.346,37	23,48
C	1.400	1,0	1.400	14,90	20.856,61	8.000	28.856,61	20,61
D	1.300	0,8	1.040	11,92	15.493,48	20.000	35.493,48	27,30
Summe	5.250		5.370		80.000	50.000	130.000	
Kosten des Kuppelproduktionsprozesses €/Pe				80.000				
Stückkosten des Produktes mit der Äquivalenzziffer 1,0				14,90				

Tab. 6.13: Äquivalenzziffernkalkulation nach der Marktpreismethode bei Kuppelproduktion

Produkt	Ausbringung in ME/Pe	Marktpreis verwendet als Äquivalenzziffer €/ME	Umsatzerlöse €/Pe	Anteilige Kosten der Kuppelproduktion €/Pe	Direkt zurechenbare Kosten der Weiterverarbeitung €/Pe	Gesamtkosten der Ausbringung in €/Pe	Stückkosten €/ME
A	1.300	20	26.000	10.452,26	15.000	16.984,92	13,07
B	1.250	40	50.000	20.100,50	7.000	32.663,32	26,13
C	1.400	60	84.000	33.768,84	8.000	54.874,37	39,20
D	1.300	30	39.000	15.678,39	20.000	25.477,39	19,60
Summe	5.250		199.000	80.000	50.000	130.000	

um zu den Stückkosten zu gelangen. Diese Stückkosten sind wegen der wesentlich höheren Verursachungsgerechtigkeit der Kosten der Weiterverarbeitung genauer als bei der oben dargestellten Methode ohne Aufteilung in Kuppelproduktions- und Weiterverarbeitungskosten. Somit sollte ein Gesamtprozess so genau wie möglich aufgenommen werden und nur der nicht abwendbare Teil als Kuppelprozess abgebildet werden.

Alternativ wird vorgeschlagen, Maßgrößen ökonomischer Eigenschaften der Kuppelproduktion als Äquivalenzziffern zu verwenden. Schon seit langem werden in der Praxis die Marktpreise der Kuppelprodukte als Äquivalenzziffern verwendet, sofern solche existieren. Dieses Verfahren wird als Marktpreis-Äquivalenzziffern-Verfahren bezeichnet. Bei einfacher Kuppelproduktion lassen sich in den meisten Fällen Marktpreise oder marktpreisähnliche Werte angeben. Marktpreisähnliche Werte sind z. B. Marktpreise äquivalenter Produkte oder Opportunitätskosten, das heißt Kosten, die an einer anderen Stelle des Werkes eingespart werden.

Werden Kuppelprodukte im Anschluss an die Kuppelproduktion weiterverarbeitet, aufbereitet, verpackt und verkauft, und verursachen sie spezielle Vertriebskosten, so ist es zweckmäßig, statt der Marktpreise die Verwertungsüberschüsse als Äquivalenzziffern zu verwenden. Ordnet man den Kuppelprodukten in der Weiterverarbeitung nur proportionale Kosten zu, so sind hierunter die Deckungsbeiträge zu verstehen. Im Falle einer Vollkostenrechnung wird der Saldo aus dem Erlös und den nach der Kuppelproduktion zugerechneten Vollkosten als Verwertungsüberschuss angesehen.

Die Verteilung der Kosten des Kuppelproduktionsprozesses auf Basis der Marktpreise sagt noch nichts über die Erfolgsbeiträge der Produkte aus, da die Kosten der Weiterverarbeitung unterschiedlich sein können. Insofern bietet es sich an, die Verteilung auf der Basis von Deckungsbeiträgen vorzunehmen.

Tab. 6.14: Äquivalenzziffern-/Verteilungsmethode der Kuppelkalkulation hier: Verteilung der Kosten des Kuppelproduktionsprozesses auf Basis der Deckungsbeiträge

	Ausbringungsmenge ME/Pe	Marktpreis €/ME	Umsatzerlöse €/Pe	Direkt zurechenbare Kosten der Weiterverarbeitung €/Pe	Deckungsbeiträge €/Pe	Anteilige Kosten der Kuppelproduktion €/Pe	Gesamtkosten der Ausbringungsmenge €/Pe	Stückkosten €/ME
A	1.300	20	26.000	15.000	11.000	5.906,04	20.906,04	16,08
B	1.250	40	50.000	7.000	43.000	23.087,25	30.087,25	24,07
C	1.400	60	84.000	8.000	76.000	40.805,37	48.805,37	34,86
D	1.300	30	39.000	20.000	19.000	10.201,34	30.201,34	23,23
Summe	5.250		199.000	50.000	149.000	80.000	130.000	

Beurteilung der Marktpreismethode

Die auf Basis der Marktpreismethode ermittelten Herstellkosten sind für Bestandsbewertungszwecke hilfsweise, d. h. mangels anderer genauerer Kalkulationsverfahren nutzbar, weil in den Wertansätzen die Ertragskraft der Kuppelprodukte zum Ausdruck kommt. Für dispositive Zwecke sind sie dagegen genauso wenig geeignet, wie die mithilfe anderer Verfahren ermittelten Stückkosten von Kuppelprodukten.

Entstehen in einem Produktionsprozess Kuppelprodukte, die ohne zusätzliche Arbeitsgänge zu den Marktpreisen verkauft werden können, und fallen keine Sondereinzelkosten des Vertriebs an, so gilt nach dem Marktpreis-Äquivalenzziffern-Verfahren für die Selbstkosten der Kuppelprodukte folgende Formel:

$$k_j^{K\ddot{A}} = \frac{K_H}{\sum_{j=1}^{jn} x_j p_j} p_j \quad \text{in €/ME}$$

$k_j^{K\ddot{A}}$ = Selbstkosten des Produktes j im Kuppelproduktionsprozess mit Äquivalenzziffern auf Basis von Marktpreisen, in €/ME

Der Quotient gibt die durchschnittliche Relation der Herstellkosten zu den Erlösen bei Verkauf aller ausgebrachten Mengen an.

Beurteilung der Äquivalenzziffern- oder Verteilungsverfahren

Im Gegensatz zum Subtraktions- oder Restwertverfahren muss beim Äquivalenzziffern- oder Verteilungsverfahren kein Hauptprodukt bestimmt werden; es ist allerdings auch nicht schädlich, wenn ein klar definierbares Hauptprodukt vorliegt. Insofern sind die Äquivalenzziffern- oder Verteilungsverfahren die allgemein gültigeren Verfahren, auch wenn sie die Verursachungsgerechtigkeit auf Produktebene nicht herstellen können.

Beispiel zu Kuppelprodukten

Hauptprodukt: Kokosnussöl (Copraoil) Ist-Menge: 850.000 Liter Kokosnussöl im letzten Geschäftsjahr (darauf beziehen sich alles folgenden Ist-Mengen).

Nebenprodukt 1: Kokosnussfasern; Verkauf an Fußmatten – Seilweberei. Ist-Menge 1.700 kg zum Preis pro kg 20,00 € und Transportkosten 1,00 € pro kg.

Nebenprodukt 2: Kokosnusswasser und -milch; Verkauf an Küche und Cocktailbar des Club Med. Ist-Menge 20.000 Liter zum Preis pro Liter 17,00 € und Transportkosten 3,00 € pro Liter.

Nebenprodukt 3: Das in der Ölmühle ausgepresste Fruchtfleisch (Copra pulp). Verkauf als Viehfutter an Bauern, die es selbst abholen. Ist-Menge 1.600 kg zum Preis von 2,00 € pro kg.

Nebenprodukt 4: Kokosnussschalen, Blätter, Baumstämme; Teils Eigennutzung als Brennmaterial für Copraöfen und als Baumaterial für Hütten, teils Entsorgung durch Fremdspediteur: Kosten 1,00 € pro kg; Ist-Entsorgungsmenge 3.500 kg.

Es ergaben sich Gesamtkosten von 1.700.000,00 malaysischen Ringit im letzten Geschäftsjahr.

Aufgabe

Berechnen Sie die Stückkosten.

Lösung

Siehe Tab. 6.15.

Tab. 6.15: Lösung für das Beispiel zur Kuppelproduktion

Nebenprodukt	Ausbringung in ME/Pe	Verkaufs-preise in €/ME	Weiter-verarbeitung in €/ME	Deckungs-spanne in €/ME	Umsatz-erlöse in €/Pe
1	1.700	20	1	19	32.300
2	20.000	17	3	14	280.000
3	1.600	2	0	2	3.200
4	3.500	0	1	−1	−3.500
Kosten Hauptprodukt	312.000 €/Pe				312.000
Gesamtkosten	1.700.000 €/Pe				
Hauptprodukt	1.388.000 €/Pe				
Ausbringung Stück	850.000 ME/Pe				
Stückkosten	1,63 €/ME				

6.3.5 Selbstlernmodul zur Kuppelproduktion

Da immer mehr Produktionsprozesse als Kuppelproduktionen aufgefasst werden können, wurde auch für dieses Thema ein Selbstlernmodul entwickelt, mit dem der Leser die unterschiedlichen Verfahren durchrechnen und vergleichen kann. Wie bei allen Selbstlernmodulen besteht die Möglichkeit des Downloads von den Verlagsseiten (sie-

---

Selbstlernmodul: Kuppelproduktion

a In einem Kuppelproduktionsprozess liegen die folgenden Daten vor.
Ermitteln Sie mit der üblichen Kostenverteilung nach Mengen, wie hoch die Belastung der einzelnen Produkte ist.

Gesamte Chargenkosten: 7000 €/Charge

	Variable	Einheit	P R O D U K T E 1	2	3	4	Saldo
1	Mengen	kg/Charge	300	1100	500	800	2700
2	Mengenanteil						
3	Kosten						
4	Stückkosten						

b Berücksichtigen Sie jetzt bei der Mengenverteilung, inwieweit ein Verkauf der Produkte sinnvoll ist.

Gesamte Chargenkosten: 7000 €/Charge

	Variable	Einheit	P R O D U K T E 1	2	3	4	Saldo
1	Mengen	kg/Charge	300	1100	500	800	2700
2	Nettopreis	€/kg	2,10	16,30	14,30	14,80	
3	Sonstige k_v	€/kg	1,10	18,40	8,40	11,00	
4	Deckungsspanne	€/kg					
5	Vernichtungskosten	€/kg	1,70	1,10	0,50	2,00	
6	Vorteil Verkauf	€/kg					
7	Verkaufsmengen neu	ME/Charge					
8	Mengenanteil						
9	Vernichtungskosten	€/Charge					
10	Kosten mit Vernichtung	€/Charge					
11	Stückkosten	€/kg					

Sonstige k_v: Sonstige variable Stückkosten in Produktion, Vertrieb und Verwaltung, ohne die der Kuppelproduktion

c Nehmen Sie nun eine Verteilung nach den Umsatz vor.

d Nehmen Sie nun eine Verteilung nach dem DB vor.

e Führen Sie nun einen Vergleich der Stückkosten aus den 3 Verfahren durch:

f Inwieweit hat sich der Gewinn erhöht (Verteilung nach Mengen)?

Abb. 6.1: Selbstlernmodul Kuppelproduktion: Aufgabenstellung

Selbstlernmodul: Kuppelproduktion

a In einem Kuppelproduktionsprozess liegen die folgenden Daten vor.
Ermitteln Sie mit der üblichen Kostenverteilung nach Mengen, wie hoch die Belastung
der einzelnen Produkte ist.

Gesamte Chargenkosten: 7000 €/Charge

	Variable	Einheit	1	2	3	4	Saldo
1	Mengen	kg/Charge	300	1100	500	800	2700
2	Mengenanteil		11,1%	40,7%	18,5%	29,6%	100,0%
3	Kosten	€/Charge	778	2852	1296	2074	7000
4	Stückkosten	€/kg	2,59	2,59	2,59	2,59	2,59

(Spaltenüberschrift: P R O D U K T E)

b Berücksichtigen Sie jetzt bei der Mengenverteilung, inwieweit ein Verkauf der Produkte
sinnvoll ist.

Gesamte Chargenkosten: 7000 €/Charge

	Variable	Einheit	1	2	3	4	Saldo
1	Mengen	kg/Charge	300	1100	500	800	2700
2	Nettopreis	€/kg	2,10	16,30	14,30	14,80	
3	Sonstige k_v	€/kg	1,10	18,40	8,40	11,00	
4	Deckungsspanne	€/kg	1,00	-2,10	5,90	3,80	
5	Vernichtungskosten	€/kg	1,70	1,10	0,50	2,00	
6	Vorteil Verkauf	€/kg	2,70	-1,00	6,40	5,80	
7	Verkaufsmengen neu	ME/Charge	300	0	500	800	1600
8	Mengenanteil		18,8%	0,0%	31,3%	50,0%	100,0%
9	Vernichtungskosten	€/Charge	0	1210	0	0	1210
10	Kosten mit Vernichtung	€/Charge	1539	0	2566	4105	8210
11	Stückkosten	€/kg	5,13	n.a.	5,13	5,13	5,13

(Spaltenüberschrift: P R O D U K T E)

Sonstige k_v : Sonstige variable Stückkosten in Produktion, Vertrieb und Verwaltung,
ohne die der Kuppelproduktion

Abb. 6.2: Selbstlernmodul Kuppelproduktion: Lösungen zu a) und b)

he Vorwort). Mit der F9 Taste können immer wieder neue Aufgaben generiert werden.
Zur Erklärung wird wieder eine Variante durchgerechnet. Es enthält die Aufgaben in
Abb. 6.1.

Teilaufgabe a) mit der Verteilung der Chargenkosten gemäß den Mengen ist Standard, aber schon in b) erfolgt die Prüfung, ob die Kuppelprodukte produziert oder vernichtet werden sollen. Damit ergibt sich der erste Teil der Lösung (Abb. 6.2).

Teilprodukt 2 hat eine negative Deckungsspanne von −2,10 €/kg, so dass die Vernichtung c. p. günstiger ist, da sie nur 1,10 €/kg kostet. Somit kann das Teilprodukt 2
keine Kosten tragen und seine Vernichtungskosten von 1210 €/Charge (Zeile 9) erhö-

c Nehmen Sie nun eine Verteilung nach den Umsatz vor.

Gesamte Chargenkosten mit Vernichtung: 8210 €/Charge

	Variable	Einheit	P R O D U K T E 1	2	3	4	Saldo
1	Nettoumsatz	€/Charge	630	0	7150	11840	19620
2	Umsatzanteil		3,2%	0,0%	36,4%	60,3%	100,0%
3	Chargenkosten	€/Charge	264	0	2992	4954	8210
4	Stückkosten	€/kg	0,88	n.a.	5,98	6,19	5,13

Sonstige k_v: Sonstige variable Stückkosten in Produktion, Vertrieb und Verwaltung, ohne die der Kuppelproduktion

d Nehmen Sie nun eine Verteilung nach dem DB vor.

Gesamte Chargenkosten mit Vernichtung: 8210 €/Charge

	Variable	Einheit	P R O D U K T E 1	2	3	4	Saldo
1	DB bei Produktion	€/Charge	300	0	2950	3040	6290
2	DB-Anteil		4,8%	0,0%	46,9%	48,3%	100,0%
3	Chargenkosten	€/Charge	392	0	3850	3968	8210
4	Stückkosten	€/kg	1,31	n.a.	7,70	4,96	5,13

Sonstige k_v: Sonstige variable Stückkosten in Produktion, Vertrieb und Verwaltung, ohne die der Kuppelproduktion

Anmerkung: Es kann sein, dass ein Produkt einen negativen Deckungsbeitrag aufweist, was aber noch besser als die Vernichtung sein kann. Dann sollte das Produkt nicht keine Chargenkosten erhalten.

Abb. 6.3: Selbstlernmodul Kuppelproduktion: Lösungen zu c) und d)

hen die Gesamtkosten, welche dann auf die verbleibenden Produkte 1, 3 und 4 verteilt werden.

Die auf 8210 €/Charge erhöhten Kosten müssen dann auch verteilt werden, wenn in Teilaufgabe c) und d) die Verteilung nach Umsatz und Deckungsbeitrag DB vorgenommen wird.

In der Abb. 6.4 werden die unterschiedlichen Ergebnisse der Umlageverfahren verglichen. Die Unterschiede sind extrem. Produkt 1 muss nur 0,88 €/kg tragen, wenn nach den Umsätzen verteilt wird, dagegen 5,13 €/kg, wenn es nach der Menge geht. Die große Schwankungsbreite zeigt die Problematik und Willkür bei der Zuordnung der Kosten auf Teilprodukte. Aber es zeigt, dass betriebswirtschaftlich gute Entscheidungen nur auf der höheren Ebene des gesamten Güterbündels getroffen werden dürfen.

In Abb. 6.5 wird schließlich ermittelt, um welchen Betrag der Gewinn steigt, weil in Teilaufgabe b) richtig entschieden wurde, dass das Teilprodukt 2 besser vernichtet wird als mit einer stark negativen Deckungsspanne verkauft zu werden.

e	Führen Sie nun einen Vergleich der Stückkosten aus den 3 Verfahren durch:						

	Äquivalenzziffer	Einheit	P R O D U K T E 1	2	3	4	Saldo
1	korr. Menge	€/kg	5,13	n.a.	5,13	5,13	5,13
2	korr. Nettoumsatz	€/kg	0,88	n.a.	5,98	6,19	5,13
3	korr. Deckungsbeitrag	€/kg	1,31	n.a.	7,70	4,96	5,13
4	Minimum	€/kg	0,88	0,00	5,13	4,96	
5	Maximum	€/kg	5,13	0,00	7,70	6,19	
6	Index (Max/Min)		584%	n.a.	150%	125%	

Abb. 6.4: Selbstlernmodul Kuppelproduktion: Lösungen zu e)

f	Inwieweit hat sich der Gewinn erhöht (Verteilung nach Mengen) ?

Gesamte Chargenkosten ohne Vernichtung: 7000
Gesamte Chargenkosten mit Vernichtung: 8210

	Variable	Einheit	P R O D U K T E 1	2	3	4	Saldo
1	DB ohne Vernichtung	€/Charge	300	-2310	2950	3040	3980
2	Anteiliger Gewinn	€/Charge	-478	-5162	1654	966	-3020
3	DB mit Vernichtung	€/Charge	300	0	2950	3040	6290
4	Anteiliger Gewinn	€/Charge	-1239	0	384	-1065	-1920

Verbesserung: €/Charge 1100

Anmerkung: Wenn ein Produkt vernichtet wird, beträgt die Verkaufsmenge 0, so dass auch der DB Null ist.
Man kann allerdings auch die Vernichtungskosten als DB ansetzen, weil über sie noch entschieden werden kann. Aber dann wird die Verteilung der Gesamtkosten schwierig.

Abb. 6.5: Selbstlernmodul Kuppelproduktion: Lösungen zu f)

6.3.6 Zuschlagskalkulation

In der Praxis sind in den meisten Unternehmen mit einem breiten Produktionsprogramm[19] die Produktunterschiede erheblich, da sie sich u. a. beim Materialbedarf und bei den Fertigungszeiten deutlich unterscheiden. Insofern kann die Sortenproduktion, also das Mehrproduktunternehmen mit einem ähnlichen Produktionsprogramm als Sonderfall des Mehrproduktunternehmens aufgefasst werden. Nur bei Sortenproduktion, bei denen die Unterschiede der Kostenverursachung durch die einzelnen Sorten nicht allzu groß sind, ist die Äquivalenzziffernkalkulation einsetzbar, führt aber auch da nur zu Näherungsergebnissen.

---

[19] Man spricht bei Unternehmen mit einem breiten Produktionsprogramm auch von diversifizierten Unternehmen.

Für die in der Praxis anzahlmäßig vorherrschenden Mehrproduktunternehmen steht ein Kalkulationsverfahren zur Verfügung, das bei beliebig vielen Produktarten und -unterschieden eingesetzt werden kann. Es handelt sich bei diesem verbreiteten Verfahren um die Zuschlagskalkulation. Die Zuschlagskalkulation kann als eine besondere Form der Bezugsgrößenkalkulation aufgefasst werden. Das erste entscheidende Merkmal der Zuschlagskalkulation besteht darin, dass die Einzelkosten den Produkten oder Aufträgen direkt zugerechnet werden und dadurch die höchste Verursachungsgerechtigkeit im Vergleich zu allen bisher beschriebenen Kalkulationsverfahren erreicht wird. Das zweite entscheidende Merkmal der Zuschlagskalkulation ist, dass die Gemeinkosten mithilfe prozentualer Zuschläge[20] auf bestimmte Einzelkosten, die hier die Bezugsgrößen sind, verrechnet werden. Auch bei den Divisions- und den Äquivalenzziffernkalkulationen können zur Steigerung der Kalkulationsgenauigkeit und Transparenz die Einzelmaterialkosten direkt zugerechnet werden. Es handelt sich dann um die so genannte Veredelungskalkulation. Bei der Kuppelkalkulation können die Materialkosten zwar nicht im Kuppelproduktionsprozess aber in den Weiterverarbeitungsstufen den einzelnen Produkten verursachungsgerecht zugerechnet werden. Auch ist es bei den oben erwähnten Kalkulationsverfahren möglich, Sondereinzelkosten der Produktion und/oder des Vertriebs den Produkten verursachungsgerecht zuzurechnen. Weiterhin können die Materialgemeinkosten als Zuschlagssatz auf die Materialeinzelkosten sowie die Verwaltungs- und Vertriebsgemeinkosten als Zuschlagssatz auf die Herstellkosten verrechnet werden. Alle diese Ansätze stellen einen schrittweisen Übergang zur Zuschlagskalkulation dar. In der Zuschlagskalkulation müssen dann auch die Fertigungseinzellöhne den Erzeugnissen direkt zugerechnet werden und die Fertigungsgemeinkosten mithilfe prozentualer Zuschlagsätze auf die Einzellöhne verrechnet werden, was dann der einzige verbleibende Unterschied zu den beschriebenen Verfeinerungen der Divisions- und Äquivalenzziffernkalkulationen ist. Weil die Fertigungseinzellöhne oft als Bezugsgröße für die Verrechnung der Fertigungsgemeinkosten herangezogen werden, wird die Zuschlagskalkulation häufig als Lohnzuschlagskalkulation bezeichnet. Diese Bezeichnung ist insofern treffend, als die verursachungsgerechte Erfassung bzw. Planung der Fertigungseinzellöhne das entscheidende Abgrenzungskriterium zu den anderen Kalkulationsverfahren ist.

Es lassen sich zwei Grundformen der Zuschlagskalkulation beschreiben. Diese Grundformen unterscheiden sich durch die kalkulatorische Behandlung der Fertigungskosten. Bei der einstufigen Lohnzuschlagskalkulation, die auch als zusammenfassende (lat.: kumulative oder summarische) Lohnzuschlagskalkulation bezeichnet wird, bildet man für den gesamten Fertigungsbereich nur einen einzigen Zuschlagssatz und zwar für die Bezugsgröße Lohn. Sie führt nur dann zu akzepta-

---

20 In Literatur und Praxis existieren zahlreiche Bezeichnungen: Zuschlag, Zuschlagssatz, Gemeinkostenzuschlag, Gemeinkostenverrechnungssatz etc.

blen Ergebnissen, wenn die Produktion in nur einer Produktionsstufe erfolgt oder die Lohneinzelkosten in allen Stufen proportional sind.

Bei der nach Produktionsstufen/Kostenstellen unterscheidenden mehrstufigen (lat.: differenzierenden) Zuschlagskalkulation werden für jede Produktionsstufe gesonderte Lohnzuschlagssätze gebildet. Eine Steigerung der Kalkulationstransparenz, Verursachungsgerechtigkeit und der Genauigkeit kann dadurch erreicht werden, dass man die Materialgemeinkostenzuschläge nach Materialgruppen und/oder Lagerorten und die Verwaltungs- und Vertriebsgemeinkostenzuschläge nach Produktgruppen oder Kunden[21] differenziert. Gleiches gilt für die Sondereinzelkosten der Produktion und des Vertriebs. Die Lohnzuschlagskalkulationen können als ein Spezialfall der Äquivalenzziffernkalkulationen verstanden werden, bei denen die Äquivalenzziffern durch die Lohneinzelkosten als Bezugsgrößen für die Zurechnung der Produktionsgemeinkosten ersetzt werden. Die Lohnzuschlagskalkulation ist allerdings durch die verursachungsgerechte Erfassung der Lohneinzelkosten genauer als die Äquivalenzziffernkalkulation, bei der sowohl die Einzel- als auch die Gemeinkosten durch die Äquivalenzziffern erfasst werden.

Die Verfahren der Zuschlagskalkulation können daher gemäß ihrer unterschiedlichen Genauigkeit der Abbildung des Produktionsprozesses und damit der Kalkulationsergebnisse strukturiert werden. Sie hängen von 2 Faktoren ab:

a) Anzahl unterschiedlicher Produktionsstufen: Produktionsstufen unterscheiden sich meistens in ihren Kostenstrukturen. Daher sollten für alle Stufen individuelle Zuschlagssätze ermittelt werden. Materialkosten werden dabei auf einer Kostenstelle gesammelt und somit auch als Produktionsstufe verstanden.

b) Anzahl Kosteneinflussgrößen (Bezugsgrößen der Kostenverursachung): Homogene Kostenverursachung liegt vor, wenn die Kosten (fast) nur von einer Bezugsgröße, z. B. nur den Fertigungseinzellöhnen oder nur den Materialkosten, abhängig sind.

Fast immer gibt es zusätzliche Einflussgrößen, wie z. B. die Maschinenlaufzeiten. Entsprechend dieser Unterscheidung haben sich unterschiedliche Formen der Kalkulationen entwickelt.

Bei der Auswahl des geeigneten Verfahrens muss das Wirtschaftlichkeitsprinzip der Kostenrechnung beachtet werden. Aufwendigere Verfahren sind nur dann akzeptabel, wenn die Ergebnisse deutlich verursachungsgerechter sind.

Im folgenden Beispiel werden die Selbstkosten der drei Produkte A, B und C mit der elektiven/differenzierenden Lohnzuschlagskalkulation kalkuliert. Sie werden in einem dreistufigen Produktionsprozess produziert. Für jede Produktionskostenstelle ist ein gesonderter Fertigungsgemeinkostenzuschlag berechnet worden, der sich jeweils aus dem Verhältnis der gesamten Gemeinkosten zu den gesamten Lohneinzel-

---

21 Siehe hierzu das Beispiel einer Kundenergebnisrechnung im Kap. 7.

Bezugsgrößen-/ zuschlagskalkulation		Kostenverursachung	
		homogen (1 Bezugsgröße) mengen-, zeit- oder wertorientiert	heterogen (mehrere Bezugsgrößen) mengen-, zeit- oder wertorientiert
Anzahl von Produktions-	eine	einstufig z. B. summarische Zuschlagskalkulation (meist auf Lohnbasis)	einstufig mehrere Bezugsgrößen Bezugsgrößenkalkulation
stufen (Kosten- stellen)	mehrere	mehrstufig, differenzierend z. B. elektive Zuschlags- kalkulation	Mehrstufig, differenzierend Bezugsgrößenkalkulation (mehrere Bezugsgrößen möglich)

Abb. 6.6: Systematisierung der Zuschlags- und Bezugsgrößenkalkulationen

Gemeinkostenzuschlag

Materialeinzelkosten
+ Materialgemeinkosten **= Materialkosten**

Fertigungseinzelkosten
+ Fertigungsgemeinkosten **= Fertigungskosten**
+Sondereinzelkosten der **+ Verwaltungsgemeinkosten**
Fertigung **= Herstellungskosten**
+ Vertriebsgemeinkosten
+ Sondereinzelkosten des
Vertriebs
= Selbstkosten

Abb. 6.7: Gemeinkostenzuschlagsschema

kosten einer Periode ergibt. Auf die Materialeinzelkosten wird ein einheitlicher Materialgemeinkostenzuschlag von 11 % gerechnet. Die Herstellkosten ergeben sich durch Addition aller Material- und Fertigungskosten und bilden die Zuschlagsgrundlage der Verwaltungs- und Vertriebsgemeinkosten. Die angegebenen Zuschlagssätze sind aus dem Verhältnis der gesamten Herstellkosten der Periode und der gesamten Verwaltungs- und der gesamten Vertriebskosten der Periode ermittelt worden.

Der hohe Zuschlagssatz von 677 % zeigt bereits eine Schwäche der Lohnzuschlagskalkulation, die weiter unten noch ausführlicher beschrieben wird.

Kostenarten/Kostenstellen	Produkt A	Produkt B	Produkt C
Materialeinzelkosten	8,23	17,20	42,35
Materialgemeinkostenzuschlag 11 %	0,91	1,89	4,66
Fertigungslohneinzelkosten I	4,68	19,09	47,01
Fertigungsgemeinkostenzuschlag 677 %	31,68	129,25	318,25
Fertigungslohneinzelkosten II	1,68	10,30	14,45
Fertigungsgemeinkostenzuschlag II 144 %	2,42	14,83	20,81
Fertigungslohneinzelkosten III	11,69	17,33	33,15
Fertigungsgemeinkostenzuschlag III 372 %	43,49	64,47	123,32
Herstellkosten	104,77	274,37	603,99
Verwaltungsgemeinkostenzuschlag 11,1 %	11,63	30,45	67,04
Vertriebsgemeinkostenzuschlag 14 %	14,67	38,41	84,56
Selbstkosten	131,07	343,23	755,59

Abb. 6.8: Zahlenbeispiel für eine elektive/differenzierende Lohnzuschlagskalkulation

Für die elektive/differenzierende Lohnzuschlagskalkulation lässt sich die folgende Kalkulationsformel aufstellen, die in dieser Schreibweise auch die Möglichkeit der Berücksichtigung differenzierter Materialgemeinkostenzuschlagssätze und von Sondereinzelkosten der Fertigung und des Vertriebs beinhaltet. Im obigen Zahlenbeispiel ist zur Vereinfachung darauf verzichtet worden.

$$k_j^{DL} = \left[\sum_{v=1}^{z} m_{vj} q_{vj} \left(1 + \frac{d_M}{100} \right) + \sum_{i=1}^{m} FZ_{ij} LS_i \left(1 + \frac{d_{Li}}{100} \right) + SEF_j \right] \left(1 + \frac{d_{Vw}}{100} + \frac{d_{Vt}}{100} \right) + SEV_j$$

k_j^{DL} = Selbstkosten des Produktes j nach der Methode der differenzierenden Lohnzuschlagskalkulation in €/ME

m_{vj} = Materialverbrauchsmenge der Materialart v der Produktart j in FE/ME

q_{vj} = Faktorpreis der Materialart v der Produktart j in €/FE

d_M = Materialgemeinkostenzuschlag in Prozent der Einzelmaterialkosten

d_L = Lohnzuschlagsatz in Prozent auf den Fertigungslohn

d_{Vt} = Vertriebsgemeinkostenzuschlag in Prozent der Herstellkosten

d_{Vw} = Verwaltungsgemeinkostenzuschlag in Prozent der Herstellerkosten

SEF_j = Sondereinzelkosten der Fertigung für Produkt j in €/ME

SEV_j = Sondereinzelkosten des Vertriebs für Produkt j in €/ME

FZ_{ij} = Fertigungszeit pro Produkteinheit j in der Kostenstelle i in h/ME

LS_i = Lohnsatz pro Stunde in der Kostenstelle in €/h

j = Produkt/Kostenträger j = 1, . . . , jn

i = Kostenstelle i = 1, . . . , in

Beurteilung der Zuschlagskalkulationsverfahren

Positiv ist anzuführen, dass sich die Zuschlagskalkulationsverfahren bei allen Fertigungstypen, also bei Großserien-/Massenproduktion, Kleinserienproduktion, Einzel-

und Auftragsfertigung und bei einer beliebigen Anzahl unterschiedlicher Produkte einsetzen lassen. Die elektive/differenzierende Lohnzuschlagskalkulation kann zu genauen Ergebnissen gelangen, wenn die Kostenstelleneinteilung im Fertigungsbereich ausreichend differenziert erfolgt. Gegebenenfalls kann eine Kostenplatzrechnung mit nach Kostenplätzen differenzierten Zuschlagssätzen durchgeführt werden. Die Lohnzuschlagskalkulation führt insbesondere bei Fertigungskostenstellen zu vertretbaren Ergebnissen, bei denen die Einzellöhne genau erfasst und ihr Verhältnis zu den Fertigungsgemeinkosten relativ hoch ist. Das Vorliegen einer allgemein lohnintensiven Fertigung reicht als Voraussetzung der Lohnzuschlagskalkulationen dann nicht aus, wenn sich die Lohnintensität in überwachenden, prüfenden, steuernden Tätigkeiten niederschlägt und nicht in der Erfassung von Lohneinzelkosten. Ein grundsätzliches Problem hat die Lohnzuschlagskalkulation daher in Unternehmen mit automatisierten Produktionsprozessen. Die Fertigungseinzellöhne machen hier nur einen relativ kleinen Anteil der Fertigungsgesamtkosten aus. Sie sind als Bezugsgröße zur Verrechnung der Fertigungsgemeinkosten ungeeignet, weil Lohnzuschlagsätze von mehreren 100 % entstehen können (siehe Beispiel) und sich durch das angewendete Proportionalitätsprinzip eine nicht verursachungsgerechte „Hebelwirkung" der Lohneinzelkosten zu den Fertigungsgemeinkosten ergibt.

Die Fertigungsgemeinkosten müssen sich nicht notwendigerweise fertigungslohnproportional verhalten, was bei der Lohnzuschlagskalkulation unterstellt wird. Häufig ist es verursachungsgerechter, direkt die Fertigungszeiten als Mengenbezugsgröße zu verwenden. Wenn sich dagegen die Fertigungsgemeinkosten zu anderen Maßgrößen der Kostenverursachung proportional verhalten, so sind diese als Bezugsgrößen zu wählen (siehe die Ausführungen zur Bezugsgrößenkalkulation).

Als Kritik an der Lohnzuschlagskalkulation ist weiterhin anzuführen, dass die kalkulierten Fertigungsgemeinkosten von den Personalkosten des ausführenden Mitarbeiters abhängen. Häufig können bzw. müssen Produktionsprozesse von Arbeitern in unterschiedlichen Gehaltsstufen ausgeführt werden, weil dies aufgrund einer flexiblen Personaleinsatzplanung, Urlaubs-, Krankheitsvertretung etc. erforderlich ist. Aus welchen unterschiedlichen Bestandteilen sich die Personalkosten eines Mitarbeiters zusammensetzen und warum sie schwanken können, haben wir in Kapitel 3.5.1 Personalkosten beschrieben. Beträgt z. B. die Bearbeitungszeit eines Produktes eine Stunde und kann das Produkt wahlweise von einem Mitarbeiter mit einem Stundensatz von 30 € oder von 40 € bearbeitet werden, dann beträgt bei einem Lohnzuschlagssatz von 200 % der absolute Gemeinkostenanteil an den Fertigungskosten entweder 60 € oder 80 €. Es ergibt sich ein Unterschiedsbetrag in den Gemeinkosten von 20 € für die gleiche Arbeit am gleichen Produkt, der nicht verursachungsgerecht ist, sondern aufgrund der aus Sicht der Kalkulation zufällig zugrunde gelegten Gehaltsstufe entsteht. Eine Abhilfe wäre, mit Standardpersonalkosten zu arbeiten.

Auch darf nicht vergessen werden, dass die kalkulierten Preise nur Zwischengrößen darstellen. Erst unter Einbeziehung der am Markt erzielbaren Preise kann dann der endgültige Nettopreis festgelegt werden. Aus ihm kann dann der passende Verkaufspreis durch Rückrechnung der Rabatte und Zahlungsziele abgeleitet werden.

6.3.7 Maschinenstundensatz- und Bezugsgrößenkalkulation

Beschreibung der Maschinenstundensatz- und Bezugsgrößenkalkulation

Oben wurde als Kritik an der Lohnzuschlagskalkulation dargelegt, dass sich die Fertigungsgemeinkosten eher zu den Fertigungszeiten als zu den Lohneinzelkosten proportional verhalten. Diese Zeitproportionalität kann durch Maschinen- oder Fertigungszeit-Kostensätze abgebildet werden, indem die Summe aus den Fertigungslöhnen und die Fertigungsgemeinkosten der Fertigungskostenstellen durch die geleistete Stundenzahl dividiert wird. Dieser Ansatz ist als (Maschinen-) Stundensatzkalkulation bekannt. Die Bezugsgröße ist dann zeitorientiert und nicht mehr wertorientiert wie bei der Zuschlagskalkulation. Die Material-, Verwaltungs- und Vertriebsgemeinkosten können weiterhin als Zuschlagskalkulation kalkuliert werden. Verursachungsgerechte Kalkulationsergebnisse ergibt die (Maschinen-) Stundensatzkalkulation, bei der in einem (Maschinen-) Stundensatz sowohl die Maschinenkosten als auch die Lohneinzelkosten integriert sind, aber nur unter zwei Voraussetzungen:

Die Maschinenlaufzeiten und die Fertigungszeiten der Mitarbeiter müssen in einem proportionalen Verhältnis zueinanderstehen, d. h. von jeder produzierter ME müssen die gleichen Maschinen- und Fertigungszeiten verursacht werden.

Der überwiegende Teil der Fertigungsgemeinkosten muss sich produktionszeitproportional verhalten.

Wenn jeweils ein Mitarbeiter eine Maschine bedient, dann sind die Maschinenlaufzeiten mit den Fertigungszeiten der Mitarbeiter deckungsgleich und man spricht von konstanten Bedienungsrelationen. Damit ist die erste Voraussetzung erfüllt. In einer automatisierten Produktion mit überwiegend überwachenden und steuernden Tätigkeiten kommt es häufig vor, dass jeweils ein Mitarbeiter mehrere Maschinen bedient. Wenn es sich dabei um konstante Bedienungsverhältnisse handelt, können die Fertigungszeiten der Mitarbeiter aus den Maschinenlaufzeiten abgeleitet werden, indem man den Quotienten der Anzahl Maschinen pro Mitarbeiter bildet. Wenn unterschiedliche Produktarten auch deutlich unterschiedliche Bedienungszeiten der Maschinen durch die Mitarbeiter verursachen, müssten nebeneinander die Maschinen- als auch die Fertigungszeiten als Bezugsgrößen verwendet werden. Oftmals sind noch andere Maßgrößen der Kostenverursachung als Maschinenzeiten und Fertigungszeiten geeignet, z. B. Gewichts- oder Volumengrößen. Bei unterschiedlichen Einflussgrößen der Kostenverursachung müssen sogar mehrere Bezugsgrößen in einer Kostenstelle nebeneinander verwendet werden.

Aus diesem Grunde wurde die Stundensatzkalkulation zu einer Kalkulation weiterentwickelt, bei der nach Möglichkeit für alle Kostenstellen analytisch bestimmte Bezugsgrößen der Kostenverursachung als Kalkulationsgrundlage verwendet werden.

Dieses Verfahren wird als Bezugsgrößenkalkulation bezeichnet. Auch für die Bezugsgrößenkalkulation gilt der Grundsatz, möglichst viele Kosten als Einzelkosten zu erfassen. Bei diesem Verfahren ist die Erfassung der Fertigungseinzellöhne nicht mehr notwendig, da sie sich zusammen mit den Fertigungsgemeinkosten und den Lohnnebenkosten zweckmäßigerweise mithilfe von Zeitbezugsgrößen kalkulieren lassen (siehe zur Zusammensetzung der Lohnnebenkosten Kapitel 2.1 Kostenarten hier Personalkosten). Genau wie die Zuschlagskalkulation ist auch die Bezugsgrößenkalkulation bei beliebigen Produktionsmengen und für jedes Fertigungsverfahren anwendbar. Dies gilt auch für die meisten Branchen. In der Dienstleistungsproduktion könnten so die gearbeiteten Stunden als geeignete Bezugsgröße gelten.

Eine aussagekräftige Bezugsgrößenkalkulation benötigt auch für die indirekten Bereiche wie z. B. die Material-, Verwaltungs- und Vertriebskostenstellen verursachungsgerechte Bezugsgrößen. Geeignete Bezugsgrößen wurden im Kapitel 3 Bezugsgrößen der indirekten Bereiche und im Kapitel 5 Prozesskostenrechnung bereits angesprochen.

Bezugsgrößen können z. B. in Einkaufsabteilungen die Anzahl der Lieferantenanfragen, die Anzahl der geführten Einkaufsverhandlungen, die Anzahl der Vertragsabschlüsse oder die Anzahl der Bestellungen sein. Diese Bezugsgrößen sind – wie in Kapitel 3 bereits ausgeführt – für die Wirtschaftlichkeitskontrolle der Kostenstellen geeignet. Für die Kalkulationen der Endprodukte lassen sie sich nicht direkt anwenden, weil sie meistens keine direkte Beziehung zu den Produkten aufweisen. Es können aber, wie in Kapitel 5 Prozesskostenrechnung gezeigt wurde, Prozesskostensätze gebildet werden, die den Endprodukten im Idealfall verursachungsgerecht zugerechnet werden können.

In dem folgenden Beispiel werden die drei Produkte, die oben bereits mit der Zuschlagskalkulation kalkuliert wurden, nun verursachungsgerechter mit einer Kombination aus Maschinenstundensatz-, Fertigungsstundensatz-, Bezugsgrößen- und Prozesskostenkalkulation kalkuliert.

Zunächst werden die Materialgemeinkosten dem Produkt A nicht mehr mit dem prozentualen Zuschlagssatz von 11 % zugerechnet, sondern mit einem Prozesskostensatz für die fertigungssynchrone Bestellung (angels.: Just In Time System) von 1,30 €/ME. Dieser beinhaltet nur die Gemeinkosten der Beschaffungsabteilung, aber keine Lagergemeinkosten, da der Rohstoff für das Produkt A nicht eingelagert wird. Der Prozesskostensatz für das Produkt B beinhaltet dagegen auch Lagergemeinkosten, da hier die Rohstoffe zunächst eingelagert werden, bevor sie in der Produktion verarbeitet werden. Der beibehaltene Materialgemeinkostenzuschlag für Produkt C soll symbolisieren, dass in der Praxis i. d. R. nicht für alle Prozesse Prozesskostensätze ermittelt werden, weil dies zu arbeitsaufwendig wäre, oder weil angenommen wird, dass z. B. im Falle des Produktes C mit dem Zuschlagssatz von 11 % eine hinreichende Genauigkeit gegeben ist.

In der Produktionskostenstelle I erfolgt zunächst eine Maschinenstundensatzkalkulation, die mit differenzierten Maschinenstundensätzen für die jeweiligen Produkte

Kostenarten/Kostenstellen	Produkt A	Produkt B	Produkt C
Materialeinzelkosten €/ME	8,23	17,20	42,35
Materialgemeinkosten Prozesskostensatz JIT A €/ME	1,30		
Materialgemeinkosten Prozesskostensatz B €/ME		2,64	
Materialgemeinkostenzuschlag 11 % C €/ME			4,66
Maschinenstundensatz Produktionskostenstelle I umgerechnet die Produkte A-C in €/ME	48	64	55
Rüstkostenstundensatz Produktionskostenstelle I €/h bezogen auf die Losgrößen der Produkte A-C in €/ME	15	17	17
Maschinenstundensatz Produktionskostenstelle II € bezogen auf die Produkte A-C in €/ME	42	65	86
Fertigungsstundensatz Produktionskostenstelle II €/h bezogen auf die Produkte A-C	48	80	75
Maschinenstundensatz Produktionskostenstelle III bezogen auf die Produkte A-C €/ME	13	42	33
Kosten pro Kg Durchsatzgewicht in Produktionskostenstelle III €/KG bezogen auf die Produkte A-B	77	76	88
Qualitätsprüfungskostensätze der Produkte A-B in der Produktionskostenstelle III €/ME	17	22	36
Herstellkosten €/ME	269,53	385,84	437,01
Verwaltungskostenzuschlag €/ME 11 %	29,65	42,44	48,07
Vertriebsprozesskostensätze €/ME 6 %	16,17	23,15	26,22
Selbstkosten €/ME	315,35	451,43	511,30

Abb. 6.9: Zahlenbeispiel für die Maschinenstundensatz-, Bezugsgrößen- und Prozesskostenkalkulation

A-C arbeitet. Die Bezugsgrößen- und Kostensatzdifferenzierung kann kostenträgerbedingt sein.

Dies ist z. B. in einer Kostenstelle mit Bohrmaschinen der Fall, in dem nebeneinander die Bezugsgrößen „Bohrstunden Aluminiumerzeugnisse", „Bohrstunden Eisenerzeugnisse" und „Bohrstunden Edelstahlzeugnisse" verwendet werden, weil die Bohrwerkzeuge evtl. auch die Kühl- und Schmiermittel sowie die benötigte Energie unterschiedlich sind. In der Kalkulationszeile erscheint jeweils normalerweise nur eine Bezugsgröße, d. h. im Zahlenbeispiel: Maschinenstundensatz, obwohl es sich um drei kostenträgerbedingt differenzierte Bezugsgrößen handelt. Um kostenträgerbedingte Bezugsgrößendifferenzierung handelt es sich auch bei den nach Produktarten oder nach Produktgruppen differenzierten Prozesskostensätzen der Material-, Verwaltungs- und Vertriebsgemeinkosten.

In der folgenden Kalkulationszeile werden die Rüstkosten der Produktionskostenstelle I mit Rüstkostensätzen der Produkte A-B berechnet.

Wenn es sich beim Typ des Produktionsverfahrens um eine Serien-, Losgrößen- oder Chargenproduktion handelt, müssen die Maschinen jeweils auf die neue Serie umgerüstet werden. Es werden dann sowohl die Rüstzeiten als auch die Ausführungszeiten als Bezugsgrößen verwendet. Wenn die Rüstzeiten pro Serie mit t_{Rij}, die Seriengrößen mit s_{ij} und die Ausführungszeiten pro Stück mit t_{Aij}, bezeichnet werden, so verhalten sich die Rüstkosten pro Seriengröße zu den Ausführungszeiten pro Stück wie $(t_{Rij}/s_j)/t_{Aij}$. Mit sinkenden Seriengrößen nehmen die Rüstzeiten und -kosten pro Stück zu, da sie sich auf kleinere Seriengrößen verteilen. Der Rüstkostendegressionseffekt gilt analog dem Fixkostendegressionseffekt. Bei den Rüstkosten handelt es sich um Fixkosten in Bezug auf die Seriengröße und um variable Kosten in Bezug auf die Abfolge von Serien, die in der Reihenfolgeplanung der Periode festgelegt werden. Die Bezugsgrößenrelationen der Rüstzeiten und Maschinenstunden werden von den Entscheidungen der Produktionsplanung über die Seriengrößen bestimmt. Es handelt sich daher in diesem Fall um eine entscheidungsabhängige Bezugsgrößendifferenzierung.[22] Andere Beispiele für entscheidungsabhängige Bezugsgrößendifferenzierungen sind Produktionsprozesse, die in alternativen Fertigungskostenstellen bzw. -verfahren durchgeführt werden können. Die Produkte können durch Bearbeitung in produktionstechnisch gleichwertigen aber hinsichtlich der Kostenverursachung verschiedenen Fertigungskostenstellen zum Endprodukt gelangen. Welche Produktionsalternative gewählt wird, hängt nicht von den Produkten ab, sondern von den Entscheidungen der Produktionsplanung. Die arbeitsaufwendige Methode besteht in den entscheidungsabhängigen Fällen der Bezugsgrößendifferenzierung darin, Alternativkalkulationen für mehrere Entscheidungsalternativen der Produktionsplanung bereit zu stellen. Es kommt allerdings häufig vor, dass Liefertermine die Entscheidungen der Produktionsplanung und damit die Bezugsgrößendifferenzierung determinieren. Im Beispiel liegen den Rüstkostensätzen der Produkte A-C in der Produktionskostenstelle I bereits bestimmte Entscheidungen der Produktionsplanung zu Grunde und die Rüstkosten sind nach der obigen Formel auf die ME herunter gebrochen.

In der Produktionskostenstelle III werden neben den Maschinenstundensätzen die Kosten pro kg Durchsatzgewicht als Bezugsgröße verwendet. Die Kosten in dieser Kalkulationszeile sind nach dem spezifischen Gewicht der Produkte A-C ermittelt worden. Hier liegt eine technologisch bedingte Differenzierung der Bezugsgrößenkostensätze vor. Diese ist auch gegeben, wenn sowohl eine maschinelle Bearbeitung als auch eine manuelle Bearbeitung durchgeführt werden müssen, wie in Produktions-

---

22 Siehe zur kalkulatorischen Behandlung von Rüstkosten auch das Beispiel in Kap. 7.4.3 zur Fahrradproduktion.

kostenstelle II. Die Bezugsgrößen Fertigungszeiten der Arbeiter und Maschinenlaufzeiten werden dann parallel verwendet, weil maschinelle und manuelle Bearbeitung in dieser Kostenstelle technologisch zwingend erforderlich ist und beide unterschiedliche Stundenkostensätze verursachen.

Die Verwaltungsgemeinkosten wurden als Zuschlagssätze auf die Herstellkosten verrechnet. Für die Vertriebskosten wurden differenzierte Bezugsgrößen (Kostentreiber) des Vertriebsprozesses gewählt, was zu entsprechend unterschiedlichen Prozesskostensätzen der Produkte A-C führte. Die Methode bzw. die Einzelheiten der Herleitung dieser Prozesskostensätze wurden (mit anderen Zahlen) in Kap. 5 Prozesskostenrechnung behandelt.

Darstellung der Bezugsgrößenkalkulation mithilfe von Kalkulationsformeln

Die Bezugsgrößenkalkulation wird im Folgenden anhand der Kalkulationsformel dargestellt. Mit dieser Formel kann die Kalkulation einteiliger Produkte abgebildet werden, die nacheinander in den Fertigungskostenstellen i = 1, ... in bearbeitet werden.

$$k_j^{BD} = \left[\sum_{v=1}^{vn} m_{vj} q_{vj} \left(1 + \frac{d_{mv}}{100} \right) + \sum_{i=1}^{in} BZG_{ij} k_{Ti} + SEF_j \right] \cdot \left(1 + \frac{d_{vwj}}{100} + \frac{d_{vtj}}{100} \right) + SEV_j$$

k_j^{BD} = Selbstkosten des Produktes j nach der Methode der differenzierenden Bezugsgrößenkalkulation in €/ME

BZG_{ij} = Bezugsgröße der Kostenstelle i für das Produkt j

k_{Ti} = Kostensatz (Tarif) der Kostenstelle i in € pro Einheit der BZG

Die Maschinen- bzw. Stundensatzkalkulation ergibt sich als Sonderform der Bezugsgrößenkalkulation aus der obigen Formel, wenn als Bezugsgrößen die Maschinen- oder Fertigungszeiten herangezogen werden.

Wenn in einer Fertigungskostenstelle mehrere Bezugsgrößen parallel zueinander eingesetzt werden, so ergibt sich die unten abgebildete Kalkulationsformel. In ihr können die Materialgemeinkostenzuschläge nach Materialarten-/gruppen und die Verwaltungs- und Vertriebsgemeinkostenzuschläge nach Produktarten-/gruppen unterschieden werden.

$$k_j^{BDM} = \left[\sum_{v=1}^{vn} m_{vj} q_{vj} \left(1 + \frac{d_{mv}}{100} \right) + \sum_{i=1}^{in} \sum_{g=1}^{gn} BZG_{ijg} k_{Tig} + SEF_j \right] \cdot \left(1 + \frac{d_{vwj}}{100} + \frac{d_{vtj}}{100} \right) + SEV_j$$

k_j^{BDM} = Selbstkosten des Produktes j nach der Methode der differenzierenden Bezugsgrößenkalkulation mit mehreren Bezugsgrößen in €/ME

g = Index für die Bezugsgrößen einer Kostenstelle g = 1, . . . , gn

k_{Tig} = Kostensatz (Tarif) für eine Bezugsgröße g der Kostenstelle i

Beurteilung der Bezugsgrößenkalkulation

Die Bezugsgrößenkalkulation ist die allgemeingültigste Form der Kalkulation, da sie sich an alle in der Praxis auftretenden Kalkulationsfälle anpassen lässt. Man kann daher die oben abgebildete Formel der Bezugsgrößenkalkulation bei heterogener Kostenverursachung als Grundformel für die Kalkulation einteiliger Produkte bezeichnen (Kalkulationsverfahren für mehrteilige Produkte werden unten skizziert). Die Bezugsgrößenkalkulation ist sowohl bei Istkostenrechnung als auch bei der Normal- und Plankostenrechnung einsetzbar. Besonders bedeutsam ist sie für die Plankostenrechnung, da hier möglichst verursachungsgerechte Bezugsgrößen nicht nur für die Kalkulation, sondern auch als Maßgrößen zur Sollkostenermittlung in Soll-Ist-Abweichungsanalyse erforderlich sind. Bezugsgrößenkalkulationen, die mit verursachungsgerechten Bezugsgrößen in den Produktions- und auch den Verwaltungskostenstellen arbeiten, und damit die Prozesskostenrechnung sozusagen beinhalten, kommen zu den genauesten Kalkulationsergebnissen. Ein Bezugsgrößenkalkulationsansatz alleine garantiert noch keine vollständige Verursachungsgerechtigkeit, vielmehr kommt es auf die richtige bzw. differenzierte Auswahl der Bezugsgrößen an.

6.3.8 Kalkulationsverfahren für mehrteilige Erzeugnisse

Beschreibung der Kalkulationsverfahren für mehrteilige Erzeugnisse

Es wurde bei der Behandlung der bis zu diesem Kapitel dargestellten Kalkulationsverfahren vorausgesetzt, dass es sich um einteilige Produkte handelt, die in den Produktionsstufen nacheinander (lat.: sukzessive) bearbeitet werden. Häufig setzen sich Endprodukte aus mehreren Teilprodukten bzw. Teilerzeugnissen zusammen. Man spricht dann von mehrteiligen Erzeugnissen, wenn sie sich aus mindestens zwei Teilerzeugnissen zusammensetzen; es kann sich aber auch um mehrere Dutzend oder Hunderte von Teilerzeugnissen handeln[23]. Diese Teilerzeugnisse werden oft in zeitlich parallel verlaufenden Produktionsprozessen bearbeitet und in einem Montagearbeitsgang zusammengefügt. Für viele mehrteilige Produkte werden darüber hinaus zahlreiche fremd bezogene Einzelteile zugekauft und in Montagearbeitsgängen mit den selbst gefertigten Erzeugnissen zum Endprodukt zusammengeführt.

Typische Beispiele für mehrteilige Stückgüter sind die Erzeugnisse der Kraftfahrzeugindustrie, des Maschinen- und Apparatebaus, der optischen und feinmechanischen Industrie, der Elektroindustrie und der meisten Unternehmungen mit Einzel- und Auftragsfertigung.

Wenn dies in einem Montageschritt erfolgt, handelt es sich um einstufige mehrteilige Produkte. Gemäß dem Konstruktionsplan des Endproduktes und dem Ablauf des Produktionsprozesses müssen oft Teile-/Baugruppen zwischenmontiert werden,

---

23 Der Begriff Erzeugniskalkulation wird auch in SAP S/4HANA verwendet und ist dort der Oberbegriff für einteilige und mehrteilige Kalkulationen.

die dann bei der Endmontage als Teile-/Baugruppe in das Endprodukt eingehen. Die Teile-/Baugruppen können aber auch zunächst in andere im Produktionsprozess nachgelagerte Teile-/Baugruppen eingebaut werden. Letztlich müssen alle Teile-/Baugruppen in der Endmontage zum Fertigprodukt komplettiert werden. Falls für ein zu kalkulierendes Endprodukt diese Produktionssituation vorliegt, spricht man von mehrstufigen mehrteiligen Stückgütern.

Beispiele hierfür sind Lastkraftwagen, die aus mehreren tausend Einzelteilen bestehen, die in mehreren hundert Teilegruppen und einigen Hauptgruppen in das Endprodukt eingehen. Für fast alle komplexen mehrteiligen Stückgüter sind Zwischenmontagen erforderlich, bevor in der Endmontage das Fertigprodukt entsteht.

Der Gang der Kalkulationen folgt dem konstruktiven Produktaufbau und dem Produktionsprozess von mehrteiligen Erzeugnissen. Im ersten Schritt müssen für alle selbst erstellten Teilerzeugnisse die Herstellkosten ermittelt werden. Im Idealfall wird hierzu die Bezugsgrößenkalkulation verwendet. Die Herstellkosten für Teilerzeugnisse in einem mehrstufigen mehrteiligen Produktionsprozess können grundsätzlich aber auch mit den anderen Kalkulationsverfahren kalkuliert werden, wobei dann eine geringere Verursachungsgerechtigkeit in Kauf genommen werden muss. Eine besondere Situation ergibt sich, wenn Teilerzeugnisse nicht zu 100 % zu Endprodukten verarbeitet werden, sondern wenn ein bestimmter Prozentsatz als Ersatzteile eingelagert bzw. sofort verkauft wird. Um eine Preisuntergrenze für die Ersatzteilpreisbildung zu ermitteln, muss die Kalkulation der Teilerzeugnisse dann bis zu den Selbstkosten fortgesetzt werden. Daraus ergeben sich Sonderprobleme. Zum Beispiel werden in der Automobilindustrie Ersatzteile über die Produktionsdauer einer KFZ-Serie hinaus oft für viele Jahre als Ersatzteile in speziellen Ersatzteillagern vorgehalten. Wegen der hohen Lagerkosten und kalkulatorischen Zinsen werden dann entsprechend hohe Lagergemeinkostenzuschläge auf diese Ersatzteile gerechnet.

In mehrteiligen Kalkulationen erfolgt die Bewertung der fremd bezogenen Einzelteile mit ihren Netto-Einstandspreisen. Hierauf werden Materialgemeinkostenzuschlägeverrechnet die nach Art des Beschaffungs- und Lagerprozesses unterschieden werden können. Fertigungssynchron zugelieferte Teile bekämen dann weniger Materialgemeinkosten zugerechnet als Material, das über das Lager läuft und dabei Kosten erzeugt.

Wenn im Rahmen der einstufigen mehrteiligen Erzeugniskalkulation die Teilerzeugnisse in einem Montageschritt zu den Endprodukten montiert werden, dann fließen die Herstellkosten, der Einzelteilkalkulationen und die Kosten für fremde Teile direkt in die Endproduktkalkulation ein. Wenn in mehrstufigen mehrteiligen Produktionsprozessen zunächst Teile-/Baugruppen gefertigt werden, dann bedingt dies entsprechende Zwischen- oder Teilegruppenkalkulationen. Zusätzlich zu den Kosten für eigen erstellte oder fremd bezogene Teile gehen die Montagekosten der Zwischenmontagen der Teile-/Baugruppen in die Zwischen- und Endkalkulation ein. Bei komplexen Endprodukten mit hunderten oder tausenden Teilprodukten kann durch Stücklistenauflösung der Teilebedarf der Bau- oder Teilegruppen und schließlich der Endprodukte berechnet werden. Wenn die Herstellkosten der Zwischenkalkulationen, die Kosten für die direkt in die Endprodukte eingehenden Teile und die Kosten der Zwischen- und Endmontagen addiert werden, gelangt man zu den Herstellkosten des Endprodukts. Die Kalkulation der Verwaltungs- und Vertriebsgemeinkostenzuschläge kann dann entsprechend der Vorgehensweise bei den einteiligen Produkten erfolgen.

Kalkulationsformeln für mehrteilige Erzeugnisse

Zunächst neu eingeführt wird hier der Index für selbst erstellte Teilerzeugnisse $a = 1, \ldots, an$, die in ein Endprodukt eingehen und die jeweils mit einem Verfahren für einteilige Produkte kalkuliert werden müssen. Diese Kalkulationen der selbst erstellten Einzelteile/Erzeugnisse bis zu den Herstellkosten k_H können mit jedem beliebigen Kalkulationsverfahren für einteilige Erzeugnisse durchgeführt werden.

Zusätzlich zu den selbst erstellten Teilerzeugnissen gehen in den meisten Fällen noch fremd bezogene Materialarten oder Teilerzeugnisse in das Endprodukt ein. Für die fremd bezogenen Teile wird hier der Index $f = 1, \ldots, fn$ eingeführt. Für diese Teile müssen die Netto-Einstandspreise und die Materialgemeinkostenzuschläge ermittelt werden. Oben wurde bereits angemerkt, dass diese nach der Art des Beschaffungsprozesses und ggf. des Lagertyps verursachungsgerecht differenziert werden können. Zunächst wird ein einstufiges mehrteiliges Endprodukt betrachtet. Hier ist gemäß der Definition eines einstufigen Produktionsprozesses nur ein Endmontagearbeitsgang notwendig. Die selbst erstellten und fremd bezogenen Teile gehen unmittelbar in die Endprodukte ein ohne vorher zu Teilegruppen zwischenmontiert zu werden. Die Montagezeiten pro Einheit eines Endproduktes j werden mit t_{Monj} und der Montagekostensatz mit d_{Mon} bezeichnet. Es ergibt sich dann folgende Kalkulationsformel für einstufige mehrteilige Erzeugnisse.

$$
k_j^{EM} = \left[\sum_{a=1}^{an} MST_{aj}k_{Ha} + \sum_{f=1}^{fn} MZT_{fj}q_f \left(1 + \frac{d_M}{100} \right) + t_{Monj}d_{Monj} + SEF_j \right]
$$
$$
\cdot \left(1 + \frac{d_{Vw}}{100} + \frac{d_{Vt}}{100} \right) + SEV_j
$$

k_j^{EM} = Selbstkosten des Produktes j nach der Methode der mehrteiligen einstufigen Erzeugniskalkulation in €/ME

MST_{aj} = Menge der selbsterstellten Teilerzeugnisse der Art a für das Produkt j in FE/ME

MZT_{fj} = Menge der Zukaufteile der Art f für das Produkt j FE/ME

t_{Montj} = Montagezeit für das Produkt j in ZE/ME

d_{Montj} = Montagekostensatz für das Produkt j in €/ZE

a = Index für selbsterstellte Teilerzeugnisse $a = 1, \ldots, an$

Bei zweistufigen mehrteiligen Endprodukten werden vor der Endmontage zwei oder mehrere Teile-/Baugruppen montiert, für die zunächst gesonderte Zwischenkalkulationen/ Erzeugniskalkulationen erstellt werden müssen. Die Art der Teile-/Baugruppen werden mit dem Index $o = 1, \ldots, on$ bezeichnet. Es gehen MST_{ao} Teilerzeugnisse in eine Teile-/Baugruppe a ein. Die Herstellkosten dieser Teile-/Baugruppen können mit folgender Formel ermittelt werden.

$$k_{Ho}^{TG} = \sum_{a=1}^{an} MST_{ao}k_{HE} + \sum_{f=1}^{fn} MZT_{fo}q_f \left(1 + \frac{d_M}{100} \right) + t_{Mono}d_{Mono} + SEF_o$$

k_{Ho}^{TG} = Herstellkosten der Teilegruppe o innerhalb der Methode der mehrteiligen mehrstufigen Erzeugniskalkulation in €/ME

Es gehen MTG_{aj} Teile-/Baugruppen in ein Endprodukt j ein.

Hieraus lassen sich die Herstellkosten k_{Hj} eines Kostenträgers j bestimmen:

$$k_{Hj}^{MME} = \sum_{o=1}^{on} MTG_{oj}k_{Ho} + \sum_{a=1}^{an} MST_{aj}k_{Ha} + \sum_{f=1}^{fn} MZT_{fj}q_f \left(1 + \frac{d_M}{100} \right) + t_{Monj}d_{Monj} + SEF_j$$

k_{Hj}^{MME} = Herstellkosten des Produktes j nach der Methode der mehrteiligen zweistufigen Erzeugniskalkulation in €/ME

Die Selbstkosten des zweistufigen mehrteiligen Erzeugnisses mit Teile-/Baugruppen ergeben sich durch Zuschlag der Verwaltungs- und Vertriebskosten auf die Herstellkosten des Produktes j:

$$k_j^{MME} = k_{HjMME} \left(1 + \frac{d_{Vw}}{100} + \frac{d_{Vt}}{100} \right) + SEV_j$$

Damit sind die betriebswirtschaftlichen Grundlagen für die Erörterung der nun folgenden Kalkulationsmethoden in SAP S/4HANA gelegt. Zunächst werden die in SAP S/4HANA benötigten Grunddaten für die Ermittlung der Erzeugniskosten d. h. den Beginn der Kalkulation erläutert. Dies sind der Materialstamm, die Stückliste und der Arbeitsplan.

6.4 Produktkostenplanung im Lebenszyklus der Produkte

Je nach Szenario werden verschiedene Methoden in der Produktkostenplanung angewendet. Die Kalkulation von Erzeugnissen bezieht sich auf ein Mengengerüst, bestehend aus Stückliste (Vorprodukte eines Erzeugnisses bzw. Baugruppe) und Arbeitsplan (durchzuführende Arbeitsschritte im Produktionsprozess). Hierbei handelt es sich um eine Materialkalkulation mit Mengengerüst.

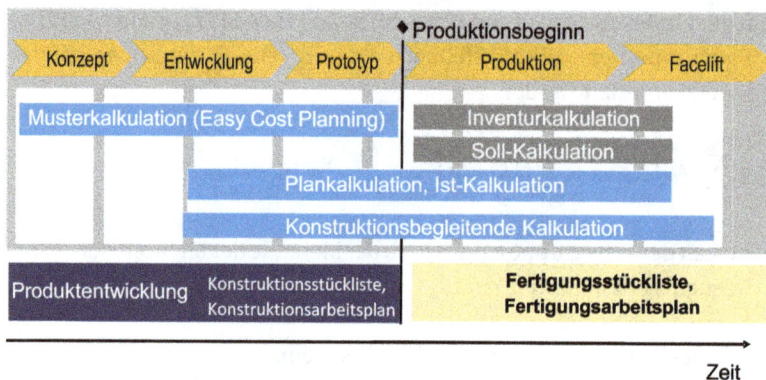

Abb. 6.10: Methoden der Produktkostenplanung im Zeitablauf

Ein weiterer Gesichtspunkt der Kalkulations-Methode ist die Position des Produktes in seinem Lebenszyklus. In der Innovationsphase stehen in der Regel noch keine abgeschlossenen und freigegebenen Mengendaten wie Stückliste und Arbeitsplan zur Verfügung. In dieser Phase ist die konstruktionsbegleitende Kalkulation eine Option. Die sich in der Entwicklung befindende Stückliste und Arbeitsplan werden mit jeder Aktualisierung in der Kalkulation berücksichtigt.

Die vorherige Abbildung gibt einen Überblick über die Kalkulationsmethoden, welche in der jeweiligen Phase des Produktlebenszyklus geeignet sind. In den folgenden Kapiteln werden die jeweiligen Kalkulationsmethoden erklärt. Zuvor wird die Steuerung der Kalkulation über die sogenannte Kalkulationsvariante im SAP System erläutert.

6.4.1 Steuerung der Kalkulation über die Kalkulationsvariante

Die betriebswirtschaftliche Steuerung der Kalkulation im SAP System erfolgt über die Kalkulationsvariante. Dazu zählen grundsätzlich:
- Die Kalkulationsart, welche das Bezugsobjekt der Kalkulation definiert.
- Die Selektion der Stückliste (SL), z. B. Konstruktions- SL, Fertigungs-SL, Vertriebs-SL, usw.
- Die Selektion des Arbeitsplans (ARPL), z. B. Normalarbeitsplan, Standardarbeitsplan, usw.
- Die Bewertungsvariante zur Selektion
  - der Leistungstarife, z. B. Periodentarif, Durchschnittstarif, Ist-Tarif, usw. und
  - zur Selektion der Rohmaterialpreise, z. B. Preis aus Einkaufsinfosatz, Preis aus laufender Bestellung, Preis aus Materialstammsatz, usw.

- Die zeitliche Gültigkeit:
  - Der Kalkulation
  - Der Stückliste und des Arbeitsplans
  - Der selektierten Preise
- Übernahme vorhandener Kalkulationen

Kalkulationsart

Die Kalkulationsart bestimmt, in welchem Umfeld die Kalkulation angewendet wird. Beispiele für Kalkulationsarten sind die Kalkulation des lagerbestandsbewertungsrelevanten Standardpreises, die Plankosten eines Fertigungsauftrags, die Ist-Kosten eines Fertigungsauftrags, die Kalkulation der Kosten einer Kundenauftragsposition, usw.

Die Kalkulationsart enthält auch einen Parameter, mit welcher Bewertung die Kalkulation erfolgt, Darunter ist folgendes zu verstehen:

- Die legale Bewertung entspricht der handelsrechtlichen Berechnung der Kosten, zum Beispiel Bewertung nach Anschaffungs- und Herstellkosten, wie das HGB dies vorschreibt. Das Ergebnis der handelsrechtlich kalkulierten Kosten dient zum Ausweis in Bilanz und G+V.
- Die Profit Center Bewertung selektiert anstatt der handelsrechtlichen Preise für eingekaufte Waren und Dienstleistungen bzw. den verrechneten Kosten für interne Warenlieferungen und Dienste die zwischen den Profit-Centern eine Unternehmens für innerbetriebliche Lieferungen und Leistungen vereinbarten Verrechnungspreise. Das Ergebnis einer solchen Kalkulation ist für Management-Auswertungen vorgesehen.
- Die Konzernbewertung selektiert für alle intern Lieferungen und Leistungen nicht die handelsrechtlich zulässigen, marktüblichen Preise, sondern die kalkulierten Kosten des Senders. Zwischengewinne werden so in der Konzernbewertung eliminiert.

Bewertungsvariante

Die Bewertungsvariante bestimmt die Selektion der für die Kalkulation zu verwendenden Materialpreise und Leistungstarife. Mit Prioritätszahlen wird festgelegt, in welcher Reihenfolge nach den Preisen selektiert wird. So ist es möglich, dass zum Beispiel bei einer Rohmaterial-Nummer für selbst hergestelltes Rohmaterial ein im Materialstamm manuell gepflegter Planpreis selektiert wird, während für fremdbeschaffte Rohmaterialien der Lieferantenpreis im sogenannten Einkaufsinfosatz selektiert werden soll. Für die Selektion der Leistungs-Tarife kann in einer Suchreihenfolge angegeben werden, ob zum Beispiel der Plantarif der laufenden Periode, der Durchschnittstarif oder auch der Ist-Tarif der Vorperiode selektiert werden soll.

Kalk.-Variante / Bewertungsstrategie	ZP00 S-Preis-Mat.	ZP01 Planpreis 1	ZP02 Planpreis 2	ZP03 Planpreis 3	FE-Auftrag Plan	FE-Auftrag Ist
Material	2 3	4 2 3	5 2 3	6 2 3	2 3	7
Eigenleistung	3	3	3	3	1	1
Fremdleistung	1 3	1 3	1 3	1 3	1 3	9
Lohnbearbeitung	3	3	3	3	Bestellung wird manuell angelegt	Bestellung wird manuell angelegt
Kalkulations-Schema	HUG_04	HUG_04	HUG_04	HUG_04	HUG_04	HUG_04

1 – Nettoangebotspreis
2 – Standardpreis
3 – Gleitender Durchschnittspreis
4 – Planpreis 1

5 – Planpreis 2
6 – Planpreis 3
7 – Preis lt. Preissteuerung
9 – Effektivpreis aus Bestellung

Abb. 6.11: Beispiel für die Preisselektion

Beispiel

Ein Automobilzulieferer hat für die Erzeugnis-Kalkulation die Preisselektion gemäß Abb. 6.11 festgelegt.

Während Eigenleistungen zum gleitenden Durchschnittspreis kalkuliert werden, wird für Fremdleistungen der Nettoangebotspreis des Lieferanten selektiert. Die Kalkulation zum Preis lt. Preissteuerung bedeutet, dass bei Rohmaterialien mit Preissteuerung V (Verrechnungspreis) der gleitende Durchschnittspreis, bei Halbprodukten mit Preissteuerung S der Standardpreis selektiert wird.

Die Preisfestlegung erfolgt in einer Bewertungsvariante zur Kalkulationsvariante. In der Bewertungsvariante wird auch das Zuschlagsschema eingetragen, über das die Berechnung der Gemeinkosten erfolgt.

Weiterhin enthält die Bewertungsvariante die Angabe eines Kalkulationsschemas, mit welchem die Gemeinkosten berechnet werden.

Übernahmesteuerung

Die Übernahmesteuerung ist maßgebend dafür, dass die in anderen Unternehmensteilen durchgeführten Kalkulationen übernommen werden.

Beispiel

Ein Automobilzulieferer hat ein Produktionswerk und eine Vertriebsniederlassung mit Lager. Die Kalkulation und Bestandsbewertung erfolgt im Produktionswerk. Für die Bewertung der Lagerbestände im Auslieferungswerk ist eine Kalkulation nicht möglich (da in der Vertriebsniederlassung Stücklisten und Arbeitspläne zu diesem Werk angelegt worden sind) und auch nicht sinnvoll (da in diesem Werk/Vertriebsniederlassung nicht produziert wird). Daher erfolgt die Übernahme der Kalkulation vom Produktionswerk in das Auslieferungswerk/Vertriebsniederlassung.

6.4.2 Selektion des Mengengerüstes

In der Kalkulation mit Mengengerüst erfolgt die Selektion von Stückliste und Arbeitsplan nach den folgenden Prioritäten:
- Manuelle Eingabe der Stücklisten- und Arbeitsplan-Selektion bei manueller Einzelverarbeitung der Kalkulation (im Gegensatz zum Kalkulations-Lauf, welcher in einem späteren Kapitel erläutert wird).
- Selektion aus den Einträgen im Materialstamm des zu kalkulierenden Materials.
- Selektion über eine Selektionsstrategie, welche nachfolgend erläutert wird.

Selektionsstrategie

Über die Selektionsstrategie wird festgelegt, mit welcher Priorität Stücklisten und Arbeitspläne für die Kalkulation selektiert werden. Bei der Plankalkulation zur Ermittlung des Standardpreises ist eine typische Suchstrategie für Stücklisten.

Beispiel

Priorität	Stücklistenverwendung	Alternative
1	Kalkulationsstückliste	1
2	Fertigungsstückliste	2

Für einen Arbeitsplan ist als Suchstrategie denkbar:

Priorität	Arbeitsplantyp	Plangruppe
1	Normalarbeitsplan	001
2	Standardarbeitsplan	001

6.4.3 Kostenschichtung

Das Ergebnis einer Kalkulation wird kostenartenbezogen, als Kostenschichtung und als Einzelnachweis ausgeben. Im Einzelnachweis wird jede Kalkulationsposition explizit ausgegeben, dies sind zum Beispiel Materialpositionen, Kostenstellenleistungen und auch Gemeinkosten. Der Einzelnachweis wird für die Berechnung der Abweichungen von Kostenträgern wie der Fertigungsauftrag benötigt. Für jede Kalkulationsposition werden die Soll-Kosten auf der Basis der zum Fertigungsauftrag gemeldeten Ist-Gut-Menge berechnet und mit den Ist-Kosten der Position verglichen. Darauf wird im Kapitel Abweichungsanalyse zur Kostenträgerrechnung eingegangen.

Die Kostenschichtung ist eine Zusammenfassung der Kosten über die gesamte Erzeugnis-Struktur nach Kostenarten, welche einzelnen Elementen eines Elemente-Schemas zugeordnet werden.

Das Elemente-Schema erfüllt folgende Funktionen:

- Je Element kann im Detailbild festgelegt werden, ob die im Element gesammelten Kosten relevant für die Lagerbestandsbewertung sind, oder nicht. Die in einem Element zugeordneten Kostenarten der Vertriebsgemeinkosten werden folglich im Element als nicht relevant für die Lagerbestandsbewertung gekennzeichnet.
- Je Element werden die Kosten in zwei Kostenfeldern gesammelt: Kostenfeld variable Kosten und Kostenfeld fixe Kosten. Bei der Zuordnung der Elemente zu Wertfeldern der kalkulatorischen Ergebnisrechnung kann über ein Fix-Variabel-Kennzeichen jedes Kostenfeld eines Elementes einem eigenen Wertfeld zugeordnet und damit getrennt ausgewiesen werden. Dies ist die Basis für die Deckungsbeitragsrechnung in der kalkulatorischen Ergebnisrechnung und wird im Kapitel Ergebnisrechnung thematisiert. Gleiches gilt für die Zuordnung der Elemente zu Hauptbuchkonten des Finanz-Moduls im SAP System. Das System schreibt intern im Hauptbuchkonto den Gesamtwert des Elements und den fixen Kostenanteil weg. Dadurch ist der Ausweis der variablen Kosten durch Subtraktion des fixen Anteils vom Gesamtwert und der fixen Kosten zumindest in der übergreifenden

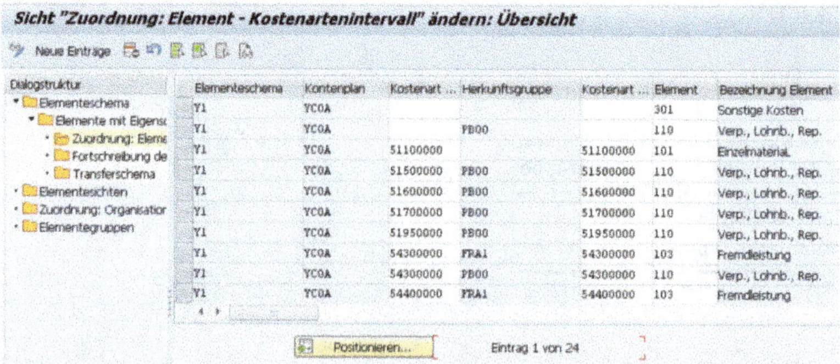

Elementeschema	Kontenplan	Kostenart ...	Herkunftsgruppe	Kostenart ...	Element	Bezeichnung Element
Y1	YCOA				301	Sonstige Kosten
Y1	YCOA		PB00		110	Verp., Lohnb., Rep.
Y1	YCOA	51100000		51100000	101	Einzelmaterial
Y1	YCOA	51500000	PB00	51500000	110	Verp., Lohnb., Rep.
Y1	YCOA	51600000	PB00	51600000	110	Verp., Lohnb., Rep.
Y1	YCOA	51700000	PB00	51700000	110	Verp., Lohnb., Rep.
Y1	YCOA	51950000	PB00	51950000	110	Verp., Lohnb., Rep.
Y1	YCOA	54300000	FRA1	54300000	103	Fremdleistung
Y1	YCOA	54300000	PB00	54300000	110	Verp., Lohnb., Rep.
Y1	YCOA	54400000	FRA1	54400000	103	Fremdleistung

Abb. 6.12: Zuordnung der Kostenarten zum Elementeschema in SAP S/4HANA

Konzernwährung auch in der buchhalterischen Ergebnisrechnung möglich. Auch diese Thematik wird im Kapitel Ergebnisrechnung erläutert.

– Mit der Elemente-Schichtung sind Auswertungen über Kostenanteile der auf jeder Ebene der Erzeugnis-Struktur aber auch über die gesamte Erzeugnis-Struktur möglich. Beispiel: Anteil der gesamten Rohmaterialkosten, Kostenstellenkosten, Gemeinkosten, usw. werden.

Typische Fragestellungen, die aus der Kostensicht nach Produktionsstufen beantwortet werden, sind:

– Wie stehen die Kosten einer Produktionsstufe (z. B. Vor- oder Endmontage) bei Eigenfertigung gegenüber Fremdbezug?
– Welche Auswirkungen haben Rationalisierungsmaßnahmen auf die Kosten einer Fertigungsstufe?
– Wie entwickeln sich anteilig die Personal- und Maschinenkosten auf einer Produktionsstufe?

Eine weitere Differenzierung der Kostenanteile erfolgt innerhalb eines Kostentyps auf Objektebene, z. B.

– Wie hoch ist der Anteil an Eigen- und Fremdmaterial innerhalb der Materialkosten?
– Wie hoch ist der Anteil einzelner Primärkosten innerhalb der Fertigungskosten?

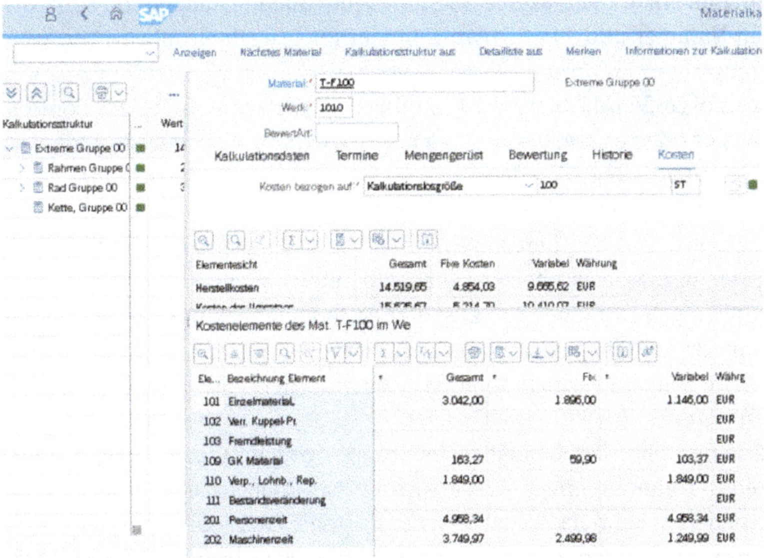

Abb. 6.13: Elementeschichtung einer Materialkalkulation in SAP S/4HANA

Die Auswertung des Anteils an Primärkosten innerhalb der Fertigungskosten erfolgt dadurch, dass im Tarif der Leistungsart die Primärkostenanteile fortgeschrieben werden. Diese Kostenanteile werden dann in einer eigenen Sicht, der sog. Primärkostenschichtung in der Kalkulation ausgewiesen.

6.5 Stammdaten der Produktkostenplanung

6.5.1 Kalkulationsrelevante Attribute im Materialstamm

Der Materialstamm enthält für die Kalkulation folgende relevante Daten:
- Kennzeichen Kalkulation. Es wird festgelegt, ob das Material kalkulationsrelevant ist. Nicht kalkulationsrelevant sind solche Produkte, welche sich noch in der Entwicklung befinden, unvollständige Daten vorliegen und eine Kalkulation fehlerhaft wäre. Gleiches gilt für Materialien, deren Produktion beendet ist und welche sich daher im Abverkauf befinden.
- Kennzeichen Herkunft. Es wird festgelegt, ob die Materialnummer bei den Auswertungen der Kalkulation mit ausgegeben wird. Bei Stücklisten mit einer hohen Anzahl an Positionen wird z. B. festgelegt, dass nur bis zur Ebene der Halbfertigprodukte die Materialnummer mit ausgegeben wird, da die Übersicht ohnehin zu umfangreich ist.
- Stückliste und Arbeitsplan als eine Option. Eine andere Zuordnung ist über das Customizing möglich. Bei Einzelbearbeitung einer Materialkalkulation kann die Stücklisten-Nummer und Arbeitsplan-Nummer auch manuell mitgegeben werden.
- Kalkulationslosgröße. Aus Sicht der Produktionsplanung und/oder des Controllings ist die Losgröße anzugeben, mit der das Erzeugnis üblicherweise produziert wird. Bei Serienfertigung wäre das die monatliche Produktionsmenge, bei Werkstattfertigung die durchschnittliche Auftragsmenge.
- Herkunftsgruppe. Bei der Berechnung von Materialgemeinkosten erfolgt die Selektion der Bezugsbasis über die Kostenart, über welche der Verbrauch der Rohmaterialien gebucht wird. Soll aus allen Rohmaterialien nur ein Teil für die Berechnung der Materialgemeinkosten herangezogen werden, kann in der Bezugsbasis des Gemeinkostenzuschlag-Schemas die Herkunftsgruppe zusätzlich angegeben werden.
- Gemeinkostengruppe. Die Gemeinkostengruppe wird im Customizing der Gemeinkosten-Berechnung einem Zuschlagsschlüssel zugeordnet. Der Zuschlagsschlüsse wiederum kann im Zuschlagsschema für die Zuordnung von Zuschlagssätzen verwendet werden, so dass für Materialien mit gleicher Verrechnungskostenart aber unterschiedlichen Zuschlagsschlüsseln auch unterschiedliche Zuschlagssätze definiert werden können.

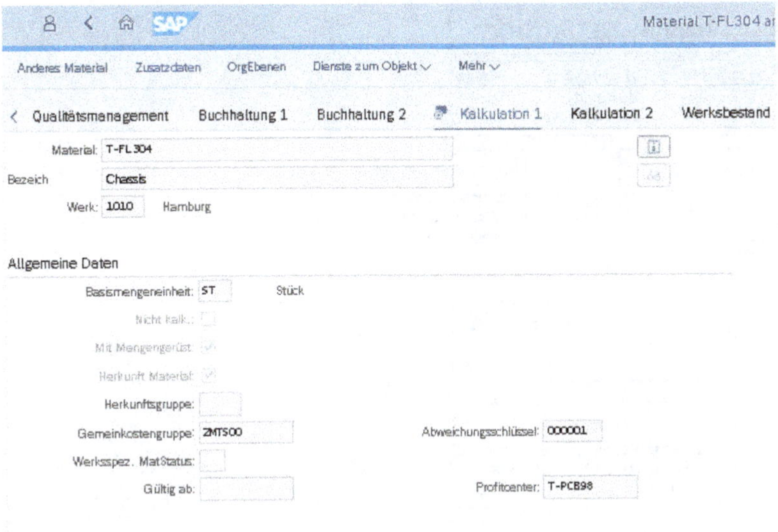

Abb. 6.14: Sicht Kalkulation I in SAP S/4HANA

- Preissteuerungskennzeichen. Kennzeichen „S" bedeutet, dass die Lagerbewegungen mit dem aktuell freigegebenen Standardpreis als Ergebnis der Materialkalkulation bewertet werden. Kennzeichen „V" bedeutet, dass der Lagerbestand mit dem aktuellen gewogenen Durchschnittspreis bewertet wird. Dieses Kennzeichen wird in der Regel bei fremdbeschafften Materialien verwendet. Der Standardpreis wird in diesem Fall nur statistisch mitgeführt.

Wird ein Erzeugnis sowohl selbst produziert als auch fremd beschafft, erfolgt die Berechnung des Standardpreises über eine Mischkalkulation. Alternativ werden die unterschiedlichen Kosten durch eine getrennte Bewertung berücksichtigt. Der Materialstamm enthält jeweils ein Segment für Eigenfertigung und Fremdbezug, in denen für Eigenfertigung der Standardpreis (Materialkalkulation) und für Fremdbezug der gleitende Durchschnittspreis für die Bewertung der Lagerbewegungen herangezogen wird. Der gleitende Durchschnittspreis wird bei jeder Lagerzugangsbuchung neu berechnet. Aus dem Standardpreis und dem gleitenden Durchschnittspreis berechnet das System des gewogenen Durchschnitts-Preises.

6.5.2 Stückliste

Die Stückliste enthält die Zusammenstellung der für ein Erzeugnis notwendigen direkten Vorprodukte/Materialien. Stücklisten sind immer einstufig. Die Selektion der für die Kalkulation zu verwendenden Stückliste bezieht sich auf die Verwendungs-

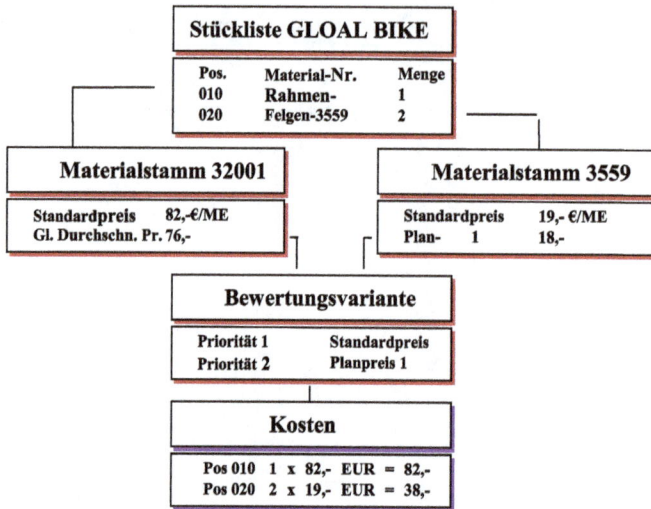

Abb. 6.15: Stückliste – Beispiel

art (Stückliste zur Fertigung, Stückliste zur Kalkulation, Vertriebsstückliste, ...), auf die zeitliche und räumliche Gültigkeit (z. B. werksbezogene Stücklisten) und auf die Losgröße. Durch den Losgrößenbezug ist es möglich, z. B. Rüstkosten als sprungfixe Kosten zu berücksichtigen.

In Abb. 6.15 ist ein Ausschnitt aus einer exemplarischen Stückliste für ein Fahrrad dargestellt. Das Fahrrad besteht u. a. aus einem Rahmen und zwei Felgen. Für die Bewertung können alternative Preise herangezogen werden (Standardpreis, gleitender Durchschnittspreis, Planpreis)

Die Position in der Stückliste enthält den Positionstyp, Materialnummer, Materialmenge und die zeitliche Gültigkeit. Eine Stücklistenposition mit Typ N (Nichtlagerposition) enthält zusätzliche Angaben zur Fremdbeschaffung, zum Beispiel Lieferanten-Nummer, damit auf den Lieferantenpreis im Rahmen der Kalkulation zugegriffen werden kann.

Abb. 6.16: Stückliste in SAP S/4HANA

Die obige Abbildung zeigt eine exemplarische Stückliste zum Chassis eines Gabel-staplers. Die Positionstypen sind hier „Lagerposition". Dies ist relevant in der Bedarfs-planung zur Produktion, da hier der Bruttosekundärbedarf mit dem verfügbaren La-gerbestand verrechnet wird. Ein Positionstyp „R" bedeutet allerdings, dass es sich um eine Rohmaß-Position handelt, für welche Rohmaß-Daten gepflegt werden. Beispiel: Das Ausstanzen von Blechteilen erfolgt aus dem Rohstoff Bandstahl. Die Formel in der Rohmaßposition gibt an, wieviel Quadratmeter Bandstahl für eine bestimmte Menge an Blechteilen benötigt wird. Dies wird entsprechend sowohl in der Bedarfsrechnung als auch in der Materialkalkulation berücksichtigt.

6.5.3 Arbeitsplan und Arbeitsplatz

Im Arbeitsplan werden die für die Fertigung notwendigen Bearbeitungsvorgänge nach Inhalt, Einzelschritten und zeitlichen Vorgaben definiert. Für die Produktion des Fahr-rads werden zum Beispiel u. a. folgende Bearbeitungsschritte definiert:

Position 010: Kommissionierung der benötigten Teile
Position 020: Vormontage von Rahmen, Sitz, Pedalen, Felgen
Position 030: Endmontage
Position 040: Qualitätsprüfung

Jede Arbeitsplanposition enthält die für die Bearbeitungsvorgänge zuständigen Ar-beitsplätze und die Vorgabewerte (Planzeiten) für die einzelnen Fertigungsschritte. Dazu zählen das Einstellen (Rüsten) der Maschinen und die Bearbeitung der Werk-stücke. Die Vorgabewerte beziehen sich auf verschiede Kapazitätsarten, zum Beispiel Personal- und Maschinenkapazität.

Die Zuordnung der Tarife zu den für die Bearbeitung der Vorgänge notwendigen Leistungsarten (Rüsten, Bearbeiten) erfolgt über die Zuordnung eines Arbeitsplatzes zum Arbeitsvorgang und die Zuordnung des Arbeitsplatzes zu einer Kostenstelle. Da-mit kann jedem Vorgabewert des Arbeitsvorgangs eine Leistungsart und damit auch deren Tarif zugeordnet werden. Die Berechnung der Fertigungskosten für einen Bear-beitungsvorgang erfolgt durch die Multiplikation der zeitlichen Vorgabewerte mit dem Leistungsartentarif.

Position	Bezeichnung	Vorgabewert Personalzeit	Vorgabewert Maschinenzeit
010	Kommissionierung	10 Min/St.	
020	Vormontage	50 Min/St.	10 Min/St.
		10 Min Rüsten	
030	Endmontage	...	

Abb. 6.17: Vorgabewerte im Arbeitsplan

Vorgabewerte

		Umrechnung Mengeneinheiten				
Basismenge:	1	Kopf	MgEh		Vorgang	MgEh
Mengeneinheit Vrg.:	ST	1	ST	<=>:	1	ST
Erholzeit:						

	Vorgabewert	Eh	Leistungsart	Zeitgrad
Rüstzeit:	10	MIN	3	
Maschinenzeit:	40	MIN	1	
Personenzeit:	40	MIN	11	

Abb. 6.18: Beispiel für Vorgabewerte im Arbeitsplan – SAP S/4HANA

Die Vorgabewerte für die Bearbeitung sind losabhängig, die für das Rüsten dagegen unabhängig von der Losgröße. Die Abhängigkeit der Vorgabewerte von der Losgröße hat einen fertigungstechnischen und kostenrechnerischen Gesichtspunkt. Für die Logistik resultieren aus den Vorgabewerten die Reservierung der benötigten Arbeitsplatzkapazitäten und der damit verbundenen Kapazitätsarten.

Aus der Sicht des Controllings wird mit der Abhängigkeit berücksichtigt, wie sich die Kosten bei Änderung der Fertigungslosgröße ändern. Für beide Anforderungen erfolgt die Berücksichtigung der Los-Abhängigkeit bei der Berechnung der effektiv benötigten Zeit über die Zuordnung einer Formel.

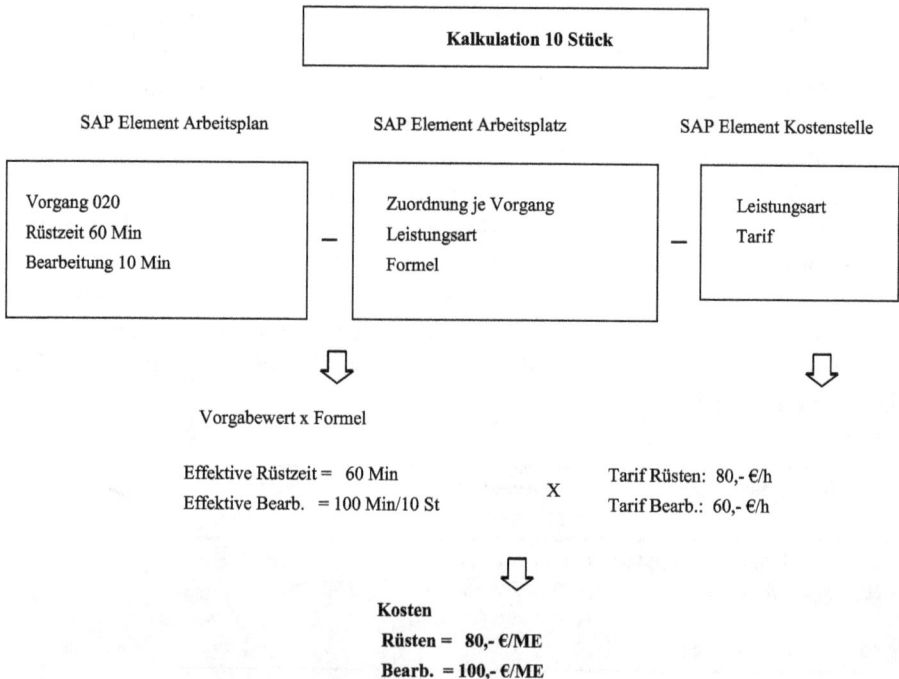

Kalkulation 10 Stück

SAP Element Arbeitsplan		SAP Element Arbeitsplatz		SAP Element Kostenstelle
Vorgang 020 Rüstzeit 60 Min Bearbeitung 10 Min	—	Zuordnung je Vorgang Leistungsart Formel	—	Leistungsart Tarif

⇩

Vorgabewert x Formel

Effektive Rüstzeit = 60 Min
Effektive Bearb. = 100 Min/10 St

X

Tarif Rüsten: 80,- €/h
Tarif Bearb.: 60,- €/h

⇩

Kosten
Rüsten = 80,- €/ME
Bearb. = 100,- €/ME

Abb. 6.19: Kalkulation der Fertigungskosten

In der Formel wird festgelegt, ob der Vorgabewert mit der Kalkulationslosgröße multipliziert wird oder nicht. Auch andere Abhängigkeiten, z. B. Nachrüsten oder die Berücksichtigung eines Abschlagfaktors ab einer bestimmten Losgröße, werden in der Formel gepflegt. Bei der Berechnung der Fertigungskosten werden die effektiven Vorgabewerte mit dem Leistungstarif multipliziert.

Die im obigen Schaubild enthaltenen Stundensätze ergeben sich aufgrund der im Kapitel Kostenartenrechnung/Personalkosten durchgeführten Berechnung.

6.5.4 Beispiel zur Berechnung der effektiven Bearbeitungszeit

In einem Produktionsprozess ergibt sich die Durchführungszeit für ein Los aus:
- Grundrüstzeit: Zeit, die vor Beginn der Bearbeitung zur Umstellung der Maschine auf eine neues Los benötigt wird
- Nachrüstzeit: Zeit, die während der Bearbeitung für Nachrüstvorgänge anfällt. Immer wenn eine Menge in Höhe des Rüstsprungs (RS) produziert wurde, müssen bestimmte Werkzeuge ausgetauscht werden. Nachrüsten besteht z. B. darin, dass verbrauchte Werkzeuge ersetzt werden aber die Maschine nicht für ein neues Produkt umgerüstet wird.

Die Durchführungszeit ergibt sich aus:

$$\text{Durchführungszeit} = \text{Rüsten} + (\text{Bearbeiten} + \text{Nachrüsten}) = F1 + F2$$

$$F1 = TR \text{ (Zeit zum Rüsten der Maschine vor Bearbeitung)}$$

$$F2 = TE \cdot x_{LOS} + TRP(LOS \text{ DIV } RS - 1)$$

Dabei gilt:

TR – Grundrüsten min/LOS (Einstellen der Maschine zu Produktionsbeginn auf die Bearbeitung eines anderen Produktes)

TE – Bearbeitungszeit in min/ME[24]

x_{LOS} – Fertigungslosgröße ME/LOS

TRP – Zeitaufwand für periodisches Nachrüsten in min/Nachrüstvorgang

DIV – Ganzzahlige Division

RS – Rüstsprung (Produktionsmenge, nach der nachgerüstet/zwischen gereinigt werden muss, z. B. Werkzeugwechsel) in ME/Nachrüstvorgang

TR = 60 Minuten/LOS

TE = 5 Minuten pro Stück

TRP = 10 Minuten pro Nachrüstvorgang

---

[24] SAP S/4HANA bietet auch an, in Basismengen zu kalkulieren. Die Basismenge gibt an, wie viele Mengeneinheiten mindestens geplant werden. In einer Getränkeabfüllanlage werden z. B. jeweils 800 Verpackungseinheiten geplant. Hier in unserem Beispiel ist die Basismenge auf 1 gesetzt.

RS = 500 Stück
x_{LOS} = 1.000 Stück

Daraus ergibt sich: F1 + F2 = 60 + 5 · 1.000 + 10 · (1.000 DIV 500 − 1)

= 5.060 + 10 · 1

= 5.070 Minuten für das gesamte Los .

Durch den Ausdruck LOS DIV RS −1 wird in der Kalkulation berücksichtigt, dass nicht nach dem letzten produzierten Stück noch ein Nachrüstvorgang kalkuliert wird, weil das Fertigungslos erfüllt ist.

6.6 Kalkulation ohne Mengengerüst in SAP S/4HANA

6.6.1 Musterkalkulation mit EASY COST PLANNING

Ohne jegliche Verfügbarkeit von Mengendaten wie Stückliste und Arbeitsplan ist nur eine Muster- bzw. Simulationskalkulation geeignet. Die Musterkalkulation bezieht sich nicht auf eine Material-Nummer, sondern auf eine Kalkulations-Nummer. Im System SAP ERP steht dazu die Transaktion OKYP zur Verfügung, mit welcher eine Kalkulationsart, beginnend mit „Z", zum Beispiel „Z2" angelegt werden kann. Im zweiten Schritt ist über die Transaktion OKKO eine Kalkulationsvariante für die Muster- und Simulationskalkulation anzulegen. Schließlich kann mit der Transaktion CKUC oder auch KKE1 eine Musterkalkulation im System SAP ERP angelegt werden.

Die nachfolgende Abbildung zeigt die Anlage einer Musterkalkulation im System SAP ERP. Die Angabe der Kostenart wird benötigt, da die Musterkalkulation in anderen Kalkulationen eingebunden und unter dieser Kostenart ausgegeben wird. Die Angabe des Kalkulationsschemas und des Zuschlagsschlüssels dient der Steuerung zur Berechnung von Gemeinkosten und wird an späterer Stelle in diesem Kapitel behandelt.

Die Muster- und Simulationskalkulation wird im SAP System mit der Methode der Einzelkalkulation ausgeführt. Das bedeutet, die Mengenangaben werden nicht über eine Stückliste oder einen Arbeitsplan selektiert, sondern in den Kalkulationspositionen eingegeben. In dem folgenden Beispiel wird in der ersten Position kalkuliert: Eigenleistung [E] mit der Kostenstelle Nr. 4230 und der Leistungsart Nr. 1420 eine Zeit von 10 Stunden multipliziert mit dem in der Kostenstellenplanung vorhandenen Plan-Tarif. In der zweiten Position der Kalkulation wird berechnet: Positionstyp Material [M] mit der Material-Nr. T-F100 im Werk 1000 und der Menge 1 ST. Die Menge wird mit dem im Materialstamm des Materials vorhanden Materialpreis (Einkauf- oder Herstellkosten) multipliziert. Welche Preise selektiert werden, zum Beispiel laufender Plantarif der Leistungsart oder Durchschnittstarif usw. steuert die Kalkulationsvariante, welche in einem vorherigen Abschnitt erläutert wird.

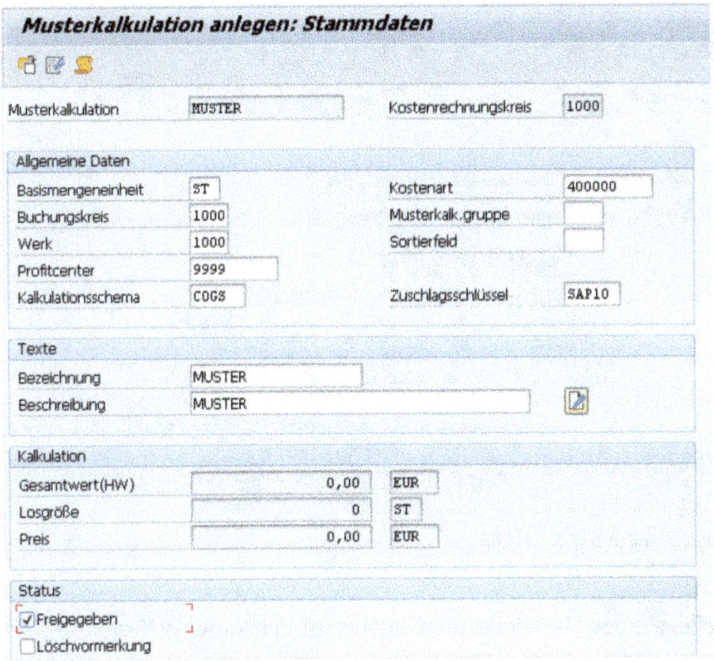

Musterkalkulation anlegen: Stammdaten

Musterkalkulation	MUSTER	Kostenrechnungskreis 1000

Allgemeine Daten

Basismengeneinheit	ST	Kostenart	400000
Buchungskreis	1000	Musterkalk.gruppe	
Werk	1000	Sortierfeld	
Profitcenter	9999		
Kalkulationsschema	COGS	Zuschlagsschlüssel	SAP10

Texte

Bezeichnung	MUSTER
Beschreibung	MUSTER

Kalkulation

Gesamtwert(HW)	0,00	EUR
Losgröße	0	ST
Preis	0,00	EUR

Status

☑ Freigegeben
☐ Löschvormerkung

Abb. 6.20: Musterkalkulation in SAP ERP

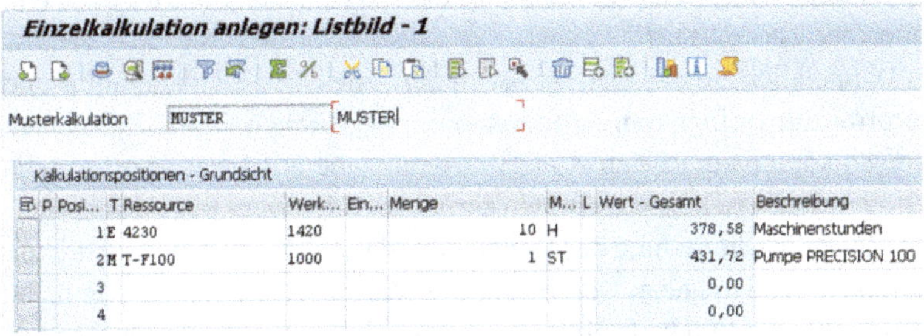

Einzelkalkulation anlegen: Listbild - 1

Musterkalkulation   MUSTER   MUSTER

Kalkulationspositionen - Grundsicht

P Posi...	T	Ressource	Werk...	Ein...	Menge	M...	L	Wert - Gesamt	Beschreibung
1	E	4230	1420			10	H	378,58	Maschinenstunden
2	M	T-F100	1000			1	ST	431,72	Pumpe PRECISION 100
3								0,00	
4								0,00	

Abb. 6.21: Einzelkalkulation in SAP ERP

Hinweis

Im System S/4HANA wird die Muster- und Simulationskalkulation im Standard nicht angeboten. Die Transaktion CKUC kann nur als Materialkalkulation mit Bezug zu Material-Nummer und WERK verwendet werden.

Im System SAP S/4HANA kann für eine Musterkalkulation EASY COST PLANNING verwendet werden. Dazu wird mit der Transaktion CKCM ein Kalkulations-Modell gepflegt, in welchem Merkmale als Variable definiert werden können. Die Abb. 6.22 zeigt ein einfaches Kalkulationsmodel als Pendant zum vorherigen Beispiel der Musterkal-

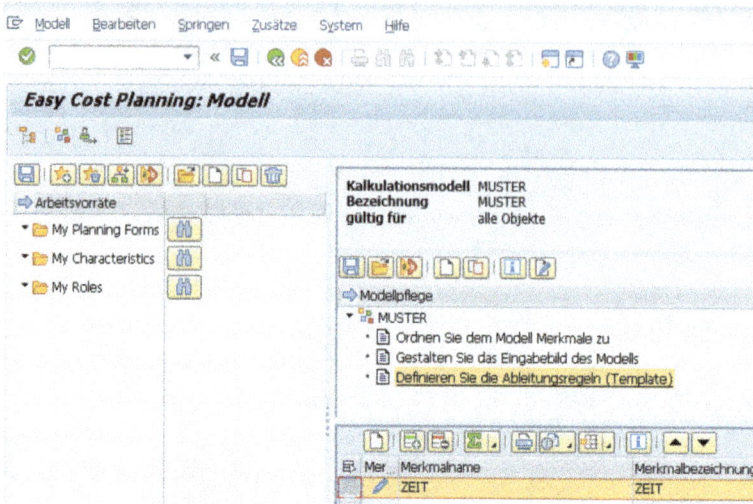

Abb. 6.22: Kalkulationsmodell in SAP S/4HANA

kulation mit der Pflege eines Merkmals zur Eingabe der Zeit für eine Kostenstellen-Leistung.

Die Zuordnung der Kostenstelle und Leistungsart zum Merkmal ZEIT erfolgt in den sogenannten Ableitungsregeln, wie in der Abb. 6.22 dargestellt. Es erfolgt die Auswahl der Ressource, im Beispiel Kostenstelle/Leistungsart. Im Feld OBJEKT wird dazu eingegeben: *Kostenstelle/Leistungsart*.

Mit einem Doppelklick auf das Feld Menge in der Zeile öffnet sich ein Editor und der Funktionsvorrat mit verfügbaren Funktionen zum gewählten Objekt Kostenstelle/Leistungsart. So könnte zum Beispiel als Mengenangabe auf die zur Kostenstelle geplanten Werte von statistischen Kennzahlen zurückgegriffen werden. In diesem Beispiel erfolgt dagegen die Übernahme der Menge über das Merkmal ZEIT, welches zuvor im Kalkulationsmodell angelegt worden ist. Das Merkmal ZEIT wird ebenfalls im Funktionsvorrat angeboten und kann einfach per Doppelklick auf das Merkmal in den Editor übernommen werden. Gleiches gilt auch zum Beispiel auch für die Übernahme

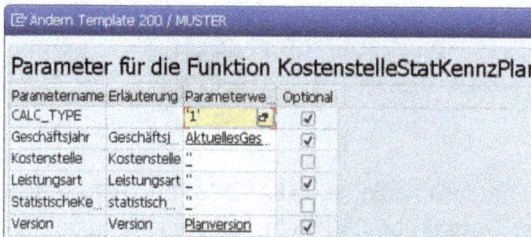

Abb. 6.23: Übernahme stat. Kennzahl in Easy Cost Planning (SAP S/4HANA)

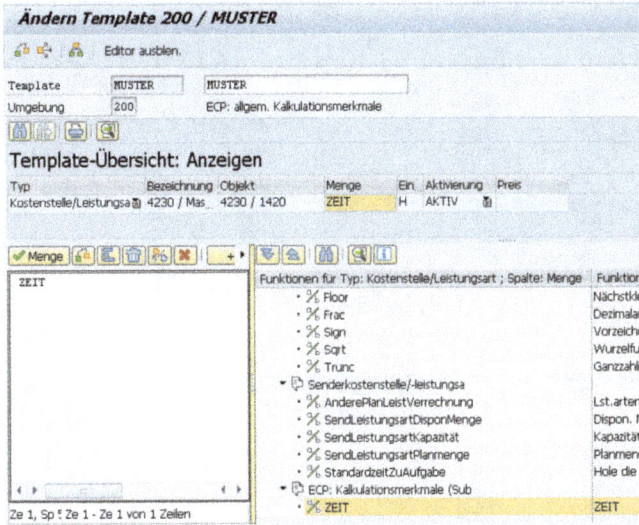

Abb. 6.24: Übernahme Merkmal in Easy Cost Plnning (SAP S/4HANA)

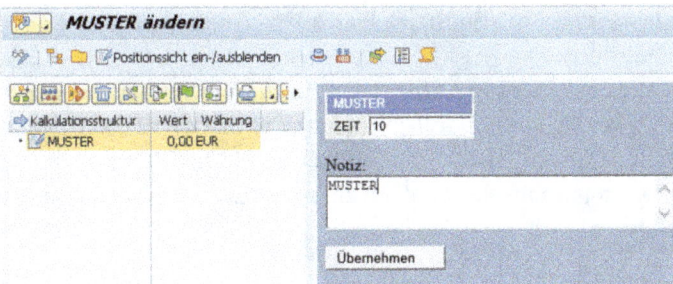

Abb. 6.25: Eingabe der Variablenwerte in Easy Cost Planning (SAP S/4HANA)

der Funktion *Statistische Kennzahl*. In diesem Fall wäre dann die Selektion zu konkretisieren.

Die Position im TEMPLATE ist auf „*Aktiv*" zu setzen. Dabei können durch Doppelklick auf das Feld *Aktivierung* auch Bedingungen gepflegt werden, zum Beispiel die Bedingung:

$$ZEIT < 10 \ .$$

Die Ausführung des im Easy Cost Planning angelegten TEMPLATES erfolgt über die Transaktion zur Erstellung einer ad-hoc Kalkulation CKECP. Die Abb. 6.26 zeigt, dass die Menge zur Variable ZEIT eingegeben werden kann. Der Eingabewert wird mit dem Tarif der im TEMPLATE zugeordneten Kostenstelle/Leistungsart multipliziert. Durch Ausführen der Funktion „Übernehmen" und „„Positionssicht einblenden" wird die ad-hoc Kalkulation als Einzelkalkulation ausgegeben und kann manuell bearbeitet wer-

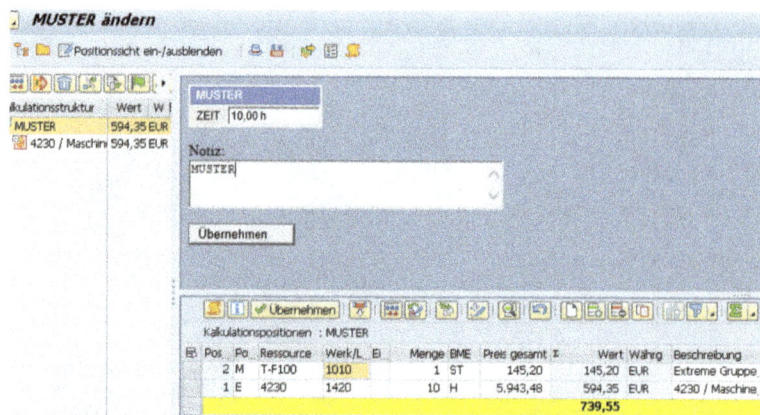

Abb. 6.26: Positions-Sicht in SAP Easy Cost Planning

den. Dazu gehört das Einfügen weiterer Positionen, zum Beispiel wie in der Abb. 6.26 dargestellt einer Materialposition.

Alternativ zur manuellen Eingabe der Materialposition wäre es auch möglich, eine weitere Eingabevariable im Kalkulationsmodell anzulegen und im TEMPLATE der Ressource Material zuzuordnen.

Es zeigt sich, dass mit EASY COST PLANNING die Muster- und Simulationskalkulation analog ausgeführt werden kann. Darüber hinaus ist es im Gegensatz zur Muster- und Simulationskalkulation in SAP ERP mit EASY COST PLANNING möglich, die Ausführung der Kalkulation mit Eingabevariablen zu unterstützen und damit in der Anwendung zu vereinfachen.

6.6.2 Material-Einzelkalkulation

Sind bei einer Materialkalkulation mit Mengengerüst Kosten zu berücksichtigen, die nicht über das Mengengerüst berechnet werden können, können diese Kosten über eine sogenannte additive Kalkulation mit der Methode der Einzelkalkulation berechnet werden. Die Einzelkalkulation wurde bereits im vorherigen Kapitel zum EASY COST PLANNING als Kalkulationsmethode vorgestellt. Der Unterschied zur Material-Einzelkalkulation liegt darin, dass durch den Bezug zu Material-Nummer und Werk diese Einzelkalkulation auch eine sogenannte Kosten-Schichtung erzeugt. Die Kosten-Schichtung wurde im vorherigen Kapitel 6.4.2 – Selektion des Mengengerüsts – erläutert.

Der Preis für die benötigten Materialien wird (in Abhängigkeit von der Bewertungsstrategie z. B. gleitender Durchschnitt, Planpreis, historischer Anschaffungspreis) aus dem Materialstammsatz gelesen und mit der in der Kalkulation einge-

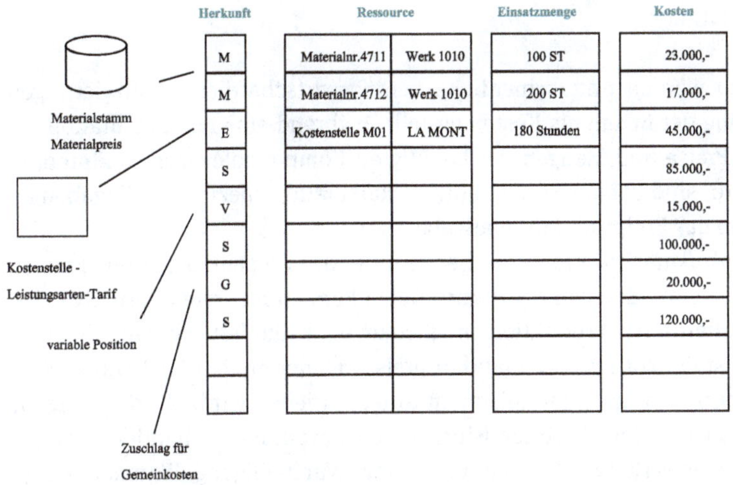

Herkunft	Ressource		Einsatzmenge	Kosten
M	Materialnr.4711	Werk 1010	100 ST	23.000,-
M	Materialnr.4712	Werk 1010	200 ST	17.000,-
E	Kostenstelle M01	LA MONT	180 Stunden	45.000,-
S				85.000,-
V				15.000,-
S				100.000,-
G				20.000,-
S				120.000,-

Materialstamm
Materialpreis

Kostenstelle -
Leistungsarten-Tarif

variable Position

Zuschlag für
Gemeinkosten

Abb. 6.27: Einzelkakulation

gebenen Menge multipliziert. Der Tarif für die Kostenstellenleistung wird aus der Tarifplanung in der Kostenstellenrechnung gelesen.

Der Betrag für den berechneten Wert der Zeile mit Positionstyp E (siehe Abbildung oben) ergibt sich aus der Multiplikation von 250 €/h mit der eingegebenen Einsatzmenge von 180 Stunden. Änderungen der zugrundeliegenden Preise werden durch eine Neubewertung der Kalkulation berücksichtigt. Über den Herkunftstyp V (variable Position) werden Kostenpositionen berücksichtigt, die nicht über ein Objekt berechnet werden. Beispiel: *Gewinnzuschlag* oder ein *kalkulatorischer Wagniszuschlag oder Sondereinzelkosten*. In der Kalkulationsposition G erfolgt die Berechnung der Gemeinkostenzuschläge. Basis dafür ist ein Zuschlagsschema, das über die Steuerung zur Kalkulation zugeordnet wurde.

6.7 Kalkulationen mit Mengengerüst in SAP S/4HANA

Die Kalkulation mit Mengengerüst verwendet zur Berechnung der Mengendaten die in den Stammdaten der Produktion gepflegten Stücklisten und Arbeitspläne. Im vorherigen Kapitel „Stammdaten zur Kalkulation" wurden die Stückliste und der Arbeitsplan erläutert. In diesem Kapitel werden die Kalkulationsmethoden, welche auf der Basis von Stücklisten die benötigten Materialmengen und auf der Basis von Arbeitsplänen die benötigten Fertigungszeiten berechnen, erläutert.

6.7.1 Plankalkulation

Je nach Szenario werden unterschiedliche betriebswirtschaftliche Anforderungen an die Berechnung der Erzeugnis-Kosten gestellt. Während eine Plankalkulation auf Basis geplanter Preise und Mengen der benötigten Komponenten zum Endprodukt durchgeführt wird, sind bei der Kundenauftragskalkulation spezifische Vorgaben an die Eigenschaften des Endproduktes maßgebend.

In einer *Plankalkulation* erfolgt die Berechnung der Herstellkosten des Erzeugnisses über die gesamte Erzeugnis-Struktur. Dabei können mehrere alternative Herstellkosten für alternative Produktionsmöglichkeiten kalkuliert werden. Ergebnis der Kalkulation ist der sogenannte Standardpreis, welcher mit der SAP Transaktion „Preisfortschreibung" in den Materialstamm fortgeschrieben wird. Mit der Freigabe des Standardpreises erfolgt die Aktualisierung eines eventuell vorhandenen Lagerbestandes und die Bewertung jeder Lagerbewegung (Wareneingang, Warenausgang). Der bewertungsrelevante Standardpreis ist für mindestens einen Monat konstant. Der aktuell bewertete Lagerbestand ergibt sich aus der Multiplikation von Ist-Lagermenge und aktuell gültigem Standardpreis.

Für eigengefertigte Materialien wie Halb- und Fertigprodukte ist im SAP System die Bestandsbewertung mit *Standardpreissteuerung* die Regel. Eine Alternative ist die Bewertung des gesamten Bestandes mit einem aktuellen Ist-Preis.[25] Diese Vorgehensweise wird in der Regel in Ländern mit hoher Inflationsrate und in Branchen mit stark schwankenden Rohstoffpreisen angewendet. Eine Nicht-Aktualisierung der Standardpreise auf den Ist-Preis hätte bei Inflation eine Unterbewertung der Halb- und Fertigprodukte zur Folge. Dies nennt man stille Reserven welche jedoch aus steuerrechtlichen Gründen aufgelöst werden müssen, weil sich sonst nicht aktivierter Aufwand ergibt.

Die Materialmengen werden über die Stückliste berechnet. Da Stücklisten im SAP System im Standard nur einstufig sind, also jede untergeordnete Baugruppe wieder eine eigene Stückliste hat, erfolgt eine sogenannte Stücklistenauflösung, so dass eine Tabelle über alle Positionen der gesamten Erzeugnis-Struktur entsteht.

Auf der Basis der aufgelösten Stückliste erfolgt dann die Selektion der benötigten Materialmengen und die Multiplikation mit den Materialpreisen (Rohstoffe) bzw. Kalkulationswerten für Teile- oder Baugruppen (Halbfertigprodukte). Die Fertigungskosten werden über die Multiplikation der Vorgabewerte (Planzeiten) lt. Arbeitsplan mit den Tarifen der Leistungsarten multipliziert, die den Arbeitsvorgängen über den Arbeitsplatz zugeordnet sind.

---

25 Im externen Rechnungswesen nach HGB ist dabei das strenge Niederstwertprinzip zu beachten.

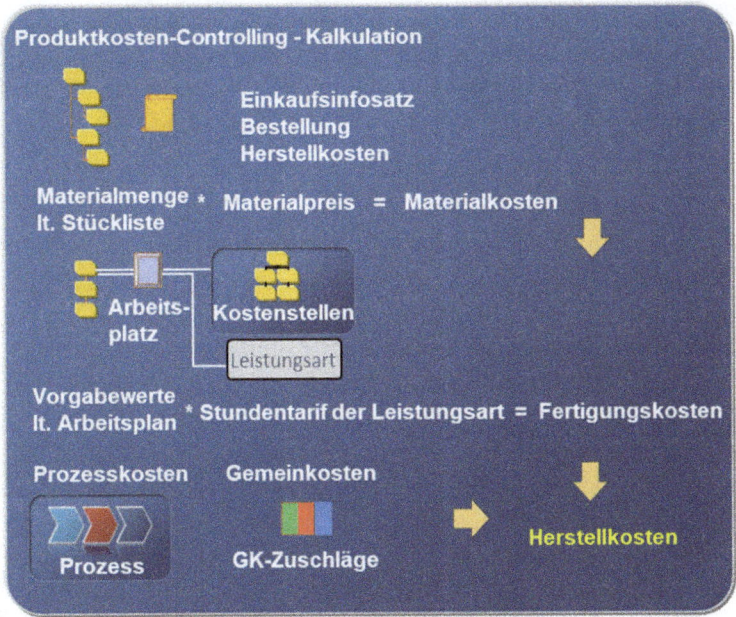

Abb. 6.28: Kalkulation mit Mengengerüst

Beispiel

Die Kosten für Fertigungsstunden einer Kostenstelle mögen sich für eine betrachtete Periode wie folgt zusammensetzen:

Personalkosten:	264.000 €/Pe
Verbrauchsmaterial:	20.000 €/Pe
AfA Anlagen:	100.000 €/Pe
Losgröße:	100 ME/Los

Bei einer Leistungsmenge von 8.000 h/Pe ergibt sich ein Tarif von 48,- €/h oder 0,8 €/min.

Die Kalkulation für ein Los von 100 Stück für ein Produkt bei einem Zeitbedarf von 10 Minuten pro Erzeugniseinheit ergibt:

Fertigungskosten für 100 Stück: 1.000 min/Los × 0.8 €/min = 800,- €/Los

In der Nebenschichtung wird dann ausgewiesen

Personalkosten:	550 €/Los	(264.000/8.000)/60 · 1.000
Verbrauchsmaterial:	42 €/Los	(20.000/8.000)/60 · 1.000
AfA:	208 €/Los	(100.000/8.000)/60 · 1.000

Das Ergebnis der Kalkulation wird nach Freigabe in den Materialstammsatz des Erzeugnisses übernommen. Im Fall einer Standardpreissteuerung erfolgt mit der Freigabe des Standardpreises die Umwertung des aktuellen Lagerbestandes in Abhängigkeit von der gewählten Bewertungsstrategie z. B. nach HGB, IFRS oder US-GAAP.

Gemeinkostenzuschläge in SAP S/4 HANA

Die Berechnung der Gemeinkostenzuschläge erfolgt über ein Kalkulationsschema durch die Kombination der Kalkulationselemente **Basis, Zuschlag** und **Entlastung**. Das Basiselement enthält den Kostenartenbereich (z. B. Personalkosten), auf den sich die Berechnung des Zuschlagsatzes bezieht. Basis sind alle innerhalb des angegebenen Kostenartenbereiches im Planungszeitraum auf das Kalkulationsobjekt gebuchten Beträge. Der Planungszeitraum ist wie der Kostenrechnungskreis und die Schlüssel der Kalkulationsobjekte (Auftrags-Nr.) ein Parameter der Kalkulationsfunktion. Im System CO kann in das Basiselement eine Abhängigkeit eingetragen werden, mittels derer die Selektion der Kalkulationsbasis unterhalb der Kostenartenebene bezogen auf *einzelne* Materialien möglich ist. Der im Basiselement eingetragene Schlüssel wird in den Stammdaten der Materialien eingetragen, die für die Kalkulation selektiert werden sollen (Herkunftsschlüssel).

Das Zuschlagselement enthält den Plan- und Ist-Kosten-Zuschlag. Der Zuschlagssatz ist in der Regel von einer Vielzahl von Parametern abhängig. Er unterscheidet sich zum Beispiel im Hinblick auf das Erzeugnis, den Produktionsort (Werk, Kostenstelle), den Zeitpunkt und der Eigenschaft der Kostenart. Auch zu den fixen und variablen Kosten einer Kostenart könnte ein unterschiedlicher Zuschlagssatz gepflegt werden.

Die Bedingungen für die Selektion eines bestimmten Zuschlagssatzes werden durch die Definition von so genannten Abhängigkeiten, z. B. werksabhängiger Zuschlagssatz gesetzt. Das Werk ist hierbei die Abhängigkeit. Z. B. werden im Werk A 10 % in Werk dagegen 15 % als Zuschlagssatz festgelegt.

Die Bildung von Zuschlagssätzen

Die Technik zur Berechnung der Zuschlagssätze kann im SAP System über das Berichtswesen erfolgen. Dazu werden im Bericht kostenartenbezogen die Einzel- und

Kalkulationsschemazeilen

Zeile	Basis	Zuschlag	Bezeichnung	von	bis Zeile	Entlastung
100	Y001		Material	0	0	
109		C010	GK Material/Zuschlag	100	0	Y10
200	Y002		Fertigung	0	0	
209		C011	GK Fertigung/Zuschl.	200	0	Y20
300			Herstellkosten	100	210	
305		C012	GK Fertigung/Zuschl.	300	0	Y30
306		C013	GK Vertrieb/Zuschlag	300	0	Y40

Abb. 6.29: Kalkulationsschema in SAP S/4HANA

Beispiel einer Erzeugnis-Kalkulation

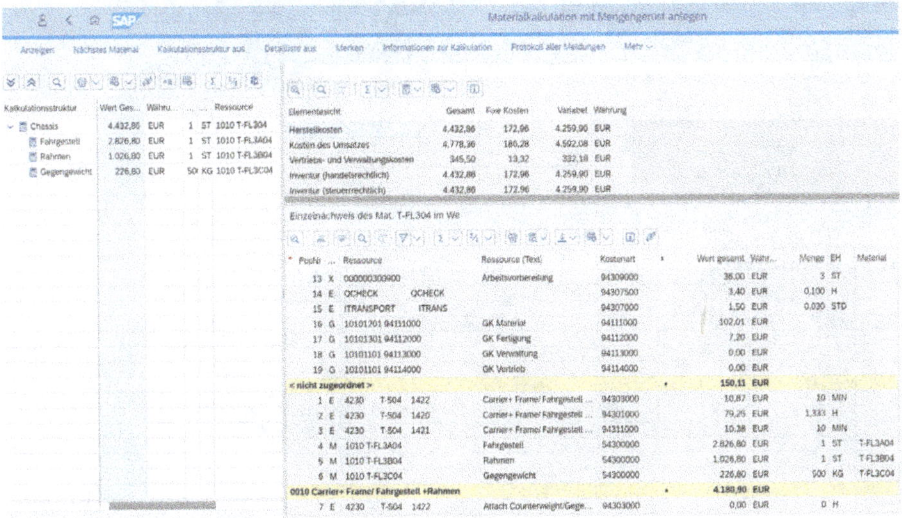

Abb. 6.30: Erzeugnis-Kalkulation in SAP S/4HANA

Gemeinkosten selektiert und mittels Formeldefinition ins Verhältnis gesetzt. Die Zuschlagssätze werden wie bei der Abgrenzung per Zuschlagsverfahren in einem Zuschlagsschema eingetragen. Die Abb. 6.30 zeigt ein Beispiel einer Zuschlagskalkulation eines Innenauftrags (siehe Kapitel Controlling mit Innenaufträgen).

Beispiel einer Erzeugnis-Kalkulation

Im vorliegenden Beispiel wurde das Erzeugnis CHASSIS im Werk 1010 kalkuliert.

Beispiel für die Kalkulationspositionen

Positions-Typ	Ressource	Wert
E	Kostenstelle: 4230, Arbeitsplatz: T-S04, Leistungsart: 1422	10,87 €
M	Werk: 1010, Material-Nr.: T-FL3A04	2.826,80 €

Die linke Seite zeigt die Erzeugnis-Struktur mit den kalkulierten Kosten für die Baugruppen und Einsatz-Materialien.

Der Kalkulationskopf zeigt die kalkulierten Herstellkosten, Verwaltungs- und Vertriebsgemeinkosten, zusammen die Selbstkosten.

Das Ergebnis der Erzeugnis-Kalkulation wird als sogenannter Standardpreis in den Materialstamm übernommen. Dies erfolgt mit der app „Kalkulation freigeben". Die Abb. 6.31 zeigt den im freigegebenen Standardpreis in Höhe von 4.432,86.

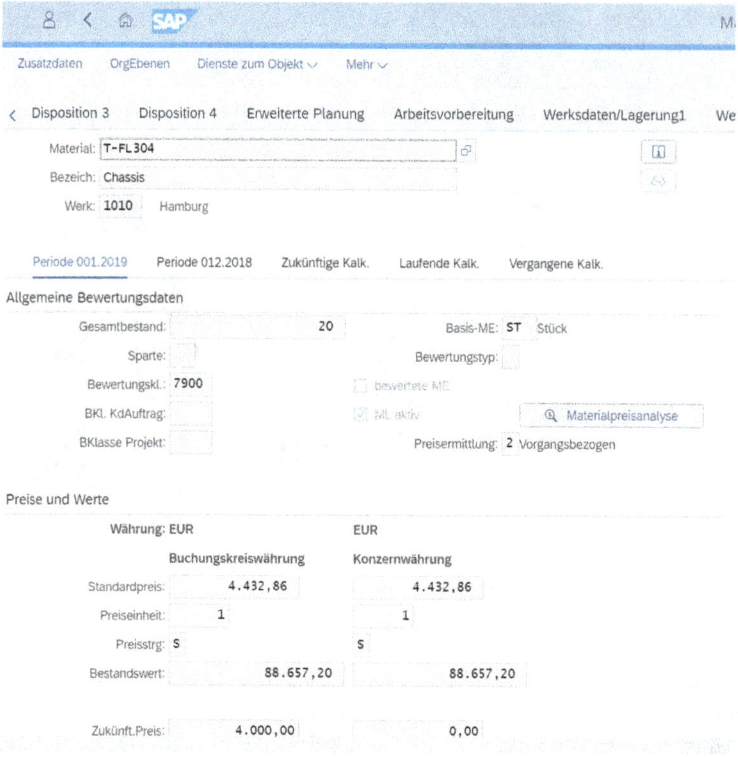

Abb. 6.31: Standardpreis im Materialstamm im System SAP S/4HANA

6.7.2 Ist-Kalkulation

Mit der Ist-Kalkulation erfolgt die Berechnung des sogenannten periodischen Ist-Durchschnittspreises. Sich ständig ändernde Rohstoffpreise führen dazu, dass die beim Verbrauch für die Produktion verrechnenden Preise sich ebenfalls ständig verändern. Dies führt zum Ausweis von Preisabweichungen in der Kostenträgerrechnung bei den Produktionsaufträgen, welche jedoch nicht intern verursacht worden sind. Dies kann durch den Einsatz der Ist-Kalkulation/Material-Ledger vermieden werden.

Wenn die Ist-Kalkulation – grundsätzlich für alle Materialien in einem Werk – eingesetzt wird, erfolgt zunächst die vorläufige Bewertung des Lagerbestandes zu einem Planpreis. Der Planpreis kann manuell gesetzt werden oder das Ergebnis einer Erzeugnis-Kalkulation sein. Dieser Planpreis ist für einen Monat konstant. Der Lagerbewegungen werden während des Monats zu dem Planpreis bzw. Standard-Preis bewertet.

Am Ende einer abgeschlossenen Rechnungsperiode berechnet dann die Ist-Kalkulation aus der Summe von Standardpreis und Preisdifferenzen dividiert durch die Lagerzugangsmenge im Monat den periodischen Ist-Durchschnittspreis, und aktualisiert den Lagerbestand.

Produktkosten-Controlling – Ist-Kalkulation Material Ledger

	Lagerzugang	Einstufige Preisermittlung	Mehrstufige Ist-Kalkulation
Erzeugnis	Bewertung Plan-Preis PRD	Bewertung per. Ø-Preis	Bewertung akt. per. Ø-Preis
Baugruppe	Bewertung Plan-Preis PRD	Bewertung per. Ø-Preis	Bewertung akt. per. Ø-Preis
Rohstoff	Bewertung Plan-Preis PRD	Bewertung per. Ø-Preis	per. Ø-Preis

Abb. 6.32: Ist-Kalkulation SAP S/4HANA

In der Folgeperiode erfolgt jedoch die Bewertung der Materialbewegungen zunächst wieder zum Planpreis und am Ende des Monats die Berechnung des periodischen Ist-Durchschnittspreises.

6.7.3 Soll-Kalkulation

Ad-hoc Kalkulation

Die Soll-Kalkulation ist die Erstellung einer Plankalkulation auf der Basis alternativer Mengen und Preise. Während das Ergebnis der Plankalkulation – wie im vorherigen Kapitel erläutert – in Form eines Standardpreises in den Materialstamm fortgeschrieben wird und Basis für die Bewertung des Lagerbestandes ist, dient die Soll-Kalkulation als ad-hoc Kalkulation. Zu erwartende Änderungen in den Mengen und den Preisen werden in einer ad-hoc Kalkulation berücksichtigt und können als Basis für weitere Planungen genutzt werden.

Ändert sich das Mengengerüst zur Herstellung des Produktes, zum Beispiel in den benötigten Materialmengen oder auch durch die Verwendung anderer Rohstoffe, so wird auf der Basis der aktuellen Ist-Mengen und der Planpreise eine *Sollkalkulation*[26] erstellt. Die Planmengen ergeben sich für den Materialbedarf aus der aktuellen Stückliste (Materialbedarf plus ggf. Zuschläge für den Ausschuss) und dem Arbeitsplan (Bedarf an Fertigungsleistungen). Ergebnis der Sollkalkulation ist ein modifizier-

---

26 Zur Berechnung der Soll-Ist-Abweichung ermittelt SAP S/4HANA die Sollkosten automatisch. Dies gilt auch für den Soll-Ist-Abweichungsbericht.

ter Planpreis. Der so ermittelte Planpreis dient z. B. der Auswertung unterschiedlicher Fertigungsszenarien und deren Auswirkung auf die Herstellkosten des Erzeugnisses. Fehlende Verfügbarkeit benötigter Vormaterialien oder nicht vorhandene Kapazitäten, die zur Produktion auf anderen Arbeitsplätzen führen, sind Beispiele für die Notwendigkeit einer Sollkalkulation.

Abweichungsermittlung

Im Rahmen der Abweichungsermittlung bei den Produktionsaufträgen werden die Soll-Kosten berechnet als:

$$\text{Sollkosten} = \text{Plankosten}_{\text{Fix}} + \text{Plankosten}_{\text{variabel, Stück}} \cdot \text{Ist-Gut-Menge}$$

Während die fixen Plankosten, zum Beispiel für die Vorbereitung der Produktion mit dem Werkzeugeinbau in voller Höhe auch Sollkosten sind, werden die variablen Plankosten pro Stück mit der im Rahmen der Rückmeldung zum Produktionsauftrag erfassen Ist-Gut-Menge multipliziert. Die Abweichung wird durch Subtraktion der Ist-Kosten von den Soll-Kosten berechnet.

6.7.4 Inventur-Kalkulation

Im Rahmen des Periodenabschlusses, insbesondere Jahresabschluss erfolgt auch die Überprüfung der Lagerbestandsbewertung. Dem Niederstwertprinzip folgend ist gegebenenfalls eine Abwertung von Lagerbeständen notwendig, wenn Fertigproduktbestände aufgrund weniger Warenbewegungen als nicht gängig identifiziert werden.

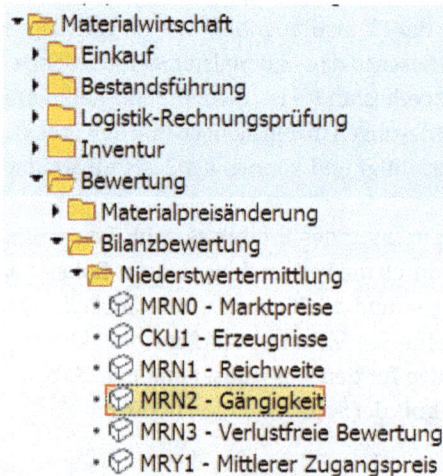

Abb. 6.33: Selektion der Bewertungsmethoden im Materialmanagment (SAP S/4HANA)

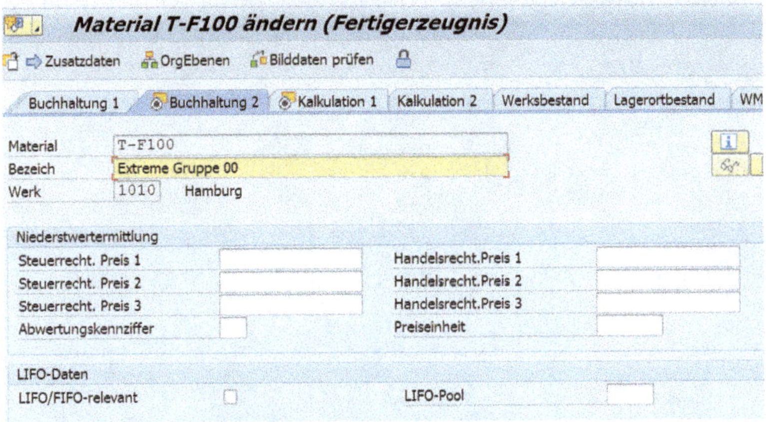

Abb. 6.34: Preisfelder im Matieralstamm in SAP S/4HANA

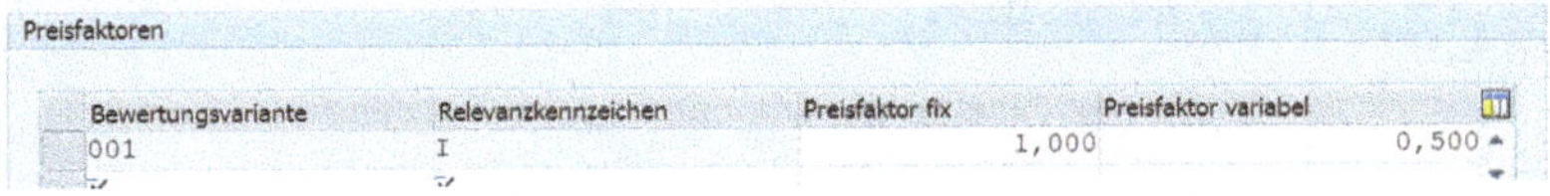

Abb. 6.35: Preisfaktoren für die Inventur-Kalkulation in SAP S/4HANA

Im SAP System erfolgt dies im Rahmen der Materialbewertung im Modul Materialmanagement.

Eine niedrige Anzahl an Materialbewegungen für ein Erzeugnis ist kennzeichnend dafür, dass dieses Produkt keinen Markterfolg hat und somit als nicht gängig bezeichnet wird. In welchem Umfang eine Abwertung des Lagerbestandswertes im Zusammenhang mit der Anzahl an Warenbewegungen erfolgen soll, wird im Customizing des SAP Systems festgelegt. Aus Sicht des Bewertungsrechtes dienen die Vorgaben der Rechnungslegungsvorschriften.

Ein weiteres Verfahren zur Bewertung des Lagerbestands im Jahresabschluss ist die Inventurkalkulation. Die Bezeichnung resultiert nicht aus einem Zusammenhang der Inventur-Zählmengen und der Materialkalkulation, sondern daraus, dass diese Form der Materialkalkulation zum abgeschlossenen Geschäftsjahr durchgeführt wird und in die Bilanz übernommen wird. Die Idee dabei ist, dass eine eigene Kalkulation auf Abschlagsfaktoren zurückgreift, welche den Kalkulationswert reduzieren. Das Ergebnis der Kalkulation wird in eigene Preisfelder des Materialstamms fortgeschrieben.

Die vorherige Abbildung zeigt die Preisfelder im Materialstamm, in welche das Ergebnis der Inventurkalkulation fortgeschrieben werden kann. Dazu ist es erforderlich, dass die Kalkulation mit einer Kalkulationsart ausgeführt wird, welche als Ziel diese Preisfelder hat.

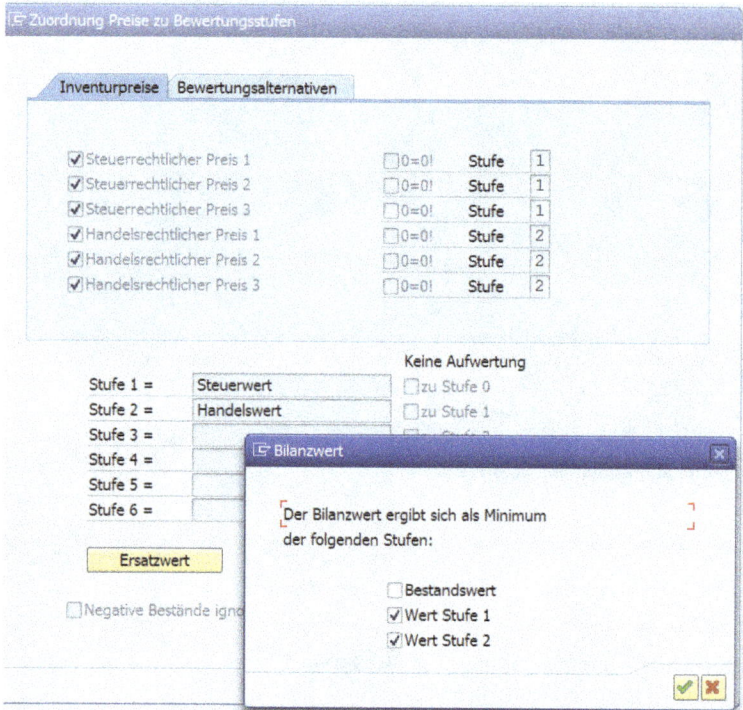

Abb. 6.36: Übernahme der Inventurkalkulation in den Lagerbestandswert

Im Customizing des Produktkosten-Controllings werden die Abschlagsfaktoren zu einem Relevanzkennzeichen gepflegt, welches seinerseits in Stücklistenpositionen und Arbeitsplanvorgängen eingetragen wird. Im Beispiel der vorherigen Abbildung würde das Relevanzkennzeichen bewirken, dass die Kosten der Stücklisten-Position bzw. des Arbeitsplans, in welche das Kennzeichen eingetragen worden ist, in den fixen Kosten zu 100 % und in den variablen Kosten zu 50 % berücksichtigt werden. Welche Abschlagsfaktoren zu verwenden sind, ist im Einklang mit den Rechnungslegungsvorschriften festzulegen.

Die Frage, wie der Handels- bzw. Steuerrechtliche Preis auf den Lagerbestandswert angewendet wird, zeigt die Abb. 6.36 des Programms RMNIWE90 im SAP System.

Mit dem Programm kann zum Beispiel festgelegt werden, dass aus dem Minimum der selektierten Preise Stufe 1 (Steuerrechtliche Preise) und Stufe 2 (Handelsrechtliche Preise) der niedrigste Wert selektiert und als Basis für die Lagerbestandsbewertung und damit auch Umwertung eines eventuell vorhandenen Lagerbestandes verwendet wird.

Beispiel zur Inventurkalkulation

Ein Unternehmen berücksichtigt bei der Kalkulation des Leistungstarifs die kalkulatorischen Abschreibungen und kalkulatorischen Zinsen der in der Kostenstelle eingesetzten maschinellen Anlagen. Die kalkulatorischen Zinsen erhöhen den Leistungstarif und führen so über höhere Kostenstellenkosten auch zu einer höheren Bewertung der Materialbestände. Es wird ermittelt, wie hoch der prozentuale Anteil der kalkulatorischen Zinsen am Leistungstarif der Kostenstelle ist.

Ein daraus ermittelter Abschlagsfaktor wird bei der Kalkulation für die Bestandsbewertung in der Bilanz benötigt, um die kalkulatorischen Zinsen herauszurechnen. Dies geschieht, indem der Abschlagsfaktor in den Arbeitsplänen, über welche die Selektion der entsprechenden Kostenstellenleistungen erfolgt, eingetragen wird.

6.7.5 Kalkulations-Lauf

Die periodische Aktualisierung der Standardpreise im Materialstamm und die daraus resultierende Aktualisierung der Lagerbestandswerte erfolgt nicht über die Einzelbearbeitung einer Kalkulation, sondern über den Kalkulations-Lauf.

Im SAP System werden mit der Anwendung eines Kalkulationlauf-Cockpits die folgenden Schritte ausgeführt:

- Selektion des Kalkulations-Umfangs, in der Regel durch Angabe der Werke, deren Materialien kalkuliert werden sollen. Die Parameter zur Selektion enthalten auch ein Kennzeichen, mit dem die Selektion über eine Stücklistenauflösung erfolgen soll. Dies ist die Standard-Selektion, da nur in diesem Fall von den Rohstoffen über die Zwischenprodukte bis hin zum Endprodukt die Erzeugnisse vollständig neu kalkuliert werden. Würden nur die Enderzeugnisse neu kalkuliert werden, die Vorprodukte jedoch ihre alten Kalkulationswerte behalten, hätte dies den Ausweis von Preisabweichungen bei den Produktionsaufträgen zur Folge.
- Ausführen der Kalkulationen. Es wird ein Protokoll ausgegeben, welches eventuell Fehler in der einen oder anderen Kalkulation dokumentiert. Aus der Liste der kalkulierten Materialien kann direkte in jede einzelne Kalkulation gesprungen werden, um die Fehler im Detail zu analysieren.
- Ausführen des Vergleichsberichtes, um die Abweichungen der neu kalkulierten Herstellkosten mit den bisherigen Herstellkosen auszuwerten. Dazu wird der ermittelte Standardpreis dem aktuell gültigen Standardpreis gegenübergestellt. Hohe Abweichung deuten auf einen betriebswirtschaftlichen Fehler hin. Dies könnte zum Beispiel an falschen Mengenangaben oder Planzeiten liegen. In Vergleichsberichten können die neue und alte Kalkulation bis auf Positions-Ebene direkt verglichen werden, so dass identifiziert werden kann, bei welcher Stücklistenposition oder welchem Arbeitsvorgang eine hohe Abweichung in den berechneten Kosten liegen.

Kalkulationslauf bearbeiten

☐ ☐ Anlegen mit Vorlage ⚙ 🔄 📄

Kalkulationslauf	FEB2019	Bezeichnung	Februar 2019
KalkLaufDatum	09.01.2019		

Kalkulationsdaten	Termine	Bewertung	Wiederholung

Kalkulationsvariante	PPC1	Standardkalkulation (Mat)
Kalkulationsversion	1	Mixing Ratio
Kostenrechnungskreis	A000	Controlling Area A000
Buchungskreis	1010	Company Code 1010
Übernahmesteuerung		

Servergruppe

Kalkulation durchführen

Ablaufschritt	Erlaubnis	Parameter	Ausführen	Protok	Status	Anz. Mat. fe	noch offen
Selektion		▶	⚙		🟩	78 0	
Kalkulation		▶	⚙	🗒	🟩	78 0	0
Analyse		▶	⚙		🟩		
Vormerkung	🔓	▶	⚙	🗒	🟩	78 0	0
Freigabe		▶	⚙	🗒	🟩	78 0	0

Kalkulationsstufen	Materialübersicht	Analyse

Materialübersicht

Excepti	Material	Bezeichnung	Werk	Planlosgrösse	BWME	Stufe
○○▣	T-F100	Extreme Gruppe 00	1010	100	ST	3
○○▣	T-F101	Extreme Gruppe 01	1010	100	ST	3
○○▣	T-F102	Extreme Gruppe 02	1010	100	ST	3
○○▣	T-F103	Extreme Gruppe 03	1010	100	ST	3

Abb. 6.37: Kalkulations-Lauf im System SAP S/4HANA

– Vormerkung: alle neu kalkulierten Standardpreise werden in das Feld „Zukünftige Kalkulation" fortgeschrieben. Der Standardpreis ist damit noch nicht für die Bewertung des Lagerbestands und seinen Veränderungen relevant, könnte jedoch anderen Kalkulationen herangezogen werden. Zum Beispiel für eine Kundenauftragskalkulation. Mit der Freigabe erfolgt dann eine Umwertung vorhandener Lagerbestände und der neue Standardpreis ist bewertungsrelevant. Die Freigabe kann erst erfolgen, wenn das Datum „Gültig ab" auch eingetreten ist.

Wenn Fehler in einem Kalkualtionslauf analysiert und behoben worden sind, kann ein Wiederholungslauf ausgeführt werden, mit welchem nur die fehlerhaft kalkulierten Materialien neu kalkuliert werden.

6.8 Kostenträgerrechnung in SAP S/4HANA

Die Kostenträgerrechnung liefert wichtige Informationen für das Finanz- und Rechnungswesen. Nicht verbrauchtes, aber vom Lager entnommenes Rohmaterial, angefertigte aber noch nicht an das Lager gelieferte Zwischen- und End-Produkte wurden mit Aufwand aber noch nicht mit Ertrag aus Eigenleistung beim Lagerzugang gebucht. Im Finanzwesen fehlt zu diesem Aufwand die Gegenbuchung der Lagerleistung. Dieser Aufwand wird in der Kostenträgerrechnung als Ware in Arbeit (angels. WORK IN PROCESS – WIP) berechnet und gebucht. Bei Fertigstellung der Produkte wird die Lagerleistung als Ertrag aus Bestandsveränderung gebucht und die Ware in Arbeit wieder aufgelöst. Finanzwesen wird damit dieser Aufwand periodisch abgegrenzt.

Die in der Produktion aufgetretenen Kostenabweichungen werden in der Kostenträgerrechnung nach den aufgetretenen Abweichungskategorien im Detail berechnet und im System SAP S/4HANA auch im Detail in der Finanzbuchhaltung und der Ergebnisrechnung gebucht.

Damit leistet die Kostenträgerrechnung einen wichtigen Beitrag zur Kostentransparenz und Kostenanalyse.

6.8.1 Ziele der Kostenträgerrechnung

Das Controlling der Kostenträger bezieht sich auf Fertigungsaufträge in der Werkstatt- und Serienfertigung, Prozessaufträge in der Prozessfertigung, Kundenaufträge in der Kundeneinzelfertigung und auch Projekte. Ziel ist die Berechnung der auftragsbezogenen Kosten, der Kostenabweichungen und die Ermittlung der auf die Aufträge gebuchten, aber noch nicht abgerechneten Kosten.

Die Kostenträgerrechnung erfordert eine hohe Integration zwischen der Produktionsplanung und -steuerung (Steuerung der Fertigungsaufträge), dem Vertriebsinnendienst (Verwaltung der Kundenaufträge und Kalkulation der kundenspezifischen Konditionen und Nettopreise) und dem Controlling (Ermittlung der Auftragskosten und Ware in Arbeit, Analyse der Abweichungen).

Die Durchführung des Controllings auf Kostenträger basiert auf der Bewertung aller logistischen Vorgänge im Herstellungsprozess. Je nach Produktionsszenario ergeben sich unterschiedliche Anforderungen an das Controlling.

Typische Fragestellungen beim Kostenträgercontrolling sind:
- Welche Plan-, Soll- und Ist-Kosten sind im Herstellungsprozess angefallen?
- Wie setzen sich die Kosten zusammen, was ist die Herkunft der einzelnen Kostenpositionen? Wie ist der Anteil der

- Komponenten
- Fertigungsstufen
- Eigen- bzw. Fremdleistung
- an den gesamten Kosten der Produktion?
- Welche Kostenabweichungen sind aufgetreten und was sind die Ursachen der Kostenabweichungen?
- Was kostet der Ausschuss?
- Welche Auswirkungen haben organisatorische Änderungen auf die Produktionskosten?
- Was hat der einzelne Kundenauftrag gekostet?
- Welches Ergebnis wird (Plan) wurde (Nachkalkulation) mit dem Kundenauftrag erzielt? Die Nettopreise sind zu diesem Zeitpunkt bereits in SD berechnet worden.
- Welches Ergebnis wurde mit einem Produkt bzw. mit einem Kunden (Kundenergebnisrechnung) über alle bisherigen Aufträge erzielt?[27]

Je nach Branche, Anforderungen und Unternehmensszenario kommen für das Kostenträgercontrolling unterschiedliche Controlling-Objekte in Betracht. Beim Dienstleistungsunternehmen eignet sich der Innenauftrag bzw. Kundenauftrag als Kostenträger. Beim anonymen Lagerfertiger (typisch für die Konsumgüterbranchen) ist ein Kostensammler[28] als Produkt geeignet. In der Kundeneinzelfertigung dagegen bietet sich das Projekt an, über das alle Kosten und Erlöse über den gesamten Lebenszyklus eines Produktes gesammelt und ausgewertet werden.

6.8.2 Ablauf der Kostenträgerrechnung

Als Beispiel für das Kostenträgercontrolling dient in diesem Kapitel die Werkstattfertigung. In der Werkstattfertigung erfolgt das Controlling für einen Werkstattauftrag bzw. für alle Werkstattaufträge zu einem Produkt. Es handelt sich daher um ein auftragsbezogenes bzw. produktbezogenes Controlling.

Die Auftragseröffnung geschieht bei Werkstattfertigung in der Regel durch Umsetzen der in der Produktionsplanung erzeugten Planaufträge. Mit der Eröffnung des Auftrages werden die Stückliste und der Arbeitsplan in den Fertigungsauftrag kopiert. Über alle Fertigungsstufen wird der Bedarf an Material und Fertigungsleistung aufgelöst, so dass die Verfügbarkeitsprüfung im Fertigungsauftrag sich auf alle benötigten Ressourcen bezieht. Mit der Freigabe des Fertigungsauftrags erfolgt die Reservierung von Material und Fertigungskapazitäten.

Die vorherige Abbildung zeigt die Kopf-Daten eines Fertigungsauftrags. Der Fertigungsauftrag wird zu einem Produkt T-F100 angelegt. Die Eck-Termine wurden auf der Basis der Planfertigungszeiten des in den Auftrag automatisch kopierten Arbeitsplans

---

27 Diese Fragestellungen werden im Kapitel kurzfristige Erfolgsrechnung näher behandelt.
28 Siehe Kapitel Controlling mit Innenaufträgen.

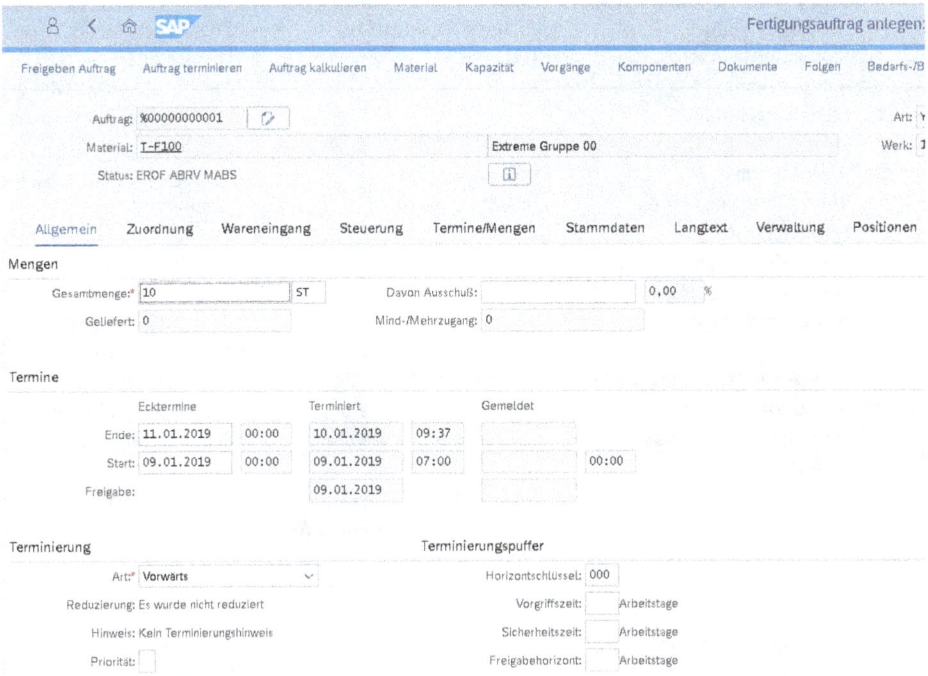

Abb. 6.38: Kopfdaten im Fertigungsauftrag SAP S/4HANA

berechnet. Für die Berechnung der Ecktermine können Pufferzeiten erfasst werden, um zeitliche Schwankungen zu berücksichtigen.

Der Ablauf des Controllings richtet sich nach den einzelnen Phasen im Herstellungsprozess. Die Abb. 6.39 zeigt einen exemplarischen Ablauf.

Aus Sicht des Controllings erfolgt beim Eröffnen die Plankalkulation zum Fertigungsauftrag. Basis sind die Erzeugnis-Kalkulationen der benötigten Baugruppen des Fertigungsauftrages. Welche Preise und Tarife für das selektierte Mengengerüst zur Kalkulation herangezogen werden, wird über die Kalkulationsvariante zur Auftragsart des Fertigungsauftrags bestimmt.

Nach Durchführung der Verfügbarkeitsprüfung, Terminierung des Auftrags und Ermittlung der Auftragskosten erfolgt die Freigabe des Auftrags. Erst in diesem Status ist die Belastung des Auftrages mit Ist-Kosten möglich. Während der Fertigung des Erzeugnisses werden die Ist-Kosten durch Bewertung der logistischen Vorgänge ermittelt. Bei Materialentnahme erfolgt die Berechnung der Ist-Materialkosten über die Multiplikation der entnommenen Materialmenge mit den Materialpreisen. Bei Rückmeldung einzelner Bearbeitungsvorgänge werden über die gemeldeten Fertigungszeiten die Kostenstellenleistungen verrechnet. Dem Controlling obliegt dabei die Überwachung der Ist-Kostenentwicklung. Die im Rahmen der Rückmeldung zum Fertigungsauftrag erfasste Ist-Gut-Menge wird auf Lager gebucht und der Fertigungsauftrag um die Standardkosten des Produktes entlastet. Die Standardkosten ergeben sich aus der Multiplikation der gebuchten Erzeugnis-Menge mit dem Standardpreis.

Vorgang in der Produktionswirtschaft	Buchung im Financial Accounting	Buchungen auf dem Kostenträgern
Anlegen eines Fertigungsauftrags	–	Fertigungsauftrag wird als Kostenträger mit Plankosten angelegt.
Buchung einer Warenentnahme für den Fertigungsauftrag.	Materialaufwand an Materialbestand	Ist-Material-Kosten (+) auf dem Kostenträger
Rückmeldung von Ist-Zeiten und Ist-Mengen zum Fertigungsauftrag.	–	Ist-Leistungsverrechnung der Ist-Zeiten von der Produktionskostenstelle (-) auf den Kostenträger (+).
Lagerzugangsbuchung der in der Rückmeldung zum Fertigungsauftrag erfassten Ist-Gut-Mengen	Materialbestand (Fertigware) an Bestandsveränderung (Ertrag Eigenleistung)	Ist-Kostenentlastung des Kostenträgers (-). Betrag: Zugangsmenge · Standardpreis
–	Bestand WIP an Bestandsveränderung WIP beim Aufbau von WIP, umgekehrte Buchung beim Abbau von WIP.	Periodenabschluss -> Ermittlung WIP
Endrückmeldung zum Fertigungsauftrag und Lagerzugang der restl. Ist-Gut-Menge.	Materialbestand an Bestandsveränderung (Ertrag Eigenleistung)	Ist-Kostenentlastung Kostenträger (-)
–	WIP = 0 Aufwand an Ertrag Preisdifferenz Eigenfertigung (ergebnisneutrale Buchung)	Periodenabschluss – Ermittlung WIP = 0 – Abweichungen. – Abrechnung

Abb. 6.39: Ablauf einer Kostenträgerrechnung

Am Periodenende (Monatsende) erfolgt die Bewertung der Ware in Arbeit. Dies erfolgt bei dem in diesem Kapitel gewählten auftragsbezogenen Produktkosten-Controlling über den Saldo der Ist-Kosten-Belastungen und -entlastungen des Fertigungsauftrags. Die Ware in Arbeit wird als Information an die Finanzbuchhaltung abgerechnet. Die Abrechnung geschieht statistisch, d. h., es finde keine echte Entlastung statt. Dadurch bleiben im Controlling beim Fertigungsauftrag während in der Finanzbuchhaltung ein periodengerechter Ausweis der Bestandswerte ermöglicht wird. In der Finanzbuchhaltung kann dadurch ein periodengerechter Erfolgsausweis erstellt werden, da nicht verbrauchter Aufwand als Ware in Arbeit aktiviert wird.

Kosten aus Fremdbezug werden über die Lieferantenpreise ermittelt. Bei geplantem Fremdbezug erfolgt bei der Kalkulation die Selektion der Preise aus dem Einkaufsinfosatz. Bei ad-hoc auftretendem Fremdbezug werden im vorliegenden Beispiel die Ist-Kosten durch Kontierung des Wareneingangs auf den Fertigungsauftrag berücksichtigt.

Nach Fertigstellung des Werkstattauftrages werden die Gemeinkostenzuschläge berechnet, über die WIP-Ermittlung der bis dahin gebuchte WIP wieder aufgelöst und die Abweichungen ermittelt. Die Abweichungen werden an die Finanzbuchhaltung als Preisdifferenzen (Kosten aus Produktionsabweichung) und differenziert nach Abweichungskategorien an das Ergebnis abgerechnet.

6.8.3 Periodenabschluss in der Kostenträgerrechnung

Der Periodenabschluss im Kostenträgercontrolling beinhaltet folgende Aktivitäten:
- Berechnung von Gemeinkostenzuschlägen
- Verrechnung von Prozesskosten
- Nachbewertung von Ist-Tarifen
- Ermittlung von Ware in Arbeit für angefertigte Werkstattaufträge
- Berechnung der Kostenabweichungen für fertig gestellte Werkstattaufträge.
- Abrechnung von Ware in Arbeit und Abweichungen

Die Berechnung von Gemeinkostenzuschlägen und Prozesskosten erfolgt nach den gleichen Prinzipien wie in der Produktkostenplanung.

Die Nachbewertung mit Ist-Tarifen setzt voraus, dass im Kostenstellencontrolling Ist-Tarife aus dem Verhältnis der leistungsbezogenen Ist-Kosten und im Ist verrechneten Leistungsmengen ermittelt wurden. Bei der Nachbewertung findet eine Multiplikation der an den Kostenträger verrechneten Leistungsmengen mit dem Ist-Tarif gegenüber der vorgangsbezogenen Verrechnung (Rückmeldung zum Fertigungsauftrag) grundsätzlich selektierten Plan-Tarife statt. Je nachdem, ob der Ist-Tarif höher oder niedriger als der Plantarif zum Zeitpunkt der Leistungsverrechnung ist, erfolgt eine Nachbelastung oder nachträgliche Gutschrift.

Eine besondere Rolle spielt die Wertermittlung der Ware in Arbeit und die Ermittlung der Kostenabweichungen.

Ermittlung der Ware in Arbeit

Die Berechnung der Ware in Arbeit dient dazu, einen periodengerechten Monatsabschluss zu ermöglichen. Bei der Ware in Arbeit handelt es sich um Kosten, die im Fertigungsauftrag in den angefertigten Erzeugnissen gebunden sind. Würde kein WIP-Bestand ausgewiesen werden, würde das Unternehmen ein schlechteres Ergebnis ausweisen, als es der tatsächlichen Vermögenslage entspricht.

Bei der Bildung von Ware in Arbeit kommt es für Zwecke der Bestandsbewertung in der Bilanz zur Unterscheidung des aktivierungspflichtigen und nicht aktivierungsfähigen Aufwands. Nicht aktivierungsfähig ist der Aufwand, der zwar für den Auftrag entstanden ist, der jedoch handels- und/oder steuerrechtlich nicht in die Bewertung des Lagerbestandes eingerechnet werden darf. Ein Beispiel wären Abschreibungskosten auf der Basis des Wiederbeschaffungswertes für Anlagen, welche auf den im An-

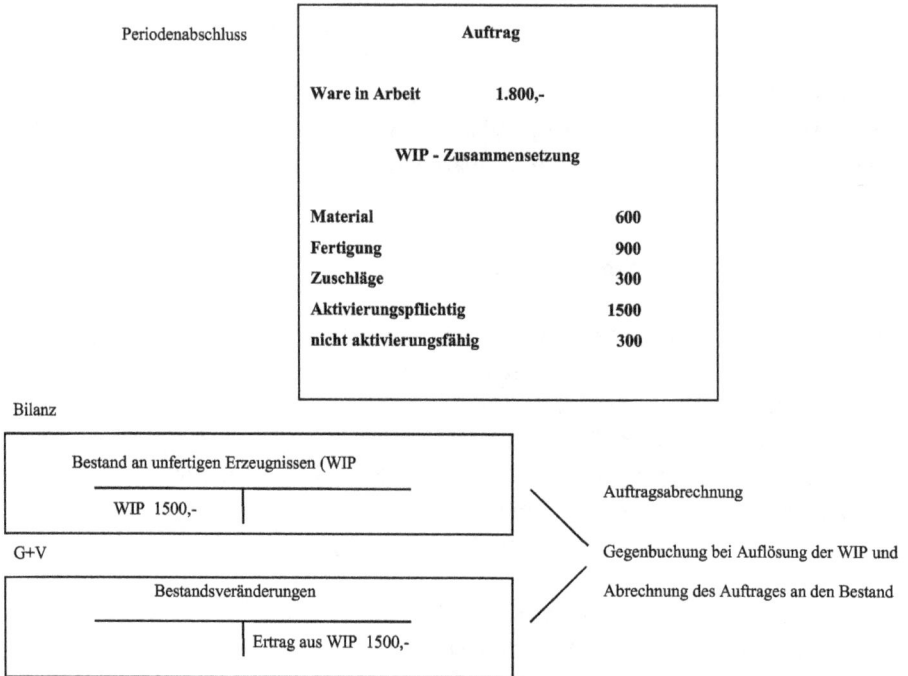

Abb. 6.40: Ermittlung der Ware in Arbeit

lagenstammsatz eingetragenen Kostenstellen als Abschreibungskosten im Plan und ist gebucht worden sind. Damit ging der Wiederbeschaffungsanteil in den Abschreibungskosen auch in den Leistungstarif der Kostenstelle ein und muss aus der Ware in Arbeit als nicht aktivierungsfähig wieder prozentual herausgerechnet werden.

Im Rahmen der WIP-Ermittlung trifft dies auch für Vertriebsinnendienst- und Vertriebskosten zu. Ist der Kostenstellentarif ein Gesamttarif, der auch anteilige Verwaltungs- und Vertriebsgemeinkosten enthält, so werden im Rahmen der Leistungsverrechnung bei der Rückmeldung zum Fertigungsauftrag auch Verwaltungs- und Vertriebsgemeinkosten dem Auftrag belastet. Über Prozentabschläge werden diese Anteile herausgerechnet und als nicht zu aktivierende WIP ausgewiesen. Andernfalls wäre die handels- und steuerrechtliche Bewertung der Ware in Arbeit zu hoch.

6.8.4 Abweichungsermittlung

Die Abweichungsermittlung im Kostenträgercontrolling dient der Ermittlung von verschiedenen Abweichungen bei Kostenträgern. Einerseits wird bestimmt, auf welcher Basis die Sollkosten zum Soll-Ist-Vergleich berechnet werden sollen. Andererseits wird bestimmt, welche Abweichungskategorien berechnet werden sollen.

Welche Plan-, Soll- und Ist-Kosten in der Abweichungsermittlung herangezogen werden, wird in einer sogenannten Sollversion im SAP System festgelegt.

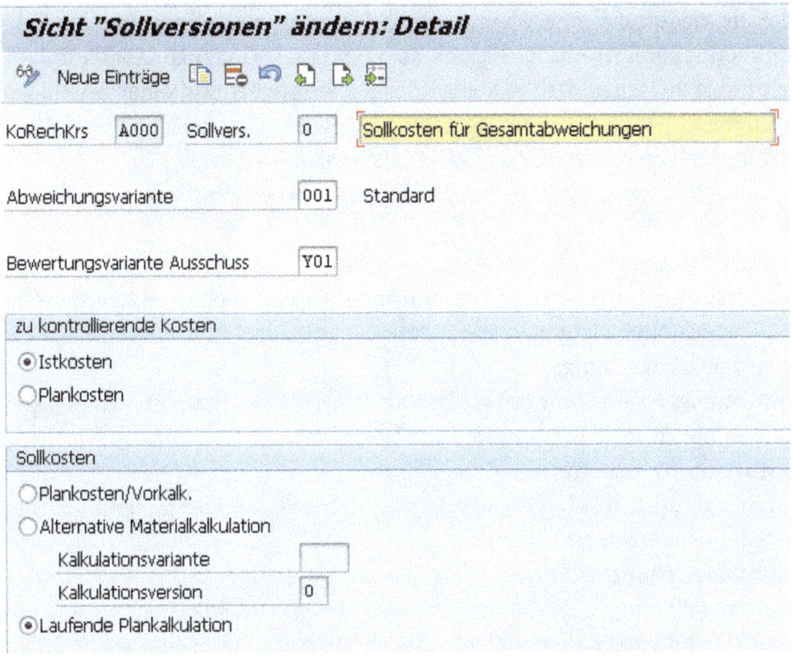

Sicht "Sollversionen" ändern: Detail

Neue Einträge

| KoRechKrs | A000 | Sollvers. | 0 | Sollkosten für Gesamtabweichungen |

Abweichungsvariante · 001 · Standard

Bewertungsvariante Ausschuss · Y01

zu kontrollierende Kosten
- ⦿ Istkosten
- ◯ Plankosten

Sollkosten
- ◯ Plankosten/Vorkalk.
- ◯ Alternative Materialkalkulation
  - Kalkulationsvariante
  - Kalkulationsversion · 0
- ⦿ Laufende Plankalkulation

Abb. 6.41: Sollversion zur Abweichungsermittlung SAP S/4HANA

Die für das Finanzwesen maßgebende Abweichung ist

Berechnung der Sollkosten	Vergleichskosten
Ist-Gut-Menge · Kalkulierte Herstellkosten zum Standardpreis	Ist-Kosten gesamt

Dies liegt daran, dass der Lagerzugang der erfassten Ist-Gut-Menge mit dem Standard-preis bewertet wurde und von daher die kalkulierten Herstellkosten auch als Basis für den Soll-Ist-Vergleich verwendet werden müssen.

Diese Zuordnung ist mit der Soll-Version „0" fest vorgegeben. Die auf der Basis der Soll-Version 0 berechneten Abweichungen sind diejenigen, welche an das Finanzwesen abgerechnet werden.

Daneben können weitere Soll-Versionen definiert werden.

Abweichungen zwischen den Plankosten des Kostenträgers und den Ist-Kosten des Kostenträgers werden Produktionsabweichungen genannt, da sie sich nur auf den Produktionsprozess des Kostenträgers beziehen und nicht z. B. auf alternative Produktionsprozesse.

Abweichungen zwischen den kalkulierten Kosten des Produktes und den Plankosten des Kostenträgers werden Dispositionsabweichung genannt. Diese Abweichung resultiert daraus, dass mit dem Kostenträger die Produktion zu einem anderen Zeitpunkt bestimmt (disponiert) wurde, als zum Zeitpunkt der Erzeugnis-Kalkulation.

Abweichungen zwischen den Ist-Kosten des Kostenträgers und einer beliebigen anderen Erzeugnis-Kalkulation. Damit kann ausgewertet werden, welche Abweichungen sich bei alternativen Produktions-Lokationen ergeben hätten.

Bei der Abweichungsermittlung werden folgende Abweichungskategorien berechnet:

– Einsatzpreisabweichung:
  Diese Abweichungen ergeben sich aus Preisänderungen der eingesetzten Materialien und Kostenstellenleistungen sowie Fremdleistungen.

– Einsatzmengenabweichung:
  Die Einsatzmengenabweichungen werden als Differenz aus Plan- und Ist-Mengen zum Materialeinsatz und Leistungseinsatz berechnet.

– Einsatzstrukturabweichung:
  Diese Abweichungen resultieren aus der Verwendung anderer Materialien und Kostenstellenleistungen als geplant.

– Einsatzrestabweichung:
  Einsatzrestabweichungen sind Abweichungen in den Gemeinkosten, die aus Abweichungen in anderen Kategorien resultieren. Auch Rundungsdifferenzen fallen unter diese Kategorie und alle anderen Kategorien auf der Einsatzseite, wenn über die Einstellungen zur Abweichungsermittlung eine Kategorie nicht explizit ausgewiesen werden soll.

– Losgrößenabweichung:
  Losgrößenabweichungen treten dann auf, wenn die Erzeugnis-Kalkulation mit einer anderen Losgröße durchgeführt wurde als im Produktionsauftrag, weil die Rüstkosten sich auf eine andere Menge verteilen.[29]

– Verrechnungspreisabweichung:
  Eine Verrechnungspreisabweichung kann nur dann auftreten, wenn das Erzeugnis über einen gleitenden Durchschnittspreis bewertet wird. Ändert sich der gleitende Durchschnittspreis des Erzeugnisses, ändert sich auch die Ist-Entlastung gegenüber der Planentlastung zum Werkstattauftrag. Bei standardpreisgesteuertem Material tritt diese Abweichungskategorie nicht auf.

– Restabweichung:
  Die Restabweichung auf der Ausbringungsseite enthält insbesondere Preisdifferenzen oder Abweichungen auf der Ausbringungsseite, die nicht explizit ausgewiesen werden sollen.

---

[29] Dies ist nicht notwendig, wenn die Rüstkosten immer im gleichen Verhältnis zu den Fertigungskosten stehen.

Beispiel

Eine Pumpe ist durch folgende Stückliste und Arbeitsplan definiert, wobei wir zunächst davon ausgehen, dass kein Ausschuss und keine Mehrarbeit anfallen. Es sollen 100 Pumpen in Losgrößen von 10 Stück produziert werden.

Stückliste

Menge	Bezeichnung	Preis
1	Welle	25,- €/ME
1	Gehäuse	20,- €/ME
1	Druckdeckel	10,- €/ME

Arbeitsplan

Vorgang	Bezeichnung	Vorgabewert	Tarif
1	Rüsten	60 Min pro Rüstvorgang	80,- €/h
2	Montage	10 Min/St.	60,- €/h

Auftragskalkulation für ein Los von 10 Pumpen

10 Wellen à 25,-	=	250,- €	pro Los
10 Gehäuse à 20,-	=	200,- €	pro Los
10 Druckdeckel à 10,-	=	100,- €	pro Los
60 Min Rüsten	=	80,- €	pro Los
100 Min Montage	=	100,- €	pro Los
Materialgemeinkosten 10 %	=	55,- €	pro Los
Kosten gesamt		785,- €	pro Los
Erzeugnispreis pro ME bzw. Pumpe	=	78,50 €/ME	

Nach der Produktion von 100 Stück Pumpen wird bei der Istabrechnung folgender Materialeinsatz abgerechnet:

110 Wellen à 25, -EUR	= 2.750,- € pro Los	
	(10 St. Mengenabweichung)	
100 Gehäuse à 22,- EUR	= 2.200,- € pro Los	
100 Druckdeckel aus Fremdlief. à 11,- EUR	= 1.100,- € pro Los	
Zwischensumme Materialeinsatz	= 6.050,- € pro Los	

Daraus ergeben sich als Materialgemeinkosten:

10 % von den Materialeinzelkosten: = 605,- € pro Los

Bei der Rückmeldung werden die Arbeitszeiten erfasst:

1 Stunde Rüsten	= 80,- € pro Los
1.000 Min Montage a 60,- €/h	= 1.000,- € pro Los
Gesamtkosten des Auftrages	= 7.735,- € pro Los

Bei geplanten Erzeugniskosten von 78,50 €/ME ergibt sich:

Für 100 Stück:	= 7.850,- € pro Los
Damit beträgt die Gesamtabweichung:	= −115,- € pro Los

Erklärung der Abweichungen:

Positive Werte sind Plankostenüberschreitungen, negative Werte sind Plankostenunterschreitungen

Wellen: Einsatzmengenabweichung (Mehrverbrauch)

$$(\text{Istmenge} - \text{Planmenge}) \cdot \text{Planpreis} = (110 - 100) \cdot 25 = 250,\text{-} € \text{ pro Los}$$

Gehäuse: Einsatzpreisabweichung (Preisänderung)

$$(\text{Istpreis} - \text{Planpreis}) \cdot \text{Istmenge} = (22 - 20) \cdot 100 = 200,\text{-} € \text{ pro Los}$$

Druckdeckel: Strukturabweichung (andere Deckel als geplant verwendet)

$$(\text{Istkosten} - \text{Plankosten}) = 1.100 - 1.000 = 100,\text{-} € \text{ pro Los}$$

Gemeinkosten: Einsatzrestabweichung aufgrund anderer Einsatzabweichungen

$$(\text{Istkosten} - \text{Plankosten}) = 605 - 550 = 55 € \text{ pro Los}[30]$$

Rüstvorgang: Losgrößenabweichung für den Werkstattauftrag wird 1× gerüstet, Lt. Erzeugniskalkulation wären 10× Rüsten notwendig.

$$\text{Istkosten} - \text{Plankosten} = 80 - 800 = -720 € \text{ pro Los}$$

$$\text{Summe Abweichung} = 250 + 200 + 100 + 55 - 720 = -115,\text{-}€ \text{ pro Los}$$

Abrechnung der Abweichungen

Die Ergebnisse der Abweichungsermittlung haben ihre Ursache in der Bewertungsgrundlage zur Kostenermittlung. Im Beispiel der nachfolgenden Abbildung erfolgt die

---

30 Im Beispiel ändern sich die kalkulierten Gemeinkosten in absoluter Höhe, weil sich die wertmäßigen Bezugsgrößen geändert haben, obwohl sich die Gemeinkosten aufgrund der Änderung der Preise bei den Gehäusen kaum ändern dürften. Dies ist der oben erwähnte zentrale Kritikpunkt an der mangelnden Verursachungsgerechtigkeit der absoluten Gemeinkostenzuschläge in den Zuschlagskalkulationsverfahren.

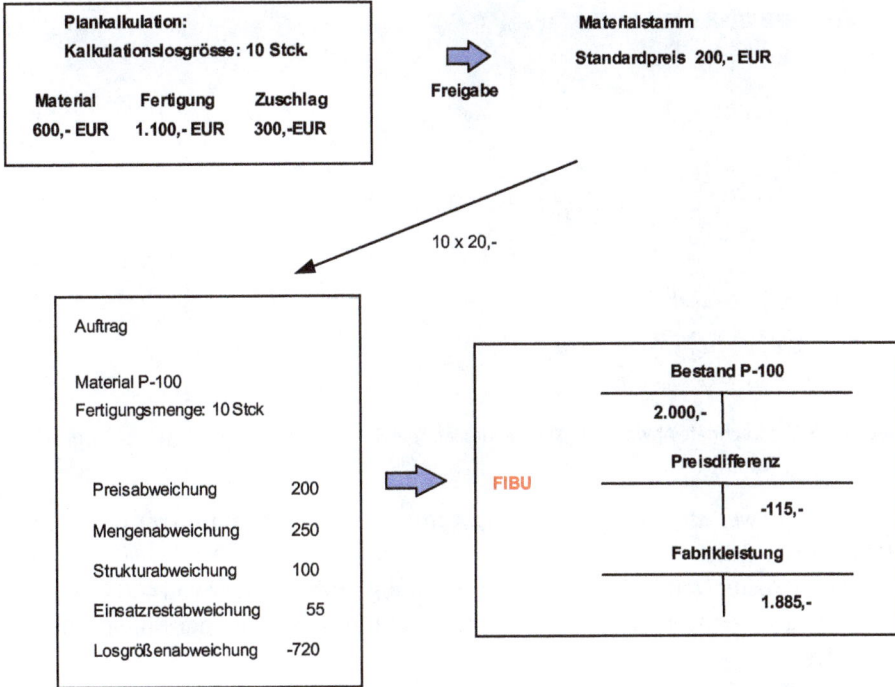

Abb. 6.42: Abrechnung von Kostenabweichungen

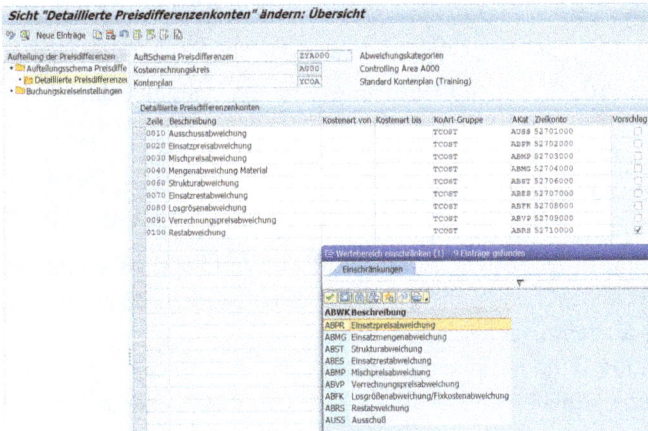

Abb. 6.43: Zuordnung der Abweichungskategorien plus Kostenart zu Primärkostenart in SAP S/4HANA

Ermittlung der Plankosten auf Basis eines Standardpreises von 200 € pro Stück. Basis zur Ermittlung des Standardpreises waren Materialkosten in Höhe von 600 €, Fertigungskosten in Höhe von 1.100 € und Gemeinkosten durch Zuschlagsberechnung von

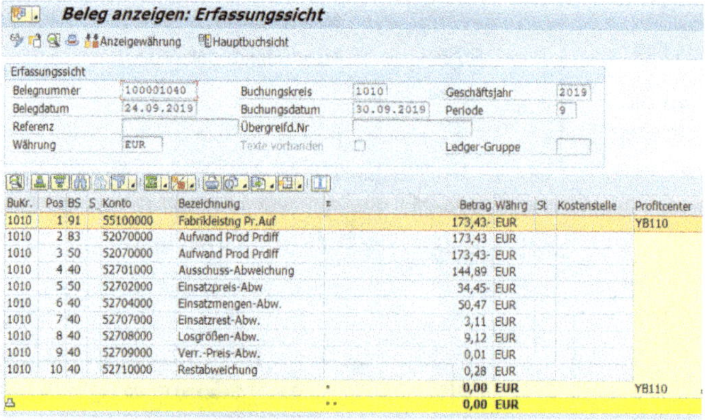

Abb. 6.44: Abgerechnete Abweichungskategorien an FI in SAP S/4HANA

300 €. Die Bewertung des Lagerzugangs von 10 Stück ergibt auf dieser Basis einen Betrag von 10 Stück × 200 € = 2.000 €.

Die Ist-Kosten von 2.400 € führen zur Buchung einer Differenz von 400 € auf dem Konto Preisdifferenzen. In der Abweichungsermittlung ist dann der Differenzbetrag zu analysieren.

Im System SAP S/4HANA können die Abweichungen nach Abweichungskategorien auch an die Finanzbuchhaltung abgerechnet werden. Damit stehen die Abweichungen strukturiert nach Abweichungskategorien auch in der buchhalterischen Ergebnisrechnung zur Verfügung.

Dazu erfolgt die Zuordnung der Abweichungskategorien plus Kostenart zu einer Primärkostenart in einem Preisdifferenzen Aufteilungsprofil im Customizing von FI.

6.8.5 Ergebnisermittlung bei erlösführenden Kostenträgern

Die Ermittlung der Ergebnisse der Kostenträgerrechnung basiert auf der Gegenüberstellung der ergebniswirksamen Kosten und der ergebniswirksamen Erlöse der Kostenträger. Erlösführende Kostenträger sind:

- Kundenauftragsposition (Eine Kundenauftragsposition im Kundenauftrag kann sich auf Lagerlieferung beziehen und ist kein Kostenträger, eine andere Kundenauftragsposition im gleichen Kundenauftrag kann dagegen als Kostenträger geführt werden).
- Projektstrukturplan-Elemente PSP (PSP sind Teil einer Projektstruktur. Damit Erlöse auf einem PSP-Element gebucht werden können wird ein entsprechendes sogenanntes operatives Kennzeichen im PSP Element gesetzt).
- Kundenservice-Auftrag (Instandhaltungsauftrag mit Kundenbezug).
- Innenauftrag (Reines CO-Objekt ohne Logistik-Zuordnung).

Pro Auftrag werden die kumulierten Planerlöse und Plankosten den Ist-Kosten und Ist-Erlösen gegenübergestellt.

Erlösproportionale Methode

Basis der Berechnung ist der sog. Fertigstellungsgrad (FSG). Eine andere Bezeichnung dafür lautet POC = Percentage of Completion (angels.). Der FSG ergibt sich bei der erlösproportionalen Methode (HGB konform) aus dem Verhältnis von Ist-Erlös und Plan-Erlös. Bei der kostenbasierten Methode ergibt sich der FSG aus dem Verhältnis von Ist-Kosten und Plankosten (US-GAAP, IFRS). Dabei sind Ist-Erlöse in der GuV nur ansatzfähig, wenn Teil- oder Gesamtfakturierungen vorgenommen wurden, weil sonst ein Verstoß gegen das Realisationsprinzip vorliegt.

Auf dieser Basis werden entweder errechnete Kosten oder errechneter Erlös ermittelt.

Erlösproportionale Methode: Errechnete Kosten = FSG · Plankosten

Kostenbasierte Methode: Errechneter Erlös = FSG · Planerlös .

Die in der Finanzbuchhaltung aufgrund der Belege nach dem Realisationsprinzip gebuchten Ist-Kosten können sich durch noch nicht gemeldete oder ausgelieferte Fertigungsmengen von den ergebniswirksamen Kosten und Erlösen der Kostenrechnung unterscheiden.[31] Bei diesem Verfahren erfolgt keine Abstimmung zwischen den Zahlen der Finanzbuchhaltung und der Kostenrechnung.

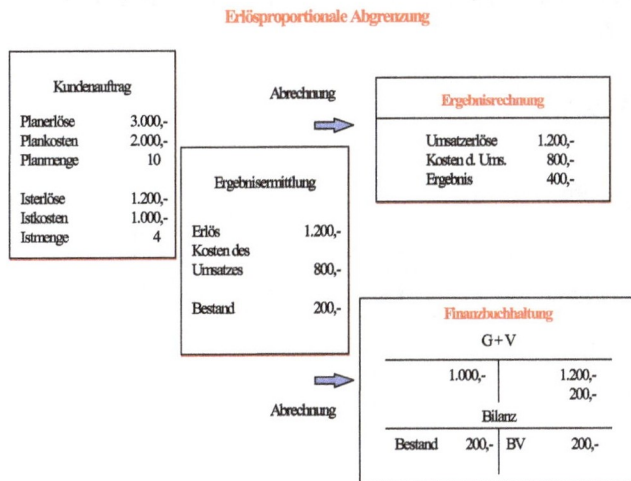

Abb. 6.45: Erlösproportionale Abgrenzung

---

31 Wenn nach IFRS oder voraussichtlich auch nach BilMoG bilanziert wird, entstehen evtl. keine Differenzen.

Im Beispiel der nachfolgenden Abbildung sind zum Zeitpunkt der Ergebnisermittlung 1.200 € Isterlöse durch Teilfakturierung realisiert worden, dies entspricht 40 % der Planerlöse von 3.000 €. Daraus folgt die Berechnung der Kosten des Umsatzes mit 2.000 € Plankosten×x 40 % = 800 €.

Betriebswirtschaftlich gesehen hätten bei 1.200 € Isterlösen 800 € Istkosten anfallen dürfen. Die Istkosten betragen 1.000 €/Pe. Hinsichtlich der um 200 € höheren Istkosten von 1.000 € gegenüber den Kosten des Umsatzes von 800 € wird vom SAP®-System angenommen, dass in der Fertigung zum Kostenträger noch ein aktivierungsfähiger Bestand (Ware in Arbeit) von 200 € vorhanden ist.

Damit ergibt sich für die Finanzbuchhaltung folgendes Ergebnis: Ist-Erlös = 1.200 €, aktivierungsfähiger Bestand = 200 €, Ist-Kosten = 1.000 €, Ergebnis = 400 €. Die Bestandsbuchung erfolgt mit Gegenbuchung zum Konto Bestandsveränderungen.

In der Ergebnisrechnung errechnet sich das Ergebnis aus Ist-Erlös = 1.200 €, Kosten des Umsatzes = 800 €, Ergebnis = 400 €. Die Ergebnisse der Finanzbuchhaltung und Kostenrechnung sind abgestimmt.

Mengenproportionale Methode
Der Fertigstellungsgrad ergibt sich aus dem Verhältnis von Ist- zu gesamten Plankosten und möge hier 50 % betragen. Bei Anwendung der mengenproportionalen Methode (US-GAAP) werden nicht die Kosten, sondern die Erlöse kalkuliert.

Das Beispiel in der Abb. 6.46 zeigt ein Verhältnis der Plankosten und Ist-Kosten in Höhe von 50 %. Die errechneten Erlöse ergeben sich aus: Errechneter Erlös (kalk. Erlös) = Planerlös 3.000 × 0,5 = 1.500 €/Pe.

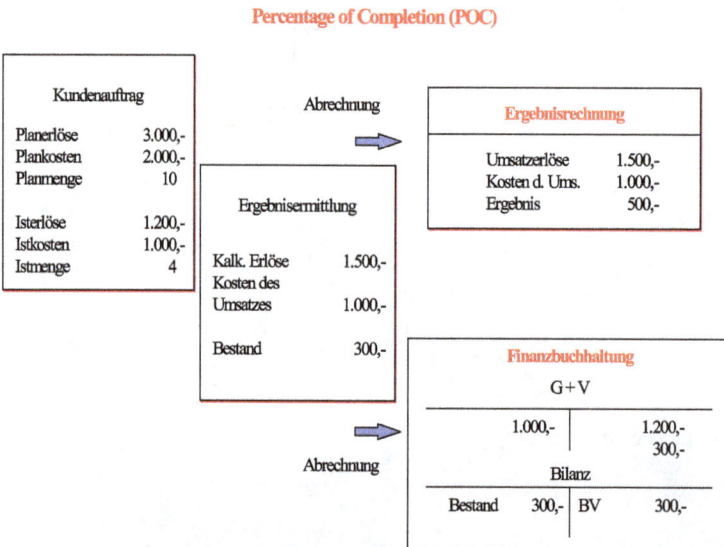

Abb. 6.46: Percentage of completion

Das Ergebnis lt. Ergebnisermittlung beträgt:

Ergebnis: Kalk. Erlöse 1.500 €/Pe – Istkosten 1.000 €/Pe = 500 €/Pe .

Aus der betriebswirtschaftlichen Sicht hätten bei 50 % Kosten auch 50 % der geplanten Erlöse erzielt werden müssen, die um 300 €/Pe niedrigeren Isterlöse werden bei dieser Methode so interpretiert, dass ein Bestand von 300 € gefertigt, jedoch noch nicht fakturiert wurde.

Das Ergebnis in der Finanzbuchhaltung ergibt sich nun wieder aus Isterlös = 1.200 €/Pe, aktivierungsfähige Bestandserhöhung = 300 €/Pe, Istkosten = 1.000 €/Pe, Ergebnis = 500 €. Die Ergebnisse zwischen Finanzbuchhaltung und Kostenträgercontrolling sind damit abgestimmt (US-GAAP).

Analyse der Abweichungen des Kostenträgers

Werden über die Ergebnisermittlung Drohverluste (HGB) festgestellt, erfolgt in der Finanzbuchhaltung die Bildung entsprechender Rückstellungen (noch nicht gebuchte Kosten, Gewährleistung). Über die Abweichungsermittlung ist im Kostenträgercontrolling nach den Ursachen für die Verlustbildung zu suchen. Abweichungen treten in den Produktgruppen B und C auf; beispielhaft werden hier nur die Drill-Down[32] Möglichkeiten für Produktgruppe B dargestellt.

Basis der Ursachenermittlung für die Kostenabweichung ist die Berichtsrecherche, in der über eine Drill-Down-Analyse die Kostenabweichungen sukzessive im Zusammenhang untersucht werden. Auftragsbezogene Abweichungen sind von produktgruppenbezogenen Abweichungen zu unterscheiden. Treten bestimmte Kosten-

Werk 1.000	Soll	Ist	Preisabw.	Strukturabw.	Mengenabw.
Produktgruppe A	5.000	5.000			
Produktgruppe B	12.000	17.500	1.500	3.000	1.000
Produktgruppe C	5.500	7.500			
Drill-down	**Erzeugnisse in Produktgruppe B**				
Produktgruppe B	Soll	Ist	Preisabw.	Strukturabw.	Mengenabw.
Material P-100	2.800	4.000			1.200
Material P-200	3.500	4.500	500		500
Material P-300	2.500	3.000		100	400
Drill-down	**Aufträge zu Material P-100**				
Material P-100	Soll	Ist	Preisabw.	Strukturabw.	Mengenabw.
Auftrag 12.0001	1.800	2.400			600
Auftrag 120023	400	1.000			600

Abb. 6.47: Berichtsrecherche in der Kostenträgerrechnung SAP S/4HANA

---

32 Drill-Down = Analysemöglichkeiten über mehrere Berichtsebenen, z. B. von Produktgruppe über Detailbericht zum Auftrag bis hin zum Einzelposten.

abweichungen in allen Aufträgen einer Produktgruppe auf, so könnten auftragsunabhängige Gründe für die Kostenabweichung maßgebend sein. Beispiele für Abweichungsursachen auf Produktgruppenebene sind fertigungstechnische Gründe (Zustand der Fertigungsanlagen, Qualität des Einsatzmaterials) oder dispositive Gründe (Planungsänderungen, Freigabestrategie der Fertigungsaufträge).

Im vorhergehenden Beispiel ist die Mengenabweichung des Produktes P-100 Teil der Abweichung der Produktgruppe B. Die Mengenabweichung für Produkt P-100 wiederum setzt sich zusammen aus den Abweichungen für Auftrag 120001 und Auftrag 120023.

Die Abweichungs- und Ergebnisermittlung liefert damit eine vollständige Auswertungsmöglichkeit von Kostenabweichungen in den Kostenträgern und die Berechnung von Abgrenzungswerten zwecks Abstimmung der G+V (Gesamtkostenverfahren) und der Ergebnisrechnung nach dem Umsatzkostenverfahren in verschiedenen Rechnungslegungskreisen.

6.8.6 Abweichungen in den Erlösen

Die Analyse der Abweichungen im Kostenbereich ist – wie die vorstehenden Ausführungen zeigen – in Theorie und Standardsoftware gut abgedeckt. Demgegenüber steht die Analyse der Erlöse zu Unrecht im Hintergrund. In vielen Unternehmen liegt im Erlösmanagement eine realistische Möglichkeit zur Steigerung der Nettoerlöse. Die Ermittlung der Nettoerlöse über mehrere Stufen hinweg ist im Kapitel 3.7 gezeigt worden.

Die Abweichungen der Ist-Erlöse von den Planerlösen können folgende Ursachen haben:
- Mengeneffekt: Von bestimmten Produkten wurde mehr oder weniger verkauft.
- Preiseffekt: Die geplanten Nettopreise (in €/ME) wurden über- oder unterschritten. Dabei kann weiter unterschieden werden, ob die Ursache bei den Listenpreisen, den Rabatten oder nachgelagerten Konditionen wie Skonto, Delkredere, Rückvergütungen usw. lag. Auch Währungsabweichungen sind denkbar.
- Mix-Effekte/Sortimentsabweichung: Durch Verschiebung von Mengen innerhalb des Sortiments können ebenfalls Abweichungen auftauchen, obwohl die Gesamtplanmenge erreicht wurde.

Für den letzten Fall soll ein kleines Beispiel zeigen, dass bei Erreichung der Planmenge und Erhöhung der Nettopreise aller Produkte um 2 % dennoch der Nettoumsatz unter Plan liegen kann.

Die Begründung für diesen auf den ersten Blick unverständlichen Verlust im Nettoumsatz liegt im Mixeffekt. Trotz der Preiserhöhung hat sich die Gesamtabsatzmenge von 500 ME/Pe nicht geändert, aber die Kunden haben verstärkt das günstigere Produkt gekauft. So kann auch eine Preiserhöhung bei gleicher Gesamtmenge zu einem Rückgang des Nettoumsatzes führen.

	PLAN-DATEN			IST-DATEN		
Produkt	Nettopreis	Menge	Nettoumsatz	Nettopreis	Menge	Nettoumsatz
Dim	€/ME	ME/Pe	€/Pe	€/ME	ME/Pe	€/Pe
1	10	210	2.100	10,20	150	1.530
2	7	90	630	7,14	90	643
3	6	200	1.200	6,12	260	1.591
Saldo	7,86	500	3.930	7,53	500	3.764

Abb. 6.48: Beispiel für eine Sortimentsabweichung

Dieser Effekt dürfte sich noch schlimmer im Deckungsbeitrag auswirken, weil Produkte mit Niedrigpreisen üblicherweise eine deutlich geringere Deckungsspanne aufweisen und insofern der DB noch stärker fällt.

Der Controller ist also stark gefordert, dem Vertrieb die tatsächlichen Auswirkungen von Preisänderungen darzulegen. Weiter ist dabei zu berücksichtigen, dass Preisänderungen und hier insb. Preissenkungen langfristige Auswirkungen haben. Denn einmal gesenkte Preise lassen sich nur schwer wieder anheben. Auch darf nicht vergessen werden, dass die Preise in das Gesamtbild passen müssen. Bevorzugungen bestimmter Länder, Kunden, Produkte, Vertriebskanäle usw. werden Auswirkungen auf die nicht bevorzugten Bereiche haben. Im Automarkt gibt es dann Reimporte von den bevorzugten Ländern in die teureren Länder wie z. B. Deutschland.

6.9 Ergebnisermittlung erlösführender Kostenträger mit negativem Ergebnis

Szenario: Ein Kundenauftrag, dessen Auftragsposition als Kostenträger geführt wird hat einen Plandeckungsbeitrag kleiner Null. Es handelt sich um eine Dienstleistung mit einem Plandeckungsbeitrag kleiner Null. Die Abb. 6.49 zeigt die Konditionen der Position.

Die Berechnungen in der Ergebnisermittlung erfolgen in zwei Stufen:
- nach der Verrechnung von Ist-Kosten
- nach der Faktura

Die Abgrenzungsbeträge werden nach den Rechnungslegungsvorschriften des HGB[33] und der IAS[34] berechnet und erklärt.

---

33 HGB – Handelsgesetzbuch.
34 IAS – International Accounting Standards.

Position	10		Positionstyp	TAD	Dienstleistung
Material	R-SERVICE		Installation von Pumpen		

Verkauf A	Verkauf B	Versand	Faktura	Konditionen	Kontierung	Einteilungen	Partner	Texte	Beste

Menge		10,0	STD	Netto		1.200,00	EUR
				Steuer		120,00	

Preiselemente

I...	KArt	Bezeichnung	Betrag		Währg	pro	ME	Konditionswert		Währg	Stab
☐	PR00	Preis	120,00	EUR			1STD	1.200,00	EUR		
		Brutto	120,00	EUR			1STD	1.200,00	EUR		
		Rabattbetrag	0,00	EUR			1STD	0,00	EUR		
		Bonusbasis	120,00	EUR			1STD	1.200,00	EUR		
		Positionsnetto	120,00	EUR			1STD	1.200,00	EUR		
		Nettowert 2	120,00	EUR			1STD	1.200,00	EUR		
		Nettowert 3	120,00	EUR			1STD	1.200,00	EUR		
☐	AZWR	Anzahlung/Verrechng.	0,00	EUR				0,00	EUR		
☐	MWST	Ausgangssteuer	10,000	%				120,00	EUR		
		Endbetrag	132,00	EUR			1STD	1.320,00	EUR		
☐	SKTO	Skonto	3,000-	%				39,60-	EUR		
☐	EK02	Kalkulierte Kosten	121,30	EUR			1STD	1.213,00	EUR		
		Deckungsbeitrag	1,30-	EUR			1STD	13,00-	EUR		

Abb. 6.49: Planerlös und Plankosten eines Kostenträgers „Kundenauftragsposition"

6.9.1 Ergebnisermittlung nach der erlöspropostionalen Methode

Mit Anwendung der erlösproportionalen Methode erfolgt eine Division aus Ist-Erlös und Plan-Erlös. Mit diesem Ergebnis werden die Ist-Kosten bewertet. Es gilt die Anwendung des Realisations-Prinzips. Daher werden keine errechneten Erlöse oder Kosten aktiviert, sondern Bezug auf die realisierten Ist-Kosten genommen.

Ergebnisermittlung mit Plan-Werten und Ist-Kosten ohne Ist-Erlöse

Nach Verrechnung von Ist-Kosten auf den Kostenträger ohne gebuchte Faktura, werden die Ist-Kosten als Ware in Arbeit (WIP[35]) aktiviert.

$$WIP = Ist\text{-}Kosten$$

Da im vorliegenden Beispiel der Deckungsbeitrag kleiner Null ist, wird eine Rückstellung für drohenden Verlust berechnet.

Im vorliegenden Beispiel ergibt sich:

$$Planergebnis = Planerlös - Plankosten$$
$$= 1.200 - 1.213$$
$$= -13$$

Der Plangewinn-Prozentsatz (PG%) ergibt sich aus:

$$PG\% = \frac{Plangewinn \cdot 100}{Plankosten} = \frac{-13 \cdot 100}{1213} = -1,071\,\%$$

---

35 WIP – Work in Process.

Version	0				Abgrenzungsart	R
Periode	8.2017	Sperrperiode	7.2017		Gewinnkennzeichen	R
Währung	EUR				Endabgrenzung	nein
					Kundenerweiterungen aktiv	ja
					Plandaten der Bewertung	

Istdaten				Gesamt	
Kumuliert		Periodisch		Planerlös	1.200,00
Isterlös	0,00		0,00	Plankosten	1.213,00
Istkosten	1.200,00		1.200,00	Planergebnis	13,00-
Nicht berücksichtigt	0,00		0,00	Nicht berücksichtigt	0,00

Kalkulatorisches Ergebnis				Kennzahlen	
Kumuliert		Periodisch		Kumuliert	
Ergebniswirksamer Erlös	0,00		0,00	Fortschrittsgrad (%)	0,000
Ergebniswirksame Kosten	0,00		0,00	Plangewinnprozentsatz (%)	1,070-
Rückstellung drohender Verlust	13,00		13,00		
Kalkulatorisches Ergebnis	13,00-		13,00-		

Bestände			
Kumuliert		Periodisch	
Einsetzbarer Bestand	0,00		0,00
Ware in Arbeit	1.200,00		1.200,00
Gewinnanteil im Bestand	12,86-		12,86-

Rückstellungen				Bestandsverrechnung	
Kumuliert		Periodisch		Kumuliert	
Erlösüberschuss	0,00		0,00	Rückstellung drohender Verlust	13,00
Rückstellung fehlende Kosten	0,00		0,00	... davon verrechnet	0,00
Rückstellung drohender Verlust	13,00		13,00		

Abb. 6.50: Ergebnisermittlung mit Ist-Kosten ohne Ist-Erlöse bei erlösproportionaler Methode SAP S/4HANA

Beleg anzeigen: Erfassungssicht

Anzeigewährung   Hauptbuchsicht

Erfassungssicht

Belegnummer	100000063	Buchungskreis	1000	Geschäftsjahr	2017
Belegdatum	04.08.2017	Buchungsdatum	31.08.2017	Periode	8
Referenz		Übergreifd.Nr			
Währung	EUR	Texte vorhanden		Ledger-Gruppe	

Bukr.	Pos	BS	S	Konto	Bezeichnung	Betrag	Währg	St	Vrg	Vor
1000	1	50		893000	Best.verä. WIP	1.200,00-	EUR			
	2	40		793000	WIP	1.200,00	EUR			
	3	40		239100	Aufwand aus Reserven	13,00	EUR			
	4	50		79100	Rückst.bevor.Verlust	13,00-	EUR			

Abb. 6.51: Abrechnung WIP und Rückstellungen

Belege Istkosten anzeigen

Beleg   Stammsatz

Anzeigevariante	1SAP	Primärkostenbuchung	
t.Währung	EUR	EUR	

Belegnr	Belegdatum	Belegkopftext				RT	RefBelegnr	Benutzer	sto	StB
BuZ	OAr	Objekt	Objektbezeichnung		Kostenart	Kostenartenbezeichn.				Wert/KWähr
600045609	04.08.2017					R	43929	LEBEFROMM		
1	VBP	13144/10	Installation von Pumpen		650000	AABR	Auftragsabr.			13,00-
2	ERG	79850			650000	AABR	Auftragsabr.			13,00

Abb. 6.52: Abrechnung der Kosten zur Bildung einer Rückstellung an CO-PA

Der Gewinnanteil im Bestand (GAB) gibt an, in welchem Umfang das Planergebnis bereits realisiert worden ist.

$$GAB = \frac{PG\% \cdot WIP}{100} = \frac{-1{,}071 \cdot 1200}{100} = -12{,}86$$

Im vorliegenden Beispiel wurden vom Planverlust in Höhe von –13,- EUR bereits 12,86 EUR realisiert.

Ware in Arbeit und die Rückstellung für drohenden Verlust werden an FI[36] abgerechnet.

Zwecks Abstimmung FI mit COPA[37] erfolgt die Abrechnung des Aufwands für Rückstellung aus drohendem Verlust an die Ergebnisrechnung.

Ergebnisermittlung mit Planwerten, Ist-Kosten und Ist-Erlösen

Nach Verbuchung der Faktura und den damit verbundenen Ist-Erlösen ergibt sich folgendes Bild:

Die Ware in Arbeit (WIP) kann aufgelöst werden. Daher gilt: WIP = 0

Der erwartete Verlust in Höhe von –13 EUR wurde realisiert. Die Rückstellung für drohenden Verlust wird aufgelöst.

Den kalkulatorischen Kosten in Höhe von 1.213,- EUR stehen Ist-Kosten von 1.200,- EUR gegenüber. Es wird daher eine Rückstellung für fehlende Kosten in Höhe von 13,- EUR berechnet.

Analog werden bei der Abrechnung nach FI die WIP und die Rückstellung für drohenden Verlust aufgelöst sowie eine neue Rückstellung für fehlende Kosten gebildet.

Die Abb. 6.53 zeigt die Berechnung der Abgrenzungswerte nach der erlösproportionalen Methode.

Falls die fehlenden Ist-Kosten in Höhe von 13,- EUR noch auf den Kostenträger verrechnet werden, wird die Rückstellung für fehlende Kosten wieder aufgelöst. Falls

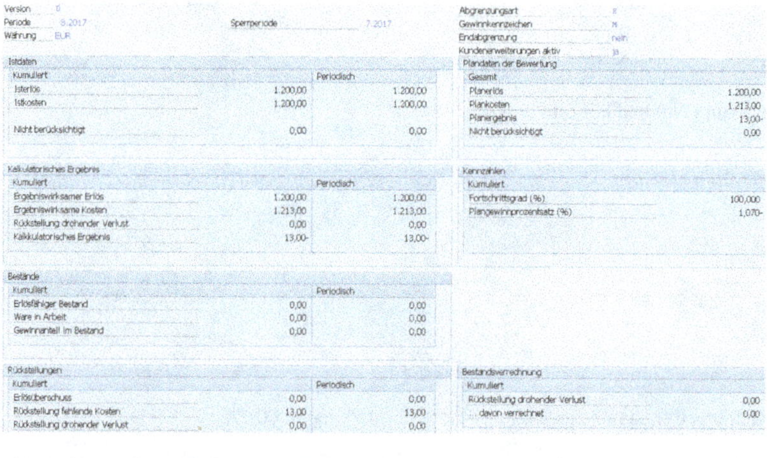

Abb. 6.53: Ergebnisermittlung mit Plan- und Istwerten bei erlösproportionaler Methode

---

36 FI – Financial Accounting.
37 COPA – Controlling Profitability Analysis.

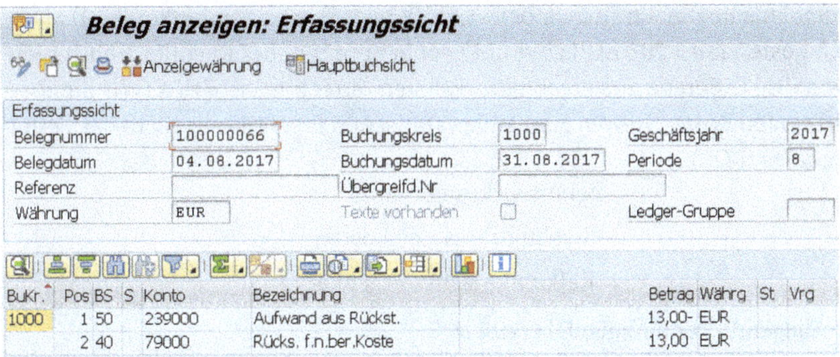

Abb. 6.54: Auflösung der Rückstellung für fehlende Kosten bei erlösproportionaler Methode

die Ist-Kosten nicht mehr verrechnet werden, da der Kundenauftrag mit weniger Ist-Kosten als kalkuliert erfüllt werden konnte, wird die Rückstellung manuell aufgelöst, indem die Kundenauftragsposition auf den Status „Technisch Abgeschlossen" (TABG) gesetzt wird. Die sich anschließende Ergebnisermittlung und Abrechnung des Kostenträgers führt zur Auflösung der Rückstellung für fehlende Kosten.

6.9.2 Ergebnisermittlung nach der kostenproportionalen Methode

Mit Anwendung der kostenproportionalen Methode erfolgt die Berechnung des Fertigstellungsgrades (POC[38]) aus der Division aus Ist-Kosten und Plan-Kosten. Auf dieser Basis werden errechnete Erlöse gebildet und aktiviert. Basis der Aktivierung im Rahmen der Abgrenzung sind nicht die realisierten Kosten, sondern die erwarteten Erlöse.

Ergebnisermittlung mit Planwerten und Ist-Kosten bei POC
Es gilt:

$$POC = \frac{Istkosten}{Plankosten}$$

Für das vorliegende Zahlenbeispiel folgt:

$$POC = \frac{1200}{1213} = 0,98928$$

Aus Kostensicht wurde der Auftrag zu 98,93 % erfüllt. Da noch keine Ist-Faktura verbucht wurde, ergibt sich der zu aktivierende WIP aus dem ergebniswirksamen Erlös:

$$WIP = Planerlös \cdot POC = 1200 \cdot 0,98928 = 1.187,136$$

$$= 1.187,14 \text{ (ergebniswirksamer Erlös)}$$

---

38 POC – Percentage of Completion.

Das Planergebnis liegt nach wie vor bei –13 EUR (vgl. Szenario unter Kapitel 1).

Die Ist-Kosten mit 1.200 EUR sind in FI gebucht und daher in voller Höhe ergebniswirksam. Die Differenz aus ergebniswirksamen (errechneten) Erlös (WIP) und ergebniswirksamen Kosten führen zum kalkulatorischen Ergebnis aus Sicht des Fertigstellungsgrades (POC).

Ergebniswirksamer Erlös

– Ergebniswirksame Kosten

= Kalkulatorisches Ergebnis

Für das vorliegende Zahlenbeispiel ergibt sich:

Ergebniswirksamer Erlös	1.187,14
– Ergebniswirksame Kosten	– 1.200,-
= Kalkulatorisches Ergebnis	= – 12,86

Dem Planverlust in Höhe von 13,- EUR steht ein kalkulatorisches, aus Sich POC nach IAS realisiertes Ergebnis in Höhe von 12,86 EUR gegenüber. Der Planverlust in Höhe von 13,- EUR wurde daher in Höhe von 12,86 EUR realisiert.

Die Differenz zwischen Planverlust 13,- EUR und realisierten Verlust 12,86 EUR beträgt 0,14 EUR. Es fehlen quasi noch 0,14 EUR Verlust, für welche eine Rückstellung gebildet wird.

Die Abb. 6.55 zeigt die Ergebnisermittlung nach POC (IAS).

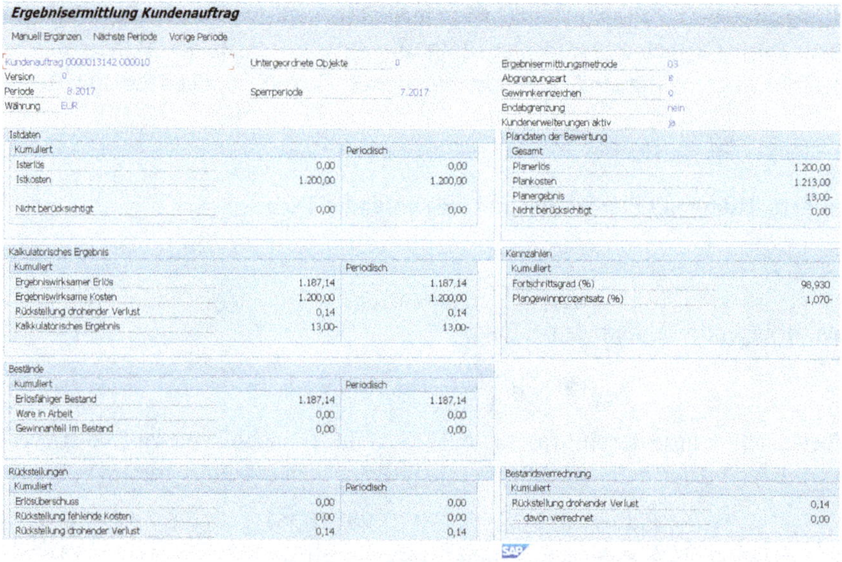

Abb. 6.55: Ergebnisermittlung mit Plan-Werten und Ist-Kosten ohne Ist-Erlöse bei POC-Methode

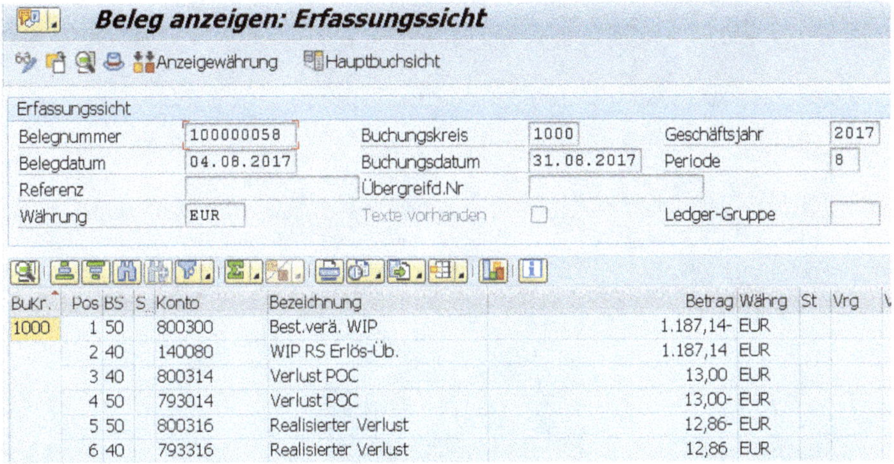

Beleg anzeigen: Erfassungssicht

Anzeigewährung Hauptbuchsicht

Erfassungssicht

Belegnummer	100000058	Buchungskreis	1000	Geschäftsjahr	2017
Belegdatum	04.08.2017	Buchungsdatum	31.08.2017	Periode	8
Referenz		Übergreifd.Nr			
Währung	EUR	Texte vorhanden		Ledger-Gruppe	

BuKr.	Pos	BS	S	Konto	Bezeichnung	Betrag	Währg	St	Vrg
1000	1	50		800300	Best.verä. WIP	1.187,14-	EUR		
	2	40		140080	WIP RS Erlös-Üb.	1.187,14	EUR		
	3	40		800314	Verlust POC	13,00	EUR		
	4	50		793014	Verlust POC	13,00-	EUR		
	5	50		800316	Realisierter Verlust	12,86-	EUR		
	6	40		793316	Realisierter Verlust	12,86	EUR		

Abb. 6.56: Abrechnung der Ergebnisermittlung ohne Ist-Kosten bei DB kleine Null und POC

Die Abrechnung der Abgrenzungswerte nach FI berücksichtigt den noch nicht realisierten Verlust in Höhe von 0,14 EUR folgendermaßen:

Das errechnete Ergebnis in Höhe von 1.187,14 EUR wird aktiviert. (POC · Planerlös)

Der zu erwartende Verlust in Höhe von 13,- EUR wird aktiviert. (Planerlös – Plankosten)

Aus der Verlustrückstellung über 13,- EUR werden 12,86 EUR wieder herausgerechnet, da dieser Anteil am Verlust bereits realisiert worden ist.

Damit verbleit eine Rückstellung für den noch zu erwarteten Verlust in Höhe von 0,14 EUR.

Die Abb. 6.56 zeigt die Abrechnung der Ergebnisermittlung nach FI.

Ergebnisermittlung mit Planwerten, Ist-Kosten und Ist-Erlösen bei POC

Die Faktura der Plan-Erlöse in voller Höhe und deren Verbuchung als Ist-Erlöse führt zu folgender Interpretation bei der kostenproportionalen Methode (IAS):

- Die Planerlöse in Höhe von 1.200,- EUR wurden zu 100 % mit Erlösen über 1.200,- EUR realisiert.
- Den Plankosten in Höhe von 1.213,- EUR stehen jedoch nur Ist-Kosten über 1.200,- EUR gegenüber. Dies ergibt einen Fertigstellungsgrad in Höhe von 98,928 %. Aus dieser Perspektive heraus wurden auch nur 98,928 % der Planerlöse = $1200 \cdot 0{,}98928 = 1187{,}14$ realisiert.
- Die Differenz zu 1.200,- EUR Ist-Erlös und aus POC-Sicht 1.187,14 EUR realisierter Erlös in Höhe von 12,86 EUR stellt einen Erlösüberschuss dar.
- Der Erlösüberschuss wird mit einer negativen Rückstellung gebucht, vergleichbar mit passiver Rechnungsabgrenzung, bei welcher eine Einnahme erst später als

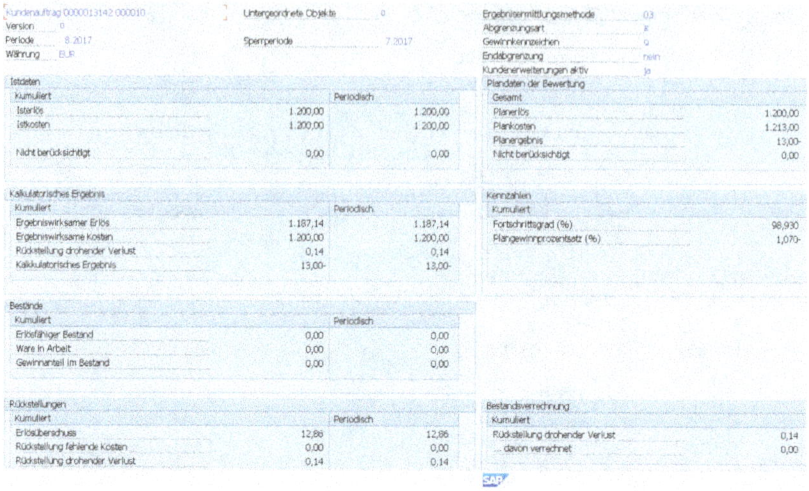

Abb. 6.57: Ergebnisermittlung mit Plan- und Ist-Werten bei DB <Null und POC

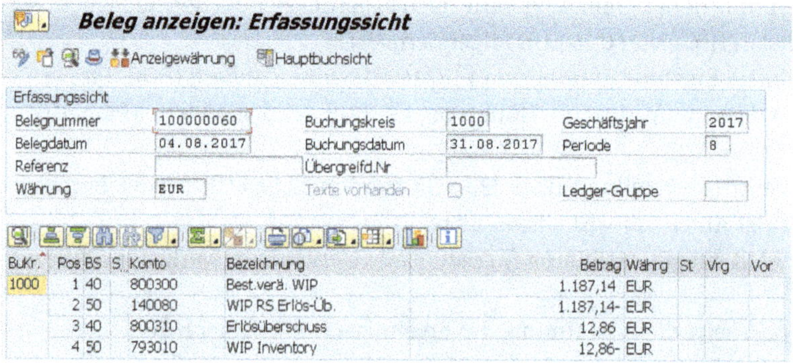

Abb. 6.58: Abrechnung von errechnetem Erlös und Erlösüberschuss bei POC kleiner 100 %

Ertrag zu verbuchen ist. Der Gesamt-Ertrag in Höhe von 1.200,- EUR wird daher aufgespalten in:

– Ertrag aus Lieferung und Leistung 1.187,14 EUR
– Ertrag aus Erlösüberschuss 12,86 EUR

Die Abb. 6.57 und Abb. 6.58 zeigen die Ergebnisermittlung und Abrechnung nach FI.

Sollten die Ist-Kosten gebucht werden oder, falls Ist-Kosten < Plan-Kosten der Status des Kostenträgers auf TABG gesetzt werden, erfolgt bei anschließender Ergebnisermittlung und Abrechnung die Auflösung des abgegrenzten Erlösüberschusses.

6.10 Zielkostenrechnung

6.10.1 Grundsätzliches

Die in der deutschsprachigen Literatur unter dem Begriff Zielkostenrechnung bekannt gewordene Kalkulationsform im weiteren Sinne (jap.: Genka Kikakum, angels.: Target Costing) gilt in der Literatur als ein in dieser Form in japanischen Unternehmen entwickeltes Konzept des Kostenmanagements (Vgl. Sakurai 1997). Die Grundidee, dass der vom Markt bestimmte Verkaufspreis der Ausgangspunkt oder zumindest einer der Ausgangspunkte der Plankalkulation sein sollte, ist in der Betriebswirtschaftslehre allerdings als Denkansatz bzw. „Managementphilosophie" nicht neu. In der deutschsprachigen Literatur hat Schmalenbach frühzeitig darauf hingewiesen (Schmalenbach 1963, S. 486): „Der volkswirtschaftliche Preis folgt nicht immer den Selbstkosten. Aber auch soweit er es tut, folgt er keineswegs den Selbstkosten unseres speziellen Betriebes, sondern ebenso denjenigen der Konkurrenten. Unter diesen Umständen ist es eine falsche Vorstellung, wenn man sich die Preispolitik des Fabrikanten so vorstellt, dass er seine Selbstkosten rechne, darauf eine festen, immer gleichen Gewinn schlage und mit den so errechneten Preisen an den Markt trete. Der zugeschlagene Gewinn ist vielmehr eine veränderliche Größe, mit der der Kalkulator sich an den erzielbaren Marktpreis heranfühlt." Diese Ausführungen sind auch heute noch treffend und aktuell und mit der gelungenen Formulierung „sich an den Markt heranfühlen" sind umfänglichere Formulierungen der vermeintlich „neuen" Zielkostenrechnung im Grunde auf fünf Worte zusammengefasst. Schmalenbach hat damit auch indirekt bereits zum Ausdruck gebracht, dass es eine feste Zielumsatzrendite, die die Befürworter der Zielkostenrechnung als wesentlichen Bestandteil des Zielkostenrechnungsansatzes sehen, gar nicht über die Dauer eines Zielkostenrechnungsprojektes geben kann, sondern wenn überhaupt dann nur kurzfristig. In der volkswirtschaftlichen und betriebswirtschaftlichen Markt- und Preistheorie ist bewiesen worden, dass Marktpreise in Marktwirtschaften nicht statisch sind, sondern durch Umkreisen eines veränderlichen Gleichgewichtspreises zustande kommen (Vgl. stellvertretend für fast alle Darstellungen der Markt- und Preistheorie: Mankiw/Taylor 2008, S. 73–98). Wenn aber der Preis veränderlich ist, kann die Umsatzrendite für längere Zeiträume kaum fest vorgegeben werden.

In der deutschsprachigen Literatur ist zusätzlich zu dem von Schmalenbach beschriebenen Denkansatz, dass der erzielbare Marktpreis in die Kalkulationsüberlegungen mit einbezogen werden muss, mit der retrograden Kalkulation auch eine entsprechende rechentechnische bzw. zeilenmäßige Darstellung entwickelt worden, um von einem gegebenen Marktpreis die Kosten retrograd, also rückwärts schreitend, herunterzurechnen, um zu einem Planergebnis zu gelangen (Vgl.: Hummel/Männel, S. 50).

Franz weist darüber hinaus nach, dass die Entwicklung und Produktion des Volkswagens (VW Käfer) in den dreißiger Jahren das erste oder zumindest eines der ersten Zielkostenrechnungsprojekte war, lange bevor diese Methode und dieser Begriff in Japan bekannt wurden (Franz 1993): „Die Entwicklung des Volkswagens in den dreißiger Jahren stand unter der Voraussetzung, dass das Auto zu einem Preis angeboten werden sollte, der 990 Reichsmark nicht überschritt. Diese Information entstammt einer persönlichen Auskunft von Herrn Prof. Dr. h.c. Ferdinand Porsche, der als Grund für dieses Preislimit und die damit verbundene Begrenzung der Kosten unter anderem die Knappheit an Devisen anführt, die für die Bezahlung der einzusetzenden ausländischen Güter und Lizenzen benötigt wurden. Um die Preisvorgabe einhalten zu können, wurden alternative technische Möglichkeiten unter Kostengesichtspunkten gegeneinander abgewogen. So wurde der Volkswagen letztlich nicht mit hydraulischen Bremsen, sondern mit Seilzugbremsen ausgestattet, weil dies eine Kosteneinsparung von ca. 25 Reichsmark mit sich brachte. Die geschilderten Zusammenhänge stellen einen frühen Anwendungsfall modernen produktbezogenen Kostenmanagements dar, der insofern bemerkenswert ist, als sich in ihm die heute so aktuelle Marktorientierung der Produktentwicklung und die dadurch induzierten Maßnahmen zur frühzeitigen Senkung der Kosten findet."

Als wesentlichen Eigenschaften der Zielkostenrechnung im neueren japanischen Sinne werden in der Literatur genannt:

– Konsequente Markt und Kundenorientierung

Die Markt- und Kundenorientierung ist hauptsächlich Aufgabe von Marketing und Vertrieb. Es gehört auch zu diesen Aufgaben, mit dem Controlling bei der Preisbildung zu kommunizieren. In einem professionell geführten Unternehmen sollte die konsequente Markt- und Kundenorientierung in allen Funktionen daher eine Selbstverständlichkeit darstellen.

– Kostenplanung schon in der Entwicklungs-Konstruktionsphase statt erst in der Produktionsphase

Diese Eigenschaft der Zielkostenrechnung ist weitgehend identisch mit der Wertanalyse, d. h. der konstruktionstechnischen Kostensenkung, die in den betriebswirtschaftlichen Teilbereichen der Industriebetriebslehre und Produktionswirtschaft schon lange vor der Zielkostenrechnung Anwendung fand.

– Ganzheitliche Betrachtung eines Kostenträgers während des gesamten Lebenszyklus

Diese Eigenschaft stellt den Übergang von der Kosten- und Leistungsrechnung zur Investitionsrechnung dar und ist weitgehend mit der Sicht der Lebenszyklusbetrachtung eines Kostenträgers identisch (Zur Lebenszyklusbetrachtung vgl.: Coenenberg/Fischer/Günther 2009, S. 584 ff.). Dieser Aspekt wird im Abschnitt 7.8.5 in der dynamischen Zielkostenrechnung aufgenommen.

Die japanische Literatur zum Thema stammt ursprünglich aus den siebziger Jahren; seit dieser Zeit wird über die Zielkostenrechnung in japanischen Unternehmen wie z. B. Nissan, Toyota, Hitachi und NEC eingesetzt (Sakurai/Keating 1994, Sakurai 1989, Hiromoto 1988, Tanaka 1979). Die Zielkostenrechnung eignet sich hauptsächlich für

Industriezweige, die komplexe, technische Produkte entwickeln und herstellen, wie z. B. Automobilbau, Elektronikindustrie, Werkzeugmaschinenbau.

In den achtziger Jahren finden sich erste englischsprachige Veröffentlichungen japanischer Autoren, die Anfang der Neunzigerjahre von amerikanischen, englischen und deutschen Autoren diskutiert wurden (Vgl.: Seidenschwarz 1991, Seidenschwarz 1993; Horvath 1993, Buggert/Willi 1995). Im Rahmen dieser Beiträge wurde angestrebt, die Zielkostenrechnung an westliche Anforderungen anzupassen. Die Definitionsversuche der Zielkostenrechnung reichen dabei von engeren, bzw. operativen Begriffsbestimmungen, bis zu weit gefassten Auslegungen die in Richtung strategischer Definitionsversuche bzw. einer Managementphilosophie gehen. Cooper (Vgl.: Cooper 1992) vertritt eine enge bzw. konkrete Definition: „Ziel des Target Costing ist die Bestimmung der Herstellkosten eines geplanten Produktes, so dass es in der Marktphase den gewünschten Gewinn erwirtschaftet".

Im Rahmen eines Forschungsprojektes, zusammengesetzt aus Praktikern, Wissenschaftlern sowie Regierungsstellen, wurde untersucht, welche Rolle das Kostenmanagement in US-amerikanischen Hightech-Unternehmen spielt. Die Projektgruppe fasste den Begriff Zielkostenrechnung wesentlich weiter und definierte ihn folgendermaßen (Berliner/Brimson 1988).: „Target Costing ist ein umfassendes Bündel von Kostenplanungs-, Kostenkontroll- und Kostenmanagementinstrumenten, die schon in den frühen Phasen der Produkt- und Prozessgestaltung zum Einsatz kommen, um die Kostenstrukturen frühzeitig im Hinblick auf die Marktanforderungen gestalten zu können. Daher verlangt der Target Costing-Prozess die kostenorientierte Koordination aller am Produktentstehungsprozess beteiligten Bereiche."

Diese Sicht ist allerdings keine Definition eines vermeintlich neuen Kalkulationsverfahrens mehr, sondern eine Definition des General Managements bzw. der Allgemeinen Betriebswirtschaftslehre

Tanaka betont die strategische Komponente der Zielkostenrechnung (Tanaka 1997, S. 49): „Somit kann das Target Costing als ein Instrument des strategischen Kostenmanagements angesehen werden, das sowohl für die Gewinnplanung als auch für die Kostenreduktion eingesetzt werden kann".

Zwischen den Sichten bzw. Definitionsversuchen eines vermeintlich neuen allgemeinen Managementansatzes und einer vermeintlich neuen Kalkulationsmethode liegt wohl die Wahrheit in der Mitte. Wir schließen uns daher der Definition Tanakas an, die die strategische Komponente betont und damit in Richtung dynamisches Target Costing, Lebenszykluskostenrechnung, bzw. Investitionsrechnung abzielt.

6.10.2 Anwendungsbereiche

Die Entwicklung der Zielkostenrechnung in Japan fand vor allem bei industriellen Serienfertigern statt wie z. B. der Automobilindustrie, der Elektronikindustrie sowie der Präzisionsmaschinen- und Anlagenbaubranche. Der Einsatz der Zielkostenrechnung erscheint vor allem in wettbewerbsintensiven Branchen sinnvoll, in denen eine Tendenz zu wenigen Anbietern (Anbieteroligopol) und somit der Zwang zu kostengünstiger und gleichzeitig innovativer Produktion besteht.

Horvath/Niemand/Wolbold sehen den Einsatz der Zielkostenrechnung in den folgenden vier Bereichen (Vgl.: Horvath/Niemand/Wolbold 1993, S. 5):

– In der Konzeptions- und Entwicklungsphase. Die Möglichkeiten der Einflussnahme auf ein Produkt und den Produktionsprozess sind in den frühen Phasen des Lebenszyklus am größten. Zielkostenrechnung soll das Risiko von Fehlentscheidungen durch Überwachung und frühzeitige Beeinflussung der Produktgestaltung und damit der Kosten mindern. Hierdurch sollen positive Auswirkungen auf die gesamten Lebenszykluskosten entstehen.

   Anmerkung der Verfasser: Hiermit wird Wertanalyse vom ersten Tag eines Entwicklungsprojektes gefordert, was durchaus positiv, aber nicht neu ist.

– Zielkostenrechnung könne zur Kostensenkung bei bereits bestehenden Produkten über die Eliminierung unnötiger Funktionen und Komponenten beitragen.

   Anmerkung der Verfasser: Zielkostenrechnung wird dann allerdings mit klassischer begleitender Wertanalyse gleichgesetzt, bzw. die Wertanalyse als Teilprojekt eines Zielkostenrechnungsprojektes gesehen.

– Zielkostenrechnung soll im Rahmen der Planung des gesamten Produktionsprozesses eingesetzt werden. Produktion- und Montagesysteme sollten flexibel gestaltet werden, um die Kundenanforderungen bezüglich Produktfunktionen und Produktvielfalt umsetzen zu können.

   Anmerkung der Verfasser: In diesem Fall wird Zielkostenrechnung mit Prozessanalyse und Prozessoptimierung des Produktionsprozesses gleichgesetzt. Die Apologeten vermeintlich neuer japanisch-amerikanischer Managementkonzepte müssten dann auch darauf hinweisen, dass die Prozesskostenrechnung gewissermaßen das Gegenmittel zu der Akzeptanz vielgestaltiger Kundenanforderungen im Rahmen der Zielkostenrechnung ist, da sie ja u. a. die Kosten der Variantenvielfalt offenlegen soll.

– Zielkostenrechnung könne in den indirekten bzw. Verwaltungsbereichen eingesetzt werden, damit eine höhere Kostentransparenz und eine marktorientierte Gestaltung von Verwaltungsprozessen umgesetzt werden kann.

   Anmerkung der Verfasser: In diesem Fall wird Zielkostenrechnung wiederum mit Prozesskostenrechnung und mit Gemeinkostenwertanalyse weitgehend gleichgesetzt bzw. verbunden.

6.10.3 Organisation eines Zielkostenrechnungsprojektes

In der Literatur wird eine Expertengruppe für die Durchführung eines Zielkostenrechnungsprojektes empfohlen, das aus Experten verschiedener betrieblicher Bereiche bestehen sollte. Die Gruppe sollte den Kostenverlauf des mit der Zielkostenrechnung kalkulierten Produktes über alle Entwicklungsstadien mitverfolgen und mitgestalten können.

Der Gruppe sollte ein Projektleiter vorstehen, der sich durch kooperativen Führungsstil auszeichnet. Um eine möglichst hohe Akzeptanz bei den Teammitgliedern zu erreichen, sollte der Projektleiter im Idealfall über bereichsübergreifendes Expertenwissen und Koordinationstalent verfügen.

Dem Projektleiter kommt bezüglich der Einbindung des Projektes in die Unternehmensorganisation eine wichtige Rolle zu. Er muss vor allem den Überblick über das Gesamtkonzept behalten und dessen Durchsetzung sicherstellen. Zudem trägt er die Verantwortung für das Gesamtprodukt und übernimmt in diesem Rahmen auch das Prozess- und Projektmanagement (Vgl.: Deisenhofer 1993, S. 110 ff.).

Durch eine Kombination von interdisziplinärem Team und kompetentem Projektleiter soll erreicht werden, dass das fachspezifische Expertenwissen zusammengeführt und unter Berücksichtigung der Marktanforderungen in ein geschlossenes Produktkonzept umgesetzt wird. Im Projektteam ist es erstrebenswert, dass alle für die Produktentwicklung und ihre Kostenwirkungen wichtigen Entscheidungen übereinstimmend getroffen werden, was ein Ausfluss des japanischen Harmonieprinzips ist. Das zu erreichen, dürfte in der Praxis allerdings schwierig sein. Es ist u. a. deshalb schwierig zu erreichen, weil die Zielkostenrechnung nicht nur auf Material- und Lohneinzelkosten in der Entwicklungsphase schaut, sondern auf alle Kosten, die durch die Produktion und Verwaltung eines Produktes verursacht werden.

Dem Controller kommt in der Gruppe als Vertreter der „hauptamtlichen" Kostenrechnung der Status eines Promotors zu. Er sollte die Konzentration auf Lebenszykluskostenorientierung lenken. Er stellt die erforderlichen Kosteninformationen zur Verfügung, mit deren Hilfe das Zielkostenrechnungsteam auf das Marktziel hinarbeiten kann. In Zusammenarbeit mit dem Projektleiter hat er dafür Sorge zu tragen, dass der Prozess marktorientierten Zielkostenmanagements voranschreitet und dass dafür ggf. geeignete Methoden und Techniken, wie zum Beispiel die Prozesskostenrechnung, bereitgestellt werden.

In den Fällen, in denen im Unternehmen gegenläufige Strömungen und eine Orientierung am Wettbewerb und am Markt erfolgen, kann eine Zielkostenrechnungsprojektgruppe zusätzliche Unterstützung durch einen Machtpromotor erhalten. Dieser sollte aufgrund seiner hierarchischen Stellung erforderliche Maßnahmen durchsetzen können.

Im Rahmen des Zielkostenrechnungsprojektes sollte versucht werden, Schwachstellen im bisherigen Forschungs- und Entwicklungsprozess, in der Konstruktion und im Produktkostencontrolling zu erkennen und zu verbessern. Derartige Problemfelder können sein:

– Das Fehlen einer Produktkostenplanung in den frühen Phasen der Entwicklung, das zu fehlenden Kosten-Vorgaben bis ins Prototypen-Stadium hineinführen kann.

–   Das mangelnde Kostenbewusstsein bei Technikern und Entwicklern; Dies wird durch fehlende Kosteninformations-/Berichtssysteme verstärkt. Dieser Problemkreis kann in sehr technikorientierten Unternehmen bestehen und zu einer Überbetonung des technisch Machbaren führen (angels.: Over-Engineering), welches aber der Markt nicht in Form eines höheren durchsetzbaren Verkaufspreises honoriert.
–   Die zeitlich erst nach der Produktentwicklung einsetzenden ggf. notwendigen Entwicklungen bzw. Umstellungen der zugehörigen Produktionsverfahren. Hiermit können Zeitverluste im Hinblick auf einen frühen und damit i. d. R. günstigen Markteintrittszeitpunkt (angels.: Time to Market) verbunden sein.
–   Das Verzetteln in der Produktvielfalt sowie die ungenügende Konzentration auf die Wettbewerbsstärke von Schlüsselprodukten.

6.10.4 Methodik der Zielkostenrechnung

Der Ausgangspunkt eines Zielkostenrechnungsprojektes kann eine Marktstudie sein, die die vom Kunden gewünschten Funktionen und Leistungsmerkmale, den vom Markt akzeptierten Preis, die Zielkunden sowie die Wettbewerber eines infrage kommenden Markt-/Produkt-Segmentes ermittelt. Deisenhofer (vgl.: Deisenhofer 1993, S. 93–118) hat dieses Vorgehen unter der Bezeichnung „Marktorientierte Kostenplanung auf Basis von Erkenntnissen der Marktforschung bei der AUDI AG" schon früh beschrieben.

Die Gewinnvorgabe von Zielkostenrechnungsprojekten wird in japanischen Unternehmen gemäß zahlreichen Literaturangaben mit der Umsatzrentabilität und nicht mit der Kapitalrentabilität bemessen (vgl.: Sakurai 1997, S. 58). Der Vorteil dieses Verfahrens soll u. a. darin liegen, dass das gebundene Kapital nicht ermittelt bzw. zugeordnet werden muss. Seidenschwarz unterstützt diese Sicht und vertritt die Meinung, dass der Einsatz der Umsatzrendite „eine klar markt- und vor allem produktbezogene Ausrichtung wie im marktorientierten Zielkostenmanagement" unterstütze (Seidenschwarz 1993, S. 122). Dagegen ist anzuführen, dass damit das höher zu gewichtende Ziel der Kapitalrendite nicht adäquat berücksichtigt wird. Es ist im Laufe der Geschichte der Betriebswirtschaftslehre ausführlich thematisiert und bewiesen worden, dass die Kapitalrendite die aussagekräftigere Größe im Vergleich zur Umsatzrendite ist (vgl. Mussnig, S. 248 ff. und die dort angeführte Literatur). Auch eine geringe Umsatzrendite kann bei hohem Kapitalumschlag zu guten Ergebnissen führen. Die Apologeten der Zielkostenrechnung auf Basis von Umsatzrenditen verbauen sich damit selbst die Einsatzmöglichkeiten in zahlreichen Konsumgüterbranchen, in denen der Erfolg des Geschäftsmodells häufig auf niedrigen Umsatzrenditen in Verbindung mit einem hohen Kapitalumschlag liegt. Die Geschäftsmodelle von ALDI und IKEA und zahlreicher weiterer Niedrigpreisanbieter (angels.: Discounter) sind der Beweis für diese Aussage.

Das Residuum aus dem vom Markt akzeptierten Preis abzüglich der Gewinnvorgabe/Umsatzrendite wird in der Terminologie der Zielkostenrechnung als die sogenannten „vom Markt erlaubten Kosten" (angels.: Allowable Cost) bezeichnet. Sie sollen den aufgrund von Kundenanforderungen und Wettbewerbsbedingungen „höchstens zulässigen" Kosten entsprechen. Sowohl der erzielbare Marktpreis und die Wettbewerbsbedingungen als auch die Kosten (ob nun erlaubt oder unerlaubt) haben aber in Marktwirtschaften die Eigenschaften niemals dauerhaft fix zu sein, sondern ständig zu schwanken. Um diese Kosten überhaupt sinnvoll bemessen zu können, sollten sie auf den gesamten Lebenszyklus eines Produktes bezogen werden. Im Frühstadium eines Zielkostenrechnungsprojektes wird die Realisationsmöglichkeit dieser vom Markt erlaubten Kosten in Bezug auf im Unternehmen vorhandene Technologie- und Verfahrensstandards und die dadurch verursachten Ist-Kosten zunächst noch nicht berücksichtigt.

Die baldige Orientierung an den Technologie- und Verfahrensstandards bzw. Ist-Kosten ist aber notwendig, um zu ermessen, ob die Zielvorgaben erreichbar sind oder das Zielkostenprojekt aufgegeben wird. Seidenschwarz (Seidenschwarz 1993, S. 125) macht folgenden Definitionsvorschlag: Zielkosten sind „an Kundenanforderungen und Wettbewerberbedingungen orientierte Plankosten in Abhängigkeit marktnotwendiger Technologie und Verfahrensanpassungen im Unternehmen (unternehmensbezogene Dynamikkomponente) und der erwarteten Marktentwicklung (marktbezogene Dynamikkomponente) bezogen auf die Lebensdauer für ein Produkt vorgegebener Qualität".

Die vom Markt erlaubten Kosten sollen mit den sogenannten Standardkosten verglichen werden. Standardkosten ergeben sich, wenn die bei einem normalen bzw. durchschnittlichen Beschäftigungsgrad sich ergebenden Fertigungs- und Gemeinkostenzuschläge angewendet werden. Den Begriff Standardkosten auf die Einzelkosten zu beziehen macht keinen Sinn, da die Einzelkosten bei einem neuen Produkt individuell für dieses Produkt im Zuge einer analytischen Planung geplant werden müssen. Einzelkosten der Vergangenheit oder anderer Produkte als vermeintliche Standardkosten heranzuziehen macht ebenfalls keinen Sinn, da sie keine Relevanz für das mit der Zielkostenrechnung zu kalkulierende Produkt haben.

Sakurai fordert die Festlegung der Zielkosten solle durch die Unternehmensleitung erfolgen und sie sollten grundsätzlich so nah wie möglich an den vom Markt erlaubten Kosten liegen (Vgl. Sakurai 1993, S. 46–789). Angestrebt werden sollte die Übereinstimmung von Zielkosten und vom Markt erlaubten Kosten, da die Akzeptanz der Zielkostenvorgabe bei den Mitarbeitern der Zielkostenprojektgruppe im Falle einer Marktvorgabe höher sei als bei vermeintlich willkürlichen Vorgaben durch die Unternehmensleitung. Dieser Forderung von Sakurai ist zuzustimmen.

Im Falle eines Auseinanderklaffens zwischen Ziel- und Standardkosten müssen in der Zielkostenrechnungsgruppe Kostensenkungsmaßnahmen eingeleitet werden. Die Zielkosten für das Gesamtprodukt können jedoch i. d. R. am Beginn des Projektes nur Grobplanungen darstellen und keine analytisch geplanten Kosten. Es erscheint dann schwer bis unmöglich, gezielte Maßnahmen der Kostensenkung veranlassen zu können. Daher können Zielkosten im eigentlichen Sinne erst im Laufe des Projektfortschritts auf der Einzelteil-/Komponenten-/Baugruppenebene geplant werden. Letztlich bedeutet dies eine parallel zur Entwicklung mitlaufende permanente Wertanalyse.

Coenenberg/Fischer/Günther (vgl. 2009, S. 544 ff.) schlagen für die Durchführung eines Zielkostenrechnungsprojektes ein Vorgehen anhand von acht Schritten vor:
- Bestimmung der Funktions-/Eigenschaftsstruktur des Produkts
- Ermittlung der Preis-Absatz-Funktion
- Ermittlung der zulässigen Kosten (angels.: Allowable Cost)
- Entwicklung eines Rohentwurfs für das Produkt
- Kostenschätzung der Produktkomponenten
- Gewichtung der Produktkomponenten
- Berechnung eines komponentenspezifischen Zielkostenindex
- Erstellung eines Zielkostenkontrolldiagramms

Die Schritte eins und zwei sollen der Erarbeitung des marktorientierten Produktprofils und die Schritte 3–8 der sogenannten „komponentenspezifischen Kostenspaltung" dienen.
1. Bestimmung der Funktion-/Eigenschaftsstruktur des Produktes
    Um die Anforderungen an ein Produkt, an seine Eigenschaften und die Bereitschaft dafür Geld zu bezahlen, zu ermitteln, sollen im Anschluss an eine sogenannte „grundlegende Positionierung des Produkts" Expertenbefragungen oder die Befragung von Referenzkunden durchgeführt werden. Coenenberg/Fischer/Günther räumen zutreffend ein, dass die Referenzkundenbefragung nur sinnvoll bei der Untersuchung von Eigenschaften von bereits existierenden Produkten sei, da die Referenzkunden bei der Beurteilung von Lösungen von Problemen, die sich ihnen derzeit noch nicht stellen, wohl überfordert seien.
2. Ermittlung der Preis-Absatz-Funktion
    In Abhängigkeit von der geplanten Positionierung eines Produktes sind mithilfe der Marktforschung ein potentieller Marktpreis sowie die hiermit korrespondierenden Stückzahlen für das neue Produkt zu ermitteln. Die Marktforschung soll auch herausfinden, wie wichtig einzelne Produktfunktionen für den Konsumenten sind.
    Die Preisbildung im Zielkostenrechnungsprojekt soll durch eine Preis-Absatz-Funktion erfolgen, die mögliche Preis-/Mengenkombination aufzeigt. Coenenberg/Fischer/Günther empfehlen in Anlehnung an Simon/Fassnacht (vgl.: Simon/Fassnacht 2009, S. 118 ff.) den Preis als Funktion zur Simulation einer Preis-Absatz-Funktion zu benutzen. Hierbei könne folgendermaßen vorgegangen werden:
    Für jeden einzelnen Befragten wird geprüft, bei welchem Preis der Gesamtnutzenwert des ausgewählten Produkts dazu führt, dass der Befragte ein anderes Pro-

dukt wählt. Diese Vorgehensweise bedingt, dass die Teilnutzenwerte jedes einzelnen Befragten und nicht die gemittelten Teilnutzenwerte angewandt werden. Es wird hierbei unterstellt, dass ein Kunde dann ein anderes Produkt wählt, wenn der Gesamtnutzenwert des betrachteten Produkts kleiner wird als der eines anderen angebotenen Produktes. Voraussetzung ist, dass die in der Befragung enthaltenen Produktkonfigurationen die Wettbewerbssituation widerspiegeln, damit die potenzielle Migration zu Konkurrenzprodukten simuliert werden kann (vgl.: Büschken 1994, S. 82). Eine Aggregation dieser individuellen Preis-Absatz-Funktionen führe zu einer Preis-Absatz-Funktion, die den gesamten Absatz des Produkts in Abhängigkeit von wettbewerbsorientiert gebildeten Preisen darstellt. Die erhaltene aggregierte Preis-Absatz-Funktion stelle dann ein repräsentatives Abbild des gesamten Marktes dar. Durch Multiplikation mit dem Marktvolumen in Abhängigkeit von der Größe der Stichprobe könne dann die Preis-Absatz-Funktion für den gesamten Markt gebildet werden.

Ewert (vgl. Ewert 2007, S. 283) merkt dazu an, dass ein Unternehmen, das die Zielkostenrechnung anwendet einen autonomen Preisspielraum haben müsse, da andernfalls die Bestimmung des Marktpreises trivial wäre. Ewert zeigt anhand des Cournot-Modells, dass die Größen Zielkosten, geplanter Absatzpreis und geplanter Zielgewinn eng zusammenhängen. Mit dem Cournot-Modell können ausgehend von einer Kostenfunktion und einer Preis-Absatz-Funktion der Absatzpreis und der Gewinn bestimmt werden. Ewert stellt nun zutreffend fest, dass man im Ausgangsstadium eines Zielkostenrechnungsprojektes die Zielkosten noch nicht kennen könne, da diese ja erst an den Marktpreis angepasst und kalkuliert werden sollen. Somit könne man aber weder den Absatzpreis noch den Gewinn vorab festlegen. Ewert schlussfolgert, dass unter der Bedingung, dass der Absatzpreis und der Zielgewinn vorweg festgelegt werden und daraus die Zielkosten ermittelt werden, das Ergebnis allenfalls zufällig optimal für das Unternehmen sei. Deshalb wertet er die Zielkostenrechnung eher als Heuristik denn als Optimierungsverfahren.

3. Ermittlung der zulässigen Kosten

Mithilfe einer umsatzmaximalen Preis-/Mengenkombination glauben die Verfechter der Zielkostenrechnung die maximal zulässigen Kosten im weiteren Sinne bestimmen zu können (vgl. Coenenberg/Fischer/Günther 2009, S. 552–554).

Die zulässigen Kosten im weiteren Sinne enthalten alle Kosten, die während der gesamten Produktlebensdauer aufgrund der Markt- und Wettbewerbssituation entstehen dürfen, um die angestrebte Umsatzrendite zu erreichen. Da es sich bei den zulässigen Kosten im weiteren Sinne am Anfang des Projektes noch um eine stark aggregierte, wenig aussagekräftige Größe handelt, müssen sie im weiteren Verlauf differenziert werden. Zur „Spaltung" (gemeint ist in der Zielkostenrechnungsliteratur hiermit die analytische Planung) der zulässigen Kosten könne eine funktionsorientierte Vorgehensweise gewählt werden. Als Funktionen könnten z. B. Entwicklung, Herstellung, Marketing/Vertrieb, gegebenenfalls Montage/Installation und Verwaltung unterschieden werden, die jeweils produktbezogen zu bewerten sind. Für die Funktionen Entwicklung, Marketing/Vertrieb und Verwaltung kann es zweckmäßig sein, die „Kosten aus Erfahrungswerten" zu bestimmen.

4. Entwicklung eines Rohentwurfs für das Produkt
   Nachdem die zulässigen Kosten, das Anforderungsprofil und dessen interne Gewichtung vorliegen, muss ein Rohentwurf des Produkts erarbeitet werden, der den Zielvorgaben bezüglich der Funktions-/Eigenschaftsstruktur genügt. Dieser Entwurf habe dann die für die Funktionserfüllung des Produkts notwendigen Komponenten zu beinhalten.

5. Kostenschätzung der Produktkomponenten
   Für die in Schritt 4. ermittelten Komponenten sollen jetzt Herstellkosten auf Vollkostenbasis aus der vorhandenen Kostenrechnung abgeleitet werden (vgl. Coenenberg/Fischer/Günther 2009, S. 552–554). Grundlage der Schätzung soll der jeweils vorhandene Technologiestand sein. Zu Beginn des Projekts können vereinfacht die Kosten der Komponenten eines eventuell vorhandenen Vorprodukts oder Prototyps zu Kostenschätzung verwendet werden. Dabei sei der prozentuale Anteil jeder Komponente an den Gesamtkosten des Produktes zu ermitteln. Dieser Schritt solle jeweils die geschätzten Kosten bezogen auf eine Produkteinheit aufzeigen.

6. Gewichtung der Produktkomponenten
   Den Funktionen und ihren Gewichten (Schritt 1.) sollen die Komponenten (Schritt 4.), welche die Funktionen realisieren sollen, gegenübergestellt werden. Die Angaben sollen durch ein Team geschätzt werden, das sich aus Mitarbeitern verschiedener Funktionsbereiche (Controlling, Forschung und Entwicklung, Produktion etc.) zusammensetzt. Die Höhe der prozentualen Angaben einer Komponente soll sich nach dem relativen Anteil der Komponente an der Realisierung der betrachteten Funktion orientieren. Zusätzlich wird die Gewichtung, die diese Funktion aus Kundensicht erhalten hat, berücksichtigt, indem sie mit diesem Anteil multipliziert wird. Werden pro Komponente die so entstandenen Produkte aus Anteil der Komponente an der Realisierung einer Funktion und Gewichtung dieser Funktion aufaddiert, so erhält man den der Komponente vom Kunden beigemessenen Anteil für die Nutzenstiftung des Gesamtprodukts. Idealerweise soll die Inanspruchnahme betriebliche Ressourcen bei der Realisierung einer Produktfunktion dem kundenbezogenen Nutzenanteil dieser Funktionen entsprechen. Damit diese überprüft werden kann, müssen aus dem Produktprofil diejenigen Funktionen eliminiert werden, die keine betrieblichen Ressourcen binden.

7. Berechnung eines komponentenspezifischen Zielkostenindexes
   Der Zielkostenindex zeigt an, inwieweit die Idealforderung, die der Kostenspaltung zugrunde liegt, erfüllt ist. Ideale Forderung lautet: der anteilige Ressourceneinsatz für eine Komponente soll maximal der Gewichtung dieser Komponente durch den Kunden entsprechen. Folglich werden den Funktionen mit zunehmender Wertschätzung durch den Kunden auch höhere Zielkosten zugestanden.

8. Erstellung eines Zielkostenkontrolldiagramms
   Die in Schritt 7. erhobene Forderung, dass die Nutzenanteile und die Kostenanteile maximal deckungsgleich sind (d. h. die Zielkostenindizes möglichst einen Wert < 1 haben), ist für die praktische Umsetzung zu streng. Deshalb wird häufig als Toleranzbereich eine Zielkostenzone definiert, in der sich die einzelnen Komponenten befinden sollen.

6.10.5 Dynamik der Zielkostenrechnung

Target Costing Vorgaben werden wie oben gezeigt vielfach mit den Methoden der Kosten- und Leistungsrechnung getroffen. Damit beschränkt sich die Untersuchung weitgehend auf eine Periode, die typischerweise eine Durchschnittsperiode ist. Dies ist jedoch insbesondere dann nicht ausreichend, wenn – wie eigentlich in jedem Fall – die Produkte über mehrere Perioden vermarktet werden sollen. (Vgl. zu den Problemen der statischen Zielkostenrechnung Mussnig, S. 129 ff.). Denn bei längerer Vermarktung muss berücksichtigt werden, dass die Preise je nach Marktsegment steigen können, wie dies im Automobilmarkt typisch ist, oder auch fallen können. Insbesondere bei elektronischen Produkten muss mit permanenten Preissenkungen gerechnet werden.

So kann man davon ausgehen, dass die Preise für elektronische Komponenten (Prozessoren, Speicher, Solarzellen etc.) häufig mit einem Rhythmus von 5 % und mehr pro Quartal fallen. Die Dynamik ist damit so groß, dass eine Jahresbetrachtung zu ungenau wäre. Bei so einer mehrperiodigen Betrachtungsweise stoßen die Verfahren der Kosten- und Leistungsrechnung an ihre Grenzen. Die Durchschnittsbildung im üblichen Ansatz der Zielkosten wäre extrem aufwendig bzw. überflüssig, weil – wenn die Detaildaten vorhanden sind – sie auch individuell verarbeitet werden sollten. Denn fallende Preise erfordern auch eine zumindest ähnliche Reduktion der Kosten im Zeitablauf. Allerdings müssen nicht in jeder Periode die Zielkosten erreicht werden, sondern nur im Durchschnitt. Damit erweitert sich die Perspektive auf den gesamten Lebenszyklus eines Produktes oder einer Produktfamilie. Eine hinreichend exakte Planung legt somit die Anwendung der zahlungsorientierten Investitionsrechnung nahe (vgl. zur Zahlungsorientierung Schweitzer/Küpper, S. 741; Ewert/Wagenhofer, S. 42 ff.), welche den gesamten Produktlebenszyklus umfassen sollte.

Mussnig (S. 143) kommt zu der Schlussfolgerung, anstelle der Investitionsrechnung eine mehrperiodige Kostenrechnung einzusetzen, weil die Daten der Investitionsrechnung – die Zahlungen – nicht in der alltäglichen Steuerung des Unternehmens verankert sind. Nach Mussnig arbeiten Manager mit Kosten und Erlösen, was unseres Erachtens zutreffend ist. Dem wird hier aber nicht gefolgt, da die periodengerechte Verteilung von Zahlungen (eine der Hauptaufgaben der Kostenrechnung) kurzfristig nur eingeschränkt und langfristig praktisch gar nicht korrekt erfolgen kann. Denn die originären Daten im Unternehmen sind die Zahlungen. Aus ihnen werden die Konstrukte „Kosten und Leistungen" im internen Rechnungswesen und Aufwand und Ertrag im externen Rechnungswesen abgeleitet (vgl. D. Schneider (1997), S. 34).

Allerdings wird die Kritik von Mussnig insofern aufgenommen, dass nach Abschluss der dynamischen Analyse eine Rückübersetzung der Zahlungen in Erlöse und Kosten stattfinden muss, um die Größen praxisgerecht zu operationalisieren.

Im Folgenden wird die herkömmliche Vorgehensweise des Target Costing dynamisiert und auf einen mehrperiodigen Ansatz übertragen (vgl. zur Notwendigkeit Mussnig, S. 139). Dabei kommen Vollständige Finanzpläne (VoFis) zum Einsatz, die im Kapitel 9 Investitionsrechnung noch eingehender erläutert werden. Der Übergang auf die vollständigen Finanzpläne ist allerdings nicht trivial, weil die Philosophien von Kostenrechnung und Investitionsrechnung unterschiedlich sind. Es ist möglich, dass die Basisplanungen leichter in der Form von Umsätzen und Kosten geplant werden können. Es darf dann aber auf keinen Fall der Fehler begangen werden, dass Umsätze und Kosten einfach als Ein- und Auszahlungen verwendet werden. Hier muss zunächst eine Übersetzung erfolgen. Diese ist im Abschnitt zum dynamischen Outsourcing genau beschrieben. Es wird im Weiteren davon ausgegangen, dass demgemäß die Kosten und Leistungen bereits richtig in Zahlungen umgerechnet wurden.

Die höchste Beeinflussbarkeit der Kosten bzw. der Auszahlungen liegt wie beschrieben dann vor, wenn die Überlegungen sehr früh starten. Schon wenige Wochen nach den ersten Entscheidungen verringern sich die Einflussmöglichkeiten. Damit reduzieren sich auch die Kosten, die noch entscheidungsrelevant sind. Mit jeder Stufe der Realisierung werden immer größere Anteile zu nicht mehr beeinflussbaren Kosten (angels.: Sunk Cost), also Kosten, über die nicht mehr entschieden werden kann, weil sie unabhängig von der gewählten Handlungsmöglichkeit anfallen werden.[39] Entscheidungstheoretisch werden die Handlungsmöglichkeiten c. p. immer besser, weil bei einer Einstellung der Vermarktung der gesamte Nutzen entgehen würde, aber nur immer geringere Anteile der Kosten entfallen würden. Teilweise kann man den Eindruck gewinnen, dass dieser Umstand insbesondere bei öffentlichen Investitionen bewusst ausgenutzt wird. Denn wenn Projekte wie die Hamburger Philharmonie, der Flughafen in Berlin, Stuttgart 21 oder das Wormser Kongress- und Tagungszentrum aufgrund (zu) niedriger Kostenschätzungen erst einmal gestartet wurden, gibt es kaum noch ein zurück. Entscheidungstheoretisch dürfen solche Projekte nur gestoppt werden, wenn die erhöhten noch zu erwartenden Kosten über dem erwarteten Nutzen liegen. Aber auch dafür scheinen die Politiker eine Lösung gefunden zu haben. Über das nur partielle Zugeben von Mehrkosten werden die noch ausstehenden Kosten unter dem Nutzen gehalten. Nur wenige haben den Mut, ein einmal gestartetes Projekt vollständig neu bewerten zu lassen, und das von unabhängigen Spezialisten.

---

39 Wenn Entscheidungen notfalls revidiert werden können, dann bestehen die Sunk Cost zunächst nur in den Kosten, die bei der Änderung verloren wären.

Um solche Exzesse möglichst zu verhindern, empfiehlt sich für Unternehmen eine möglichst umfassende Planung, die möglichst von unabhängigen Dritten begleitet werden sollte.

Die allgemeine quantitative Zielgröße der Unternehmen besteht im Kapitalwert (Vgl. Ewert/Wagenhofer, S. 287 ff.) oder noch besser im Endwert eines Projektes (siehe Kapitel 9). Der Endwert ist vorzuziehen, weil er – ggf. ergänzt durch Entnahmen – über die Planung der tatsächlichen Finanzierung keinen vollkommenen Kapitalmarkt voraussetzt. Nach Schätzung der Einzahlungen des exakt spezifizierten Produktes im Zeitablauf können die Ziel-Auszahlungen ermittelt werden. Da mehrere Zeitpunkte betrachtet werden, müssen alle Auszahlungen berücksichtigt werden, wobei hohe Auszahlungen einer Periode durch niedrigere in einer anderen ausgeglichen werden können. Der Ansatz von Ewert/Wagenhofer (S. 287 ff.) arbeitet nur mit Durchschnittskosten. Neben dem Problem des zeitlichen Anfalls der Stück- und Fixkosten (siehe auch Ewert/Wagenhofer, S. 288) wird damit die Möglichkeit vergeben, die Entwicklungen im Zeitablauf genauer abzubilden.

Im Folgenden sollen elektronische Bauelemente betrachtet werden, die auf einem Markt verkauft werden, der aufgrund seiner Preisvolatilität nicht in Jahresabständen erfasst werden sollte. Es werden somit Quartale betrachtet, wobei der Ansatz dann auch auf Monate heruntergebrochen werden kann, was hier aus Gründen der Übersichtlichkeit der Darstellung nicht durchgeführt wird. Aufgrund des erwarteten Preisverfalls im Zeitablauf ist die Ermittlung eines einzigen Zielkostenwertes nicht sinnvoll. Die Änderungen bei den Auszahlungen und Einzahlungen müssen somit simultan betrachtet werden. Dies ist auch deswegen notwendig, weil die Zahlungen teilweise voneinander abhängen. Investitionen, die auch eine Verbesserung der Produktqualität bringen, haben damit über ihre eigentlichen Auszahlungen hinaus auch einen Einfluss auf die erzielbaren Nettopreise und damit auf die Einzahlungen. Damit werden die Preise nicht nur durch den Markt bestimmt, sondern auch über das Tempo der Produktverbesserungen des Unternehmens.

Statt der Vorgabe einer Marge sollte in der dynamischen Zielkostenrechnung mit einem durchschnittlichen Kapitalkostensatz (WACC, vgl. Kapitel 9.3.4) gearbeitet werden, der die Ansprüche der Kapitalgeber insbesondere für Eigenkapital bereits enthält. Wenn dann ein positiver Endwert resultiert, so ist ein erfolgreicher Ablauf des Projektes anzunehmen. Das bedeutet aber auch, dass die Kurven der Einzahlungen und Auszahlungen im Zeitablauf sich mehrfach schneiden können. Übersetzt in die Welt der Kosten und Leistungen heißt dies, dass in einigen Perioden die Kosten über den Nettoumsätzen liegen können (vgl. Mussnig, S. 240).

Eine gewisse Gefahr der Zielkostenrechnung besteht darin, dass bestimmte Unternehmensbereiche, die ihre Teilziele erreicht haben, nicht mehr mit letztem Einsatz weitere Verbesserungen anstreben. Gerade erfahrene Praktiker wissen aufgrund der Vergangenheit, dass die nächsten Forderungen nach Senkungen der Kosten bzw. Auszahlungen kommen werden. Dies unterstreicht nochmals die Problematik der Verteilung der Zielkosten bzw. Zielauszahlungen auf die verschiedenen Bereiche.

Jahreszinssatz effektiv: 12,0% Monatszinssatz effektiv: 0,949% Quartalszinssatz effektiv: 2,874%									
Anfall der Quartalsumsätze: durchschnittlich zur Quartalsmitte									
Dynamisches Target Costing	Q	U	A	R	T	A	L	S	E N D E N
Finanzielle Größen	0	1	2	3	4	5	6	7	8
Nettoquartalspreis €/ME		95,00	90,25	81,23	73,10	65,79	59,21	50,33	40,26
Preisverfall in %			-5,0%	-10,0%	-10,0%	-10,0%	-10,0%	-15,0%	-20,0%
Zahlungsziel in Monaten		1,5	1,5	2,5	2,5	2,5	3,5	3,5	
Nettopreis am QE in €/ME		95,00	90,25	80,46	72,42	65,17	58,66	49,39	39,51
Quartalsmengen in TME		200	400	500	500	400	300	200	100
Cash Flow am QE in T€		19.000	36.100	40.231	36.208	26.070	17.597	9.878	3.951
Wachstum			90,0%	11,4%	-10,0%	-28,0%	-32,5%	-43,9%	-60,0%
Materialkostenänderung		0,0%	-3,0%	-3,0%	-3,0%	-3,0%	-3,0%	-3,0%	-3,0%
Produktivitätsverbesserung		0,0%	10,0%	8,0%	5,0%	3,0%	3,0%	3,0%	3,0%
AZ für Material am QE in T€		2.000	3.492	3.895	3.590	2.702	1.907	1.196	563
Energiekostenerhöhung		0,0%	3,0%	3,0%	3,0%	3,0%	3,0%	3,0%	3,0%
Produktivitätsverbesserung		0,0%	10,0%	8,0%	5,0%	3,0%	3,0%	3,0%	3,0%
AZ für Energie am QE in T€		1.600	2.966	3.514	3.438	2.748	2.059	1.372	685
Personalkostenerhöhung		0,0%	2,0%	2%	2%	2%	2%	2%	2%
Produktivitätsverbesserung		0,0%	10,0%	6,0%	6,0%	6,0%	6,0%	6,0%	6,0%
AZ für Personal am QE in T€		4.000	7.344	8.802	8.439	6.473	4.655	2.975	1.426
Erhöhung Sonstige Kosten		0,0%	2,0%	2,0%	2,0%	2,0%	2,0%	2,0%	2,0%
Produktivitätsverbesserung		0,0%	3,0%	3,0%	3,0%	3,0%	3,0%	3,0%	3,0%
AZ für So Kosten am QE in T€		1.000	1.979	2.447	2.421	1.917	1.422	938	464
Summe lfd Zahlungen am QE		10.400	20.319	21.573	18.319	12.230	7.554	3.397	813
Investitionen:									
In F&E aufgezinst auf 0 in T€	-30.000								
In Sachanlagen am QE in T€	-50.000			-5.000			-5.000		
Gesamt AfA am QE in T€		-10.000	-10.000	-10.000	-10.000	-10.000	-10.000	-10.000	-10.000
Zinsen auf halbes Kapital		-1.149	-1.149	-1.149	-1.149	-1.149	-1.149	-1.149	-1.149
Gewinn		-749	9.169	5.423	7.170	1.080	-8.595	-7.753	-10.337
Total Cash Flow am QE in T€	-80.000	10.400	20.319	16.573	18.319	12.230	2.554	3.397	813
Quartalszinsen in T€		-2.299	-2.066	-1.542	-1.110	-615	-281	-216	-125
Periodenendsaldo in T€	-80.000	-71.899	-53.646	-38.615	-21.406	-9.791	-7.518	-4.337	-3.649
Abkürzungen: QE = Quartalsende AZ = Auszahlungen F&E = Forschung und Entwicklung lfd. = laufend									

Abb. 6.59: Beispiel Zielkostenrechnung vor Optimierung

Die Vorgehensweise der dynamischen Zielkostenrechnung soll nun in einem Beispiel gezeigt werden. Nach Marktstudien mögen die Spezifikationen eines elektronischen Produktes feststehen. Es kann 2 Jahre, sprich 8 Quartale vermarktet werden, bevor es voraussichtlich vom Nachfolger abgelöst wird. Aufgrund der kurzen Vermarktungsdauer ist eine frühe Markteinführung (am besten als erster, angels.: First to Market) wichtig, weil schon sehr bald der Preisverfall einsetzt, welcher der folgenden Tabelle entnommen werden kann.

Nach seiner Einführung zu 100 €/ME möge das Produkt im ersten Quartal einen durchschnittlichen Nettopreis (also nach allen Rabatten) von 95 €/ME erwarten lassen, der im Durchschnitt zur Quartalsmitte anfällt. Im Modell sind auch Zahlungsziele abgebildet, weil diese großen Einfluss auf die Finanzierung nehmen können. Im Gegensatz dazu steht der pauschale Ansatz von Mussnig (S. 281), der offen lässt, wann die Umsätze zu Geld werden und versucht, über den Forderungsbestand am Jahresende die Kapitalkosten zu erfassen.

Im Beispiel werden 1,5 Monate Zahlungsziel gegeben. Daher kommen die Einzahlungen exakt am Ende des ersten Quartals. In späteren Quartalen muss konkurrenzbedingt ein längeres Zahlungsziel gegeben werden, so dass eine Abzinsung auf das Quartalsende erfolgen muss. Bei 2,5 Monaten Zahlungsziel trifft das Geld durchschnittlich einen Monat nach Ende des Quartals ein, muss somit einen Monat abgezinst werden, indem z. B. im fünften Quartal der Nettopreis von 65,79 durch 1,00949 dividiert wird. Wie üblich bei elektronischen Komponenten fallen die Preise jedes Quartal und auch die Zahlungsziele werden länger. Am Ende der zwei Jahre bringt das Produkt nur noch ca. 40 % des Wertes bei Markteinführung.

Die auf das Quartalsende bezogenen Nettopreise werden mit den fakturierbaren Mengen multipliziert und ergeben dann die quartalsgenauen positiven Cashflows. Diese müssen nun ausreichen, um – unter Berücksichtigung des jeweiligen zeitlichen Anfalls – die Auszahlungen zu decken. Oder finanzmathematisch ausgedrückt: Der Endwert dieser Einzahlungen ist der Zielendwert (Obergrenze) der Auszahlungen.

Im Weiteren sind im obigen Vollständigen Finanzplan die wichtigsten Auszahlungsarten modelliert. Aufgrund schneller technischer Fortschritte gelingt es, z. B. die Materialkosten pro verkaufsfähigem Endprodukt kontinuierlich zu senken, was insb. durch geringere Ausschussquoten und höhere Produktionsgeschwindigkeiten erreicht wird. Damit steigen die Materialauszahlungen zum Quartalsende nur unterproportional im Vergleich zum Mengenwachstum. Am Ende des zweiten Quartals betragen die Auszahlungen zunächst 4000 €/Q aufgrund der verdoppelten Mengen. Aber durch die Preissenkung der Materialien von 3 % verringert sich der Wert auf 3880 €/Q. Die erhöhte Produktivität und der verringerte Ausschuss bringen die Auszahlungen dann auf $0.9 \cdot 3880 = 3492$ €/Q.

Bei den Personalkosten gibt es gegenläufige Tendenzen. Einerseits steigen die Kosten pro gearbeiteter Stunde (vgl. zur Berechnung Absatz 3.5) aufgrund von Tariferhöhungen, andererseits werden durch höhere Geschwindigkeiten und geringere Ausschussraten Kostensenkungen erzielt.

Ähnlich sind die weiteren Auszahlungsarten geplant. Am unteren Teil des Finanzplans sind dann die notwendigen Investitionen aufgeführt, die – da sie schon vor der Markteinführung anfallen – bereits auf den Zeitpunkt t = 0 (Start der Vermarktung) aufgezinst wurden.

Die gesamten Ein- und Auszahlungen werden dann in der drittletzten Zeile jeweils für das Ende eines Quartals aufsummiert. Danach können dann die Quartalszinsen errechnet werden und die jeweiligen kumulierten Quartalssalden. Nach den 8 Quartalen ergibt sich in unserem Beispiel ein Fehlbetrag von 3.64 T€. Die geplanten Auszahlungen sind also zu hoch und es müssen Maßnahmen gefunden werden, um diese Lücke zu schließen. Man könnte sie „zu reduzierende Auszahlungen" oder angels.: „drifting Cashflows out" nennen, in Anlehnung an den Begriff drifting costs. In der Theorie würden jetzt je nach Anteil an der Nutzengenerierung für jede Produktkomponente maximale Auszahlungsanteile vorgegeben. Da diese Kopplung schon bei Konsumgütern fraglich ist, kann dies erst recht nicht bei technischen Gütern erfolgen. Daher werden Ideen gesammelt, mit denen Auszahlungsreduktionen denkbar sind. Dieser Prozess ist außerordentlich mühselig und kompliziert, weil die angedachten Verbesserungen an einer Stelle – sei es im Produkt oder in den Produktionsanlagen – zu weitreichenden Folgen an anderen Stellen führen können. So passiert es nicht selten, dass die angedachte Beseitigung eines Engpasses dazu führt, dass ein neuer Engpass an anderer Stelle auftritt, so dass die geplante Beschleunigung und Verbesserung nicht vollständig umgesetzt werden kann.

Die Lücke von 3.649 T€ könnte jetzt mit Hilfe von Wiedergewinnungsfaktoren auf die Zeitpunkte verteilt werden, um zu sehen, welche Reduktionen an Auszahlungen

Jahreszinssatz effektiv:		12,0%	Monatszinssatz effektiv:		0,949%	Quartalszinssatz effektiv:		2,874%	
Anfall der Quartalsumsätze:		durchschnittlich zur Quartalsmitte							
Dynamisches Target Costing	Q	U	A	R	T	A	L	S	E N D E N
Finanzielle Größen	0	1	2	3	4	5	6	7	8
Nettoquartalspreis €/ME		95,00	90,25	81,23	73,10	65,79	59,21	50,33	40,26
Preisverfall in %		-5,0%	-5,0%	-10,0%	-10,0%	-10,0%	-10,0%	-15,0%	-20,0%
Zahlungsziel in Monaten		1,5	1,5	2,5	2,5	2,5	2,5	3,5	3,5
Nettopreis am QE in €/ME		95,00	90,25	80,46	72,42	65,17	58,66	49,39	39,51
Quartalsmengen in TME		200	400	500	500	400	300	200	100
Cash Flow am QE in T€		19.000	36.100	40.231	36.208	26.070	17.597	9.878	3.951
Wachstum			90,0%	11,4%	-10,0%	-28,0%	-32,5%	-43,9%	-60,0%
Materialkostenänderung		0,0%	-3,0%	-3,0%	-3,0%	-3,0%	-3,0%	-3,0%	-3,0%
Produktivitätsverbesserung		0,0%	10,0%	8,0%	5,0%	3,0%	3,0%	3,0%	3,0%
AZ für Material am QE in T€		1.500	2.619	2.921	2.692	2.026	1.430	897	422
Energiekostenerhöhung		0,0%	3,0%	3,0%	3,0%	3,0%	3,0%	3,0%	3,0%
Produktivitätsverbesserung		0,0%	10,0%	8,0%	5,0%	3,0%	3,0%	3,0%	3,0%
AZ für Energie am QE in T€		1.400	2.596	3.074	3.008	2.405	1.802	1.200	600
Personalkostenerhöhung		0,0%	2,0%	2%	2%	2%	2%	2%	2%
Produktivitätsverbesserung		0,0%	10,0%	6,0%	6,0%	6,0%	6,0%	6,0%	6,0%
AZ für Personal am QE in T€		4.000	7.344	8.802	8.439	6.473	4.655	2.975	1.426
Erhöhung Sonstige Kosten		0,0%	2,0%	2,0%	2,0%	2,0%	2,0%	2,0%	2,0%
Produktivitätsverbesserung		0,0%	3,0%	3,0%	3,0%	3,0%	3,0%	3,0%	3,0%
AZ für So Kosten am QE in T€		1.000	1.979	2.447	2.421	1.917	1.422	938	464
Summe lfd Zahlungen am QE		11.100	21.563	22.986	19.647	13.249	8.288	3.867	1.039
Investitionen:									
In F&E aufgezinst auf 0 in T€	-30.000								
In Sachanlagen am QE in T€	-51.000			-5.000			-5.000		
Gesamt AfA am QE in T€		-10.125	-10.125	-10.125	-10.125	-10.125	-10.125	-10.125	-10.125
Zinsen auf halbes Kapital		-1.164	-1.164	-1.164	-1.164	-1.164	-1.164	-1.164	-1.164
Gewinn		-189	10.274	6.697	8.358	1.960	-8.001	-7.422	-10.250
Total Cash Flow am QE in T€	-81.000	11.100	21.563	17.986	19.647	13.249	3.288	3.867	1.039
Quartalszinsen in T€		-2.328	-2.076	-1.516	-1.042	-508	-142	-51	59
Periodenendsaldo in T€	-81.000	-72.228	-52.741	-36.271	-17.666	-4.925	-1.779	2.038	3.135

Abkürzungen: QE = Quartalsende AZ = Auszahlungen F&E = Forschung und Entwicklung lfd = laufend

Abb. 6.60: Beispiel Zielkostenrechnung nach Optimierungsmaßnahmen

in jeder Periode notwendig sind. Allerdings gilt die Regel, dass nur gesamthaft ein positiver Endwert erreicht werden muss. Es werden somit Maßnahmen gesucht, welche den noch negativen Endwert verbessern. In welcher Periode dies geschieht, ist zweitrangig. Insofern ist der Ansatz von Mussnig, (S. 289 ff.), jährliche Zielkostenlücken auszuweisen, nicht sehr zielführend, weil die Maßnahmen in ihrer Wirkung nicht vor den Periodengrenzen halt machen. Allerdings kann vorgegeben werden, welcher Anteil in welchen Auszahlungsarten über die gesamte Laufzeit erreicht werden sollte.

Im Beispiel sei angenommen, dass nach langen Optimierungsüberlegungen eine Verbesserung gefunden wurde. Für den Aufpreis von 1 Mio € kann eine Maschine, die mit höherer Präzision arbeitet, gekauft werden. Mit ihr können verringerte Auszahlungen für Material und Energie erreicht werden. Die Änderungen in Investition und Auszahlungen sind im folgenden VoFi fett gedruckt.

Für die gewählten Daten wird der höhere Anschaffungspreis der besseren Maschine überkompensiert von den dann folgenden Einsparungen, so dass ein positiver Endwert für diese Maßnahme resultiert. Wenn die geschätzten Daten stimmen, würde der Mindestverzinsungsanspruch der Kapitalgeber erfüllt und es würde noch ein Übergewinn in Höhe des Endwertes erzielt.

Die schnell fallenden Cashflows zeigen noch einmal, dass ein früher Markteintritt essentiell ist. Die späteren Quartale tragen nur noch geringe Cashflows zur Deckung der Auszahlungen bei. Es empfiehlt sich eine Sensitivitätsanalyse, indem in einem Szenario z. B. angenommen wird, dass sich die Markteinführung um ein Quartal verschiebt. Die Ergebnisverschlechterung zeigt dann an, ob ggf. Beschleunigungskosten in Kauf genommen werden sollen.

Die der Vollständigkeit halber aufgeführte Gewinnbetrachtung mit Einbeziehung von AfA und Zinsen führt in die Irre. In den letzten Quartalen entsteht ein negativer Gewinn, was den gefährlichen Schluss nahelegt, den Verkauf der Produkte bereits einzustellen. Dies liegt aber hauptsächlich an den Abschreibungen, welche aber – wie oben beschrieben – sunk cost darstellen. Denn sie würden ja auch noch anfallen, wenn das Produkt vorzeitig eingestellt würde. Dies unterstreicht die Wichtigkeit der dynamisierten Zielkostenrechnung, die methodisch sauber alle Cashflows darstellt. Im Ansatz von Mussnig (S. 215) wird vorgeschlagen, die Investitionsauszahlungen per Wiedergewinnungsfaktoren zu periodisieren. Dies kann zu 2 Fehlern führen. Einmal kann wieder die Illusion der Beeinflussbarkeit der Beträge auftreten. Im Weiteren zeigt sich dabei, dass kein adäquates Zeiterfassungskonzept vorliegt. Denn während die Abschreibungen wie viele andere Kosten in der Mitte des Jahres anfallen, führt der eingesetzte Wiedergewinnungsfaktor zu jährlich nachschüssigen Annuitäten.

Wenn auch nach allen Verbesserungsmaßnahmen der Endwert negativ bleibt, so heißt dies, dass das betrachtete Produktkonzept in dieser Form wohl nicht tragfähig ist. An dieser Stelle kann dann über das sogenannte Value Engineering (Werterhöhungsmanagement) nachgedacht werden. Hierbei wird das Produkt geändert, wobei es das Ziel ist, dass jede Änderungsmaßnahme einen Endwertzuwachs bringt. Damit ergeben sich dann 2 Vorgehensmöglichkeiten:

a) Die Funktionen des Produktes werden verbessert, wobei dies in den Augen der Zielgruppe einen höheren Nettopreis rechtfertigt. Multipliziert mit den Mengen muss dieser zusätzliche Nettoumsatz größer sein als die zusätzlichen Kosten; oder dynamisch ausgedrückt: Der Endwert der Einzahlungssteigerungen muss höher sein als der Anstieg des Endwertes der dadurch ausgelösten Auszahlungen.

b) Die Funktionen des Produktes werden reduziert, wobei es sich dabei um Einschränkungen handeln muss, welche die Zielgruppe nicht so hoch gewichtet, intern aber höhere Kosteneinsparungen als Verluste beim Nettoumsatz bringen muss. Dynamisch gesehen muss der Rückgang des Endwertes der Auszahlungen höher sein als der Rückgang des Endwertes der Einzahlungen.

Die Ausführungen haben gezeigt, dass der gesamte Lebenszyklus eines Produktes betrachtet werden muss, um zu guten Entscheidungen zu kommen. Somit ist die Vorgehensweise sehr ähnlich zu den Lebenszyklusanalysen, wobei ein kleiner Unterschied in der Zielfunktion liegt. In der dynamischen Zielkostenrechnung reicht es, wenn der verbleibende Endwert positiv ist, während in der Lebenszyklusanalyse ein maximaler Wert angestrebt wird. Allerdings sollte kein Unternehmen aufhören, Verbesserungen zu suchen, auch wenn der Endwert bereits positiv ist.

Zudem ist das Lebenszyklusmanagement niemals abgeschlossen. Auch lange nach der Markteinführung wird weiter optimiert. Aber in der ersten Planungsphase vor der Markteinführung sind die Unterschiede zwischen Zielkostenrechnung und Produktlebenszyklusanalyse sehr gering.

7 Ergebnis- und Unternehmenscontrolling/ Erfolgsrechnung

7.1 Verfahren der Ergebnisermittlung

7.1.1 Gewinn- und Verlustrechnung

Im externen Rechnungswesen ist eine Ergebnisrechnung[1] in Form der Gewinn und Verlustrechnung (GuV) gesetzlich vorgeschrieben. Die GuV ist gem. § 242 Abs. 2 u. 3 HGB jährlich als Bestandteil des Jahresabschlusses aufzustellen. Die erlaubten Verfahren und die Zeilenstrukturen sind in § 275 HGB geregelt. Der Jahresabschluss richtet sich vor allem an unternehmensexterne Adressaten. Der Gesetzgeber hat ihn niemals als Steuerungs- (Controlling-) Instrument für die Unternehmensführung konzipiert. Für die Unternehmenssteuerung ist der gesetzliche Berichtszeitraum von einem Jahr zu lang. Daher besteht die Notwendigkeit einer kurzfristigen Erfolgsrechnung. Bei dem Oberbegriff „Kurzfristige Erfolgsrechnung" ist sowohl der Begriff „kurzfristig" als auch der Begriff „Erfolgsrechnung" interpretationsbedürftig. Das Adjektiv „kurzfristig" wird heute normalerweise als monatliche Erfolgsrechnung interpretiert. Im Vergleich zur Berichtsperiode von einem Jahr kann aber auch eine Zweimonats-, Quartals- oder Tertials-Berichtsperiode als kurzfristig bezeichnet werden. Auch eine GuV kann monatlich aufgestellt werden und damit eine kurzfristige Erfolgsrechnung sein. Dies geschieht meistens als modifizierte und nicht den Bestimmungen des § 275 HGB unterliegende GuV, die dann als Betriebswirtschaftliche Auswertung (BWA) bezeichnet wird. Diese stellt in Deutschland bei der überwiegenden Zahl der kleinen und mittleren Unternehmen eine verbreitete und meistens von den Steuerberatern erstellte Form der kurzfristigen Erfolgsrechnung dar. Eine BWA kann sowohl eine größere Gliederungstiefe aufweisen, als auch die in § 275 HGB ausgewiesenen Positionen geraffter präsentieren. Es sei hier bereits angemerkt, dass es für Branchen-BWAs typisch ist, dass die einzelne Umsatzzeile der GuV in produktgruppenspezifische Umsatzzeilen heruntergebrochen wird, die dann eine Analyse der Umsatzerfolge des Unternehmens zulassen.

Hinsichtlich des Begriffes Erfolgsrechnung ist entscheidend, ob der Erfolg des Gesamtunternehmens ausgewiesen wird wie in GuV und BWA, oder ob die Erfolgsbeiträge einzelner ergebnisverantwortlicher Teilbereiche (angels: Profit Center) oder von Produktgruppen bzw. Produkte ausgewiesen werden wie in der Kosten- und Leistungsrechnung. Der kostenrechnerische bzw. kalkulatorische Erfolgsausweis von Produkten wird auch als Kostenträgerzeitrechnung bezeichnet.

---

1 Die Begriffe Ergebnisrechnung und (Perioden)-erfolgsrechnung werden hier als Synonyme verstanden.

https://doi.org/10.1515/9783110616927-007

Bevor auf die Verfahren der Kostenträgerzeitrechnung näher eingegangen wird, werden zunächst noch einige Anmerkungen zu aktuellen Weiterentwicklungen der BWA gemacht, die zu sogenannten Branchen-BWAs geführt haben.

Gewinn- und Verlustrechnungen und Betriebswirtschaftliche Auswertungen (BWA) weisen den Erfolg des Gesamtunternehmens aus, da sie die gesamten Aufwands- bzw. Kostenarten von den Umsatzzeilen abziehen. Um die Erfolgsbeiträge einzelner Produkte zu berechnen, dürfen von den Nettoumsatzerlösen eines Produktes nur die von dem jeweiligen Produkt verursachten Kosten abgezogen werden. Dies ist aber im Rahmen der Finanzbuchhaltung nicht möglich, sondern erfordert eine ausgebaute Kostenstellenrechnung und Kalkulation. Der Auf- und Ausbau einer Kostenrechnung ist für kleine Unternehmen und Freiberufler wie z. B. Tankstellenunternehmer, Ärzte und Apotheker oft nicht wirtschaftlich[2]. Eine professionell ausgebaute Kostenrechnung auf der Basis moderner Standardsoftware ist häufig zu teuer und vom Zeitaufwand der Einführung zu aufwendig. Für Kleinunternehmen ist aber auch die GuV kein geeignetes Steuerungsinstrument. Hier erscheint jedoch die Branchen-BWA geeignet. Da eine BWA im Aufbau gesetzlich nicht normiert ist, werden auf der Umsatzseite entsprechend detailliert die Einzelumsätze der Produktgruppen abgebildet. Nach der Konzeption einer auf die Branche passenden Umsatzzeilenstruktur, die nicht zu grob und nicht zu fein sein sollte, besteht die dauerhafte Herausforderung im laufenden Berichtswesen darin, die richtigen Umsatzzeilen anzusteuern.

Im nachfolgenden Beispiel findet sich die Umsatzaufteilung eines Tankstellenunternehmens mit der Grobgliederung in Agenturware (Kraftstoffe), Servicebereich und Tankstellenshop.

Die typische Umsatzstruktur der Branche wird abgebildet, weshalb hier von einer Branchenlösung oder Branchen-BWA gesprochen werden kann. In der herkömmlichen Standard-BWA würden sich hingegen nur fünf Zeilen finden:
– Umsätze zu 19 % UST
– Umsätze zu 7 % UST
– Umsatz zu 0 % UST
– Sonstige Einnahmen
– Außerordentliche Einnahmen.

Wenn der Unternehmer und/oder dessen Berater anhand dieser Umsatzeinteilung einer Standard-BWA betriebswirtschaftlich steuern wollten, eröffnen sich ihnen nur unzureichende Möglichkeiten. Eine Branchen-BWA erscheint geeigneter, weil sie zumindest erkennen lässt, wie die Umsätze der einzelnen Warengruppen gegenüber Vorjahr und Plan liegen. Es wird ersichtlich, dass auch bei einem im Vergleich zu einem Indus-

---

2 Dieses kann sich aber bei einem erfolgreichen Wachstum schnell ändern. Wenn der Tankstellenunternehmer oder Apotheker nicht nur eine, sondern z. B. vier Niederlassungen führt, so muss er über den Erfolg oder Verlust jeder Niederlassung informiert sein. Jede Niederlassung muss als ergebnisverantwortliche Kostenstelle (Profit Center) geführt werden.

WOTAXTANK

Warengruppe		Vorjahr	März	Plan (Monat)
Agentur	Ottokraftstoff	6.174	7.714	6.154
	Dieselkraftstoff	5.438	10.631	8.815
	Bio-Dieselkraftstoff			
	Autogas			
	Oele	584	660	912
Autoservice	Maschinenwäschen	5.022	4.651	6.270
	SB-Box / NuFa-Wäsche			
	Handwäschen, Reinigung			
	Pflegeautomaten, Sauger		497	113
	Kfz-Werkhalle (n)			
Non-Food	Autoteile	1.006	982	1.200
	Karten, Bücher und Zeitungen	2.974	4.028	3.998
	Tabakwaren	29.027	46.494	41.000
	Telefonkarten	7.400	9.260	8.330
Food	Getränke und Spirituosen	11.539	15.614	13.608
	Süßwaren und Eis	4.399	6.219	2.352
	Kaffeeautomat	1.745	783	2.730
	Snacks / Bistro Nebengeschäft	2.022	6.870	5.950
	Lebensmittel	2.599	4.500	2.550
	Sonstige Waren	3.041	3.322	3.499
	Zwischensumme Shop	65.752	98.072	85.217
	Sonstige Erträge	93	248	167

Abb. 7.1: Beispiel für eine Branchen-BWA (WOTAX Tank), Ausschnitt

trieunternehmen weniger komplexen Tankstellenunternehmen ein undifferenziertes Umsatzsteigerungsziel nicht ausreicht. Die Branchen-BWA eröffnet die Möglichkeit, durch die Feingliederung der Umsätze eine detaillierte Planung und Abweichungsanalyse der Umsätze vorzunehmen.

Im Beispielfall des Tankstellenunternehmers wäre möglicherweise eine nicht näher spezifizierte Umsatzsteigerung von 5 % als positive Geschäftsentwicklung bewertet worden.

Das trifft hier jedoch nicht zu, da die Umsatzgruppe Tabakwaren mit der geringsten Marge bzw. Handelsspanne[3] aufgrund äußerer Einflüsse gestiegen ist. Zigarettenautomaten fordern seit einiger Zeit einen für den Kunden aufwändigen Altersnachweis per EC-Karte, was dieses Geschäft z. T. auf Tankstellen verlagert. Mit einer Standard-BWA hätte man kaum erklären können, weshalb die Umsätze gestiegen sind, der Rohertrag (hier nicht abgebildet) aber nur unterproportional gestiegen ist. Die Bran-

---

3 Die Begriffe Marge und Rohertrag werden hier als Synonyme gebraucht. Es zeigt sich an dem Beispiel der Tabakwaren, dass die Kenntnis einer Erfolgsgröße wie der Handelsspanne zur Steuerung zusätzlich zur Kenntnis der Umsätze notwendig ist. Allerdings braucht hierfür keine Kalkulation durchgeführt zu werden, da das Ermitteln der Handelsspanne pro Stück als Differenz des Nettoverkaufspreises und der Beschaffungskosten/des Einstandspreises einfach ist.

chen-BWA gliedert aber in einer ausreichenden Tiefe ein Unternehmen so auf, dass alle denkbaren Adressaten der BWA hiermit mehr Transparenz gewinnen und besser steuern können als mit der GuV und Standard-BWA. Vordringliches Ziel der Branchen-BWA ist es also, das Unternehmen transparenter zu gestalten. Sie schafft eine Zahlenbasis, auf welcher mit allen denkbaren Adressaten nachvollziehbar und effizient gesprochen werden kann.

7.1.2 Umsatzkostenverfahren

Die Unterscheidung der Ergebnisermittlung nach dem *Gesamt-* oder *Umsatzkostenverfahren* bezieht sich sowohl auf die Ermittlung der Kosten als auch der Leistungen. Beim Umsatzkostenverfahren werden von den Umsatzerlösen der Periode die in der Periode verursachten Kosten des Umsatzes abgezogen. Die nicht abgesetzten Leistungen und die Kosten der hergestellten aber nicht abgesetzten Produkte (Produktion auf Lager) werden beim Umsatzkostenverfahren nicht berücksichtigt. Um eine Erfolgsrechnung pro Produkt durchführen zu können, müssen die Herstellungskosten pro Stück und die Verwaltungs- und Vertriebskosten pro Stück kalkuliert werden. Die Vertriebskosten der abgesetzten und der nicht abgesetzten Mengeneinheiten müssen in die handels- und steuerrechtliche Gewinnermittlung vollständig einfließen, da sie gem § 255 Abs. 2, S. 4 HGB nicht in die Herstellungskosten eingerechnet werden dürfen. Hinsichtlich der Verwaltungskosten gilt das Wahlrecht des § 255 Abs 2 S. 3. Diese handelsrechtlichen Regelungen zu den Vertriebs- und Verwaltungskosten gelten gem R 6.3 ESTR auch steuerlich. Für die kurzfristige Erfolgsrechnung, d. h. den kostenrechnerische/kalkulatorischen Erfolg, können über den Schlüssel „Herstellungskosten" die gesamten Verwaltungs- und Vertriebskosten in die GuV eingerechnet werden, so dass sich hier das gleiche Ergebnis wie in der handels- und steuerrechtlichen GuV ergibt.

Der Periodenerfolg im Beispiel ergibt sich, indem von den Umsatzerlösen die Herstellungskosten der abgesetzten Mengen und dann die Verwaltungs- und Vertriebskosten abgezogen werden. In der hier gewählten grafischen Darstellung der Tabelle sind in den rechten beiden Spalten die Produkte eins und zwei einzeln dargestellt, wie es für Controllingzwecke notwendig ist. In den Tabellenfeldern, die über die Produkte eins und zwei durchgehen, werden die addierten Werte so gezeigt, wie sie in einer handels- und steuerrechtlichen GuV ersichtlich sind. Der wesentliche Fortschritt gegenüber die BWA ist, dass die Herstellungskosten nun verursachungsgerecht aus der Kalkulation in die Ergebnisrechnung übernommen werden. Die Verwaltungs- und Vertriebskosten sind unten ebenfalls pro Produkt ausgewiesen, allerdings sind sie geschlüsselt und damit nicht verursachungsgerecht. Es werden beim Umsatzkostenverfahren nur dann die gesamten Herstellungskosten berücksichtigt, wenn alle produzierten Leistungen in der Periode auch abgesetzt wurden.

Umsatzkostenverfahren	Produkt 1	Produkt 2
Nettoverkaufspreise €/ME	10	8
Abgesetzte Mengen ME/Pe	100	80
Nettoumsatzerlöse €/Pe	1.000	640
Gesamte Nettoumsatzerlöse €/Pe	1.640	
Herstellkosten €/ME	4	6
Herstellkosten der abgesetzten Produkte €/Pe	400	480
Gesamte Herstellkosten €/Pe	880	
Ergebnis nach Herstellkosten → Schlüssel für die Verw./Vertriebskosten	600	160
Verw. U. Vertr.kosten €/PE Prod.1 79 % d. V%V Prod.2 21 % d. V&V	490	130
Gesamte Verw. u. Vertriebskosten €/Pe der abgesetzten Produkte	620	
Periodenerfolgsausweis der kurzfristigen/kalkulatorischen Erfolgsrechnung €/Pe	110	30
Periodenerfolgsausweis der GuV €/Pe[4]	140	

Abb. 7.2: Beispiel zum Umsatzkostenverfahren

Der Periodenerfolg nach dem Umsatzkostenverfahren lässt sich mit der folgenden Formel bestimmen. Die Formel ist für das Umsatzkostenverfahren in der GuV und das Umsatzkostenverfahren in der kurzfristigen kalkulatorischen Erfolgsrechnung identisch. Allerdings zeigt die GuV nicht die Erfolgsbeiträge der einzelnen Produkte, obwohl diese bekannt sein müssen, weil sonst kein korrektes Periodenergebnis ermittelt werden kann. In dem obigen Beispiel ist der unterschiedliche Informationsgehalt der beiden Rechenwerke gegenübergestellt. Der Informationsempfänger der kurzfristigen kalkulatorischen Erfolgsrechnung sieht den Erfolgsbeitrag der Produkte 1 und 2. Mit Produkt 1 wird ein Periodenerfolg von 110 €/Pe erzielt, während mit Produkt 2 nur ein Erfolg von 30 €/Pe erzielt wird. Es ist gerade die Aufgabe der kalkulatorischen Erfolgsrechnung, jeder ergebnisverantwortlichen Führungskraft kurzfristig (i. d. R. monatlich) das zu verantwortende Ergebnis mitzuteilen. Der Informationsempfänger der GuV sieht dagegen nur den jährlichen Periodenerfolgsausweis von 140 €, weiß aber nicht, wie sich dieser zusammensetzt und wie sich dieser kurzfristig bzw. im Laufe des Geschäftsjahres entwickelt hat.[5]

Das Ergebnis kann also entweder der Jahresüberschuss/Jahresfehlbetrag der Zeile 20 des Umsatzkostenverfahrens gem. § 275 HGB sein oder der kurzfristige kalkulatorische Periodenerfolg der Kosten- und Leistungsrechnung. Der Klammerausdruck beinhaltet die Erfolgsbeiträge aller Produkte $j = 1, \ldots jn$, die mit der abgesetzten Menge x_{aj} gewichtet werden. Die Selbstkosten k_j können mit jeder beliebigen Kalkulationsmethode ermittelt worden sein, mit der einstufigen Divisionskalkulation allerdings

---

4 Eine solche Zusammenstellung des Erfolgs der GuV und der Kostenrechnung setzt voraus, dass es keinen neutralen Aufwand gibt und keine Anders- und Zusatzkosten.

5 Dazu kommt, dass hier wieder eine Proportionalisierung der Fixkosten in den Herstellkosten stattgefunden hat.

nur dann, wenn die produzierte gleich der abgesetzten Menge ist.

$$PE^U = \sum_{j=1}^{jn}(p_j - k_j)x_{Aj}$$

Diese Formel berechnet das Periodenergebnis nach dem Umsatzkostenverfahren.

Gegen das Umsatzkostenverfahren kann eingewendet werden, dass eine evtl. erhebliche Produktion auf Lager, die durch überhöhte Kapazitäten oder zu geringe Verkaufserfolge verursacht wurde und zu Kapitalbindungskosten führt, nicht sichtbar wird. Geringe Verkaufserfolge können allerdings durch eine Zeitreihenanalyse bzw. eine Plan-Ist-Umsatzanalyse sichtbar gemacht werden. Zur Analyse der Bestandsveränderungen muss eine entsprechende Sonderrechnung durchgeführt werden, die die mengen- und wertmäßigen Bestände und die verursachten Kapitalbindungskosten enthält.

7.1.3 Gesamtkostenverfahren

Beim Gesamtkostenverfahren werden der in der Periode gebuchten oder geplanten Gesamtleistung die in der gleichen Periode verursachten Gesamtkosten gegenübergestellt. Die Gesamtleistung setzt sich aus den Umsatzerlösen, den aktivierten Eigenleistungen, den Bestandsveränderungen und den sonstigen Erlösen zusammen. Für eine periodengerechte Ergebnisermittlung ist es demnach notwendig, die Lagerbestandszunahmen (Produktion auf Lager) und Lagerentnahmen (Verkauf vom Lager) mengen- und wertmäßig genau zu ermitteln.

Dies entspricht der Sichtweise der Logistik: Was wurde in der Periode unabhängig vom Verkauf produziert und was hat dies gekostet?

Auch hier ist eine vorgeschaltete Kalkulation zur Ermittlung der Herstellkosten notwendig. Wenn die Herstellkosten nicht aus der Kalkulation bekannt sind, können diese nicht in die entsprechenden Zeilen des UKV und GKV eingesetzt werden und es muß zunächst kalkuliert werden, bevor mit der Ergebnisrechnung fortgefahren wird.

$$BE^G = \sum_{j=1}^{jn} p_j x_{Aj} + \sum_{j=1}^{jn} k_{Hj}(x_{pj} - x_{Aj}) - K$$

BE^G kann wiederum sowohl als der Jahresüberschuss/Jahresfehlbetrag der Zeile 19. des handelsrechtlichen Gesamtkostenverfahrens betrachtet werden, als auch als kurzfristiger kalkulatorischer Periodenerfolg.[6] Der erste Summenausdruck in der obigen Formel gibt die Umsatzerlöse als das Produkt der abgesetzten Leistungen mit den Ver-

---

6 Eine solche Zusammenstellung des Erfolgs der GuV und der Kostenrechnung setzt voraus, dass es keinen neutralen Aufwand gibt und keine Anders- und Zusatzkosten.

Gesamtkostenverfahren	Produkt 1	Produkt 2
Nettoverkaufspreise €/ME	10	8
Abgesetzte Mengen ME/Pe	100	80
Nettoumsatzerlöse €/Pe	1.000	640
Gesamte Nettoumsatzerlöse €/Pe	1.640	
Bestandsveränderung ME/Pe	50	−20
Herstellkosten €/ME	4	6
Bestandsveränderung €/Pe	200	−120
Gesamte Bestandsveränderung ME/Pe	80	
Hergestellte Menge ME/Pe	150	60
Gesamtleistung €/Pe	1.200	520
Herstellkosten €/ME	4	6
Herstellkosten €/Pe Produkt 1	600	360
Gesamte Herstellkosten €/Pe	960	
Ergebnis nach Herstellkosten → Schlüssel für die Verw./Vertriebskosten	600	160
Verw.- u. Vertriebskosten €/ME Prod.1 79 % Prod.2 21 %	490	130
Gesamte Verwaltungs- und Vertriebskosten €/Pe	620	
Periodenerfolgsausweis der kurzfristigen/kalkulatorischen Erfolgsrechnung €/Pe	110	30
Periodenerfolgsausweis der GuV €/Pe	140	

Abb. 7.3: Gesamtkostenverfahren

kaufspreisen an. Der zweite Summenausdruck beinhaltet die Bestandsveränderungen, wobei der Summenausdruck negativ werden kann, wenn mehr vom Lager verkauft wurde als auf Lager produziert wurde. K gibt die Gesamtkosten an. Mit dem Gesamtkostenverfahren kann der Periodenerfolg der einzelnen Produkte genauso gut ermittelt werden wie mit dem Umsatzkostenverfahren. Der Einwand, dass die genaue Erfassung der Bestandsveränderungen pro Produkt zu arbeitsaufwendig wäre, greift nicht, da die gesamten Bestandsveränderungen ohnehin erfasst werden müssen und ihre Zuordnung zu Produkten notwendig ist.

Die in dem obigen Beispiel dargestellten Zeilenstrukturen dienen zum Herleiten der grundlegenden Zusammenhänge und bilden nicht die vollständigen Zeilenstrukturen des § 275 HGB ab. Insbesondere ist das Finanzergebnis als Unterergebnis der handels- und steuerrechtlichen GuV nicht berücksichtigt. Weiterhin können in einer GuV, die für das Controlling eingesetzt wird, kalkulatorische Kostenarten enthalten sein, was handels- und steuerrechtlich verboten ist. Die Jahresüberschüsse der handels- und steuerrechtlichen GuVs und die Ergebnisse solcher GuVs die für das Controlling eingesetzt werden stimmen daher im praktischen Einsatz in der Regel nicht überein.

7.1.4 Verfahren der Ergebnisermittlung im System SAP S/4HANA

Das Ziel des Ergebniscontrollings im System S/4HANA ist es, den kalkulatorischen Erfolg des Unternehmens nach unterschiedlichen Kriterien bzw. Sichtweisen zu berechnen und auszuwerten. Das Ergebnis- und Unternehmenscontrolling hat 3 grundsätzliche Zielrichtungen:

– Im Ergebniscontrolling wird der Erfolg des Einzelunternehmens berechnet und ausgewertet
– Im Unternehmenscontrolling wird der Erfolg von Unternehmensbereichen/-sparten (angels.: Divisions), ergebnisverantwortlichen Einheiten (angels.: Profit Centers) und strategischen Geschäftseinheiten (angels.: Strategic Business Units) innerhalb eines Unternehmens oder eines gesamten Konzerns untersucht
– Im Konzerncontrolling wird der Erfolg des gesamten Konzerns festgestellt und analysiert.

Die Grundstruktur in der Ergebnisrechnung (CO-PA – Profitability Analysis) im System S/4HANA bildet der Ergebnisbereich.

In der Ergebnisrechnung (COPA – Controlling Profitability Analysis) erfolgt die Zusammenstellung des Vertriebsergebnisses nach Marktbereichen. Dazu erfolgt im Rah-

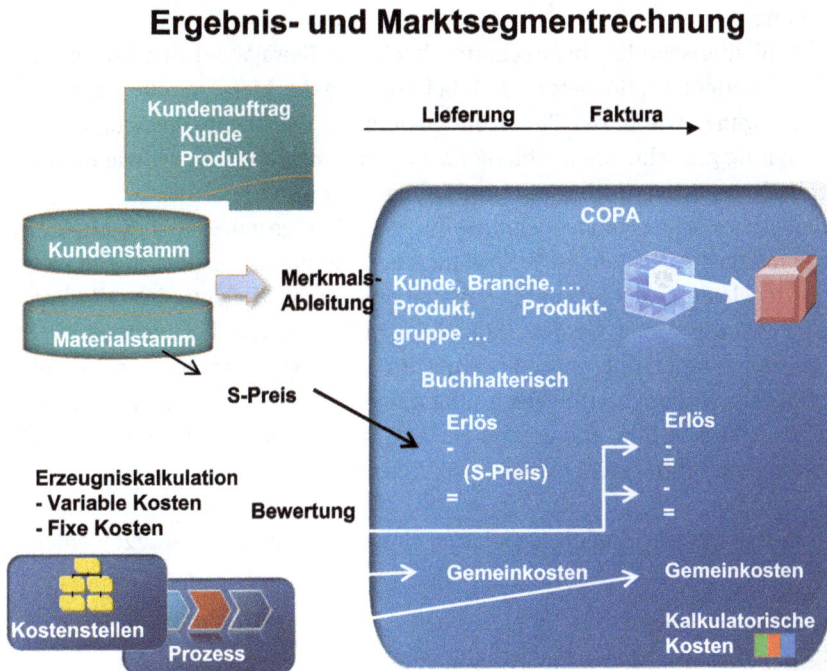

Ergebnis- und Marktsegmentrechnung

Abb. 7.4: Ergebnis- und Marktsegmentrechnung

men der Buchung von Daten in COPA die Übernahme von Auswertungskriterien in Form von Attributen aus dem Kundenstamm, Materialstamm und dem Vertriebsbeleg. Auch aus anderen Tabellen, z. B. dem SAP CRM (Customer Relationship Management) können Merkmale bei der Buchung in COPA abgeleitet werden.

Ergebnisbereich

Welche Attribute als COPA – Merkmale abgeleitet werden sollen, wird im Customizing von COPA mit dem Ergebnisbereich festgelegt. Technisch notwendige Merkmale wie Geschäftsjahr, Periode, usw. werden automatisch abgeleitet. Die Kombination der bei einer Buchung in COPA zusammengestellten Merkmale bilden ein sog. Ergebnisobjekt. Für jedes neue Ergebnisobjekt generiert COPA eine Ergebnisobjekt-Nr., unter der einerseits die Merkmale der Buchung in der Ergebnisobjekt-Tabelle, andererseits die Beträge der Erlöse, Kosten, usw. in den Summen- und Einzelposten-Tabellen gespeichert werden. Damit kann für eine beliebige Zusammenstellung von Vertriebsmerkmalen – z. B. Kundengruppe, Produktgruppe, Vertriebsweg, usw. – eine Auswertung des Vertriebsergebnisses zusammengestellt werden. Das System sucht zu den im Bericht angegebenen Merkmalen – z. B. Branche = Maschinenbau (MBAU) die Ergebnisobjekt-Nr.'n aus der Ergebnisobjekttabelle zusammen und selektiert zu den gefundenen Ergebnisobjekt-Nr.'n wiederum die Daten aus den Datentabellen.

Im Hinblick auf die Beträge stehen in COPA zwei Formen der Ergebnisrechnung zur Verfügung:

- Die buchhalterische Ergebnisrechnung bucht die Beträge auf den Kostenarten und ist FI-orientiert. So werden z. B. bei Buchung der Lieferung die Kosten des Warenausgangs wie in der Finanzbuchhaltung in der buchhalterischen Ergebnisrechnung gebucht. Die buchhalterische COPA führt die Beträge wie FI in der Buchhaltungs- Kostenrechnungs- und Belegwährung.
- Die kalkulatorische Ergebnisrechnung bucht die Beträge auf eigenen Wertfeldern. Dazu müssen die Quellen – z. B. Kostenarten, Konditionsarten der Kundenaufträge, Kostenelemente der Erzeugnis-Kalkulation – den Wertfeldern der kalkulatorischen COPA zugeordnet werden. Damit können fixe und variable Elemente der Erzeugnis-Kalkulation unterschiedlichen Wertfelder zugeordnet und das Vertriebsergebnis als Deckungsbeitragsrechnung dargestellt werden. Die kalkulatorische Ergebnisrechnung führt die Beträge in Buchhaltungs- und einer eigenen Ergebnisbereichswährung, nicht jedoch in der Belegwährung.

Beide Formen der Ergebnisrechnung können aktiviert und parallel genutzt werden.

Kostenrechnungssystem

Die Basis der Kostenrechnung im SAP System im Allgemeinen und in der Ergebnisrechnung im Speziellen ist die Wahl des Kostenrechnungssystems. Je nachdem, ob mit einer Ist-Kostenrechnung (nur Kosten, keine Leistungen, keine Planung), einer

Standardkostenrechnung mit Plan- und ist-Kosten, keine Leistungen, einer Plankostenrechnung (Plan- und ist-Kosten, Plan- und Ist-Leistungen) oder der flexiblen Plankostenrechnung (Erweiterung der Plankostenrechnung um die Trennung fixer und variabler Kosten und Leistungsaufnahmen) gearbeitet wird, werden die im SAP System
verfügbaren Funktionen des CO-Moduls genutzt. Mit der Wahl des Kostenrechnungssystems ergeben sich die Möglichkeiten zur Anwendung von Verfahren der Ergebnisermittlung. Die Verfahren der Ergebnisermittlung unterscheiden sich hinsichtlich einer
periodenbezogenen oder vorgangsorientierten (prozessorientierten) Ermittlung.

Periodische vs. vorgangsbezogene Ergebnisrechnung

Eine *periodische Erfolgsrechnung* basiert auf den in einer Buchungsperiode gebuchten Aufwendungen und Erlösen auf die Konten der Finanzbuchhaltung und orientiert
sich am *Gesamtkostenverfahren*. Damit wird eine periodenbezogene Analyse der Ergebnisse möglich. Dies gilt zum Beispiel für Bestandsveränderungen in den Material-
beständen und periodische Abgrenzungsbuchungen.

Während im System SAP ERP die Beträge auf Summen- und Einzelpostentabellen
gebucht werden, erfolgt die Verbuchung der Beträge im S/4HANA ausschließlich in
einer Einzelpostentabelle. Im klassischen Anwendungssystem erfolgt das Berichtswesen für Periodenergebnisse aus der Summentabelle heraus, während für gezielte
Detailanalysen Einzelpostenberichte verwendet werden. Grund ist die Steigerung der
Systemperformance. Das Lesen einer hohen Anzahl von Einzelposten aus klassischen,
zeilenorientierten Datenbanken erfordert zeitaufwendige Datenbankzugriffe aus dem
auf einem anderen Server implementierten Datenbanksystem. Im System S/4HANA
dagegen ist das Datenbanksystem im Hauptspeicher des Servers implementiert und
Dank einer spaltenorientierten Datenbankarchitektur[7] so leistungsfähig, dass die
Speicherung in Summensätzen nicht mehr erforderlich ist.

Die Anwendung des Gesamtkostenverfahrens mit der Buchung aller Bilanz- und
Erfolgswerte in einer Periode erfolgt ausschließlich in der Finanzbuchhaltung.

In einer *vorgangsbezogenen Erfolgsrechnung* beziehen sich Buchungen auf die Geschäftsvorgänge im Vertrieb und orientieren sich am *Umsatzkostenverfahren*, Im Mittelpunkt stehen die Umsatzvorgänge. Die Erlöse und Preisbestandteile (Rabatt, Skonto, usw.) werden direkt aus der Buchung von Auftragseingang und Faktura im Vertrieb
in das Rechnungswesen übergeleitet. Die Standardkosten des Umsatzes werden über
die Multiplikation der Kundenauftragsmengen bzw. fakturierten Mengen mit den kal-

---

7 Die zeilenorientierte Datenbank speichert alle Datensätze sequentiell hintereinander. Zur Selektion
eines einzelnen Datenfeldes aus einer Anzahl von Datensätzen müssen alle Datensätze komplett gelesen werden. Bei der spaltenorientierten Datenbankarchitektur werden die einzelnen Datenfelder in
Spalten gespeichert. Zum Lesen eines Feldes aus allen Datensätzen muss nur noch die Spalte mit dem
jeweiligen Feld gelesen werden. In der Entwicklung wird oftmals nicht mehr von einer DATEI sondern
von SPALTEN gesprochen.

kulierten Herstellkosten berechnet. Bilanzwerte und Aufwendungen im Zusammenhang mit der Produktionsleistung (Bestandsveränderung in den Produkten) werden nicht in der Ergebnisrechnung verbucht. Allenfalls Kostenabweichungen in der Produktion können in die Ergebnisrechnung abgerechnet werden.

Im Hinblick auf die Überleitung der Umsatzvorgänge in das Rechnungswesen ergeben sich folgende Unterschiede:

Ein Kundenauftragseingang führt zu:

- einer Verbuchung des Auftragseingangs mit Planerlösen nach FI in ein sogenanntes PREDICTION LEDGER.
- Der Planerlös im PREDICTION LEDGER kann auch in der buchhalterischen Ergebnisrechnung ausgewertet werden, sofern über CDS-Views (Core Data Structure) selektiert wird.
- Der mit dem Auftragseingang verbundene Planerlös und die Multiplikation der Kundenauftragsmenge mit den kalkulierten Herstellkosten werden in die kalkulatorische Ergebnisrechnung gebucht.

Der Unterschied zwischen periodischem und vorgangsbezogenem Ergebniscontrolling in technischer Hinsicht besteht in der Verwendung der Kostenelemente. Ein periodisches Ergebniscontrolling basiert auf den in einer Rechnungsperiode gebuchten Werten. Ein vorgangsorientiertes Ergebniscontrolling benötigt noch zusätzlich die Information, welcher Buchungsvorgang in das Ergebniscontrolling übergeleitet wurde. Basis für die Überleitung sind die Umsatzvorgänge aus dem Vertrieb (SD). Die kalkulatorische Ergebnisrechnung wird grundsätzlich nach dem Umsatzkostenverfahren geführt, d. h. Bestandswerte und Bestandsveränderungen werden nicht übernommen. Die für das Ergebniscontrolling relevanten Vorgänge sind:

- Auftragseingang (nur kalkulatorische Ergebnisrechnung)
- Faktura
- Rabattvereinbarungen auf (Produkt-/Produktgruppen-/Kundenbezogener Rabatt)
- Leistungsverrechnung von Kostenstellen
- Umlagen von Kostenstellenkosten
- Abrechnung von Aufträgen (Kosten von Innenaufträgen, Kosten von Geschäftsprozessen (ABC), Kostenabweichungen von Produktionsaufträgen)
- Direkte Kontierung aus einem Finanzbuchhaltungsbeleg

In der Finanzbuchhaltung spielen im Hauptbuch die Einzelvorgänge nur aus Sicht des Einzelpostens eine Rolle, nicht jedoch aus Sicht der Art des Geschäftsprozesses. Im Vertriebscontrolling werden dagegen Geschäftsprozesse wie Auftragseingang, Faktura, Abrechnung aus Projektfertigung, Abrechnung aus Kundeneinzelfertigung, usw. unterschieden. In der kalkulatorischen Ergebnisrechnung des SAP Systems werden dazu alle Vorgänge mit einer *Vorgangsart* gebucht. Für eine Analyse des Ergebnisses wird daher ein anderes, von der Kostenart unabhängiges Kostenelement benötigt. In

der kalkulatorischen Ergebnisrechnung werden folgende Vorgangsarten unterschieden:
- A (Auftragseingang)
- B (Direkte Kontierung aus der Finanzbuchhaltung)
- C (Abrechnung von Projekten, Kundenaufträgen)
- D (Verrechnung von Kostenstellenumlagen)
- F (Faktura)
- G (Übernahme von Kundenabsprachen)
- ... (eigenen Vorgangsarten zur Fremddatenübernahme)

Im S/4HANA ON PREMISE[8] System stehen für die Ergebnis- und Marktsegmentrechnung die kalkulatorische Ergebnisrechnung (CO-PA costing based – Controlling Profitability Analysis, im Folgenden CO-PA genannt) und die buchhalterische CO-PA (CO-PA account based) zur Verfügung. Im Gegensatz zu allen anderen CO-Komponenten des SAP Systems werden in der kalk. CO-PA die Werte nicht mit Kosten- und Erlösarten, sondern auf sogenannten Wertfelder gebucht. Dadurch wird die Kontierungslogik zwischen FI und CO in CO-PA erweitert. Dadurch war es im System SAP R/3 möglich, Daten in die kalkulatorische Ergebnisrechnung zu übernehmen, die in FI nicht als Aufwand gebucht wurden, z. B. Rabatte aus Kundenaufträgen. Durch die Verwendung der Wertfelder ist es auch möglich, die Elemente einer Kalkulation mit fixen und variablen Kostenbestandteilen in unterschiedliche *Wertfelder* zu steuern. Eine Deckungsbeitragsrechnung war im SAP R/3 daher nur in der kalkulatorischen, nicht jedoch in der buchhalterischen Ergebnisrechnung möglich.

Konvergenz der buchhalterischen und kalkulatorischen Ergebnisrechnung
Im System S/4HANA hat sich das geändert. Die Verbuchung der Ist-Daten im Rechnungswesen erfolgt in eine gemeinsame Tabelle: ACDOCA (ACCOUNTING DOCUMENTS ACTUAL). Diese zentrale Tabelle enthält die Merkmale aller FI- und CO-Module sowie jeweils ein Datenfeld für den Gesamtwert und den fixen Anteilswert für die Aufwandskonten. Aus dieser Ist-Daten-Tabelle werden **alle** Rechnungswesen-Module – mit Ausnahme der kalk. Ergebnisrechnung versorgt. Für den getrennten Ausweis der fixen und variablen Aufwendungen bzw. Kosten steht in der ACDOCA (Stand Release 1809) für FI nur der Währungstyp „übergreifende Währung" zur Verfügung.

Beispiel

Die vorgangsbezogene Zuordnung bezieht sich auf den Verkaufsvorgang im Vertrieb:
- Aus dem Anlegen eines Kundenauftrages erfolgt die Verbuchung eines entsprechenden Auftragseingangs in die kalkulatorische Ergebnisrechnung, *Vorgangsart A.*

---

8 Die ON-PREMISE Lösung wird beim Kunden der SAP gehostet, während die CLOUD Lösung von SAP gehostet wird.

- Wird für den Kundenauftrag eine Kundenauftragskalkulation geführt (insbesondere in der Kundeneinzelfertigung), erfolgt auf dieser Basis auch die Überleitung der kalkulierten Kosten des Kundenauftrages in das Ergebnis. Anderenfalls werden die Kosten auf Basis der Standardpreis-Kalkulation des Erzeugnisses von der Kostenrechnung in die Ergebnisrechnung überführt = *Bewertung für Vorgang*.
- Die Erstellung der Faktura führt zur Überleitung der Erlöse in die kalkulatorische Ergebnisrechnung mit Vorgangsart F. Auch hier findet eine Bewertung der Auftragsmenge und damit Überleitung der Kosten statt.

Der Wertefluss der primären Kosten erfolgt nicht ausschließlich über die Konten der Finanzbuchhaltung. Die in den Kundenaufträgen bewertete Absatzleistung wird bereits mit dem Anlegen eines Kundenauftrages in das kalkulatorische Ergebniscontrolling übergeleitet und führt dort zum Auftragseingang. Mit der Rechnungsstellung wird die Absatzleistung als Erlös gebucht. Die Bewertung[9] der Selbstkosten der Absatzleistung erfolgt auf Basis der Kalkulation im Kundenauftrag oder der Erzeugnis-Kalkulation. Ihr gegenüber steht der Nettopreis. Die Differenz ist das kalkulatorische Ergebnis.

Prediction Ledger
Die Konditionsart *Rabatte* ist ein typisches Beispiel zur Unterscheidung zwischen dem buchhalterischen und dem kalkulatorischen Ergebniscontrolling. In einem rein buchhalterischen Ergebniscontrolling erfolgt kein Ausweis der Erlösschmälerungen, weil die Erlösschmälerungen keinen Aufwand im buchhalterischen Sinne darstellen und nicht explizit auf ein Aufwandskonto in der Finanzbuchhaltung gebucht werden.

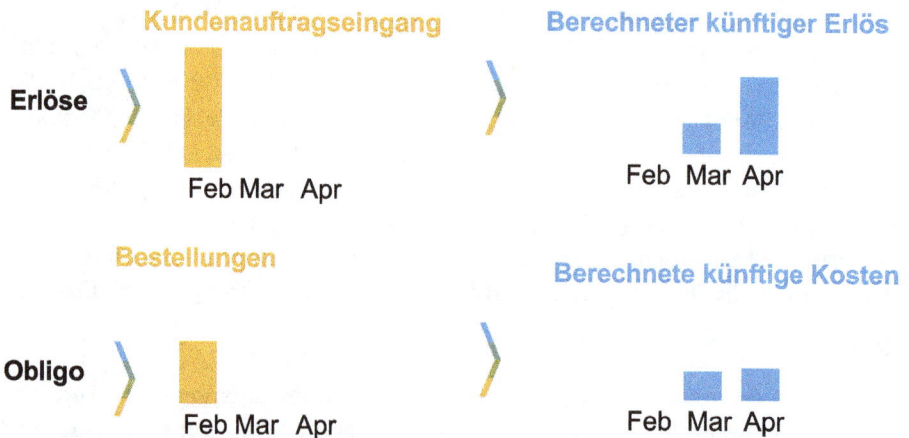

Abb. 7.5: Prädiktives Accounting

---

9 Bewertung = Berechnung der Standard-/Selbstkosten des Umsatzes.

Aus buchhalterischer Sicht wird der Nettoerlös des Kundenauftrages in die Finanzbuchhaltung und damit auch in das buchhalterische Ergebniscontrolling gebucht.
Im kalkulatorischen Ergebniscontrolling erfolgt dagegen der explizite Ausweis der Erlösschmälerungen. Dies gilt für das klassische System SAP R/3. Im System S/4HANA
steht seit Release 1809 das sogenannte Prediction Ledger zur Verfügung, in welches
statistische Konditionsarten wie Abschläge für Garantie übernommen werden können. Mit der Übernahme von Kundenauftragseingang, statistischen Konditionen und
auch im System gebuchte Bestellungen (Obligo) kann im Prediction Ledger so ein
künftiges Ergebnis berechnet werden.

Ergebnisrechnung vs. Profit Center Rechnung

Ein Ergebniscontrolling ist dann notwendig, wenn das Unternehmen unter Wettbewerbsbedingungen seine Produkte am Absatzmarkt anbietet. Es ist zu untersuchen,
mit welchen Produkten der Markt erreicht wird und wie sich der Erfolg der einzelnen
Produkte in den unterschiedlichen Marktsegmenten entwickelt. Ziel ist die Auswertung des Erfolges in den unterschiedlichen Marktsegmenten – gegliedert nach Produkten, Kunden, Regionen und beliebigen Verdichtungen dieser Marktsegmente im
Hinblick auf Ihren Ergebnisbeitrag bzw. Deckungsbeitrag. Ziel der Rechnung ist es,
aus der Sicht des Marktes die Bereiche Vertrieb, Marketing, Produktmanagement und
Unternehmensplanung mit Informationen zu versorgen, strategische Marktchancen
und Marktrisiken zu erkennen um zielgerichtete Entscheidungen daraus abzuleiten.

Das Unternehmenscontrolling unter Einsatz von Profit-Centern ist eine differenzierte Sicht auf den Unternehmenserfolg mit Blick auf die strategischen Geschäftseinheiten des Unternehmens. Die strategischen Geschäftseinheiten gehören
zu Profit-Centern, die für den Erfolg die Verantwortung tragen. Die strategische Geschäftseinheit eines Unternehmens wird durch die Produkte repräsentiert, die einen
maßgeblichen Beitrag zum Unternehmenserfolg leisten. Basis der Erfolgsrechnung
sind alle Kosten und Erlösbuchungen, die mit der Entwicklung, Produktion und Vermarktung des Produktes entstehen. Neben den Kosten und Erlösbuchungen ist auch
das in den strategischen Geschäftseinheiten gebundene Kapital zu ermitteln, um die
Kapitalrentabilität zu berechnen und auszuwerten.

Dazu wird der Wertefluss so konzipiert, dass alle für das Profit Center relevanten
Buchungen auf das Profit Center kontiert werden:

- Zuordnung des Profit Centers im Materialstammsatz, insbesondere für die Fertigprodukte. Dadurch wird das Profit Center auch in den Kundenauftrag und
Fertigungsauftrag übernommen. Die mit dem Kundenauftrag fakturierten Erlöse
und Standardkosten sowie die beim Fertigungsauftrag berechneten Kostenabweichung werden auf das Profit Center kontiert. Weiterhin werden auf dieser
Basis auch die Lagerbestände sowie Ware in Arbeit (WIP) auf das Profit Center
übernommen.
- Durch die Zuordnung des Profit Centers im Materialstammsatz und in den Stammdaten eines Kundenauftrages werden auch die Forderungen übernommen.

- Die für das Erzeugnis benötigten Vorprodukte werden ebenfalls dem Profit Center zugeordnet. Auf dieser Basis erfolgt die Übernahme der Verbindlichkeiten.
- Die für die Produktion benötigten maschinellen Anlagen werden den Kostenstellen zugeordnet, die für die Produktion des Erzeugnisses eingesetzt werden. Über die Zuordnung der Profit Center zu den Kostenstellen und damit zu den Anlagen werden die Abschreibungsbeträge (sofern nicht schon in den Kostenstellentarifen enthalten) und kalkulatorischen Zinsen sowie Anlagenbuchwerte in das Profit Center übernommen.

Die Zuordnung aller Erlöse, Kosten und des gebundenen Kapitals (Bestandswerte) zu Profit Centern ermöglicht sowohl die Berechnung des Erfolges als auch der Kapitalrentabilität.

Der in der Ergebnisrechnung ermittelte Erfolg mit Bezug zum Absatzmarkt des Unternehmens steht in einer direkten Beziehung zur internen Unternehmensstruktur. Die Verbindung zwischen dem Ergebniscontrolling und Unternehmenscontrolling mit Profit Centern erfolgt dadurch, dass in der Ergebnisrechnung ein Merkmal Profit Center definiert wird.

Beispiel

Das für die Herstellung und Vermarktung von Datenbanksystemen verantwortliche Profit-Center wird als Merkmal definiert. Alle mit der Herstellung von Datenbanksystemen anfallenden Kosten werden durch Umlage der Kostenstellen und Abrechnung der Aufträge in das Ergebniscontrolling gebucht. Gleiches gilt für die Erlöse, für die im Verkaufsbeleg das entsprechende Profit-Center-Merkmal mitgegeben wird. Das über das Ergebniscontrolling ermittelte Ergebnis ist damit auch im Profit-Center sichtbar. Zum Profit-Center können im Ergebniscontrolling alle ergebnisrelevanten Geschäftszahlen analysiert werden. Die Analyse bezieht sich auf die marktorientierte Ergebnisdarstellung des Profit-Centers im Kontext mit anderen Ergebnismerkmalen. Es wird analysiert, über welche Vertriebswege, Regionen und Kunden der Erfolg eines Profit-Centers zustande kam. Im Profit-Center-Controlling erfolgt dagegen die Ergebnisanalyse auf Kostenarten-Ebene. Es findet ein Vergleich der Plan- und Istzahlen im Kontext mit den anderen Organisationseinheiten des Unternehmens statt. Es wird untersucht, aus welchen externen und internen Leistungsbeziehungen sich das Profit-Center-Ergebnis zusammensetzt und welcher Leistungsaustausch zwischen den Profit-Centern stattgefunden hat.

Insbesondere dann, wenn mehrere Profit-Center für einen Ergebnisbereich zusammenwirken, verschiedene Profit-Center also einen Beitrag zum Ergebnis eines Ergebnisobjektes leisten und ein intensiver Leistungsaustausch zwischen den Profit-Centern vorliegt, ist der Einsatz eines Profit-Center-Controllings neben dem Ergebniscontrolling notwendig.

Ein weiteres wesentliches Kriterium zur Forderung nach einem Profit-Center-Controlling ist die Sicht auf die Unternehmensbereiche nach dem Investment-Charakter. Neben den erfolgsbezogenen Zahlen erfolgt die periodische Übernahme der Bestandskonten in Profit-Center. Dadurch kann für ein Profit-Center ein interner Einzelabschluss nach dem Gesamtkostenverfahren erstellt werden. Insbesondere ist die Berechnung von Kennzahlen möglich, die sich auf Erfolgs- und Bestandswerte beziehen. Die Berechnung der Kapitalrendite (angels.: Return on Investment ROI) erfolgt über die Summen aus den Konten zum Umsatz minus Kosten des Profit-Center-Ergebnisses und der Summe der Bestandskonten. Die Berechnung und Darstellung der Kennzahl erfolgt im Profit-Center-Bericht. Aus der Division von Ergebnis und Erlös ergibt sich die Umsatzrendite.

7.2 Ergebniscontrolling mit Einsatz der Deckungsbeitragsrechnung

7.2.1 Voraussetzungen der Deckungsbeitragsrechnung

Die Deckungsbeitragsrechnung geht als kurzfristige Rechnung von einigen wesentlichen – teils impliziten – Annahmen aus, deren Realitätsgehalt im konkreten Anwendungsfall immer wieder geprüft werden muss:

- Die Überlegungen gelten nur für die betrachtete Periode.
- Linearitätsannahme für die Nettopreise: Zwischen 0 und der Maximalmengen können alle Mengen zum gleichen Preis abgesetzt werden: Reduzierte Preise zur Nachfragestimulierung sind zunächst nicht enthalten.
- Linearitätsannahme für die Kosten: Eine zusätzliche Mengeneinheit kostet immer den gleichen Betrag. Einkaufsrabatte oder Lerneffekte werden somit nicht berücksichtigt (siehe zur degressiven Kostenfunktion die Ausführungen in Kapitel 2.1.1).
- Die Kostenauflösung zur Identifizierung der variablen Anteile ist hinreichend exakt durchführbar.
- Weder zeitliche noch sachliche Interdependenzen werden einbezogen.
- Nicht-finanzielle Aspekte bleiben außen vor.
- Planung unter Sicherheit: Unterschiedliche Szenarien gehen nicht in die Betrachtungen ein.
- Der Preis ist einheitlich für alle Kunden, Regionen, Vertriebsgebiete etc. (also keine Preisdifferenzierungen).

Es ist offensichtlich, dass einige dieser Annahmen in der Realität nicht oder nur teilweise zutreffen. Allerdings lassen sich in einigen Fällen die Modelle erweitern, um einen höheren Realitätsgehalt herzustellen.

Die Deckungsbeitragsrechnung wird in unterschiedlichen Ausbaustufen und mit unterschiedlicher Qualität in zahlreichen Unternehmen eingesetzt. Für den betrachteten Zeitraum (in der DB-Rechnung meistens Monat und/oder Jahr) soll die Frage beantwortet werden, welchen Beitrag das jeweilige Produkt für die Realisierung der Unternehmensziele leisten wird oder geleistet hat. Es ist also die Frage zu beantworten, welcher Wert für das Unternehmen zusätzlich generiert wird, dadurch, dass ein bestimmtes Produkt verkauft wird. Der Deckungsbeitrag gibt an, um wie viel die Nettoerlöse die variablen Kosten übersteigen. Für ein Produkt wird er üblicherweise wie folgt definiert (Vgl. z. B. Götze, S. 153 ff.):

$$DB = U - K_v = p \cdot x - k_v \cdot x \quad \text{in €/Pe}^{10}$$

---

10 Götze gibt den Deckungsbeitrag nur in € an.

DB Deckungsbeitrag
U Umsatz
K_v Variable Kosten
p Preis pro Stück
x Menge
k_v Variable Stückkosten

Diese Standardformel muss weiter präzisiert werden, was in Abschnitt 7.3.1 durchgeführt wird.

7.2.2 Programmentscheidung auf Basis von Voll- oder Teilkosten

Bei einem auf Vollkosten basierten Ergebniscontrolling erfolgt der Vergleich der Einzelergebnisse der Produkte ohne Berücksichtigung der variablen und fixen Anteile an den Vollkosten. Wird auf dieser Basis eine absatzpolitische Entscheidung getroffen, besteht die Gefahr, einer Fehlentscheidung. Werden Erzeugnisse mit einem negativen Gesamtergebnis aus dem Absatzprogramm genommen, muss vorher sichergestellt sein, dass die verbleibenden fixen Kosten durch Absatzsteigerungen der anderen Erzeugnisse kompensiert werden können oder in überschaubarer Zeit abbaufähig sind.

Das Beispiel in Abb. 7.6 basiert auf der Annahme, dass die fixen Kosten von Produkt C von den anderen Produkten getragen werden müssen und die variablen Kosten von Produkt C in voller Höhe abbaufähig sind. Die in der u. a. Abbildung beschriebene Sortimentsentscheidung führt dazu, dass das Gesamtergebnis nach der Eliminierung von Produkt C aus dem Absatzprogramm sich verschlechtert. Die auch nach der Sortimentsentscheidung verbleibenden fixen Kosten von 18 €/Pe von Produkt C führen unter sonst gleichen Bedingungen (gleiche Preise, gleiche fixe Kosten, keine kurzfristige Umsatzsteigerung bei den verbleibenden Produkten aufgrund des Wegfalls von Produkt C, usw.) zu einer Verschlechterung des Gesamtergebnisses, wie auch die weiteren Größen gemessen in €/Pe.

Daher ist es notwendig, im Ergebniscontrolling mit Teilkosten zu arbeiten, um den Deckungsbeitrag, den ein Produkt zur Deckung der Fixkosten leistet, zu erkennen und bei Programmentscheidungen zu berücksichtigen. Solange der Deckungsbeitrag in der betrachteten Periode größer null ist, ist das Produkt vorteilhaft und sollte im Produktionsprogramm bleiben (ohne Berücksichtigung von Interdependenzen).

Periode 1

Produkte	A	B	C	Summe:
Umsatz	50	50	50	150
variable Kosten	20	30	40	90
fixe Kosten	18	18	18	54
Gewinn vor Steuern	12	2	-8	6

Periode 2

Produkte	A	B	Summe:
Umsatz	50	50	100
variable Kosten	20	30	50
fixe Kosten	27	27	54
Gewinn vor Steuern	3	-7	-4

Abb. 7.6: Problematische Sortimentsentscheidung bei Vollkostenrechnung

7.2.3 Deckungsbeitragsrechnung in der Buchhalterischen Ergebnisrechnung im System SAP S/4HANA

Die Deckungsbeitragsrechnung ist im System S/4HANA in beiden Formen der Ergebnisrechnung möglich. Unterschiede ergeben sich in der Art der Übernahme und Berechnung der fixen und variablen Kostenanteile und in der Währung.

In der buchhalterischen Ergebnisrechnung erfolgt die Übernahme der Daten in Buchungskreiswährung, Konzernwährung und Belegwährung. In der kalkulatorischen Ergebnisrechnung erfolgt die Übernahme der Daten in Buchungskreis- und Ergebnisbereichswährung, wobei als Ergebnisbereichswährung die Kostenrechnungskreiswährung gesetzt werden kann.

Mit der Verwendung eines Kostenaufteilungsprofils im Customizing der Finanzbuchhaltung können die Elemente der Erzeugnis-Kalkulation mit dem Wert „GESAMT" und dem Wert „FIX" in eigene Hauptbuchkonten gesteuert werden. Diese COST OF GOODS SOLD (Standardkosten des Umsatzes) werden in der für FI und CO gemeinsamen Ist-Einzelposten-Tabelle ACDOCA (Accounting Documents Actual) gespeichert. In einem Bericht der buchhalterischen Ergebnisrechnung als auch der

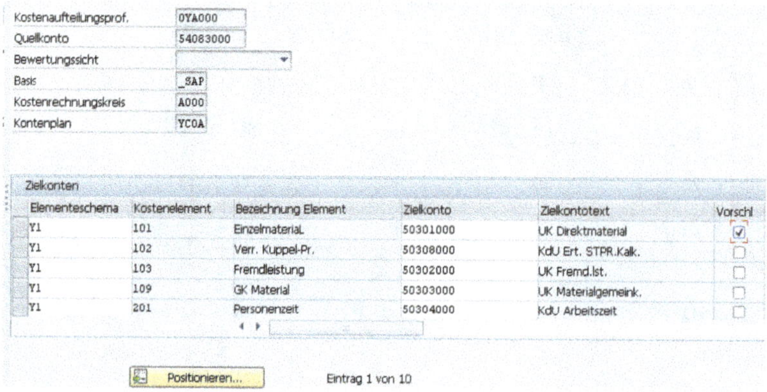

Kostenaufteilungsprof.	0YA000
Quellkonto	54083000
Bewertungssicht	
Basis	_SAP
Kostenrechnungskreis	A000
Kontenplan	YC0A

Zielkonten

Elementeschema	Kostenelement	Bezeichnung Element	Zielkonto	Zielkontotext	Vorschl
Y1	101	Einzelmaterial.	50301000	UK Direktmaterial	☑
Y1	102	Verr. Kuppel-Pr.	50308000	KdU Ert. STPR.Kalk.	☐
Y1	103	Fremdleistung	50302000	UK Fremd.lst.	☐
Y1	109	GK Material	50303000	UK Materialgemeink.	☐
Y1	201	Personenzeit	50304000	KdU Arbeitszeit	☐

Positionieren...   Eintrag 1 von 10

Abb. 7.7: Kostenaufteilungsprofil SAP S/4HANA

Hauptbuchhaltung können die variablen COGS berechnet werden aus:

$$\text{Kostenart} \cdot \text{Wert gesamt}$$
$$- \text{Kostenart} \cdot \text{Wert fix}$$
$$= \text{Kostenart} \cdot \text{Wert variabel}$$

Die Abbildung 7.7 zeigt die Zuordnung der Elemente des Elemente-Schemas der Erzeugnis-Kalkulation zu einzelnen Hauptbuchkonten. In jedem Element werden kostenartenbezogen die Kosten der Erzeugnis-Kalkulation beim Sichern der Kalkulation gespeichert. Jedes Element hat zwei Kostenfelder, ein Kostenfeld für die fixen und ein Kostenfeld für die variablen Kosten. Während in der kalkulatorischen Ergebnisrechnung die Elemente des Elemente-Schemas direkt jeweils eigenen Wertfeldern zugeordnet werden, erfolgt die Übernahme der Kalkulations-Elemente nach FI und CO-PA BUCH über die den Elementen zugeordneten Hauptbuchkonten. Damit diese COGS auch in der buchhalterischen CO-PA übernommen werden, müssen die Zielkonten vom Kontotyp Primärkostenart sein. Die Zielkonten enthalten intern nicht den Wert FIX und VARIABEL, sondern GESAMT und FIX. Daher müssen in den Deckungsbeitragsberichten der Finanzbuchhaltung und der buchhalterischen CO-PA die variablen Kosten durch Subtraktion des fixen Kostenanteils vom Gesamtkostenanteil berechnet werden. Zur Anzeige der variablen Kosten im Bericht der buchhalterischen CO-PA werden die zur Formel der variablen Kosten gesetzten Zeilen mit den Gesamtkosten und fixen Kosten der Kostenart im Berichtsformular ausgeblendet, so dass nur die variablen Kosten sichtbar sind. Für die Anzeige der fixen Kosten im Bericht ist eine Berechnung im Berichtsformular nicht notwendig, da mit der Kombination von Kostenart und Wert = fix direkt auf diesen Wert zugegriffen werden kann.

Die Abbildung 7.8 zeigt die Berechnung der variablen Materialkosten als Differenz von Gesamtmaterialkosten (Y004) und den fixen Materialkosten (Y005). Y004 und Y005 werden nach der Formeldefinition im Berichts-Formular ausgeblendet.

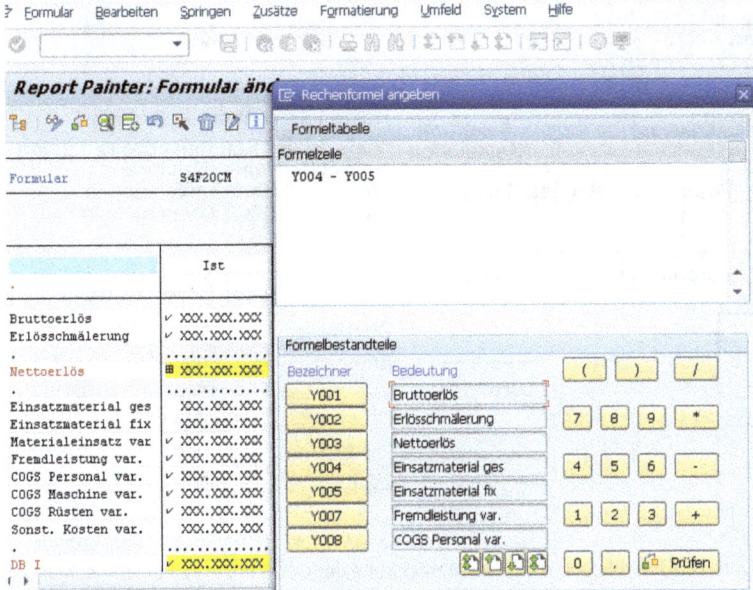

Abb. 7.8: Berechnung der variablen Kosten im Berichtsformular zur CO-PA BUCH in SAP S/4HANA

7.2.4 Deckungsbeitragsrechnung in der kalkulatorischen Ergebnisrechnung im System SAP S/4HANA

Die fixen und variablen Kostenanteile der sogenannten Kostenschichtung in der Erzeugnis-Kalkulation werden jeweils eigenen Wertfeldern in der Ergebnisrechnung in SAP S/4HANA zugeordnet. Basis muss also der Einsatz eines Kostenrechnungssystems nach der flexiblen Plankostenrechnung oder Grenzplankostenrechnung sein und die Pflege einer Zuordnungstabelle zwischen dem Elemente-Schema der Erzeugnis-Kalkulation (vgl. Kapitel 6 zum Produktkostencontrolling) und den Wertfeldern des Ergebniscontrollings sein, in der die fixen und variablen Anteile eines Kostenelementes in unterschiedliche Wertfelder gesteuert werden.

In der Abbildung 7.9 wird der Wertefluss für die Deckungsbeitragsrechnung dargestellt.

Im Customizing der kalkulatorischen Ergebnisrechnung wird für die Bewertung eine Bewertungsstrategie angelegt. Diese Bewertungsstrategie hat eine Position für die Selektion der Material- bzw. Produktkalkulation. Die Bewertungsstrategie selbst ist dem Bewertungszeitpunkt (zum Beispiel Ist-Buchungen, Plan-Buchungen), einer Vorgangsart (zum Beispiel Vorgang „A" für Kundenauftragseingang, Vorgang „F" für Faktura, usw.) und für die Selektion der Kalkulation bei der Planung zusätzlich einer Planversion zugeordnet. Die Position in der Bewertungsstrategie wiederum hat das markierte Kennzeichen für „Material-Kalkulation" und die Zuordnung des Mengenfeldes der Ergebnisrechnung. Dem Mengenfeld der Ergebnisrechnung ist das Mengen-

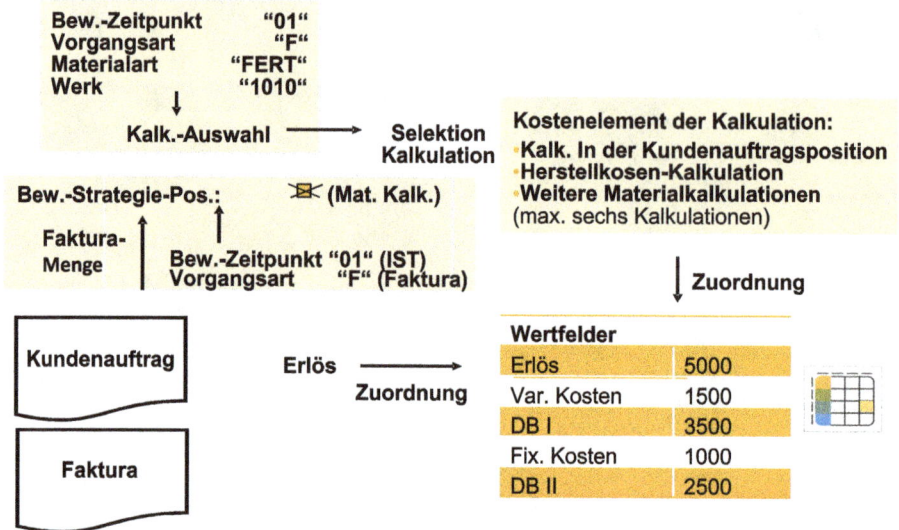

Abb. 7.9: Selektion der Ergzeugniskalkualtion zur Berechnung der COGS in der kalkuklatorischen Ergebnisrechnung in SAP S/4HANA

feld aus dem Kundenauftrag bzw. der Faktura zugeordnet. Damit ist in dieser Position der Bewertungsstrategie festgelegt, dass die Kundenauftragsmenge bzw. Faktura-Menge mit der Erzeugniskalkulation pro Stück zu multiplizieren ist.

Die Frage, welche Materialkalkulation selektiert werden soll bestimmt die Kalkulationsauswahl. Die Kalkulationsauswahl kann neben dem Bewertungszeitpunkt und der Vorgangsart noch weiteren Merkmalen, zum Beispiel der Materialart oder dem Werk zugeordnet werden. Mit dieser Zuordnung wird festgelegt, für welches Szenario – PLAN, IST, AUFTRAGSEINGANG, FAKTURA, etc. eine Kalkulationsauswahl herangezogen wird. Die Kalkulationsauswahl selbst enthält die notwendigen Selektionsparameter zur Selektion einer Materialkalkulation. Diese können einzig aus der Markierung „Kundenauftrag" bestehen. Werden die ist-Erlöse und Ist-Kosten von einer Kundenauftragsposition, welche Kostenträger ist, an die Ergebnisrechnung abgerechnet, dann enthält die Abrechnung bereits die Angaben zu Material-Nummer, Werk und die Auftragsmenge bzw. die Kundenauftrags-Nummer und Kundenauftrags-Positions-Nummer. Damit sind keine weiteren Selektionsparameter mehr notwendig und es genügt die Kennzeichnung „Kundenauftragskalkulation". Soll dagegen die Kalkulation der Herstellkosten der Materialnummer herangezogen werden, so enthält die Kalkulationsauswahl die Parameter Kalkulationsvariante und Kalkulationsversion. Material-Nummer und Werk wurden bereits durch die Merkmalsableitung abgeleitet und stehen für die Selektion der Kalkulation zur Verfügung.

Die Übernahme der Materialkalkulation in die Wertfelder der kalkulatorischen Ergebnisrechnung erfolgt durch die Zuordnung der sogenannten Kalkulationselemente der Materialkalkulation zu den Wertfeldern. Eine Materialkalkulation wird kostenar-

1., 2., 3., Kalkulationsauswahl

01 F 0 FERT 1010 I12 I10 ... ...

Zuordnung der Wertfelder
zu der Kalkulationsauswahl

KE	FV	WERTFELDER .....
10 (Material-Kst.	**Fix**	**VV100 VV200 VVK10 ..**
20 (Fertigung-Kst.	**Var**	**VV105 VV205 VVK11 ..**
20 (Fertigung-Kst.	**Fix**	**VV110 VV210 VVK12 ..**

SD-KALK   HK-Kalk.   Konzern-Kalk.

Abb. 7.10: Zuordnung der Kalkulations-Elemente zu Wertfeldern in SAP S/4HANA

tenbezogen, als Einzelnachweis und auch als sogenannte Kostenschichtung gespeichert. Die Kostenschichtung ist eine Customizing-Tabelle in der Produktkostenplanung, welche im Standard aus bis zu 20 Kostenelementen besteht. Jedem Kostenelement sind Kostenarten zugeordnet. Für die Übernahme der Fertigungsleistungen der Produktionskostenstellen sind dies die Verrechnungskostenarten der Leistungsarten. Für die Übernahme der Rohmaterialkosten bzw. Kosten für Baugruppen sind dies die Kostenarten, welche bei Lagerausgangsbuchungen aus der Kontenfindung (Transaktion OMWB) der Materialwirtschaft selektiert werden. Jedes Kostenelement der Kosten-

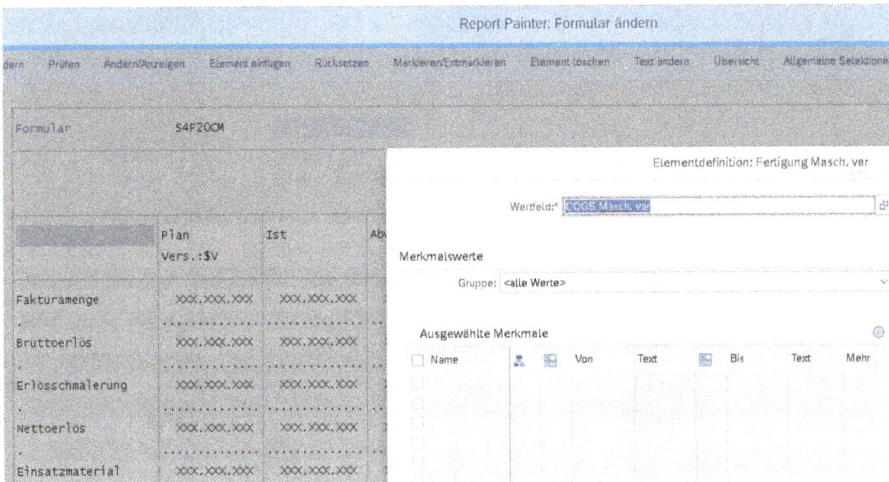

Abb. 7.11: Zuordnung der Wertfelder in einem Berichtsformular der kalkulatorischen Ergebnisrechnung in SAP S/4HANA

schichtung (oder auch Elemente-Schichtung genannt) enthält intern zwei Kostenfelder: Ein Kostenfeld für den variablen – und ein Kostenfeld für den fixen Kostenanteil der über die Kostenart gesammelten Kosten. Die Zuordnung erfolgt nun über die Kalkulationsauswahl.

In der Definition von Berichten und Berichtsformularen der kalkulatorischen Ergebnisrechnung kann direkt auf die Wertfelder für fixe und variable Kosten zugegriffen werden. Eine Berechnung variabler Kosten wie in der buchhalterischen Ergebnisrechnung ist nicht erforderlich.

7.2.5 Stufenweise Fixkostendeckungsrechnung

Grundaufbau einer Stufenweisen Fixkostendeckungsrechnung

In der Deckungsbeitragsrechnung mit differenzierter Fixkostenbehandlung soll eine verursachungsgerechtere Analysemöglichkeit gegenüber der Vollkostenrechnung erreicht werden. (Vgl. Agthe 1959 S. 404 ff.; Riebel 1994, S. 149 ff.; Coenenberg 2003 S. 233 ff.) Produktspezifische Fixkosten sind z. B. die Bezüge des Produktmanagements. Produktgruppenspezifische Fixkosten können z. B. die Abschreibungskosten der Betriebsmittel sein, auf denen die Produktgruppe produziert wird. Unternehmensspezifische Fixkosten sind Kosten der Betriebsbereitschaft, die in den indirekten Bereichen des Unternehmens anfallen (Verwaltung).

Auf jeder Ebene der Aufbauorganisation bzw. Berichtsebene des Unternehmens werden die dort anfallenden fixen Kosten vom Ergebnis subtrahiert. Dies erfolgt im Rahmen einer Verrechnung der Fixkosten in das Ergebniscontrolling en bloc. Bei der Überleitung werden die Merkmale des Ergebniscontrollings (Artikel, Artikelgruppe, Profit Center, ...) mit definiert.

Die Tabelle 7.1 zeigt, dass der Deckungsbeitrag nach Branche, Warengruppe, usw. sukzessive im Sinne einer stufenweisen Fixkostendeckungsrechnung bzw. Deckungsbeitragsrechnung analysiert werden kann.

Fallbeispiel zur Stufenweisen Fixkostendeckungsrechnung

Bei der folgenden Zeilenstruktur einer Stufenweisen Fixkostendeckungsrechnung handelt es sich um das Fallbeispiel eines international tätigen Konzerns der Metall- und Kunststoffverarbeitenden Industrie, der auch Handelsgeschäfte betreibt und Beratungsdienstleistungen anbietet (Vgl. Varnholt/von Becker 1994).[11] Es liegt somit ein von der Art der produzierten Leistungen sehr unterschiedliches Produktionsprogramm vor. Es stellte sich die Aufgabe, alle Berichtseinheiten vom Artikel bis zur internationalen Sparte bzw. zum kalkulatorischen Konzernergebnis in der Zei-

---

[11] Es handelt sich hier um die verkürzte und vereinfachte Darstellung eines entsprechenden Beratungsprojektes.

Tab. 7.1: Stufenweise Fixkostendeckungsrechnung (eigene Darstellung)

In €/Pe	Produktgruppe				
	A1	A2	B1	B2	Summe
Bruttoerlös	62.200	72.900	98.400	74.500	308.000
– Erlösschmälerungen	1.800	2.200	3.700	1.600	9.300
= Nettoerlös	60.400	70.700	94.700	72.900	298.700
– variable Fertigungs- und Vertriebskosten	42.700	48.100	47.200	28.600	166.600
= Deckungsbeitrag I	17.700	22.600	47.500	44.300	132.100
– produktfixe Kosten	19.200	1.500		18.600	39.300
= Deckungsbeitrag II	1.500	21.100	47.500	25.700	92.800
Summe DB II Produktgruppe	19.600		73.200		
– produktgruppenfixe Kosten	22.900		32.700		55.600
= Deckungsbeitrag III	–3.300		40.500		37.200
– unternehmensfixe Kosten					29.000
= Periodenergebnis					8.200

lenstruktur so anzuordnen, dass alle zuzurechnenden Leistungen und Kostenarten auf der richtigen Stufe berücksichtigt werden können. Wenn in einer Sparte eine bestimmte Berichtseinheit z. B. ein Artikelgruppendeckungsbeitrag der Artikel xyz nicht existiert, weil diese direkt zur Berichtseinheit Artikelhauptgruppe zusammengefasst werden, so wird dieser nicht berechnet und im Berichtswesen nicht gezeigt. Die Systematik der Fixkostendeckungsrechnung wird durch nicht genutzte Optionen für Berichtseinheiten nicht gestört. Die Zeilenstruktur geht von derjenigen Sparte mit dem Bedürfnis nach der feingliedrigsten Struktur der Berichtseinheiten aus und wird somit allen Sparten des Konzerns gerecht.

Die Produktionssparten des Konzerns produzieren für die Vertriebssparten des Konzerns sowie für Dritte, d. h. die Leistungen der Produktionssparten werden zwar größtenteils aber nicht vollständig über die Vertriebssparten vertrieben. An bestimmte Schlüsselkunden können die Produktionssparten auch direkt fakturieren. An die Vertriebssparten fakturieren die Produktionssparten Konzernverrechnungs- (Werksabgabe-) preise. Die Stufenweise Fixkostendeckungsrechnung musste der komplexen Tensororganisation[12] des Konzerns sowie der Artikelvielfalt gerecht werden. Die einzelnen Stufen[13] sind im hier vorliegenden Fallbeispiel für die Produktionssparten als auch die Vertriebssparten gleich; die Zeileninhalte unterscheiden sich aufgrund der unterschiedlichen Kostenarten, die jeweils hineingesteuert werden.

Der Bruttoumsatz der Produktionssparten ergibt sich aus Menge mal Verrechnungspreis an die Vertriebssparten oder Dritte. Der Bruttoumsatz der Vertriebssparten

---

12 Die Tensororganisation ist eine dreidimensionale Aufbauorganisation, die die Verantwortungsbereiche für Funktionen, Sparten und Länder(-gruppen/Kontinente) beinhaltet.
13 Die einzelnen Stufen der Fixkostendeckungsrechnung wurden auf Wunsch der Unternehmensleitung als Deckungsbeitragsstufen 1–8 bezeichnet.

Tab. 7.2: Grobgliederung der Zeilenstrukturen der Stufenweisen Fixkostendeckungsrechnungen der Produktions- und der Vertriebssparten des Fallbeispielunternehmens

Produktionssparte	Vertriebssparte
Erlösarten	Erlösarten
Erlösschmälerungen	Erlösschmälerungen
Nettoumsatz	Nettoumsatz
Variablen Einzelkosten	Variablen Einzelkosten
DB 1 Artikelgrenzbeitrag	DB 1 Artikelgrenzbeitrag
Quasi-Fixe Einzelkosten	Quasi-Fixe Einzelkosten
DB 2 Artikeldeckungsbeitrag	DB 2 Artikeldeckungsbeitrag
Typengruppenfixe Kosten	Typengruppenfixe Kosten
DB 3 Typengruppen DB	DB 3 Typengruppen DB
Artikelgruppenfixe Kosten	Artikelgruppenfixe Kosten
DB 4 Artikelgruppen DB	DB 4 Artikelgruppen DB
Artikelhauptgruppenfixe Kosten	Artikelhauptgruppenfixe Kosten
DB 5 Artikelhauptgruppen DB	DB 5 Artikelhauptgruppen DB
Spartenfixe Kosten – national beeinflussbar	Spartenfixe Kosten – national beeinflussbar
DB 6 Produktionssparten DB	DB 6 Vertriebssparten DB
Spartenfixe Kosten – national nicht beeinflussbar	Spartenfixe Kosten – national nicht beeinflussbar
DB 7 Produktionssparten DB	DB 7 Vertriebssparten DB
Spartenfixe Kosten International	Spartenfixe Kosten International
DB 8 Produktionssparte International	DB 8 Vertriebssparte International
Kalkulatorisches Konzernergebnis	

errechnet sich aus Menge mal Verkaufspreis an Dritte, Verbundene Unternehmen und Beteiligungen. Der Ausweis der Erlösschmälerungen Rabatte, Boni und Gutschriften ist eine wichtige Information zur Steuerung des Vertriebsaußendienstes. Falls der Vertrieb diese Absatzinstrumente zu intensiv einsetzt, weil z. B. seine Zielprämien nur an Absatz- und/oder Umsatzziele aber nicht an Deckungsbeitragsziele geknüpft sind, müssen Controlling und Vertriebsleitung Maßnahmen zur Begrenzung übermäßiger Erlösschmälerungen und zur Stabilisierung des Nettoumsatzes einleiten. Die Fixkostendeckungsrechnung ist dem Vertriebsaußendienst bis zur Stufe 5 Artikelhauptgruppen DB vorzulegen. Im Rahmen einer Führung durch Zielvereinbarung (angels.: Management by Objectives) sind für den Vertrieb nicht nur Umsatzziele sondern auch Deckungsbeitragsziele festzulegen und Zielerreichungsprämien hieran zu knüpfen.

Nach dem Nettoumsatz folgen in der Zeilenstruktur die variablen Einzelkosten, welche in den Produktionssparten naturgemäß andere sind als in den Vertriebssparten. In der Produktionssparte sind zunächst die Einzelmaterialkosten inkl. Bezugskosten zu berücksichtigen. In diese Zeile fallen nicht nur die Rohstoffe, wie z. B. Bleche oder Kunststoff-Granulat sondern auch zugekaufte Halbfertigfabrikate.

Tab. 7.3: Vom Nettoumsatz zum Grenzbeitrag im Fallbeispiel der Stufenweisen Fixkostendeckungsrechnung

Produktionssparten	Vertriebssparten
Nettoumsatz überwiegend Konzernverrechnungspreise	Nettoumsatz überwiegend an Dritte
– Material inkl. Bezugskosten gem. Erzeugniskalkulation	– Handelswareneinsatz inkl. Bezugskosten insbesondere aus den Produktionssparten
– Fertigungseinzellöhne	– Aufkleber-/Heißsiegeleinzelkosten
– Nacharbeitslöhne	– Fertigungseinzellöhne in Lagern und Versand
– Stromverbrauch	– Provisionen freier Handelsvertreter
– Wasserverbrauch	– Provisionen für Vertriebsaußendienst
– Gasverbrauch	– Mengenabhängige Umweltabgaben
– Druckluftverbrauch	
– Produktionslizenzen (mengeninduziert)	
= Artikelgrenzbeitrag	= Artikelgrenzbeitrag

In den Vertriebssparten kommen neben den Verrechnungspreisen aus den Produktionssparten variable Einzelmaterialkosten in den Fertigwarenlagern in Form von Aufklebern, Heißsiegel- und Blisterfolien vor. Die Erfassung von Lagerpersonalkosten (Konfektionierlöhne) als Kostenträgereinzelkosten wird in der Vertriebsspartenrechnung z. T. anstelle der Erfassung als Kostenstelleneinzelkosten auf den Lagerkostenstellen durchgeführt.

Die Entscheidungsrelevanz der Erfassung von Lagerlöhnen als Einzelkosten liegt darin, festzustellen, welche Handelsartikel ihren DB durch hohe Kosten der Ein- und Auslagerung und Versandfertigmachung etc. (lat.: Kommissionierung; angels.: Handling Cost) verschlechtern. Eine Konsequenz kann sein, dass diese Artikel überwiegend oder ausschließlich im Streckengeschäft gehandelt oder Rationalisierungsmaßnahmen im Lager getroffen werden. Hierbei kann eine Entscheidungsfindung auch mit der Prozesskostenrechnung vorbereitet werden.[14]

Die Übersicht (Tab. 7.3) zeigt die Kostenarten, die vom Nettoumsatz subtrahiert werden, um zum Artikelgrenzbeitrag (Deckungsbeitrag 1) zu gelangen.

Von diesem mengenabhängigen Grenzbeitrag werden alle Kostenarten abgezogen, die in die Kategorie der fixen Einzelkosten fallen. Das sind diejenigen Kosten, die einem Artikeltyp verursachungsgerecht zuzurechnen sind, aber unabhängig von der Menge anfallen. Dies sind in den Produktionssparten z. B. die zeitinduzierten Produktionslizenzen[15].

---

14 Siehe zum Grundaufbau einer Prozesskostenrechnung auch das entsprechende Kapitel 5 Prozesskostencontrolling dieses Buches.

15 Zeitinduzierte Produktionslizenzen werden für eine bestimmte Zeitdauer erworben, in der eine beliebige Menge produziert werden kann. Den Gegensatz bilden mengeninduzierten Lizenzen, bei denen für jede produzierte Einheit Lizenzgebühren anfallen; letztere stellen variable Kosten dar.

Tab. 7.4: Vom Artikelgrenzbeitrag zum Typengruppendeckungsbeitrag im Fallbeispiel der Stufenweisen Fixkostendeckungsrechnung

Produktionssparten	Vertriebssparten
Artikelgrenzbeitrag	Artikelgrenzbeitrag
– Produktionslizenzen (zeitinduziert)	– Kalkulatorische Zinsen auf Forderungen
– Mietkosten Artikel bez. Betriebsmittel	– Kalkulatorische Zinsen auf Bestände
– Kalk. AFA auf Artikel bez. Betriebsmittel	
– Kalk. Zinsen auf Artikel bez. Betriebsmittel	
– Mietkosten Artikel bez. Werkzeuge	
– Kalk. AFA Artikel bez. Werkzeuge	
– Kalk. Zinsen Artikel bez. Werkzeuge	
= Artikeldeckungsbeitrag	= Artikeldeckungsbeitrag
Summe aller Artikeldeckungsbeiträge	Summe aller Artikeldeckungsbeiträge
– Kalk. Kosten	– Produkthaftpflicht
– Personalkosten	– Kalk. Garantiekosten
– Verbrauchsstoffe	– Werbung
– Verwaltungskosten	
= Typengruppendeckungsbeitrag	= Typengruppendeckungsbeitrag

Weiterhin sind als fixe Einzelkosten diejenigen Betriebsmittelkosten zu berücksichtigen, die für Betriebsmittel anfallen, die nur für einen Artikel produzieren. Diese Betriebsmittelkosten können entweder Leasingkosten oder kalkulatorische Abschreibungen und Zinsen auf eigene Betriebsmittel sein. In gleicher Weise werden Werkzeuge (auswechselbare Maschinenbestandteile) behandelt. Handwerkliche Werkzeuge gehen in die Gemeinkostenzeilen ein. In den Vertriebssparten werden als fixe Einzelkosten kalkulatorische Zinsen auf Forderungen[16] und auf die Bestände in den Fertigwarenlagern ermittelt. Die Vertriebssparten verzinsen die sich zu einem Stichtag am Monatsende bestehenden Forderungen mit einem vom Zentralcontrolling vorgegebenen Zinssatz. Diese Zinskosten sind nicht absolut fix im Sinne eines monatlich exakt gleichbleibenden Betrages. Sie sind aber auch nicht variabel im Sinne beschäftigungsbezogener variabler Einzelkosten, d. h. sie sind nicht von der produzierten, sondern weitgehend von der abgesetzten Menge abhängig. Die Zinsen auf Forderungen hängen vom Zahlungsziel und von den Zahlungszielüberziehungen ab. Die Zinsen auf Bestände sind abhängig von der Höhe der Bestände in den Fertigwarenlagern, die ihrerseits wiederum vom Bestandmanagement und der gewünschten Lieferfähigkeit abhängen.

Mehrere Artikel bilden im Fallbeispiel eine Typengruppe. Von der Summe aller Artikelbeiträge einer Typengruppe sind die typengruppenfixen Kosten abzuziehen. Auf Produktionsspartenebene setzen sich die typengruppenfixen Kosten aus den

---

16 Bei einer fortgeschrittenen Controllinganwendung würde man diese Zinskosten als variable Kosten sehen.

Kosten der für eine Typengruppe zuständigen Kostenstelle zusammen. In der Zeilenstruktur der Kostenstellenberichte des Fallbeispielunternehmens sind die Zeilen Kalkulatorische Kosten, Personalkosten, Verbrauchsstoffe und Verwaltungskosten enthalten. Diese Zeilenstruktur zieht sich durch alle Stufen bis zum Produktionsspartendeckungsbeitrag der Fixkostendeckungsrechnung der Produktionssparten hindurch.

Die Kostenarten in den Zeilen ab dem Typengruppendeckungsbeitrag der Vertriebssparten sind *Werbung, Anwendungstechnik und Entwicklung* und *Vertrieb Innendienst*. Im Artikelhauptgruppen-Deckungsbeitrag werden die Vertriebsaußendienstkosten hinzugerechnet. Werbungskosten sind i. d. R. Anzeigen in Fachzeitschriften, Druckkosten für Werbeträger etc. Die Werbungskosten werden auf entsprechenden Innendienst Kostenstellen kontiert und von dort in die entsprechenden Zeilen der jeweiligen Stufe der Fixkostendeckungsrechnung gesteuert.

In der Zeilenstruktur der Vertriebssparten finden sich die Zeilen Lager, Ausgangsfrachten und Vertriebsleitung, wobei diese Zeilen nur gefüllt werden, wenn diese Kostenarten auf der entsprechenden Stufe auch verursacht werden. Das Aufteilen der Speditions- oder Bahnrechnungen auf verschiedene Artikel (-gruppen) ist bei gemischten Frachtchargen allerdings arbeitsaufwendig.

Als Alternative sind in den nationalen Vertriebssparten Frachtkostenstellen eingerichtet, die als Kostensammler (ähnlich einem Innenauftrag; siehe das entsprechenden Kapitel 4 Controlling mit Innenaufträgen) die Frachtkosten sammeln. Die nationalen Vertriebsspartenleitungen können wählen, ob sie die Frachtkosten den Artikel-(haupt-) gruppen verursachungsgerecht aber arbeitsaufwendig zurechnen oder einfacher aber nicht verursachungsgerecht in die Kostenstelle Frachtkosten steuern.

Das Vertriebsspartenergebnis gliedert sich in einen durch den Spartenleiter beeinflussbaren nationalen Vertriebsspartendeckungsbeitrag 1 und einen teilweise nicht beeinflussbaren Vertriebsspartendeckungsbeitrag 2. In den letzteren werden die Umlagen der nationalen Verwaltung (Geschäftsführung des jeweiligen Landes) gesteuert. Nach den nationalen Fixkostenblöcken sind noch auf der internationalen Ebene verursachte Fixkosten zu berücksichtigen, die sich aus den Umlagen der internationalen Werbung und des Konzernvorstandes zusammensetzen.

Die vorgestellte Zeilenstruktur löst für den Beispielkonzern eines der grundsätzlichen Probleme der Stufenweisen Fixkostendeckungsrechnung: den Kompromiss zwischen Übersichtlichkeit und Aussagefähigkeit. Für die Aussagefähigkeit und den Einsatz für dispositive Zwecke im operativen Tagesgeschäft der Führungskräfte und der Konzernleitung müssen ein konzerneinheitliches Berichtswesen und eine Vergleichbarkeit von sehr unterschiedlichen Berichtseinheiten (Controlling-Objekten) gewährleistet sein. Es ist somit sichergestellt, dass die einzelnen nationalen und internationalen ergebnisverantwortlichen Berichtseinheiten (angels.: Profit Center) gesteuert werden können.

7.2.6 Die stufenweise Fixkostendeckungsrechnung im System SAP S/4HANA

Ein Marktsegment ist die Kombination von Vertriebsmerkmalen, welche aus den Kundenaufträgen, Kundenstammsätzen und Materialstammsätzen abgeleitet werden. Welche Merkmale in den Buchungen der Ergebnisrechnung übernommen werden sollen, bestimmen die Einstellungen zum Ergebnisbereich. Der Ergebnisbereich wird im vorherigen Kapitel "Verfahren der Ergebnisermittlung im System SAP S/4HANA" behandelt. Die Zusammenstellung der Merkmale generell und der Wertfelder für die kalkulatorische Ergebnisrechnung wird an dieser Stelle nun vertieft.

Die nachfolgende Abbildung zeigt eine Sicht auf den Ergebnisbereich System SAP S/4HANA. Einerseits erfolgt die Zusammenstellung der Merkmale für die Ergebnisrechnung durch Übernahme aus der Vorlage. Technisch notwendige Merkmale, zum Beispiel Belegnummer, Buchungsdatum, Plan-/Ist-Kennzeichen, usw. sind als sogenannte FESTE FELDER automatisch einem neu angelegten Ergebnisbereich zugeordnet.

Neben den aus dem Stammsätzen wie Kundenstammsatz, Materialstammsatz, usw. übernommenen Merkmalen können in der Ergebnisrechnung weitere Merkmale

Tab. 7.5: Vom Typengruppendeckungsbeitrag zum internationalen Spartendeckungsbeitrag im Fallbeispiel der Stufenweisen Fixkostendeckungsrechnung

Produktionssparte	Vertriebssparte
Summe aller Typengruppendeckungsbeiträge	Summe aller Typengruppendeckungsbeiträge
– Kalk. Kosten der Artikelgruppe	– Vertrieb Innendienst der Artikelgruppe
– Personalkosten der Artikelgruppe	– Anwendungstechnik u. Entwicklung der Artikelgruppe
– Verbrauchsstoffe der Artikelgruppe	– Werbung der Artikelgruppe
– Verwaltungskosten der Artikelgruppe	
= Artikelgruppendeckungsbeitrag	= Artikelgruppendeckungsbeitrag
Summe aller Artikelgruppendeckungsbeiträge	Summe aller Artikelgruppendeckungsbeiträge
– gleiche Kostenartenzeilen wie oben	– gleiche Kostenartenzeilen wie oben
	– Vertrieb Außendienst
= Artikelhauptgruppendeckungsbeitrag	= Artikelhauptgruppendeckungsbeitrag
Summe aller Artikelhauptgruppendeckungsbeiträge	Summe aller Artikelhauptgruppendeckungsbeiträge
– gleiche Kostenartenzeilen wie oben	– gleiche Kostenartenzeilen wie oben
– nationale Produktionsleitung	– nationale Vertriebsleitung
= Produktionsspartendeckungsbeitrag national 1 (beeinflussbar)	= Vertriebsspartendeckungsbeitrag national 1 (beeinflussbar)
– Umlagen der nationalen Verwaltung	– Umlagen der nationalen Verwaltung
= Produktionsspartendeckungsbeitrag national 2 (nicht vollständig beeinflussbar)	= Vertriebsspartendeckungsbeitrag national 2 (nicht vollständig beeinflussbar)
– Umlagen der internationalen Verwaltung	– Umlagen der internationalen Verwaltung
= Produktionsspartendeckungsbeitrag international	= Vertriebsspartendeckungsbeitrag international

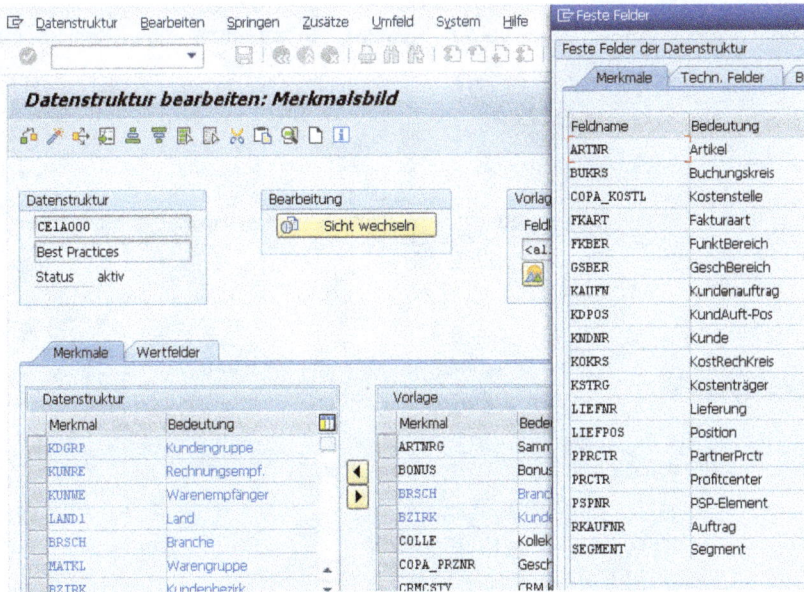

Abb. 7.12: Zuordnung der Merkmale zum Ergebnisbereich im System SAP S/4HANA

angelegt werden. Für diese sogenannten Kundenmerkmale (Kunden im Sinne von SAP Kunde mit Anwendung des SAP Systems) müssen in der Ergebnisrechnung die Merkmalswerte gepflegt werden. Auch die Einstellungen für die Ableitung der Merkmalswerte müssen selbst vorgenommen werden, während die Merkmalsableitung für alle Merkmale aus der Vorlage automatisch generiert werden.

Im Gegensatz zur buchhalterischen Ergebnisrechnung, in welcher Erlöse und Kosten auf Kostenarten gebucht werden erfolgt die Buchung in der kalkulatorischen Ergebnisrechnung auf sogenannten Wertfeldern. Dies hat zu Folge, dass in den Einstellungen des SAP Systems die Quellen der Beträge, zum Beispiel Kostenarten, Konditionsarten im Vertrieb und Elemente der Materialkalkulation entsprechend Wertfeldern zugeordnet werden müssen.

Welche Wertfelder in der Ergebnisrechnung geführt werden, wird im Ergebnisbereich festgelegt. Es werden von SAP Standardwertfelder ausgeliefert oder im Kundensystem selbst eigenen Wertfelder angelegt, welche dann allerding mit VV… beginnen müssen. So oder so gibt es keine automatische Wertfeldzuordnung, die Zuordnung sowohl der Betrags-Wertfelder als auch der Mengen-Wertfelder (z. B. Kundenauftragsmenge) ist eine notwendige Einstellung in der Ergebnisrechnung des SAP Systems.

Betrag gesamt und Betrag fix

Die Abbildung 7.13 zeigt die Zuordnung der Wertfelder in den Ergebnisbereich. Das Window in der Abbildung zeigt die vorhandenen festen Felder für die Ergebnisrech-

Abb. 7.13: Zuordnung der Wertfelder im Ergebnisbereich im System SAP S/4HANA

nung an. Die Beträge werden als Gesamtwert in Konzern-Währung (KWähr), Objektwährung (Währung des CO-Objektes, zum Beispiel Projekt (OWähr)) und Transaktionswährung (Verbuchung eines Beleges in ausländischer Währung) übernommen. Falls keine Objektwährung geführt wird (Regelfall), wird anstatt der Objektwährung die Buchungskreiswährung geliefert. Zusätzlich neben dem Gesamtwert in Konzernwährung wird auch der fixe Kostenanteil – allerdings nur in Konzernwährung – übermittelt (Wert fix KW).

Damit steht fest, dass eine Deckungsbeitragsrechnung bzw. stufenweise Fixkostendeckungsrechnung in folgenden Modulen zur Verfügung steht:
- Kalkulatorischen Ergebnisrechnung
  - Ergebnisbereichswährung (oder bzw. in der Regel Konzernwährung)
  - Buchungskreiswährung
- Buchhalterische Ergebnisrechnung
  - Konzernwährung

Eine Deckungsbeitragsrechnung respektive stufenweise Fixkostendeckungsrechnung ist in beiden Formen der Ergebnisrechnung möglich. Der Unterschied liegt darin, dass die Selektion der Kosten in der kalkulatorischen Ergebnisrechnung direkt über die Zuordnung der Wertfelder zu den Kalkulationselementen und deren fixen und variablen Kostenfeldern (Fix-Variabel-Kennzeichen in der Zuordnung) erfolgt und die Kalkulation in Buchungskreiswährung erstellt wird. Für die buchhalterische Ergebnisrechnung werden die Kalkulationselemente dagegen Hauptbuchkonten zugeordnet, ein fix-variabel-Kennzeichen für die Zuordnung existiert dagegen nicht. Vielmehr führt das System in FI die Beträge als Gesamtwert und fixer Wert.

Es ist zwar möglich, einem Buchungskreis weitere eigene Währungstypen hinzu zu fügen. Allerdings wird in der Dokumentation der SAP darauf hingewiesen, dass eigene Währungstypen nicht zur Abstimmung mit Entitäten in CO herangezogen werden können.

Kontierung auf Ergebnisobjekt bei Abrechnung an die Ergebnisrechnung

Während die Materialkalkulation sich auf die einzelne Materialnummer bezieht und damit auch Material-bezogene fixe Kosten berechnet, erfolgt bei der Abrechnung von Beträgen an die Ergebnisrechnung die Angabe von Merkmalen der Ergebnisrechnung als Abrechnungsempfänger. Je nach Bezug des Senderobjektes landen die abgerechneten Beträge auf der entsprechenden Fixkosten-Deckungsebene.

Beispiel

a) Eine Kundenauftragsposition wird als Kostenträger geführt. Die Position beinhaltet die Angabe der Produkt-Nummer und das Werk. Als Kostenträger können Ist-Kosten an die Kundenauftragsposition verrechnet werden. Gleiches gilt für die Verbuchung des Warenausgangs, auch wird die Warenausgangsmenge multipliziert mit den kalkulierten Herstellkosten pro Stück als Ist-Kosten auf der Kundenauftragsposition gebucht. Bei Faktura der Kundenauftragsposition erfolgt die Verbuchung der Erlöse neben der Finanzbuchhaltung im CO auf die Kundenauftragsposition als Kostenträger. Die Abrechnung der Ist-Erlöse und der Ist-Kosten einschließlich fixer Kostenanteile an die Ergebnisrechnung bucht auf der Fixkosten-Deckungs-Ebene PRODUKT.

b) Es wird ein Projekt geführt, welches Kosten und Erlöse für Dienstleistungen zu einer Produktsparte führt. Durch die Verrechnung der Kosten auf das Projekt und dem Eintrag des Projektes in der Kundenauftragsposition werden neben den Kosten auch die Erlöse auf das Projekt kontiert. Die Abrechnung des Projektes an die Ergebnisrechnung bucht auf der Fixkostendeckungsebene PRODUKTSPARTE.

c) Zur Vervollständigung des Gesamtergebnisses werden die Salden der Kostenstellen der Verwaltung an die Ergebnisrechnung per Umlage verrechnet. In diesem Beispiel erfolgt die Buchung in der Ergebnisrechnung auf der Fixkostendeckungsebene BUCHUNGSKREIS (Gesellschaft).

Die vorherige Abbildung zeigt die Abrechnungsvorschrift eines Innenauftrags. Je nach Angabe der Merkmale der Ergebnisrechnung wird die Merkmalsebene und damit auch die Fixkostendeckungsstufe definiert.

Mit Blick auf die Merkmalsableitung wird zum Beispiel die Warengruppe aus dem Materialstamm des Materials und damit des Produktes abgeleitet. Die Warengruppe

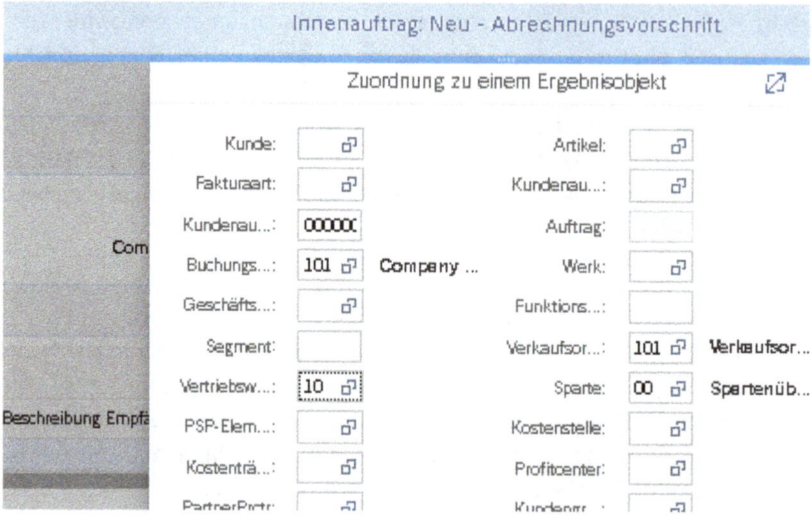

Abb. 7.14: Abrechnungsempfänger ERGEBNISOBJEKT im System SAP S/4HANA

stellt damit eine höhere Merkmalsebene bzw. Organisationsebene dar als das Produkt. Fixe Kosten auf der Ebene Warengruppe sind Instandhaltungskosten von Produktionsanlagen, auf denen alle Produkte einer Warengruppe hergestellt werden.

Gleiches gilt für das Beispiel Kundengruppe und Kunde. Die Kundengruppe wird aus dem Kundenstammsatz abgeleitet und stellt damit eine höhere Merkmalsebene dar als das Merkmal Kunde. Fixe Kosten einer Kundengruppe sind die Personalkosten fest angestellten Personals, welches für Service-Leistungen einer Kundengruppe kostenfrei zur Verfügung steht.

Zusammenfassung

Die Zurechnung der fixen Kosten, unabhängig ob durch Übernahme aus der Materialkalkulation oder über die Kundenauftragskalkulation wird im SAP System realisiert durch:

- Die Merkmalsebene, welche in der Abrechnung bzw. Kontierung angegeben werden.
- Die Quelle, über welche fixe Kosten an die Ergebnisrechnung verrechnet werden. Beispiel:
  - Produkt-bezogene Fixkosten über Materialkalkulation
  - Produkt-bezogene Fixkostenanteile in den Abweichungen der Produktionsaufträge
  - Kostenstellen-Fixkosten über die Verrechnung von Leistungen mit einem fixen Tarif-Anteil.
- usw.

7.3 DB-Rechnung bei Engpässen

7.3.1 Grundlagen

Unternehmen müssen immer wieder entscheiden, wie sie vorhandene knappe Kapazitäten optimal einsetzen sollen. Das Problem kann mindestens drei Ursachen haben:
- Das Unternehmen ist so schnell gewachsen, dass es mit der gestiegenen Nachfrage nicht mithalten kann.
- Das Unternehmen hat wissentlich entschieden, dass es z. B. für die Hochsaison keine weiteren Kapazitäten bereithält, weil sich ansonsten in anderen Zeiten zu hohe Leerkosten ergeben.
- Die Engpasskapazitäten lassen sich nicht erweitern.

In jedem Fall stellt sich das Planungsproblem, wie die kurzfristig nicht mehr erweiterbaren Kapazitäten genutzt werden sollten. Es geht also um eine kurzfristige Fragestellung und das für einen bestimmten Zeitraum. Die Zeitangabe ist wichtig, weil bereits etwas später die Kapazitätsauslastungen geringer oder noch höher sein können. Engpässe sind z. B. in den folgenden Bereichen für den betrachteten Zeitraum denkbar:
- Verfügbare Rohstoffmenge
- Maschinenkapazitäten
- Raumkapazitäten (z. B. Kongresszentrum)
- Verkehrsmittel (z. B. Flugzeuge in der Hochsaison)
- Slots auf Flughäfen
- Personal (quantitativ und qualitativ)
- Lager
- Kapital usw.

Eine Einflussmöglichkeit des Unternehmens besteht in seiner Preispolitik. Es kann versuchen, mit hohen Preisen die Nachfrage zu reduzieren und damit maximale Deckungsbeiträge abzuschöpfen. Ein Beispiel liefert die Reiseindustrie, die während der Hochsaison die Preise so weit nach oben dreht, dass hinreichend viele Nachfrager auf andere Zeiten ausweichen. Trotzdem bleiben Situationen, in denen das Unternehmen aussuchen muss, welche Nachfrage bedient werden soll. Dazu muss das Unternehmen finanzielle und nicht-finanzielle Gesichtspunkte berücksichtigen.

Da die Fixkosten in der kurzfristigen Fragestellung nicht beeinflussbar sind, wird das Unternehmen auf der finanziellen Seite seine Deckungsbeiträge maximieren.

Zunächst sollen die Voraussetzungen für die Anwendung der Deckungsbeitragsmodelle geklärt werden. Die Optimierung erfolgt dann für den häufigen Fall eines einzigen gemeinsamen Engpasses. Das Ergebnis zeigt auch die Opportunitätskosten, die weiter interpretiert werden können.

Präzisierung des Deckungsbeitrags

Die Standarddefinition des Deckungsbeitrages enthält leider einige Probleme, die erst beseitigt werden müssen, bevor die Deckungsbeitragsrechnung sinnvoll angewendet werden kann (Vgl. zu den Problemen der Deckungsbeitragsrechnung Hoberg (2004b), S. 347–353).

Im ersten Schritt ist der Preis genauer zu definieren. Es muss der Nettopreis ermittelt werden, was im Kapitel 2 ausführlich dargestellt wurde.

Im zweiten Schritt empfiehlt es sich, die Dimensionen der Variablen zu ergänzen. Für die Formel des Deckungsbeitrags findet man in der Literatur entweder gar keine Dimension oder häufig nur die Dimension €.[17] Die Angabe eines Deckungsbeitrages ohne Nennung der zeitlichen Bezugsgröße (z. B. ein Monat) ist nicht sinnvoll. Daher wird hier wieder von einer bestimmten betrachteten Periode ausgegangen, so dass die zeitraumbezogenen Größen die Dimension „€ in der betrachteten Periode" – kurz €/Pe – tragen. Die Abkürzung €/Pe steht somit nicht für eine Durchschnittsgröße. Innerhalb einer Periode fallen die Größen gemäß den impliziten Prämissen der Kosten- und Leistungsrechnung genau in der Mitte an (Vgl. zum zeitlichen Anfall von Kosten und Leistungen Hoberg (2004a), S. 271–279), was allerdings nur bei längeren Perioden zu Ergebnisunterschieden führt.

Im dritten Schritt ist die Menge x genauer zu betrachten. Denn Mengen, die als Naturalrabatt an den Kunden gegeben wurden, führen nicht zu Einzahlungen. Somit sollte der gesamte Nettoumsatz U_N durch die gesamte Absatzmenge dividiert werden, um den tatsächlichen Nettopreis p_N zu erhalten.

Auch der variable Stückkostensatz k_v muss präzisiert werden. In der betrieblichen Wirklichkeit gibt er die Stückkosten wieder, wie sie am Ende der Produktion angefallen sind. Aber zusätzlich sollte mit einem Faktor der Tatsache Rechnung getragen werden, dass Teile der produzieren Menge in die Qualitätskontrolle wandern, beim Transport oder der Lagerung verloren gehen, verderben, beschädigt werden usw. Der variable Stückkostensatz k_v muss also einen Aufschlag erhalten und wird damit in den absatzmengenbasierten Stückkostensatz k_{vA} überführt.

Damit kann die obige Formel modifiziert werden:

$$DB = U_N - K_{vA} = p_N \cdot x_A - k_{vA} \cdot x_A = \quad \text{in } €/\text{Pe}$$

$$= (p_N - k_{vA}) \cdot x_A = d \cdot x_A \quad \text{in } €/\text{Pe}$$

DB   Deckungsbeitrag, in € in der betrachteten Periode (€/Pe)

U_N Nettoumsatz, in € in der betrachteten Periode (€/Pe)

K_{vA} Variable absatzmengenbasierte Periodenkosten, in €/Pe

p_N Nettopreis (nach allen Rabatten), in € pro Mengeneinheit (€/ME)

k_{vA} Variable absatzmengenbasierte Stückkosten, in €/ME

---

[17] Was passieren kann, wenn die Dimensionen/Einheiten nicht angegeben werden, ist in der 23. Auflage des Wöhe auf S. 985 zu sehen. Variable und Dimensionen werden durcheinander geworfen.

x_A Abgesetzte Menge in der betrachteten Periode (ME/Pe)
d   Deckungsspanne in € pro Mengeneinheit (€/ME)

Dieser mengenabhängige Deckungsbeitrag wird in der Praxis häufig als DB1 bezeichnet, weil nachgelagert noch weitere Kosten abgezogen werden müssen, von denen einige zumindest teilweise variabel sind. Dies gilt selbst für die Produktionskosten, bei denen in vielen Unternehmen viel mehr Kosten weitgehend mengenvariabel sind als es auf den ersten Blick aussieht (Vgl. Hoberg (2006), S. 12–19). Häufig werden sie als Strukturkosten/Fixkosten pauschal verrechnet. In der Variabilisierung dieser Kosten liegt jedoch ein weites Aufgabenfeld für den Controller. Er muss ein Kostenstrukturmanagement betreiben. (vgl. dazu z. B. Götze, S. 271 ff.).

Wenn alle Zuordnungen (möglichst) korrekt durchgeführt wurden, erhält das Unternehmen für jedes seiner Produkte einen Deckungsbeitrag, der angibt, ob die Vermarktung des Produktes in der betrachteten Periode vorteilhaft war (retrospektiv) bzw. sein wird (prospektiv). Wann immer der Deckungsbeitrag negativ oder gering ist, muss das Produkt näher untersucht werden. Bei der Identifikation DB-schwacher Produkte helfen teilweise relative Kennziffern, indem z. B. der DB ins Verhältnis gesetzt wird zum Nettoumsatz (DB-Marge). Diese kritische DB-Marge muss deutlich positiv sein, weil einige Fixkosten noch nicht abgezogen sind. Wird dann diese kritische DB-Marge unterschritten, so empfiehlt sich eine genauere Analyse.

Auch wenn Engpässe vorliegen, muss zunächst die Deckungsspanne ermittelt werden. Dazu werden wie beschrieben die Erlösschmälerungen durch die drei Arten von Rabatten vom Bruttopreis abgezogen. Der Nettopreis wird dann um die variablen Stückkosten vermindert. Man erhält die (absolute) Deckungsspanne (auch Deckungsbeitrag pro Stück genannt), gemessen in €/ME.

Arten von Engpässen

Die Art der Engpässe entscheidet über das Verfahren der Optimierung. Der einfachste Fall besteht darin, dass kein Engpass vorliegt. Dann werden alle Produkte in das Produktionsprogramm aufgenommen, die eine positive Deckungsspanne aufweisen. Denn deren Nettopreis liegt über den zusätzlichen Kosten, so dass sich die Situation des Unternehmens verbessert.

Bei tatsächlichen Engpässen ist zu unterscheiden, ob der Engpass nur für ein einziges Produkt gilt oder ob es sich um einen gemeinsamen Engpass handelt. Dieser wird auch Mehrproduktrestriktion genannt (Vgl. Kloock/Sieben/Schildbach/Homburg, S. 250).

Es sei vorweggenommen (vgl. Kap. 7.3.4), dass bei mehreren gemeinsamen Engpässen die Lösung mit den Methoden des Operation Research erfolgen kann. Bei ausschließlich linearen Beziehungen und Zielfunktionen kommt z. B. die lineare Optimierung infrage.

7.3.2 Optimierung bei einem gemeinsamen Engpass

Wenn ein gemeinsamer Engpass vorliegt, reicht die Regel der positiven Deckungsspannen nicht mehr aus. Denn dann konkurrieren mehrere Verwendungsmöglichkeiten um die knappen Engpassmengen. Es gilt natürlich weiterhin, dass nur Produkte mit positiver Deckungsspanne relevant sind, aber in einer zweiten Stufe muss für jedes Produkt analysiert werden, ob sich die Inanspruchnahme von knappen Engpasseinheiten rechnet. Hohe Deckungsspannen allein genügen nicht, wenn das Produkt einen hohen Engpassverbrauch hat. Dieser Verbrauch wird über den Produktionskoeffizienten PK_j abgebildet. Er besagt, wie viele Faktoreinheiten des gemeinsamen Engpasses für eine Mengeneinheit des Produktes j benötigt werden. Die Dimension ist dann Faktoreinheiten des Engpasses pro Mengeneinheit des Endproduktes (FE/ME). Ist z. B. die Flugkapazität an einem bestimmten Abflugtag knapp, dann würde der Produktionskoeffizient für das Produkt „Reise für die 3-köpfige Familie" 3 Plätze pro Familie betragen. Der Reiseveranstalter müsste 3 Faktoreinheiten (hier Sitzplätze) bereitstellen, wenn er den Deckungsbeitrag der 3-köpfigen Familie bekommen will. Bei der Kundengruppe „Pärchen" wäre der Produktionskoeffizient nur 2 Sitze pro Angebot für Pärchen. Die Kundengruppen „Einzelflieger" hätten den Produktionskoeffizienten 1. Häufig ist die Familie bereit, insgesamt am meisten zu bezahlen. Aber sie wird nur selten in der Lage sein, auch pro Sitz am meisten zu zahlen.

Im erweiterten Beispiel möge sich die Situation wie folgt darstellen:

Reise für	Preisbereitschaft in € pro Gruppe	Anzahl Plätze pro Gruppe	Preisbereitschaft in € pro Person
Einzelreisender	1.000	1	1.000
Pärchen	1.400	2	700
Familie ein Kind	1.600	3	533
Familie 2 Kinder	1.800	4	450
Kegelclub 10 Pers.	3.000	10	300
Incentivegruppe 20 Pers.	30.000	20	1.500

Abb. 7.15: Beispiel Preisbereitschaft und Produktionskoeffizient

Für die Incentivetour würde der Reiseveranstalter 20 Plätze zur Verfügung stellen müssen, dafür aber insgesamt 30.000 € erhalten. Dadurch dass sich die Kundengruppen in Preis und Engpassbedarf unterscheiden, darf keine isolierte Optimierung vorgenommen werden. Preise und Engpassverbrauch müssen vielmehr zusammen beurteilt werden. Dazu kann z. B. ein relativer Preis ermittelt werden (siehe letzte Spalte in obiger Abbildung), indem der Gesamtpreis durch den jeweiligen Produktionsfaktor PK_j dividiert wird. Diese Größe setzt den Preis somit ins Verhältnis zum Engpassverbrauch. Dadurch wird schnell klar, dass der Kegelclub, der ja zunächst einen guten absoluten Umsatz verspricht, nicht sehr lukrativ ist.

Allerdings reicht es nicht, auf der Basis von Nettopreisen zu entscheiden, da auch alle variablen Kosten (vgl. Hoberg 2008 Yield Management aus betriebswirtschaftlicher Sicht) abgezogen werden müssen. Die resultierende Deckungsspanne gibt dann an, wie viel Geld der Reiseveranstalter zusätzlich einspielt, wenn er eine zusätzliche Reise verkaufen kann. Mit dem Produktionskoeffizienten wird dann die relative Deckungsspanne d_{rel} ermittelt, welche zeigt, welcher Betrag zusätzlich pro Faktoreinheit (FE) bzw. Engpasseinheit erwirtschaftet wird:

$$d_{rel} = d/PK \text{ in } €/FE$$

Betragen die variablen Kosten für Reise (Flug, Hotel, Transfer, Gebühren etc.) für die Incentivegruppe 10.000 €, so ergibt sich eine absolute Deckungsspanne von 20.000 € pro Incentivegruppe und eine relative Deckungsspanne von 1.000 € pro Sitzplatz. Die absoluten Deckungsspannen werden also auf den Engpassfaktor umgerechnet. Sind alle relativen Deckungsspannen ermittelt, kann die Optimierung starten.

Das Optimierungsmodell

In der Abb. 7.16 sind die relativen Deckungsspannen für alle Kundengruppen ermittelt:

Reise für	Deckungsspanne in € pro Gruppe	Anzahl Plätze pro Gruppe	Rel. Deckungs- sp. in € pro Sitz	Maximal- menge ME/Pe
Einzelreisender	450	1	450	30
Pärchen	600	2	300	20
Familie ein Kind	720	3	240	14
Familie 2 Kinder	800	4	200	10
Kegelclub 10 Pers.	500	10	50	2
Incentivetour 20 P.	20.000	20	1.000	3

Abb. 7.16: Ermittlung der relativen Deckungsspanne im DB-Optimierungsmodell mit einem Engpass

Summe Nachfrage in Sitzplätzen auf dem betrachteten Flug: 232
Maximalkapazität in Sitzplätzen auf dem betrachteten Flug: 180

Schon bei Berücksichtigung der variablen Stückkosten in der absoluten Deckungsspanne fällt der Kegelclub zurück. Das wahre Bild zeigt sich aber erst bei den relativen Deckungsspannen. Hier kann sich die Kundengruppe „Einzelreisender" weit nach vorne schieben, weil zwar die absolute Deckungsspanne mit 450 € pro Stück nicht sehr hoch ist, aber der Engpassverbrauch mit 1 Sitz pro Stück sehr gering bleibt.

In der obigen Abbildung sind alle relativen Deckungsspannen ermittelt. Sie werden in diesem Beispiel gemessen in € pro Sitz. Damit ist das Ziel erreicht, dass die Zielgröße in der Dimension des Engpassfaktors vorliegt.

Mit diesen Daten kann dann die Optimierung starten. Die besten Kundengruppen – natürlich die mit den höchsten relativen Deckungsspannen – werden als erste berücksichtigt. Die Abb. 7.17 zeigt die Vorgehensweise:

Reise für Dimension	Maximalkapazität: Relative Deckungsspanne € pro Sitz	Rang-folge	180 Optimale Menge ME/Flug	Sitze pro Flug Engpass-verbrauch Sitze/Flug	Rest-kapazität Sitze/Flug
Einzelreisende	450	2	30	30	90
Pärchen	300	3	20	40	50
Familie ein Kind	240	4	14	42	8
Familie 2 Kinder	200	5	2	8	0
Kegelclub 10 Pers.	50	6			
Incentivetour 20 P.	1.000	1	3	60	120

Abb. 7.17: Optimierung auf Basis der relativen Deckungsspannen

Die beste Reise ist die Incentivetour, da ihre relative Deckungsspanne von 1.000 € pro Sitzplatz die höchste ist. Insofern werden alle 3 Incentivegruppen eingeplant. Da jede Incentivetour 20 Sitzplätze verbraucht, werden somit 3 * 20 = 60 Sitzplätze auf dem betrachteten Flug verbraucht. Damit verbleiben von der vorhandenen Anfangskapazität von 180 Sitzplätzen noch 120, die dann für die zweitbeste Kundengruppe verwendet wird. Dies sind die Einzelreisenden, welche den Rang 2 einnehmen. Aufgrund der Linearitätsannahmen bringen alle 30 Einzelreisende eine relative Deckungsspanne von 450 €/Sitzplatz. Es werden also 30 Sitzplätze für diese Gruppe eingeplant, was die verbleibende Kapazität auf 90 Sitzplätze reduziert. Auf diese Weise werden schrittweise – nach Maßgabe der relativen Deckungsspannen – alle Kundengruppen verplant, bis schließlich für Familien mit 2 Kindern nur noch 8 Plätze übrigbleiben. Damit können dann noch zwei 4-köpfige Familien mitgenommen werden. Kegelclubs mitzunehmen lohnt sich hier nicht, weil die relative Deckungsspanne zu gering ist. Damit liegt zunächst die optimale Lösung fest. Wenn sich neue Informationen ergeben, kann eine Anpassung sinnvoll werden.

Die Opportunitätskosten

Ein wichtiges Ergebnis des Optimierungsprozesses liegt in der Möglichkeit der Ableitung der Opportunitätskosten. Sie sind definiert als entgangener Deckungsbeitrag im Engpass. Sie werden gemessen in Euro pro Engpasseinheit, hier als € pro Sitzplatz. In diesem Fall verhindert die zu geringe Anzahl an Sitzplätzen zusätzliche relative Deckungsspannen von 200 € pro Sitzplatz (von der 4-köpfigen Familie).

Ableiten kann man die Opportunitätskosten – wie es der Name nahelegt – aus den Opportunitäten. Es ist zu fragen, was das Unternehmen machen würde, wenn es einige Engpasseinheiten mehr oder weniger hätte. Kann ein größeres Flugzeug eingesetzt werden, welches z. B. 8 zusätzliche Sitze aufweist, so würde das Unternehmen zwei weitere 4-köpfige Familien mitnehmen. Lukrativere Kunden sind nicht mehr verfügbar, weil ihre maximale Anzahl bereits in der ersten Optimierung Berücksichtigung gefunden hat. Mit 2 zusätzlichen 4-köpfigen Familien würde das Unternehmen $2 \times 800 € = 1600 €$ zusätzlichen Deckungsbeitrag generieren, oder – auf den Sitzplatz bezogen – $1600 €/8 = 200 €$ pro Sitzplatz. Dieser Wert ist natürlich identisch mit der relativen Deckungsspanne im Engpass. Umgekehrt würde das Unternehmen weniger

4-köpfige Familien mitnehmen, wenn weniger Sitzkapazitäten zur Verfügung stehen. Bei einer Reduktion um 4 Plätze müsste das Unternehmen auf eine 4-köpfige Familie verzichten und damit auf 800 € Deckungsbeitrag. Bezogen auf die 4 benötigten Plätze ergibt sich wieder die relative Deckungsspanne von 200 €/Platz. Bei der Anpassung ist auf die Ganzzahligkeitsbedingung zu achten. Die Familie kann entweder ganz oder gar nicht mitgenommen werden. Fehlen nur 3 Plätze, wäre in diesem Fall wohl der Verzicht auf eine Familie mit einem Kind die beste Reaktion. Die relative Deckungsspanne des Engpassproduktes oder des Engpasskunden bestimmt also den Opportunitätskostensatz.

Zusammen mit den pagatorischen Kosten des Sitzplatzes, also den Kosten des Sitzplatzes, die sich auf Auszahlungen zurückführen lassen, ergeben sich die wertmäßigen Kosten, ebenfalls gemessen in € pro Sitzplatz. Wenn die pagatorischen Kosten pro Sitzplatz 180 € betragen, dann belaufen sich die wertmäßigen Kosten auf 180 €/Platz (pagatorische Kosten) + 200 €/Platz (wertmäßige Kosten) = 380 €/Platz.

Die wertmäßigen Kosten weisen somit den Wert aus, den eine Einheit eines Engpassfaktors in der konkreten Optimierungssituation für das Unternehmen hat. Sie sind dadurch ein Gradmesser für die Knappheit des Engpassfaktors. Damit übernehmen die Opportunitätskosten auch zusätzliche Lenkungsfunktionen, weil jenseits des Optimierungsmodells dann die Information vorliegt, wie teuer die Beschaffung zusätzlicher Engpassfaktoren sein darf. Mit ihrer Kenntnis weiß im Beispiel der Einkäufer, welchen Preis er maximal für zusätzliche Kapazitäten bezahlen darf. Gelingt es ihm, auf einem anderen Flug für eine ähnliche Abflugzeit 20 zusätzliche Plätze zu 300 €/Platz zu finden, so zahlt er zwar viel mehr als üblich (180 €/Sitz), aber in der konkreten Situation steigt der Deckungsbeitrag um $20 \cdot 80(380 - 300) = 1.600 €$ am betrachteten Abflugtermin. Im Weiteren offenbart die Höhe der Opportunitätskosten auch, bei welchen Flügen und zu welcher Abflugzeit es sich wohl in der Zukunft lohnt, höhere Kapazitäten einzukaufen. Umgekehrt würden Opportunitätskosten von Null (kein Engpass) natürlich darauf hinweisen, dass keine weitere Kapazität benötigt wird oder dass sogar zu viel Kapazitäten beschafft wurden.

Berücksichtigung von Interdependenzen

Gerade in den letzten Jahren hat sich gezeigt, dass die Umsatzquellen von Unternehmen immer vielschichtiger werden. In einigen Fällen bringt das eigentliche Produkt kaum noch oder sogar gar kein Geld, sondern es sind die verbundenen Geschäfte, welche die gewünschten Deckungsbeiträge generieren.[18] Derartige Verbundeffekte (sachliche Interdependenzen) sind auch bei den Entscheidungen in der Deckungsbeitragsrechnung zu berücksichtigen, auch wenn sie zunächst einmal ausgeblendet wurden. Insbesondere die Möglichkeit zum Cross-Selling bietet viele Möglichkeiten

---

[18] In Castingshows wird häufig mehr Geld mit den Telefongebühren verdient als mit der eingeschalteten Werbung.

zur Steigerung des Gesamtdeckungsbeitrages. Aus der amerikanischen Kreuzfahrt-schiffbranche ist bekannt, dass die höchsten Deckungsbeiträge nicht etwa durch den Verkauf der Tickets eingespielt werden, sondern durch die Deckungsbeiträge im Bordcasino. Auch die Low-Cost-Airlines könnten ohne Provisionen für vermittelte Hotels oder Mietwagen kaum noch leben (angels.: Ancillary Revenues). Diese müssen um die dafür entstandenen Kosten reduziert werden, woraus dann die zusätzlichen Deckungsbeiträge entstehen (angels.: ancillary contribution). So könnte es sein, dass z. B. die 4-köpfige Familie vor Ort deutlich mehr Geld ausgibt als andere Kundengruppen. Diese Deckungsbeiträge sind daher mit zu kalkulieren.

Zudem ist der Wert des Kunden für das Unternehmen möglichst schon bei der Buchung zu berücksichtigen. Ein Kunde mit einem hohen Kundenwert (angels.: Customer Lifetime Value) sollte ggf. auch dann gebucht werden, wenn eine andere Kundengruppe eine höhere relative Deckungsspanne generieren würde. Denn andernfalls würde wahrscheinlich zukünftiges profitables Geschäft gefährdet. Dies stellt sehr hohe Ansprüche an das CRM (Customer Relationship Management) der Unternehmen, die heute erst rudimentär erfüllt werden.

Die Optimierung fand unter strengen Annahmen statt, die nicht immer die Realität abbilden. Daher sind viele Erweiterungen möglich, mit denen das Modell näher an die Wirklichkeit angepasst werden kann. Hinsichtlich der Linearitätsannahme der Deckungsspannen bietet es sich an, die Mengen in Abhängigkeit vom Preis zu modellieren, z. B. mit einer Preis-Absatz-Funktion (PAF). Die Preise für diese Kundengruppe werden dann so lange kontinuierlich gesenkt, bis die relative Grenz-Deckungsspanne die relative Deckungsspanne der nächst schlechteren Kundengruppe erreicht hat.

7.3.3 Selbstlernmodul zur DB-Rechnung mit einem Engpass

Da das Problem mit einem Engpass häufig in vielen Bereichen der Unternehmen auftaucht, wurde hierfür ein weiteres Selbstlernmodul (SLM) entwickelt. Mit ihm kann die Vorgehensweise solange eingeübt werden, bis eine gute Beherrschung des Themengebietes erreicht wird. Das SLM kann von der Seite des Verlages (siehe Vorwort) heruntergeladen werden.

Im ersten Register werden immer neue Aufgaben erzeugt, was durch Drücken der F9 Taste geschieht. Die Aufgabe sollte gelöst werden inkl. der Berechnung der Opportunitätskosten. Danach kann im Register „Lösung" die eigene Lösung mit der vorgeschlagenen verglichen werden.

Es möge sich die Aufgabenstellung gemäß Abb. 7.18 ergeben haben.

Der Leser wird gebeten, die Aufgabe zu lösen.

Dazu wird der Lösungsvorschlag in Abb. 7.19 angeboten.

Als zusätzliche Unterstützung wird ein Hilfstableau angeboten, in dem der Leser die verschiedenen Lösungsschritte nachvollziehen kann. So wird der Einzelreisende aufgrund der besten relativen Deckungsspanne als erstes eingeplant.

Selbstlernmodul
Optimierung bei einem gemeinsamen Engpass, Aufgabe

Anzahl Kapazitätseinheiten:	190	KE/Pe
Pagatorische Kosten Engpass:	140	€/KE

Produkt	Menge maximal	Prod. Koeff.	d nach pag Ko					
Dim	ME/Pe	KE/ME	€/ME					
Einzelreisender	22	1	370					
Pärchen	19	2	530					
Familie ein Kind	18	3	420					
Familie 2 Kinder	11	4	600					
Kegeltour 13 Pers.	2	13	960					
Incentivtour 16 Pers.	2	16	5390					

Ganzzahligkeit muss nicht berücksichtigt werden.

Abkürzungen
    KE   Kapazitätseinheit (z. B. Minuten oder Stunden)
    Pe   Periode (z.B. Monat), die betrachtet wird
    Kap Ver   Kapazitätsverbrauch in KE in der betrachteten Periode

Ermitteln Sie die optimale Lösung

Wie hoch sind die Opportunitätskosten?

Welche Bedeutung haben sie?

Abb. 7.18: Selbstlernmodul: Aufgabe zur 1-Engpass-Vorgehensweise

Wichtig ist auch die Ableitung der Opportunitätskosten, weil mit ihnen ermittelt werden kann, welche Aufpreise des Unternehmens zu zahlen bereit wäre, wenn es zusätzliche (teurere) Kapazitäten bekäme.

Selbstlernmodul
Optimierung bei einem gemeinsamen Engpass, Lösung

Anzahl Kapazitätseinheiten: 190 KE/Pe
Pagatorische Kosten Engpass: 140 €/KE

Produkt	Menge maximal	Prod. Koeff.	d nach pag Ko	Relative Spanne	Rang	MENGEN		
						Absatz	Engp.	Rest
Einheit	ME/Pe	KE/ME	€/ME	€/KE		ME/Pe	KE/Pe	
Einzelreisender	22	1	370	370,0	1	22,0	22,0	168,0
Pärchen	19	2	530	265,0	3	19,0	38,0	98,0
EP Familie ein Kind	18	3	420	140,0	5	18,0	54,0	0,0
Familie 2 Kinder	11	4	600	150,0	4	11,0	44,0	54,0
Kegeltour 13 Pers.	2	13	960	73,8	6	0,0	0,0	0,0
Incentivtour 16 Pers	2	16	5390	336,9	2	2,0	32,0	136,0

Hilfstableau

Schritt	1	2	3	4	5	6	Summe	OpK
Produkt	ME/Pe	ME/Pe	ME/Pe	ME/Pe	ME/Pe	ME/Pe	ME/Pe	€/KE
Einzelreisender	22,00	0,00	0,00	0,00	0,00	0,00	22	
Pärchen	0,00	0,00	19,00	0,00	0,00	0,00	19	
EP Familie ein Kind	0,00	0,00	0,00	0,00	18,00	0,00	18	140
Familie 2 Kinder	0,00	0,00	0,00	11,00	0,00	0,00	11	
Kegelclub 10 Pers.	0,00	0,00	0,00	0,00	0,00	0,00	0	
Incentivtour 20 Pers	0,00	2,00	0,00	0,00	0,00	0,00	2	
Kap Verb.	22	32	38	44	54	0	190	
Rest- Kap	168	136	98	54	0	0		
Engpass	nein	nein	nein	nein	ja	ja		
DB	8140	10780	10070	6600	7560	0	43150	

Abkürzungen
KE   Kapazitätseinheit (z. B. Minuten oder Stunden)
Pe   Periode (z.B. Monat), die betrachtet wird
Kap Ver   Kapazitätsverbrauch in KE in der betrachteten Periode

Maximaler DB: 43150 €/Pe

Opportunitätskosten: 140 €/KE (entgangene rel. Deckungsspanne
                              im Engpass, d.h. hier Produkt 3)

Wertmäßige Kosten: 140 + 140 =   280 €/KE (pag. + Opp.- K)

Aussagekraft: Indikator für die Suche nach Zusatzkapazität

Achtung: Im Engpassprodukt können nicht ganzzahlige Lösungen auftreten.
         Ist für uns ok. In der Realität würde man durch Kombinieren sicher
         stellen, dass nur ganzzahlige Mengen auftreten.

Anmerkungen
    * Ganzzahligkeit muss nicht berücksichtigt werden.
    * Bei gleichem Rang wird das erstere Produkt gewählt. Es ist natürlich
      genauso gut, das spätere zu wählen.

Abb. 7.19: Selbstlernmodul: Lösung zur 1-Engpass-Vorgehensweise

7.3.4 Deckungsbeitragsrechnung mit mehreren Engpässen

Wie oben erörtert, kann es mehrere Arten von Engpässen geben. Wenn mehrere Engpässe in einem Unternehmen in einer Periode vorliegen, benötigt man die lineare Programmierung bzw. lineare Optimierungsmodelle (lineare Algebra, Differentialrechnung, Mengenlehre, Wahrscheinlichkeitsrechnung), um zu einer optimalen Lösung zu kommen, d. h. den Deckungsbeitrag zu maximieren.[19] Die iterativen Verfahren (Simplexverfahren und Gauß-Verfahren) sind geeignete mathematische Modelle für lineare Probleme. Die lineare Algebra beschäftigt sich u. a. mit der Bestimmung eines Minimums oder Maximums einer linearen Zielfunktion, wobei diese unter einschränkenden Bedingungen (das sind in der betriebswirtschaftlichen Ausdrucksweise die Engpässe) zu ermitteln sind. Die Maximierung oder die Minimierung einer linearen Funktion (Zielfunktion) geschieht durch geeignete Festlegung der Variablen $SV_1, \ldots, SV_{un}$, die sich Strukturvariablen, Entscheidungsvariablen oder Aktionsvariablen (Synonyme) nennen. Häufig wird die lineare Optimierung bei der Planung des optimalen Produktionsprogramms verwendet. Die Strukturvariablen SV_{u_1}, $SV_{u_2}, \ldots SV_{un}$ stellen hierbei die Mengen der n- Produkte dar, die ein Unternehmen in der nächsten Planperiode herstellen soll, um zum Beispiel den Deckungsbeitrag[20] aus diesem Produktionsprogramm zu maximieren. Die lineare Programmierung kann aber nicht nur in Produktionsunternehmen, sondern in vielen anderen Branchen eingesetzt werden, wie z. B. im Großhandel. Hier kann das deckungsbeitragsoptimale Handelsprogramm (Sortiment) bestimmt werden (vgl. Varnholt 1989, S. 130 ff.).

Die hier im Folgenden darzustellenden Entscheidungsmodelle zur Deckungsbeitragsrechnung mit mehreren Engpässen sind in der betriebswirtschaftlichen Literatur und der Literatur zur angewandten Mathematik und Wirtschaftsmathematik häufig thematisiert worden. Darstellungen finden sich vor allem in Werken zu den Themen Unternehmensforschung (angels.: Operations Research) und Quantitative Entscheidungsmodelle. Aus der Vielzahl der vorliegenden Quellen seien hier beispielhaft für die Literatur der letzten fünfzig Jahre zitiert: Henn/Künze 1968; Kilger 1993; Hax 1974; Wagner, H. 1975, Führbaum 1982; Ellinger 1984; Lutz 1998, Runzheimer/Cleff/Schäfer 2005; Gohout 2007, Holland 2008; Zimmermann/Stache 2011.

Die Strukturvariablen werden in der Zielfunktion mit ihren Deckungsspannen (in €/ME) multipliziert, um dann die zu maximierende Deckungsbeitragssumme DB zu erhalten. (Deckungsspannen stellen die Differenz aus Nettopreis und variablen Kosten je Mengeneinheit dar (vgl. Riebel, S. 356) und Absatz 7.3.3. Die Nebenbedingungen

---

19 Es wird somit weiter davon ausgegangen, dass die Beziehungen in der Zielfunktion und den Restriktionen linear sind. Ansonsten sind Verfahren der nichtlinearen Optimierung notwendig, auf die hier aber nicht eingegangen wird.

20 Die Optimierung des Deckungsbeitrags reicht aus, weil die fixen Kosten in der betrachteten Periode nicht beeinflusst werden können. Damit wird dann auch gleichzeitig der maximale Gewinn für die betrachtete Periode ermittelt.

(lat.: Restriktionen), die dann die Engpässe bzw. Produktionsbeschränkungen widerspiegeln, werden in Form von Ungleichungen dargestellt. Nebenbedingungen können in industriellen Branchen z. B. knappe Roh-, Hilfs-, oder Betriebsstoffe sein.

Wenn man die Zielsetzung verfolgt, die Produktionskosten zu minimieren, stehen die Koeffizienten der Zielfunktion dann für die variablen Kosten je Mengeneinheit der Produkte. Hierbei können die Kosten nicht negativ werden, aber sie können den Wert null annehmen, wenn nichts produziert wird. Auch hier sind solche Nebenbedingungen als Ungleichungen in ein lineares Gleichungssystem aufzunehmen. Um später die Nebenbedingungen in Matrixform umwandeln zu können, müssen die Ungleichungen in Gleichungen umgewandelt werden. Das geschieht durch Einfügen von so genannten Schlupfvariablen. So lässt sich die Ungleichung $a \leq b$ durch Einsetzen der Schlupfvariablen f in eine gleichwertige Gleichung $a + f = b$ transformieren, wobei $f \geq 0$ ist sein muss. Die Schlupfvariable f zeigt, wie die linke Seite der Ungleichung kleiner ist als die rechte Seite. Also ist a kleiner als b, so ist der Wert von f positiv. Wenn allerdings $a = b$ ist, dann hat f den Wert null Im umgekehrten Fall, wenn man die Ungleichung $a \geq b$ hat, so ist diese durch die Gleichung $a - f = b$ ersetzbar, wonach auch hier $f \geq 0$ ist.

7.3.5 Beispiel zur engpassorientierten Deckungsbeitragsrechnung und Produktionsprogrammplanung

Die Vorgehensweise zur Lösung (lat. Algorithmus) sei an einem Beispiel aus der Touristik dargestellt. Ein Reiseveranstalter bietet für eine bestimmte Periode (hier: Woche) in Griechenland 2 Arten von Reisen an: Studienreisen und Badereisen. Er hat insgesamt 500 Flugplätze zur Verfügung, die er auf die Studien- und Badereisen aufteilen kann. Die Anzahl der Studienreisen sei mit x_S bezeichnet und die Anzahl der Badereisen mit x_B Da jeder Gast einen Sitzplatz benötigt, beträgt der Produktionskoeffizient jeweils 1, nämlich 1 Sitzplatz pro Kunde, oder allgemein 1 FE/ME. Im Weiteren stehen nur 200 Eintrittskarten für die Studienreisen zur Verfügung. Es wird wieder eine Eintrittskarte pro Studienreise benötigt → Produktionskoeffizient 1. Hinreichende Übernachtungsmöglichkeiten im Großraum Athen seien vorhanden. Allerdings gibt es in der betrachteten Periode (Hochsaison) Engpässe bei den Hotelzimmern am Strand. Hier sind noch maximal 400 Betten verfügbar. Auch hier ist der Produktionskoeffizient 1, weil pro Badereisendem ein Bett vorhanden sein muss.

Es gibt somit einen gemeinsamen Engpass (Anzahl Flugplätze) und 2 isolierte Engpässe. Durch den Absatz erzielt der Reiseveranstalter Deckungsspannen von 300 €/ME für jede Studienreise und 200 €/ME für jede Badereise. Mit diesen Daten ergeben sich die folgenden Gleichungen:

$$Z = 300x_S + 200x_B \qquad \rightarrow \text{Max (Zielfunktion)}$$

$$\text{€/Pe} = \text{€/ME}_S \cdot \text{ME}_S/\text{Pe} + \text{€/ME}_B \cdot \text{ME}_B/\text{Pe}$$

Tab. 7.6: Übersicht der Daten des Beispiels zur linearen Optimierung

	Studienreise	Badereise	
Deckungsspanne	300	200	Kapazität
Restriktion Anzahl Flugplätze	1	1	500
Restriktion Eintrittskarten	1		200
Restriktion Hotelbetten		1	300

$$1x_S + \quad 1x_B \qquad\qquad \leq 500 \ (\text{Anzahl Flugplätze})$$

$$1x_S \qquad\qquad\qquad \leq 200 \ (\text{Anzahl Eintrittskarten})$$

$$1x_B \qquad\qquad \leq 300 \ (\text{Anzahl Hotelbetten})$$

$$FE_3/ME_S \cdot ME_S/Pe + FE_3/ME_B \cdot ME_B/Pe \quad FE_3/Pe$$

$$x_S, x_B \qquad\qquad \geq 0 \ (\text{Nichtnegativitätsbedingungen}) \, .$$

Für die Zielfunktion und für die dritte Restriktion sind auch die Einheiten/Dimensionen angegeben. So bedeutet 300 €/ME_S, dass jede Mengeneinheit der Studienreisen eine Deckungsspanne von 300 € bringt.

Diese Ungleichungen werden durch Einfügen von Schlupfvariablen SU in das folgende Gleichungssystem übertragen:

$$Z = 300x_S + 200x_B \qquad\qquad \rightarrow \text{Max}$$

$$1x_S + \quad 1x_B \qquad\qquad + SU_1 = 500$$

$$1x_S+ \qquad\qquad\qquad + SU_2 = 200$$

$$1x_B \qquad\qquad + SU_3 = 300$$

$$x_S, x_B \geq 0$$

Wie man erkennt, ist für jede Ungleichung eine andere Schlupfvariable eingeführt. Der Grund dafür ist, dass die Schlupfvariable die Differenz zwischen rechter und linker Seite der jeweiligen Ungleichung angibt und jede Ungleichung einen anderen Differenzwert hat (vgl. Wiedling, S. 20). Die Daten des Beispiels sind in Tab. 7.6 hinsichtlich der Produktionskoeffizienten, Kapazitäten und Deckungsspannen zusammengefasst.

Die in der Deckungsbeitragsplanung zu lösende Frage lautet nun: In welcher Mengenkombination soll das Unternehmen die beiden Produkte (Reisen) herstellen, damit sich der gesamte Deckungsbeitrag maximiert?

Graphische Lösung

Da das Problem nur zwei Entscheidungsvariablen besitzt, wird es zur Veranschaulichung zunächst mit den graphischen Methoden gelöst. Die graphische Lösung dient hier didaktischen Zwecken; sie spielt in der Praxis i. d. R. keine Rolle. Dabei bezeichnet man die Achsen des zweidimensionalen Koordinatensystems (Koordinatenach-

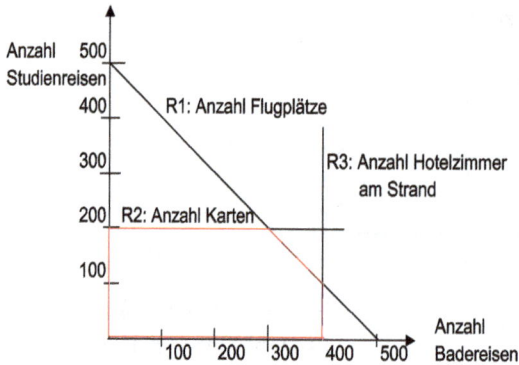

Abb. 7.20: Zulässiger Lösungsraum für die Beispielaufgabe lineare Optimierung

sen) mit den Entscheidungsvariablen x_S, x_B. Es werden somit die Anzahl Studien- und Badereisen abgetragen. Für die graphische Verdeutlichung der Restriktionen, wird zunächst unterstellt, dass in allen drei Restriktionen das Gleichheitszeichen gilt, dass also die Restriktionen vollständig ausgenutzt werden. Damit erhält man erst einmal drei Geraden (die Obergrenzen Flugplätze, Eintrittskarten und Hotelbetten). Man geht wie folgt vor (vgl. Ellinger, S. 17):

1. Ersetzen des „≤" durch „=", hier für Restriktion 1:

$$1x_S + 1x_B = 500$$

2. Man setzt $x_S = 0$; somit ergibt sich für $x_B = 500$ und gleichzeitig bekommt man dadurch den ersten Geradenpunkt für die Obergrenze „Flugplätze".
3. Man setzt $x_B = 0$ und bekommt für $x_S = 500$.
4. Jetzt werden die zwei Punkte miteinander verbunden.

Damit erhält man eine Gerade, die alle Kombinationen von x_S und x_B zeigt, unabhängig davon, ob eine bestimmte Kombination aus Sicht der anderen Restriktionen zulässig ist.Das wird nun mit allen Restriktionen durchgeführt und man erhält die Gerade für die Studieneintrittskarten als Parallele zur x_B-Achse und die Gerade für die Hotelbetten als Parallele zur x_S-Achse. Damit ergibt sich das Bild gemäß Abb. 7.20 für die 3 Restriktionen:

Auch wenn im ersten Schritt die Restriktionen ohne Rücksicht auf die anderen eingezeichnet wurden, muss für die Ableitung des zulässigen Lösungsraums gelten, dass zulässige Kombinationen alle Restriktionen erfüllen. Dieser Lösungsraum stellt in der obigen Abbildung ein Fünfeck dar mit den Eckpunkten (0/0, 0/200, 300/200, 400/100, 400/0). Aus diesen zulässigen Lösungen innerhalb des Fünfecks muss im nächsten Schritt die optimale gefunden werden. Eine zulässige Lösung liegt z. B. in der Kombination von 100 Studienreisen und 100 Badereisen. Allerdings sieht man schnell, dass diese Kombination zwar zulässig ist, aber sicher nicht optimal, weil noch mehr Reisen verkauft werden können. Denn bei positiven Deckungsspannen wie sie in

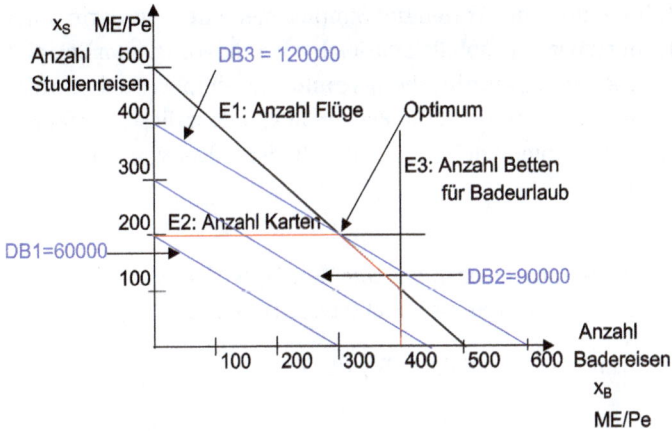

Abb. 7.21: Graphische Lösung bei mehreren Engpässen

diesem Beispiel angegeben sind, muss die Lösung irgendwo auf den Geraden liegen. Sollten dagegen beide Deckungsspannen negativ sein, so wäre es optimal, keine Reise durchzuführen, um den Verlust zu minimieren. Im Regelfall positiver Deckungsspannen kann man also die Geraden nach der optimalen Lösung absuchen. Dazu bietet sich das folgende Verfahren an.

Von dem gemäß der Deckungsspanne besten Produkt wird die maximal mögliche Menge eingeplant; im Beispiel hat die Studienreise mit 300 €/ME die höhere Deckungsspanne. Gemäß Restriktion 2 (Studieneintrittskarten) können dann 200/1 (Kapazität durch Produktionskoeffizient) = 200 Studienreisen eingeplant werden. Dadurch entsteht ein DB von 300 × 200 = 60.000 €/Pe. Um den gleichen DB nur mit der Badereise zu erzielen, müssten bei einer Deckungsspanne von 200 €/ME genau 60.000/200 = 300 Reisen durchgeführt werden. Alle zulässigen Lösungen, die einen DB von 60.000 €/Pe liefern, liegen dann auf der Geraden:

$$300x_S + 200x_B = 60.000$$

Eine solche Gerade wird auch als Iso-DB-Gerade bezeichnet (vgl. Dürr, S. 35).

Um jetzt das Maximum der Zielfunktion Z zu bekommen, schiebt man die Zielfunktionsgerade parallel zum höchst möglichen Punkt, der gerade noch im zulässigen Bereich liegt.

In diesem Beispiel führt diese Verschiebung zu dem optimalen Eckpunkt *(300, 200)*.

Das Simplex-Verfahren

Das Simplex-Verfahren ist ein Algorithmus zur Lösung linearer Probleme. Dieses löst ein Problem mit mehreren Schritten exakt auf oder stellt die Unlösbarkeit eines Problems fest Das Simplex-Verfahren läuft in der Praxis meist schneller als andere Verfahren (vgl. Wagner, S. 97). So gibt es zwar auch alternative Methoden, um eine lineare

Optimierung durchzuführen, doch der Vorteil der Simplex-Methode liegt darin, dass sie nicht von vorne zu rechnen beginnt, sobald eine leichte Veränderung, zum Beispiel durch eine weitere Nebenbedingung, eintritt. Hierbei nimmt die Simplex-Methode diese neue Bedingung auf oder verändert diese. Der Rechenaufwand für dieses Verfahren stellt heute kein Performanceproblem mehr dar, weil z. B. der Solver von Excel auch große Probleme schnell löst.

Grundgedanke des Simplex-Verfahrens bzw. des Simplex-Algorithmus

Die allgemeine Form des Simplex-Verfahrens lautet (vgl. Lutz, S. 17):

$$\max \{ZFV^T x \mid KMx \leq BV, x \geq 0\}$$

Zielfunktionsvektor ZFV   Beschränkungsvektor BV

Koeffizientenmatrix KM mit Einträgen reeller Zahlen

$$ZFV \in IRn \qquad\qquad KM \in IRmxn \qquad\qquad BV \in IRm$$

Und $\min\{ZFV^T y \mid KMy \geq BV, y \geq 0\}$

Es soll also ein Punkt x gefunden werden, der das Gleichungssystem erfüllt und zu einem höchst möglichen Zielfunktionswert führt $F(x) = ZFV^T x$. Dieses Gleichungssystem kann zu drei Möglichkeiten führen (vgl. Hax, S. 129):

1. Es gibt keine zulässige Lösung.
2. Es gibt eine zulässige Lösung, aber noch keine optimale Lösung.
3. Es gibt mehrere optimale Lösungen.

Jedes lineare Programm kann durch Umformungen in die allgemeine Form des Simplex-Verfahrens gebracht werden. Die Grundidee des Simplex-Verfahrens ist also, dass man nach der optimalen Lösung des Linearen Programms innerhalb des zulässigen Bereichs suchen kann. Die Lösung bekommt man, indem man die un Strukturvariablen gleich null setzt und dann das verbleibende Gleichungssystem mit un Unbekannten löst (vgl. Dürr, 1992, S. 42). Der Simplex-Algorithmus erzeugt sich sequentiell durch so genanntes Basistauschen. Das heißt bei einer bestehenden zulässigen Basislösung geht der Algorithmus innerhalb einer endlichen Folge zu einer benachbarten, nicht verschlechterten, Basislösung über, solange, bis das Optimum erreicht wird. Beim Übergang von einer Basislösung zu der nächsten Basislösung wird jeweils eine Basisvariable durch eine Nichtbasisvariable ersetzt. Aufgrund der Eliminationsregel wird bei der Bestimmung, welche Variable aus der Basis eliminiert werden soll, sichergestellt, dass die nächste Basislösung zulässig ist. Die wiederum benutzte Regel bei der

Aufnahme der neuen Lösung in die Basis (Aufnahmeregel) stellt sicher, dass diese zu einem besseren Wert der Zielfunktion führt (vgl. Zimmermann/Stache 2001, S. 77).

Voraussetzungen der Simplex-Methode

Voraussetzung für die Anwendung der Simplex-Methode ist das Vorliegen eines linearen Problems in Normalform, also es muss ein lineares Gleichungssystem vorhanden sein und die dazugehörige Basislösung muss zulässig sein (vgl. Zimmermann/Stache, 2001, S. 32)[21]. Ein lineares Gleichungssystem liegt in Normalform vor, wenn in jeder Gleichung eine Variable mit dem Koeffizienten „1" auftritt, die so genannten Basisvariablen. Die restlichen Variablen sind die Nichtbasisvariablen.

Da es leichter ist mit Gleichungen zu rechnen setzt das Verfahren voraus, dass die Nebenbedingungen als Gleichungen und nicht in Form von Ungleichungen vorliegen (vgl. Dürr/Kleibohm 1992, S. 41).

Simplex-Tableau

Da die Schreibweise eines linearen Gleichungssystems sich schlecht für die Computerdarstellung eignet, bringt man dieses in eine Matrixform. Solch eine Matrizendarstellung wird als Simplex-Tableau bezeichnet (vgl. Lutz 1998, S. 29). Die folgenden Werte sind aus dem oben eingeführten Beispiel des Reiseveranstalters entnommen.

Umformung in ein Simplex-Tableau[22]:

$$\begin{pmatrix} 2 & 4 & 6 & | & 4 \\ 2 & 2 & 2 & | & 4 \\ 6 & 6 & 2 & | & 0 \end{pmatrix}$$

Abb. 7.22: Aufbau des Tableaus am Beispiel eines linearen Gleichungssystems

Aufbau des Simplex-Tableaus

Das Tableau enthält nur die Koeffizienten der Gleichungen (ähnlich der Matrizenschreibweise) und die Variablen werden in der Kopfzeile aufgeführt. Meist wird die letzte Spalte durch einen Doppelstrich von den anderen getrennt. Damit soll das Gleichheitszeichen symbolisiert werden. Die Deckungsbeitragsfunktion wird ebenfalls mit einem Strich getrennt. Auf diese Weise soll sich die Zielfunktion von den Nebenbedingungen herausheben.

Das Simplex-Tableau stellt demnach eine verkürzte Schreibweise des Gleichungssystems dar, dessen Zeilen jeweils eine Gleichung enthält.

Die Ausgangstabelle wird als Basislösung bezeichnet.

---

21 Ist die Basislösung nicht zulässig, so muss in vorgelagerten Schritten zunächst eine zulässige Lösung generiert werden.

22 Es wird auf den folgenden Abschnitt „Aufbau des Simplex-Tableaus" verwiesen.

Durchführung des Simplex-Verfahrens

Anhand des Simplex-Tableaus wird in zwei Phasen eine oder evtl. auch keine optimale Lösung gefunden (vgl. Lutz 1998, S. 31). Aufgrund der bisherigen Ausführungen zur Simplex-Methode wird nun die Durchführung des Simplex-Verfahrens dargestellt.

Kurzbeschreibung der Simplex-Algorithmus in 6 Schritten (vgl. Zimmermann/Stache, S. 52):

- Wahl der Pivotspalte
- Auswahl der Pivotzeile
- Pivotelement
- Tausch von NBW und BV
- Umrechnung des Simplex-Tableaus nach den Rechenregeln
- Weiter mit Schritt 1, falls keine optimale Lösung

Man hat die Wahl zwischen zwei Methoden, die Pivotspalte auszuwählen (vgl. Gohout 2007, S. 50):

STEEPEST-UNIT-ASCENT: Spalte mit dem absolut größten negativen Koeffizienten

GREATEST-CHANGE: Spalte mit größtem Produkt von negativem ZFK und kleinstem positiven Quotienten aus der rechten Seite und dem Element der entsprechenden Spalte

Nach der STEEPEST-UNIT-ASCENT-Version wird jene Variable als einzuführende Variable gewählt, die den absolut größten negativen Koeffizienten in der Zielfunktionszeile aufweist. Hier kommt also die NBV in die Basislösung, die z. B. den größten Gewinnzuwachs pro Mengeneinheit zulässt (vgl. Holland 2008, S. 223).

Die GREATEST-CHANGE-Version dagegen stellt eine etwas aufwändigere Alternative zur Auswahl der Pivotspalte dar. Diese Version überprüft die potenziellen Pivotspalten daraufhin, wie weit man den Zielfunktionswert maximal erhöhen kann, bis man an die Grenze des zulässigen Bereichs stößt (vgl. Gohout, S. 50).

Oft, aber nicht immer, gelangt man mit der GREATEST-CHANCE Methode mit weniger Simplex-Iterationen zur optimalen Lösung.

Beispiel zur STEEPEST-UNIT-ASCENT Methode in 6 Schritten

Das lineare Gleichungssystem wird wie folgt in ein Simplex-Tableau umgeformt:

Tab. 7.7: Ausgangstableau in der Simplexmethode

Zeile	Spalte Variable	1 X_S	2 X_B	3 SU_1	4 SU_2	5 SU_3	
0	ZF	300	200				max
1	RS1	1	1	1			500
2	RS2	1	0		1		200
3	RS3	0	1			1	300

Schritt 1: Wahl der Pivotspalte

Zunächst wird eine Spalte im Tableau ausgewählt, die dann die Pivotspalte darstellt. Man wählt die Spalte mit dem größten Zielfunktionskoeffizienten als Pivotspalte. Durch diese Art der Auswahl (Steepest-Unit-Ascent) kommt diejenige Nichtbasisvariable in die Basis, die pro Einheit den größten Gewinnzuwachs zulässt. Also in diesem Beispiel die Spalte x_S mit 300 (vgl. Holland 2008, S. 230). Nun könnte es auch passieren, dass diese Auswahlregel nicht eindeutig ist, da mehrere Spalten das Kriterium „am negativ kleinsten zu sein" haben. Diesen Fall bezeichnet man als duale Entartung. Falls nach dieser Version gar keine Spalte als Pivotspalte in Frage kommt, weil alle Zielfunktionskoeffizienten entweder null oder positiv sind, so ist geradezu das Abbruchkriterium für den Simplex-Algorithmus vorhanden. Denn man ist somit am Ziel und hat die Optimallösung erreicht, was man an den positiven Vorzeichen der Zielfunktionskoeffizienten erkennt.

Schritt 2: Wahl der Pivotzeile

Nachdem die Variable mit dem höchsten DB-Anstieg durch die Pivotspalte gewählt wurde, muss im nächsten Schritt untersucht werden, wie groß sie sein darf. Dabei darf keine Restriktion verletzt werden. Dazu wird im Simplex-Tableau die Zeile gewählt, die den kleinsten nicht negativen Quotienten der Elemente der rechten Seite und den Elementen der Pivotspalte hat (vgl. Runzheimer, Cleff, Schäfer, S. 32). Für dieses Beispiel betragen die Quotienten für die erste Zeile 500/1 = 500, für die zweite Zeile 200/1 = 200 und für die dritte Zeile 300/0 = 0. Zu beachten ist, dass eine Division durch null nicht erlaubt ist, da das Pivotelement, welches man durch die Kreuzung von Pivotspalte und Pivotzeile bekommt (vgl. Runzheimer, Cleff, Schäfer, S. 32), niemals null sein kann. Es sind also die Quotienten 500 und 200 zu vergleichen. Der kleinere Quotient bestimmt die Pivotzeile, dass dann die 200 wäre. Also ist f_2 die Pivotzeile in diesem Beispiel.

Schritt 3: Umrechnung des Pivotelements

Das Pivotelement ist das Element im Schnittpunkt von der Pivotzeile und der Pivotspalte. Dieses Element ist der Dreh- und Angelpunkt (französisch: pivot) in der Tableauumrechnung. Im Simplex-Tableau ist somit das Pivotelement die 1. Das neue Pivotelement ist der Kehrwert des alten Elements, also 1. Um die neue Pivotspalte zu bekommen wird jedes Element der Pivotspalte durch das Pivotelement mit getauschtem Vorzeichen dividiert. Die neue Pivotzeile hingegen berechnet sich aus dem alten Zeilenelement dividiert durch das Pivotelement (vgl. Runzheimer, Cleff, Schäfer, S. 32).

Schritt 4: Tausch von NBV und BV

Mit dem Austauschschritt wird die Basisvariable gegen die Nichtbasisvariable ausgetauscht. Durch diesen Tausch ändert sich das ganze Simplex-Tableau. Das veränderte Tableau wird dann nach den vier Rechenregeln[23] berechnet (vgl. Holland, S. 231).

Somit ergibt sich nach den Schritten 3 und 4 für das Beispiel das Simplex-Tableau gemäß Tab. 7.8 Es ist unverändert, weil das Pivotelement 1 beträgt.

Tab. 7.8: Simplextableau nach Schritt 4

Zeile	Spalte Variable	1 X_S	2 X_B	3 SU_1	4 SU_2	5 SU_3	6
0	Z	300	200	0	0	0	0
1	RS1	1	1	1	0	0	500
2	RS2	1	0	0	1	0	200
3	RS3	0	1	0	0	1	300

Schritt 5: Umrechnung des restlichen Simplex-Tableaus nach den vier Rechenregeln

Es werden in diesem Schritt die restlichen Elemente über das alte Element minus das alte Spaltenelement multipliziert mit dem neuen Zeilenelement berechnet. Hier ist auf die nachfolgenden vier Rechenregeln hinzuweisen, welche die gesamten mathematischen Formeln zur Berechnung beinhalten (vgl. Holland, S. 231).

Für die letzte Spalte (rechte Seite) gilt somit: $0 - (-300 \cdot 1) = 300$

Wenn man dieses Prinzip mit allen restlichen Elementen durchführt befindet man sich am Ende der ersten Iteration. Das Ergebnis findet sich in Tab. 7.9: Simplextableau nach der ersten Iteration

Tab. 7.9: Simplextableau nach der ersten Iteration

Zeile	Spalte Variable	1 X_S	2 X_B	3 SU_1	4 SU_2	5 SU_3	6 EV
0	ZF	0	200	0	−300	0	−60000
1	RS1	0	1	1	−1	0	300
2	RS2	1	0	0	1	0	200
3	RS3	0	1	0	0	1	300

Der Wert in der Zielfunktionszeile ist in der obigen Tabelle negativ. Im linearen Gleichungssystem wird auch für die Zielfunktion eine Schlupfvariable benötigt, die aus

---

[23] Auf das Kapitel Vier Rechenregeln zur Umrechnung des Simplex-Tableaus wird verwiesen.

Übersichtlichkeitsgründen weggelassen wurde. Diese würde in einer extra Spalte stehen. Da die rechte Seite aus Gründen des formalen Algorithmus null sein muss, nimmt die Schlupfvariable den negativen Wert des Produktes aus Menge der Strukturvariablen und dazugehörigen Deckungsspannen an.

Schritt 6: Weiter mit Schritt 1, falls keine optimale Lösung gefunden ist

Da in diesem Beispiel nach der ersten Iteration noch ein negativer Zielfunktionskoeffizient vorhanden ist, wurde die Optimallösung noch nicht gefunden. Man muss nun wieder mit Schritt 1 der Simplex-Iteration beginnen, solange bis das Tableau keinen negativen Zielfunktionskoeffizienten mehr enthält (vgl. Runzheimer, Cleff, Schäfer, S. 32). Die resultierenden Tableaus nach der zweiten und dritten (und letzten) Iteration finden sich in Tab. 7.10: Simplextableau nach der letzten Iteration

Tab. 7.10: Simplextableau nach der letzten Iteration

Zeile	Spalte Variable	1 X_S	2 X_B	3 SU_1	4 SU_2	5 SU_3	6
0	ZF	0	200	0	−300	0	−60000
1	RS1	0	1	1	−1	0	300
2	RS2	1	0	0	1	0	200
3	RS3	0	1	0	0	1	300

Zeile	Spalte Variable	1 X_S	2 X_B	3 SU_1	4 SU_2	5 SU_3	6 EV
0	ZF	0	0	−200	−100	0	−120000
1	RS1	0	1	1	−1	0	300
2	RS2	1	0	0	1	0	200
3	RS3	0	0	−1	1	1	0

Zeile	Spalte Variable	1 X_S	2 X_B	3 SU_1	4 SU_2	5 SU_3	6
0	ZF	0	0	−200	−100	0	−120000
1	RS1	0	1	1	−1	0	300
2	RS2	1	0	0	1	0	200
3	RS3	0	0	−1	1	1	0

Zeile	Spalte Variable	1 X_S	2 X_B	3 SU_1	4 SU_2	5 SU_3	6 EV
0	ZF	0	0	−200	−100	0	−120000
1	RS1	0	1	1	−1	0	300
2	RS2	1	0	0	1	0	200
3	RS3	0	0	−1	1	1	0

Iterationsverfahren (Gauß-Verfahren)

Das Iterationsverfahren beschreibt ebenfalls eine Methode zur Durchführung der innerbetrieblichen Leistungsverrechnung. Es werden hierbei die Verrechnungspreise für die innerbetrieblichen Leistungen bestimmt. Die Verrechnungspreise werden mit Hilfe jeder Iteration rechnerisch bis zur Erreichung des korrekten Preises verbessert (vgl. Eberlein, S. 55).

Mathematische Beschreibung des Iterationsverfahrens

Eine wichtige Aufgabe in der „praktischen" Mathematik ist die Bestimmung der Lösungen einer Gleichung $f(x) = 0$ mit der Unbekannten x (vgl. Eberlein, S. 55). Das Iterationsverfahren, geht von einem Anfangswert x_0 aus. Durch die wiederholte Anwendung einer bestimmten Rechenvorschrift werden eine Folge von Werten $x_0, x_1, x_2, \ldots x_n$ konstruiert, die unter bestimmten Voraussetzungen gegen die exakte Lösung konvergieren. Diese Rechenvorschrift (Iterationsvorschrift) wird in folgender Gleichungsform dargestellt:

$$x_n = F(x_{n-1}) \quad (n = 1, 2, 3, \ldots)$$

Wenn man den Startwert x_0 in die Gleichung einsetzt bekommt man die 1. Lösung $x_1 = F(x_0)$. Definiert man jetzt x_1 als einen neuen (besseren) „Anfangswert" für die Lösung, so erhält man durch Einsetzen von x_1 in die Iterationsgleichung die 2. Lösung $x_2 = F(x_1)$ usw. Diese Folge von Lösungen konvergiert also dann gegen die gesuchte exakte Lösung (vgl. Papula, S 406).

Gauß-Verfahren (Iterationsverfahren)

Das iterative Verfahren wurde nach dem deutschen Mathematiker, Astronom, Geodät und Physiker Johann Carl Friedrich Gauß, benannt (vgl. Dumington, S. 11). Das Gauß-Verfahren ist ein Algorithmus aus der linearen Algebra und ein wichtiges Verfahren, um lineare Gleichungssysteme zu lösen (vgl. Nimm, Stoffer, S. 1). Es wird in der Betriebswirtschaftslehre u. a. in Bereich der innerbetrieblichen Leistungsverrechnung verwendet und stellt für allgemeine Gleichungssysteme das Standardlösungsverfahren dar (vgl. Eberlein, S. 55).

Der Gauß-Algorithmus

Der Gauß-Algorithmus macht sich den Umstand zu Nutze, dass sich die Lösung eines linearen Gleichungssystems nicht ändert, wenn das Vielfache einer Gleichung zum Vielfachen einer anderen Gleichung addiert wird, oder falls eine Gleichung des linearen Gleichungssystems mit einer Konstanten ungleich null multipliziert wird (vgl. Heinricht, S. 52).

Ein Gleichungssystem mit drei Gleichungen und drei Unbekannten (x_1, x_2, x_3) und mit der rechten Seite $b(b_1, b_2, b_3)$ hat die Form (vgl. Papula, S. 23):

$$a_{11}x_1 + a_{12}x_2 + a_{13}x_3 = b_1$$

$$a_{21}x_1 + a_{22}x_2 + a_{23}x_3 = b_2$$

$$a_{31}x_1 + a_{32}x_2 + a_{33}x_3 = b_3$$

Um eine bessere Übersicht zu haben, werden die Koeffizienten aus diesem Gleichungssystem in eine Matrix geschrieben:

$$
\begin{array}{c}
I \\
II \\
III
\end{array}
\left(
\begin{array}{ccc|c}
a_{11} & a_{12} & a_{13} & b_1 \\
a_{21} & a_{22} & a_{23} & b_2 \\
a_{31} & a_{32} & a_{33} & b_3
\end{array}
\right)
$$

Abb. 7.23: Matrizendarstellung eines linearen Gleichungssystems

Nun bringt man die Matrix auf Treppenform, das heißt man erzeugt durch Zeilenumformung Nullen unterhalb der Diagonalen. Diagonale der Matrix stellen die Elemente a_{11}, a_{22} und a_{33} dar. Danach wird rückwärts eingesetzt. Hierunter versteht man, dass man die letzte (III) Zeile betrachtet. Aus dieser Zeile lässt sich mindestens eine Variable berechnen, da ja durch die Zeilenumformung in der dritten Zeile die Koeffizienten a_{31} und a_{32} den Wert null bekommen haben. Mit diesem Ergebnis geht man dann in die vorletzte Zeile, um noch eine weitere Variable zu berechnen usw., solange bis man nach Lösen der ersten Gleichung alle Variablen benennen kann. Im Folgenden werden diese Schritte näher beschrieben. Der Gauß-Algorithmus verläuft demnach in quadratischen Systemen mit n Gleichungen für n Unbekannte nach denfolgenden Schritten (vgl. Westermann, S. 30):

-   Wahl einer ersten Gleichung (des linearen Gleichungssystems), welche einen Koeffizienten von $x_1 \neq 0$ hat.
-   Elimination der Variable x_1 aus der restlichen Gleichung. Hierbei wird die erste Zeile mit $(-a_{21}/a_{11})$ multipliziert und zu der zweiten Gleichung addiert. Das Gleiche wird dann mit den übrigen Zeilen gemacht.
-   Die Vorgehensweise unter dem Punkt 2 wird solange auf das lineare Gleichungssystem angewendet, bis nur noch eine Gleichung mit der Unbekannten x_n übrigbleibt.
-   Die eliminierten Gleichungen bilden ein gestuftes System von Zeilen, aus denen sich nun die Unbekannten in der Reihenfolge $x_n, \ldots, x_2, x_1$ berechnen lassen.

Erklärung anhand eines Beispiels:

Für das lineare Gleichungssystem

$$2x_1 + 4x_2 + 6x_3 = 4$$

$$2x_1 + 2x_2 + 2x_3 = 4$$

$$6x_1 + 6x_2 + 2x_3 = 0$$

lautet die dazugehörige Matrix wie folgt:

$$
\begin{array}{c}
I \\
II \\
III
\end{array}
\left(
\begin{array}{ccc|c}
2 & 4 & 6 & 4 \\
2 & 2 & 2 & 4 \\
6 & 6 & 2 & 0
\end{array}
\right)
$$

Abb. 7.24: Matrizendarstellung des Beispiels

Nun werden unterhalb der Diagonalen (2, 2, 2) mit den Zeilenumformungen Nullen erzeugt, und zwar spaltenweise von links nach rechts. Dies muss beachtet werden, da ansonsten die Nullen zerstört werden können, die man vorher erzeugt hat. Um beispielsweise aus der 2(a_{21}) eine 0 zu bekommen, subtrahiert man die erste Zeile von der zweiten Zeile. Man formt dann mit dieser Art und Weise die restlichen Koeffizienten um, bis diese ebenfalls den Wert 0 haben:

$$
\begin{array}{c}
I \\
II \\
III
\end{array}
\left(
\begin{array}{ccc|c}
2 & 4 & 6 & 4 \\
2 & 2 & 2 & 4 \\
6 & 6 & 2 & 0
\end{array}
\right)
$$

$$
\begin{array}{c}
I \\
II \\
III
\end{array}
\left(
\begin{array}{ccc|c}
2 & 4 & 6 & 4 \\
0 & -2 & -4 & 0 \\
6 & 6 & 2 & 0
\end{array}
\right)
\quad (-3 \cdot I + III)
$$

$$
\begin{array}{c}
I \\
II \\
III
\end{array}
\left(
\begin{array}{ccc|c}
2 & 4 & 6 & 4 \\
0 & -2 & -4 & 0 \\
0 & -6 & -16 & -12
\end{array}
\right)
\quad (-3 \cdot II + III)
$$

$$
\begin{array}{c}
I \\
II \\
III
\end{array}
\left(
\begin{array}{ccc|c}
2 & 4 & 6 & 4 \\
0 & -2 & -4 & 0 \\
0 & 0 & -4 & -12
\end{array}
\right)
$$

Abb. 7.25: Iterationen für das Beispiel in Matrizendarstellung

Die letzte Zeile (III) bedeutet nun:

$$-4x_3 = -12 \quad \rightarrow \quad x_3 = 3$$

Nun wird, wie bereits zuvor erwähnt, rückwärts eingesetzt, das heißt die Zeile III liefert als Ergebnis die Variable $x_3 = 3$. Zeile II:

$$-2x_2 \cdot -4 \cdot 3 = 0 \quad \rightarrow \quad -2x_2 = 12 \quad \rightarrow x_2 = -6$$

Zeile I:

$$2x_1 + 4 \cdot -6 + 6 \cdot 3 = 4 \rightarrow \quad 2x_1 = 10 \quad \rightarrow \quad x_1 = 5$$

Damit sind alle Variablen berechnet:

$$x_1 = 5 \,; \quad x_2 = -6 \,; \quad x_3 = 3$$

7.4 Deckungsbeitragsrechnung im Kundenmanagement

7.4.1 Ausgangsproblem

Kaum ein Unternehmen kann von sich behaupten, dass alle seine Kundenbeziehungen vorteilhaft sind. Vielmehr wird es fast immer Kunden geben, die im Vergleich zu ihrem Nettoumsatz einen zu großen Ressourceneinsatz erfordern, oder die aus anderen Gründen nicht erwünscht sind.[24] Die Spanne reicht dabei vom Großkunden, der sich extreme Rabatte gesichert hat, bis zum Kleinkunden, dessen Aufträge nicht kostendeckend durchgeführt werden können, selbst wenn Listenpreise erzielt werden. Im Rahmen des Kundenmanagements ist es dann sinnvoll, die Beziehungen zu „schlechten" Kunden zu überprüfen.

Zunächst aber sind die Problemkandidaten zu identifizieren, was häufig eine sehr anspruchsvolle Aufgabe darstellt, weil in der Regel das Rechnungswesen eines Unternehmens die Kundendaten nicht vollständig auf Basis des Verursachungsprinzips zur Verfügung stellen kann. Teilergebnisse können in der Kunden-Deckungsbeitragsrechnung gefunden werden. Aber aufgrund von Zuordnungsproblemen werden teilweise pauschale Zuschlagssätze (z. B. für Vertrieb und Verwaltung) verwendet, welche die wahre Lage falsch darstellen können. Auch werden die Erfassung von Kapitalkosten und ihre Zuordnung auf Produkte und Kunden nur selten gut gelöst.

---

24 Auch eigentlich profitable Kunden müssen manchmal abgelehnt werden, wenn sie z. B. auf der Antiterrorliste stehen oder wenn die Geschäfte mit ihnen zu einem Imageverlust führen würden.

7.4.2 Finanzielle Analyse der Kundenbeziehung

Grundlagen und Definition des Kundenwertes

Die Analyse der Kundenvorteilhaftigkeit basiert auf der Ermittlung des Kundenwertes, also einer Größe, die zeigt, wie wertvoll der Kunde für die Zielerreichung des Unternehmens ist. Der Kundenwert sollte für alle Kunden regelmäßig ermittelt werden. Neben dem absoluten Wert interessieren auch die Veränderung zum Wert der vorhergehenden Analyse und der Vergleich zum Planwert, wenn ein solcher vorgegeben wurde. Die Analysenotwendigkeit gilt auch für „gute" Kunden, weil heraufziehende Probleme möglichst früh entdeckt werden sollten oder weil auch bei ihnen eine Steigerung möglich sein kann.

Hinsichtlich des Kundenwertes können drei zeitliche Perspektiven unterschieden werden:

a) Kundenwert in der Vergangenheit (retrospektiv)
b) Kundenwert in der aktuellen Periode
c) Kundenwert in der Zukunft (prospektiv)

Während die historische Perspektive in a) zwar noch aus der Lernperspektive interessant sein kann (angels.: Lessons learnt), liegt der Schwerpunkt doch auf der aktuellen und zukünftigen Fragestellung. Mit dem retrospektiven Kundenwert der gerade abgelaufenen Periode kann der Zweck der Wirtschaftlichkeitskontrolle und Verhaltensbeeinflussung erfüllt werden, währenddessen der zukünftige (prospektive) Kundenwert der Entscheidungsunterstützung dient. Die Unterteilung zeigt, dass die Definition des Kundenwertes zeitraumbezogen erfolgen muss. Übliche Analysezeiträume im Unternehmen sind die gerade abgelaufene Periode (Monat, Quartal oder Jahr) sowie eine zukünftige Periode (häufig Monat oder Jahr). Dazu kommt insbesondere für Entscheidungszwecke die gesamte Zukunft beginnend mit dem heutigen Tag. Im gewählten Zeitraum sind dann möglichst alle Beziehungen zwischen Unternehmen und Kunden zu erfassen und zu bewerten.

Der Kunde liefert hauptsächlich folgende Beiträge (= Beiträge für das Unternehmen):

– Nettoerlöse
– Informationen zur Verbesserung der Leistung
– Gewollte (bewusste) Weitergabe von Informationen. Dies kann positiv sein z. B. durch die Unterstützung bei der Neukundenwerbung (Referenzfunktion), aber auch negativ: Käufer von Montagsautos werden viele Kunden abschrecken.
– Ungewollte Beeinflussung anderer Kunden im positiven oder negativen Sinne (sachliche Interdependenzen).

Die Beiträge des Unternehmens für den Kunden sind folgende:

– Kosten für die Ermittlung der Kundenwünsche
– Kosten für die Produktentwicklung

- Kosten für die Erstellung der Produkte/Services
- Kosten für den Aufbau und die Pflege von Kundenbeziehungen

Zusammengefasst werden die Größen im Kundenwert (angels.: Value of the Customer). Er ist die Summe aller monetarisierten und auf einen Zeitpunkt bezogenen Beiträge, die durch und für den Kunden ausgelöst wurden/werden.

7.4.3 Aufbau einer Kunden-Deckungsbeitragsrechnung

Da die zahlungsorientierte Ermittlung des Kundenwertes meistens sehr aufwändig ist, bedarf es eines anderen Instrumentes, mit dem erste Hinweise auf Probleme gegeben werden können. Dieses Instrument – die Kunden-Deckungsbeitragsrechnung – wird in unterschiedlichen Ausbaustufen und mit unterschiedlicher Qualität in vielen Unternehmen eingesetzt. Sie gehört in die Gruppe der Deckungsbeitragsrechnungen, wobei in diesem speziellen Fall der Kunde und nicht das einzelne Produkt im Mittelpunkt der Analysen steht. Für den betrachteten Zeitraum (in der DB-Rechnung meistens Monat und/oder Jahr) soll die Frage beantwortet werden, welchen Beitrag der jeweilige Kunde für die Realisierung der Unternehmensziele geleistet hat. Es ist also zu analysieren, welcher Wert für das Unternehmen zusätzlich generiert wird, dadurch dass es mit einem bestimmten Kunden Geschäftsbeziehungen unterhält. Es kommt somit auf die Differenz der finanziellen Größen mit und ohne den jeweiligen Kunden an.

Die betrachtete Größe ist der Deckungsbeitrag, welcher angibt, um wie viel die Nettoerlöse die variablen Kosten übersteigen.

Wird der Fokus auf die Kunden-Deckungsbeitragsrechnung gelenkt, sind nicht nur die Kostenverursachungsgrößen Menge, Anzahl Schichten etc. zu berücksichtigen, sondern auch die kundenbezogenen Kosten. Unter letztere fallen Kosten z. B. für:
- Kundenspezifische Vertriebskosten (z. B. Außendienstbesuche)
- Kundenspezifische Auftragskosten (in Produktion und Innendienst (angels.: Customer Service)
- Kundenspezifische Entwicklungen (Sonderversionen, Spezialprodukte)
- Kundenspezifische Events (z. B. VIP-Lounges bei Sportveranstaltungen)
- Werbezuschüsse zu kundeneigenen Messen/Veranstaltungen
- Bestechungsgelder (nützliche Aufwendungen) usw.

Entscheidend für die Berücksichtigung ist jeweils die positive Beantwortung der Frage, ob die Kosten ohne den Kunden wegfallen würden (Grenzkosten des Kunden). Dies ist z. B. nicht der Fall bei den Kosten der Maßnahmen für ganze Kundengruppen. Deren Kosten werden sich üblicherweise nicht ändern, wenn ein einzelner Kunde hinzukommt oder wegfällt. Das gleiche Prinzip gilt für die Nettoumsätze, wobei deren Abgrenzung meistens einfach ist.

Wenn alle Zuordnungen (möglichst) korrekt durchgeführt wurden, erhält das Unternehmen für jeden seiner Kunden einen Kunden-Deckungsbeitrag, der angibt, ob die Geschäftsbeziehung in der betrachteten Periode vorteilhaft war (retrospektiv) bzw. sein wird (prospektiv). Wann immer der Kunden-Deckungsbeitrag negativ oder gering ist[25], muss die Kundenbeziehung näher untersucht werden. Besonders in fixkostenintensiven (strukturkostenintensiven) Branchen empfiehlt es sich, die noch nicht abgezogenen Fixkosten durch Einsatz von Verteilungsschlüsseln abzuziehen und damit ein anteiliges Betriebsergebnis pro Kunde zu ermitteln. Diese Fixkosten fallen zwar nicht weg, wenn ein Kunde abwandert oder nicht mehr bedient wird, aber langfristig kann das Unternehmen nur überleben, wenn alle Fixkosten gedeckt werden. Denn selbst wenn ein Unternehmen mit allen seinen Kunden positive Deckungsbeiträge erwirtschaftet, kann das Unternehmen aufgrund nicht direkt zuordbarer Fixkosten rote Zahlen schreiben. Die Ermittlung des anteiligen Betriebsergebnisses pro Kunde ist also sinnvoll, solange man es nicht als Basis für kurzfristige Entscheidungen nimmt.

Diese Standardauswertungen der Kunden-Deckungsbeitragsrechnung bzw. der anteiligen Betriebsergebnisrechnungen liefern somit eine Liste der Problemkandidaten, deren exakte Analyse dann erfolgen kann und muss.

Beispiel zu einer Kunden-Deckungsbeitragsrechnung

Die bisher getroffenen Aussagen zur Kunden-Deckungsbeitragsrechnung sollen nun an einem Beispiel verdeutlicht werden. In der betrieblichen Praxis ist der Aufbau einer Kunden-Deckungsbeitragsrechnung sehr anspruchsvoll, weil Informationen aus unterschiedlichen EDV-Systemen bzw. Modulen einfließen müssen. Selbst wenn eine einheitliche Software verwandt wird, müssen die Informationen aus unterschiedlichen Modulen einfließen, in SAP® ERP® aus SD, CRM, FI, MM. Wird der Aufwand für eine Information zu groß, kann man sich zumindest übergangsweise damit behelfen, Schätzwerte einzugeben. Insbesondere bei den Finanzierungskosten dürfte dies eine vernünftige Lösung darstellen.

Die Kunden-Deckungsbeitragsrechnung wird mehrstufig aufgebaut. Einige Elemente können aus der üblichen Produkt-Deckungsbeitragsrechnung übernommen werden. Wichtig ist dabei, dass die Nettoumsätze kundenspezifisch erfasst werden.

Wie oben dargestellt werden im ersten Schritt die Erlösschmälerungen der drei Rabattgruppen abgezogen. Das Ergebnis ist der Nettopreis, der in Euro pro Mengeneinheit gemessen wird und durchschnittlich in der Mitte der betrachteten Periode anfällt (Eine tagesgenaue Erfassung wäre in den meisten Fällen wegen des Aufwandes nicht gerechtfertigt). Frühestens auf dieser Ebene ist ein erster Vergleich der Kunden möglich. Denn die Praxis zeigt, dass die Rabattstrukturen je nach Kunde sehr stark variieren können.

Eine zusätzliche Schwierigkeit liegt darin, dass teilweise auch Festbeträge (z. B. Listungsgelder, Neueröffnungsprämien, Werbekostenzuschüsse) bezahlt werden, deren Wirkung auf den Netto-

---

25 Bei der Identifikation DB-schwacher Produkte helfen teilweise relative Kennziffern, indem z. B. der DB ins Verhältnis gesetzt wird zum Nettoumsatz. (DB-Marge). Diese kritische DB-Marge muss deutlich positiv sein, weil einige Fixkosten noch nicht abgezogen sind. Wird dann diese kritische DB-Marge unterschritten, so ist ebenfalls eine genaue Analyse angebracht.

preis erst dann genau ermittelt werden kann, wenn die endgültige Absatzmenge feststeht. Hier muss das Controlling mit Absatzschätzungen eine möglichst gute Annäherung versuchen.

Kunde		Gut und Günstig								
Auftrag		A1			A2			A3		
Produkt	Dim	P1	P2	P3	P1	P2	P3	P1	P2	P3
Listenpreis (je Kunde)	€/ME	20	22	26	20	22	26	20	22	26
- Rab in der Rechnung	€/ME	2	3	4	2	3	4	2	3	4
Rechnungspreis	€/ME	18	19	22	18	19	22	18	19	22
- Rab an der Rechnung	€/ME	2	2	3	2	2	3	2	2	3
- Rückvergütungen uä	€/ME	3	3	4	3	3	4	3	3	4
- Kapitalkosten Ford.	€/ME	1	1	1	1	1	1	1	1	1
Nettopreis	€/ME	12	13	14	12	13	14	12	13	14
- mengenvar. K										
* in Produktion	€/ME	3	4	5	3	4	5	3	4	5
* Grüner Punkt	€/ME	1	1	1	1	1	1	1	1	1
* Gewichtsanteil Fra.	€/ME	1	1	1	1	1	1	1	1	1
* v. Kommissionierung	€/ME	2	1	3	2	1	3	2	1	3
Deckungsspanne	**€/ME**	**5**	**6**	**4**	**5**	**6**	**4**	**5**	**6**	**4**
Anteil vom Nettopreis	%	42	46	29	42	46	29	42	46	29
Menge der Auftragspos	ME/AP	3	4	3	0	2	0	5	6	7
DB1 (mengenvar)	€/AP	15	24	12	0	12	0	25	36	28
- chargenspez. K	€/AP	3	4	5	0	4	0	3	4	5
- schichtspez. K	€/AP	1	1	1	0	1	0	1	1	1
DB2 (produktionsvar)	**€/AP**	**11**	**19**	**6**	**0**	**7**	**0**	**21**	**31**	**22**
DB-Summe der AP	€/A		36			7			74	
- auftragsvariable K										
* Auftragsrabatte	€/A		2			1			5	
* Vertrieb	€/A		9			5			14	
* Innendienst	€/A		2			1			1	
* Kommissionierung	€/A		2			1			1	
* Fracht	€/A		10			8			12	
* Accounting	€/A		1			1			1	
DB3 (auftragsvariabel)	€/A		10			-10			40	
DB-Summe der Auftr.	€/Ku					40				
- kundenspez. K	€/Ku					20				
DB4 (kundenbez.)	**€/Ku**					**20**				
Ant Strukturk. vom U_N	11%					43				
Ant Kundenergebnis	€/Ku					-23				

€/AP   Euros pro Auftragsposition   €/A   Euros pro Auftrag

Abb. 7.26: Beispiel für eine Kundenergebnisrechnung

Das negative anteilige Kundenergebnis von −23 zeigt, dass die Kundenbeziehung verbessert werden muss. Kurzfristig bringt sie zwar einen Ergebnisbeitrag, da ein positiver Deckungsbeitrag 4 von 20 € mit dem Kunden erwirtschaftet wird, aber langfristig sind Verbesserungen notwendig.

Analyse der Problemursachen

Wenn die Deckungsbeitragsrechnung – möglichst auf Basis einer Standardkosten-rechnung – die Problemkandidaten herauskristallisiert hat, kann die Analyse der Problemursachen beginnen. Grundsätzlich kann unterschieden werden, ob die er-zielten Nettoumsätze (Beiträge des Kunden) zu gering sind oder ob die Kosten für die Leistungserstellung im Unternehmen (Ressourceneinsatz) zu hoch sind. Häufig muss auch eine Kombination der Probleme analysiert werden.

Probleme auf der Preisseite

Voraussetzung für eine Analyse von Preisproblemen ist die exakte Erfassung der Nettopreise wie in Kapitel 2 beschrieben. Während die Problemanalyse mit der De-ckungsbeitragsrechnung meistens vergangenheitsbezogen ist, sollte in diesem Ana-lyseschritt der zukünftig zu erwartende Nettopreis abgeschätzt werden. Einmaleffekte aus der Vergangenheit (Reklamationen, Einführungsrabatte, Sonderzahlungen etc.) können damit eliminiert werden.[26]

Liegen die erwarteten Nettopreise dann immer noch niedriger als für vergleichba-re Kunden, müssen die Möglichkeiten einer Preiserhöhung geprüft werden. In Abhän-gigkeit der Preiselastizitäten kann dann eine Verbesserung des Betriebsergebnisses erzielt werden, wenn der Mengenrückgang nicht zu groß ist.[27] Eingerechnet werden muss dabei die Möglichkeit, dass das Unternehmen Kunden oder Absatzmengen ver-liert.

Probleme auf der Kostenseite

Die zu geringen Deckungsbeiträge können auch auf zu hohe Kosten der Leistungs-erstellung für einen speziellen Kunden zurückzuführen sein. Gerade bei kleineren Kunden finden sich teilweise hohe kundenspezifische Kosten aufgrund geringer Be-stellmengen. Häufig sind Zusatzrechnungen notwendig, weil die vorherrschende Zu-schlagskalkulation viele Fixkosten über pauschale Zuschlagsätze auf die Kostenträger verteilt. In einigen Fällen sind es auftragsspezifische Kosten, die bei jedem Auftrag bzw. jeder Charge anfallen (vgl. Prozesskostenrechnung). Werden die Produkte beim Kunden angeliefert, entstehen bei Kleinaufträgen zusätzlich hohe anteilige Kommis-sionier- und Frachtkosten. Auch hier sind Standardkosten in Form von Prozesskosten-sätzen anstelle von prozentualen Zuschlagsätzen eine gute Lösung, wenn sie die Kos-

---

[26] Die betriebliche Praxis zeigt allerdings, dass auch in der Zukunft Erlösschmälerungen auftreten werden, die in der Zentrale lange Zeit nicht bekannt waren (etwa aufgrund mündlicher Zusagen).
[27] Eine Preissenkung dürfte nur dann zu einer Verbesserung des DB führen, wenn der Mengenzu-wachs sehr hoch wäre. Dabei wäre aber noch der Einfluss auf andere Kunden zu beachten. Zu große Preisabstände zwischen den Kunden sind gefährlich und führen regelmäßig zu hohen Nachforderun-gen der schlechter behandelten Kunden, wenn die Preisdifferenz z. B. durch einen Einkäuferwechsel bekannt wird.

ten in Abhängigkeit von Gewicht und Entfernung abbilden. In vielen Unternehmen wird hingegen pauschal mit Kostensätzen pro Kilogramm oder sogar mit Prozentsätzen vom Umsatz gearbeitet. Damit bleiben dann viele Probleme unentdeckt.

Kombinierte Probleme

Häufig ist eine einseitige Problemzuordnung nicht sinnvoll, weil Nettopreis und Kosten gleichzeitig betrachtet werden müssen. Erlösschmälerungen dürfen eben nur dann gewährt werden, wenn dem ein Zusatznutzen im Unternehmen oder eine Kostenreduktion gegenübersteht. So sind maßvolle Mengenrabatte häufig zu rechtfertigen, weil zwar der Nettopreis sinkt, aber auf der anderen Seite auch die Kosten z. B. für Material, Umrüstungen, Chargen, Aufträge, Fracht usw. sinken. Ähnlich sieht es bei Referenzprojekten aus. Die eigentlich unbefriedigenden Nettoerlöse relativieren sich, wenn aus dem Projekt zukünftige Deckungsbeiträge entstehen können.

Wenn solche Hintergründe für die schlechten Deckungsbeiträge bzw. schwachen anteiligen Betriebsergebnisse einiger Kunden erkannt werden, können die Kunden bis zur nächsten Prüfung von der Liste der „schlechten" Kunden auf eine Beobachtungsliste gesetzt werden.

Verbesserungsmaßnahmen

Nach der Analyse der Problemursachen muss versucht werden, die Geschäftsbeziehung mit dem Kunden möglichst vorteilhaft zu gestalten.

Einfache Fälle liegen vor, wenn bei zu niedrigen Nettopreisen Preiserhöhungen ohne weitere Folgen möglich sind oder wenn bisher nicht durchgeführte Kostenreduktionen möglich sind.

In der Regel wird der Kunde – insbesondere, wenn es sich um einen Großkunden handelt – zäh um seinen Vorteil kämpfen und mit Abwanderung drohen.

Jetzt sind intelligente Maßnahmen gefragt, welche die finanziellen Ergebnisse der Kundenbeziehung verbessern, ohne dass der Kunde wesentliche Einbußen in Kauf nehmen muss.

Es können die Verfahren der Wertanalyse (Value-Engineering) eingesetzt werden, die in 2 Gruppen zerfallen. Einmal kann die Leistung des Unternehmens erhöht werden, so dass höhere Nettopreise verlangt werden können, wobei die Produktionskosten nur gering steigen. Andererseits können teure Elemente des Produktes entfernt werden, wenn diese für den Kunden nicht so wichtig sind.

Für die Beurteilung der Vorteilhaftigkeit reicht häufig die positive Beantwortung der Frage, ob die Deckungsbeiträge unter Einbezug der Kosten der Maßnahmen steigen.

7.4.4 Kundenbezogene Deckungsbeitragsrechnung in SAP S/4HANA

Eine Kundenbezogene Deckungsbeitrags-Analyse ist über die Definition von Berichten in der Ergebnisrechnung möglich. Dazu werden einem CO-PA[28] Bericht Kunden- und Artikel-bezogene Merkmale zugeordnet, über welche von eine höheren Merkmals-Ebene auf eine niedrigere Merkmals-Ebene mit Drill-Down Reporting navigiert werden kann. Ein Beispiel für einen solchen Aufriss ist: Verkaufsorganisation → Vertriebsweg → Kundengruppe → Kunde → Kundenaufträge.

Weitere Möglichkeiten bieten Berichte in der Kostenträgerrechnung. Im Kundenauftrags-Controlling steht ein Bericht für die Analyse von Kundenaufträgen mit zugeordneten Fertigungsaufträgen zur Verfügung. Eine solche Zuordnung findet sich bei Kundeneinzelfertigung (KDE, auch als MTO – MAKE TO ORDER bezeichnet).

Die nachfolgende Abbildung zeigt die Kostenschichtung für die Kundenauftragsposition Nr. 299/10 auf der Basis der dieser Kundenauftragsposition zugeordneten Fertigungsaufträgen. Damit kann bis auf Kundenauftragsebenen eine Auswertung der Kostenbestandteile nach fixen und variablen Anteilen erfolgen. So kann erkannt werden, ob die produkt-spezifischen Kosten im Zusammenhang mit dem jeweiligen Kundenauftrag auffallende Kostenpositionen haben.

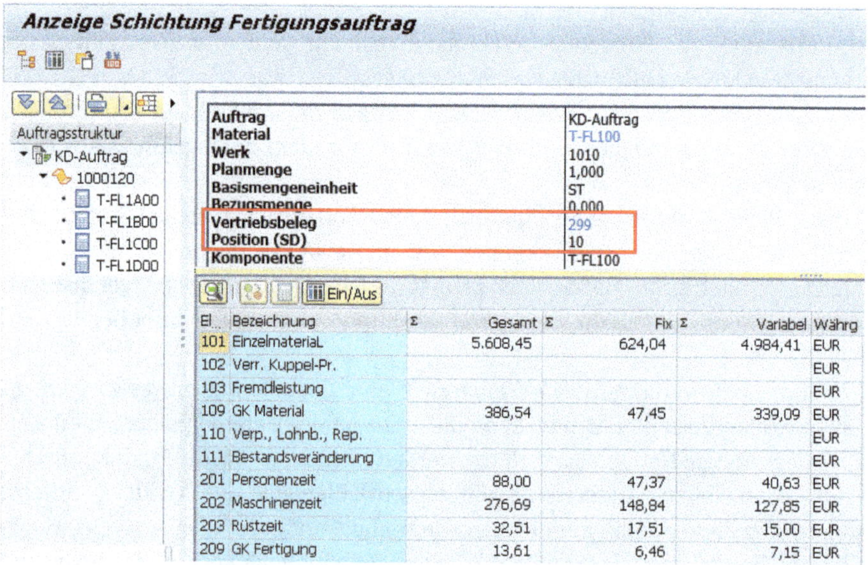

Abb. 7.27: Kostenschichtung eines Kundenauftrags (299) mit zugeordnetem Fertigungsauftrag im System SAP S/4HANA

---

28 CO-PA – Controlling Profitability Analysis.

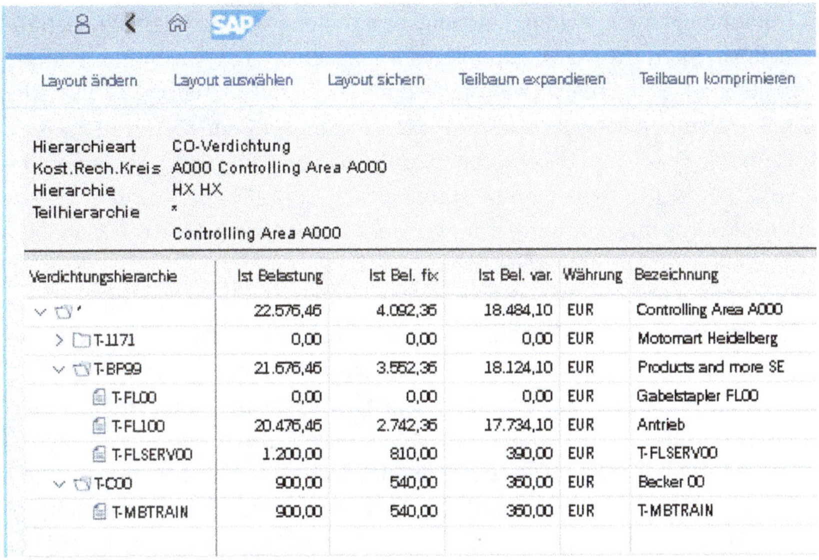

Verdichtungshierarchie	Ist Belastung	Ist Bel. fix	Ist Bel. var.	Währung	Bezeichnung
*	22.576,46	4.092,36	18.484,10	EUR	Controlling Area A000
T-1171	0,00	0,00	0,00	EUR	Motomart Heidelberg
T-BP99	21.676,46	3.552,36	18.124,10	EUR	Products and more SE
T-FL00	0,00	0,00	0,00	EUR	Gabelstapler FL00
T-FL100	20.476,46	2.742,36	17.734,10	EUR	Antrieb
T-FLSERV00	1.200,00	810,00	390,00	EUR	T-FLSERV00
T-C00	900,00	540,00	360,00	EUR	Becker 00
T-MBTRAIN	900,00	540,00	360,00	EUR	T-MBTRAIN

Abb. 7.28: Verdichteter Bericht auf Basis selbst definierbarer Verdichtungshierarchien im System SAP S/4HANA

Ein weiterer wichtiger Aspekt ist die Auswertung des Vergleichs von Plan-, Soll- und Ist-Kosten im Zusammenhang mit den Kunden. Dazu ist es möglich, im SAP System eine Verdichtungshierarchie zu definieren, welcher Merkmale aus dem Kundenauftragsmanagement zugeordnet und in einer Hierarchie angeordnet werden. Die Abb. 7.28 zeigt einen Bericht auf Basis einer Verdichtungshierarchie.

Zur Pflege einer Verdichtungshierarchie stehen die Merkmale aus der Kostenträger-Rechnung zur Verfügung. Im Beispiel der Abbildung wurden die Merkmale KUNDE und ARTIKEL in der Navigation selektiert. Damit ist es möglich, auf jeder Ebene die Ist-Kosten nach fixen und variablen Anteilen im Vergleich zwischen den Merkmalswerten auszuwerten. Es kann zum Beispiel analysiert werden, wie sich die Kosten im Kundenvergleich, Vergleich der an den Kunden gelieferten Produkte bis hin zum Auftragsvergleich entwickelt haben.

Aus dem Verdichtungsbericht heraus kann von jeder Zelle aus zum Detailbericht gesprungen werden.

7.5 Leistungserfassung bei Güterbündeln (Gemeinleistungen)

Unternehmen verkaufen ihre Produkte nicht nur isoliert, sondern teilweise auch in Bündeln, um den Kunden eine umfassende Problemlösung anbieten zu können. Es handelt sich somit um eine absatzorientierte Zusammenfassung von Einzelprodukten wie sie z. B. bei einer Pauschalreise existieren, in der neben dem Flug, dem Transfer und dem Hotel häufig auch weitere Leistungsbestandteile wie Verpflegung, Getränke, Spa, Ausflüge, Sportarten usw. enthalten sind. Leistungen aus mehreren Produkten werden auch als Gemeinleistungen bezeichnet (vgl. z. B. J. Stelling S. 209) oder wenn sie mit Verkaufspreisen bewertet werden können als Gemeinerlöse (vgl. z. B. Ewert/Wagenhofer, S. 675 ff.). Auf der Ebene des gesamten Güterbündels können die üblichen Verfahren der Kosten– und Leistungsrechnung (KLR) angewendet werden, insbesondere die Deckungsbeitragsrechnung. Viel schwieriger wird es, die Wirtschaftlichkeit einer Teilleistung zu ermitteln, da ihr Preis im Gesamtpreis untergegangen ist. Dies kann auf einen einzigen Gesamtpreis zurückzuführen sein oder darauf, dass für mehrere Teilleistungen Gesamt-Nachlässe gewährt werden, die nicht nach dem Verursachungsprinzip zugeordnet werden können (Hoitsch/Lingnau, S. 229 ff.)

Die Kosten der Teilleistungen können hingegen häufig mit den üblichen Verfahren bestimmt werden. Um die Teilleistungen richtig managen zu können, ist es jedoch in vielen Fällen erforderlich, Teilpreise zuzuordnen, welche aus dem Gesamtnettopreis abzuleiten sind. Erst nach der Ermittlung der Teilpreise können z. B. für das Teilprodukt Hotel die Umsätze, Deckungsspannen und anteilige Gewinne ermittelt werden.

7.5.1 Gemeinleistungen vs. Kuppelproduktion

Die Gemeinleistungen sind abzugrenzen gegenüber der produktionsbedingten Kuppelproduktion, bei welcher Produkte zwangsläufig produziert werden, die aber meistens einzeln vermarktet werden. In der Raffinerie entstehen bei der Produktion von Benzin auch Dieselvorprodukte, Schweröl, Teer usw. Bei der Gemeinleistung hingegen können die Teilleistungen weitgehend unabhängig voneinander produziert werden, sind aber durch die Entscheidung des Unternehmens für den Kunden in ein Paket eingebunden. Die Abb. 7.29 soll die Unterschiede auch anhand von Beispielen aufzeigen.

Der Standardfall der Produkte, die einzeln hergestellt und vertrieben werden, ist im linken oberen Feld dargestellt. Hier entstehen keine Zuordnungsprobleme, weder in der Kosten- noch in der Leistungsrechnung.

| | | Produktionsseitige Kopplung | |
		nein	ja
Absatzseitige (freiwillige) Bündelung	nein	ohne Verbindung in Markt und Produktion Einzelprodukt	Kuppelproduktion Raffinerieprodukte
	ja	Vermarktung von Güterbündeln Pauschalreise	Kuppelproduktion plus Absatzbündel Schweinehälfte

Abb. 7.29: Matrizendarstellung eines linearen Gleichungssystems

Im Falle von nur produktionsbedingten Kopplungen (rechtes oberes Feld) wie z. B. bei der Verarbeitung von Rohöl in Raffinerien müssen die jeweiligen Güterbündel produziert werden, auch wenn eigentlich nur ein Teilprodukt, z. B. Benzin, gewünscht wird. Bei der Produktion von Orangensaftkonzentrat fallen zusätzlich noch Aromen, Fruchtreste, Öl und Schalen an. Um konkurrenzfähig zu sein, muss für jedes Teilprodukt eine erfolgreiche Vermarktung gelingen. Die Verfahren zur Ermittlung der Kosten sind die Restwertmethode, die ein Hauptprodukt voraussetzt, und die Äquivalenzziffernmethode (vgl. zu den Verfahren Absatz 6.3.3.). Letztendlich bleibt die Aufteilung der Kosten allerdings hinsichtlich des Verursachungsprinzips unbefriedigend, so dass für wichtige Entscheidungen das gesamte Güterbündel betrachtet werden muss.

Auf der Absatzseite ist das Problem weniger komplex, weil die Kopplung nicht zwangsläufig ist, mithin die Produkte häufig auch einzeln vermarktet werden können. Damit existieren für die Einzelprodukte häufig auch Marktpreise, die für eine erste Orientierung geeignet sind.

Die Kombinationen von absatz- und produktionsseitigen Verbunden sind eher selten. Sie kann aber z. B. bei Schlachtereien gefunden werden, wenn ganze zerlegte Schweine verkauft werden. Der Produktionsverbund ist dabei nicht auflösbar – wenn ich ein Kotelett haben will, fallen zwangsläufig auch Schnitzel, Schinken, usw. an. Die Absatzseite ist jedoch auf marktbezogene Entscheidungen zurückzuführen. Ein Grund für das Gesamtangebot könnte sein, dass so weniger beliebte Fleischteile gleich mitverkauft werden können, die ansonsten keine oder nur wenig, preisbereite Abnehmer finden würden. In der Airline Industrie stellt jeder Flug eine Kuppelproduktion dar, wenn gleichzeitig Fracht und Passagiere (hier ev. noch eine kurzfristig nicht änderbare Aufteilung in Economy und Business Sitze) transportiert werden. Wenn der Flug dann noch nur ein Teilstück der gesamten Strecke einiger Passagiere darstellt, gibt es auch für diesen Fall produktions- und absatzseitige Verbunde.

Im Mittelpunkt dieser Ausführungen steht das linke untere Feld, also die Frage, wie es der Kosten- und Leistungsrechnung gelingen kann, aus einem Güterbündel die betriebswirtschaftlich sinnvollen Werte für die Einzelprodukte abzuleiten.

7.5.2 Aufteilungsmöglichkeiten

Anforderungen und Voraussetzungen

Das Wiederaufschnüren der absatzorientierten Bündelung ist aus mehreren Gründen notwendig. Einmal muss untersucht werden, ob der Preis des Einzelprodukts positive Deckungsspannen aufweist und hoffentlich auch ein positives anteiliges Betriebsergebnis (Erstes Hauptziel der KLR: Wirtschaftlichkeitskontrolle/Verhaltenssteuerung). Wenn das nicht der Fall ist, sollten sofort Verbesserungsmaßnahmen gestartet werden.

Zum anderen muss immer wieder entschieden werden, welche Produkte in die Bündel eingehen sollen. Ggf. kann auch über einen (partiellen) Fremdbezug anstelle von Eigenfertigung (angels. Make or Buy) nachgedacht werden. Dazu ist es natürlich auch nötig, den anteiligen Preis der Produkte zu kennen (Zweites Hauptziel der KLR: Entscheidungsunterstützung).

Ausgangspunkt für die Analysen ist der Gesamtpreis des Güterbündels. Leider gibt es bei seiner Ermittlung einige Probleme, die erst beseitigt werden müssen, bevor die Kalkulationen sinnvoll angewendet werden können (vgl. Hoberg, S. 347–353).

Zunächst ist festzuhalten, dass es den einen Preis nicht gibt. Im Unternehmensalltag finden sich zahlreiche unterschiedliche Preise. Die Spanne reicht vom Listenpreis über Rechnungspreise zu den verschiedenen Formen der Nettopreise. Wirtschaftlich relevant ist hauptsächlich der Preis nach Abzug aller Rabatte möglichst inklusive des Effektes der Zahlungsziele. Denn nur dieser Betrag steht dem Unternehmen zur Verfügung.

Zu seiner Ermittlung sind viele Rabatte/Erlösschmälerungen zu beachten, die in folgende drei Gruppen eingeteilt werden können:
- Rabatte/Erlösschmälerungen anlässlich der Rechnungsstellung
- Rabatte/Erlösschmälerungen bei der Bezahlung und
- am Ende einer Periode z. B. in der Form von Rückvergütungen, Handelsförderung, Listungsgebühren etc.

Dazu kommen als vierte Korrekturkomponente die finanziellen Effekte von Zahlungszielen oder Zahlungsplänen (für Investitionsgüter). Hier sind kalkulatorische Zinsen zu berücksichtigen, um die Produkte und Kunden vergleichbar zu machen.

Ohne Berücksichtigung dieser Rabatte und Zahlungsziele besteht die Gefahr, dass Vergleiche zwischen Produkten (auch Regionen, Kunden, Vertriebskanälen) zu falschen Ergebnissen führen.

Nicht immer treffen alle 3 Rabattklassen plus die Zahlungsziele auf das einzelne Produkt zu. Es kann sein, dass ein Unternehmen z. B. für eine ganze Produktgruppe zunächst einmal ein Eintrittsgeld (Listungsgebühren) bezahlen muss, bevor es auch nur ein Produkt verkauft hat. Diese negative Komponente sei als Gemein-Erlösschmälerung bezeichnet. Der bei Hoitsch/Lingnau (S. 276) zu findende Ausdruck Gemeinerlöse passt für diesen Fall nicht, da es sich ja um negative Erlöselemente handelt.

Insgesamt kann festgehalten werden, dass vom Nettopreis des gesamten Güterbündels nach Abzug aller Rabatte auszugehen ist. Dieser Nettopreis wird dann im nächsten Schritt sinnvoll auf die einzelnen Elemente des Güterbündels aufgeteilt.

7.5.3 Güterbündel mit gleichen Einzelprodukten

Häufig versuchen Unternehmen, mit Mehrstückverpackungen ihren Erfolg zu erhöhen. In der Getränkebranche können die Sixpacks als häufiges Beispiel angeführt werden, bei denen 6 gleiche Einzelprodukte – z. B. Dosen oder Flaschen – zu einer Mehrstückverpackung kombiniert werden. Üblicherweise wird diese Mehrstückverpa-

	Einheit	Einzelverkauf	Sixpack 1	Sixpack 2	Sixpack 3
Preisänderung		nein	nein	ja	ja
Mengenänderung		nein	nein	nein	ja
Anzahl Einzelprodukte		1	6	6	6
Ladenverkaufspreis	€/VE	0,39	2,34	1,99	1,99
Mehrwertsteuer	19%	0,0623	0,3736	0,3177	0,3177
Verkaufspreis ohne MwSt	€/VE	0,3277	1,9664	1,6723	1,6723
Handelsmarge	25%	0,0523	0,3140	0,2670	0,2670
Preis Lieferant	€/VE	0,2754	1,6524	1,4053	1,4053
Einzelpreis Lieferant	€/ME	0,2754	0,2754	0,2342	0,2342
Variable Stückkosten	€/ME	0,2000	0,2000	0,2000	0,2000
Deckungsspanne 1	€/ME	0,0754	0,0754	0,0342	0,0342
Zusatzkosten Mehrstückv.	€/VE	0,0000	0,0200	0,0200	0,0200
Deckungsspanne 2	€/ME	0,0754	0,0721	0,0309	0,0309
Absatzmenge	MioME/Pe	10,00	10,00	10,00	15,00
Deckungsbeitrag 2	T€/Pe	754	721	309	463
Notwendige Menge	MioME/Pe	10,00	10,46	24,42	24,42
Mengensteigerung in %		0,0%	4,6%	144,2%	144,2%

€/VE	Euro pro Verkaufseinheit (Einzelprodukt bzw. Sixpack)
€/ME	Euro pro Mengeneinheit des Einzelprodukts
MioME/Pe	Millionen Mengeneinheiten in der betrachteten Periode
Sixpack 1	Sechserpackung ohne Preis- und Mengenänderung
Sixpack 2	Sechserpackung mit Preis- aber ohne Mengenänderung
Sixpack 3	Sechserpackung mit Preis- und Mengenänderung

Abb. 7.30: Deckungsbeitragsfolgen von Mehrstückverpackungen

ckung zu einem geringen Literpreis verkauft, obwohl sie in der Herstellung meistens höhere Kosten verursacht. Eine Vorteilhaftigkeit kann dann nur für den Fall erreicht werden, dass die Absatzmengen stark steigen. Das folgende durchkalkulierte Beispiel möge dies verdeutlichen. Verglichen werden Mehrstückverpackungen mit und ohne Preis- und Mengenänderungen. Die häufig auftretenden zusätzlichen Kosten der Mehrstückverpackung z. B. für eine Kunststofffolie mit Griff oder einen Karton sind berücksichtigt. Für die Fixkosten wird wie üblich angenommen, dass sie in der betrachteten Periode nicht entscheidungsrelevant sind, weil sie kurzfristig nicht abbaubar sind. Insofern können die Deckungsbeiträge der betrachteten Periode als richtige Zielgröße verwendet werden. Allerdings dürfen in einem zweiten Schritt langfristigere Aspekte wie Marktanteile und Kundenbindungen nicht vernachlässigt werden.

Die Deckungsspanne wird durch die zusätzlichen Kosten einer Mehrstückverpackung reduziert, so dass sich die Deckungsbeiträge reduzieren, auch wenn die Einzelpreise von 39 Cents pro Flasche konstant gehalten werden können (Fall Sixpack 1). Statt 7,54 Cents pro Flasche beträgt die Deckungsspanne 2 nur noch 7,54 − 2/6 = 7,21 Cents pro Flasche.

Realistischerweise muss aber berücksichtigt werden, dass eine Preissenkung notwendig ist, um der Verbrauchererwartung an eine große Verpackung zu entsprechen. Dies ist in den Fällen Sixpack 2 und Sixpack 3 umgesetzt.

Damit vergrößert sich im ersten Schritt die Deckungsbeitragslücke. Nur bei hohen Absatzsteigerungen kann das ursprüngliche Deckungsbeitragsniveau von 754 T€ in der betrachteten Periode wieder erreicht werden. In der vorletzten Zeile ist angegeben, welche Mengen erreicht werden müssen, damit der Deckungsbeitrag 2 des Einzelverkaufs von 754 T€ unverändert bleibt. In der letzten Zeile ist die kritische Mengensteigerung mit 144 % ermittelt. Durch die Mehrstückverpackung müssen sich die Mengen also mehr als verdoppeln lassen, wenn kein Verlust gemacht werden soll.

In einem weiteren Schritt wäre zu untersuchen, welche weiteren zusätzlichen Kosten die Mehrstückverpackung erfordern würde. Hier ist insb. an zusätzliche Werbung und auch an Listungskosten für den Handel zu denken. Diese Unterstützungsgelder werden vom Handel als eine Art Eintrittsgeld gefordert, wann immer ein neues Produkt (SKU) eingeführt wird.

Die Aufteilung des Gesamterlöses auf die einzelnen Produkte ist bei identischen Mehrstückverpackungen meist nicht problematisch. Der Nettopreis pro Einzelprodukt kann durch einfache Division des Gesamtnettopreises durch die Anzahl der Einzelprodukte ermittelt werden. Die Deckungsspanne 2 ergibt sich dann nach Abzug der variablen Stückkosten, wobei die anteiligen zusätzlichen Verpackungskosten berücksichtigt werden müssen.

Alternativ könnte man die Zusatzumsatzmethode (Incremental Revenue, besser Incremental Contribution) wählen, mit der die Mengen, welche über die Einzelmenge hinausgehen, nur noch mit ihrem Zusatzeffekt bewertet werden (Vgl. Horngren/Datar/ Rajan, S. 584 ff.). Dann würde vom Gesamtdeckungsbeitrag von $6 \cdot 7,21 = 43,26$ Cents pro Sixpack die Einzeldeckungsspanne von 7,54 Cents pro ME abgezogen, was dann einen Restdeckungsbeitrag von 35,72 Cents pro „Fivepack" ergibt oder nur noch 7,14 Cents pro zusätzlich verkaufter Flasche. Wenn der durchschnittliche Kunde dagegen normalerweise 4 Einzelflaschen gekauft hätte, dann wären der zusätzlichen Deckungsbeitrag der beiden Mehrflaschen von $43,26 - 4 \cdot 7,54 = 13,08$ Cents durch die 2 zusätzlichen Flaschen zu teilen. Dies ergäbe dann eine Deckungsspanne 2 von 6,54 Cents pro Zusatzflasche.

Die Deckungsspannen brechen natürlich ein, wenn berücksichtigt wird, dass der Sixpack wohl günstiger verkauft werden muss. In diesem Fall erhält man für die 5 zusätzlichen Flaschen nur noch einen Deckungsbeitrag von 11 Cents bzw. 2,2 Cents pro Flasche. Der zusätzliche Deckungsbeitrag der 2 Flaschen ist hingegen schon negativ. Dies stellt eine wertvolle Info für die Produktpolitik dar.

Auf Basis dieser Deckungsspannen 2 können betriebswirtschaftlichen Analysen durchgeführt werden und Entscheidungen vorbereitet werden.

7.5.4 Güterbündel mit ähnlichen Einzelprodukten

Nun soll der Fall betrachtet werden, dass das Güterbündel aus ähnlichen Einzelprodukten besteht. Als Beispiel sei eine Zehnerpackung genannt, deren Einzelprodukte äußerlich gleich sind, aber z. B. unterschiedlichen Geschmacksrichtungen aufweisen. So kann eine Zehnerpackung Joghurts auch 10 unterschiedliche Sorten haben. Auch die Mehrstückpackungen in der Tiernahrung zeichnen sich häufig durch eine Mischung von unterschiedlichen Sorten aus.

Produktionstechnisch ist hier noch zusätzlich zu differenzieren nach der Vorgehensweise in der Fertigung:

- Die unterschiedlichen Sorten werden gleichzeitig produziert und dann zur Mehrstückverpackung zusammengeführt (Beispiel Joghurt-Mehrstückverpackungen).
- Die einzelnen Sorten werden zunächst einzeln produziert und dann in einem späteren Arbeitsgang zusammengeführt.

Beide Verfahren haben jeweils Nachteile. Für den ersten Fall werden sehr große Maschinen benötigt, die zudem in der Lage sein müssen, unterschiedliche Produkte füllen zu können. Dies erfordert hohe Investitionen und komplizierte Produktionen. Beim zweiten Fall können zwar einfachere Produktionen gefahren werden, dafür müssen aber später die Paletten wieder auseinandergenommen werden und eine Kommissionierung muss erfolgen.

Die Kalkulation erfolgt ähnlich wie im Punkt 2.3 bei den identischen Einzelprodukten oder wieder durch die Zusatzdeckungsbeiträge (Incremental Contribution). Dazu müsste allerdings ermittelt werden können, welche der Sorten der Kunde auch ohne die Mehrstückverpackung gekauft hätte. Dies wird jedoch von Kundengruppe zu Kundengruppe unterschiedlich sein. Ein Ergebnis könnte sein, dass der Kunde üblicherweise 7 der beliebtesten Geschmacksrichtungen gekauft hätte. Der Zusatzeffekt läge dann im Verkauf von jeweils 3 Stück der Nebensorten. Auf diese müssten dann die zusätzlichen Kosten der Mehrstückverpackung zugeordnet werden.

Die zusätzlichen Absatzmengen müssen somit die höheren Produktionskosten überkompensieren und ggf. auch zusätzliche Rabatte aller Art ausgleichen. Es darf bezweifelt werden, dass die Kalkulationen häufig aufgehen, zumal die Praxis zeigt, dass jede Handelskette andere Kombinationen wünscht, was häufig zu einer Explosion der SKU's (Stock Keeping Units) beim Lieferanten führt. Dies ist deswegen besonders „heimtückisch", weil die dadurch verursachten Kosten meistens in den Gemeinkosten untergehen. Im ersten Schritt kann man sich damit behelfen, dass man diese zusätzlichen Kosten grob schätzt, damit sich die Verzerrung zumindest in der Kalkulation und in der Deckungsbeitragsrechnung in Grenzen hält. Empfehlenswert wäre das Einholen eines Kommissionierungsangebotes eines externen Dienstleisters. Damit gäbe es dann Marktpreise für die Zusatzkosten.

7.5.5 Güterbündel mit unterschiedlichen Einzelprodukten

Die höchsten Anforderungen an den Controller stellen Güterbündel, die aus sehr verschiedenen Einzelprodukten (Sets) bestehen. Als Beispiel sei wieder die Pauschalreise genannt, die neben Flug, Transfer und Hotel auch noch weitere Leistungen wie Verpflegung, Ausflüge usw. enthalten kann. Auch ansonsten sind Sets beim Verbraucher sehr beliebt, weil damit eine (hoffentlich) komplette Lösung angeboten wird. Genauso sind Transportleistungen zu sehen, die aus mehreren Teilstrecken bestehen. Auch der Grundkasten bei Spielzeugeisenbahnen/Baukästen oder die Grillausstattung mit Grill, Besteck, Handschuhen, Anzünder etc. gehören dazu.

Eine Unterscheidung kann danach erfolgen, ob die Einzelteile auch getrennt angeboten werden, somit einzelne Marktpreise vorliegen oder ob komplementäre Teilprodukte nur für die Kombi-Packung eingesetzt werden.

Wenn absatzmarktorientierte Preise vorhanden sind, so sollten diese als Basis dienen, weil sie dann am besten den Wert aus Kundensicht abbilden. Insbesondere wenn die Produkte auch einzeln erhältlich sind, zeigt ihr Nettoverkaufspreis, was andere Kunden dafür bereit sind zu zahlen. Damit ist zwar noch nicht exakt die Preisbereitschaft des Set-Käufers ermittelt, aber wohl in vielen Fällen die bestmögliche Näherung. Ggf. kann man überlegen, ob über Befragungen genauere Informationen generiert werden sollen.

Im Weiteren ist zu unterscheiden, ob der Nettopreis der Leistungsbündel höher oder niedriger liegt als die Summe der Einzelpreise. Ein Zuschlag lässt sich ggf. durchsetzen, wenn der Kunde in der Zusammenstellung einen zusätzlichen Wert sieht und dadurch eigenen finanziellen und/oder zeitlichen Aufwand spart (Komplettlösung). Ein weiteres Beispiel dürfte in dem Flughafentransfer bei einer Pauschalreise liegen. Nur wenige Kunden wären bereit, den Transfer selbst zu organisieren, selbst wenn sie mit öffentlichen Verkehrsmitteln deutlich geringere Kosten hätten.

Viel häufiger dürften aber die Kunden erwarten, dass das Leistungsbündel einen geringeren Nettopreis aufweist (auch wenn zusätzliche Kosten für die Bündelung anfallen).

In beiden Fällen muss der Aufschlag bzw. der Abschlag auf die Summe der Einzelpreise verteilt werden auf die Nettopreise der Einzelprodukte. Vor diesem Hintergrund sollen einige Verfahren besprochen werden, mit denen eine solche Verteilung des Gesamtnettopreises auf die einzelnen Komponenten möglich ist.

7.5.6 Restwertmethode (Ein Hauptprodukt)

Wenn es sich um ein Hauptprodukt handelt, das um eher unbedeutende andere Produkte ergänzt wird, so kann überlegt werden, ob die Restwertmethode (auch Subtraktionsverfahren genannt) aus der Kuppelproduktion eingesetzt werden kann. Ein Beispiel wäre ein Werbegeschenk, das zur Verkaufsförderung eingesetzt wird. Der Nettoverkaufspreis des Sets würde somit um die Kosten der Nebenprodukte bereinigt. Wenn sogar Marktwerte für die Zugaben vorliegen, so sollten sie von dem Gesamtpreis abgezogen werden, um zum Nettopreis des Hauptproduktes zu gelangen.

Alternativ könnten die Kosten des Werbegeschenkes auch als zusätzliche Kosten des Hauptproduktes eingestuft werden. Damit würde aber der Nettoumsatz zu hoch ausgewiesen. Erst auf der Ebene der Deckungsspanne, also nach Abzug der Produktkosten, wären die Daten wieder vergleichbar.

Als Problem ist zu sehen, dass einige Kunden das Produkt auch unabhängig davon kaufen, ob sie noch eine Zugabe erhalten oder nicht. Dies kann gerade dann passieren, wenn sich die Zugabe nicht an alle Zielgruppen wendet. Hier würde eine Art Streuverlust entstehen. Der Wert der Zugabe wäre in diesem Fall dann Null, so dass für diese Kundengruppe eigentlich kein Abzug im Nettopreis stattfinden dürfte.

7.5.7 Äquivalenzziffernmethode mit technischen Schlüsseln

Während die Restwertmethode nur dann sinnvoll ist, wenn es ein Hauptprodukt gibt, sollen nun Verfahren vorgestellt werden, die auch bei mehreren wichtigen Produkten den Gesamtnettopreis auf die Einzelprodukte verteilen.

Als erste Methode sei die Äquivalenzziffernmethode mit technischen Schlüsseln vorgestellt (angels.: Physical Measure Method). Insbesondere bei Verkehrsbetrieben entsteht das Problem, dass ein Kunde häufig mehrere Teilstrecken (Legs) auf seinem Weg zum Ziel benutzt, aber natürlich nur einen Gesamtpreis bezahlt. In diesem Fall können die Entfernungen der einzelnen Strecken als Verteilungsbasis in Betracht gezogen werden. Im Luftverkehr wird dieses Verfahren Prorating genannt. Es findet sowohl innerhalb einer Airline als auch zwischen Airlines Anwendung. Maßgebend sind dann nur die Mengenkomponenten der einzelnen Teilleistungen, unabhängig von ihrer Wertschätzung durch den Kunden oder den angefallenen Kosten. Damit ist das Verfahren zwar sehr einfach, aber nicht immer verursachungsgerecht. Denn es setzt voraus, dass die Wertigkeit der erbrachten Leistung sich weitgehend proportional zur technischen Bezugsgröße, hier also den Entfernungen, entwickelt (vgl. Horngren/Datar/Rajan, S. 604). Dies ist vor allen Dingen dann unsinnig, wenn der Kunde Umwege fliegen musste, weil kein Direktflug angeboten wurde.

7.5.8 Kostenbasierte Äquivalenzziffernmethode

Wenn technische Schlüssel nicht existieren oder nicht geeignet sind, so sollte geprüft werden, ob aus wirtschaftlichen Größen ein vernünftiger Schlüssel abgeleitet werden kann. Zunächst seien die Stückkosten als Verteilungskriterium betrachtet. Mit dieser Methode wird unterstellt, dass die Leistungen parallel zu den Kosten laufen, was sicherlich in jedem Fall geprüft werden muss.

Nettopreis für das Güterbündel:				300,00	€/ME	
Teilprodukt Einheit	Selbstkosten €/TP	Anzahl TP/ME	Selbstkosten €/ME	Anteil	Ant. Preis €/TP	
1	8	2	16	8,0%	12,00	
2	10	1	10	5,0%	15,00	
3	24	4	96	48,0%	36,00	
4	33	2	66	33,0%	49,50	
5	12	1	12	6,0%	18,00	
Saldo			200	100,0%		

€/TP	Euro pro Teilprodukt
TP/ME	Anzahl Teilprodukte für das gesamte Güterbündel
€/ME	Euro pro Mengeneinheit

Abb. 7.31: Leistungsverteilung bei kostenbasierten Äquivalenzziffernverfahren

Es stellt sich in diesem Zusammenhang die Frage, ob die variablen Stückkosten, die Herstellkosten pro Stück oder die Selbstkosten pro Stück auszuwählen sind. Für die variablen Stückkosten spricht die saubere Zuordbarkeit, für die Selbstkosten die Vollständigkeit. Da die Gemeinkosten häufig proportional auf Basis der Einzelkosten geschlüsselt werden, dürfte der Unterschied in der Vorgehensweise nicht groß sein. Das Beispiel gemäß Abb. 7.31 möge die Vorgehensweise beleuchten.

Entsprechend dem Anteil der Selbstkosten wurden die anteiligen Nettopreise ermittelt. Vereinfachend kann man auch das Verhältnis des Gesamtnettopreises (hier 300 €/ME) zu den totalen Selbstkosten (hier 200 €/ME) mit 1,5 bilden und dann die Stückselbstkosten mit diesem Faktor multiplizieren.

Die beschriebene kostenbasierte Verteilung ist nicht sehr sinnvoll, da unwirtschaftlich produzierte Teilprodukte höhere Anteile am Nettogesamtpreis erhalten würden. Zur Illustrierung dieses Effektes sei angenommen, dass die Kosten des Teilprodukts 3 durch Missmanagement um 25 % von 24 €/TP auf 30 €/TP gestiegen seien. Die Abb. 7.32 zeigt die dadurch ausgelösten Effekte:

Nettopreis für das Güterbündel:				300,00	€/ME	
Teilprodukt Einheit	Selbstkosten €/TP	Anzahl TP/ME	Selbstkosten €/ME	Anteil	Ant. Preis €/TP	Änderung
1	8	2	16	7,1%	10,71	-10,7%
2	10	1	10	4,5%	13,39	-10,7%
3	30	4	120	53,6%	40,18	11,6%
4	33	2	66	29,5%	44,20	-10,7%
5	12	1	12	5,4%	16,07	-10,7%
Saldo			224	100,0%		

Abb. 7.32: Effekt von Missmanagement im kostenbasierten Äquivalenzziffernverfahren

Aufgrund der Kostenerhöhung steigen die Gesamtkosten und der Anteil von Produkt 3. Dadurch erhält das Teilprodukt 3 auch höhere Leistungsanteile zugesprochen zulasten der anderen Produkte, die trotz guter Kostendisziplin um 10,7 % geringere Leistungsanteile erhalten. Damit sinkt der Stückgewinn z. B. bei Teilprodukt 5 von 6 €/TP auf 4,07 €/TP (über 30 %), während das teurer gewordene Produkt nur einen Verlust von 12 €/TP auf 10,18 €/TP erleidet (ca. 15 %). Umgekehrt würden Produktgruppen, in denen Kostensenkungen erzielt wurden, nur unterproportional an den Verbesserungen partizipieren. Es würden somit völlig falsche Anreize gesetzt.

7.5.9 Marktpreisbasierte Äquivalenzziffernmethode

Wie die vorhergehenden Ausführungen gezeigt haben entscheiden nicht die Kosten über die Höhe des geschaffenen Wertes, sondern die erfolgreiche Vermarktung (vgl. Kilger/Pampel/Vikas, S. 523). Im Extremfall kann ein Produkt einen sehr hohen Verkaufspreis erzielen bei sehr geringen Kosten (Beispiel I-Phone). Auf der anderen Seite ist es möglich, dass ein sehr teuer hergestelltes Produkt nur einen Bruchteil seiner Kosten erlöst, weil der Markt keine höheren Nettopreise zulässt (Beispiel Smart).

Ziel des Unternehmens ist es aber, ein möglichst gefragtes Produkt im Markt anzubieten, was sich dann durch einen hohen Verkaufspreis auszeichnet.

Insofern liegt es nahe, den Nettoverkaufspreis der Einzelprodukte als Ausgangspunkt und Maßstab zu nehmen. Im folgenden Beispiel ist angenommen, dass die Summe der Einzelpreise von 400 € pro Paket höher liegt als der Nettogesamtpreis (wieder 300 €), dass also ein Paketrabatt von 100 € angewendet wurde. Er beläuft sich auf 25 %. Das Beispiel ist so gewählt, dass der Markt den Teilprodukten realistischerweise andere Werte zuweist als es auf Basis der obigen Kostenzuordnung (vgl. Abb. 3) geschehen würde.

Das erste Teilprodukt möge somit zu einem Nettopreis von 20 €/TP vermarktbar sein. Da es den Produktionskoeffizienten 2 im gesamten Güterbündel aufweist, geht es dann mit insgesamt 40 € in das Güterbündel ein, was einem Anteil von 10 % der Summe der Einzelpreise entspricht. Somit erhält es auch nur 10 % des Nettogesamtpreises

Nettopreis für das Güterbündel:			300,00	€/ME			
Teilprodukt Einheit	Einzelpreise €/TP	Anzahl TP/ME	Gesamtwert €/ME	Anteil	Ant. Preis €/TP	Änderung	
1	20	2	40	10,0%	15,00	25,0%	
2	30	1	30	7,5%	22,50	50,0%	
3	40	4	160	40,0%	30,00	−16,7%	
4	60	2	120	30,0%	45,00	−9,1%	
5	50	1	50	12,5%	37,50	108,3%	
Saldo			400	100,0%			

Abb. 7.33: Leistungsverteilung bei marktbasierten Äquivalenzziffernverfahren

von 300 €/ME, also 30 € für alle Einheiten des Teilproduktes, so dass pro Teilprodukt dann 15 €/TP resultieren.

Diese Lösung ist solange plausibel, wie die Käufer auch tatsächlich alle Einzelprodukte hätten kaufen wollen. Dann stellt sich natürlich die Frage, warum Rabatte gegeben werden. Häufig liegt die Antwort dann in der Kundengewinnung, durch die dann später weitere Artikel und Zubehör zum Normalpreis verkauft werden soll. Ähnlich wie in Abb. 2 muss dann die Zusatzmenge die Preisopfer mindestens kompensieren. Wenn dies nicht gelingt, sollte eine Investitionsrechnung zeigen, dass mittelfristig höhere Deckungsbeträge die Anfangsverluste rechtfertigen.

7.5.10 Verteilung auf Basis gleicher Margen

Im Weiteren könnte man fordern, dass der Gesamterlös so aufgeteilt wird, dass alle Teilprodukte die gleiche Marge aufweisen. Dazu sei auf die Daten des obigen Beispiels zurückgegriffen.

Das gesamte Güterbündel hatte Selbstkosten k von 200 € und einen Nettopreis p_N von 300 €, woraus sich eine Marge M von $(p_N - k)/p_N = 100/300 = 33,3\%$ ergibt. Insofern müssen dann alle Einzelleistungen so bemessen werden, dass sie ebenfalls eine Marge von 33,3 % aufweisen.

Der Nettopreis p_{Nj} des Teilprodukts j ergibt sich dann bei vorgegebener Marge M zu:

$$(p_{Nj} - k_j)/p_{Nj} = M$$
$$(p_{Nj} - k_j) = M \cdot p_{Nj}$$
$$p_{Nj} - M \cdot p_{Nj} = k_j$$
$$p_{Nj} = k_j/(1 - M)$$

Der Nettopreis p_{Nj} des Teilprodukts j hängt somit bei vorgegebener Marge M nur von den Selbstkosten ab. Es zeigt sich daher, dass die margenbasierte Verteilung zu den

Leistungsverrechnung per Äquivalenzverfahren   Marge

Nettopreis für das Güterbündel:			300,00	€/ME	
Teilprodukt Einheit	Selbstkosten €/TP	Anzahl TP/ME	Selbstkosten €/ME	Marge	Ant. Preis €/TP
1	8	2	16	33,3%	12,00
2	10	1	10	33,3%	15,00
3	24	4	96	33,3%	36,00
4	33	2	66	33,3%	49,50
5	12	1	12	33,3%	18,00
Saldo			200	100,0%	

Abb. 7.34: Leistungsverteilung im margenbasierten Verfahren

gleichen Ergebnissen führt wie die kostenorientierte. Da aber die Kosten nur selten dem Absatzwert entsprechen, muss dieses Verfahren ebenfalls abgelehnt werden.

7.5.11 Nutzenbasierte Verteilung

Wie oben gezeigt ist die marktpreisbasierte Verteilung schon einmal deutlich besser als die kostenbasierte. Allerdings kann nur auf Ebene des Gesamtpaketes gesagt werden, dass die Käufer es für vorteilhaft gehalten haben. Im Extremfall enthält es Komponenten, die der Kunde nur notgedrungen mitnimmt und gleich entsorgt. In diesem Fall wäre eine Aufteilung nach anteiligen Nettopreisen der Einzelprodukte nicht akzeptabel. Es stellt sich dann die Frage, wie die Nutzenbewertungen des Verbrauchers erfasst werden können. Eine Möglichkeit besteht in der Ausnutzung der Informationen im Falle von Kundenkarten. Dann kann zumindest auf der Handelsstufe analysiert werden, was der Verbraucher vorher an Einzelprodukten gekauft hat und zu welchen Preisen. Per definitionem ist der Nutzen der gekauften Gesamtpackung beim Käufer höher als der Nutzen der ansonsten gekauften Einzelprodukte. Kundengruppen, die sich nicht für die Gesamtpackung entschieden haben, sehen einen geringeren Nutzen.

Im Weiteren können Befragungen eingesetzt werden, wobei sich häufig ein Internetfragebogen empfiehlt, dessen Ausfüllung mit einem Gewinnspiel lohnend gemacht wird.

Wenn sich dann herausstellt, welche Produkte welchen Nutzen bringen, können einmal bessere Bündel geschnürt werden und zum anderen können daraus Informationen für die richtige Aufteilung des Gesamtnettopreises gewonnen werden.

Wenn der Aufwand keine Rolle spielt, können auch Experimente mit verschiedenen Güterbündeln durchgeführt werden. Die Zielgruppe hat im Paarvergleich jeweils zu entscheiden, welches Bündel attraktiver ist. Über eine Conjoint Analysis kann dann herausgefunden werden, welcher Nutzenbeitrag von einem Bestandteil des Güterbündels erzeugt wird (vgl. Altobelli, S. 1341 ff.)

7.5.12 Leistungserfassung bei partiellen oder vollständigen Flatrates

Viele Kunden stehen Flatrates sehr positiv gegenüber, weil sie auf der einen Seite eine gute Kostenkontrolle haben und auf der anderen Seite die Notwendigkeit entfällt, sich durch komplizierte Bedingungen (Terms and Conditions) durchwühlen zu müssen. Dies bringt Zeitvorteile sowohl bei Vertragsabschluss als auch bei der späteren Rechnungskontrolle.

Im Mobilfunkbereich schließen auch einige solcher Kunden, die eventuell mit einem Mengentarif günstiger fahren würden, trotzdem eine Flatrate ab, um keine negativen Überraschungen zu erleben. Die Flatrate kann sich auf eine einzelne Leistung beziehen (nur Mobiltelefon) oder auf mehrere wie z. B. mobiles Internet und/oder SMS.

Ähnliche Beispiele gibt es im Touristikbereich. Die all-inclusive Reisen erfreuen sich einer hohen Beliebtheit, wobei das „all" relativ sein kann, da die Unternehmen natürlich trotzdem versuchen, zusätzliche Produkte (insb. ancillary services) zu vermarkten. So kann es sein, dass alkoholische Getränke, Ausflüge oder besondere Restaurants nicht mit dem Pauschalpreis abgedeckt sind.

Mit den Flatrates für ganze Güterbündel wird eine Ermittlung der Erlöse eines Teilproduktes noch schwieriger. Die Flatrates führen im betrachteten Zeitraum zu fixen Grunderlösen, unabhängig von der Art und vom Ausmaß der Inanspruchnahme der inkludierten Leistungen. So kann es sein, dass jemand seine Mobilfunk-Flatrate nicht für SMS nutzt, sondern nur für den mobilen Internetzugang. Allerdings ist die Mobilfunkindustrie in der glücklichen und sehr seltenen Lage, dass sie die Inanspruchnahme aller Leistungen in ihren EDV-Systemen nachvollziehen kann. Insbesondere in der Kundenbetreuung und der Verhinderung der Abwerbung (angels.: Customer Retention Management) werden sie auch eingesetzt. Ob es allerdings wirtschaftlich ist, für die Monatsberichte eine Analyse durchzuführen, dürfte fraglich sein. Zudem sind die variablen Kosten fast vernachlässigbar, so dass eine Leistungsaufteilung auf dieser Basis nur selten sinnvoll sein dürfte.

Da die Flatrates aber auch einzeln angeboten werden – entweder selbst oder von Konkurrenten –, empfiehlt sich die Incremental Revenue Methode. Die einfache Flatrate für das Telefonieren im Festnetz stellt dabei die Basis dar. Sie möge 10 Euro pro Monat betragen. Wenn auch in alle anderen Mobilfunknetze ohne Zusatzkosten telefoniert werden soll, erhöht sich der Preis auf 18 Euro pro Monat. Die weitere Einbeziehung des mobilen Internets führt dann zu einer Gesamtrate von 25 Euro pro Monat. Der Aufpreis für die Zusatzleistungen bestimmt dann ihren Wert. In diesem Fall würde man den Umsatz von insgesamt 25 Euro pro Monat wie folgt verteilen:

Umsatz für Festnetze:	10 Euro pro Monat
Umsatz für andere Mobilfunknetze:	8 Euro pro Monat
Umsatz für mobiles Internet:	7 Euro pro Monat

Dieser Ansatz kommt der Realität nahe. Allerdings sind Fehlzuordnungen nicht ausgeschlossen. Für einen Kunden, der fast nur mobiles Internet nutzt, müsste eigentlich ein viel höherer Anteil als die 7 € dem Teilprodukt mobiles Internet gutgeschrieben werden.

7.5.13 Treuerabatte und Rückvergütungen für mehrere Produkte

Gerade im Industriebereich ist es nicht unüblich, insb. am Jahresende Rückvergütungen auf Basis des gesamten Nettoumsatzes zu geben (vgl. auch Abschnitt 2.3.1). Auch im Privatbereich gibt es Punktesysteme oder Treuerabatte. Dadurch entstehen „Gemein-Erlösschmälerungen". Der übliche Lösungsweg sieht so aus, dass schon am Be-

Rückvergütung (RV) für das Güterbündel:				5,0%		
Teilprodukt	Nettopreis	Menge	Nettoumsatz	RV	V. Kosten	D-Beitrag
Einheit	€/TP	TP/Pe	€/Pe			€/Pe
1	10	1000	10000	500	5000	5000
2	10	300	3000	150	1800	1200
3	10	100	1000	50	700	300
Saldo			14000	700	7500	6500

Abb. 7.35: Verteilung von Rückvergütungen auf Basis von Nettoumsätzen

ginn des Jahres der voraussichtliche Prozentsatz der Rückvergütung auf Basis des erwarteten Nettoumsatzes zurückgestellt wird. Damit werden dann alle Produkte gleichmäßig betroffen.

Das Instrument der Rückvergütung wird häufig von der Industrie eingesetzt, um auch weniger starke Produkte im Handel zu halten; es ergibt sich dann eine Quersubventionierung. Denn die starken Produkte hätten Rückvergütungen nicht notwendig. Streng genommen müssten die Rückvergütungen der starken Produkte auch bei den Nettoumsätzen der schwachen Produkte berücksichtigt werden. Das Beispiel zeigt die Basisdaten:

Das Teilprodukt 1 ist sehr begehrt, was auch seine Periodenmenge von 1000 TP/Pe zeigt. Hingegen gibt es Probleme mit Teilprodukt 3, weil es sich gerade 100-mal verkauft. Eigentlich würde es vom Handel ausgelistet, aber durch die Gesamtrückvergütung von 5 % auf alle Produkte ist es für den Handel vorteilhaft, für den Hersteller aber sehr teuer. Denn die Rückvergütung RV von Teilprodukt 1 ist annahmegemäß nur deswegen gewährt worden, damit der Hersteller sein gesamtes Sortiment in der Listung behält. Auch mit der Rückvergütung ist Teilprodukt 1 noch deckungsbeitragsstark. Allerdings müsste die Rückvergütung von 500 € für Teilprodukt 1 in diesem Fall eigentlich dem Teilprodukt 3 zugeordnet werden, was dadurch im Deckungsbeitrag von 300 €/Pe auf −200 €/Pe rutscht. Es deckt somit noch nicht einmal die relevanten Kosten. Eine anteilige Deckung der Fixkosten findet auch nicht statt. Die falsche Zuordnung der Gemein-Erlösschmälerungen hätte somit zu falschen Entscheidungen geführt.

Schlussfolgerung

Güterbündel mit einem einzigen Gesamtpreis stellen die Unternehmen vor schwierige Aufgaben. Dies gilt sowohl für die Wirtschaftlichkeitskontrolle/Verhaltenssteuerung als auch für die Entscheidungsfindung. Der Ansatz muss immer zweistufig laufen. Einmal muss das gesamte Güterbündel betriebswirtschaftlich analysiert werden, dann aber auch seine einzelnen Bestandteile. Da häufig Marktpreise für die einzelnen Bestandteile existieren, kann auf ihrer Basis die Ableitung der Einzelwerte erfolgen. Wenn es klar ist, welche Produkte normalerweise gekauft werden, so kann mit Incremental Revenue Ansatz ermittelt werden, welche Preisteile den zusätzlichen Produkten zuzurechnen sind. Dadurch wird dann klar, ob es sich überhaupt lohnt, Güterbündel zu schnüren. Ansonsten kann eine Durchschnittsbetrachtung erfolgen, indem der Nachlass gleichmäßig auf die Einzelprodukte verteilt wird. Die gleiche Vorgehensweise gilt auf für Rückvergütungen. Man darf allerdings nicht vergessen, dass die Aufteilungen nicht vollständig exakt sein können. Die Interpretation ist somit mit Umsicht durchzuführen.

7.6 Gewinnschwellenanalysen im Einproduktfall

7.6.1 Grundsätzliches

Das Ziel der Gewinnschwellenanalysen ist die Beziehungen zwischen Mengen (Produktion/Absatz) und Werten (Umsatz und Gewinn) sowie Auswirkungen von Kosten- und Erlösänderungen auf die Gewinnstruktur des Unternehmens planbar zu machen. Dabei ist die Gewinnschwellenanalyse weniger ein Werkzeug, um Kosten der Vergangenheit zu analysieren und zu beschreiben, sondern ein Hilfsmittel, um die Zukunft zu planen. Die Gewinnschwellenanalysen zeigen die Auswirkungen von Entscheidungen, die heute zu treffen sind, auf zukünftige Gewinne. Kosten, Preise und Umsätze sind nicht als statische Größen zu betrachten, sondern als Variablen. Mit den Gewinnschwellenanalysen können die Auswirkungen geplanter Maßnahmen überprüft werden und gezielt Entscheidungen vorbereitet werden. Die Gewinnschwelle wird synonym als Kostendeckungspunkt bezeichnet und ist in der deutschsprachigen Literatur auch häufig unter dem angelsächsischen Begriff Break-Even-Point bearbeitet worden. Für die Erarbeitung der Gewinnschwellenanalysen für ein Produkt oder eine Produktgruppe werden die folgenden Ausgangsdaten benötigt.

– Es muss ein Planpreis (p) pro zu verkaufender Einheit bekannt sein. Dabei sollten vom Bruttoverkaufspreis die Erlösminderungen, wie Rabatte und Boni, sowie Erlösschmälerungen, wie Frachten zum Kunden und Provisionen abgezogen werden. (Vgl. zur Nettopreisbildung den Abschnitt 2.3.1)
– Die variablen Planstückkosten müssen bekannt sein. Hierzu gehören alle variablen Kosten, die sich dem Beschäftigungsgrad relativ kurzfristig anpassen bzw. anpassen lassen; z. B. die Kosten der Roh-, Hilfs- und Betriebsstoffe, viele Personalkostenarten in der Produktion, leistungsabhängige Abschreibungen sowie des Energieverbrauchs in den Produktionsabteilungen.
– Es müssen die fixen Plankosten der Planperiode bekannt sein, also alle Kostenarten deren Höhe nicht von kurzfristigen Veränderungen des Beschäftigungsgrades beeinflusst werden; z. B. Gehälter, zeitabhängige Abschreibungen, kalkulatorische Zinsen, Versicherungsprämien, Mieten, Pachten. In einem zweiten Schritt kann berücksichtigt werden, dass ggf. ein Teil der Fixkosten sprungfix ist, also in der betrachteten Periode abgebaut werden kann, wenn die Mengen nicht zu hoch sind.

– Es muss die Planverkaufsmenge der Planperiode bekannt sein. Der Vertrieb und das Marketing müssen hinreichend genaue Angaben über die Planabsatzmengen in den jeweiligen Marktsegmenten vorlegen.

Wenn diesen Ausgangsdaten für ein Produkt bekannt sind, lassen sich Umsatz, Gesamtkosten und Gewinn bzw. Verlust für verschiedene Absatzmengen formelmäßig wie folgt darstellen:

$$U_n = p_n \cdot x \quad \text{in €/Pe}$$

U_n Nettoumsatz in €/Pe
p_n Nettopreis in €/ME
x   Absatz- und Produktionsmenge in ME/Pe

$$K = k_{var} \cdot x + K_{fix} \quad \text{in €/Pe}$$

K   Periodengesamtkosten in €/Pe
k_{vA} Absatzmengenvariabler Stückkostensatz in €/ME
K_{fix} Fixkosten einer Periode in €/Pe

Gewinngleichung:

$$G = U_n - K = p \cdot x - k_{vA} \cdot x - K_{fix} \quad \text{in €/Pe}$$

Die Gewinnschwelle ist bei dem Beschäftigungsgrad erreicht, bei dem die gesamten Fixkosten und die den abgesetzten Mengen zurechenbaren variablen Kosten durch die Nettoumsatzerlöse gedeckt sind. Die Gewinnschwelle ist somit der Sonderfall der Gewinngleichung, bei der der Gewinn gleich null gesetzt wird.
Gewinnschwelle: Gewinn = 0

Die Gewinnschwellengleichungen lauten ausgehend von der Gewinngleichung:

$$G = U_n - K_{vA} - K_{fix}$$

oder

Deckungsbeitrag $(p_n - k_{vA}) \cdot x$ – Fixkosten K_{fix}

Von diesen Formeln ausgehend, werden nachfolgend die Wirkungsweisen der Gewinnschwellenanalysen und an einem Zahlenbeispiel demonstriert.

7.6.2 Umsatz-Gesamtkostenmodell

Die oben aufgelisteten Plandaten eines Produktes bei unterschiedlichen Beschäftigungsgraden werden zweckmäßigerweise in einem Tabellenkalkulationsblatt dargestellt. Es können dann mit überschaubarem Aufwand verschiedene Beschäftigungsgrade bzw. Szenarien geplant werden. Es werden folgende Ausgangsdaten angenommen:

Preis pro verkaufter Einheit p_n = 4 €/ME
variable Stückkosten pro produzierter Einheit = 2 €/ME
Fixkosten pro Jahr = 8.000 €/Pe
Obergrenze der verkauften Einheiten pro Jahr: 5.000 ME/Pe

Gleichung

$$\text{Gewinn } G = 4\,€/ME \cdot x - 2€/ME \cdot x - 8.000\,€/Pe$$

$$\text{Gewinnschwelle } G = 0$$

$$0 = 2\,€/ME \cdot x - 8.000\,€/Pe$$

$$x = 4.000\,ME$$

Bei einem Absatzvolumen von 4.000 Stück pro Jahr ist die Gewinnschwelle erreicht.

Das Beispiel in Abb. 7.36 bietet die Analysegrundlage für mehrere betriebswirtschaftliche Zusammenhänge.

Die Umsatzlinie erreicht erst bei einem im Vergleich zur Gesamtkapazität relativ hohen Beschäftigungsgrad von 80 % die Gesamtkostenfunktion und damit die Gewinnschwelle. Der Tabelle ist zu entnehmen, dass bei einer Absatzmenge von exakt 4.000 Stück noch kein Gewinn erwirtschaftet wird und auch kein Verlust mehr entsteht.

In dem o. a. Fall produziert ein Unternehmen ein Produkt in Absatzmengen, die in der zweiten Spalte von null bis zu einer Ausbringungsmenge von 5.000 Mengeneinheiten dargestellt sind. Die Planabsatzpreise für das Produkt betragen 4 €/ME. Die durch das Produkt verursachten variablen Stückkosten betragen bei einer zugrunde gelegten linear-proportionalen Kostenfunktion 2 €/ME. Die dem Produkt zurechenbaren fixen Kosten betragen 8.000 €/Pe. Die Gesamtkosten, die in der siebten Spalte dargestellt sind, ergeben sich aus der Addition der jeweiligen variablen und fixen Kosten. Die Deckungsbeiträge in der achten Spalte resultieren aus der Subtraktion der variablen Kosten von den Umsatzerlösen. In der Ergebnisspalte ist zu prüfen, ob die jeweiligen Deckungsbeiträge ausreichen, um die fixen Kosten zu decken und einen Gewinn zu erwirtschaften. In diesem Fallbeispiel wird ein Gewinn erwirtschaftet, wenn die Menge von 4.000 überschritten wird.

Größe Symbol Dimension	Absatzmenge x in ME/PE	Nettopreis p_N in €/ME	Nettoumsatz $U_N = x * p_N$ in €/Pe	Var Kosten K_{vA} in €/Pe	Fixe Kosten K_{fix} in €/Pe	Gesamtkosten $K = K_{vA} + K_{fix}$ in €/Pe	Deckungsbeitrag $DB = U_N - K_{vA}$ in €/Pe	Gewinn $G = DB - K_{fix}$ in €/Pe
Szenario 1	0	4,00	0	0	8.000	8.000	0	-8.000
Szenario 2	1.000	4,00	4.000	2.000	8.000	10.000	2.000	-6.000
Szenario 3	2.000	4,00	8.000	4.000	8.000	12.000	4.000	-4.000
Szenario 4	3.000	4,00	12.000	6.000	8.000	14.000	6.000	-2.000
Szenario 5	4.000	4,00	16.000	8.000	8.000	16.000	8.000	0
Szenario 6	5.000	4,00	20.000	10.000	8.000	18.000	10.000	2.000

Abb. 7.36: Beispiel für eine Gewinnschwellenanalyse

Die Ergebnisse einer solchen rechnerischen Break Even Analyse können grafisch anschaulich nach zwei verschiedenen Methoden dargestellt werden. Die erste Darstellungsweise ist das Umsatz-Gesamtkosten-Modell, das im Folgenden abgebildet ist. Auf der X-Achse sind die Mengeneinheiten abgetragen und auf der Y-Achse die Kosten und Umsatzerlöse. Die Fixkosten bilden eine Parallele zur X-Achse. Dies ist die klassische Darstellung einer Fixkostenfunktion, die symbolisiert, dass sich die Fixkosten mit steigender Beschäftigung in der betrachteten Periode nicht verändern. Auf der Fixkostenlinie setzt die Kostenfunktion der variablen Kosten als linear-proportionale Kostenfunktion auf. Diese Kostenfunktion ist aus dem Nullpunkt des Koordinatensystems nach links oben auf den Beginn der Fixkostenfunktion also das Tupel 0/7 verschoben. Diese Addition der Fixkostenfunktion und der variablen Kostenfunktion ergibt die Gesamtkostenfunktion. Als nächster Schritt ist in das Koordinatensystem die Nettoumsatzfunktion einzuzeichnen, die ihren Ursprung ebenfalls im Nullpunkt des Koordinatensystems hat. Der Schnittpunkt der Nettoumsatzfunktion mit der Gesamtkostenfunktion zeigt die Gewinnschwelle. In der grafischen Darstellung lässt sich die rechnerisch ermittelte Lösung ablesen, wenn man vom Schnittpunkt der Deckungsbeitragsfunktion mit der Fixkostenfunktion (Gewinnschwelle) ein Lot auf die Abszisse fällt. Ab diesem Punkt wird Gewinn erzielt.

Wenn das Absatzvolumen in der grafischen Darstellung links von der Gewinnschwelle liegt, sind die Gesamtkosten höher als der Umsatz, es entsteht also ein Verlust. Es lässt sich übersichtlich analysieren, mit welcher Empfindlichkeit der Gewinn auf unterschiedliche Absatzmengen reagiert. Erst dann, wenn das Absatzvolumen in

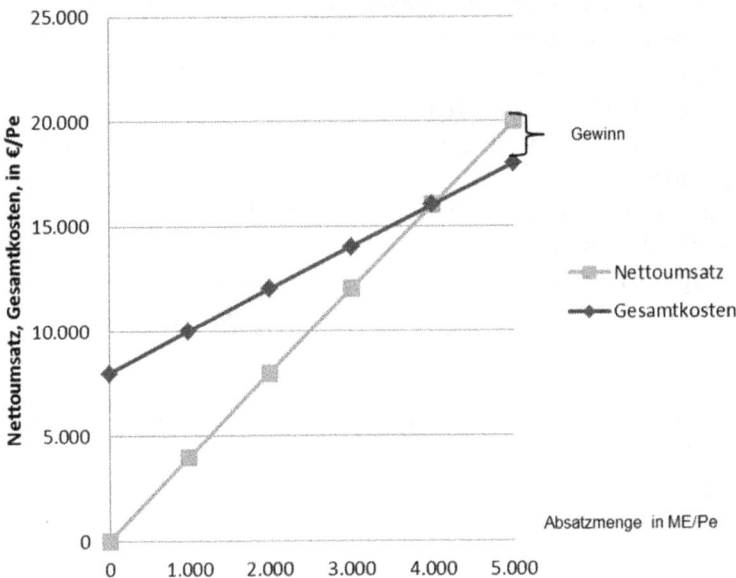

Abb. 7.37: Gewinnschwellen-/Break-Even-Grafik auf Basis des Gesamtkostenmodells

der grafischen Darstellung rechts von der Gewinnschwelle liegt, ist ein Gewinn zu erwarten. Der Schnittpunkt der Nettoumsatzfunktion mit der Gesamtkostenfunktion zeigt in der grafischen Darstellung die Gewinnschwelle. Der Begriff Gewinnschwelle bezeichnet also den Punkt, an dem die Nettoumsätze die Gesamtkosten decken, d. h. weder einen Gewinn erzielt wird noch ein Verlust entsteht.

7.6.3 Deckungsbeitrags-Modell

Die oben dargestellte Gewinngleichung

$$G = U_n - K_{vA} - K_{fix}$$

lässt sich umformen zu

$$G = (p_n - k_{vA}) \cdot x - K_{fix}$$
$$= d \cdot x - K_{fix}$$

mit
d Deckungsspanne (Stückdeckungsbeitrag) in €/ME

Für die Gewinnschwelle gilt definitionsgemäß Gewinn = 0. Somit kann man schreiben:

$$\text{Deckungsbeitrag} = \text{Fixkosten}$$

Die alternative grafische Darstellungsmöglichkeit der Gewinnschwelle bietet sich ebenfalls mit dem Deckungsbeitragsmodell. Die Grundkonstruktion des Koordinatensystems ist die gleiche wie beim Umsatz-Gesamtkostenmodell. Allerdings wird die Kostenfunktion der variablen Kosten nicht eingezeichnet. Ebenfalls wird die Nettoumsatzfunktion nicht benötigt. Anstelle dieser beiden Funktionen wird die so genannte Deckungsbeitragsfunktion eingezeichnet, die einen Strahl aus dem Nullpunkt des Koordinatensystems darstellt und deren Wertepaare die Produkte der jeweiligen Beschäftigung mit der Deckungsspanne (Stückdeckungsbeitrag) sind. Der Schnittpunkt der Deckungsbeitragsfunktion mit der Fixkostenfunktion zeigt die Gewinnschwelle. In der grafischen Darstellung lässt sich die rechnerisch ermittelte Lösung ablesen, wenn man vom Schnittpunkt der Deckungsbeitragsfunktion mit der Fixkostenfunktion (Gewinnschwelle) ein Lot auf die Abszisse fällt.

Folgende Aussagen können anhand des in Abb. 7.38 dargestellten Deckungsbeitragsmodells getroffen werden:

Die Deckungsbeitragsfunktion beginnt im Nullpunkt und erreicht im obigen Beispiel bei der maximalen Absatzmenge von 10.000 Stück den Wert von 20 Millionen €/Pe.

Die Gewinnschwelle wird also erreicht, wenn die Deckungsbeitragsfunktion die Fixkostenfunktion (oben bei 4.000 Stück) schneidet.

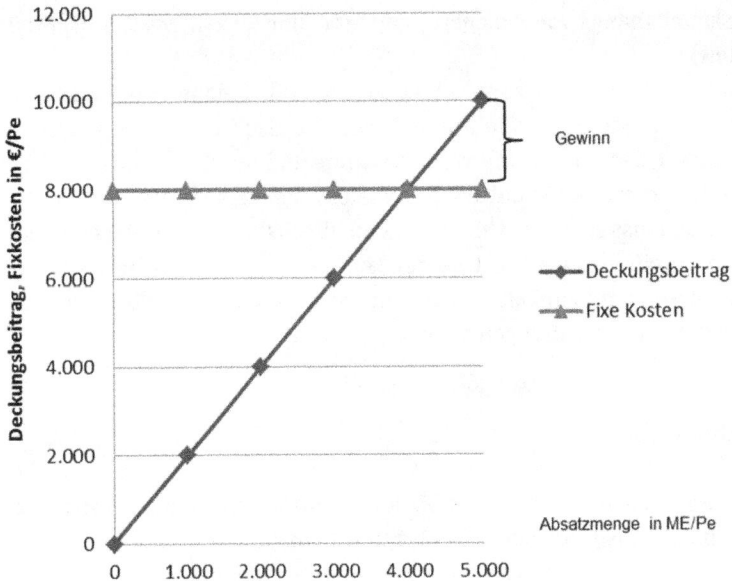

Abb. 7.38: Gewinnschwellen-/Break-Even-Grafik auf Basis des Deckungsbeitragsmodells

Die Gewinnschwelle wird in der Praxis üblicherweise im Rahmen einer Tabellenkalkulation ermittelt. Welche ergänzende grafische Darstellung für Präsentationszwecke gewählt wird, ist letztlich Anschauungssache.

Die dargelegten Grundlagen der Gewinnschwellenanalysen ergeben weitere Analysemöglichkeiten. Zur Veranschaulichung der Anwendungsmöglichkeiten sollen im Folgenden einige praxisorientierte Fragestellungen erläutert werden.

7.6.4 Die Analyse von Mengenänderungen mit dem Gewinnschwellenmodell

Die bekannteste Analyse, die mit dem Gewinnschwellenmodell durchgeführt wird ist die Frage, welche Mengen müssen mindestens verkauft werden, um alle Kosten zu decken? Um die Plangesamtkosten zu decken, muss der Plandeckungsbeitrag so hoch sein, dass daraus alle Planfixkosten gedeckt werden können. Die gesuchte Variable ist die Ausbringungsmenge bzw. der Beschäftigungsgrad, bei der die Gesamtkosten gerade gedeckt sind. Die Formel für die Bestimmung der Gewinnschwelle wird daher nach der Menge aufgelöst:

$$x \cdot (p_n - k_{vA}) = K_{fix}$$

$$x = K_{fix}/(p_n - k_{vA})$$

In der grafischen Darstellung lässt sich die rechnerisch ermittelte Lösung ablesen, wenn man vom Schnittpunkt der Deckungsbeitragsfunktion mit der Fixkostenfunktion (Gewinnschwelle) ein Lot auf die Abszisse fällt. Bei einer Planabsatzmenge von x Mengeneinheiten sind die Fixkosten gerade gedeckt.

Analyse des Zusammenhangs von Beschäftigungsgrad und Einzahlungsüberschuss (angels.: Cashflow)

Mit dem Gewinnschwellenmodell kann analysiert werden, welche Planabsatzmengen verkauft werden müssen, um alle Auszahlungen zu decken. Dazu wird vereinfachend angenommen, dass der Cashflow nur Gewinne und Abschreibungen enthält. Abschreibungen sind sowohl Aufwand als auch Kosten, aber keine Auszahlungen. Der Plandeckungsbeitrag muss so hoch sein, dass damit alle Fixkosten abzüglich der darin enthaltenen Abschreibungen gedeckt werden können. Die Ausgangsformel der Gewinnschwellenanalysen wird zunächst so umgeformt, dass auf der rechten Seite der Ausdruck: Fixkosten – Abschreibungen steht:

$$x \cdot (p_n - k_{vA}) = K_{fix} - K_A$$

K_A Kosten für Abschreibung

Da diejenige Planabsatzmenge gesucht ist, ab der ein Einzahlungsüberschuss erwirtschaftet wird, ist dieser Ausdruck nach der Menge x_{CF} aufzulösen:

$$x_{CF} = (K_{fix} - K_A)/(p_n - k_{vA})$$

x_{CF} Cashflow bezogene Breakeven Menge

Die Differenz $(K_{fix} - K_A)$ kann als Cashflow-relevante Fixkosten bezeichnet werden. In der grafischen Veranschaulichung lassen sich die Planabsatzmengen auf der Abszisse bzw. Mengenskala ablesen. Es kann unterhalb der Fixkostenlinie im Abstand der zu subtrahierenden nicht auszahlungswirksamen Kosten eine Hilfslinie eingezeichnet werden. Vom Schnittpunkt dieser Fixkosten-Auszahlungslinie mit der Deckungsbeitragsfunktion ist ein Lot auf die Mengenskala zu fällen. Bei einem Absatz in Höhe der Cashflow bezogenen Breakeven Menge (hier 3000 ME/Pe) sind alle Auszahlungen gedeckt.

7.6.5 Gewinnschwellenanalysen und Plangewinn

Es kann mit den im Gewinnschwellenmodell enthaltenen Daten diejenige Planabsatzmenge bestimmt werden, die mindestens erreicht werden muss, um einen geforderten Plangewinn zu erreichen.

Der Plandeckungsbeitrag muss ausreichend sein, um damit die Fixkosten zu decken und den vorgegebenen Plangewinn PG erzielen zu können. In der formelmäßigen Darstellung bedeutet diese Forderung, dass die Summe der Fixkosten und des Plangewinns im Zähler genauso groß sein müssen wie die Nettopreise abzüglich der variablen Stückkosten (Deckungsspannen) im Nenner. Das Ergebnis dieses Quotienten ist die gesuchte Planabsatzmenge.

$$x_{PG} = (K_{fix} + PG)/(p_n - k_{vA}) \text{ in } €/Pe$$

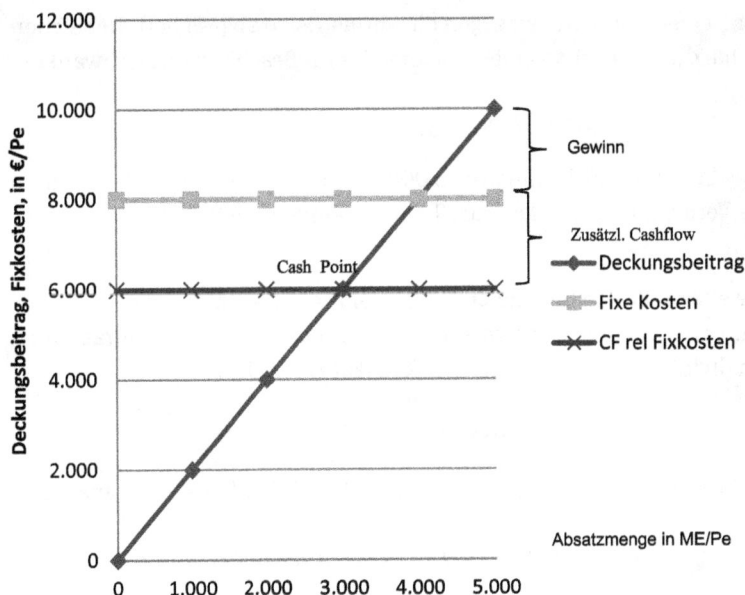

Abb. 7.39: Cashflow bezogene Breakeven Menge

PG Plangewinn in €/Pe

Es ergibt sich mit den Daten des Beispiels die folgende Rechnung:

$$x_{PG} = (8.000 + 1.000)/(4 - 2) = 4.500 \text{ in ME/Pe}$$

x_{PG} Plangewinnorientierte Breakeven Menge

7.6.6 Das Gewinnschwellenmodell und die Bestimmung eines Sicherheitskoeffizienten der Kapazitätsauslastung

Mit dem Gewinnschwellenmodell kann die Frage beantwortet werden, um wie viel Prozent die Kapazitätsauslastung in Krisenzeiten bzw. Zeiten schwacher Nachfrage maximal zurückgehen darf, bevor ein Verlust entsteht.

Im Rahmen der Planung ist zunächst zu klären, wo die maximale Kapazität in der Periode liegt. Im Zahlenbeispiel seien bei einer Istabsatzmenge von 5.000 ME/Pe die Kapazitäten voll ausgelastet. Die Gewinnschwelle und damit die Verlustgrenze liegen im Beispiel bei 4.000 ME/Pe. Damit ergibt sich der Sicherheitskoeffizient S wie folgt:

$$S = (x_{ist} - x_{BEP})/x_{ist}$$

Es ergibt sich der Prozentsatz, um den die Planabsatzmenge unterschritten werden kann, ohne dass ein Verlust entsteht. Je höher der Wert des Sicherheitskoeffizienten S ist, umso besser ist das Unternehmen gegen ein Verlustrisiko abgesichert. Der Sicherheitskoeffizient hat die Eigenschaft eines Risikomaßes für Beschäftigungsschwankungen.

$$(5.000 - 4.000)/5.000 = 20\%$$

Die Absatzmenge bei voller Auslastung von 5.000 Stück kann um 20 % unterschritten werden, ehe die Verlustgrenze für das betreffende Produkt erreicht wird.

Die Gewinnschwellenanalysen und die Ermittlung eines Kapazitätsgrades

Wenn der bei einer bestimmten Absatzmenge erzielte Gesamtdeckungsbeitrag durch die fixen Kosten dividiert wird, ergibt sich der Kapazitätsgrad KG:

$$KG = \text{Deckungsbeitrag/fixe Kosten}$$

Im Beispiel ergibt sich für eine Absatzmenge von 5000 Stück folgender Kapazitätsgrad:

$$KG = 5.000 \cdot (4 - 2)/8.000 = 1,25$$

Der Kapazitätsgrad drückt die Angemessenheit einer Istkapazität oder Plankapazität im Verhältnis zur vorhandenen Marktsituation oder Planabsatzmenge aus. Im Beispiel bedeutet dies, dass aufgrund der Marktsituation mit der vorhandenen Kapazität die Erzeugnisse kostenmäßig so produziert werden können, dass die anfallenden Fixkosten durch die Deckungsbeiträge 1,25fach gedeckt werden. Ergibt sich ein Kapazitätsgrad von KG =1, so heißt dies, dass die entstandenen Fixkosten gerade noch gedeckt sind, die Gewinnschwelle also noch erreicht wird. Der Kapazitätsgrad ist eine Kennzahl, die die Angemessenheit der Fixkosten bezüglich der vorliegenden oder erwarteten Deckungsbeiträge ausweist, die hauptsächlich von der Aufnahmefähigkeit des Marktes abhängen. Veränderungen des Kapazitätsgrades im Zeitablauf müssen analysiert werden, damit ggf. Kapazitätsanpassungsmaßnahmen eingeleitet werden können.

7.7 Wertorientierte Unternehmensführung

7.7.1 Grundidee

Aus den USA ab den 80er Jahren kommend hat sich die wertorientierte Unternehmensführung (vgl. z. B. Coenenberg/Salfeld) auch in Deutschland durchgesetzt. Insbesondere das Konzept des EVA® von Stern/Stewart (1995)[29] hat große Verbreitung gefunden. Eine aktuelle Untersuchung (vgl. Borm/Britzelmaier/Kraus/Nguyen-Ngoc,

---

29 Stern/Stewart haben sich diesen Begriff schützen und registrieren lassen.

S. 26–28) auf Basis der Geschäftsberichte für das Jahr 2010, dass alle Dax 30 Unternehmen in Deutschland die wertorientierte Unternehmenssteuerung in der einen oder anderen Spielart verwenden. Im angelsächsischen Raum läuft die wertorientierte Unternehmensführung unter dem Begriff Value Based Management (VBM)).

Das Ziel der wertorientierten Unternehmensführung ist es, die Unternehmen stärker auf die Wertschaffung für ihre Aktionäre auszurichten. Dafür müssen einige Probleme im externen Rechnungswesen behoben werden, die eine betriebswirtschaftlich richtige Darstellung der Jahresergebnisse verhindern. Insbesondere Abschreibungen und Rückstellungen können zu Verzerrungen führen, wenn sie nach anderen als betriebswirtschaftlichen Überlegungen gebildet werden.

Eine sehr häufig eingesetzte Version ist der Economic Value Added (EVA), der sich wie folgt berechnet:

$$EVA_{bt} = \text{modifiziertes Ebit abzüglich Kapitalkosten vor Steuern}$$

EVA_{bt} Economic Value added before tax
Ebit Earnings before interest and taxes

Das Ebit (Earnings before interest and taxes) kann in etwa als operativer Gewinn (also vor Zinsen)[30] verstanden werden, muss aber bis zu seiner Verwendung bereinigt werden um Effekte, die auf Zielsetzungen z. B. der Bilanzpolitik zurückgehen und nicht der betriebswirtschaftlichen Logik entsprechen. Die Kapitalkosten vor Steuern ergeben sich als Produkt vom gewogenen Mittel aus Fremdkapital- und Eigenkapitalkostensatz (WACC: Weighted Average Cost of Capital, siehe Abschnitt 9.3.4) und dem gebundenen Kapital. Letzteres kann über die Aktiv- oder Passivseite der Bilanz abgeleitet werden, wobei Abzüge für nicht benötigte Vermögensgegenstände bzw. für Verbindlichkeiten ohne Zinsbelastung (z. B. solche aus Lieferung und Leistungen und auch Anzahlungen) vorgenommen werden. Die resultierende Größe stellt dann das investierte/betriebsnotwendige Kapital (angels.: IC = Invested Capital) dar.

Die Formel kann auch so umgestellt werden, dass die Renditen des operativen Bereiches und ihre Kapitalkostensätze (wacc) aufgeführt werden:

$$EVA_{bt} = (ROIC - WACC) \cdot \text{Invested Capital}$$

ROIC Return on Invested Capital (Rendite des eingesetzten Kapitals)

---

[30] Die übliche Definition des operativen Gewinns ohne Berücksichtigung der Kapitalkosten (im externen Rechnungswesen nur vor Abzug der Fremdkapitalzinsen, da es dort keine kalkulatorischen Eigenkapitalzinsen gibt) kann sich als gefährlich erweisen. Wenn das Management an diesem operativen Gewinn gemessen wird, kann es Fehlentwicklungen geben, welche die Aktionäre schädigen (Principle-Agent-Problem). Indikatoren dafür sind, dass deutlich längere Zahlungsziele gegeben werden und viele neue Anlagen gekauft werden, da nur deren Wertverzehr aber nicht die häufig genauso wichtigen Zinsen in die Zielgröße einfließen.

Die über die Kapitalkosten hinausgehende Rendite (Überrendite: ROIC – WACC) wird im Angelsächsischen als ROIC-WACC-SPREAD bezeichnet. Wenn der Spread positiv ist, hat eine Wertschaffung stattgefunden. Dieser Spread kann alternativ als Vor- oder Nachsteuergröße berechnet werden. Insbesondere wenn es um die Information der Aktionäre geht, wird üblicherweise die Version nach Steuern eingesetzt:

EVA nach Steuern: modifiziertes Nopat abzüglich Kapitalkosten nach Steuern

Nopat   Net Operating profit after taxes (before interest)

Auch das Nopat wird im EVA-Ansatz an zahlreichen Stellen korrigiert.

Generell gilt: Wenn der Wert für EVA positiv ist, dann ist es dem Unternehmen in der betrachteten Periode gelungen, die gesamten Kapitalkosten zu decken und noch einen Überschuss in Höhe des EVA zu erzielen. Alle Stakeholder (auch die Eigenkapitalgeber) können zumindest für die betrachtete Periode zufrieden sein, wenn alle Größen betriebswirtschaftlich richtig ermittelt wurden.

Die Stellschrauben zur Erhöhung des EVA können aus den Bestandteilen der Formel abgeleitet werden und unterscheiden sich nicht von denen für die Kosten- und Leistungsrechnung:

Verbesserungen des Ebit:

- Erhöhung des Nettoumsatzes (nach allen Rabatten). Diese Größe zerfällt in die Nettopreise und in die fakturierbaren Absatzmengen. Beide sollten möglichst gesteigert werden.
- Reduktion der variablen Kosten (weniger Ausschuss, geringerer Personal- und Energiebedarf etc.)
- Senkung der Produktionskosten
- Verminderung der Vertriebs- und Verwaltungskosten etc.

Die geeigneten Instrumente zur Identifizierung von Verbesserungsmöglichkeiten/Werttreibern liegen im kurzfristigen Bereich in der Deckungsbeitragsrechnung (siehe Abschnitt (8.3) und im langfristigen Bereich in der Investitionsrechnung (siehe Kapitel 9).

Reduktion der Kapitalkosten (vgl. Coenenberg/Salfeld, S. 168 ff.):

- Verminderung des gebundenen Kapitals (z. B. durch besseres Forderungsmanagement, auch durch Factoring, geringere Vorräte)
- Reduktion der Volatilität der Ergebnisse, was zu einem geringeren Risikoaufschlag auf den Zinssatz führt.
- Verhandlung mit den Kreditgebern, insb. Banken, um die Zinsmargen zu vermindern. Ein probates Mittel auf dem Weg zu diesem Ziel liegt in der Verbesserung des Ratings.

Häufig gehen die Folgen von Verbesserungsmaßnahmen über mehrere Bereiche. Genauso muss darauf geachtet werden, dass die Verbesserung an einer Stelle nicht zu Nachteilen in anderen Bereichen führt.

Da der einzelne EVA-Wert darstellt, was das Unternehmen in der betrachteten Periode über die normalen risikospezifischen Kapitalkosten hinaus verdient, kann diese Wertschöpfung auch verwandt werden, um den Gesamtwert des Unternehmens zu ermitteln. Beginnend mit dem Zeitpunkt der Bewertung werden die EVAs der nächsten Jahre geschätzt, auf den Bewertungszeitpunkt abgezinst und dann addiert. Damit erhält man den Marktwertzuwachs (MWZ) (angels.: MVA: Market Value Added). Diese Größe gibt an, um welchen Betrag das Management den Wert des Unternehmens erhöht hat bzw. erhöhen will. Wenn jetzt der Unternehmenswert zum Bewertungszeitpunkt addiert wird, ergibt sich der Gesamtwert des Unternehmens.

Das Konzept der Wertorientierung wurde auch in Deutschland begeistert aufgenommen und es gibt kaum noch ein Unternehmen, das sich nicht der wertorientierten Führung verpflichtet fühlt. Als eines von sehr vielen Unternehmen sei die Lufthansa genannt, die ihr CVA-Konzept (Cash Flow Value Added) jedes Jahr im Geschäftsbericht vorstellt und die entsprechenden Ergebnisse kommentiert.

Übersehen wurde dabei, dass eigentlich kein großer Bedarf für dieses Konzept des Value Based Management vorlag, weil die deutschsprachige Kosten- und Leistungsrechnung den überwiegenden Teil der jetzt angeblich gelösten Probleme schon seit Jahrzehnten diskutiert hatte und Lösungsvorschläge erarbeitet hatte. Der wohl wichtigste Teil liegt in der Berücksichtigung der Eigenkapitalkosten. Die Kapitalkosten werden somit nicht auf die Fremdkapitalkosten beschränkt. Diese Eigenkapitalkosten werden aber schon seit Urzeiten in der deutschen Kostenrechnung über die kalkulatorische Eigenkapitalverzinsung abgedeckt.

Aber man muss den deutschen Betriebswirten vorwerfen, zu wenig für die Vermarktung ihrer Einsichten getan zu haben. Oder man kann es positiv ausdrücken: Durch das Aufkommen der wertorientierten Unternehmensführung können endlich die Anliegen der KLR ein offenes Ohr bei den Entscheidungsträgern in der Wirtschaft finden.

Das EVA-Konzept kann nicht nur als Spitzenkennzahl eingesetzt werden, sondern es kann auch auf die einzelnen Organisationseinheiten „heruntergebrochen" werden. Damit erhält dann jede Einheit ein EVA-Jahresziel, an dessen Erreichung sie gemessen wird. Somit ist eine konsistente Implementierung von der Planung bis zur Kontrolle möglich.

7.7.2 Anpassungen der Gewinngrößen und der Kapitalkosten

Ausgangspunkt der EVA-Ermittlung sind die Ergebnisse des externen Rechnungswesens. In der amerikanischen Welt sind es also die Ergebnisse, die auf den Regeln der GAAPs (Generally Accepted Accounting Principles) beruhen und international sind es die IFRS (International Financial Reporting Standards).

Die Grundregel besteht darin, dass für alle Geschäftsvorfälle geprüft wird, ob sie betriebswirtschaftlich richtig abgebildet werden. Dies ist im externen Rechnungswesen nicht immer der Fall, weil

a) die Regeln allgemein gelten müssen ohne Rücksicht auf die spezifischen Belange eines Unternehmens
b) die Wertableitung objektiv nachvollziehbar sein muss
c) sich die Welt geändert hat

Die wohl wichtigste Korrektur, die praktisch immer stattfinden muss, liegt in der Berücksichtigung der Verzinsung des Eigenkapitals, und zwar zu Börsen/Marktwerten am Beginn der betrachteten Periode, auch wenn das eine erhöhte Volatilität bringt. In der Welt der Kosten- und Leistungsrechnung wird dies seit Jahrzehnten unter dem Stichwort kalkulatorische Kapitalkosten durchgeführt (siehe Abschnitt 3.7.4). Diese Korrektur wird nach Wissen der Autoren von allen Unternehmen durchgeführt, welche die wertorientierte Führung implementiert haben.

Weitere Anpassungen insb. bei Personengesellschaften können z. B. die folgenden sein:

- Kalkulatorischer Unternehmerlohn
- Kalkulatorische Miete
- Abschreibungen,
- Zu hoch oder zu niedrig gebildete Rückstellungen
- Aktivierungen für Restrukturierungen
- Aktivierungen für Forschung und Entwicklung usw.

Grundidee ist immer, dass die Größen so modifiziert werden, dass sie die betriebswirtschaftlich richtige Periodenbelastung darstellen. Da dieser Ansatz im Abschnitt Zusatz- und Anderskosten (vgl. Abschnitt 2) bereits dargestellt wurde, werden sie hier nicht weiter ausgeführt.

Insgesamt wurden in der Literatur Hunderte von Korrekturmaßnahmen vorgeschlagen, mit denen das Periodenergebnis noch aussagekräftiger dargestellt werden kann. Dies führt jedoch zu hohen Kosten in der Planung und Ermittlung der Korrekturen, so dass die meisten Unternehmen über die Kapitalkosten hinaus nur sehr wenige Korrekturen anbringen. Da sich die Korrekturen auch teilweise im eingeschwungenen Zustand aufheben (zu hohe Abschreibungen, sehr kurzer Zeitraum oder degressive AfA können sich nach wenigen Jahren ausgleichen, wenn später nur noch geringe Abschreibungen kommen), erscheint es vernünftig, auf die allermeisten Korrekturen im Reporting zu verzichten. Das darf allerdings nicht dazu führen, dass diese Daten unverändert auch in Entscheidungsrechnungen verwendet werden.

Grenzen und Weiterentwicklung des EVA-Ansatzes

Auch wenn dem Ansatz großer Unternehmen zugestimmt wird, dass nur wenige Korrekturen durchgeführt werden sollten, so gibt es doch eine große Ausnahme. Es geht um einige selbsterstellte immaterielle Wirtschaftsgüter, die in der externen Bilanz (auch noch teilweise nach der Novellierung nach BilMoG) gar nicht oder viel zu niedrig auftauchen.[31] Sie finden sich insbesondere in den folgenden Bereichen:

- Personal
- Marken
- Kunden
- Lieferanten
- Prozesse
- Forschungsergebnisse u. ä.

Der immer weiter steigende Wert der immateriellen Wirtschaftsgüter zeigt sich auf darin, dass in den letzten Jahren das Verhältnis von Markt zu Buchwerten (angels.: Market-to-Book Ratio) auf 2,5 angewachsen ist (vgl. Coenenberg/Salfeld, S. 7).

Unternehmensintern muss das Controlling somit eine wesentliche Erweiterung der Analyse durchführen, wenn es das Ziel der betriebswirtschaftlich richtigen Bestimmung des Periodenergebnisses leisten will, was vom traditionellen EVA-Konzept nur teilweise erreicht wird. Der erweiterte Ansatz sei als EVA 2.0 bezeichnet, da es einen Teil der Schwachstellen des herkömmlichen EVA-Ansatzes vermeidet. Mit dem alten EVA-Ansatz können die aus Sicht der Börse „langweiligen" alten Unternehmen weitgehend adäquat bewertet werden, die über nur wenige immaterielle Wirtschaftsgüter verfügen. Aber fast alle „spannenden" Unternehmen (Apple, Coca-Cola, Google, Facebook, Intel, SAP, Amazon etc.) verfügen über hohe immaterielle selbst geschaffene Werte, die weder in der Bilanz noch in EVA 1.0 erfasst werden dürfen. Es gilt, dass ihre eigentlichen Werte in der Bilanz gar nicht oder nur viel zu gering auftauchen. So lagen die immateriellen Wirtschaftsgüter in der Facebook-Bilanz am 31.12.2011 weit unter 1 Mrd\$, obwohl sie den Großteil des Marktwertes von 104 Mrd\$ beim Börsengang im Mai 2012 ausmachten. Es ist also höchste Zeit für den EVA 2.0 Ansatz, der zumindest unternehmensintern sofort eingeführt werden kann.

Folgende Schritte sind dabei zu durchlaufen
- Klärung, welche Werte überhaupt nicht von EVA 1.0 erfasst werden (viele Immaterielle Wirtschaftsgüter)
- Hier kann unterschieden werden, ob die Immateriellen Wirtschaftsgüter nicht aktiviert werden durften oder ob ein Wahlrecht zum Nichtansatz ausgenutzt wurde.
- Klärung, welche Werte grob falsch abgebildet werden (ggf. Immobilien)

---

31 Der Paragraf 248 HGB bestimmt: „Selbst geschaffene immaterielle Vermögensgegenstände des Anlagevermögens können als Aktivposten in die Bilanz aufgenommen werden. Nicht aufgenommen werden dürfen selbst geschaffene Marken, Drucktitel, Verlagsrechte, Kundenlisten oder vergleichbare immaterielle Vermögensgegenstände des Anlagevermögens."

- Etablierung einer internen Bewertungsmethode mit klaren Spielregeln (ggf. mit einem unparteiischen Dritten als Schiedsrichter)
- Mindestens jährliche Errechnung der bisher problematischen Werte aus a) und b)
- Ermittlung der Veränderungen und ihre Interpretation
- Integration der Veränderungen in die Messung der Unternehmensergebnisse
- Berücksichtigung bei der Festlegung der Prämien des Managements

Mit EVA 2.0 können einige Fehlentwicklungen verhindert werden. Es kommt leider immer wieder vor, dass Manager von Markenartiklern zur Erreichung ihrer kurzfristigen Ziele an der Preisschraube drehen, um so noch in der Berichtsperiode ihre Ziele zu erreichen. Damit wird aber häufig der betriebswirtschaftlich wichtigste Aspekt der Marke, nämlich die Fähigkeit höhere Preise durchzusetzen, aufs Spiel gesetzt. Diese Schädigung der Marke würde aber am Jahresende über eine Markenbilanz aufgedeckt. Denn der Wert der Marke ergibt sich in Anlehnung zur Kapitalwertmethode wie folgt:

$$MW_0 = \sum_{t=0}^{tn}(ZE_t - ZA_t) \cdot q^{-t}$$

MW_0 Markenwert zum Bewertungszeitpunkt 0
ZE_t Zusätzliche durch die Marke ermöglichte Einzahlungen zum Zeitpunkt t
ZA_t Zusätzliche durch die Marke verursachte Auszahlungen zum Zeitpunkt t
q^{-t} Abzinsungsfaktor
t Zeitindex, t = 0, 1, . . . , tn

Die zusätzlichen Zahlungen sind immer im Vergleich zu den Zahlungen zu sehen, die bei einem gleichen/ähnlichen Produkt ohne Marke (No Name, Handelsmarke) anfallen würden (Differenzansatz).

Dies gilt natürlich nicht nur für die zusätzlichen Einzahlungen, sondern auch für die zusätzlichen Auszahlungen. Denn ohne weitere Investitionen in die Marke würde der Markenwert schwächer werden und nach einiger Zeit keine zusätzlichen Einzahlungen mehr hervorrufen.

Wenn jetzt in der Jahresendhektik unüberlegte Preissenkungen durchgeführt werden, so wird die Preisbereitschaft der Konsumenten reduziert, so dass die zukünftigen zusätzlichen Einzahlungen der Marke fallen werden. Dies kann ggf. verhindert werden, wenn jeweils zum Jahresende eine Markenbilanz aufgestellt wird. Der Verlust gegenüber dem Stand des Vorjahres ist intern in der Controllingrechnung als Verlust zu erfassen.

Es sei noch auf einen weiteren Aspekt der fehlenden Einbeziehung immaterieller Wirtschaftsgüter hingewiesen:

Wie oben dargestellt findet man insbesondere in einigen Technologieunternehmen nur einen Bruchteil des tatsächlichen Wertes in der Bilanz. Damit wird es dann sehr einfach, in der Bilanzanalyse hohe Gesamtkapitalrenditen zu erzielen. Die auf den ersten Blick traumhaften Kapitalrenditen sind dann nicht nur auf gute Unternehmensperformance zurückzuführen, sondern in einigen Fällen vor allen Dingen darauf, dass das Gesamtkapital grotesk unterbewertet ist. Der externe Leser des Jahresabschlusses kann leider nicht auf die unternehmensinternen Beurteilungen der tatsächlichen Werte aller Assets zugreifen. Er kann sich nur am Börsenwert orientieren und dann eine Aktienkursrendite ermitteln, bei welcher der Wert des Eigenkapitals nicht mehr der Bilanz entnommen wird, sondern der Aktienbörse. Und bezogen auf den Börsenwert ist die Rendite dann häufig wieder ziemlich normal.

Trotz der Einschränkungen ist das Konzept der wertorientierten Unternehmensführung zu begrüßen, insb. wenn es intern um ein System zum Management immaterieller Wirtschaftsgüter ergänzt wird.

8 Abweichungsanalyse

8.1 Grundlagen der Abweichungsanalyse

Zur Aufdeckung von Unwirtschaftlichkeiten im Prozess der betrieblichen Leistungs-erstellung und zur Ableitung von Lernprozessen, werden für eine gewählte Abrechnungsperiode die tatsächlich entstandenen **Ist-Kosten** und **Ist-Erlöse** mit den vorgegebenen **Plan-Kosten** und **Plan-Erlösen** verglichen[1]. Die Abweichungsanalyse ist ein zentrales Element der Verknüpfung von Kontroll- und Informationssystemen. Ziel der Wirtschaftlichkeitskontrolle ist die Zerlegung der Gesamtabweichungen in solche Teilabweichungen, die jeweils nur auf eine Einflussgröße oder deren Veränderung zurückzuführen sind. Die Einführung weitere Elemente, wie zum Beispiel der Soll-Kosten & Erlösen, ermöglicht hilfsweise die Analyse auf den Teil der innerbetrieblichen Unwirtschaftlichkeiten zu konzentrieren. Durch die Aufspaltung der Gesamtabweichung sollen Kompensationseffekte zwischen Über- und Unterschreitungen einzelner Einflussgrößen vermieden werden. Hierfür sollte die Gesamtabweichung in möglichst überschneidungsfreie Elemente zerlegt werden.

8.1.1 Anwendungsgebiete der Abweichungsanalysen

Abweichungsanalysen werden immer dann eingesetzt, wenn Vergleichsobjekte in ihren Unterschieden analysiert werden sollen. Maßstab kann entweder ein gewünschter Zustand wie z. B. ein Benchmark oder aber auch eine vorgelagerte Größe sein, die hier als Basisgröße bezeichnet werden soll. Häufig ist der Plan die Basisgröße und das Unternehmen möchte herausfinden, welche Änderungen im Ist eingetroffen sind und auf was diese Abweichungen zurückzuführen sind. Aber es gibt in den Unternehmen auch noch zahlreiche weitere Abweichungsanalysen, so dass das Instrumentarium, das auf den nächsten Seiten entwickelt wird, eine wesentliche Ausweitung erfährt.

Zunächst ist zu prüfen, welche Größen neben dem aktuellen Plan noch als Basisgröße verwendet werden können. Neben älteren Plänen sind dies auch die Istwerte der Vorperiode und teilweise der Vor-Vorperiode, wenn z. B. die Vorperiode einen Ausreißer dargestellt hat. Der heiße Sommer 2018 taugt beispielsweise wenig als Maßstab für die Absatzmengen von Getränken in den folgenden Jahren.

„State of the art" ist, dass gerade börsennotierte Unternehmen permanent planen und im Laufe des Jahres zwei bis drei neue Forecasts (Prognosen, unterjährige Erwartungswerte, Hochrechnungen) erzeugen. In der Praxis stellt sich dann die Frage, wie

---

1 Coenenberg u. a. 2016, S. 265 ff., Schweitzer u. a. 2016, S. 693 f., Ewert, Wagenhofer 2014, S. 300 ff.; Küpper u. a. 2013, S. 271–282; Kloock 2000, S. 47–54, Kloock, Schiller 1997, S. 299–323; Wilms 1988 S. 56 ff.

https://doi.org/10.1515/9783110616927-008

		Zu analysierende Grössen		
		Plan aktuell	**Forecast** aktuell	**Ist** aktuell
Basisgrössen	**Plan** aktuell	n.a.	**Fcst vs. Plan**	**Ist vs. Plan**
	alt 1	Plan vs. Plan alt 1	selten sinnvoll	selten sinnvoll
	alt 2	Plan vs. Plan alt 2	nicht sinnvoll	selten sinnvoll
	Forecast aktuell	**Plan vs. Fcst**	n.a.	**Ist vs. Fcst**
	alt 1	selten sinnvoll	**Fcst vs. Fcst alt 1**	Ist vs. Fcst alt 1
	alt 2	nicht sinnvoll	Fcst vs. Fcst alt 2	Ist vs. Fcst alt 2
	Ist aktuell	**Plan vs. Ist**	**Fcst vs. Ist**	n.a.
	alt 1	**Plan vs. Ist Vorjahr**	selten sinnvoll	**Vorperiodenvergleich**
	alt 2	Plan vs. Ist alt 2	selten sinnvoll	Vor-Vorperiodenvergleich

Abb. 8.1: Anwendungsgebiete der Abweichungsanalyen (eigene Darstellung)

gut der Forecast vs. dem Ist gewesen ist. Hieraus können Lehren für die zukünftig verbesserten Forecasts gezogen werden.

Als zu analysierende Größen gelten häufig die Istwerte. Für einen Nettoumsatz (vgl. Kapitel 2 zur Berechnungsweise) stellt sich die Frage, ob die Abweichungen auf Preis- und/oder Mengeneffekte zurückzuführen sind. Im Planungszyklus eines Unternehmens mit iterativen Planungen wird manchmal geprüft, in welchen Punkten sich ein Vorgängerplan zur gleichen Periode zur modifizierten Planung verändert. Schließlich gibt es in den Unternehmen Überlegungen, inwieweit sich der Forecast vom aktuellen Plan unterscheidet und was die Haupteinflussfaktoren sind.

Mit diesen Ausprägungen für die Basisgröße bzw. den zu analysierenden Größen ergibt sich das Tableau gemäß Abb. 8.1 der Kombinationen für Abweichungsanalysen, von denen einige sehr geläufig (fett gedruckt), andere weniger häufig und manche nicht sinnvoll sind.

Die Tabelle folgt der Historie der Daten. Beispielsweise könnte ein in Vorjahr (n−1) erstellter Jahresplan (n) im Laufe des Realisationsjahres quartärlich überprüft werden. Wesentliche identifizierte Veränderungen werden in den Hochrechnungen/Forecast (n) abgebildet. Zu Beginn des Folgejahres (n + 1) liegen dann die Istwerte für das zu analysierende Jahr (n) vor. Eine Abgrenzung nach kürzeren Zeiträumen, Quartal, Monat, Woche usw. erfolgt entsprechend.

Im Folgenden wird ein Überblick über typische Anwendungsfelder gegeben:

- Der **Istwert** wird hauptsächlich gegen den Plan der gleichen Periode verglichen. Diese Kombination ist eine Strandardanwendung. An der Planerfüllung hängen häufig die Boni des Managements, so dass diese Abweichungen besondere Aufmerksamkeit erhalten, selbst wenn andere Probleme dringender zu lösen wären. Auch der Vergleich mit dem Vorjahr kann als Standard in den Unternehmen gelten. Die Unternehmen untersuchen, inwieweit und wo sie sich verbessern. Im Weiteren will das Management erfahren, wie gut der Forecast war, weil diese Zahl nicht selten als Verpflichtung gesehen wird. Wird der vorhergesagte Gewinn verfehlt, drohen Kurseinbrüche, wenn das Unternehmen beispielsweise am Aktienmarkt gelistet ist.
- Der **Aktuelle Plan** kann als zu analysierende Größe verglichen werden gegen die vorhergehenden Versionen, aber besonders gegen den Istwert der Vorperiode. Da häufig Wachstumszahlen für die Branche vorliegen, will das Management z. B. seine Position im Branchenvergleich abschätzen.
- Die **Aktuelle Hochrechnung/Forecast** werden meistens im Laufe des aktuellen Jahres erstellt, um herauszufinden, ob der beschlossene Plan zu schaffen ist. Nach Realisation wird er oft am Ist gemessen, um in Zukunft die Prognosequalität des Forecasts in Zukunft zu bessern. Dem Forecast wird eine besondere Bedeutung zugemessen, da er die Grundlage der Planung des Folgejahres darstellt.

In der Praxis wird häufig ein mehrdimensionaler Vergleich durchgeführt, und das meistens monatlich. Einmal werden die Istwerte gegen den Plan verglichen und dann aber auch gegen den gleichen Zeitraum des Vorjahrs. Wenn Forecasts vorliegen, wird häufig auch dazu verglichen.

Eine Abweichungsanalyse bezieht sich in den meisten Fällen auf eine Periode (Monat, Jahr). In der Praxis sind jedoch auch andere Ansätze zu finden. In vielen Fällen bezieht sich die Abweichungsanalyse auch auf eine produzierte oder eingesetzte Menge, einen Auftrag, einen Kunden oder auf ein Projekt, welches unter Umständen über eine andere Anzahl von Perioden realisiert wurde als es geplant war (z. B. Bau Flughafen Berlin, Bahnhof Stuttgart). Aus diesem Grunde wird in den folgenden Beispielen häufig nur ein Plan- und Ist-Wert in € angegeben, der sich auf eine Periode, eine Menge oder ein Projekt beziehen kann.

Im Folgenden wird der Schwerpunkt auf die häufigste Abweichung Ist- vs. Plan- oder Soll-Daten gelegt. Die Abbildung mit den Erklärungen zeigt, dass weitere Anwendungsgebiete möglich und sinnvoll sind. Das zu entwickelnde Instrumentarium kann auf die weiteren Arten der Abweichungsanalysen übertragen werden.

8.1.2 Ausgangspunkte der Abweichungsanalysen

Ausgangspunkt der Abweichungsanalyse kann die Gesamtabweichung von Kosten, Erlöse oder besser die Gesamtabweichung des Gewinns bilden. Bei der Einrichtung eines Analysesystems ist deshalb nicht nur auf eine möglichst verursachungsgerechte, sondern auch auf eine möglichst **auswertungsgerechte** Verrechnung der Kosten zu achten. Ziel ist es letztendlich das Gesamtergebnis des Unternehmens zu analysieren und aufgetretene Abweichungen möglichst detailliert in viele aussagefähige entscheidungsrelevante und überschneidungsfreie Teilabweichungen aufzuspalten. Ein solches System ermöglicht es die in kleinstmögliche disjunkte Elemente von Grundbausteinen zerlegte Gesamtabweichung entsprechend unterschiedlicher Auswertungsansätze zu nutzen. Eine Auswertung könnte dann in verschiedenen Dimensionen z. B. für das Gesamtergebnis, die Gesamtkosten oder die Gesamterlöse oder nach fixen und variablen Kosten/Erlösen oder auch nach Kostenstellen, Sparten, Produktgruppen, Funktionen oder Deckungsbeiträgen erfolgen. Aufgrund der Komplexität erfolgt die Abweichungsanalyse in der Regel für Teilbereiche, kostenstellenorientiert oder ergebnisorientiert. Eine Abweichungsanalyse setzt voraus, dass die zu analysierenden Kosten und Erlöse strukturgleich in der Planung und in der Realisation im Ist vorliegen. Dies bedeutet, dass sowohl die verwendeten Planungssysteme wie auch die Ist-Kostenerfassung Auswirkungen auf die Möglichkeiten der Abweichungsanalyse haben.

Die **Gesamtabweichung** des **Gewinns (G)** der Periode (Pe) ist entsprechend der Auswertungsziele in additiv und multiplikativ verknüpfte Elemente aufzuspalten. Dies könnte ausgehend von der Gewinngleichung unter Aufspaltung der geplanten und realisierten **Erlöse (E)** und **Kosten (K)** auf die unterschiedlichsten Weisen erfolgen (in €/Pe).

$$\Delta G = G^S - G^I$$

$$\Delta G = \Delta E - \Delta K = \left(E^S - E^I \right) - \left(K^S - K^I \right)$$

$$= \left[\sum_{j=1}^{n} \mathbf{p}_j^s \cdot \mathbf{x}_{Aj}^i - \sum_{j=1}^{n} \mathbf{p}_j^i \cdot \mathbf{x}_{Aj}^i \right] - \left[\left(\sum_{j=1}^{n} kv_j^s \cdot \mathbf{x}_{Aj}^s + KF_j^s \right) - \left(\sum_{j=1}^{n} kv_j^i \cdot \mathbf{x}_{Aj}^i + KF_j^i \right) \right]$$

$$= \left[\sum_{j=1}^{n} \left(\mathbf{p}_j^s - kv_j^s \right) \cdot \mathbf{x}_{Aj}^s - KF_j^s \right] - \left[\sum_{j=1}^{n} \left(\mathbf{p}_j^i - kv_j^i \right) \cdot \mathbf{x}_{Aj}^i - KF_j^i \right]$$

$$(10\text{-}1)$$

Der Index **j** kennzeichnet die Produktarten und **n** die Anzahl der Produkte. $\mathbf{p}_j$ steht für den Verkaufspreis und kv_j für die variablen Stückkosten der Produkte; die Absatzmenge wird mit $\mathbf{x}_{Aj}$ gekennzeichnet, sowie den Fixkosten KF K_f, jeweils im Soll **s** und im Ist **i**.

Bei einer systematischen Zerlegung der Gesamtabweichungen in die kleinstmöglichen Elemente müssten unabhängig vom gewählten Weg am Ende die gleichen überschneidungsfreien Basis-Elemente für die Auswertung zur Verfügung stehen. Hierbei ist zwischen additiven und multiplikativen Verknüpfungen zu unterscheiden.

Gesamtabweichung Gewinn G
$$\Delta G = G^I - G^S$$

Gesamtabweichung Kosten K	Gesamtabweichung Erlöse E
$\Delta K = K^I - K^S$	$\Delta E = E^I - E^S$

Ist-Kosten	Soll-Kosten	Plan-Kosten	Plan-Erlöse	Ist-Erlöse

Veränderungen   Veränderungen

variable Kosten   variable Erlöse
Fixkosten   Fixerlöse

Preisabweichungen   Mengenabweichungen   Mengenabweichungen   Preisabweichungen

Beschaffungscontrolling   Logistikcontrolling   Vetriebscontrolling

Abb. 8.2: Systematisierung der Gesamtabweichung (eigene Darstellung)

Die Aufspaltung kann bei den Preis- und den Mengenkomponenten ansetzen, die sich wiederum aus multiplikativ verknüpften Komponenten zusammensetzen können. Erlöse können sich beispielsweise aus einem Listenpreis multipliziert mit einem Index für Erlösschmälerungen, Skonti und einem Wechselkursindex ergeben. Material-Einsatzmengen können sich ihrerseits beispielsweise aus mehreren Produktionskoeffizienten multipliziert mit der Produktionsmenge ergeben.

Die Abweichungsanalyse erfolgt i. d. R. für die einzelnen Sparten, Profitcenter, Kostenstellen, Produktgruppen nach Rücksprache mit den Verantwortlichen differenziert nach Kosten- und Erlösarten, Kostenstellen und Kostenträgern. Informationen für das **Beschaffungs-, Produktions-, Logistik-** und **Vertriebscontrolling** werden bereitgestellt.

In der Kostenartenrechnung werden in der Regel die Kosten möglichst verursachungsgerecht aus der Sicht der Kostenträger in Kostenträgereinzel- und Kostenträgergemein-Kosten aufgespalten. Die Verrechnung der Kostenträgereinzelkosten erfolgt dann direkt auf die Kostenträger. Unter Auswertungsgesichtspunkten könnten diese Einzelkosten, wie Rohstoffe, Hilfsstoffe sowie Fertigungseinzellöhne genauso gut über die Kostenstellen gebucht werden. Der Gesamtbedarf dieser Einsatzgüter kann nur über die Produktionskoeffizienten der beteiligten Abteilungen/Kostenstellen ermittelt werden. Eine Auswertung auftretender Abweichungen wäre unter auswertungsgerechten Gesichtspunkten angebracht. In letzter Konsequenz führt dies zu einer Verschmelzung der Kostenarten- und Kostenstellenrechnung. Die übliche direkte Verrechnung der Einzelkosten auf die Kostenträger und nicht über die Kostenstellen erfolgt im Wesentlichen zur Modelvereinfachung ebenso wie die häufige Verwendung nur einer Bezugsgröße zur Weiterverrechnung der Kosten z. B. bei den Kostenstellen. Die zunehmend leistungsfähigere EDV ist heute in der Lage die innerbetriebliche

Leistungsverrechnung viel genauer abzubilden und ermöglicht hierdurch auch viel genauere Auswertungen.

Ziel ist die Quantifizierung von Abweichungen der Kontrollperiode oder des Projektes durch das Gegenüberstellen der absoluten Beträge der Soll- und der Ist-Werte mit anschließender Analyse der Ursachen, Verantwortlichen, sowie der Ableitung geeigneter Maßnahmen zur künftigen Vermeidung von Unwirtschaftlichkeiten und Sicherung künftiger Einsparungspotentiale durch neue Erkenntnisse. **Lerneffekte** und nicht Schuldzuweisungen stehen hierbei im Vordergrund. Dies erfordert einen höchst möglichen Detailierungsgrad, eine höchst mögliche Qualität, sowie Wertefreiheit und Akzeptanzfähigkeit an die für die Entscheidungsprozesse bereit gestellten Informationen.

Grundsätzliche Probleme treten bei der Abweichungsanalyse durch die multiplikative Verknüpfung von Einflussgrößen (Erlös- oder Kostenbestimmungsfaktoren) auf. Kosten und Erlöse sind das Produkt aus Faktormengen und Faktorpreisen. Hierdurch entstehen in Abhängigkeit der Anzahl der multiplikativ verknüpften Einflussgrößen Abweichungsüberschneidungen, den so genannten Abweichungen zweiten, dritten, ... n-ten (höheren) Grades, denen eine eindeutige Abweichungsursache nicht mehr zugewiesen werden kann. In der EDV sind heute zunehmend alle entscheidungsrelevanten Daten erfasst und mit einander verknüpft, so dass viele Informationen in Echtzeit generiert und simuliert werden können.

Bei additiv verknüpften Kosten und Erlösen entsteht das Problem der Interdependenzen und Abweichungsüberschneidungen nicht. In diesen Fällen treten die Abweichungen nebeneinander auf und können unabhängig voneinander analysiert und ausgewertet werden. Dies ist beispielsweise der Fall, wenn in einer Kostenstelle Abweichungen von fixen und variablen Kosten parallel ausgewertet oder wenn mehrere Kostenarten innerhalb einer Kostenstelle ausgewertet werden.

– In den **Plan-Größen** sind die im Planungsprozess vorgegebenen Annahmen bezüglich Plan-Preisen, Plan-Absatz und Produktions-Mengen, Plan-Kapazitäten, Plan-Beschäftigung usw. mit den geplanten Produktionsfaktoren und Prozessbedingungen verarbeitet.

– In den **Ist-Größen** spiegeln sich hingegen die tatsächlich gegebenen Bedingungen des Realisationsprozesses, Ist-Preise, Ist-Absatz und Ist-Produktions-Mengen, Ist-Kapazitäten, Ist-Verbrauch der einzelnen Produktionsfaktoren bei mehrstufigen Produktionsprozessen[2] usw. wider.

Aufgrund der Komplexität von betrieblichen Produktionsprozessen kommt es regelmäßig zu Abweichungen zwischen den Ist- und den Plan-Kosten und Erlösen, wobei sowohl Über- wie auch Unterschreitungen der Plan-Größen möglich sind. In Beispielsrechnungen wird häufig aus Vereinfachungsgesichtspunkten unterstellt, dass regel-

---

2 Wilms 1988, S. 340 ff.

mäßig die Ist-Größen die Plan-Größen überschreiten, was aber in der Praxis nicht gegeben ist. Bei einer fundierten Planung mit realistischen Zielvorgaben treten regelmäßig sowohl Planüberschreitungen, wie auch Planunterschreitungen auf; Anderenfalls würden die verantwortlichen Mitarbeiter die Plan- und Budgetvorgaben kaum akzeptieren. Kompensationseffekte durch die gleichzeitige Über- und Unterschreitung einzelner verknüpfter Plangrößen (z. B. Preis und Menge) sollten aufgedeckt werden.

Die Abweichungsanalyse zielt nun darauf ab, die nahezu zwangsläufig entstehende Gesamtabweichung zwischen den Ist- und den Plan-Werten in die Teilabweichungen zu zerlegen, die jeweils den einzelnen Kosten- und Erlösbestimmungsfaktoren zugerechnet werden können. Für die einzelnen Teilabweichungen wird untersucht, ob sie durch innerbetriebliche Fehler oder Versäumnisse, wie z. B. Planungsfehler oder durch unwirtschaftliches Verhalten, hervorgerufen wurden, oder ob sie unternehmensextern bzw. zufallsbedingt sind.

Bei der Abweichungsanalyse werden die Ist-Werte an den Soll- oder Normwerten einer Kontrollperiode gemessen und sowohl die Ursachen als auch die Verursacher der Abweichungen ermittelt[3].

Die Abweichungsanalyse der Kosten und Erlöse erfolgt typischerweise in drei Schritten[4]:

1. **Quantitative Ermittlung der Teil-Abweichungen:**
   Durch Gegenüberstellung der absoluten Beträge von Soll- und Ist-Größen der ausgewählten Kontrollperiode. Dies erfolgt in den Kostenstellen oder in der Kalkulation nach Kostenträger möglichst differenziert nach Kosten- und Erlösarten. Dies ist i. d. R. weitgehend automatisiert und im EDV-System hinterlegt.

2. **Analyse der Abweichungsursachen:**
   Auswertung der ermittelten Abweichungen durch das Controlling und durch die Stellen-Verantwortlichen bezüglich möglicher beeinflussbarer und nicht beeinflussbarer Ursachen.

3. **Ableitung von Lerneffekten, Festlegung von geeigneten (Korrektur-) Maßnahmen und Zielvereinbarungen:** Ergebnis-/Abweichungsdurchsprachen mit den verantwortlichen Managern zur künftigen Vermeidung von aufgetretenen Kostenüberschreitungen oder Erlösunterschreitungen sowie Analyse möglicher Verbesserungspotentialen und Lerneffekte für die Zukunft. Ziel ist die Absicherung von erreichten Vorteilen durch geeignete Maßnahmen und Verbesserungen der Kosten- und Leistungsbeziehungen sowie der Vermeidung von Fehlern in der Zukunft. In Zielvereinbarungen wird in der Regel festgelegt, wer welche ausgewählten Maßnahmen mit welchem Budget bis wann zu realisieren hat.

---

3 Vgl. Küpper u. a. 2013, S. 271 ff.
4 Vgl. Coenenberg u. a. 2016, S. 265 ff.

Alle drei Schritte der Abweichungsanalyse können in der betrieblichen Praxis zu Diskussionen und erheblichen Problemen führen. Für die Quantifizierung der Teilabweichungen stehen unterschiedliche Methoden zur Verfügung, da oft keine eindeutige Zuordnung, welche Einflussgrößen letztendlich welche Teilabweichungen (Preis-, Mengen-, Verbrauchs-, Intensitätsabweichungen usw.) hervorgerufen haben, möglich ist. Diese Überschneidungsabweichungen werden als Abweichungen zweiten, dritten, n-ten oder höheren Grades bezeichnet, denen nicht mehr eine Abweichungsursache, sondern die Kombination mehrerer Ursachen zugrunde liegt. Diesem Problem wird in der Wissenschaft und der Praxis nicht eine der Bedeutung für ein leistungsfähiges Controlling ausreichende Beachtung geschenkt: Entweder wird das Problem der Abweichungen höheren Grades durch die Wahl der Methoden verdeckt aber nicht gelöst, oder es wird die Verwendung verschiedener Methoden für die verschiedenen Aufgaben des Controllings vorgeschlagen. Dennoch muss durch jedes Controlling für die Kostenanalyse ein einheitliches System vorgegeben werden, wie die Gesamtabweichung zwischen Plan- und Ist-Kosten & Erlösen in Teilabweichungen aufgespalten und quantifiziert werden. Im Bereich der Abweichungsauswertungen werden bei der Analyse der Abweichungsursachen schnell die Wechselwirkungen der unterschiedlich zu beeinflussenden Einflussgrößen ersichtlich. Diese sogenannten Abweichungsüberschneidungen oder Abweichungen höheren Grades führen unmittelbar zu Diskussionen bezüglich der Beeinflussbarkeit und den Verantwortlichkeiten, zumal die Ergebniserreichung in den meisten Unternehmen einen wesentlichen Bestandteil von Bonussystemen darstellen. Hierbei geht es nicht nur um die Frage, **wer für** mögliche **Kostenüberschreitungen verantwortlich** ist, sondern oft auch um die Frage, **wer realisierte Einsparungen für sich beanspruchen kann.** Schnell wird die Forderung nach einem fairen und transparenten Verfahren laut.

Mit Hilfe der **Algebra** kann die Gesamtabweichung mittels verschiedener Methoden in Teilabweichungen zerlegt werden, die jedoch in vielen Fällen keine sinnvolle ökonomische Interpretation erlauben. Die Probleme treten auf, wenn die Veränderungen von Einflussgrößen mit negativem Vorzeichen ausgewiesen werden. Im Rahmen des derzeitigen Forschungsstandes werden durch die gewählten Methoden und die gewählten Vorgehensweisen diese Mängel häufig verdeckt aber nicht gelöst. Alle herkömmlichen Methoden beinhalten je nach Datenkonstellation verdeckte oder offene Kompensationseffekte. Aus diesem Grunde soll hier mit Hilfe der **Geometrie** ein neuer Abweichungsanalyseansatz entwickelt und zur Diskussion gestellt werden, der unabhängig von der Datenkonstellation disjunkte, überschneidungsfreie Teilabweichungen liefert.

8.2 Abbildung von Abweichungen im Berichtwesen

Das Berichtswesen/Reporting der Firmen zeichnet sich zunehmend durch eine zu hohe, zum Teil nicht aussagefähige Informationsflut aus. Wesentliche Aufgabe des Controllings ist es deshalb, laufend den Aussagegehalt der bereit gestellten Berichte und Informationen zu prüfen. Ziel des Berichtwesens sollte es sein, offensichtliche und verdeckte Probleme aufzuzeigen.

Des Weiteren ist eine Abwägung des Informationsgehaltes der im Reporting bereitgestellten Daten bezüglich des Erhebungsaufwandes und des Aussagegehaltes vorzunehmen.

Dem Aussagegehalt der einzelnen berechneten Elemente soll in diesem Kapitel eine besondere Bedeutung zukommen. Ökonomisch **positive Effekte sollen eindeutig** auch als **positive** und **negative Effekte** sollen **eindeutig** als **negative erkennbar** sein. Intuitiv wird vom Berichtswesen insbesondere bei tabellarischen Darstellungen erwartet, dass positive, kostensenkende oder erlössteigernde Effekt mit einem positiven Vorzeichen versehen werden, während kostensteigernde oder erlösschmälernde Effekte mit einem negativen Vorzeichen abgebildet werden. Beispielsweise wird bei einer Gewinn- und Verlustrechnung erwartet, dass ein Gewinn mit einem positiven Vorzeichen und ein Verlust mit einem negativen Vorzeichen ausgewiesen wird. Andere Vorzeichenregeln führen in internen und externen Sitzungen laufend zu Verwirrungen und Missverständnissen, wofür im Zweifelsfall das Controlling verantwortlich gemacht wird.

8.2.1 Soll-Ist- oder Ist-Soll-Vergleich im Berichtswesen

Im Berichtswesen werden die Plan-, Soll-, Forecast-, Ist- und Vorjahres-Daten und deren Differenzen häufig in Tabellenform abgebildet. Hierbei sind auch die Auswirkungen der Rechenregeln zu beachten.

In der Gewinn- und Verlustrechnung des Jahresabschlusses ist es beispielsweise üblich, die Erträge und Aufwendungen ohne Vorzeichen abzubilden. Im Berichtswesen und in tabellarischen Abbildungen führt dies häufig zu Irritationen, wie die ausgewiesenen Differenzen zwischen den Planwerten (Vorjahr) und den Istwerten zu interpretieren sind. Insbesondere in Gesellschafterversammlungen, an denen auch externe oder mit dem Unternehmen nicht so vertraute Personen teilnehmen, kann dies zu Diskussionen über die richtige Abbildung von Differenzen führen. Für die wirklich dringenden Probleme des Unternehmens verbleibt dann u. U. keine ausreichende Zeit.

Während bei einem Soll-Ist-Vergleich die Veränderungen der Erlöse und des Ergebnisses schwer zu erklären sind, tritt dieses Problem bei einem Ist-Soll-Vergleich bei den Aufwendungen auf. Die Erlössteigerung sowie die Gewinnsteigerung erhält beim Soll-Ist-Vergleich in der Abweichungsspalte ein negatives Vorzeichen, was häufig zu den beschriebenen Fehlinterpretationen führt. Die Vorzeichen bei den Differenzen der Aufwendungen entsprechen den Auswirkungen auf das Ergebnis.

Die Erlössteigerung im Beispiel gemäß Abb. 8.3 von 20 T€ und die Ergebnissteigerung von 10 T€ werden mit einem negativen Vorzeichen ausgewiesen. Aufwandssteigerungen, z. B. bei dem Material (4 T€) werden mit negativem Vorzeichen ausgewie-

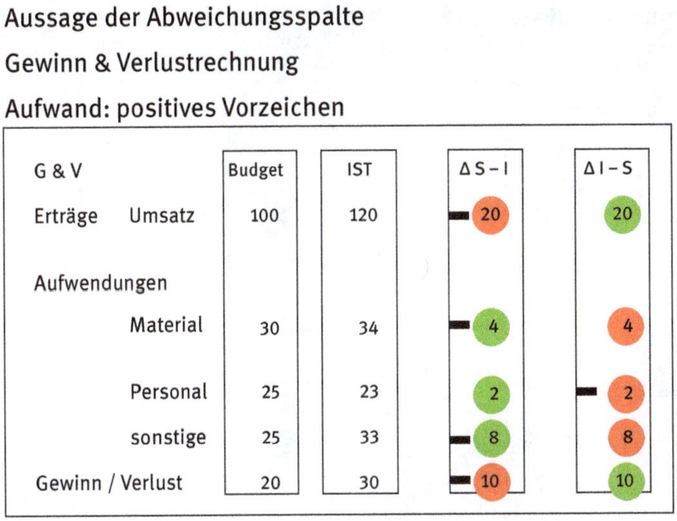

Aussage der Abweichungsspalte

Gewinn & Verlustrechnung

Aufwand: positives Vorzeichen

G & V		Budget	IST	Δ S – I	Δ I – S
Erträge	Umsatz	100	120	20	20
Aufwendungen					
	Material	30	34	4	4
	Personal	25	23	2	2
	sonstige	25	33	8	8
Gewinn / Verlust		20	30	10	10

Abb. 8.3: Aussage von Abweichungsspalten G&V (eigene Darstellung)

sen, während Aufwandsreduktionen, z. B. beim Personal mit positivem Vorzeichen ausgewiesen werden.

Bei Anwendung eines Ist-Soll-Vergleiches treten die Interpretationsprobleme bei den Aufwendungen auf, während die Erlöse und Ergebnisse o.k. sind.

Die Probleme der Interpretation lassen sich relativ leicht lösen, wenn die Aufwendungen mit einem negativen Vorzeichen ausgewiesen werden (vgl. Abb. 8.4). Bei der Differenzbildung erweist sich der Ist-Soll-Vergleich als vorteilhaft, da hierbei auch die Abweichungswerte alle ein, der allgemeinen Interpretation entsprechendes Vorzeichen erhalten.

8.2.2 Additive und Multiplikative Verknüpfungen

Während die Aufspaltung nach Einflussgrößen und Verantwortlichkeiten der additiv verknüpften Teilabweichungen relativ einfach ist, bereitet die weiter gehende Aufspaltung der multiplikativ verknüpften Einflussgrößen Schwierigkeiten. Neben der Frage, ob ein Soll-Ist-Vergleich oder ein Ist-Soll-Vergleich für die Differenzbildung der Deltas Δ angewendet wird, ist zu klären, ob wir uns bei den zu ermittelnden Abweichungen auf die Soll- oder die Istwerte (Bezugsbasis) beziehen. Wird nur eine Δ Veränderungsgröße im Verhältnis zur gewählten Bezugsbasis ausgewiesen, sprechen wir von Abweichungen ersten Grades. Werden zwei Δ Veränderungsgrößen berücksichtigt, sprechen wir von Abweichungen zweiten Grades.

Die Gesamtabweichung zwischen den Plan- und Istkosten kann durch Ersetzen bzw. Einsetzen der Deltagrößen und Ausmultiplizieren in Teilabweichungen ersten

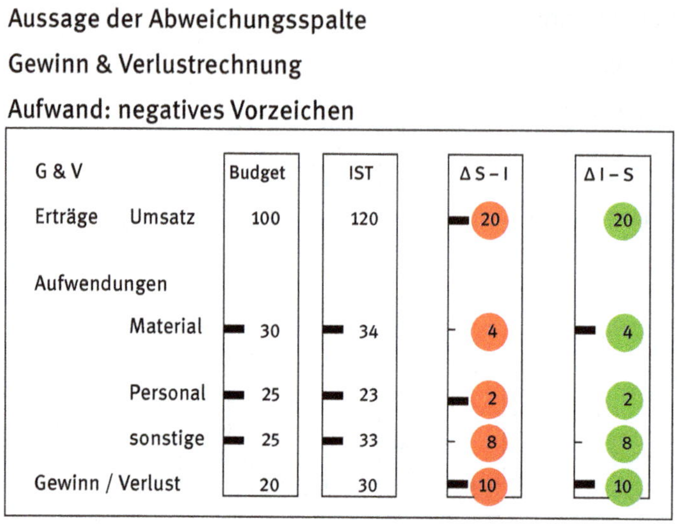

Aussage der Abweichungsspalte

Gewinn & Verlustrechnung

Aufwand: negatives Vorzeichen

Abb. 8.4: Aussage von Abweichungsspalten G&V (eigene Darstellung)

und höheren Grades aufgespalten werden. Die Kombinatorik erlaubt bereits im einfachsten Fall (2^n) vier verschiedene Lösungsansätze (2^2):

- Δ Soll-Ist-Vergleich   Planbasis
- Δ Soll-Ist-Vergleich   Istbasis
- Δ Ist-Soll-Vergleich   Planbasis
- Δ Ist-Soll-Vergleich   Istbasis.

Alle Anwendungsformen sind in der Praxis zu finden.

Beispiel 0.1

In einem einfachen Beispiel soll das Budget von 800 €, ermittelt aus einem Plan-Preis 10 €/ME und einer Plan-Menge 80 ME[5], den realisierten Istkosten von 1.200 €, resultierend aus einem Ist-Preis von 12 €/ME und einer Ist-Menge von 100 ME, gegenübergestellt werden. Die Gesamtabweichung von 400 € soll erklärt werden. Gesucht wird der Einfluss der Preis- und der Mengenänderung, sowie deren Kombination.

Während die Abweichungen ersten Grades sich bezüglich Beträge (160/200) und Vorzeichen (+/−) unterscheiden, wird die Abweichung zweiten Grades in allen vier Fällen mit dem gleichen Betrag (40) und einem positiven Vorzeichen (+) ausgewiesen (vgl. Abb. 8.5). Ein Aufaddieren der Abweichungen ersten und zweiten Grades führt nur in zwei der vier Fällen zu der Gesamtabweichung. Hier wird schnell ersichtlich,

---

5 Die Mengeneinheiten sind einzelnen Perioden zuzuordnen. An dieser Stelle wird aus Vereinfachungs- und Abbildungsgründen hierauf bei den Beispielen verzichtet.

Beispiel 0.1

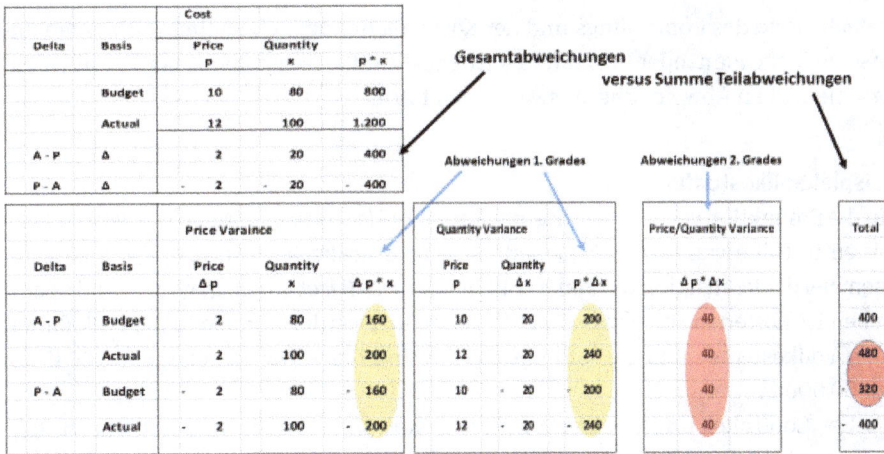

Abb. 8.5: Gesamtabweichung versus Summe Teilabweichungen (eigene Darstellung)

dass bei der Abweichungsanalyse die Vorzeichen nicht nur bei der Ermittlung der Differenzen Δ Soll-Ist oder Ist-Soll, sondern auch bei der Verknüpfung der Terme, zu berücksichtigen sind.

Wird bei dem Ist-Soll-Vergleich auf Istbasis oder bei dem Soll-Ist-Vergleich Planbasis der Term der Abweichung zweiten Grades mit einem negativen Vorzeichen versehen, kann die Gesamtabweichung ermittelt werden. In wieweit dies Auswirkungen auf die ökonomische Interpretationsfähigkeit der Teilabweichungen hat, bleibt zu prüfen.

Die hierbei bereits ersichtlichen Probleme entstehen durch die multiplikative Verknüpfung von Einflussgrößen und werden bei den bekannten Abweichungsanalysemethoden unterschiedlich gelöst. Einige verzichten auf den Ausweis der Abweichungen höheren Grades (Alternative Abweichungsanalyse) andere ordnen die Abweichungen höheren Grades den Abweichungen ersten Grades zu (Kumulative, symmetrische oder proportionale Abweichungsanalyse) oder weisen sie separat aus (differenzierte Abweichungsanalyse), wodurch die Problematiken der multiplikativen Verknüpfungen offensichtlich werden.

Bevor auf die unterschiedlichen Abweichungsanalysemethoden und die Problematik der Abweichungen höheren Grades genauer eingegangen wird, sollen in der Theorie und Praxis verwendete vereinfachte Abweichungsanalysemethoden vorgestellt werden.

8.3 Vereinfachte Abweichungsanalysemethoden

Je nach Stand des Controllings und der Kostenrechnung (vgl. Kapitel 1.6) werden unterschiedliche Plan- oder Normalgrößen den Ist-Größen gegenübergestellt, was zu unterschiedlichen Abweichungsauswertungen führt.

Beispiel Sollkostenfunktion

Für die Produktion von 12.000 ME eines Bauteils (*Plan-Beschäftigung*) werden Gesamtkosten in Höhe von 96.000 € geplant, welche Stückkosten von 8,00 €/ME entsprechen. Bei der Realisation werden nur 10.000 ME (*Ist-Beschäftigung*) gebaut und es entstehen Ist-Kosten in Höhe von 87.750 €. Verrechnet werden können in der Kalkulation einer Vollkostenrechnung allerdings auf der Grundlage von 10.000 ME a 8,00 €/ME nur 80.000 €.

Der Controller prüft, was die Differenz von 7.750 € verursacht hat. Hierzu teilt er die geplanten, additiv verknüpften Gesamtkosten in ihre fixen und variablen Bestandteile auf und ermittelt eine vereinfachte Sollkosten-Funktion. Für die Planung sollen die fixen Kosten 40.000 € und variable Kosten 56.000 € betragen haben, was variablen Stückkosten von 4,66 €/ME entspricht. Auf der Grundlage der Sollkosten-Funktion kann der Controller für jede Beschäftigung die Sollkosten über die Summe der Fixkosten zuzüglich der variablen Kosten für die vorgegebene Beschäftigung (variable Stückkosten · Beschäftigung) berechnen.

Die Ableitung der **Sollkostenfunktion** basiert auf der vorgegebenen Planmenge in Höhe von 12.000 Bauteilen, die zu Gesamtkosten von 96.000 € führen soll. Die Planmenge stellt mit ihren geplanten Gesamtkosten (12.000 ME; 96.000 €) neben den Fixkosten (40.000 €) einen weiteren Fixpunkt der abgeleiteten Kostenfunktion dar. Die geplanten Gesamtkosten in Höhe von 96.000 € bei der vorgegebenen Planmenge (12.000 ME) entsprechen per Definition den **Sollkosten der Planmenge** sowie den **verrechneten Plankosten der Planmenge**.

$$\text{Sollkosten} = \text{Fixe Kosten} + \text{variable Kosten}$$

Daten des Beispiels der Plankostenrechnung auf Vollkostenbasis

Planbeschäftigung: Produktionsmenge x^p	12.000 ME	
Istbeschäftigung: Produktionsmenge x^r	10.000 ME	
Gesamtplankosten	96.000 €	
Fixe Plankosten	40.000 €	
Variable Plankosten bei Planbeschäftigung	56.000 €	
Variable Stückkosten (PVS var)	4,66 €/ME	(56.000 €/12.000 ME)
Verrechnete Plankosten pro Stück (PVS fix)	8,00 €/ME	(96.000 €/12.000 ME)

Verrechnete Plankosten der *Plan-beschäftigung*	96.000 €	(8,00 €/ME · 12.000 ME)
Verrechnete Plankosten der *Ist-beschäftigung*	80.000 €	(8,00 €/ME · 10.000 ME)
Sollkosten der *Planbeschäftigung*	96.000 €	(fix 40.000 € + variable + 4,66 €/ME · 12.000 ME)
Sollkosten der *Istbeschäftigung*	86.667 €	(fix 40.000 € + variable + 4,66 €/ME · 10.000 ME)
Istkosten	87.750 €	

Folgende Abweichungen können beispielsweise berechnet werden:

- Differenz der **Sollkosten** bei *Plan- und Istbeschäftigung*, bzw. der **Plankosten** bei *Planbeschäftigung* und der **Sollkosten** bei *Istbeschäftigung.*
  Diese Kostendifferenz ist eine echte „Beschäftigungsabweichung", die sich aus der beschäftigungsabhängigen Veränderung (–2.000 ME) der proportionalen Kosten ergibt. Die Bezeichnung „Beschäftigungsabweichung" für diese Differenz ist in der Literatur aber unüblich.

$$\text{„Beschätigungsabweichung"} = 96.000 \text{€} - 86.667 \text{€} = 9.333 \text{€} \quad \text{oder}$$
$$= 2.000 \text{ME} \cdot 4,666 \text{€/ME} = 9.333 \text{€}$$

- **Verbrauchsabweichung:** Unter Verbrauchsabweichung ist die Differenz zwischen den **Ist-Kosten** und den **Sollkosten** der *Ist-Beschäftigung* zu verstehen.

$$\text{Verbrauchsabweichung} = 87.750 \text{€} - 86.667 \text{€} = 1.083 \text{€}$$

- **Beschäftigungsabweichung:** Unter Beschäftigungsabweichung ist die Differenz zwischen **Sollkosten** der *Ist-Beschäftigung* und den **verrechneten Plankosten** der *Ist-Beschäftigung* zu verstehen. Sie gibt an, welche Kostendifferenz zwischen der **Kostenstellenrechnung** und der **Kostenträgerrechnung** entsteht, wenn in der Plankalkulation auch bei Unter- und Überbeschäftigung der PK-Verrechnungssatz beibehalten wird. Es sind die bei Unterbeschäftigung „zu wenig kalkulierten" oder bei Überbeschäftigung „zu viel kalkulierten" fixen Kosten (Abb. 8.6).

$$\text{Beschäftigungsabweichung} = 86.667 \text{€} - (8,00 \text{€/ME} \cdot 10.000 \text{ME})$$
$$= 86.667 \text{€} - 80.000 \text{€} = 6.667 \text{€}$$

Die Beschäftigungsabweichung einer Kostenstelle lässt sich für jede Istbeschäftigung im Voraus bestimmen und gibt Auskunft, in wieweit die Fixkosten bei der analysierten Produktionsmenge weiter verrechnet werden können. Fixkostenanteile, die nicht weiterverrechnet werden können, werden als Leerkosten bezeichnet; der verrechnete Teil wird hingegen als Nutzkosten bezeichnet. Die Differenz der Sollkostenfunktion und der Verrechneten Plankostenfunktion bildet für jede Beschäftigung die Leerkosten ab,

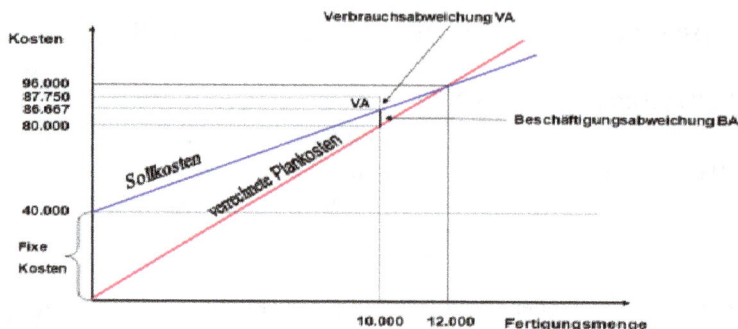

Abb. 8.6: Sollkosten/Verrechnete Plankosten (eigene Darstellung)

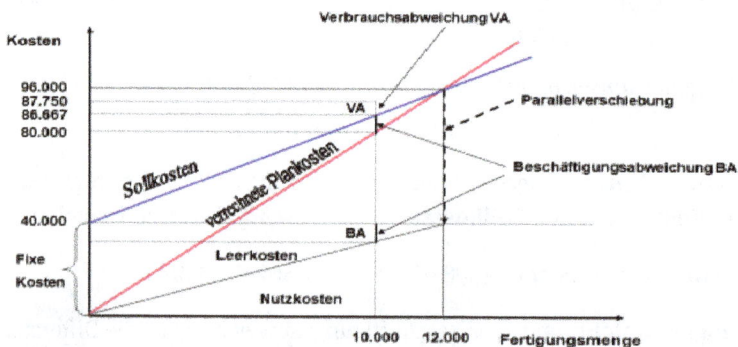

Abb. 8.7: Leerkosten/Nutzkosten (eigene Darstellung)[6]

bis die Planbeschäftigung erreicht wird. Bei einer weiter steigenden Fertigungsmenge würden mehr Fixkosten verrechnet als tatsächlich angefallen sind.

Mittels Parallelverschiebung von Dreiecken kann dies auf den Fixkostenblock verschoben werden, wodurch der jeweilige Anteil der Leer- und der Nutzkosten ersichtlich wird (Abb. 8.7).

Während die Plankosten in der Regel für eine monatlich durchschnittliche Produktionsmenge geplant werden, kann es bei der Betrachtung der einzelnen Monate aufgrund der unterschiedlichen Anzahl von Arbeitstagen und Saisoneffekten durchaus unterschiedliche Planmengenvorgaben geben. Hierbei gilt der möglichen Verrechnung der Fixkosten besondere Aufmerksamkeit.

---

6 Vgl. Ewert u. a. 2014, S. 332.

8.3.1 Zwei-Abweichungsverfahren

Bei dem Zwei-Abweichungsverfahren steht die Frage der Fixkostenverrechnung in der betrachteten Periode eindeutig im Vordergrund. Aufgespalten wird die Gesamtabweichung in eine Beschäftigungsabweichung, die für die Leerkosten-/Nutzkosten-Aufteilung steht und in die Verbrauchsabweichung, die alle sonstigen Abweichungseffekte kumuliert erfasst (Residualabweichung). Ausgangspunkt der Betrachtung bildet der Planwert, so dass es sich hierbei um eine Planbezugsbasis handelt.

Während die **Beschäftigungsabweichung** in diesem Beispiel die zu erwartenden Leerkosten der (Monats-) Planmenge abbildet, ist die Verbrauchsabweichung wenig aussagefähig. Die **Verbrauchsabweichung** basiert bei den Istkosten auf der realisierten Istmenge (10.000 ME), während die Sollkosten auf der Monats-Planmenge (11.500 ME) beruhen. Die Abweichung könnte somit auf eine Mengenänderung oder aber auch auf eine Verbrauchsänderung/Unwirtschaftlichkeit zurückgehen; es handelt sich um eine Residualabweichung. Um diesen Mangel zu beseitigen wurde das Drei-Abweichungsverfahren entwickelt.

Planwerte		Periodenwerte August		
Planbezugsgröße	12.000	Planverr.satz (PVS) fix/var	8	4,667
Plankostensumme	96.000	Monatsplanmenge	11.500	
davon fix	40.000	Istmenge	10.000	
davon variabel	56.000	Istkosten	87.750	

Zwei-Abweichungsverfahren

Istkosten	87.750	
Sollkosten = K fix + PVS var. * Planmenge =	93.667	(40.000 + 4,666 * 11.500)
Verrechnete Plankosten = PVS fix * Planmenge =	92.000	(8 * 11.500)

	87.750	Istkosten, Istmenge	**Zwei-Abweichungs-Verfahren**
	93.667	./. Sollkosten der Planmenge	
−5.917		**= Verbrauchsabweichung**	Bezugsgröße: die für die Produktion
	93.667	+ Sollkosten der Planmenge	aufzuwendenden
	92.000	./. Verrechnete Plankosten	**Planmengen**
1.667		**= Beschäftigungsabweichung**	
−4.250		**= Gesamtabweichung**	**Plan-Bezugsbasis**

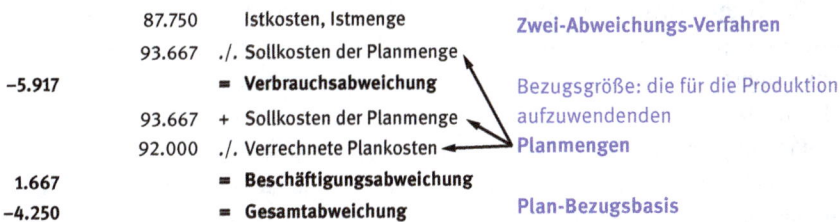

Abb. 8.8: Zwei-Abweichungsverfahren, Teilabweichungen (eigene Darstellung)

Zwei-Abweichungsanalyse-Methode
Verbrauchs- und Beschäftigungsabweichungen
Plan-Bezugsbasis

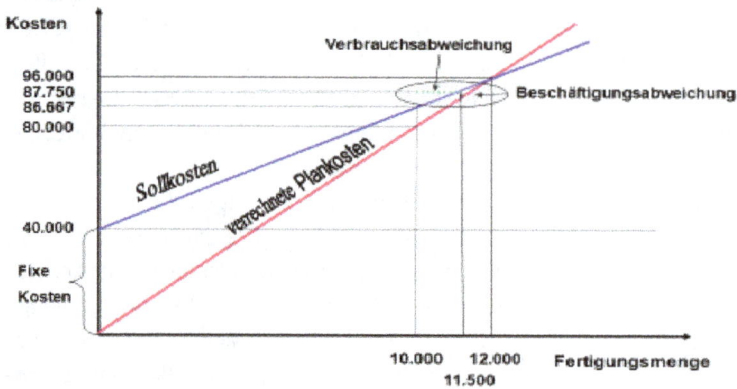

Abb. 8.9: Zwei-Abweichungsanalyse Graphik (eigene Darstellung)

8.3.2 Drei-Abweichungsverfahren

Das Drei-Abweichungsverfahren berechnet die **Verbrauchsabweichung** auf der Grundlage der Sollkosten bei einer Istmenge (von 10.000 ME), so dass keine Mengeneffekte auftreten können. Die Abweichung gibt Hinweise zu der Wirtschaftlichkeit oder Unwirtschaftlichkeit des betrachteten Monates.

Die **Beschäftigungsabweichung** wird im Gegensatz zu dem Zwei-Abweichungsverfahren auf der Grundlage der Istmenge ermittelt und gibt damit Auskunft darüber welche Leerkosten tatsächlich bei der Istmenge realisiert wurden. Der Bezug auf die Ist-Größen wird als Ist-Bezugsbasis bezeichnet.

Die **Intensitätsabweichung** gibt schließlich Auskunft darüber, wie stark die verrechneten Kosten durch die erfolgte Produktionsmengenreduktion (Abweichung vom Monats-Plan; 8 €/ME · −1.500 ME) in der betrachteten Periode gesunken sind (Abb. 8.10).

Ein Vergleich des Zwei- und Drei-Abweichungsverfahrens (Abb. 8.12) zeigt schnell, dass bei gleichen Namen für die Teilabweichungen je nach gewählten Verfahren und Bezugsbasis sehr unterschiedliche Ergebnisse bezüglich der Beträge und der Vorzeichen ausgewiesen werden.

Die beschriebenen vereinfachten Verfahren zielen in erster Linie auf die Analyse der Fixkosten im Sinne von Nutz- und Leerkosten ab. Die Anforderungen an die Abweichungsanalysen sind laufend gestiegen, so dass auftretende Gesamtabweichungen immer weiter im Detail analysiert und ausgewertet werden, um die erforderlichen Maßnahmen ableiten zu können. Des Weiteren ist zu berücksichtigen, dass sowohl die Fixkosten als auch die variablen Kosten sich in der Regel aus additiv verknüpften Größen zusammensetzen.

Planwerte		Periodenwerte August		
Planbezugsgröße	12.000	Planverr.satz (PVS) fix/var	8	4,667
Plankostensumme	96.000	Monatsplanmenge	11.500	
davon fix	40.000	Istmenge	10.000	
davon variabel	56.000	Istkosten	87.750	

Drei-Abweichungsverfahren

Istkosten	87.750	
Sollkosten = K fix + PVS var. * Istmenge =	86.667	
Verr. PK (PVS) fix mit Istmenge =	80.000	(8 * 10.000)
Verr. PK (PVS) fix mit Planmenge =	92.000	(8 * 11.500)

	87.750	Istkosten
	86.667	./. Sollkosten der Istmenge
1.083		**= Verbrauchsabweichung**
	66.667	+ Sollkosten der Istmenge
	80.000	./. Verr. PK der Istmenge
6.667		**= Beschäftigungsabweichung**
	80.000	+ Verr. PK der Istmenge
	92.000	./. Verr. PK der Planmenge
−12.000		**= Intensitätsabweichung**

Drei-Abweichungs-Verfahren

Bezugsgröße:
die für die Produktion
aufzuwendenden

Istmengen

Ist-Bezugsbasis

Abb. 8.10: Drei-Abweichungsanalyse, Teilabweichungen (eigene Darstellung)

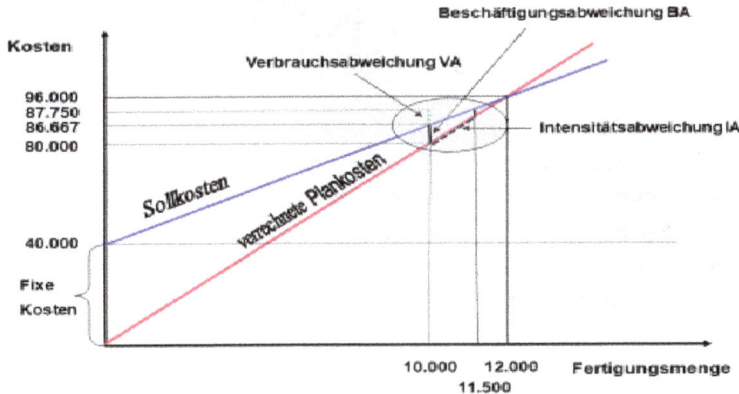

Abb. 8.11: Drei-Abweichungsanalyse Graphik (eigene Darstellung)

8.3.3 Abweichungsanalyse additiv verknüpfter Kosten

Bisher wurde von Plankosten in Höhe von 96.000 €, davon 40.000 € fixe und 56.000 €
variable Kosten, ausgegangen. Das Beispiel soll erweitert werden um die Annahme,

Vergleich Zwei- und Drei- Abweichungsanalyse - Verfahren

Zwei-Abweichungs-Verfahren		Drei-Abweichungs-Verfahren	
Istkosten	87.750	Istkosten	87.750
Sollkosten = Fix + (PVS var. *Planmenge) =	93.667	Sollkosten = Fix + (PVS var. *Istmenge) =	86.667
Verr. Plank.(verr. PK) = PVS fix*Planmenge =	92.000	Verr. PK der Istmenge =	80.000
		Verr. PK der Planmenge =	80.000

87.750	Istkosten	87.750	
93.667	./. Sollkosten	86.667	
−5.917	**= Verbrauchsabweichung**		1.083

93.667	Sollkosten	86.667	
92.000	./. verr. Plankosten	80.000	
1.667	**= Beschäftigungsabweichung**		6.667

	Verr. PK Istmenge	80.000	
	./. verr. PK Planmenge	92.000	
	= Intensitätsabweichung		−12.000

−4.250	**Gesamtabweichung**	**−4.250**

Abb. 8.12: Vergleich Zwei-/Drei-Abweichungsanalyse (eigene Darstellung)

dass sich die variablen Plankosten aus zwei Komponenten, den Materialkosten für 12.000 Teile a 3 €/ME und den Lohnkosten für 500 Lohnstunden a 40 €/Stunde zusammensetzen, die additiv verknüpft sind und deren Verläufe parallel zur Beschäftigung (x) geplant wurden.

Variable Plankosten bei Planbeschäftigung	56.000 €	
– Material	36.000 €	
– Variable Materialstückkosten	3 €/ME	(36.000 €/12.000 ME)
– Lohnkosten	20.000 €	
– Variabler Lohn pro Stunde	40 €/h	(20.000 €/500 h)

Die Sollkosten der Istbeschäftigung wurden bei einer Ausbringung von 10.000 Fertigungsteilen auf 86.667 € berechnet (40.000 € Fix plus 4,66 €/ME·10.000 ME variable). Realisiert wurden bei einer reduzierten Beschäftigung von 10.000 Fertigungseinheiten 87.750 €, wobei 49.850 € variable Kosten aufgetreten sein sollen.

Der Controller erhält von seinem Vorstand die Aufgabe, die Zahlen einmal genauer zu prüfen und eine Auswertung mittels eines **Soll-Ist-Vergleich** (Plan-Ist-Vergleichs) aufzustellen. Hierzu erfasst er die Daten und ermittelt deren Differenzen:

	Plankosten	Sollkosten	Istkosten	Δ Plan-Ist	Δ Soll-Ist
Fix-Kosten	40.000 €	40.000 €	37.900 €	2.100 €	2.100 €
Variable Kosten	56.000 €	46.667 €	49.850 €	6.150 €	−3.183 €
Gesamtkosten	96.000 €	86.667 €	87.750 €	8.250 €	−1.083 €

Für den Vorstand stellt sich die Frage, in wieweit die Reduzierung der variablen Kosten in Höhe von 6.150 € gegenüber dem Planansatz auf die reduzierte Menge oder auf andere Umstände (u. U. gegenläufige Einflüsse, wie z. B. den veränderten Preisen) zurückzuführen sind. Des Weiteren interessiert es ihn, wieso die variablen Istkosten die Werte der Sollkosten um −3.183 € überschritten haben. Hierfür sollen sowohl die Mengen des Materials und der Lohnstunden wie auch die entsprechenden Preise im Soll und im Ist ausgewertet werden.

Plan-Istkosten	Plan	Ist	Δ Plan-Ist
Material			
– Mengen ME	12.000 ME	10.000 ME	2.000 ME
– Preis €/ME	3,00 €/ME	3,20 €/ME	−0,20 €/ME
– Materialkosten €	36.000 €	32.000 €	4.000 €
Lohn			
– Stunden h	500 h	425 h	75 h
– Preis €/h	40 €/h	42 €/h	−2 €/h
– Lohnkosten €	20.000 €	17.850 €	2.150 €
∑ Variable Kosten €	56.000 €	49.850 €	6.150 €

Bei der Realisation sind sowohl die Mengen als auch die Preise von den Plan- oder Normalgrößen abgewichen. Es stellt sich die Frage, wie dies in der Abweichungsanalyse zu berücksichtigen ist und wie die Kostenabweichungen nach Preis- und Mengeneffekten aufgespalten werden können. Es werden die Teil-Abweichungen ermittelt, die entstanden wären, wenn nur die eine untersuchte Größe sich gegenüber dem Planwert verändert hätte (ceteris paribus).

Plan-Ist-Vergleich	Material	Lohn	
Planmenge · Planpreis	36.000 €	20.000 €	
Istmenge · Planpreis	30.000 €	17.000 €	
Mengenabweichungen	*6.000 €*	*3.000 €*	*Δ Menge · Plan-Preis*
Planpreis · Planmenge	36.000 €	20.000 €	
Istpreis · Planmenge	38.400 €	21.000 €	
Preisabweichungen	*−2.400 €*	*−1.000 €*	*Δ Preis · Plan-Menge*
Preis-/Mengenabweichungen	*−400 €*	*−150 €*	*Δ Preis · Δ Menge*
Gesamtabweichung	*3.200 €*	*1.850 €*	*Σ5.050 ???*

8.3.4 Controllers Albtraum – Die Vorzeichenfalle

Zu seiner großen Verwunderung stellt der Controller fest, dass er im konkreten Fall nicht die aufgetretene Gesamtabweichung erklären kann. Aufgrund seines guten Zahlengefühls erkennt er schnell, dass die ausgewiesene Preis-Mengenabweichung ihm aufgrund der Vorzeichen Probleme bereitet. Nach einigen Versuchen kommt er zu dem Ergebnis, dass er zur Ermittlung der Abweichungsdifferenz von Soll-Ist in Ist-Soll umstellen muss, um im konkreten Fall vernünftige Ergebnisse ausweisen zu können und die Gesamtabweichung erklären zu können.

	Plankosten	Sollkosten	Istkosten	Δ Ist-Plan	Δ Ist-Soll
Fix-Kosten	40.000 €	40.000 €	37.900 €	−2.100 €	−2.100 €
Variable Kosten	56.000 €	46.667 €	49.850 €	−6.150 €	3.183 €
Gesamtkosten	96.000 €	86.667 €	87.750 €	−8.250 €	1.083 €

Auf dieser Grundlage berechnet er die Preis- und Mengenabweichungen.

Ist-Plankosten	Ist	Plan	Δ Ist-Plan
Material			
− Mengen ME	10.000 ME	12.000 ME	−2.000 ME
− Preis €/ME	3,20 €/ME	3,00 €/ME	0,20 €/ME
− Materialkosten €	32.000 €	36.000 €	−4.000 €
Lohn			
− Stunden h	425 h	500 h	−75 h
− Preis €/h	42 €/h	40 €/h	2 €/h
− Lohnkosten €	17.850 €	20.000 €	−2.150 €
$\sum$ Variable Kosten €	49.850 €	56.000 €	−6.150 €

Ist-Plan-Vergleich	**Material**	**Lohn**	
Istmenge · Planpreis	30.000 €	17.000 €	
Planmenge · Planpreis	36.000 €	20.000 €	
Mengenabweichungen	*−6.000 €*	*−3.000 €*	*Δ Menge · Plan-Preis*
Istpreis · Planmenge	38.400 €	21.000 €	
Planpreis · Planmenge	36.000 €	20.000 €	
Preisabweichungen	*2.400 €*	*1.000 €*	*Δ Preis · Plan-Menge*
Preis-/Mengenabweichungen	*−400 €*	*−150 €*	*Δ Preis · Δ Menge*
Gesamtabweichung	**−4.000 €**	**−2.150 €**	**−6.150 €**

Der Controller ist zufrieden, dass er die Gesamtabweichung erklären kann, behält aber ein mulmiges Gefühl. In einem zweiten Schritt versucht er die Differenz der Istkosten und der Sollkosten nach der gleichen Methode zu berechnen und zu erklären:

Ist-Sollkosten	Ist	Soll	Δ Ist-Soll
Material			
– Mengen ME	10.000 ME	10.000 ME	0 ME
– Preis €/ME	3,20 €/ME	3,00 €/ME	0,20 €/ME
– Materialkosten €	32.000 €	30.000 €	2.000 €
Lohn			
– Stunden h	425 h	416,66 h	8,33 h
– Preis €/h	42 €/h	40 €/h	2 €/h
– Lohnkosten €	17.850 €	16.667 €	1.183 €
∑ **Variable Kosten €**	**49.850 €**	**46.667 €**	**3.183 €**

Ist – Soll – Vergleich	**Material**	**Lohn**	
Istmenge · Planpreis	30.000 €	17.000 €	
Sollmenge · Planpreis	30.000 €	16.667 €	
Mengenabweichungen	*0 €*	*333 €*	*Δ Menge · Plan-Preis*
Istpreis · Sollmenge	32.000 €	17.500 €	
Planpreis · Sollmenge	30.000 €	16.667 €	
Preisabweichungen	*2.000 €*	*833 €*	*Δ Preis · Soll-Menge*
Preis-/Mengenabweichungen	*0 €*	*16,66 €*	*Δ Preis ·Δ Menge*
Gesamtabweichung	**2.000 €**	**1.183 €**	**3.183 €**

Die Ergebnisse präsentiert es seinem Vorstand in einer Sitzung zur Vorbereitung der Aufsichtsratssitzung. Da die Anfrage aus dem Aufsichtsrat kam wird er vom Vorstand gebeten zu erläutern, wieso er die Differenz nicht wie sonst üblich im Unternehmen als Soll-Ist-Vergleich (Plan/Soll minus Ist) sondern als Ist-Soll-Vergleich (Ist minus Soll) berechnet habe, woraus sich für alle Beteiligten unübliche Vorzeichen in den Präsentationen ergeben würden. Daraufhin muss der Controller eingestehen, dass er bei dieser üblichen Vorzeichen-Vorgehensweise nicht in der Lage war, die Gesamtabweichung schlüssig zu erklären. Es kommt zum Eklat; es werden die Zahlen des gesamten Controllings in Frage gestellt. Der Controller befindet sich in der **Vorzeichen- oder Algebra-Falle.**[7]

Bei einer anschließenden Auswertung wird schnell ersichtlich, dass die Preis-Mengen-Abweichungen zur Erklärung der Gesamtabweichung benötigt werden und dass diese Kompensationseffekte in Abhängigkeit der Einflussgrößenveränderungen auslösen können. Des Weiteren stellt sich die Frage wie die Differenzbildungen der Plan und Istgrößen optimaler Weise erfolgen sollte und auf welche Grundlage sich die Berechnungen (Plan- oder Istgrößen/Bezugsbasen) beziehen sollen. Unterschiedliche Vorgehensweisen bei der Abweichungsauswertung sind grundsätzlich möglich und bedürfen einer genaueren Betrachtung.

---

7 Vgl. Kapitel 8.4.3 und 8.9.

8.4 Quantitative Ermittlung von Teilabweichungen

Die folgenden Ausführungen erfolgen zuerst am Beispiel aufgetretener Kostenabweichungen eines einstufigen Produktionsprozesses bei multiplikativ verknüpften Soll- und Ist-Kostenbestimmungsfaktoren. Erlösabweichungen können analog analysiert werden.

Bei gegebenen Kostenbestimmungsfaktoren y_z gelte folgend Kostenfunktion:

$$K = y_1 \cdot y_2 \cdot y_n \tag{8.1}$$

wobei y_z ($z = 1, \ldots, n$) den Wert des z-ten Kostenbestimmungsfaktors symbolisiert. Wird mit y_z^i der Istwert sowie mit y_z^s der Sollwert des z-ten Kostenbestimmungsfaktors gekennzeichnet, so ergeben sich die Ist-Kosten in Höhe von

$$K^I = y_1^i \cdot y_2^i \cdot y_n^i \tag{8.2}$$

Und Soll-Kosten in Höhe von

$$K^S = y_1^s \cdot y_2^s \cdot y_n^s \tag{8.3}$$

Abweichungsanalysemethoden können nach dem grundlegenden Konzept der Abweichungsermittlung und der Bezugsbasis unterschieden werden.

8.4.1 Soll-Ist-Vergleich oder Ist-Soll-Vergleich

In der klassischen Kosten- und Erlösrechnung[8] wird häufig nur von einem Soll-Ist-Vergleich gesprochen. Bei der Abweichungsanalyse ist es erforderlich zwischen Soll-Ist- und Ist-Soll-Vergleich zu unterscheiden.

Ist-Soll-Vergleich (IS-V) oder Soll-Ist-Vergleich (SI-V)[9]
Ist-Soll-Vergleich: Die Abweichungen werden ermittelt durch die Subtraktion der Soll-Größen von den Ist-Größen.

$$\Delta_z^{IS} = y_z^i - y_z^s \; ; \qquad y_z^i = y_z^s + \Delta_z^{IS} \; ; \qquad y_z^s = y_z^i - \Delta_z^{IS} \tag{8.4}$$

Soll-Ist-Vergleich: Die Abweichungen werden ermittelt durch die Subtraktion der Ist-Größen von den Soll-Größen.

$$\Delta_z^{SI} = y_z^s - y_z^i \; ; \qquad y_z^s = y_z^i + \Delta_z^{SI} \; ; \qquad y_z^i = y_z^s - \Delta_z^{SI} \tag{8.5}$$

Auf den ersten Blick erscheint es für die Auswertung unerheblich, ob von einem Soll-Ist- oder einem Ist-Soll-Vergleich ausgegangen wird. Dies hat jedoch erhebliche Auswirkungen auf die ausgewiesenen Vorzeichen und damit auf die Frage, wo mögliche Kompensationseffekte auftreten können.

---

8 Schweitzer u. a. 2016, S. 56.
9 Wilms 1988, S. 56 ff., Glaser 1999, S. 23, Ewert, Wagenhofer 2014, S. 312–314.

8.4.2 Bezugsbasen

Als **Bezugsbasis**[10] können standardmäßig sowohl die **geplanten** als auch die **realisierten Einflussgrößen** oder deren Kombination verwendet werden.

Bei der Verwendung der **Plangrößen als Bezugsbasis** wird die Veränderung der Kosten an den geplanten oder den Soll-Kosten

$$K^S = y_1^s \cdot y_2^s \cdot y_n^s \qquad (8.3)$$

und die Veränderung der Einflussgrößen an den geplanten Kosteneinflussgrößen gemessen. Eine Abweichung ersten Grades liegt vor, wenn die Veränderung nur einer untersuchten Kosteneinflussgröße mit den geplanten Ausprägungen der übrigen Kosteneinflussgrößen gewichtet wird. Das Messen von Veränderungen an den Plangrößen ist sowohl in der Theorie als auch der Praxis weit verbreitet

Kostenabweichungen und Kosteneinflussgrößenveränderungen werden dagegen an den realisierten Kosten

$$K^I = y_1^i \cdot y_2^i \cdot y_n^i \qquad (8.2)$$

und Kosteneinflussgrößen gemessen, falls die Istgrößen das Bezugssystem darstellen.

Entsprechend handelt es sich bei den **Istgrößen als Bezugssystem** um eine Abweichung ersten Grades, wenn die Veränderung nur einer untersuchten Kosteneinflussgröße mit den realisierten Ausprägungen der übrigen Kosteneinflussgrößen gewichtet wird.

Ceteris Paribus: Die Auswertung von Abweichungen ersten Grades erfolgt letztendlich auf der Grundlage einer Ceteris paribus Betrachtung.

Plan-Bezugsbasis
- Welche Abweichung wäre aufgetreten, wenn sich nur **ein** vom Budgetverantwortlichen zu verantwortender **Bestimmungsfaktor gegenüber dem Planansatz** verändert hätte?
- Ansatz: **Vertrauensschutz**, aufbauend auf den Zielvereinbarungen mit den **Budgetverantwortlichen.**

Ist-Bezugsbasis
- Welche Abweichung wäre aufgetreten, wenn sich nur **ein** vom Budgetverantwortlichen zu verantwortender **Bestimmungsfaktor gegenüber den Ist-Werten nicht** verändert hätte?
- Welche Abweichung kann der untersuchten Einflussgröße zugeordnet werden unter der Annahme, dass alle anderen Einflussgrößen bereits als im Ist realisiert un-

---

10 Wilms 1988, S. 56; Ewert, Wagenhofer 2014, S. 314.

terstellt werden? Was hat uns die **Veränderung der zu verantwortenden Einflussgröße** letztendlich **bei der Realisierung gekostet**?
– Ansatz: **Auswertung der Auswirkungen** der letzten/untersuchten Größe **auf die realisierten Kosten und Erlöse.**

Die Plan-Bezugsbasis wird insbesondere im Zusammenhang mit der Verhaltensbeeinflussung als geeignet angesehen, während für Entscheidungsfunktionen die Ist-Bezugsbasis bevorzugt wird[11]. In der Praxis stellt sich jedoch die Frage, ob je nach Fragestellung mit unterschiedlichen Datensätzen gearbeitet werden sollte. Dies würde nur zu Irritationen, Rückfragen und zusätzlichen Kosten führen. Es würde letztendlich dem Wirtschaftlichkeitsprinzip widersprechen.

Allgemein wird von einer **Abweichung ersten Grades** gesprochen, wenn von nur einer Einflussgrößenveränderung gegenüber der gewählten Bezugsbasis ausgegangen wird. Analog werden **Abweichungen höheren Grades** durch die Änderung von mindestens zwei Einflussgrößen, gemessen an der gewählten Bezugsbasis, hervorgerufen.

Abweichungsanalysemethoden können somit nach dem grundlegenden Konzept der Abweichungsermittlung und der Bezugsbasis unterschieden werden. Teilabweichungen, die aus der Sicht einer gewählten Bezugsbasis als Abweichungen ersten Grades interpretiert werden, enthalten aus der Sicht einer veränderten Bezugsbasis Abweichungen höheren Grades.

8.4.3 Grundkonzepte der Abweichungsanalyse

Kombinatorisch ergeben sich aus den bisherigen Ansätzen mindestens vier mögliche, theoretisch gleichwertige Ansätze der Abweichungsanalysemethoden.[12]
Als Grundkonzept der Abweichungsanalyse werden angewendet:
– Ist-Soll-Vergleich auf   Plan-Bezugsbasis: IS-V PB
– Ist-Soll-Vergleich auf   Ist-Bezugsbasis: IS-V IB
– Soll-Ist-Vergleich auf   Plan-Bezugsbasis: SI-V PB
– Soll-Ist-Vergleich auf   Ist-Bezugsbasis: SI-V IB

Bei **zwei Kosteneinflussgrößen (n = 2)** ergeben sich bei Einsetzen und bei einem Ausmultiplizieren in Abhängigkeit der gewählten Standard-Bezugsbasen Plan (Soll-) oder Ist folgende Teilabweichungen:

11 Kloock u. a. 2005, S. 279.
12 Vgl. Ewert, Wagenhofer 2014, S. 312 ff., Wilms 1988, S. 57.

Ist-Soll-Vergleich auf Plan-Bezugsbasis (IS-V PB)

$$
\begin{aligned}
K^i - K^s &= y_1^i \cdot y_2^i && -y_1^s \cdot y_2^s && (8.6) \\
&= (y_1^s + \Delta_1^{IS}) \cdot (y_2^s + \Delta_2^{IS}) && -y_1^s \cdot y_2^s \\
&= y_1^s \cdot y_2^s + \Delta_1^{IS} \cdot y_2^s + y_1^s \cdot \Delta_2^{IS} + \Delta_1^{IS} \cdot \Delta_2^{IS} && -y_1^s \cdot y_2^s \\
&= \boldsymbol{\Delta_1^{IS} \cdot y_2^s} + \boldsymbol{y_1^s \cdot \Delta_2^{IS}} + \boldsymbol{\Delta_1^{IS} \cdot \Delta_2^{IS}}
\end{aligned}
$$

Beispiel 1.0: Veränderungen von zwei Einflussgrößen

Gegeben seien Preise (p) und Mengen (x), jeweils in der Soll- und Ist-Ausprägung:

	Soll	Ist
p: Preis pro Output-Mengeneinheit	10	12
x: Output in Stück	1.000	1.034

Entsprechend der Grundkonzepte der Abweichungsanalysen werden die gegebenen Werte je nach Abweichungsanalyseansatz bei der Differenzbildung (Soll-Ist- oder Ist-Soll-Vergleich) und Bezugsbasis (Soll- oder Ist-Bezugsbasis) bei den folgenden Beispielen zur Bestimmung der Teilabweichungen
PA: Preisabweichung
MA: Mengenabweichung
SA: Sekundärabweichung
GA: Gesamtabweichung

verwendet.

Beispiel 1.1	IS-V Soll-Bezugsbasis			
	Soll	**Ist**	**Δ Ist-Soll**	**Abweichungen**
Preis p	10	12	2	**PA 2000**
Menge x	1000	1034	34	**MA 340**
				SA 68
Kosten	10000	12408	2408	**GA 2408**

Abb. 8.13: Ist-Soll-Vergleich (Plan-)Soll-Bezugsbasis

Ist-Soll-Vergleich auf Ist-Bezugsbasis (IS-V IB)

$$
\begin{aligned}
K^i - K^s &= y_1^i \cdot y_2^i - y_1^s \cdot y_2^s && (8.7) \\
&= y_1^i \cdot y_2^i - (y_1^i - \Delta_1^{IS}) \cdot (y_2^i - \Delta_2^{IS}) \\
&= y_1^i \cdot y_2^i - \left[y_1^i \cdot y_2^i + (y_1^i \cdot -\Delta_2^{IS}) + (-\Delta_1^{IS} \cdot y_2^i) + (-\Delta_1^{IS} \cdot -\Delta_2^{IS}) \right] \\
&= \left[-(y_1^i \cdot -\Delta_2^{IS}) - (-\Delta_1^{IS} \cdot y_2^i) - (-\Delta_1^{IS} \cdot -\Delta_2^{IS}) \right] \\
&= \boldsymbol{y_1^i \cdot \Delta_2^{IS}} + \boldsymbol{\Delta_1^{IS} \cdot y_2^i} \; \boxed{-\Delta_1^{IS} \cdot \Delta_2^{IS}}
\end{aligned}
$$

| Beispiel 1.2 | IS-V Ist-Bezugsbasis | | | | Abweichungen |
	Soll	Ist	Δ Ist-Soll	Rein additive Verknüpfung	Neg. Vorzeichen beachtet
Preis p	12	10	−2	−2000	PA −2000
Menge x	1034	1000	−34	−340	MA −340
				68	SA −68
Kosten	12408	10000	−2408	−2272	GA −2408

Abb. 8.14: Ist-Soll-Vergleich Ist-Bezugsbasis

Bei einer rein additiven Verknüpfung der Teilabweichung würde sich bei IS-V IB genauso wie bei SI-V PV nicht die Gesamtabweichung ergeben.

Soll-Ist-Vergleich auf Plan-Bezugsbasis (SI-V PB)

$$K^s - K^i = y_1^s \cdot y_2^s - y_1^i \cdot y_2^i \tag{8.8}$$

$$= y_1^s \cdot y_2^s - (y_1^s - \Delta_1^{SI}) \cdot (y_2^s - \Delta_2^{SI})$$

$$= \mathbf{y_1^s} \cdot \Delta_2^{SI} \quad + \Delta_1^{SI} \cdot \mathbf{y_2^s} \quad \boxed{- \Delta_1^{SI} \cdot \Delta_2^{SI}}$$

| Beispiel 1.3 | SI-V Soll-Bezugsbasis | | | | Abweichungen |
	Soll	Ist	Δ Soll-Ist	additive Verknüpfung	Neg. Vorzeichen
Preis p	10	12	−2	−2000	PA −2000
Menge x	1000	1034	−34	−340	MA −340
				68	SA −68
Kosten	10000	12408	−2408	−2272	GA −2408

Abb. 8.15: Soll-Ist-Vergleich (Plan-)Soll-Bezugsbasis

Soll-Ist-Vergleich auf Ist-Bezugsbasis   (SI-V IB)

$$K^s - K^i = y_1^s \cdot y_2^s - y_1^i \cdot y_2^i \tag{8.9}$$

$$= (y_1^i + \Delta_1^{SI}) \cdot (y_2^i + \Delta_2^{SI}) - y_1^i \cdot y_2^i$$

$$= \mathbf{y_1^i} \cdot \Delta_2^{SI} \quad + \Delta_1^{SI} \cdot \mathbf{y_2^i} \quad + \Delta_1^{SI} \cdot \Delta_2^{SI}$$

Während bei dem IS-V PB und dem SI-V IB alle Teilabweichungen zur Ermittlung der Gesamtabweichung mit einem positiven Vorzeichen verknüpft werden, treten bei der IS-V IB und SI-V PB negative Vorzeichen bei der Einbeziehung der Abweichung zweiten Grades auf.[13] Dieses Phänomen führt in der Praxis häufig zu falschen Anwendun-

---

[13] Wilms 1988, S. 61, Glaser 1999, S. 23.

Beispiel 1.4	SI-V Ist-Bezugsbasis			
	Soll	Ist	Δ Soll-Ist	Abweichungen
Preis p	12	10	2	PA 2000
Menge x	1034	1000	34	MA 340
				SA 68
Kosten	12408	10000	2408	GA 2408

Abb. 8.16: Soll-Ist-Vergleich Ist-Bezugsbasis

gen und Auswertungsfehlern, das hier als **Vorzeichenfalle** oder **Algebra-Trap** bezeichnet werden soll.

Bei **drei Kosteneinflussgrößen (n = 3)** ergeben sich bei Einsetzen und bei einem Ausmultiplizieren in Abhängigkeit der gewählten Standard-Bezugsbasen Plan/Soll oder Ist folgende Teilabweichungen:

Ist-Soll-Vergleich auf Plan-Bezugsbasis (IS-V PB)

$$
\begin{aligned}
K^i - K^s &= y_1^i \cdot y_2^i \cdot y_3^i - y_1^s \cdot y_2^s \cdot y_3^s \\
&= (y_1^s + \Delta_1^{IS}) \cdot (y_2^s + \Delta_2^{IS}) \cdot (y_3^s + \Delta_3^{IS}) - y_1^s \cdot y_2^s \cdot y_3^s \\
&= \Delta_1^{IS} \cdot y_2^s \cdot y_3^s + y_1^s \cdot \Delta_2^{IS} \cdot y_3^s + y_1^s \cdot y_2^s \cdot \Delta_3^{IS} && \text{Abweichungen 1. Grades PB} \\
&+ \Delta_1^{IS} \cdot \Delta_2^{IS} \cdot y_3^s + \Delta_1^{IS} \cdot y_2^s \cdot \Delta_3^{IS} + y_1^s \cdot \Delta_2^{IS} \cdot \Delta_3^{IS} && \text{Abweichungen 2. Grades PB} \\
&+ \Delta_1^{IS} \cdot \Delta_2^{IS} \cdot \Delta_3^{IS} && \text{Abweichung 3. Grades PB}
\end{aligned}
$$

$$(8.10)$$

Ist-Soll-Vergleich auf Ist-Bezugsbasis (IS-V IB)

$$
\begin{aligned}
K^i - K^s &= y_1^i \cdot y_2^i \cdot y_3^i - y_1^s \cdot y_2^s \cdot y_3^s \\
&= y_1^i \cdot y_2^i \cdot y_3^i - (y_1^i - \Delta_1^{IS}) \cdot (y_2^i - \Delta_2^{IS}) \cdot (y_3^i - \Delta_3^{IS}) \\
&= \Delta_1^{IS} \cdot y_2^i \cdot y_3^i + y_1^i \cdot \Delta_2^{IS} \cdot y_3^i + y_1^i \cdot y_2^i \cdot \Delta_3^{IS} && \text{Abweichungen 1. Grades IB} \\
&- \Delta_1^{IS} \cdot \Delta_2^{IS} \cdot y_3^i - \Delta_1^{IS} \cdot y_2^i \cdot \Delta_3^{IS} - y_1^i \cdot \Delta_2^{IS} \cdot \Delta_3^{IS} && \text{Abweichungen 2. Grades IB} \\
&+ \Delta_1^{IS} \cdot \Delta_2^{IS} \cdot \Delta_3^{IS} && \text{Abweichung 3. Grades IB}
\end{aligned}
$$

$$(8.11)$$

Soll-Ist-Vergleich auf Plan-Bezugsbasis (SI-V PB)

$$
\begin{aligned}
K^s - K^i &= y_1^s \cdot y_2^s \cdot y_3^s - y_1^i \cdot y_2^i \cdot y_3^i \\
&= y_1^s \cdot y_2^s \cdot y_3^s - (y_1^s - \Delta_1^{SI}) \cdot (y_2^s - \Delta_2^{SI}) \cdot (y_3^s - \Delta_3^{SI}) \\
&= \Delta_1^{SI} \cdot y_2^s \cdot y_3^s + y_1^s \cdot \Delta_2^{SI} \cdot y_3^s + y_1^s \cdot y_2^s \cdot \Delta_3^{SI} && \text{Abweichungen 1. Grades PB} \\
&- \Delta_1^{SI} \cdot \Delta_2^{SI} \cdot y_3^s - \Delta_1^{SI} \cdot y_2^s \cdot \Delta_3^{SI} - y_1^s \cdot \Delta_2^{SI} \cdot \Delta_3^{SI} && \text{Abweichungen 2. Grades PB} \\
&+ \Delta_1^{SI} \cdot \Delta_2^{SI} \cdot \Delta_3^{SI} && \text{Abweichung 3. Grades PB}
\end{aligned}
$$

$$(8.12)$$

Soll-Ist-Vergleich auf Ist-Bezugsbasis   (SI-V IB)

$$
\begin{aligned}
K^s - K^i &= y_1^s \cdot y_2^s \cdot y_3^s - y_1^i \cdot y_2^i \cdot y_3^i \\
&= (y_1^r + \Delta_1^{SI}) \cdot (y_2^r + \Delta_2^{SI}) \cdot (y_3^r + \Delta_3^{SI}) - y_1^i \cdot y_2^i \cdot y_3^i \\
&= \Delta_1^{SI} \cdot y_2^i \cdot y_3^i + y_1^i \cdot \Delta_2^{SI} \cdot y_3^i + y_1^i \cdot y_2^i \cdot \Delta_3^{SI} && \text{Abweichungen 1. Grades IB} \\
&+ \Delta_1^{SI} \cdot \Delta_2^{SI} \cdot y_3^i + \Delta_1^{SI} \cdot y_2^i \cdot \Delta_3^{SI} + y_1^i \cdot \Delta_2^{SI} \cdot \Delta_3^{SI} && \text{Abweichungen 2. Grades IB} \\
&+ \Delta_1^{SI} \cdot \Delta_2^{SI} \cdot \Delta_3^{SI} && \text{Abweichung 3. Grades IB}
\end{aligned}
$$

(8.13)

Während bei dem IS-Vergleich-PB und dem SI-Vergleich-IB alle Teilabweichungen zur Ermittlung der Gesamtabweichung mit einem positiven Vorzeichen verknüpft werden, treten bei der IS-V IB und SI-V PB beim Ausmultiplizieren auch negative Vorzeichen auf, die sich zum Teil gegenseitig kompensieren.[14] Bei zunehmenden Kosteneinflussgrößen (n>3) werden die Wechselwirkungen schnell unüberschaubar und sind davon abhängig, wie viele negative Vorzeichen in der multiplikativen Verknüpfung auftreten. Bei einer geraden Anzahl der in einer Teilabweichung berücksichtigten Einflussgrößenveränderungen ist das vor der Teilabweichung auszuweisende Vorzeichen negativ; ansonsten positiv.

Dies ist den Regeln der Algebra geschuldet und ergibt sich aus dem Einsetzen und Ausmultiplizieren der Therme. Dies könnte auch als **„Algebra-Falle"** bezeichnet werden, in die Controller häufig hineintappen.

Glaser[15]: „Die bei einem Ist-Soll-Vergleich und Soll-Ist-Vergleich auf Plan-Bezugsbasis einerseits und bei einem Ist-Soll-Vergleich und Soll-Ist-Vergleich auf Ist-Bezugsbasis andererseits ausgewiesenen Teilabweichungen stimmen betragsmäßig jeweils überein. Dies bedeutet, dass Ist-Soll-Vergleich und Soll-Ist-Vergleich mit Plan-Bezugsbasis auf der einen Seite sowie Ist-Soll-Vergleich und Soll-Ist-Vergleich mit Ist-Bezugsbasis auf der anderen Seite zu jeweils äquivalenten Ergebnissen im Hinblick auf die Abweichungskennzeichnungen und möglichen Kompensationseffekten führen, was die im folgenden – unter Verzicht auf den Hinweis „IS" – vorgenommene Beschränkung der Analyse auf Ist-Soll-Vergleiche zur besseren Vergleichbarkeit der unterschiedlichen Bezugsbasen nahelegt."

Die Aussage ist unter rein analytischen Gesichtspunkten richtig, eine genaue Betrachtung der ausgewiesenen Teilabweichungen offenbart aber bereits die Problematik der Kompensationseffekte sowie die Interpretationsschwierigkeiten in der Praxis. Alle vier Ansätze ermöglichen eine vollständige systematische Aufspaltung der Gesamtabweichung. Die sich aus der Einflussgrößen Differenzermittlung und der vorgegebenen Bezugsbasis ergebenden z. T. negativen Vorzeichen bei SI-V-PB und IS-V-IB führen bei einer vorgegebenen Anzahl von Einflussgrößen dazu, dass die Teilabweichungen mit einer ungeraden Anzahl von Veränderungsgrößen ein positives Vorzei-

14 Wilms 1988, S. 61, Glaser 1999, S. 23.
15 Glaser 1999, S. 24; vgl. auch Ewert u. a. 2014, S. 314.

chen aufweisen, während die Teilabweichungen mit einer geraden Anzahl von Veränderungsgrößen ein negatives Vorzeichen aufweisen.[16]

Aus diesem Grunde wird zur Vermeidung weiterer Interpretationsschwierigkeiten in der Regel der IS-V bei der Planbezugsbasis und der SI-V bei der Ist-Bezugsbasis verwendet;[17] wodurch das Problem aber nicht gelöst, sondern nur verdrängt wird. Abweichungsanalysemethoden, bei der keine Abweichungen höheren Grades separat ausgewiesen werden, vermeiden dieses offensichtliche Problem.

8.4.4 Auswirkungen der Veränderung von Einflussgrößen auf Kompensationseffekte

In der wissenschaftlichen Diskussion wird häufig vernachlässigt, dass auch die Veränderungen der Einflussgrößen zu Kompensationseffekten führen können. Je nach Entwicklung der Einflussgrößen können negative Vorzeichen der Einflussgrößenveränderung (Δy_n) und der explizit ausgewiesenen Teilabweichungen auf einander treffen und hierdurch aufgrund der Rechenregeln (Minus · Minus = Plus) zu weiteren schwer verständlichen Vorzeichenwechseln führen. Zwei negative Veränderungen von Einflussgrößen bewirken gegebenenfalls eine positive Teilabweichung: „Gleichzeitig steigende Preise und Mehrverbräuche führen laut ausgewiesener Teilabweichung zweiten Grades zu Kostensenkungen."

Während der IS-Vergleich auf Soll- bzw. Plan-Bezugsbasis und der SI-Vergleich auf Ist-Bezugsbasis bei einer rein formelmäßigen Auflösung der Gesamtabweichung aufgrund der alleinig durch positive Vorzeichen erfolgenden Verknüpfung der Teilabweichungen als besonders geeignet erscheint, werden bei einer graphischen Betrachtung schnell auch bei diesen Ansätzen mögliche Kompensationseffekte ersichtlich.

Übersteigen die realisierten Werte die Soll-/Planwerte, sind bei diesem Ansatz weder in der Graphik noch in der Tabelle Kompensationseffekte erkennbar (Bsp. 1.5 Abb. 8.17 und 8.18). In den folgenden Ausführungen werden die Begriffe Soll und Plan aus Vereinfachungsgründen synonym verwendet.

Beispiel 1.5	IS-V Soll-Bezugsbasis				
	Soll	Ist	Δ Ist-Soll	Abweichungen	
Preis p	10	12	2	PA	2000
Menge x	1000	1034	34	MA	340
				SA	68
Kosten	10000	12408	2408	GA	2408

Abb. 8.17: Ist-Soll-Vergleich Soll-Bezugsbasis

---

16 Wilms 1988, S. 60.
17 Vgl. auch Ewert u. a. 2014, S. 314.

Delta: Ist-Soll-Vergleich   **Basis: Plan-Bezugsbasis**   - - -
Ist-Größen > Plan-Größen

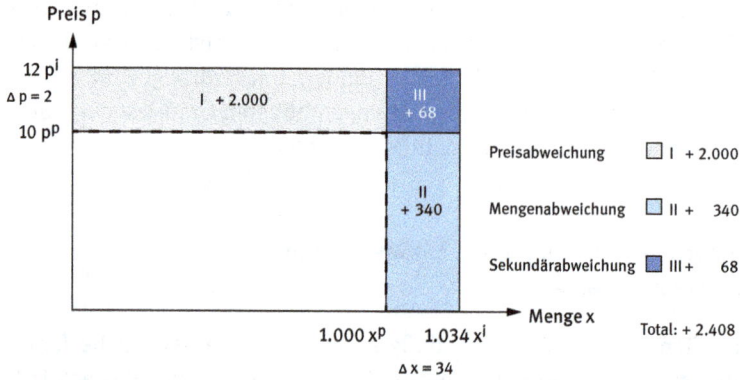

Abb. 8.18: Ist-Soll-Vergleich Soll-Bezugsbasis, Ist-Größen > Plan-Größen (eigene Darstellung)

Beispiel 1.6	IS-V Soll-Bezugsbasis				
	Soll	Ist	Δ Ist-Soll	Abweichungen	
Preis p	12	10	−2	PA	−2068
Menge x	1034	1000	−34	MA	−408
				SA	68
Kosten	12408	10000	−2408	GA	−2408

Abb. 8.19: Ist-Soll-Vergleich Soll-Bezugsbasis

Delta: Ist-Soll-Vergleich   **Basis: Plan-Bezugsbasis**   - - -
Ist-Größen < Plan-Größen

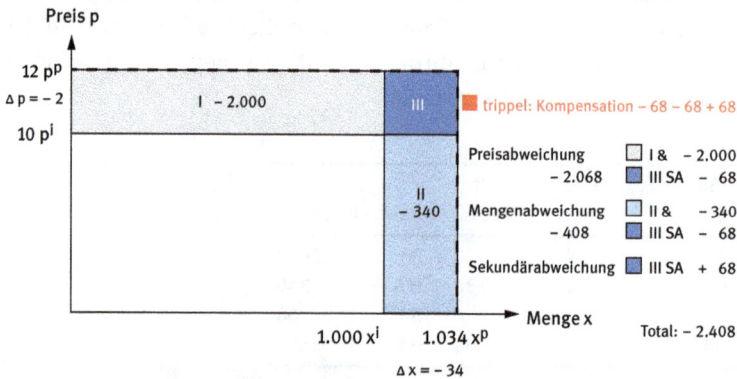

Abb. 8.20: Ist-Soll-Vergleich Soll-Bezugsbasis, Ist-Größen < Plan-Größen (eigene Darstellung)

Beispiel 1.7	SI-V Ist-Bezugsbasis				
	Soll	Ist	Δ Soll-Ist	Abweichungen	
Preis p	12	10	2	PA	2000
Menge x	1034	1000	34	MA	340
				SA	68
Kosten	12408	10000	2408	GA	2408

Abb. 8.21: Soll-Ist-Vergleich Ist-Bezugsbasis Ist-Größen < Plan-Größen

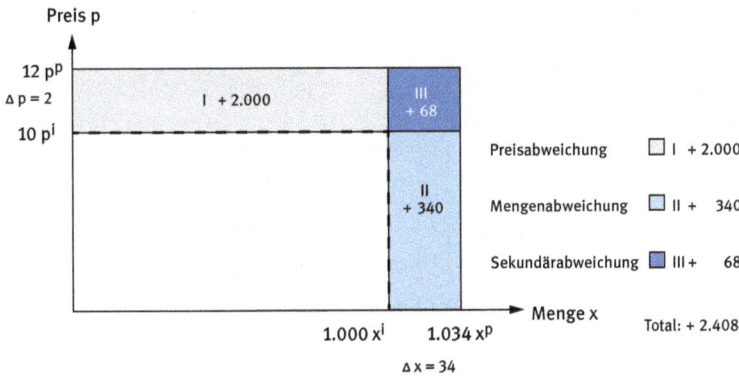

Abb. 8.22: Soll-Ist-Vergleich Ist-Bezugsbasis, Ist-Größen < Plan-Größen (eigene Darstellung)

Sind jedoch die Plangrößen größer als die Ist-Größen werden bei diesem Ansatz Kompensationseffekte erkennbar (Bsp. 1.6 Abb. 8.19). Das Feld III der Sekundärabweichung (SA) wird für die Erklärung der Teilabweichungen drei Mal zugewiesen (Abb. 8.20). Feld III ist sowohl Bestandteil

- der Preis-Abweichung erster Ordnung (mit negativem Vorzeichen),
- der Mengen-Abweichung erster Ordnung (mit negativem Vorzeichen) und
- wird zusätzlich zur Kompensation des doppelten Ausweises auch noch mit positivem Vorzeichen als Teil der Preis-Mengen-Abweichung zweiten Grades ausgewiesen.

Bei der Verwendung der Ist-Bezugsbasis im Beispielsfall tritt dieses Problem nicht auf (Bsp. 1.7 Abb. 8.21). Dies ist insbesondere an der Zurechnung der ausgewiesenen Sekundärabweichung in Höhe von 68 zu erkennen.

Auch wenn sich bei einer rein additiven Verknüpfung der Teilabweichungen die Gesamtabweichung ergibt, werden auch hier Kompensationseffekte sichtbar.

Während beim Soll-Ist-Vergleich auf Ist-Bezugsbasis im Falle, dass die Ist-Größen kleiner (<) als die Soll-Größen sind, keine Kompensationseffekte ersichtlich werden,

Beispiel 1.8	SI-V Ist-Bezugsbasis				
	Soll	Ist	Δ Soll-Ist	Abweichungen	
Preis p	10	12	−2	PA	−2068
Menge x	1000	1034	−34	MA	−408
				SA	68
Kosten	10000	12408	−2408	GA	−2408

Abb. 8.23: Soll-Ist-Vergleich Ist-Bezugsbasis Ist-Größen > Plan-Größen

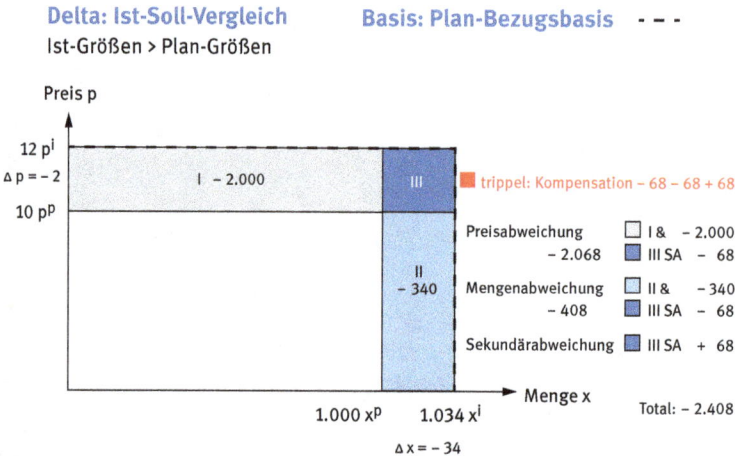

Abb. 8.24: Soll-Ist-Vergleich Ist-Bezugsbasis Ist-Größen > Plan-Größen (eigene Darstellung)

Beispiel 1.9	SI-V Ist-Bezugsbasis				
	Soll	Ist	Δ Soll-Ist	Abweichungen	
Preis p	10	12	−2	PA	−2000
Menge x	1034	1000	34	MA	408
				SA	−68
Kosten	10340	12000	−1660	GA	−1660

Abb. 8.25: Soll-Ist-Vergleich Ist-Bezugsbasis gegenläufige Einflussgrößenveränderungen

taucht bei diesem Ansatz das Problem dann auf, wenn die Istgrößen größer (>) als die Soll-Größen sind.

Kompensationseffekte treten auch dann auf, wenn sich die Einflussgrößen unterschiedlich entwickeln. Feld III kompensiert eine zu hoch ausgewiesene Mengenabweichung ersten Grades und entfällt (vgl. Abb. 8.26). Feld III ist nicht Bestandteil der Gesamtabweichung.

Ein entsprechender Kompensationseffekt bei gegenläufigen Einflussgrößenveränderungen kann auch bei der Plan-Bezugsbasis gezeigt werden. Kompensationseffekte treten immer dann auf, wenn ein Wert der gewählten Bezugsbasis einen Wert der Vergleichsgrößen überschreiten.

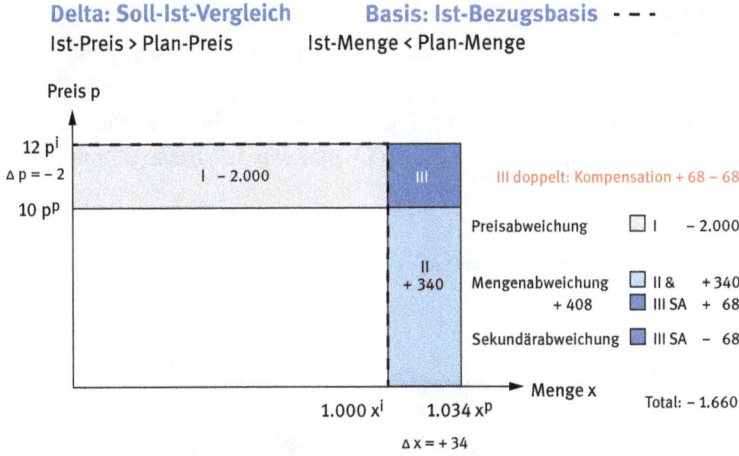

Delta: Soll-Ist-Vergleich   **Basis: Ist-Bezugsbasis** - - -
Ist-Preis > Plan-Preis   Ist-Menge < Plan-Menge

Abb. 8.26: Soll-Ist-Vergleich Ist-Bezugsbasis Ist-Größen > Plan-Größen (eigene Darstellung)

8.4.5 Erweiterung der Beispiele auf drei Einflussgrößen

Beispiel 2.0: Veränderung von drei Einflussgrößen

Bei einer Erweiterung auf drei multiplikativ verknüpfte Einflussgrößen, z. B. Preis, Verbrauch und Menge, ergeben sich drei Abweichungen ersten Grades, drei Abweichungen zweiten Grades sowie eine Abweichung dritten Grades. Bei drei Einflussgrößen lässt sich der Raum mittels acht (Teil-) Quadern abbilden. Welche Quader zur Erklärung der Gesamtabweichung herangezogen werden, hängt neben der Bezugsbasis auch von der Entwicklung der Einflussgrößen ab.

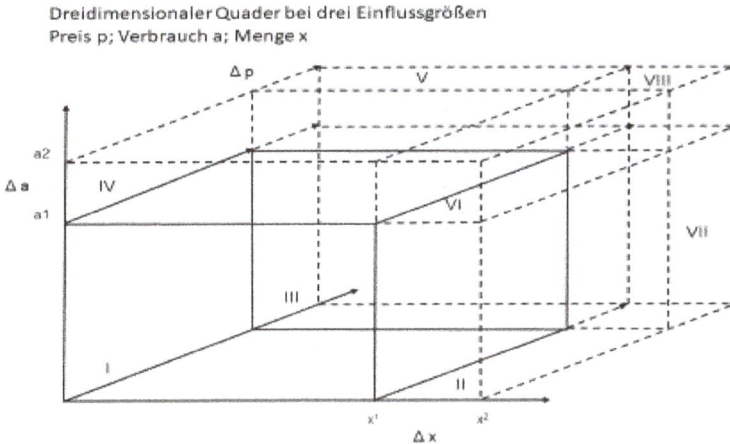

Abb. 8.27: Dreidimensionaler Quader bei drei Einflussgrößen (eigene Darstellung)

Beispiel 2.1:

Für die drei Einflussgrößen werden im Beispiel 2.1 folgende Veränderungen unterstellt:

Preis: $p_r^i < p_r^s$; Verbrauch: $a_r^i > a_r^s$; Menge: $x_r^i < x_r^s$. Entsprechend werden in den Abbildungen die Soll-Kosten-Quader, die Ist-Kosten-Quader sowie deren Schnittmenge abgebildet.

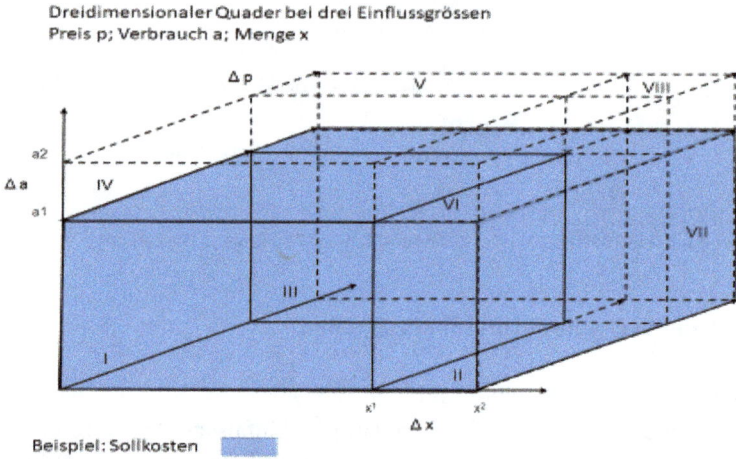

Abb. 8.28: Dreidimensionaler Sollkosten-Quader bei drei Einflussgrößen (Bsp. 2.1) (eigene Darstellung)

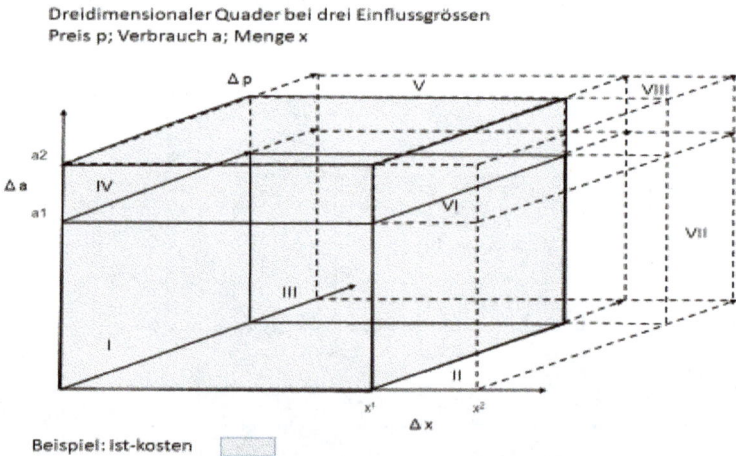

Abb. 8.29: Dreidimensionaler Istkosten-Quader bei drei Einflussgrößen (Bsp. 2.1) (eigene Darstellung)

Dreidimensionaler Quader bei drei Einflussgrössen
Preis p; Verbrauch a; Menge x

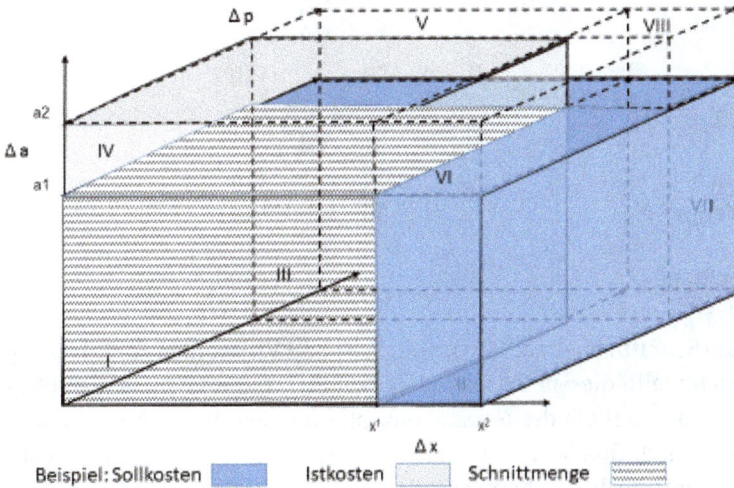

Beispiel: Sollkosten [ ]   Istkosten [ ]   Schnittmenge [ ]

Abb. 8.30: Dreidimensionale Soll-/Istkosten-Quader bei drei Einflussgrößen (Bsp. 2.1) (eigene Darstellung)

Quader des Beispiel 2.1: Die abzubildenden Quader der Soll-Kosten und Ist-Kosten

Soll-Quader	I	II	III			VII	
Ist- Quader	I			IV			
Δ Soll-Ist-Quader		II	III	IV		VII	

Ist-Bezugsbasis

Abw. 1. G:

Δ Preis			III		V		
Δ Menge		II				VI	
Δ Verbrauch				IV			

Abw. 2. G:

Δ Preis Δ Menge						VII	VIII
Δ Preis Δ Verbrauch					V		
Δ Verbrauch Δ Menge						VI	

Abw. 3. G:

Δ Preis Δ Verbr. Δ Menge						VIII

Soll-Bezugsbasis

Abw. 1. G:

Δ Preis		III			VII	
Δ Menge	II				VII	
Δ Verbrauch			IV	V	VI	VIII

Abw. 2. G:

Δ Preis Δ Menge		VII	
Δ Preis Δ Verbrauch	V		VIII
Δ Verbrauch Δ Menge		VI	VIII

Abw. 3. G:

Δ Preis Δ Verbr. Δ Menge   VIII

Quader I bildet die Schnittmenge ab. Die Quader V, VI und VIII werden zur Erklärung der Gesamtabweichung in diesem Beispiel nicht benötigt und werden bei den klassischen Bezugsbasen innerhalb des Gesamtkonzeptes doppelt, vierfach erfasst und letztendlich kompensiert. Quader VII wird mehrfach erfasst, jedoch nur einmal benötigt; es erfolgt eine entsprechende Kompensation. Die Gesamtabweichung kann mittels der Quader II, III, IV und VII erklärt werden.

Wenn eine der drei Einflussgrößen (hier Verbrauch) sich nicht gleichgerichtet mit den anderen Einflussgrößen (Preis, Menge) im Sinne von Ist > oder < Soll entwickelt hat, reduziert sich in diesem Beispiel die Anzahl der zur Erklärung der Gesamtabweichungen erforderlichen Abweichungen höheren Grades von vier auf eine (faktisch existente) Teilabweichung, was bereit in diesem einfachen Fall einer Reduktion von 75 % entspricht. Die Anzahl möglicher Kompensationseffekte bei zunehmenden Einflussgrößen soll untersucht werden.

8.4.6 Auftreten von Kompensationseffekten in Abhängigkeit der gewählten Vorgehensweise

Kompensationseffekt bei der Abweichungsanalyse treten auf in Abhängigkeit von:
- der gewählten Definition der Veränderungsgrößen Δy_n
  - Soll-Ist-Vergleich: $\quad \Delta_z^{SI} = y_z^s - y_z^i \quad$ oder
  - Ist-Soll-Vergleich: $\quad \Delta_z^{IS} = y_z^i - y_z^s$
- der gewählten Bezugsbasis
  - Soll-Kosten: $\quad K^S = y_1^s \cdot y_2^s \cdot y_n^s \quad$ oder
  - Ist-Kosten: $\quad K^I = y_1^i \cdot y_2^i \cdot y_n^i$
- der Veränderung der Einflussgrößen y_r
  - Ist-Größen > Soll-Größen: $\quad y_r^i > y_r^s \quad$,
  - Ist-Größen < Soll-Größen: $\quad y_r^i < y_r^s \quad$ oder
- deren Kombination.

Während den offensichtlichen Kompensationseffekten der ersten beiden Komponenten – Wahl der Veränderungsgrößen und Wahl der gewählten Bezugsbasis – durch den Ausschluss des Soll-Ist-Vergleiches auf Plan-Bezugsbasis und des Ist-Soll-Vergleiches auf Ist-Basis Rechnung getragen wird[18], werden die Kompensationseffekte aus den Veränderungen der Einflussgrößen ignoriert. Bei den in der Literatur allgemein üblich gewählten Bezugsbasen und beschriebenen Systemen können Kompensationseffekte grundsätzlich nicht ausgeschlossen werden.

– **Kompensationseffekte sind die Regel** und **nicht die Ausnahme**;
– es handelt sich **nicht** um **disjunktive Systeme**.

8.4.7 Quantifizierung der Abweichungen höheren Grades

Für eine Abschätzung der Problematik der Auswirkungen soll die Anzahl der Abweichungen höheren Grades und der damit verbundenen möglichen Kompensationseffekte quantifiziert werden. Kompensationseffekte treten bei den klassischen Abweichungsanalyseansätzen nur in dem Sonderfall nicht auf, wenn zufälligerweise die gewählte Bezugsbasis der Schnittmenge der Soll- und Ist-Kosten entspricht. Hierfür müssen sich alle Einflussgrößen gleichgerichtet erhöhend im Verhältnis zur gewählten Bezugsbasis entwickelt haben.

Für alle y gilt: $y_r^i > y_r^s$ bei der Soll-Bezugsbasis oder $y_r^i < y_r^s$ bei der Ist-Bezugsbasis.

Anzahl der möglichen **Teil-Quader TQ** bei einer vorgegebenen Anzahl von Einflussgrößen n (**Schnittmenge plus Teilabweichungen TA** ersten und höheren Grades).

$$\sum TQ = 2^n \tag{8.14}$$

Die Anzahl der möglichen Teilabweichen **TA** ergibt sich bei n Einflussgrößen[19]:

$$\sum TA = 2^n - 1 \tag{8.15}$$

Anzahl der Abweichungen höheren Grades **TA hG** bei n Einflussgrößen[20]:

$$\sum TA\ hG = 2^n - 1 - n \tag{8.16}$$

Anzahl der Abweichungen höheren Grades je Grad k in Abhängigkeit der Anzahl der Einflussgrößen $y_n \sum TA\ hG_k^n = $ (**TAhG$_k^n$**):

$$\sum AhO_k^n \sum TAhG_k^n = \binom{n}{k} \tag{8.17}$$

18 Glaser 1999, S. 24; vgl. auch Ewert u. a. 2014, S. 314.
19 Wilms 1988, S. 225.
20 Wilms 1988, S. 225.

Teilabweichungen höheren Grades (TA hG)[21]
Anzahl der Einflussgrößen n
Primär Sekundär Tertiär Quartär Quintär usw.   %

N	K = 2	k = 3	k = 4	k = 5	k = 6	k = 7	k = 8	k = 9	k = 10	∑ TA hG	∑ A	%
1											1	0 %
2	1									1	3	33,33 %
3	3	1								4	7	57,14 %
4	6	4	1							11	15	73,33 %
5	10	10	5	1						26	31	83,87 %
6	15	20	15	6	1					57	63	90,48 %
7	21	35	35	21	7	1				120	127	94,49 %
8	28	56	70	56	28	8	1			247	255	96,86 %
9	36	84	126	126	84	36	9	1		502	511	98,24 %
10	45	120	210	252	210	120	45	10	1	1013	1023	99,02 %

$$\binom{n}{2} \quad \binom{n}{3} \quad \binom{n}{4} \quad \binom{n}{5} \quad \binom{n}{6} \quad \binom{n}{7} \quad \binom{n}{8} \quad \binom{n}{9} \quad \binom{n}{10}$$

Abb. 8.31: Anzahl der Abweichungen höheren Grades (eigene Darstellung)

Bei zunehmender Anzahl von Einflussgrößen/Bestimmungsfaktoren nimmt die Anzahl der Abweichungen höheren Grades exponentiell zu und die Anzahl der Abweichungen ersten Grades wird bei weitem übertroffen. In der Praxis werden häufig weitere Terme in die Plan- und Istkosten eingefügt (z. B. Sollkosten), um bei der Analyse bestimmte Größen abzugrenzen. Das Auftreten und Wirken von Kompensationseffekten wird unüberschaubar und kann in Abhängigkeit der Einflussgrößenveränderungen den Wert der Abweichungen ersten Grades bei weitem überschreiten.[22]

Das Verhältnis der absoluten Beträge der Abweichungen ersten Grades und höheren Grades hängt erheblich von der Veränderung der Einflussgrößen ab. Je größer die Veränderung, desto größer werden die Abweichungen höheren Grades im Verhältnis zu den Abweichungen ersten Grades.

Beispiel 1.10	SI-V Ist-Bezugsbasis				
	Soll	Ist	Δ Soll-Ist	Abweichungen	
Preis p	10	20	−10	PA	−10.000
Menge x	2.000	1.000	1000	MA	20.000
				SA	−10.000
Kosten	20.000	20.000		GA	0

Abb. 8.32: Sonderfall, Gesamtabweichung = 0

---

21 Vgl. Coenenberg u.a. 2016, S. 280
22 Wilms 1988 S. 101 f., Vgl. auch Fallstudie mehrstufiger Produktionsprozess, S. 347–383, Vgl. Coenenberg 2016, S. 465 ff.

8.4.8 Einstufige und mehrstufige Produktionsprozesse

Bei den meisten Beispielen zur Abweichungsanalyse wird von einer einfachen Verknüpfung von zwei oder drei Einflussgrößen – meistens Preis und Mengen oder Preis,
Verbrauch und Mengen – ausgegangen. Die Abweichungsanalyse erfolgt in der Praxis
und in der Theorie in der Regel separat für abgegrenzte Teilbereiche der Leistungserstellung, wie zum Beispiel Kostenstellen, Kostenträger, Erlöse- oder Profitcenter; bekannte Wechselwirkungen werden häufig aus Vereinfachungsgründen nicht beachtet
bzw. abgebildet. Hierzu werden zur Abbildung der innerbetrieblichen Leistungsbeziehungen derivative Einflussgrößen, die aus der Kombination mehrerer originärer Einflussgrößen ermittelt wurden, verwendet.

Bei der Abweichungsanalyse von Kostenstellen sind jedoch nicht nur Primärkosten, sondern zum Beispiel auch Sekundärkosten auszuwerten.[23] Bei den Preisen handelt es sich dann um innerbetriebliche Verrechnungspreise, die auf additiv und multiplikative verknüpfte Primär- und Sekundärkosten (Preise & Mengen) vorgelagerter
Stellen zurückgehen. Die wechselseitigen Lieferbeziehungen der Kostenstellen können mit Hilfe eines Gozinto-Graphen dargestellt werden.

Im kleineren Mittelstand ist das Treppenverfahren noch verbreitet.

Ausgangspunkt der Kostenstellenanalyse bilden die Gesamtkosten einer Stelle,
die sich aus Primär- und Sekundärkosten zusammensetzen.

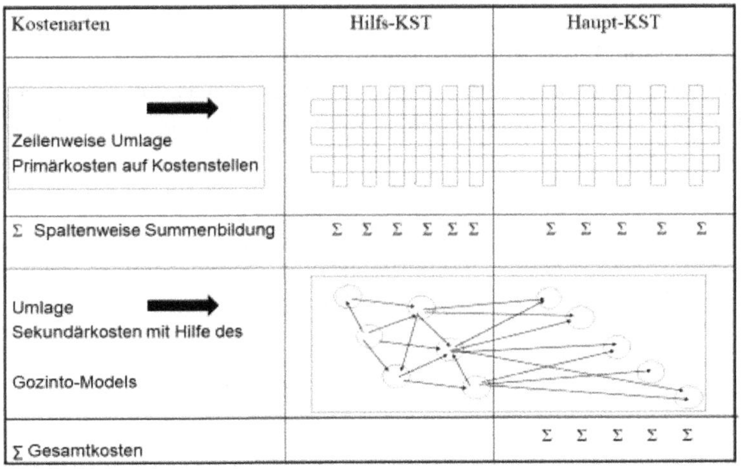

Abb. 8.33: Sekundärkostenrechnung mit Hilfe des Gozinto-Graphen (eigene Darstellung)

---

23 Vgl. Ewert u. a. 2014, S. 336 f.

Gesamtkosten der Kostenstelle x

= Summe der Leistungseinheiten der Stelle l(x) · Verrechnungspreis der Stelle q(x)

= Primärkosten der Stelle x + Sekundärkosten der Stelle x

= Primärkosten der Stelle x

  + empfangene Leistungseinheiten l(y)

  · Verrechnungspreis empfangener Leistungen q(y)

mit y = 1 bis n
   n = Anzahl der Kostenstellen

Ausgangspunkt der Sekundärkostenverrechnung bildet im obigen Beispiel die spaltenweise ermittelte Summe der Primärkosten nach Hilfs- und Hauptkostenstellen. Die Verrechnung der Summe der Primärkosten der Hilfskostenstellen erfolgt dann mit Hilfe von Bezugsgrößen; was mittels Divisionskalkulation zu innerbetrieblichen Verrechnungspreisen führt. Die verwendeten Verrechnungspreise stellen derivative Größen dar. Bei der Sekundärkostenrechnung werden bei der Verwendung von innerbetrieblichen Verrechnungspreisen die Teilabweichungen parallel teilweise aus additiv und multiplikativ verknüpften Primärkosten-Elementen ermittelt.

Grundsätzlich könnten auch alle innerbetrieblichen Leistungsprozess inklusive der Primär- und der Sekundärkosten mit Hilfe eines Gozinto-Graphen-Models abgebildet werden.

Beispiel 3.0 Gozinto Graph: Veränderung multipler Einflussgrößen

Aus dem Gozinto-Model (Abb. 8.34) sind folgende Produktionswege und somit über die multiplikativen und additiven Verknüpfungen die Soll- und die Ist-Kosten zu ermitteln.

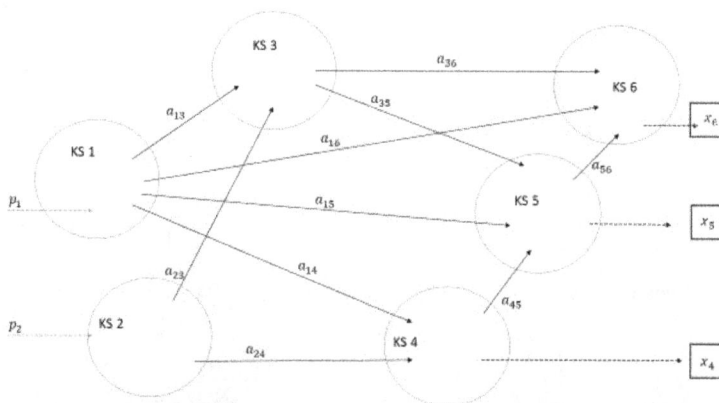

Abb. 8.34: Vereinfachte Darstellung der innerbetrieblichen Lieferbeziehungen mit Hilfe eines Gozinto-Graphen (eigene Darstellung)

$$
\begin{aligned}
K = p_1 \cdot a_{13} &\quad \cdot a_{35} &&\quad \cdot x_5 \\
+ p_1 \cdot a_{13} &\quad \cdot a_{35} &\cdot a_{56} &\quad \cdot x_6 \\
+ p_1 \cdot a_{13} &\quad \cdot a_{36} &&\quad \cdot x_6 \\
+ p_1 \cdot a_{14} &&&\quad \cdot x_4 \\
+ p_1 \cdot a_{14} &\quad \cdot a_{45} &&\quad \cdot x_5 \\
+ p_1 \cdot a_{14} &\quad \cdot a_{45} \cdot a_{56} &&\quad \cdot x_6 \\
+ p_1 \cdot a_{15} &&&\quad \cdot x_5 \\
+ p_1 \cdot a_{15} &&\cdot a_{56} &\quad \cdot x_6 \\
+ p_1 \cdot a_{16} &&&\quad \cdot x_6 \\
+ p_2 \cdot a_{23} &\quad \cdot a_{35} &&\quad \cdot x_5 \\
+ p_2 \cdot a_{23} &\quad \cdot a_{35} &\cdot a_{56} &\quad \cdot x_6 \\
+ p_2 \cdot a_{23} &\quad \cdot a_{36} &&\quad \cdot x_6 \\
+ p_2 \cdot a_{24} &&&\quad \cdot x_4 \\
+ p_2 \cdot a_{24} &\quad \cdot a_{45} &&\quad \cdot x_5 \\
+ p_2 \cdot a_{24} &\quad \cdot a_{45} \cdot a_{56} &&\quad \cdot x_6
\end{aligned}
$$

Eine systematische Auswertung dieser Leistungsverflechtungen mit einer großen Anzahl von additiv und multiplikativ verknüpften Einflussgrößen führt zu einer erheblichen Anzahl von Abweichungen ersten und höheren Grades. Gleichzeitig ermöglicht diese Vorgehensweise diese Teilabweichungen wieder nach verschiedenen Ordnungskriterien, wie zum Beispiel den Auswirkungen der Preisabweichung eines Rohstoffes a_{35} auf die durchlaufenen Kostenstellen oder die Endprodukte zu bestimmen.[24] Genauso könnte die Auswirkung der Verbrauchsabweichung beispielsweise auf die einzelnen Produkte oder in Summe abgeleitet werden oder es könnte die Beschäftigungsabweichung je Endkostenstelle ermittelt werden. Dies erfolgt über derivative Einflussgrößen, die aus den originären Einflussgrößen je nach Auswertungsziel abgeleitet werden.

Beispiel

Originärer Preis   Derivativer Verbrauchskoeffizienten   Produktionsmenge

$+p_1 \cdot$ $a_{14} \quad \cdot a_{45} \cdot a_{56}$ $\cdot x_6$

$+p_1 \cdot$ $a_{13} \cdot a_{35} \qquad \cdot a_{56}$ $\cdot x_6$

Verrechnungspreis   Originärer Verbrauchskoeffizient   Stellen-Ausbringungs-Menge

$+p_1 \cdot a_{14}$ $\cdot a_{45} \cdot$ $a_{56} \quad \cdot x_6$

---

24 Vgl. Fallstudie Wilms 1988, S. 347–381 oder Kapitel 8.11.2.

Eine derartige Vorgehensweise ist die Grundlage eines **disjunktiven Controllings**, da die Informationen in ihre kleinsten möglichen Einheiten zerlegt werden und anschließend nach den Auswertungszielen wieder aggregiert werden können (vgl. Kapitel 8.6). Eine Abweichungsanalyse auf der Grundlage derivativer Einflussgrößen birgt die Gefahr, dass Wechselwirkungen der originären Größen bei der Analyse nicht erkannt werden. Des Weiteren stellt eine Analyse auf der Grundlage derivativer Einflussgrößen nicht sicher, dass alle Teilbereiche des Leistungsprozesses ausgewertet werden. Die in Konzernen und Supply Chains zur Verfügung stehenden Datennetzwerke werden immer leistungsfähiger und ermöglichen neue, unternehmensübergreifende und sehr detaillierte Auswertungen. Die Steuerung von Unternehmensgruppen wird zunehmend komplex und anspruchsvoll. Die Koordination mehrerer Akteure im Hinblick auf gemeinsame Ziele erfordert eindeutige Informationen; unüberschaubare Kompensationseffekt und Datenredundanzen sind mittels eines disjunktiven Controllings zu vermeiden.

8.5 Methoden der Abweichungsanalyse

Die in der Literatur angewendeten Methoden der Abweichungsanalyse unterscheiden sich im Wesentlichen in der Frage der Verwendung und Zurechnung der bei einer rein rechnerischen Auflösung ausgewiesen Teilabweichungen, insbesondere der Teilabweichungen höheren Grades.

8.5.1 Differenzierte Abweichungsanalysen

Bei der differenzierten Abweichungsanalyse werden die Abweichungen ersten und höheren Grades entsprechend der gewählten Bezugsbasis und der vorgegebenen Einflussgrößenveränderung separat ausgewiesen. Die Ergebnisse entsprechen somit den Ergebnissen des Einsetzens und Ausmultiplizierens. Die vier Kombinationsmöglichkeiten aus SI-V und IS-V mit Ist- oder Plan-Bezugsbasis wurden als Grundkonzepte der Abweichungsanalyse bereits in Kap. 8.4.3, Formel (8.10) bis (8.13) vorgestellt. Die beschriebenen Kompensationseffekte in Abhängigkeit der drei Komponenten können somit nicht ausgeschlossen werden.

8.5.2 Alternative Abweichungsanalysen[25]

Bei der alternativen Abweichungsanalyse werden die Einzelabweichungen unter der Annahme berechnet, dass sich genau nur eine der betreffenden Einflussgrößen im Ist von dem Planwert unterscheidet. Für die übrigen Einflussgrößen wird unterstellt, dass sie entsprechend der gewählten Bezugsbasis unverändert angesetzt werden (ce-

---

[25] Vgl. Wilms 1988, S. 67 ff.

teris paribus). Die ausgewiesenen Teilabweichungen entsprechen den Abweichungen ersten Grades der differenzierten Abweichungsanalyse.

In Abhängigkeit der gewählten Bezugsbasis und gewählten Differenzbildung ergeben sich folgende Möglichkeiten:

$$\Delta K_r^1 = K(y_1^s, y_2^s, \ldots, y_r^i, \ldots, y_n^s) - K(y_1^s, y_2^s, \ldots, y_r^s, \ldots, y_n^s) \quad \text{IS-V PB} \quad (8.18)$$

$$\Delta K_r^2 = K(y_1^i, y_2^i, \ldots, y_r^i, \ldots, y_n^i) - K(y_1^i, y_2^i, \ldots, y_r^s, \ldots, y_n^i) \quad \text{IS-V IB} \quad (8.19)$$

$$\Delta K_r^3 = K(y_1^s, y_2^s, \ldots, y_r^s, \ldots, y_n^s) - K(y_1^s, y_2^s, \ldots, y_r^i, \ldots, y_n^s) \quad \text{SI-V PB} \quad (8.20)$$

$$\Delta K_r^4 = K(y_1^i, y_2^i, \ldots, y_r^s, \ldots, y_n^i) - K(y_1^i, y_2^i, \ldots, y_r^i, \ldots, y_n^i) \quad \text{SI-V IB} \quad (8.21)$$

mit $r = 1, 2, \ldots, n$.

Aufgrund der bekannten Vorzeichen und Kompensationseffekte werden (8.19) und (8.20) häufig abgelehnt (siehe Kap. 8.4.3).

Aussagen, ob (8.18) oder (8.21) auch Abweichungen höheren Grades ausweisen, werden in Abhängigkeit der gewählten Bezugsbasis gesehen und grundsätzlich nicht ausgeschlossen.[26] Falls die realisierten Größen > als die geplanten Größen ausfallen, würden bei der alternativen Abweichungsanalyse als Soll-Ist-Vergleich auf Plan-Basis kein Kompensationseffekt auftreten, während dies bei der Ist-Bezugsbasis offensichtlich der Fall wäre.

8.5.3 Teilweise differenzierte Abweichungsanalyse

Die teilweise differenzierte Abweichungsanalyse[27] verzichtet auf einen expliziten Ausweis der einzelnen Teilabweichungen höheren Grades, die an Stelle dessen „en bloc"

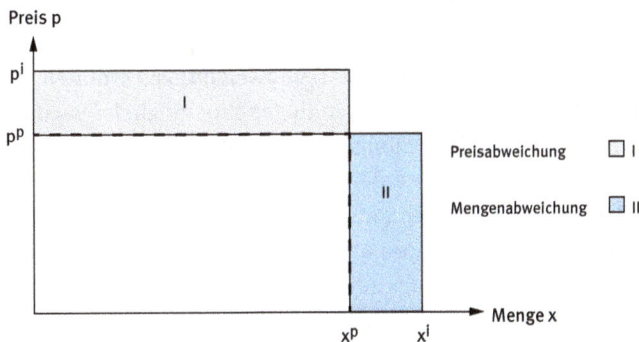

Abb. 8.35: Alternative Abweichungsanalyse Soll-Ist-Vergleich Plan-Bezugsbasis (eigene Darstellung)

---

26 Vgl. auch Ewert u. a. (2014), S. 320, Coenenberg u. a. 2016 S. 265 ff.

27 Coenenberg u. a. 2016, S. 287.

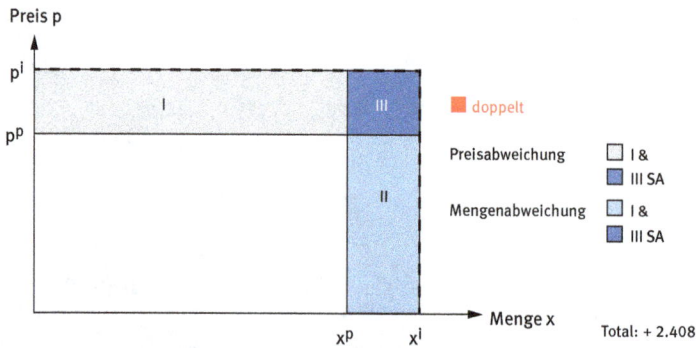

Alternative Abweichungsanalyse
Delta: Soll-Ist-Vergleich **Basis: Ist-Bezugsbasis** - - -
Ist-Größen > Plan-Größen

Abb. 8.36: Alternative Abweichungsanalyse Soll-Ist-Vergleich Ist-Bezugsbasis (eigene Darstellung)

ausgewiesen werden. Sie könnte auch als Alternative Abweichungsanalyse „Plus" bezeichnet werden. Die teilweise differenzierte Abweichungsanalyse versucht den Makel der Unvollständigkeit der Gesamtabweichung der alternativen Abweichungsanalyse durch den kumulierten Ausweis der Abweichungen höheren Grades zu beheben. Probleme mit der Akzeptanz sind vorhersehbar, wenn die Summen der zugerechneten Teilabweichungen größer als die Gesamtabweichungen sind und sich die „en bloc" Abweichungen als Kompensationsgrößen erweisen.

Sie kann in der Form des Soll-Ist-Vergleiches oder Ist-Soll-Vergleiches auf der Grundlage aller möglichen Bezugsbasen ermittelt werden. Auf einen separaten Ausweis soll hier verzichtet werden.

8.5.4 Kumulative Abweichungsanalysen[28]

Bei der Kumulativen Abweichungsanalyse werden die Teilabweichungen ermittelt, in dem systematisch von einer gewählten Bezugsbasis in die andere mögliche Bezugsbasis übergegangen wird. Hierzu ist die Reihenfolge der zu ermittelnden Teilabweichungen festzulegen. Alle Teilabweichungen werden mit Hilfe einer anderen, sich im Rechenprozess ergebenden, Bezugsbasis berechnet. Die letzte Teilabweichung basiert wieder auf einer reinen Bezugsbasis, die der alternativen Methode entspricht. Es wird somit jeweils eine Teilabweichung ersten Grades auf Plan-Bezugsbasis und eine Teilabweichung ersten Grades auf Ist-Bezugsbasis ausgewiesen.

---

28 Wilms 1988, S. 64 ff.

Auch hier ergeben sich in Abhängigkeit der gewählten Ausgangsbezugsbasis Plan oder Ist und vorgegebenen Differenzbildung (Soll-Ist- oder Ist-Soll-Vergleich) grundsätzlich vier Möglichkeiten.

Beispielhaft wird der Soll-Ist-Vergleich ausgehend von der Ist-Bezugsbasis ausgewiesen:

$$\Delta K_1 = K(y_1^s, y_2^i, \dots, y_r^i, \dots, y_n^i) - K(y_1^i, y_2^i, \dots, y_r^i, \dots, y_n^i) \quad \text{SI-V IB} \quad (8.22)$$

$$\Delta K_2 = K(y_1^s, y_2^s, \dots, y_r^i, \dots, y_n^i) - K(y_1^s, y_2^i, \dots, y_r^i, \dots, y_n^i) \quad (8.23)$$

$$\dots \quad (8.24)$$

$$\Delta K_r = K(y_1^s, y_2^s, \dots, y_r^s, \dots, y_n^i) - K(y_1^s, y_2^s, \dots, y_r^i, \dots, y_n^i) \quad (8.25)$$

$$\dots \quad (8.26)$$

$$\Delta K_n = K(y_1^s, y_2^s, \dots, y_r^s, \dots, y_n^s) - K(y_1^s, y_2^s, \dots, y_r^s, \dots, y_n^i) \quad \text{SI-V PB} \quad (8.27)$$

Die Teilabweichungen können auch als eine systematische Kombination der Abweichungen ersten und höheren Grades der differenzierten Abweichungsanalyse angesehen werden. Eine genauere Betrachtung der Ergebnisse zeigt jedoch auch hier, dass mögliche Kompensationseffekte nicht nur in Abhängigkeit der gewählten Differenzbildung und Ausgangsbezugsbasis, sondern auch in Abhängigkeit der Einflussgrößenentwicklung auftreten.

Bei den kumulativen Abweichungsmethoden ergibt sich eine Abhängigkeit der ermittelten Ergebnisse von der vorgegebenen Reihenfolge der Teilabweichungsermittlung. Dies **widerspricht** prinzipiell den **Grundregeln der Algebra**.

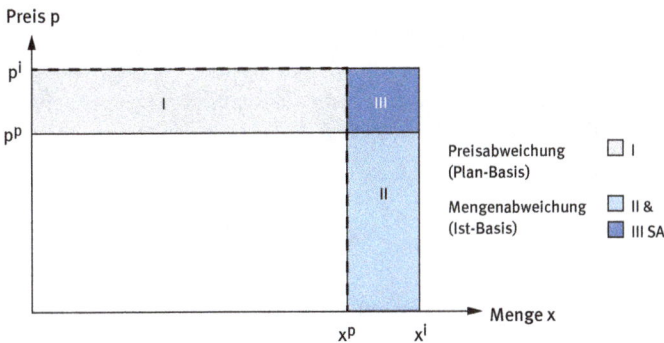

Abb. 8.37: Kumulative Abweichungsanalyse Soll-Ist-Vergleich Plan-Bezugsbasis (eigene Darstellung)

Kumulative Abweichungsanalyse
Delta: Soll-Ist-Vergleich   **Basis: Ist-Bezugsbasis**   - - -
Ist-Größen > Plan-Größen

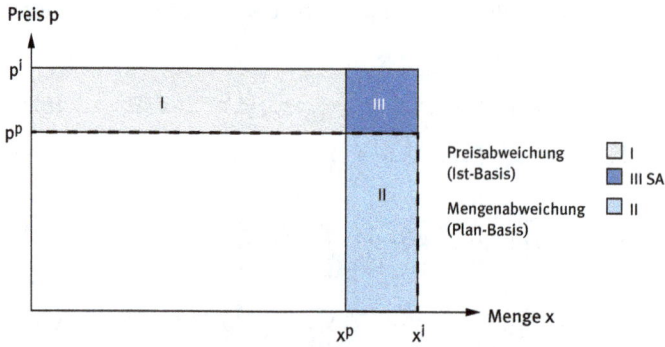

Abb. 8.38: Kumulative Abweichungsanalyse Soll-Ist-Vergleich Ist-Bezugsbasis (eigene Darstellung)

Kumulative Abweichungsanalyse
Delta: Soll-Ist-Vergleich   **Basis: Ist-Bezugsbasis**   - - -
Ist-Preis > Plan-Preis; Ist-Menge < Plan-Menge

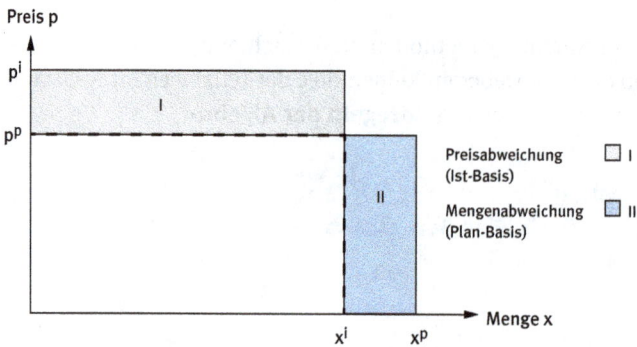

Abb. 8.39: Kumulative Abweichungsanalyse Soll-Ist-Vergleich Ist-Bezugsbasis mit gegenläufiger Entwicklung der Einflussgrößenveränderung (eigene Darstellung)

Kumulative Abweichungsanalyse
Delta: Soll-Ist-Vergleich   Basis: Plan-Bezugsbasis - - -
Ist-Preis > Plan-Größen, Ist-Menge < Plan-Menge

Preis p

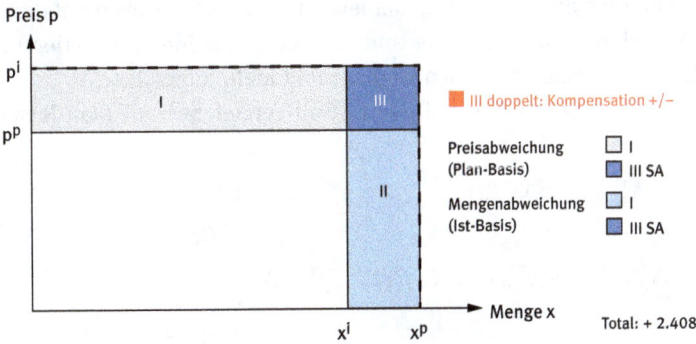

III doppelt: Kompensation +/–

Preisabweichung (Plan-Basis)	☐ I
	▨ III SA
Mengenabweichung (Ist-Basis)	☐ I
	▨ III SA

Total: + 2.408

Abb. 8.40: Kumulative Abweichungsanalyse Soll-Ist-Vergleich Plan-Bezugsbasis mit gegenläufiger Entwicklung der Einflussgrößenveränderung (eigene Darstellung)

8.5.5 Symmetrische Abweichungsanalysen[29]

Bei der symmetrischen Abweichungsanalyse werden die Abweichungen höheren Grades zu gleichen Teilen den Abweichungen ersten Grades zugewiesen. Hierdurch wird die Anzahl der ausgewiesenen Teilabweichungen reduziert und das Reihenfolgepro-

Symmetrische Abweichungsanalyse
Delta: Ist-Soll-Vergleich   Basis: Plan-Bezugsbasis - - -
Ist-Größen < Plan-Größen

Preis p

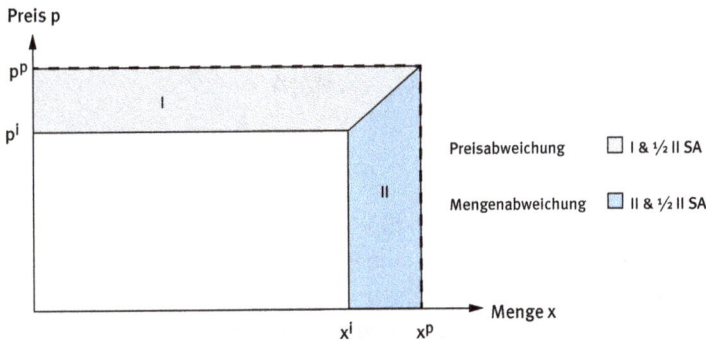

Preisabweichung	☐ I & ½ II SA
Mengenabweichung	☐ II & ½ II SA

Abb. 8.41: Symmetrische Abweichungsanalyse Soll-Ist-Vergleich Plan-Bezugsbasis (eigene Darstellung)

---

29 Vgl. Ewert, Wagenhofer 2014, S. 321 f.

blem der kumulativen Methode verhindert. Je multiplikativ verknüpfte Einflussgröße wird nur eine Teilabweichung ausgewiesen. Im Falle zweier multiplikativ verknüpfter Einflussfaktoren lässt sich dies bei gleichgerichteter Einflussgrößenveränderung graphisch relativ anschaulich als Gewichtung der jeweiligen Abweichungen mit dem Durchschnitt zwischen Plan- und Istwert der anderen Einflussgröße interpretieren. Bei einer höheren Anzahl der Einflussgrößen ist dies nicht mehr möglich.

Symmetrische Abweichung am Beispiel des Ist-Soll-Vergleiches auf Plan-Basis (IS-V PB):

$$\Delta K_r^1 = K(y_1^s, y_2^s, \ldots, y_r^i, \ldots, y_n^s) - K(y_1^s, y_2^s, \ldots, y_r^s, \ldots, y_n^s)$$

$$\text{1. Grades (n)}$$

$$+ [K(y_1^i, y_2^s, \ldots, y_r^i, \ldots, y_n^s) - K(y_1^s, y_2^s, \ldots, y_r^s, \ldots, y_n^s)]/2$$

$$\text{2. Grades } \binom{n}{2}$$

$$+ [K(y_1^s, y_2^i, \ldots, y_r^i, \ldots, y_n^s) - K(y_1^s, y_2^s, \ldots, y_r^s, \ldots, y_n^s)]/2$$
$$+ \ldots\ldots$$
$$+ [K(y_1^s, y_2^s, \ldots, y_r^i, \ldots, y_n^i) - K(y_1^s, y_2^s, \ldots, y_r^s, \ldots, y_n^s)]/2$$
$$+ [K(y_1^i, y_2^s, \ldots, y_r^i, \ldots, y_n^i) - K(y_1^s, y_2^s, \ldots, y_r^s, \ldots, y_n^s)]/3$$

$$\text{3. Grades } \binom{n}{3}$$

$$+ \ldots\ldots$$
$$+ [K(y_1^i, y_2^i, \ldots, y_r^i, \ldots, y_n^s) - K(y_1^s, y_2^s, \ldots, y_r^s, \ldots, y_n^s)]/3$$
$$+ [K(y_1^i, y_2^i, \ldots, y_r^i, \ldots, y_n^s) - K(y_1^s, y_2^s, \ldots, y_r^s, \ldots, y_n^s)]/4$$

$$\text{4. Grades } \binom{n}{4}$$

$$+ \ldots\ldots$$
$$+ [K(y_1^i, y_2^i, \ldots, y_r^i, \ldots, y_n^i) - K(y_1^s, y_2^s, \ldots, y_r^s, \ldots, y_n^s)]/k$$

$$\text{k-ten. Grades } \binom{n}{k}$$
$$(8.28)$$

Auf die Darstellung der theoretisch möglichen IS-V IB, SI-V PB, SI-V IB Ansätze wird verzichtet. Bei einer größeren Anzahl von Kostenbestimmungsfaktoren wird der Ansatz schnell unübersichtlich. Fraglich ist auch, wieso die Aufteilung der Abweichungen höherer Ordnung genau zu gleich großen Anteilen erfolgen soll.[30] Die symmetrische Aufteilung der Abweichungen höheren Grades wird oft als nicht verursachungsgerecht und willkürlich eingestuft.[31]

---

30 Ewert, Wagenhofer 2014, S. 321 f.
31 Coenenberg u. a. 2016, S. 271.

Beispiel 1.11	SI-V Symmetrisch Soll	Ist	Δ Soll-Ist	Abweichungen	
Preis p	10	12	−2	−2.000	−2.034
Menge x	1.034	1.000	34	408	**374**
Sek. Abw.				−68	
Kosten	10.340	12.000	−1.660		**−1.660**

Abb. 8.42: Beispiel Symmetrische Abweichungsanalyse

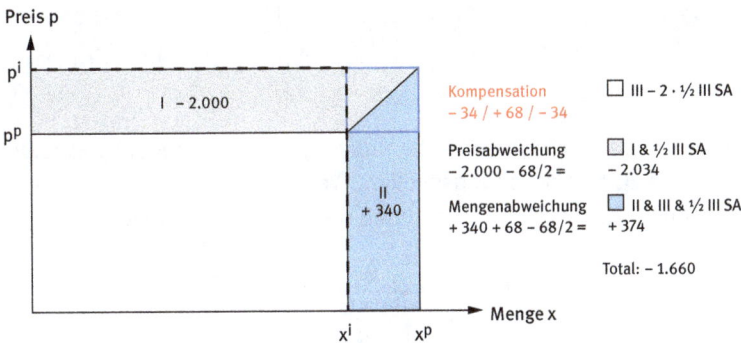

Symmetrische Abweichungsanalyse
Delta: Soll-Ist-Vergleich   Basis: Ist-Bezugsbasis - - -
Ist-Preis > Plan-Preis; Ist-Menge < Plan-Menge

Abb. 8.43: Symmetrische Abweichungsanalyse Soll-Ist-Vergleich gegenläufige Einflussgrößenveränderungen (eigene Darstellung)

Bei gegenläufigen Einflussgrößenentwicklungen kommt es auch bei der Symmetrischen Abweichungsanalyse zu Kompensationseffekten wie das Beispiel gemäß Abb. 8.42 zeigt.

8.5.6 Proportionale Abweichungsanalyse[32]

Bei der proportionalen Abweichungsanalyse werden die Abweichungen höheren Grades proportional zur Höhe der Abweichungen ersten Grades verteilt. Letztendlich wird je Einflussgröße nur eine Teilabweichung ausgewiesen.

$$\Delta K_r^1 = K(y_1^s, y_2^s, \ldots, y_r^i, \ldots, y_n^s) - K(y_1^s, y_2^s, \ldots, y_r^s, \ldots, y_n^s)$$

$$+ [K(y_1^i, y_2^s, \ldots, y_r^i, \ldots, y_n^s) - K(y_1^s, y_2^s, \ldots, y_r^s, \ldots, y_n^s)]/ \qquad \Sigma TA \text{ 1-ten Grades}$$

$$+ \ldots\ldots$$

---

32 Coenenberg u. a. 2016, S. 271.

Beispiel 1.12	SI-V Proportionale				
	Soll	Ist	Δ Soll-Ist	Abweichungen	
Preis p	10	12	−2	PA −2.000	−2.085,4
Menge x	1.034	1.000	34	MA 408	425,4
Sek. Abw.				−68	
Kosten	10.340	12.000	−1.660		−1.660,0

Abb. 8.44: Beispiel proportionale Abweichungsanalyse

$$+ [K(y_1^i, y_2^s, \ldots, y_r^i, \ldots, y_n^i) - K(y_1^s, y_2^s, \ldots, y_r^s, \ldots, y_n^s)]/ \quad \Sigma TA \text{ 1-ten Grades}$$

$$+ \ldots\ldots$$

$$+ [K(y_1^i, y_2^i, \ldots, y_r^i, \ldots, y_n^s) - K(y_1^s, y_2^s, \ldots, y_r^s, \ldots, y_n^s)]/ \quad \Sigma TA \text{ 1-ten Grades}$$

$$+ [K(y_1^i, y_2^i, \ldots, y_r^i, \ldots, y_n^i) - K(y_1^s, y_2^s, \ldots, y_r^s, \ldots, y_n^s)]/ \quad \Sigma TA \text{ 1-ten Grades}$$

$$(8.29)$$

Auch hier kommt es wie bei der Symmetrischen Abweichungsanalyse bei gegenläufigen Teilabweichungen zu Kompensationseffekten. Vereinfacht kann die Symmetrische Abweichungsanalyse für zwei Einflussgrößen folgendermaßen abgebildet werden:[33]

$$PA_{prop} = PA \cdot \left(1 + \frac{SA}{PA + MA} \right)$$

$$MA_{prop} = MA \cdot \left(1 + \frac{SA}{PA + MA} \right)$$

Dabei gilt: $PA = x^i \cdot \Delta p$ und $MA = p^i \cdot \Delta x$

Die Gleichung der symmetrischen Abweichungsanalyse führt in zwei Fällen zu keiner vernünftigen Lösung:

- Die Summe der Teilabweichungen ersten Grades wird Null; dies ist aufgrund der positiven und negativen Vorzeichen nicht auszuschließen.
- Der Quotient aus Sekundärabweichung und Σ Teilabweichungen 1-ten Grades = −1

Das Beispiel wird so angepasst, dass die Gesamtabweichung Null ergibt.

$$PA_{prop} = 2000 \cdot \left(1 + \frac{-400}{(-2000) + 2400} \right) = 2000 \cdot \left(1 + \frac{-400}{400} \right) = 0$$

Sowohl die Preis- als auch die Mengenabweichung wird im Beispiel mit Null ausgewiesen. Je nach Konstellation der Ausgangsdaten kommt es zu **keinem Ausweis von Teilabweichung**, obwohl Einflussgrößenveränderungen aufgetreten sind.

---

33 Coenenberg u. a. 2016, S. 271.

Beispiel 1.12b	SI-V Proportionale Soll	Ist	Δ Soll-Ist	Abweichungen	
Preis p	10	12	−2	−2.000	0
Menge x	1.200	1.000	200	2.400	0
Sek. Abw.				−400	
Kosten	12000	12000	0		0

Abb. 8.45: Proportionale Abweichungsanalyse ohne Ergebnis

8.5.7 Konzeptionelle Mängel klassischer Abweichungsanalysen

1. Die algebraischen Auflösungen der Differenzen der Soll- und Ist-Terme (Taylor-Formel) bilden **alle Teilquader des Maximal-Quaders ab**, die mit Hilfe der geplanten und realisierten Elemente

$$y_1^i, y_2^i, \ldots, y_r^i, \ldots, y_n^i \quad \text{und} \quad y_1^s, y_2^s, \ldots, y_r^s, \ldots, y_n^s$$

gebildet werden können.

2. Hierbei kommt es in Abhängigkeit der gewählten Differenzbildung (Soll–Ist oder Ist–Soll), Bezugsbasis (Soll-Basis oder Ist-Basis) und Datenkonstellationen (Soll > oder < Ist) regelmäßig zu **Mehrfacherfassungen** und **Überschneidungen** von **Teil-Quadern**.

3. Die für die Erklärung der Gesamtabweichung nicht erforderlichen Teil-Quader des Max-Quaders werden durch die Mehrfach-Verrechnung von Abweichungen höheren Grades unter Verwendung gegenläufiger Vorzeichen kompensiert, so dass die Gesamtabweichung in Summe richtig abgebildet werden kann.

4. Viele der ausgewiesenen Teilabweichungen ermöglichen keine sinnvolle ökonomische Interpretation. Ein Teil dieser Elemente gehen auf eine gegenläufige Entwicklung der beteiligten Einflussgrößenveränderungen zurück (Multiplikation von positiven und negativen Vorzeichen) und haben rein korrektive Funktionen. Die multiplikative Verknüpfung einer geraden Anzahl von negativen Einflussgrößenveränderungen führt zu einer positiven Teilabweichung, welche ökonomisch nicht sinnvoll interpretiert werden kann; sie besitzt eine rein korrektive Funktion.

5. **Kompensationseffekte** sind die **Regel** und nicht die Ausnahme. Kompensationsfrei sind die klassischen Ansätze nur, wenn zufälligerweise die gewählte Bezugsbasis der Schnittmenge der Soll- und Ist-Quader entspricht. Wird unterstellt, dass für alle multiplikativ verknüpften Einflussgrößen n die gleiche Wahrscheinlichkeit einer Sollgrößenüber- oder Unterschreitung besteht, gilt für die Wahrscheinlichkeit, dass alle Teil-Quader zur Erklärung der Gesamtabweichung erforderlich sind, $1/2^n$. Bei zwei multiplikativ verknüpften Einflussgrößen wäre dies eine Wahrscheinlichkeit von 25 % (1/4), bei drei 12,5 % (1/8), bei vier Einflussgrößen bereits nur noch 6,25 % (usw.).

6. Alle klassischen Abweichungsanalysen weisen je nach Ausgangssituation Kompensationseffekte aus, da die gewählten Bezugsbasen nicht zwingend zu einem disjunkten System führen.
7. Die genaue Analyse der Informationen und eine Auslese der nicht sinnvoll verwertbaren Informationen erfordert eine Zerlegung in die kleinsten möglichen, disjunkten Grundbausteine.

8.6 Disjunktive Abweichungsanalyse: Min-Methode

Die Disjunktive Abweichungsanalyse[34], die in der Literatur als Min-Methode[35] bezeichnet wird, vermeidet die beschriebenen Kompensationseffekte, in dem sie die Schnittmenge der geplanten und realisierten Einflussgrößen standardmäßig als Bezugsbasis wählt.

– Sie bildet im **ersten Schritt** alle überschneidungsfreien Teil-Quader des gesamten Maximal-Quader ab, verwendet hierbei jedoch durch die Wahl der Bezugsbasis **ausschließlich disjunkte Elemente**.
– Im **zweiten Schritt** werden zur Erklärung der Gesamtabweichung nur die symmetrische Differenz der Soll-Quader und Ist-Quader benötigt. Ihre Elemente werden als **faktisch existente Teilabweichungen** definiert und müssen zur Ermittlung der Gesamtabweichung identifiziert und mit entsprechenden Vorzeichen (+/–) versehen werden:
– Weitere auftretende disjunkte Elemente des Maximal-Quaders, die nicht Teilmengen der Soll-(kosten-) oder Ist-(kosten-) Quader sind, werden als **faktisch nicht existente Teilabweichungen** definiert und werden zur Erklärung der Gesamtabweichung nicht benötigt. Sie erhalten den Multiplikator null.

Alle Teilabweichungen werden auf der Grundlage der Schnittmenge als Bezugsbasis in Form einer differenzierten Abweichungsanalyse ermittelt. Die Schnittmenge ergibt sich aus der multiplikativen Verknüpfung der Minimalwerte der geplanten und der realisierten Einflussgrößenwerte. Die MIN-Abweichungsanalyse[36] in MIN-Form entspricht einer disjunkten Abweichungsanalyse.

Definiert werden die Soll-Kosten als kartesisches Produkt

Menge A:

Sollkosten – Quader: $Q^S = [0, y_1^s] \cdot [0, y_2^s] \cdot \ldots \cdot [0, y_n^s]$ (8.30)

K^S = „Maß" von $Q^s = y_1^s, y_2^s, \ldots y_n^s$

34 Wilms 1988, S. 96–125.
35 Ewert u.a 2014, S. 323; Glaser 2002, Sp. 1088; Kloock 2000, S. 47; Schweitzer u.a. 2016, S. 708; Küpper u. a. 2013, S. 275 ff.; Coenenberg u. a. 2016, S. 287–290.
36 Wilms 1988, S. 96–125; Kloock 2000, S. 47–49; Coenenberg u. a. 2016, S. 290; Ewert u. a. 2014 S. 323 f.

und die realisierten Ist-Kosten als kartesisches Produkt

Menge B:

Istkosten – Quader: $Q^i = \left[0, y_1^i\right] \cdot \left[0, y_2^i\right] \cdot \ldots \cdot \left[0, y_n^i\right]$ (8.31)

$K^i = \text{„Maß" von } Q^i = y_1^i, y_2^i, \ldots y_n^i$

K^s *und* K^i sind Mengen; ihr Maß stellt Soll bzw. Ist-Kosten dar und sind gegeben durch

$$K^S = y_1^s, y_2^s, \ldots y_n^s \quad \text{bzw.} \quad K^i = y_1^i, y_2^i, \ldots y_n^i \, .$$

dann sind alle aufgetretenen Teilabweichungen über Elemente der Vereinigungsmenge von $A \cup B$ außerhalb der Schnittmenge $A \cap B$ definierbar.

Die Gesamtabweichung setzt sich aus der Vereinigungsmenge der Mengen A und B $A \cup B$ unter Abzug der Schnittmenge $A \cap B$ zusammen. Dies wird als **Disjunkte Vereinigungsmenge** $A \overset{\circ}{\cup} B$ bezeichnet.

8.6.1 Min Abweichungsanalyse[37]

Bei der Min Abweichungsanalyse werden die Abweichungen ersten und höheren Grades entsprechend der Differenzierten Abweichungsanalyse separat ausgewiesen. Neu ist die Wahl der **Schnittmenge** der geplanten und realisierten Einflussgrößen als Bezugsbasis, wodurch die Kompensationseffekte verhindert werden können.

Bezugsbasis MIN: $K_{min} = \min\left\{y_1^i, y_1^s\right\} \cdot \ldots \cdot \min\left\{y_n^i, y_n^s\right\}$ (8.32)

Für die Erklärung der Gesamtabweichung zwischen den Soll-Kosten und den Ist-Kosten werden nur die Teilmengen benötigt, die außerhalb der Schnittmenge liegen und entweder Teilmenge der Soll-Kosten (-Quader) oder der Ist-Kosten (-Quader) sind.

Sollkosten – Quader: $\quad Q^S = K^S = y_1^s \cdot y_2^s \cdot y_n^s$

Istkosten – Quader: $\quad Q^I = K^I = y_1^i \cdot y_2^i \cdot y_n^i$

Gesucht: Differenz $Q^S - Q^I$, ausgedrückt in wegfallende und hinzukommende B-dimensionalen Quadern ohne Überschneidung.

Die Elemente dieser Teilmengen werden als **faktisch existente** Teilabweichungen bezeichnet.

Die Identifizierung der Teilabweichungen, die entweder nur **Teilmenge der Soll-(Kosten) Quader oder der Ist- (Kosten) Quader** sind, erfolgt über die **gleichgerichteten Vorzeichen der Einflussgrößenveränderungsgrößen**. Alle Abweichungen höherer Ordnung gehen auf eine gleichgerichtete Erhöhung oder Verminderung der

---

37 Wilms 1988, S. 96–125.

auszuwertenden Einflussgrößen der realisierten Ist-Werte gegenüber den Plan-Werten zurück.

Teilabweichungen mit **gegenläufigen Einflussgrößenveränderungen** (z. B. positive und negative treffen auf einander) sind **faktisch nicht existent**. Sie sind weder Teilmenge der Soll-(Kosten) Quader noch der Ist- (Kosten) Quader. Diese faktisch nicht existenten Abweichungen höheren Grades werden im Gegensatz zu den anderen Abweichungsanalysemethoden zur Erklärung der Gesamtabweichung nicht benötigt und deshalb nicht ausgewiesen.[38]

8.6.2 Soll-Ist-Vergleich oder Ist-Soll-Vergleich

Die disjunktive Abweichungsermittlung kann in der Form eines Soll-Ist-Vergleiches oder eines Ist-Soll-Vergleiches erfolgen. Im Weiteren wird bei den Ausführungen von einer Auswertung einer Kostenabweichung ausgegangen. In diesem Fall führt bei dem **Soll-Ist-Vergleich** eine Soll-Unterschreitung bzw. Soll-Kostenunterschreitung $y_i^s > y_i^i$ zu einem positiven Vorzeichen. Eine Soll-Überschreitung bzw. Soll-Kostenüberschreitung bei der Realisation $y_i^s < y_i^i$ würde durch ein negatives Vorzeichen markiert werden. Dies kann als Zusatzinformation genutzt werden und gilt auch bei den Abweichungen höheren Grades.

8.6.3 Bezugsbasis der Disjunktiven Abweichungsanalyse

Als Bezugsbasis wird bei der Disjunktiven Abweichungsanalyse die Schnittmenge von A und B verwendet. Diese könnte auch als Abweichung nullten Grades bezeichnet werden.[39]

Bezugsbasis der disjunktiven Abweichungsanalyse: $A \cap B$

Schnittmenge der Soll- und der Ist- (Kosten) Quader: $Q^S \cap Q^I; K^S \cap K^I K^S$

Die Schnittmenge der Plan- und Ist-Kosten ergibt sich aus der multiplikativen Verknüpfung der Minimalwerte der Plan- oder Ist-Ausprägung der einbezogenen Einflussgrößen.

$$\text{Bezugsbasis MIN: } K_{min} = \min\left\{y_1^i, y_1^s\right\} \cdot \ldots \cdot \min\left\{y_n^i, y_n^s\right\} \tag{8.32}$$

---

38 Wilms 1988, S. 122–125.
39 Wilms 1988, S. 114 f.

8.6.4 Disjunktive Abweichungsanalyse-Methoden

Die disjunktiven Abweichungsanalysen werden über die Bezugsbasis – z. B. die Schnittmenge der Plan- und Ist-Kosten $K^S \cap K^I$- definiert. Grundsätzlich können sie in der Form der alternativen, differenzierten, proportionalen sowie der symmetrischen Abweichungsanalysen jeweils als Soll-Ist- oder Ist-Soll-Vergleich auf Basis Schnittmenge (A ∩ B K^S = Min-Basis) der Plan- und der Ist-Größen erstellt werden.

Eine theoretisch mögliche Verwendung der Max-Basis für eine alternative, differenzierte, proportionale oder symmetrische Abweichungsanalyse scheidet aufgrund der zu erwartenden Kompensationseffekte aus. Aus diesem Grunde erscheinen auch die kumulativen Abweichungsanalysen bei diesen Ansätzen (Min-oder Max-Bezugsbasis) aufgrund des Wechsels der Bezugsbasen ungeeignet.

Da die Ergebnisse der alternativen Abweichungsanalyse auch aus der differenzierten Abweichungsanalyse abgeleitet werden können, wird im Folgenden insbesondere die disjunktive Abweichungsanalyse in differenzierter Form als Soll-Ist-Vergleich untersucht. Zur Herleitung dieses Ansatzes, siehe insbesondere Wilms (1988), S. 96–125. Diese Methode wird in der Literatur als **Min-Abweichungsanalyse-Methode** bezeichnet.[40]

Die Idee einer symmetrischen Abweichungsanalyse auf Min-Basis wird bei den Beispielsrechnungen (Kap. 8.11) nochmals aufgegriffen.

In der Mathematik wird die Disjunktheit zweier **Mengen** über deren Schnittmenge definiert. In der Mengenlehre heißen zwei **Mengen** A und B **disjunkt** (lateinisch disjunctus) getrennt, elementfremd oder durchschnittsfremd, wenn sie kein gemeinsames Element besitzen. Mehrere **Mengen** heißen paarweise **disjunkt**, wenn beliebige zwei von ihnen **disjunkt** sind.

Definieren wir die Soll-Kosten als Menge A = $\{K^S = y_1^s \cdot y_2^s \cdot y_n^s\}$
und die realisierten Ist-Kosten als Menge B = $\{K^I = y_1^i \cdot y_2^i \cdot y_n^i\}$,

so sollten alle aufgetretenen Teilabweichungen sich über Elemente der Vereinigungsmenge von A ∪ B außerhalb der Schnittmenge von A ∩ B definieren lassen.

Die **Gesamtabweichung** setzt sich somit aus der Vereinigungsmenge der Mengen A und B, A ∪ B unter Abzug der Schnittmenge A ∩ B, der **Disjunkten Vereinigungsmenge** A ⊍ B, zusammen. Als **Bezugsbasis** wird bei der Disjunkten Abweichungsanalyse entsprechend die **Schnittmenge von A und B** verwendet, während ihre Abweichungen n-ten Grades Teilmengen der disjunkten Vereinigungsmenge sind.

Für eine praktische Verwendung erscheint es erforderlich, die Bestimmung der Teilabweichungsbeträge und deren kostensteigernde oder -senkende Wirkung zu koppeln. Die Einbeziehung der Vorzeichen bei den Teilabweichungsbeträgen im Sinne

---

40 Ewert, Wagenhofer 2014, S. 323.

von kostensteigernd und senkend ist sinnvoll, falls sich die störenden Effekte des Vorzeichenwechsels ausschalten lassen. Dies erfolgt, indem der absolute Wert der Veränderung mit einem entsprechenden Vorzeichen versehen wird.

$$\Delta^{si} y_i = y_i^s - y_i^i$$

$$\Delta^{si} y_i = \left(\text{sign} \, \Delta^{si} y_i \right) \left| y_i^s - y_i^i \right| \quad \text{mit} \quad \left(\text{sign} \, \Delta^{si} y_i \right)$$

$$= -1 \qquad \text{für} \quad y_i^s < y_i^i \quad \text{kostensteigernd}$$

$$= +1 \qquad \text{für} \quad y_i^s > y_i^i \quad \text{kostensenkend}$$

$$= 0 \qquad \text{für} \quad y_i^s = y_i^i \quad \text{keine Abweichung}$$

8.6.5 Faktisch existente Teilabweichungen

Die realisierten und geplanten Einflussgrößenausprägungen beschreiben drei Gruppen von abzubildenden Mengen (Räumen):

1. Bestandteile, die sowohl Teilmenge der realisierten als auch der geplanten Kosten sind: **Schnittmenge** $A \cap B$
   → **Innen-Quader** „Abweichung nullten Grades"
2. Bestandteile, die nur Teilmenge der realisierten oder der geplanten Kosten sind: **Disjunkte Vereinigungsmenge** $A \, \dot{\cup} \, B$
   → **faktisch existente Abweichungen**
3. Bestandteile, die weder Teilmenge der realisierten noch der geplanten Kosten sind
   → **faktisch nicht existente Abweichungen**
   → verbleibende Teilmengen des **Außen-Quaders**

Bei dem Soll-Ist- und Ist-Soll-Vergleich auf Plan- oder Ist-Bezugsbasis setzen sich die Bezugsbasen in Abhängigkeit der Einflussgrößenentwicklung aus den ersten beiden Gruppen zusammen, während die Teilabweichungen sich aus Elementen der zweiten und dritten Gruppe ergeben. Alle Teilabweichungen der klassischen Abweichungsanalysemethoden können über eine Kombination der Elemente aus Gruppe zwei und drei abgebildet werden.

Für die Erklärung der Gesamtabweichung zwischen den Soll-Kosten und den Ist-Kosten werden nur die Teilmengen benötigt, die außerhalb der Schnittmenge liegen und die entweder Teilmenge der Soll- (Kosten) Quader (Menge A) oder Teilmenge der Ist- (Kosten) Quader (Menge B) sind. Die Elemente dieser Teilmengen gehen auf eine **gleichgerichtete Veränderung** der Einflussgrößen zurück und werden als **faktisch existente** Teilabweichungen bezeichnet.[41] Alle eingehenden Vorzeichen sind entweder plus oder minus.

---

[41] Wilms 1988, S. 98 f., S. 118 f.

Für faktisch existente Teilabweichungen gilt:

$$\left| \sum_{i=1}^{n} \; \text{sign} \, \Delta^{SI} y_i \right| = v_t \quad \text{mit} \quad v_t = \text{v-ter Grad der Abweichung t}$$

8.6.6 Faktisch nicht existente Teilabweichungen

Teilabweichungen mit **gegenläufigen Einflussgrößenveränderungen** (z. B. positive und negative treffen auf einander) sind **faktisch nicht existent**[42]. Sie sind weder Teilmenge der Soll-(Kosten) Quader A noch der Ist- (Kosten) Quader B und gehören somit weder zur Schnittmenge, noch disjunkten Vereinigungsmenge. Diese faktisch nicht existenten Abweichungen höheren Grades werden im Gegensatz zu den anderen Abweichungsanalysemethoden zur Erklärung der Gesamtabweichung nicht benötigt. Sie sind lediglich Teilmengen des Außenquaders.

Für faktisch nicht existente Teilabweichungen gilt:

$$\left| \sum_{i=1}^{n} \; \text{sign} \, \Delta^{SI} y_i \right| < v_t \quad \text{mit} \quad v_t = \text{v-ter Grad der Abweichung t}$$

Diese Teilabweichungen geben die Werte an, welche weitere Kostensteigerungen durch eine oder mehrere gegenläufige Einflussgrößen verhindert wurden bzw. welche Kostensenkungen durch eine gegenläufige Einflussgröße erreicht wurden.

Beispielsweise könnte angegeben werden, welcher Teil einer Preisabweichung durch die parallele Mengenreduktion verhindert wurde oder welcher Anteil einer Verbrauchsabweichung durch eine Preissenkung erreicht werden konnte. Falls entsprechende Informationen im Zusammenhang mit einer Analyse oder Simulation gewünscht sind, könnten sie in der EDV hinterlegt und bei Bedarf abgerufen werden. Aufgrund der beschriebenen Kompensationseffekte, der Fehlinterpretationsrisiken bzw. des geringen Informationswertes bei einer in der Regel doch erheblichen Anzahl dieser faktisch nicht existenten Abweichungen höheren Grades sollte auf den Ausweis selbiger möglichst verzichtet werden.

8.6.7 Kostensteigernde und kostensenkende Veränderungen

Die Differenz der Mengen aus A außer B: A \ B steht für gegenüber dem Plan reduzierten Einflussgrößen und die Differenz aus der Mengen B außer A: B \ A steht für im Ist erhöhten Einflussgrößen. Die disjunkte Vereinigungsmenge lässt sich ihrerseits somit

---

42 Wilms 1988, S. 99 f.

in zwei Gruppen von faktisch existenten Teilabweichungen einteilen:

B : A\B → **faktisch existente** Teilabweichungen auf der Grundlage gegenüber dem Plan/Soll im Ist reduzierten Einflussgrößen   (8.33)

A : B\A → **faktisch existente** Teilabweichungen auf der Grundlage gegenüber dem Plan/Soll im Ist erhöhten Einflussgrößen   (8.34)

Die Differenz der Mengen aus A außer B: A \ B steht für im Ist gegenüber dem Plan reduzierten Einflussgrößen und die Differenz aus der Mengen B außer A: B \ A steht für im Ist gegenüber dem Plan erhöhten Einflussgrößen. Die Identifizierung der Teilabweichungen, die entweder nur Teilmengen der Soll-Kosten oder nur Teilmenge der Ist-Kosten sind, erfolgt über die gleichgerichteten Vorzeichen der Einflussgrößenveränderungsgrößen.

Teilabweichungen höheren Grades existieren faktisch nur, wenn alle eingehenden Vorzeichen der Einflussgrößenveränderungen entweder alle positiv oder alle negativ sind. Die Teilabweichung erhält das entsprechende Vorzeichen der abgebildeten Einflussgrößenveränderungen. Dies erfolgte durch den Faktor $sign(\Delta y_1)$.

Alle weiteren möglichen zu berechnenden Teilmengen, die sich in K_{max} abbilden lassen, stehen nur für die mögliche Beschreibung des Außen-Quaders und sind faktisch nicht existent und werden zur Erklärung der Gesamtabweichung nicht benötigt. Sie führen nur zu den beschriebenen Kompensationseffekten.

Für das Beispiel 2.1 aus Kapitel 8.4.5 gilt:
- Soll- (Kosten) Quader   I, II, III und VII
- Ist- (Kosten) Quader   I und IV

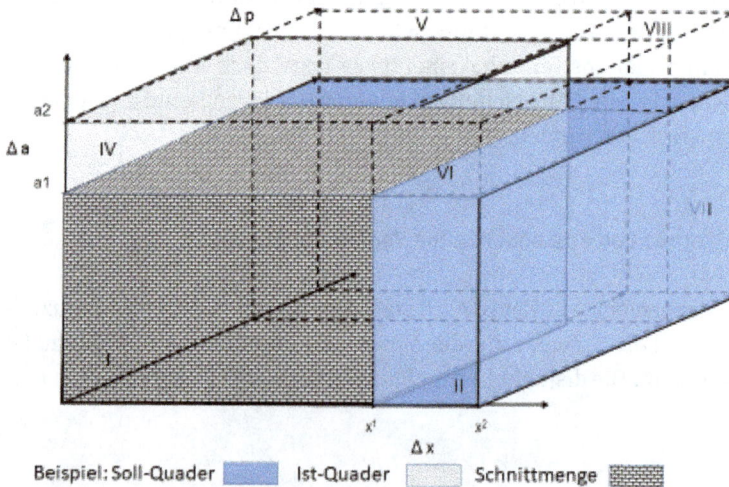

Abb. 8.46: Soll- und Ist-Kostenquader (eigene Darstellung)

Sollkosten-Quader	I	II	III			VII
Istkosten-Quader	I			IV		
Δ Soll-Istkosten Quader		II	III	IV		VII

Abb. 8.47: Faktisch existente Teilabweichungen

- Der Quader I bildet die Schnittmenge ab.
- Die Quader II, III, IV, VII sind faktisch existent:
  - Quader II, III und VII sind Teilmengen der Sollkosten, die nicht realisiert wurden und somit kostensenkend wirken; ihre Absolut-Beträge erhalten ein positives Vorzeichen.
    - Quader II und III: kostensenkende Abweichungen ersten Grades
    - Quader VII: kostensenkende faktisch existente Abweichung höheren Grades.
  - Quader IV ist Teilmenge der Istkosten, die höher als geplant realisiert wurden und deshalb kostensteigernd wirken; der Absolut-Betrag erhält ein negatives Vorzeichen.
    - Quader IV: kostensteigernde Abweichung ersten Grades
- Die Quader V, VI und VIII sind faktisch nicht existent und erhalten den Multiplikator null.

Für weitere Beispiele siehe Kap. 8.11.

8.6.8 Disjunktive/Min Abweichungsanalyse Soll-Ist-Vergleich

$$\Delta^{SI}K = \Delta^{SI}K$$

$$= \Delta y_1^{SI} \cdot \min\{y_2^i, y_2^s\} \cdot \ldots \cdot \min\{y_n^i, y_n^s\} \qquad \text{1-ten Grades}$$

$$+ \min\{y_1^i, y_1^s\} \cdot \Delta y_2^{SI} \cdot \min\{y_3^i, y_3^s\} \cdot \ldots \cdot \min\{y_n^i, y_n^s\} + \ldots$$

$$+ \ldots +$$

$$+ \min\{y_1^i, y_1^s\} \cdot \ldots \cdot \min\{y_{n-1^i}, y_{n-1^s}\} \cdot \Delta y_n^{SI}$$

$$+ \text{sign}\left(\Delta y_1^{SI}\right) \cdot \left|\Delta y_1^{SI} \cdot \Delta y_2^{SI} \cdot \min\{y_3^i, y_3^s\} \cdot \ldots \cdot \min\{y_n^i, y_n^s\}\right| \quad \text{2-ten Grades}^*$$

$$+ \text{sign}\left(\Delta y_1^{SI}\right) \cdot \left|\Delta y_1^{SI} \cdot \min\{y_2^i, y_2^s\} \cdot \Delta y_3^{SI} \cdot \min\{y_4^i, y_4^s\} \cdot \ldots \cdot \min\{y_n^i, y_n^s\}\right|$$

$$+ \ldots +$$

$$+ \text{sign}\left(\Delta y_1^{SI}\right) \cdot \left|\Delta y_1^{SI} \cdot \min\{y_2^i, y_2^s\} \cdot \ldots \cdot \min\{y_{n-1^i}, y_{n-1^s}\} \cdot \Delta y_n^{SI}\right|$$

$$+ \operatorname{sign}\left(\Delta y_2^{SI}\right) \cdot \left| \min\left\{y_1^i, y_1^s\right\} \cdot \Delta y_2^{SI} \cdot \min\left\{y_3^i, y_3^s\right\} \cdot \ldots \right.$$

$$\left. \cdot \min\left\{y_{n-1^i}, y_{n-1^s}\right\} \cdot \Delta y_n^{SI} \right|$$

$$+ \ldots + \ldots +$$

$$+ \operatorname{sign}\left(\Delta y_1^{SI}\right) \cdot \left| \Delta y_1^{SI} \cdot \Delta y_2^{SI} \cdot \Delta y_3^{SI} \cdot \min\left\{y_4^i, y_4^s\right\} \cdot \ldots \cdot \min\left\{y_n^i, y_n^s\right\} \right|$$

3-ten Grades[*]

$$+ \ldots + \ldots +$$

$$+ \operatorname{sign}\left(\Delta y_n^{SI}\right) \cdot \left| \Delta y_1^{SI} \cdot \Delta y_2^{SI} \cdot \ldots \cdot \Delta y_n^{SI} \right|$$

n-ten Grades[*]

(8.35)

[*] mit $\operatorname{sign}(\Delta y_i^{SI}) = -1$ falls alle $\Delta y_i^{SI} < 0$; $= +1$ falls alle $\Delta y_i^{SI} > 0$; andernfalls $= 0$

Alle Teilabweichungen lassen sich eindeutig auf kostensteigernde oder kostensenkende Veränderungen der Einflussgrößen zurückführen. Beispielsweise zeigt eine kostensenkende Abweichung zweiten Grades an, welche Kosteneinsparung der gleichzeitig kostensenkenden Entwicklung der beiden untersuchten Einflussgrößen zurechenbar ist. Eine Abweichung dritten (n-ten) Grades wird nur ausgewiesen, wenn sich alle drei (n) Einflussgrößen kostensteigernd oder kostensenkend entwickelt haben.

Die Wahl der Schnittmenge als Bezugsbasis erlaubt alle Teilabweichungen einer differenzierten Abweichungsanalyse als disjunkte Mengen zu ermitteln. Die aufgetretenen Veränderungen der realisierten Kosten (Erlöse) im Verhältnis zu den geplanten Kosten (Erlösen), werden in die kleinsten überschneidungsfreien Teilmengen im Sinne der Mengenlehre zerlegt. Die Teilabweichungen entstehen nur, wenn die zugrundeliegenden Einflussgrößen-Veränderungen gleichgerichtet sind.

Teilabweichungen, die auf entgegengesetzte Einflussgrößenveränderungen zurückgehen, treten in diesem System nicht auf und werden als faktisch nicht existent bezeichnet. Sie sind für eine Erklärung der aufgetretenen Gesamtabweichung nicht erforderlich[43]. Dies erlaubt auf diese Teilabweichungen, die auf entgegengesetzte Einflussgrößenveränderungen zurückgehen, bei der Analyse zu verzichten. Dies hat gegenüber allen anderen Abweichungsanalysemethoden zwei erhebliche Vorteile:
- Die Anzahl der zu analysierenden Abweichungen höheren Grades sinkt signifikant in Abhängigkeit der Anzahl n der Einflussgrößen y_n und deren Veränderung zu einander.
- Durch den systematischen Verzicht auf faktisch nicht existente Teilabweichungen[44] (TA = 0) entsteht ein disjunktes Mengensystem, welches per Definition Kompensationseffekte ausschließt.

---

43 Wilms 1988, S. 103 ff.
44 Wilms 1988, S. 103–106: Beweis, dass unabhängig von der Anzahl der Einflussgrößen auf die faktisch nicht existenten Teilabweichungen zur Erklärung der Gesamtabweichung verzichtet werden.

Beispiel 1.13	Disjunkte Abweichungsanalyse				
	Soll	Ist	Δ Soll-Ist	Teilabweichungen	
Preis p	12	10	2	PA	2.000
Menge x	1.034	1.000	34	MA	340
				SA	68
Kosten	12.408	10.000	2.408	GA	2.408

Abb. 8.48: Beispiel disjunktive Abweichungsanalyse, positive Deltas

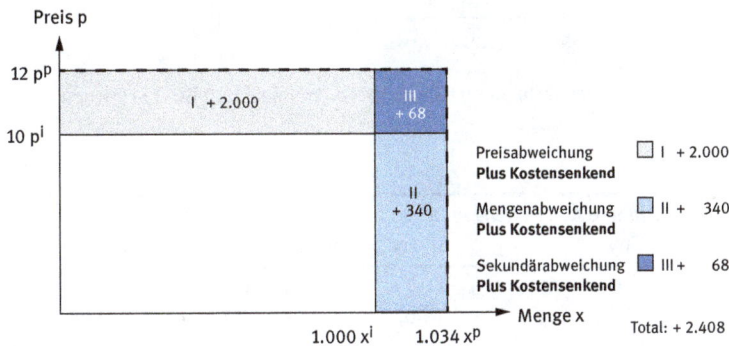

Abb. 8.49: Disjunktive Abweichungsanalyse Soll-Ist-Vergleich Ist-Größen < Plan-Größen (eigene Darstellung)

Beispiel 1.14	Disjunkte Abweichungsanalyse				
	Soll	Ist	Δ Soll-Ist	Teilabweichungen	
Preis p	10	12	−2	PA	−2.000
Menge x	1.000	1.034	−34	MA	−340
					−68
Kosten	10.000	12.408	−2.408	GA	−2.408

Abb. 8.50: Beispiel disjunktive Abweichungsanalyse, negative Deltas

Alle ausgewiesenen Teilabweichungen sind entweder Teilmenge der geplanten (Bsp. 1.13) oder der realisierten Kosten (Bsp. 1.14) und sie treten nur an den Stellen auf, wo die geplanten Kosten nicht den realisierten Kosten entsprechen. Die Menge, wo die geplanten Kosten den realisierten Kosten entsprechen, definiert die Schnittmenge.

Die Preiserhöhung hat zu einer Kostensteigerung geführt (Bsp. 1.15) und wird mit negativem Vorzeichen ausgewiesen (I). Die geringer als geplant realisierte Menge hat zu einer Kostensenkung geführt und wird mit einem positiven Vorzeichen ausgewie-

Disjunktive Abweichungsanalyse
Delta: Soll-Ist-Vergleich   **Basis: MIN-Bezugsbasis** - - -
Ist-Größen > Plan-Größen

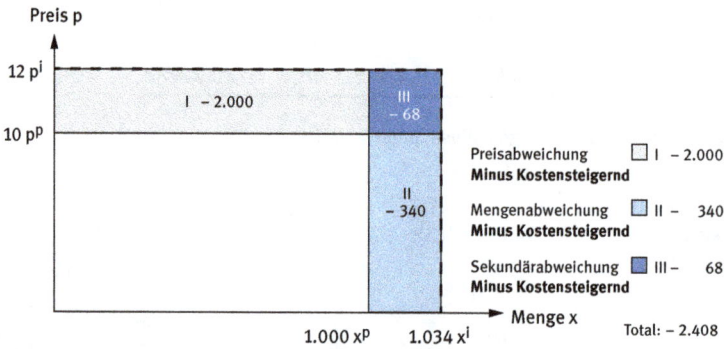

Abb. 8.51: Disjunktive Abweichungsanalyse Soll-Ist-Vergleich Ist-Größen > Plan-Größen (eigene Darstellung)

| Beispiel 1.15 | Disjunkte Abweichungsanalyse | | | |
	Soll	Ist	Δ Soll-Ist	Teilabweichungen
Preis p	10	12	−2	PA −2.000
Menge x	1.034	1.000	34	MA 340
Sekundär Abweichung				
Kosten	10.340	12.000	−1.660	GA −1.660

Abb. 8.52: Beispiel 1.15

Disjunktive Abweichungsanalyse
Delta: Soll-Ist-Vergleich   **Basis: MIN-Bezugsbasis** - - -
Ist-Größen > bzw. < Plan-Größen

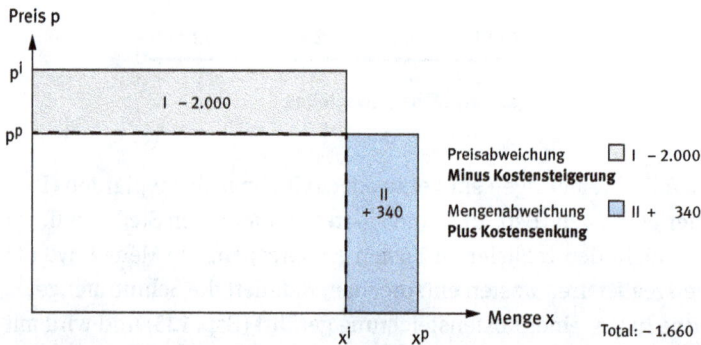

Abb. 8.53: Disjunktive Abweichungsanalyse Soll-Ist-Vergleich mit gegenläufiger Entwicklung der Einflussgrößenveränderung (eigene Darstellung)

sen (II). Aufgrund der gegenläufigen Entwicklung der beteiligten Einflussgrößen ist die Abweichung zweiten Grades faktisch nicht existent und wird nicht zur Erklärung der Gesamtabweichung benötigt und wird deshalb auch nicht ausgewiesen (kein Ausweis von Feld III). Ein möglicher Erklärungsansatz wäre, dass die Mengenreduktion eine weitergehende Preisabweichung verhindert hat.

8.6.9 Quantifizierung der Anzahl der Abweichungen höheren Grades bei der Disjunktiven Abweichungsanalyse

Durch den Verzicht auf den Ausweis der faktisch nicht existenten Abweichungen höheren Grades (Teilabweichungen mit gegenläufigen Einflussgrößenentwicklungen) erfolgt kein Ausweis von Leermengen; es liegt somit eine Partition des Mengensystems M vor. Dies gilt auch im n-Dimensionalem Raum.[45]

Mit zunehmender Anzahl der multiplikativ verknüpften Einflussgrößen sinkt die Wahrscheinlichkeit, dass sich alle gleichgerichtet erhöht oder vermindert haben. Hierdurch kommt es zu einer erheblichen Reduktion der Komplexität, da deutlich weniger Teilabweichungen ermittelt und ausgewertet werden müssen.

- Wird unterstellt, dass für alle multiplikativ verknüpften Einflussgrößen n die gleiche Wahrscheinlichkeit einer Sollgrößen Über- oder Unterschreitung besteht, gilt für die Wahrscheinlichkeit, dass alle Teil-Quader zur Erklärung der Gesamtabweichung erforderlich sind, $2 \cdot (1/2^n)$. (a. alle Sollgrößen > allen Istgrößen $1/2^n$ oder b. alle Istgrößen > allen Sollgrößen $1/2^n$).
- Bei zwei multiplikativ verknüpften Einflussgrößen wäre dies eine Wahrscheinlichkeit von 50 %, $(2 \cdot 1/4)$, bei drei Einflussgrößen 25 % $(2 \cdot 1/8)$, bei vier bereits von 12,5 %, bei fünf 6,25 %, usw.
- Bei drei Einflussgrößen treten neben den drei Abweichungen ersten Grades vier Abweichungen höheren Grades – drei zweiten und eine dritten Grades – auf.[46] Wenn eine Einflussgröße sich nicht gleichgerichtet mit den anderen Einflussgrößen im Sinne von > oder < Soll entwickelt hat, reduziert sich die Anzahl der vier Abweichungen höheren Grades auf eine faktisch existente Teilabweichung (Reduktion um 75 %, vgl. auch Beispiel 2.1 in Kap. 8.4.5). Die Eintrittswahrscheinlichkeit hierfür beträgt bei drei Einflussgrößen 75 %.
- Werden vier Einflussgrößen ausgewertet ergeben sich $2^n = 16$ Quader, abzüglich Schnittmenge und vier Abweichungen ersten Grades, elf Abweichungen höheren Grades[47], von denen im Falle von zwei kostensteigernden und zwei kostensenkenden Einflussgrößenveränderungen nur zwei Teilabweichungen höheren Grades faktisch existent wären (Reduktion > 80 %).

---

45 Wilms 1988, S. 122 ff.
46 Vgl. Kap. 8.4.7.
47 Vgl. Kap. 8.4.7.

Mit n– Anzahl der in einer Produktionskette enthaltenen primären Einflussgrößenän-
derungen, die zu einer Kostensteigerung geführt haben (sign $\Delta^{SI}y_i = -1$) und
mit n+ Anzahl der in einer Produktionskette enthaltenen primären Einflussgrößenän-
derungen, die zu einer Kostenreduktion geführt haben (sign $\Delta^{SI}y_i = +1$)
reduziert sich die Anzahl der faktisch existenten Abweichungen höheren Grades auf[48]:

$$\{2^{n+} - 1 - (n+)\} + \{2^{n-} - 1 - (n-)\}$$

Mit zunehmender Anzahl der multiplikativ verknüpften Einflussgrößen reduziert sich
die Anzahl der zur Erklärung der Gesamtabweichung erforderlichen faktisch existenten Teilabweichungen erheblich.

Beispiel: n = 8: Anzahl der Abweichungen höheren Grades bei n = 8 $\quad (2^8 - 9) = 247$
Anzahl der ausgewiesenen Abweichungen höheren Grades bei einer differenzierten
Abweichungsanalyse bei acht multiplikativ verknüpften Einflussgrößen: 247.

Annahme: vier kostensteigernde n– = 4 und vier kostensenkende Effekte n+ = 4
Anzahl der faktisch existenten Abweichungen bei $\quad$ n+ = 4; n– = 4 $\quad 2 \cdot (2^4 - 5) = 22$
Bei der disjunktiven Abweichungsanalyse würden in diesem Beispielsfall anstelle 247
nur 22 faktisch existente Abweichungen höheren Grades ausgewiesen.

Anzahl der faktisch existenten Abweichungen höheren Grades in Abhängigkeit der
Einflussgrößenentwicklung und deren Eintrittswahrscheinlichkeiten siehe Abb. 8.54.

8.6.10 Interpretation: Minus · Minus = Minus

Bei einer Auswertung könnte der Eindruck entstehen, dass bei der multiplikativen Verknüpfung von zwei negativen Größen wieder eine negative Größe entsteht und somit

$$\text{Minus} \cdot \text{Minus} = \text{Minus}$$

gelten würde, was eindeutig gegen die Regeln der Mathematik verstößt. Dies ist natürlich nicht der Fall, sondern es verdeutlicht, dass die Wahl der Bezugsbasis, die
Wahl der Differenzbildung sowie die Veränderung der Einflussgrößen nicht getrennt
betrachtet werden können. Die **kaufmännische Interpretation** der Teilabweichungen ist von der Teilabweichungsermittlung zu trennen. Letztendlich werden auch hier
die faktisch existenten und faktisch nicht existenten Teilabweichungen aus Sicht der
gewählten Bezugsbasis der Schnittmenge A ∩ B additiv verknüpft.

---

[48] Wilms (1988), S. 226.

Faktisch existente Teilabweichungen & Eintrittswahrscheinlichkeiten

Einflussgrößen n	Relation n+/n-	faktisch existente Abweichungen			Wahrscheinlichkeit $1/2^n$	
		n+	n−	Σ		
2	2/0	1	0	1	1/4	25,00 %
	1/1	0	0	0	2/4	50,00 %
	0/2	0	1	1	1/4	25,00 %
3	3/0	4	0	4	1/8	12,50 %
	2/1	1	0	1	2/8	25,00 %
	1/2	0	1	1	2/8	25,00 %
	0/3	0	4	4	1/8	12,50 %
4	4/0	11	0	11	1/16	6,25 %
	3/1	4	0	4	4/16	25,00 %
	2/2	1	1	2	6/16	37,50 %
	1/3	0	4	4	4/16	25,00 %
	0/4	0	11	11	1/16	6,25 %
5	5/0	32	0	32	1/32	3,13 %
	4/1	16	0	16	5/32	15,63 %
	3/2	4	2	6	10/32	31,25 %
	2/3	2	4	6	10/32	31,25 %
	1/4	0	16	16	5/32	15,63 %
	0/5	0	32	32	1/32	3,13 %

Abb. 8.54: Eintrittswahrscheinlichkeit faktisch existenter Teilabweichungen (eigene Darstellung)

8.6.11 Beweis der Allgemeingültigkeit

Für die Allgemeingültigkeit des Ansatzes ist zu beweisen, dass auf die Quader der faktisch nicht existenten Teilabweichungen verzichtet werden kann[49].

Definition: Soll-Quader: $Q^S = K^S = y_1^s \cdot y_2^s \cdot y_n^s$

Ist-Quader: $Q^i = K^i = y_1^i \cdot y_2^i \cdot y_n^i$

$$\Delta y_i = |y_i^s - y_i^i|$$

Gesucht: Differenz $Q^S - Q^I$

Ausgedrückt in wegfallenden und hinzukommenden n-dimensionalen Quadern ohne Überschneidungen.

Verfahren: bei dem Vergleich der Soll- mit den Ist-Werten gibt es drei Möglichkeiten

$$y_i^s = y_i^i \qquad (1)$$

$$y_i^s > y_i^i \qquad (2)$$

$$y_i^s < y_i^i \qquad (3)$$

---

49 Ausfühlich vergleiche Wilms (1988), S. 103–106.

Zur Vereinfachung der Schreibweise wird angenommen, dass für

$$y_i^s, y_i^i \text{ mit } i = \quad 1, \ldots, f \qquad \text{die Möglichkeit (1),}$$
$$\qquad\qquad f + 1, \ldots, h \quad \text{die Möglichkeit (2),}$$
$$\qquad\qquad h + 1, \ldots, n \quad \text{die Möglichkeit (3) gilt.}$$

Zur Berechnung von $Q^S - Q^I = y_1^s \cdot y_2^s \cdot y_n^s - y_1^i \cdot y_2^i \cdot y_n^i$ werden nun im
Soll-Quader die Werte der Einflussgrößen y_i^s durch die Werte
y_i^i $\qquad$ ersetzt für $\qquad i = 1, \ldots, f,$
$y_i^i + \Delta y_i \qquad$ ersetzt für $\qquad i = f + 1, f + 2, \ldots, h$
Ist-Quader die Werte der Einflussgrößen y_i^i durch die Werte
$y_i^s + \Delta y_i \qquad$ ersetzt für $\qquad i = h + 1, h + 2, \ldots, n$

$$Q^S - Q^I = y_1^i \cdot y_2^i \cdot y_f^i (y_{f+1}^i + \Delta y_{f+1}) \ldots (y_h^i + \Delta y_h) \quad y_{h+1}^s, \ldots y_n^s$$
$$\qquad - y_1^i \cdot y_2^i \cdot y_h^i (y_{h+1}^i + \Delta y_{h+1}) \ldots (y_n^s + \Delta y_n)$$
$$Q^S - Q^I = y_1^i \cdot y_2^i \ldots y_h^i y_{h+1}^i \ldots y_{f+1} \ldots y_n^s + \Delta \text{ Werte aus Soll-Quadern}$$
$$\qquad - y_1^i \cdot y_2^i \ldots y_h^i y_{h+1}^i \ldots y_{f+1} \ldots y_n^s - \Delta \text{ Werte aus Ist-Quadern}$$

Für die weitergehende Auflösung gilt:

$$=: y_1^1 \cdot y_2^1 \cdot y_f^1 (y_{f+1}^1 + \Delta y_{f+1}) \ldots (y_h^1 + \Delta y_h) \quad y_{h+1}^1, \ldots y_n^1$$
$$\qquad - y_1^1 \cdot y_2^1 \cdot y_h^1 (y_{h+1}^1 + \Delta y_{h+1}) \ldots (y_n^1 + \Delta y_n)$$
$$= y_1^1 \ldots y_n^1 + \Delta \text{ Werte aus Soll-Quadern}$$
$$\qquad - y_1^1 \ldots y_n^1 - \Delta \text{ Werte aus Ist-Quadern}$$
$$= y_1^1 \ldots y_f^1 \quad (\Delta y_{f+1}) y_{f+2}^1 \ldots y_n^1$$
$$\qquad + y_1^1 \ldots y_{f+1}^1 (\Delta y_{f+2}) y_{f+3}^1 \ldots y_n^1$$

$$\vdots$$

$$\qquad + y_1^1 \ldots y_{h-1}^1 (\Delta y_h) y_{h+1}^1 \ldots y_n^1$$
$$\qquad + y_1^1 \ldots y_f^1 (\Delta y_{f+1})(y_{f+2}) y_{f+3}^1 \ldots y_n^1$$

$$\vdots$$

$$\qquad + y_1^1 \ldots y_f^1 (\Delta y_{f+1}) y_{f+2}^1 \ldots y_{h-1}^1 \quad (\Delta y_h) y_{h+1}^1 \ldots y_n^1$$

$$\vdots$$

$$\qquad + y_1^1 \ldots y_f^1 (\Delta y_{f+1}) \ldots \quad (\Delta y_h) y_{h+1}^1 \ldots y_n^1$$
$$\qquad - [y_1^1 \ldots y_h^1 \quad (\Delta y_{h+1}) y_{h+2}^1 \ldots y_n^1$$

$$\vdots$$

$$+ y_1^1 \ldots y_{n-1}^1 (\Delta y_n)$$
$$+ y_1^1 \ldots y_h^1 (\Delta y_{h+1})(y_{h+2}) y_{h+3}^1 \ldots y_n^1$$
$$\vdots$$
$$+ y_1^1 \ldots y_h^1 (\Delta y_{h+1}) \ldots (\Delta y_n)]$$

Mit $y_1^1 = \min(y_i^s; y_i^i)$ und $\Delta y_i = |y_i^s - y_i^i|$
   Δ Werte aus Istkosten – Quadern

8.6.12 Symmetrische disjunkte Abweichungsanalyse

Falls lediglich eine Teilabweichung je Einflussgrößenveränderung ausgewiesen werden soll, könnte auch eine symmetrische Verrechnung der Abweichungen höheren Grades auf Min-Basis erfolgen. Die beschriebenen Kompensationseffekte treten bei dieser Vorgehensweise nicht auf. Die ermittelte Teil-Abweichungen sind kleiner/gleich den Ergebnissen der beschriebenen symmetrischen Abweichungsanalysen auf Soll- oder Ist-Basis.

8.6.13 Max Abweichungsanalyse

Theoretisch könnte auch eine Max-Abweichungsanalyse erstellt werden, die sich auf die Bezugsbasis der maximalen Einflussgrößenveränderungen bezieht.

$$\text{Bezugsbasis MAX: } K_{Max} = \max\{y_1^i, y_1^s\} \cdot \ldots \cdot \max\{y_n^i, y_n^s\}$$

Die Max Abweichungsanalyse könnte als Soll-Ist- oder als Ist-Soll-Vergleich erstellt werden. Bei diesen Ansätzen sind aufgrund der Einbeziehung der faktisch nicht existenten Abweichungen höheren Grades erhebliche Kompensationseffekt zu erwarten, so dass auf Abbildung an dieser Stelle verzichtet wird. Die Bezugsbasis Max könnte auch als Außen-Quader, der den Istkosten- und den Sollkosten-Quader umspannt, abgeleitet werden. Dies entspricht keinem disjunkten System.

8.7 Anforderungskriterien an die Abweichungsanalyse-Methoden

Bei einer Auswahl der am besten geeigneten Methoden ist zu prüfen, in wieweit sie die übergeordneten Aufgaben der Kontrollrechnungen – Entscheidungs- und Verhaltenssteuerungsfunktionen – erfüllen können. Aus den vorhergehenden Ausführungen wird ersichtlich, dass für diese Aufgaben ein disjunktes System die Voraussetzung sein dürfte.

In der Literatur wird differenziert, für welche Aufgaben die Abweichungsanalyse vorrangig eingesetzt werden solle, die Analyse für künftige Prognosen oder die Verhaltensbeeinflussung der Mitarbeiter:[50]

Für die **Entscheidungsfunktion** ist es bei der Abweichungsanalyse erheblich, dass sämtliche Informationen verwendet und keine Einzelabweichungen vernachlässigt werden. Des Weiteren ist sicherzustellen, dass vergleichbare Informationen in allen Fällen zur Verfügung gestellt werden und es nicht zu einer ungleichen Berechnung von Teilabweichungen kommen kann.

Bei der Abweichungsanalyse tritt auch die **Verhaltenssteuerung** und der Faktor **Vertrauen in Systeme** zunehmend in den Vordergrund. Die Mitarbeiter nutzen nur solche Systeme, denen sie auch Vertrauen. Hierbei geht es um die Zuverlässigkeit, die Genauigkeit und Nachvollziehbarkeit der Datenströme und -ermittlung, der Aktualität der Daten sowie einer Erfüllung des Gerechtigkeitsempfindens. Bei der **Verhaltenssteuerungsfunktion** ist es deshalb erforderlich, dass die ausgewiesenen Teilabweichungen für die verantwortlichen Mitarbeiter nachvollziehbar und in erster Linie auch akzeptabel sind. Anderen Falls besteht die Gefahr, dass bei der Abweichungsauswertung und Besprechung insbesondere bei negativen Entwicklungen mehr über die Berechnungsmethoden als über die Ursachen, Lerneffekte und Gegenmaßnahmen diskutiert wird. Die Überprüfung der Einhaltung von Zielvereinbarungen und Bonus-Systemen sind zunehmend mit den Entscheidungssystemen verknüpft. Die sozialen Netzwerke von Unternehmen oder Unternehmensgruppen sind zunehmend auf die Kooperationsbereitschaft der beteiligten Akteure angewiesen. Neben dem Aspekt der Wirkung der Teilabweichungen auf die verantwortlichen Mitarbeiter geht es bei dieser Frage auch um die Glaubwürdigkeit des Controllings als Institution. Als merkwürdig oder ungerecht empfundene Zurechnungen von Teilabweichungen sind im Interesse des Controllings zu vermeiden. In der Praxis ist es zwingend erforderlich ein System zu implementieren, dass beiden Aufgaben, Entscheidungs- und Verhaltenssteuerungsfunktion, gerecht wird, da die eingesetzten Informationssysteme doch recht komplex und kostenintensiv sind.

Hier soll dem Aspekt der ökonomisch sinnvollen Interpretation besondere Bedeutung zugeordnet werden. Für den Controller stellt sich immer die Frage, wie nützlich der Informationsgehalt der bereit gestellten Auswertungen ist. Ziel sollte es stets sein, offensichtliche und verdeckte Mängel zu erkennen.

Für die Kostenrechnung[51] im Allgemeinen, die Kostenartenrechnung und die Abweichungsanalyse im Speziellen wurden vielfältige Grundsätze und Anforderungskriterien der Kosten- Leistungs-, Abweichungsverrechnung und der Datenbereitstellung erstellt.

Für die Kostenrechnung wurden allgemeingültige **Zurechnungsprinzipien** für eine möglichst exakte, akzeptable und wirtschaftliche Zurechnung von Kosten zu ei-

---

50 Küpper u. a. 2013, S. 277; Ewert, Wagenhofer 2014, S. 325.
51 Coenenberg u. a. 2016, S. 108; BWLWissen.net; Wikipedia.

ner Kostenart, einer Kostenstelle oder einem Kostenträger entwickelt[52], die sich letztendlich in zwei Gruppen der Zurechnung einteilen lassen:

– **Verursachungsprinzip:** Bei dem klassischen Verursachungsprinzip sind die Kosten und Erlöse den auf sie einwirkenden Einflussgrößen zuzurechnen. Das Verursachungsprinzip beinhaltet eine **hervorragende Rechtfertigung** für die Kostenzurechnung, weil die zugerechneten Kosten nur dann entstehen, wenn das Zurechnungsobjekt realisiert wurde; zwischen Kosten und Zurechnungsobjekt besteht eine sehr enge Verbindung[53].

Aus dem Verursachungsprinzip wurden das Identitäts- und das Leistungsentsprechungsprinzip abgeleitet. Bei dem Identitätsprinzip sind Kosten bestimmten Erlösen nur dann zuzurechnen, wenn die Kosten und Erlöse durch dieselbe Entscheidung ausgelöst werden. Das Leistungsentsprechungsprinzip gibt an, wie die Gesamtkosten auf die einzelnen Leistungseinheiten verteilt werden sollen. Das Identitäts- und Leistungsentsprechungsprinzip findet in der Praxis kaum Anwendung und hat sich nicht durchgesetzt.

– **Verteilungsprinzipien:** Kosten, die nicht oder nur schwerlich Kostenstellen (z. B. Gebäudekosten), Kostenträgern (z. B. Meistergehalt) oder Perioden (z. B. Abschreibungen) entsprechend dem Verursachungsprinzip zugerechnet werden können oder sollen, müssen hilfsweise mittels Mengen- oder Wertschlüsseln umgelegt werden. Zur Anwendung kommen hierbei:

  – **Durchschnittsprinzip:** Die Kosten werden durchschnittlich auf die Leistungseinheiten verteilt (z. B. durchschnittliche Kosten eines Beschaffungsvorgangs).

  – **Proportionalitätsprinzip:** Kosten werden proportional zu bestimmten Bezugs- oder Maßgrößen verteilt (z. B. Gebäudekosten proportional zu den genutzten Flächen)

  – **Tragfähigkeitsprinzip:** Die Verteilung der Kosten richtet sich nach der Tragfähigkeit der Kostenträger, wie z. B. Deckungsbeiträgen. Hierbei ist es auch möglich, dass einzelne Kostenträger überhaupt nicht belastet werden. Das Tragfähigkeitsprinzip kommt auch bei der Einkommensteuer zum Tragen.

  – **Akzeptanzprinzip**[54]: Mit der Lösung der Kostenrechnung von einer ausschließlich kurzfristigen Betrachtung und dem Ziel der anteiligen Verrechnung von Fixkosten ergab sich die Notwendigkeit, das Verursachungsprinzip durch das Akzeptanzprinzip zu ergänzen. Bei der Preiskalkulation z. B. öffentlicher Aufträge oder von Einzelfertigungen sowie in der innerbetrieblichen Kostenkontrolle wird die Einbeziehung von nicht verursachungsgerecht zurechenbaren Kosten – wie z. B. den nach Zeiteinheiten abgerechneten

---

52 Kloock 2000, S. 49; Kloock 2005, u. a. S. 62 ff.; Schweitzer u. a. 2016, S. 75 ff.; Coenenberg u. a. 2016, S. 71f.

53 Kloock u. a. 2009, S. 63.

54 Vgl. Abbildung 1-10, Kapitel 1.5.1, Aufgaben der Kostenrechnung und Controlling.

Verbrauch einer Fertigungsanlage – von den Entscheidungsträgern in den meisten Fällen als angemessen und akzeptabel empfunden. In der Prozesskostenrechnung kommt es regelmäßig zu der Verrechnung von Fixkosten, die nach dem strengen Verursachungsprinzip nicht möglich wären. Dennoch werden die zugerechneten Kostenanteile bei einer nachvollziehbaren Berechnungsgrundlage eher akzeptiert als die pauschale Weiterverrechnung auf der Grundlage von Werteschlüsseln, wie dies in der klassischen Zuschlagskalkulation erfolgt.

Das Akzeptanzprinzip erfordert, dass der Ansatz der Kosten von Dritten nachvollziehbar und einsichtig sein muss, damit er letztendlich akzeptiert wird.

- **Wirtschaftlichkeitsprinzip:** Grundsätzlich sind bei Zurechnungen von Kosten und Erlösen auch das Wirtschaftlichkeitsprinzip[55] einzuhalten. In vielen Fällen wäre eine genaue, verursachungsgerechte Erfassung von Kosten möglich, erfolgt aber zur Vereinfachung oder aufgrund von Wirtschaftlichkeitsüberlegungen nicht. In anderen Fällen ist eine verursachungsgerechte Erfassung der Kosten schlichtweg nicht gewünscht, da diese zu sehr in die Persönlichkeitsrechte der Mitarbeiter eingreifen würde und gegen das Akzeptanzprinzip verstoßen würde.

Die Einhaltung und Offenlegung der verwendeten Prinzipien ist wesentlich für die Erfüllung der Entscheidungs- und Verhaltenssteuerungsfunktionen der Kontrollrechnungen.

Zur Erfüllung der Entscheidungsfunktion sind vollständige und transparente Informationen erforderlich. Bei Entscheidungsprozessen setzt der Controller am liebsten auf Größen, die auf der Grundlage des Verursachungs- oder Identitätsprinzip ermittelt wurden. Ziel der Entscheidungsträger ist es die Auswirkungen der Entscheidungen möglichst eindeutig zu quantifizieren. Häufig stellt sich die Frage, welche Kostenwirkungen bei möglichen Korrektur- oder Anpassungsmaßnahmen eindeutig (oder zumindest) zu erwarten sind. Vergleichbar ist dies mit der Grenzkostenbetrachtung bei der Fragestellung, was eine zusätzliche Einheit an Kosten verursachen würde. Hierfür sind vollständige, transparente, willkürfreie, interpretationsfähige Informationen erforderlich, die sich unter wirtschaftlichen und akzeptablen Kriterien gewinnen lassen.

Bei der Verhaltenssteuerungsfunktion wird zusätzlich zu dem Verursachungsprinzip auf eine Einhaltung des Akzeptanzprinzips geachtet. Für die Erfüllung des Akzeptanzprinzips dürfte es wesentlich sein, dass die Informationen reproduzierbar und nachvollziehbar sind. Dies erfordert Vollständig, Transparent, Überschneidungsfrei und Interpretationsfähigkeit.

---

55 Coenenberg u. a. 2016, S. 72.

Das Durchschnitts- und Proportionalitätsprinzip wird in der Regel bei nicht exakt erfassten Kostenstrukturen zur Vereinfachung oder aus Wirtschaftlichkeitsgründen verwendet. Die Zuordnung von Verantwortlichkeiten ist nur bedingt möglich.

Das Tragfähigkeitsprinzip ist eine Hilfslösung zur Entlastung margenschwacher Produkte, Bereiche oder zur Verteilung nur bedingt zurechnungsfähiger Kosten. Eine Verantwortungszurechnung auf dieser Grundlage ist i. d. R. nur bedingt möglich.

Zu prüfen wäre in wieweit Abweichungsanalysen diesen Grundprinzipen der Kostenverrechnungen folgen und welche Abweichungsanalysemethoden am besten dem Verursachungs-/Identitätsprinzip und dem Akzeptanzprinzip gerecht werden und welche eher einem Verteilungsprinzip entsprechen.

Im Bereich der Kostenartenrechnung wird die Einhaltung weiterer Grundsätze gefordert:

- **Eindeutigkeit:** Um zu vermeiden, dass über den Inhalt der Kosten Zweifel aufkommt, müssen alle Kostenarten eindeutig definiert sein.
  Im Sinne der Entscheidungs- und Verhaltenssteuerungsfunktion gilt es sicher zu stellen, dass über den Inhalt der Teilabweichungen keine Zweifel aufkommen können und das alle Teilabweichungen eindeutig definiert sind. Die Informationsgewinnung erfordert Transparenz bei allen Entscheidungs- und Zurechnungs-Prozessen.
  Dieses Kriterium entspricht in vielen Aspekten den Kriterien der Interpretationsfähigkeit aber auch der Willkürfreiheit und der Koordinationsfähigkeit.
- **Überschneidungsfreiheit/Disjunktheit:** Welcher Kostenart ein Kostenbetrag zuzuordnen ist, muss klar und offengelegt sein. Die Überschneidungsfreiheit soll hier aufgrund der überragenden Bedeutung für die Abweichungsanalysen und deren Teilabweichungen separat überprüft werden.
- **Vollständigkeit:** Wichtig ist, dass jeder Kostenbetrag sich zu einer bestimmten Kostenart zuordnen lässt.
- **Einheitlichkeit:** Die Ermittlung der Werte muss einheitlich erfolgen. Der Aspekt der Einheitlichkeit soll unter der Anforderung der Invarianz abgehandelt werden.

Diese Kriterien dienen vorrangig einer eindeutigen Zurechnung im Sinne des Verursachungsprinzips.

Für die Abweichungsanalyse wurden spezielle, vergleichbare Anforderungskriterien entwickelt, wobei insbesondere folgende diskutiert werden[56].

- Vollständigkeit
- Invarianz
- Willkürfreiheit

---

56 Kloock, Bommes 1982, S. 230–232, Kloock 1988, S. 426–428; Wilms 1988, S. 81–96. Ewert, Wagenhofer 2014, S. 325–330.

- Koordinationsfähigkeit
- Interpretationsfähigkeit
- Wirtschaftlichkeit und Praktikabilität

Entsprechend den obigen Ausführungen sollen nach einer Überprüfung der speziellen Anforderungen an Abweichungsanalysen auf die allgemeinen Prinzipien der Kostenrechnung zurückgegriffen werden und eine Überprüfung der Zurechnungsprinzipien, des Akzeptanzprinzips, die Transparenz und insbesondere die Überschneidungsfreiheit/Disjunktheit erfolgen.

8.7.1 Vollständigkeit

Die Vollständigkeit erfordert, dass die Summe der ausgewiesenen Teilabweichungen der Gesamtabweichung entspricht. Dies erfordert auch die Entscheidungsfunktion im Sinne der Bereitstellung sämtlicher Informationen. Wird auf das Kriterium der Vollständigkeit verzichtet entstehen Akzeptanzprobleme bei der Abweichungsauswertung. Dies würde auch einer heute zunehmend geforderten Transparenz widersprechen.
- Die differenzierte, die kumulative, die symmetrische, die proportionale und die disjunkte Abweichungsanalyse erfüllen ansatzbedingt dieses Kriterium.
- Die **alternative Abweichungsanalyse** erfüllt ansatzbeding dieses Kriterium **nicht**.

8.7.2 Invarianz

Das Kriterium der Invarianz wird erfüllt, wenn die gewählte Reihenfolge der Teilabweichungen keinen Einfluss auf deren ausgewiesenen Höhe hat. Es entspricht auch der Grundanforderung nach Einheitlichkeit der Verrechnung in der Kostenartenrechnung. Dieses Kriterium ist eine Voraussetzung zur Erfüllung der Entscheidungs- als auch der Verhaltenssteuerfunktion. Ein Abweichen hiervon widerspricht den Grundregeln der Algebra.
- Die differenzierte, die alternative, die symmetrische, die proportionale und die disjunkte Abweichungsanalyse erfüllen ansatzbedingt dieses Kriterium.
- Die **kumulative Abweichungsanalyse** erfüllt ansatzbedingt dieses Kriterium **nicht**.

8.7.3 Willkürfreiheit

Das Kriterium der Willkürfreiheit ergibt sich aus der Entscheidungs- als auch der Verhaltensfunktion und dient insbesondere Akzeptanzgesichtspunkten. Willkürfreiheit soll sicherstellen, dass die Höhe der Einzelabweichung, die einem Verantwortungsträger zugerechnet werden, nicht willkürlich durch andere Einflussgrößen oder Entscheidungsträger beeinflusst werden, die außerhalb seines Verantwortungsbereiches liegen.

Die Willkürfreiheit soll das **Prinzip der „Controllability"** sicherstellen, wonach ein Mitarbeiter nur anhand der von ihm zu kontrollierenden Faktoren beurteilt werden sollte. Unabhängig von der gewählten Abweichungsanalyse stellt sich hiermit auch die Frage der gewählten Bezugsbasis. Der verantwortliche Mitarbeiter könnte darauf bestehen, dass er an den im Planungsprozess und an den bei den Zielvereinbarungen festgelegten Größen gemessen wird. (siehe auch ceteris paribus Plan-Bezugsbasis). Auswertungen auf der Grundlage der Ist-Bezugsbasis könnten insbesondere, wenn sie für den Verantwortlichen nachteilig sind, abgelehnt werden.

Die Vermutung vorliegender Willkür kommt insbesondere bei Auswertungsgesprächen immer dann auf, wenn die Summe der den Verantwortlichen zugewiesenen Teilabweichungen ohne des Vorliegens erheblicher Verwerfungen in der Kostenstruktur größer als die zu berechnende Gesamtabweichung ausfällt.

Dieses Kriterium wird häufig auf die Frage reduziert, ob bei der gewählten Bezugsbasis, Abweichungen höheren Grades dem Verantwortlichen zugewiesen werden. Dieses Kriterium erfüllen, je nach Auslegung alle Ansätze, die die Abweichungen höherer Ordnung separat ausweisen sowie die alternative Abweichungsanalyse auf Planbasis.[57] Hierbei handelt es sich jedoch um eine **eindeutig verrechnungsmäßige** und um **keine eindeutig verursachungsmäßige** Erfassung von Teilabweichungen. Diese Sichtweise wird hier abgelehnt. Nur definitiv überschneidungsfreie, disjunkte Teilabweichungen werden erfahrungsgemäß von den betroffenen Mitarbeitern als Willkürfrei akzeptiert.

8.7.4 Koordinationsfähigkeit

Bei der Koordinationsfähigkeit geht es insbesondere, um die Auswertungsfähigkeit der Teilabweichungen in wieweit sich eine weitere Auswertung lohnt. Dies erfordert, dass die Teilabweichungen keine kompensierenden Effekte beinhalten. Sind Teilabweichungen höherer Ordnung in den Abweichungen ersten Grades enthalten, wäre das Kriterium der Koordinationsfähigkeit verletzt.

Bei den graphischen Darstellungen wird jedoch schnell ersichtlich, dass in Abhängigkeit der gewählten Bezugsbasis, der gewählten Differenzbildung, sowie der

---

[57] Ewert, Wagenhofer 2014, S. 327.

Veränderung der realisierten Einflussgrößen gegenüber den geplanten Einflussgrößen es bei allen geläufigen Abweichungsanalysemethoden zu Überschneidungen kommen kann. Kostenerhöhende Effekte oder realisierbare Einsparungspotentiale können leicht überschätzt oder falsch eingeschätzt werden.

Sind die auszuwertenden Einflussgrößen auf multiplikativ verknüpfte Einflussgrößen zurückzuführen sind die verdeckten Kompensationseffekte bei keiner Methode zu erkennen (Beispielsrechnungen der Abweichungsanalyse Kap. 8.11).

Eine ausgewiesene (Gesamt-) Abweichung von Null bedeutet nicht, dass sich dahinter keine Unwirtschaftlichkeiten verbergen können. Bei einer strengen Auslegung wird das Kriterium der Koordinationsfähigkeit von keiner der Abweichungsanalyse-Methoden erfüllt.

8.7.5 Interpretationsfähigkeit[58]

Der Wert einer ausgewiesenen Teilabweichung zur Erfüllung der Entscheidungsfunktion und der Verhaltenssteuerungsfunktion hängt erheblich von deren Informationswert und deren Interpretationsfähigkeit ab. Es ist eine wesentliche Voraussetzung zur Erfüllung des Akzeptanzprinzips.

Dieses Kriterium gilt als erfüllt, wenn jede ausgewiesene Teilabweichung eine entsprechend der auslösenden Einflussgrößenveränderungen sinnvolle ökonomische Interpretation in dem Sinne ermöglicht, dass sie zu einer Kostenüber- oder -unterschreitung geführt hat. Eine eindeutige Interpretationsfähigkeit der einzelnen Teilabweichungen dürfte eine grundlegende Voraussetzung für die Ursachenbestimmung zur Ermittlung möglicher Korrekturmaßnahmen, sowie eine effektive Kostendurchsprache im Sinne der Entscheidungs- wie auch der Verhaltenssteuerungsfunktion sein.

Wird je Einflussgröße nur eine Teilabweichung ausgewiesen kann diese unter Kenntnis der Abweichungsdifferenzermittlung Soll-Ist oder Ist-Soll eindeutig unabhängig von der zugewiesenen Höhe, als kostensteigernde oder kostensenkende Veränderung interpretiert werden.

– Die alternative, kumulative, proportionale und symmetrische Abweichungsanalyse können bedingt das Kriterium der Interpretationsfähigkeit erfüllen.

Probleme bereitet dieses Kriterium hingegen den differenzierten Methoden durch den separaten Ausweis der Teilabweichungen höheren Grades. Durch die multiplikative Verknüpfung mehrerer Kostenveränderungsgrößen werden die impliziten Kompensationseffekte direkt sichtbar und verhindern in vielen Fällen eine eindeutige Interpretationsfähigkeit.

---

58 Wilms 1988, S. 16 f.

Beispielsweise führen zwei mit negativem Vorzeichen ausgewiesenen Einflussgrößenveränderungen zu einer Teilabweichung zweiten Grades mit positivem Vorzeichen; diese ist kaufmännisch nicht interpretierbar. Je nach gewählter Bezugsbasis und Definition der Veränderungsgrößen Soll-Ist oder Ist-Soll kann dies sowohl bei einer Kostensteigerung wie auch bei einer Kostensenkung auftreten (vgl. Kap. 8.4.4). Hierdurch wird ein verdeckter Mangel der klassischen Abweichungsanalyse Methoden offensichtlich.

Treffen zwei Einflussgrößenveränderungen mit unterschiedlichen Vorzeichen (Negativ & Positiv) aufeinander, so führt dies bei den klassischen Ansätzen stets zu einer negativen Abweichung höheren Grades. Eine sinnvolle ökonomische Interpretation ist in keinem Falle möglich, da weder auf einen kostensenkenden noch auf einen kostensteigernden Effekt geschlossen werden kann. Die Teilabweichung besitzt eine rein korrektive Funktion. Hierdurch wird ein offensichtlicher Mangel dieser Methoden ersichtlich.

– Die differenzierten Abweichungsanalysen auf der Grundlage der klassischen Bezugsbasen erfüllen bei den Abweichungen höheren Grades das Kriterium der Interpretationsfähigkeit nicht.

Durch die Trennung der Ermittlung des Teilabweichungsbetrages und der Zuordnung des interpretationsfähigen Vorzeichens löst die Disjunkte Abweichungsanalysemethode dieses Problem und weist nur eindeutig interpretationsfähige Teilabweichungen aus.

– Die disjunktive Abweichungsanalyse kann dieses Kriterium auch für die faktisch existenten Abweichungen höheren Grades erfüllen.

8.7.6 Wirtschaftlichkeit und Praktikabilität

Kaufleute achten bei den von Ihnen ausgewählten Systemen auf die Wirtschaftlichkeit; es gilt den Nutzen der gewonnenen Informationen und die damit verbundenen Kosten gegeneinander abzuwägen. Bei der Praktikabilität steht der Zeitaufwand für die Informationsgewinnung und für den erforderlichen Erläuterungs- und Schulungsaufwand. Empirischen Untersuchungen zur Folge werden detaillierte Abweichungsauswertungen in der Praxis bevorzugt[59], was bei der zunehmenden Komplexität der Entscheidungsprozesse und der zunehmenden Einbindung der Ergebnisse in Anreiz- und Bonussysteme nicht verwundert. In der Praxis sind erhebliche Mengen von Einflussgrößen multiplikativ verknüpft. Dies gilt vorrangig für mehrstufige Produktionsprozesse oder EDV gestützte Auswertungsmodelle.[60]

---

[59] Ewert, Wagenhofer 2014, S. 329.
[60] Vgl. Wilms 1988, S. 340 ff. Anhang Beispiel mehrstufige Produktionsprozesse; Auswertungsmodell siehe z. B. Coenenberg u. a. 2016, 278.

Die Soll-Bezugsbasis wird insbesondere im Zusammenhang mit der Verhaltens-beeinflussung als geeignet angesehen, während für Entscheidungsfunktionen die Ist-Bezugsbasis häufig bevorzugt wird[61]. In der Praxis stellt sich doch die Frage, ob je nach Fragestellung mit unterschiedlichen Datensätzen oder Systemen gearbeitet werden sollte. Die würde nur zu Irritationen, Rückfragen und zusätzlichen Kosten führen. Es würde letztendlich dem Wirtschaftlichkeitsprinzip widersprechen. Ein implementiertes System sollte letztendlich der Entscheidungs-und der Verhaltenssteuerungs-funktion gerecht werden, zumal der Planbasisansatz auch nicht kompensationsfrei ist.

Die Wirtschaftlichkeit hängt somit sowohl von dem Datenerfassungsaufwand und dem Auswertungsaufwand ab, welcher je nach Unternehmen sehr unterschiedlich sein kann.

8.7.7 Transparenz

Für die Erfüllung der Entscheidungs- und der Verhaltenssteuerungsfunktionen sind transparente Informationen Voraussetzung. Dies erfordert, dass unabhängig von der gewählten Methode, unabhängig von der Bezugsbasis oder unabhängig von der Differenzermittlung der Einflussgrößen, sowie unabhängig von der Entwicklung Einflussgrößen keine nicht erkennbaren Kompensationsgrößen auftreten sollten. Alle klassischen Abweichungsanalysemethoden haben Probleme mit der Transparenz; keine erfüllt die Anforderungen in allen Situationen.

- Bei der **Differenzierten Abweichungsanalyse** werden die Kompensationseffekte bei den Abweichungen höherer Ordnung bereits in Abhängigkeit der gewählten Differenzbildung (Soll-Ist oder Ist-Soll) erkennbar.
- Bei der **alternativen Abweichungsanalyse** werden aufgrund des alleinigen Ausweises der Abweichungen ersten Grades Kompensationseffekte in Abhängigkeit der Bezugsgrößenentwicklung erst bei einer Beispielsrechnung oder bei einer graphischen Betrachtung ersichtlich.
- Bei der **kumulativen Abweichungsanalyse** werden Kompensationseffekte in Abhängigkeit der Bezugsgrößenentwicklung erst bei einer graphischen Betrachtung ersichtlich.
- Bei der **symmetrischen** und **Proportionalen Abweichungsanalyse** sind Kompensationseffekte in Abhängigkeit der Einflussgrößenveränderungen und der Bezugsbasis möglich.

Mit zunehmender Anzahl der Einflussgrößen nehmen die Kompensationseffekte zu, die die Regel und nicht die Ausnahme darstellen.

---

[61] Kloock u. a. 2005, S. 279.

– Bei der disjunktiven Abweichungsanalyse wird die Gesamtabweichung in ihre kleinsten Bestandteile zerlegt, so dass eine größt mögliche Transparenz geschaffen wird. Je nach Auswertungsziel und Informationsbedarf können diese Grundbausteine additiv verknüpft werden.

8.7.8 Akzeptanzprinzip

Das Akzeptanzprinzip erfordert, dass der Ansatz der Teilabweichungen von Dritten nachvollziehbar und einsichtig sein muss, damit sie letztendlich akzeptiert werden. Gut ausgebildete und pflichtbewusste Mitarbeiter entwickeln ein sehr gutes Gerechtigkeitsgefühl dafür, für welche Fehler und Abweichungen sie oder andere verantwortlich sind, beziehungsweise für welche Abweichungen sie in Kombination mit anderen Entscheidungsträgern verantwortlich sind; oder auch nicht verantwortlich sind.

Dies gilt gleichermaßen für Kostenüberschreitungen wie auch Kostenunterschreitungen. Auch bei Kostenunterschreitungen ist zu klären, wem diese Potentiale zuzurechnen sind. Bei Mehrfachzurechnungen werden die Einsparungspotentiale u. U. überschätzt und es kommt gegebenenfalls zu Verwerfungen im Bonussystem. Im Extremfall übersteigen die Bonuszahlungen die Einsparungspotentiale.

In der zunehmend komplexen und vernetzten Produktion ist es erforderlich, dass die Entscheidungsträger zunehmend auch gemeinsame Verantwortungen übernehmen. Bei einer fairen Behandlung sind sie in der Regel auch dazu bereit. Als willkürlich empfundene ungerechtfertigte Zurechnungen oder Schuldzuweisungen werden hingegen nicht akzeptiert. Systeme müssen laufend auch auf ihre Glaubwürdigkeit hin geprüft werden.

Das Akzeptanzprinzip erfordert vollständige und transparente Informationen, was überschneidungsfreie und interpretationsfähige Teilabweichungen voraussetzt:

– Aufgrund der bei allen klassischen Abweichungsanalysen offen oder verdeckt auftretenden Kompensationseffekten dürfte das Akzeptanzprinzip nur schwerlich zu erfüllen sein.

– Bei der disjunktiven Abweichungsanalyse werden aufgrund des überschneidungsfreien Ausweises der Teilabweichungen die Kriterien des Akzeptanzprinzips erfüllen.

8.7.9 Disjunktheit/Überschneidungsfreiheit

Viele Kriterien, wie die Transparenz oder Akzeptanz scheitern letztendlich daran, dass es zu Überschneidungen und damit zu Kompensationseffekten kommen kann. Das in der Kostenartenrechnung geforderte und bei einer Bewertung der Abweichungsanalysen noch nicht berücksichtigte Kriterium der Überschneidungsfreiheit oder Disjunktheit soll deshalb genauer untersucht werden. Zwei **Mengen**, die kein gemeinsames Element besitzen, werden als **disjunkt** bezeichnet.

Ziel dieses Kriteriums der Überschneidungsfreiheit oder Disjunktheit sollte es sein, die Plan- und Ist-Kosten- oder Erlösblöcke in die kleinsten möglichen überschneidungsfreien Elemente zu zerlegen und hierdurch eine best mögliche Entscheidungsgrundlage und Steuerungsfunktion zu bieten.

Die vorhergehenden Ausführungen lassen erkennen, dass keine der klassischen Abweichungsanalysen in alle Fällen möglicher Einflussgrößenveränderungen zu einem disjunkten System führen kann. Selbst die Abweichungen ersten Grades einer alternativen Abweichungsanalyse beruhen häufig auf sich überlappenden Teilabweichungen, so dass die Summe der Abweichungen ersten Grades größer als die Gesamtabweichung sein kann. Es handelt sich nur um eine **scheinbare Disjunktheit**.

Bei der symmetrischen Abweichungsanalyse kommt es beispielsweise zu Überlappungseffekten, wenn gegenläufige Einflussgrößenveränderungen aufeinandertreffen. Die Tatsache, dass die möglichen Kompensationseffekte und die damit verbundenen Auswertungs- und Interpretationsprobleme einen der größten Mängel der angewendeten Abweichungsanalysen darstellt, unterstreicht die Forderung nach einem disjunkten Abweichungsanalyse-Ansatz.

– Die Disjunkte Min-Abweichungsanalyse ermöglicht einen überschneidungsfreien Ausweis der Teilabweichungen.

8.7.10 Zurechnungsprinzipien

Bei den Zurechnungsprinzipien ist zu prüfen, inwieweit der Grundgedanke des Verursachungsprinzips oder eines der Verteilungsprinzipien bei der Erstellung der Teilabweichungen eingehalten wurde.

Bei einer Übertragung des **Verursachungsprinzips** auf die Abweichungsanalyse müssten die Teilabweichungen den auf sie einwirkenden Einflussgrößenveränderungen zugerechnet werden können. Das so verwendete Verursachungsprinzip beinhaltet eine hervorragende Rechtfertigung für die Abweichungszurechnung, weil die zugerechneten Teilabweichungen nur dann entstehen, wenn die realisierten Größen und die geplanten Größen voneinander abweichen; zwischen den durch die realisierten Kosten entstehenden Teilabweichungen als Zurechnungsobjekt besteht eine sehr enge Verbindung[62].

Das Verursachungsprinzip erfordert eindeutige, einheitlich ermittelte und überschneidungsfreie Daten. Bei Anwendung des Verursachungsprinzips muss die Veränderung der Einflussgröße nicht zwingend nur zu einer Teilabweichung ersten Grades führen. Eine Einflussgrößenänderung kann auch zu mehreren Teilabweichungen füh-

---

62 Kloock u. a. 2009, S. 63.

ren. Voraussetzung wäre jedoch, dass – wenn die Veränderung der untersuchten Einflussgröße nicht stattgefunden hätte – es die entsprechenden Abweichungen ersten und höheren Grades auch nicht geben würde.

- Bei dem Vorliegen von Überschneidungen kann bei einer strengen Auslegung des Verursachungsprinzips das Kriterium von keiner klassischen Abweichungsanalyse erfüllt werden.

Falls das Verursachungsprinzip nicht im strengen Sinn zu erfüllen ist, bietet sich eine alternative Betrachtungsweise an: Ein verursachungsgerechter Ausweis von Teilabweichungen liegt vor, wenn in der Teilabweichung der Einflussgrößenveränderung der **zumindest eindeutig** zurechnungsfähige Teil der Gesamtabweichung ausgewiesen wird. Es ist zu prüfen, ob die Verteilung der Abweichungsüberschneidungen dem Grundgedanken eines der anderen Verteilungsprinzipien entspricht.

- Bei der **Disjunktiven Min-Abweichungsanalyse** können die Teilabweichungen ersten Grades einer Ursache zumindest eindeutig zugerechnet werden. Die Teilabweichungen zweiten Grades können dem gleichzeitigen Auftreten von zwei Abweichungsursachen zumindest zugewiesen werden; die Teilabweichungen n-ten Grades können dem gleichzeitigen Auftreten von n Abweichungsursachen zumindest zugewiesen werden.

Bei den **Verteilungsprinzipien** wird ersichtlich, dass die symmetrische Abweichungsanalyse auf eine durchschnittliche Zurechnung der Abweichungen höheren Grades abzielt, während die Proportionale Abweichungsanalyse ihrem Namen entsprechend eine Proportionalisierung der Abweichungen höheren Grades anstrebt. Hierbei kann es sich auch um kompensierende Abweichungen höheren Grades handeln.

- Die **Symmetrische Abweichungsanalyse** entspricht vom Vorgehen her dem bei der Kostenverrechnung geläufigem und häufig angewendetem **Durchschnittsprinzip** und sollte deshalb nicht als willkürliche Zuordnung eingestuft werden.[63]
- Die **Proportionale Abweichungsanalyse** entspricht vom Ansatz her dem bei der Kostenverrechnung üblichem und geläufigem **Proportionalitätsprinzip.**

Die **kumulative Abweichungsanalyse** erfüllt als einzige Abweichungsanalyse das Kriterium der Invarianz nicht. Dennoch ist diese Methode in der Praxis weit verbreitet und beispielsweise auch in SAP hinterlegt. Zur Minderung der eventuell auftretenden Akzeptanzprobleme bei der Erfüllung der Verhaltenssteuerung werden feste, tragfähigkeitsorientierte Regeln der Reihenfolgeermittlung aufgestellt:[64]

---

63 Coenenberg u. a. 2016, S. 271.
64 Ewert Wagenhofer 2014, S. 326, Coenenberg u. a. 2016, 275.

- Die Abweichungen exogener, vom Verantwortlichen nicht beeinflussbarer Bestimmungsgrößen oder Veränderungen deren Auswirkungen auf die realisierten Kosten bestimmt werden sollen, werden zuerst ermittelt;
- Weniger „wichtige" Abweichungen werden in der Folge erstellt;
- „Wichtige" zu Verantwortende Abweichungen werden als letzte, i. d. R. auf Plan-Bezugsbasis aufgrund des Vertrauensschutzes berechnet;
- Eine einmal festgelegte Reihenfolge wird nicht verändert; Vertrauensschutz/Vergleichbarkeit
- Diese Vorgehensweise entspricht ansatzweise dem **Tragfähigkeitsprinzip**; Die Teilabweichungen werden dahin verrechnet, wo sie erträglich sind.

Diese Festlegungen können jedoch auch zum Nachteil des Verantwortlich führen, da die Frage des Soll-Ist- oder Ist-Soll-Vergleichs, sowie die Ausgangs-/Endbezugsbasis auch geklärt werden müsste. Durch die Festlegung der Reihenfolge der Teilabweichungen und die Vorgabe einer Bezugsbasis, z. B. Plan-Bezugsbasis wird das Problem der Kompensationseffekte nicht gelöst und stellt auch keine verursachungsgerechte Lösung dar[65]

8.8 Zusammenfassung der Ergebnisse Abweichungsanalysemethoden

Alternative Abweichungsanalyse
- Makel der Unvollständigkeit
- Geringe Anzahl von Teilabweichungen: nur **Abweichungen ersten Grades**
- Teilabweichungen ersten Grades können nicht eindeutig entsprechend dem Verursachungsprinzip zugeordnet werden; Ausweis bezugsbasengerecht
- Problem: Summe der Teilabweichungen ≠ Gesamtabweichung
- **Summe der Abweichungen ersten Grades > oder < Gesamtabweichung**
- Scheinbare Disjunktheit
- Kompensationseffekte/interne Verrechnungen stehen im Raum
- Auswirkungen der Bezugsgrößenveränderungen werden u. U. über-/unterschätzt
- Erfüllt nicht das Akzeptanzprinzip
- Erstellung der Informationen einfach, jedoch erheblicher Erläuterungsbedarf des gewählten Ansatzes aufgrund der Kompensationseffekte
- Für Entscheidungs- und Verhaltensteuerungsfunktionen **ungeeignet**

---

[65] Vgl. Coenenberg u. a. 2016, S. 274 ff., S. 282.

Teilweise differenzierte Abweichungsanalyse

- Behebt Makel der Unvollständigkeit durch **„en bloc" Abweichung** „Plus"
- Geringe Anzahl von Abweichungen: nur Abweichungen ersten Grades & Plus-Abweichung
- Teilabweichungen ersten Grades können nicht eindeutig entsprechend dem Verursachungsprinzip zugeordnet werden; unter Vorgabe der Bezugsbasis Bezugsbasen-Verursachungsgerecht bei Abweichungen ersten Grades; gilt nicht für „en bloc" Abweichung
- Summe der Teilabweichungen = Gesamtabweichung per Definition.
- Problem: **Summe der Abweichungen ersten Grades u. U. > Gesamtabweichung**
- Kompensationseffekte/interne Verrechnungen offensichtlich, „en bloc" Ausweis löst Problem der Überschneidungen nicht
- Erfüllt nicht das Akzeptanzprinzip
- Für Entscheidungs- und Verhaltensteuerungsfunktionen **ungeeignet**

Kumulative Abweichungsanalyse

- Erfüllt die Vollständigkeit
- Geringe Anzahl von Abweichungen
- Problem: wechselnde Bezugsbasen in Abhängigkeit der vorgegebenen Reihenfolge
  - Widerspricht den Grundregeln der Algebra
  - Heilungsversuch durch vorgegebene Reihenfolge der Abweichungsermittlung; entscheidende Abweichung auf Planbasis: Vertrauensschutz
  - Auswirkungen der Bezugsgrößen offensichtlich von Reihenfolge abhängig
  - Hierdurch eingeschränkte Akzeptanz
- Vorgehensweise entspricht ansatzweise dem **Tragfähigkeitsprinzip**
- Daten unter wirtschaftlichen Gesichtspunkten leicht zu generieren, Wahl der Reihenfolge, erläuterungsbedürftig
- In Praxis weit verbreitet (z. B. SAP)
- Für Entscheidungs- und Verhaltenssteuerungsfunktionen **nur bedingt geeignet**

Differenzierte Abweichungsanalyse

- Versucht Mängel der vorgehenden Methoden zu vermeiden
- Erfüllt die Vollständigkeit
- Einheitlich bezüglich definierter Bezugsbasis
- Abweichungen ersten und höheren Grades separat ausgewiesen
- Scheinbare Disjunktheit
- Teilabweichungen können nicht eindeutig entsprechend dem Verursachungsprinzip zugeordnet werden; Bezugsbasengerecht
- Auswirkungen der Bezugsgrößenveränderungen werden u. U. über-/unterschätzt

- Problem: Abweichungen höheren Grades
  - Anzahl der erforderlichen Abweichungen enorm bei komplexen Systemen
  - Kompensationseffekte werden durch Transparenz offensichtlich
  - „Algebra-Falle": Verzicht auf zwei von vier möglichen Ansätzen, da ansonsten Vorzeichenproblematik schon in der Basisformel auftreten
  - Kompensation jedoch auch in beiden empfohlenen Ansätzen
    - Kaufmännische Interpretation bei **Minus · Plus = Minus?**
      Minus · Minus = Plus?
    - Nicht sinnvoll interpretationsfähige Teilabweichungen
    - Offensichtlich methodischer Mangel
    - Lösen Akzeptanzprobleme aus
- Datenerhebung und Berichtswesen aufgrund der erheblich Anzahl der Abweichungen höheren Grades aufwendig. Erheblicher Erläuterungsbedarf bezüglich der Abweichungen höheren Grades aufgrund möglicher Kompensationseffekten.
- Die Transparenz der differenzierten Abweichungsanalyse wird ihr als Nachteil ausgelegt[66], obwohl diese nur die Mängel/Kompensationseffekte der auch in den anderen Abweichungsanalyse-Ansätzen enthaltenen Probleme offenlegt.
- Für Entscheidungs- und Verhaltenssteuerungsfunktionen **eher ungeeignet**.

Symmetrische Abweichungsanalyse

- Erfüllt Vollständigkeit
- Überschaubare Anzahl an Abweichungen
- **Aussage unabhängig von Plan- oder Ist-Bezugsbasis, Reihenfolge und Vorzeichenwahl**
- Abweichungen höheren Grades werden aus Vereinfachungsgründen den Abweichungen ersten Grades gleichmäßig zugeschlagen
- Entspricht dem in der Kostenverrechnung üblichen **Durchschnittsprinzip**
- Problem: Verrechnung der Abweichungen höheren Grades bei komplexen Systemen schwer nachvollziehbar
- Enthält verdeckte Kompensationseffekte
- EDV-technische Ermittlung der Teilabweichungen unproblematisch, Erläuterungsbedarf, wieso Abweichungen höheren Grades symmetrisch zugewiesen werden.
- Für Entscheidungs- und Verhaltenssteuerungsfunktionen **bedingt geeignet**

Proportionale Abweichungsanalyse

- Erfüllt Vollständigkeit
- Überschaubare Anzahl an Abweichungen

---

66 Coenenberg u. a. 2016, S. 289.

- **Aussage unabhängig von Plan- oder Ist-Bezugsbasis, Reihenfolge und Vorzeichenwahl**
- Problem: Je nach Konstellation **kein Ausweis einer Teilabweichung** (vgl. Kap. 8.5.6), obwohl Einflussgrößenveränderungen aufgetreten sind
- Abweichungen höheren Grades werden aus Vereinfachungsgründen den Abweichungen ersten Grades proportional zugeschlagen
- Entspricht dem **Proportionalitätsprinzip** bei der Kostenverrechnung
- Problem: Verrechnung der Abweichungen höheren Grades bei komplexen Systemen aufwendiger als bei symmetrischer Abweichungsanalyse und nicht direkt nachvollziehbar
- Enthält verdeckte Kompensationseffekte
- EDV-technische Ermittlung der Teilabweichungen unproblematisch, Erläuterungsbedarf, wieso Abweichungen höheren Grades proportional zugewiesen werden.
- Für Entscheidungs- und Verhaltenssteuerungsfunktionen nur **graduell geeignet**.

Disjunkte Abweichungsanalyse
- Behebt Mängel der klassischen Methoden
- Erfüllt die Vollständigkeit
- Einheitlich bezüglich definierter Schnittmengen-Bezugsbasis
- Disjunkte Abweichungen ersten und höheren Grades separat ausgewiesen
- Einteilung in für die Gesamt-Abweichungserklärung erforderlichen (faktisch existente Teilabweichungen) und nicht erforderlichen disjunkten Elemente
- Teilabweichungen können eindeutig entsprechend dem Verursachungsprinzip als Mindestabweichung zugeordnet werden
- Auswirkungen der Bezugsgrößenveränderungen können abgeschätzt werden
- Abweichungen höheren Grades:
  - **Trennung** von **Ermittlung** des absoluten **Teilabweichungsbetrages** und dessen **Interpretation**
  - Anzahl der erforderlichen Abweichungen nimmt bei komplexen Systemen i. d. R. erheblich ab
  - bei Bedarf der Abweichungsreduktion symmetrische Zurechnung der Abweichungen höheren Grades möglich
  - Keine Kompensationseffekte
  - ökonomisch interpretationsfähige Teilabweichungen
  - Vermeidet Akzeptanzprobleme
- Für Entscheidungs- und Verhaltenssteuerungsfunktionen **gut geeignet**.

Bei der disjunkten Abweichungsanalyse lassen sich nicht nur die **additiv verknüpften**, sondern auch die auf einer **multiplikativen Verknüpfung** basierenden Teilabweichungen einer Gesamtabweichung in überschneidungsfreie, **disjunkte Elemente** oder Grundbausteine zerlegen. Ausgangspunkt der Analyse könnten die **Gesamtab-**

weichung des **Gesamtgewinns G**, der **Gesamtkosten K** oder der **Gesamterlöse E** sein, was zu einer vollständigen, transparenten und überschneidungsfreien Informationsgewinnung für die Entscheidungsfunktion und die Verhaltenssteuerungsfunktion führen würde. Je nach Auswertungsziel können die faktisch existenten Teilabweichungen zielorientiert aggregiert und ausgewertet werden. Siehe hierzu auch Beispielsrechnungen in Kapitel 8.11.

8.9 Analyse der Abweichungsursachen

Die Analyse der die Teilabweichungen auslösenden Abweichungsursachen ist die Voraussetzung für die Verbesserung künftiger Prozesse beziehungsweise die Vermeidung bereits in der Vergangenheit aufgetretener Fehler. Die Ursachen von Abweichungen lassen sich je nach Zielsetzung einteilen in[67]:

Planungs-, Realisations-, Anwendungs- und Auswertungsursachen:
- Zufällige & unkontrollierbare Planungs- und Auswertungsfehler
- Kontrollierbare Planungs- und Auswertungsfehler
    - Prognosemodelle,
    - Anwendungsfehler
    - Rahmenbedingungen,
    - Prognoseprozesse
- Systemimmanente Planungsfehler
    - Wechselkursabweichungen
    - Rohstoffpreisentwicklungen

Erfassungsursachen:
- Zufällige Erfassungsfehler
- Kontrollierbare Erfassungsfehler
    - Technisch bedingte Erfassungsfehler
    - Wirtschaftlichkeit bedingte Erfassungsfehler

Anwendungsursachen:
- Mangelndes knowhow

Prozess-/Ausführungsursachen:
- Zufällige oder nur bedingt kontrollierbare Ausführungsursachen
    - Rabatt-Abweichungen
        - Mengenrabatte (Treue-, Perioden-, Auftragsrabatte)
        - Naturalrabatte (Gratismengen)

---

67 Vgl. Küpper u. a. 2013, S. 272 ff.; Ewert u. a. 2014, S. 301.

- Funktionsrabatte (für übernommene Prozesse wie z. B. Absatzvermittlung, Selbstabholung)
- Skonti-Abweichungen
- Forderungsausfälle
- Preisnachlässe für Minderqualität
- Schadenersatz
- Konventionalstrafen
- Gutschriften für Retouren
- Kontrollierbare Ausführungsursachen
  - Preisabweichungen
    - Listenpreisabweichungen
  - Mengenabweichungen
    - Beschäftigungsabweichungen
    - Abweichungen der Produktionskoeffizienten
    - Verbrauchsabweichungen
    - Intensitätsabweichungen
    - Spezielle Abweichungen

Mittels der Differenz der Sollgrößen, Ex-post-Soll-Ist-Größen und der Istgrößen lassen sich systematisch folgende Abweichungen ermitteln:[68]

Kostenabweichungen, die sich mittels der Differenz von Ex-post-Soll- Kosten, Ex-Post Soll-Ist-Kosten und Ist-Kosten ermitteln lassen:
- Einstandspreisabweichungen
  - Rabattabweichung
  - Skontoabweichung
- Verbrauchsmengenabweichungen
  - Erzeugnismengen- oder Programmabweichungen „echte Beschäftigungsabweichung"
  - Produktionsverfahrensabweichungen
  - Maschinenlaufzeitabweichungen
  - Auftragsabweichungen
  - Intensitätsabweichungen
  - Ausbeuteabweichungen
  - Ausschuss-/Produktionsquotenabweichungen
  - Sonstige Mehr- oder Minderverbrauchsabweichungen
  - Mengenverbrauchsabweichungen (restliche)
- Fixkostenabweichungen „sogenannte Beschäftigungsabweichung"
- Sekundärkostenabweichungen

---

[68] Kloock 2000, S. 54.

Leistungsabweichungen, die sich mittels der Differenz von Ex-post-Soll- Erlösen, Ex-Post Soll-Ist-Erlösen und Ist-Erlösen ermitteln lassen:
- Erlösabweichungen = Ist-Leistung – Ex-post-Soll-Leistung
  - **Absatzmengen**-Abweichungen
    - Absatzmengenabweichungen bedarfsbestimmter Einflussgrößen
    - Strukturelle Absatzmengenabweichungen
      - Nachfrageverschiebungen
      - Marktanteilsabweichungen
      - Marktvolumenabweichungen
      - Marketingeffektivitätsabweichungen
  - **Absatzpreis**-Abweichungen
    - Preisabweichungen von Standardprodukten
    - Branchenpreisabweichungen
    - Rabattabweichungen
    - Wechselkursabweichungen
    - Funktionsrabattabweichungen
    - Versandartpreisabweichungen
    - Gewährleistungsabweichungen
    - Forderungsverlustabweichungen
    - Skontoabweichungen
  - **Fixe Erlöse –Abweichungen**
    - Kundenzahlabweichungen
    - Preisabweichungen
- Innerbetriebliche Leistungsabweichungen

Eine exakte Analyse der Abweichungsursachen erfordert sehr gute Prozesskenntnisse und kann deshalb nur in Zusammenarbeit mit den ausführenden Managern erfolgen. In der Praxis kommt es immer wieder zu Abgrenzungsschwierigkeiten der einzelnen möglichen Abweichungsursachen, da aufgrund der komplexen Strukturen viele Fehler unvorhersehbar oder zufällig auftreten. Aus diesen Gründen gelingt es nur, einzelne Abweichungsursachen zu isolieren. Da eine vollständige eindeutige Auswertung der aufgetretenen Abweichungen nicht möglich ist, erfordert der Prozess eine hohe Kooperation aller Beteiligten, der verantwortlichen Entscheidungsträger sowie des Controllings. Allen Prozessbeteiligten sind die Unzulänglichkeiten der Planungs- und Erfassungssysteme bekannt. Um das Vertrauen in den Prozess und das verwendete System nicht zu beschädigen sollten **Schuldzuweisungen** möglichst vermieden werden. **Lerneffekte** und die Ableitung wirkungsvoller Korrekturmaßnahmen sollten stets im Vordergrund der Gespräche stehen.

Planungsfehler entstehen beispielsweise durch fehlerhafte Situationsbeschreibungen der verwendeten Planungsmodelle, die im Laufe der Zeit durch die Rückkopplung aus dem Realisationsprozess laufend verbessert werden. Dennoch werden in der Planung regelmäßig vereinfachende Funktionen, wie z. B. lineare Kostenfunktionen mit nur einer Einflussgröße – zum Beispiel der Beschäftigung – verwendet. Hierdurch können additiv verknüpfte variable Kosten proportionalisiert werden, die sich in der Realisation unterschiedlich und nicht zwingend proportional entwickeln. Bei einer Abweichungsanalyse auf der Grundlage einer Vollkostenrechnung kommt es beispielsweise zu einer Proportionalisierung der Fixkosten[69].

Die Planung und die anschließende Abweichungsanalyse erfolgen häufig für separierte Teilbereiche. Hierzu wird die Gesamtabweichung durch das Einschieben von Thermen, z. B. unterschiedlichen Sollkosten, in Teilbereiche zerlegt wobei unterstellt wird, dass hierdurch bestimmte Ursachen, wie z. B. die Preisabweichung, bereits isoliert werden können[70]. Letztendlich wird hierbei mit derivativen und theoretisch Größen gearbeitet, in denen Kompensationseffekte und Mischabweichungen enthalten sein können. Aufgrund der hohen Komplexität können viele Abweichungsursachen erst bei einer übergreifenden Analyse erkannt werden; das vorzeitige Eingrenzen des Untersuchungsfeldes birgt die Gefahr, dass wesentliche Abweichungsursachen nicht erkannt und analysiert werden.

Eine weitere Eingrenzung erfolgt in der Planung, in dem nur für die wesentlichen A-Kosteneinflussgrößen einer ABC-Analyse geplant wird, während die anderen B&C-Größen pauschal linear angesetzt werden. Abweichungen bei der Realisation sind vorprogrammiert. Das gleiche gilt für Planungen, die auf der Grundlage hoch aggregierter Einheiten erfolgen.

Nicht zu unterschätzen sind die Auswirkungen einer **retrograden Planung**, die von einem gewünschten (Unternehmens-) Ergebnis ausgeht. Die Tatsache, dass der Planungsprozess in der Regel absatz- bzw. vertriebsorientiert und somit kostenträgerorientiert erfolgt, während die Ist-Datenerfassung kostenartenorientiert erfolgt, ist nicht zu unterschätzen. Die später in der Realisation erfolgende Weiterverrechnung der Ist-Kosten über Kostenarten und Kostenstellen auf die Kostenträger kann in der Planung EDV-technisch nicht einfach rückwärtsgerichtet abgebildet und berechnet werden. Die Abstimmung der Kostenarten-, Kostenstellen- und Kostenträger-Planung erfolgt letztendlich über mehrere interne Iterationsrechnungen und Abstimmungsprozesse auf der Grundlage von Plausibilitätsüberlegungen. Dies führt in der Realisation laufend zu **systemimmanenten Planungs-Abweichungen**.

Falsche Prognosewerte für die Entwicklung der Rahmenbedingungen, die den Entscheidungen zugrunde gelegt werden, führen zu **Prognosefehlern**. Die Prognosequalität wird stark durch die verwendeten Prognosemodelle und die verwendeten Informationen geprägt; letztendlich geht es auch hier wieder um Wirtschaftlichkeitsüberlegungen. Die Prognose-Abweichungen können durch Veränderungen im näherem Einflussbereich (z. B. Kunden, Wettbewerber) aber auch im weiteren nicht kontrollierbarem Umfeld verursacht werden. Die tatsächlich eintretenden Umwelt-

---

69 Coenenberg u. a. 2016, S. 281.
70 Vgl. Coenenberg u. a. 2016 S. 278–281.

bedingungen führen regelmäßig zu nicht kontrollierbaren Prognoseabweichungen. Typischer Weise sind z. B. Wechselkurseffekte nur sehr schwer planbar.

Bei den **Erfassungsfehlern** stehen die kontrollierbaren bzw. die Vermeidung zufälliger Erfassungsfehler im Vordergrund. Hierbei spielen die verwendeten technischen Methoden sowie Wirtschaftlichkeitsüberlegungen häufig eine große Rolle, da eine exakte Erfassung aller Daten in vielen Fällen zu aufwendig wäre.

Anwendungsfehler treten beispielsweise auf, wenn die Methoden nicht konsequent oder nicht korrekt angewendet werden. Dies könnte beispielsweise der Fall sein, wenn die differenzierte Abweichungsanalyse als Ist-Soll-Vergleich auf Ist-Bezugsbasis oder der Soll-Ist-Vergleich auf Plan-Bezugsbasis durchgeführt wird und hierbei die negativen Vorzeichen bei der Verknüpfung der Abweichungen höheren Grades nicht beachtet werden (Vorzeichenfalle, Algebra-Trap).[71]

Bei **Auswertungsfehlern** handelt es sich beispielsweise um Messfehler bei der Ist-Datenerhebung durch fehlerhafte Aufzeichnungen, Rechenfehler oder Fehlbuchungen. In manchen Fällen kommt es auch zu **Fehlinterpretationen** der Ergebnisse.

Der Schwerpunkt der Analyse von Abweichungsursachen liegt in der Ermittlung **Prozess-** und **Ausführungsfehler.** Hier werden die größten Einsparungspotentiale erwartet. Ziel ist die eindeutige Isolierung der Abweichungsursachen und deren Steuerungsmöglichkeiten. Die Aufdeckung realisierter und die Vermeidung künftiger Unwirtschaftlichkeiten steht hierbei eindeutig im Vordergrund. Häufig kann erst im Rahmen der Auswertung und der Kostendurchsprache aufgrund der komplexen Zusammenhänge geklärt werden, in wie weit es sich um zufällige oder um kontrollierbare Ausführungsfehler handelt. Häufig wird die Preisabweichung bei einer Analyse der Kostenstellen vorab isoliert, ohne die Wechselwirkungen mit den produzierenden Kostenstellen zu berücksichtigen. Eine negative Preisabweichung ist in der Regel von der Beschaffungsstelle zu verantworten. Sie könnte aber auch durch die Unwirtschaftlichkeit einer produzierenden Stelle entstanden sein, da z. B. Produktionsfehler zu Ausschuss geführt haben, der kurzfristige Nachbestellungen erforderlich machte, bei denen die Rahmenverträge nicht genutzt werden konnten und zur Vermeidung von Produktionsstillständen Express Bestellungen erforderlich wurden. Wechselkursbedingte Preisabweichungen sind in der Regel nicht kontrollierbar und somit auch nicht verantwortbar es sei denn, es wurde versäumt eine Kursabsicherung vorzunehmen oder die üblichen langfristigen Verträge wie zum Beispiel für Rohstoffe abzuschließen. Preisabweichungen können auch bei vorliegenden Rahmenverträgen auftreten, wenn beispielsweise Vertriebsmitarbeiter aus Bequemlichkeit nicht bei der Vertragsgesellschaft tanken.

Verbrauchsabweichungen einer Stelle sind auch nicht in allen Fällen von den Stellen zu verantworten, wo diese Abweichungen auftreten. Beispielsweise können durch

---

71 Vgl. Kapitel 8.3.4 & 8.4.3.

die verzögerte Anlieferung einer vorgelagerten Stelle Unwirtschaftlichkeiten auftreten, wenn beispielsweise weitere Terminverzögerungen durch Prozessbeschleunigungen vermieden werden sollen. Desweitern können sich auch Qualitätsmängel vorgelagerter Stellen oder in der Beschaffung negativ auswirken und Mehrarbeit bewirken. Veränderung des Produktes oder des Produktionsablaufes können ebenfalls zu unerwarteten Auswirkungen in den ausführenden Stellen führen. Beispielsweise kann eine kurzfristige Erhöhung der geplanten Absatzmengen einen Mehrschichtbetrieb einzelner Stellen erforderlich machen, was zu deutlichen Mehrkosten führt.

Die Auswertung der Abweichungen sollte möglichst auf der **Grundlage originärer Einflussgrößen** und ergebnisoffen im Team erfolgen.

8.10 Ableitung von Lerneffekten und geeigneten Korrekturmaßnahmen

Allen erfahrenen Prozessbeteiligten sind die Unzulänglichkeiten der Planungs- und Erfassungssysteme bekannt. Um das Vertrauen in die Prozesse und das verwendeten Systeme nicht zu beschädigen sollten **Schuldzuweisungen** möglichst vermieden werden. **Lerneffekte** und die **Ableitung wirkungsvoller Korrekturmaßnahmen** sollten stets im Vordergrund der Gespräche stehen. Für eine erfolgreiche Unternehmensführung ist es erforderlich, dass die Analyse empirischer Zusammenhänge für künftige Prognosen und die Verhaltensbeeinflussung der Mitarbeiter genutzt werden kann.[72]

„Besteht zwischen dem Einfluss verschiedener Kosteneinflussgrößen eine andere Art der Verknüpfung (als additiv) oder sind diese Größen gegenseitig abhängig, so ist keine verursachungsgemäße Aufspaltung der Gesamtabweichung möglich. Es lässt sich dann nicht angeben, welcher Teilbetrag der Gesamtabweichung durch die jeweilige Änderung einer Kosteneinflussgröße verursacht worden ist."[73]

Hieraus ergibt sich die Frage, was bei den Auswertungsgesprächen im Vordergrund steht, die Berechnungsmethode oder das Aufdeckung und Vermeidung von Unwirtschaftlichkeiten sowie das Ableiten von Lerneffekten? Laufende Diskussionen über Berechnungsmethoden, die fragliche Höhe der Abweichungen, Kompensationseffekte und Mischabweichungen belasten auf Dauer das Verhältnis zwischen den Fachabteilungen und dem Controlling und sind nicht zielführend und führen oft nur zu gegenseitigen Schuldzuweisungen. Desweitern untergraben sie die Glaubwürdigkeit der verwendeten Systeme. Für die Ableitung von Lerneffekten und Korrekturmaßnahmen sind die absolute Höhe der Teilabweichungen letztendlich sekundär; die Informationen über die unstrittigen relevanten Größenordnungen erleichtern vie-

---

72 Vgl. auch: Küpper u. a. 2013, S. 277; Schweitzer u. a. 2016 S. 693 ff., Ewert u. a. 2014, S. 302.
73 Schweitzer u. a. 2016, S. 704.

le Sitzungen[74]. Wichtiger ist das gemeinsame Verständnis, Schwächen zu erkennen und gemeinsam zu handeln und die Fehler zu beheben. Eine mögliche Vorgehensweise wäre:

- Quantifizierung der zu diskutierenden Abweichungshöhen
- Identifizierung aller möglichen Abweichungsursachen und Wechselwirkungen mittels stellenübergreifenden Analyseteams
- Identifizierung der Handlungsfelder
  - Vermeidung von negativen Abweichungen in der Zukunft
  - Sicherung von erzielten Verbesserungen für die Zukunft
  - Verbesserung und Weiterentwicklung der Planungen und Prognose
  - Sicherung von Lehrprozessen auch in anderen Abteilungen des Unternehmens
- Bestimmung von Verantwortlichen für die Maßnahmenumsetzung
- Festlegung eines Budgets, falls erforderlich
- Festlegung eines Zeitplans für Maßnahmen
- Projektnachverfolgung der Maßnahmenumsetzung.

8.11 Beispielsrechnungen Abweichungsanalysen

8.11.1 Beispiel mit drei Einflussgrößenveränderungen

Bei den bisherigen Beispielen wurde aus Vereinfachungsgründen lediglich von der Veränderung von zwei Einflussgrößen, den Preis und der Menge, ausgegangen.

Zur Erweiterung soll die Menge in eine Verbrauchs- und eine Mengenkomponente, die multiplikativ verknüpft sind, weiter aufgeteilt werden. In der Praxis liegt bei der Abweichungsanalyse häufig eine auf viele multiplikativ verknüpfte Produktionskoeffizienten basierende Kostenstruktur vor.

Sofort wird ersichtlich, dass sich Einflussgrößen, hier z. B. die in der Produktion eingesetzte Menge, aus gegenläufigen Komponenten – Verbrauch je Einheit und der Produktmenge – zusammensetzen können.

	Soll	Ist	Δ Soll-Ist	Δ Ist-Soll
Preis	10	12	−2	2
Menge	1.000	1.034	−34	**34**
Kosten	10.000	12.408	−2.408	**2.408**

Abb. 8.55: Ausgangswerte für Beispiel der Erweiterung von zwei auf drei Einflussgrößen

---

74 Vgl. Hoberg 2018 S. 30.

Beispiel 2.2	Soll	Ist	Δ Soll-Ist	Δ Ist-Soll
Preis	10	12	−2	2
Verbrauch je Einheit	5,0	5,5	−0,5	0,5
Produkt-Menge	200	188	12	−12
Kosten	10.000	12.408	−2.408	2.408

Abb. 8.56: Beispiel 2.2

Beispiel 2.2: Soll-Größen z. T. > und z. T. < Ist-Größen

Bei drei Einflussgrößen treten neben den drei Abweichungen ersten Grades vier Abweichungen höheren Grades – drei zweiten und eine dritten Grades – auf. Wenn eine Einflussgröße sich nicht gleichgerichtet mit den anderen Einflussgrößen im Sinne von > oder < Soll entwickelt hat, reduziert sich die Anzahl der vier Abweichungen höheren Grades auf eine faktisch existente Teilabweichung (Reduktion um 75 %, vgl. auch Beispiel 2.1 in Kap. 8.4.5). Die Eintrittswahrscheinlichkeit der Reduktion beträgt bei drei Einflussgrößen 75 %.[75]

Zur Verdeutlichung der Aussagen sollen die unterschiedlichen Abweichungsanalyseansätze auf der Grundlage von drei Einflussgrößenveränderungen durchgerechnet werden.

	Bezugsbasis			Delta			Delta	
	Soll	Ist	Min	Soll-Ist	Ist-Soll	Min	Soll-Ist	Ist-Soll
Preis	10	12	10	−2	2	2	−2	2
Verbrauch	5,0	5,5	5,0	−0,5	0,5	0,5	−0,5	0,5
Menge	200	188	188	12	−12	12	12	−12
Kosten	10000	12408		−2408	2408		−2408	2408
Alternative Methode				**S-I IB**	**I-S IB**		**S-I PB**	**I-S PB**
Preisabweichung				−2068	2068		−2000	2000
Verbrauchsabweichung				−1128	1128		−1000	1000
Mengenabweichung				792	−792		600	−600
Summe ≠ Gesamtabw.				**−2404**	**2404**		**−2400**	**2400**
Kumulative Methode				**S-I IB**	**I-S IB**		**S-I PB**	**I-S PB**
Preisabweichung				−2068	2068		−2000	2000
Verbrauchsabweichung				−940	940		−1200	1200
Mengenabweichung				600	−600		792	−792
Summe = Gesamtabweichung				**−2408**	**2408**		**−2408**	**2408**

---

[75] Für alle multiplikativ verknüpften Einflussgrößen n wird eine gleiche Eintrittswahrscheinlichkeit einer Soll- oder Ist- Größenüberschreitung angenommen.

Symmetrische Methode	S-I IB		I-S IB			S-I PB	I-S PB
Preisabweichung	−2036		2036			−2036	2036
Verbrauchsabweichung	−1066		1066			−1066	1066
Mengenabweichung	694		−694			694	−694
Summe = Gesamtabweichung	**−2408**		**2408**			**−2408**	**2408**

Differenzierte Methode	S-I IB			I-S IB			S-I PB	I-S PB
Preisabweichung	−2068	(+1)*	2068	2068	(+1)*	−2000	−2000	2000
Verbrauchsabweichung	−1128	(+1)*	1128	1128	(+1)*	−1000	−1000	1000
Mengenabweichung	792	(+1)*	−792	−792	(+1)*	600	600	−600
Preis-Verbrauch	188	(−1)*	188	−188	(−1)*	200	−200	200
Preis-Menge	−132	(−1)*	−132	132	(−1)*	−120	120	−120
Verbrauch-Menge	−72	(−1)*	−72	72	(−1)*	−60	60	−60
Preis-Verbrauch-Menge	12	(+1)*	−12	−12	(+1)*	12	12	−12
Summe = Gesamtabweichung	**−2408**			**2408**			**−2408**	**2408**

Achtung: Bei I-S IB und S-I PB Vorzeichen bei den Teilabweichungen beachten Vgl. Kap. 8.4.3

Disjunktive Methode	sign		S-I Min		sign		I-S Min
Preisabweichung	−1	1880	−1880		1	1880	1880
Verbrauchsabweichung	−1	940	−940		1	940	940
Mengenabweichung	1	600	600		−1	600	−600
Preis-Verbrauch	−1	188	−188		1	188	188
Preis-Menge	0	120	0		0	120	0
Verbrauch-Menge	0	60	0		0	60	0
Preis-Verbrauch-Menge	0	12	0		0	12	0
Summe = Gesamtabweichung			**−2408**				**2408**

Übersicht der Ergebnisse der verschiedenen Abweichungsanalysemethoden:

	Alternativ		Kumulativ		Differenziert		Symmetrisch		Min		Min Symm	
	S-I IB	I-S PB	S-I IB	I-S PB	S-I IB	I-S PB	S-I IB	I-S PB	S-I Min	I-S Min	S-I Min	I-S Min
Preisabw.	−2068	2000	−2068	2000	−2068	2000	−2036	2036	−1880	1880	−1974	1974
Verbrauchsabw.	−1128	1000	−940	1200	−1128	1000	−1066	1066	−940	940	−1034	1034
Mengenabw.	792	−600	600	−792	792	−600	694	−694	600	−600	600	−600
Preis-Verbrauch					188	200			−188	188		
Preis-Menge					−132	−120						
Verbrauch-Menge					−72	−60						
Preis-Verbrauch-Menge					12	−12						
Summe	−2404	2400	−2408	2408	−2408	2408	−2408	2408	−2408	2408	−2408	2408

Abb. 8.57: Ergebnisse im Überblick Beispiel 2.2

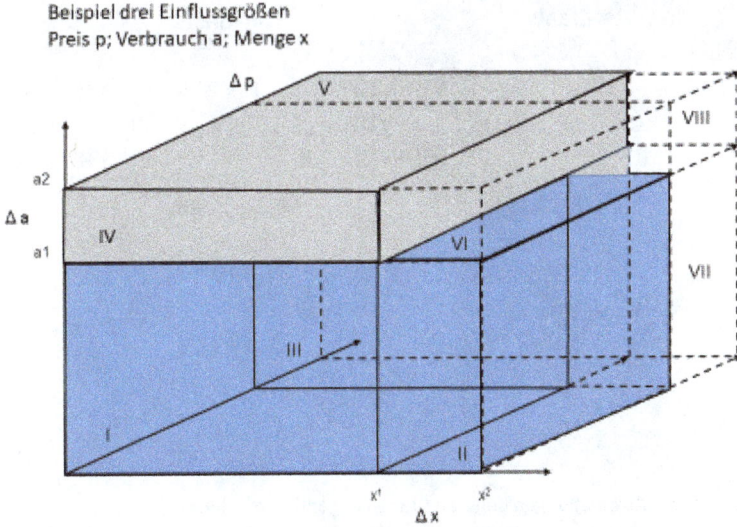

Abb. 8.58: Quader Beispiel 2.2 (eigene Darstellung)

Beispiel 2.2: Quader der ausgewiesenen Teilabweichungen

Soll-(kosten)-Quader	I	II					I	II				
Ist-(kosten)-Quader	I		III	IV	V		I		III	IV	V	
Δ Soll-Istkosten Quader		II	III	IV	V			II	III	IV	V	

Alternativ	**Ist-Basis**					**Soll-Basis**			
Δ Preis		III		V			III		**VII**
Δ Verbrauch			IV	V				IV	**VI**
Δ Menge	II			**VI**	**VII**	**VIII**	II		

Kumulativ	**Ist-Basis**			**Soll-Basis**				
	Kompensation							
Δ Preis		III	V		III			**VII**
Δ Verbrauch		IV			IV	V	**VI**	**VIII**
Δ Menge	II			II		**VI**	**VII**	**VIII**

Differenziert	**Ist-Basis**					**Soll-Basis**			
	Kompensation								
Δ Preis		III		V			III		**VII**
Δ Verbrauch			IV	V				IV	**VI**
Δ Menge	II			**VI**	**VII**	**VIII**	II		
Δ Preis-Δ Verbrauch				V				V	**VIII**
Δ Preis-Δ Menge					**VII**	**VIII**			**VII**
Δ Verbrauch-Δ Menge			**VI**		**VIII**		**VI**		
Δ Preis-Δ Verbr.-Δ Menge					**VIII**				**VIII**

Symmetrisch		**Ist-Basis**					**Soll-Basis**				
	Sym. anteilig										
Δ Preis		III	V		**VII**	**VIII**	III	V		**VII**	**VIII**
Δ Verbrauch			IV	V	**VI**	**VIII**		IV	V	**VI**	**VIII**
Δ Menge	II			**VI**	**VII**	**VIII**	II			**VI**	**VII**	**VIII**

Disjunktiv		**MIN-Basis**				**MIN-Basis**	
Δ Preis		III				III	
Δ Verbrauch			IV				IV
Δ Menge	II				II		
Δ Preis-Δ Verbrauch				V			V
Δ Preis-Δ Menge							
Δ Verbrauch-Δ Menge							
Δ Preis-Δ Verbr.-Δ Menge							

Abb. 8.59: Kompensationseffekte bei Abweichungen höheren Grades (eigene Darstellung)
Die Gesamtabweichung lässt sich mit Hilfe der Quader II, III, IV und V erklären. Falls andere Quader berechnet werden (**VI**, **VII**, **VIII**), sind dies durch Mehrfacherfassungen zu kompensieren.

Beispiel 2.3: alle Soll-Größen > Ist-Größen

	Bezugsbasis			**Delta**			**Delta**	
	Soll	Ist	Min	Soll-Ist	Ist-Soll	Min	Soll-Ist	Ist-Soll
Preis	12	10	10	2	−2	2	2	−2
Verbrauch	5,5	5	5,0	0,5	−0,5	0,5	0,5	−0,5
Menge	200	188	188	12	−12	12	12	−12
Kosten	13200	9400		3800	−3800		3800	−3800
Alternative Methode				S-I IB	I-S IB		S-I PB	I-S PB
Preisabweichung				1880	−1880		2200	−2200
Verbrauchsabweichung				940	−940		1200	−1200
Mengenabweichung				600	−600		792	−792
Summe ≠ Gesamtabw.				**3420**	**−3420**		**4192**	**−4192**
Kumulative Methode				S-I IB	I-S IB		S-I PB	I-S PB
Preisabweichung				1880	−1880		2200	−2200
Verbrauchsabweichung				1128	−1128		1000	−1000
Mengenabweichung				792	−792		600	−600
Summe = Gesamtabweichung				**3800**	**−3800**		**3800**	**−3800**
Symmetrische Methode				S-I IB	I-S IB		S-I PB	I-S PB
Preisabweichung				2038	−2038		2038	−2038
Verbrauchsabweichung				1068	−1068		1068	−1068
Mengenabweichung				694	−694		694	−694
Summe = Gesamtabweichung				**3800**	**−3800**		**3800**	**−3800**

Abb. 8.60: Vergleich Ergebnisse Beispiel 2.3

	Bezugsbasis				Delta			Delta	
	Soll	**Ist**	**Min**	**Soll-Ist**	**Ist-Soll**	**Min**	**Soll-Ist**		**Ist-Soll**
Preis	12	10	10	2	−2	2	2		−2
Verbrauch	5,5	5	5,0	0,5	−0,5	0,5	0,5		−0,5
Menge	200	188	188	12	−12	12	12		−12
Kosten	13200	9400		3800	−3800		3800		−3800
Differenzierte Methode				**S-I IB**		**I-S IB**		**S-I PB**	**I-S PB**
Preisabweichung				1880	(+1)*	−1880	−1880	(+1)*	2200	2200	−2200
Verbrauchsabweichung				940	(+1)*	−940	−940	(+1)*	1200	1200	−1200
Mengenabweichung				600	(+1)*	−600	−600	(+1)*	792	792	−792
Preis-Verbrauch				188	(−1)*	188	−188	(−1)*	200	−200	200
Preis-Menge				120	(−1)*	120	−120	(−1)*	132	−132	132
Verbrauch-Menge				60	(−1)*	60	−60	(−1)*	72	−72	72
Preis-Verbrauch-Menge				12	(+1)*	−12	−12	(+1)*	12	12	−12
Summe = Gesamtabweichung				**3800**		−3800			3800	−3800

Achtung: Bei I-S IB und S-I PB Vorzeichen bei den Teilabweichungen beachten

Disjunktive Methode	**sign**		**S-I Min**		**sign**		**I-S Min**
Preisabweichung	1	1880	1880		−1	1880	−1880
Verbrauchsabweichung	1	940	940		−1	940	−940
Mengenabweichung	1	600	600		−1	600	−600
Preis-Verbrauch	1	188	188		−1	188	−188
Preis-Menge	1	120	120		−1	120	−120
Verbrauch-Menge	1	60	60		−1	60	−60
Preis-Verbrauch-Menge	1	12	12		−1	12	−12
Summe = Gesamtabweichung			**3800**				**−3800**

Abb. 8.60: Vergleich Ergebnisse Beispiel 2.3 (Fortsetzung)

Ergebnisse der Abweichungsanalysemethoden im Überblick
Alle Soll- > Ist-Größen

	Alternativ		Kumulativ		Differenziert		Teilweise Differenziert		Symmetrisch		Min		Min Symm	
	S-I IB	I-S PB	S-I IB	I-S PB	S-I IB	I-S PB	S-I IB	I-S PB	S-I IB	I-S PB	S-I Min	I-S Min	S-I Min	I-S Min
Preisabw.	1880	−2200	1880	−2200	1880	−2200	1880	−2200	2038	−2038	1880	−1880	2038	−2038
Verbrauchsabw.	940	−1200	1128	−1000	940	−1200	940	−1200	1068	−1068	940	−940	1068	−1068
Mengenabw.	600	−792	792	−600	600	−792	600	−792	694	−694	600	−600	694	−694
Preis-Verbrauch					188	200					188	−188		
Preis-Menge					120	132					120	−120		
Verbrauch-Menge					60	72					60	−60		
Preis-Verbrauch-Menge					12	−12	380	392			12	−12		
Summe	3420	−4192	3800	−3800	3800	−3800	3800	−3800	3800	−3800	3800	−3800	3800	−3800

Abb. 8.61: Ergebnisse im Überblick Beispiel 2.2 (eigene Darstellung)

Beispiel 2.2: alle Soll-Größen > Ist-Größen

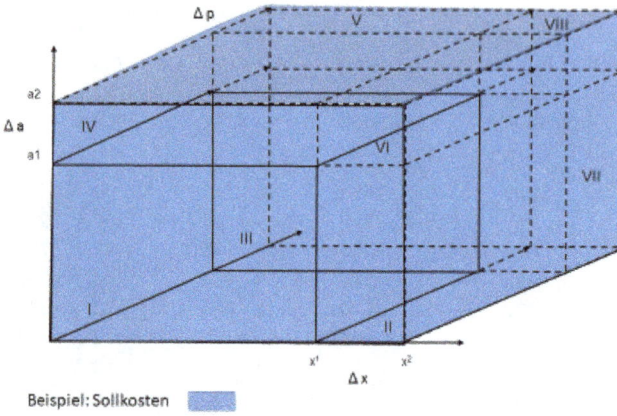

Beispiel: Sollkosten

Abb. 8.62: Beispiel 2.3: Quader der ausgewiesenen Teilabweichungen (eigene Darstellung)

Soll-(kosten)-Quader	I	II	III	IV	V	VI	VII	VIII	I	II	III	IV	V	VI	VII	VIII
Ist-(kosten)-Quader	I								I							
Δ Soll-Ist-Quader		II	III	IV	V	VI	VII	VIII		II	III	IV	V	VI	VII	VIII

Alternativ	**Ist-Basis**			**Soll-Basis**			
Δ Preis	III			III	V	VII	VIII
Δ Verbrauch	IV			IV	V VI		VIII
Δ Menge	II			II		VI VII	VIII

Kumulativ	**Ist-Basis**			**Soll-Basis**		
Δ Preis	III			III V	VII VIII	
Δ Verbrauch	IV V			IV	VI	
Δ Menge	II	VI VII VIII		II		

Differenziert	**Ist-Basis**		**Soll-Basis**	
Kompensation				
Δ Preis	III		III V	VII VIII
Δ Verbrauch	IV		IV V VI	VIII
Δ Menge	II		II	VI VII VIII
Δ Preis-Δ Verbrauch	V		V	VIII
Δ Preis-Δ Menge	VII			VII VIII
Δ Verbrauch-Δ Menge	VI			VI VIII
Δ Preis-Δ Verbr.-Δ Menge	VIII			VIII

Abb. 8.63: Kompensation von Abweichungen höheren Grades Bsp. 2.3

Symmetrisch	**Ist-Basis**				**Soll-Basis**			
Sym. anteilig								
Δ Preis	III	V	VII	VIII	III	V	VII	VIII
Δ Verbrauch		IV V VI		VIII		IV V VI		VIII
Δ Menge	II		VI VII VIII		II		VI VII VIII	

Disjunktiv	**MIN-Basis**				**MIN-Basis**			
Δ Preis	III				III			
Δ Verbrauch	IV				IV			
Δ Menge	II				II			
Δ Preis-Δ Verbrauch		V				V		
Δ Preis-Δ Menge			VII				VII	
Δ Verbrauch-Δ Menge		VI				VI		
Δ Preis-Δ Verbr.-Δ Menge				VIII				VIII

Abb. 8.63: Kompensation von Abweichungen höheren Grades Bsp. 2.3 (Fortsetzung)

Beispiel 2.1: Einflussgrößenveränderungen entsprechend 8.4.5

Für die drei Einflussgrößen werden folgende Veränderung unterstellt:

Preis: $p_r^i < p_r^s$; Verbrauch: $a_r^i > a_r^s$; Menge: $x_r^i < x_r^s$.

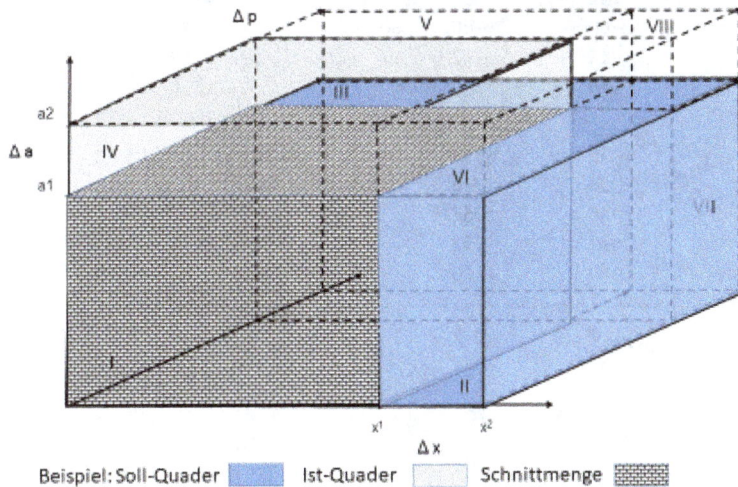

Abb. 8.64: Teilabweichungen inklusive Angabe der ausgewiesenen Quader (eigene Darstellung)

	Bezugsbasis			Delta			Delta	
	Soll	Ist	Min	Soll-Ist	Ist-Soll	Min	Soll-Ist	Ist-Soll
Preis	12	10	10	2	–2	2	2	–2
Verbrauch	5,0	5,5	5,0	–0,5	0,5	0,5	–0,5	0,5
Menge	200	188	188	12	–12	12	12	–12
Kosten	12000	10340		1660	–1660		1660	–1660

Alternative Methode

	Q	S-I IB	I-S IB	S-I PB	I-S PB	Q
Preisabweichung	III + V	2068	–2068	2000	–2000	III + VII
Verbrauchsabweichung	IV	–940	940	–1200	1200	IV + V + VI + VIII
Mengenabweichung	II + VI	660	–660	720	–720	II + VII
Summe ≠ Gesamtabw.		**1788**	**–1788**	**1520**	**–1520**	

Kumulative Methode

	Q	S-I IB	I-S IB	S-I PB	I-S PB	Q
Preisabweichung	III + V	2068	–2068	2000	–2000	III + VII
Verbrauchsabweichung	IV + V	–1128	1128	–1000	1000	IV + VI
Mengenabweichung	II + VII	720	–720	660	–660	II + VI
Summe = Gesamtabweichung		**1660**	**–1660**	**1660**	**–1660**	

Differenzierte Methode

	Q	S-I IB	I-S IB		S-I PB		I-S PB	Q
Preisabweichung	III + V	2068 (+1)*	–2068	–2068 (+1)*	2000	2000	–2000	III + VII
Verbrauchsabweichung	IV	–940 (+1)*	940	940 (+1)*	–1200	–1200	1200	IV + V + VI + VIII
Mengenabweichung	II + VI	660 (+1)*	–660	–660 (+1)*	720	720	–720	II + VII
Preis-Verbrauch	V	–188 (–1)*	–188	188 (–1)*	–200	200	–200	V + VIII
Preis-Menge	VII + VIII	132 (–1)*	132	–132 (–1)*	120	–120	120	VII
Verbrauch-Menge	VI	–60 (–1)*	–60	60 (–1)*	–72	72	–72	VI + VIII
Preis-Verbrauch-Menge	VIII	–12 (+1)*	12	12 (+1)*	–12	–12	12	VIII
Summe = Gesamtabweichung		**1660**		–1660		1660	**–1660**	

Symmetrische Methode

	S-I IB	I-S IB	S-I PB	I-S PB
Preisabweichung	2036	–2036	2036	–2036
Verbrauchsabweichung	–1068	1068	–1068	1068
Mengenabweichung	692	–692	692	–692
Summe = Gesamtabweichung	**1660**	**–1660**	**1660**	**–1660**

Abb. 8.65: Vergleich Ergebnisse Beispiel 2.1

	Bezugsbasis			Delta			Delta		
	Soll	Ist	Min	Soll-Ist		Ist-Soll	Min	Soll-Ist	Ist-Soll
Preis	12	10	10	2		−2	2	2	−2
Verbrauch	5,0	5,5	5,0	−0,5		0,5	0,5	−0,5	0,5
Menge	200	188	188	12		−12	12	12	−12
Kosten	12000	10340		1660		−1660		1660	−1660

Disjunktive Methode

	Q	sign		S-I Min		sign		I-S Min	Q
Preisabweichung	III	1	1880	1880		−1	1880	−1880	III
Verbrauchsabweichung	IV	−1	940	−940		1	940	940	IV
Mengenabweichung	II	1	600	600		−1	600	−600	II
Preis-Verbrauch	V	0	188	0		0	188	0	V
Preis-Menge	VII	1	120	120		−1	120	−120	VII
Verbrauch-Menge	VI	0	60	0		0	60	0	VI
Preis-Verbrauch-Menge	VIII	0	12	0		0	12	0	VIII
Summe = Gesamtabweichung				1660				−1660	

Abb. 8.65: Vergleich Ergebnisse Beispiel 2.1 (Fortsetzung)

8.11.2 Beispiel mehrstufige Produktionsprozesse

Das Beispiel 3.1 einer Abweichungsanalyse im Falle eines mehrstufigen Produktions-prozesses wird mit Hilfe eines Gozinto-Graphen erstellt. Hierzu werden bis zu fünf Einflussgrößen multiplikativ und additiv verknüpft.

Werden fünf Einflussgrößen ausgewertet ergeben sich 2^n = 32 Quader, abzüg-lich Schnittmenge und fünf Abweichungen ersten Grades, 26 Abweichungen höheren Grades. (10 Abweichungen zweiten Grades, 10 Abweichungen dritten Grades, 5 Ab-weichungen vierten Grades sowie 1 Abweichung fünften Grades)[76]. Im Falle von drei kostensteigernden und zwei kostensenkenden Einflussgrößenveränderungen sind nur sechs Teilabweichungen höheren Grades faktisch existent (Reduktion > 80 %) bei einer Eintrittswahrscheinlichkeit von 31,25 %.

In fast zweidritteln der Fälle (62,5 %) benötige ich nur 6 faktisch existente Abwei-chungen; bei 31 % 16 und nur bei 6 % der Konstellation der Einflussgrößenverände-rungen alle 32 Abweichungen höheren Grades.

Bei dem vereinfachten Beispiel seien die Einstandspreise, die Produktionskoeffi-zienten sowie die Vertriebsmengen im Soll und im Ist gegeben. Die Verkaufspreise der Endprodukte (kursiv) werden über die gegebenen Daten berechnet.

Aus den Daten lassen sich die Verkaufspreise der Endprodukte berechnen. Eben-so können die innerbetrieblichen Verrechnungspreise, die erforderlichen Einsatz- und Ausbringungsmengen der einzelnen Kostenstellen sowie die Gesamtkosten der ein-zelnen Kostenstellen berechnet werden. Die wird hier mittels eines Gozinto-Graphen dargestellt.

---

76 Vgl. Kap. 8.4.7.

Anzahl von faktisch existenten Teilabweichungen und deren Eintrittswahrscheinlichkeit

Anzahl Einfluss- größen	Relation n+/n-	faktisch existente Abweichungen $\{2^{n+} - 1 - (n+)\} + \{2^{n-} - 1 - (n-)\}$		$\sum$	Eintrittswahrscheinlichkeit	
5	5/0	32	0	32	1/32	3,13 %
5	4/1	16	0	16	5/32	15,63 %
5	3/2	4	2	6	10/32	31,25 %
5	2/3	2	4	6	10/32	31,25 %
5	1/4	0	16	16	5/32	15,63 %
5	0/5	0	32	32	1/32	3,13 %

Abb. 8.66: Eintrittswahrscheinlichkeit der faktisch existenten Teilabweichungen (eigene Darstellung)

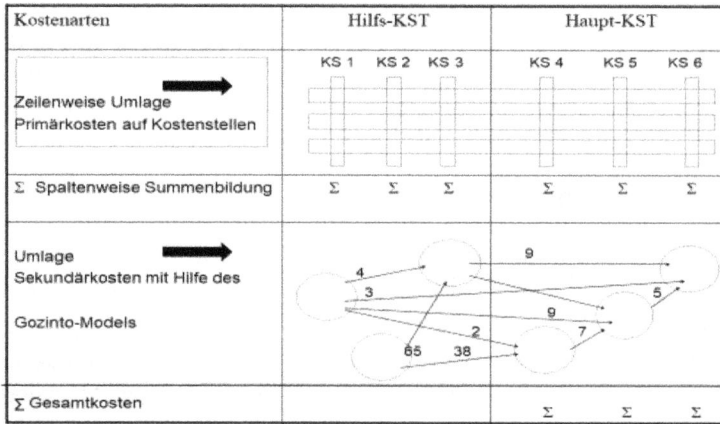

Abb. 8.67: Beispiel Gozintograph (eigene Darstellung)

Matrix Soll-Daten

Bedarfskoeffizient a

liefernde Stelle	empfangende Stelle 1	2	3	4	5	6	Preis €	Menge
1			4	2	9	3	10,00	
2			65	38			0,25	
3					6	9		
4					7		29,50	1.200
5						5	634,00	300
6							3.706,25	800

Abb. 8.68: Matrix Soll-Daten Gozinto Graph

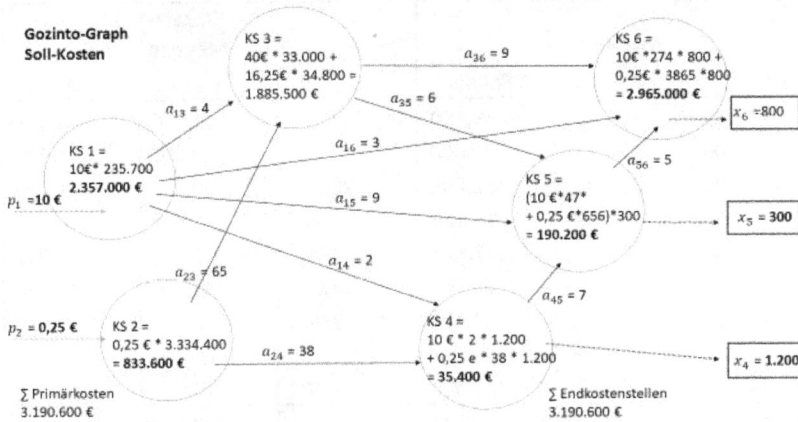

Abb. 8.69: Gozinto-Graph Soll-Kosten (eigene Darstellung)

	Sollkosten
$p_1 * a_{13} * a_{35} * x_5$	72.000
$+ p_1 * a_{13} * a_{35} * a_{56} * x_6$	960.000
$+ p_1 * a_{13} * a_{36} * x_6$	288.000
$+ p_1 * a_{14} * x_4$	24.000
$+ p_1 * a_{14} * a_{45} * x_5$	42.000
$+ p_1 * a_{14} * a_{45} * a_{56} * x_6$	560.000
$+ p_1 * a_{15} * x_5$	27.000
$+ p_1 * a_{15} * a_{56} * x_6$	360.000
$+ p_1 * a_{16} * x_6$	24.000
$+ p_2 * a_{23} * a_{35} * x_5$	29.250
$+ p_2 * a_{23} * a_{35} * a_{56} * x_6$	390.000
$+ p_2 * a_{23} * a_{36} * x_6$	117.000
$+ p_2 * a_{24} * x_4$	11.400
$+ p_2 * a_{24} * a_{45} * x_5$	19.950
$+ p_2 * a_{24} * a_{45} * a_{56} * x_6$	266.000
Σ	3.190.600

Matrix IST-Daten
Bedarfskoeffizient a

liefernde Stelle	empfangende Stelle						Preis €	Menge
	1	2	3	4	5	6		
1			6	3	7	4	12,50	
2			70	35			0,30	
3					5	10		
4					11		*48,00*	1.100
5						4	*1095,50*	290
6							*5392,00*	1.000

Abb. 8.70: Matrix Ist-Daten (eigene Darstellung)

	Kosten €			Einsatz-Mengen		
	Soll-Kosten	Ist-Kosten	Δ Soll -Ist	Soll	Ist	Δ
p1	72.000	108.750	- 36.750	7.200	8.700	- 1.500
	960.000	1.500.000	- 540.000	96.000	120.000	- 24.000
	288.000	750.000	- 462.000	28.800	60.000	- 31.200
	24.000	41.250	- 17.250	2.400	3.300	- 900
	42.000	119.625	- 77.625	4.200	9.570	- 5.370
	560.000	1.650.000	- 1.090.000	56.000	132.000	- 76.000
	27.000	25.375	1.625	2.700	2.030	670
	360.000	350.000	10.000	36.000	28.000	8.000
	24.000	50.000	- 26.000	2.400	4.000	- 1.600
	2.357.000	4.595.000	- 2.238.000	235.700	367.600	- 131.900
p2	29.250	30.450	- 1.200	117.000	101.500	15.500
	390.000	420.000	- 30.000	1.560.000	1.400.000	160.000
	117.000	210.000	- 93.000	468.000	700.000	- 232.000
	11.400	11.550	- 150	45.600	38.500	7.100
	19.950	33.495	- 13.545	79.800	111.650	- 31.850
	266.000	462.000	- 196.000	1.064.000	1.540.000	- 476.000
	833.600	1.167.495	- 333.895	3.334.400	3.891.650	- 557.250
Σ	3.190.600	5.762.495	- 2.571.895	3.570.100	4.259.250	- 689.150

Abb. 8.71: Preisabweichungen (eigene Darstellung)

Der Ansatz führt bei den gegebenen Zahlen und vorgegebenen Produktionsstrukturen zu den in Abb. 8.70 dargestellten additiv verknüpften Ergebnissen.

Bei den gegebenen Daten lassen sich zusätzlich die Ist-Kosten, die Soll-Ist-Differenzen sowie die erforderlichen Mengen aus Produktionskoeffizienten multipliziert mit den Absatzmengen, die Gesamtkosten und die Stückkosten ermitteln (Abb. 8.71).

Bei einer Analyse könnte entsprechend den Auswertungszielen eine Aggregation der Teilabweichungen z. B. nach den Veränderungen der Einsatzpreise 1 oder 2, der Verbrauchskoeffizienten a in den einzelnen Abteilungen oder Summe sowie der Absatzmengen nach Endprodukten erfolgen.

Entsprechend können die Kosten der Hilfs- und Endkostenstellen und daraus abgeleitet die Stückkosten der Endprodukte ermittelt werden.

Die Analyse der Kostenabweichung erfolgt in der Regel parallel nach den Primärkostenabweichungen, den Verbrauchskoeffizienten, den Kostenstellen oder den Endprodukten. Unabhängig von dem gewählten Auswertungszielen erfolgt die Analyse auf den gleichen Grunddaten. Datenredundanzen sollten somit vermieden werden, was ein einheitliches in sich geschlossenes Analysetool nahelegt. Bei einer Analyse der Einkaufspreise müssten die im Produktionsprozess eingesetzten aggregierten

	Kosten €			Einsatz-Mengen		
	Soll-Kosten	Ist-Kosten	Δ Soll -Ist	Soll	Ist	Δ
a13	1.320.000	2.358.750	−1.038.750	132.000	188.700	−56.700
a14	626.000	1.810.875	−1.184.875	62.600	144.870	−82.270
a15	387.000	375.375	11.625	38.700	30.030	8.670
a16	24.000	50.000	−26.000	2.400	4.000	−1.600
∑a1i	2.357.000	4.595.000	−2.238.000	235.700	367.600	−131.900
a23	536.250	660.450	−124.200	2.145.000	2.201.500	−56.500
a24	297.350	507.045	−209.695	1.189.400	1.690.150	−500.750
∑a2i	833.600	1.167.495	−333.895	3.334.400	3.891.650	−557.250
∑	**3.190.600**	**5.762.495**	**−2.571.895**			
a35	1.451.250	2.059.200	−607.950			
a36	405.000	960.000	−555.000			
a45	887.950	2.265.120	−1.377.170			
a56	2.536.000	4.382.000	−1.846.000			

Abb. 8.72: Verbrauchsabweichungen (eigene Darstellung)

Mengen herangezogen werden. Bei einer Auswertung einer Verbrauchsabweichung auf Kostenstellenebene werden die Verrechnungspreise als Resultat der Einstandspreise mal der vorgelagerten Verbrauchskoeffizienten und die Absatzmengen mal den nachgelagerten Verbrauchskoeffizienten verwendet. Bei einer Auswertung nach Kostenstellen wären die Gesamtkosten der Stelle zu ermitteln.

Gesamtkosten der Kostenstelle x:

= Summe der Leistungseinheiten der Stelle l(x) · Verrechnungspreis der Stelle q(x)

= Primärkosten der Stelle x

  + empfangene Leistungseinheiten l(y)

  · Verrechnungspreis empfangener Leistungen q(y)

mit y = 1 bis n; n = Anzahl der Kostenstellen.

	Kosten €			Stückkosten		
	Soll-Kosten	Ist-Kosten	Δ Soll -Ist	Soll	Ist	Δ
x4	35.400	52.800	−17.400	29,50	48,00	−18,50
x5	190.200	317.695	−127.495	634,00	1095,50	−461,50
x6	2.965.000	5.392.000	−2.427.000	3706,25	5392,00	−1685,75
∑	**3.190.600**	**5.762.495**	**−2.571.895**			

Abb. 8.73: Mengenabweichungen (eigene Darstellung)

Bei einer Auswertung der Abweichungen der Absatzprodukte wird auf die Gesamtkosten der Endkostenstelle zurückgegriffen. Durch die Einbeziehung der Verkaufspreise lassen sich die Gesamt- und Stückerlöse sowie Gewinne ermitteln.

	Kosten €			Stückkosten		
	Soll-Kosten	Ist-Kosten	Δ Soll -Ist	Soll	Ist	Δ
x4	35.400	52.800	−17.400	29,50	48,00	−18,50
x5	190.200	317.695	−127.495	634,00	1095,50	−461,50
x6	2.965.000	5.392.000	−2.427.000	3706,25	5392,00	−1685,75
Σ	**3.190.600**	**5.762.495**	**−2.571.895**			
	Erlöse €			Stückerlöse		
	Soll	Ist	Δ Soll -Ist	Soll	Ist	Δ
x4	63.600	68.750	−5.150	53,00	62,50	−9,50
x5	237.000	243.745	−6.745	790,00	840,50	−50,50
x6	3.890.000	5.250.000	−1.360.000	4862,50	5250,00	−387,50
Σ	**4.190.600**	**5.562.495**	**−1.371.895**			
	Gewinn €			Stückgewinn		
	Soll	Ist	Δ Soll -Ist	Soll	Ist	Δ
x4	28.200	15.950	12.250	23,50	14,50	9,00
x5	46.800	−73.950	120.750	156,00	−255,00	411,00
x6	925.000	−142.000	1.067.000	1156,25	−142,00	1298,25
Σ	**1.000.000**	**−200.000**	**1.200.000**			

Abb. 8.74: Stückerlöse und -gewinn

Bei einer Auswertung der Erlöse und der Gewinne ist zu berücksichtigen, dass beim Soll-Ist-Vergleich ein positives Delta für eine negative Entwicklung steht.

Über die gegebenen originären Einflussgrößen, Primärpreis p1 und p2, die Bedarfskoeffizienten a und die Absatzmengen x4 bis x6, lassen sich in Abhängigkeit der Auswertungsziele die derivativen Einflussgrößen, wie z. B. die innerbetrieblichen Verrechnungspreise q oder die internen Einsatzmengen oder Ausbringungsmengen r je Kostenstelle ableiten.

Die Gewichtung der originären Einflussgrößenveränderungen mit den derivativen Einflussgrößen ermöglicht eine direkte Berechnung des Teilabweichungsbetrages, der der Summe der Teilabweichungen einer Originär Einflussgrößenveränderung aller Produkte entspricht. Die derivativen Einflussgrößen sind in Abhängigkeit des vorgegebenen Bezugssystems zu berechnen. Dies erfolgt hier beispielsweise als Soll-Ist-Vergleich für die Ist- und die Min-Bezugsbasis.

	Originäre Einflussgrößen		
	Soll-Basis	**Ist-Basis**	**Min-Basis**
p1	10,00	12,50	10,00
p2	0,25	0,30	0,25
x4	1.200	1.100	1100
x5	300	290	290
x6	800	1.000	800
q3	56,25	96,00	56,25
q4	29,50	48,00	29,50
q5	634,00	1095,50	634,00
b15	47	70	41
b25	656	735	570
b16	274	344	203
b26	3865	3640	2865
b36	39	30	29
b46	35	44	28
r3	33000	31450	24650
r4	31300	48290	25530
r5	4300	4290	3490
r6	800	1000	800

Abb. 8.75: Originäre und derivative Einflussgrößen

Preisabweichung 1-ten Grades Endproduktbezogen:	Ist-Basis	Min-Basis
$\Delta \quad p_1 \cdot b_{14} \cdot x_4$	−8.250,0	−5.500,0
$\Delta \quad p_1 \cdot b_{15} \cdot x_5$	−50.750,0	−29.725,0
$\Delta \quad p_1 \cdot b_{16} \cdot x_6$	−860.000,0	−406.000,0
$\Delta \quad p_2 \cdot b_{24} \cdot x_4$	−1.925,0	−1.925,0
$\Delta \quad p_2 \cdot b_{25} \cdot x_5$	−10.657,5	−8.265,0
$\Delta \quad p_2 \cdot b_{26} \cdot x_6$	−182.000,0	−114.600,0
	−1.113.582,5	**−566.015,0**

Absatzmengenabweichung 1-ten Grades Primärpreisbezogen:	Ist-Basis	Min-Basis
$p_1^b \cdot b_{14}^b \cdot \Delta x_4$	3.750,0	2.000,0
$p_2^b \cdot b_{24}^b \cdot \Delta x_4$	1.050,0	875,0
$p_1^b \cdot b_{15}^b \cdot \Delta x_5$	8.750,0	4.100,0
$p_2^b \cdot b_{25}^b \cdot \Delta x_5$	2.205,0	1.425,0
$p_1^b \cdot b_{16}^b \cdot \Delta x_6$	−860.000,0	−406.000,0
$p_2^b \cdot b_{26}^b \cdot \Delta x_6$	−218.400,0	−143.250,0
	−1.062.645,0	**−540.850,0**

Abb. 8.76: Abweichungen ersten Grades

Verbrauchsabweichung:	Ist-Basis	Min-Basis
$p_1^b \cdot \Delta a_{13} \cdot r_3^b$	−786.250,0	−493.000,0
$p_1^b \cdot \Delta a_{14} \cdot r_4^b$	−603.625,0	−255.300,0
$p_1^b \cdot \Delta a_{16} \cdot r_6^b$	−12.500,0	−8.000,0
$p_2^b \cdot \Delta a_{23} \cdot r_3^b$	−47.175,0	−30.812,5
$k_3^b \cdot \Delta a_{36} \cdot r_6^b$	−96.000,0	−45.000,0
$k_4^b \cdot \Delta a_{45} \cdot r_5^b$	−823.680,0	−401.350,0
kostensteigernd	**−2.369.230,0**	**−1.233.462,5**
$p_1^b \cdot \Delta a_{15} \cdot r_5^b$	107.250,0	69.800,0
$p_2^b \cdot \Delta a_{24} \cdot r_4^b$	43.461,0	19.147,5
$k_3^b \cdot \Delta a_{35} \cdot r_5^b$	411.840,0	196.312,5
$k_5^b \cdot \Delta a_{56} \cdot r_6^b$	1.095.500,0	442.000,0
kostensenkend	**1.658.051,0**	**727.260,0**
$\sum$ Verbrauch	**−711.179,0**	**−506.202,5**

Die Auswertung der einzelnen additiv verknüpften Therme entsprechend der differenzierten Abweichungsanalyse auf Ist-Bezugsbasis führt bereits bei diesem relativ einfachen Beispiel zu **257** Teilabweichungen ($\sum$ **TA** $= 2^n - 1$). Aufgrund des geringen Aussagewertes und der großen Anzahl der Abweichungen mit Kompensationseffekten wird bei der Ist-Bezugsbasis auf den separaten Ausweis verzichtet.

Die disjunktive Methode beschränkt sich auf **65** Teilabweichungen. Es erfolgt der Ausweis der faktisch existenten Teilabweichungen, die die Gesamtabweichung erklären können.

Faktisch existente Abw. 2-ten Grades		
$\Delta p_1 \cdot \Delta a_{13} \cdot r_3^b$	−123.250,0	
$\Delta p_1 \cdot \Delta a_{14} \cdot r_4^b$	−63.825,0	
$\Delta p_1 \cdot \Delta a_{16} \cdot r_6^b$	−2.000,0	
$\Delta p_1 \cdot b_{16}^b \cdot \Delta r_6$	−8.000,0	
$\Delta p_1 \cdot a_{13}^b \cdot \Delta a_{36} \cdot r_6^b$	−69.800,0	
$\Delta p_1 \cdot b_{14}^b \cdot \Delta a_{45} \cdot r_5^b$	−101.500,0	−368.375,0

Faktisch existente Abw. 2-ten Grades

$\Delta p_2 \cdot \Delta a_{23} \cdot r_3^b$	−6.162,5	
$\Delta p_2 \cdot a_{23}^b \cdot \Delta a_{36} \cdot r_6^b$	−2.600,0	
$\Delta p_2 \cdot b_{24}^b \cdot \Delta a_{45} \cdot r^b$	−24.430,0	
$\Delta p_2 \cdot b_{26}^b \cdot \Delta r_6$	−28.650,0	−61.842,5
$p_1^b \cdot \Delta a_{13} \cdot \Delta a_{36} \cdot r_6^b$	−16.000,0	
$p_1^h \cdot \Delta a_{13} \cdot b_{36}^h \cdot \Delta r_6$	−116.000,0	
$p_1^b \cdot \Delta a_{14} \cdot \Delta a_{45} \cdot r_5^b$	−139.600,0	
$p_1^b \cdot \Delta a_{14} \cdot b_{46}^b \cdot \Delta r_6$	−56.000,0	
$p_1^b \cdot \Delta a_{16} \cdot \Delta r_6$	−2.000,0	
$p_2^b \cdot \Delta a_{23} \cdot \Delta a_{36} \cdot r_6^b$	−1.000,0	
$p_2^b \cdot \Delta a_{23} \cdot b_{36}^b \cdot \Delta r_6$	−7.250,0	
$k_3^b \cdot \Delta a_{36} \cdot \Delta r_6$	−11.250,0	
$k_4^b \cdot \Delta a_{45} \cdot b_{56}^b \cdot \Delta r_6$	−92.000,0	−441.100,0
		−871.317,5

Faktisch existente Abw. 3-ten Grades

$\Delta p_1 \cdot \Delta a_{13} \cdot \Delta a_{36} \cdot r_6^b$	−4.000,0	
$\Delta p_1 \cdot \Delta a_{13} \cdot b_{36}^b \cdot \Delta r_6$	−29.000,0	
$\Delta p_1 \cdot \Delta a_{14} \cdot \Delta a_{45} \cdot r_5^b$	−34.900,0	
$\Delta p_1 \cdot \Delta a_{14} \cdot b_{46}^b \cdot \Delta r_6$	−14.000,0	
$\Delta p_1 \cdot \Delta a_{16} \cdot \Delta r_6$	−500,0	
$\Delta p_1 \cdot a_{13}^b \cdot \Delta b_{36} \cdot \Delta r_6$	−2.000,0	
$\Delta p_1 \cdot b_{14}^b \cdot \Delta a_{45} \cdot b_{46}^b \cdot \Delta r_6$	−16.000,0	−100.400,0
$\Delta p_2 \cdot \Delta a_{23} \cdot \Delta a_{36} \cdot r_6^b$	−200,0	
$\Delta p_2 \cdot \Delta a_{23} \cdot b_{36}^b \cdot \Delta r_6$	−1.450,0	
$\Delta p_2 \cdot b_{23}^b \cdot \Delta a_{36} \cdot \Delta r_6$	−650,0	
$\Delta p_2 \cdot b_{24}^b \cdot \Delta a_{45} \cdot b_{56}^b \cdot \Delta r_6$	−5.600,0	−7.900,0
$p_1^b \cdot \Delta a_{13} \cdot \Delta b_{36} \cdot \Delta r_6$	−4.000,0	
$p_1^b \cdot \Delta b_{14} \cdot \Delta a_{45} \cdot b_{46}^b \cdot \Delta r_6$	−32.000,0	
$p_2 \cdot \Delta a_{23} \cdot \Delta b_{36} \cdot \Delta r_6$	−250,0	−36.250,0
		−144.550,0

Faktisch existente Abw. 4-ten Grades

$\Delta p_1 \cdot \Delta a_{13}{}^b \cdot \Delta b_{36} \cdot \Delta r_6$	−1.000,0	
$\Delta p_1 \cdot \Delta a_{14} \cdot \Delta a_{45} \cdot \Delta b_{56}^b \Delta r_6$	−8.000,0	
$\Delta p_2 \cdot \Delta a_{23}{}^b \cdot \Delta b_{36} \cdot \Delta r_6$	−50,0	−9.050,0

Faktisch existente Abw. 5-ten Grades

Summe kostensteigernde Abw. höheren Grades −1.024.917,5

Faktisch existente Abw. 2 ten-Grades kostensenkend

$p_1^b \cdot \Delta a_{15} \cdot \Delta a_{56} \cdot r_6$	16.000,0	
$p_1^b \cdot \Delta a_{15} \cdot \Delta r_5$	200,0	
$p_2^b \cdot \Delta a_{24} \cdot b_{45}^b \cdot \Delta a_{56} \cdot r_6^b$	4.200,0	
$p_2^b \cdot \Delta a_{24} \cdot \Delta r_4$	75,0	
$p_2^b \cdot \Delta a_{24} \cdot b_{45}^b \cdot \Delta r_5$	52,5	
$k_3^b \cdot \Delta a_{35} \cdot \Delta a_{56} \cdot r_6$	45.000,0	
$k_3^b \cdot \Delta a_{35} \cdot \Delta r_6$	562,5	66.090,0

3-ten bis 5-ten Grades kostensenkend

Abb. 8.77: Faktisch existente Abweichungen höheren Grades

Bei der Auswertung auf der Grundlage der Basisdaten ist kann nach den unterschiedlichsten Auswertungszielen oder Verantwortungsbereichen aggregiert bzw. vorgegangen werden.

Abweichungen	Ist-Basis	Min-Basis
Preisabw. 1-ten Grades k+	−1.113.582,5	−566.015,0
Verb. abw. 1-ten Grades k+	−2.369.230,0	−1.233.462,5
Verbr.abw. 1-ten Grades k-	1.658.051,0	727.260,0
Absatzm.abw. 1-ten Grades k+	−1.078.400,0	−549.250,0
Absatzm.abw. 1-ten Grades k-	15.755,0	**8.400,0**
1-ten Grades	−2.887.406,5	−1.613.067,5
2-ten Grades kostensteigernd		−871.317,5
3-ten Grades kostensteigernd		−144.550,0
4-ten Grades kostensteigernd		−9.050,0
5-ten Grades kostensteigernd		
2-ten Grades **kostensenkend**		**66.090,0**
Abweichungen höheren Grades	315.511,5	−958.827,5
Gesamtabweichungen	−2.571.895	−2.571.895

Abb. 8.78: Vergleich der Teilabweichungen Ist- und Min-Basis

Der Entscheidungsträger wird bei der disjunktiven Abweichungsanalyse trotz eines vollständigen Ausweises der aufgetretenen Veränderungen mit einer deutlich verringerten Anzahl von Abweichungen höheren Grades konfrontiert. Verflechtungen und Zusammenhänge innerhalb des Produktionsablaufes werden deutlich. Es ist direkt ersichtlich, bei welchen Einflussgrößenausprägungen ein Korrekturprozess zu einer Veränderung des Kostensenkungspotentials führen würde.

Bei einer geringfügigen Erweiterung des Beispiels um weitere Verflechtungen oder der Kostenstellen potenziert sich die Zahl der Abweichungen höheren Grades insbesondere bei den klassischen Ansätzen.[77] Beispielsweise könnte p1 als Verrechnungspreis der Kostenstelle 1 angelegt werden, die die Menge x1 als innerbetriebliche Leistung bereitstellt. Die Primärkosten der Kostenstelle eins würden dann addiert und durch die Summe der bereitgestellten Leistungseinheiten (z. B. Maschinenstunden) dividiert. Entsprechend könnte p2 z. B. für einen Verrechnungspreis der Primärkosten der Kostenstelle 2 z. B. für die Energiebereitstellung/Strom stehen.

8.12 Abweichungsanalyse in SAP – ein Überblick

Mittels der Abweichungsanalyse in SAP besteht sowohl in der Kostenstellenrechnung als auch im Produktkosten-Controlling die Möglichkeit der Analyse von Abweichungen zwischen Soll und Ist Kosten sowie die Identifikation der Einflussfaktoren, auf die diese Abweichung zurückzuführen sind.

In **SAP** wird ausschließlich der Ansatz der **kumulativen Abweichungsanalyse** Methode verwendet. Dies ermöglicht, je untersuchter Einflußgröße nur eine Teilabweichung auszuweisen, wobei die vorgegebene Reihenfolge jedoch Auswirkungen auf die zugewiesenen Beträge der Teilabweichungen hat. Vorteil kumulativer Abweichungsanalysen: wenige Teilabweichungen, Erklärung der Gesamtabweichungen; Nachteil kumulativer Abweichungsanalysen: wechselnde Bezugsbasen, Abweichungshöhe abhängig von vorgegebener Reihenfolge.[78]

Für die Analyse der Abweichung in SAP ist es notwendig, dass die erwartete Primärkosten sowie – im Rahmen der Leistungsarten – die Mengen und Preise/Tarife geplant werden. Werden nun im Rahmen der Kostenstellenrechnungen Ist-Daten erfasst, bietet das SAP die Möglichkeit einer Abweichungsanalyse. Die Abweichungsanalyse gehört zu den periodischen Arbeiten des Controllings und wird im Rahmen des Periodenabschlusses durchgeführt. Sie wird in der Kostenstellenrechnung als auch im Produktkosten-Controlling über die Kostenträgerrechnung angewandt. Funktional unterscheiden sich die Implementierungen in der Kostenstellenrechnung als auch im Produktkostencontrolling kaum. Wenn auch die Granularität des Abweichungssystems in der Kostenträgerrechnung höher ausfällt als in der Kostenstellenrechnung.

---

77 Vgl. Wilms 1988, S. 349 ff.

78 Vgl. Kap. 8.5.4 & 8.8.

Grundsätzlich lässt sich das Vorgehen in SAP in drei wesentliche Schritte aufteilen. Sobald eine Abweichungsanalyse vorgenommen wird, ermittelt das System zunächst die Sollkosten, verteilt in einem nächsten Schritt die Sollkosten auf die verwendeten Leistungsarten auf und errechnet im Anschluss daran die Abweichung pro Kostenstelle bzw. Leistungsart zwischen Ist- und Kontrollkosten.

Das Ergebnis der Abweichungsanalyse kann über das Berichtswesen nach fixen und variablen Anteilen in folgenden Bereichen analysiert werden:
- Plankosten- und mengen
- Beschäftigungsgrade
- Sollkosten- und mengen
- Istkosten- und mengen
- gemäß den Abweichungskategorien.

SAP teilt die unterschiedlichen Abweichungskategorien gemäß ihrer Verursachung in zwei Bereiche auf. Einmal in die Einsatzseite, bei der für die Kostenstelle zu viel bzw. zu wenig Kosten belastet wurden und in die Verrechnungsseite, bei der zu viel bzw. zu wenig Kosten verrechnet wurden.

8.12.1 Abweichungen der Einsatzseite

Auf der Einsatzseite wird in folgende Abweichungen unterschieden:

Einsatzpreisabweichung: Die Einsatzpreisabweichung analysiert ob sich auf der sendenden Kostenstelle die Preise für ein Einsatzgut geändert haben. Folgendes Beispiel verdeutlicht diese Preisabweichung. Zum Zeitpunkt des Kalkulationslaufs hat ein eingesetztes Material den Wert von 20 €. Bis zum Einsatz des Materiales verändert sich nun der Materialwert auf Grund von Preisänderungen bzw. gleitende Durchschnittspreisanpassungen auf einen Wert von 30 €. Durch diese Wertanpassungen entsteht nun eine Einsatzpreisabweichung als Differenz des Wertes zum Zeitpunkt der Planung zu dem Wert bei Materialverwendung in Höhe von 10 €.

Einsatzpreisabweichung = (Istpreis − Planpreis) · Isteinsatzmenge .

Einsatzpreisabweichung = (3 €/ME − 2 €/ME) · 10 ME = 10 € .

In SAP gilt: Planpreis = Sollpreis .

Einsatzmengenabweichung: Es wird analysiert, ob sich die geplanten Verbrauchsmengen verändert haben. Dabei wird aufgezeigt, ob die Abweichung auf Grund einer Differenz zwischen geplanten Einsatzmengen und den tatsächlichen Verbrauchsmengen entstanden ist. Beispielhaft wird für einen Produktionsschritt 20 min eingeplant. Bei der Erfassung der Istzeit wurden aber 30 Minuten benötigt. Hat die Produktion planmäßig 10 € pro Minute gekostet, entsteht eine Einsatzmengenabweichung in Höhe von 100 €.

Einsatzmengenabweichung = (Isteinsatzmenge – Solleinsatzmenge) · Planpreis .

Einsatzmengenabweichung = (30 min – 20 min) · 10 €/min = 100 € .

Strukturabweichung: Eine Abweichung, die auf Basis der Strukturabweichung entsteht, zeigt auf, dass keine Ist- oder Sollkosten zu einer Kostenart auf Ebene der Einsatzseite vorhanden ist und damit andere Kostenarten verwendet wurden als z. B. geplant waren. Es wurden somit z. B. Material X zum Wert von 35 € als Einsatz für eine Produktion geplant und auf Grund z. B. von mangelnder Verfügbarkeit wurde das Material Y zum Preis von 40 € auf der Kostenstelle eingesetzt.

Strukturabweichung = Istkosten – Sollkosten – Einsatzpreisabweichung .

Strukturabweichung = 40 € – 35 € – 0 € = 5 € .

Einsatzrestabweichung: Die letzte Abweichungskategorie auf der Ebene der Einsatzseite ist die Einsatzrestabweichung. Diese ist ein Auffangbecken für alle Abweichungen, die sich weder durch Preis-, Mengen- oder Strukturabweichung erklären lassen. Ein Beispiel im SAP Umfeld für eine Einsatzrestabweichung ist, wenn sich die Gemeinkostenzuschläge zwischen Plan- und Istabrechnung geändert haben.

Bei der Planberechnung wird eine Komponente beispielsweise mit dem Wert von 200 € angesetzt. Die zugehörigen Materialgemeinkosten dieser Komponente belaufen sich auf 10 %, in diesem Fall 20 €. Nun hat sich bei der Istberechnung herausgestellt, dass der Gesamtwert der Komponente mit 220 € in der Kostenstelle als Inputfaktor erfasst wurde. Dies bedeutet, dass durch die Gemeinkostenzuschlagsberechnung nun nicht wie geplant 20 €, sondern 22 € zugeschlagen werden. Zunächst einmal würde die Abweichungsanalyse eine Einsatzpreisabweichung in Höhe von 20 € ausweisen, da sich der Preis der Komponente zwischen Plan und Ist um 20 € erhöht hatte. Die Differenz bei der Zuschlagsberechnung würde aber zusätzlich als Einsatzrestabweichung in SAP aufgeführt werden, da durch die 10 % Umlage nun 2 € mehr zugeordnet werden würde als bei einem Komponentenpreis von 200 €. Diese 2 € sind nicht der Einsatzpreisabweichung zuzuordnen, sondern der Einsatzrestabweichung.

Das System ist so programmiert, dass die Einsatzrestabweichung ein Auffangbecken auch für die Kosten ist, die z. B. ohne Mengen gebucht wurden und somit die aufgeführten Kategorien nicht ermittelt werden können.

8.12.2 Abweichungen der Verrechnungsseite

Auf der Verrechnungsseite werden folgende Abweichungen unterschieden:

Verrechnungspreisabweichung: Stellt der Controller eine Abweichung bei den Verrechnungspreisen fest, wurde eventuell ein falscher Tarif verwendet. Diese Abweichungskategorie analysiert, ob unterschiedliche Tarife zwischen Plan- bzw. Soll-Kosten und Ist-Kosten zur Anwendung gekommen sind. Dies kann vorkommen, wenn manuelle Tarife anstelle Durchschnittstarifen der Plantarifermittlung für eine Leistungsart verwendet wurden. In SAP wird die Verrechnungspreisabweichung mittels folgender Formel berechnet:

$$\text{Verrechnungspreisabweichung} = \text{Istleistung} \cdot (\text{Plantarif} - \text{Isttarif})$$

Gegeben sind folgende Größen:

Planleistung = 100 h
Plankosten = 1.000 €
Plantarif = 10 €/h
Istleistung = 110 h
Isttarif = 12 €/h

Die Istentlastung der Kostenstelle beläuft sich auf 1.320 €, dies entspricht 110 h zum Preis von 12 €/h (Istpreis). Die Sollentlastung der Kostenstelle beläuft sich auf 1.100 € da wir von einem Plantarif in Höhe von 10 €/h ausgehen (110 h Istleistung · 10 €/h Plantarif). Anhand der genannten Berechnungslogik würde das SAP System nun eine Verrechnungspreisabweichung in Höhe von –220 € errechnen.

$$\text{Verrechnungspreisabweichung} = 110\,\text{h} \cdot (10\,€/\text{h} - 12\,€/\text{h}) = -220\,€$$

Verrechnungsmengenabweichung: Bei der Verrechnungsmengenabweichung handelt es sich um die Differenz aus der Istentlastung und der Planentlastung auf der Kostenstelle. Die Verrechnungsmengenabweichung zeigt auf, wenn eine höhere oder niedrigere Mengenentlastung auf der Kostenstelle gegenüber einer manuell gebuchten Istmenge geplant wurde.

$$\text{Verrechnungsmengenabweichung} = (\text{Istmenge} - \text{manuelle Istmenge}) \cdot \text{Plantarif}$$

Fixkostenabweichung: Die Fixkostenabweichung lässt sich in die *Beschäftigungsabweichung* und die *sekundäre Fixkostenabweichung* aufteilen.

Beschäftigungsabweichung: Die Beschäftigungsabweichung zeigt pro Kostenart die Über-/Unterdeckung der fixen Plankosten bezogen auf jede Leistungsart auf. Inhaltlich liefert die Beschäftigungsabweichung eine Aussage darüber, ob in Bezug auf die Ist-Kosten die fixen Kosten gedeckt sind. Sie entsteht ausschließlich dann, wenn die Istleistung von der Planleistung abweicht. Folgende Daten sind gegeben:

Plankosten fix: 1.000 €
Planleistung: 100 h
Errechneter Planverrechnungstarif: 10 €/h
Istleistung: 200 h

Der Beschäftigungsgrad wird ermittelt in dem die Ist-Menge in das Verhältnis zur Planmenge gesetzt wird. In diesem Beispiel ist die Ist-Menge von 200 h und eine Planmenge von 100 h vorhanden, dies würde dann zu einem Beschäftigungsgrad von 200 % führen.

$$\text{Beschäftigungsabweichung} = \text{Plankosten fix} \cdot (1 - \text{Beschäftigungsgrad}).$$
$$\text{Beschäftigungsabweichung} = 1.000\,€ \cdot (1 - 2) = -1.000\,€.$$

Dies würde bedeuten, dass durch die Istleistung von 200 %, Fixkosten in Höhe von 1.000 € zu viel verrechnet wurden.

Sekundäre Fixkostenabweichung: Die sekundäre Fixkostenabweichung ist die Differenz aus den fixen Sollkosten und den fixen Plankosten. Diese Abweichung kann nur dann auftreten, wenn auf der Kostenstelle auch eine leistungsabhängige Leistungsaufnahme durchgeführt wurde. Die sekundäre Fixkostenabweichung tritt auf, wenn die fixen Sollkosten vom Beschäftigungsgrad durch die Multiplikation von fixen Tarif und variablen Sollmengen berechnet wurde und eine Differenz zwischen fixen Plankosten und fixen Sollkosten entstehen. Um nun die gesamte Fixkostenabweichung zu berechnen, setzt SAP die Formeln aus der Beschäftigungsabweichung und der sekundären Fixkostenabweichung zusammen:

$$\text{Fixkostenabweichung} = \text{Beschäftigungsabweichung}$$
$$+ \text{ sekundäre Fixkostenabweichung}$$

bzw.
$$\text{Fixkostenabweichung} = \text{Plankosten fix} \cdot (1 - \text{Beschäftigungsgrad})$$
$$+ \text{ Sollkosten fix} - \text{Plankosten fix}$$

Restabweichung:

Die Restabweichung ist wieder ein Auffangbecken für alle Abweichungen zwischen Soll und Istkosten, die nicht in eine der oben aufgeführten Kategorien der Verrechnungsseite passen. In dieser Kategorie werden auch alle Abweichungen aufgeführt, wenn z. B. die Ermittlung der Abweichungskategorien in der Verrechnungsseite oder sämtliche Abweichungskategorien einzeln über das Customizing deaktiviert wurden. Abweichungen in dieser Abweichungskategorie werden nicht kostenartengerecht, sondern für die gesamte Kostenstelle ausgewiesen. Ebenfalls landen alle Abweichungen von Kosten in dieser Kategorie, für die keine Sollkosten vorhanden sind.

Eine Sonderform der Abweichung ist die Leerkostenabweichung. Diese Abweichung ist in der Abweichungskategorie von SAP nicht enthalten. Sie kann in SAP Systemen nicht direkt ermittelt werden. Eine Berechnung aus der Beschäftigungsabweichung und dem fixen Anteil der Verrechnungsseite ermöglicht die Berechnung der Leerkostenabweichung, wenn zwei Bedingungen erfüllt sind. Einerseits müssen für Leistungen auf der Kostenstelle periodische Tarife auf Basis der Kapazität ermittelt worden sein und andererseits darf keine Nachverrechnung mit Istwerten stattfinden. Sind beide Bedingungen erfüllt, kann die Leerkostenabweichung mittels folgender Formel ermittelt werden:

$$\text{Leerkostenabweichung} = \text{Beschäftigungsabweichung}$$
$$+ \text{ Verrechnungspreisabweichung fix}.$$

Dadurch, dass die Leerkostenabweichung nicht Teil der Abweichungskategorie der Verrechnungsseite ist, kann diese nicht als einzelnes Feld in der Abweichungsdarstel-

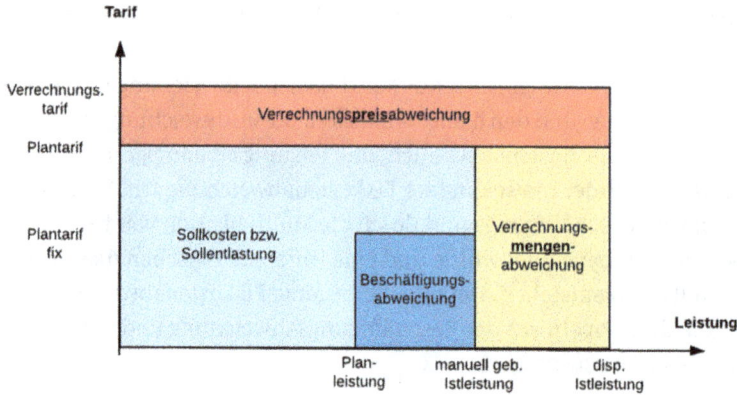

Abb. 8.79: Abweichungskategorie. In Anlehnung an SAP Hilfe Dokumentation.[79]

lung dargestellt werden, sondern muss über einen der beiden nachfolgenden Wege dargestellt werden:

– Alternative 1: Mittels der Abweichungsanalyse der Verrechnungsseite wurden die Beschäftigungsabweichung und die fixe Verrechnungspreisabweichung ermittelt. Über einen eigenen Bericht werden dann beide Abweichungen zur Leerkostenabweichung zusammengefasst.
– Alternative 2: Wenn die Leerkostenabweichung nur auf der Verrechnungsseite auftritt, besteht die Möglichkeit, eine neue Abweichungsvariante im Customizing anzulegen, bei der alle Abweichungskategorien bis auf die Restabweichung der Verrechnungsseite ausgeblendet werden. Hierdurch wird dann die Leerkostenabweichung vom System als Restabweichung ausgewiesen. Es ist aber zu beachten, dass die Abweichungsvariante nur für den Kostenrechnungskreis angelegt werden kann. Verfügt das System über eine buchungskreisübergreifende Kostenrechnung bedeutet dies, dass alle Buchungskreise und damit Gesellschaften mit der gleichen Abweichungsvariante arbeiten müssen.

In Abb. 8.79 sind alle Abweichungskategorien der Verrechnungsseite ersichtlich.
Ergänzend zu den oben aufgeführten Abweichungskategorien gibt es im Produktkostencontrolling weitere Abweichungskategorien auf der Verrechnungsseite:
– Mischpreisabweichung
– Losgrößenabweichung
– Ausschussabweichung

---

79 SAP Hilfe: Abweichungskategorien In:
https://help.sap.com/doc/2e11d553088f4308e10000000a174cb4/2.6/de-DE/
162fd553088f4308e10000000a174cb4.gif abgerufen am 28.1.2019.

8.12.3 Abweichungsermittlung auf Ebene der Kostenstellenrechnung

Die hier dargestellte Beschreibung und Screenshots basieren auf der SAP Version SAP ECC 6.0. Mit der Einführung der Version S4/Hana werden einige Änderungen im Controlling vorgenommen. Eine wesentliche Änderung ist der Wechsel von einem Zweikreissystem zu einem Einkreissystem in der Kostenrechnung. Unter einem Zweikreissystem wird die verschiedene Behandlung von Sachkonten und den Kostenarten verstanden. In SAP ECC 6.0 werden die Sachkonten wie hier aufgeführt mittels der Transaktion FS00 angelegt, Kostenarten hingegen mittels der Transaktion KA01.

In S4/Hana hingegen wird das Einkreissystem verwendet, in welchem Sachkonten und Kostenarten nicht mehr getrennt betrachtet werden, sondern unter dem Sachkonto subsumiert werden. Dementsprechend wird die gesamte Pflege der Stammdaten des Einkreissystems mittels der Transaktion FS00 vorgenommen. Die Transaktion KA01 entfällt somit zukünftig. Es findet somit in zukünftigen Versionen eine Vereinigung der Stammdaten zwischen der Finanzbuchhaltung und des Controllings statt. Die Version SAP ECC 6.0 wird noch bis 2025 von SAP Support unterstützt, danach müssen alle Anwender auf S4/Hana umgestellt haben.

Die Abweichungsanalyse wird für die Kostenstellenrechnung im SAP System über das Customizing definiert. In das Customizing wird mittels der Transaktion SPRO

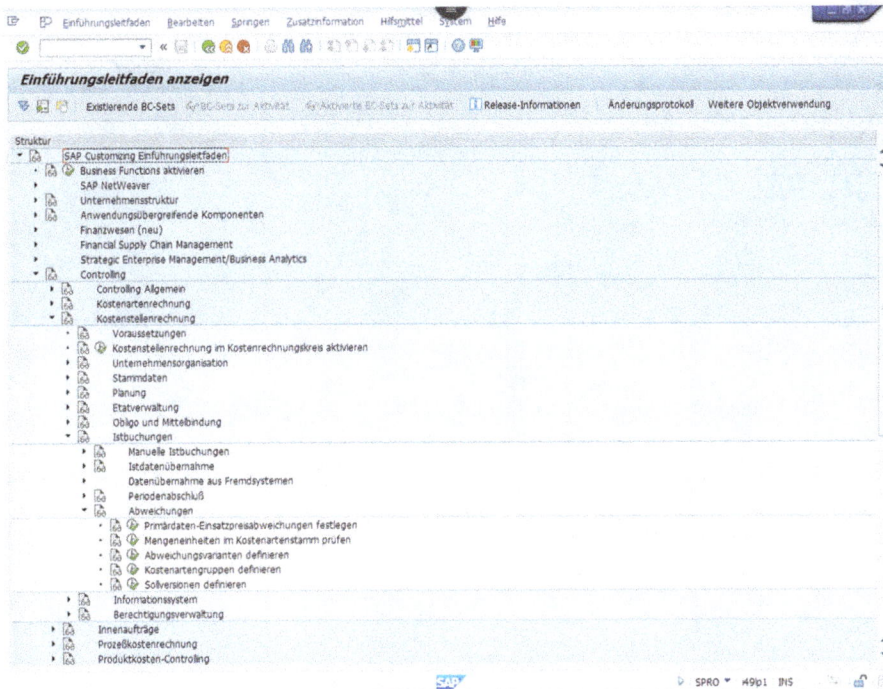

Abb. 8.80: Transaktion SPRO – Customizing Pfad Abweichungsanalyse (Screenshot)

durch Aufruf des Menüpunktes „SAP Referenz-IMG" eingestiegen. Der Menüpunkt für die Abweichungsanalyse kann nun unter folgenden Pfad gefunden werden:

„SAP Customizing Einführungsleitfaden > Controlling > Kostenstellenrechnung > Istbuchungen > Abweichungen"

Das Customizing bietet für die Abweichungsermittlung in der Kostenstellenrechnung die folgenden wesentlichen Einstellmöglichkeiten:

– Primärdaten-Einsatzpreisabweichungen festlegen
– Mengeneinheiten im Kostenartenstamm prüfen
– Abweichungsvarianten definieren
– Sollversion definieren.

Prozentuale Einsatzpreisabweichung bei Primärbuchungen

Unter dem Punkt „Primärdaten-Einsatzpreisabweichung festlegen" kann das System so konfiguriert werden, dass trotz fehlender Erfassung von Verbrauchsmengen im System ein Ausweis von prozentualen Preisabweichungen auf Ebene der Kostenarten möglich ist. Gründe für eine solche Einstellung könnte sein, dass die Erfassung der Verbrauchsmengen zu aufwendig oder nicht erwünscht ist. Über den Menüpunkt oder die Transaktion OKA8 kann für jede Kombination aus Kostenrechnungskreis, Geschäftsjahr und Kostenart ein fester Prozentsatz für die Preisabweichung definiert werden.

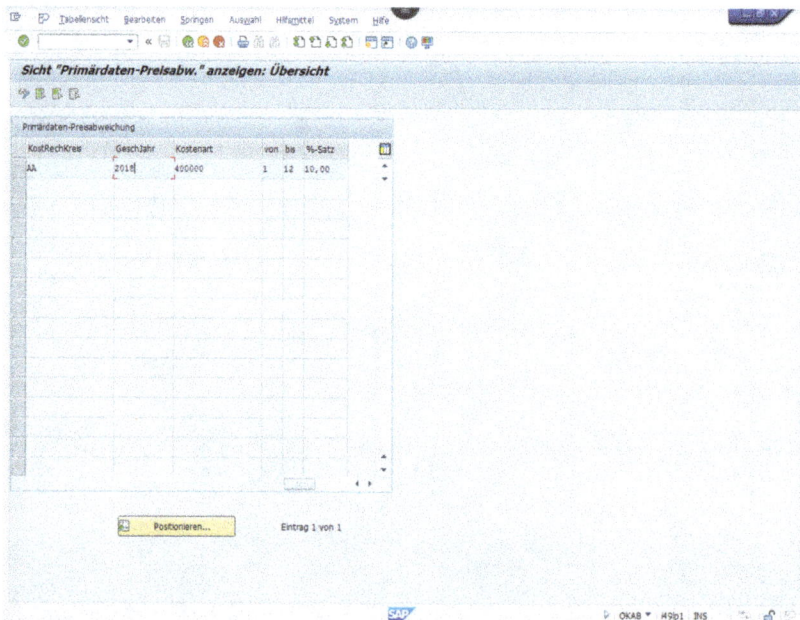

Abb. 8.81: OKA8 – Konfiguration Primärdaten-Preisabweichung (Screenshot)

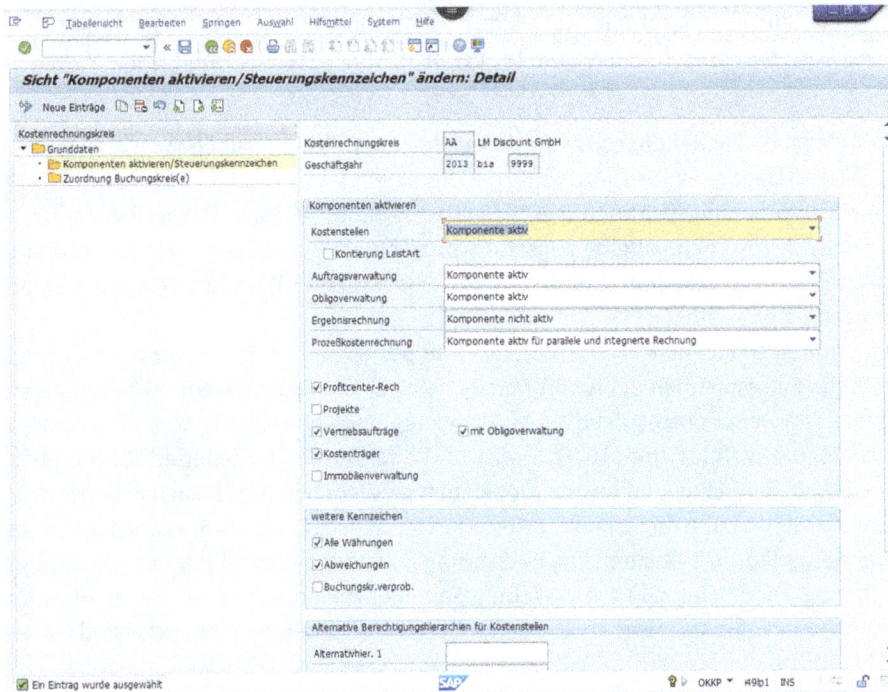

Abb. 8.82: OKKP Kostenstellenrechnung aktivieren (Screenshot)

Mittels der so definierten Prozentsätze schreibt das SAP-System bei Primärbuchungen auf den Konten automatisch die darin enthaltene Abweichung in Höhe des definierten Prozentsatzes fort. Die Einstellungen, wie in Abbildung 8.81 dargestellt, führen dazu, dass bei einer Buchung in Höhe von 1.100 € auf die Kostenart mit der Nummer 400000 die Preissteigerung in Höhe von 10 % in der Einsatzpreisabweichung fortgeschrieben werden (100 €).

Neben den Konfigurationen im Bereich der Abweichung müssen zwei wesentliche Einstellungen im System vorgenommen werden. Zunächst muss die Kostenstellenrechnung im Kostenrechnungskreis und das Rechnen mit Abweichungen aktiviert sein. Diese Einstellungen können über den Customizing-Pfad „SAP-Customizing Einführungsleitfaden > Controlling > Kostenstellenrechnung > Kostenstellenrechnung im Kostenrechnungskreis aktivieren" oder über die Transaktion OKKP unter den Unterpunkt „Komponenten aktivieren/Steuerungskennzeichen" vorgenommen werden.

Ergänzend müssen die Kostenarten, für die eine solche prozentuale Ermittlung vorgesehen sind, im System angelegt sein. Dies kann über den Customizing-Pfad „SAP-Customizing Einführungsleitfaden > Controlling > Kostenartenrechnung > Stammdaten > Kostenarten > Kostenarten anlegen" oder die Transaktion (KA01) vorgenommen werden.

Eine solche prozentuale Abweichungsdefinition macht vor allem dann Sinn, wenn Kostenarten vorhanden sind, bei denen die Preise relativ stabil sind.

Grundlegende Einstellungen für die Abweichungsermittlung auf Ebene der Kostenstellen

Sollen Abweichungsanalysen bei Kostenarten mit häufigen Preisschwankungen durchgeführt werden, ist eine pauschale prozentuale Einstellung nicht zielführend. Hier sollte die Abweichungsanalyse über die definierten Berechnungen individuell vorgenommen werden.

Damit dies möglich ist, benötigt das SAP System neben den Ist- und Plankosten auch die korrespondierenden Verbrauchsmengen. Das System weißt Abweichungen gemäß den weiter oben aufgeführten Abweichungskategorien aus, wenn die Kostenarten mengengeführt sind. Hierzu müssen die relevanten Kostenarten für die mengenmäßige Bebuchung im Kostenartenstamm bzw. auch in dem Kostenstellenstamm aktiviert werden. Die Änderung der Kostenart kann mittels der Transaktion KA02 oder dem Menüpfad „SAP Customizing Einführungsleitfaden > Controlling > Kostenstellenrechnung > Istbuchungen > Abweichungen > Mengeneinheit im Kostenartenstamm prüfen" vorgenommen werden. In der Transaktion befinden sich die ausgewählte Kos-

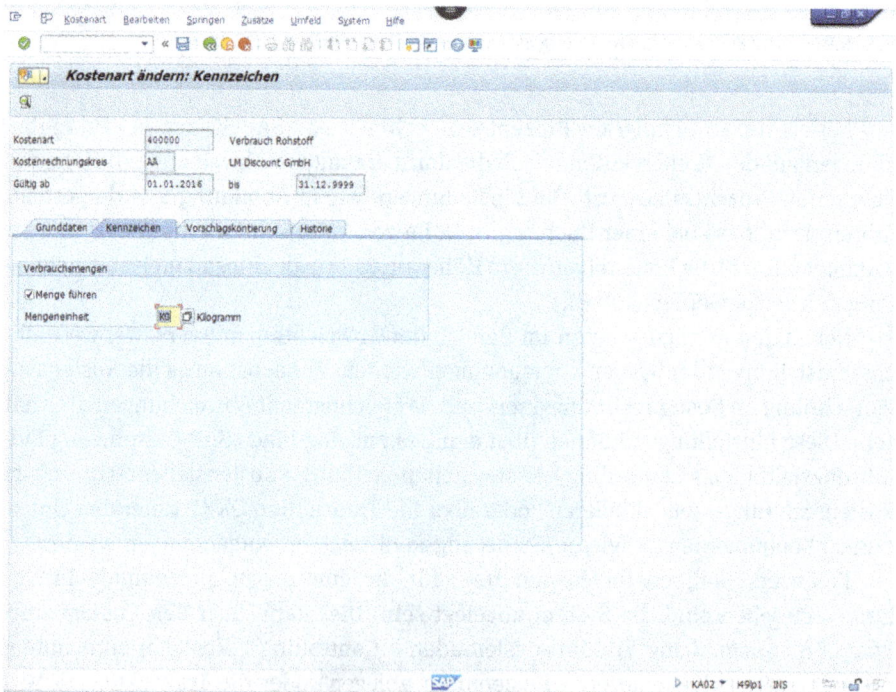

Abb. 8.83: KA02 – Kostenart Mengen führen (Screenshot)

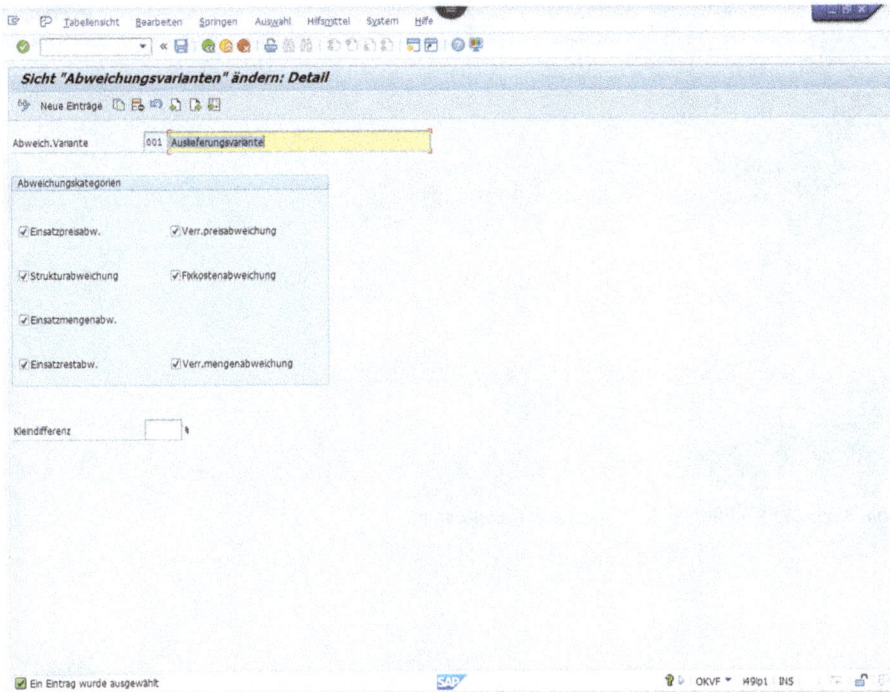

Abb. 8.84: OKVF – Abweichungsvariante definieren (Screenshot)

tenart, unter dem Reiter „Kennzeichen" die Einstellungsmöglichkeit für die Mengenführung auf der Kostenart. Auch für die Kostenstellen muss die Mengenführung aktiviert sein. Dies wird mittels der Transaktion KS02 unter dem Reiter „Steuerung" über das Auswahlfeld „Menge führen" eingestellt.

Neben den grundlegenden Einstellungen an den Stammsätzen ist es ergänzend nötig festzulegen, welche Abweichungskategorien vom System überhaupt berechnet werden sollen. Hierzu muss über den Menüpfad: „SAP Customizing Einführungsleitfaden > Controlling > Kostenstellenrechnung > Istbuchungen > Abweichungen > Abweichungsvarianten definieren" oder über die Transaktion OKVF eine Abweichungsvariante festgelegt werden.

Alle Abweichungskategorien, die in dieser Selektionsmaske markiert sind, werden für die Ermittlung herangezogen. Wird keine Abweichungskategorie markiert, erfolgt der Ausweis aller Abweichungen unter der Restabweichung. Werden einzelne Abweichungen nicht aktiviert, werden diese Abweichungen der nachfolgenden Kategorie zugeordnet.

Im Standard liefert SAP die Abweichungsvariante 001 aus, in der alle Abweichungskategorien aktiviert sind.

Als letzten Schritt im Customizing muss noch eine Sollversion für den jeweiligen Kostenrechnungskreis angelegt werden. Die Sollversion bietet die Möglichkeit festzu-

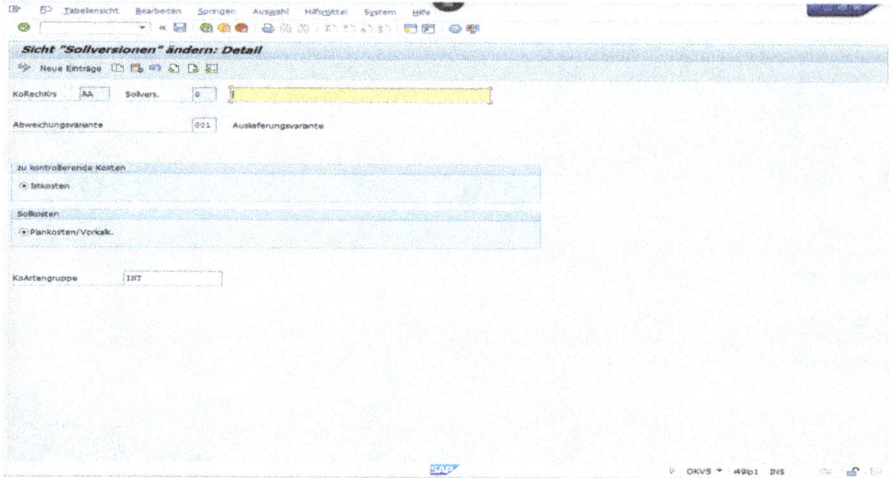

Abb. 8.85: OKV5 – Pflegen der Sollversion (Screenshot)

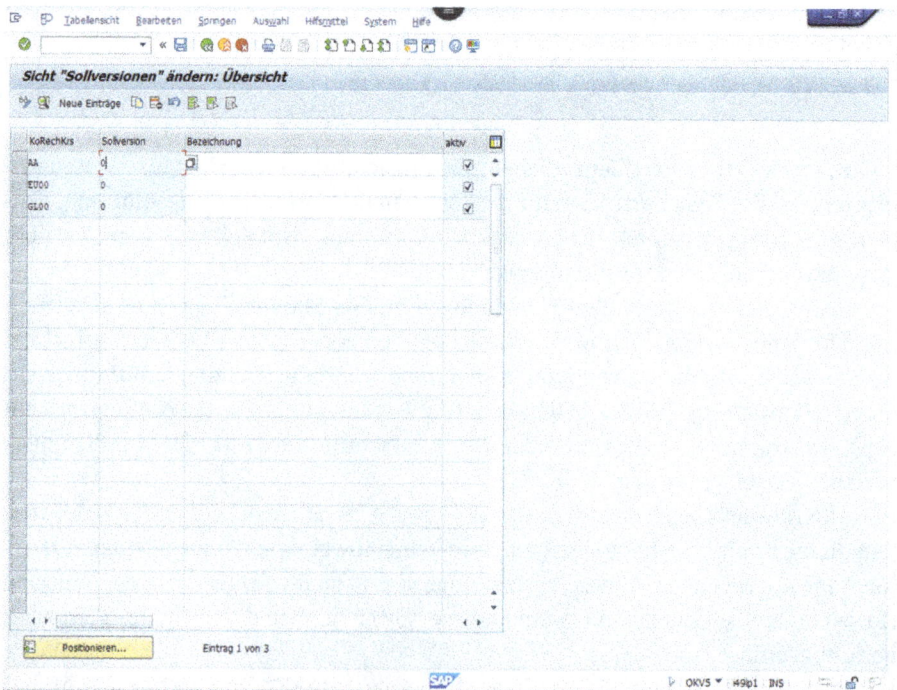

Abb. 8.86: OKV5 – Aktivierung der Sollversion (Screenshot)

legen, welche Version für das Lesen von Plan- und Istdaten, für das Berechnen von Sollkosten, für das Buchen von gesplitteten Istkosten verwendet wird und in welche Version Abweichungen fortgeschrieben werden. Ebenfalls wird in der Sollversion festgelegt, welche Abweichungsvariante verwendet werden soll. Sie legt somit fest, auf welche Art die Abweichungsermittlung durchgeführt werden soll.

Um die Sollversion nun für die Abweichungsanalyse vorzubereiten, müssen drei wesentliche Schritte vorgenommen werden:

1. Eine Sollversion muss angelegt werden
2. Eine definierte Abweichungsvariante muss in der Sollversion dem Kostenrechnungskreis zugeordnet werden
3. Die Sollversion muss aktiviert werden.

Alle Schritte können entweder über den Menüpfad „SAP Customizing Einführungsleitfaden > Controlling > Kostenstellenrechnung > Istbuchungen > Abweichungen > Sollversion definieren" oder die Transaktion „OKV5" vorgenommen werden. Die Aktivierung der Sollversion wird dann über die Übersichtsseite durch setzen des Kennzeichens im Feld „aktiv" vorgenommen.

Zusammenfassend müssen im Customizing für die Aktivierung der Abweichungsanalyse in der Kostenstellenrechnung folgende Schritte vorgenommen werden:

– Aktivierung der Mengenführung auf Kostenarten und Kostenstellen (Transaktion KA02 und KS02)
– Definition einer Abweichungsvariante (Transaktion OKVF)
– Definition einer Sollversion und Zuweisung der definierten Abweichungsvariante zu dieser Sollversion (Transaktion OKV5).

8.12.4 Abweichungsermittlung auf Ebene der Kostenträgerrechnung bzw. des Produkt-Controllings

Im Unterschied zur Kostenstellenrechnung, bei der immer auf Version 0 die Abweichung ermittelt wird, besteht im Produkt-Controlling die Möglichkeit, die unterschiedlichen Versionen der Kostenrechnung mit in Betracht zu ziehen. Die Auswahl der jeweiligen Version führt dann zu den folgenden unterschiedlichen Abweichungsermittlungen:

– Gesamtabweichung
– Produktionsabweichung
– Produktionsabweichung per Periode
– Dispositionsabweichung.

Die Abb. 8.87 veranschaulicht die zu verwendeten Version in Bezug auf die gewünschte Abweichung.

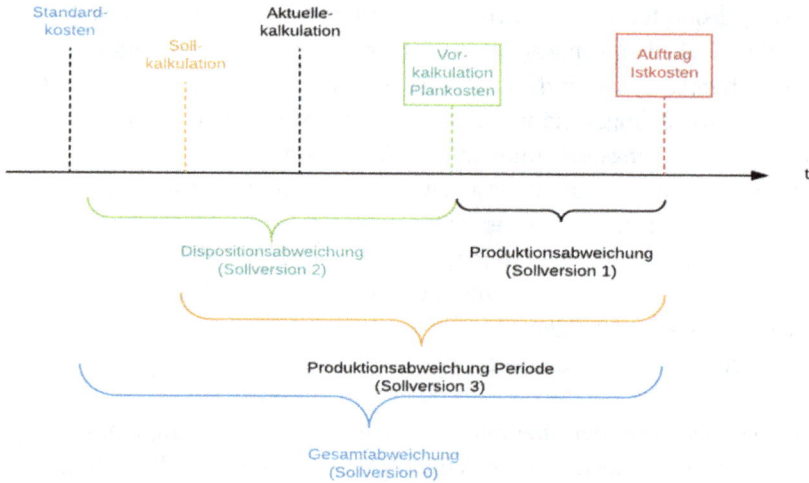

Abb. 8.87: Sollversionen bei der zu verwendeten Abweichung in Anlehnung an SAP Hilfe[80]

Die *Gesamtabweichung* entspricht der Differenz aus der Belastung der Istkosten und der Entlastung durch die Wareneingangsbuchung in das Lager. Die Sollkosten werden in dieser Abweichung auf Basis der Menge des an das Lager gelieferten Materials bewertet mit den Plankalkulationspreisen bei anonymer Lagerfertigung. Sollte eine Kundenauftragsfertigung vorliegen, wird der Preis auf Basis der für diesen Auftrag relevanten Kalkulation bewertet. Die Kontrollkosten in der Gesamtabweichung ergeben sich durch die bereinigten Istkosten. Dies sind die Istkosten abzüglich des Ausschusses. Im Grunde nach können bei der Gesamtabweichung folgende Abweichungskategorien ausgewiesen werden:
- Einsatzpreisabweichung
- Strukturabweichung
- Einsatzmengenabweichung
- Einsatzrestabweichung
- Ausschussabweichung
- Mischpreisabweichung
- Verrechnungspreisabweichung
- Losgrößenabweichung
- Restabweichung.

---

80 SAP Hilfe: Sollversionen In:
https://help.sap.com/doc/PRODUCTION/ab2cc6c376614c64bffb7a7d62d785cb/1709%20000/de-DE/loio279142530fafff4fe10000000a44176d_LowRes.png abgerufen am 29.1.2019.

Zu beachten ist, dass die Gesamtabweichung die einzige Sollversion ist, die an die Finanzbuchhaltung und in die Ergebnisrechnung abgerechnet werden kann.

Die *Produktionsabweichung* basiert auf der Sollversion 1. Sie dient der Feststellung, welche Abweichungen es zwischen dem Anlegen eines Fertigungsauftrages und dem Ende des Fertigungsauftrages gab. Hierzu werden für die Sollkosten die Vorkalkulation des Produktionsauftrages für den Wert und die an das Lager gelieferten Mengen verwendet. Die zugehörigen Kontrollkosten sind hier wiederum die bereinigten Istkosten.

In dieser Abweichungsermittlung werden folgende Abweichungskategorien verwendet:
- Einsatzpreisabweichung
- Strukturabweichung
- Einsatzmengenabweichung
- Einsatzrestabweichung.

Die Produktionsabweichung ist nicht abrechnungsrelevant und kann damit nicht in die Finanzbuchhaltung bzw. in die Ergebnisrechnung abgeschlossen werden.

Eine Sonderform der Produktionsabweichung ist die *Produktionsabweichung zum Planpreis der Periode*, die auf der Sollversion 3 basiert. Wie die Produktionsabweichung zieht diese Abweichungsart ebenfalls zur Bestimmung der Sollkosten die gelieferten Mengen heran. Eine Bewertung wird für jede Periode aber über alternative Materialkalkulation vorgenommen. Basis für die Kontrollkosten sind hier wieder die bereinigten Istkosten. Mittels dieser Abweichungsart ist es möglich, festzustellen, welche Produktionsabweichung pro Periode zwischen den Planpreis und der durch den Herstellungsprozess aufgelaufenen Istkosten vorhanden ist.

Für diese Abweichungsart sind folgende Abweichungskategorien möglich:
- Einsatzpreisabweichung
- Strukturabweichung
- Einsatzmengenabweichung
- Einsatzrestabweichung
- Ausschussabweichung
- Mischpreisabweichung
- Verrechnungspreisabweichung
- Losgrößenabweichung.

Die letzte aufgeführte Abweichungsart ist die *Dispositionsabweichung*. Es handelt es sich um eine Abweichung, die die Unterschiede zwischen der erstellten Plankalkulation und den angelegten Fertigungsaufträgen aufzeigt. Dies ist hilfreich um festzustellen, welche und in welcher Höhe Abweichungen z. B. durch Änderungen von Stücklisten aufgetreten sind. Basis der Dispositionsabweichung ist die Sollversion 2, welche ebenfalls wie Sollversion 1 und 3 nicht abrechnungsrelevant für die Finanzbuchhaltung und die Ergebnisrechnung ist. Die Sollkosten errechnen sich bei der Dis-

Tab. 8.1: Beziehung Sollversion und Abweichungsmöglichkeiten[81]

Soll-Version	Zusammensetzung Sollkosten		Wird verglichen mit	Kontrollkosten Berücksichtigung von Work in Progress	Berücksichtigung von Ausschuss	Einsatz Abweichung	Abweichung der Verrechnungsseite
0	Ist-Menge	Plankalkulation	Ist-Kosten	✓	✓	✓	✓
1	Ist-Menge	Vorkalkulation	Ist-Kosten	✓	✓	✓	
2 (bei Produktions- aufträgen)	Plan-menge	Plankalkulation	Plan-Kosten			✓	✓
3	Ist-Menge		Ist-Kosten	✓	✓	✓	✓

positionsabweichung auf Basis der Plankalkulation zum Material und der geplanten Auftragsmenge. Die Kontrollkosten werden aus der Vorkalkulation für den Auftrag herangezogen.

Die Dispositionsabweichung ermöglicht die Verwendung der folgenden Abweichungskategorien:
- Einsatzpreisabweichung
- Strukturabweichung
- Einsatzmengenabweichung
- Einsatzrestabweichung
- Ausschussabweichung.

Tabelle 8.1 zeigt, wie die einzelnen Sollkosten und Kontrollkosten abhängig von der verwendeten Sollversion ermittelt werden.

Um nun die Abweichungsanalyse im SAP System für das Produkt-Controlling aktivieren zu können müssen folgende Einstellungen im Customizing des Produkt-Controllings vorgenommen werden:
1. Abweichungsschlüssel definieren (Transaktion OKV1)
2. Abweichungsschlüssel je Werk definieren (Transaktion OKVW)
3. Abweichungsvariante prüfen (Transaktion OKVG)
4. Optional: Bewertungsvariante für Work in Progress und Ausschuss definieren
5. Sollversion definieren (OKV6)

---

81 SAP Hilfe: Sollversionen In: https://help.sap.com/doc/saphelp_sfin100/1.10/de-DE/29/9142530fafff4fe10000000a44176d/ppt_img.gif abgerufen am 29.1.2019.

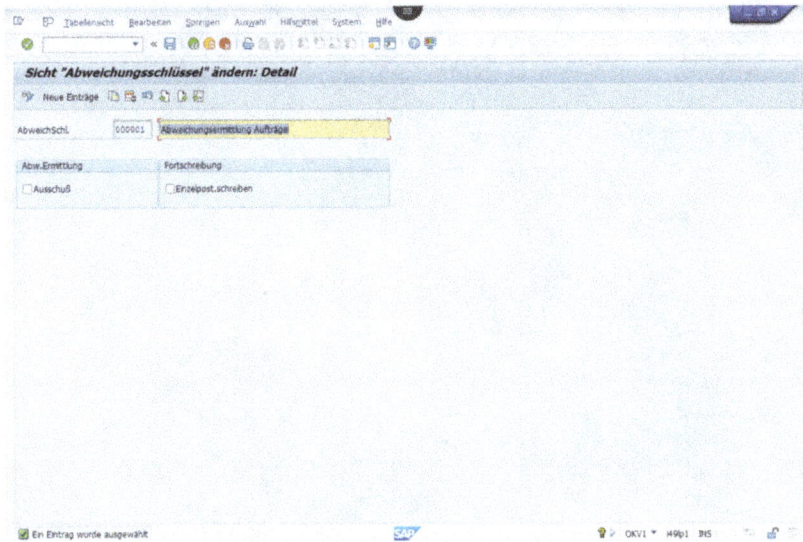

Abb. 8.88: OKV1 – Pflege des Abweichungsschlüssels (Screenshot)

Je nachdem ob ein periodisches Produktcontrolling oder ein auftragsbezogenes Produkt-Controlling Anwendung findet müssen im Customizing unterschiedliche Bereiche gepflegt werden. Den Einstieg für das periodische Produkt-Controlling ist unter dem Pfad „SAP Customizing Einführungsleitfaden > Controlling > Produktkosten-Controlling > Periodisches Produkt-Controlling" zu finden. Der Pfad für das auftragsbezogene Produkt-Controlling ist folgender „SAP Customizing Einführungsleitfaden > Controlling > Produktkosten-Controlling > Auftragsbezogenes Produkt-Controlling". In beiden Gebieten existiert unter dem Abschnitt Periodenabschluss der Bereich Abweichungsermittlung. Unterhalb dieses Bereiches sind die jeweils oben aufgeführten fünf Punkte vorhanden und müssen je nach Verwendung durchlaufen werden.

Der erste Schritt, die Definition des Abweichungsschlüssels, wird über die Transaktion OKV1 vorgenommen. Der Abweichungsschlüssel definiert, ob Abweichungen beim Ausschuss extra ausgewiesen werden sollen und ob Einzelposten mitgeschrieben werden sollen. Abweichungen können nur für die Objekte ermittelt werden, in deren Stammsatz ein definierter Abweichungsschlüssel hinterlegt ist. Zu den gängigen Objekten gehören Aufträge, Kostenträgerknoten und Kostenträgerhierarchien. Des Weiteren besteht die Möglichkeit, in der Kalkulationssicht des Materialstammsatz einen Abweichungsschlüssel zu hinterlegen. Dieser Schlüssel wird dann bei der Anlage von Aufträgen als Vorschlag übernommen.

Ergänzend zu der Pflege des Abweichungsschlüssels und der direkten Zuordnung in den jeweiligen Stammsätzen sollte über die Transaktion OKVW der Abweichungsschlüssel pauschal einem Werk zugeordnet werden. Auf diese Weise wird dann bei Anlage von Stammdaten automatisch dieser Abweichungsschlüssel als Vorschlagswert übernommen.

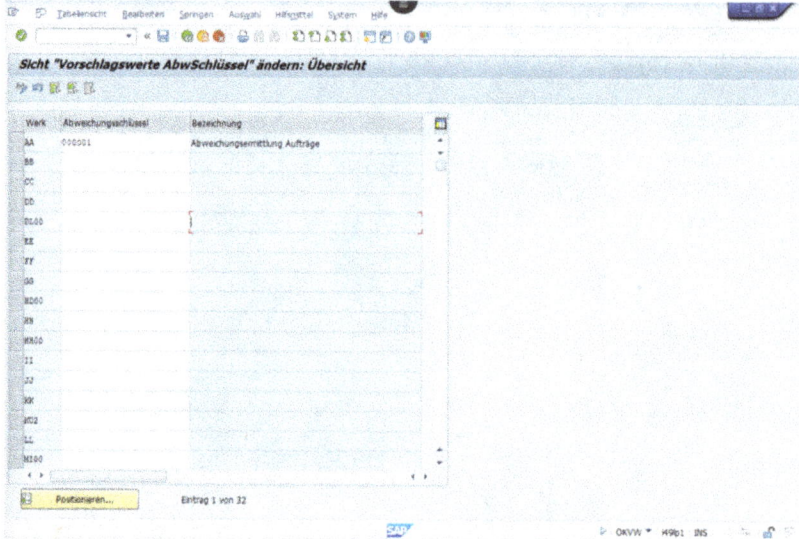

Abb. 8.89: OKVW – Abweichungsschlüssel Werk zuordnen (Screenshot)

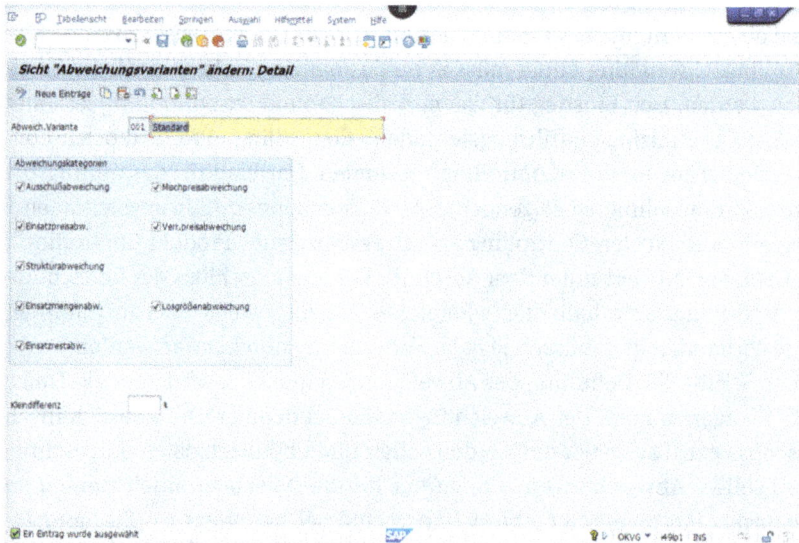

Abb. 8.90: OKVG – Pflege der Abweichungsvarianten (Screenshot)

Im nächsten Schritt muss über die Transaktion OKGV die Abweichungsvariante überprüft bzw. ihren Anforderungen anpasst werden. Die Abweichungsvariante legt fest, welche der oben aufgeführten Abweichungskategorien vom System ermittelt werden sollen.

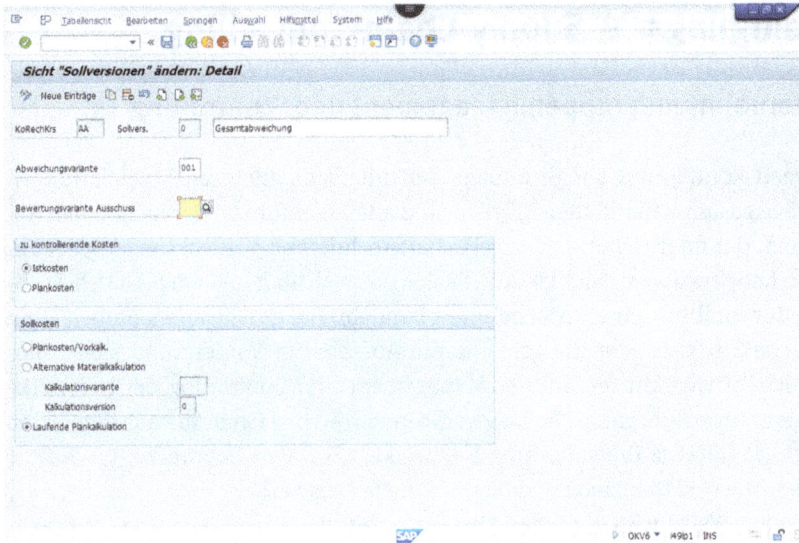

Abb. 8.91: OKV6 – Pflege der Sollversion (Screenshot)

Mittels der Einstellung „Kleinstdifferenzen" kann festgelegt werden, dass Abweichungen unterhalb des hier eingetragenen Prozentsatzes nicht unter den jeweiligen Kategorien ausgewiesen werden, sondern unter der Restabweichung.

Um letztendlich die Abweichungsanalyse zu aktivieren, muss die Sollversion im System definiert werden. Ohne diese Einstellung werden keine Abweichungen im Produkt-Controlling ermittelt. Die Sollversion kann über die Transaktion OKV6 vorgenommen werden. Wie bereits erwähnt, werden vier wesentliche Sollversionen als Standard im SAP ausgeliefert. Die Sollversion 0 für die Gesamtabweichung, die Sollversion 1 für die Produktionsabweichung, die Sollversion 2 für die Dispositionsabweichung und die Sollversion 3 für die Produktionsabweichung in einer Periode. Die Sollversionen legt einerseits fest, welche Daten miteinander verglichen werden sollen und andererseits welche Abweichungsvariante mit welchen Abweichungskategorien herangezogen werden sollen.

Für die Pflege der Sollversion muss zunächst der Kostenrechnungskreis und die zu bearbeitende Sollversion angegeben werden. Darauf aufbauend kann nun die Abweichungsvariante, die über die Transaktion OKVG definiert wurde, dieser Sollversion zugeordnet werden. Diese Zuordnung legt somit fest, welche Abweichungskategorien in dieser Sollversion verwendet werden kann. Über das Feld Bewertungsvariante für Ausschuss kann bei Bedarf noch festgelegt werden, wie Abweichungen im Ausschuss behandelt werden. Über die beiden Boxen Sollkosten und „zu kontrollierende Kosten" wird festgelegt, welche Basis für die Sollkosten- und welche Basis für die Kontrollkosten herangezogen werden soll. Wenn alle Einträge gemäß Unternehmensanforderungen gepflegt sind, kann nach dem Speichern der Sollversion die Abweichungsermittlungen im Produkt-Controlling aktiviert werden.

9 Beteiligungs- & Supply Chain-Controlling

9.1 Unternehmensgruppenmanagement und -controlling

Unternehmen können auf der Grundlage der unterschiedlichsten Vereinbarungen oder Verträge zusammenarbeiten. Möglich sind alle Abstufungen der rechtlichen Abhängigkeiten, der finanziellen und gesellschaftsrechtlichen Verflechtungen oder der freiwilligen Kooperationen. Hierbei kann es sich um **rechtlich** und **wirtschaftlich abhängige oder unabhängige Unternehmen** handeln. Bei der Zusammenarbeit kann die rechtliche Struktur oder die gemeinsame Aufgabe im Vordergrund steht. Dies hat erhebliche Auswirkungen auf das Management und Controlling der Netzwerke dieser Unternehmensgruppen. Die Netzwerke lassen sich je nach Austauschobjekten einteilen in (1) Güter & Dienstleistung Netzwerke, (2) Daten Netzwerke, (3) Soziale Netzwerke sowie (4) Finanzielle und institutionelle Netzwerke.[1]

Klassischer Weise wird zwischen Konzernen auf der einen Seite und Unternehmensnetzwerken, Kooperationen und Supply Chains auf der anderen Seite unterschieden.

- Konzerne und Teilkonzerne
  - Beteiligungen, Gesellschaftsrechtliche Abhängigkeiten
    - Verbundene Unternehmen: i. d. R. Anteil > 50 %
    - Assoziierte Unternehmen: 50 % > Anteil > 20 %
    - Finanzinvestitionen: 20 % > Anteil
- Unternehmensnetzwerkes & Kooperation
  - freiwillige stillschweigende oder vertraglich geregelt Zusammenarbeit
  - rechtlich und wirtschaftlich selbständige Unternehmen
  - Abstimmung der Leistungserstellung und Leistungsverwertung
  - Funktionsabstimmung, -ausgliederung und Funktionsübertragung
- Supply Chain
  - zeitlich und sachlich unbefristete Zusammenarbeit
  - Unternehmen aufeinander folgender Wertschöpfungsstufen Rohstoffgewinnung bis Endkunden. Die klassische Aufteilung der Supply Chains erfolgt in Procurement to pay, Plan to produce und Order to cash.
  - Abstimmung aller Aktivitäten am Bedarf des Endkunden orientiert.

Das **Beteiligungs- Management und Controlling** ist entsprechend in Konzernen anzutreffen und betrifft rechtlich und wirtschaftlich abhängige Unternehmen mit Weisungsrechten.

---

1 Vgl. Obermaier, 2020, S. 5.

https://doi.org/10.1515/9783110616927-009

Das Managen und Controllen von Unternehmensgruppen, die aus wirtschaftlich und rechtlich selbständigen Unternehmen bestehen, gestaltet sich aufgrund der fehlenden Weisungsrechte und der unterschiedlichen Interessenslagen deutlich schwieriger und soll hier in Kapitel 9.4 am Beispiel des **Supply Chain Management & Controlling** ausgeführt werden.

9.1.1 Beteiligungen und Verbundene Unternehmen

Für den Kauf oder die Gründung von Beteiligungen gibt es bei Unternehmen und Konzernen die unterschiedlichsten geschäfts- oder finanzstrategischen Motive. Zu nennen sind insbesondere:
- Synergien & Aufgabenzentralisierung
- Haftungsbeschränkung durch Auslagerungen z. B. Anlagevermögen, Immobilien, Rechten oder Auslandsaktivitäten
- Know-how-Transfer
- Portfolio- Management
- Verzinsung eingesetztes Kapital.

Die Definition von Beteiligungen findet sich im Handelsgesetzbuch.

Handelsgesetzbuch: § 271 Beteiligungen. Verbundene Unternehmen
(1) Beteiligungen sind Anteile an anderen Unternehmen, die bestimmt sind, dem eigenen Geschäftsbetrieb durch Herstellung einer dauernden Verbindung zu jenen Unternehmen zu dienen.
Dabei ist es unerheblich, ob die Anteile in Wertpapieren verbrieft sind oder nicht. Eine Beteiligung wird vermutet, wenn die Anteile an einem Unternehmen insgesamt den fünften Teil des Nennkapitals dieses Unternehmens oder, falls ein Nennkapital nicht vorhanden ist, den fünften Teil der Summe aller Kapitalanteile an diesem Unternehmen überschreiten. Auf die Berechnung ist § 16 Abs. 2 und 4 des Aktiengesetzes entsprechend anzuwenden. Die Mitgliedschaft in einer eingetragenen Genossenschaft gilt nicht als Beteiligung im Sinne dieses Buches.
(2) Verbundene Unternehmen im Sinne dieses Buches sind solche Unternehmen, die als Mutter- oder Tochterunternehmen (§ 290) in den Konzernabschluss eines Mutterunternehmens nach den Vorschriften über die Vollkonsolidierung einzubeziehen sind, das als oberstes Mutterunternehmen den am weitest gehenden Konzernabschluss nach dem Zweiten Unterabschnitt aufzustellen hat, auch wenn die Aufstellung unterbleibt, oder das einen befreienden Konzernabschluss nach den §§ 291 oder 292 aufstellt oder aufstellen könnte; Tochterunternehmen, die nach § 296 nicht einbezogen werden, sind ebenfalls verbundene Unternehmen.

HGB § 271 (1): **Beteiligungen** sind Anteile an anderen Unternehmen, die bestimmt sind, dem eigenen Geschäftsbetrieb durch Herstellung einer **dauerhaften Verbindung** zu jenen Unternehmen zu **dienen**."
Entsprechend ist die Aufgabe des Beteiligungscontrollings die Unterstützung des Managements bei der Schaffung einer abgestimmten ergebnisorientierten Steuerung

des Konzerns oder des Gesamtunternehmens sowie seiner Beteiligungen. Beteiligungscontrolling beschäftigt sich demnach nicht nur mit klassischen Fragen der Optimierung der einzelnen Beteiligungen (Anteil > 20 %), sondern insbesondere auch mit der dauerhaften strategischen Optimierung aller Beteiligungen und des Konzerns im Gesamtkontext. Investitionsprojekte könnten beispielsweise auf der Grundlage von gruppeninternen Benchmarks[2] an die best geeigneten Beteiligungsgesellschaften vergeben werden. Fragestellungen, wo innerhalb des Konzerns Beteiligungen mit welchen Beteiligungsanteilen sowohl unter strategischen Überlegungen als auch unter Finanzierungs-, Haftungs- oder Steueraspekten aufgehängt werden sollten, tragen ebenso maßgeblich zur ergebnisoptimierten Steuerung des Konzerns bei und sind somit Aspekte des Beteiligungscontrollings. Des Weiteren stellt sich die Frage nach der Beherrschbarkeit der Beteiligungen:

Verbundene Unternehmen im Sinne des HGB § 271 (2) sind solche Unternehmen, die als Mutter- oder Tochterunternehmen (§ 290) in den **Konzernabschluss** eines Mutterunternehmens nach den Vorschriften über die **Vollkonsolidierung** einzubeziehen sind.

Assoziierte Unternehmen (i. d. R. 50 % > Anteil > 20 %) werden in den Konzernabschluss über die **Equity Konsolidierung** einbezogen. Ein Unternehmen ist für das ein anderes Unternehmen (Investor) ein assoziiertes Unternehmen, wenn der Investor auf das assoziierte Unternehmen einen maßgeblichen jedoch keinen beherrschenden Einfluss ausübt. Für den Fall, dass einem Investor mindestens 20 % und weniger als 50 % der Stimmrechte an einem assoziierten Unternehmen zustehen, gilt die Vermutung, dass der Investor einen **maßgeblichen Einfluss** auf das assoziierte Unternehmen hat. Ein Unternehmen kann ein assoziiertes Unternehmen mehrerer Investoren sein.

Finanzinvestition bezeichnen Unternehmensanteile unter 20 %.

9.1.2 Strategische Planung & Steuerung der Beteiligungen

Das Beteiligungscontrolling wird als eine strategische Planung und Steuerung von wirtschaftlich verbundenen Unternehmen aus einer Zentrale heraus verstanden, wobei die Zentrale eine Holding, ein Konzern, ein Head Office oder ähnliches sein kann und der Begriff der wirtschaftlich verbundenen Unternehmen über den handelsrechtlichen Begriff der Beteiligungen hinausgehen kann und durch die betriebswirtschaftliche Sicht geprägt wird[3]. In der Regel sind sehr viele, unterschiedliche Akteure im Hinblick auf die gemeinsamen Ziele zu koordinieren.

Das Supply Chain Controlling kann unter Steuerungsgesichtspunkten auch als eine konsequente Weiterentwicklung des Beteiligungscontrollings angesehen werden,

---

2 Vergleichsmaßstäben.
3 Paul, 1995, S. 2.

da zusätzlich die juristisch selbständigen, nicht beherrschten strategischen Partner in die strategische Analyse mit einbezogen werden. Bei den Supply Chains können in vielen Fällen Überkreuzbeteiligungen, assoziierte Unternehmen oder auch Finanzinvestition beobachtet werden.

9.1.3 Handlungsfelder des Beteiligungscontrollings

Zu benennen sind die relevanten Unternehmensgruppen spezifischen **Handlungsfelder**, in denen sich das **Beteiligungscontrolling** von einem normalen **Unternehmens-Controlling** unterscheidet. Hierbei steht der Aufbau, die Steuerung und die Überwachung der unternehmensübergreifenden Netzwerke im Vordergrund. Beispielhaft seien genannt:

- Sicherstellung der zeitnahen Weitergabe von relevanten Daten zur Verbesserung der Planungs- und Dispositionsmöglichkeiten der einzelnen Beteiligungen und der gesamten Gruppe.
- Übertragung inländischer Planungs- und Kontrollsysteme auf ausländische Tochterunternehmen. Hier stellen sich unter Umständen folgende Fragen:
  - Anwendung des Gesamtkosten- oder Umsatzkostenverfahrens
  - Kenntnisse HGB, HB II Abschlüsse, IAS, IFRS
  - Auslegung der Bewertungswahlrechte des HGB
  - Bewertung der Auswirkungen unterschiedlicher Organisationsstrukturen
  - Prüfung der Anwendung der Konsolidierungsmethoden.
- Koordination der Planungs- und Kontrollaktivitäten:
  - Verantwortungsaufteilung
  - Entscheidungswege
  - Weisungsrechte des Beteiligungs- Controllings
  - Vorgabe von Planungsprämissen, wie z. B.
    - Wechselkursen, Inflations- & Wachstumsraten
    - Planungsterminen, Abgabe von Unterlagen,
    - Planungsperioden Monat, Quartal, 1., 3., 5. Jahre
    - Detailierungs- und Aggregationsgrad der Berichterstattung
  - Cash Pooling, Verrechnungspreise.
- Ausgleich des fehlenden Know-how bei einzelnen Beteiligungen
  - Rechnungswesen, Steuern, HGB, Cash-pooling usw.
  - Marktkenntnisse
  - Produktkenntnisse
  - Gruppeninterne Schulungen
- Ausgleich des fehlenden gegenseitigen Verständnisses in Mutter- oder Tochterunternehmen bezüglich Kultur und Sprache:
  - Landeskulturen
  - Unternehmenskulturen

- – Informationswege entsprechend Hierarchie oder direkter Zugriff
- – Ausbildungsgrade
- – Sprachkenntnisse
- – „Ungerechtigkeiten"/Probleme der landestypischen Erfolgsmessung
  - – Zielkonflikte, Zieldynamik, Bewertungsprobleme, Kausalitätsprobleme...
  - – Unterschiedliche Organisationsstrukturen
  - – Unterschiedliche Kapitalausstattung in Abhängigkeit von Rechtsform, Ausschüttungen und Historie unabhängig vom Erfolg der Beteiligungen
  - – Angewendete Erfolgsmessung: Umsatzerlöse, Deckungsbeiträge, Betriebsergebnisse, Jahresüberschüsse, EBIT, EBITDA, ROI
  - – Auswirkungen von vorgegebenen Verrechnungspreisen.
- – Abweichen von rechtlicher Struktur und angewendeter Führungsstruktur
  - – Festlegung von Weisungsrechten
  - – Haftungsrechtliche Auswirkungen der Führungsstruktur, insbesondere unter Berücksichtigung von Minderheitsbeteiligungen
  - – Aufbau einer Sparten- oder Segment- Berichterstattung
  - – Bewertungsfragen nach nationalem und internationalem Recht
- – mangelnde Zielkongruenz
- – Vergangenheitsorientierung des Rechnungswesens.

9.1.4 Aufgabe des Beteiligungscontrollings

Wesentliche Aufgabe des Beteiligungscontrollings ist die Sicherung der langfristigen Wertsteigerung der gesamten Unternehmensgruppe, welche durch vielfältige Aufgaben erfolgt. Beispielhaft genannt seien:
- – Unterstützung der Konzernleitung bei der Entscheidungsfindung
  - – Sicherung und Ausbau von Marktpositionen des Konzerns
    - – Aktuelle, vergleichbare qualitativ hochwertige Informationen
    - – Einsatz leistungsstarker IT, Sensorik oder Internettechnologien, zwecks Echtzeit Informationsbereitstellung.
    - – Transfer von Wissen
    - – Aufbau kooperativer Netzwerke
    - – Identifikation von Wirtschaftlichkeitspotentialen
    - – Risikoanalysen bezüglich Ergebnissen & Liquidität
  - – Beteiligungsübergreifende strategische Optimierung der Gruppe
    - – Strategieunterstützung der Beteiligungen und der Gruppe
    - – Kooperationsbereitschaft der Gruppe fördern
    - – Koordination der Kapazitäten
    - – Interner Benchmark
    - – Unternehmensübergreifende Prozessanalyse
    - – Wo und bei welcher Beteiligung sollen Investitionen erfolgen?

- – Konzerninterne Marktabgrenzungen
  - – Standortbestimmungen
  - – Investitionsplanung & einheitliche Investitionsrechnungen[4]
  - – Machbarkeitsstudien
- – Bewertung von Akquisitionsauswirkungen auf das Gleichgewicht der Gruppe
  - – Anzustrebende Beteiligungsquote
  - – Rechtliche Konstruktion, Zwischenholdings
  - – Ergebnisrisiken
  - – Finanzierungsrisiken, z. B. Finanzierung in € oder Landeswährung
  - – Bewertungsrisiken z. B. bei Wechselkursschwankungen
- – Laufende Portfolio Analyse
  - – Portfolio: Stärken & Schwächen der Sparten/Beteiligungen
  - – Planung von Investitionen und Desinvestitionen
  - – Notfallpläne zur Abwehr von Finanzierungsrisiken
- – Aufbau, Entwicklung & Pflege des konzernweit gültigen Controllingsystems
  - – Schaffung eines konsistenten, vergleichbaren Berichtswesens
  - – Abstimmung des Rechnungswesens (z. B. HGB, IAS, US-GAAP)
  - – Vermeidung von Medienbrüchen und Schnittstellenproblemen
  - – Umstellung auf internationale Rechnungslegung IAS/IFRS
  - – Integration von internem und externem Rechnungswesen
  - – Schaffung der Systemvoraussetzungen für das Reporting
    - – Bereitstellung leistungsfähiger Software
    - – Sicherstellung der Flexibilität bei Organisationänderungen
    - – Bereitstellung von Bewertungs- & Konzernrichtlinien
    - – Schulungen der Beteiligungsgesellschaften
- – Organisatorische Abstimmung zwischen Holding, Mutter- & Tochterunternehmen
  - – Richtlinienkompetenz
  - – Planungskoordination und Moderation
  - – Terminplanung der Berichtstermine und Gesellschaftersitzungen der Beteiligungsgesellschaften
  - – Intensiver Kontakt zu den Geschäftsführungen der Beteiligungen und Holding
  - – Teilnahme an den Sitzungen bei den Beteiligungsgesellschaften
  - – Austausch von Mitarbeitern innerhalb der Gruppe, Konzern & Beteiligungen
  - – Sicherstellung der Systemhoheit
- – Anreizsysteme
  - – Erfordern hohe Datenqualität insbesondere bei internationalem Vergleich
  - – Aufbau von gegenseitigem Vertrauen
  - – Delegation von Verantwortung
  - – Lösung der Probleme unterschiedlicher Gehaltsstrukturen.

---

4 Varnholt u. a. 2018.

9.1.5 Controlling der Beteiligungen versus Beteiligungscontrolling

Das *Controlling der Beteiligung* hat gegenüber dem Beteiligungscontrolling der Zentrale einige Vorteile; das *Controlling der Beteiligungen*
- ist vor Ort und kennt hierdurch das Unternehmen, die (Produktions-) Abläufe und die Mentalität der Mitarbeiter;
- kennt die Produkte, den Markt und die Wettbewerber;
- beherrscht die lokale Gesetzgebung und Mentalität,
- hat keine Sprachbarrieren.

Das *Beteiligungscontrolling* ist die betriebswirtschaftliche Schnittstelle zwischen Mutter- und Tochterunternehmen, zwischen allen Ebenen der Holding, der Teil-Konzerne sowie der Beteiligungsgesellschaften. Diese Schnittstellenfunktion bedingt eine häufig nicht leicht und konfliktfrei zu lösende Aufgabenstellung:
- auf der einen Seite sind die Interessen und Anforderungen der Zentrale gegenüber den Beteiligungen zu vertreten,
- auf der anderen Seite sind Aufgaben in den Beteiligungen – oft auch gerade gegenüber der Zentrale- wahrzunehmen.

Eine übliche Arbeitsteilung besteht darin, dass das Beteiligungscontrolling der Holding den Terminplan und die Planungsprämissen, wie z. B. Wechselkurse, Cross rates[5], Zinssätze oder allgemeine Preissteigerungsraten vorgibt und die Beteiligungsunternehmen innerhalb dieser Rahmenbedingungen die Planungen der Teileinheiten erstellen und das Budget der Holding zur Genehmigung vorlegen. Der Beteiligungscontroller hat nun die Aufgabe, die Planungen der Beteiligungsgesellschaften zu analysieren, offene Fragen zu klären sowie interne Berichte zu erstellen. Die Sicherstellung der Vergleichbarkeit der Informationen innerhalb der Unternehmensgruppe ist hierbei eine der wesentlichen und unabdingbaren Aufgaben, was Anbetracht der möglicherweise großen Unterschiede der Beteiligungsgesellschaften bezüglich Größe, Organisation, Rechnungs- und Rechtssystemen sowie unterschiedlicher Kulturen und Sprachen kein leichtes Unterfangen ist. Die Vorgabe einheitlicher Standards und Systeme ist hierfür eine wesentliche Voraussetzung. Unterschiedliche Standards, wie zum Beispiel die Verwendung des Gesamtkosten- oder Umsatzkostenverfahrens, erschweren die Vergleichbarkeit. Auch bei dem Vorliegen von vergleichbaren Daten ist die Analyse des Beteiligungscontrollers erforderlich, da Kennzahlen nicht zwingend etwas über „Gut" oder „Schlecht" aussagen. Beispielsweise ist der pro Kopf Umsatz eines Unternehmens in Indien anders zu bewerten als in Europa.

Die Besonderheiten des Beteiligungscontrollings liegen somit weniger in der Form der Darstellung, sondern mehr in der qualitativen Analyse, der Kommunikation

---

5 Wechselkurs zweier Währungen, der über die jeweiligen Wechselkurse zu einer Drittwährung ermittelt wird.

mit den Beteiligungsgesellschaften und den Abteilungen der Zentrale in der Funktion einer Schnittstelle sowie der mündlichen und schriftlichen Berichterstattung. Diese Aufgabe erfordert hohes Fachwissen, Objektivität, kommunikative Fähigkeiten, Kooperationswillen sowie Fairness und gegenseitiges Vertrauen.

9.1.6 Portfolio- & Beteiligungsstrategie inkl. Beteiligungsquote

Das Beteiligungscontrolling hat laufend eine Portfolio-Analyse zur Aufdeckung der Stärken und Schwächen der Beteiligungen durchzuführen. Neben Investitionen sind gegebenenfalls auch Desinvestitionen zu planen. Bei einer geplanten Investition in eine Beteiligung ist zu prüfen, an welcher Stelle des Konzerns die neue Beteiligung z. B. unter Haftungs-, Finanzierungs-, Ausschüttungs- und Steuergesichtspunkten aufgehängt werden soll. Beispielsweise könnte eine Abwägung erfolgen, ob eine neue zu erwerbende Beteiligung an eine 100 % Tochtergesellschaft gehängt wird, um in den vollen Genuss der Erträge und Ausschüttungen zu gelangen; oder ob eine 60 % Tochtergesellschaft des Konzerns als Käufer bevorzug wird, um die vorhandenen Mittel der Gesellschaft zu reinvestieren, anstelle diese an Fremdgesellschafter ausschütten zu müssen.

Bei der Portfolio-Strategie einer Holding stellt sich auch die Frage, wie hoch ein angestrebter Beteiligungsanteil ausfallen sollte. Zur Erlangung der Mehrheit an einer Beteiligungsgesellschaft (> 50 %) wird für die fehlenden Anteile häufig ein Premiumaufschlag gezahlt, da dies zu einem beherrschendem Einfluss auf die Gesellschaft führt[6]. Eine vollständige Übernahme ist nicht zwingend erforderlich. Durch eine geschickte Beteiligungspolitik kann ein Konzern kapitalschonend aufgebaut werden. Bei einem mehrstufigen Konzern führt dies u. U. dazu, dass eine Holding einen Konzern beherrschen kann, vom dem sie durchgerechnet aber nur wenige Anteile tatsächlich besitzt.

Hierzu ein etwas extremes Beispiel: Ein Mutterunternehmen MU besitzt eine 50,1 % Beteiligung an einem Tochterunternehmen TU II (Stufe II), welches wiederum eine 50,1 % Beteiligung TU III (Stufe III) hält. Diese Beteiligung möge ebenfalls eine 50,1 % Beteiligung TU IV halten (Stufe IV). Durchgerechnet besizt das Mutterunternehmen an Stufe II 50,1 %, an Stufe III noch 25,10 % und an Stufe IV lediglich 12,57 % (usw. Stufe V 6,30 % ...) (vgl. Abb. 9.1).

Bei strategischen Überlegungen der Beteiligungsstruktur und der Finanzierung sollte dies berücksichtigt werden.

Neben der Planung von Investitionen sind auch Portfoliobereinigungen in Form von Desinvestitionen zu planen. Unternehmensübernahmen sind häufig auch mit der Übernahme nicht attraktiver weiterer Beteiligungen oder Produktsparten verbunden.

---

6 Vgl. § 290 (2) HGB.

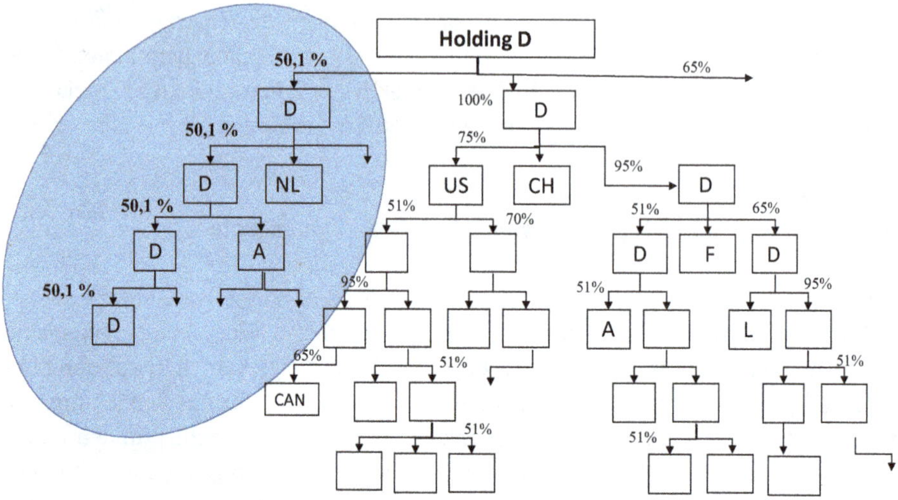

Abb. 9.1: Strategische Beteiligungsquoten a 50,1 % (eigene Darstellung)

Der Verkauf, Teilverkauf oder die Stilllegung renditeschwacher unprofitabler Beteiligungen bedarf einer intensiven Vorbereitung. Der Verkauf rentabler, hoch profitabler Beteiligungen erfolgt in der Regel nur in Notfallsituationen, wenn kurzfristig frisches Kapital beschafft werden muss.

Falls eine Beteiligung, z. B. aus finanzierungs- oder kartellrechtlichen Gründen, nicht möglich ist, kann auch eine Partnerschaft oder Kooperation mit anderen rechtlich selbständigen Unternehmen sinnvoll sein. Eine derartige Zusammenarbeit bedarf unter Umständen ebenfalls einer laufenden Steuerung und Überprüfung durch ein entsprechendes Supply Chain Controlling.

9.2 Management und Führungsstrukturen

Konzerne oder Mutterunternehmen können bei der Zusammenarbeit mit Ihren Beteiligungsgesellschaften der rechtlichen Struktur folgen oder die gemeinsame Aufgabe in den Vordergrund stellen und einer Managementstruktur folgen. Diese Entscheidung ist mit erheblichen Auswirkungen für das Management und das Controlling dieser Unternehmensgruppen verbunden.

9.2.1 Legale, rechtliche Struktur

Die legale oder rechtliche Struktur weist alle Beteiligungsverhältnisse, Zwischengesellschaften und Teilkonzerne entsprechend den vorliegenden gesellschaftsrechtlichen Verträgen aus (vgl. Abb. 9.2). Diese Strukturen sind in vielen Fällen historisch im

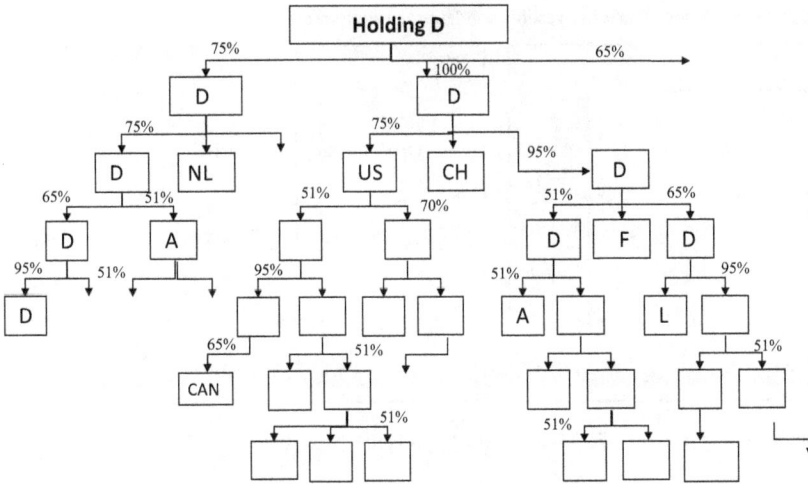

Abb. 9.2: Rechtliche Konzernstruktur (eigene Darstellung)

Entstehungsprozess der Konzerne gewachsen und sind häufig steuerlichen, haftungsrechtlichen oder Finanzierungsgesichtspunkten geschuldet. Formal gesehen folgt die Führung der Konzerne der rechtlichen Struktur; bei Entscheidungsprozessen müssten somit beispielsweise die Zwischenholdings und Teilkonzerne entsprechend den gegeben Beteiligungsquoten jeweils eingebunden werden. Der handelsrechtliche Jahresabschluss folgt grundsätzlich der rechtlichen Struktur. Um den geänderten Anforderungen der Industrie gerecht zu werden, wurde auch im Handelsrecht eine Sparten- oder Segmentberichterstattung eingeführt.

Der Beteiligungscontroller sollte wissen, welche Beteiligungsgesellschaften nach welchen Konsolidierungsmethoden in welchem Umfang in den Konzernabschluss mit einbezogen werden, da das externe Rechnungswesen weiterhin eine der wesentlichen Informationsquellen des Beteiligungscontrollings darstellt[7].

9.2.2 Managementstrukturen

Neben der Segmentberichterstattung ist in der Praxis zunehmend zu beobachten, dass die Mehrheitsgesellschafter sich zur Vereinfachung der Entscheidungsprozesse auf, von der rechtlichen Struktur abweichende (vgl. Abb. 9.2), Managementstrukturen einigen. Im Handelsrecht ist die Abbildung einer Segmentberichterstattung optional, bei IFRS verpflichtend. In der Praxis sind jedoch auch weitergehende Managementstrukturen zu beobachten. Beispielsweise wird dem kaufmännischen Vorstand/CFO der Muttergesellschaft ein direktes Zugriffsrecht auf die kaufmännischen Bereiche

---

7 Wilms, Zündorf 2006, S. 895 ff.

Beteiligungscontrolling & Berichtswesen nach Managementstruktur

Sparte oder Funktion	Europa					Amerika			Asien		Other	
	EU											
	D	F	NL	UK	CH	US	CDN	MEX	IND	CHN	AUS	NZ
Sparte A												
Sparte B												
Sparte C												
Sparte D												
Sparte E												

Abb. 9.3: Managementstruktur – Farblich hinterlegt – (eigene Darstellung)

der Tochtergesellschaften eingeräumt. Dies hat erhebliche Auswirkungen auf das Controlling, da sich hierdurch die Informationsflüsse und Entscheidungsprozesse erheblich verkürzen. Des Weiteren ist zu beobachten, dass die Aufgabenteilung zunehmend funktional erfolgt. Neben dem CFO könnte auf Holdingebene z. B. je ein Verantwortlicher für die Produktion oder einzelne Produktgruppen oder Segmente, den Vertrieb oder bestimmte Vertriebswege, die Beschaffung, das Personal oder die Personalentwicklung usw. benannt werden, ohne jeweils alle Teilentscheidungen mit der Geschäftsführung/CEO der einzelnen Teilkonzerne oder Zwischenholdings abzustimmen. Im Beteiligungscontrolling und Berichtswesen ist die rechtliche Struktur häufig nicht mehr ersichtlich und erkennbar (Abb. 9.3).

Hieraus können sich haftungsrelevante Tatbestände ergeben, die im Vorfeld genauestens zu prüfen und bewerten sind. Dies gilt insbesondere, wenn sich die Beteiligungsgesellschaften in verschiedenen Ländern mit unterschiedlichen Rechtsauffassungen z. B. Deutschland, USA, United Kingdom befinden oder wenn nicht überall die gleichen Beteiligungsverhältnisse bestehen. Probleme könnten beispielsweise entstehen, wenn eine für die Gesamtgruppe oder Holding vorteilhafte Entscheidung zu einer Benachteiligung von Minderheitsbeteiligungen z. B. in den USA führen würde. Der CEO der US-Beteiligung wäre verpflichtet, die Interessen der ihm anvertraute Gesellschaft unabhängig von seinen Hauptgesellschaftern zu optimieren. Solche Interessenskonflikte könnten sich beispielsweise bei einer Marktabgrenzung ergeben.

Im Konzerne-Berichtswesen erfolgt häufig eine Aufteilung und Abbildung entsprechend der – im Beispiel farblich hinterlegten – Managementstruktur, während die legale Struktur nur im externen Berichtswesen ersichtlich ist. Die Farben konnten für unterschiedliche Sparten, wie z.B. PKW, Nutzfahrzeuge oder auch Managementfunktionen stehen (vgl. Abb. 9.4).

Kommt eine Managementstruktur zur Anwendung, ist das Controlling in vielen Fällen im Berichtswesen gezwungen, diese neben der rechtlichen Struktur abzubil-

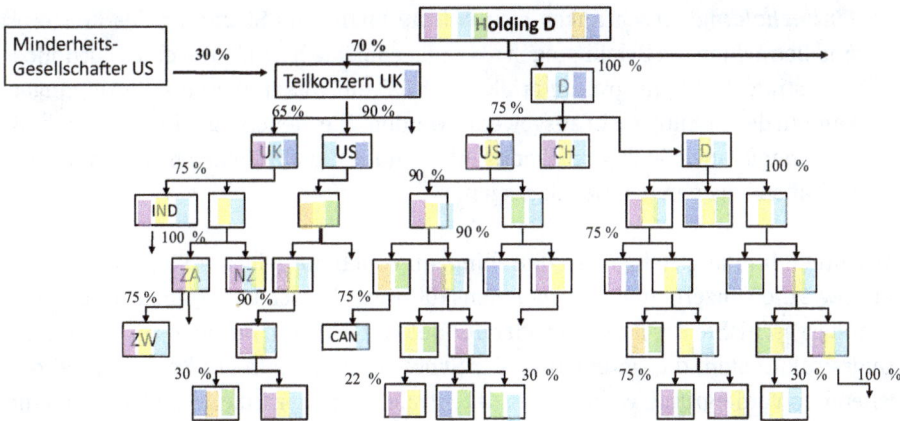

Abb. 9.4: Legale Struktur – Managementstruktur farblich hinterlegt – (eigene Darstellung)

den, da ansonsten keine Abstimmung mit dem handelsrechtlichen Konzernabschluss möglich wäre; Überleitungs- und Brückenrechnungen wären die Folge. Häufig werden z. B. finanzierungs-, haftungs- oder steuerlich motivierte Zwischenholdings im Berichtswesen nicht abgebildet.

Die Entscheidungsprozesse in Unternehmensgruppen erfolgt zunehmend entsprechend der Managementstruktur, so dass auch das gesamte Reporting und Bonussystem hierauf ausgerichtet ist. Die Managementstruktur steht somit für das Controlling im Vordergrund; die Abbildung der rechtlich relevanten Struktur erfolgt zunehmend im Hintergrund.

9.2.3 Zentrale oder dezentrale Führung

In der Praxis wird nach drei idealtypischen Konzernarten unterschieden, die auch in Mischformen bestehen und zum Teil erhebliche Auswirkungen auf den Führungsstiel haben:

– **Stammhauskonzerne**, zumeist entstanden durch die Gründung von Vertriebsgesellschaften, internationalen Tochterunternehmen und/oder den Zukauf von Wachstum in der Form von In- und Auslandbeteiligungen. Stammhauskonzerne sind in der Regel durch eine weitgehende Homogenität des Geschäftes geprägt, was eine enge Steuerung durch die Zentrale ermöglicht. Die Wertschöpfungsketten sind i. d. R. durchgängig.

– **Mischkonzerne/Strategische Holdings**, sind aufgrund ihrer ausgeprägten Diversifizierung in sehr unterschiedlichen Geschäftsfeldern tätig, die eine zentrale Führung aller Geschäftstätigkeiten durch die Konzernzentrale aufgrund von Wissensdefiziten nicht effizient ermöglicht. Dezentralen Einheiten muss daher ein Teil der Führungsaufgaben übertragen werden. Die Zentral hat sich auf eine strategische Rahmenplanung zu beschränken.

– **Finanzholdings** beschränken sich auf die finanzielle Steuerung des Konzerns und betrachten die Beteiligungen als Anlageobjekte bzw. als Teil eines Portfolios; eine strategische Integration erfolgt nicht. Detailwissen über die Beteiligungen kann in der Holding nicht ausgewertet werden. Die Steuerung erfolgt ausschließlich über finanzielle Ergebniskennzahlen und Risikoabwägungen. Die Führungsaufgaben liegen in den Beteiligungen.

Wesentlich für das Beteiligungscontrolling sind auch die gelebten Führungsstrukturen sowie die Konzern- und Unternehmenskulturen, die sich häufig auch aus der Entstehungsgeschichte des Konzerns oder der Holding ergeben. Bei einer zentralen Führungsstruktur steht die Optimierung der Synergien innerhalb des Konzerns weitestgehend im Vordergrund, während bei dezentrale Führungsstrukturen häufig auf eine Optimierung der Beteiligungswerte und eine schlanke Organisationsstruktur abzielen.

Bei einer Optimierung der Synergien und des Konzerns mittels zentraler Steuerung nimmt die Flexibilität der einzelnen Beteiligungen deutlich ab. Dies gilt insbesondere auch bezüglich einer möglichen Weiterveräußerung, da die Beteiligungsgesellschaften nach einer Übernahme zwecks Synergiegewinnung in wesentlichen Bereichen „entkernt" werden.

Bei dezentralen Führungen werden häufig die Beteiligungen und deren Beteiligungswert optimiert, wodurch nicht alle erdenkbaren Synergien erzielt werden können. Die Gesellschaften bewahren sich aber hierdurch ihre Selbständigkeit und Entscheidungsfreiheit im Rahmen von Vorgaben der Gesellschafter. Eine mögliche Portfoliobereinigung oder Verkauf gestaltet sich aufgrund der Selbständigkeit der einzelnen Beteiligungen einfacher.

Zentrale Führung	**Dezentrale Führung**
Optimierung des Konzerns	Optimierung der Beteiligungen
Zentrale Entscheidungen	Dezentrale Entscheidungen
Steuerung durch Vorgabe Budgets	Steuerung durch Vorgabe Kennzahlen (ROI)
Hohe Integration	Geringe Integration
– Zentrales Rechenzentrum	– Dezentrale Rechenzentren
– Einheitliche Software	– Lokal unterschiedliche Software
– Zentrales Rechnungswesen	– Dezentrales Rechnungswesen
– Zentraler Einkauf	– Dezentraler Einkauf
– Zentrale Produktion	– Dezentrale Produktion
– Zentraler Vertrieb	– Dezentraler Vertrieb
Geringe Flexibilität	Hohe Flexibilität
Optimierung der Synergien	**Optimierung der Beteiligungswerte**

Häufig sind auch Zwischenformen und Abstufungen zu finden.

Das Management der Beteiligungen hat gegenüber den Entscheidungsträgern der Zentrale einige Vorteile; es ist vor Ort und es kennt hierdurch
- das Unternehmen, die Abläufe, die Produkte, den Markt und die Wettbewerber;
- die Mentalität der Mitarbeiter und deren Sprache und
- beherrscht die lokale Gesetzgebung.

Die wesentlichen Aufgaben der Planung und Steuerung der einzelnen Beteiligungen werden somit insbesondere im Ausland am besten vom Management vor Ort wahrgenommen. Viele Konzerne entscheiden sich deshalb konsequenter Weise bewusst für eine dezentrale Führung. Die Aufgabenstellungen sind bei einer dezentralen Führung für das Management vor Ort deutlich attraktiver, da sie selbst und eigenverantwortlich wesentliche Entscheidungen treffen können, die nicht zentral vorgegeben werden. Unternehmerpersönlichkeiten finden sich in dezentralen Organisationsstrukturen besser zurecht als in zentralen Strukturen, da sie sich besser selbst entfalten können. Dies führt letztendlich auch zu einer deutlich schlankeren und flexibleren Konzernzentrale oder Holding.

9.3 Konsolidierung der Beteiligungen

Da der handelsrechtliche Konzernabschluss nach wie vor eine der wesentlichen Informationsquellen des Beteiligungscontrollers darstellt, ist es unabdingbar, dass der Controller die Grundzüge der Konsolidierung versteht. Je nach angewendeter Methode tauchen zum Beispiel die Vermögenwerte der Beteiligungsgesellschaft im Konzernabschluss vollständig, anteilig oder gar nicht auf.

1. **Konzernabschluss:** Ist der Jahresabschluss der **wirtschaftlichen Einheit Konzern**, bestehend aus Konzern-Bilanz, Konzern Gewinn und Verlustrechnung bzw. Gesamterfolgsrechnung (IAS/IFRS), Konzern-Anhang inkl. Kapitalflussrechnung. Nach HGB ist die Aufstellung eines Konzernabschlusses gesetzlich vorgeschrieben für Mutterunternehmen i. S. d. HGB[8], sowie für inländische Mutterunternehmen i. S. d. Publizitätsgesetzes. In den Konzernabschlüssen sind grundsätzlich **alle inländischen und ausländischen Konzerntöchter** einzubeziehen. Die größenabhängigen Befreiungen gemäß § 293 HGB und die Befreiungen gemäß §§ 291, 292, 296 HGB sind zu beachten[9]. Konzernabschlüsse sind durch Konzern-

---

8 d. h., für inländische Kapitalgesellschaften und Kapitalgesellschaften & Co., bei denen nicht wenigstens ein persönlich haftender Gesellschafter direkt oder indirekt eine natürliche Person ist (vgl. § 264a HGB) und gemäß § 290 I HGB ein beherrschender Einfluss im Sinne von § 290 II HGB besteht.
9 Seit 2005 müssen kapitalmarktorientierte Mutterunternehmen mit Sitz in der EU den Konzernabschluss nach den IAS/IFRS aufstellen. Der IFRS-Konzernabschluss umfasst – im Vergleich zum HGB-Konzernabschluss – zusätzlich eine Segmentberichterstattung sowie eine Eigenkapitalveränderungs-

abschlussprüfer zu prüfen und wie der Jahresabschluss von großen Kapitalgesellschaften zu veröffentlichen.

2. **Einheitsfiktion:** Da die wirtschaftliche Einheit Konzern in Bezug auf den Konzernabschluss wie **ein rechtlich einheitliches Unternehmen** anzusehen ist (vgl. § 297 (3) HGB), werden durch den Konzernabschluss grundsätzlich die gleichen Ziele verfolgt wie durch den Jahresabschluss: Der Konzernabschluss soll im Rahmen der Grundsätze ordnungsmäßiger Buchführung (GoB) ein den tatsächlichen Verhältnissen entsprechendes Bild der Vermögens-, Finanz- und Ertragslage vermitteln. Der Konzernabschluss ist in der Regel de jure nicht die Basis für die Gewinnausschüttung und die Besteuerung, und hat keinen Einfluss auf die Stellung der Gläubiger der einzelnen Konzernunternehmen.

3. **Konsolidierung:** Aus der Einheitsfiktion ergibt sich, dass der Konzernabschluss, der aus der Zusammenfassung der Jahresabschlüsse der Konzernunternehmen entsteht, um alle wirtschaftlichen Beziehungen zwischen den Konzernunternehmen zu **bereinigen** ist. Zur Vorbereitung der Konsolidierung sind die in den Konzernabschluss einzubeziehenden Einzelabschlüsse hinsichtlich des Bilanzstichtages, der angewandten Bilanzansatz- und Bewertungsregeln sowie der Währung zu vereinheitlichen. Folgende Konsolidierungen sind in dem angepassten Summenabschluss erforderlich:

   – **Kapitalkonsolidierung:** Aufrechnung des Beteiligungsbuchwertes gegen das Eigenkapital der Beteiligungsgesellschaft,

   – **Schuldenkonsolidierung:** Aufrechnung von konzerninternen Forderungen und Verbindlichkeiten, Rückstellungen, Rechnungsabgrenzungsposten u.ä.,

   – **Zwischenergebniseliminierung:** Eliminierung von Gewinnen und Verlusten aus wirtschaftlichen Beziehungen der Konzernunternehmen untereinander,

   – **Aufwands- und Ertragskonsolidierung:** Aufrechnung von Aufwendungen und Erträgen aus Beziehungen zwischen in den Konzernabschluss einbezogenen Unternehmen,

   – **latenten Steuern:** Anpassung, soweit die konsolidierungsbedingten Ansatzveränderungen temporärer Natur sind[10].

Das Konsolidierungsverfahren wird beeinflusst von der Intensität der *Beherrschungsmöglichkeit* zwischen den verbundenen Unternehmen; danach ist zu unterscheiden:

(1) **Vollkonsolidierung:** Vermögensgegenstände, Schulden, Aufwendungen und Erträge aus den Jahresabschlüssen der Tochterunternehmen werden bereinigt um Korrekturen nach der Einheitsfiktion in den Konzernabschluss einbezogen.

---

rechnung. Der HGB Konzernabschluss kann lt. § 297 (1) HGB um eine Segmentberichterstattung erweitert werden.

10 Vgl. § 306 HGB

(2) **Quotenkonsolidierung:** Führt ein Konzernunternehmen gemeinsam mit einem Nichtkonzernunternehmen ein anderes Unternehmen, so dürfen dessen Jahresabschlussposten entsprechend der Beteiligungsquote in den Konzernabschluss einbezogen werden[11].

(3) **Equity-Konsolidierung:** Einbeziehung von Gemeinschafts- und assoziierten Unternehmen.

Gesetzliche Regelung der Konsolidierung: §§ 300–312 HGB bzw. IFRS 3, IAS 28, IFRS 10–12.

Der Konzernabschluss ist eine wesentliche Ergänzung zu den Jahresabschlüssen der einzelnen Konzernunternehmen, denn er bildet die gesamte wirtschaftliche Einheit ab und beseitigt durch die Konsolidierung der konzerninternen Beziehungen die in den Einzelabschlüssen bestehenden Verfälschungen der Vermögens-, Finanz- und Ertragslage. Der Konzernabschluss kann den Einzelabschluss nicht ersetzen, da vielfältige Rechtsbeziehungen an die rechtlich selbständigen Konzernunternehmen gebunden sind.

9.3.1 Konzernabschluss und Berichtswesen

Grundsätzliche Konzernrechnungslegungspflicht

Ein Mutterunternehmen, das mindestens ein Tochterunternehmen unmittelbar oder mittelbar beherrscht, ist grundsätzlich konzernrechnungslegungspflichtig. Im Einklang mit den meisten internationalen Rechnungslegungsstandards, zum Beispiel US-GAAP oder IFRS, wird in Deutschland das Mutter-Tochter-Verhältnis nach dem Control-Konzept festgestellt[12].

Nach dem **Control-Konzept** liegt ein Mutter-Tochter-Verhältnis vor, wenn mindestens ein Kriterium gem. § 290 Abs. 2 HGB erfüllt wird. Beherrschender Einfluss eines Mutterunternehmens besteht stets, wenn:

1. bei einem anderen Unternehmen die Mehrheit der Stimmrechte der Gesellschafter zusteht,
2. bei einem anderen Unternehmen das Recht zusteht, die Mehrheit der Mitglieder des die Finanz- und Geschäftspolitik bestimmenden Verwaltungs-, Leitungs- oder Aufsichtsorgans zu bestellen oder abzuberufen, und es gleichzeitig Gesellschafter ist,
3. das Recht zusteht, die Finanz- und Geschäftspolitik auf Grund eines mit einem anderen Unternehmen geschlossenen Beherrschungsvertrages oder auf Grund einer Bestimmung in der Satzung des anderen Unternehmens zu bestimmen, oder

---

11 Gemeinschaftsunternehmen vgl. § 310 (1) HGB.

12 In Österreich ist zusätzlich zu prüfen, ob ein Mutter-Tochter-Verhältnis nach dem Konzept der einheitlichen Leitung vorliegt.

4. wenn es bei wirtschaftlicher Betrachtung die Mehrheit der Risiken und Chancen eines Unternehmens trägt, das zur Erreichung eines eng begrenzten und genau definierten Ziels des Mutterunternehmens dient (Zweckgesellschaft). Neben Unternehmen können Zweckgesellschaften auch sonstige juristische Personen des Privatrechts oder bestimmte unselbständige Sondervermögen des Privatrechts sein.

Bei der Prüfung der oben genannten Kriterien, werden nicht nur die Rechte des Mutterunternehmens, sondern auch die seiner Tochterunternehmen und die Rechte von Personen berücksichtigt, die für Rechnung dieser Unternehmen handeln.

Falls zumindest eines der Kriterien erfüllt wird, beherrscht die juristische Person rechtlich oder faktisch ein oder mehrere Unternehmen; dies ist unabhängig davon, ob der Einfluss auch ausgeübt wird.

In den meisten Fällen führt das Kontrollprinzip zu den gleichen Ergebnissen wie das klassische Konzept der einheitlichen Leitung. In der Regel werden alle Beteiligungen vollständig (100 %), das heißt vollkonsolidiert, an denen eine Mehrheit von > 50 % gehalten wird.

9.3.2 Vollkonsolidierung

Bei einer Vollkonsolidierung wird das Beteiligungsunternehmen vollständig – zu 100 % – bei der Konsolidierung in der Konzernbilanz abgebildet, auch wenn keine 100 % Beteiligung vorliegt. Entsprechend ist das **Beteiligungsunternehmen zu 100 % im Reporting des Beteiligungscontrollings** zu erfassen. Bei den Beteiligungen, die durch das Mutterunternehmen beherrscht werden, sind die Möglichkeiten einer wirtschaftlichen Gestaltung am größten, da letztendlich auch über die Marktmacht fremder Kapitalanteile mitentschieden werden kann.

Bei der Vollkonsolidierung werden die Vermögensgegenstände, Schulden, Rechnungsabgrenzungsposten, Bilanzierungshilfen und Sonderposten aus der Handelsbilanz der einbezogenen Unternehmen sowie die Aufwendungen und Erträge aus den Einzelabschlüssen unabhängig von der Beteiligungsquote des Konzernunternehmens in voller Höhe in den Konzernabschluss aufgenommen. Für nicht dem Mutterunternehmen oder einem einbezogenen Tochterunternehmen gehörende Anteile ist in Höhe ihres Anteils am Eigenkapital ein Ausgleichsposten für Anteile anderer Gesellschafter (Fremdanteile, Minderheitenanteile) zu bilden und unter entsprechender Bezeichnung innerhalb des Eigenkapitals in der Konzernbilanz auszuweisen (§ 307 I HGB). Entsprechend ist in der Konzern-Gewinn- und Verlustrechnung der im Jahresergebnis enthaltene, anderen Gesellschaftern zustehende, Ergebnisanteil nach dem Posten „Jahresüberschuss/Jahresfehlbetrag" unter entsprechender Bezeichnung gesondert auszuweisen. Vollkonsolidierung erfordert Zwischengewinneliminierung, Kapital-, Schuldenkonsolidierung sowie Aufwands- und Ertragskonsolidierung.

Die Konsolidierungsregeln nach IFRS entsprechen im Wesentlichen denen des HGB und sind im Standard IAS 27 i. V. m. IFRS 3 zusammengefasst.

9.3.3 Quotenkonsolidierung

Bei der Quotenkonsolidierung handelt es sich um eine Methode der anteiligen Konsolidierung für die Einbeziehung von Gemeinschaftsunternehmen (z. B. 50/50) in den Konzernabschluss. Gemeinschaftsunternehmen oder Joint Ventures sind Unternehmen, die von einem Konzernunternehmen *gemeinsam* mit einem oder mehreren anderen Unternehmen *geführt* werden.

Aktiva und Passiva sowie Aufwendungen und Erträge des Gemeinschaftsunternehmens werden lediglich dem Beteiligungsprozentsatz des beteiligten Konzernunternehmens entsprechend in den Konzernabschluss einbezogen. Ein Ausgleichsposten für Anteile anderer Gesellschafter (§ 307 HGB) entfällt. Auf die Quotenkonsolidierung sind grundsätzlich die gleichen Konsolidierungsregeln wie auf die Vollkonsolidierung anzuwenden.

Die Anwendungsmöglichkeiten der Quotenkonsolidierung werden zunehmend eingeschränkt und sie wird weitestgehend durch die Equity Methode ersetzt.

9.3.4 Equity Konsolidierung

Die Equity Konsolidierung ist eine Methode zur Bilanzierung bestimmter langfristiger Beteiligungen im Konzernabschluss einer Gesellschaft, die am stimmberechtigten Kapital einer anderen Gesellschaft beteiligt ist. Ausgehend von den *Anschaffungskosten* der Beteiligung im Erwerbszeitpunkt wird der *Beteiligungsbuchwert* laufend an die Entwicklung des Eigenkapitals des Unternehmens, an dem die Beteiligung besteht, angepasst.

Im Gegensatz zu der Bewertung von Beteiligungen nach dem *Anschaffungskostenprinzip* (Cost Value Method), bei dem Zuschreibungen über die Anschaffungskosten der ausgewiesenen Beteiligung hinaus nicht möglich sind, kann sich nach der Equity-Methode der Buchwert der Beteiligung in jeder Periode ändern und die Bildung stiller Rücklagen bei der Bewertung vermieden werden. Vereinnahmte Gewinnausschüttungen des Beteiligungsunternehmens mindern den Buchwert der Beteiligung. Allerdings stimmt der Buchwert der Beteiligung zumindest in der Anfangsphase i. d. R. nicht mit dem anteiligen bilanziellen Eigenkapital des Beteiligungsunternehmens überein. Vielmehr erfolgt eine anteilige Aufdeckung der stillen Reserven und stillen Lasten des Beteiligungsunternehmens, was bei der Folgekonsolidierung zu einem Mehr- bzw. Minderaufwand gegenüber dem Jahresabschluss des Beteiligungsunternehmens führt, insbesondere durch Mehrabschreibungen. Außerdem wird ggf. ein anteiliger Firmenwert des Beteiligungsunternehmens im Buchwert der Beteiligung berücksichtigt und entsprechend der einschlägigen Regelungen folgebewertet.

Im Einzelabschluss ist die Bewertung von Beteiligungen nach der Equity-Methode unzulässig. Im Konzernabschluss ist die Equity-Methode für die Bewertung von Beteiligungen an sog. assoziierten Unternehmen (§ 312 HGB) vorgeschrieben. Des Weiteren können Gemeinschaftsunternehmen im Sinne von § 310 HGB als assoziierte Unternehmen nach § 311 ff. HGB einbezogen und somit *at-equity* bewertet werden. Die Konsolidierung ist verpflichtend nach der Buchwertmethode vorzunehmen (§ 312 HGB). Der Unterschiedsbetrag zwischen dem Anschaffungswert und dem anteiligen bilanziellen Eigenkapital des assoziierten Unternehmens sowie ein darin enthaltener Geschäfts- oder Firmenwert oder passiver Unterschiedsbetrag sind demnach im Konzernanhang anzugeben. Nach der Buchwertmethode wird ein ggf. bestehender Firmenwert nicht getrennt vom Beteiligungsbuchwert ausgewiesen. Die Aufdeckung und Fortschreibung der stillen Reserven und des Firmenwerts erfolgt in Nebenrechnungen. Zur Folgebewertung eines verbleibenden Firmenwerts oder passiven Unterschiedsbetrags ist § 309 HGB anzuwenden.

Nach IFRS sind Beteiligungen an assoziierten Unternehmen im Konzernabschluss nach der Equity-Methode zu bilanzieren. Die Regelungen des IAS 28 „Anteile an assoziierten Unternehmen" stimmen konzeptionell weitestgehend mit denen des HGB überein.

9.4 Supply Chain Management & Controlling

Konzerne weisen sehr unterschiedliche Portfolios an Beteiligungen bezüglich des Leistungsaustauschs sowie der Wertschöpfungsstufen der Beteiligungsgesellschaften aus. Das Beteiligungscontrolling ist entsprechend individuell aufzubauen. Beteiligungen, die über die Vollkonsolidierung in den Konzernabschluss einbezogen werden, genießen aufgrund der Steuer- und Beherrschbarkeit eine besondere Beachtung. Hier sind die unternehmerischen Gestaltungsmöglichkeiten am größten. Markt- und Kundenabgrenzungen zwischen den einzelnen, eigenen Beteiligungsgesellschaften sind möglich. Aus diesem Grund bedürfen viele Unternehmensübernahmen einer kartellrechtlichen Genehmigung.

Werden bei einer Wertschöpfungsketten-Analyse, neben den eigenen Beteiligungsgesellschaften auch andere, nicht zum Konzern gehörende und nicht beherrschte, vor- und nachgelagerte Gesellschaften der Wertschöpfung, in die Betrachtung einbezogen, erweitert sich das System zu einem Supply Chain Management und Controlling.

Während es bei dem Beteiligungsmanagement & -controlling um die Optimierung des Gruppenergebnisses der beherrschten Beteiligungen durch die Mehrheitsgesellschafter der Muttergesellschaften geht, wird bei dem Supply Chain Management & Controlling die weitergehende Optimierung der Supply-Gruppenergebnisse unter der

Einbeziehung von nicht beherrschten, juristisch selbständigen Unternehmen inner-halb einer Kooperation angestrebt. Das Supply Chain Controlling kann als eine Wei-terentwicklung des Beteiligungscontrollings angesehen werden, bei dem bewährte Steuerungsinstrumente verwendet und weiterentwickelt werden. Die zunehmenden Fähigkeiten der Auswertung großer Datenbestände ermöglicht bei gegenseitigem Vertrauen die Realisierung von zusätzlichen „Economies of Scale". Aufgrund der zu-nehmenden Komplexität erweist sich das Management und Controlling von Supply Chains als besonders anspruchsvoll.

Die Ziele einer Supply Chain sind die:
- Erhöhung des Serviceniveaus für die Endverbraucher
- Akkumulation von Know-how
- Kostensenkung auf allen Wertschöpfungsstufen der Supply Chain
- Schaffung gemeinsamer Wettbewerbsvorteile
- Vermeidung von Störungen
- Erhöhung der Gesamtkapitalrendite der Supply Chain.

Fehlallokationen innerhalb der Supply Chain erfolgen häufig aufgrund von **Infor-mationsdefiziten**, wie sie z. B. durch den **Bullwhip-Effekt** beschrieben werden. Der Bullwhip-Effekt geht von folgenden Szenarien aus:
- geringfügige Schwankungen der Nachfrage der Endkunden führt mit zeitlicher Verzögerung zu Nachfrageschwankungen bei den Lieferanten der Wertschöp-fungskette, dieser Effekt ist umso stärker je mehr Wertschöpfungsstufen vorlie-gen.
- Ursache: Unternehmen planen Nachfrage der jeweiligen Kunden auf der Basis von Vergangenheitsdaten inkl. Risikozuschlag und nicht auf der Grundlage aktueller Nachfragedaten
- Die Unsicherheit über jeweiligen Kunden bewirkt
  - Überhöhte Material-, Zwischenprodukt- und Endproduktlagerbestände und
  - den Aufbau von Überkapazitäten.

Die einzelnen Unternehmen der Supply Chain versuchen diese Kosten auf ihre direk-ten Kunden zu überwälzen, da sie ansonsten langfristig nicht überlebensfähig wären. Dies führt zu einer Überteuerung der Produkte, so dass der Endkunde eventuell zu einem anderen Anbieter wechselt. Die Unternehmen der Supply Chain können lang-fristig nur wettbewerbsfähig bleiben, wenn sie derartige Fehlentwicklungen gemein-sam verhindern. Für das unternehmensübergreifende Kostenmanagement bietet sich beispielsweise das „Supply Chain Target Costing" an, das sich an einem erzielbaren Marktpreis der Endprodukte ausrichtet. Bewährt hat sich auch der Austausch von Kal-kulationsschemas im Sinne eines „Open Book Accountings", um letztendlich festzu-legen, an welcher Wertschöpfungsstufe bestimmte Aufgaben am kostengünstigsten ausgeführt werden sollten. Dies erfordert eine vertrauensvolle Abstimmung inklusive eines deutlich ausgeweiteten Informationsaustausches. Ziel ist die Optimierung der

Leistungen und des Services der Supply Chain in Bezug auf die insgesamt eingesetzten liquiditäts- und kostenwirksamen Mittel. Während in Konzernen eine rechtliche Durchsetzung von Interessen erfolgt, findet in der Supply Chain eine wirtschaftliche Durchsetzung von Interessen statt. Grundlage hierfür bilden zum Teil sehr detaillierte Verträge.

Die erforderlichen Instrumente zur Abstimmung und Koordination entsprechen in vielen Bereichen den Tools des Beteiligungsmanagements.

Planung
- gemeinsam definierte Strategie für die Supply Chain
- gemeinsame Planung der Aktivitäten und Ziele
- Planung der Ergebnis- und Liquiditätsströme sowie deren Aufteilung
- Planung & Koordination von Netzwerkinvestitionen

Zielbildung
- Festlegung qualitativer & quantitativer Ziel inkl. Zeitvorgaben,
- Mile Stone Konzepte

Abweichungsanalyse
- Laufender Soll-Ist-Vergleich der Zielerreichung
- Risikoanalyse und Nachverfolgung der Netzwerkinvestitionen
- Laufende Analyse der vertraglichen Verpflichtungen
- Risikoanalyse bezüglich Ausstieg strategischer Partner.
- Bei negativer Abweichung
  - Unterstützung der Partner
  - Gegebenenfalls Sanktionen der Verursacher
  - Anpassung der Planung an Rahmenbedingungen.

Zentrale Aufgabe des Supply Chain Controllings ist insbesondere die Sicherstellung der dauerhaften Stabilität der Supply Chain-Gruppe sowie die Vergleichbarkeit von entscheidungsrelevanten Informationen, wobei der Austausch auf freiwilliger Basis oder Vertrag erfolgt. Ein wesentlicher Unterschied zum Beteiligungscontrolling besteht darin, dass die einzelnen juristisch selbständigen Unternehmen zwischen dem Gruppeninteresse und ihrem Einzelinteresse abwägen müssen, und im Zweifelsfall das eigene Interesse oder ihr Einzelergebnis optimieren wollen. Schwachstellen innerhalb der Supply Chain sind frühzeitig zu identifizieren und zu bewerten. Die weichen Faktoren, gegenseitiges **Vertrauen, Kooperations-** und **Koordinationsfähigkeiten** werden zunehmend überlebenswichtig für die beteiligten Unternehmen. Hierfür bedarf es neuer bzw. angepasster Steuerungsinstrumente, die im Folgenden kurz skizziert werden sollen.

Konkurriert das Einzelinteresse einer Gesellschaft mit dem Gruppen-Interesse oder Ergebnis, wird ein fairer Interessensausgleich zwischen den Partnern der Supply Chain erwartet, der eine hohe Informationsqualität der Berechnungsgrundlagen erfordert. Innerhalb von Konzernen können Entscheidungen im Gruppeninteresse zum Nachteil einzelner Beteiligungen leichter gefällt werden. In der Praxis stehen in vielen Fällen Supply Chains mit in den gleichen Geschäftsfeldern aktiven Konzernen in direkter Konkurrenz.

Supply Chains sind mittel- bis langfristig angelegte Zweckgemeinschaften, deren Kooperationsbereitschaft meistens auch mit steigendem Marktdruck wächst. In vielen Fällen liegen auch gegenseitige Minderheitsbeteiligungen vor. Der Ausbau der Supply Chains erfordert Netzwerk-Investitionen, deren finanziellen Auswirkungen auf die einzelne Partner genauestens zu analysieren und zu planen sind.

9.4.1 Grundlagen des Supply Chain Controlling

Ein übergeordnetes Interesse gilt beim Supply Chain Controlling der Stabilität der Gruppe. Die Qualität der Beziehungen und des aufgebauten Vertrauens sind wesentlicher Erfolgsfaktor einer funktionierenden Supply Chain. Der Bedeutung entsprechend muss sich auch das Controlling dieser Themen annehmen, auch wenn es hier im Wesentlichen um sogenannte weiche Faktoren geht. Der faire und umfängliche Informationsaustausch, gegebenenfalls rechtzeitige Warnung der Partner bei Fehlentwicklungen, ist die Voraussetzung einer dauerhaft funktionierenden Supply Chain.

Ziel einer abgestimmten Supply Chain ist die Behebung von Informationsdefiziten und die gemeinschaftliche wirtschaftliche Optimierung zur Verbesserung der gemeinsamen Wettbewerbsfähigkeit. Unwirtschaftlichkeiten innerhalb einer Supply Chain, z. B. durch den unnötigen Aufbau von Zwischenbeständen aufgrund von Informationsdefiziten und mehrfachen Risikopositionen (Bull-Whip Effekt), sind zu vermeiden, da sie letztendlich das Endprodukt verteuern. Hierdurch wird letztendlich die Wettbewerbsfähigkeit der gesamten Kette gefährdet.

Besonderes Augenmerk des Supply Chain Controllings gilt der Identifizierung von strategisch relevanten Schwachstellen innerhalb der Gruppe. Der wesentliche Unterschied zum Beteiligungscontrolling besteht darin, dass das Controlling keinen direkten Zugriff auf die Daten der Partner-Gesellschaften hat, da keine rechtliche Beherrschung vorliegt. Der Informationsaustausch erfolgt auf der Grundlage von Vereinbarungen und auf freiwilliger Basis. Aufgrund der extrem hohen Bedeutung der Zuverlässigkeit und Stabilität der Partner bedarf es einer laufenden Überprüfung der Belastbarkeit und der Beanspruchung der Beziehungen mit den strategischen Partnern. Ein Ausfall von strategischen Supply Chain-Mitgliedern muss unbedingt verhindert werden, entweder durch Unterstützung, gemeinsame Gefahrenabwehr oder notfalls durch rechtzeitigen Austausch.

Durch das Controlling zu überprüfende Gefährdungspotentiale bei den Partnern sind z. B.

- Wirtschaftlicher Natur: Z. B. Zahlungsunfähigkeit oder dauerhafte Verluste, Unterfinanzierung, Devisenbeschränkungen

- Technischer Natur: Z. B. Produktionsausfälle, Technische Störungen, Qualitäts-
  probleme, Kapazitätsengpässe, Investitionsrückstau
- Personeller Natur: Fehlendes know how, Mangelhafte Weiterbildung, Personal-
  mangel, Nachwuchsprobleme, Führungsstil & Motivation usw.
- Rechtlicher Natur: Patentstreitigkeiten, Schadenersatzforderungen, Rückrufak-
  tionen
- Gesellschafterkreis: Streitigkeiten unter Gesellschaftern, Auszahlung ausschei-
  dender Gesellschafter
- Familienunternehmen: Nachfolgeregelungen, Auszahlungen bei Scheidungen,
  Erbauseinandersetzungen.

Der unerwartete kurzfristige Ausfall strategischer Partner, z. B. durch Insolvenz, kann
nicht gewollte Reaktionen erzwingen. Beispielsweise ist es bei Automobil-Zulieferern
schon öfters zu unplanmäßigen Übernahmen gekommen, da ein Ausfall eines Unternehmens zu einem Produktionsstillstand der gesamten Supply Chain geführt hätte.

9.4.2 Faktoren des Vertrauens

Während betriebliche Angaben im Berichtswesen innerhalb eines Unternehmens in
der Regel relativ gut überprüft werden können, gestaltet sich dies bei Beteiligungsgesellschaften aufgrund der räumlichen und kulturellen Distanzen häufig zunehmend
schwierig. Aufgrund der Beherrschung und des Weisungsrechts innerhalb eines Konzerns können fragliche Informationen in der Regel, wenn auch mit Zeitverzug und
Aufwand, verifiziert werden. In der Supply Chain ist dies aufgrund der rechtlichen
Selbständigkeit der beteiligten Unternehmen in vielen Fällen jedoch nicht möglich.
Umso wichtiger ist, dass die beteiligten Unternehmen sich gegenseitig vertrauen und
auf die bereit gestellten Informationen verlassen können. Das Controlling muss sich
deshalb zunehmend auch um die Fragen des gegenseitigen Vertrauens kümmern.
Faktoren des Vertrauens sind beispielsweise:
- Zuverlässigkeit: Einhaltung von Vereinbarungen
- Kompetenz: technologische Kompetenz; kompetente und erfahrene Mitarbeiter
- emotionales Vertrauen: Führungsfähigkeit, Menschenverstand und Gerechtig-
  keitssinn
- Verletzbarkeit: fairer Informationsaustausch, keine Benachteiligungen
- Loyalität: Einsatzbereitschaft für Partnerschaft, insbesondere auch in Krisen

Hierzu können interne oder externe unabhängige Erhebungen und Befragungen erfolgen. Ziel ist die Aufdeckung individueller (z. B. Mitarbeiter eines Unternehmens) oder
struktureller Probleme (z. B. Machtungleichgewicht), die die Beziehungen gefährden
können.

9.4.3 Supply Chain Map

Als ein mögliches Beispiel der Überprüfung der Stabilität der partnerschaftlichen Beziehungen soll das Supply Chain Mapping vorgestellt werden[13]. Für die an einer Supply Chain beteiligten Unternehmen ist die dauerhafte Stabilität der Gruppe elementar wichtig. Mögliche Schwachstellen müssen frühzeitig identifiziert und bewertet werden. Probleme bereitet hierbei häufig die Generierung der Daten der sogenannten weichen Faktoren. Die Supply Chain Map versucht das im eigenem Unternehmen oder extern, an den unterschiedlichsten Stellen vorhandene und verfügbare Wissen über die beteiligten Unternehmen der SC zu nutzen. Hierzu könnte beispielsweise eine interne Befragung des Managements unterschiedlichster Stufen zu den als wesentlich erachteten Partnergesellschaften erfolgen. Relevante Information können aufgrund der sehr unterschiedlichen Netzwerke der einzelnen Managementbereiche sehr asymmetrisch verteilt sein. Deshalb empfiehlt es sich, neben dem kaufmännischen Bereich möglichst alle Bereiche, wie z. B. auch den Einkauf, die Produktion, den Vertrieb einzubeziehen. In vielen Fällen hat auch die Personalabteilung aufgrund von Bewerbungsgesprächen Kenntnisse über interne Vorgänge in anderen Unternehmen.

Als kurzfristige Risikofaktoren von Partnerunternehmen könnten sich beispielsweise Auftrags- und Umsatzrückgänge sowie Liquiditäts-, Ergebnis- oder allgemeine Finanzierungsprobleme erweisen. Qualitätsprobleme, allgemeine technische Probleme, Investitionsrückstau sowie Personalprobleme erweisen sich häufig als Frühindikator für anstehende Probleme.

Bei Familienunternehmen können Nachfolgeprobleme, Erbauseinandersetzungen oder Scheidungen schnell zu einer Lähmung oder gar Gefährdung des gesamten Betriebes führen.

Der Grundgedanke der Supply Chain Map ist, die Beanspruchung und die dagegenstehende Belastbarkeit der einzelnen Supply Chain-Kettenglieder zu prüfen. Die Beanspruchung wird im Wesentlichen durch externe Kontextfaktoren, Umwelt sowie die wirtschaftlichen und politischen Rahmenbedingungen vorgegeben.

Beanspruchung einer Supply Chain:

Dynamik: z. B. unvorhersehbare Nachfrageschwankungen, Wechselkurse
Komplexität: z. B. technische Komplexität der Produkte oder Produktion
Marktmacht: z. B. Marktkonstellationen, Alternative Lieferanten, Patente, Lizenzen, Betriebssysteme, Wechselmöglichkeiten und -kosten
Distanzen: geographische, politische, kulturelle Distanzen
Infrastruktur: Verkehrsanbindungen, Autobahn, Flughafen, Häfen, Internet
Innovationsdruck: Produktlebenszyklen, Forschung, Kapital

---

13 Weber 2002, S. 292 ff.

Faktor: ...

Faktor: **Distanz**

Große räumliche Distanz: 1 2 3 4 5
Große politische Distanz: 1 2 3 4 5

Faktor: **Marktmacht**

Wenige alternative Anbieter 1 2 3 4 5
Hohe Wechselkosten : 1 2 3 4 5
Unverzichtbare Patente: 1 2 3 4 5

17
24,0

18
25,0

Faktor: **Komplexität**

Vorprodukte komplex : 1 2 3 4 5
Produktion Komplex : 1 2 3 4 5

17
17,8

Faktor: **Dynamik**

Nachfragemengen schwanken häufig: 1 2 3 4 5
Nachfragemengen schwanken erheblich 1 2 3 4 5
Starke Wechselkurseffekte: 1 2 3 4 5
Starke politische Einflüsse : 1 2 3 4 5
Konkrete Schwankungen sind früh bekannt 1 2 3 4 5
Etc. 1 2 3 4 5

22
24,2

Punktwert der Beanspruchung: 17
Gewichtungsfaktor 1,2 20,4

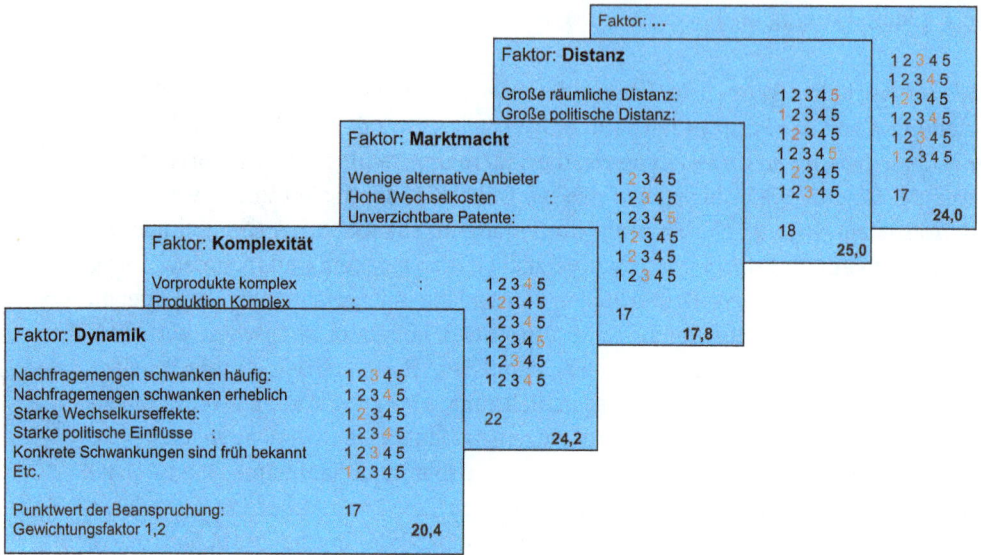

Abb. 9.5: Supply Chain Beanspruchungsprofil (eigene Darstellung)

Die einzelnen Beanspruchungsfaktoren werden von den einzelnen Managern mittels einer Ordinalskala bewertet. (z. B. Punktwerte 1 bis 5; 1= trifft voll zu; 5= trifft überhaupt nicht zu)

Eine Gewichtung der einzelnen Faktoren ist möglich.

Während die Beanspruchung im Wesentlichen durch externe Faktoren bestimmt wird, ist die Belastbarkeit oder Robustheit eines Unternehmens aktiv durch das Management, z. B. durch Kapital- und Personaleinsatz, steuerbar. Beispielsweise können Produktionsunterbrechungen der SC, die bei temporären Lieferengpässen drohen, durch Zwischenlager (Kapitaleinsatz) oder das Vorhalten alternativer Produktionsstätten aufgefangen werden. Der Ausbruch des Vulkans Eyjafjallajökull im Jahr 2010 hatte über Island hinaus großräumige Auswirkungen. Auf Grund der ausgetretenen Vulkanasche wurde der Flugverkehr in weiten Teilen Nord- und Mitteleuropas eingestellt. Lieferketten, u.a. in der Automobilbranche, brachen zusammen; alternative Notfallrouten mussten entwickelt werden. Auch das Coronavirus 2020 führte z. B. in der Elektronikindustrie und der Medizintechnik sehr schnell zu erheblichen Störungen der Lieferketten, was zwangsläufig zu einer Neubewertung der Beanspruchung und Belastbarkeit der SC führte.

Belastbarkeit einer Supply Chain
- **materialflussbezogene Robustheit:** z. B. kapazitative Flexibilität und Prozessstabilität, quantitative und qualitative Anpassung auf Nachfrageschwankungen
- **Kooperationsrobustheit:** Kooperationsbereitschaft, Vertrauensniveau innerhalb der Kette, Qualitätsniveau der Informations- und Kommunikationssysteme,

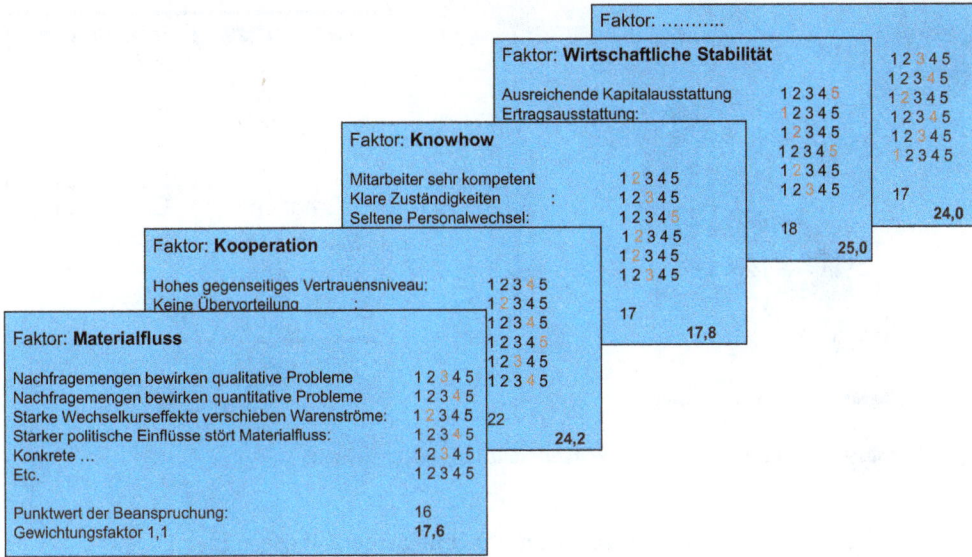

Abb. 9.6: Supply Chain Belastbarkeitsprofil (eigene Darstellung)

Glaubhaftigkeit der Informationen, Bereitstellungszeiten, Ausnutzen von kurzfristigen Marktlagen.

– **Wirtschaftliche Stabilität:** Ertrags- und Liquiditätslage, Kapitalausstattung; Gesellschafterstruktur, Gesellschafter-Generationsvertrag; Investitionsstau und Illiquidität einzelner Unternehmen gefährdet Stabilität der gesamten Kette,

– **Knowhow bezogene Robustheit:** Ausbildungsgrad der Mitarbeiter, Verfügbare Patente, Forschung & Transfer, Häufigkeit des Wechsels von Knowhow Trägern, Nachfolgeregelungen.

Erforderlich ist eine Bewertung der einzelnen Faktoren mittels Ordinalskala. (z. B. Punktwerte 1 bis 5; 1= trifft voll zu; 5= trifft überhaupt nicht zu)

Eine Gewichtung der einzelnen Faktoren ist möglich.

Die über die Fachbereiche kumulierten Ergebnisse je Partnerunternehmen bezüglich Beanspruchung und Belastbarkeit werden in ein Portfoliodiagramm übertragen. Problematische Verbindungen und Abhängigkeiten werden sofort ersichtlich. Optimal sind Verbindungen im Gleichgewicht, die sich auf der Diagonale des Diagramms befinden. Das Controlling kann gegebenenfalls Handlungsempfehlungen bezüglich Halten, Stärkung oder Aufgabe der Verbindung abgeben.

1. Geringe Beanspruchungen stehen geringer Belastbarkeit gegenüber

   Management by Exception: Beziehung unkritisch, handeln nur bei Bedarf
   Beispiel: Lieferant von Büromaterial, wird bei Problemen kurzfristig gewechselt
   Maßnahme bei Bedarf: Büromaterial wird notfalls im Großhandel beschafft.

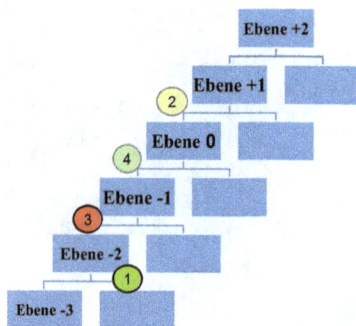

Abb. 9.7: Supply Chain Belastbarkeitsportfolio (eigene Darstellung)

2. Geringe Beanspruchungen steht hoher Belastbarkeit gegenüber

   Überprüfung von Einsparungspotentialen

   Beispiel: Büromaterial wird über Rahmenvertrag mit Konventionalstrafen verteuert

   Maßnahme: Kostengünstigere Alternativen prüfen

3. Hohe Beanspruchungen bei geringer Belastbarkeit

   Hohes Gefährdungspotential: Handeln dringend geboten

   Beispiel: Lieferant hat zunehmend Qualitätsprobleme aufgrund fehlender Mitarbeiterqualifikation

   Maßnahmen: Unterstützung durch Schulungen oder Personalentsendungen

   Beispiel: Zulieferer hat Finanzierungsprobleme

   Maßnahme: temporäre Bürgschaft oder Notfalls Übernahme

   Beispiel: Instabile Gesellschafterstruktur aufgrund von ungeklärten Nachfolgeregelungen.

   Maßnahmen: Drängen auf notariell beglaubigte Nachfolgeregelung oder Fristsetzung zum gegebenenfalls erforderlichen Austausch der betroffenen Gesellschaft.

4. Hohe Beanspruchungen bei hohen Belastbarkeiten

   Strategisch wichtige, funktionierende Beziehungen

   Beziehungen sollten gepflegt und gemeinsam weiterentwickelt werden. Diese Beziehungen werden nicht leichtfertig aufs Ziel gesetzt.

   Beispiel Zulieferer Autoindustrie: Sehr gute, über Jahrzehnte entwickelte Beziehungen zwischen Bosch und BMW.

9.5 Komplexität des Beteiligungs- & Supply Chain-Controllings

9.5.1 Komplexitätsreduktion des Rechnungswesens und Berichtswesen

Die Einbeziehung zunehmender Beteiligungen führt zu einer erheblichen Erhöhung der Informationen und der Komplexität im Berichtswesen. Dies erfolgt einerseits durch die zunehmende Anzahl der zu berücksichtigenden Unternehmen, aber auch durch die Internationalisierung erforderliche Berücksichtigung von z. T. sehr unterschiedlichen nationalen Kriterien und Anforderungen sowie der Abbildung abweichender Führungsstrukturen[14]. Vom Rechnungswesen wird zunehmend eine Komplexitätsreduktion und eine Vermeidung von Aussagen mit vermeintlichen Widersprüchen erwartet. Abstimmungsprobleme mit parallelen Systemen, die z. T. auf unterschiedliche Bewertungsmaßstäbe beruhen sowie Doppelerfassungen und Doppelarbeiten sind zu vermeiden. Des Weiteren sollten sich die Systeme auf das Wesentliche beschränken. Unnötige, z. T. theoretisch hergeleitete Unterschiede zwischen internem und externem Rechnungswesen, wie beispielsweise eine abweichende Periodenabgrenzung bei der kalkulatorischen und handelsrechtlichen Abschreibung, werden zunehmend abgelehnt, da diese nur zu Rückfragen und schwierigen Erklärungsversuchen führen. Zahlenfriedhöfe, erklärungsbedürftige Informationen oder Graphiken sowie problematische Vorzeichenregeln sind grundsätzlich schon im Ansatz zu vermeiden. Die Gesellschaftsstrukturen haben bereits eine derartige Komplexität erreicht, dass alle ablenkenden Diskussionspunkte vermieden werden müssen. Ansonsten beschäftigen sich die Gesellschafterversammlungen im Wesentlichen mit Abbildungs- und Darstellungsfragen anstelle der wesentlichen Probleme der zu analysierenden Gesellschaften.

Als großer und schwer überwindbarer Nachteil bei der Verfolgung dieser Ziele erweist sich die in Deutschland im externen Rechnungswesen häufige Verwendung des Gesamtkostenverfahrens gegenüber der im internen Rechnungswesen bei der Kosten- und Leistungsrechnung zur Berechnung von Deckungsbeiträgen üblichen Verwendung des Umsatzkostenverfahrens. Der Vergleich von Beteiligungen auf internationaler Ebene, die in den gleichen Geschäftsfeldern tätig sind, wird hierdurch unnötig erschwert. Brückenrechnungen und Überleitungen verursachen stets zusätzlichen Abstimmungs- und Erklärungsaufwand.

Die zunehmende Komplexität bei Unternehmensgruppen führt dazu, dass zur kurzfristigen Steuerung und zur Aufdeckung von Schwachstellen neben der Kosten- und Leistungsrechnung auch vermehrt Kennzahlensysteme oder die Balanced Scorecard im Berichtswesen eingesetzt werden. Ziel ist eine Komplexitätsreduktion bei der Konzernsteuerung und die Konzentration auf das Wesentliche. Hierbei ist jedoch unbedingt darauf zu achten, dass keine neuen Insellösungen geschaffen werden und

---

14 Wilms, Zündorf 2006, S. 894 f.

dass eine sinnvolle Verknüpfung aller Systembestandteile des Berichtswesens inklusive des internen und externen Berichtswesens bzw. der Budgetierung implementiert wird[15].

Auch wenn viele Unternehmen versuchen die Entscheidungen mittels Kennzahlensystemen oder mittels Informationen des externen Rechnungswesens oder des Finanzmanagements zu fällen, hat sich gezeigt, dass auf eine aussagefähige Entscheidungsrechnung (Kosten- und Leistungsrechnung) und ein abgestimmtes Berichtswesen nicht verzichtet werden kann.

9.5.2 Internationalisierung der Beteiligungen und Unternehmensgruppen

Die zunehmende Internationalisierung der unternehmerischen Aktivitäten erfordert auch eine zunehmende Internationalisierung der eingesetzten Kontrollrechnungssysteme. Das interne Rechnungswesen muss die Grundlage für das Controlling bilden, Sachverhalte einheitlich abzubilden und zu bewerten. Für multinationale Unternehmensgruppen bedeutet dies, für alle beteiligten Unternehmen einheitliche Berichts- und Bewertungsrichtlinien vorzugeben und entsprechend internationalen Standards anzuwenden. Hierdurch kann es zu einer zunehmenden Entfernung von den nationalen Bewertungsrichtlinien der externen Rechnungslegung kommen, was nicht gerade die Transparenz für die Beteiligten fördert.

Unterschiedliche Zielsetzungen der deutschen und internationalen Rechnungslegung führen in vielen Fällen zu abweichenden Bewertungen.

- Das deutsche **HGB** orientiert sich am **Gläubigerschutz** mit der Zielsetzung der Kapitalerhaltung durch Ausschüttungsbegrenzung; das **Vorsichtsprinzip** dominiert die periodengerechte Gewinnermittlung (Imparitätsprinzip) und der Ausschüttungsbemessungsgrundlage. **Stille Reserven**, die insbesondere im Bereich langfristig gehaltener Immobilien oft nicht unerheblich sind, verbergen erhebliche Anteile der Vermögenswerte.
- In der **internationalen Rechnungslegung** IAS/IFRS dominiert hingegen die Zielsetzung einer Kapitalmarktorientierung mit **Investorenschutz**. Die geforderten entscheidungsorientierten Informationen erfordern eine „**True and Fair View Presentation"**, die eine Aufdeckung der stillen Reserven erfordert.

Erfreulicher Weise ist trotz der unterschiedlichen Ansätze eine deutliche Standardisierung der Berichts- und Bewertungsstandards zu beobachten; dies gilt leider aber noch nicht für die Steuerberechnung. Während in manchen Ländern der (Teil-) Konzernabschluss für die steuerliche Berechnung herangezogen wird, ist dies in Deutschland i. d. R. weiterhin der Einzelabschluss. Aufgrund der unterschiedlichen Zielsetzungen wird sich dies voraussichtlich auch nicht in nächster Zeit ändern.

---

15 Wilms, 2009, S. 267 ff.

Dies kann auch zu neuen Problemen bei den konzernintern verwendeten Verrechnungspreisen führen. Die Problematik der Transferpreise zwischen den beteiligten Unternehmen in den verschiedenen Ländern gewinnt durch die laufend steigenden nationalen Vorgaben von Bewertungs- und Dokumentationsanforderungen zunehmend an Bedeutung. Auslegungsprobleme der Verrechnungspreise führen unter Umständen zu langwierigen Verhandlungen mit den lokalen Steuerbehörden und habe in manchen Fällen Strafzahlungen sowie Doppelbesteuerungen zur Folge. Viele der international familiengeführten Unternehmen, von denen viele nicht börsennotiert sind, verwenden zunehmend IAS/IFRS als Standard ihrer externen Rechnungslegung, welche in diesen Fällen in der Regel dann auch als Grundlage des internen Rechnungswesens und somit des Berichtswesens des Beteiligungscontrollings dienen.

Konzernfreie Unternehmen sind zunehmend auch von der Internationalisierung betroffen. Dies ist einerseits bedingt durch den zunehmend internationalen Patente- und Rechtehandel, andererseits durch die zunehmenden internationalen Partnerschaften, Joint Ventures oder Mitgliedschaften in einer Supply Chain. Hierbei ist es häufig erforderlich, Kalkulationsschemata auszutauschen und abzugleichen. Weichen diese aufgrund nationaler Vorgaben erheblich voneinander ab, besteht ein erheblicher Erklärungsbedarf und Konflikte sind so gut wie vorprogrammiert.

9.6 Prozesskostenrechnung in Unternehmensgruppen

In die in einem Unternehmen implementierte Prozesskostenrechnung können die an einem Wertschöpfungsprozess beteiligten Gesellschaften mit einbezogen werden. Handelt es sich hierbei um konzerneigene Beteiligungsgesellschaften ist dies aufgrund der Weisungsrechte deutlich einfacher, als wenn es sich um eine Supply Chain handelt, bei der die Zusammenarbeit letztendlich auf freiwilliger Basis basiert. In beiden Fällen ist jedoch eine sehr hohe Informationsqualität und Transparenz erforderlich, um entscheiden zu können, wie die Kostentreiber in den einzelnen Bereichen wirken und wie ein Optimum an Prozesssicherheit und Gesamtkosten der Produkte erreicht werden kann.

Ziele einer gemeinsamen unternehmensübergreifenden Prozesskostenrechnung sind:
– Reduzierung der Prozesskosten der Beteiligungsgruppe oder der Supply Chain,
– Transparenz über gegenseitige Kostenabhängigkeiten aller einbezogener Partner sowie
– Gesamtoptimum des Konzerns oder der Supply Chain anstelle von Einzeloptima der einzelnen Gesellschaften.

Das Beispiel der Prozesskostenrechnung, 5.2.3 Mobilfunktelefone, könnte beispielsweise um die Auswirkungen der Anzahl der Produkt-Updates und Anzahl der Varianten auf die Zulieferer oder die Vertriebspartner erweitert werden.

Problem bereitet regelmäßig der mangelnde Verbreitungsgrad der Prozesskosten-rechnungen, die Vergleichbarkeit der Daten sowie der empfundene Identitätsverlust der Unternehmen. Bei der Supply Chain tritt häufig zusätzlich erschwerend auf, dass die Unternehmen versuchen Eigeninteressen zu berücksichtigen oder das Unternehmen gleichzeitig in verschiedene Supply Chains eingebunden sind.

Falls eine unternehmensübergreifende Prozesskostenrechnung aufgebaut werden soll, empfiehlt sich eine stufenweise Vorgehensweise. Zuerst erfolgt eine unternehmensübergreifende Prozessanalyse zur Identifikation der Hauptkostentreiber, danach die Analyse der Auswirkungen von Veränderungen zwischen den beteiligten Unternehmen sowie die Zuordnung der Kosten zu den einzelnen Prozessschritten, z. B. durch Analyse der Kostenvorteile der Verlagerung von Beständen vom Groß-händler hin zum Produzenten.

Mögliches Vorgehen beim stufenweisen Aufbau einer unternehmensübergreifenden Prozesskostenrechnung:

- Festlegung der Definitionen und Schnittstellen
- Aggregation der unternehmensinternen Daten zu unternehmensübergreifenden Prozesskosten-Daten
- Kostenanalyse für Entscheidungen, die sich auf die untersuchten Beteiligungen oder Supply Chain Partner auswirken
- Vergleich der unternehmensindividuellen Daten für ein Prozess-Benchmarking zwischen den untersuchten Gesellschaften oder Supply Chain Partnern
- Investment- oder Supply Chain- Costing als Target-Costing für die Logistikkosten der Kette (Verbraucherorientiert)
- Wichtig für die Entscheidungsprozesse: Entwicklung einer **fairen Regelung** zur Aufteilung der Kosteneinsparungen aber auch der Lasten, die gilt insbesondere bei der Supply Chain oder bei Interessen von Minderheitsgesellschaftern.

9.7 Kennzahlensysteme für Unternehmensgruppen

Kennzahlen und Kennzahlensysteme sind in der Praxis weit verbreitet. **Kennzahlen** werden als **quantitative Informationen** definiert, die Strukturen und Prozesse in einem Unternehmen oder in einem Bereich abbilden[16]; dies gilt entsprechend auch für Unternehmensgruppen.

Unterschieden wird i. d. R. in eine Entscheidungs- und eine Verhaltenssteuerungsfunktion. An Kennzahlen werden die unterschiedlichsten Anforderungen gestellt.[17]

---

16 Ewert, Wagenhofer 2014, S. 513.
17 Dillerup, Stoi 2016, S. 768 ff., Ewert, Wagenhofer 2014, S. 513 ff.

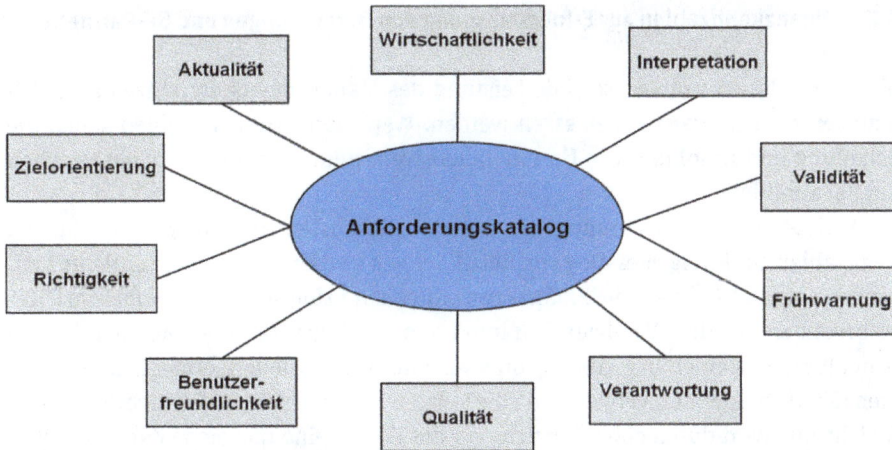

Abb. 9.8: Anforderungen an Kennzahlen (eigene Darstellung)

Viele betriebswirtschaftliche Problemstellungen reduzieren sich auf die Feststellung, zu welcher Ergebniswirkung und zu welcher Liquiditätswirkung die geplanten Entscheidungen zu welchem Zeitpunkt führen. Erfolgskennzahlen fokussieren entsprechend auf den Cashflow und das Ergebnis.

Zur Steuerung von Unternehmen oder Beteiligungen werden Finanzkennzahlen, wie der Cashflow und das Ergebnis in ihren absoluten Ausprägungen als Wertbeitrag oder ihren relativen Ausprägungen zur Messung der Rentabilität verwendet. Erfolgskennzahlen lassen sich nach zwei Kriterien strukturieren:[18]

Ermittlungsbasis: Cashflow oder Ergebnisgröße, (z. T. Mischform)

Kennzahlen: Absolute Kennzahlen erfassen den Wertbeitrag; relative Kennzahlen messen die Rentabilität.

	absolute Kennzahlen	**relative Kennzahlen**
Ermittlungsbasis	**Wertbeitrag**	**Rentabilität**
Cashflow-Größen	**CVA**	**CFROI**
	Cash Value Added	Cash Flow ROI
	SVA	**SVR**
	Shareholder Value added	Shareholder Value Return
Ergebnisgrößen	**EVA**	**RONA**
	Economic Value Added	Return on Net Asset
	EP	**ROCE**
	Economic Profit	Return on Capital Employed

---

18 Ewert, Wagenhofer 2014, S. 516.

9.7.1 Finanzkennzahlen zur Erfolgsmessung von Beteiligungen und SC-Partnern

Mittels Erfolgskennzahlen soll die Leistung des Managements der einzelnen Beteiligungen oder SC-Partner gemessen werden. Wertorientierte Kennzahlen sollen die Schaffung und Erhöhung von Unternehmenswerten im Verhältnis zum eingesetzten Kapital abbilden.

Beliebt ist die Verwendung der unterschiedlichsten absoluten oder relativen Kennzahlen zur Erfolgsmessung von Beteiligungen und Unternehmen. Kaufleute konzentrieren sich häufig auf die Finanzkennzahlen zur Erfolgsmessung, wobei der **EBIT** insbesondere bei dem Vergleich von international tätigen Unternehmen deutlich an Bedeutung gewonnen hat. Als Ergebnis vor Zinsen und Steuern ermöglicht er einen grenzüberschreitenden Vergleich, da die lokalen Steuern nicht berücksichtig werden. Gleichzeitig wird durch einen Verzicht auf die Zinsen eine ungleiche Kapitalausstattung der Gesellschaften sowie die unterschiedlichen Finanzierungsmöglichkeiten der Beteiligungen ausgeblendet. Ein hoher EBIT einer Gesellschaft oder eines Konzerns bedeutet jedoch nicht zwingend, dass ein positiver Jahresüberschuss (EAT) ausgewiesen werden kann, da letztendlich auch die Zinsen und Steuern bezahlt werden müssen. Der **EBIT** dokumentiert als absolute Kennzahl den **absoluten Wertbeitrag der Beteiligung** zum Gruppenergebnis vor Zinsen und Steuern.

Cashflow Größen werden ebenfalls laufend abgefragt, da die Liquidität der Gruppe sichergestellt werden muss. Konzerne verwenden hierbei in der Regel ein tägliches, ausgefeiltes Cash-Pooling-System, um negative Kontobestände und die damit verbundenen Zinszahlungen zu vermeiden. Während viele Unternehmen Verluste eine gewisse Zeit lang kompensieren können, bedroht Zahlungsunfähigkeit die Existenz der Gesellschaften unmittelbar.

Während der **EBIT** und der **Cashflow** als absolute Kennzahlen die absoluten Wertbeiträge der Beteiligungen ausweisen und für die **kurzfristige Steuerung** der Beteili-

Finanzkennzahlen zur Erfolgsmessung

Erfolgsgrößen	Earning Terms	Anspruchsgruppen
Erfolg vor Zinsen & Steuern	EBIT Earnings before interest & tax	Controlling Holding, Arbeitnehmer Kunden, Lieferanten
- Zinsen	- Interest	Fremdkapitalgeber
= Erfolg vor Steuern	= EBT Earnings before tax	
- Steuern	- Tax	Staat
= Erfolg nach Steuern „Jahresüberschuss "	= EAT Earnings after tax	Gesellschafter Kapitalgeber

Abb. 9.9: Beispiel Finanz-Kennzahlen der Erfolgsmessung (eigene Darstellung)

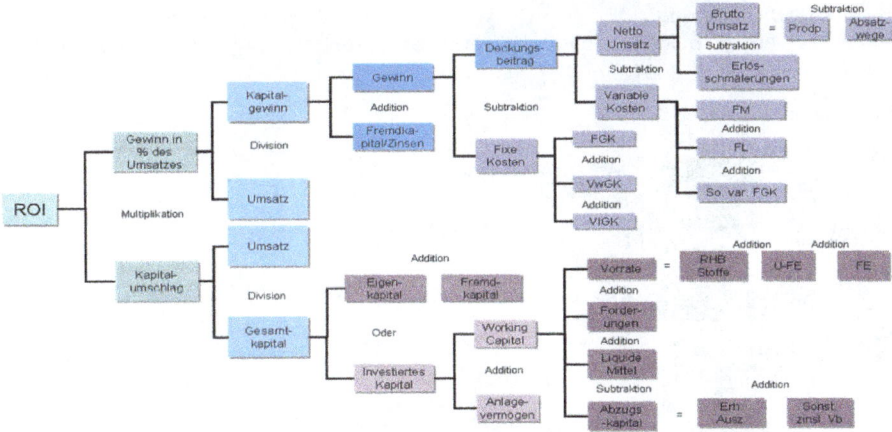

Abb. 9.10: Du-Pont Schema, ROI Treiberbaum[19]

gungen von erheblicher Bedeutung sind, muss die Rentabilität der zu vergleichenden Einheiten über relative Kennzahlen ermittelt werden.

Durch den Focus der internationalen Rechnungslegung auf den Investorenschutz sowie zunehmend strategischer Überlegungen im Beteiligungsmanagement gewinnt die Frage nach der internen Verzinsung der einzelnen Unternehmensanteile wieder zunehmend an Bedeutung. Kennzahlenbäumen wie der **ROI** – Return on Investment – werden häufig zum Vergleich unterschiedlichster Investments in Beteiligungen oder Unternehmensgruppen herangezogen.

Der als **Du-Pont-Schema** bekannte ROI-Treiberbaum, orientiert sich an rein monetären Größen zur Bilanzanalyse und Unternehmenssteuerung und wurde bereits 1919 von dem amerikanischen Chemie-Konzern Du Pont de Nemours and Co. entwickelt. Er kombiniert absolute Kennzahlen (additive Verknüpfungen) und relative Kennzahlen (multiplikative Verknüpfungen). Hierbei wird letztendlich der Erfolg einer Unternehmung oder Beteiligung an dem erzielten Ergebnis im Verhältnis zum eingesetzten Kapital festgemacht. Die Quellen des Erfolges werden immer weiter über die Umsätze und die Aufwendungen/Kosten heruntergebrochen; ebenso werden die unterschiedlichen Arten der erfolgten Kapitalbindungen im Anlagen- und Umlaufvermögen analysiert. Der **ROI** steht eher für die **langfristige und strategische Beteiligungssteuerung**.

Das klassische ROI System wird stetig weiterentwickelt und zunehmend auch zur Bewertung und zum Vergleich unterschiedlichster Gesellschaften und Investments sowohl intern als auch extern[20] als Benchmark zur Analyse von Unternehmen ver-

---

19 https://de.wikipedia.org/wiki/Du-Pont-Schema.
20 Deloitte: Bergemann; Köhler: Deloitte Financial Benchmarking, Controllingdialog Hochschule Heilbronn, 2019.

Financial benchmarking
A value driver tree helps to identify improvement potentials along these levers

Generic value driver tree

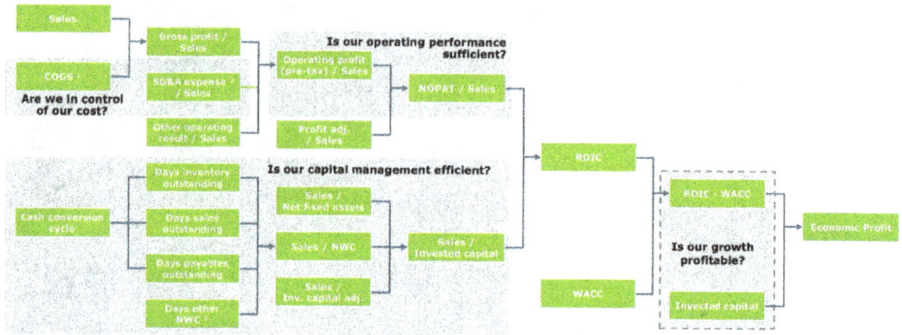

Abb. 9.11: Abbildung Präsentation „Deloitte Financial Bencharking" 2019, Controllingdialog Hochschule Heilbronn

wendet. Mögliche Verbesserungspotentiale und Handlungsfelder bei den einzelnen Beteiligungen und Supply Chain Partnern werden aufgezeigt.

Der ROI lässt sich durch eine Ergebnissteigerung oder durch eine Reduzierung des gebundenen Kapitals verbessern. Während die Analyse der Ergebnisrechnung etabliert ist, wird der Analyse des gebundenen Kapitals zunehmend Bedeutung zugemessen. Hierbei wird zwischen dem investierten Kapital- **Invested capital** – und dem kurzfristig gebundenem Kapital – **Net Working Capital** - unterschieden. Investitionsmanagement[21] und Investitionscontrolling beschäftigen sich mit dem langfristig gebundenen Kapital, während das Working capital in erster Linie die Optimierung der kurzfristigen Kapitalbindung durch das Umlaufvermögen abzüglich der zinslosen Verbindlichkeiten untersucht. Hierbei geht es klassischer Weise um die optimalen Bestandsmengen sowie zunehmend um die Etablierung eines effektiven Forderungs- und Verbindlichkeitsmanagement.

9.7.2 Kennzahlensysteme im Beteiligungs- & Supply Chain-Controlling

Zur Steuerung von Beteiligungen werden eine Kombination von Finanzkennzahlen auf der Ermittlungsbasis Cashflow-Größen und Ergebnisgrößen in ihrer absoluten Ausprägung als Wertbeitrag und in der relativen Ausprägung zur Messung der Rentabilität benötigt. Hierbei ist auch auf ein ausgewogenes Maß an Kennzahlen für kurz-,

---

21 Siehe Investitionsmanagement, Varnholt, Hoberg, Gerhards, Wilms 2018.

mittel- und langfristig wirksame Steuerungsmöglichkeiten zu achten. Da in der Regel nicht der gesamte Datenbestand der Beteiligungsgesellschaften im Beteiligungscontrolling und Reporting ausgewiesen werden soll, erfolgt i. d. R. eine Beschränkung auf wenige aggregierte Finanzkennzahlen.

	Steuerung	Anmerkungen
Finanzkennzahl		
– EBIT	kurzfristig	absoluter Wertbeitrag
– Cashflow	kurzfristig	absoluter Wertbeitrag
– ROI	langfristig	relative Rentabilität
Ergebnis- & Vermögens- Betrachtung		G&V, Bilanz (P&L, balance)
– Sales	kurzfristig	Umsatz
– COGS (Cost of good sold)	kurzfristig	Herstellkosten des Umsatzes
– Gross profit	kurzfristig	Rohertrag/Deckungsbeitrag
– Operating profit	kurzfristig	Betriebsergebnis
– Tax	mittelfristig	Steuern
– EAT	mittelfristig	Jahresüberschuss
– Equity	langfristig	Eigenkapital
– Debts	mittelfristig	Verbindlichkeiten
Cash-Betrachtung		
– Days sales outstanding	kurzfristig	Überfällige Forderungen
– Cash conversion cycle	kurzfristig	Kapitalbindungsdauer
– Days inventory outstanding	mittelfristig	Lagerumschlag
– Working capital	mittelfristig	Umlaufvermögen
– Invested capital	langfristig	Anlagevermögen
– WACC	mittelfristig	Kapitalkostensatz

Finanzkennzahlen stellen den wirtschaftlichen Erfolg von Unternehmen und Beteiligungen in einer retroperspektiven Betrachtung dar; sie sind vergangenheitsorientiert und sagen nicht zwingend etwas über die Zukunft aus. In vielen Fällen sind die Quellen des Erfolges oder des Misserfolges nicht direkt ersichtlich. Eine kurzfristige Optimierung der Finanzkennzahlen zur Beruhigung der Kapitalmärkte oder zur Optimierung der Bonuszahlungen des Managements – z. B. durch den Verzicht auf dringen erforderliche Investitionen oder personelle Entwicklungsmaßnahmen – kann den langfristigen Unternehmenserfolg gefährden. Gefordert werden ergänzende, nicht finanzielle, Kennzahlen (vgl. auch Kap. 9.8 Balanced Score Card).

Werden Kennzahlen systematisch strukturiert zusammengestellt, handelt es sich um ein Kennzahlensystem. In der Praxis ist häufig zu beobachten, dass für einzelne Bereiche eine bestimmte Anzahl von Kennzahlen gesucht wird (z. B. 12 oder 20) und diese dann durch die zusammenstellenden Personen (Kaufleute, Techniker) einseitig geprägt werden.

In einem ausgewogenen System sollten neben den klassischen **Finanz-Kennzahlen** auch

- **Struktur- & Rahmenkennzahlen,**
- **Produktivitätskennzahlen**
- **Wirtschaftlichkeitskennzahlen** sowie insbesondere auch
- **Qualitätskennzahlen** enthalten sein, um einen dauerhaften Erfolg der Unternehmen sicherzustellen.[22]

Für die Beteiligungen könnten je nach Geschäftsfeld z. B. folgende Kennzahlen angefordert werden:

- **Finanzkennzahlen** s. o.
  - **ROI,**
  - P&L: Sales, Gross Profit, **EBIT**, EAT (Jahresüberschuss),
  - **Cash Flow,** NWC (Net working capital), WACC.
- **Struktur- und Rahmenkennzahlen**
  - Anzahl Mitarbeiter
  - Beschaffung
  - Marktanteil, Marktzugang, Marktmacht, Lobby
  - Marktunsicherheit/Risiken
    - Anzahl Lieferanten
    - Rahmenvertragsquote
    - Ressourcenzugang, Beschaffungskosten
  - Vertrieb
    - Anzahl Kunden, Anzahl Auslieferungen
    - Aufträge, Auftragsgröße
    - Anzahl Lagerflächen, Lagerstufen, Lagerstandorte
    - Transportkosten
  - Logistik[23]
    - Vorlauf: Abholstoppe, Ausgangssendungen
    - Umschlag: Umschlagsfläche, Anzahl Colli
    - Hauptlauf: Tonnage
    - Nachlauf: Zustellstopps, Eingangssendungen
  - Eigene Volumina/Marktvolumen
  - Investitionsvolumen
  - Anzahl Schulungsmaßnahmen
- **Produktivitätskennzahlen**
  - Logistik
    - Vorlauf: Abholstoppe/Fahrzeug, Sendungen/Fahrzeug

22 Schulte, C. 1999, S. 285 f.

23 Barwig, Hartmann 2014, S. 141.

- – Umschlag: KG/Ma h, Colli/Ma h
    - – Hauptlauf: Palletten/Fahrzeug
    - – Nachlauf: Zustellstopps/Fahrzeug
  - – Aufträge/Sendungen je Mitarbeiter
  - – Warenannahmezeiten, Auftragsabwicklungszeiten je Auftrag
  - – Flächennutzungsgrad
  - – Durchschnittliche Schichtleistungen
  - – Transportleistung
- – **Wirtschaftlichkeitskennzahlen**
  - – Effizienz, Economies of Scale
  - – Beschaffungskosten je Bestellung/in % des Einkaufvolumens
  - – Rohertrag je Kunde/je Mitarbeiter
  - – Rohertrag je Auftrag oder Sendung
  - – Durchschnittliche Lagerplatzkosten
  - – Produktions-Steuerungskosten je Auftrag
  - – Distributionskosten je Auftrag
- – **Qualitätskennzahlen**
  - – Innovation/Patente
  - – Anzahl Reklamationen
  - – Anzahl/Quote Gutschriften
  - – Forderungsausfallquote
  - – Ausschussquote
  - – Schadensquote/Schadenshöhe je ....
  - – Termintreue
  - – Durchschnittlicher Lagerbestand
  - – Fehler je Auftrag/Mitarbeiter
  - – Logistik
    - – Vorlauf: Abholquote, Verlustquote
    - – Umschlag: Fehlverladungsquote, Beschädigungsquote
    - – Hauptlauf: Abfahrts-/Ankunftsquote
    - – Nachlauf: Zustellquote, Verlustquote

Qualitätskennzahlen wird eine zunehmende Bedeutung als Frühindikatoren zugewiesen, da sich die meisten Qualitätsmängel erst mit Verzögerungen im betrieblichen Ergebnis erkennen lassen. Qualitätsmängel führen zuerst zu erhöhten Ausschusszahlen und Nacharbeiten; die Ergebniswirkungen sind noch verhältnismäßig gering. Später führen die Qualitätsprobleme häufig zu Engpässen und Lieferproblemen; Produkte mit Fehlern landen bei Kunden, was zu Reklamationen, Rücksendungen oder im schlimmsten Falle zu Auftragsstornierungen führen kann. Dies wird spätestens dann im Umsatz, ROI oder EBIT erkennbar, wobei die erforderlichen Korrekturen zu erheblichen Kosten führen würden. Folgekosten bzw. deutliche Umsatzverluste drohen bei Imageverlusten in der Branche.

Kennzahlen Unternehmensgruppe		Total	Europa D		F	Amerika US		CDN	Asien CHN		IND	Other AUS		NZ
Finanzen	EBIT													
	Cashflow													
	ROI													
	Sales	Sparte a…												
	Gross profit	Sparte a…												
	Operating profit	Sparte a…												
	Working Capital	Sparte a…												
	Kapitalbindung	Sparte a…												
Struktur &	Anzahl	Mitarbeiter												
Rahmenbedingungen		Aufträge												
		Kunden												
	Investitionvolumen	Fuhrpark												
	Marktanteil	Produkt a …												
Produktivität	Durchschn. Schichtleistung													
	Warenannahmezeit / Sendung													
	Auftragsabwicklungszeit / Auftrag													
	Aufträge je	Mitarbeiter												
	Transportkosten je	Auftrag												
Wirtschaftlichkeit	Rohertrag je	Kunde												
		Auftrag												
		Mitarbeiter												
	Durch. Beschaffungkosten	Bestellung												
	Transportkosten je													
Qualität	Termintreue	Sparte												
	Ausschussquote	Werk												
	Schadensquote													
	Reklamationen													
	Rücksendungen													
	Forderungsausfallsquote													

Abb. 9.12: Kennzahlensystem Beteiligungscontrolling (eigene Darstellung)

Für das Beteiligungs-Controlling stellt die Steuerung von Unternehmensgruppen, wie bei Konzernen oder einer Supply Chain Gruppe, eine besondere Herausforderung aufgrund des erheblichen, oft nur schwer vergleichbaren Datenmaterials unterschiedlicher Quellen mit unterschiedlichen Qualitätsniveaus, dar. Werden verschiedene Kennzahlen oder Kennzahlensysteme der beteiligten Unternehmen herangezogen wird häufig sehr schnell ersichtlich, ob die einzelnen Systeme eher kaufmännisch oder technisch dominiert erstellt wurden. Deshalb ist es bei einem gemeinsamen Kennzahlensystem extrem wichtig, sich auf die wesentlichen Aspekte zu beschränken und ein systematisch ausgewogenes System zu entwickeln.

Das Kennzahlensystem sollte entsprechend für alle Geschäftsfelder die Finanz-, Struktur-, Produktivitäts- sowie Qualitätskennzahlen bereitstellen. Bei jeder Kennzahlengruppe sollte die Auswahl, aus Handlings-Abwägungen, auf eine überschaubare Anzahl redundanzfreier Kennzahlen beschränkt werden.

Entsprechende Kennzahlensysteme können in den einzelnen Beteiligungsunternehmen eingesetzt und dort nach Bedarf vertieft und erweitert werden, wobei auf eine einheitliche Definition der Größen geachtet werden sollte. Anbei ein Beispiel dieser Kennzahlen-Klassen für die Luft- und Seefracht:

- **Finanzkennzahlen** s. o.
  - **ROI**,
  - **EBIT**, P&L: Sales, Gross Profit, EAT (Jahresüberschuss),
  - **Cash Flow**, NWC (Net working capital), Invested capital.
- **Struktur- und Rahmenkennzahlen**
  - Tonnage je Kunde, je Carrier
  - Durchschnittliches Sendungsgewicht
  - Eigene Volumina/Marktvolumen
  - Durchschnittliche Transportstrecken
  - Anzahl Fahrzeuge, Flugzeuge, Schiffe, BRT
  - Anzahl Verpackungseinheiten
- **Produktivitätskennzahlen**
  - Aufträge je Mitarbeiter
  - Sendungen je Mitarbeiter
  - Warenannahmezeiten je Sendung
  - Transportleistungen
  - Flächennutzungsgrad
  - Auftragsabwicklungszeiten
- **Wirtschaftlichkeitskennzahlen**
  - Rohertrag je Kunde, je Mitarbeiter, je Sendung
  - Kosten je Lagerbewegung
  - Lagerkostensatz
  - Kosten je Dispositionsvorgang
  - Versandkostenquote
- **Qualitätskennzahlen**
  - Schadensquote je Carrier
  - Schadenshöhe je Carrier
  - Verlust/Beschädigung je Carrier
  - Fehler je Auftrag/Mitarbeiter
  - Fehler je Vor-, Haupt- & Nachlauf
  - Termintreue
  - Quote pünktlicher Anlieferung, Abholung & Auslieferung
  - Einhaltung der vorgegebenen Beladezeiten
  - Quote vollständiger und korrekt ausgefüllter Dokumente

9.8 Balanced Scorecard für Unternehmensgruppen

9.8.1 Balanced Scorecard und das Beteiligungs- & SC-Controlling[24]

Die Balanced Scorecard stellt eine Form eines Kennzahlensystems dar, dass häufig auch im Zusammenhang mit der Strategieentwicklung und Strategieumsetzung gesehen wird. Hier soll die Balanced Scorecard in einer erweiterten Form als ein Instrument einer möglichen Steuerung von Unternehmensgruppen in der Form von Konzernen (Beteiligungscontrolling) oder Supply Chains erörtert werden. Bei diesen Formen von Unternehmensgruppen gewinnt neben dem Aufbau einer **Vertrauenskultur** eine gut funktionierende **Kooperation** und **Koordination** der einzelnen Aktivitäten für den Gesamterfolg der Gruppe stark an Bedeutung, insbesondere wenn es keine direkten Weisungsrechte zwischen den beteiligten Akteuren gibt.

In den USA kam früh der Zweifel auf, ob die Steuerung von Unternehmen nur mit Finanzkennzahlen in einer zunehmend schnelllebigen Umwelt noch zeitgemäß sei. Der Druck, kurzfristig finanzielle Leistungen zu erbringen führte dazu, dass viele Unternehmen die Produktentwicklung, die Prozessverbesserung, die Personalentwicklung und die Informationssysteme sowie die Kunden- und Marktentwicklung vernachlässigten, was selbst bei ertragsstarken Unternehmen relativ schnell zu existenzbedrohenden Krisen führte, ins besondere wenn neue Konkurrenten in einen zuvor abgegrenzten Markt eindrangen. Gesucht wurde ein Instrument, das ein Gleichgewicht zwischen kurzfristigen und langfristigen Zielen, zwischen gewünschten Ergebnissen und den Leistungstreiber, zwischen harten Zielkennzahlen und weichen, subjektiven Messwerten gewährleistete. Gleichzeitig wurde von dem Instrument eine hohe Flexibilität, Transparenz und leichte Beherrschbarkeit erwartet. Als Ergebnis ihrer Forschungen entwickelten Kaplan und Norton das Grundkonzept der Balanced Scorecard[25]. Die Balanced Scorecard soll hier am Beispiel des Beteiligungs- und Supply Chain-Controllings vorgestellt werden, da sie in diesen Bereichen aufgrund des reduzierten Aggregationsniveaus als alternative zur klassischen Plan angesehen wird.

9.8.2 Gründe für die Einführung einer Balanced Scorecard

Unternehmensgruppen verändern sich zunehmend durch die Internationalisierung und durch die damit einhergehende Optimierung, die häufig mit einer deutlichen Zunahme von Beteiligungsgesellschaften verbunden ist. Die Komplexität steigt und viele Manager fühlen sich von der aus ihrer Sicht teilweise widersprüchlichen Informationsflut desinformiert. Klassische Reporting Systeme stellen häufig die angeforderten und gewünschten Informationen nicht bereit. Nationale Unterschiede in den Anfor-

---

24 Vgl. Wilms, S. 2009, S. 267 ff.
25 Kaplan, R.; Norton, D. 1997.

derungen der einzelnen Märkte, in der Rechnungslegung oder bei den Verfahrensvorschriften machen eine direkte Vergleichbarkeit von Daten unterschiedlicher Gesellschaften annähernd unmöglich. In vielen Fällen fühlt sich das Management durch die Vielzahl der bereitgestellten Informationen überfordert und nicht problemorientiert informiert. Komplexitätsreduktion und die Konzentration auf vergleichbare, strategische Informationen wird gefordert.

Ziel einer Balanced Scorecard ist eine ganzheitliche, vernetzte und zukunftsorientierte Unternehmens- oder Konzernsteuerung. Gründe für die Einführung in der Praxis[26]:

- **Planungsprozesse** sind zu **vereinfachen** und die **Strategie** ist schneller **umzusetzen:**
  Mit zunehmender Dynamik der Märkte entscheidet die schnelle und konsequente Umsetzung der Strategie zunehmend über den unternehmerischen Erfolg. Die häufig vorgefundene funktionale Trennung zwischen strategischer und operativer Planung ist abzubauen. Die strategische Planung ist unmittelbar mit der Budgetierung zu verknüpfen.
- Kritik an der **Dominanz** der klassischen **finanziellen Steuerungsgrößen:**
  Controlling und Reporting werden durch das Rechnungswesen dominiert. Weiche, subjektive Faktoren in Form von nicht finanziellen Kenngrößen werden nicht berücksichtigt und eine Kundenorientierung findet nicht ausreichend statt. Finanzkennzahlen sind häufig vergangenheitsorientiert oder zu kurzfristig ausgerichtet.
- Komplexität des **Reporting:**
  Das Reporting vieler Unternehmen ist mit umfangreichen Informationen überfrachtet. Informationen aus dem operativen Controlling werden in der Hoffnung aggregiert, dass sie sich hierdurch in strategische Führungsinformationen verwandeln. Mit zunehmender Aggregation wird dies insbesondere bei international agierenden Unternehmensgruppen nicht erreicht. Fragen des Topmanagements zu den Ursachen von Fehlentwicklungen und zum Stand der Strategie-Umsetzung bleiben unbeantwortet.
- Organisatorische **Trennung** zwischen **Strategie** und **Controlling:**
  Strategiestab und Controlling sind häufig unterschiedlichen Geschäftsführungsbereichen zugeordnet, was zu enormen Schnittstellenproblemen führen kann.
- Den veränderten **Führungsstrukturen** in zunehmend international agierenden Gruppen wird eine handelsrechtlich geprägtes Reporting nicht gerecht. Entscheidungsprozesse sind zu beschleunigen. Führungsstrukturen lösen sich, insbesondere bei den Supply Chains, von den rechtlichen Strukturen.
- **Verbesserung** der **externen Berichterstattung** und Etablierung eines Früherkennungs- und Risikomanagementsystems (z. B. nach dem KonTraG) als weitere Anstöße zur Verwendung nicht finanzieller Messgrößen und Indikatoren.

---

26 Vgl. Müller-Hedrich 2001, S. 34.

9.8.3 Implementierung der Balanced Scorecard im Beteiligungs- & SC-Controllings

Der Anstoß für die Einführung einer Balanced Scorecard kann theoretisch aus allen Unternehmensbereichen oder von den Aufsichtsgremien kommen. Wie bereits ausgeführt, sind die Strategiestabsstellen und die Controlling-Abteilungen häufig organisatorisch getrennt. Wird die Balanced Scorecard in erster Linie als ein Instrument zur Strategieumsetzung verstanden ist es u. U. naheliegend die Strategieabteilung mit der Implementierung der Balanced Scorecard zu beauftragen. Dies ist umso mehr der Fall, wenn das Controlling als Verantwortlicher für die zu komplexen, Rechnungswesen dominierten Berichte und die aufwendigen Planungsprozesse angesehen wird, die mittels der Balanced Scorecard beherrschbar gemacht werden sollen. Die Gefahr der Entwicklung von Parallelsystemen mit all seinen Nachteilen ist bei einer derartigen Entscheidung sehr groß. Der Anteil der finanziellen Kennzahlen ist in einem Balanced Scorecard System wesentlich, über die das Beteiligungscontrolling die Definitionshoheit behalten sollte. Desweitern stellt sich die Frage, ob die Balanced Scorecard die Budgetierung ersetzen kann und als alleiniges Managementsystem funktionsfähig ist. Die Entwicklung paralleler nicht abgestimmter Steuerungssysteme würde einem der Grundanliegen der Balanced Scorecard, der Schaffung von mehr Transparenz und der Lieferung von wenigen, eindeutigen Daten, widersprechen. Vor diesem Hintergrund erscheint es zwingend, dass das Beteiligungscontrolling und die Strategieabteilungen gegebenenfalls unter Federführung des CFOs mit der Unterstützung externer Berater die Balanced Scorecard gemeinsam mit einem Team der unterschiedlichsten Unternehmensbereiche entwickeln und implementieren und dass das Controlling die Balanced Scorecard später in seine Berichterstattung integriert. Bei der Zusammenstellung des Teams sollte darauf geachtet werden, dass alle Bereiche der Wertschöpfung der Unternehmensgruppe ausreichend und ausgewogen berücksichtigt werden. Vertriebsfachleute und Ingenieure sind ebenso einzubeziehen wie Kaufleute oder EDV- und Personalfachleute. Die Projektleitung sollte ein erfahrener Manager mit integrativen Fähigkeiten übernehmen, der allgemeine Wertschätzung genießt.

Da die Installation des strategischen Managementsystems Ziele, Vorgaben und Ressourcenverteilungen für alle Geschäftsbereiche beinhaltet, muss in der Anfangsphase der Vorsitzende der Unternehmensgruppe oder der kaufmännische Vorstand die persönliche Verantwortung übernehmen. In einem Konzern hat dies entsprechend von der Muttergesellschaft oder der Holding auszugehen. Nach der Implementierung entsteht häufig ein Führungsvakuum, da sich niemand für die Fortentwicklung und Pflege des neu installierten Managementsystems direkt verantwortlich fühlt. Diese Lücke sollte der Leiter Controlling der Gruppe von sich aus ausfüllen. Er sollte mit Unterstützung des CFOs als Betreiber und Kommunikator der Balanced Scorecard aktiv werden und die Balanced Scorecard zu einem ‚lebenden' Produkt machen.

Der Erfolg eines solchen Projekts steht und fällt mit einer hierarchieübergreifenden Projektunterstützung. Da die Implementierung der Balanced Scorecard auf die Steuerung des Unternehmens und die Überprüfung bestehender Strukturen zielt, sind

Widerstände zu erwarten. Das Projekt sollte unbedingt durch das Top Management bewusst gewollt, getragen, verabschiedet und möglichst auch dauerhaft begleitet werden. Der Projektverantwortliche sollte möglichst direkt an den Vorsitzenden der Geschäftsführung bzw. der Geschäftseinheiten berichten.

9.8.4 Ergebnisgrößen & Leistungstreiber in der Balanced Scorecard

Die Balanced Scorecard zielt auf einen durchgängigen Planungsprozess, der die Teilprozesse Strategieentwicklung, Zielformulierung, Maßnahmenplanung und Budgetierung beinhaltet, ab. Die Balanced Scorecard betont zwar die finanziellen Ziele, beinhaltet jedoch gleichberechtigt die Leistungstreiber dieser finanziellen Ziele.

- Ergebnisgrößen ohne Leistungstreiber vermitteln nicht, wie die Ergebnisse erreicht werden sollen. Auch geben sie keine Rückmeldung über die erfolgreiche Umsetzung der Strategie. Ergebniskennzahlen sind häufig Spätindikatoren wie z. B. Rentabilität, Marktanteil, Kundenzufriedenheit oder Mitarbeiterqualifikation.
- Leistungstreiber als Frühindikatoren reflektieren die Besonderheiten der Strategie einer Geschäftseinheit. Leistungstreiber wie z. B. Schadens- und Fehlerquoten oder Rüstzeiten lassen zwar operative Verbesserungen erkennen, geben jedoch ohne Ergebniskennzahlen keine Auskunft, ob diese auch zu einem erhöhten Geschäftsvolumen oder zu einem verbesserten Finanzergebnis beigetragen haben.

Durch die Formulierung der angestrebten Ergebnisse und der dahinterstehenden Leistungstreiber erhofft das Management, Motivation, Potentiale und Fachwissen der Mitarbeiter auf eine ausgewogene Erreichung der kurzfristigen und der langfristigen Ziele hin auszurichten.

9.8.5 Perspektiven der Balanced Scorecard

Die Balanced Scorecard ist eine Methode der Strategieumsetzung und nicht der Strategieentwicklung. Die zuvor durch das Topmanagement aus der Konzern oder Gruppenvision entwickelte Strategie wird unter verschiedenen Sichten, den sogenannten Perspektiven betrachtet. Im Basismodel werden üblicherweise vier Perspektiven gewählt (Vgl. Abb. 9.13):

- Die *finanzwirtschaftliche Perspektive* zeigt auf, ob die Implementierung der Strategie zur erwarteten Ergebnisverbesserung beiträgt. Bei der Gestaltung der Finanzperspektive ist entscheidend, welche Spitzenkennzahl bzw. welches Kennzahlensystem in Abhängigkeit der unternehmerischen Zielsetzungen und dem Unternehmenslebenszyklus verwendet wird. Eine Vergleichbarkeit von unterschiedlichen Geschäftsbereichen in sehr unterschiedlichen Kulturkreisen und

Rechtssystemen kann oft nur auf hoch aggregierten Finanzkennzahlen, wie zum Beispiel EBIT, ROI oder Cashflow erfolgen.

– Die **Kundenperspektive** orientiert sich an den wahrgenommen Werten aus der Sicht der (End-)Kunden in ausgewählten Märkten und anderen Nutzenpotentialen (Fehlerhäufigkeit, Problemlösungsgrad, Termintreue, Preis-/Leistungsverhältnis). Für die Beurteilung ist eine Definition der Kunden- und Marktsegmente, in denen die Unternehmensgruppe konkurrieren will, erforderlich. Bei den sogenannten Kernkennzahlen der Kundenperspektive, die für alle Organisationsformen gleich sind, treten neben den Kennzahlen der Kundenrentabilität und Kundenzufriedenheit Kennzahlen der Kundenakquisition und -bindung sowie des Marktanteils in den Vordergrund. Daneben stehen Wertangebote an die Kunden, die von den einzelnen Marktsegmenten abhängig sind und die bei den Kunden Zufriedenheit und letztendlich Markentreue bewirken sollen. Hierbei handelt es sich um Aspekte wie Produkt- und Serviceeigenschaften, Kundenbeziehungen, Image und Reputation der Marken und der Produkte. Den Wertangeboten ist i. d. R. gemeinsam, dass sie Kennzahlen in Bezug auf Reaktionszeiten, Qualität und Preis von kundenbezogenen Prozessen enthalten. Die Kundenperspektive sollte auch spezifische Kennzahlen für Wertvorgaben, welche das Unternehmen in den einzelnen Marktsegmenten erzielen will, enthalten.

– Die **interne Prozessperspektive** konzentriert sich auf die wesentlichen und kritischen betrieblichen Vorgänge, welche die Kundenwünsche erfüllen und zur Wertsteigerung beitragen. Abgeleitet werden die Kennzahlen und Ziele der internen Prozessperspektive nach der Formulierung der Ziele und Kennzahlen der Finanz- und der Kundenperspektive. Im Vordergrund steht die Verbesserung des gesamten Geschäftsprozesses. Existierende oder gar reingenierte Prozesse können u. U. durch die Vorgabe von Leistungskennzahlen weiter verbessert werden; eine Erreichung von ehrgeizigen Kunden- oder Anteilseignern-Zielen erscheint jedoch unwahrscheinlich. Themenbereiche sind beispielsweise Qualität und Kosten, die Erhöhung der Lieferfähigkeit, die Verringerung von Fehlerquoten oder die Beschleunigung von Abläufen. Wichtig ist, dass innerhalb der Gruppe in Kunden und Lieferantenbeziehungen gedacht wird. Zur Messung werden
  – Zeitkennzahlen (z. B. Durchlauf-, Reaktionszeit),
  – Qualitätskennzahlen (Ausschuss, Nacharbeiten, Anzahl Rückläufe) und
  – Ressourcenkennzahlen (z. B. Anzahl der Arbeitsabläufe) verwendet,
  die Rückschlüsse auf die Verbesserungspotentiale der einzelnen Geschäftsprozesse ermöglichen. Hilfreich ist bei der Analyse der Kernkompetenzen und der Kernprozesse die Verwendung von Wertschöpfungsketten. Im Gegensatz zu bekannten Performance – Measurement -Ansätzen, die auf die Verbesserung und Überwachung existierender Prozesse abzielen, soll die Balanced Scorecard die Identifizierung von neuen Prozessen ermöglichen, die zur Erreichung einer maximalen Kundenzufriedenheit bei Erfüllung der finanzwirtschaftlichen Ziele führen. Die Innovationsprozesse werden als fester Bestand der internen Perspektive

Wie sehen uns die
Aktionäre?

Finanzielle Perspektive

Wirtschaftlichkeit
Wachstum
Wertsteigerung

Wie muss ich den Kunden
sehen, um die Vision zu erreichen?

Kunden- / Markt- Perspektive

Produktlebenszyklus
Qualität
Preis/Kosten
Service

Welche Prozesse
muss ich optimieren
um meine Kunden
zufrieden zu stellen ?

Prozess- Perspektive

Durchlaufzeit
Qualität
Wirtschaftlichkeit

Wie muss sich meine
Organisation
weiterentwickeln, um
die Vision zu erreichen?

Potential/ Wissens Perspektive

Marktinnovation
Kontinuierliches Lernen
Intellektuelle Kompetenz

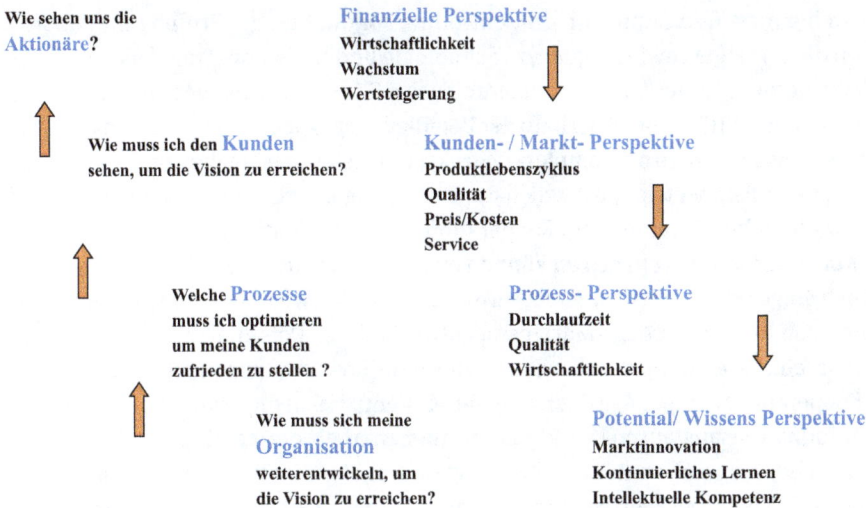

Abb. 9.13: Vision und Perspektiven[27]

betrachtet. Sie konzentrieren sich darauf, die Eigenschaften der Marktsegmente festzustellen, die das Unternehmen mit seinen zukünftigen Produkten und Dienstleistungen befriedigen will, um anschließend die Produkte und Dienstleistungen zu entwickeln, welche die zukünftigen Zielsegmente bedienen können. Forschungs-, Konstruktions- und Entwicklungsprozesse, die neue Märkte, Produkte oder Dienstleistungen erschließen, erhalten somit bei der Balanced Scorecard ein erhebliches Gewicht.

– Die *Mitarbeiter und Potentialperspektive* entwickelt Ziele und Kennzahlen zur Förderung einer lernenden und wachsenden Organisation. Sie berücksichtigt die treibenden Faktoren und die Entwicklung der strategisch benötigten Infrastruktur zur Erreichung der Ziele der drei anderen Perspektiven. Erforderliche Ressourcen hierfür sind z. B. die Mitarbeiter, Wissen, Innovations- und Kreativitätskraft, Technologie und Informationssysteme. Das Innovationspotential der Mitarbeiter mit ihren detaillierten Prozess- und Kundenkenntnissen soll langfristig das Wachstum des Unternehmens sicherstellen. Drei Hauptkategorien werden unterschieden: Qualifizierung von Mitarbeitern, Leistungsfähigkeit der Informationssysteme sowie Motivation und Zielausrichtung der Mitarbeiter. Wichtige Indikatoren sind z. B. die Verbesserungsvorschläge und deren Umsetzung, Mitarbeiterzufriedenheit und Fluktuation. Die treibenden Faktoren der Mitarbeiter- und Potentialperspektive sind noch nicht so weit erforscht wie die der anderen Perspektiven, so dass insbesondere die Ableitung von Kennzahlen und eine eindeutige Messung von Umsetzungsfortschritten Schwierigkeiten bereitet.

Im Beteiligungs- und Supply Chain-Controlling kommt hier die Prüfung und Koordination der Strategie sowie möglicher Technologie und Knowhow-Transfers besondere Bedeutung zu. Erforderliche ressourcenintensive Entwicklungen, wie zum Beispiel in der Elektromobilität, sind innerhalb der Beteiligungsgruppe oder Supply Chain abzustimmen. Insbesondere bei komplexen Strukturen bietet sich die Verwendung anderer bzw. weiterer Perspektiven, bezüglich der Bedeutung der guten Zusammenarbeit und der erforderlichen Abstimmung, Kooperation und Koordination, an.

Koordinationsperspektiven können ersetzend für andere Perspektiven oder zusätzlich eingesetzt werden. Weber[28] verwendet beispielsweise bei der BSC der Supply Chain anstelle der Kunden-/Marktperspektive und der Potential-/Entwicklungsperspektive eine Kooperationsintensitäts- und eine Kooperationsqualitätsperspektive. Die Kooperationsperspektive überprüft mittels Kennzahlen die Qualität und Quantität des Informationsaustausches und der Zusammenarbeit der beteiligten Akteure. Die erfolgreiche Kooperation der Beteiligungsgesellschaften ist für einen Mutterkonzern genauso ein Thema wie bei der Supply Chain. Eine gute, vertrauensvolle Zusammenarbeit ist ein wesentlicher und strategischer Faktor für die Unternehmensgruppen. Aus diesem Grund wird hier sowohl für die Balanced Scorecard im Beteiligungscontrolling wie auch bei der Supply Chain eine Erweiterung um die Kooperationsperspektive empfohlen.

9.8.6 Ursache-Wirkungsketten

Wesentliches Element der Balanced Scorecard ist die Ableitung und Dokumentation der **Ursache-Wirkungsketten,** die sich durch alle Perspektiven ziehen sollten. Die Balanced Scorecard stellt keine kurzfristige Sammlung von ein paar Dutzend beliebig austauschbaren Kennzahlen dar. Die Kennzahlen sind in der Balanced Scorecard unter einem strategischen Aspekt, wie z. B. der Risikovermeidung oder dem Marktanteilswachstum zu verknüpfen. Dabei muss sichergestellt werden, dass der Integration der Ergebnisse der Arbeitsgruppen und der Verknüpfung der einzelnen Perspektiven ausreichende Aufmerksamkeit und Zeit gewidmet wird. Zu groß ist die Gefahr, dass ein Marketing dominiertes Team seine Kundenperspektive, ein produktionsdominiertes Team seine Prozessperspektive, ein von Kaufleuten geprägtes Arbeitsteam seine Finanzperspektive und die Personalentwicklung schließlich die Mitarbeiter und Potentialperspektive entwickelt und anschließend diese ausschließlich für Präsentationszwecke als zusammenhängendes System dargestellt werden[29].

---

27 Vgl. Fink; Grundler 1998, S 228.
28 Weber 2002, S. 399 ff.
29 vgl. Weber/Schäffer, 1999, S. 77.

Ursache-Wirkungskette in der Balanced Scorecard

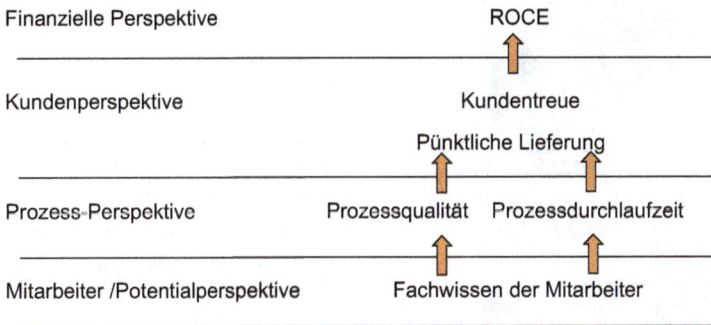

Finanzielle Perspektive	ROCE

⬆

Kundenperspektive	Kundentreue

Pünktliche Lieferung

⬆   ⬆

Prozess-Perspektive	Prozessqualität Prozessdurchlaufzeit

⬆   ⬆

Mitarbeiter /Potentialperspektive	Fachwissen der Mitarbeiter

Abb. 9.14: Beispiel für die klassische Ursache-Wirkungskette in der Balanced Scorecard[31]

„Eine Strategie ist ein Bündel von Hypothesen über Ursachen und Wirkungen. Das Kennzahlensystem sollte die Beziehungen zwischen Zielen aus den verschiedenen Perspektiven deutlich machen, damit sie gesteuert und bewertet werden können. Die Kette von Ursache und Wirkung sollte sich durch alle vier Perspektiven auf der Balanced Scorecard ziehen"[30]

Idealtypisch steigt mit höherem Fachwissen der Mitarbeiter die Prozessqualität, während die erforderliche Prozessdurchlaufzeit sinkt. Dadurch wird eine pünktliche Lieferung ermöglicht, was sich positiv auf die Kundenbindung auswirkt, so dass langfristig auch die Kapitalrendite/ROI steigt (vgl. Abb. 9.14).

Um die Realisierung der strategischen Ziele überprüfbar zu machen, sind die Ziele in Kennzahlen zu überführen und durch Vorgabewerte zu konkretisieren. Hierdurch wird ein Soll-Ist-Vergleich bezüglich der strategischen Ziele ermöglicht. Des Weiteren sind Maßnahmen festzulegen, mit deren Hilfe die Vorgabewerte und somit die strategischen Ziele erreicht werden sollen. Diese Maßnahmen werden in die Balanced Scorecard aufgenommen und die Verantwortung für Maßnahmen festgelegt (vgl. Abb. 9.15). Anschließend wird die Balanced Scorecard der Gruppe, des Unternehmens oder der strategischen Geschäftseinheit auf Balanced Scorecard's für einzelne Beteiligungen, Bereiche, Abteilungen oder gar Mitarbeiter heruntergebrochen.

---

30 Kaplan/Norton, 1997, S. 28.
31 vgl. Kaplan/Norton 1997, S. 29.

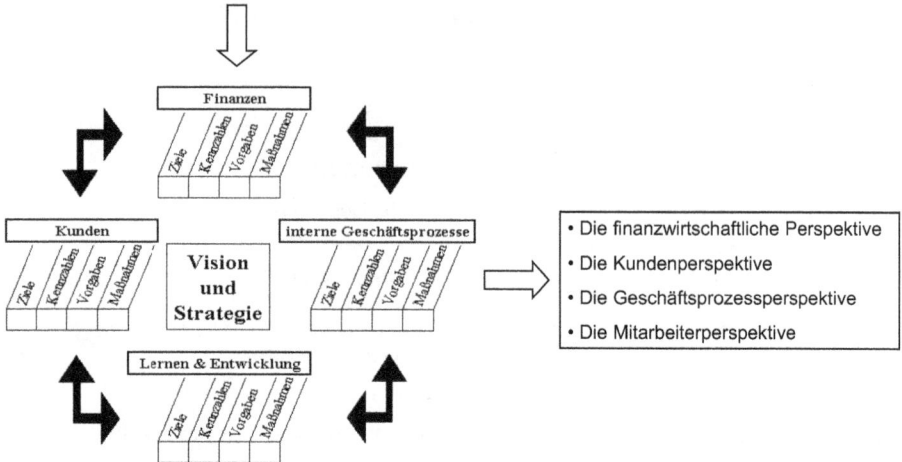

Abb. 9.15: Klassische Balanced Scorecard „Kleeblatt"

9.8.7 Gruppenstrategie und Balanced Scorecard

Die Berechtigung der Balanced Scorecard wird letztlich daraus abgeleitet, dass sie eine schnelle und konsequente Umsetzung der Strategie sicherstellt und hierdurch den unternehmerischen Erfolg auch langfristig garantiert. Die Visionen und Ziele der Unternehmens-Gruppe werden konsequent messbar und somit nachvollziehbar auf alle Ebenen abgeleitet und umgesetzt. Dies fördert nicht nur die Strategieorientierung, sondern auch die Umsetzungsgeschwindigkeit. In vielen Konzernen und Supply Chain Unternehmensgruppen ist die Strategie häufig noch ein Geheimnis einzelner Geschäftsleitungen.

Die Entwicklung einer Konzernstrategie ist aufgrund der einheitlichen Leitung deutlich leichter zu realisieren als bei einer Interessensgemeinschaft einer Supply Chain. Aufgrund verschärfter Wettbewerbssituationen ist es jedoch zunehmend überlebenswichtig, sich auf eine gemeinsame, abgestimmte und in Summe optimierte Gruppen-Strategie zu einigen. Die Strategie kann „Bottom up" oder „Top down" ermittelt werden.

Die Balanced Scorecard ist nicht nur ein Instrument der Konzernzentrale, Holding oder Supply Chain Steuerung, sondern sie ist auf die einzelnen Beteiligungen und einbezogenen Unternehmen zu übertragen. Die Form der Übertragung der Balanced Scorecard ist erheblich von der vorliegenden Konzern- oder Kooperationsform abhängig[32].

---

32 Vgl. Kapitel 9.2.3.

- *Stammhauskonzerne* sind in der Regel durch eine weitgehende Homogenität des Geschäftes geprägt, was eine enge Steuerung durch die Zentrale ermöglicht. Die Wertschöpfungsketten sind i. d. R. durchgängig. Entsprechend sollte die Abbildung der Produktionsfunktion und Wertschöpfungskette auch über eine Balanced Scorecard bzw. über ein System sich überlappender Balanced Scorecard 's erfolgen. Die Erstellung der Balanced Scorecard unterscheidet sich nicht wesentlich von der eines Großunternehmens, bei dem unterschiedliche Geschäftsbereiche an der Stelle von Beteiligungen stehen. Eine solche zentrale Steuerung stellt hohe Anforderungen an das Know-how der Konzernzentrale und an die Informationssysteme.
- *Mischkonzerne/Strategische Holdings*, sind aufgrund ihrer ausgeprägten Diversifizierung in sehr unterschiedlichen Geschäftsfeldern tätig, die eine zentrale Führung aller Geschäftstätigkeiten durch die Konzernzentrale aufgrund von Wissensdefiziten nicht effizient ermöglicht. Die Zentral hat sich auf eine strategische Rahmenplanung zu beschränken.
- *Finanzholdings* beschränken sich auf die finanzielle Steuerung des Konzerns und betrachten die Beteiligungen als Teil eines Portfolios; eine strategische Integration erfolgt nicht. Eine separate Balanced Scorecard für die Zentrale ist nicht erforderlich, da sich ihre Wertschöpfung auf die finanzielle Sphäre bezieht. Eine konzernweite Integration möglicher Balanced Scorecard 's der Beteiligungen erfolgt nicht.
- **Supply Chains** sind in der Regel durch eine weitgehende Homogenität des Geschäftes und durch durchgehende Wertschöpfungsketten geprägt, was eine enge Steuerung erfordert. Aufgrund der fehlenden Weisungsrechte stellt dies hohe Anforderungen an die Supply Chain Führung.

Besonderheiten für die Balanced Scorecard ergeben sich für Mischkonzerne oder strategische Holdings, bei denen das Detailwissen zur Steuerung der Beteiligungsgesellschaften nicht im vollen Umfang vorgehalten wird. Da die Konzernformen nur selten in reiner Form anzutreffen sind und Mischkonzerne häufig aus Stammhauskonzernen hervorgegangen sind, ist in vielen Fällen bei den Balanced Scorecard 's für die einzelnen Beteiligungen zu differenzieren. Unter Umständen erstellt das Stammhaus eine Balanced Scorecard, in der die Balanced Scorecard 's der Beteiligungen des Stammgeschäfts überlappend enthalten sind, während für andere Beteiligungen nur strategische Vorgaben gemacht werden. Das Halten von reinen Finanzbeteiligungen ist zusätzlich möglich. Das parallele zentrale und dezentrale Führen von Beteiligungen durch eine Zentrale ist nicht unproblematisch.

Oft fehlt bei Mischkonzernen die Übertragung der Gruppenstrategie auf die Strategie der Beteiligungen. Dies führt im ungünstigstem Fall dazu, dass die mit der Strategie und Projektauswahl in den Beteiligungen beschäftigten Mitarbeiter keinen Kontakt zur Strategieentwicklung der Gruppe haben. Eine Ableitung einer Gruppenstrategie über die Aggregation der Strategien der einzelnen Beteiligungen führt ebenso zu keinem sinnvollen Ergebnis wie der Versuch, die Strategie über vorhandene Kennzahlen abzuleiten.

Die Strategie der Beteiligungsgesellschaften ist aus der Konzern- oder Gruppenstrategie abzuleiten. Nur dort sind alle erforderlichen Informationen verfügbar und nur dort kann entschieden werden, welche strategischen Geschäftsfelder die Gruppe bedienen und finanzieren kann und will. Dort wird auch entschieden, welche Beteiligungsunternehmen in diesen Geschäftsfeldern aktiv werden sollen. Sie muss neben der Finanzierung auch über die Verteilung der anderen knappen Ressourcen, z. B. Managementkapazitäten, entscheiden. Die Balanced Scorecard der Zentrale integriert die abgestimmten dezentralen Balanced Scorecard 's der Beteiligungen über finanzielle und zentrale nicht finanzielle Kennzahlen wie z. B. Sicherheit oder Innovation. Sie wird um Kennzahlen, die sich auf die Wertschöpfung der Zentrale bei der Realisierung finanzieller und immaterieller Synergien beziehen, ergänzt.

Die Balanced Scorecard wird i. d. R. nach einem Pilotprojekt bei einer Beteiligungsgesellschaft bzw. einer strategischen Geschäftseinheit, bei der sich die Aktivitäten idealer Weise über die gesamte Wertschöpfungskette erstrecken, auf die Gruppe und die anderen Gruppenunternehmen übertragen, wobei letztendlich die Gruppenstrategie ausschlaggebend sein muss. Die Strategieentwicklung hat somit eindeutig Top-down von der Zentrale auf die Beteiligungsgesellschaften zu erfolgen, womit dem Beteiligungscontrolling als Schnittstelle zu den Beteiligungsunternehmen eine wichtige Rolle zukommt. Der Koordination und Kooperation ist hierbei besondere Bedeutung beizumessen und sollte wie ausgeführt durch eine zusätzliche Koordinationsperspektive Berücksichtigung finden.

Eine analoge Übertragung auf eine **Supply Chain** kann nur gelingen, wenn sich alle beteiligten Unternehmen gemeinschaftlich auf eine **Supply Chain-Strategie** und deren gemeinsamen Umsetzung einigen. Dies erfolgt häufig nur aufgrund des erheblichen Wettbewerbs- oder „Leidens"-druckes und des Zwangs zum gemeinsamen Erfolg. Beispielsweise kann die Umstellung in der Automobilindustrie auf Elektromobilität nur bei einer abgestimmten Strategie der Autokonzerne und der Zulieferer gelingen.

Ursache-Wirkungsketten als Hilfsmittel zur Ableitung der Gruppenstrategie

Eine Grundfrage der Strategiebildung ist, in welche Produkte und Märkte die vorhandenen Mittel investiert werden sollen, um langfristig als Gruppe erfolgreich zu sein[33]. Diese Frage ist auch bei einer dezentralen Selbststeuerung der einzelnen Beteiligungsgesellschaften nicht auf der Ebene der Gesellschaften lösbar[34].

Das Beteiligungs- oder Supply Chain-Controlling ist in den Prozess der Strategiefindung einzubeziehen, wenn es um die Entscheidung bezüglich regionaler Märkte

---

33 Paul, 1995 S. 15 f.
34 Paul, 1995 S. 16.

geht, also um die Frage, in welchen Ländern investiert bzw. desinvestiert wird. Besonders wichtig ist hierbei die Bereitstellung von hochwertigen, inhaltlich vergleichbaren Informationen und deren sorgfältige Analyse und Kommentierung als Entscheidungsgrundlage. Auch wenn das Festlegen der Marktstrategie nicht die Aufgabe des Controllings ist, zeigt sich, dass der Beteiligungscontroller eine gute Strategiekenntnis besitzen muss.

Die Methoden der Entwicklung einer Gruppen- oder Unternehmensstrategie werden in der Literatur schon seit langem ausführlich beschrieben[35].

Grundfragen der Strategiebildung sind:
- Was sind unsere Stärken und Schwächen?
- Welche Märkte und Produkte sind besonders zukunftsträchtig?
- Welche Position hat die Gruppe oder der Konzern in diesen Märkten?
- Welche Folgen für die Verteilung der knappen finanziellen Mittel ergeben sich hieraus?

Erst durch die strategischen Grundsatzdiskussionen der Visionen und Strategien durch die Führungskräfte der Holding oder Supply Chain, die am Anfang jeder Gruppenstrategie steht, werden die strategischen Ziele ermittelt und nur durch die klare Formulierung und Dokumentation der gemeinsamen Ziele kann es zu einer erfolgreichen gemeinsamen Strategieumsetzung kommen.

Für den wirtschaftlichen Erfolg der Gruppe ist es erforderlich, sich letztendlich am Endkunden des Konzerns bzw. der Supply Chain auszurichten. Innerhalb der Gruppe bedarf die Umsetzung der Strategie erheblicher Koordinationsbemühungen, die bei fehlenden Weisungsrechten nur bei einer ausgeprägten Vertrauenskultur funktionieren dürften.

Die in der Praxis zuweilen zu beobachtende fehlende Zielklarheit kann die Strategieumsetzung und das gesamte Projekt der Balanced Scorecard gefährden. Die Ursache-Wirkungsketten sind ein wichtiges Werkzeug bei der Darstellung des Zusammenwirkens der strategischen Ziele. Sie unterstützen das Management bei der Formulierung und Analyse der Strategie und der Ziele und erleichtern die Kommunikation. Mit ihrer Hilfe lassen sich Hypothesen des strategischen Lernens, die der Strategie zugrunde liegen, prüfen. Anschließend werden auf der Grundlage der Ursache-Wirkungsketten Maßnahmen festgelegt, die zu einer Erreichung der strategischen Ziele führen sollen. Gleichzeitig sind die Kennzahlen festzulegen, mit deren Hilfe die Zielerreichung überprüft werden kann. Die Diskussion der Messgröße, anhand derer die Erreichung der strategischen Ziele gemessen werden soll, führt oftmals zur ersten wirklich qualifizierten Diskussion der Strategie. Bei der Erstellung der Balanced Scorecard ist sicherzustellen, dass keine redundanten Ursache-Wirkungsketten oder Kennzah-

---

35 vgl. z. B. Dillerup, Stoi, 2016, S. 165 ff.

len verwendet werden. Grundsätzlich ist bei der Umsetzung darauf zu achten, dass pro Perspektive nicht zu viele Kennzahlen festgelegt werden.

Die Ableitung der richtigen Ursache-Wirkungsketten erfordert einen laufenden Lernprozess, da insbesondere in der Entwicklungsphase der Balanced Scorecard die Gefahr der Verwendung von Scheinkorrelationen groß ist. Starke und zum Teil statistisch signifikante Korrelationen konnten z. B. zwischen den Kennzahlen der Mitarbeiterzufriedenheit und der Mitarbeiterfähigkeiten und denen der Zufriedenheit/Loyalität der Kunden, der Qualität der internen Prozesse sowie denen der Finanzleistungen gemessen werden[36]. Die Strategieumsetzung wird ohne eine implementierte Zusammenarbeit zwischen den beteiligten Unternehmen nicht erfolgreich oder zumindest nicht reibungslos möglich sein.

Aufgrund zunehmender Komplexität und zunehmender Distanz zu den Beteiligungsgesellschaften oder SC-Partnern sinken die Kontrollmöglichkeiten. Faktoren der Zusammenarbeit und des gegenseitigen Vertrauens werden immer wichtiger und sind in das System einzubeziehen. Aus diesem Grunde sollte die **Kooperationsperspektive** bei der Einbeziehung von Beteiligungen und anderen beteiligten Unternehmen als wichtige, fünfte Perspektive mit eingebaut werden. Diese lässt sich auch bei den Ursache-Wirkungsketten abbilden (Abb. 9.16).

Der Ansatz der Koordinations-Perspektive als fünfte Perspektive lässt sich sowohl bei einem Konzern mit Beteiligungsgesellschaften als auch bei einer Supply Chain Balanced Scorecard anwenden. Bei einer Supply Chain, bei der sich selbständige Unternehmen freiwillig zusammengeschlossen haben und bei der im Gegensatz zu Konzer-

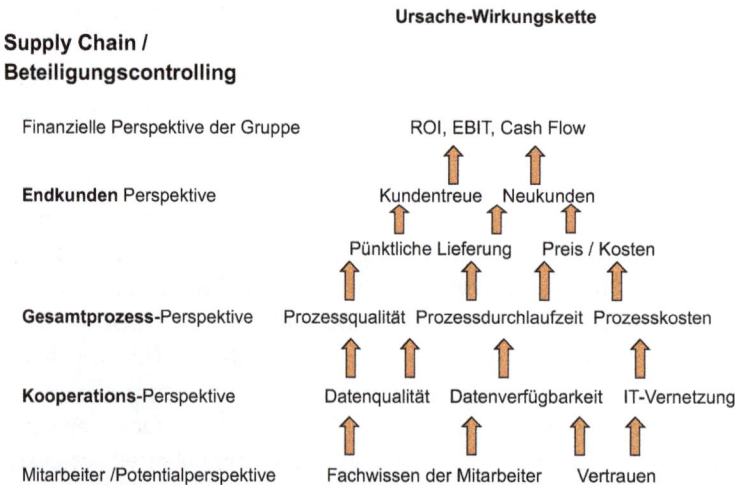

Abb. 9.16: Erweiterte Ursache-Wirkungskette der BSC mit 5 Perspektiven (eigene Darstellung)

---

36 Kaplan/Norton, 1997 S. 249.

nen aufgrund der fehlenden Beherrschung kein Weisungsrecht vorliegt, gewinnt eine freiwillige, gut funktionierende und vertrauensvolle Kooperation, an existentieller Bedeutung.

9.8.8 Gewichtung der Perspektiven bei der Gruppen Balanced Scorecard

Für die Abbildung der Strategie ist es neben der Auswahl der Perspektiven und der Kennzahlen grundsätzlich auch wichtig, eine Gewichtung der Perspektiven und der Kennzahlen vorzunehmen. Die für die Gruppe oder die Beteiligungsgesellschaften wesentlichen Leistungstreiber sind in den Vordergrund zu stellen und stärker zu gewichten.

Beispielsweise ist für ein qualitäts- und serviceorientiertes Unternehmen des Maschinenbaus die Mitarbeiter- und Potentialperspektive stärker zu gewichten als für einen Discounter, der vielfach mit Teilzeit- und Hilfskräften arbeitet und vorrangig auf ein gutes Preis-Leistungsverhältnis abzielt. Bei Unternehmensgruppen wie der Supply Chain ist eine Ausrichtung auf den Endkunden für den gemeinsamen Erfolg von fundamentaler Bedeutung. Die Gewichtung der Kennzahlen muss klar festgelegt werden und sollte auch im Reporting deutlich hervorgehoben werden. Auch wenn dies hinreichend bekannt ist, wird in der Praxis gegen diesen Grundsatz häufig verstoßen.

Als mögliche Ursache wird die in der Literatur übliche „Kleeblatt" -Darstellung der Balanced Scorecard mit den vier Perspektiven und ca. einem Dutzend Kennzahlen genannt, die den Trugschluss einer optischen" Gleichgewichtung vermittelt[37].

Neben der Gewichtung der Kennzahlen ist auch zu berücksichtigen das notwendige und hinreichende Bedingungen klar formuliert werden. Beispielsweise dürfen bestimmte Finanzkennzahlen auf keinen Fall gefährdet werden, auch wenn dies zu einer zeitweisen Zurückstellung anderer Ziele wie z. B. der Verbesserung des Service oder der Verbesserung des Ausbildungstands der Mitarbeiter führt. Primärziel der Unternehmen und letztendlich auch der Balanced Scorecard ist die Wertschöpfung und nicht die Kundenzufriedenheit, der Marktanteil oder die Produkt- oder Servicequalität.

9.8.9 Balanced Scorecard und die Budgetierung

Gegen einen der Hauptgründe für die Balanced Scorecard Einführung wird in der Praxis bei der Umsetzung häufig verstoßen: dem Ziel, die häufig vorgefundene funktionale Trennung zwischen der strategischen und operativen Planung abzubauen und die strategische Planung unmittelbar mit der Planung zu verknüpfen. Die Balanced Scorecard wird nicht primär als Grundlage der Budgetierung eingesetzt. In der Reali-

---

37 vgl. Paul 2002, S. 6.

tät sind nur ca. die Hälfte der installierten Balanced Scorecard mit der Budgetierung verknüpft, so dass sich die Frage stellt, ob die Umsetzung der Strategie überhaupt gewährleistet werden kann[38].

Verknüpfung der Strategie mit der Budgetierung

Das Beteiligungs- oder SC-Controlling muss darauf achten, dass es mit der Einführung der Balanced Scorecard nicht zur Schaffung neuer Insellösungen kommt. Sowohl die der Strategie zu Grunde liegenden Annahmen wie auch die Umsetzung der Strategie bedürfen einer laufenden Überprüfung. Hierfür sind spezifische, kurzfristige Kennzahlen der Balanced Scorecard erforderlich, die eine Umsetzung der Maßnahmen zur Verbesserung der nicht finanziellen Perspektiven im Sinne der Strategie erkennen lassen. Diese auch als ‚Meilensteine' bezeichneten Kennzahlen geben unterjährige Zielerreichungsniveaus an, die erreicht werden müssen, um langfristig eine erfolgreiche Strategieumsetzung zu garantieren. Hierbei kann es sich beispielsweise um die Reduzierung der Fehlerquoten eines Prozesses um 10 % pro Jahr handeln, um innerhalb von fünf Jahren die Unternehmensgruppe mit den geringsten Fehlquoten zum Nutzen der (End-)Kunden zu werden.

Die Schaffung getrennter Systeme für die Strategieverfolgung und die Budgetierung würde nur zu neuen Kommunikations-, und Abstimmungsproblemen führen sowie neue Zielkonflikte auslösen und ist deshalb unbedingt zu vermeiden; dies gilt umso mehr, wenn Anreizsysteme hiermit verbunden sind. Eine Gefahr besteht beispielsweise darin, dass bei der Balanced Scorecard aufgrund des strategischen Lernens Prozesse verändert oder angepasst werden, die zu neuen Strukturen führen, die aber in der Budgetierung nicht nachvollzogen werden.

Budgetierung als dominierendes operatives Steuerungsinstrument

Auch wenn die Kritik der mangelnden oder fehlenden strategischen Ausrichtung an der klassischen Budgetierung durchaus berechtigt ist, muss beachtet werden, dass die Budgetierung weiterhin das dominierende operative Steuerungssystem in den einzelnen Unternehmen darstellt; Zielvereinbarungen und Bonussysteme sind fest implementiert. Budget- und Ergebnisabweichungen werden unterjährig laufend beobachtet und analysiert und sind dem Management vertraut, während mögliche Strategieverfehlungen häufig nur einmal im Jahr auf der Strategiesitzung diskutiert werden. Bei der Euphorie der Einführung darf nicht vergessen werden, dass die Balanced Scorecard stets im Zusammenhang mit anderen Führungssystemen gesehen werden muss und dass die Implementierung der Balanced Scorecard einen längeren Lernprozess erfordert.

---

38 vgl. Töpfer u. a. 2002, S. 83, Oehler 2002, S. 85, Brabänder, Hilcher 2001, S. 256.

Budgetierung unter Strategieberücksichtigung

Um die Strategie der Unternehmen konsequent messbar und nachvollziehbar auf alle Ebenen abzuleiten und umzusetzen ist eine enge Anbindung an die Budgetierung erforderlich; letztendlich erfordert die Balanced Scorecard eine Erweiterung des traditionellen Budgetierungsprozesses, in dem neben den operativen Zielen auch strategische Ziele einbezogen werden. Die traditionelle Budgetierung beinhaltet detaillierte Angaben der finanzwirtschaftlichen Perspektive wie z. B. der G&V und Bilanz: Umsatz, Kosten, Deckungsbeiträge, Betriebsergebnisse, Jahresüberschüsse, Bilanz und Cashflow Rechnungen. Des Weiteren werden in der Regel Investitions- und Personalbudgets geplant und genehmigt. Der Planungsprozess sollte nun um die erwarteten Leistungen für die strategischen Ziele der drei anderen Perspektiven erweitert werden. Im Planungsprozess sind kurzfristige Ziele aufzustellen, was im Plan-Jahr bei den Ergebnissen und den Leistungstreiberkennzahlen für Kunden, Innovationen, operativen Prozessen sowie Mitarbeiter, Systemen und Verbesserung der Organisation erreicht werden soll. Eine Planerfüllung setzt eine Erreichung der Ziele in allen Kategorien voraus. Hierdurch kann verhindert werden, dass zur kurzfristigen Erreichung von finanziellen Kennzahlen strategisch wichtige Veränderungen vernachlässigt werden. Wenn der Zielbildungsprozess der strategischen Planung entsprechend durchgeführt wird, bedeutet dies für die Budgetierung, dass das erste Jahr der Strategie im operativen Budget für die strategischen Ziele und Kennzahlen der vier oder fünf Perspektiven der Balanced Scorecard berücksichtigt wird.

Einer der Gründe für die mangelnde Strategieberücksichtigung in den Budgets liegt in den in der Praxis häufig verwendeten Planungsverfahren, die sich auf eine Anpassung und Fortschreibung der Vergangenheit beschränken. Auf der Grundlage von Soll- oder Istwerten der aktuellen Periode wird unter Berücksichtigung von Zu- und Abschlägen das Budget bestimmt. Strategische Aspekte können hierbei berücksichtigt werden, sind jedoch nicht durchgängig geplant und auch nicht erkennbar. Es liegt in der Natur der Sache, dass strategisch getriebene Veränderungen Umwälzungen bedeuten und deshalb grundsätzlich arbeits- und kostenintensiv sind und daher eine sorgfältige Detailplanung erfordern. Eine Ergänzung der normalen Budgetierung um die Kennzahlen der Leistungstreiber der nicht finanziellen Perspektiven reicht nicht aus. In der Literatur hat dies zu der Diskussion alt bekannter Verfahren, wie das Zero-Based-Budgeting als das der Balanced Scorecard adäquate Planungsverfahren geführt[39].

Kaplan und Norton unterteilen die Budgetierung zwecks Anbindung an die Balanced Scorecard in einen strategischen und einen operationalen Teil. Der strategische Bereich umfasst die Budgetierung der strategischen Maßnahmen, der unabhängig von den operationalen Abläufen geplant wird. Anschließend werden beide Budgets zusammengeführt. Kritisiert wird an diesem Vorgehen, dass in der Regel nicht sauber

---

39 vgl. Oehler 2002, S. 88.

zwischen operativer und strategischer Budgetierung unterschieden werden kann, da strategische Maßnahmen gerade die operativen Abläufe verändern. Des Weiteren wird darauf hingewiesen, dass bei der gewählten Vorgehensweise u. U. die Strategie nicht konsequent bis „ganz unten" durchgereicht wird und dass es leicht zu einer Budgetaufblähung durch eine „Add On"-Budgetierung kommt.

Budgetierung und Strategieentwicklung ist ein laufender Lernprozess mit dem Ziel, den Schwerpunkt der Erklärung der Vergangenheit auf das Lernen für die Zukunft zu verlagern. Abweichungen von geplanten Ergebnissen dienen nicht der Kontrolle oder der Schuldzuweisung, sondern werden als Verbesserungschance aufgefasst. Die Verbesserung bestehender Prozesse zur Erreichung festgesetzter strategischer Ziele ist ein Single-loop-Lernprozess. Durch die Ausdehnung der Kontrollen der operativen Abläufe um die strategischen Lernprozesse entsteht ein Double-loop-Lernprozess. Beispielsweise kann das Management eines Unternehmens vor der jährlichen Strategiesitzung aufgefordert werden, die Strategie des vergangenen Jahres zu bewerten und eventuell enthaltene Fehleinschätzungen zu benennen. Wenn insbesondere die kurzfristigen Kennzahlen der vier verschiedenen Perspektiven die geplanten Ergebnisse nicht erreichen konnten, sollen die Manager die möglichen Ursachen identifizieren. Ziel ist es, falsche Einschätzungen bzw. Scheinkorrelationen bei den Ursache-Wirkungsketten zu identifizieren und veränderte Konkurrenz-, Markt- und Umweltbedingungen zu dokumentieren. Unter Umständen stellt sich auch heraus, dass die geplanten Maßnahmen zwar durchgeführt wurden, sich aber die erwünschten Ergebnisse nicht eingestellt haben. Die der Strategie zugrundeliegenden Hypothesen sind in diesem Falle zu überprüfen. Bei der Neuausrichtung der Strategie sind die gewonnen neuen Erkenntnisse zu berücksichtigen, die später auch wieder in die Budgetierung bei den Zielgrößen für die verschiedenen Perspektiven einfließen sollten. Die Analyse von aufgetretenen Abweichungen, das Sammeln von Informationen, die laufende Überprüfung der Hypothesen und das daraus abgeleitete strategische Lernen sowie die Umsetzung der Konsequenzen sind die Voraussetzungen einer erfolgreichen Umsetzung der Geschäftsstrategie. Die Berücksichtigung des strategischen Lernens auf Managementebene macht die Balanced Scorecard zu einem wesentlichen Eckpfeiler eines strategischen Managementsystems.

Die Balanced Scorecard sollte als eine Zusammenfassung der Strategie der Gruppe, mit Konzentration auf die Kernaussagen, ausgelegt werden, während die Detailsteuerung im Hintergrund erfolgt.

9.8.10 Umsetzung einer Gruppenstrategie in der Balanced Scorecard

Wie sollte nun die Umsetzung einer Gruppenstrategie in eine Balanced Scorecard und in der Budgetierung durch das Beteiligungs- oder SC-Controlling erfolgen? Praktische Erfahrungen zeigen, dass der Erfolg der Implementierung einer Balanced Scorecard ganz erheblich von der beanspruchten Einführungszeit und der Unterstützung durch das Management abhängt. Dies bedeutet, dass das Projekt gut vorbereitet werden sollte und auch der Umfang der Implementierung abgewogen werden muss. Auch wenn der Nutzen von Beratern bei der Projektumsetzung nicht durchweg positiv beurteilt wird, zeigt sich, dass durch ihre Projekterfahrung die Projekte beschleunigt und hierdurch eher zum Erfolg geführt werden können.

Gliederungstiefe der Balanced Scorecard

Während im Grundkonzept die Balanced Scorecard über alle Ebenen bis zu dem einzelnen Mitarbeiter heruntergebrochen werden, hat sich in der Praxis die Implementierung nur bis zur Bereichs- und Abteilungsebene durchgesetzt. Die wenigsten der Unternehmen besitzen eine Balanced Scorecard auf Mitarbeiterebene. Dies dürfte insbesondere daran liegen, dass der Implementierungsaufwand einer Balanced Scorecard bis auf Mitarbeiterebene den Aufwand der klassischen Budgetierung bei weitem übertreffen kann. Das Ziel der Reduktion der Datenflut durch die Verwendung der Balanced Scorecard kann in der Praxis nicht erreicht werden. Je geringer die Durchdringung der Gruppe oder des Unternehmens durch die Balanced Scorecard ist, desto wichtiger wird für die Umsetzung der Strategie die Abstimmung der Balanced Scorecard mit der Budgetierung.

Aus der Sicht des Beteiligungs- oder Supply Chain-Controllings ist es wichtig, dass die Balanced Scorecard für die Gruppe, für die strategischen Geschäftsfelder sowie für die einzelnen beteiligten Gesellschaften erstellt werden. Häufig sind mehrere Beteiligungsunternehmen einer Gruppe in den gleichen strategischen Geschäftsfeldern tätig. Auch wenn mittels einer dezentralen Führung ein Wettbewerb zwischen den Beteiligungen ermöglicht werden soll, ist zumindest bei den Investitionen darauf zu achten, dass es nicht zu einer Fehlallokation der Mittel kommt. Die nächst tieferliegende Balanced Scorecard sollte das Management der Beteiligungsunternehmen vor Ort mit Unterstützung des Beteiligungscontrollers erstellen, um so ein in sich konsistentes System sich überlappender Balanced Scorecard sicherzustellen. Die gewählten Ausprägungen der Perspektiven bei den einzelnen Beteiligungsgesellschaften können ohne weiteres voneinander abweichen. Die Konzernzentrale, Holding oder SC-Leitung legt durch die Vorgabe der strategischen Geschäftsfelder der Gruppe und durch die Festlegung, welche Beteiligungen in welchen Bereichen aktiv werden sollen, die Grundstrategie der Beteiligungen fest. Die Vorgabe der Strategie auf Konzern- oder Holdingebene sollte auf der einen Seite klar und deutlich formuliert sei, sollte den Beteiligungsunternehmen jedoch noch ausreichenden Gestaltungsspielraum geben. Falls mehrere Beteiligungen in gleichen oder ähnlichen Geschäftsfeldern aktiv sind, sollte unter der Moderation des Beteiligungscontrollers ein gemeinsames Grundkonzept für die Balanced Scorecard der Beteiligungsgesellschaften erarbeitet werden, um eine Vergleichbarkeit sicherzustellen. Erfahrungsgemäß führt dies zu lebhaften Diskussionen und führt auch sehr schnell zu der Diskussion von Abläufen.

Bei Auswahl der Kennzahlen sollte auf deren strategische Bedeutung, dem konkreten Handlungsbedarf für die Beteiligungen sowie die Messbarkeit geachtet werden. Für den Beteiligungscontroller ist es nun wichtig, die Schnittstelle der Balanced Scorecard zur Budgetierung der einzelnen Beteiligungen zu kennen und auf ihre Plausibilität hin zu prüfen, da er spätere Budgetabweichungen oder Strategieabweichungen analysieren und erklären können muss.

Signifikante Korrelationen bei den Ursache-Wirkungsketten

Die Ursache-Wirkungsketten, mit deren Hilfe die verschiedenen nicht finanziellen Ebenen untereinander und mit der finanziellen Ebene verknüpft werden sollen, sind ein zentrales Element der Balanced Scorecard um die erforderlichen Maßnahmen und Kennzahlen ableiten zu können. Statistisch signifikante Korrelationen bzw. analytische, letztlich rechnermäßig erfassbare Zusammenhänge lassen sich in den meisten Fällen auch unter größten Anstrengungen nicht ermitteln[40]. Empirische Untersuchungen habe gezeigt, dass die Ursache-Wirkungsketten in den wenigsten Fällen eindeutig nachweisbar sind und relativ häufig auf Scheinkorrelationen beruhen[41]. Dieses Ergebnis zeigt, dass die Ursache-Wirkungsketten auch im Sinne eines strategischen Lernens bei der Balanced Scorecard einer laufenden Überprüfung unterliegen müssen und somit grundsätzlich verbesserungsfähig sind. Dies bedeutet jedoch auch, dass die Ursache-Wirkungsketten nicht beliebig heruntergebrochen werden können, ohne die Gefahr von Fehlentwicklungen in Kauf zu nehmen. Dem Management muss bewusst sein, dass es sich nicht immer um zwangsläufige Zusammenhänge handelt. Mit steigender Ableitung steigt auch die Gefahr von falschen, ja kontraproduktiven Maßnahmen.

Die Balanced Scorecard und die Management-Anreizsysteme

Die Balanced Scorecard wird ebenso wie die Budgetierung als Grundlage für Anreizsysteme des Managements verwendet. Wie bereits ausgeführt, kann es bei den Ursache-Wirkungsketten zu Scheinkorrelationen kommen, die insbesondere bei einem starren Erfüllen einzelner Vorgabewerte zu Fehlentwicklungen führen können. Des Weiteren kommt es in einem Unternehmen zu natürlichen Zielkonflikten zwischen kurzfristigen Zielen (z. B. der finanziellen Perspektive) und den Zielen der Kennzahlen der strategischen Perspektiven. Beispielsweise bevorzugt der Vertrieb zur Sicherstellung der Lieferfähigkeit einen hohen Lagerbestand, während die Lagerverwaltung zwecks Reduzierung des gebundenen Kapitals zu einer Begrenzung der Lagerhaltung angehalten wird. Ziel der Balanced Scorecard ist es, im Unternehmen das strategische Denken im Gesamtzusammenhang auf allen Bereichen zu fördern. Neben der direk-

---

40 Weber/Schäffer 1999, S. 8.
41 Wall, F., 2001 S. 69 f.

ten Verantwortung für den eigenen Bereich besteht bei dem Management auch eine Verantwortung für das Gesamtunternehmen oder Gesamtgruppe. Traditionell könnte der Marketingleiter die Verantwortung für die Kundenperspektive, die Verantwortlichen für die Produktion, F&E und Logistik könnten für die interne Geschäftsperspektive und der Personal- und EDV Leiter könnten für die Lern- und Entwicklungsperspektive verantwortlich gemacht werden. Dies widerspricht jedoch dem der Balanced Scorecard zugrundeliegendem Prinzip der Teamverantwortlichkeit und dem teamorientierten Problemlösungsansatz. Die Verantwortung für die Erreichung der Kennzahlen und die Einleitung von Korrekturmaßnahmen sollte vom gesamten Management getragen werden. Deshalb sollte bei den Anreizsystemen das Ergebnis des Gesamtunternehmens gleichwertig mit dem Ergebnis des direkten Verantwortungsbereiches berücksichtigt werden.

Bei Gruppen sollte das Management der Beteiligungsunternehmen über die variable Vergütungskomponente auch mit einem gewissen Prozentsatz an dem Gruppenergebnis beteiligt werden. Auch hier besteht eine kollektive Verantwortung für das Gesamtergebnis. Strategisch bedingte Vorgaben der Zentrale bezüglich der Ressourcenallokation kommen hierdurch allen Beteiligten zugute, auch denen, denen z. B. die Investitionsmittel nicht genehmigt wurden. Die Implementierung eines Anreizsystems, bei dem die Verantwortlichen sowohl nach dem Ergebnis ihres direkten Verantwortungsbereichs als auch nach dem Unternehmens- oder Gruppenergebnis entlohnt werden, setzt ein Anspruch volles Beteiligungscontrolling voraus. Alle Daten müssen sowohl im Plan wie auch im Ist nachvollziehbar und prüfbar sein. Die Sicherstellung der Vergleichbarkeit ist eine weitere zwingende Voraussetzung.

9.8.11 Umsetzung der Balanced Scorecard in der EDV

Für die Balanced Scorecard werden spezielle Softwaretools angeboten. Zu beachten ist jedoch, dass diese Tools nicht die Strategieentwicklung übernehmen können, sondern nur bei der Umsetzung hilfreich sind. Falls sie nicht sinnvoll mit der Berichtssoftware verknüpft werden können, fördern sie die Bildung von Insellösungen, was zu vermeiden ist. Eine moderne Berichtssoftware sollte in der Lage sein, ein Balanced Scorecard Modell zu integrieren. Vorteile einer integrierten Lösung sind neben der Abstimmung der Balanced Scorecard mit der Budgetierung die Identität der Struktur und der Verantwortlichkeiten, was für die Analyse und Auswertung der Budget- und Strategieabweichungen durch das Beteiligungscontrolling enorm wichtig ist. Ein schneller, erster sichtbarer Erfolg bei der Implementierung der Balanced Scorecard ist für die Akzeptanz enorm wichtig. Pragmatische Lösungen mit gängiger PC Software genügen i. d. R. den ersten Anforderungen und sind auch flexibler. Laufende Veränderungen und Anpassungen der Balanced Scorecard sind leichter einzubauen; die Hemmschwelle für Anpassungen in der Entwicklungsphase wird hierdurch deutlich reduziert. Erst wenn sich das Model als einigermaßen stabil erweist, sollte mit der aufwendigen Verknüpfung zu den bestehenden Systemen begonnen werden. Die Kapazitäten der EDV Abteilungen werden häufig insbesondere in der Anfangsphase für die Bereitstellung nicht verfügbarer Daten benötigt. Erfahrungsgemäß sind für viele der Kennzahlen der Balanced Scorecard keine Daten unmittelbar verfügbar. Dies gilt in erster Linie für Daten der Lernperspektive, die teilweise aus prozessnahen Systemen gewonnen werden müssen bzw. die nur extern beschafft werden können. Bei der Supply Chain BSC sind aufgrund der unterschiedlichen IT-Systeme Insellösungen und Medienbrüche häufig nicht zu vermeiden.

9.8.12 Ausblick BSC

Die Balanced Scorecard hat wesentlich dazu beigetragen die Strategiediskussion zu fördern und das strategische Denken in den Unternehmen zu verbreiten. Aus Gründen der Komplexitätsreduzierung und der Sicherstellung eines flexiblen Systems erscheint es angebracht, die Balanced Scorecard nur auf Unternehmens-, Beteiligungsebene oder bis auf die Bereichsebenen herunter zu brechen und sich auch bei der Anzahl der gewählten Perspektiven und Kennzahlen zu beschränken. Als dominierendes operatives Steuerungssystem der einzelnen Beteiligungen oder Partnerunternehmen ist weiterhin die Budgetierung anzusehen. Für eine erfolgreiche Strategieumsetzung ist es erforderlich, dass die Balanced Scorecard sinnvoll mit der Budgetierung verknüpft wird.

Die Balanced Scorecard und die hier geforderte Anbindung der Balanced Scorecard an die Budgetierung stellt an das Beteiligungscontrolling hohe Anforderungen. Es muss in seiner Schnittstellenfunktion zwischen Beteiligungsgesellschaften und Holding eine saubere Ableitung der Strategie von der Konzernebene auf die Beteiligungsgesellschaften ermöglichen und muss hierzu die Systemvoraussetzungen für qualitativ hochwertige, vergleichbare Daten schaffen und anschließend durch eine fachkundige Analyse die Strategie- und Budgetabweichungen erläutern. Diese Informationen werden von allen Beteiligten umso mehr kritisch geprüft, umso mehr ihr variabler Vergütungsanteil hiervon mit abhängt.

Bei der Verwendung der Balanced Scorecard in der Supply Chain steigen die Anforderungen nochmals, da einzelunternehmerische Interessen nicht nur das Management, z. B. bei Bonuszahlungen, betreffen. Der faire Interessensausgleich mit einer unter Umständen erforderlichen Kompensation gewinnt deutlich an Bedeutung. Aufgrund der fehlenden Beherrschung der anderen Gesellschaften wird eine gut funktionierende und faire Kooperation umso wichtiger.

Die Balanced Scorecard fördert neben der Strategieorientierung inklusive der strategischen Lernprozesse die kollektive Gesamtverantwortung des Managements für die Gruppe. Bei den Vergütungsmodellen sind entsprechend, neben den Ergebnissen der direkt zugeordneten Verantwortungsbereiche, auch die Ergebnisse der Geschäftseinheit, des Gesamtunternehmens, des Konzerns oder sogar der Supply Chain zu berücksichtigen.

9.9 Anforderungsprofil des Beteiligungs- & Supply Chain Controllers

Unsere Umwelt ist durch eine zunehmende Kurzlebigkeit geprägt. Was für das Denken und Handeln heute noch gültig ist, kann bereits morgen obsolet und unzweckmäßig sein. Die Controller laufen zunehmend Gefahr, ihre angestammte Rolle als das betriebswirtschaftliche Gewissen des Unternehmens an andere Bereiche zu verlieren, wenn sie mit der Veränderung der Umwelt nicht Schritt halten können und sie die von ihnen erwarteten Informationen nicht empfängerorientiert bereitstellen.

Während der Controller in einem kleinen oder mittleren Unternehmen als Generalist jede relevante Kleinigkeit der Geschäftsvorfälle im Unternehmen kennt, kann der Beteiligungscontroller sich nur um das Gesamtbild des Konzerns und der Beteiligungen kümmern. Der Controller in einem Unternehmen ist häufig allseits bekannt und allgemein akzeptiert, auch wenn er von seiner Persönlichkeit her eher schwierig und wenig kommunikativ sein sollte; dieser Typ von Controller wäre jedoch als Beteiligungscontroller vollkommen ungeeignet. Bei einem Controller einer Supply Chain steigen die Anforderungen an das Auftreten des Controllers nochmals, da seine Gesellschaft nach außen hin vertreten muss.

Auf der einen Seite gewinnen für das Überleben eines Unternehmens die strategischen Aspekte – wie z. B. die Erfüllung der zukünftigen Kundenanforderungen in einem verstärkt umkämpften Markt – gegenüber einer reinen Wirtschaftlichkeitsbetrachtung zunehmend an Bedeutung, während auf der anderen Seite sich das interne und externe Rechnungswesen nicht zuletzt unter dem Einfluss der internationalen Rechnungslegung laufend annähern, so dass das externe Rechnungswesen zunehmend Aufgaben des klassischen Controlling, typische laufenden Informationsbereitstellungen, übernehmen kann. Klassische, zeitaufwendige Aufgaben des Beteiligungscontrollings wie das Datensammeln, -erfassen und -abstimmen sowie die Pflege von Schnittstellen zwischen den verschiedenen Systemen der nationalen und internationalen Unternehmen der Gruppe wird zunehmend durch neue integrierte Systeme übernommen, die weltweit eingesetzt und zentral gesteuert werden können. Dies schafft neue Freiräume für das Controlling zur Analyse, die sinnvoll genutzt werden müssen. Das Controlling muss mit der steigenden Dynamik und Komplexität des Umfeldes mithalten und sein Tätigkeitsfeld neu definieren, um langfristig handlungsfähig zu bleiben und um seiner Aufgabe entsprechend die Zukunft des Unternehmens zu sichern. Die vordringlichsten Probleme lassen sich häufig nicht isoliert betrachten oder lösen und sind immer öfters miteinander verknüpft und weisen komplexe Wechselwirkungen auf. Die Marktanpassungsgeschwindigkeit nimmt laufend zu. Ganzheitliches denken und handeln ist zunehmend gefordert. Entscheidungen werden zunehmend auf der Grundlage hoch aggregierter Daten und nicht auf der Grundlage von Einzelinformationen gefällt. Auf der Seite der Managementsysteme wurde zur Lösung dieser neuen Anforderungen z. B. die Balanced Scorecard entwickelt. Die beschriebenen Veränderungen haben jedoch auch gravierende Auswirkungen auf das Beteiligungs- & SC-Controlling. Das Rollenbild und das Selbstverständnis des Controllers und somit auch das Anforderungsprofil muss sich den veränderten Verhältnissen laufend anpassen.

9.9.1 Rollenverständnis des Controllers

Für den Controller gibt es kein eindeutig umrissenes Berufsbild. Auch die Auffassungen, was letztendlich unter Controlling zu verstehen ist, weicht zum Teil erheblich voneinander ab. In der Literatur lassen sich klassischer Weise drei grundsätzliche Rollenverständnisse für das Controlling finden[42]:
- Informationsfunktion mit starker Anlehnung an das Rechnungswesen steht im Vordergrund,
- Controlling als Teilbereich der Unternehmensführung, der für eine konsequente Ergebnisorientierung des Unternehmens Sorge zu tragen hat,
- zentrale Aufgabe des Controllings ist die Koordination unterschiedlicher Teilsysteme der Unternehmensführung (z. B. Horvath, Küpper).

Beteiligungscontroller müssen in einer modernen Organisation wohl alle diese Aufgaben übernehmen, wobei die Aufgabenschwerpunkte sich zunehmend zu der Koordinationsfunktion verschieben dürften.

Klassischerweise sind Controller insbesondere da anzutreffen, wo Planungen als Koordinationsinstrument dominieren. Ein Unternehmen oder eine Gruppe auf der Grundlage von Planungen zu führen bedeutet, Entscheidungskompetenzen zu delegieren und dezentralen Entscheidungsträgern unternehmerische Freiräume zu eröffnen. Ergebnisziele werden vereinbart, deren Erfüllung die Zielerreichung des Unternehmens oder der Gruppe sicherstellen sollen. Kernaufgaben sind hierbei Budgetierung, Planungskontrolle, Abweichungsanalyse, Handlungsempfehlungen zur Erreichung der Strategie und der gesetzten Ziele, sowie Dokumentation des Zielerreichungsgrades mittels eines Berichtwesens.

Controller definieren sich jedoch zunehmend auch über ihre Unterstützungsfunktion und Serviceorientierung für das Management. Sie übernehmen vor allem die Aufgabe der Koordination des Planungsmanagements, der Kontrolle der Planentstehung sowie der Bereitstellung führungsrelevanter Informationen. Ziel ist es, dem Manage-

---

42 vgl. Weber/Schäffer 1999, S. 124.

ment delegierbare Aufgaben im Entscheidungsprozess abzunehmen wie z. B. die Analyse und wirtschaftliche Bewertung von Handlungsalternativen oder die Entwicklung von Lösungsalternativen. Als Teilbereich des Managements sorgen sie über ihre Navigationsfunktion für eine konsequente Ergebnisorientierung des Unternehmens.

Hinter der *Koordinationsfunktion* steht ein management-systemorientierter Controller, der die Entwicklung, den Betrieb und die Pflege eines integrierten Planungs-, Kontroll- und Informationssystems der ganzen Gruppe steuert und optimiert. Er unterstützt das Management auf allen Ebenen durch die Bereitstellung, Analyse und Bewertung aller als relevant eingestuften Informationen, die zunehmend auch nicht finanzwirtschaftlicher Natur sind wie z. B. Markt- und Kundendaten.

Je nachdem, ob bei dem konkreten Rollenbild des Controllings in einem Unternehmen die Informations-, die Navigations- oder Koordinationsfunktion dominieren, sind auch die Aufgaben- und somit auch die Anforderungsprofile sehr unterschiedlich.

9.9.2 Anforderungen an den Beteiligungs- & SC-Controller

Während in der Vergangenheit das fundierte Fachwissen und die Detailliebe der Beteiligungscontroller zur Erfüllung der Informationsfunktion im Vordergrund standen, werden zunehmend zusätzlich strategische Fähigkeiten wie eine konzeptionelle Gesamtsicht, Zukunftsorientierung, Kreativität und soziale Fähigkeiten wie Konfliktlösung, Moderation, Koordination und Teamfähigkeit wichtig.

Der Beteiligungscontroller fungiert im Gegensatz zum Unternehmenscontroller zusätzlich als Schnittstelle zwischen Zentrale und Beteiligungsgesellschaften. Er muss Interessen und Aufgaben der Zentrale gegenüber den Beteiligungen vertreten und er muss Aufgaben in den Gesellschaften wahrnehmen. Der Beteiligungs- und insbesondere der SC-Controller von heute stellt neue Beziehungen zwischen Menschen und Dingen her, schafft neue Strukturen und Voraussetzungen aufgrund seiner ausgeprägten sozialen, interaktuellen und werteorientierten Kompetenz. Seine Vorbildfunktion als Vertreter der Holding oder Muttergesellschaft, verkörpert durch Persönlichkeit, Beharrlichkeit, Glaubwürdigkeit, Toleranz, Einfühlungsvermögen und einer gewissen Bescheidenheit gewinnt an Bedeutung. Seine allgemeine Akzeptanz ist eine wesentliche Voraussetzung seines Erfolges. Das Beteiligungscontrolling erfordert aufgrund seiner veränderten speziellen Anforderungen eine Mischqualifikation aus Ratio (Sach- und Leistungsorientierung) und Emotio (Gefühlorientierung).

Diese spezifischen Anforderungen für den Beteiligungscontroller sind insbesondere:

- Rationalität und Zahlenorientierung,
- Analyse- und Problemlösungsfähigkeit,
- Denken in Zusammenhängen und Strategien,
- Zukunftsorientierung und hohe Flexibilität,

- Interkulturelle Erfahrungen
- Sprachkenntnisse
- Teamfähigkeit,
- Beharrlichkeit und Ausdauer,
- Lern- und Lehrfähigkeit,
- Kommunikationsfähigkeit,
- Koordination- und Moderationsfähigkeiten
- Konfliktfähigkeit und
- Empathie und Menschenführung.

Ein Controller wird in den aller wenigsten Fällen allen Qualifikationsanforderungen im vollem Maße gerecht werden, wobei die Gewichtung dieser speziellen Anforderungen jeweils situationsabhängig festgelegt werden müssen und sehr stark auch von der Unternehmenskultur abhängen. Die dem Beteiligungscontrolling zugedachte Rolle ist hierbei von erheblicher Tragweite. Es stellt sich die Frage, ob das Beteiligungscontrolling sich vornehmlich mit seiner klassisch eher statisch angestammten Rolle der Beschaffung und Interpretation von Daten begnügen muss oder ob es auch eine aktive Rolle in der dynamischen Gestaltung und laufenden Koordinierung von Strategieentwicklung, -durchsetzung und -kontrolle übernehmen soll. Beide Rollen sind mit einer entsprechenden Gewichtung der spezifischen Aufgabenmuster und Anforderungen verbunden.

Im Folgendem soll nach drei Haupt-Anforderungsgruppen, der fachlichen, der methodisch/strategischen und der sozialen Kompetenz unterschieden werden, denen bei einem zeitgemäßen strategischen Rollenverständnis für das Beteiligungs- und Supply Chain Controlling eine hohe Bedeutung zugemessen wird, wobei jedoch unterschiedliche Gewichtungen erfolgen. Bei einem eher klassisch, informationsorientiertem Rollenverständnis, dass in den meisten Fällen den heutigen Anforderungen an ein leistungsfähiges Beteiligungscontrolling nicht mehr gerecht werden dürfte, würden die fachlichen Anforderungen stärker dominieren. Controlling steht für die Sicherstellung der Rationalität der Unternehmensführung, was heute nur noch unter Berücksichtigung der Strategie erreicht werden kann. Die Controller und die Manager arbeiten dabei als Team.

9.9.3 Fachliche Kompetenz

Jeder Controller muss über eine fundierte betriebswirtschaftliche Ausbildung verfügen und sollte das ***betriebswirtschaftliche Handwerkzeug*** zur Unternehmenssteuerung, wie z. B. die Grundlagen des Rechnungswesens inkl. der Budgetierung sowie der Investitionsrechnung beherrschen. Die verschiedensten, in seiner Unternehmensgruppe eingesetzten Methoden des internen und externen Rechnungswesens sollte der Beteiligungscontroller kennen und sollte in der Lage sein, diese Daten vergleichbar und gut verständlich zeitnah aufzubereiten. Er muss beispielsweise in der Lage sein, die Cash und Ergebniswirkungen einzelner Geschäftsvorfälle unmittelbar zu erkennen. Eine Zahlenorientierung des Controllers ist hierbei unverzichtbar, wobei er jedoch ein gutes Gefühl für die Abwägung der Genauigkeit und der Relevanz der bereitgestellten Informationen besitzen muss. Quereinsteiger mit naturwissenschaftlicher oder mathematischer Ausbildung sind zunehmend im Beteiligungscontrolling anzutreffen, da sie sich gut in komplexe Sachverhalte einarbeiten können. Die Zahlenlastigkeit der Aufgaben darf jedoch nicht zu einer übertriebenen Zahlengläubigkeit führen, die sich z. B. in der Erstellung eines auf einen Euro genauen Fünfjahresplan ausdrücken kann oder in einem sogenannten Zahlenfriedhof endet. Die für die Aufgabenbewältigung erforderlichen Präsentations- und Moderationstechniken sollten beherrscht werden.

Die Anforderungen an sein *Branchen- und Fachwissen* sind besonders hoch, da der Beteiligungscontroller sowohl als Vertreter der Zentrale bei den Beteiligungsgesellschaften als auch innerhalb der Zentral als Ansprechpartner für die Geschäftsführer und das Management bereitstehen muss. Mit zunehmender Rolle, die der Controller bei der Strategieentwicklung, -umsetzung und -kontrolle wahrnehmen soll, steigen die Anforderungen an das branchenbezogene Fachwissen und die Erfahrungen noch einmal deutlich an. Seine hierfür erforderliche mehrjährige Berufserfahrung hat er idealtypischer weise in einem Unternehmen im Controlling, im Rechnungswesen oder als Assistent der Geschäftsführung der gleichen Branche oder in einem artverwandten Geschäftsfeld gesammelt, in dem er als Beteiligungscontroller tätig werden soll. Aufgrund des veränderten, strategisch orientierten Rollenbildes des Controllings werden zunehmend auch zahlenorientierte Spezialisten anderer Unternehmensbereiche, wie z. B. Marketing- oder Vertriebsfachleute unter Nutzung ihrer speziellen Marktkenntnisse, im Beteiligungs- und SC-Controlling eingesetzt. Dies setzt eine gewisse Größe und Ausgewogenheit des Teams voraus.

Der Beteiligungscontroller sollte, im Gegensatz zum Supply Chain Controller, über *Grundkenntnisse der Ergebnis-, Kapital- und Schulden-Konsolidierung* verfügen. Bei einem internationalen Konzern ergibt sich die Notwendigkeit, dass er die Grundzüge der internen und externen, nationalen Rechnungslegung der Beteiligungsgesellschaften und die Überleitungen in deutsches (HBII) oder internationales Recht (IAS oder US GAAP) kennt. Erleichterung für internationale Gruppen ist durch die Einführung von IAS sowie die damit einhergehende Annäherung von internem und externem Rechnungswesen zu erwarten, wobei der Controller sich zuerst einmal mit diesem noch stark im Fluss befindlichen Regelwerk vertraut machen muss. Bei größeren, internationalen Einheiten sind zumeist auch US-GAAP Basiskenntnisse erforderlich. Ohne ein qualitativ hochwertiges standardisiertes und somit vergleichbares Berichtswesen sind weltweite Aussagen z. B. über die Performance einer Beteiligungsgesellschaft nicht möglich. Der Beteiligungscontroller muss über die fachlichen Fähigkeiten verfügen, ein solches Berichtswesen sicherzustellen und auftretende Abweichungen zu analysieren, zu kommentieren und Handlungsempfehlungen auszusprechen. Die qualifizierte Analyse erfordert viel Fachwissen, da absolute Kennzahlen häufig keine Aussage über „gut" oder „schlecht" zulassen. Der Umsatz pro Mitarbeiter ist beispielsweise in Indien anders zu beurteilen als in Deutschland. Des Weiteren muss der Beteiligungscontroller die strategische Position der Beteiligungsgesellschaften in ihrem jeweiligen Markt beurteilen können.

Da der Beteiligungscontroller auch bei der Bewertung von *Akquisitionen, Fusionen und Joint Venture* herangezogen wird, sollte er auch die Methoden der Due Diligence, der Investitionsrechnung und der Unternehmensbewertung kennen. Mögliche Auswirkungen auf die Konzernstruktur muss er bestimmen können.

Ein bis zwei *Fremdsprachen* sind verhandlungssicher zu beherrschen. Englisch wird als Grundvoraussetzung angesehen.

Die erforderlichen *EDV Kenntnisse* sind von dem jeweiligen Unternehmen abhängig. Grundkenntnisse der PC Standardsoftware (z. B. Excel) und der eingesetzten Berichts- und Konsolidierungssoftware sollten auf jeden Fall vorhanden sein. Grundkenntnisse der eingesetzten ERP Buchhaltungssoftware, wie z. B. SAP, werden zunehmend vorausgesetzt.

9.9.4 Methodische und strategische Kompetenz

Vom Controller wird zunehmend ein vorausschauendes unternehmerisches Denken erwartet, Fehlentwicklungen zu erkennen, lange bevor Probleme auftreten. Er soll strategische Problemlösungen entwickeln und ergebnisverbessernde Maßnahmen einleiten bzw. bei Bedarf rechtzeitig gegensteuern.

Das Beteiligungscontrolling gewinnt bei richtiger Positionierung mit zunehmender strategischer Ausrichtung von Unternehmensgruppen zusätzlich an Bedeutung. Bei strategischen Entscheidungen der Gruppe, wie z. B. in welche Märkte und welche Beteiligungen investiert werden soll, ist das Beteiligungscontrolling durch die Konzern-Geschäftsleitung einzubeziehen. Die Pflege der strategischen Unternehmensführungsinstrumente, wie beispielsweise die Balanced Scorecard, liegen i. d. R. in seinem Verantwortungsbereich. In diesem Fall hat das Controlling die Beteiligungsunternehmen dabei zu unterstützen, die vorgegebene Gruppenstrategie auf die Beteiligungsgesellschaften herunter zu brechen und adäquat abzubilden. Eine Abstimmung der Budgetierung und der strategischen Steuerungsinstrumente ist zur Vermeidung von Fehlsteuerungen und Zielkonflikten unbedingt erforderlich. Neben die operative Plankontrolle tritt somit die Strategiekontrolle. Aufgrund der zunehmenden Umweltdynamik werden die verbleibenden Reaktionszeiten immer kürzer. Der Controller muss eine laufende Plan- aber auch Strategieüberwachung vornehmen und gegebenenfalls laufende Korrekturprozesse im operativen und strategischen Bereich anregen.

Um dieser Aufgabe gerecht zu werden, muss der Beteiligungscontroller die Instrumente des operativen und des strategischen Managements beherrschen; er muss Entscheidungen vorbereiten, unterstützen und später mit vertreten können. Lösungsalternativen sind von ihm zu bewerten und Erfolgskriterien zu definieren. Er muss Handlungsfolgen mittels Ursache-Wirkungsketten bzw. Hypothesen ableiten sowie deren Effizienz abschätzen, Veränderungen erkennen oder bei Bedarf Veränderungen veranlassen oder empfehlen können, wobei insbesondere das strategische Lernen von Organisationen immer mehr an Bedeutung gewinnt. Wenn z. B. geplante und eingeleitete Maßnahmen nicht zu der gewünschten Erreichung der strategischen Ziele geführt haben, ist neben der Überprüfung der eingeleiteten Maßnahmen auch eine laufende Überprüfung der der Strategie zugrunde gelegten Annahmen und Hypothesen oder im Extremfall der Strategie an sich erforderlich. Beteiligungscontrolling ist zunehmend ein laufender dynamischer Lernprozess mit dem Ziel, den Schwerpunkt der Erklärung der Vergangenheit auf das Lernen für die Zukunft zu verlagern. Abweichungen von geplanten Ergebnissen dienen nicht vorrangig der Kontrolle oder gar der Schuldzuweisung, sondern werden zunehmend als Verbesserungschance innerhalb eines strategischen Lernprozesses – zum Nutzen der gesamten Gruppe – aufgefasst. Der Grundsatz lautet: Aus Abweichungen möglichst viel für die Zukunft lernen. Hierbei muss der Controller in der Lage sein, einen derart komplexen Prozess der laufenden Feinsteuerung zu beherrschen und dabei neue dynamische Kommunikations- und Informationssysteme einzusetzen und ein laufendes Qualitätsmanagement zu betreiben. Bei einer Supply Chain gestaltet sich dies, nicht zuletzt aufgrund der zum Teil unterschiedlichen Interessenlagen der beteiligten Unternehmen, nochmals deutlich schwieriger.

9.9.5 Soziale Kompetenz

Von einem Controller wird eine besondere soziale Kompetenz erwartet. Er soll Kollegen Ziele und Arbeitsinhalte vermitteln sowie Kommunikationsstrukturen steuern. In schwierigen Situationen muss er moderieren, koordinieren und integrieren sowie Partizipation bei der Ziel- und Strategiefindung ermöglichen. Ziel ist die Hilfe zur Selbsthilfe. Es gilt, die Bereitschaft zum kooperativen Verhalten zu fördern. Teamarbeit sollte für ihn zu seinem Selbstverständnis gehören. Auch wenn das Wort Kontrolle unbeliebt ist, zählt sie doch zu den Kernaufgaben des Controllings. Kontrolle ist grundsätzlich verhaltenssensibel und erfordert vom Anwender ein sensitives Verhalten. Der Controller sollte empathisch und teamorientiert handeln.

So erfordert das zuvor beschriebene strategische Lernen ein besonders sorgfältiges Umgehen mit den analysierten Abweichungsursachen und den verantwortlichen Mitarbeitern. Auf der einen Seite müssen Fehlentwicklungen und Verursacher eindeutig und klar angesprochen werden. Mängel müssen konsequent verfolgt und beseitigt werden, was eine gewisse Beharrlichkeit und Ausdauer erfordert. Andererseits darf dies nicht zu reinen Schuldzuweisungen führen, die u. U. aufgrund von langwierigen Rechtfertigungen oder gegenseitigen Schuldzuweisungen und Vertrauensverlusten die erforderlichen Lernprozesse behindern oder gar verhindern. Negative Kritik sollte gegebenenfalls nur in einem kleineren Kreis oder unter vier Augen geäußert werden. In einer partnerschaftlichen Professionalität haben die Beteiligungscontroller die Aufgabe, Entscheidungsprozesse und Entscheidungsgrundlagen konstruktiv-kritisch zu hinterfragen, aber auch geeignete Vorschläge zu sammeln, analytisch zu untermauern und zu fördern.

Der Beteiligungscontroller sollte in der Lage sein, leicht Kontakte zu allen Ebenen in den Beteiligungsgesellschaften und der Konzernzentrale aufzubauen und ein Informationsnetzwerk aufrecht zu erhalten. Ebenso sollte er sich durch Lernbereitschaft, aber auch Lehrbereitschaft – z. B. bei der Einarbeitung neuer Kollegen in den Beteiligungsgesellschaften – ausweisen.

Bei internationalen Gruppen ist es erforderlich, dass der Beteiligungscontroller sich in die unterschiedlichsten Kulturkreise hineinversetzen kann. Auslandserfahrungen und gut Sprachkenntnisse sind hierfür zunehmend unabdingbar.

Die Funktion eines Beteiligungscontrollers ähnelt der eines externen Beraters. Er erreicht die Veränderungen weniger durch die bessere Kenntnis der Abläufe, wirkt jedoch bei einer zielstrebigen Vorgehensweise wie ein Katalysator: Er sorgt für die Realisierung von Verbesserungen, die vielleicht intern schon diskutiert wurden, jedoch nie realisiert wurden. Hierbei ist der Beteiligungscontroller immer im Spannungsfeld zwischen der Mutter und den Tochtergesellschaften. Er kann seine Aufgabe nur gut erfüllen, wenn er sowohl in der Zentrale als auch bei den Tochtergesellschaften ein Vertrauensverhältnis aufzubauen vermag. Dies setzt Objektivität und Fairness gegenüber beiden Seiten voraus. Seine Schnittstellenfunktion kann den Beteiligungscontroller immer wieder in Konfliktsituationen bringen, wenn er zwischen den Interessen der Zentrale und dem Vertrauen der Beteiligungsgesellschaften abwägen muss. Er darf sich nicht zum Sprachrohr der Beteiligungen machen und kann auf der anderen Seite, wenn er Entscheidungen der Zentrale umsetzen muss, leicht in die Rolle des „Sündenbocks" geraten. Um mit solchen Spannungssituationen fertig zu werden, bedarf der Beteiligungscontroller besonderer kommunikativer Fähigkeiten sowie einer besonderen ausgleichenden Konfliktlösungsbereitschaft. Eine ausgeglichene Persönlichkeit ist hierbei Voraussetzung. Da der Beteiligungscontroller häufig mit sensiblen Informationen oder Abweichungen agieren muss, ohne dabei die Rolle eines Anklägers zu übernehmen, und er auf sein funktionsfähiges Netzwerk angewiesen ist, sollte er trotz des erforderlichen gesunden Selbstbewusstseins kein überzogenes Geltungsbedürfnis besitzen.

Die Rolle des Supply Cain Controllers gestalte sich in vielen Fällen nochmals schwieriger, da ihm in Konfliktfällen unter Umständen die Unterstützung einer einheitlichen Leitung oder Zentrale fehlt. Die sozialen Kompetenz- und Kommunikationsfähigkeiten der Controller gewinnen bei der Supply Chain zunehmend an Bedeutung; Spezialwissen, wie z. B. zu Fragen der Konsolidierung oder der Investitionsrechnung, sind im Supply Chain Controlling weniger gefragt.

9.9.6 Zukunftsperspektive des Beteiligungs-/Supply Chain- Controllers

Die Erwartungen an einen Beteiligungs- oder SC-Controller sind sehr hoch, er soll:
- neben einem hohen fachlichen Wissen und einer Detailkenntnis, die ihn bei der Diskussion mit den Geschäftsleitungen der unterschiedlichsten Beteiligungsgesellschaften in den verschiedensten Ländern oder der Zentrale als kompetenten Ansprechpartner ausweist,
- strategische Fähigkeiten besitzen, die zu einer ausgewogenen und vorausschauenden, strategischen Steuerung einer multinationalen Unternehmensgruppe erforderlich sind und die strategische Lernprozesse und Wissenstransfers ermöglichen sowie darüber hinaus,
- soziale Kompetenz besitzen, mit deren Hilfe er Netzwerke aufbaut und innerhalb der Gruppe koordiniert, moderiert, integriert und gegebenenfalls Konflikte löst sowie Lernprozesse fördert.

Auch wenn ein Beteiligungscontroller in der Realität selten alle diese Anforderungen vollständig erfüllen kann, sollte er zumindest diesen drei Anforderungsgruppen vom Grundsatz her im hohen Maße entsprechen. Vor einer Stellenbesetzung sollte jedoch unbedingt das Rollenverständnis des Controllings innerhalb der Organisation geklärt werden, damit nicht von einem falschen Anforderungsprofil ausgegangen wird, was letztendlich für alle Beteiligten zu einer unbefriedigenden Lösung führen dürfte. Die Rolle des Controllings als Informationslieferant, Navigator oder Koordinator im Strategieprozess ist eindeutig zu klären.

Ein neu eingestellter Beteiligungscontroller wird in der Regel die unterschiedlichen Rollen durchlaufen müssen. Zuerst wird er sich stärker mit dem klassischen Rechnungswesen beschäftigen müssen, um sich den erforderlichen Überblick verschaffen zu können und die geforderte Transparenz und Qualität der Berichte sicherstellen zu können. Mit zunehmender Unternehmenskenntnis kann er das Management unterstützen, beraten und die Ergebnisorientierung fördern. Anschließend wird er sehr schnell die Verantwortung für die Koordination der Managementsysteme mit den Beteiligungsgesellschaften übernehmen müssen. Hierbei fällte im zunehmend die Aufgabe zu, mit seiner partnerschaftlichen Professionalität vorliegende Analysen und Ansichten kritisch-konstruktiv zu hinterfragen und eine Strategieorientierung der Unternehmensgruppe zu fördern. Diese Rolle des kritischen und manchmal unbequemen Diskussionspartners muss er sowohl gegenüber den Beteiligungsgesellschaften als auch gegenüber seinem eigenen Management der Holding einnehmen, was den Aufbau eines Vertrauensverhältnisses voraussetzt. Damit die ersten beiden Phasen möglichst schnell erfolgreich abgeschlossen werden können, ist es erforderlich, dass der Controller über fundierte Vorkenntnisse der Branche, der Kulturkreise, der Unternehmensgruppe und des Controllings verfügt. Aus diesem Grunde werden im Beteiligungscontrolling häufig ehemalige Controller von Beteiligungsgesellschaften des In- und Auslands eingesetzt. Idealtypischer weise stellt die

Tätigkeit als Beteiligungscontroller einen Zwischenschritt dar, bevor er im nächsten Kariere Schritt nach zwei bis drei Jahren wieder in eine Beteiligungsgesellschaft wechselt und dort eine leitende Funktion, zum Beispiel des kaufmännischen Leiters, übernimmt und dabei sein im Konzern aufgebautes Netzwerk nutzt.

Das Beteiligungscontrolling der Zukunft wird seiner Rolle als das betriebswirtschaftliche Gewissen der Konzerne nur gerecht werden, wenn sich das Controlling von seiner dominierenden vergangenheitsorientierten Zahlenorientierung zugunsten einer Zukunfts- und Strategieorientierung löst und zunehmend eine Moderationsfunktion beim strategischem Lernen der Organisationseinheiten übernimmt, ohne dabei den Anspruch auf die Genauigkeit der bereitgestellten Informationen aufzugeben. Hierfür sind zunehmend strategisch und unternehmerisch denkende Controller mit hohem Fachwissen erforderlich. Die Aufgabe eines rein informationsorientierten Beteiligungscontrollings in der Form eines reinen Berichtswesens kann in Zukunft, insbesondere bei fortschreitender Anpassung des internen und externen Rechnungswesens z. B. unter Berücksichtigung von IAS mit Umsatzkostenverfahren und Monatssowie Quartalsabschlüssen, das externe Rechnungswesen groß teils übernehmen. Die Budgetierung ist entsprechend zu integrieren. Mit zunehmender Systemunterstützung gewinnt der Beteiligungscontroller mehr Zeit für die Analyse; die altbekannte Problematik der Schnittstellen zwischen den verschiedenen Systemen innerhalb eines Unternehmens oder innerhalb einer internationalen Unternehmensgruppe und das zeitaufwendige Datenabgleichen entfällt weitgehend. Das Gefühl für die Datenquellen und die Datenqualität darf hierbei nicht verloren gehen.

Eine zunehmende Serviceorientierung zur Unterstützung des Managements sowie die notwendige Strategieorientierung ermöglichen dem Beteiligungscontroller ein deutlich vielseitigeres, anspruchsvolleres und spannenderes Betätigungsfeld als in der Vergangenheit. Das Anforderungsprofil des Controllers ist entsprechend anzupassen. Strategische und soziale Kompetenzen gewinnen deutlich an Gewicht, während auf der fachlichen Seite das externe Rechnungswesen einen Teil der Verantwortung für die Aufbereitung und Vergleichbarkeit der Daten übernehmen muss.

Unter Berücksichtigung der hohen Anforderungen an die Controller in zukunfts- und strategieorientierten Konzernen und Supply Chans ist zu verstehen, dass sich in den meisten großen Unternehmensgruppen das Controlling zu einem Karrierepool entwickelt hat und häufig als „Durchlauferhitzer für die Karriere" bezeichnet wird.

Literatur

Agthe, K. Stufenweise Fixkostendeckung im System des Direct Costing. *ZfB*, S. 404 ff., 1959.

Allweyer, T. Elektronische Beschaffungsplattformen – Einkaufsoptimierung und Business Opportunity für Finanzdienstleister. In Krumnow, J. und Lange, T. A. (Hrsg.), *Management Handbuch eBanking, Stuttgart*, S. 269–282, 2001.

Altobelli, C. Preisfindung. *WiSu* , 40. Jg.(10):1334–1343, 2011.

Anthony, R. N. *Management Accounting, Text and Cases*. Georgetown, 4. Auflage, 1970.

Arbeitskreis "Immaterielle Werte im Rechnungswesen" der Schmalenbach-Gesellschaft für Betriebswirtschaft e. V. Kategorisierung und bilanzielle Erfassung immaterielle Werte. *Der Betrieb*, 54. Jg.(19):989–995, 2001.

Arnold, W. G., Botta, V., Hoefener, F., Pech, U. und Weingau, A. A. *Rechnungswesen und Controlling, Bausteine des Rechnungswesens und ihre Verknüpfung*. Herne/Berlin, 2. Auflage, 2002.

Atrill, P. und McLaney, E. *Management Accounting for Decision Makers*. Prentice Hall, 7. Auflage, 2012.

Auerbach, H. *Internationales Marketing-Controlling*. Dortmund, 1993.

Barisch, K.-H. *Produktkosten-Controlling mit SAP®*. Bonn, 2004.

Barwig, U. und Hartmann, H. *Kosten- und Leistungsrechnung in der Spedition*. Mannheim, 2. Auflage, 2014.

Bauer, J. und Hayessen, E. *Controlling für Industrieunternehmen, Kompakt und IT-unterstützt, Mit SAP®-Fallstudie*. Wiesbaden, 2006.

Berliner, C. und Brimson, J. *Cost management for todays advanced manufacturing – the CAM-I conceptual design*. Boston/Mass, 1988.

Böhm, H.-H. und Wille, F. *Deckungsbeitragsrechnung, Grenzpreisrechnung und Optimierung*. München, 6. korrigierte Auflage, 1977.

Borm, M., Britzelmaier, B., Kraus, P. und Nguyen-Ngoc, B. Wertorientierte Unternehmensführung in den DAX 30-Unternehmen. *Controller Magazin*, (2):26–28, 2012.

Boston Consulting Group (Hrsg.). *Das Boston Consulting Strategie Handbuch*. Düsseldorf, 5. Auflage, 1997.

Brabänder, E. und Hilcher, I. Balanced Scorecard. *Controller Magazin*, 26. Jg.(3):252–260, 2001.

Brealey, R., Myers, S. und Allen, F. *Principles of Corporate Finance, Global Edition*. McGraw-Hill, Düsseldorf, 12. Auflage, 2016.

Brück, U. *Praxishandbuch SAP®-Controlling*. Bonn, 2. überarbeitete Auflage, 2005.

Brück, U. und Raps, A. *Gemeinkostencontrolling mit SAP®*. Bonn, 2004.

Brüning, G. Annuitätsorientierte Kostenrechnung – Zur Verrechnung kalkulatorischer Kosten am Beispiel der kommunalen Abwasserbeseitigung. *ZögU*, 21(2):137–155, 1998.

Bruns, W. L. *Accounting for Managers, Text and Cases*. South-Western-College Pub, 3. Auflage, 2004.

Büschken, J. Conjoint Analyse – Methodische Grundlagen und Anwendungen in der Marktforschungspraxis. In Tomczak und Reineke (Hrsg.), *Marktforschung, St. Gallen*, S. 72–89, 1994.

Buggert, W. und Wielpütz, A. *Target Costing, Grundlagen und Umsetzung des Zielkostenmanagements*. Wien, 1995.

Coenenberg, A., Fischer, T. und Günther, T. *Kostenrechnung und Kostenanalyse*. Stuttgart, 9. Auflage, 2016.

Cooper, R. Target Costing – Japanische und amerikanische Erfahrungen. In *Tagungsunterlagen des Workshops „Target Costing"*, Stuttgart, 1992. veranstaltet von Horvath und Partner GmbH, 11. Juni, Haus der Wirtschaft.

Däumler, K.-D. und Grabe, J. *Kostenrechnung 1, Grundlagen*. Herne/Berlin, 10. vollständig überarbeitete Auflage, 2008.

https://doi.org/10.1515/9783110616927-010

Däumler, K.-D. und Grabe, J. *Kostenrechnung 2, Deckungsbeitragsrechnung*. Herne/Berlin, 9. vollständig überarbeitete Auflage, 2008.

Däumler, K.-D. und Grabe, J. *Kostenrechnung 3, Plankostenrechnung*. Herne/Berlin, 7. wesentlich erweiterte Auflage, 2004.

Däumler, K.-D. und Grabe, J. *Kostenrechnungslexikon*. Herne/Berlin, 1992.

Däumler, K.-D. *Grundlagen der Investitions- und Wirtschaftlichkeitsrechnung*. Herne, Berlin, 11. Auflage, 2003.

Deisenhofer, T. Marktorientierte Kostenplanung auf Basis von Erkenntnissen der Marktforschung bei der AUDI AG. In Horvath, P. (Hrsg.), *Target Costing*. Stuttgart, 1993.

Deloitte Consulting GmbH, Bergemann, L. und Köhler, M. *Deloitte Financial Benchmarking*. Controllingdialog Hochschule, Heilbronn, 2019.

Deyhle, A. *Controller-Praxis, Führung durch Ziele – Planung – Controlling, Band I-II*. Gauting/München, 7. Auflage, 1989.

Dillerup, R. und Stoi, R. *Unternehmensführung*. München, 2016.

Drosse, V. *Kostenrechnung Intensivtraining*. Wiesbaden, 2000.

Ebert, G., Koinecke, J., Peemöller, V. H. und Preißler, P. R. *Controlling*. Landsberg/Lech, 6. überarbeitete und erweiterte Auflage, 1996.

Eggert, A. Die zwei Perspektiven des Kundenwertes: Darstellung und Versuch einer Integration. In Günter, B. und Helm, S. (Hrsg.), *Kundenwert – Grundlagen – Innovative Konzepte – Praktische Umsetzungen*, S. 43–59. Düsseldorf, 3. Auflage, 2006.

Ehrmann, H. *Marketing-Controlling*. Ludwigshafen, 4. Auflage, 2004.

Eisele, W. *Technik des betrieblichen Rechnungswesens*. München, 6. Auflage, 1999.

Ellinger, T. *Rationalisierung durch Standardkostenrechnung*. Stuttgart, 1954.

Ellinger, T. *Operations Research – Eine Einführung*. Berlin, 2. Auflage, 1984.

Ewert, R. und Wagenhofer, A. *Interne Unternehmensrechnung*. Heidelberg, 8. Auflage, 2014.

Fässler, K., Rehkugler, H. und Wegenast, C. *Lexikon des Controllings*. Landsberg/Lech, 5. völlig überarbeitete und erweiterte Auflage, 1991.

Fink, C. und Grundler, C. Strategieimplementierung im turbulenten Umfeld, Steuerung der Fischerwerke mit der Balanced Scorecard. *Controlling*, 10. Jg.(4):252 ff., 1998.

Fischer, M. Implementierung von Balanced Scorecards in Handelsunternehmen. *Controlling*, 11. Jg.(1):5–13, 2001.

Fisher, I. *The Theory of Interest*. New York, 1930.

Franz, K.-P. Target Costing, Konzept und kritische Bereiche. *Controlling*, (3):124–130, 1993.

Freidank, C.-C. *Kostenrechnung*. München, 7. korrigierte und aktualisierte Auflage, 2001.

Friedl, G. und Pedell, B. *Controlling mit SAP*, 7. Auflage, 2017.

Fröhling, O. *Dynamisches Kostenmanagement*. München, 1994.

Führbaum, H. *Operations Research*. Bielefeld, 1982.

Glaser, H. Zur Relativität von Kostenabweichungen. *BFuP*, 51:21–32, 1999.

Glaser, H. Kostenkontrolle. In Küpper, H.-U. und Wagenhofer, A. (Hrsg.), *Handbuch Unternehmensrechnung und Controlling*, S. Sp. 1079–1089, 2002.

Götze, U. *Kostenrechnung und Kostenmanagement*. Berlin, Heidelberg, New York, 4. Auflage, 2007.

Götze, U. *Investitionsrechnung*. Berlin, Heidelberg, New York, 6. Auflage, 2008.

Götze, U. *Kostenrechnung und Kostenmanagement*. Berlin, Heidelberg, New York, 5. Auflage, 2010.

Grob, H. L. und Bensberg, F. *Kosten- und Leistungsrechnung, Theorie und SAP®-Praxis*. München, 2005.

Grob, H. L. *Einführung in die Investitionsrechnung*. München, 5. Auflage, 2006.

Grochla, E. *Grundlagen der Materialwirtschaft*. Wiesbaden, 3. durchgesehene Auflage, 1978.

Gohout, W. *Operations Research – Einige ausgewählte Gebiete der linearen und nicht linearen Optimierung*. München, 3. Auflage, 2007.

Großmann, T. Activity Based Costing. In Kremin-Buch, Unger und Walz (Hrsg.), *EDV-gestütztes Controlling*, S. 75–136. Sternenfels, 1999.

Haberstock, L. *Kostenrechnung I Einführung*. Berlin, 12. Auflage, 2005. bearbeitet von V. Breithecker.

Hahn, D. und Hungenberg, H. *PUK Planung und Kontrolle, Planungs- und Kontrollsysteme, Planungs- und Kontrollrechnung, Wertorientierte Controllingkonzepte*. Wiesbaden, 6. Auflage, 2001.

Hans, L. und Warschburger, V. *Controlling*. München, 3. Auflage, 2008.

Hartmann, H. *Kosten- und Leistungsrechnung in der Spedition*. Berlin/Boston, 3. Auflage, 2019.

Hartmann, H. und Lohre, D. Prozesskostenrechnung bei Logistikdienstleistern, Grundlagen und Anwendungsbeispiele. In Schneider, Ch. (Hrsg.), *Controlling für Logistikdienstleister*, S. 244–263. Hamburg, 2013.

Hax, H. *Entscheidungsmodelle in der Unternehmung – Einführung in Operations Research*. Hamburg, 1994.

Heinen, E. *Betriebswirtschaftliche Kostenlehre*. Wiesbaden, 6. verbesserte Auflage, 1983.

Helm, S. und Günter, B. Kundenwert – Herausforderungen der Bewertung von Kundenbeziehungen. In Günter, B. und Helm, S. (Hrsg.), *Kundenwert – Grundlagen – Innovative Konzepte – Praktische Umsetzungen*, S. 1–38. Düsseldorf, 3. Auflage, 2006.

Henn, R. und Künze, H. *Einführung in die Unternehmensforschung II*. Berlin, 1968.

Hiromoto, T. Another Hidden Edge – Japanese Management Accounting. *Harvard Business Review*, 66:22–26, 1988.

Hoberg, P. Investitionskriterien unter Berücksichtigung von Kapitalrestriktionen. *Der Betrieb*, S. 1309–1314, 1984.

Hoberg, P. Investitionsrechnung in der Praxis. *Controller Magazin*, 27(3):263–269, 2002.

Hoberg, P. Warum Überstunden billig sind. *Controller Magazin*, (1):12–19, 2003.

Hoberg, P. Wertorientierung: Kapitalkosten im internen Rechnungswesen – Die Einführung von Bezugszeitpunkt in die Kosten- und Leistungsrechnung. *ZfCM*, S. 271–279, 2004.

Hoberg, P. Wertorientierung: Kapitalkosten im internen Rechnungswesen: Die Einführung von Bezugszeitpunkten in die Kosten- und Leistungsrechnung. *Zeitschrift für Controlling und Management*, (4):270–279, 2004.

Hoberg, P. Fallen für den Controller in der Deckungsbeitragsrechnung. *Controllermagazin*, (4):347–353, 2004.

Hoberg, P. Investitionsrechnung in der Praxis – Ansparleistungen für Renten bei Inflation. *WiSt – Wirtschaftswissenschaftliches Studium*, 33:687–692, 2004.

Hoberg, P. Das Problem des richtigen AfA-Ausgangsbetrags. Ein allgemeines Modell zur Inflationserfassung. *ZfCM*, 49. Jg.(H.2):165–171, 2005.

Hoberg, P. Wie „fix" sind Personalkosten? *Controllermagazin*, (1):14–21, 2006.

Hoberg, P. Statistische Investitionsrechnung. *Wisu*, 36. Jg.(1+2):75–81, 2007.

Hoberg, P. Yield Management aus betriebswirtschaftlicher Sicht. *Controllermagazin*, (5), 2008.

Hoberg, P. Investitionsrechnung: Korrekte Datenermittlung und – aufbereitung bei intraperiodischen Verzinsungen. *WiSt*, 39(8):412–415, 2010.

Hoberg, P. Zinsen auf Anlagen als variable Kosten (Regressive Kapitalkosten). *Controller Magazin*, 35(4):68, 2010. Kurzdarstellung.

Hoberg, P. Kalkulationsgrundlagen im strategischen Marketing-Controlling. *Controller Magazin*, (3):58 ff., 2011.

Hoberg, P. Produktlebenszyklus: Modifizierte dynamische Stückkostenrechnung. *Der Betrieb*, 67(33):1817–1822, 2014.

Hoberg, P. Vollständige Ermittlung von Personalkosten, 2015. http://www.controllingportal.de/Fachinfo/Kostenrechnung/Vollstaendige-Ermittlung-von-Personalkosten.html?sphrase_id=4310778, seit 17.2.2015.

Hoberg, P. Einheiten in der Investitionsrechnung. *Wisu*, 47(4):468–474, 2018.

Hoberg, P. Das unterschätzte Problem: Personalkosten in der Einarbeitung. *Betriebswirtschaft im Blickpunkt*, (1):17–24, 2018.

Hoberg, P. Erlebnisse der dritten Art: Mixeffekte richtig abschätzen. *ControllingPortal*, (3):30–32, 2018.

Holland, D. *Mathematik im Betrieb – Praxisbezogene Einführung mit Beispielen*. Wiesbaden, 9. Auflage, 2008.

Homburg, C. und Krohmer, H. *Marketingmanagement: Strategie – Instrumente – Umsetzung – Unternehmensführung*. Wiesbaden, 3., überarbeitete und erweiterte Auflage, 2009.

Horngren, C., Datar, S. und Rajan, M. *Cost Accounting – a managerial emphasis*. Pearson, 15. Auflage, 2012.

Horvath, P. (Hrsg.). *Target Costing*. Stuttgart, 1993.

Horvath, P., Niemad, S. und Wolbold, M. Target Costing – State of the Art. In Horvath (Hrsg.), *Target Costing*, S. 1–29. Stuttgart, 1993.

Horvath & Partners (Hrsg.). *Balanced Scorecard umsetzen*. Stuttgart, 2000.

Horvath & Partners. *Das Controlling Konzept, Der Weg zu einem wirkungsvollen Controllingsystem*. München, 6. Auflage, 2006.

Horvath, P. *Controlling*. München, 10. vollständig überarbeitete Auflage, 2006.

Hoitsch, H.-J. und Lingnau, V. *Kosten- und Erlösrechnung, Eine controllingorientierte Einführung*. Berlin, 6. Auflage, 2007.

Hoppe, M. *Bestandsoptimierung mit SAP®*. Bonn, 2005.

Hostettler, S. und Stern, H. *Das Value Cockpit*. Weinheim, 2004.

Huch, B. *Einführung in die Kostenrechnung*. Würzburg/Wien, 6. unveränderte Auflage, 1986.

Hummel, S. und Männel, W. *Kostenrechnung 1 Grundlagen, Aufbau und Anwendung*. Wiesbaden, 4. völlig neu bearbeitete und erweiterte Auflage, 1986. Nachdruck September 2004.

Hummel, S. und Männel, W. *Kostenrechnung 2 Moderne Verfahren und Systeme*. Wiesbaden, 3. Auflage, 1983. Nachdruck September 2004.

Hungenberg, H. und Kaufmann, L. *Kostenmanagement, Einführung in Schaubildform*. München, 2. Auflage, 2001.

Joos-Sachse, T. *Controlling, Kostenrechnung und Kostenmanagement*. Wiesbaden, 4. überarbeitete Auflage, 2006.

Josse, G. *Basiswissen Kostenrechnung*. München, 5. durchgesehen Auflage, 2008.

Kaufmann, T. *Marketing-Controlling*. München, 1997.

Kaplan, R. S. und Cooper, R. *Prozesskostenrechnung als Managementinstrument*. Frankfurt/New York, 1999.

Kaplan, R. S. und Norton, D. P. *Balanced Scorecard*. Stuttgart, 1997.

Kaplan, R. S. und Norton, D. P. *The Strategy-Focused Organization*. Boston, 2001.

Kiesel, M. R. *Informationsmanagement im Marketing-Controlling*. Frankfurt am Main, 1998.

Kilger, W. *Optimale Produktions- und Absatzplanung – Entscheidungsmodelle für den Produktions- und Absatzbereich industrieller Betriebe*. Opladen, 1973.

Kilger, W. *Einführung in die Kostenrechnung*. Wiesbaden, 3. Auflage, 1987. Nachdruck 1992.

Kilger, W. *Flexible Plankostenrechnung und Deckungsbeitragsrechnung, bearbeitet durch Kurz Vikas*. Wiesbaden, 10. Auflage, 1993.

Kilger, W., Pampel, J. und Vikas, K. *Flexible Plankostenrechnung und Deckungsbeitragsrechnung*. Wiesbaden, 12. vollständig überarbeitete Auflage, 2007.

Klenger, F. *Operatives Controlling*. München, 5. Auflage, 2000.

Klenger, F. und Falk-Kalms, E. *Masterkurs Kostenstellenrechnung mit SAP®*. Wiesbaden, 4. verbesserte und erweiterte Auflage, 2005.

Kloidt, H. *Kalkulationslehre*. Wiesbaden, 1966.

Klein, A. und Vikas, K. Überblick über das prozessorientierte Controlling. *krp*, S. 83 ff., 1999.

Kloock, J., Sieben, G., Schildbach, T. und Homburg, C. *Kosten- und Leistungsrechnung.* Stuttgart, 9. Auflage, 2005.

Kloock, J. Mehrperiodige Investitionsrechnungen auf der Basis kalkulatorischer und handelsrechtlicher Erfolgsrechnungen. *Zeitschrift für betriebswirtschaftliche Forschung*, S. 873–890, 1981.

Kloock, J. und Bommes, W. Methoden der Kostenabweichungsanalyse. In *Kostenrechnungspraxis*, S. 225–237, 1982.

Kloock, J. Erfolgskontrolle mit der differenziert-kumulativen Abweichungsanalyse. *Zeitschrift für Betriebswirtschaft*, S. 423–434, 1988.

Kloock, J. und Schiller, U. Marginal Costing: Cost Budgeting and Cost Variance Analysis. *Management Accounting Research*, S. 299–323, 1997.

Kloock, J. *Kontrollmanagement.* Universität zu Köln, 2000.

J., Kloock, Sieben, G., Schildbach, Th. und Homburg, C. *Kosten- und Leistungsrechnung*, 2005.

Kosiol, E. *Kalkulatorische Buchhaltung (Betriebsbuchhaltung).* Wiesbaden, 5. durchgesehene Auflage, 1953.

Kosiol, E. *Warenkalkulation in Handel und Industrie.* Stuttgart, 2. neu bearbeitete Auflage, 1953.

Kosiol, E. *Verrechnung innerbetrieblicher Leistungen.* Wiesbaden, 2., veränderte Auflage, 1959.

Kosiol, E. *Kostenrechnung und Kalkulation.* Berlin/New York, 2. Auflage, 1972.

Kosiol, E. *Plankostenrechnung als Instrument moderner Unternehmungsführung, Erhebungen und Studien zur grundsätzlichen Problematik.* Berlin, 3. Auflage, 1975.

Kosiol, E. *Kostenrechnung der Unternehmung.* Wiesbaden, 2. überarbeitete und ergänzte Auflage, 1979.

Kralicek, P. *Grundlagen der Kalkulation.* Frankfurt, Wien, 2. aktualisierte und erweiterte Auflage, 2004.

Krause, H.-U. *Steins, U.: Controlling, Ein zielorientiertes Steuerungssystem im Managementprozess.* Stuttgart, 2001.

Kremin-Buch, B. *Strategisches Kostenmanagement, Grundlagen und moderne Instrumente.* Wiesbaden, 4. überarbeitete Auflage, 2007.

Krugman, P. und Wells, R. *Volkswirtschaftslehre.* Stuttgart, 2010.

Krugman, P., Wells, R. und Graddy, K. *Essentials of Economics.* New York, 2. Auflage, 2010.

Küpper, H.-U., Friedl, G., Hofmann, C., Hofmann, Y. und Pedell, B. *Controlling Konzeption, Aufgaben, Instrumente*, 6. Auflage, 2013.

Lebefromm, U. *Controlling, Einführung mit Beispielen aus SAP®.* München, 2. Auflage, 1999.

Lehmann, B. *Bestimmungsfaktoren und theoretische Konzepte eines Marketing-Controlling-Systems.* Frankfurt am Main, 1998.

Littkemann, J. und Zündorf, H. *Beteiligungscontrolling, Ein Handbuch für die Unternehmens- und Beratungspraxis, Band II.* Herne, 2. Auflage, 2009.

von Lojewski, U. und Thalenhorst, J. *Kostenrechnung.* Stuttgart, 2001.

Lutz, M. *Operations Research Verfahren – verstehen und anwenden.* Köln, 1998.

Männel, W. Rentabilitätsorientiertes Investitionscontrolling nach der Methode des internen Zinssatzes. *krp*, (6):325–341, 2000.

Mankiw, G. und Taylor, P. *Grundzüge der Volkswirtschaftslehre.* Stuttgart, 4. Auflage, 2008.

Mayer, E. *Kostenrechnung I für Studium und Praxis.* Baden-Baden/Bad Homburg, 2. überarbeitete Auflage, 1985.

Mayer, E., Liessmann, K. und Mertens, H W. *Kostenrechnung.* Stuttgart, 7. Auflage, 1997.

Mellerowicz, K. *Neuzeitliche Kalkulationsverfahren.* Freiburg im Breisgau, 6. neu bearbeitete Auflage, 1961.

Mellerowicz, K. *Die Handelsspanne bei freien, gebundenen und empfohlenen Preisen.* Freiburg im Breisgau, 1977.

Mellerowicz, K. *Unternehmenspolitik, Band 1*. Freiburg im Breisgau, 1963.

Mellerowicz, K. *Planung und Plankostenrechnung, Band II, Plankostenrechnung*. Freiburg im Breisgau, 1972.

Mellerowicz, K. *Kosten und Kostenrechnung Band 1*. Berlin, 5. durchgesehene und veränderte Auflage, 1973.

Mellerowicz, K. *Kosten und Kostenrechnung Band 2,1*. Berlin, 5. durchgesehene Auflage, 1974.

Mellerowicz, K. *Kosten und Kostenrechnung Band 2,2*. Berlin, 4. völlig überarbeitete Auflage, 1968.

Moos, E. *Kostencontrolling mit SAP®*. Bonn, 2. aktualisierte und erweiterte Auflage, 2002.

Müller, A. *Gemeinkostenmanagement, Vorteile der Prozesskostenrechnung*. Wiesbaden, 2. Auflage, 1998.

Müller, H. *Prozesskonforme Grenzplankostenrechnung*. Wiesbaden, 2. überarbeitete und erweiterte Auflage, 1996.

Müller-Hedrich, B. Ein ausgewogenes Kennzahlen- und Controlling-Werkzeug, Bericht über die Fachkonferenz „Balanced Scorecard" in Frankfurt/Main. *Der Betriebswirt*, 42. Jg.(2):34–36, 2001.

Mussnig, W. *Dynamisches Target Costing – Von der statischen Betrachtung zum strategischen Management der Kosten*. Wiesbaden, 2001.

Obermaier, R. Performancewirkungen von Supply Chains; Controlling, Zeitschrift für Erfolgsorientierte Unternehmenssteuerung, Hrsg.: P. Horvath, T. Reichmann, U. Baumöl, A. Hoffjan, K. Möller, B. Pedell Heft 2/2020, S. 4ff.

Oehler, K. Balanced Scorecard und Budgetierung – (wie) passt das zusammen? *Controlling*, (2):85–92, 2002.

Olfert, K. *Kostenrechnung*. Herne, 18. aktualisierte und überarbeitete Auflage, 2018.

Pack, L. *Die Elastizität der Kosten, Grundlagen einer entscheidungsorientierten Kostentheorie*. Wiesbaden, 1966.

Paul, J. Beteiligungscontrolling im Mittelstand. In Haberland/Preißler/Meyer (Hrsg.), *Handbuch: Revision, Controlling, Consulting*. Landsberg/Lech, 1995. Nachlieferung 11, Beitrag Nr. 33.

Paul, J. Die Fallen bei der Implementierung der Scorecard – und wie sie zu umgehen sind. *Controller-Magazin*, (1):51–59, 2002.

Paul, M. *Preis- und Kostenmanagement von Dienstleistungen im Business-to-Business-bereich*. Wiesbaden, 1998.

Peemöller, V. H. und Geiger, T. *Controlling Grundlagen und Einsatzgebiete*. Herne/Berlin, 5. Auflage, 2005.

Plaut, H.-G., Müller, H. und Medicke, W. *Grenzplankostenrechnung und Datenverarbeitung*. München, 3. Auflage, 1973.

Perridon, L. und Steiner, M. *Finanzwirtschaft der Unternehmung*. München, 13., überarbeitete und erweiterte Auflage, 2004.

Preißler, P. R. *Entscheidungsorientierte Kosten- und Leistungsrechnung*. Landsberg/Lech, 3. völlig neu bearbeitete Auflage, 2005.

Preißner, A. *Marketing-Controlling*. München, 2. ergänzte Auflage, 1999.

Rappaport, A. *Creating Shareholder Value, The New Standard for Business Performance*. New York, 1986.

Reichmann, T. und Palloks, M. Make-or-Buy-Entscheidungen. *Controlling*, 1:4–11, 1995.

Reimers, F. Teilprobleme bei der Ermittlung kalkulatorischer Zinsen. *krp Sonderheft*, (1):55–62, 1997.

Reinecke, S., Tomczak, T. und Dietrich, S. (Hrsg.). *Marketingcontrolling*, 1998.

Reinecke, S. und Tomczak, T. (Hrsg.). *Handbuch Marketing-Controlling*. St. Gallen, 2. Auflage, 2006.

Riebel, P. *Einzelkosten- und Deckungsbeitragsrechnung, Grundfragen einer markt- und entscheidungsorientierten Unternehmensrechnung*. Wiesbaden, 7. überarbeitete und wesentlich erweiterte Auflage, 1994.

Riebel, P., Paudtke, H. und Zscherlich, W. *Verrechnungspreise für Zwischenprodukte*. Opladen, 1973.

Rummel, K. *Einheitliche Kostenrechnung*. Düsseldorf, 3. Auflage, 1967.

Runzheimer, B., Cleff, T. und Schäfer, W. *Operations Research – Lineare Planungsrechnung und Netzplantechnik*. Wiesbaden, 8. Auflage, 2005.

Sakurai, M. *Integratives Kostenmanagement, Stand und Entwicklungstendenzen des Controlling in Japan*. München, 1977.

Sakurai, M. Target Costing and how to use it. *Journal of Cost Management*, 3:39–50, 1989.

Sakurai, M. und Keating, P. Target Costing und Activitiy Based Costing. *Controlling*, (2):84–91, 1994.

SAP Hilfe: Abweichungskategorien. https://help.sap.com/doc/ 2e11d553088f4308e10000000a174cb4/2.6/de-DE/162fd553088f4308e10000000a174cb4.gif, abgerufen am 28.1.2019.

Scheld, G. A. *Das Interne Rechnungswesen im Industrieunternehmen, Band 1 Istkostenrechnung*. Büren, 4. überarbeitete Auflage, 2004.

Scheld, G. A. *Das Interne Rechnungswesen im Industrieunternehmen, Band 2 Teilkostenrechnung*. Büren, 3. aktualisierte Auflage, 2005.

Scheld, G. A. *Das Interne Rechnungswesen im Industrieunternehmen, Band 3 Plankostenrechnung*. Büren, 2. überarbeitete Auflage, 2007.

Scheld, G. A. *Das Interne Rechnungswesen im Industrieunternehmen, Band 4 Moderne Systeme der Kosten- und Leistungsrechnung*. Büren, 2. überarbeitete Auflage, 2006.

Schellenberg, A. C. *Rechnungswesen, Grundlagen, Zusammenhänge, Interpretationen*. Zürich, 4. überarbeitete Auflage, 2008.

Scherrer, G. *Kostenrechnung*. Stuttgart, 3. neubearbeitete Auflage, 1999.

Schierenbeck, H. und Lister, M. *Value Controlling, Grundlagen wertorientierter Unternehmensführung*. München, 2. unveränderte Auflage, 2002.

Schmalenbach, E. *Dynamische Bilanz*. Opladen, Köln, 13. Auflage, 1962. bearbeitet von Bauer, R.

Schmalenbach, E. *Kostenrechnung und Preispolitik*. Opladen, Köln, 8. erweiterte und verbesserte Auflage, 1963. bearbeitet von Bauer, R.

Schmitz, J. Balanced Scorecard: Die Umsetzung von Strategien in Aktionen. *Controller-Magazin*, (3):248–251, 2001.

Schneider, D. Lernkurven und ihre Bedeutung für Produktionsplanung und Kostentheorie. *ZfbF*, S. 501 ff., 1965.

Schneider, D. Entscheidungsrelevante fixe Kosten, Abschreibungen und Zinsen zur Substanzerhaltung – Zwei Beispiele von „Betriebsblindheit". *Der Betrieb*, S. 2521–2528, 1984.

Schneider, D. *Investition, Finanzierung und Besteuerung*. Wiesbaden, 7. Auflage, 1992.

Schneider, D. *Betriebswirtschaftslehre, Band 1: Grundlagen*, 2. verb. und erg. Auflage, 1995.

Schneider, D. *Betriebswirtschaftslehre, Band 2: Rechnungswesen*, 2., vollständig überarbeitete und erweiterte Auflage, 1997.

Schulte, C. *Logistikkennzahlensystem*, 1999.

Schulze, S. und Hundt, I. Die Balanced Scorecard als Instrument zur fokussierten und wertorientierten Steuerung bei einem Energieversorger. *Controller-Magazin*, (3):224–228, 2003.

Schwarting, G. *Kommunale Doppik – was muss ich als Ratsmitglied in Rheinland-Pfalz wissen?* Veröffentlichung des Städtetages Rheinland-Pfalz, 2006.

Schweitzer, M. und Küpper, H.-U. *Systeme der Kosten- und Erlösrechnung*. München, 10. Auflage, 2011.

Schweitzer, M., Küpper, H.-U., Friedl, G., Hofmann, C. und Pedell, B. *Systeme der Kosten- und Erlösrechnung*. München, 11. Auflage, 2016.

Seidenschwarz, W. Target Costing, Ein japanischer Ansatz für das Kostenmanagement. *Controlling*, (4):198–203, 1991.

Seidenschwarz, W. *Target Costing*. München, 1993.

Stelling, J. *Kostenmanagement und Controlling*. München, 2. Auflage, 2005.

Stern, J. M., B., Stewart III G. und Chew, Jr., D. H. The EVA Financial System. *Journal of Applied Corporate Finance*, 8(2):32–46, 1995.

Sieben, G. und Maltry, H. Zur Bemessung kalkulatorischer Abschreibungen und kalkulatorischen Zinsen bei der kostenbasierten Preisermittlung von Unternehmen der öffentlichen Energieversorgung. *BFuP*, (4):402–418, 2002.

Siebert, J. und Strohmeier, M. *mySAP® ERP® Financials*. Bonn, 2006.

Simon, G. *Kostenrechnung in Klein- und Mittelbetrieben*. Wiesbaden, 1966.

Simon, G und Fassnacht, M. *Preismanagement: Strategie – Analyse – Entscheidung – Umsetzung*. Wiesbaden, 3. Auflage, 2008.

Spraul, A. und Oeser, J. *Controlling*. Stuttgart, 2004.

Reichmann, T. *Controlling mit Kennzahlen und Management-Tools; Die systemgestützte Controlling-Konzeption*. München, 7. Auflage, 2006.

Reinecke, S., Tomczak, T. und Dittrich, S. (Hrsg.). *Marketingcontrolling*. St.Gallen, 1998.

Remer, D. *Einführen der Prozesskostenrechnung*. Stuttgart, 2. überarbeitete und erweiterte Auflage, 2005.

Rudorfer, M. *Intensivkurs Kostenrechnung*. Wiesbaden, 2005.

Steinle, C. und Daum, A. (Hrsg.). *Controlling, Kompendium für Ausbildung und Praxis*. Stuttgart, 4. Auflage, 2007.

Tanaka, M. Cost Management by Target Cost? In *Genka Keisan (Cost Accounting)*, S. 230, 1979.

Tanne, M. *Kostenrechnung*. Stuttgart, 2001.

Töpfer, A. und Lindstädt, G.and Förster, K. Balanced Score Card – Hoher Nutzen trotz zu langer Einführungszeiten. *Controlling*, (2):79–83, 2002.

Tucker, S. *Einführung in die Break-even Analyse*. München, 1993.

Varnholt, N. T. KANBAN in deutschen Unternehmen. *Beschaffung aktuell/Der industrielle Einkauf*, S. 24, 1983.

Varnholt, N. T. Die Diskussion um KANBAN Kurzlebige Modeerscheinung oder doch mehr. *Beschaffung aktuell/Der industrielle Einkauf*, S. 20–24, 1984.

Varnholt, N. T. *Förderleistungsoptimierung in Handelsgenossenschaften*. Köln, 1989.

Varnholt, N. T. und von Becker, W. Einführung einer stufenweisen Deckungsbeitragsrechnung in einer Unternehmensgruppe der Kunststoff- und Metallverarbeitenden Industrie. *krp*, S. 64–67, 1994.

Varnholt, N. T. SAP® Netzwerk der Fachhochschule Worms. In Varnholt, N. T. (Hrsg.), *Studienführer 2001/02 mit dem Jahresbericht des Präsidenten der Fachhochschule Worms*, S. 25 ff. Worms, 2001.

Varnholt, N. T. (Hrsg.). *Bilanzoptimierung für das Rating*. Stuttgart, 2007.

Varnholt, N. T. und Hoberg, P. Bilanzoptimierung durch Bestandsoptimierung der Roh-, Hilfs- und Betriebsstoffe. In Varnholt, N. T. (Hrsg.), *Bilanzoptimierung für das Rating*, S. 76–100. Stuttgart, 2007.

Varnholt, N. T. Ein Rating- und Risikocontrollingprozess für den kleineren Mittelstand. In Lingnau, V. (Hrsg.), *Die Rolle des Controllers im Mittelstand*, S. 270–291. Lohmar-Köln, 2008.

Varnholt, N. T. Dagit, M.: Rolle der BWA im Risk Performance Management. In Hilz-Ward, R., Löhndorf, N. und Everling, O. (Hrsg.), *Risk Performance Management*, 2008.

Varnholt, N., Lebefromm, U. und Hoberg, P. *Kostenrechnung und operatives Controlling – Betriebswirtschaftliche Grundlagen und Anwendungen mit SAP®*. München, 2009.

Varnholt, N. T., Vogelgesang, Pott et al. (Hrsg.). *Pressemitteilung zu Basel III*. Bundesverband Mittelständische Wirtschaft, Arbeitskreis Basel III, Berlin, 2010.

Varnholt, N., Hoberg, P., Gerhards, R. und Wilms, S. *Investitionsmanagement – Betriebswirtschaftliche Grundlagen und Umsetzung mit SAP®*. Berlin/Boston, 2018.

Vormbaum, H. *Kalkulationsarten und Kalkulationsverfahren*. Stuttgart, 4. Auflage, 1977.

Vormbaum, H. und Rautenberg, H. G. *Plankostenrechnung.* Baden-Baden, 1985.

Vikas, K. *Neue Konzepte für das Kostenmanagement, Vergleich der aktuellen Verfahren für Industrie- und Dienstleistungsunternehmen.* Wiesbaden, 3. überarbeitete und wesentlich erweiterte Auflage, 1996.

Wagner, H. *Principles of Operations Research – With Applications to Managerial Decisions.* London, 2. Auflage, 1975.

Wahle, O. *Kostenrechnung II für Studium und Praxis Ist- und Normalkostenrechnung.* Baden-Baden/Bad Homburg, 3. Auflage, 1989.

Wall, F. Ursache-Wirkungsbeziehungen als ein zentraler Bestandteil der Balanced Scorecard. *Controlling*, (2):65–74, 2001.

Weber, J. und Schäfer, U. *Einführung in das Controlling.* Stuttgart, 13. Auflage, 2001.

Weber, J. und Schäffer, U. *Balanced Scorecard & Controlling, Implementierung – Nutzen für Manager und Controller – Erfahrungen in deutschen Unternehmen.* Wiesbaden, 1999.

Weber, J. *Prozesskostenorientiertes Controlling.* Vallendar, 1997.

Weber, J. *Logistik- und Supply Chain Controlling.* Stuttgart, 2002.

Weber, J. *Einführung in das Controlling.* Stuttgart, 16. Auflage, 2020.

Wedell, H. *Grundlagen des Rechnungswesens, Band 2 Kosten- und Leistungsrechnung.* Herne/Berlin, 9. überarbeitete Auflage, 1977.

Wenz, E. *Kosten- und Leistungsrechnung mit einer Einführung in die Kostentheorie.* Herne/Berlin, 1992.

Wille, F. Direktkostenrechnung mit stufenweiser Fixkostendeckung? Eine kritische Stellungnahme. *ZfB*, S. 737 ff., 1959.

Wilms, S. *Abweichungsanalysemethoden der Kostenkontrolle.* Bergisch-Gladbach – Köln, 1988.

Wilms, S. Der Einsatz der Balanced Scorecard im Beteiligungscontrolling. In Littkemann, J. und Zündorf, H. (Hrsg.), *Beteiligungscontrolling, Ein Handbuch für die Unternehmens- und Beratungspraxis, Band II.* Herne, 2. Auflage, 2009.

Wilms, S. und Zündorf, H. Kosten- und Leistungsrechnung – Modelle und Vorgehensweisen in Medienunternehmen. In Scholz, Christian (Hrsg.), *Handbuch Medienmanagement.* Berlin, 2. Auflage, 2006.

Wirtschaftslexikon24.net, Stichwort: Zahlungsreihe (Abruf vom 29.3.2012).

Witt, F.-J. *Deckungsbeitragsmanagement.* München, 1991.

Wolfstetter, G. *Verfahren der Kostenrechnung.* Köln, 1998.

Wöhe, G. und Döring, U. *Einführung in die allgemeine Betriebswirtschaftslehre.* München, 23. vollständig neu bearbeitete Auflage, 2008.

Ziegenbein, K. *Controlling.* Herne, 10. überarbeitete und aktualisierte Auflage, 2012.

G., Zimmermann und T., Jöhnk. Die Projekt-Scorecard als Erweiterung der Balanced Scorecard Konzeption. *Controlling*, (2):73–78, 2003.

Zimmermann, W. und Stache, U. *Operations Research – Quantitative Methoden zur Entscheidungsvorbereitung.* München, 10. Auflage, 2011.

Zischg, K. *Investitionsrechnungsverfahren in der Praxis – eine empirische Untersuchung in Österreich.* Wien, 2002. Ergebnisse auch unter http://controlling-portal.org/10/Artikel/121/121.shtml (Abruf 04.10.2006).

Symbolverzeichnis

Symbol	Bezeichnung	Dimension
A	Anschaffungswert	€ in t = 0
$A_{0;0}$	Anschaffungsauszahlung zum Zeitpunkt 0 mit der Kaufkraft des Zeitpunkts 0	€ in t = 0
a	Index für selbsterstellte (Teil)erzeugnisse a = 1, . . . , an	
AB	Anfangsbetrag	€ in t = 0
AD_{SG}	Statische Amortisationsdauer bei gleichmäßigen Überschüssen	Jahre
AE	Angebotserstellung	
$AfA_{t;h}$	AfA zum Zeitpunkt t mit der Kaufkraft des Zeitpunkts h	€/Pe
AV	Auftragsverfolgung	
B	Anzahl der erstellten innerbetrieblichen Leistungseinheiten einer Kostenstelle, die an andere Kostenstellen abgegeben werden	ME/Pe
b	Index für die Art der Nebenprodukte, b = 1, . . . , bn	
B^*	Leistungsvorrat/Gesamtkapazität/max. realisierbare Beschäftigung-/Nutzungseinheiten	ME/Summe aller Perioden
BG	Beschäftigungsgrad = Ist/Plan in der betrachteten Periode	
B_s	Beschäftigung der sendenden Kostenstellen s in innerbetriebliche Leistungseinheiten	
b_t	Leistungsentnahme, Beschäftigungs-/Nutzungseinheiten	
BW	Barwert	€ in t = 0
BZG_{ij}	Bezugsgröße der Kostenstelle i für das Produkt j	ME/Pe
c	Kostenstellenindex einer Kostenstelle, c = 1, . . . , cn	€ in t = 0
d	Deckungsspanne	€/ME
DB	Deckungsbeitrag	€/Pe
DIV	Ganzzahlige Division	
d_L	Lohnzuschlagssatz auf den Fertigungslohn	%
d_M	Materialgemeinkostenzuschlag in Prozent der Einzelmaterialkosten	%
d_{Montj}	Montagekostensatz für das Produkt j	%
d_{Vt}	Vertriebsgemeinkostenzuschlag der Herstellkosten	%
d_{Vw}	Verwaltungsgemeinkostenzuschlag der Herstellerkosten	€/ZE
e	Kostenstellenindex einer empfangenden Kostenstelle, e = 1, . . . , en	
EA	Einsatzmenge	
EB	Endbetrag	€ in t=tn
EKD	Einarbeitungskosten bei Dritten	€/Pe
EME	Einsatzmengeneinheit	
FE	Faktoreinheiten	
FKA	Plankosten fix – Plankosten fix (Ist-Leistung/Planleistung)	€ in t=tn
FZ_{ij}	Fertigungszeit pro Produkteinheit j in der Kostenstelle i	ZE
g	Index für die Bezugsgrößen einer Kostenstelle, g = 1, . . . ; gn	
h/a	Arbeitsstunde pro Jahr	
i	Kalkulationszinsfuß/kalkulatorischer Zinssatz	%

https://doi.org/10.1515/9783110616927-011

Symbol	Bezeichnung	Dimension
$i = 1, \ldots, in$	Kostenstellenindex einer Produktionskostenstelle, die ein zu kalkulierendes Produkt durchläuft	ME/Pe
i_{rHJ}	Realzinssatz für ein Halbjahr	%
j	Index zur Kennzeichnung der Produktarten, $j = 1, \ldots, jn$	
JA	Jahresanwesenheitsstunden inkl. Einarbeitung	h/Pe
JA_{EA}	Jahresanwesenheitsstunden nach Abzug der Einarbeitung	h/Pe
JPK	Jahrespersonalkosten ohne Einarbeitungskosten	€/Pe
JPK_{EA}	Jährliche Personalkosten inkl. Einarbeitung	€/Pe
K	Summe der primären und sekundären Kostenarten einer Kostenstelle	€/Pe
k	Durchschnittskosten	€/ME
K'	Grenzkosten	€/ME
KA	Kundenauftrag	
K_{AT}^{AD}	Arithmetische degressive Abschreibungen in Periode t	€/Pe
K_{AT}	Linearer Abschreibungsbetrag in einer Periode	€/Pe
KB	Kapitalbindung	€
k_j^{BD}	Selbstkosten des Produktes j nach der Methode der differenzierenden Bezugsgrößenkalkulation in €/ME	€/ME
k_j^{BDM}	Selbstkosten des Produktes j nach der Methode der differenzierenden Bezugsgrößenkalkulation mit mehreren Bezugsgrößen	€/ME
k^{ED}	Selbstkosten nach der Methode der einstufigen Divisionskalkulation	€/ME
k_j^{EM}	Selbstkosten des Produktes j nach der Methode der mehrteiligen einstufigen Erzeugniskalkulation	€/ME
K_{fix}	Fixkosten	€/Pe
K_{Ftg}	Gesamte Fertigungskosten	€/Pe
K_{Ftgi}	Fertigungskosten der Fertigungskostenstellen $i = 1, \ldots, in$	€/Pe
K^{GD}	Geometrisch degressive Abschreibungen in Periode t	€/Pe
K_H	Gesamten Herstellkosten des Kuppelprozesses	€/Pe
k_H	Herstellkosten pro Stück	€/ME
K_{Ist}	Istkosten	€/Pe
KK	Kaufkraft	
$k_j^{KÄ}$	Selbstkosten des Produktes j im Kuppelproduktionsprozess mit Äquivalenzziffern	€/ME
k_{At}^{L}	Leistungs-/Nutzungsabhängige Abschreibung in Periode t	€/Pe
K_M	Gesamte Materialkosten	€/Pe
k^{MD}	Selbstkosten nach der Methode der mehrstufigen Divisionskalkulation	€/ME
k_{Hj}^{MME}	Herstellkosten des Produktes j nach der Methode der mehrteiligen zweistufigen Erzeugniskalkulation	€/ME
$k_j^{MMÄ}$	Selbstkosten nach der Methode der einstufigen Äquivalenzziffernkalkulation	€/ME
$k_j^{MÄ}$	Selbstkosten nach der Methode der einstufigen Äquivalenzziffernkalkulation mit mehreren Ziffernreihen	€/ME
k^{MV}	Selbstkosten nach der Methode der zweistufigen Divisionskalkulation als Veredelungsrechnung	€/ME

Symbol	Bezeichnung	Dimension
k_{Nb}	variable Stückkosten der Nebenprodukte	€/ME
K_{Plan}	Plankosten	€/Pe
K_{Prs}	Summe der primären Kostenarten einer sendenden Vor-/Hilfskostenstelle	€/Pe
k_j^{RW}	Selbstkosten nach der Methode des Restwertverfahrens bei der Kuppelproduktion	€/ME
k_T	Kostensatz (Tarif) für eine Bezugsgröße	€/ME
k_{Ho}^{TG}	Herstellkosten der Teilegruppe o innerhalb der Methode der mehrteiligen mehrstufigen Erzeugniskalkulation	€/ME
k_{Ti}	Kostensatz (Tarif) der Kostenstelle i	€/ME
k_{Tig}	Kostensatz (Tarif) für eine Bezugsgröße g der Kostenstelle i	€/ME
k_{TP}	Kosten des Teilprozesses TP	€ pro Einheit der BZG
k_{Ts}	Tarif der sendenden Kostenstelle s	€/ME
k_V	Vertriebs- und Verwaltungskosten pro Stück	€/ME
K_V	Verwaltungs- und Vertriebskosten	€/Pe
k_{vA}	Variable absatzmengenbasierte Stückkosten	€/ME
K_{vA}	Variable absatzmengenbasierte Periodenkosten	€/Pe
K_{ver}	Verrechnungskosten	€/Pe
K^{ZD}	Selbstkosten nach der Methode der zweistufigen Divisionskalkulation	€/Pe
$K_{ZØ}$	Kalkulatorische Durchschnittliche Zinsen in einer Abrechnungsperiode nach dem Durchschnittsverfahren	€/Pe
K_{Zt}	Kalkulatorische Zinsen einer Periode t nach dem Restwertverfahren	€/Pe
$k_j^{ÄZ}$	Selbstkosten nach der Methode der einstufigen Äquivalenzziffernkalkulation	€/ME
L	Nettoliquidations(-verkaufs)erlös eines Betriebsmittels	€ in t=tn
LS_i	Lohnsatz pro Stunde in der Kostenstelle	€/h
LZ	Laufzeit eines Wirtschaftsgutes	a
MEK	Materialeinzelkosten	€/ME
MST_{aj}	Menge der selbsterstellten Teilerzeugnisse der Art a für das Produkt j	ME
m_v	Mengeneinheiten der Materialarten	FE
m_{vj}	Materialverbrauchsmenge der Materialart v der Produktart j	FE/ME
MZT_{fj}	Menge der Zukaufteile der Art f für das Produkt j	ME/Pe
p	Nettoeinsatzpreis einer Produktionsfaktorart oder Isttarif einer innerbetrieblichen Leistungsart	€/ME
PE^U	Periodenergebnis nach dem Umsatzkostenverfahren	€/Pe
p_N	Nettopreis (nach allen Rabatten)	€/ME
P_{Nb}	Netto-Marktpreise der Nebenprodukte	€/ME
P_{opt}	Optimaler Preis	€/ME
PK	Personalkosten pro Stunde ohne Einarbeitungskosten	€/h
PK_{EA}	Personalkosten inkl. Einarbeitung pro Stunde	€/h
q	Zinsfaktor einer Periode = 1 plus Zinssatz: 1+i	
q_v	Netto-Materialpreise	€/FE
q_{vj}	Faktorpreis der Materialart v der Produktart j	€/FE

Symbol	Bezeichnung	Dimension
r	Anzahl der verbrauchten innerbetrieblichen Leistungseinheiten	FE/ME
$r_{s,e}$	Anzahl der von der sendenden Kostenstelle s gesendeten innerbetrieblichen Leistungseinheiten an die empfangende Kostenstelle e	FE/Pe
R_{tn}	Restbuchwert eines Betriebsmittels in € zum Zeitpunkt t	€ in t
RZ	Regelmäßige Zahlungen	€
s	Kostenstellenindex einer sendenden Kostenstelle, $s = 1, \ldots, sn$	
$\sum_{e=1}^{en} r_{s,e}$	Summe der Lieferungen der Vor-/Hilfskostenstellen s an die empfangenden Kostenstellen $e = 1, \ldots, en$	FE/Pe
SEF_j	Sondereinzelkosten der Fertigung für Produkt j	€/Pe
SEV_j	Sondereinzelkosten des Vertriebs für Produkt j	€/Pe
S_{ij}	Seriengröße	ME pro Serie oder Periode
t	Index für den Zeitpunkt bzw. die Periode, $t = 1, \ldots, tn$	
$T = 1, \ldots, Tn$	Index für die Art der Teilgruppen die in ein Endprodukt eingehen	
t_{Aij}	Ausführungszeiten	ZE
TE	Bearbeitungszeit	min/ME
t_{Montj}	Montagezeit für das Produkt j	ZE/ME
TP	Teilprozess $TP = 1, \ldots, TPn$	
TR	Grundrüsten (Einstellen der Maschine zu Produktionsbeginn auf die Bearbeitung eines anderen Produktes)	min/Los
t_{rij}	Rüstzeit	min/Los
TRP	Zeitaufwand für periodisches Nachrüsten	Min/Pe
$ü_t$	Überschuss zum Zeitpunkt t	€ in t
U_N	Nettoumsatz	€/Pe
v	Index der Materialarten $v = 1, \ldots, vn$	
VZ_{EA}	Verlorene Zeit aufgrund der Einarbeitung	h/Pe
x	Beschäftigung gemessen in Ausbringungsmengeneinheiten	ME/Pe
x_{LOS}	Fertigungslosgröße	ME/LOS
x_A	Abgesetzte Menge	ME/Pe
$X_{a;j;t-1}$	Vergleichsabsatzmenge des Produktes j aus Vorperiode $t-1$	ME/Pe
x_h	Ausbringungsmenge des Hauptproduktes h	ME/Pe
x_{LOS}	Fertigungslosgröße	ME/Los
x_j	Menge des Produktes j	ME/Pe
x_{Nb}	Ausbringungsmenge der Nebenprodukte	ME/Pe
x_p	Produzierte Menge	ME/Pe
X_{pi}	in der Kostenstelle i produzierte Menge	ME/Pe
x_{pji}	Produktionsmenge der Produktart j in der Kostenstelle i	ME/Pe
x_{TP}	Menge des Teilprozesses TP	ME/Pe
ZB_t	Zukunftsbetrag zum Zeitpunkt t	€ in t
α_{Ftgj}	Äquivalenzziffernreihe der Fertigungskosten	
α_j	Äquivalenzziffer für das Produkt j	
α_{Mj}	Äquivalenzziffernreihe der Materialkosten	
α_{Vj}	Äquivalenzziffernreihe der Verwaltungs- und Vertriebskosten	
γ	Zähler des Abschreibungsprozentsatz	

Symbol	Bezeichnung	Dimension
ΔK_A	Degressionsbetrag um den sich die jährlichen Abschreibungsbeträge verringern	€/Pe
Δp_j	Preisabweichung beim Produkt j	€/ME
ΔU_p	Umsatzabweichungen aufgrund von Preisänderungen	€/Pe
ΔU_{US}	Umsatzstruktureffekt	€/Pe
Δv_p	Sollentlastung – Istentlastung	€/Pe

Iterationen

Vierte Iteration

Neue Gesamtkosten KST 1 €/Pe	1.395,33					
Neuer Tarif KST 1 €/Pe	6,98					
Leistungsverrechnung von KST 1 an Kst 2–6 €/Pe		139,53	558,13	418,60	139,53	139,53
Neue Gesamtkosten KST 2 €/Pe		879,53				
neuer Tarif KST 2 €/Pe		2,2				
Leistungsverrechnung von KST 2 an KST 3–6 €/Pe			439,77	219,88	109,94	109,94
Neue Gesamtkosten KST 3 €/Pe			1.997,9			
Neuer Tarif KST 3 €/Pe			19,98			
Leistungsverrechnung von KST 3 an KST 1–6 €/Pe	799,16			199,79	199,79	799,16
Kostendifferenz €/Pe	3,83					
Probe Gesamtkosten inkl. Kostendifferenz €/Pe	3,83			5.838,27	3.449,27	8.048,64

Fünfte Iteration

Neue Gesamtkosten KST 1 €/Pe	1.399,16					
Neuer Tarif KST 1 €/Pe	7					
Leistungsverrechnung von KST 1 an KST 2–6 €/Pe		139,91	559,66	419,75	139,92	139,92
Neue Gesamtkosten KST 2 €/Pe		879,92				
neuer Tarif KST 2 €/Pe		2,2				
Leistungsverrechnung von KST 2 an KST 3–6 €/Pe			439,96	219,98	109,99	109,99
Neue Gesamtkosten KST 3 €/Pe			1.999,62			
Neuer Tarif KST 3 €/Pe			20			
Leistungsverrechnung von KST 3 an KST 1–6 €/Pe	799,85			199,96	199,96	799,85
Kostendifferenz €/Pe	0,69					
Probe Gesamtkosten inkl. Kostendifferenz €/Pe	0,69			5.839,69	3.449,87	8.049,75

https://doi.org/10.1515/9783110616927-012

Sechste Iteration

	KST 1	KST 2	KST 3	KST 4	KST 5	KST 6
Neue Gesamtkosten KST 1 €/Pe	1.399,85					
Neuer Tarif KST 1 €/Pe	7					
Leistungsverrechnung von KST 1 an Kst 2–6 €/Pe		139,99	559,94	419,95	139,98	139,98
Neue Gesamtkosten KST 2 €/Pe		879,98				
neuer Tarif KST 2 €/Pe		2,20				
Leistungsverrechnung von KST 2 an KST 3–6 €/Pe			439,99	220	110	110
Neue Gesamtkosten KST 3 €/Pe			1.999,93			
Neuer Tarif KST 3 €/Pe			20			
Leistungsverrechnung von KST 3 an KST 1–6 €/Pe	799,97			199,99	199,99	9,98
Kostendifferenz €/Pe	0,12					
Probe Gesamtkosten inkl. Kostendifferenz €/Pe	0,12			5.839,94	3.449,98	8.049,96

Siebte Iteration

	KST 1	KST 2	KST 3	KST 4	KST 5	KST 6
Neue Gesamtkosten KST 1 €/Pe	1.399,97					
Neuer Tarif KST 1 €/Pe	7					
Leistungsverrechnung von KST 1 an Kst 2–6 €/Pe		140	559,99	420	140	140
Neue Gesamtkosten KST 2 €/Pe		880				
neuer Tarif KST 2 €/Pe		2,2				
Leistungsverrechnung von KST 2 an KST 3–6 €/Pe			440	220	110	110
Neue Gesamtkosten KST 3 €/Pe			2.000			
Neuer Tarif KST 3 €/Pe			20			
Leistungsverrechnung von KST 3 an KST 1–6 €/Pe	800			200	200	800
Kostendifferenz €/Pe	0,02					
Probe Gesamtkosten inkl. Kostendifferenz €/Pe	0,02			5.839,99	3.450	8.049,99

Achte Iteration

Neue Gesamtkosten KST 1 €/Pe	1.400					
Neuer Tarif KST 1 €/Pe	7					
Leistungsverrechnung von KST 1 an Kst 2–6 €/Pe		140	560	420	140	140
Neue Gesamtkosten KST 2 €/Pe		880				
neuer Tarif KST 2 €/Pe		2,2				
Leistungsverrechnung von KST 2 an KST 3–6 €/Pe			440	220	110	110
Neue Gesamtkosten KST 3			2.000			
Neuer Tarif KST 3 €/Pe			20			
Leistungsverrechnung von KST 3 an KST 1–6 €/Pe	800			200	200	800
Kostendifferenz €/Pe	0,004					
Probe Gesamtkosten inkl. Kostendifferenz €/Pe	0,004			5.840	3.450	8.050

Abkürzungsverzeichnis

AA	Asset Accounting
Abs.	Absatz
AfA	Absetzung für Abnutzung
angels.	Angelsächsisch
AiB	Anlage im Bau
B	Beschäftigung
BAB	Betriebsabrechnungsbogen
BilMoG	Bilanzrechtsmodernisierungsgesetz
BK	Bearbeitung Kundenanfrage
BME	Bezugsmengeneinheit
BWA	Betriebswirtschaftliche Auswertung
BWF	Barwertfaktor
Bzgl., bzgl.	Bezüglich
bzw.	beziehungsweise
CO	Controlling (Modul in SAP)
CO-PA	CO-Profitability Accounting (Modul in SAP)
d. h.	das heißt
EStG	Einkommensteuergesetz
etc.	et cetera
EWF	Endwertfaktor
FE	Faktoreinheit
ff.	fort folgende
f.	folgende
FI	Finanzbuchhaltung (Modul in SAP)
FI-AA	FI Asset Accounting (Modul in SAP)
Fibu	Finanzbuchhaltung
GE	Geldeinheiten
gem.	gemäß
Ggf./ggf.	gegebenfalls
GuV	Gewinn- und Verlustrechnung
HGB	Handelsgesetzbuch
HIFO	Highest In – First Out
IAS	International Accounting Standards
i. d. R.	in der Regel
IFRS	International Financial Reporting Standards
insb.	Insbesondere
i. V. m.	in Verbindung mit
Kap.	Kapitel
KE	Kapazitätseinheit
kg	Kilogramm
KK	Kaufkraft
KKK	Kalkulatorische Kapitalkosten
KLR	Kosten- und Leistungsrechnung
km	Kilometer
Krp	Kostenrechnungspraxis/Zeitschrift für Controlling
KST	Kostenstelle

https://doi.org/10.1515/9783110616927-013

kwh	Kilowattstunde
lat.	lateinisch
LIFO	Last – In – First – Out
LOFO	Lowest – In – First – Out
LSPÖ	Leitsätze für die Preisermittlung auf Grund von Selbstkosten
ME	Mengeneinheit
MM	Material Management (Modul in SAP)
MTM	Multi Moment Verfahren
MwSt	Mehrwertsteuer
p. a.	per annum
PAF	Preisabsatzfunktion
Pe	Periode
PP	Produktions-Planung (Modul in SAP)
PSS	Projektplanungs- und Steuerungssystem (Modul in SAP)
REFA	Reichsausschuss für Arbeitsstudien
St.	Stück
TPE	Teilprozesseinheit
u. a.	unter anderen
u. Ä.	und Ähnliches
US-GAAP	United States Generally Accepted Accounting Principles
usw.	und so weiter
vgl.	vergleiche
WGF	Wiedergewinnungsfaktor
WIP	Work in Process (Ware in Arbeit)
z. B.	zum Beispiel
ZFB	Zeitschrift für Betriebswirtschaft
ZfCM	Zeitschrift für Controlling & Management
z. T.	zum Teil
ZögU	Zeitschrift für öffentliche und gemeinwirtschaftliche Unternehmen

Abbildungsverzeichnis

https://doi.org/10.1515/9783110616927-014

Tabellenverzeichnis

https://doi.org/10.1515/9783110616927-015

Über die Autoren

Prof. Dr. Stefan A. Wilms

Studium der Betriebswirtschaftslehre an der Universität zu Köln

Über 20 Jahre Berufserfahrung in leitenden Funktionen der Unternehmenspraxis:
- Maschinenbau, Verpackungstechnik, Verlagswesen & Beteiligungsgesellschaften
- seit 2004 CFO der Buy & Build AG

Professor für Unternehmensrechnung an der Hochschule Heilbronn:
- Dekan der Fakultät Wirtschaft & Verkehr
- Chair of Heilbronn University Graduate School
- Forschungsschwerpunkte: Unternehmensrechnung, Beteiligungscontrolling & Abweichungsanalyse

Prof. Dr. Peter Hoberg

Studium der Betriebswirtschaftslehre an der Universität zu Münster

8 Jahre Berufserfahrung in der Computerindustrie, inkl. 3 Jahren in Paris

8 Jahre Finanzchef eines mittelständischen Weltmarktführers

Professor für Betriebswirtschaftslehre an der Hochschule Worms:
- Forschungsschwerpunkte: Controlling und Finanzen
- Über 200 Publikationen in den Forschungsschwerpunkten
- Regelmäßige Projekte in der Praxis

Prof. Dr. Norbert T. Varnholt

Studium der Betriebswirtschaftslehre an der Universität zu Köln

Langjährige Berufserfahrung im strategischen und operativen Controlling und Inhouse Consulting eines internationalen Konsumgüterunternehmens, zuletzt als Leiter Betriebswirtschaft eines Unternehmensbereiches

Ernennung zum Gründungsbeauftragten der Hochschule Worms durch den Minister für Wissenschaft und Forschung des Landes Rheinland-Pfalz. Die Hochschule Worms war eine in die Selbstständigkeit zu führende Abteilung der ehemaligen Fachhochschule Rheinland-Pfalz.

Wahl zum ersten Präsidenten der Hochschule Worms mit einer Amtszeit bis 2003

Berufung auf eine Professur für Betriebswirtschaftslehre, Rechnungswesen und Steuerrecht im Fachbereich Wirtschaftswissenschaften der Hochschule Worms

Steuerberater im Steuerberaterverband Rheinland-Pfalz und Partner einer Steuerberatungsgesellschaft, Certified Consultant SAP-CO by SAP AG und Rating Advisor im BDRA

https://doi.org/10.1515/9783110616927-016

Projekte als Unternehmensberater und Gutachter u. a. für die Investitions- und Strukturbank Rheinland-Pfalz

Forschungs-, Beratungs-, Seminar- und Publikationsschwerpunkte: Rechnungswesen, Investition- u. Finanzierung, Bilanzoptimierung für das Rating, Steuerrecht der Immobilien

Cand. Dr. rer. pol. Uwe Lebefromm

Studium der Betriebswirtschaftslehre an der Universität zu Mannheim.

Langjährige Berufserfahrung als Systemanalytiker, Programmierer und Referent für EDV und Controlling bei einem Energie- und Automatisierungstechnikkonzern mit Hauptsitz in Zürich.

Langjährige Berufserfahrung als Senior Consultant zur Implementierung des Controlling-Moduls bei einem Weltmarktführer für Software Lösungen mit Sitz in Darmstadt.

Seit 1998 Senior Education Consultant und Education Content Manager für Controlling in der Anwendungslösung SAP ERP und SAP S/4HANA bei SAP DE SE &. Co. KG mit Sitz in Walldorf.

Certified Consultant für SAP ERP und SAP S/4HANA 1909.

Abschluss eines Aufbau-Studiums zum „univ. spec. oec." an der Fakultät für Business und Economics an der Universität zu Rijeka im Jahr 2016.

Vortrag mit dem Titel „From Analytic to Predictive Digital Performance Measurement" auf dem Kongress „Economics of Digital Transformation" im Jahr 2018 in Opatija.

Abschluss eines Aufbau-Studiums zum „PhD in Economics and Business Economics" an der Fakultät für Business und Economics an der Universität zu Rijeka im Jahr 2020.

Forschungsschwerpunkt: Entscheidungstheorie im Zeitalter der digitalen Transformation.

Prof. Dr. Ralf Gerhards

Arbeitete bei einem Softwareunternehmen als Berater und Leiter von Entwicklungsprojekten.

Seit 2007 ist er Professor für Betriebswirtschaftslehre, insbesondere Rechnungswesen an der dualen Hochschule Baden-Württemberg Mannheim.

Stichwortverzeichnis

https://doi.org/10.1515/9783110616927-017